U0165523

國家科學及技術委員會人文社會經典譯注計畫

布朗利之
國際公法原理

BROWNLIE'S PRINCIPLES OF
PUBLIC INTERNATIONAL LAW

JAMES CRAWFORD

五南圖書出版公司 印行

詹姆士·克勞佛—著　　王震宇—譯注

目錄 | CONTENTS

前 言

過去半個世紀以來，伊恩‧布朗利（Ian Brownlie）的《國際法原理》連續幾版對於國際法教學之重要性不言可喻。我可以毫不誇張地說，幾個世代以來，英文語系國際律師（Anglophone international lawyers）從《國際法原理》中汲取其對於體系結構之認識。在伊恩‧布朗利於 2010 年 1 月不幸去世後，承擔第八版之增修寫作既是榮譽，亦是責任。[1] 本書爲第九版，乃於大約七年後所出版，記錄了這段期間國際法之大量發展。

伊恩習慣於將《國際法原理》描述爲「法律手冊」（legal handbook），但本書之貢獻遠不僅止於此，而是力求在 XIII 部分及 32 章節中，涵蓋國際法之廣泛主題。在第八版中，本書內容被簡化爲 XI 部分及 33 章（並附有引言）。雖然對全書章節進行重組，但此版本之結構與方法，與早期版本仍可識別，並且保持不變。

至於本書之結構，首先回顧一般性主題（歷史、淵源，以及國際法與國內法之關係），接續是關於國家地位及法律人格部分（國際組織法已融入其中）、領土主權、海洋法、環境與自然資源、國際協議（包括單方行爲及繼承）、管轄、國籍、責任、個人及團體之保護以及爭端（包括使用武力）。其結果乃涵蓋古典與現代國際法（國際貿易法除外）之所有主要主題，希望大學部高年級學生、研究生、以及法律專業人士都能理解。本版一個特點，係參考讀者之建議，在大多數章節中添加總結性的結論。

在方法上，毫無疑問的係以國際律師之立場，本書從理解歷史而意識到擅變氣氛，無論是眞實發生抑或企圖爲之，似乎都隱隱威脅著脆弱的國際秩序。[2] 本書已適當注意這些變化，以及變化所帶來的威脅，但並未試圖預測不確定的未來。

---

[1] A biographical memoir of Brownlie is in British Academy, XI Biographical Memoirs 55-77. See also Owada (2010) 81 BYIL l; Lowe, *ibid*, 9.

[2] As to this "seems" cf Hamlet, Act 1, sc 2, l 77.

致　謝

感謝許多人爲本版提供幫助，包括 Amelia Bleeker、Rose Cameron、Emily Crawford、Rosalind Elphick、Marcos Garcia Dominguez、Yulia Ioffe、Ryan Manton、Nico Pavlopoulos、Theodora Valkanou。Robin Cleverly 在第十二章中提供了海洋邊界圖。

我必須感謝牛津大學出版社的 Lucy Read、John Louth、Matthew Humphrys，而六位匿名審稿人閱讀本書並提出了有益之建議，還有 Yvonne Dixon、Caroline Quinnell、Debbie Shelley。

文本資料盡可能蒐集至 2018 年 7 月 1 日，然而在某些地方提醒讀者注意在此日期之後作出裁決之情況。

第九版新增內容

本版對於文本進行全面修訂並更新參考資料，包括對以下內容之處理：國際法院判決，例如：南極捕鯨案（*Whaling in the Antarctic*）、馬紹爾群島案（*Marshall Islands cases*）、秘魯訴智利案（*Peru v Chile*）、索馬利亞訴肯亞案（*Somalia v Kenya*）、哥斯達黎加訴尼加拉瓜案（*Costa Rica v Nicaragua*）、玻利維亞訴智利案（*Bolivia v Chile*）。

最近關於海洋法及島嶼地位之裁決，包括北極日出案（*Arctic Sunrise*）、克羅埃西亞及斯洛伐尼亞案（*Croatia/Slovenia*）、南海案（*South China Sea*）、孟加拉與印度案（*Bangladesh/India*）、迦納與象牙海岸案（*Ghana/Ivory Coast*）、東帝汶與澳大利亞案（*Timar Leste/Australia*）。

美國國家最高法院之判決（包括：*Bank Markazi v Peterson*; *Daimler AG v Bauman*; *Jesner v Arab Bank*; *Kiobel v Royal Dutch Petroleum*）、英國法院之判決（包括：*Al-Saadoon v SSD*; *Belhaj v Straw*; *Freedom and Justice Party*; *Rahmatullah*; *Miller v Secretary of State for Exiting the European Union*; *Benkharbouche v Sudan*）、荷蘭法院判決（例如：*Mothers of Srebrenica*; *Urgenda Foundation*）、俄羅斯聯邦法院判決（*Anchukov & Gladkov v Russia*）及其他國家的司法實踐。

聯合國國際法委員會（*ILC*）近年之工作（包括關於辨別習慣國際法之結論，以及與條約解釋有關之後續實踐）。

此外，本版亦討論氣候變遷、外交庇護（*Assange* 阿桑奇案）、國際刑法與國際刑事法院、國家高級官員之豁免權、投資仲裁、企業社會責任、以及對於「非國家行為者」使用武力之情況。

另一個特點，係於各章節中加入有力之結論。

詹姆士・克勞佛

海牙國際法院

2018年7月31日

譯者序

感謝國家科學委員會「人文社會科學經典譯注計畫」補助本譯注專書從翻譯到最終正式出版。《國際公法原理》從第一版到第九版橫跨半個世紀，伊恩·布朗利（Ian Brownlies）教授於 2010 年過世後，自第八版起由詹姆士·克勞佛（James Crawford）教授延續薪火。西方各國在幾十年前便已將《國際公法原理》列為國際公法必讀之經典鉅作；而克勞佛教授青出於藍更勝於藍，帶著完整的學術及實務歷練，以及加入更多批判性思考，使原書內容更加豐富。二位大師皆可謂「客觀實證主義者」（objective positivist），強調基於國際交往之客觀事實以形成國際法，並盡力考慮不同地緣國家之觀點，並非僅僅做為西方論述之代言人而已。本書第九版問世後不久，2021 年克勞佛教授於任職國際法院法官期間，不幸病逝荷蘭海牙，英文原書自此絕版，而本譯注專書也將成為繁體中文唯一譯本。

譯者 2013 年至劍橋大學法學院勞特派特國際法研究中心（Lauterpacht Center for International Law）及唐寧學院（Downing College）擔任訪問學者期間，在難得機緣下得向克勞佛教授學術請益。回憶過往，研究中心每週五的午間咖啡時光及專題演講，延續劍橋思想沙龍之傳統，學人間彼此交流國際法理論以及對世界局勢之觀點，克勞佛教授雖已卸任中心主任，但總是帶著咖啡杯前來參與討論，即使暑假期間亦從不缺席，讓譯者感受深刻。克勞佛教授總是親切與外國學人互動，當年 7 月正逢其重要著作《國家責任：總論》（State Responsibility: The General Part）出版，幾場新書發表研討，讓譯者一睹大師風采，獲益匪淺；中心及法學院院內更是人手一本大作，鎮上的劍橋出版社一時之間甚至洛陽紙貴，只能再刷補書。又當時英國正面臨蘇格蘭即將於隔年舉辦獨立公投，引發國際法與國內法的諸多爭議。克勞佛教授親自為英國政府執筆國際法意見，與愛丁堡大學艾倫·波以爾教授（Allen Boyer）共同撰寫研究報告，收錄於《蘇格蘭分析：權力下放和蘇格蘭獨立的影響》之附件中，聚焦於「國際法層面影響」（Opinion: Referendum on the Independence of Scotland- International Law Aspects）。譯者躬逢其盛，曾向克勞佛教授請益關於分離

權、國際法人格、國家責任，以及國家繼承等議題，克勞佛教授引經據典、侃侃而談，憶起此番光景，恍如隔日。譯者本來規劃於譯注專書完成後，前往荷蘭海牙向擔任國際法院法官的克勞佛教授請益原書中與台灣有關的諸多論點。然而，哲人仙逝，此願望再也無法實現，謹能透過將本中譯本致贈勞特派特中心典藏，並以此緬懷國際法大師風範。

譯者原規劃翻譯本書第八版，於 2019 年 8 月甫開始執行計畫時，恰巧遇上第九版於同年 7 月正式於英國出版，自網路訂購原文書到正式收到時，已經是 10 月以後，克勞佛教授針對第九版加入不少案例內容。譯者認為既然已有新版作品，理當以最新版本進行翻譯。幸運的是，國科會迅速同意將本譯注計畫變更為以第九版進行翻譯；同時，感謝五南圖書公司同仁之協助，順利向英國牛津出版社取得第九版繁體中文翻譯授權並完成簽約，讓翻譯工作得以順利進行，以時序而言，繁體中文應該是原書外文翻譯中，最早取得授權者之一。

執行經典譯注計畫對任何學者而言，都是一項無比艱難之挑戰；尤其現今各大學及學門領域競相以短篇期刊論文作為升等、積分，及學術獎勵之氛圍下，專書寫作已很困難，譯注專書更是難上加難。然而，譯者一直以為能在任教十餘年且已無升等壓力後，停下腳步、靜心閱讀、譯注經典、思索問題，向學界引介經典之作，對於個人學術思辨有極大的助益。正如同金庸武俠小說情節，潛心研讀秘笈與武功修為，專注於多年磨一劍。此番經驗與體悟，也只有執行過經典譯注計畫的過來人才能體會箇中滋味。本經典譯注計畫從申請、核定、翻譯、到最後付梓出版，前前後後將近八年時間，感謝四位匿名審查人所提供的寶貴建議，讓本中文譯注之內容更臻完整。同時，更誠摯感謝國科會人文處藍文君、五南圖書劉靜芬、林佳瑩、臺北大學法律學院葉家伶、人文社會科學異質跨域實驗室（X-Lab）呂依嬙等同仁夥伴於此期間的各項行政襄助，讓本書順利付梓。

另外，我要特別感謝中研院單德興老師，雖然法律與文學領域並不相同，但單老師形容譯注經典雖看來「不務正業」，但卻可另闢蹊徑而得到奇花異果：單老師曾於《翻譯世界‧想像未來》一書中轉譯法國作家安德烈‧紀德（André Paul Guillaume Gide）的一段名言：「每一位優秀的學者在一生中至少該為祖國翻譯一部優秀的學術名著。」一本書、一句話，成為譯者漫長譯注

過程中最大的動力。譯者不敢自居優秀，但能以本譯注專書紀念國際法一代宗師，並向讀者介紹過去幾個世紀以來，引領國際公法思潮之經典鉅作，實感無比欣慰。譯者學識淺薄，對於中譯本不足之處，尚祈各界不吝指正。

2024年2月・人文社會科學異質跨域實驗室（X-Lab）

國立臺北大學法律學院

譯者導讀

王震宇

前 言

伊恩・布朗利（Ian Brownlies）之《國際公法原理》（*Brownlie's Principles of Public International Law*）第九版，由英國牛津出版社於 2019 年 7 月出版。布朗利教授 2010 年過世，本書自 2012 年第八版之後，即開始由詹姆士・克勞佛（James Crawford）教授接續予以撰寫增修，使得本書在內容及體系上更加豐富完整。

本書作為國際法領域之經典著作，係以單元章節論述方式，系統性介紹國際法原理之單冊書籍。本書與一般英美法案例式教科書不同，體例上並非以彙整判決文字以及問題導向之模式撰寫，而是以偏重於大陸法系的法學理論紮實論述，藉以建構國際公法之體系脈絡，以及援引國際法原則及學理適用，全書層次井然、結構嚴謹、涵蓋廣闊，不僅側重於國際條約之釋義，更輔以國際習慣及重要實踐案例作為說明舉例。自 1966 年初版問世，布朗利教授於書中極力主張「國際公法」作為一個「學科體系」之概念，並將其內涵架構、國家相互間以及與其他實體間的法律關係等，提升至國際體系脈絡之思維向度，在 1960 年代的英國法律學界，乃至於各國之法律實踐，皆為當時一項創舉，更建立起本書於當代國際法領域之崇高歷史地位。

多數歐美國家，尤其是英語系國家之大學法律學院系，皆將本書作為法律、國際事務、外交學系學生學習國際公法之經典入門教材；而從事實務工作之外交官、國際法專業人士、律師、法官等，更把本書作為重要的國際公法及外交政策參考依據。本書試圖將國際法體系中的重要因素，予以清晰及脈絡化呈現，作為當代實用的學科知識。在第八版及第九版中，本書更新與增補許多國際法案例，皆由克勞佛教授所完成，提供本書許多中立、明確、專業之論點，讓本書作為傳世之經典著作更添光彩。

　　由布朗利教授與克勞佛教授二位師徒所建構之「國際公法原理」經典與新增修訂橫跨半個世紀，不僅內容與時俱進，書中論點更適切回應國際法各個次領域之快速發展，同時反思當代議題。然而，克勞佛教授於 2019 年完成本書第九版之出版後，不幸在 2021 年 5 月病逝於荷蘭海牙，使得本書自此絕版，不勝感嘆。本書持續在歐美國家成爲重要的國際法教科書已有數十年之久，並爲所有學習國際法的師生及法律及外交實務界的必讀經典。本中文譯注專書，乃爲第九版絕版之翻譯文本，其代表之學術意義與責任更顯重要。

　　布朗利教授與克勞佛教授二位國際法大師級學者，皆沉浸於英國牛津大學及劍橋大學完整之法學及人文社會科學涵養薰陶，又有豐富的國際法實務經驗（包括二人皆多次參與國際法院案件之訴訟），使得本書堪稱最高水準之國際公法總論專書，足以作爲當代國際法之經典著作。本書之學術地位，堪比古典國際公法領域之奧本海（Lassa Francis Lawrence Oppenheim）、歐康諾（Daniel Patrick O'Connell）、拉斯威爾（Harold D. Lasswell）、馬爾科姆・肖（Malcolm N. Shaw）等大師之書籍，共同列入經典著作之林。而在本書各版次發行時，亦有劍橋大學講座教授、牛津大學講座教授、聯合國國際法委員會主席、國際法院法官、及英國最高法院法官等聯名推薦，足證本書於半世紀以來，在國際公法領域中的經典地位。

作者背景及相關著作

伊恩・布朗利（Ian Brownlie）

　　布朗利教授，1932 年生於英國；1953 年畢業於牛津大學；1958 年獲得律師資格；1967 年開始執業；1979 年被任命爲英國王室法律顧問；1980 年至 1999 年任職牛津大學「齊策利國際公法講座教授」（Chichele Professorship of Public International Law），而該講座教授在國際公法領域聲譽崇隆，包括：伯納（Montague Bernard）、賀蘭（Thomas Erskine Holland）、李察爵士（Sir Henry Erle Richard）、布萊爾利（James Leslie Brierley）、華德克爵士（Sir Claud Humphrey M. Waldock）、歐康諾（D. P. O'Connell）、布朗利（Ian Brownlie）、羅威爾（Vaughan Lowe）、雷德格威爾（Catherine Redgwell）

等知名教授。布朗利教授於 1985 年當選爲國際法研究院院士（Institut de Droit International）；1986 年獲得智利頒贈貝爾納多‧奧希金斯（Orden de Bernardo O'Higgins）勳章，以表彰獲獎人於藝術、科學、教育、商業、人權、以及社會方面貢獻傑出之外國公民；1991 年當選爲世界國際法學會執委會委員（Executive Council of International Law Association, ILA）；1993 年獲得挪威皇家傑出勳章（The Order of Merit）、大英帝國勳章（The Order of the British Empire, Commander "CBE"）；1996 年當選爲聯合國國際法委員會委員（UN International Law Commission），並於 2001 年獲得連任，同年並擔任世界銀行國際投資爭端解決中心（ICSID）仲裁人；1999 年退休後任牛津大學名譽教授；2001 年至 2002 年被列支登士敦指派爲聯合國國際法院特別法官。

詹姆士‧克勞佛（James Crawford）

詹姆士‧克勞佛教授爲當代世界著名及最有影響力之國際公法學者之一。克勞佛教授 1948 年出生於南澳大利亞阿德萊德（Adelaide in South Australia），1971 年畢業於阿德萊德大學，獲得榮譽法學士及文學士雙學位（主修英國歷史及政治），有趣的是，克勞佛教授大學期間曾受教於歐康諾教授，而當 1972 年歐康諾教授獲英國牛津大學聘任爲「齊策利國際公法講座教授」（Chichele Professorship of Public International Law）後，克勞佛亦至牛津大學法學院就讀，並在布朗利教授指導下，於 1977 年獲得法學博士學位，其論文題爲「國際法上之國家創建」（The Creation of States in International Law），該著作其後由牛津大學出版社出版，亦爲國際法領域之經典著作之一。

克勞佛教授於 1977 年返回澳大利亞阿德萊德大學（University of Adelaide），講授國際公法與憲法，並於同年成爲澳大利亞高等法院（High Court of Australia）大律師（solicitor and barrister）；1982 年，獲聘爲澳大利亞法律改革委員會委員，並於任職期間撰寫一系列關於承認原住民習慣法、主權豁免、海洋法、以及歸化與管轄權之研究報告。1986 年則轉任於澳大利亞雪梨大學「查理斯國際法講座教授」（Challis Professorship of International Law at the University of Sydney）；1987 年成爲新南威爾士州律師；1990 年起則擔任雪梨大學法學院院長一職。

1992 年，克勞佛教授離開澳大利亞，獲聘為英國劍橋大學法學院「惠威爾國際法講座教授」（Whewell Professor of International Law），該講座教授頭銜與牛津大學「齊策利國際公法講座教授」不分軒輊，皆為英國乃至於國際間國際公法學界最為崇高之講座教職。有趣的是，當年於牛津大學擔任齊策利講座教授者，正是克勞佛的博士指導恩師布朗利教授；正可謂名師出高徒，師徒二人齊名輝映，蔚為英國國際法學界的一時美談。惠威爾國際法講座教授包括：哈克特爵士（Sir William Vernon Harcourt）、曼恩爵士（Sir Henry James Sumner Maine）、威斯特利克（John Westlake）、奧本海（Lassa Francis Lawrence Oppenheim）、希金斯（Alexander Pearce Higgins）、麥克奈爾勛爵（Arnold McNair, Lord McNair）、勞特派特爵士（Sir Hersch Lauterpacht）、詹寧斯爵士（Sir Robert Y. Jennings）、包威特爵士（Sir Derek W. Bowett）、克勞佛（James R. Crawford）、班維尼斯帝（Eyal Benvenisti）等國際法大師。克勞佛教授於同年更被獲選為聯合國國際法委員會（ILC）委員。1996 年起，克勞佛教授擔任劍橋大學法學院勞特派特國際法中心（Lauterpacht Centre for International Law）主任，中間雖短暫離任，但 2006 年後又再次任職主任，直至擔任國際法院法官為止。

1997 年起，克勞佛教授更擔任「國家責任特別報告特別調查員」（Special Rapporteur of State Responsibility），負責起草 ILC 之國際刑事法院規約草案；童年，被任命為澳大利亞高級大律師（Senior Counsel）；1999 年亦獲得英國律師資格，並成為 Matrix Chambers 基金會成員；2000 年，當選為英國科學院院士（Fellow of the British Academy, FBA）；2003 年起，擔任海牙國際法高等研究院海牙國際法學院（The Hague Academy of International Law）董事會成員暨學術策劃主持人，長年於海牙國際法學院授課。Crawford 教授多次參與國際法院（International Court of Justice）審理案件之國際法律師及各國政府顧問、國際海洋法法庭擔任澳大利亞政府委任律師、世界貿易組織爭端解決案中擔任法律顧問、並在解決投資爭端國際中心（ICSID）擔任仲裁人等職務。

2011 年，克勞佛教授榮獲美國國際法學會（American Society of International Law）最高榮譽「曼萊哈德森獎」（Manley O. Hudson Medal）；更重要者，2012 年，澳大利亞政府提名克勞佛教授競選國際法院法官；並於

2013 年榮獲澳大利亞國家勳章（Companion of the Order of Australia, AC），彰顯其於國際法領域之卓越成就；2014 年，在聯合國大會及安理會絕對多數票支持下當選國際法院法官，並於 2015 年開始任期。克勞佛教授發表之國際法著作或學術論文多達 150 餘篇，主要涉及國家地位、民族自決權、集體權利、國際責任等國際法核心議題，尤其於蘇格蘭獨立公投前，與愛丁堡大學艾倫·波以爾（Allen Boyer）教授共同撰寫之國際法意見書，影響深遠。

本書之學術地位及各版次內容

《國際公法原理》（*Brownlie's Principles of Public International Law*）一書，最初版本係由布朗利教授於 1966 年所著，在本書第一版中，作者企圖將「國際法作為一個學科體系」之概念闡述地淋漓盡致，對於後世影響甚鉅。國際公法不再附著於各國國內憲法、自然法、或習慣法等領域，而單獨成為一個重要學科，且在聯合國、國際組織、與國家實踐中，不斷增加其內涵，形成「既完整又破碎」之體系。而在布朗利教授 2010 年不幸於埃及車禍過世後，由其博士指導學生克勞佛教授接續增補，藉由其豐富的國際法學術及實務經驗，使本書不斷擴充國際爭端解決之判決與案例，成為當代國際法二位大師重要薪火傳承之經典作品。2019 年本書第九版出版後，全球受到 COVID-19 肆虐，而克勞佛教授不幸在 2021 年於荷蘭海牙病逝，本書之所有內容在時光維度中瞬間凝結，自此絕版。

本書之法學論述簡述清晰，分析嚴密，參考資料詳盡，探討議題綜合而全面，援引案例權威且豐富。本書堪稱當代體系性介紹國際公法概念之巨作，在歐美許多名聞遐邇之法學院中，皆以本書作為經典教科書；更有甚者，素有國際法奧林匹克賽美譽之「傑賽普國際公法模擬法庭辯論」（Philip C. Jessup Public International Law Moot Court），全球各地無論英美法系或大陸法系國家之參賽隊伍，多數都將此書作為必讀教材。過去五十年間不斷由二位作者依國際法之時代演變而予以修訂，歷經半世紀未減損其影響力。本譯注計畫所採用者，為本書第九版，針對本書過去各版次內容於相關文獻評述中之論述及評價，簡述如下：

1966 年《國際公法原理》第一版出版後，希金斯教授（Paul O'Higgins）

曾於劍橋大學法學評論第 25 卷第 2 期（*Cambridge Law Journal* 281, 25 (2), November 1967）中，簡介該書並提及布朗利教授《國際公法原理》有系統地挑選國際公法領域中「最重要主題」加以深入討論，而並非以全面性簡介方式撰寫，希金斯教授稱讚本書架構之邏輯縝密、行文流暢、思慮縝密。針對本書 1973 年之第二版，格林教授（L. Green）於美國國際法評論第 68 卷第 1 期（*American Journal of International Law*, 68 (1), 164-165, 1974）中撰寫本書第二版書評（book review），提到第二版比起初版增加 140 頁以上，將原本於第一版中未被納入之國際法領域重要內容，一併增補，包括：國家繼承、大陸架制度、以及劫持航空器國際法爭議等。1979 年本書正式進入第三版，馬斯頓教授（Geoffrey Marston）於劍橋大學法學評論第 39 卷第 2 期（*Cambridge Law Journal*, 39 (2), 281, November 1980）中，提及本書未能將國際法上「使用武力」（use of force）之單元納入，殊為可惜。馬斯頓教授進一步指出，可能係因作者布朗利教授另一本超過 500 頁之專書《國際法與國家間使用武力》（*International Law and the Use of Force between States*），已專門深入探討該專題故未被選入本書內容，馬斯頓教授於文中仍建議作者在未來版次中，可考慮以簡要方式納入該單元，使本書更臻完整。

距離第三版出版十一年後，1990 年本書第四版正式發行。格林伍德教授（Christopher Greenwood），於劍橋大學法學評論第 50 卷第 1 期（*Cambridge Law Journal*, 50 (1), 196, November 1991）中，對於本書之結構及書寫風格有高度評價，同時，也針對文本內容之調整提出建議。而再隔九年後，1999 年，本書出版第五版，瓦布里克教授（Colin Warbrick）於歐洲國際法評論第 11 卷第 3 期（*EJIL*, 11 (3), 621-636, 2000）中以 "Brownlie's Principles of Public International Law: An Assessment" 專文撰寫對於本書之評價，重新回顧第一版至第五版間國際法及相關學說之演變，以及對於布朗利教授及其相關學說之評論，期能帶給整個國際法學界重新審視許多國際法上的關鍵爭議，堪稱對於本書最深入之評介文章。至於 2003 年第六版，以及 2008 年第七版之版本中，並未有相關之書評，但依據牛津出版社（Oxford University Press）之簡介中提及，本書至第七版時，全文已超過 700 頁，作者大幅強化相關單元內容，並持續更新國際法實踐案例，成為與時俱進之經典之作。

　　2012 年本書第八版問世，本版次爲布朗利教授意外過世後，由克勞佛教授接續撰述之新版，使本書生命得以延續，意義重大。華茲渥斯教授（Samuel Wordsworth）於劍橋大學國際法評論第 2 卷第 2 期（*Cambridge Journal of International Law*, 2 (2), 350-354, 2013）中撰寫書評，文中更感性地寫到「布朗利之國際公法原理」（Brownlie's Principles of Public International Law）已隨著衆人之評論與記憶劃下句點，接下來本書之第八版乃幸而由另一位國際法大師克勞佛教授接續書寫，使得本書不僅維持既有的學術品質與高水準，亦將此經典文本繼續流傳人間。2019 年本書由克勞佛教授增補內容後進入到第九版，其於本版次序言中提及，由於第八版次時，已對本書結構作出更細膩之調整，故本版次力求在 XIII 部分，以及 32 章節中，涵蓋國際公法上更加廣泛之主題，以及人類當代所面臨的諸多挑戰；而本書第九版的另一特點，係參考並納入讀者之建議，在大多數章節中，添加總體性結論。

　　本中文譯注本原預期以第八版爲翻譯文本，但在 2019 年開始著手進行翻譯時，本書第九版橫空出世，因此再與牛津出版社洽談新版次之翻譯授權，幸而獲得同意，故本譯注本最終以 2019 年出版之第九版爲翻譯文本，既是本書之最新版，亦意外成爲本書絕版之唯一中文翻譯版本。

全書架構與內容介紹

　　依據克勞佛教授於第九版前言之介紹，本書結構係以回顧國際公法總論之基礎命題（歷史、淵源，以及國際法與國內法之關係）爲起始，接續論述關於國家地位、國際組織，及法律人格之原理原則。隨後進入國際公法各項重要的次領域概念，包括：領土主權、海洋法、環境與自然資源、國際協議、國家管轄權、國籍、國際責任、個人及團體之保障、以及爭端解決等單元。因此，在本書第九版中涵蓋古典與當現代國際法之所有主要議題；然而，作者亦提及本書內容並未涵蓋「國際貿易法」（International Trade Law）之單元，僅在國際公法的脈絡下討論有關於關稅暨貿易總協定（General Agreement on Tariffs and Trade, GATT）及其後世界貿易組織（World Trade Organization, WTO）法律體系之細節內容。

　　由於本書結構完整，資料量相當龐大，共分爲十一部分，總計 33 章，本

中譯本雖略去英文判決及條約索引，仍達到 1,000 頁以上。除原文內容外，共約有 5,000 筆以上之註釋，內容涵蓋大量學術論著與期刊資料、國際法條約文本、國際爭端解決與仲裁機構之相關判決、聯合國與其他國際組織之決議等文獻資料引註，為利於讀者能查閱原始語文、國際組織、法院以及學術資料等，原書的註釋部分全部保留原貌不予刪減與翻譯，並參考英文法律專書之引註慣例，置於每頁下方，便於檢閱。

第一部分為「總則」（Preliminary Topics）

共分為三章，介紹全書整體主題之背景與重要概念。

第一章「概論」從 19 世紀後「萬國法」（Law of Nations）之發展開始，將「國際法」（當現代出現之專有學科名詞）視為法律的一個次領域或分支，其主要內容係規範：統治者間關係、條約締結、外交使節地位、海洋利用、戰爭方式等議題之習慣與實踐。自此以往，「國際法作為法律」之概念於焉成形，由歐洲中世紀所發展的自然法、過渡到實證主義、最終成為「現代國際法」，將國際法律思想史的脈絡發展進行完整介紹。及至「民族國家」不斷建立，以及二次大戰後許多舊殖民地與非自治領土紛紛建立獨立之國家，國際法便逐漸成為規範國家間關係之基礎，隨後亦發展出以國際法規範延伸至其他主體（國際組織、個人及法人、特殊實體等）的原理及規則。本書所強調「國際法作為一個法律體系」之核心概念，以現今國際社會來看或許已成為無庸置疑的基本假設，但從國際關係之詭譎多變，以及外交談判極不穩定的軌跡觀之，各國對於國際法的態度，長期在「理想烏托邦」與「現實修羅場」之間交互擺盪，「現實主義擁護者」（懷疑論）或「理想主義支持者」（建制論）間二元對立情況嚴重，國際法的發展從來不是一條康莊大道。

「國際法」雖自成體系，卻難界定其範圍，第二章試圖從國際法院規約第 38 條出發，該條文雖未明文規定，卻正式承認「國際法之淵源」，該條文所列出者，通常分散於不同之處，但在實踐中經常交互影響，包括：國際習慣、條約、一般法律原則、司法判決、實質淵源（國際會議及聯大決議、ILC 編纂文件）、以及其他考量原則（衡平原則、人道考量、合法利益）等。

第三章則介紹「國際法與國內法之關係」，本書主要先討論國際法院中涉

及國內法之裁量界線，以及國際法與國內法間之「一事不再理」原則的適用問題。接著討論國內法院審判中援引或適用國際法之情況，而此又分為「普通法傳統下的國際法」（包括英國與美國），以及「大陸法系（歐洲法）傳統下的國際法」（包括法國、德國、義大利、俄羅斯、荷蘭）等不同的國家實踐，對於讀者而言，在國家實踐上，對於不同法系、不同國家、不同地緣區域之比較法，能有較為全面的認識。

第二部分為「法律人格與承認」（Personality and Recognition）

第四章為介紹「國際法之主體」，自古典國際法原理原則發展開始，「國家」一直是作為國際法規範中，法律主體之首要地位。此一立場之基本假設為當代世界係建構於各個由「國家」所組成之共存基礎之上，僅有透過國家之行動，法律上的根本變化始得發生，亦即僅有透過國家權力、特權、管轄範圍，以及立法能力，始能確定領土範圍、管轄權、官方行為責任，以及其他一系列國家間之法律問題。然而，除「國家」外，國際法的發展中，亦不能忽視許多「在法律上接近國家之實體」，例如：交戰團體、國家正式獨立前領土之國際管理、國際組織，甚至是個人與非國家行為者（non-state actors）；同時，亦包含「特殊類型」，例如：法人組織（公司）、非自治民族、或國際上的「特殊實體」（entities sui generis）。本書中亦提及我國在國際法上的實踐。在退出聯合國後，中華民國與多數國家並不存在正式邦交，而我國實質管理與統治之領域——台灣（含澎湖、金門、馬祖等），則被歸類於「特殊實體」中，被視為具有「限定人格」（modified personality），或接近於「國家人格」（approximating to personality of a state）；書中並舉出我國在「漁業實體」以及「個別關稅領域」等實質參與國際組織之權宜名稱作為案例。

第五章為「國家地位之建立與發生」。關於「國家地位之建立」經常被國際間所引用之國際法，係「國家權利及義務之蒙特維多公約」（Montevideo Convention on Rights and Duties of States）第 1 條：「國家」作為國際法人應具備四項條件：(1) 永久居住之人口；(2) 劃定之領土；(3) 政府；(4) 與其他國家建立關係之能力。事實上，上開條文僅可作為進一步舉證「國家地位」之基礎，並非所有條件都屬於必要，且無論如何皆須採用進一步標準，以建

立具體有效之定義。書中並提出一些與認定「國家地位」有關之法律爭議案例，包括：1945年以來之德國、巴勒斯坦、科索沃等。另外，實現獨立亦為國家地位建立的途徑之一，涉及國際間對於「完全（外部）自決」（full "external" self-determination）與「有限（內部）自決」（qualified "internal" self-determination）間產生之顯著區別。

第六章為「國家及政府之承認」，除闡述「國家承認」與「政府承認」二概念外，亦涉及聯合國大會在過往決議中關於「集體不承認與制裁」之案例，包括：非洲納米比亞（前西南非）、班圖斯坦（南非）、北賽普勒斯共和國、東帝汶、以色列在占領區、以及俄羅斯兼併克里米亞等。並從英國、美國、歐洲等國家之內國法院面對國際上「承認」之法律問題。

第七章則為「國際組織」涉及國際法問題之全面介紹，如：法人資格、特權與豁免、履行法律行為、建立組織章程之解釋、國際組織間相互關係、國際組織制定國際法之效力，以及國際組織行為之控制。

第三部分則為「領土主權」（Territorial Sovereignty）

第八章為「領土之政府機構形態」，於本章中先介紹「領土」之概念及關鍵詞，包括：領土主權、管轄權、行政管理等。國際法上就「領土行政權」與「國家主權」二者，採取分離認定之方法；亦即行使領土上的行政管理權，並不當然代表擁有等同於國家地位之主權，最明顯易懂之案例，係二次大戰後聯合國就委任統治地及託管地所建立之法律制度，因此原理而延伸不同之領土主權爭議，包括：剩餘主權、國際租借地（古巴、香港新界、澳門、巴拿馬運河等）、非軍事化及中立之領土、附庸國、宗主國及其保護國等；上述關於領土配置之限制，則可透過條約締結，以及附屬原則予以認定之。

第九章則為探討「領土主權之取得與移轉」問題。由於國際法體系之基本單位為「國家」，則「國家」於世界上所有效占領之空間，則為其「領土」，在傳統上被認為係等同於不動產概念，國家為該「領土」之「所有權人」，故確定領土之所有權是區分其與無主地（terra nullius）之關鍵。至於領土取得之方式，本書質疑在一般國際法教科書中，皆基於羅馬法傳統而將其分為五種模式（占領、添附、割讓、征服及時效），但拘泥於上述分類可能不符合實際

情況，因而，本書提出更具建設性之領土取得方式分類，分別為：(1) 原始及歷史上所有權；(2) 有效占領（發現、象徵性的兼併、有效及持續展示國家權力、作為主權國家之意涵）；(3) 割讓（與原住民統治者締結之協定、拋棄）；(4) 法院裁決。至於「領土移轉」部分，則包括時效取得，以及歷史上之領土合併。當國家間對於行使主權範圍有糾紛時，則形成關於領土之爭端，通常藉由以下國際法原理原則予以判定：鄰接原則、保持占有原則、添附、水域邊界劃分（界河或界湖）、極地區域採用之扇形原則等。而當領土主權與強制性規範相互抵觸時，則可能發生因「侵略行為」或「行使自決權」而產生領土移轉情況，雖然在國際法上充滿正當性之爭議，但卻成為某些爭議土地上之現實狀況。最後，第十章為「領土狀態之延伸問題」，簡要介紹關於領土處置之國際程序，以及領土主權之移轉或擱置等法律爭議。

第四部分為「海洋法」（Law of the Sea）

以三個法律原則重點作為劃分。

第十一章討論「領海」與「其他海域」，包含：鄰接區、大陸架、專屬經濟區與漁業區，以及其他特殊用途區域等之法律問題，結合國際法上的傳統主題，以及聯合國海洋法公約（UNCLOS）之規範與實踐。

第十二章則為「海域劃界及其相關問題」，主要從「權利」與「劃界」之區別予以探討，國際法院或法庭倘若對當事方具有一般管轄權，則可同時裁定陸地邊界爭端、島嶼主權爭端，以及隨之而來之海洋劃界爭議。然而，UNCLOS 第 298(1)(a)(i) 條規定，「允許各國關於海洋劃界議題，得選擇不對此類爭議進行強制性爭端解決」；易言之，海洋劃界爭端雖可提交「強制調解」，但其條件必須為此類爭端乃已排除「任何必然涉及同時審議有關大陸或島嶼領土之主權，或其他權利之任何未決爭議之爭端」，本書援引南海仲裁案（South China Sea Case）中關於「九段線」爭議之主張，仲裁庭將其中「關於是否存在海域權利之爭端」與「各方權利重疊區域中進行劃界之爭端」予以區別。而關於海域劃界之問題，在 UNCLOS 中的相關條文亦有作出相關規定，分別為：協議劃界（第 15、74、83 條）、領海劃界（第 15 條）、大陸架劃界（第 83 條）、專屬經濟區劃界（第 74 條），以及島嶼或群島對於劃界之

影響等。

　　第十三章則進入到海洋法上重要之「海域跨境與公海制度」。依現代國際法之規範原理，「公海」不開放給國家單獨或集體占領，並因將其視為與「公有地」（res communis）同等之概念，而至 UNCLOS 生效後，該法第 87 條將「公海自由原則」正式納入條約規範，包含六大自由（航行、飛越、鋪設海底電纜、建造國際法允許之人工島嶼及其設施、捕魚、科學研究）；且公海上之船舶管轄權亦與國家一般管轄權之行使不同。尤其在公海上遭遇海盜行為、叛亂分子、有組織之團體出於政治動機的行為、或其他違法行為之侵害時，則依 UNCLOS 或其他習慣法之規定予以規範，或適用相關之例外原則，包含接近權、緊追權、登臨、搜查及扣押、自衛權以及封鎖權。原則上，公海上之船舶不受除其懸掛國旗之國家權力以外之任何權力所拘束，然而，本書舉出許多可能須予以特殊考量之實例，包括：油污事故之管轄權、未經授權之廣播、禁止毒品、走私移民、人口販運、遏制恐怖主義及武器之傳播等。至於進出公海之運輸規則，則有無害通過權、國際海峽過境通道、專屬經濟區之通過權、群島海道航道、強制領航等規範。本章最後，係探討漁業自由及其限制、區域漁業管理組織、世界貿易組織關於漁業之規範、捕鯨法規等公海上涉及漁民之管理，以及國家司法管轄範圍以外之海床及海底，並強調 UNCLOS 及國際海底管理局之功能與限制。

第五部分為「環境與自然資源」

　　第十四章探討「共同空間及自然資源之合作利用」，主要係論及全球能源產生及使用方面之合作（涉及核能與核武器不擴散條約以及能源憲章公約之探討）、跨境水資源、極地地區（南極大陸與北極地區之不同法律規範體系）、以及對於外太空之科學探索及使用等爭議問題，目前聯合國已有五項關於外太空之多邊條約生效施行。

　　第十五章則為「環境保護之法律問題」，聚焦於國際法於解決環境問題中之作用，以及從 1992 年里約會議成功的里程碑後，關於國際環境法之發展。至於各國可能採用之緊急法律原則，乃包括：預警原則、預防性原則、永續發展理念、污染者付費原則、使用自己財產而不損害他人原則（sic utere tuo）、

環境影響評估，以及環境損害之量化等，皆成為當代國際法或轉化為各國國內法之重要環境法原理。而本章亦探討多邊公約制定標準之發展，其中較為著名者如：瀕危物種之交易、臭氧層保護、危險廢棄物之跨境轉移、氣候變遷、海洋環境保護，以及締結公約與建立國際機構以因應不同類型之環境風險及影響，國際環境法文件存在於多邊、區域及雙邊條約之中，各國於跨界環境損害、或保護全球與本國環境等方面，皆負擔有越來越多之國際責任。

第六部分為「國際協議」

共分四章予以討論，內容涵蓋條約法、外交領事法、單方行為與禁反言原則、國際法上繼承等國際公法之核心基礎概念。

第十六章「條約法」主要係以 1969 年維也納條約法公約（VCLT）之解釋與適用為主要探討內容。本書以上開公約之架構深入分析條約基本概念（名稱、定義、功能、加入方式）；條約之締結（格式、全權證書之授予、暫時適用、加入、接受及批准、生效、存放及登記等程序）；條約之保留；條約之遵守、適用及解釋，論及「條約必須善意履行原則」（pacta sunt servanda），以及條約涉及第三國權利義務之情形等；條約之修正與條文修改；條約之無效（如：違反國際法、外表權限之瑕疵、錯誤、詐欺、脅迫、與強制性規範衝突等情況）、終止及中止（如：戰爭與武裝衝突時期、退出及協議終止、重大違約、不可能履行、情勢變更）。條約法公約內容合併「契約條約」（vertrag）與「立法條約」（vereinbarung）之特色，故許多原理原則亦可見諸於大陸法系之民法債編規範，以及英美法系中之契約法內容。

第十七章為「外交與領事關係」，外交關係藉由「國家實踐」所長期確立之規範，係參考各國締結之條約、國家立法及司法判決而來。此法律規則，目前已在 1961 年維也納外交關係公約（VCDR）呈現，作為國家間交往關係之規範模式。在外交關係之一般法律問題中，本書探討許多常見的狀況：外交關係之發生、「外交關係」與「承認」二者之關係、給予特權及豁免之理由、接受國應履行之義務、外交使館之功能、濫用外交豁免權等。接著探討有關於外交使館人員、房屋及設施之規定，其中較為重要者，首先為「使館不可侵犯」原則，源於外交豁免權（diplomatic immunity）之概念，尤其至今為止之國際

間關於「使館不可侵犯」原則之實踐中,通常於緊急情況發生時,外交使館將不惜一切代價,避免尋求外部援助,甚至任何以此名義所進行之干擾。然而,「外交庇護」雖爲各國實踐中的可能作法,但本書認爲國際法至今並未承認使館享有此「權利」,故政治難民或其他人士之庇護權,仍是政治問題(迫使派遣國與接收國回到外交談判解決爭議),而非法律問題。其次爲「外交代表之特權與豁免」原則,其中探討有關外交代表之人身不可侵犯原則;民事、行政及刑事管轄豁免理論與實踐;個人豁免與適用當地法律之情況;關於豁免之受益人、期限、放棄等問題。最後,對於其他身分或事項之外交人員進行介紹,包括:領事、外交特別使團、針對侵犯應受保護國際人員之罪行等。

第十八章爲介紹「單方行爲、默認及禁反言」之原則。國際法承認「禁反言」原則,並非僅將其視爲「單方行爲」,而係代表其實體在某些情況下不能否認其先前對於眞實性之表示,尤其可能會違反信賴或造成損害;相形之下,國際法所謂「單方行爲」係一種具有拘束力,並可被接受之「承諾」。「禁反言」原則並未窮盡國際法中之誠信原則;然而,其可能發揮何種進一步的作用,仍取決於事實與個案情況。

第十九章爲「權利與義務之繼承」,國際法上與繼承有關之政治事件包括:現有國家解體、國家之全部或部分分離或解體、去殖民化、現有國家合併爲新國家,以及國家領土之割讓或兼併等。「國家繼承」係基於主權權力之永久轉移,因此不包括:因交戰而發生之占領、暫時代理、或條約授予領土之專屬占有而導致領土臨時性變化。另外,當多邊和平條約構成新國家,或重新分配領土時,此類條約通常會將繼承問題作爲領土重新安排,並進行規範。而關於領土變化之形式,由於當一國領土發生變化時,與其「權利及義務之可轉讓性」(transmissibility of rights and duties)間存在某種關係,本書接續探討幾個重要的實踐與發展:國家連續性(state continuity)與國家繼承之區別、聯邦國家解體後之繼承問題、「後殖民時代之回歸問題」(post-colonial reversion)造成國際法上之挑戰。最後,國家繼承與國內法之關係亦相當密切,涵蓋國家財產、公法上求償與公共債務、國家契約及特許權、國籍授予等問題。

第七部分為「國家管轄權」

第二十章為「主權與國家平等」。在國際法的發展上，本書歸納「主權」與「國家平等」之必然結果如下：(1) 國家對於領土以及居住於其上之人民，得行使外觀上具有排他性之管轄權；(2) 不干涉他國專屬管轄權之義務；(3) 因習慣國際法或條約所產生之義務，最終仍須得到國家同意。因此，「主權」所彰顯的法律上意義及其功能，即為國家所專屬的權限，以及國家間平等原則。另外，在國家與國際法之互動關係上，本書探討幾個重要的觀念，包括：主權及其相關規則之適用、主權及國際組織之互動關係、聯合國憲章第 2(7) 條規定本質上屬於任何國家「國內管轄權」事件之適用及其界限等。

第二十一章為「管轄權限」。涉及國家因基於「領土基礎」而產生之「管轄權標的」有關國家「合理利益」間之真正聯繫需要進一步加以解釋；而更複雜之「域外管轄」（extraterritorial jurisdiction）合法性及其引發之爭議，在 21 世紀的後冷戰時代，掀起國際間廣泛討論，並需要賦予其新的意涵與規範模式。國家之管轄權限主要包括刑事及民事管轄權。而國際法上之管轄權原則，一般可分為：領域管轄原則、國籍屬人原則、被害人國籍原則、保護或安全原則、有效性原則、以及普遍管轄原則等；至於船舶及航空器之管轄權，則可能需留意關於該特別事件之公約與條約規範。在管轄權之獨立性上，國內法之「原則」實際上乃大量國家法律規定之概括，大致上無法反應出國際法具體承認之管轄權之類別，因此仍須留意國內管轄權與國際法規範之競合與衝突的潛在問題。最後，執法管轄權意謂：倘若未經他國同意，一個國家不得於他國領土上，以執行其法律之方式採取任何強制措施。於上述基本原則下，較有爭議的情況出現於關於域外活動之執法、以及關與國內管轄在國外之承認及執行（民事、刑事及行政管轄）等。總之，管轄權通常係並行存在於個別案件中，故而認定管轄權基礎之原則間並無等級予優先順序之分；國家亦可透過締結條約，以確定專屬領域之特殊適用情況。

第二十二章為「外國之特權與豁免」。本書先從國際豁免法之演變談起，對於豁免法之脈絡予以梳理，討論自古典國際法時期即有「地位平等者之間相互無管轄權」（par in parem non habet imperium）原則，起源於歷史上賦予來

訪君主之個人豁免,逐漸演變而作為給予「國家豁免」之理由,在國家實踐上,亦有「絕對豁免權」與「限制性豁免」理論之爭辯。至於授予豁免之方式,在定義上必須先認定授予豁免之客體係為何?可能出現的狀況包括:國家或其主權行為、國家組成單位及政治分部、獨立實體(國營事業或外國團體及組織等)、個人等。繼而探討刑事管轄、放棄豁免、執行措施與扣押等法律問題。

第八部分為「國籍與其相關概念」

第二十三章為「國籍關係」。國際間普遍認為,國家在國籍問題的決定上擁有普遍自由,意即「國家完全自由原則」(complete freedom of states);然而,在當代國際法的發展中,完全自由原則受到嚴厲的批判,主要係因為國家若因「國籍決定」而面對可能產生國際不法責任、無國籍狀態、武裝衝突下的人權保障、以及各種個案情況下,國際法仍需對於「國家完全自由原則」予以限制。最有名的案例,即為國際法院在 *Nottebohm* 一案中關於國家與個人之間「有效聯繫原則」(effective link doctrine)與否之辯論,以及聯合國國際法委員會(ILC)針對 *Nottebohm* 案後續對於國籍原則之解釋及其影響。目前國際法規則適用國籍問題時,尤須注意國家權力在國籍問題上的限制、國家責任與「真實聯繫」原則間之認定、禁止國籍反悔之原則、避免國籍之強制變更等情況。

第二十四章為「法人及資產之國籍問題」。就國際法角度而言,法人(包括公司)及財產權轉讓給國家,特別係基於外交保護之目的,通常係透過「國籍」概念予以處理。此問題必須在管轄權競合之各種情況考量下加以考量,此時,國際法上的「真實聯繫」原則(genuine connection)係「法人及資產之國籍」認定之一般性適用基礎。本書依序就國際法上針對以下不同客體之國籍認定原則,加以詳論之,包括:法人、船舶、航空器、外太空物體、國有財產之所有權等。由本章之討論可之,在法人及資產方面不可避免地在很大程度上係仿效「個人」之國籍概念及其原理原則,如此一來,更強化國家在「屬人管轄」(ratione personae)以及「屬地管轄」(ratione loci)之專屬地位。

第九部分為「責任法」

主要探討國家所應負擔之國際責任，共分三個章節。

第二十五章為「國際責任之條件」。責任法之建立條約法一樣，係透過 ILC 之編纂工作得到良好的發展，其中有三個較重要的文本：2001 年國家對國際不法行為責任條款（ARSIWA）、2006 年外交保護條款，以及 2011 年國際組織責任條款等。本章之討論重點乃聚焦於「國家責任」概念與 ARSIWA。首先，國家責任的基礎和特徵中，ARSIWA 第 2 條，將「歸責」及「違約」納入判斷國際不法行為之兩項要件，與長期以來國際間判例一致。在「可歸責於國家」之認定原則部分，主體行為除由國家機關之「作為」與「不作為」所引發之責任，包括：行政部門、武裝部隊、聯邦、省級（州）或其他內部部門、立法部門、司法部門等；其次，亦涵蓋一些特殊情況，如：越權或未經國家授權之行為；國家內部發生暴動暴力、叛亂、革命或內戰；與國家負擔共同責任；共謀（援助或協助實施國際不法行為）；國家批准或接受之不法行為等。國家於違反國際義務時，以 ARSIWA 所建立起之國際責任體系，將可追究相關國家之責任。然而，國際法上亦有承認國家可援引以排除其不法行為之特殊情況，例如：基於同意、行使自衛權、實施反制措施（countermeasures）、遭遇不可抗力或國家危難情況、符合必要性原則等。

第二十六章為「國際不法行為之結果」。國際法上對於一國或其他國際法主體實施「國際不法行為」時，可透過追究不法行為者之責任、尋求停止及賠償，或透過採取「反制措施」予以制止。ARSIWA 規定「停止及賠償」涉及國際法對於不法行為實施時所產生之義務；而若採取「反制措施」時，意味著被害國在尋求「停止及賠償」之努力都失敗後，可能採取之最終救濟措施。在賠償及補償之形式上，則包含：實物賠償及完整賠償、損害賠償及金錢賠償、利息等，甚至在嚴重違反強制性規範時，ARSIWA 第 40 及第 41 條亦有「附加後果」之制度設計：(1) 各國應進行合作，通過合法手段制止任何嚴重違背義務行為；(2) 任何國家均不得承認嚴重違背義務行為所造成的情況為合法；(3) 任何國家亦不得協助或援助保持該狀況。然而，ARSIWA 第 41 條並未規定對於嚴重違約行為負責之國家進行懲罰。

第二十七章爲「多邊公共秩序及其責任議題」，不法行爲之內容種類繁多，最常見用以表達及解決爭端之機制，不是法院或法庭，而是外交諮商及談判解決。晚近的國際法發展中相繼出現責任法原則，關注違反條約以及其他規則之不法行爲，及其所造成之損害，而非僅在乎政治上之「賠償」或「滿足」而已。本章所列出之國際情勢發展，構成針對「客觀非法行爲」及其後果，國家可能採取之適度措施。因此，對於國際不法行爲，可能仍需單獨創設特別法律制度，例如：ARSIWA 中納入嚴重違反一般國際法強制性規範規定之義務。即便如此，各國政府在執法時，仍需格外謹愼。

第十部分為「個人與團體之保障」

第二十八章爲「國際最低保障標準：外交保護與投資保障」。國家對於個人或法人之保護，係透過國籍關係之建立，爲責任法與保護原則提供穩固之基礎。國家擁有由其公民所代表之「法律利益」，故任何傷害該國公民之人，都必須考量該國家對其國民之保護能力。然而，國際法上並未制定「實質性保護標準」（substantive standards of protection），有些投資條約開始試圖建構「國際最低待遇標準」。本章先討論有關於國家對於其國民行使「外交保護」之要求及標準，此內涵與「國民待遇」原則密切相關；但若關於國內法與國際法二項保護標準不同時，此爭論並未得到最終解決，故「國民待遇標準」與「國際最低標準」兩種觀點呈現出各國在經濟與政治利益間之衝突。除上述「國際最低標準外」，仍有許多法律原則規範各國在對待外國人時，所必須遵守之參考標準，包括：公平與公正待遇、拒絕正義，以及徵收外國財產之合法性等原則。而當國家違反或終止契約時，本章進一步討論相關契約、或雙邊投資條約中可能出現的仲裁條款、穩定條款、傘狀條款，以及場所選擇條款等問題。從外國投資人之角度觀之，投資仲裁的優勢逐漸被接受（對求償程序之保障、放棄窮盡當地救濟原則、股東地位提升、改善仲裁之執行等）作爲爭端解決機制；復由於政府對基於外交保護的求償經常保持沉默，使得國際投資仲裁案件從二次大戰後至今，已經累積大量案件。

第二十九章爲「國際人權」，人權是一個廣受關注又極其複雜之領域，潛在的主題範圍，從酷刑、公平審判、社會、文化、一直到經濟權利等皆然；

國際法透過人權條約體系之建立而獲確認，此類條約係由國家間談判及簽署，並要求締約國必須承擔對待人民之責任，無論其為本國國民或外國人；故多邊或區域條約關於人權保障之範圍不斷擴大；時至今日，人權本身也已經成為國際法體系的一部分。從早期的國際法歷史發展脈絡觀之，國際聯盟時期的人權保障機制是一個非常失敗的經驗；至 1919 年國際勞工組織（ILO）成立後，一直在建立勞工待遇標準方面盡相當大的努力；1948 年聯合國國際人權宣言及其後所通過的兩公約則對後世影響重大；1975 年歐洲安全與合作會議赫爾辛基最終檔案，則對歐洲人權法發展貢獻甚鉅。當代國際人權法所適用之標準，及其法律淵源主要係來自於多邊與區域人權公約，以及習慣國際法。本章逐一介紹重要公約及其所揭示之保障原則，包括：公民與政治權利國際公約（ICCPR）、經濟社會文化權利國際公約（ICESCR）、歐洲人權公約（ECHR）、美洲人權公約（ACHR）、非洲人權及民族權憲章（Africa Charter on Human and People's Rights）等。另一方面，依聯合國憲章之規定，在非歧視基礎上，尊重與保護人權之原則已成為公認之法律標準。「群體法律與人權」或「個人法律與人權」二者之間並沒有太大鴻溝，透過平等權之強調，在對於個人待遇之保障與標準，往往也能保護到群體之權利，因而形成人權法上普遍實施之「不歧視原則」、被視為在殖民地、外國、或被外國統治下人民行使自治權利之「自決原則」、關於少數以及原住民族之權利等。其他關於國際人權法之一般性議題，本書亦深入分析：人權條約之屬人及屬地原則適用範圍、人權與人道法之互相參照，以及於私法領域中之人權標準適用議題等。最後，在人權的保障與執行部分，分為聯合國體系下的行動、條約、與特別機構；區域人權保障機制（目前僅有歐洲、美洲、非洲有此機制）。人權保障作為法律標準係國際法專業人士的主要工作，而透過各種機構對此類標準規範之制定亦是如此。

　　第三十章為「國際刑事司法」。國際刑事法及其機構之發展，應從二次大戰結束建立聯合國後，始有建設性的改變（過去在凡爾賽條約及國際聯盟時期都不算成功實例）。1945 年紐倫堡法庭憲章規定對涉嫌觸犯「戰爭罪」、「危害人類罪」及「危害和平罪」之個人提起訴訟，採用「事後追訴」（ex post facto law）法律之方式對納粹黨員進行追訴審判，紐倫堡判決駁回對於「憲

章」違反合法性原則之主張，並認爲「個人」將依據國際法承擔直接責任，成爲國際刑事司法審判之濫觴；而遠東國際軍事法庭（東京審判）審判過程在法官之間引起實體爭議，使其在程序法及實體法上受到之批評，更甚於紐倫堡判決。在上述兩個判決後，聯合國大會一致確認紐倫堡法庭憲章與判決中所承認之國際法原則，ILC 則列出了三項「國際法罪行」：危害和平罪、戰爭罪、以及危害人類罪，最終皆被納入國際刑事法院羅馬規約（Rome Statute of the International Criminal Court）。誠然，二戰後除紐倫堡法庭及遠東國際軍事法庭外，聯合國亦成立許多非常設國際刑事法庭，以追訴審判嚴重侵害人權與違反國際人道法之案件，包括：前南斯拉夫國際刑事法庭（ICTY）、盧安達國際刑事法庭（ICTR）、國際化或混合法庭（東帝汶、科索沃、獅子山共和國、柬埔寨、波士尼亞及赫塞哥維納、黎巴嫩等）。2003 年國際刑事法院（ICC）開始正式運作，法院之管轄範圍僅限於「全體國際社會所關注最嚴重之罪行，包括：滅絕種族罪、危害人類罪、戰爭罪及侵略罪」（侵略罪後經修正其定義，僅於表示同意之國家間適用）。締約國大會另外亦通過「犯罪要件」（Elements of Crimes）文書，協助 ICC 解釋及適用上述罪行。然而，國際刑事司法僅是對於嚴重暴行的一種可能回應方式，反而「眞相與和解委員會」在某些方面可能比司法審判更爲有效，例如：保存證據與證詞、更正歷史紀錄、慰藉受害者等。不可諱言，「國際刑事司法」已成爲國際法的重要領域，不但與國際人道法相互補充，且持續引起國際間高度關注。

第十一部分為「爭端」

第三十一章爲「求償程序」。本章首先探討進入爭端解決之「先決問題」，涉及區分「管轄權」及案件「可受理性」之定義與判斷基準，以及國際法院或法庭決定求償之實質內容等，而至第三十二章則延伸介紹一系列可供解決國際爭端之法院及法庭。在國家間之求償案件中，國際法院或法庭先就關於談判以及爭議之要求進行判斷，包括：判斷爭議是否存在、關於條約之解釋或適用（通常涉及仲裁條款或場所選擇條款等）、未通過談判解決之爭議，以及依國際法院規約第 36(2) 條所規範之「一般管轄權」等。另一方面，求償案件亦須注意國際法院或法庭不受理之理由、涉及外交保護與豁免的問題、以及是

否適用窮盡當地救濟原則等。至於「私人與國家間混合式求償」（包括人權訴訟、投資人與地主國間爭端解決）亦須留意「管轄權」及「可受理性」之問題。本章亦提出一個重要的觀念，在作為衝突之求償議題上，國際法試圖將「國家」與「國際」二個不同的領域加以區分，因此「國內管轄範圍」以及「用盡當地救濟原則」顯得格外重要。

　　第三十二章為「國際爭端之第三方解決」。依據聯合國憲章，不允許個別國家使用武力解決國際爭端，事實上，國際間亦很少爭端最終通過武力方式解決。然而，國際法一般原則中並沒有實際解決爭端之義務，倘若透過正式法律解決程序，通常具有雙方同意的性質。從起源而論，無論是透過仲裁方式，抑或以司法解決國際爭端之想法，皆成為和平解決國際爭端之重要模式；然而，仲裁與司法解決，在現代國際法的實踐中已沒有明顯的界限。目前國際法解決爭端的最重要機構，非「國際法院」（ICJ）莫屬，從繼承常設國際法院（PICJ）之失敗經驗，ICJ 在法院組織、管轄權設計、審判流程、法律諮詢意見制度之建立等，都有相當大幅度的改善，近年來，提交 ICJ 案件之庭期滿檔且超出負荷，此現象似乎會繼續下去。除 ICJ 外，亦有其他重要的國際法院或國際法庭，例如：常設仲裁庭（PCA）、國際法海洋法下之爭端解決（國際海洋法法庭；及 UNCLOS 附件 VII 規定下之國際仲裁）、WTO 爭端解決機制（及區域貿易協定下的爭端解決機制設計）、國際投資爭端解決中心（ICSID）等。雖然和平解決國際爭端之途徑，已發展超過半世紀以上，亦獲得不少成就；但質疑批判聲浪始終不斷，例如對於國際法庭或法院偏袒之指控，導致據稱受到偏見之國家，試圖撤回同意或直接缺席，從近年美國杯葛 WTO 爭端解決上訴機構法官提名，以及中國缺席南海仲裁案等可一窺究竟。因此，「國際爭端之第三方解決」之發展即使依然寸步難行，但對國際爭端進行公正裁決價值之要求，仍舊是許多國家的基本立場。

　　第三十三章為「國家使用武力或以武力威脅」。早期國際法的實踐中，訴諸戰爭與武力威脅一直是屬於國家之合法權力，及至 1928 年「非戰公約」（Kellogg-Briand Pact），於第 1 條開宗明義提及「譴責為解決國際爭端而訴諸戰爭，並放棄將其作為彼此關係中國家政策之工具」，二次大戰前，只有少數國家不受其條款之約束；而「非戰公約」更作為在紐倫堡及東京之國際軍事

法庭中，侵略罪與戰爭罪起訴之基礎。聯合國成立後，於其憲章第 2(4) 條明確規範禁止使用或威脅使用武力，此條文亦被稱為「聯合國憲章之基石」；而安理會之權力一直是與違反上開公約之「訴諸戰爭」主題密切相關，依聯合國憲章第 7 章，經由安理會之授權得使用武力或與之相等之臨時措施，其限制條件係僅止於「對和平之威脅或破壞」。至於其他非上述情況而單方使用武力，則顯得具有高度爭議性，例如：軍事人道干預、為救援國民之軍事干預、國家以武力行使保護責任。另一個例外規定，則為國家行使自衛權（self-defense），包括：集體自衛權、預防性或先發制人的自衛權行使等問題。然而，在憲章下持續發生爭議之情況，主要來自於以下幾項：基於區域安排的霸權干預；基於同意而對國家進行強制干預；支持民族解放運動之強行干預；恐怖主義、非國家行為者，以及違反聯合國憲章第 51 條之情事。本書提出寓意深遠之觀察：「所有出自於高尚目的之軍事干預，在其過去紀錄中，往往令人十分沮喪。國際法可謂幫助建立脆弱之國際和平；反之，對於國際法的忽視，則足以對脆弱的國際和平產生威脅」。

延伸閱讀書單

由於布朗利及克勞佛二位教授於國際法領域之著作繁多，聲譽崇隆，本譯注專書僅列舉最直接相關之專書及論文輯，以供讀者延伸閱讀之參考：

GUY S. GOODWIN-GILL & STEFAN TALMON EDS. THE REALITY OF INTERNATIONAL LAW: ESSAYS IN HONOUR OF IAN BROWNLIE (OXFORD, 2000).

Ian Brownlie, African Boundaries: A LEGAL AND DIPLOMATIC ENCYCLOPEDIA (C. HURST & CO. PUBLISHERS, 1979).

IAN BROWNLIE, BASIC DOCUMENTS IN INTERNATIONAL LAW (OXFORD, 1ST ED., 1967 ~ 6TH ED., 2008).

IAN BROWNLIE, BASIC DOCUMENTS ON HUMAN RIGHTS (OXFORD, 1ST ED., 1971~ 5TH ED., 2006).

IAN BROWNLIE, INTERNATIONAL LAW AND THE USE OF FORCE BY STATES (OXFORD, 1963).

IAN BROWNLIE, PRINCIPLES OF PUBLIC INTERNATIONAL LAW (OXFORD, 1ST ED., 1966 ~

8TH ED., 2012).

IAN BROWNLIE, SYSTEM OF THE LAW OF NATIONS: STATE RESPONSIBILITY: PART I (OXFORD, 1983).

JAMES CRAWFORD & ALAN BOYLE, REFERENDUM ON THE INDEPENDENCE OF SCOTLAND – INTERNATIONAL LAW ASPECTS (UK: LONDON, 2014).

JAMES CRAWFORD & MARTTI KOSKENNIEMI EDS., THE CAMBRIDGE COMPANION TO INTERNATIONAL LAW (CAMBRIDGE, 2012).

JAMES CRAWFORD, ALAIN PELLET & SIMON OLLESON EDS., THE LAW OF INTERNATIONAL RESPONSIBILITY (OXFORD, 2010).

JAMES CRAWFORD, BROWNLIE'S PRINCIPLES OF PUBLIC INTERNATIONAL LAW (OXFORD, 2012 8TH EDS. & 2019 9TH EDS.).

JAMES CRAWFORD, CHANCE, ORDER, CHANGE: THE COURSE OF INTERNATIONAL LAW, GENERAL COURSE ON PUBLIC INTERNATIONAL LAW (BRILL, 2014).

JAMES CRAWFORD, DOAK R. BISHOP & W. MICHAEL REISMAN EDS., FOREIGN INVESTMENT DISPUTES: CASES, MATERIALS AND COMMENTARY (KLUWER LAW INTERNATIONAL, 2005).

JAMES CRAWFORD, INTERNATIONAL LAW AS AN OPEN SYSTEM. SELECTED ESSAYS (CAMERON MAY, 2002).

JAMES CRAWFORD, STATE RESPONSIBILITY: THE GENERAL PART (CAMBRIDGE, 2014).

JAMES CRAWFORD, THE CREATION OF STATES IN INTERNATIONAL LAW (OXFORD, 2ND ED., 2007).

JAMES CRAWFORD, THE INTERNATIONAL LAW COMMISSION'S ARTICLES ON STATE RESPONSIBILITY: INTRODUCTION, TEXT AND COMMENTARIES (CAMBRIDGE, 2002).

JAMES CRAWFORD, THE INTERNATIONAL LAW COMMISSION'S ARTICLES ON STATE RESPONSIBILITY: INTRODUCTION, TEXT AND COMMENTARIES (CAMBRIDGE, 2002).

MAURIZIO RAGAZZI ED., RESPONSIBILITY OF INTERNATIONAL ORGANIZATIONS: ESSAYS IN MEMORY OF SIR IAN BROWNLIE (BRILL, 2013).

譯注說明

1. 本譯注專書內容文字中，【 】內數字為英文原文書籍頁數，提供讀者作為對照原典參考之用。

2. 作者於英文原文書籍中之註釋，係依據法律學門引註格式，由於內容乃涵蓋大量國際法律文書、國際法院及各國法院（庭）判決、國際仲裁庭裁決、聯合國及相關國際組織決議文、大陸法系與英美法系重要國家比較法內容（主要係以歐美國家為主），以及學術專書與期刊論文等豐富文獻，礙於本譯注專書之頁數繁多，英文原文書籍中所列條約、案例、文獻縮寫等英文索引予以省略，儘於全書內文中第一次出現時以中英文並列。

3. 由於英文原文書籍引用之學術及外交實務資料豐富清楚。在本譯注專書中，將於每頁頁下註之原始註釋以原文方式完整呈現，方便讀者查詢原始資料，不再另外進行中文翻譯。關於中文譯注部分，則僅就譯者認為需延伸說明者，加以補充。

4. 本中文譯注專書較之英文原文書籍，已多出將近 200 頁，在書末索引章節部分僅為簡易摘要呈現中英辭彙對照；同時，由於國際法中較多重要詞彙係以拉丁文或法文書寫，譯者將另行整理，以利讀者查詢重要中英文對照與關鍵詞彙。

重要詞彙對照

【lxxxii】依據原文書籍中整理之拉丁文或法文國際法重要詞彙,與中文對照。

原文（拉丁文或法文）	中文	詞彙涵義
Acquis communautaire	共同體規範事項	源自法文「共同體已同意之事項」,此為構成歐盟法之判例、條約及立法之集合體。
Acta jure gestionis; jure gestionis	管理權行為	非屬於國家專屬或獨特之行為,例如「商業交易」,與 *acta ju imperii* 為對立概念。
Acta ju imperii; jure imperii	主權行為	屬於國家專屬或獨特之行為,例如「涉及政府機關」與 *acta ju gestionis* 為對立概念。
Ad hoc	特設、任意	屬於特設、臨時、任意、或為特定之目的而形成或衍生,缺乏「一般性」,與「常設」為對立之概念。
Amicus curiae	法庭之友	獲准在法庭上就問題提出論點,但不代表訴訟程序任何一方利益之人。
Aut dedere aut judicare	不引渡即起訴原則	通常意義係為國際條約中的一項原則,要求一國審判被告,或將其引渡到願意如此行事之另一國。

Casus foederis	條約事項	條約（通常是區域性條約）中所包含建立聯盟之先決條件，常見於強調「集體自衛權」之約文中。
Causa sine qua non	必然原因	事件發生不可或缺之必然原因
Compromis	國際爭端解決協議	國家間將特定問題提交仲裁庭或國際法院之特別協議。
Cuius est solum usque ad coelum et ad inferos	土地持有人之所有權及於土地及其上空	誰擁有地表，誰就擁有其上空域以及其下土地之所有權。
De facto	事實上的	事實發生之情況，至於法律是否承認，在所不問，與 *De jure* 為對立概念。
De jure	法律上的	依據法律或權利之情況，與 *De facto* 為對立概念。
De lege ferenda; Lex ferenda	立法論	可指涉「未來之立法」，倘若未來要推動施行良好政策，則應與法律修訂產生關聯。
Delicta juris gentium	國際罪行	國際公法上承認之不法行為。
Détournement de pouvoir	權力濫用	源自於法國行政法上辭彙，意指公職人員濫用行政權力。
Dictum; Dicta	法院（法官）聲明	法官或法院於判決中之非必要性意見或聲明，此類論述就法律上而言並非針對爭議爭點所提出，故可能對於當事人不具法律效力。
Dies ad quem	截止日	至某一天期限為止。

Diligentia quam in suis	一般注意義務標準	個人在處理自身事務時，於一般狀況下所通常採取之謹慎標準。
Dominium	所有權	產權或所有權之絕對權利概念。
Equity in legem	法律上之公平	法律原則所定義下之公平。
Erga omnes	絕對權	作為反對或有效對抗「全世界」之意，無論所有其他法人是否受到影響，或是否得其具體同意，均在所不問。
Ex aequo et bono	公允善良原則	整體而言，係不受法律拘束之意，亦可參照衡平法（*Equity infra legem*）之概念。
Ex gratia	出於特准（恩惠）	作為酌情處置之權力，例如：特惠補償，但不承認任或並非基於任何法律上責任。
Ex hypothesi	依據假設	依據或遵循已知陳述之假設。
Ex officio	依職權	依據職務；因保有或維持特定職務所獲之權利。
Ex post facto	事後	事後發生。
Force majeure	不可抗力	發生不可抗拒之力量，或無法預見的侷限。
Forum non conveniens	不便利法庭原則	當其他地方有更合適爭議解決之地點時，法院得酌情援引此普通法原則以拒絕其自身的管轄權。
Forum prorogatum	應訴管轄	擬制之合意管轄，亦即案件係屬後的默示管轄。

In absentia	缺席審判	通常係指被告不在場情況下所進行之民事或刑事審判。
In statu nascendi	形成中	尚處於形成中之狀態。
In pari delicto	與有過失	與有過錯，或與有涉及不法行為。
Inter se	介於其間的權利	存在於特定協議或其他交易雙方之間的權利。
Intuitu personae	基於對個人之考量	憑藉對於特定個人之信任、尊重或依賴，無法轉移至他人。
Ipso facto	依據事實與法律本身	依據事實或某項行為所產生之法律效力。
Jura novit curia	法院（官）諳知法律	法院或法庭的法官，被推定熟稔法律之原則。
Jurisprudence constante	法安定性	法院慣例採取一致性之判決或職權範圍，以維持法律之穩定性。
Jus cogens	強行法	一般國際法之強制性規範。
Jus gentium	萬民法	所有國家共同之法律規則；國家間之法律；最初是一個羅馬術語，先於現代表述「國際法」。
Lex lata	現行法	現行法律，與 *De lege ferenda* 為對立之概念。
Lex specialis	特別法	當特定法律間發生衝突時，乃採取「特別法優於普通法」（*Lex specialis derogat generali*）之原則。

Lis alibi pendens	異地未決之訴訟	係指於他處尚未解決之爭議，此為國際私法之原則，旨在消除或以其他方式減少同一事項併行訴訟之風險。
Locus delicti	侵權行為地（不法行為實施地）	發生侵權行為或民事不法行為之國家或司法管轄地。
Locus standi	出庭陳述之權利	係指訴訟權，或於案件中存在充分之合法利益。
Mutatis mutandis	類推適用（準用）	經必要修改後適用於類似情況。
Ne bis in idem	一事不再理	任何人不得因同一事項而兩次受到起訴之原則。
Nemo dat quod non habet	不得贈與非己所擁有者	贈與者無法給予比其現有利益更大利益之原則。
Nullum crimen sine lege	罪刑法定原則	除非行為人於犯罪時所適用之法律體系認為其行為係犯罪，否則無法構成犯罪，亦可稱為「合法性」原則。
Opinio juris sive necessitatis	法律之確信	國家實踐中之要素，顯示該實踐係國際法所要求。
Pacta sunt servanda	條約必須善意履行原則	協議具有約束力且必須善意履行之原則。
Pacta tertiis nec nocent nec prosunt	條約效力不及於第三方之原則	條約僅對其締約方具有約束力，而不及於第三方之原則。
Persona non grata	不受歡迎人物	不受歡迎之人；係指於外交關係中用於正式禁止某人進入或留在接受國之專業用語。
Prima facie	初步證明	原則；推定的。

Quid pro quo	交換條件	互相交換之條件，意即對已實施或將實施之行爲予以考慮。
Ratio; ratio decidendi	裁判依據	裁決案件結果或特定案件判決所必需之主要依據，或其法律來源之基礎。
Ratione materiae	屬事管轄	基於事件之原因。故屬事管轄豁免係依據請求之權利標的物而給予豁免。
Ratione personae	屬人管轄	基於人之原因。故屬人管轄豁免係依據一個人之地位（例如現任國家元首）而給予豁免。
Ratione temporis	屬時管轄	基於時間之原因。故對於屬時管轄提出之抗辯，係指依據請求賠償發生時間疑義所提出。
Rebus sic stantibus	情勢變更原則	條約規定之義務在情況發生根本變化時可予以終止之涵義。
Res communis	公有物	不受單一國家主權管轄的共同物體或區域（例如公海、外太空）。
Res inter alios acta	他國之事務	影響第三國且無法針對有問題法人提出異議之事項。
Res judicata	既判力；一事不再理原則	法院已實際裁決之爭議問題，不應再次審理之原則。
Res nullius	無主物	目前不屬於任何人所有權或主權下，任何人皆可取得之資產。

Siège social	總公司所在地	法國關於確定公司住所之法律概念；可粗略地理解爲「總部」或「行政活動之主要場所」。
Stare decisis	判決先例原則	法庭應遵循自己先前之裁判，以及具有同等或更高權力之其他法庭裁決之原則。
Stipulation pour autrui	第三人受益契約	有利於第三方之契約規定。
Sui generis	獨樹一格	無法分類、不屬於正常之法律類別。
Travaux préparatoires	起草條約之準備程序	與締結條約有關的初步草案、會議紀錄等準備工作。
Ultra vires	越權行爲	未經法定機關授權；超越其權力則爲無效。
Uti possidetis juris; uti possidetis	保持占有	假設新國家或實體之邊界，係遵循前（殖民）政權下所存在者。

第一部分

總　則

第一章　概論

頓時，我感覺猶如星相家仰望天際，看到一顆新行星正遨遊
映入視野……。

約翰‧濟慈 [1]

1. 萬國法的發展

【3】「萬國法」（Law of Nations）現今被稱為國際法，[2] 係由
從中世紀晚期「萬民法」（*jus gentium*）[3] 傳統發展而來。透過許多
有影響力學者之著作——Vitoria、[4] Gentili、[5] Grotius、[6] Pufendorf、[7]

---

[1] 'On First Looking into Chapman's Homer' (1816) reproduced in Strachan, *Routledge Literary Sourcebook on the Poems of John Keats* (2003) 79–82.

[2] The term 'international law' was invented by Jeremy Bentham in 1789 and established itself in the nineteenth century in preference to the older 'law of nations', itself a translation of the *jus gentium* of Grotius and the *droit des gens* of Vattel: Janis (1984) 78 *AJIL* 405. For the history of international law: Grewe, *The Epochs of International Law* (1984, tr Byers 2000); Koskenniemi, *The Gentle Civilizer of Nations* (2002); Simpson in Crawford & Koskenniemi (eds), *Cambridge Companion to International Law* (2012) 25; Koskenniemi, ibid, 47; Jouannet, *The Liberal-Welfarist Law of Nations* (2012); Fassbender & Peters (eds), *Oxford Handbook of the History of International Law* (2012); Neff, *Justice Among Nations* (2014); Dupuy & Chetail (eds), *The Roots of International Law* (2014).

[3] The term *jus gentium* originally came from Roman law, although antecedents may be identified, e.g. in the rules-based system of diplomacy of New Kingdom Egypt (1550–1069 BCE) and the Bronze Age world system of the Near East: Altman, *Tracing the Earliest Recorded Concepts of International Law: The Ancient Near East (2500 330 BCE)* (2012) ch 4. Generally: Bederman, *International Law in Antiquity* (2001); Bederman in Armstrong (ed), *Routledge Handbook of International Law* (2009) 115–25.

[4] ca 1492–1546. Vitoria's lectures at the University of Salamanca were transcribed by his students: e.g. *De Indis* (1532); *De Iure belli Hispanorum in barbaros* (1532). Further: Pagden & Lawrance (eds), *Vitoria* (1991); Brett in Fassbender & Peters (2012) 1086–9; Barthélemy et al, *Les Fondateurs du Droit International* (1904, repr 2014) 39–60.

[5] 1550–1608. *De Legationibus Libri Tres* (1585); *Hispanicae advocationis libri duo* (1613). Further: Kingsbury (1998) 92 *AJIL* 713; (2008) 79 *BY* 1; Scattola in Fassbender & Peters (2012) 1092–7; Vadi (2014) 40 *NCJILCR* 135; Barthélemy et al (2014) 61–95.

[6] 1563–1645. *Mare Liberum* (1609); *De iure belli ac pacis* (1625). Generally: Tuck, *The Rights of War and Peace* (1999) ch 3; Haggenmacher in Fassbender & Peters (2012) 1098–100; Barthélemy et al (2014) 119–203; May & McGill (eds), *Grotius and Law* (2014); van Ittersum in Orford & Hoffmann (eds), *The Oxford Handbook of the Theory of International Law* (2016) 82–100.

[7] 1632–1694. *De iure naturae et gentium* (1672). Further: Tuck (1999) ch 5; Haakonssen in Fassbender & Peters (2012) 1102–5; Barthélemy et al (2014) 245–79.

Wolff、[8] Vattel[9] ── 而成爲【4】專門法律的一個分支，包括：統治者間關係、條約締結、外交使節地位、海洋利用、戰爭方式等議題之習慣與做法。13 世紀時，Thomas Aquinas[10] 等人反思羅馬法及民法，繼而強化「法律足以構建，或至少緩和王國、公國與共和國間關係」之觀點。[11] 由於 Thomas 主義者將上述關係予以概念化，在後來引起了 Grotius 及其他學者關注「正義戰爭」（just war）之概念。在當時，「國際法」本質上係道德問題（因爲「正義戰爭」被視爲基督教教義之問題）；然而，細究其內涵，卻涉及一些包括現代學者所熟悉之主題，例如：領土主張、條約、使館權、海洋過境通行權等。甚至在當時，「戰爭被視爲主權者之特權」亦是一個初步發展中的概念：

> 宣戰並不屬於個人的私領域事務，因爲個人事務可以向法院尋求救濟；號召人民亦不是個人私領域事務，因爲必須在戰爭時期才能動員號召。另外，由於公共福利應由當權者所承擔，政府的職責是監督他們所屬的城市、王國或省的公共福利。[12]

　　1648 年至 1649 年間簽訂的西伐利亞條約（The Treaties of Westphalia）終結了三十年戰爭，此條約通常被認爲是國際法的起源，因此以國家主權爲基礎的公共秩序體系形成標準參考，稱爲「西伐利亞主權體系」（Westphalian）。然而，此爲不合時宜之陳舊論述：雖然條約可能鞏固「民族國家」之觀念，但該條約既未創造或構成萬國法律，也沒有（在德國以外）建立任何新的政治或

---

[8] 1679–1754. *Ius naturae methodo scientifica pertractatum* (1740–1748); *Ius gentium methodo scientifica pertractatum* (1750). Further: Haakonssen in Fassbender & Peters (2012) 1106; Barthélemy et al (2014) 317–36.

[9] 1714–1767. *Le Droit des gens* (1758). Further: Tuck (1999) ch 6; Chetail & Haggenmacher (eds), *Vattel's International Law in a XXIst Century Perspective* (2011); Jouannet in Fassbender & Peters (2012) 1118; Barthélemy et al (2014) 337–408; Tourme-Jouannet in Orford & Hoffmann (2016) 101.

[10] 1225–1274. Principally: *Summa Theologia* (1274) and the *Summa contra Gentiles* (c1264–1274). Further: Budziszewski, *Commentary on Thomas Aquinas's Treatise on Law* (2014).

[11] Further: Kingsbury & Straumann in Besson & Tasioulas (eds), *The Philosophy of International Law* (2010) 33; Lesaffer in Orford & Hoffmann (2016) 38.

[12] Aquinas, *Summa Theologia* (1274, tr English Dominican Province 1974) Question 4, Art 1.

法律機構。[13]

　　以法律思想史而言，國際法起源於歐洲，延伸到整個地中海、俄羅斯及近東地區；此後，國際法隨著殖民者一起傳播到美洲、亞洲、非洲，最終到大洋洲。[14] 於此時期，歐洲並非以「沙文主義」式（chauvinistic）的角度來定義國際體系成員之身分。[15] 例如，鄂圖曼帝國早在 1649 年就被接受為國際法的有效參與者。[16]

　　【5】在亞洲，暹羅／泰國、中國和日本等一些國家在殖民衝擊中倖存下來，並繼續保持獨立，例如：1792 年馬戛爾尼使團（Macartney Embassy）曾到中國覲見乾隆皇帝被冷落之事例，可爲證明。[17] 直到 19 世紀中葉，中國在很大程度上被砲艦外交所震撼，而導致了 1860 年簽訂北京條約。[18] 相形之下，日本在聘請英國海軍顧問協助下，以及翻譯早期之惠頓國際法（Wheaton's International Law），[19] 對西方進行了有控制的開放。一些亞洲國家能夠保持獨立（如暹羅／泰國），除因爲殖民列強的方便外，也因爲國家成功地實現了內部現代化，例如日本的情況，其海軍在 1905 年對馬海峽海戰（Battle of Tsushima）中擊敗俄國。同樣情況發生於衣索比亞，她在 1896 年的阿杜瓦戰役（Battle of Adwa）中擊敗義大利後，確保其犧牲代價而換取其獨立。然而，非洲大陸的其餘部分卻被征服了，尤其在 1884 年柏林會議商討如何「爭奪非

---

[13] Peace of Münster, 30 January 1648, 1 CTS 1; Treaty of Osnabruck, 14 (24) October 1648, 1 CTS 119; Treaty of Münster, 12 (24) October 1648, 1 CTS 271. On the Peace of Westphalia, see Osiander, *The States System of Europe, 1640–1990* (1994) 16 89; Lesaffer (ed), *Peace Treaties and International Law in European History* (2004).

[14] Generally: Anghie, *Imperialism, Sovereignty and the Making of International Law* (2005); Gathii (2007) 54 BLR 1013; Onuma, *International Law in a Trans-civilizational World* (2017).

[15] Brownlie in Bull & Watson (eds), *The Expansion of International Society* (1984) 357.

[16] E.g. Instrument for the Prolongation of the Peace between the Emperor of the Holy Roman Empire and the Sultan of Turkey, 1 July 1649, 1 CTS 457. The idea that the Ottoman Empire was only accepted into international society with the Treaty of Paris, 30 March 1856, 114 CTS 409 is a solecism.

[17] Generally: Peyrefitte, *The Collision of Two Civilizations* (1993); Ruskola in Orford & Hoffmann (2016) 138. The Qianlong Emperor wrote to King George III explaining in greater detail the reasoning behind his rejection of the English request for a permanent embassy. He threatened that any attempt by English merchants to exceed the minimal freedoms already granted would be met with instant expulsion and ended by commanding the king to '[t]remblingly obey and show no negligence'.

[18] 24 October 1860, 123 CTS 71 (China–Great Britain); 25 October 1860, 123 CTS 79 (China–France); 14 November 1860, 123 CTS 125 (China–Russia).

[19] Generally: Akashi in Fassbender & Peters (2012) 724.

洲」（Scramble for Africa）[20] 之後，非洲被英國、法國、比利時、德國、西班牙、葡萄牙及義大利所瓜分，創造一個持續到二戰結束後的政治格局。[21]

於此階段，國際法的「現代結構」已經可以識別，包括：外交關係、承認、國際組織、條約和習慣國際法體系等，基本上已呈現了基本的現代輪廓。此時，以歐洲爲中心的殖民主義形象重塑全世界。到 1920 年代，世界上國家數量已減少到大約 64 個，其中 16 個是前西班牙與葡萄牙於南美洲及中美洲之殖民地。在非歐洲國家中，只有 7 個國家設法保持一定程度之獨立：包括：衣索比亞、利比亞、鄂圖曼土耳其帝國、泰國、中國、日本，以及阿富汗。

同時，「主權」在國際間被賦予獨特價值。至 1920 年代，國際法被視爲完全依賴於國家的明示或默示同意而建立之規則，故僅爲適用於「國家」間之法律，[22]「由於萬國法是建立在個別國家共同同意，而非個人的同意之上，因此國家完全且毫無例外地是國際法的主體」。[23] 然而，早期時代的影響並沒有完全消除。即使在【6】實證主義浪潮的頂峰，常設國際法院亦曾表示，國際法規定之權利可以授予個人。[24]

約於此時，新興的國際組織也被賦予國際法人格。19 世紀起，各國從雙邊條約和依賴外交接觸轉向其他形式的合作。維也納會議（The Congress of Vienna, 1814-1815）預示著一個國際會議和多邊條約時代的來臨，後來出現河域委員會，例如「多瑙河歐洲委員會」（Commission of the Danube on 1856），以及國際電報聯盟等行政工會。雖然 1899 年和 1907 年之「海牙和會」未能阻止世界大戰，但開啓了對武裝衝突進行多邊規範之傳統，以及設立常設國際法院的構想。在 1919 年國際聯盟，以及 1945 年聯合國成立之後，國際間維持和平安全進行了更完整的發展；不僅如此，許多與科技、經濟和社會

---

[20] Chamberlain, *The Scramble for Africa* (3rd edn, 2013). The conference was capped by the General Act concerning the Congo, 26 February 1885, 165 CTS 485, which in effect formalized the terms of the Scramble. Also: chapter 9.

[21] Liberia, a free settlement of former slaves, was never colonized. Morocco was divided into Spanish and French zones but maintained a certain identity: *Nationality Decrees Issued in Tunis and Morocco* (1923) PCIJ Ser B No 4; *Rights of Nationals of the United States of America in Morocco (France v US)*, ICJ Reports 1952 p 176.

[22] *SS Lotus* (1927) PCIJ Ser A No 10, 18.

[23] 1 Oppenheim (1st edn, 1904) 18. Further: chapter 4.

[24] *Polish Postal Service in Danzig* (1925) PCIJ Ser B No 11, 32–41. Also: *Steiner and Gross v Polish State* (1928) 4 ILR 291; Parlett, *The Individual in the International Legal System* (2011) ch 2.

合作有關的專門機構紛紛成立，具有行政和秘書機構的常設組織，與非常設性的外交會議平行不悖，沒有相互取代。[25]

在 20 世紀的演進中，國際法經歷了深刻的擴展過程，發展包括創設具有條約締結權且容納全球會員國的國際組織（詳見第七章）；具有詳細規範的海洋法（詳見第十一章至第十三章）；建立常設之國際爭端解決機構（或至少永久存在的機構），包括國家和私人當事方之間的「混合」爭端（詳見第三十二章）；禁止國家使用武力（詳見第三十三章）；各種國際法次學科、專門或研究領域的出現，尤其是人權（詳見第二十九章）；國際環境法（詳見第十四章、第十五章）；國際經濟法；[26] 國際刑法（詳見第三十章）；以及主要透過國際法委員會（International Law Commission）在編纂國際法方面取得的各項進展。[27][*1]

2. 國際法作為法律

就基本面向而言，國際法體系之淵源有四，列舉規定於國際法院規約第 38 條中：(1) 條約；(2) 國際習慣法；(3) 一般法律原則；(4) 司法判例及【7】各國權威最高之公法學家學說，作為確定法律原則之補助資料者。[28] 上述這些原則雖然相當重要，但條文文字並沒有告訴我們關於國際法領域廣泛的思想史，或其規範基礎的背後哲理。

---

[25] On the history of international organizations: Reinalda, *Routledge History of International Organizations* (2009); Klabbers, *Introduction to International Institutional Law* (3rd edn, 2015) ch 2.

[26] For public regulation of monetary, trade, and economic issues: Ruiz-Fabri in Crawford & Koskenniemi (2012) 352; Kurtz, *The WTO and International Investment Law* (2016). For protection of foreign investment: chapter 28.

[27] For the ILC's work: Watts, Pronto, & Wood, *The International Law Commission, 1949–1998* and *1999–2009* (4 vols, 1999, 2010). Further: Bordin (2014) 63 *ICLQ* 535.

[28] Further: Pellet in Zimmermann, Tomuschat, & Oellers-Frahm (eds), *The Statute of the International Court of Justice* (2nd edn, 2012) 731. On the sources of international law: chapter 2.

[*1]【譯注】國際公法範疇不斷擴張，並未有正式的界線。就一般國際法學界之觀點，總論部分包括：國際法之淵源、國際法與國內法之關係、主體、承認、繼承、條約法、國籍、管轄、豁免、外交關係之代表、領土主權、國家責任、國際組織、爭端解決等；而各論部分則常見有海洋法、國際經濟法（含 WTO 貿易規則體系）、國際稅法、國際人權法、國際人道法、武力使用、航空與太空法、國際環境法、國際文化遺產保護等。

(1)自然法的起源

　　國際法早期發展與「自然法」逐漸分離，這一過程受到宗教改革和宗教戰爭的影響，特別係 1648 年「西伐利亞和平條約」（Peace of Westphalia）結束了三十年戰爭。「自然法」作爲一門法律思想史派別，源於羅馬法和羅馬教會之哲學傳統。自然法構想了一個「普遍法律」（*jus naturale*，自然法）而「萬民法」（*jus genfium*，人民法）僅爲其中之次級概念。[29] 因此，「自然法」又可稱爲普遍法律，出自於 Vitoria、Grotius，以及其他早期國際法學者的主張。無論是否有意，上述學者的著作區分了自然法與萬民法，並進一步將其轉變爲專門適用於國家統治者的「萬國法」。此觀點於 Grotius 之著作中尤爲明顯，他將國際法描述爲可以透過人類社會逐漸發展而爲普遍正義的原則，以有別於宗教之「律法」以解讀與區別之：

　　　由於每個國家的法律都必須尊重該國家的利益；因此，在所有或大多數國家中，可能存在並且事實上存在一些經共同意志而商定的法律，這些法律所尊重的價值不是屬於某一個機構，而是世界上所有的機構。這就是所謂的萬國法，足以與自然法作爲區隔。我們必須承認，法律必須在衝突中保持沉默，只要她們是民事和司法的，並且適合和平時期的法律；但不是具有永久義務的，並且同樣適用於所有時代。因爲它說得很好……在敵人間，成文的民法是沒有效力的；但不成文的，是自然所規定的法律，或由國家間同意而制定的……有些事情，即使對象是敵人，也是違法的行爲。[30]

　　由上述文字可以理解，萬國法係一個法律規範體系，無論是源自普遍適用的「自然」道德還是由「國家同意」而證明其爲法律。但隨著時間的推移，

---

[29] Further: Gierke, *Political Theories of the Middle Age* (1900, tr Maitland 1938) 73, 167, 172. Also: Lesaffer in Orford & Hoffmann (2016) 38, 44–5.

[30] Grotius, *De iure belli ac pacis* (1625, ed Tuck 2005) I. Prelim, §§XVIII, XXVII.

關於這個主題的思考，逐漸變得更加關注國家之外的有限的法律議題，可以從 Grotius 的 *De Jure Belli ac Pacis*（1625）以及 Vattel 的 *Le Droit des gens*（1758）之逐項比較看出其中端倪。兩位作者間之橋樑是 Wolff，其試圖根據科學原理來描述萬民法。[31] Wolff 認為集體社會無法繼續演進，【8】除非國家間形成一個普遍政治實體，亦即「超國家」（supreme state）概念，[*2] 才能有效執行國際法：[32]

> 不言而喻，分散在全世界的所有國家無法聚集在一起，若國家都表示同意時，必須被視為所有國家的意志；如果他們遵循自然的法則，他們就會使用正確的理性。我們必須承認，很明顯的是，由文明的國家所認可的即是萬國法。[33]

Wolff 的主張是 Vattel 所著 *Le Droit des gens* 的始祖，這本可以說是第一本國際法教科書。[34] 但 Vattel 的文本與 Wolff 的許多結論並不一致，最明顯的就是兩人在「超國家」概念的矛盾，Vattel 更願意將歐洲的國家體系視為一個能夠為共同利益行事的集體。[35] Vattel 斷言歐洲大陸將組成──

> 一種政治制度，在這種制度下，居住在世界這一地區的國家被她們的關係和各種利益集合成一個整體。不再像從前那樣，是一堆雜亂無章的分離部分，每個部分都很少關心其他

---

[31] During the 1740s, Wolff published a vast work attempting to describe natural law according to science. The last volume applied these principles to the law of nations: Wolff, *Ius Gentium Methodo Scientifica Pertractatum* (1749, tr Drake & Hemelt 1934).

[*2] 【譯注】「超國家」之概念始終僅止於法律或政治學術理論上之探討，在人類的歷史中並未出現此種組織。

[32] Tuck (1999) 187–8.

[33] Wolff (1749, tr Drake & Hemelt 1934) §20.

[34] The influence of Vattel was perhaps strongest in the newly formed United States of America. Generally: Janis, *The American Tradition of International Law* (2004); Oosterveld, *The Law of Nations in Early American Foreign Policy* (2016) 26–7.

[35] Tuck (1999) 191–2; Gordley, *The Jurists* (2013) 191–2. Also: Allott, *The Health of Nations* (2002) 412–16, lamenting Vattel's victory over Wolff.

部分的命運，也很少為不會立即影響到她的事務而煩惱。君
主對所發生一切事務的持續關注、駐地官長的習慣、不斷發
生的談判，使現代歐洲成為一種共和國，其成員——每個獨
立但都因共同利益而團結在一起——為了維護秩序和自由而
團結起來。因此，出現了著名的政治平衡方案，或權力平
衡。[36]

隨後，康德（1724-1809）[37] 及其他哲學家試圖重新描述國際法的約束性，提議建立共和國家的「和平聯盟」（*foedus pacificum*），此主張與 Wolff 所提出的「超國家」概念類似，[38] 並以強制的法律規範作為後盾，這是實現安全和持久和平的唯一方法：

與其他國家共存的國家只有一種理性的方式，可以擺脫純粹
戰爭的非法失序狀態。就像個人一樣，必須放棄野蠻和非法
失序的自由，適應公共強制性法律，因此組成一個國際國
家（international state, "*civitas* Pentium"）。而她必然會繼
續增長，直到她涵蓋了地球上的所有民族。但既然這不是萬
國的意志，依據目前國際權利的概念，世界共和國的積極理
想無法實現；然而，退一萬步想，【9】充其量可以找到一
個消極的替代品，其形式是一個持久且逐漸擴大的聯邦制
（federation），可以進一步阻止戰爭。後者可能會制止人類
違抗法律的傾向，雖然歷史上總是有再次爆發戰爭的風險。[39]

---

[36] Vattel, *Le Droit des gens* (1758) III.iii.§47.

[37] On Kant and international law: Tuck (1999) ch 7; Perreau-Saussine in Besson & Tasioulas (2010) 53; Werner & Gordon in Orford & Hoffmann (2016) 505–25. For Kant's own work, see the polemic 'Perpetual Peace: A Philosophical Sketch' (1795) reproduced in Reiss (ed), *Kant: Political Writings* (2nd edn, 1992) 93.

[38] Perreau-Saussine in Besson & Tasioulas (2010) 53, 59 n33; Neff, *Justice Among Nations* (2014) 188–9; cf Tuck (1999) 219–20.

[39] Kant (1795) 105.

(2) 從實證主義到現代

現代的早期從帝國、世俗或宗教的主張中，出現「主權國家」之概念。國家作爲物質的、獨立的實體而出現，國際法的發展就成爲管理國家間關係的方式之一。法律如何在主權國家之間運作的明顯矛盾，透過形成法律義務的優先同意權、在國家間事務中迫切的合作需要，以及以主權所作出的永久性承諾、締約，以及解決爭端，不僅僅是休戰而已。[40] 事實上，法律本身開始規定成爲國家「需要爲何」，而作爲純粹法律問題，此即爲「國家」存在之意義。

萬國法便是在一個完全沒有其他制度的體系中發展起來的，而國際法仍然高度以國家爲中心，這一立場從 19 世紀初開始，由於實證主義作爲對法律和法律義務的解釋居於主導之地位，其特點是只有「實證法」（positive law）——以某種形式由權威制定之法律——可以被認爲是真正的法律。而國際法很難看到其是「被制定出來的」，因爲國際法是以一種分散的方式出現。實證主義將法律視爲權力的擴散，是透過制裁與強制執行的主權命令而產生。然而，國際法不是高於國家的法律，而是國家之間的法律（可被執行、不涉及戰爭、並以道德譴責、或拒絕利益的方式出現），很難在實證法的基礎上進行說明。事實上，根據一些實證主義學者，特別是 John Austin（1790-1859）之說法，國際法只是「不恰當地被稱作爲法律」。[41] 基於上述論點，Austin 主張：

> 國與國之間建立的法律並不是實在法，因爲每一條成文法都是由一個特定的君主爲一個或多個臣服於其王權的人民所制定的……國與國之間建立的法律是由普遍意見制定的法律（不恰當地稱呼）。其所施加的義務是透過道德制裁來執行，基於國家的恐懼，或主權者的恐懼，以此激起國家間普遍敵意並招致其可能的危害，以防其違反普遍接受和反對的準則。[42]

【10】依據 Austin 之說法，國際法不符合實證主義公理。蓋在國際體系

---

[40] *SS Wimbledon* (1923) PCIJ Ser A No 1, 25.
[41] Austin, *The Province of Jurisprudence Determined* (1832, 1995 edn) 123.
[42] Ibid, 171.

中，依據定義沒有單一主權者，因此也沒有指揮權，制裁效果更是分散、零星且去中心化。Austin 之立場相當極端，並不是實證主義所固有，他相信單一主權者的教條是所有法律的源泉。而作爲 Austin 友人與學術前輩之邊沁（Jeremy Bentham, 1748-1832）對國際法就沒有上述的看法，主要是因爲他認爲國家主權者，就像他們可以爲自己的社會利益發布法律一樣，也可以與其他國家共同頒布國際法。[43] 邊沁與 Austin 不同，相信眞正的法律可以透過宗教或道德制裁來執行：

> 當外國根據明示契約參與執行相關法律時，這是外國以身分保證遵循此類法律的情況之一。在國際法學史上，有許多此類公約的例子。[44]

H. L. A. Hart（1907-1992）詳細闡述了一個更完善的實證主義法律理論。藉由 Kelsen 的理論，Hart 區分了三類的規則：(1) 主要規則，涉及人類行爲和互動；(2) 輔助規則（裁決、執行和變更規則），其支持並與主要規則相關；(3) 主要的承認規則，能使觀察者識別系統的組成部分，並將其視爲合法。正是內部態度，主要是官員，負責實施輔助規則人的態度，將該制度視爲合法，而不僅僅是一套社會規則。重要的不是人們對主要規則的接受，而是人們對產生和應用這些規則系統的接受：主要規則和輔助規則的結合，可被視爲是法律的本質。[45]

基於這個複雜的衡量標準，Hart 將國際法視爲一種邊緣形式，具有發達法律體系的一部分，但並非全部特徵，而且不完美。[46] 蓋國際法只有初步的裁決、執行和變革機構，但沒有強制管轄的法院、沒有立法機構、官員內部態度脆弱，最重要的是，沒有其他社會規則像國內法律這樣接近國際法，尤其國際法仍然保留著些許的社會規則。[47]

---

[43] For an analysis of Bentham in this respect: Janis (1984) 78 *AJIL* 405, 410–15.

[44] Bentham, *An Introduction to the Principles of Morals and Legislation* (1789, 1970 edn) 68–70.

[45] Hart, *The Concept of Law* (2nd edn, 1994) ch 5.

[46] Ibid, ch 10.

[47] Ibid, 237.

上述立場受到 Brownlie 之批評，他認爲無論 Hart（以及一般的實證主義者）所謂的法律及非法律理論的論述如何，國際法的現實都講述了一個不同的故事：

> Hart 認爲，缺乏強制性管轄權和立法機關，並不是在某種條件下運作制度的特殊特徵，【11】而是被拋棄的人的標誌，是一隻蝴蝶的標誌，一種不被預先確定的收藏。然而……考慮到自 1945 年以來因內亂而破裂的國內法系統，國際關係甚至比國內法還要相對具有穩定性。雖然可以說國際法缺乏輔助規則，但如果人們接受一個觀點：即輔助規則在維持國內法系統的基本合法形式方面，沒有發揮決定性的作用，那麼這一點在國際法也就不那麼重要了。[48]

(3) 義務基礎

事實上，有許多公共秩序體系的例子，雖然缺乏可茲識別的主權，但仍能發揮其作用——從原住民社會的習慣法到歐盟的法律。即使將一個系統歸類爲法律，也不能預先確定其有效性：從各種國家法律系統或多或少的混亂可以證明其中的道理。然而，是否在相關社會的特定系統中，有很顯著的規則、傳統或制度，滿足該社會的需求，並透過公認合法的技術和方法加以應用，而並非單純的不受管制的力量表現。

於 20 世紀時，此種對國際法之理解，透過「社會學理論」[49] 得到進一步闡述，以及更加嚴格和務實的「自然法」導向加以理解。[50] 特別是，John Finnis 捍衛了國際法（特別是習慣國際法），能夠在沒有任何有權力制定法律的人所

---

[48] Brownlie (1981) 52 *BY* 1, 8.

[49] Notably through the work of Myers McDougal and the 'Yale' or 'New Haven' school of international legal thinking: e.g. McDougal (ed), *Studies in World Public Order* (1987); McDougal & Feliciano, *The International Law of War* (1994). Further: Reisman (1992) 86 *PAS* 118; Reisman, *L'École de New Haven de Droit International* (2010).

[50] Orakhelashvili, 'Natural Law and Justice' (2007) *MPEPIL*; Gordon in Orford & Hoffmann (2016) 279.

制定情況下出現，也無需借助 Hart 關於授權生成和更改規則的輔助規則理論：

> 雖然承認習慣具有權威性存在的直接「道德」正義論據……
> 但習慣的一般權威性取決於這樣一個事實：即習慣之形成，
> 已被國際社會採納爲一種適當的規則制定方法。因爲，鑒於
> 此一事實，承認特定習慣的權威性，可以讓所有國家都有機
> 會解決原本無法互動和協調的衝突，並進一步促進國際社會
> 的共同利益，否則該衝突將永遠無法解決。而這個機會是所
> 有法律權威的根源，無論是源自於「統治者的權威」還是「規
> 則的權威」。[51]

3. 國際法的現實與軌跡

(1)國家與主權

　　【12】國家是「法律上平等、形式相似的政治實體，是國際法的直接主體」。[52]雖然有明顯的歷史偶然性，一旦國家地位得到普遍承認，就會出現新的情況：新國家就是「主權」（sovereign）象徵，[53]亦擁有「主權」，不管國家的狀況脆弱或資源短少，都沒有差別。就上述對「主權」描述的觀點而言，與 18 世紀 Vattel 所持立場對比，並沒有產生太大的變化：

> 既然人天生平等，而且在他們的權利和義務上普遍存在完全
> 平等……由人所組成的國家，被認爲是生活在自然狀態中的
> 許多自由人，自然是平等的，並從自然繼承相同的義務和權
> 利。基於此觀點下，權力或弱點亦不會產生任何區別。侏儒

---

[51] Finnis, *Natural Law and Natural Rights* (2nd edn, 2011) 244 (emphasis added); the whole passage (ibid, 238–45) should be read.

[52] *Reparation for Injuries suffered in the Service of the United Nations*, ICJ Reports 1949 p 174, 177–8.

[53] Generally: Crawford in Crawford & Koskenniemi (2012) 117; Chinkin & Baetens (eds), *Sovereignty, Statehood and State Responsibility* (2015).

和巨人一樣是人；一個小的共和國並不亞於最強大的王國，她們都是「主權國家」。[54]

國家對於主權之壟斷，以及其在國際層面上採取行動的能力，一直受到很多批判，以至於有人呼籲完全避免這個詞彙。[55] 其中最大的挑戰是反對以「主權」作爲國際社會組織的核心概念。同時，隨著私有化及全球化成爲世界經濟中具有影響的力量，主權就如同許多事物一樣，原本面貌已不再相似，尤其反形式主義和規則懷疑主義的興起背景下，這樣的主張有明顯的發展。隨之而生的是「主權平等」的想法正式形成，成爲一個國際間顯著的目標。對於上述關於「主權」批判者的回應，Kingsbury 強調了典範移轉中的缺失：

國家主權作爲一個規範性概念受到越來越多的挑戰，尤其是以一種功能性觀點來看，國家失去了其規範性的優先權，並與超國家、私人和地方行爲者相互爭奪對其最有利的監督權力。然而，放棄主權的論述，轉而支持功能性取向的主張，將加劇不平等、降低對強制干預行爲的限制、並削弱「國家」作爲身分認同和政治自治區所扮演的關鍵角色，以及將世界重新劃分爲多個區域。[56]

強調主權概念的之彈性，【13】以及可以爲世界不同文化和傳統提供共同標準的能力，顯得格外重要，從而可能促使形成一個「國際社會」（international society）。「主權」係具有「有限之實質性後果」（limited substantive consequences）之概念，其與政府內部的形式具有一致性。[57]

---

[52] *Reparation for Injuries suffered in the Service of the United Nations*, ICJ Reports 1949 p 174, 177–8.

[53] Generally: Crawford in Crawford & Koskenniemi (2012) 117; Chinkin & Baetens (eds), *Sovereignty, Statehood and State Responsibility* (2015).

[54] Vattel, *Le Droit des gens* (1758) I, Prelim, §18.

[55] '[T]he sovereignty of states in international relations is essentially a mistake, an illegitimate offspring': Henkin (1999) 68 *Fordham LR* 1, 2.

[56] Kingsbury (1998) 9 *EJIL* 599, 599.

[57] Skinner in Kalmo & Skinner (eds), *Sovereignty in Fragments* (2010) 26, 46.

(2) 組織結構

　　上個世紀的重大發展之一是出現了具有普遍成員資格的國際組織，並以此組織來尋求規範國家間之武力使用。[58] 可以確定以下兩個國際組織，皆係起源於世界大戰後之產物。第一個成立者為「國際聯盟」（the League of Nations），主要係以美國總統 Woodrow Wilson[59] 之構想所籌建，載明並成為 1919 年凡爾賽條約（Peace of Versailles）[60] 中的一部分，但美國本身卻自始沒有加入，而她在 1930 年代解體。第二個成立者為「聯合國」（the United Nations），1945 年係依據聯合國憲章（the Charter of the United Nations）[61] 而成立，雖然歷經磨難，聯合國仍是國際間一般事務的重要溝通平台。雖然上述這兩個組織表面上相類似，但採取了不同的策略來規範國家間之互動。其中最重要者，國際聯盟盟約沒有禁止或取締戰爭，這與「限制訴諸戰爭」，在程度上並不相同（第 XII、XIII、XV 條）。事實上，依盟約之規定，其試圖利用戰爭制度來應對違反其規定的行為（第 XVI 條）。

　　1. 倘若任何聯盟成員違反第 XII、XIII 或 XV 條所規定的盟約而訴諸戰爭，則其在事實上應被視為對聯盟所有其他成員實施了戰爭行為，這些成員在此立即承諾：斷絕所有貿易和金融關係、禁止其國民與違反盟約國國民之間的一切往來、防止違反盟約國國民之間的一切金融、商業和個人往來，以及任何其他國家的國民，無論其是否為聯盟成員。

　　第 XVI 條旨在履行國際聯盟作為國際法義務的保證者，確保成員的關鍵承諾得到法律保障，並將國際聯盟視為一個集體安全體系。而該條文程序要求

---

[58] Further: Sheeran in Weller (ed), *The Oxford Handbook of the Use of Force in International Law* (2015) 347. On the history of international organizations: Claude, *Swords into Plowshares* (4th edn, 1971); Reinalda (2009); Klabbers (3rd edn, 2015) ch 2.

[59] Schwietzke, 'Fourteen Points of Wilson (1918)' (2007) *MPEPIL*.

[60] Covenant of the League of Nations, 28 June 1919, 225 CTS 195. See Fleury in Boemeke, Feldman, & Glaser (eds), *The Treaty of Versailles* (1998) 507; Graebner & Bennett (eds), *The Versailles Treaty and its Legacy* (2011).

[61] 26 June 1945, 892 UNTS 119.

聯盟理事會成員應有一致性（或有條件一致）決議，並應特別考量採取集體行動後，利益可能因此而受到影響的成員（第 IV 條與第 V 條）。【14】但在具體實踐中，「自主性制裁」（automaticity）的想法被淡化了，而採取孤立主義的美國係因「自主性」而將國際聯盟拒於門外。[62]

　　相形之下，聯合國是一個非常不同的結構，並非基於任何和平條約所創建，當然也就避免了曾經困擾國際聯盟，對於「懲罰性和平」的不幸聯想。因此，打破以往盟約形式成員國間對於「承諾」與「制裁」間的密切聯繫，憲章取而代之的是賦予安全理事會廣泛的自由裁量權。過去盟約試圖保障國際法並以集體安全制度為後盾的情況不復存在，憲章完全禁止單方面使用武力，僅在特定和有限的情況下允許例外（第 2 條第 4 項，及第 51 條）。憲章第七章賦予安全理事會得作出反應或不作出反應的權力，且受到「威脅或破壞和平或侵略行為」（有意的模糊文字）的限制（見第三十三章）。在聯盟的決策過程中，需要成員國協商和一致同意的決議；憲章則取消了五個常任理事國之外所有成員的否決權，僅有美國、英國、法國、中華人民共和國（此前為中華民國），以及俄羅斯（此前為蘇聯）得行使否決權（第 27 條第 3 項），從此以後，否決權不再是主權的附屬物，而是成為五個大國在關鍵問題上不被否決的保證。[63]

　　在 *Reparation for Injuries* 一案中，國際法院賦予聯合國類似於國家的提出求償之能力，亦即聯合國創始會員國擁有代表「國際社會中絕大多數成員」都具備上述法律能力。[64] 尤其係透過「安全理事會」，使得聯合國在安全事務上具有影響力；[65] 以及其他全球性或區域性具有影響力的國際機構，同時，雙邊外交仍在繼續，並且可能都對特定問題具有決定性影響。

---

[62] E.g. Walters, 1 *History of the League of Nations* (1952) 66–74.

[63] On proposals for the reform of the Security Council: Bourantonis, *The History and Politics of UN Security Council Reform* (2005); Szewczyk (2012) 53 *Harv ILJ* 449; Schwartzberg in Finizio & Gallo (eds), *Democracy at the United Nations* (2013) 231.

[64] ICJ Reports 1949 p 174, 185.

[65] Further: Lavalle (2004) 41 *NILR* 411; Talmon (2005) 99 *AJIL* 175; Bianchi (2006) 17 *EJIL* 881; Joyner (2007) 20 *LJIL* 489; Orakhelashvili, *Collective Security* (2011) 220–2; Popovski & Fraser (eds), *The Security Council as Global Legislator* (2014); Deplano, *The Strategic Use of International Law by the United Nations Security Council* (2015).

(3) 國際法體系

　　國際法是一個法律體系，雖然不能完全將其類比爲國內法律體系。[66] 此外，國際法也是個長久有效的法律系統：每天有數百萬人透過空中、陸地和海上運輸跨越國界；國家的界線是確定和延伸；資源被開發與轉售；國家有代表以及作出承諾。以 Henkin 的說法「幾乎所有國家幾乎始終遵守幾乎所有國際法原則和幾乎所有義務」。[67]「國際法」在很大程度上【15】不僅提供了國家間關係的關鍵詞，而且提供了其基本語法。

　　國際法的眞實性，也就是政府對被描述爲國際法規則的實際運用，是不容質疑的。所有正常的政府都聘請專家就國際法問題提供例行性與其他建議，並不斷根據國際法界定其與其他國家間的關係。政府及其官員經常使用長期以來被稱爲「萬國法」或「國際法」的規則。法律界定了國家的權限，亦成爲提供國家間創設其他組織機構的工具之一，例如，歐洲經濟共同體就是典型的多邊條約。[68]

　　在沒有任何位階制度的情況下，國際法義務基礎存在於國家實踐之中，國家將某些程序（不限於條約締結）視爲產生法律權利和義務的過程，並且通常按照國際法律規則行事。簡言之，國際法具有作爲「體系」的特徵，而不僅僅是規則的任意集合。法律人格、法律淵源（包括條約）、法律解釋和責任等的基本結構，提供了一個體系架構，於此體系內，法律規範可以產生、被適用，並且越來越多規範被裁定援引爲其依據。然而，此體系在制度上亦存在缺陷，大多數時候，國際法體系缺乏具有普遍權威的立法機構和司法管轄權的共識基礎，反而強化了多數國際法的自願和合作性質。

---

[66] The value of municipal law analogies was proclaimed (to the point of overstatement) by Hersch Lauterpacht (1897–1960): Lauterpacht, *Private Law Sources and Analogies of International Law* (1927); Lauterpacht, *Function of Law* (1933, repr 2011) ch 6.

[67] Henkin, *How Nations Behave* (2nd edn, 1979) 47; cf Koh (1997) 106 *Yale LJ* 2599.

[68] Brownlie (1981) 52 *BY* 1, 1–2.

(4) 國際法的脈絡

　　就基本而言，國際體系內的權力結構使主權和國家地位仍然是貨幣的基本單位。因此，各個國家可以利用其權力修改一國內部法律，制定國家本身的規則，尤其是關於殖民自決的規則（見第五章），國家可以藉由成為國際組織的成員（見第七章）或接受國際法庭的管轄（見第三十二章）來彰顯其主權。這些發展很大程度擴展了國際法的內容，並且縮小了國內管轄範圍。在國際合作中，國家被要求履行範圍不斷擴大的國際義務，雖然以此增強了國家的權利，但卻也賦予了更多應履行的義務。而這些狀況並沒有改變國家的本質，也沒有改變遵守國際法義務之基礎。

　　誠然，標準國際法律關係仍然係以「雙邊關係」為主（即使這種關係的形式基礎亦可存在於多邊條約）。然而，難以掌握的國際法本質正在開始發生變化，很大的原因是國家開始使用國際法來制定符合人類共同利益的義務（至少是那些接受義務的國家），例如保護人權或環境。然而，「國際社群」【16】（international community）並不存在任何法律表現（legal manifestation）；但國際間存在「國際組織」，該組織擁有可以約束國家成員實施（甚至強制執行）公認標準之權力；但如果沒有，則締約國有責任採取行動，以確保其他國家承諾的共同利益得以實施，而締約國本身又不會成為任何違法行為的直接受害者。我們可以說，在現代國際法體系中，已經發展出有限的公法規則體系（見第二十七章），對於國際組織和國際法院，行政法的發展也相當類似。[69]另外，雖然沒有適用於控訴國家的國際刑法，但有越來越多的規則，將個人（可能包括國家官員）之行為置於國際刑法之下，並交由國際法庭審理（見第三十章）。上述國際法之發展，特別是在人權領域，為國際法律體系中的主體，增加了另一種法律人格，即「個人」（除自然人外，有時是由國家法律設立的公司），亦即不再否認個人在國際法中可能享有權利和義務；但這些權利和義務的含義，取決於特定國際法規則的實施，而不取決於任何固有的國際人格，例如歸屬於國家的國際人格（見第二十八章）。

---

[69] On the emergence of a 'global administrative law': Elias, *The Development and Effectiveness of International Administrative Law* (2012); Cassese, *Research Handbook on Global Administrative Law* (2016).

(5) 懷疑論、理想主義（idealism）及對國際法之回應

　　事實上，現代社會中財富和權力在國家內部和國家之間的分配極為不平等，而且這種不平等的趨勢可能會越來越大。由於國際間缺乏基於民主原則制定類似「國際憲法」的規範，則很可能會讓專制君主們可以更加放任苛政，有時甚至長達數十年以上。[70] 公開之違法行為將更加惡化。然而，國際法的批評者往往以極端的方式回應這樣的現象，完全駁回國際法的訴求，[71] 或將改革契機寄望於近乎神奇的力量。[72] Koskenniemi 將國際法的進步視為介於「狡辯」及「烏托邦」（utopia）之間擺盪，無法解決二元對立之難題。[73]

　　最近，不僅在美國，世界各地都可以看出懷疑論（scepticism）和本土至上主義之氛圍，似乎以一種越來越對立的方式，往往相當於聾人間的對話。國際法的規範有時仍會被提及，但在其他時候，【17】國際法顯然或甚至變成透明而完全被忽略，這涉及到許多政府在前一時期，尋求建立許多新的安排。例如：敘利亞、伊朗、朝鮮、伊拉克、利比亞及烏克蘭等爭議，以及普遍地對各種形式的全球化更加明顯之反彈（例如英國退出歐盟），產生許多懷疑論者，以及造成政府困境。[74]

　　由於國家權力的差異、現代軍事體系的複雜性，以及更廣泛地說，國際關係的範圍擴張，人們很容易懷疑國際法的主張。但事實並未改變，國際之間有些事情顯然需要做，但只能透過集體行動來做，例如：減少氟氯碳化物（Chlorofluorocarbons）之排放就是一個典型案例，不能只有某些國家採取行動，但其他國家卻無動於衷，必須要全體國家一致性地採取集體行動，才能解

---

[70] Brownlie (1981) 52 *BY* 1, 2 (admitting that at any one time 'international society contains a certain number of dangerous eccentrics').

[71] Notably within the US academy: e.g. Goldsmith & Posner, *The Limits of International Law* (2005). Also: Bradley, *International Law in the US Legal System* (2nd edn, 2015); Roberts, *Is International Law International?* (2017).

[72] E.g. Pogge in Crawford & Koskenniemi (2012) 373. For a more hesitant 'utopian' view: Allott, *The Health of Nations* (2002).

[73] Koskenniemi, *From Apology to Utopia* (2nd edn, 2005) 17; and see Werner & de Hoon (eds), *The Law of International Lawyers* (2017).

[74] See e.g. Haas, *A World in Disarray: American Foreign Policy and the Crisis of the Old Order* (2017); Crawford (2018) 81 *MLR* 1.

決地球臭氧層破洞的問題；[75] 氣候變遷之情況亦爲其中之一；[76] 另外，如暫停捕殺巨型鯨而使一些物種免於滅絕，並使其他物種永續復育亦然。[77] 總之，國際法提供了一套體系，來解決因爲近 200 個主權國家的存在所帶來的集體行動問題。雖然受到批評，但國際法爲以規則爲基礎的國際社會提供了規範結構，無可取代。雖然目前國際法正在不斷受到挑戰，可能會被毀棄；但如果國際法眞有一天被摧毀，我們將變得更糟。

---

[75] Vienna Convention for the Protection of the Ozone Layer, 22 March 1985, 1513 UNTS 324; Montreal Protocol on Substances that Deplete the Ozone Layer, 16 September 1987, 1522 UNTS 28.

[76] Carlarne, Gray, & Tarasofsky (eds), *The Oxford Handbook of International Climate Change Law* (2016); Bodansky & Brunnée, *International Climate Change Law* (2016). For international environmental law generally: chapter 15.

[77] International Convention for the Regulation of Whaling, 2 December 1946, 161 UNTS 72, Art VIII and Sch I, para 10(d)–(e); *Whaling in the Antarctic (Australia v Japan: New Zealand intervening)*, ICJ Reports 2014 p 226.

第二章　國際法的淵源

1. 概述

【18】國際法為處理國家間交往關係而提供規範架構，在此基礎上，國際社會也不例外，法諺有云：「有社會結構的地方，必有法律」（*ubi societas, ibi jus*）。國際法的淵源則定義了整個規範系統：如果一個潛在的規則得到一個或多個公認的國際法「淵源」予以證明，此規則可能會被接受為國際法的一部分。同時，因為「淵源」的破碎性亦顯示了國際法在形成法律規範時的去中心化與碎裂化。

國際法院規約第 38 條[1] 可以說正式承認了國際法的淵源，而第 38 條中所列出的淵源通常是分散在不同地方，但在實踐中會交互影響。

因此，我們通常會區分法律的「正式淵源」（formal source）和「實質淵源」（material source）。「正式淵源」通常係指，該規範對於特定對象具有法律約束力，而被認為應普遍適用該規則；而「實質淵源」則提供規則存在之證據，一旦此等規則被公認而確立，便具有法的約束力和普遍適用性。然而，在國際關係脈絡下，「正式淵源」一詞的使用常具有誤導性，會讓人連結到國家內部憲法機制與立法程序的概念，實際上國際間並不存在立法機關來制定國際法。國際法院的裁決、聯合國大會有關法律問題的一致性決議，以及以編纂或發展國際法規則為宗旨的重要多邊條約，都在不同程度上具有重要意義。雖然如此，這些淵源通常對於國家沒有法律拘束力，國際上所謂的「正式淵源」幾乎很難出現。退而求其次，與其尋求作為與正式淵源，或與「憲法」同等的規範，不如說國際法淵源的重要基礎，是來自於國家普遍同意或接受，並且可以創設普遍適用的規則。國際法中對習慣的定義，本質上係原則陳述，而不是像英美法一樣指涉古代之習慣。

---

[1] 26 June 1945, 892 UNTS 119.

　　國際法中很難區分何謂「正式淵源」與「實質淵源」。前者無法避免的只能簡化爲一種無用之「準憲法原則」（quasi-constitutional principle）；反而實質淵源的多樣性，對國際法而言至關重要，也是國家和其他相關行爲者就特定規則或實踐達成規範共識的最重要證據。【19】另一方面，國際法院裁決、聯合國大會決議，以及立法型多邊條約，可檢視國際行爲者對於特定規則之態度，以及彼此間是否存在共識，經過必要的協商程序，也使得上述淵源的地位比其他「實質淵源」更加重要。因此，無論是未經批准之條約，還是國際法委員會（ILC）向大會提交之報告，都沒有任何條約法或其他方面的約束力。即便如此，這些文件可作爲公衆反應的證明，也許有朝一日會接近達成共識的門檻，並和反對賦予其規範性力量的國家相抗衡。

　　條約法涉及當事方（國家和其他具有締約權之主體）所同意接受具體法律義務的內容，亦即當事方明示約定可能產生的義務。條約可能是基於雙邊或多邊而簽訂；[2] 即使是多邊條約，其產生的法律義務也可能僅在相關的兩個當事方之間生效，例如外交關係中的派遣國和接受國。對於多邊和雙邊條約，條約形式的限制仍然適用：未經第三方同意，條約既不強制也不使第三方受益。[3] 因此，特定條約義務的產生與一般國際法的淵源不同，後者來自於更分散的過程；易言之。條約可謂法律義務之來源，但並非普遍適用規則；然而，條約卻可能構成重要的實質淵源，因爲條約中的義務可能反映或代表著某項習慣國際法。[4]

2. 國際法院規約

　　從歷史上看，將國際法淵源明確化的重要嘗試，見於常設國際法院規約（the Statute of the Permanent Court of International Justice）第 38 條[5] 之中，

---

[2] The Vienna Convention on the Law of Treaties (VCLT), 22 May 1969, 1155 UNTS 331, does not define 'bilateral' or 'multilateral'. Article 60(1) assumes that a bilateral treaty is between two parties. Likewise, Arts 40–1, 55, 58, 60, 69, and 70 assume that a multilateral treaty is between three or more. Further: Crawford (2006) 319 Hague *Recueil* 326.

[3] VCLT, Art 34.

[4] Thirlway, *The Sources of International Law* (2014) 129–32.

[5] 16 December 1920, 112 BFSP 317.

其後幾乎逐字不變[6]的被國際法院規約（the Statute of the International Court of Justice）第38條所替代：

1. 法院對於陳訴各項爭端，應依國際法裁判時應適用：
   (a) 不論普通或特別國際公約，確立訴訟當事國明白承認之條規者。
   (b)【20】國際習慣，作為通例之證明而經接受為法律者。
   (c) 一般法律原則為文明各國所承認者。
   (d) 在第59條規定之下，司法判決及各國權威最高之公法學家學說，作為確定法律原則之輔助資料者。
2. 前項規定不妨礙法院經當事國同意本於公允及善良原則裁判案件之權。

依同法第59條規定，「法院之裁判除對於當事國及本案外，無拘束力」。

上述二項規定之文本係根據國際法院的職能來表述；然而，卻實際反映法庭於過去審理案件時的實踐，因此，國際法院規約第38條經常被視為對國際法淵源的完整描述。[7] 值得注意者，第38條條文中並未明確提及「淵源」一詞，故本條文也不能簡單將其視為列舉式清單。[*1]

首先，第一個疑問是規約第38條第一段是否有法位階的概念隱含其中？是否有適用上的順序問題？從法條文意上來看，似乎沒有明確的位階概念，然

---

[6] The clause in the first paragraph 'whose function is to decide in accordance with international law' was added in 1946 in order to emphasize that the application of the enumerated sources was the application of international law: Thirlway (2014) 5–6.

[7] Generally: Hudson, *The Permanent Court of International Justice* (1943) 601–12; Pellet in Zimmermann et al (eds), *The Statute of the International Court of Justice* (2012) 731. Also: Revised General Act for the Pacific Settlement of International Disputes, 28 April 1949, 71 UNTS 101, Art 28; ILC Model Rules on Arbitral Procedure, Art 10, ILC *Ybk* 1958/II, 78, 83; Scelle, ILC *Ybk* 1958/II, 1, 8. Article 38 has often been incorporated textually or by reference in the *compromis* of other tribunals.

[*1]【譯注】雖然國際法之淵源眾多，但當代國際法主要仍係以「條約」及「國際習慣」作為主要淵源，其餘各種方法則為輔助解釋以證明國際法規則之存在，或作為國家、外交人員、國際法律師，以及學術工作者作為參考（reference）之價值。

而，起草者有特別安排款項的「次序」問題，並且在一份草約中寫到「依序」
（successively）的字眼。[8] 在實踐上，第 (a) 款與第 (b) 款是最重要的淵源：我
們或許可以藉由以下的事實，來解釋第 (a) 款之優先權，因為公約或條約通常
指的是具體的法律義務；[9] 然而，在所有案件情況下，若直接依循第 (a) 款到
第 (d) 款的適用順序來考慮層次結構，是相當不明智的。第 (a) 款之內容涉及
法律義務，但在某些情況下，條約不會直接賦予締約國相對應義務，特別是在
違反國際法強制性規範時；[10] 況且，在所有情況下，條約義務的內容取決於條
約解釋，適用與否都必須受國際法管轄。[11] 某部條約甚至可能被習慣國際法規
則所取代，例如：締約方在嗣後行為中承認國際習慣法之效力。[12]【21】追溯到
1920 年，第 38 條可能被認為已經過時、狹隘且不適應現代國際關係。但在實
踐中，該條文具有足夠的代表性，對於強調規則應被國家普遍接受的觀點是正
確的，且該條文亦有效避免將國際習慣法與聯合國大會的決議相混淆。

3. 國際習慣

(1) 習慣的概念

　　規約第 38 條中所稱「國際習慣」，係指「作為通例之證明而經接受為法
律者」，法條的文字本身存在表面缺陷（*prima facie* defective）：不應將習俗
之存在與否，[13] 和對其有利之證據相互混淆。法律工作者（法律顧問、法院、

---

[8] Akehurst (1974–5) 47 *BY* 273, 274–5; Thirlway (2014) 133. But see *South West Africa (Ethiopia v South Africa; Liberia v South Africa)*, Second Phase, ICJ Reports 1966 p 6, 300 (Judge Tanaka, diss). In general: Villiger, *Customary International Law and Treaties* (2nd edn, 1997); Charney in Delbrück (ed), *New Trends in International Lawmaking* (1997) 171; Meron (2003) 301 Hague *Recueil* 9, 373.

[9] In accordance with the *lex specialis* principle: see Fragmentation of International Law, Report of the Study Group of the ILC, A/CN/4/L.702, 18 July 2006, esp 8–11; Vranes (2006) 17 *EJIL* 395. Cf d'Aspremont in Fitzmaurice & Merkouris (eds), *The Interpretation and Application of the European Convention of Human Rights* (2013) 3, 20. For special custom as a *lex specialis*: *Right of Passage over Indian Territory (Portugal v India)*, ICJ Reports 1960 p 6, 39–40.

[10] Indeed, this is the *definition* of a peremptory norm, at least according to VCLT, Art 53. Further: chapter 27. As to a conflict between peremptory norms and customary law, see *Jurisdictional Immunities of the State (Germany v Italy: Greece intervening)*, ICJ Reports 2012 p 99, 140. Further: Boudreault (2012) 25 *LJIL* 1003.

[11] Cf VCLT, Arts 31–3. Further: chapter 16.

[12] *Air Transport Services Agreement* (1963) 38 ILR 182, 248–55.

[13] Séfériadès (1936) 43 *RGDIP* 129; de Visscher (1955) 59 *RGDIP* 353; Lauterpacht, *Development* (1958) 368–93; D'Amato, *The Concept of Custom in International Law* (1972); Akehurst (1974–5) 47 *BY* 1; Wolfke,

政府、評論員）就以下兩個相關問題得出結論：(1) 是否有普遍性的實踐？(2) 是否該習慣被作爲通例之證明而經接受成爲國際法？國際法院 Read 法官將國際習慣法形容爲「總體性的國家實踐」，然而，之所以要求「總體性」要件，必須符合國家實踐中是否「接受該習慣爲法律」。[14] 雖然類似的詞彙有時可以互換使用，但「習慣」（custom）和「習俗」（usage）之含義完全不同。「習俗」是不包含法律義務在內的一般行爲，例如：在海上的敬禮儀式，或給予外交座車停車特權等措施。[15] 習俗慣例是出於禮讓，並未明確表示或聲稱有法律義務。因此，國際禮儀可稱爲一種習俗，包括：睦鄰友好、相互尊重、彼此友善地放棄一些技術性的來往細節。[16] 然而，若長時間、毫無保留地維持某種特定禮讓規則，很有可能會發展成爲習慣法規則。[17]

可以作爲證明國際習慣的來源相當廣泛，包括：外交信函、政策聲明、新聞稿、政府法律顧問的意見、【22】關於法律問題的官方文書（如軍法手冊）、行政命令和行政處分、軍隊命令（如交戰準則）、各國政府對國際法委員會（ILC）草案之回應與隨附評註、立法、國際法院和國內的司法判決、條約和其他國際文書之陳述與評論（尤其是以全體締約國形式所呈現的文書）、[18] 國際機構實踐、聯合國及其附屬機構（尤其是聯合國大會）中針對法律問題之決議等，上述資料的價值各不相同，具體適用情況將取決於個案狀況認定。

Custom in Present International Law (2nd edn, 1993); Perreau-Saussine & Murphy (eds), *The Nature of Customary Law* (2007); Orakhelashvili (2008) 68 *ZaöRV* 69; d'Aspremont, *Formalism and the Sources of International Law* (2011) 162–70; Kammerhofer, *Uncertainty in International Law* (2011) 59–85; Crawford, *Chance, Order, Change* (2014) 48; Thirlway (2014) 53; Bradley (ed), *Custom's Future* (2016). For approaches to custom that draw on economic theory: Goldsmith & Posner (1999) 66 *U Chic LR* 1113; Norman & Trachtman (2005) 99 *AJIL* 541; Lepard, *Customary International Law* (2010). For the ILC's Draft Conclusions on Identification of Customary International Law, see Report of the ILC, A/71/10, 18 August 2016, 74.

[14] *Fisheries (UK v Norway)*, ICJ Reports 1951 p 116, 191 (Judge Read).

[15] *Parking Privileges for Diplomats* (1971) 70 ILR 396; Roberts (ed), *Satow's Diplomatic Practice* (6th edn, 2009) para 9.15.

[16] See the *Alabama* (1872) in Moore, 1 *Int Arb* 653; *The Paquete Habana*, 175 US 677, 693–4 (1900); *Parking Privileges for Diplomats* (1971) 70 ILR 396, 402–4; Dodge (2015) 115 *CLR* 2071.

[17] E.g. some diplomatic tax exemptions were originally granted as a matter of comity but are now consolidated as legal requirements in the Vienna Convention on Diplomatic Relations (VCDR), 18 April 1961, 500 UNTS 95, Art 36. See further: Roberts (6th edn, 2009) paras 8.4–8.5.

[18] E.g. references to 'every State' or 'all States' in UNCLOS, Arts 3, 17, 79, 87, etc.

(2) 習慣的要件

(i) 長期與一致性的實踐

　　國家對於某項事務長期與一致性的實踐涉及了價值的問題。完全一致性的實踐（complete uniformity of practice）並非必要，但實質上一致性的實踐（substantial uniformity）才是判斷之標準。在 *Anglo-Norwegian Fisheries* 一案中，國際法院拒絕接受海灣封閉線存在 10 英里規則。[19] 在 *Jurisdictional Immunities of the State* 一案中，國際法院基於國家實踐缺乏一致性，駁回了關於國家豁免之習慣規則存在例外的主張。[20]

　　只要確立習慣的一致性和普遍性，習慣規則的形成不需要特定的持續時間；亦即，習慣的形成不再需要長期實踐，遠古實踐的主張更顯不必要，例如：航空和大陸架有關的規則，在時間相對較快的成熟期（fairly quick maturation period）之後就被認可。[21] 在 *North Sea Continental Shelf* 一案中，國際法院認為：

> 雖然僅僅經過很短的一段時間，並不必然阻礙新的習慣國際法規則之形成（在原本純粹的約定規則基礎）；重要且不可或缺的條件是，在討論系爭爭議的時期內，即使時間可能很短，「國家實踐」包括利益特別受到影響之國家，就其所援引的規則而言，應該符合既普遍又一致性的實踐，一旦該規則以上述的方式產生，便足以表明該國普遍承認該規則涉及一項法律或法律義務。[22]

　　國際法院設定了一個相當高的適用標準，特別是在要求「特別受到影響」

---

[19] ICJ Reports 1951 p 116, 131.

[20] ICJ Reports 2012 p 99, 126–35.

[21] On the rapid evolution of key rules concerning the continental shelf: Crawford & Viles in Crawford, *Selected Essays* (2002) 69.

[22] *North Sea Continental Shelf (Federal Republic of Germany/Netherlands; Federal Republic of Germany/Denmark)*, ICJ Reports 1969 p 3, 43. See further: ILC Draft Conclusions on Identification of Customary International Law, Report of the ILC, A/71/10, 18 August 2016, Draft Conclusion 8(2), 96.

的國家（specially affected），[23] 必須採取一致性的做法。以此標準而言，杜魯門宣言（Truman Proclamation）中闡明有關大陸架的規則似可符合；【23】但國際法委員會（ILC）提出的劃界規則（未列入該宣言中）就很難符合上述標準。[24]

(ii) 普遍性的實踐

完全一致性的實踐（complete consistency）如上節所述並不必要，眞正的問題在於區分國家究竟是表達棄權，還是對於因被要求遵循某些規則而提出抗議；因爲國家的沉默可能表示默許，也可能表示對此議題缺乏興趣。國際常設法院在 Lotus 一案中，錯誤地判斷沒有抗議的後果，以及船旗國以外的國家相當普遍放棄起訴的重要性。[25] 因此，日內瓦公海公約（the Geneva Convention on the High Seas）通過了一項曾被常設國際法院否決的規則，這是個相當罕見的例子：以條約推翻了常設國際法院關於國際習慣法的認定。[26]

在 Fisheries Jurisdiction (UK v Iceland) 一案中，法院提到在特殊情況下，將漁業擴大至 12 海里限制，「似乎已被普遍接受」，同時，在全世界對於近海漁業特別依賴的情況下，「沿岸國的優惠權利概念越來越被廣泛地接受」。[27] 然而，雖然法院並不表示其意見爲提議作爲法律（sub specie legis ferendae），或者在制定法律之前預見未來的法律；[28] 事實上，法院確實闡明了一項沿岸國優先權利的規則，而這就是在聯合國海洋法公約（United Nations Convention on the Law of the Sea, UNCLOS）關於專屬經濟區制度出現之前，所進行之過渡程序。[29]

(iii) 被接受爲法律

國際法院規約中指出國際習慣爲「作爲通例之證明而經接受爲法律者」。

---

[23] See Heller (2018) 112 *AJIL* 191; Yeini, ibid, 244.

[24] (1946) 40 *AJIL Supp* 45. For the Court's reasons for rejecting the 'equidistance/special circumstances' rule, see ICJ Reports 1969 p 6, 43–6. For maritime delimitation, see further chapter 12.

[25] *SS Lotus* (1927) PCIJ Ser A No 10, 16; cf Lauterpacht (1958) 384–6. Also *The Paquete Habana*, 175 US 677 (1900).

[26] 29 April 1958, 450 UNTS 11, Art 11; UNCLOS, Art 97.

[27] Merits, ICJ Reports 1974 p 3, 23–6. For reliance on the practice of a limited number of states, see *SS Wimbledon* (1923) PCIJ Ser A No 1, 15, 25–8.

[28] Merits, ICJ Reports 1974 p 3, 23–4.

[29] UNCLOS, Part V, and further: chapter 11.

有些反對者不認爲這種主觀的心理因素是習慣所必須達到的要件；[30] 但贊成者認爲類似主觀認知的判斷條件是必要的。[31] 主觀上「被接受爲法律」通常係以拉丁語彙 *opinio juris sive necessitatis*【24】來表達，[32] 而規範性的概念，如何將具體實踐表述爲具有約束力，一直是形成習慣規則的必要要求。

　　國際法院經常指出「法的確信」（*opinio juris*）存在於國家的普遍實踐、學術主張，或來自其本身或其他法庭先前的判決。[33] 但在極少數案件中，法院判決更爲保守，包括 *Lotus* 一案，法國主張船旗國對公海上發生的事故擁有專屬刑事管轄權。然而，常設國際法院駁回了法國的主張：

> 即使在系爭案件中發現的司法判決很少見……各國在實踐中經常放棄提起刑事訴訟，並非國家有義務如此行事，因爲只有當這類「棄權」是基於國家有意識到有放棄某種權利義務時，才有可能談及國際習慣。本案所指稱的事實，並不能推斷國家已經意識到有這樣的義務；另一方面，也有很多其他事實情況，推導出相反的結論。[34]

---

[30] See Guggenheim, 1 *Études Scelle* (1950) 275. For Kelsen, *opinio juris* is a fiction to disguise the creative powers of the judge: Kelsen (1939) 1 *RITD* 253. Cf Kelsen, *Principles of International Law* (2nd edn, 1967) 450–1. But analytically the judge is in no different position than any other evaluator of custom, except that the judge's decision may bind the parties (ICJ Statute, Art 59).

[31] Further: Kirgis (1987) 81 *AJIL* 146, arguing that custom operates on a 'sliding scale', along which the level of *opinio juris* required to substantiate an assertion of custom is directly relative to the manifestation of state practice. Also Roberts (2001) 95 *AJIL* 757.

[32] Lit, 'an opinion of law or necessity'. The first appearance of the term seems to have been in von Liszt, *Das Völkerrecht* (1st edn, 1898) 6; von Liszt, *Das Völkerrecht* (3rd edn, 1925) 16; also Rivier, *Principes de droit des gens* (1896) 35, who refers to the idea but does not use the term. It is implicit in the judgment in *SS Lotus* (1927) PCIJ Ser A No 10, 28, but was not actually used by the Court until *North Sea Continental Shelf*, ICJ Reports 1969 p 3, 43–4; thence (spuriously) *Military and Paramilitary Activities in and against Nicaragua (Nicaragua v US)*, ICJ Reports 1986 p 14, 96–8. Cf Mendelson (1995) 66 *BY* 177, 194; Dahlman (2012) 81 *Nordic JIL* 327, 330.

[33] *North Sea Continental Shelf*, ICJ Reports 1969 p 3, 44; *Delimitation of the Maritime Boundary in the Gulf of Maine Area (Canada v US)*, ICJ Reports 1984 p 246, 293–4; *Nicaragua*, ICJ Reports 1986 p 14, 108–9; *Legality of the Threat or Use of Nuclear Weapons*, ICJ Reports 1996 p 226, 254–5; *Armed Activities on the Territory of the Congo (DRC v Uganda)*, ICJ Reports 2005 p 168, 226–7, 242; *Legal Consequences of the Construction of a Wall in the Occupied Palestinian Territory*, ICJ Reports 2006 p 136, 171–2; *Pulp Mills on the River Uruguay (Argentina v Uruguay)*, ICJ Reports 2010 p 14, 82. Also: *Responsibilities and Obligations of States Sponsoring Persons and Entities with Respect to Activities in the Area*, ITLOS Case No 17 (2011) 150 ILR 244, 281.

[34] (1927) PCIJ Ser A No 10, 28; also ibid, 60 (Judge Nyholm, diss); 97 (Judge Altamira, diss).

　　同樣的情況應適用於國家的棄權與積極行為，因此在 *Lotus* 案中，法院尚未準備好接受持續行為作為法律義務的證據，並要求對於「法的確信」採用高標準的證明。[35]

　　接著在 *North Sea Continental Shelf* 一案中亦是如此，丹麥和荷蘭主張，在大陸架公約（the Convention on the Continental Shelf）[36] 簽署之日後，劃定大陸架的等距原則以及特殊情況方法，已被接受為法律。然而，法院拒絕根據當時的習慣推定存在「法的確信」；亦拒絕承認國家以公約為基礎的嗣後實踐產生了國際習慣。事實上，該判決之理由與現行一般實踐所推定「法的確信」是否存在的觀點並不矛盾。因為在 1958 年以前，除 ILC 正式紀錄外，關於大陸架等距原則的國家實踐非常少，這顯示了當時該原則在實踐方面的證據相當稀少；[37] 至於 1958 年後的實踐，法院駁回該論點主要係基於以下兩個【25】因素：(1) 第 6 條之意旨係在達成共識，而非創設新的法律規則；[38] (2) 因公約生效不到三年，國家實踐不足以表明普遍承認涉及法律原則或義務。[39] 可見判決理由並不承認該公約已符合「法的確信」。[40]

　　在 *Nicaragua* 一案中，[41] 法院在以下條款中明確提及北海大陸架：

考量此行為實例……法院必須強調，正如在 *North Sea Continental Shelf* 一案中，形成新的國際習慣規則時，相關行為不僅必須「構成既定實踐」（amount to a settled practice），且必須符合「法的確信」（*opinio juris sive necessitates*）之要件，認定的方式取決於無論是採取此規則的國家，抑或對此規則作出反應的其他國家，其行為都必須使

[35] For criticism: Lauterpacht (1958) 386. See, however, MacGibbon (1957) 33 *BY* 115, 131.
[36] 29 April 1958, 499 UNTS 311.
[37] ICJ Reports 1969 p 3, 28, 32–41.
[38] Ibid, 41–2.
[39] Ibid, 43.
[40] Ibid, 43–5. For contemporary comment: Baxter (1970) 129 Hague *Recueil* 31, 67–9; D'Amato (1970) 64 *AJIL* 892; Marek (1970) 6 *RBDI* 44. Also *Nuclear Tests (Australia v France)*, ICJ Reports 1974 p 253, 305–6 (Judge Petrén).
[41] ICJ Reports 1986 p 14, citing ICJ Reports 1969 p 6, 44.

他們的行為能夠足以證明「既存的規則是強制性，並且作為法律確信的證據」……需要有這樣的信念確認，亦即主觀因素的證據必須存在，才足以證明「法的確信」隱含於國家實踐之中。[42]

同樣情況，法院在 *Diallo* 一案中，對於國際習慣法之認定，尤其在適用「法的確信」（*opinio juris sive necessitatis*）此一要件中，採取更嚴格的解釋方法，因為法院考量單純實踐（mere practice）的不確定和不充分性：

事實上，許多的國際協定，例如：促進和保護外國投資協定以及華盛頓公約（Washington Convention）建立了專門的投資保護法律制度，或者有關上述投資保護原則的條款，通常包含在地主國與外國投資人直接簽訂的契約中，但並不足以表明外交保護的習慣法原則發生了變化，反之亦然。[43]

不同解釋方法選擇，似乎取決於案件的性質。爭論的主要焦點在於法律的狀態，以及取決於法院的自由裁量權。[44] 解釋方法可能取決於國家實踐是否主要基於條約（在這種情況下，法的確信可以擴張解釋，並將條約規範作為國際習慣的適用），或者認定為此項法律的規則仍在發展中，尚未形成國際習慣。

(3) 習慣的相對性

不應將「一般國際法」（general international law）一詞視為要求所有國際法主體普遍皆接受該規則。事實上，有些國際法規則【26】被普遍接受，而且各國每天在提出和回應權利主張時，都一再重申國際法的體系。然而，國際法體系中有很多原則，並非都能得到大部分國家的普遍接受，但也不能否定其為國際法體系中的一部分，例如：基於同意、對國際習慣法的要求、始終有堅

---

[42] ICJ Reports 1986 p 14, 108–9. Also ibid, 97–8, 97–103, 106–8.

[43] *Ahmadou Sadio Diallo (Republic of Guinea v Democratic Republic of the Congo)*, Preliminary Objections, ICJ Reports 2007 p 582, 615.

[44] For criticism of the Court's sometimes unpredictable approach to identifying customary rules, see Yee (2016) 7 *JIDS* 472, 479–87.

持反對者等；相同地，一個國家若未明示或默示接受某項國際法規則，也無法直接推定該國係持反對立場。

(i) 堅持反對者（persistent objector）

一個國家可以透過在國際習慣形成過程中，表達持續的反對來豁免適用未來新的習慣規則。[45] 反對之證據必須清楚，且無論堅持反對者所持的基礎為何，都應有可反駁推定接受（rebuttable presumption of acceptance）的理由，此項原則已被國際法庭、[46] 國家實踐，[47] 以及國際法委員會（ILC）所承認。[48] 事實上，由於國際關係中明顯採取多數決的傾向，上述原則可能會更被重視。[49] 然而，隨著社群主義規範的日益出現，國際社會作為一個整體（international community as a whole）的利益也越來越顯著，堅持反對者原則的適用可能被限縮。[50] 常見情況係國際社會對於已被接受規則的定義或範圍即使存在分歧，但特定爭議國家的觀點將不會再有決定性的作用。[51] 雖然如此，在形成國際習慣時，堅持反對者依舊強化了「國家同意」原則。[52]

---

[45] The principle was recognized by both parties, and by the Court, in *Anglo-Norwegian Fisheries*, ICJ Reports 1951 p 116, 131. Also: *North Sea Continental Shelf*, ICJ Reports 1969 p 3, 26–7, 131 (Judge Ammoun); 235, 238 (Judge Lachs, diss); 247 (Judge ad hoc Sørensen, diss); *Asylum (Colombia v Peru)*, ICJ Reports 1950 p 266, 277–8; and cf the central finding of non-opposability of exclusive fisheries zone claims in *Fisheries Jurisdiction (UK v Iceland)*, Merits, ICJ Reports 1974 p 3, 29–31.

[46] Examples include the US and Japan's refusal to accept territorial sea claims of more than 3nm (O'Connell, 1–2 *The International Law of the Sea* (ed Shearer, 1982) 156, 163–4), and the refusal of the People's Republic of China to accept the restrictive doctrine of sovereign immunity (*Democratic Republic of Congo v FG Hemisphere Associates* (No 1) Hong Kong Court of Final Appeal, 147 ILR 376).

[47] Green, *The Persistent Objector Rule in International Law* (2016) 49. Cf D'Amato (2014) 108 *AJIL* 650, 668.

[48] For the ILC's Draft Conclusions on Identification of Customary International Law, see Report of the ILC, A/71/10, 18 August 2016, 74.

[49] See esp Charney (1985) 56 *BY* 1; Charney (1993) 87 *AJIL* 529. Further: Fitzmaurice (1957) 92 Hague *Recueil* 5, 99–101; Waldock (1962) 106 Hague *Recueil* 5, 49–53; Schachter (1982) 178 Hague *Recueil* 21, 36–8; Elias, 'Persistent Objector' (2006) *MPEPIL*; Quince, *The Persistent Objector and Customary International Law* (2010); Dumberry (2010) 59 *ICLQ* 779; Green (2016) 260.

[50] *Seabed Advisory Opinion* (2011) 150 ILR 244, 307, referring to the obligations of states in general with respect to activities in the deep seabed.

[51] E.g. the disagreement between the US and many other states as to the definition of torture: US reservation upon ratification of the Convention against Torture, 21 October 1994, and objections by Finland, 27 February 1996; Netherlands, 26 February 1996; Sweden, 27 February 1996; Germany, 26 February 1996. Cf further criticism in Report of the Committee against Torture, A/55/44 (2000) paras 179–80; Murphy, 1 *US Digest* (2002) 279–80, 289–98; Nowak & McArthur (eds), *The United Nations Convention against Torture* (2008) paras A1:10, 20, 24–5, 50–4.

[52] For further practical benefits of the persistent objector rule, see Green (2016) 257.

(ii) 嗣後反對者（**subsequent objector**）

【27】在 *Anglo-Norwegian Fisheries* 一案中，挪威的部分論點主張，即使 10 海里的海灣封閉線（closing line for bays）以及某些規則屬於一般國際法的一部分，也無法拘束挪威，因為挪威「始終如一且明確地表明拒絕接受這些規則」；[53] 而英國承認國際法一般原則，但否認挪威已表現出其所謂的拒絕接受該規則。因此，形成一個國家堅持反對某項國際法原則的問題。然而，法院並未接受上述論點，法院認為雖然挪威堅持不接受規範，但其他國家卻默認該規則。在本案中法院並未明確地檢視，默許規則在形成國際習慣時的作用，[54] 而且國家也必須面對習慣規則隨時間而變化的問題。[55] 倘若很多國家主張適用新規則，反對的力道也同時增加，而再加上一些國家的默許，可能會很快地形成新規則，[56] 上述大陸架形成的國際習慣即為一例；反之，倘若習慣之進程緩慢，新舊規則都沒有壓倒多數的擁護者，結果就是形成一個特殊關係網絡，結合了反對者、默許者或甚至是歷史權利維護者。這種形成習慣的情況通常具有過渡性質，就像在國家內部事務中，過渡期也需要一段時間醞釀。

(iii) 雙邊關係與地方習慣

某些習慣規範可能在特定區域內實施，從而形成「地方習慣法」（local customary law），[57] 此類規範通常見於雙邊關係的層級。在 *Right of Passage* 一案中，[58] 葡萄牙依據地方習慣法，確立了從 Port of Daman（達曼港）進入印度

---

[53] ICJ Reports 1951 p 116.

[54] The dictum requiring explanation is: 'In any event the ten-mile rule would appear to be inapplicable as against Norway inasmuch as she has always opposed any attempt to apply it to the Norwegian coast.' ICJ Reports 1951 p 116, 131. See Fitzmaurice (1957) 92 Hague *Recueil* 5, 99–101; Sørensen (1960) 101 Hague *Recueil* 5, 43–7.

[55] E.g. *Lauritzen v Chile* (1956) 23 ILR 708, 710–12. See Green (2016) 138–43, 234.

[56] Since a delict cannot be justified on the basis of a desire to change the law, the question of *opinio juris* arises in a special form. In the early stages of change this can amount to little more than a plea of good faith. For a recent attempt to argue a change to an established customary rule, see Italy's arguments in *Jurisdictional Immunities of the State*, ICJ Reports 2012 p 99, 126.

[57] Cf commentary to Draft Conclusion 16 of ILC Draft Conclusions on Identification of Customary International Law, Report of the ILC, A/71/10, 18 August 2016, 114.

[58] ICJ Reports 1960 p 6, 39–43; cf 62–3 (Judge Wellington Koo); 82–4 (Judge Armand-Ugon, diss); 110 (Judge Spender, diss). Also: *Jurisdiction of the European Commission of the Danube* (1927) PCIJ Ser B No 14, 6, 114 (Deputy-Judge Negulesco, diss); *Nottebohm (Liechtenstein v Guatemala)*, Second Phase, ICJ Reports 1955 p 4, 30 (Judge Klaestead, diss).

領土內陸的葡萄牙飛地 *2（Portuguese enclaves）之權利。法院認爲：

> 很難理解依據長期的實踐經驗，若要建立「地方習慣」原則
> 時，國家實踐的數量必須在兩個國家以上。法院認爲，兩國
> 之間長期持續的實踐，既然已經被雙方接受爲其關係的規
> 範，沒有理由反對該習慣已經構成兩國間相互權利和義務的
> 基礎。59

【28】在考慮形成雙邊習慣規則時，關於認定習慣的一般原則並不能完全代替個案分析。當一方試圖在雙邊基礎上改變一般法律時，提出這項特別權利者必須證明其擁有領土主權，在這種情況下，「法的確信」（opinion juris）就融入了默許原則。60 在 Right of Passage 一案中，過境安排可以追溯到蒙兀兒（Mughal）時期，此原則並未受到英國和後來獨立的印度政府所質疑。

除此之外，另一個「地方習慣法」的著名事例，便是拉丁美洲之外交庇護（diplomatic asylum），關於其他國家的大使館向政治難民提供庇護的權利。具體而言，哥倫比亞曾經以拉丁美洲國家特有的區域或地方習慣法來對抗秘魯。61 法院觀察此案時提及：

> 主張「地方習慣法」的一方，必須證明這種習慣法的建立方
> 式會使其對於另一方具有法律約束力。哥倫比亞政府必須證
> 明其援引的規則，符合有關國家有一貫及一致性的實踐，並
> 且此項實踐明確表達了給予政治庇護的國家有具體的權利，
> 以及領土國應遵守之法律義務。62

---

*2【譯注】「飛地」係指於一國領土範圍內之土地，但其主權卻隸屬他國之領土。

59 ICJ Reports 1960 p 6, 39.

60 Generally: D'Amato (1969) 63 *AJIL* 211; Antunes, *Estoppel, Acquiescence and Recognition in Territorial and Boundary Dispute Settlement* (2000); Antunes, 'Acquiescence' (2006) *MPEPIL*.

61 *Asylum*, ICJ Reports 1950 p 266, 276.

62 Ibid, 276–7.

法院進一步闡述：「即使此種習慣法只存在於某些拉丁美洲國家間，但哥國政府不能援引此項原則來反對秘魯，哥國的態度遠非堅持習慣法；相反地，是否定了這項習慣法。」[63] 可想而知，在國際法院或國際仲裁庭上欲建立其他地方習慣法的嘗試同樣也如同上述案例一樣失敗。[64]

4. 條約

條約是國際法中最重要的淵源，[65] 尤其「立法條約」（law-making treaties）對一般國際法的內容有更直接影響。

雙邊條約可以作為提供國際習慣之證據，[66] 而且「立法條約」和其他條約間確實沒有明顯的區別。【29】如果屬於雙邊條約，例如關於雙邊引渡之安排，以一致性的相同習慣制定，即使在條約中沒有明確載明法律義務的情況下，法院依舊可以將條約之標準格式視為「法律」，[67] 然而，為此目的而評估條約時則必須謹慎。

(1)立法條約

所謂的「立法條約」將產生法律義務，而僅僅一次性遵守並不能解除該義務之法律效果。若與單一企業（法人）共同執行的條約並不構成立法的形式，且該條約於目的實現後即解除法律義務。相形之下，「立法條約」創設了一般性的規範，以法律文本的形式來規範當事人行為，而不必侷限於當事人間的關係。事實上，以普遍性或「所有國家」形式表示的法律義務，代表國家間有意將其制定為條約規則，例如：1856 年巴黎和約（The Declaration of Paris）確立了海戰的中立原則；1899 年及 1907 年海牙公約（The Hague Conventions）

---

[63] Ibid, 277–8.

[64] E.g. *Rights of Nationals of the United States of America in Morocco (France v US)*, ICJ Reports 1952 p 176, 199–200, citing *Asylum*, ICJ Reports 1950 p 266, 276–7. Also: Lauterpacht (1958) 388–92.

[65] Generally: Corten & Klein (eds), *The Vienna Conventions on the Law of Treaties* (2011); Hollis (ed), *The Oxford Guide to Treaties* (2012); Aust, *Modern Treaty Law and Practice* (3rd edn, 2013); Tams, Tzanakopoulos, & Zimmermann (eds), *Research Handbook on the Law of Treaties* (2014); Thirlway (2014) 31; Bjorge, *The Evolutionary Interpretation of Treaties* (2014); Kolb, *The Law of Treaties* (2016). See further: chapter 16.

[66] See *SS Wimbledon* (1923) PCIJ Ser A No 1, 25; *Panevezys–Saldutiskis Railway* (1939) PCIJ Ser A/B No 76, 51–2 (Judge Erich); *Nottebohm*, ICJ Reports 1955 p 4, 22–3. See also Baxter (1970) 129 Hague *Recueil* 27, 75–91. Cf Dumberry, *The Formation and Identification of Rules of Customary International Law in International Investment Law* (2016) 171.

[67] Cf *Re Tribble* (1953) 20 ILR 366; *N v Public Prosecutor of the Canton of Aargau* (1953) 20 ILR 363.

規範戰爭法以及中立法：1925 年日內瓦議定書（The Geneva Protocol）禁止某些武器的使用；1928 年非戰公約（The General Treaty for the Renunciation of War）；1948 年日內瓦防止及懲治危害種族罪公約（滅種公約，The Genocide Convention）；1949 年四項日內瓦公約（the four Geneva Conventions）戰時保護平民和其他群體等，都是立法條約的事證。另一方面，聯合國憲章中並未明確規範組織機構的憲法權限，以及未說明其他關於組織方面的問題，尤其是憲章第2條中規定，以及在1970年友好關係宣言中進一步闡明的原則，[68] 都有相同的特徵。聯合國海洋法公約（UNCLOS）則是一個比較新的實例。[69] 雖然條約本身僅對締約方具有法律的約束力，但隨著締約方數量增加，以及各國普遍明確接受條約中的規則，在某些情況下，對於相關條款的宣示性亦產生了創設法律的效果，[70] 非締約方可以透過其行為接受，以習慣國際法的方式接受公約的拘束，[71] 1907 年海牙第四公約（Hague Convention IV）及其附件中的陸戰規則，[72] 即為此情況。在特殊情況下，即使是未經批准的條約，也可被視為普遍接受規則的證據。[73]

在 North Sea Continental Shelf 一案中，[74] 主要爭議是德國是否受其已簽署但未批准的日內瓦大陸架公約（Geneva Convention on the Continental Shelf, GCCS）條款的約束。法院的結論是，該公約僅有前三項條文代表了新出現或預先存在之習慣法，[75] 並區分【30】在「允許」與「不允許」締約國作出保留的條款之間，後者應該具有更基本的原始法律地位。[76] 法院進一步得出結論，

[68] GA Res 2625(XXV), 24 October 1970, as to which see Arangio-Ruiz (1972) 137 Hague *Recueil* 419.
[69] 10 December 1982, 1833 UNTS 3.
[70] McNair (1961) 216–18 describes Art 2, paras 3–4 of the Charter as the 'nearest approach to legislation by the whole community of States that has yet been realised'.
[71] There must be evidence of consent to the extension of the rule, particularly if the rule is found in a regional convention: *European Human Rights Convention* (1955) 22 ILR 608, 610. Cf the treatment of a European regional convention in *Pulp Mills*, ICJ Reports 2010 p 14, 82–7.
[72] E.g. *In re Goering* (1946) 13 ILR 203.
[73] See *Nottebohm*, Second Phase, ICJ Reports 1955 p 4, 23; *Namibia Advisory Opinion*, ICJ Reports 1971 p 16, 47. Cf *North Sea Continental Shelf*, ICJ Reports 1969 p 3, 41–3; Baxter (1970) 129 Hague *Recueil* 27, 61.
[74] ICJ Reports 1969 p 3.
[75] Ibid, 32–41, 86–9 (Judge Padilla Nervo); 102–6, 123–4 (Judge Ammoun).
[76] ICJ Reports 1969 p 3, 39–40 (majority); 182 (Judge Tanaka, diss); 198 (Judge Morelli, diss); 223–5 (Judge Lachs, diss); 248 (Judge Sørensen, diss). Cf Baxter (1970) 129 Hague *Recueil* 27, 47–51.

由於嗣後並無足夠之國家實踐，而尤其「非締約方」亦未形成規則，故上開公約的第 6 條關於大陸架區域之劃界規定無法成爲國際習慣法。[77] 而在 *Gulf of Maine* 案 [78] 以及 *Continental Shelf*（*Libya v Malta*）[79] 兩案中，雖然海洋法公約（UNCLOS）當時尚未生效，但顯然在各方面都受到了相當大影響。

依據 *Baxter* 之論述，在 *North Sea Continental Shelf* 一案後，很明顯的在條約制定的過程中，也會有些負面的效應，被稱爲「巴克斯特矛盾」（Baxter paradox），[80] 亦即宣示性或構成國際習慣法的條約，可能會「阻止」其進一步發展，並且直到「條約被修正」爲止，而國際習慣法將繼續保持在條約修訂前的形態。[81]

(2) 條約與習慣之關係

當源自條約的規範具體化爲新的國際習慣法原則時，即使這兩個規範在內容上可能相同，但國際習慣仍保有獨立的地位。因此，未能成爲立法條約締約方的國家可能會發現自己仍然會受到條約所載規範的間接影響，除非該非締約方的反對程度上升到持續的堅持反對者。即便如此，該非締約方的角色也會很尷尬，因爲若未簽訂公約將無法援引新規則作爲主張，同時也無法確保其他國家繼續遵守舊規則，例如：在大多數國家明確支持 12 海里爲領海範圍後，[82] 美國和日本仍拒絕適用該標準而繼續主張領海最大範圍爲 3 海里。

更進一步而言，美國雖然未正式批准聯合國海洋法公約，但試圖依賴其中的規定（尤其在海洋運輸等方面）。而從長遠來看，不參與立法條約的另一個重大影響，便是無法援引其中的爭端解決條款，因爲爭端解決機制只能在條約締約方之間加以運用；但倘若有單獨的管轄權基礎，例如根據任擇條款或獨

---

[77] *North Sea Continental Shelf*, ICJ Reports 1969 p 3, 41–5. As to the effect of subsequent practice on the interpretation of treaties, see ILC Draft Conclusions on Subsequent Agreements and Subsequent Practice in relation to the Interpretation of Treaties and commentaries thereto, Report of the ILC, A/71/10, 18 August 2016, 118.

[78] ICJ Reports 1982 p 246, 294–5.

[79] ICJ Reports 1985 p 13, 29–34.

[80] Baxter (1970) 129 Hague *Recueil* 27, 92. Further: Baxter (1965–6) 41 *BY* 275.

[81] Baxter (1970) 97. See Crawford, *Chance, Order, Change* (2014) 90–112 for a full discussion.

[82] *Nicaragua*, ICJ Reports 1986 p 14, 92–6, 152–4 (President Nagendra Singh); 182–4 (Judge Ago); 204–8 (Judge Ni); 216–19 (Judge Oda, diss); 302–6 (Judge Schwebel, diss); 529–36 (Judge Jennings, diss).

立的爭端解決機制的條約，[83] 又或者習慣法規則與條約中包含的條款相同時，【31】這些顧慮可能就不再重要。在 *Nicaragua* 一案中，立場相當不尋常，美國依據一項任擇條款提出保留，若遇爭端案件該保留規定，在沒有其他受影響國家的情況下，法院將排除適用「美洲國家組織憲章」（OAS Charter）。[84] 然而，法院卻認為其可自由適用國際習慣法，從而避免了管轄權保留的影響（法院認為其認定之內容與美洲國家組織憲章相同），但這卻混淆了管轄權和準據法，因為各國不會因為法院對這些爭端沒有管轄權，而停止依據該條約所產生之爭端訴訟。[85]

作為一般規則，對時間的持續適用、一致性、普遍實踐的要求，與「法的確信」（*opinio juris*）相同，亦即國際習慣法常常被特定條約超越。但實際情況並非總是如此。從長遠來看，國際上可能需要習慣法來塑造、甚至修改實際上無法修正的條約文本。聯合國憲章第 51 條規定之「自衛權」（self-defense）[86] 即為一例，該規定與憲章生效前的國際習慣法規定類似，但並沒有提到必要性與合比例性的原則，雖然第 51 條條文中並沒有納入上述二原則的文字，但國際法院卻認為應該包含二項原則在內。[87] 相反地，憲章第 51 條中規定，關於任何自衛權利的行使都必須向安理會報告，此要求則並未被導入國際習慣法。所以，條約和習慣雖然指涉同一法律行為，但在適用上卻並不完全一致。[88]

5. 一般法律原則

國際法院規約第 38(1)(c) 條規定，一般法律原則「為文明各國所承認

---

[83] E.g. American Treaty on Pacific Settlement, 30 April 1948, 30 UNTS 55; European Convention for the Pacific Settlement of Disputes, 29 April 1957, 320 UNTS 243.

[84] *Nicaragua*, ICJ Reports 1986 p 14, 92–6, 152–4 (President Nagendra Singh).

[85] Ibid, 216–19 (Judge Oda, diss); 302–6 (Judge Schwebel, diss); 529–36 (Judge Jennings, diss). Further: Crawford, 'Military and Paramilitary Activities in and against Nicaragua (Nicaragua v United States of America)' (2006) *MPEPIL*.

[86] Jia (2010) 9 *Chin JIL* 81, 98–100; Crawford, *Chance, Order, Change* (2014) 110. On self-defence in international law: Alder, *The Inherent Right of Self-Defence in International Law* (2013) and chapter 33.

[87] *Nuclear Weapons*, ICJ Reports 1996 p 226, 244–5.

[88] *Nicaragua*, ICJ Reports 1986 p 14, 105.

者」，[89] 此項淵源列在條約及習慣之後，二者都更直接地取決於國家的同意。雖然如此，「一般法律原則」[90] 並非第 38(1)(d) 條所規定，【32】作爲確定法律原則之「輔助資料」。在 19 世紀的仲裁庭判斷中曾出現此論述方式，後續在關於法庭運作的文書草案中亦有類似的表述。[91] 在起草國際法院規約時，草擬者並沒有對特定的文字形成共識，例如：Descamps（比利時代表）考慮以自然法來表示，其草案版本係以「國際法規則爲文明人民的法律良知所承認的」；Root（美國代表）則提出其考量，各國政府對依據正義原則相關主觀概念而審判的法院並不信任；然而，委員會則認爲法院仍然必須有一定的權力來制定這些原則。最後，Root 以及 Phillimore（英國代表）共同提案被各方接受，成爲我們現在看到的文字版本。[92]

　　Root 與 Phillimore 並將這些原則視爲所有文明國家的國內法所接受的規則，該條文中的第 (c) 款應適用於此條文。[93] 然而，Oppenheim 的觀點可更進一步作爲參考：「此處的目的，係授權法院得適用國內法中的一般法律原則，特別是私法，只要該原則能適用於國家間之關係」。[94] 此段聲明很重要，因爲法院過去並未採用國內的法律系統。相反地，法院採用或修正對於一般法律原則的推理模式，以及以比較法進行推論，藉以制定一套連貫一致之規則，適用於國際司法程序。在國家實踐中，難以產生程序與證據規則，以及法院必須

---

[89] The adjective 'civilized' was introduced by the Committee of Jurists in 1920. The Committee apparently considered all nations 'civilized', though it is easy to see how that term could possess an unfortunate, even colonialist, connotation. 'It can be firmly admitted that, for the time being, all States must be considered as "civilized nations"': Pellet in Zimmermann et al (2012) 836–7.

[90] Generally: Lauterpacht, *Private Law Sources and Analogies of International Law* (1927); Fitzmaurice (1957) 92 Hague *Recueil* 1; Cheng, *General Principles of Law as Applied by International Courts and Tribunals* (2nd edn, 1987); Raimondo, *General Principles of Law in the Decisions of International Criminal Courts and Tribunals* (2008); Ellis (2011) 22 *EJIL* 949; Gaja, 'General Principles of Law' (2013) *MPEPIL*; Thirlway (2014) 92; Pineschi (ed), *General Principles of Law* (2015).

[91] See Art 7 (on general principles of justice and equity) of Convention XII Relative to the Establishment of an International Prize Court, 18 October 1907, 3 NRG 3rd Ser 688 (never entered into force). Also: European Convention for the Protection of Human Rights and Fundamental Freedoms (ECHR), 4 November 1950, 213 UNTS 222, Art 7(2), providing for 'the trial and punishment of any person for any act or omission which, at the time when it was committed, was criminal according to the general principles of law recognized by civilized nations'.

[92] Descamps, *Procès-verbaux* (1920) 316, 335, 344.

[93] Guggenheim (1958) 94 Hague *Recueil* 6, 78.

[94] 1 Oppenheim, para 12.

採用之實體法演變過程，故國際法院只好從其他已經發展之法律體系中予以選擇、修正以及調整各項原則要件。因此產生結果乃使得國際法內容深受國內法影響，但仍是由國際法自己創造與演變而來。[95]

(1) 法庭中一般法律原則的實踐

(i) 仲裁庭

仲裁庭經常使用國內法作為裁判依據，在法國與委內瑞拉的 *Fabiam* 仲裁案中，[96] 仲裁人在國家關於國家代理人之責任問題上適用國內法，包括：【33】司法人員、該等人員以政府官方身分所為之行為認定，且仲裁人在評估損害賠償時，亦依據一般法律原則。常設仲裁庭（The Permanent Court of Arbitration, PCA）在 *Russian Indemnity*（俄羅斯賠償）一案中，[97] 適用債務延期利息之原則。常設仲裁庭並不受 1920 年常設法院規約（Statute of the Permanent Court of International Justice）第 38(1)(c) 條之拘束，且僅將該條文視為宣示性條款。[98]

國際實踐中，仲裁庭在涉及適用一般法律原則時，表現出相當大的自由裁量權。[99] 在 *North Atlantic Fisheries* 一案中，仲裁庭雖然有考慮國內法中「奴役」（servitude）之概念，但拒絕適用之。[100] 另外，在某些情況下，例如涉及剝奪私人權利的時，參考國內法可能會產生不確定法律結果，而不同法律模式的選擇，往往會揭示意識形態的偏好，此處在適用國內法時卻又顯得弊大於利。

---

[95] See Tunkin (1958) 95 Hague *Recueil* 5, 23–6; de Visscher, *Theory and Reality in Public International Law* (3rd edn, 1968) 400–2. Cf *South West Africa*, ICJ Reports 1950 p 128, 158 (Judge McNair, diss).

[96] (1902) 10 RIAA 83. The claim was based on denial of justice by the Venezuelan courts.

[97] (1912) 1 HCR 297. See also *Sarropoulos v Bulgarian State* (1927) 4 ILR 245.

[98] See e.g. *US v Germany* (1923) 2 ILR 367; *Romania v Germany* (1927) 4 ILR 542; *Lena Goldfields* (1930) 5 ILR 3; *Greek Powder & Cartridge Co v German Federal Republic* (1958) 25 ILR 544, 545; *Arbitration between Newfoundland and Labrador and Nova Scotia* (2002) 128 ILR 425, 534–5; *Feldman v Mexico* (2002) 126 ILR 26, 42; *Waste Management v Mexico* (2002) 132 ILR 146, 171–2; *Abyei Arbitration* (2009) 144 ILR 348, 504.

[99] Nineteenth-century writers took the view that duress directed against the state had no vitiating effect. Since 1920, the contrary view has been accepted, under the influence not of domestic analogy but of developments in the law relating to the use of force: VCLT, Arts 51–2, and further: chapters 16, 33.

[100] (1910) 1 HCR 141.

(ii) 國際法院與一般法律原則

國際法院在適用規約第 38(1)(c) 條關於「一般法律原則」時相當節制，通常是在沒有任何其他條約或國際習慣可以依循時，才會考慮一般法律原則。然而，法院有時會提到一般的法律責任概念，在 *Chorzów Factory* 一案中，法院觀察到「如果一方以某種非法行為阻止另一方者履行義務，則該當事方不能利用另一方未履行某些義務的事實，或沒有尋求於某些救濟手段，而將其訴諸於法院」；[101] 法院接著指出，「任何違反約定都涉及損害賠償的義務，這是國際法的基本概念，甚至是一般法律原則」，[102] 法院亦經常適用「默許」（acquiescence）以及「禁反言」（estoppel）原則；[103]【34】而在其他案件中，法院也可能會適用「濫用權利」（abuse of rights）和「善意」（good faith）等原則。[104] 然而，最常見以及最成功適用的國內法原則，通常是證據法、程序法及管轄權等領域。因此，例如：裁判迴避原則（no one can be judge in his own suit）、[105] 訴訟期間（litispendence）、[106] 一事不再理（res judicata）、[107] 許多司法程序上的原理原則 [108] 等，都是國際法院普遍接受的一般法律原則。重要的是，系爭當事方必須避免採取任何對執行國際法院裁判產生不利影響

---

[101] *Factory at Chorzów*, Jurisdiction (1927) PCIJ Ser A No 9, 31.

[102] *Factory at Chorzów*, Merits (1928) PCIJ Ser A No 17, 29.

[103] *Legal Status of Eastern Greenland* (1933) PCIJ Ser A/B No 53, 52–4, 62, 69; *Arbitral Award Made by the King of Spain (Honduras v Nicaragua)*, ICJ Reports 1960 p 192, 209, 213; *Temple of Preah Vihear (Cambodia v Thailand)*, ICJ Reports 1962 p 6, 23, 31–2, 39–51 (Judge Alfaro). Also ibid, 26, where the Court said: 'It is an established rule of law that the plea of error cannot be allowed as an element vitiating consent if the party advancing it contributed by its own conduct to the error.' Further: *Barcelona Traction, Light and Power Co, Ltd (Belgium v Spain)*, Preliminary Objections, ICJ Reports 1964 p 6, 24–5; *North Sea Continental Shelf*, ICJ Reports 1969 p 3, 26; *Gulf of Maine*, ICJ Reports 1984 p 246, 308–9; *Cameroon v Nigeria*, Preliminary Objections, ICJ Reports 1998 p 275, 303–4; *Legality of Use of Force (Serbia and Montenegro v Canada)*, Preliminary Objections, ICJ Reports 2004 p 429, 444–7. On acquiescence and estoppel, see: chapter 18.

[104] E.g. *Free Zones of Upper Savoy and the District of Gex* (1930) PCIJ Ser A No 24, 12; (1932) PCIJ Ser A/B No 46, 167. For individual judges' use of analogies: Lauterpacht (1958) 167. Also *Right of Passage*, ICJ Reports 1960 p 6, 66–7 (Judge Wellington Koo); 90 (Judge Moreno Quintana, diss); 107 (Judge Spender, diss); 136 (Judge ad hoc Fernandes, diss).

[105] *Interpretation of Article 3, Paragraph 2, of the Treaty of Lausanne* (1925) PCIJ Ser B No 12, 32.

[106] *Certain German Interests in Polish Upper Silesia*, Preliminary Objections (1925) PCIJ Ser A No 6, 20.

[107] *Effect of Awards of Compensation Made by the United Nations Administrative Tribunal*, ICJ Reports 1954 p 47, 53.

[108] *Application for Review of Judgment No 158 of the United Nations Administrative Tribunal*, ICJ Reports 1973 p 166, 177, 181, 210; *Application for Review of Judgment No 273 of the United Nations Administrative Tribunal*, ICJ Reports 1982 p 325, 338–40, 345, 356.

的措施。[109] 在 *Corfu Channel* 一案中，法院考慮了間接證據，並指出「間接證據在所有法律體系中都得到承認」，間接證據的適用亦得到了國際法院判決認可。[110] 在 *South West Africa (Second Phase)* 一案的不同意見書中，Tanaka 法官援引國際法院規約第 38(1)(c) 條之規定爲基礎，認定人權概念的法律效力，並建議該條款包含自然法要素；[111] 另外在 *Barcelona Traction* 一案的判決理由中，法院的判決借用了國內法律體系中有關「有限責任公司」的一般概念，[112] Diallo 一案亦復如此。[113]

(2) 國際法中的一般原則

「國際法一般法律原則」此一用語有時可以和習慣國際法規則相互參照運用，既可適用第 38 條第 1 項第 (c) 款中所謂的「一般法律原則」，亦可符合某些基於現有國際法原則所作成的司法判決，這些現象都在在說明，對國際法之淵源進行嚴格分類的做法相當不合適。國際法一般原則的例子，常出現基於同意原則、互惠、國家平等、裁判與和解的終局性、協定的法律效力、善意原則、國內管轄權，以及海洋航行自由等。在許多爭端案件中，上述原則都可以追溯至國家實踐的層次。然而，一般法律原則都是抽象的概念，並且已經被長時間的普遍接受，亦不再與國家實踐直接相關，甚至有某些國際法基本原則，已被視爲強行法，而享有更高的規範性（見第二十七章）。

6. 司法判決

(1) 司法判決與國際法的先例

【35】「司法判決」（judicial decisions）[114] 並非嚴格形式的法律淵源，但在許多情況下，司法判決可以作爲法律存在的證據。持續一貫的判決先例將在任何特定案件中產生重要影響，然而，司法判決的價值並像普通法傳統所理解

---

[109] *Electricity Co of Sofia and Bulgaria* (1939) PCIJ, Interim Measures of Protection, Ser A/B No 79, 199.

[110] ICJ Reports 1949 p 4, 18. Also: *Right of Passage*, Preliminary Objections, ICJ Reports 1957 p 125, 141–2; *German Interests* (1925) PCIJ Ser A No 6, 19.

[111] ICJ Reports 1966 p 6, 294–9 (Judge Tanaka, diss).

[112] *Barcelona Traction*, ICJ Reports 1970 p 3, 33–5.

[113] *Diallo*, ICJ Reports 2010 p 639, 675.

[114] Generally: Lauterpacht (1958) 8–22. Further: Pellet in Zimmermann et al (2012) 854–68.

的判決先例具有一樣的效力。

　　國際法院規約第 38(1)(d) 條在開頭時寫入了一項附加條件：「在第 59 條規定之下，司法判決……作為確定法律原則之輔助資料者」。其中，不能忽視法條用語中特別使用了「輔助」（subsidiary）一詞，[115] 上開規約第 59 條則規定，「法院之裁判除對於當事國及本案外，無拘束力」。Lauterpacht 主張，規約第 59 條的主要問題，並非指涉司法判決，而是提到「干預」（intervention）的問題。[116] 同樣在該規約第 63 條中規定，第三國若行使干預權，則司法判決中的解釋，對行使干預權之第三國具有同等約束力。Lauterpacht 進一步提出結論，規約第 59 條似乎直接說明了第 63 條所間接表達的內容。然而，具有許多國際法學者的委員會在辯論中清楚地表明，第 59 條並非僅僅旨在表達既判力的原則，而且明確地排除具有約束力的判決先例制度。[117] 在 *Polish Upper Silesia* 一案中，法院認為，國際法院規約第 59 條的目的，只是防止法院在特定案件中所接受的法律原則，對其他非爭端中國家或對於其他爭端具有約束力。[118] 然而，在實踐中，並非以非常狹隘的精神對待法院早先的判決。[119]

　　事實上，國際法院在審理案件時，無需遵守判決先例原則（除在程序問題之外），法院仍努力保持司法判決的一致性。在 *Exchange of Creek and Turkish Populations* 一案中，法院提到了 Wimbledon 的判決先例，引述條約義務並不意味著放棄主權的原則。[120] 而在 *Reparation for Injuries* 一案中，[121] 法院依據先前諮詢意見 [122] 中之一項聲明，【36】用以解釋條約的有效性原則。這些在判

[115] Fitzmaurice in *Symbolae Verzijl* (1958) 153, 174 (criticizing the classification).
[116] Lauterpacht (1958) 8.
[117] See Descamps (1920) 332, 336, 584. Also: Sørensen (1946) 161; Hudson (1943) 207; Waldock (1962) 106 Hague *Recueil* 5, 91.
[118] *German Interests* (1926) PCIJ Ser A No 7, 19.
[119] Generally: Lauterpacht (1931) 12 *BY* 31, 60; Lauterpacht (1958) 9–20. Further: Shahabuddeen, *Precedent in the World Court* (1996); Brown, *A Common Law of International Adjudication* (2007); Brown in Zimmermann et al (2012) 1417; Hernández, *The International Court of Justice and the Judicial Function* (2014) 156; Shaw, *Rosenne's Law and Practice of the International Court: 1920–2015* (5th edn, 2016) 1609–15. See also *Diallo*, ICJ Reports 2010 p 639, 664, where the Court referred expressly to the case law of other international courts and treaty bodies.
[120] *Exchange of Greek and Turkish Populations* (1925) PCIJ Ser B No 10, 21.
[121] *Reparation for Injuries Suffered in the Service of the United Nations*, ICJ Reports 1949 p 174, 182–3.
[122] *Competence of the ILO to Regulate, Incidentally, the Personal Work of the Employer* (1926) PCIJ Ser B No 13, 7, 18.

決中引述前例的情況，通常是作為法律存在的「證據」，法院之目的係在保持判決的一致性，因此採用區分先前判決的做法。[123] 而在 *Peace Treaties* 一案中，提交給法院的爭議，涉及保加利亞、匈牙利和羅馬尼亞間和平條約中，關於爭端解決條款的解釋。事實上，爭議係來自於其他各方對這三個國家違反條約中關於維護人權規定的實質指控。法院駁回了其無權提供意見的論點並主張：

> 國際法院規約第 65 條允許法院審理案件時，審酌是否具有導致其拒絕答覆請求之權力。法院認為，本案的情況與常設國際法院審理 *Eastern Carelia* 案時的情況大不相同。[124]

有時當事方會主張希望法院的判決能不要參考以往的裁判理由，法院通常對於這樣的論點會予以拒絕，[125] 或是直接跳過這樣的訴求。[126] 但毫無疑問地，法院更傾向於默認其有權不採用或限縮先前裁判的效果。[127] 尤其當有一系

[123] Also: *Interpretation of Peace Treaties with Bulgaria, Hungary and Romania*, First Phase, ICJ Reports 1950 p 65, 89 (Judge Winiarski, diss); 103 (Judge Zoričič, diss); 106 (Judge Krylov, diss); *South West Africa*, Preliminary Objections, ICJ Reports 1962 p 319, 328, 345; *Northern Cameroons*, Preliminary Objections, ICJ Reports 1963 p 15, 27–8, 29–30, 37; *Aerial Incident of 27 July 1955 (Israel v Bulgaria)*, ICJ Reports 1959 p 127, 192 (Judges Lauterpacht, Wellington Koo, & Spender, diss); *South West Africa*, Second Phase, ICJ Reports 1966 p 6, 240–1 (Judge Koretsky, diss); *North Sea Continental Shelf*, ICJ Reports 1969 p 3, 44, 47–9; 101–2, 121, 131, 138 (Judge Ammoun); 210 (Judge Morelli, diss); 223, 225, 229, 231–3, 236, 238 (Judge Lachs, diss); 243–4, 247 (Judge Sørensen, diss); *Namibia*, ICJ Reports 1971 p 16, 26–7, 53–4; *Kasikili/Sedudu Island*, ICJ Reports 1999 p 1045, 1073, 1076, 1097–100; *Cameroon v Nigeria*, ICJ Reports 2002 p 303, 353–4, 359, 415–16, 420–1, 440–7, 453.
[124] *Peace Treaties*, First Phase, ICJ Reports 1950 p 65, 72, referring to *Eastern Carelia* (1923) PCIJ Ser B No 5, 27. See Lauterpacht (1958) 352–7, for criticism of the distinction between procedure and substance. *Eastern Carelia* was also distinguished in *Namibia*, ICJ Reports 1971 p 16, 23, and in *Wall*, ICJ Reports 2004 p 136, 161–2.
[125] E.g. *Cameroon v Nigeria*, Preliminary Objections, ICJ Reports 1998 p 275, 291, following the decision in *Right of Passage*, Preliminary Objections, ICJ Reports 1957 p 125, 146, on the immediate effect of an Optional Clause declaration.
[126] E.g. *Application of the Convention on the Prevention and Punishment of the Crime of Genocide (Croatia v Serbia)*, Preliminary Objections, ICJ Reports 2008 p 412, 434–5, avoiding applying the decision in *Legality of Use of Force (Serbia and Montenegro v Belgium)*, Preliminary Objections, ICJ Reports 2004 p 279, 318–24, on the interpretation of Art 35(2) of the Statute.
[127] E.g. the development of obligations *erga omnes* in *Barcelona Traction*, Jurisdiction, ICJ Reports 1970 p 3, 32, tacitly reversing *South West Africa*, ICJ Reports 1966 p 6, in which standing was denied to Liberia and Ethiopia.

列一致性的決定時，法院立場可能會有所不同，這情況可謂係「法院慣例」（*jurisprudence constante*），很難有所逆轉或改變。[128]

(2)國際法庭（仲裁庭）的裁決

【37】文獻中經常提到國際法庭的裁判品質不一，非常設的仲裁庭在論理的質量上存在很大落差。然而，某些仲裁裁定依舊對國際法發展作出顯著貢獻。[129]

主要差異係取決於仲裁庭及其成員的地位，以及其開展法律工作之條件。國際軍事法庭審判德國重大戰爭罪犯之判決、[130] 美國與伊朗求償法庭之判決，以及前南斯拉夫國際刑事法庭之判決等，皆包含重要的法律與調查結果，國際法院多次提及上述的仲裁裁決，[131] 亦簡要地提及國際仲裁之法理。[132]

(3)國際法院之判決及其前身

理論上而言，法院之職責係在適用法律而不是制定法律，而國際法院規約第 59 條亦反映出起草者的想法，亦即法院成立的宗旨在解決爭端，而非創

---

[128] Whether a change in the jurisprudence is sufficiently established can itself be controversial: cf *Marshall Islands v UK*, Preliminary Objections, ICJ Reports 2016 p 833, 859–60 (President Abraham, sep op); 1095–101 (Judge Crawford, diss).

[129] E.g. *The Alabama* (1872) in Moore, 1 *Int Arb* 653; *Behring Sea Fisheries* (1893) in Moore, 1 *Int Arb* 755.

[130] *In re Goering* (1946) 13 ILR 203.

[131] E.g. *Polish Postal Service in Danzig* (1925) PCIJ Ser B No 11, 30 (referring to *Pious Funds of the Californias* (1902) 9 RIAA 11); *SS Lotus* (1927) PCIJ Ser A No 10, 26 (referring to *Costa Rica Packet* in Moore, 5 *Int Arb* 4948); *Legal Status of Eastern Greenland* (1933) PCIJ Ser A/B No 53, 45–6 (referring to *Island of Palmas* (1928) 2 RIAA 828); *Nottebohm*, Preliminary Objections, ICJ Reports 1953 p 113, 119 ('since the *Alabama* case, it has been generally recognized, following the earlier precedents, that in the absence of any agreement to the contrary, an international tribunal has the right to decide as to its own jurisdiction and has the power to interpret for this purpose the instruments which govern that jurisdiction'); *Gulf of Maine*, ICJ Reports 1984 p 246, 302–3, 324 (referring to *Anglo–French Continental Shelf* (1979) 54 ILR 6); *Land, Island and Maritime Frontier Dispute (El Salvador v Honduras)*, ICJ Reports 1992 p 351, 387 (referring to the Swiss Federal Council's award in *Certain Boundary Questions between Colombia and Venezuela* (1922) 1 RIAA 228); *Pedra Branca/Pulau Batu Puteh (Malaysia v Singapore)*, ICJ Reports 2008 p 12, 32 (referring to the *Meerauge Arbitration (Austria v Hungary)* (1902) 8 *RDI* 2nd Ser, 207), 80 (referring to *Territorial Sovereignty and Scope of the Dispute (Eritrea v Yemen)* (1998) 22 RIAA 209); *Maritime Delimitation in the Black Sea (Romania v Ukraine)*, ICJ Reports 2009 p 61, 109 (referring to *Eritrea/Yemen (Maritime Delimitation)* (1999) 22 RIAA 367), 125 (referring to *Barbados v Trinidad and Tobago* (2006) 27 RIAA 214).

[132] *Factory at Chorzów*, Jurisdiction (1927) PCIJ Ser A No 9, 31; *Factory at Chorzów* (1928) PCIJ Ser A No 17, 31, 47; *Anglo-Norwegian Fisheries*, ICJ Reports 1951 p 116, 131. Also: *Peter Pázmány University* (1933) PCIJ Ser A/B No 61, 243 (consistent practice of mixed arbitral tribunals); *Barcelona Traction*, Second Phase, ICJ Reports 1970 p 30, 40. The Court has also referred generally to decisions of other tribunals without specific reference to arbitral tribunals. E.g. *Legal Status of Eastern Greenland* (1933) PCIJ Ser A/B No 53, 46; *Reparation for Injuries*, ICJ Reports 1949 p 174, 186.

造法律。因此，就國際法院的判決而言，尤其是法官們最後達成一致見解或多數法官幾乎看法一致時，很可能會對國際法發展產生催化的作用，例如：關於損害賠償、保留地、*Anglo-Norwegian Fisheries* 等法院的早期判決與諮詢意見，都對後世產生決定性的影響。然而，有些判決在作成時，卻需要法官運用自由裁量權，例如：備受批評的 *Lotus* 案判決，最後決定性投票結果被 ILC 否決，此立場在 1958 年和 1982 年都再次被認可，[133] 在第三屆會議上，ILC 仍然【38】拒絕接受保留諮詢意見中所出現的法律原則（在第十四屆會議上改變的立場）。[134] 更進一步言之，若欲從針對專門或特定問題之判決，或僅僅涉及解決兩個國家特殊關係的爭端案件中，[135] 歸納出可以成為國際法一般性的原則，可能不夠嚴謹。

在實踐中，其他法院和法庭公開否定國際法院權威的情況很少見。[136] 雖然其判決僅對爭端當事方具有約束力，而且在諮詢意見的情況下，完全沒有約束力，法院在過去不間斷的歷史中，仍偏好於判決一致性的穩定；另一方面，由於法院擁有廣泛的管轄權，使得法院在實質問題上的聲明受到高度重視。法院在定義國際法院和非常設法庭的程序法已證明是沒有問題的安排，因此有些專家開始提到「國際裁判普通法」（common law of international adjudication）之概念。[137] 雖然國際間普遍認為，國際法的「每個法庭都是一個自給自足的系統」（除非另有法律規定外），[138] 在大部分時間裡，國際法院是唯一具有實質意義且長期運作的機構，此功能使其能夠制定一套程序判例法，且這些判例法無論在過去或現在，都成為其他非常設國際法庭的自然來源。

---

[133] See Geneva Convention on the High Seas, 29 April 1958, 450 UNTS 82, Art 11; ILC *Ybk* 1982/II, 41–2.

[134] ILC *Ybk* 1951/I, 366–78; ILC *Ybk* 1962/I, 229–31, 288–90.

[135] On *Genocide*: McNair (1961) 167–8. On *Nottebohm*: Flegenheimer (1958) 25 ILR 91, 148–50.

[136] Cf the decision of the International Criminal Tribunal for the Former Yugoslavia (ICTY) in *Prosecutor v Tadić* (1999) 124 ILR 61, 98–121, which disagreed with the International Court's requirement of effective control when attributing the conduct of private actors to a state under the rules of state responsibility, as laid down in *Nicaragua*, ICJ Reports 1986 p 14, 61–5. The ICJ reasserted its view in *Bosnian Genocide*, ICJ Reports 2007 p 43, 209–11. Further: Cassese (2007) 18 *EJIL* 649.

[137] Generally: Brown, *A Common Law of International Adjudication* (2007).

[138] *Prosecutor v Tadić* (1995) 105 ILR 419, 458.

(4)國內法院的判決

　　國際法院規約第 38(1)(d) 條之文字並非僅侷限於國際判決而已，國內法院的判決也包含在內。[139] 某些國內判決提供了國際法院涉案國家在系爭問題上有關於國家實踐的間接證據、[140] 涉及對法律問題的獨立調查，以及對可運用資源的考量等，都可能提供國際法院對於法律規範的詳盡論述，而國內法院判決一向也是下列案件的重要參考來源：對於政府或國家的承認、國家繼承、國家與外交豁免、引渡、戰爭罪、軍事占領、戰爭狀態之概念。[141] 然而，上述判決的價值差異很大，個別判決可能會呈現較爲限縮、狹隘的觀點、【39】或基於不充分的資源。同時，國內法院判決中涉及國際法的數量多寡也引發了另一個問題，雖然國內案件中最重要的判決可能會被廣泛宣傳，[142] 但其他多數的案件卻沒有人注意。

7. 其他實質淵源

(1)國際會議結論

　　最終協定（final act）或其他由國家間組成的會議結論聲明，可能成爲多邊條約的一種形式，然而，即使該會議紀錄是成員並未一致通過決議的文書，該結論亦可能構成有關該法律領域及其狀態的有力證據。甚至在通過必要的批准程序之前，最終協定亦可能對於依據現行法律原則所編纂的條約，產生不小的影響。[143]

---

[139] Generally: Lauterpacht (1929) 10 *BY* 65. Further: Falk, *The Role of Domestic Courts in the International Legal Order* (1964); Nollkaemper, *National Courts and the International Rule of Law* (2011).

[140] See *Jurisdictional Immunities of the State*, ICJ Reports 2012 p 99, 123 (noting that '[s]tate practice of particular significance is to be found in the judgments of national courts . . .').

[141] See *The Scotia*, 81 US 170 (1871); *The Paquete Habana*, 175 US 677 (1900); *The Zamora* [1916] 2 AC 77; *Gibbs v Rodríguez* (1951) 18 ILR 661; *Lauritzen v Government of Chile* (1956) 23 ILR 708.

[142] E.g. *Minister of State for Immigration and Ethnic Affairs v Teoh* (1995) 104 ILR 460; *Reference re Secession of Quebec* (1998) 115 ILR 536; *R v Bow Street Metropolitan Stipendiary Magistrate, ex p Pinochet Ugarte (No 3)* [2000] 1 AC 147; *Gaddafi* (2000) 125 ILR 490; *Sosa v Alvarez-Machain*, 542 US 692 (2004); *Hamdan v Rumsfeld*, 548 US 557 (2006). See generally the cases in the ILR and the ILDC.

[143] See *Re Cámpora* (1957) 24 ILR 518, *Namibia*, ICJ Reports 1971 p 16, 47.

(2) 聯合國大會決議

聯合國大會決議除某些與聯合國組織有關的事項外，對於會員國沒有法律上的約束力。然而，當國際法的一般規範受到成員國關注時，所有或大多數成員國的「接受」，即可構成成員國政府在國際間最廣之泛論壇上表達意見的明確證據。[144] 即使聯合國大會決議將某項規範制定為一般原則，該決議可為法律的逐步發展提供基礎，並在成員國的意見基本上一致的情況下，視為迅速整合而為國際習慣規則。過去聯合國大會決議中，重要「立法」（law-making）決議的實例，包括大會肯認以下法律文件：紐倫堡法庭憲章（Charter of the Nuremberg）[145] 所承認的國際法原則、關於准許殖民地國家及民族獨立之宣言、[146] 關於天然資源之永久主權宣言、[147] 關於各國探索和利用外太空之法律原則之宣言、[148] 關於環境與發展之里約熱內盧宣言，[149] 以及聯合國原住民族權利宣言 [150] 等。在某些情況下，上述聯合國大會決議可能具有權威性解釋，【40】以及適用憲章原則之效力，1970 年友好關係宣言 [151] 便是如此。然而，每項聯合國大會決議都必須根據所有的情況進行評估，包括以其他證據表明，成員國間對於某個或多個問題之相同或不同觀點。

(3) 學者著作

在國際法院規約第 38 條之規定中提及，「各國權威最高之公法學家學說」可作為「確定法律原則之輔助資料者」，在法文語境中，稱為「la doctrine」。[152] 而上開條文中所謂「權威最高」之意涵，並沒有作為限制必須

---

[144] *Nicaragua*, ICJ Reports 1986 p 14, 98–104, 107–8.

[145] GA Res 95(I), 11 December 1946, adopted unanimously.

[146] GA Res 1514(XV), 14 December 1960 (89–0:9).

[147] GA Res 1803(XVII), 14 December 1962 (87–2:12). Cf *Congo v Uganda*, ICJ Reports 2005 p 168, 251 (para 244).

[148] GA Res 1962(XVIII), 13 December 1963, adopted unanimously.

[149] GA Res 47/190, 22 December 1992, adopted without a vote.

[150] GA Res 61/295, 13 September 2007 (144–4:11).

[151] Declaration on Principles of International Law Concerning Friendly Relations, GA Res 2625(XXV), 24 October 1970, adopted without vote.

[152] Generally: Lauterpacht (1958) 23–5; Allott (1971) 45 *BY* 79; Cheng (ed), *International Law* (1982); Jennings in Makarczyk (ed), *Theory of International Law at the Threshold of the 21st Century* (1996) 413; Rosenne, *The Perplexities of Modern International Law* (2004) 51–3; Wood, 'Teachings of the Most Highly Qualified Publicists' (2010) *MPEPIL*; Thirlway (2014) 126.

符合何種條件，但既然有「權威」一詞，則自然應有其學術上的分量，尤其在某些領域，有些個別學者對國際法產生了舉足輕重的影響。然而，主觀因素會影響學者對於法律意見的評估，並且個別學者往往會帶有國家意識或其他偏見。此外，有些學者認為自己是在創造出新的和更好的觀點，不僅僅提供現行法律之介紹而已，隨著專業化程度的提高，這種趨勢越來越普遍。無論出於上述的何種理由，學者之見解都被廣泛地使用。仲裁庭和國內法院有時會大量引用法學家的著作，國內法院通常不熟悉國家實踐，而願意以二手資料（secondary sources）作為替代；相反地，國際法院在審判中，似乎很少或根本沒有使用法學家的著作，[153] 因為法官必須集體起草判決，以及也要同時避免引述學術文章選擇不當的情況；反而在不同意見書或協同意見書中，[154] 法官比較會藉由援引學術著作作更詳細的闡述，另外，在法院所收到的訴狀中，也有許多提到學術著作之處。

(4) 國際法委員會之法律編纂及工作

【41】國際法委員會（ILC）的工作與學術著作類似，都具有一定的權威性，包括：ILC 所出版之文章、評論、報告以及秘書處備忘錄等。1930 年海牙編纂會議（Hague Codification Conference）的討論基礎、國際法研究所，以及其他專家機構的報告和決議也屬於同一類別。就狹義而言，編纂國際法（*lex lata*）涉及全面制定現行法律，並由可確認法律之機構批准最終文本。從 1899 年第一次和 1907 年第二次海牙和平會議開始，編纂國際法的進程在歷史上，

---

[153] But see *SS Wimbledon* (1923) PCIJ Ser A No 1, 28 ('general opinion'); *German Settlers in Poland* (1923) PCIJ Ser B No 6, 6, 36 ('almost universal opinion'); *Question of Jaworzina* (1923) PCIJ Ser B No 8, 37 ('*doctrine constante*'); *German Interests*, Preliminary Objections (1925) PCIJ Ser A No 6, 20 ('the "teachings of legal authorities"', 'the jurisprudence of the principal countries'); *SS Lotus* (1927) PCIJ Ser A No 10, 26 ('teachings of publicists', 'all or nearly all writers'); *Nottebohm*, Second Phase, ICJ Reports 1955 p 4, 22 ('the writings of publicists'). Also: *Application of the Convention on the Prevention and Punishment of the Crime of Genocide (Bosnia and Herzegovina v Serbia and Montenegro)*, ICJ Reports 2007 p 43, 125, referring to Lemkin, *Axis Rule in Occupied Europe* (1944) 79. This is the only occasion where the Court has referred to an individual author by name.

[154] *Diversion of Water from the Meuse* (1937) PCIJ Ser A/B No 70, 76–7 (Judge Hudson); *South West Africa*, ICJ Reports 1950 p 128, 146–9 (Judge McNair); *Peace Treaties*, Second Phase, ICJ Reports 1950 p 221, 235 (Judge Read, diss); *Asylum*, ICJ Reports 1950 p 266, 335–7 (Judge Azevedo, diss); *Temple*, ICJ Reports 1962 p 6, 39–41 (Vice-President Alfaro); *Gabčíkovo-Nagymaros Project (Hungary v Slovakia)*, ICJ Reports 1997 p 7, 88–119 (Judge Weeramantry); *Pulp Mills*, ICJ Reports 2010 p 14, 110, 113–14 (Judges Al-Khasawneh & Simma, diss).

一直都在國際會議中進行，由國際聯盟或美洲各國所贊助而在會議中組成專家小組進行草擬工作。然而，國際法委員會係於 1947 年依據聯合國憲章第 13(1)(a) 條，所設立附屬於聯合國大會之機構。[155] 在編纂國際法的過程中，比聯盟其他機構更爲成功。ILC 的成員結合了專業素質與公務經驗，因此 ILC 所擬的草案，往往可以更有效地成爲被各國政府所接受的解決方案；另外，ILC 亦代表了各種地緣與政治的立場。在實踐中，ILC 發現其很難將編纂任務與法律的「逐步發展」嚴格分開。ILC 在各個領域方面的工作，尤其是海洋法，促成了成功的全權代表會議，以及奠定由該會議而形成多邊公約的基礎。2001 年，經過將近四十年的編纂工作，ILC 通過了關於國家對國際不法行爲的責任的條款（Articles on Responsibility of States for Internationally Wrongful Acts），[156]但委員會最終認爲，沒有立即召開會議將其作爲條約之必要，但國際法院和非常設國際法庭卻廣泛依賴上述條款，作爲國家責任法的權威聲明。[157]

8. 其他法院判決理由中適用的考量因素

(1) 國際法院適用衡平原則之法理

「衡平」（equity）係指適用既定的法律規則時，通常需要考慮到公平性和合理性，衡平原則本身並不是國際法的淵源，但此原則可能是審判過程中的重要考量因素。衡平法可能在補充法律方面發揮重要作用，或者可能不引人注意地進入判決的論理過程。在 *Diversion of Water from the River Meuse* 一案中，Hudson 法官適用衡平原則，【42】並以此推論，要求解釋條約的國家本身亦必須履行其條約義務。*Hudson* 法官指出，根據國際法院規約第 38 條（即使不是獨立於該條文），法院有一定的自由裁量權，將衡平原則視爲其必須適用的

---

[155] GA Res 174(II), 21 November 1947. On the ILC's work: Briggs, *The International Law Commission* (1965); Morton, *The International Law Commission of the United Nations* (2000); Pronto & Wood, *The International Law Commission 1999–2009* (2010); United Nations, *The Work of the International Law Commission* (8th edn, 2012); Rao, 'International Law Commission' (2017) *MPEPIL*.

[156] ILC *Ybk* 2001/II, 31.

[157] Also: Crawford, *State Responsibility* (2013) 43–4. Further: chapters 25–7.

國際法原則；[158] 就法院而言，應該側重於對相關條約的解釋。

在 *North Sea Continental Shelf* 一案中，[159] 法院在關於制定大陸架相鄰區域劃界的問題時，不得不訴諸衡平原則，因為法院認為日內瓦大陸架公約（Geneva Convention on the Continental Shelf, GCCS）第 6 條並不能代表國際習慣法。而在 *Fisheries Jurisdiction* (*UK v Iceland*) 一案中，國際法院闡述了對於捕魚權分歧的「衡平解決方案」並指示各方進行相應之談判。[160] 在 *Frontier Dispute* (*Burkina Faso v Mali*) 一案中，法院適用「法規範內的衡平原則」（*equity infra legem*）判定邊界線。[161] 最近的例子，是法院基於「衡平考量」（*equitable considerations*）將 *Diallo* 案中之賠償予以量化。[162]

事實上，國際法院規約第 38 條第 2 項亦明確規定，[163]「前項規定不妨礙法院經當事國同意，本於公允及善良原則（*ex aequo et bono*）裁判案件之權」。而本於「公允及善良原則」之權，涉及妥協與和解的要件，以及在「法規範內的衡平原則」，將其作為法院審判職權的一部分。在 *Free Zones* 一案中，依據法國和瑞士之間的一項協議，常設國際法院被要求解決與執行凡爾賽條約（Treaty of Versailles）條款中的問題，[164] 法院必須決定這些區域未來的關務制度，然而該協議未提及任何「公允及善良原則」。瑞士主張法院應在現有權利的基礎上開展工作。法院最後於投票時，以包括主席在內的多數票同意，其闡述如下：

---

[158] *Diversion of Water from the Meuse* (1937) PCIJ Ser A/B No 70, 73 (Judge Hudson). Also *SS Wimbledon* (1923) PCIJ Ser A No 1, 32 (on the currency in which the damages are to be paid). Instances of equity in arbitral jurisprudence include *Orinoco Steamship Co* (1910) 1 HCR 228; *Norwegian Shipowners* (1922) 1 ILR 189; *Eastern Extension, Australasia and China Telegraph Co, Ltd* (1923) 6 RIAA 112; *Trail Smelter* (1941) 9 ILR 315.

[159] ICJ Reports 1969 p 3, 46–52, 131–5 (Judge Ammoun); 165–8 (Vice-President Koretsky, diss); 192–6 (Judge Tanaka, diss); 207–9 (Judge Morelli, diss); 257 (Judge Sørensen, diss).

[160] Merits, ICJ Reports 1974 p 3, 30–5.

[161] ICJ Reports 1986 p 554, 631–3. Also: *Review of UNAT Judgment No 273*, ICJ Reports 1982 p 325, 536–7 (Judge Schwebel, diss).

[162] ICJ Reports 2012 p 324, 334–5.

[163] Judge Kellogg thought otherwise but was in error. *Free Zones*, Second Phase (1930) PCIJ Ser A No 24, 39–40 (Judge Kellogg). See *North Sea Continental Shelf*, ICJ Reports 1969 p 3, 48.

[164] *Free Zones* (1930) PCIJ Ser A No 24, 4. Cf the earlier phase (1929) PCIJ Ser A No 22. Also: Lauterpacht, *Function of Law* (1933) 318; Lauterpacht (1958) 213–17.

即使假設當事雙方賦予法院忽略已被承認的權力，且依據純粹的權宜之計來審理案件之做法，與法院規約中的規定不一致。這樣的情況具有絕對例外的性質，僅能依據明確且毫不含糊的條款，但在本案的特別協定中並未出現。[165]

【43】多數人懷疑法院依「公允及善良原則」作出裁決的權力，但得出如此的結論是不明智的，因爲法院審理時多半取決於系爭協議的性質。此外，大多數人認爲，「公允及善良原則」裁決案件的權力不同於「衡平原則」，且此二原則之定義相當混淆不清，1928 年日內瓦和平解決國際爭端總協定（General Act of Geneva）[166] 起草者顯然認爲「公允及善良原則」解決方案可作爲「衡平原則」之代名詞；另外，在某些仲裁協議中亦出現相反情況，「衡平原則」指的就是基於「公允及善良原則」之和解，甚至有時在某些情況下，「衡平原則」被視爲等同於一般法律原則。[167]

(2) 人道考量

人道考量取決於法官的主觀評價，屬於無法排除的因素。然而，人道考量可能與已經受到積極法律原則保護的人類價值觀有關，在公共政策上的某些標準足以顯現並加以比較，此類標準與法律以及衡平原則有關，無需提出特別理由。我們常在公約序言、[168] 聯合國大會決議，[169] 以及外交實踐中提及人道法之原則。最經典的事例是在 *Corfu Channel* 一案中，[170] 法院依據某些普遍和公認

---

[165] *Free Zones* (1930) PCIJ Ser A No 24, 10.

[166] General Act for the Pacific Settlement of International Disputes, 26 September 1928, 93 LNTS 343, Art 28. The provision was copied in other treaties.

[167] E.g. *Norwegian Shipowners* (1922) 1 ILR 189, 370. Further: Thirlway (2014) 104.

[168] See especially Preamble to the Hague Convention Concerning the Laws and Customs of War on Land, 18 October 1907, 36 Stat 2227: 'Until a more complete code of the laws of war has been issued, the High Contracting Parties deem it expedient to declare that, in cases not included in the Regulations adopted by them, the inhabitants and the belligerents remain under the protection and the rule of the principles of the law of nations, as they result from the usages established among civilized peoples, from the laws of humanity, and the dictates of the public conscience.' This is known as the Martens clause (he was the Russian legal adviser).

[169] E.g. Declaration on the Prohibition of the Use of Nuclear and Thermo-nuclear Weapons, GA Res 1653(XVI), 24 November 1961.

[170] ICJ Reports 1949 p 4, 22. The statement referred to Albania's duty to warn of the presence of mines in its waters. See also *Nicaragua*, ICJ Reports 1986 p 14, 112–14; Thirlway (1990) 61 *BY* 1, 6–13.

的原則進行審判，包括「對人道的基本考量」，在和平時期比在戰爭時期更加嚴格。因此，聯合國憲章中關於保護人權與基本自由的條款，常被視爲人道考慮的法律基礎。[171]

(3) 合法利益

在特定情況下，適用法律規則取決於善意、合理性等標準，其中也可以考量包括經濟利益在內的「合法利益」（legitimate interests）。法院對合法利益的承認，可以解釋其對大陸架及補漁區等主張之默許；此類默許及承認乃爲【44】形成國際法新規則，提供形式上基礎。在 *Anglo-Norwegian Fisheries* 一案中，法院認爲，除了適用現有規則外，其餘並不被接受，但當事方必須證明，將一般規則特別適用於挪威海岸線之主張係屬正當，於是「一個地區特有的某些經濟利益，其現實性和重要性已被長期使用」之觀點，足以清楚地提供證明。[172] 另外，法院亦提及在確定特定基線時，可以由「人口的重要需求」來支持的傳統捕魚權論點。McNair 法官，則於其不同意見書中提出明確主張：[173]

> 我認爲，爲保護經濟和其他社會利益而操縱領海界限在法律上沒有正當理由，此外，批准這種做法會產生危險的傾向，因爲它會鼓勵各國對其權利採取主觀評價，而不是遵守共同的國際標準。[174]

上述謹慎的論點有其道理，然而，法律不可避免地與不同利益之協調緊密聯繫，因此適用此規則通常需要一些理由加以解釋。

---

[171] In *South West Africa*, Second Phase, ICJ Reports 1966 p 6, 34, the Court held that humanitarian considerations were not decisive. But see ibid, 252–3, 270, 294–9 (Judge Tanaka, diss).

[172] ICJ Reports 1951 p 116, 133. Also ibid, 128: 'In these barren regions the inhabitants of the coastal zone derive their livelihood essentially from fishing.' Further: Fitzmaurice (1953) 30 *BY* 1, 69–70; Fitzmaurice (1957) 92 Hague *Recueil* 5, 112–16; Thirlway (1990) 61 *BY* 1, 13–20.

[173] ICJ Reports 1951 p 116, 142.

[174] Ibid, 169 (Judge McNair, diss).

9. 結論

國際法院規約第 38 條引起很多爭論，長期以來也存在許多問題，例如：如何適用該條文來產生明確的結果，以及國際習慣法的既定規則如何改變、堅定反對者等概念對法律秩序穩定性的影響等。在實務運用層面，該條文取得的成果引起了廣泛支持，國際法規則的內涵確實也因此而發生變化，並得到長久的發展；持續的反對意見並不會在雙邊關係的瘴氣中消散。事實上，國際法現在絕大多數是透過條約來發展，而許多條約的約束規範、解釋，以及效力等往往取決於習慣法。事實上，一個國家（國家本身就是一種習慣法現象）不締結條約的每次決定，都是訴諸習慣作為默認規則。正如同每次提及一項對有關國家不生效的條約條款，都是在訴諸文本中習慣的形成力量。國際法院規約第 38 條不僅有其存在的必要，更是作為國際法淵源的有效指引。

第三章　國際法與國內法的關係

1. 理論方法

【45】國際法與國內法之間的關係[1] 表現在理論層次的衝突，通常係指「二元論」（dualism）和「一元論」（monism）之間的爭辯。[2]「二元論」強調國際法和國內法體系的區別和特徵。[3] 國際法被視為存在適用於國家間關係的法律；而國內法則適用於一個國家的內部關係，規範其公民彼此間，以及公民與該國家的關係。上述任一方的法律秩序都無權創建或更改另一方的規則。在國際法與國內法發生衝突時，若要適用國際法規則，除非一個國家的國內法律制度有明確的規定始得為之。因此，二元論者假設國內法院將適用國內法律，或者至少由該國的法律系統來決定優先適用國際法或國內法。

一元論者則假定國內法與國際法形成一個單一的法律秩序，或至少應該被認為是連貫、一致、具有連鎖關係的法體系。在此一元論的基礎上，國際法可以直接適用於國家的內國法律秩序。法學家的觀點有不同的立場，並且在許多重要問題上存在分歧。Hersch Lauterpacht 是支持一元論最著名的國際法學者，他強調「個人」才是國際法的最終主體，代表法律秩序的正當性和道德界限。[4]【46】國家並不能單純視為一種抽象概念，Lauterpacht 始終不相信國家可以視為維護人權之工具。因此，國際法應被視為人權事務的最佳調解方法，不

---

[1] Terminology is not consistent; the terms 'national', 'municipal', 'domestic', and 'internal' are all used to refer to the legal order of or within the state, although the terms have slightly different connotations. Here the term used is 'national', but it includes local or regional as well as central laws and institutions.

[2] Triepel (1923) 1 Hague *Recueil* 77; Kelsen, *Principles of International Law* (2nd edn, 1966) 290, 551; Lauterpacht, 1 *International Law: Collected Papers* (1970) 151; Santulli, *Le statut international de l'ordre juridique étatique* (2001); Nijman & Nollkaemper (eds), *New Perspectives on the Divide Between National and International Law* (2007); Crawford, *Chance, Order, Change* (2014) 160–82; Björgvinsson, *The Intersection of International and Domestic Law* (2015) ch 2.

[3] Gaja in Nijman & Nollkaemper (2007) 52.

[4] Lauterpacht, *International Law and Human Rights* (1950) 70.

但是國家合法存在的基礎，也是國家法律制度的內涵。[5]

　　Hans Kelsen 依據知識理論的形式分析方法為基礎，推導出一元論的原則。[6] 依據 Kelsen 之主張，一元論係指國際法和國內法同屬於一個相同的規範體系，假設上述二者皆有共同且單一的基本規範（Grundnorm）來接納其法律內容與有效性，而只有在如此假設下，才能理解法律的共同規範性。Kelsen 提及的法律基本規範具有很好的循環性，例如：各國都應按照慣常的方式行事，[7] 反之，國際法則包含一項效力原則，該原則允許革命成為創造法律的事實，並接受歷史上某個國家的第一批立法者具備合法性，如同透過授權一樣，提供國家法律秩序的基本規範，人類的整個法律秩序被預設為具備一體性的架構。國內法只是相對意義上的基本規範，因其法律秩序係由單一國際法所決定。此一元論的原則，既是國際法律秩序的基本規範，也是國內法律秩序之所以有效的根本原因。[8]

　　因此，Kelsen 的主張強化了關於國際法和國內法之間關係的一元論觀點。[9] 法律是一個具有位階的制度，每個法律規範都從更高的規範中獲得其有效性的證明。此有效性連結可以追溯至基本規範，並非實證法中的規則，而是一種「法學思維的假設」（hypothesis of juristic thinking），[10] 藉由上述理由可

---

[5]　1 Oppenheim (8th edn, ed Lauterpacht, 1955) 38: '. . . it is only by reference to a higher legal rule in relation to which they are all equal, that the equality and independence of a number of sovereign States can be conceived. Failing that superior legal order, the science of law would be confronted with the spectacle of some sixty sovereign States, each claiming to be the absolutely highest and underived authority.' This passage does not appear in the ninth edn.

[6]　Kelsen, *General Theory of Law and State* (1945) 363; Kelsen (2nd edn, 1966) 553. For views related to but not identical with those of Kelsen: Verdross (1927) 16 Hague *Recueil* 247, 287; Kunz (1924) 10 *GST* 115; Starke (1936) 17 *BY* 66. On Kelsen: von Bernstorff, *The Public International Law Theory of Hans Kelsen* (2010); Kammerhofer, *Uncertainty in International Law* (2011); Kammerhofer in Orakhelashvili (ed), *Research Handbook on the History and Theory of International Law* (2011) 143; von Bernstorff in Orford & Hoffmann (eds), *The Oxford Handbook of the Theory of International Law* (2016) 192.

[7]　Kelsen (2nd edn, 1966) 564. This was Kelsen's second attempt at the basic norm; the first was *pacta sunt servanda* (Kelsen, *Das Problem der Souveränität und die Theorie des Völkerrechts* (2nd edn, 1928) 217), which was later subsumed within the *Grundnorm*: Kelsen, *Reine Rechtslehre* (1934) 130. Further: Koskenniemi, *The Gentle Civilizer of Nations* (2001) ch 3; Koskenniemi, *From Apology to Utopia* (2nd edn, 2005) 226–40.

[8]　Kelsen (1945) 367; Kelsen (2nd edn, 1966) 562.

[9]　Kelsen (1945) 363; Kelsen (2nd edn, 1966) 553. For criticism of Kelsen's theory of the unity of all law: Hart, *Essays in Jurisprudence and Philosophy* (1983) 309.

[10]　Kelsen (2nd edn, 1966) 559.

推導出國際法和國內法形成一個單一的規範體系，因爲【47】二者之有效性來自同一來源。[11] 當然，以基本規範作爲論述出發，仍須面對許多質疑。然而，Kelsen 的理論相當複雜，因爲他認爲法律秩序間的關係，並非只有國際法優於國內法的一種假設，同樣亦出現國內法優先於國際法的情況。[12] 而這些不同情況間的選擇，係基於政治而非法律依據。[13]

面對這種明顯的僵局，似乎很自然地去尋求擺脫「一元論」和「二元論」的絕對二分法。最重要的是，在國際法院和國內法院的實踐中，都沒有充分而具體的闡明，究竟上述何種理論，對於各種法律制度顯得更爲重要。[14] Fitzmaurice 試圖繞過無窮盡之爭論，主張國際法和國內法並沒有共同的運作的領域，此兩個法律作爲各自獨立的「系統」（as systems）並不會發生衝突，因爲根本不是處在同一個領域範圍，而各自都在其領域中具有最高性與優位性。[15] 然而，國際法和國內法有可能存在義務衝突，亦即國家在國內法層面的實踐中，無法完全依循國際法要求的方式行事，其後果將不是國內法律自始無效，而是該國將在國際層面負擔「國家責任」（state responsibility）。[16]

在考慮上述觀點，以及其後關於法律制度關係間辯論之貢獻時，離開完全抽象的法律理論論述似乎是可行之道。[17] 事實上，對於法律工作者而言，法律制度具有相對自主性，其自主程度取決於每個法律系統的權力以及配置，並且隨時間而不斷變化。能夠充分解釋此一事實的唯一理論，便是晚近所發展出僅具雛形的「多元主義」（pluralism）。[18] 若依據文義解釋，幾乎每個法律體系

---

[11] Ibid, 564.

[12] Ibid, 580.

[13] Ibid, 587–8.

[14] Generally: Nollkaemper in Romano, Alter, & Shany (eds), *The Oxford Handbook of International Adjudication* (2014) 523.

[15] Fitzmaurice (1957) 92 Hague *Recueil* 1, 68.

[16] Ibid, 79–80. Anzilotti, 1 *Cours de droit international* (1929) 57, puts forward this view, but is often classified as a dualist.

[17] For an empirical demonstration of the inadequacy of a binary (monist/dualist) classification: Verdier & Versteeg (2015) 109 *AJIL* 514.

[18] To talk simply of dualism is to imply that national legal systems all have the same features. Why should this be? The US is not the Federal Republic of Germany; their relation is international not constitutional, but international law holds them apart; it does not unify them: e.g. Cohen in Besson & Tasioulas (eds), *The Philosophy of International Law* (2010) 261. For EU law, which unifies to a degree: Slaughter & Burke-White in Nijman & Nollkaemper (2007) 110.

都有一套處理其他法律體系的方法（即使在國家實踐中很多情況是借鏡他國做法）。若討論僅專注於「國內法」這一個空泛的概念，通常得不到明確答案；然而，一旦問及在國內法律系統中，究竟何者為優先（國際法、英國法或法國法），轉眼間，迷霧頓時散去：我們發現每個國家都可以很清楚地表明立場，並可以理解每個國內法系統都保留自行決定法律相互滲透的程度、條件，以及源於三權分立的權力基礎。

2. 國際法與國內法的關係：概述

(1) 國際法對於國內法之態度

(i) 概論

【48】一個國家不能以其本國法律之規定，或該法律存在缺陷為由，作為對於其違反國際法義務求償之抗辯，[19] 此項原則已無庸置疑。[20] 在國際法委員會關於國家對國際不法行為的責任條款（ILC's Articles on Responsibility of States for Internationally Wrongful Acts）第 3 條中明確規定：

> 將一國的行為定性為國際不法行為，即應受國際法管轄，不因國內法將同一行為定性為合法而有影響。[21]

國際仲裁庭、[22] 常設國際法院、[23] 國際法院[24] 皆一致認同上述立場。回顧

[19] Fitzmaurice (1957) 92 Hague *Recueil* 1, 85; Lauterpacht, *Development* (1958) 262, 314, 332; Dupuy in Crawford, Pellet, & Olleson (eds), *The Law of International Responsibility* (2010) 173.
[20] VCLT, 22 May 1969, 1155 UNTS 331, Art 27, referring to justification for failure to perform a treaty. Cf VCLT, Art 46, permitting a state to argue the invalidity of consent by reason of the violation of its internal law where the violation was 'manifest and concerned a rule of its internal law of fundamental importance'. Further: chapter 16.
[21] ILC *Ybk* 2001/II(2), 36. Also: Draft Declaration on Rights and Duties of States, GA Res 375(IV), 6 December 1949, Art 13.
[22] *Shufeldt* (1930) 2 RIAA 1079, 1098; *Norwegian Shipowners* (1922) 1 RIAA 307, 331.
[23] *SS Wimbledon* (1923) PCIJ Ser A No 1, 29; *Jurisdiction of the Courts of Danzig* (1928) PCIJ Ser B No 15, 26–7; *Free Zones of Upper Savoy and the District of Gex* (1930) PCIJ Ser A No 24, 12.
[24] The leading cases are *Anglo-Norwegian Fisheries*, ICJ Reports 1951 p 116, 132; *Applicability of the Obligation to Arbitrate under Section 21 of the United Nations Headquarters Agreement of 26 June 1947*, ICJ Reports 1988 p 12, 34; *Elettronica Sicula SpA (ELSI) (US v Italy)*, ICJ Reports 1989 p 15, 51, 74; *Avena (Mexico v US)*, ICJ Reports 2004 p 12, 65; *Obligation to Prosecute or Extradite (Belgium v Senegal)*, ICJ Reports 2012 p 422, 460.

Alabama Claims 一案中，[25] 在內戰期間，英國因違反中立國義務而導致美國遭受損害，美國遂向英國聲索賠償。然而，英國因為沒有立法阻止在英國港口的通商破壞（commerce raiding），或阻止船艦離開港口並加入同盟軍，因而無法提出有效的辯護。在 *Free Zones* 一案中，常設國際法院認為：「法院可以肯定的是，法國不能依靠自己的立法來限制其國際義務範圍」，[26] 相同原則也適用於依賴國家憲法規定的國家。常設國際法院繼而以明確文字闡述，「一國不得援引其本國憲法來規避依據國際法或現行條約承擔的義務」。[27]

　　另一個延伸的問題，一國僅僅頒布法令是否會引起國際責任？或者，是否僅在國家實施該法令時【49】才視為違反義務？國家必須使國內法與國際法義務相一致，可謂基本的要求，[28] 然而，實務上各國之實踐與否卻往往取決於該義務的性質。通常而言，若未能實現國際法與國內法的一致性，本身並不直接違反國際法，只有當相關國家在特定場合未能履行其義務時，才會違反國際法。[29] 但在某些情況下，國內法之制定（或尚未立法前），此一行為本身可能就構成對國際義務的違反，例如：當一國被要求禁止某些行為、或被要求制定一致性的法律。

(ii) 國際法庭中將國內法視為「事實」

　　在 *Certain German Interests in Polish Upper Silesia* 一案中，常設國際法院認為：

> 從國際法和作為其機關的國際法院之角度觀之，國內法只是表達國家集體意志與構成國家活動的事實，並以此基礎完成司法判決與行政措施。法院當然不會被要求如此來解釋波蘭法律，雖然如此，並不能阻止法院就是否適用該法而作出決

---

[25] Moore, 1 *Int Arb* (1898) 653.

[26] *Free Zones of Upper Savoy and the District of Gex* (1932) PCIJ Ser A/B No 46, 167. Also: *Greco-Bulgarian Communities* (1930) PCIJ Ser B No 17, 32.

[27] *Treatment of Polish Nationals in the Danzig Territory* (1932) PCIJ Ser A/B No 44, 24. Also: *Georges Pinson (France) v United Mexican States* (1928) 5 RIAA 327.

[28] *Exchange of Greek and Turkish Populations* (1925) PCIJ Ser B No 10, 20. The principle applies to both unitary and federal states.

[29] McNair, *Treaties* (1961) 100. Cf Fitzmaurice (1957) 92 Hague *Recueil* 1, 89.

定，波蘭正依據日內瓦公約之規範義務對待德國。[30]

因此，一國國內法院的判決或該國之立法措施，可能構成違反條約或習慣國際法之證據。[31] 然而，國際法院僅僅將國內法律視為事實的一般主張，仍然是爭辯不休的問題。[32]

國內法律僅被認定為「事實」之概念，至少有以下六個不同面向：

A. 國內法本身可能即構成違反條約規定或習慣國際法，或作為其證據。

B. 國內法可能是「法律適用」的一部分，既可以作為求償案件的管轄權基礎，亦對於特定管轄問題具有普遍性質。

C. 「法院熟知法律」（*jura novit curia*）原則可適用於國際法，但並不適用於國內法律事務，國際法庭通常需要進一步去證明國內法，即使國際法庭受正當程序之規範，依職權亦可自行研究與認定。[33]

D. 當被要求適用國內法時，國際法庭應尋求適當之法律，因為某一國內法適用於相關國家。[34] 每個國家【50】都有義務要優先解釋自己的內國法，[35] 國際法庭並非上訴法院，因此無權以其本身對於國內法的解釋，代替國家有權機關之法律解釋，尤其當該法律之適用，已由系爭國家之最高法院作成解釋時。一般而言，國際法庭必須關注到一國國內的裁判結果，然後再進一步處理其國際層面的影響。[36] 只有在非常特殊

[30] (1926) PCIJ Ser A No 7, 19.

[31] *India—Patents*, WTO Doc WT/DS50/AB/R, 15 December 1997, para 65; *Belgium v Senegal*, ICJ Reports 2012 p 422, 451–2.

[32] Jenks, *The Prospects of International Adjudication* (1964) 552, 548.

[33] *Brazilian Loans* (1929) PCIJ Ser A No 21, 124–5; *Nottebohm (Liechtenstein v Guatemala)*, Second Phase, ICJ Reports 1955 p 4, 35–6 (Judge Read, diss), 51 (Judge Guggenheim, diss); *United States—Carbon Steel*, WTO Doc WT/DS213/AB/R, 28 November 2002, para 157.

[34] *Brazilian Loans* (1929) PCIJ Ser A No 21, 124–5; *Serbian Loans* (1929) PCIJ Ser A No 20, 46: 'It is French legislation, as applied in France, which really constitutes French law.'

[35] *Ahmadou Sadio Diallo (Republic of Guinea v Democratic Republic of the Congo)*, ICJ Reports 2010 p 639, 665. Also: *Panevezys-Saldutiskis Railway* (1939) PCIJ Ser A/B No 76, 19.

[36] *Anglo-Norwegian Fisheries*, ICJ Reports 1951 p 116, 181 (Judge McNair, diss); *Certain Questions of Mutual Assistance in Criminal Matters (Djibouti v France)*, ICJ Reports 2008 p 177, 230. Also: *Helnan International Hotels v Arab Republic of Egypt*, ICSID Case ARB/05/19, 3 July 2008, paras 106, 163; *RSM Production Corp v Grenada*, ICSID Case ARB/10/6, 10 December 2010, paras 7.1.11–7.1.14; *Marion Unglaube v Republic of Costa Rica*, ICSID Case ARB/08/1, 16 May 2012, paras 231, 255.

的情況下，國際法庭才會捨棄國家有權機關對其國內法律所採用之解釋，例如：在未決案件的背景下，國家機關提出明顯錯誤之解釋。[37]

E. 國際法庭不能宣布國內法之規則為違憲或無效；[38] 只有當一個國家的國內法律明確地被該國法院視為違憲或無效時，國際法庭才會採納此見解。

F. 國際法庭不能「依其職權」（as such）解釋國內法之主張，頗值得商權。[39] 當國際法院被要求「依其職權」適用一國國內法時，國際法庭可以解釋及適用國內法規則，[40] 很多案件之中都發生類似情況。首先，在涉及「反致」（renvoi）之事件，如 *Lighthouses* 一案中，特別協議要求法院裁定系爭契約是否可依「鄂圖曼法律」（Ottoman Law）[41] 而認為已「正式訂立」，或國際法可以指定國內法體系作為求償或協議之準據法。[42] 倘若相關問題（無論是否歸類為「案件事實」）需要對一國之國內法進行調查，法院必須提出必要的調查結果。

(iii) 國際法庭對待國內法之方法

【51】處理國際法問題的法庭必須審查一個或多個國家的國內法的情況並非例外。[43] 國家主張其主權權限所及之範圍，包括：領土、管轄、個人與法

---

[37] *Diallo*, ICJ Reports 2010 p 639, 665. Also: *Fraport AG Frankfurt Airport Services Worldwide v Philippines*, ICSID Case ARB/03/25, 23 December 2010, paras 236, 242; *Marion Unglaube v Republic of Costa Rica*, ICSID Case ARB/08/1, 16 May 2012. At para 231 the Tribunal finds that there is limited evidence for the Supreme Court's decision about a buffer zone. At para 255 the Tribunal nevertheless applies the Guidelines emanating from that decision.

[38] *Interpretation of the Statute of the Memel Territory* (1932) PCIJ Ser A/B No 49, 294, 336; *International Responsibility for the Promulgation of Laws in Violation of the Convention* (1994) 116 ILR 320, 332.

[39] The PCIJ in *Upper Silesia* was not unequivocal in its remark that the Court was 'not called upon to interpret the Polish law as such': (1926) PCIJ Ser A, No 7, 19. Also: *Nottebohm*, Second Phase, ICJ Reports 1955 p 4, 36 (Judge Read, diss), 52 (Judge Guggenheim, diss); *Guardianship of Infants (Netherlands v Sweden)*, ICJ Reports 1958 p 55, 108 (Judge Moreno Quintana).

[40] *Guardianship of Infants*, ICJ Reports 1958 p 55, 91 (Judge Lauterpacht); *Southern Pacific Properties (Middle East) Ltd v Arab Republic of Egypt* (1988) 3 ICSID Reports 131, 141–2; *Zhinvali v Georgia* (2003) 10 ICSID Reports 3, 80; *MTD Equity Sdn Bhd and MTD Chile SA v Chile* (2004) 12 ICSID Reports 3, 40; *Inceysa Vallisoletana v Republic of El Salvador*, ICSID Case ARB/03/26, 2 August 2006, paras 260–4; *Enron Corp v Argentine Republic*, ICSID Case ARB/01/3, 22 May 2007, para 206; *Marion Unglaube v Republic of Costa Rica*, 16 May 2012, para 190.

[41] *Lighthouses in Crete and Samos* (1934) PCIJ Ser A/B No 62, 19.

[42] *Serbian Loans* (1929) PCIJ Ser A No 20; *Brazilian Loans* (1929) PCIJ Ser A No 21.

[43] Marek (1962) 66 *RGDIP* 260; Stoll, *L'application et l'interprétation du droit interne par les juridictions internationales* (1962); Jenks (1964) 547; Santulli (2001); Kjos, *Applicable Law in Investor-State Arbitration* (2013) 240–58.

人之國籍等為代表，而由國家的立法、司法與行政機關予以決定。國際法規定對於國家主權權限之限制，但若為確定特定行為是否違反條約或習慣國際法之義務時，法院必須審查領域相當廣泛的相關國內法，包括：徵收、[44] 捕魚限制、[45] 國籍、[46] 嬰幼兒監護與福利、[47] 因公司而遭受損害之股東權利、[48] 任意逮捕，以及驅逐外國人[49] 等。國內法經常處理涉及個人權利之案件，例如人權保障及「窮盡當地救濟原則」（exhaustion of local remedies）有關之案件。

　　許多條約含有直接提及適用國內法之條款，[50] 或採用隱含在特定國家法律背景下可理解之概念。[51] 當條約提及締約方「國民」時，則假設該用語表示依據任何締約方的國內法，具有「國民」身分之個人；同樣地，條約經常涉及在特定國內法中存在個人與公司之合法利益。某些條約係以建立和維持締約國國內少數族群或外國人之待遇的標準為主要目的，可將國內法作為一種建立與保護該少數族群或外國人地位之方法，[52] 此人權保障標準即為對特定保護對象的「不歧視」（without discrimination）或「國民待遇」（national treatment）原則。[53]

　　因此，有時國際法庭可能會面臨僅能依據國內法裁決問題之情況，在 *Serbian Loans* 一案中，[54] 涉及向塞爾維亞貸款之法國債券持有人與「塞爾維亞、克羅埃西亞與斯洛伐尼亞政府」（Serb-Croat-Slovene government）【52】間之糾紛，前者主張該貸款服務係以黃金為基礎，但後者卻認為應該允許以法

---

[44] *Upper Silesia* (1926) PCIJ Ser A No 7.

[45] *Anglo-Norwegian Fisheries*, ICJ Reports 1951 p 116, 176 (Judge McNair, diss).

[46] *Nottebohm*, Second Phase, ICJ Reports 1955 p 4.

[47] *Guardianship of Infants*, ICJ Reports 1958 p 55.

[48] *Barcelona Traction, Light and Power Co Ltd (Belgium v Spain)*, Second Phase, ICJ Reports 1970 p 3.

[49] *Diallo*, ICJ Reports 2010 p 639.

[50] E.g. the treaties considered in: *Tokios Tokelés v Ukraine* (2004) 11 ICSID Reports 313; *National Grid plc v Argentine Republic*, UNCITRAL, Award, 3 November 2008.

[51] *Exchange of Greek and Turkish Populations* (1925) PCIJ Ser B No 10, 19–20.

[52] *Jurisdiction of the Courts of Danzig* (1928) PCIJ Ser B No 15; *Statute of the Memel Territory* (1932) PCIJ Ser A/B No 49.

[53] *German Settlers in Poland* (1923) PCIJ Ser B No 6; *Minority Schools in Albania* (1935) PCIJ Ser A/B No 64, 4. The Permanent Court did not regard formal equality as the only criterion of equal treatment. Further: Fitzmaurice (1959) 35 *BY* 183, 191.

[54] *Serbian Loans* (1929) PCIJ Ser A No 20. Also: *Brazilian Loans* (1929) PCIJ Ser A No 21; *Danzig Legislative Decrees* (1935) PCIJ Ser A/B No 65; *Illinois Central Railroad Co (USA) v United Mexican States* (1926) 4 RIAA 21; *Norwegian Shipowners* (1922) 1 RIAA 307, 330.

國紙幣支付。法國政府受理了法國債券持有人之案件，並將此爭議提交常設國際法院。法院強調在常設國際法院規約沒有相反規定之情況下，法院有義務行使系爭協議所適當授予之管轄權。[55] 在本案中，法院認為債務的實質性質，以及界定債務國義務之條款的有效性問題，應受塞爾維亞法律管轄。然而，就付款方式而言，適用之準據法應為付款地法律，故在本案中應適用法國法。

(2) 國內法院中的國際法：一般性考量

(i) 國內法院中關於國際法之建立

我們可以問一個基本的問題：國內司法管轄權是否認為，國際法是國內法的「一部分」（在普遍適用的意義上），此問題具有憲法性質，而通常國內法對於「習慣國際法」和「條約」，可能會得到完全不同的答案。[56] 因此，1949年德國聯邦基本法（*German Grundgesetz*）第 25 條規定，「國際公法的一般規則應成為聯邦法的一個組成部分」。如果採取此立場，國內法院將依據國際法的內容作為法律論據的基礎，[57] 一旦法院確定在其國家法律體系中，並不存在適用國際法規則或條約的障礙，上述國際法就會被接受為法律規則，並且不需要透過證據來確立，例如：本案事實問題以及外國法。[58] 然而，就國際法而言，司法通知的過程具有特殊性。首先，在不求助專家證人的情況下，尋找可靠的國際法資訊，特別是援引「習慣國際法」是一個很大的問題。其次，國內的公共政策議題，以及範圍廣泛卻難以獲得有效證據的國家間關係，這些情況在國內法系統內相互結合，並藉此形成一種必須徵求行政部門意見的特別程序，以正確釐清某些可能混合法律和事實的問題，例如：確認存在戰爭狀態，或聲稱主權豁免實體的地位。

因此，在法國，外交部長可以將條約的解釋提交給法院，然後在涉及相同條款的後續案件中，繼續依賴該司法解釋。[59] 另一方面，國內法院可以自己對

---

[55] *Serbian Loans* (1929) PCIJ Ser A No 20, 19.

[56] Generally: Shelton (ed), *International Law and Domestic Legal Systems* (2011).

[57] *Trendtex Trading Corp v Central Bank of Nigeria* [1977] QB 529, 569 (Stephenson LJ).

[58] Fentiman, *International Commercial Litigation* (2nd edn, 2015) ch 20.

[59] E.g. *Barbie*, 20 December 1985, *JCP* 1986 II 20655 (1988), 100 ILR 330. Also in relation to deference to the national executive in treaty interpretation: Aust, Rodiles, & Staubach (2014) 27 *LJIL* 75, 86–8. Cf *Fulwood v Germany*, 734 F3d 72 (1st Cir, 2013). Further: Arato in Aust & Nolte (eds), *The Interpretation of International Law by Domestic Courts* (2016) 198.

法律來源進行全面調查，[60] 包括條約與國家實踐：【53】亦可參考國際法庭判決，[61] 以及國際法委員會（ILC）完成之工作。[62] 有越來越多的國際法規則進入國內法院，也越來越多的法官發現自己被要求解釋和應用國際法，或至少要意識到其含義。

(ii) 國內法院中適用國際法為準據法

一旦國內法院確定國際法與系爭案件相關且得適用於案件中的爭執事項，則應該由該國之國內法院決定，國際法應與任何其他可能適用的各國國內法律並列。相同情況，國內法院對國際法的處理方式，將取決於相關國內管轄中的法律規範，但某些共同性的問題，涉及必須認定多個或所有國內管轄權的權限。

A. 法院可能會被要求針對國內法與習慣國際法規則之間所產生的衝突作出裁定。許多國內法體系似乎以都接受習慣國際法作為「一個國家所既定之法律」，即使在該國憲法沒有規定的情況下亦復如此；[63] 但仍然存在關於習慣國際法如何對應到國內法體系內部的法位階問題。作為一般性規則，如果無法透過法律解釋使其一致，則法律將優先於習慣國際法。[64]

B. 上述問題也出現在條約方面，但具有更明顯的憲法傾向。「一元論」體系可能明確規定，正式簽署和批准的條約優先於國內法；[65] 而「二元論」體系，則認為如果締結條約是一個行政行為，則國內法要求立

---

[60] *R v Keyn* (1876) 2 Ex D 63; *Re Piracy Jure Gentium* [1934] AC 586; *State (Duggan) v Tapley* [1952] IR 62; *Lauritzen v Government of Chile* (1956) 23 ILR 708; *R (Freedom and Justice Party) v Secretary of State for Foreign and Commonwealth Affairs* [2016] EWHC 2010 (Admin).

[61] E.g. *R (Al-Jedda) (FC) v Secretary of State for Defence* [2008] 1 AC 332; *Mohammed (Serdar) v Secretary of State for Defence* [2016] 2 WLR 247.

[62] *Jones v Ministry of Interior (Kingdom of Saudi Arabia)* [2006] UKHL 26, [12] (Lord Bingham); *La Générale des Carrières et des Mines v FG Hemisphere Associates LLC* [2012] UKPC 27, [15]–[16], [18] (Lord Mance); *R (Freedom and Justice Party) v Secretary of State for Foreign and Commonwealth Affairs* [2016] EWHC 2010 (Admin), [89]–[103] (Lloyd Jones LJ); *Kontic v Ministry of Defence* [2016] EWHC 2034 (QB), [108]–[116] (Irwin J).

[63] Shelton in Shelton (2011) 1, 6–7.

[64] Ibid, 7.

[65] Thus, in monist systems the parliament will usually play a much more active role in the debate prior to adoption of the treaty: e.g. Constitution of the Netherlands, Arts 91, 94; Constitution of the Russian Federation, Art 15.3. Further: Shelton in Shelton (2011) 1, 6; Verdier & Versteeg (2015) 109 *AJIL* 514, 518–19.

法機關應先將條約轉換為國內法體系的一部分後，始能對內實施。依「二元論」之制度，法院必須在立法的轉換下始得適用條約，而讓立法權再次居於關鍵地位，除非某項問題可透過司法解釋直接解決。[66]

C. 在適用國際法時，國內法院可能認為有必要重新制定法律，尤其是在法律不明確、或不確定之情況下，[67]包括【54】考慮國際法如何在國內法體系中適用，例如適用國家豁免之原則。[68]美國針對「外國人侵權法」（Alien Tort Statute）[69]之獨特規定，以及如何界定其範圍等問題尤其令人煩惱。[70]

D. 即使在「一元論」體系下，法院仍需確定可以直接適用國際法的程度，例如條約。即使依據一國的國內憲法程序正式批准，條約仍然可能被認為是「非自動履行」（non-self-executing），易言之，倘若沒有立法機關進一步說明或定義，則該條約不能直接適用。[71]

E. 另一個問題是，行政部門在多大的程度上可以干預法院對於國際法之適用？此處的重要考量因素，乃為一國的司法部門與行政部門，必須就有關國家的外交政策達成共識；例如在考慮國家承認（或政府承認）、國家豁免（或外交豁免）等問題時，法院可能會以行政部門之

---

[66] Shelton in Shelton (2011) 1, 6–7. E.g. *Minister for Immigration and Ethnic Affairs v Teoh* (1995) 104 ILR 460, 471 (Mason CJ and Deane J).

[67] E.g. *Lord Advocate's Reference (No 1 of 2000)* 2000 SLT 507, where a Scottish court had to determine the legality of the UK's Trident nuclear missile programme, despite the fact that the International Court had earlier avoided answering the question whether the mere holding of nuclear weapons was in breach of international law: *Legality of the Threat or Use of Nuclear Weapons*, ICJ Reports 1996 p 226. Further: Neff (2002) 51 *ICLQ* 171. On the contribution of domestic courts to various areas of international law, see (2013) 26 *LJIL* 531–665.

[68] E.g. *Nulyarimma v Thompson* (1999) 96 FCR 153; *Rasul v Bush*, 542 US 466 (2004); *Ferrini v Federal Republic of Germany* (2004) 128 ILR 658; *R v Jones (Margaret)* [2007] 1 AC 136; *Simoncioni v Germany*, Italian Constitutional Court, 22 October 2014, Judgment No 238 (noted (2015) 109 *AJIL* 400). On state immunity: chapter 22.

[69] 28 USC §1350 (initially enacted in 1789). Also: Torture Victims Protection Act 1991, 106 Stat 73. Further: chapter 21.

[70] *Filartiga v Pena-Irala*, 630 F2d 876 (2d Cir, 1980); *Sosa v Alvarez-Machain*, 542 US 692 (2004); *Kiobel v Royal Dutch Petroleum*, 133 S Ct 1659 (2013). Further: Roth (2004) 98 *AJIL* 798; Stewart & Wuerth (2013) 107 *AJIL* 601.

[71] Paust (1988) 82 *AJIL* 760; Vásquez (1995) 89 *AJIL* 685; Crootof (2011) 120 *Yale LJ* 1784; Iwasawa (2016) 378 Hague *Recueil* 9, 54–90; cf Verdier & Versteeg (2015) 109 *AJIL* 514, 523–5. Generally: Kaiser, 'Treaties, Direct Applicability' (2013) *MPEPIL*.

意見爲準。[72] 然而，在歐洲之實踐中特別需要謹愼行事，蓋歐洲人權法院認爲，上述極端形式的做法與要求法院成爲「獨立和公正法庭」[73] 之權力難以相容。例如：法國之程序係將有關條約解釋事項的初步問題，提交外交部長決定，並將任何意見視爲具有約束力。[74] 修正後的法國實踐中，不賦予此類意見具有約束力，而且實際上根本不需要外交部長提出意見。[75]

F. 【55】法院可能依據國際私法原則被要求適用外國法律，如果指涉適用的法律與國際法衝突，法院可能需要確定外國行爲或外國法是否違反其國際義務。在許多國家的實踐中（尤其是美國），上述議題引發「國家行爲原則」（act of state doctrine）之實踐，亦即法院作爲主權國家的司法機關，拒絕審理另一「形式上平等」的主權國家行爲，此原則之適用隨著不同國家的國內法律而有不同範圍。

G. 最後，法院在面對某些錯綜複雜的國際法問題時，亦可能會簡單承認該國際法問題已超出了法院的裁判能力；易言之，直接宣告此議題爲「不受法院審判」（non-justiciable）之問題，英格蘭和其他適用普通法之國家經常提及上述原則。

從目前的實踐而言，採用聯邦制的國家出現了一系列技術性問題，[76] 包括：聯邦政府以外的實體（如州政府）處理外交事務問題的能力、國際法在聯邦法律體系的位階地位，[77] 以及聯邦法院以外的次級法院適用與解釋國際法的

---

[72] E.g. *Arantzazu Mendi* [1939] AC 256; *Gur Corp v Trust Bank of Africa Ltd* [1987] QB 599; *GITSI* [1990] Rec Lebon 171, 111 ILR 499; *Agyepong* [1994] Rec Lebon 523, 111 ILR 531; *British Arab Commercial Bank plc v National Transitional Council of the State of Libya* (2011) 147 ILR 667; *R (Sultan of Pahang) v Secretary of State for the Home Department* (2011) 152 ILR 543; *Khurts Bat v Investigating Judge of the German Federal Court* (2011) 147 ILR 633; *Al-Juffali v Estrada* [2016] EWCA Civ 176; *Al Attiya v Al Thani* [2016] EWHC 212 (QB); *Bouhadi v Breish* [2016] EWHC 602 (Comm); cf *R (Freedom and Justice Party) v Secretary of State for Foreign and Commonwealth Affairs* [2016] EWHC 2010 (Admin), [174]. Also: *R v Gul* [2012] EWCA Crim 280, [22] (appealed on other grounds: [2013] UKSC 64). Further: McLachlan, *Foreign Relations Law* (2014) 240–8.

[73] ECHR, 4 November 1950, 213 UNTS 222, Art 6.

[74] *Beaumartin v France* (1994) 107 ILR 50, 56. Cf Bjorge in Aust & Nolte (eds), *The Interpretation of International Law by Domestic Courts* (2016) 49, 55–6.

[75] Further: *Difference Relating to Immunity from Legal Process of a Special Rapporteur of the Commission on Human Rights*, ICJ Reports 1999 p 62, 87–8.

[76] Shelton in Shelton (2011) 1, 20–2.

[77] E.g. in Australia the adoption of legislation based on international human rights standards by the Australian Capital Territory and Victoria, where no comparable bill of rights exists on a constitutional or federal level:

能力等。

(3) 國際法與國內法之間的一事不再理問題

(i) 國際法院下的國內一事不再理問題

從形式上而言，「一事不再理」原則（*res judicata*）係國際法院規約第38(1)(c) 條所指的「一般法律原則」，[78] 國際法院與國內法院同時適用。[79] 然而，就國際管轄權而言，國內法院的判決沒有一事不再理的效力。即使法律爭議可能本質上相同，但當事方卻不同，外交保護的範圍或許涵蓋在內，亦可能在該範圍之外。[80]【56】其他考慮因素也會產生作用，尤其是國際法優位原則（就其本身而言）。然而，國際法庭可能會受其組織規約之約束，接受某些類別的國家判決作爲對特定問題的決定性證據。[81]

一些國際法庭允許自然人和法人對國家提起訴訟，包括針對國內法院的判決。例如：歐洲人權法院係關於人權問題的終審法院，只有在「窮盡當地救濟原則」後才能訴求該法院審理，而且不會再重新審理國內法院已經處理過的任何事實認定。[82] 在投資人／地主國仲裁庭（investor-state arbitration tribunals）

Human Rights Act 2004 (ACT); Charter of Human Rights and Responsibilities Act 2006 (Vic); *Momcilovic v R* [2011] HCA 34.

[78] Reinisch (2004) 3 *LPICT* 37; Shany, *Regulating Jurisdictional Relations Between National and International Courts* (2007); Hobér (2014) 366 Hague *Recueil* 99, 294–324. Also: Wehland, *The Coordination of Multiple Proceedings in Investment Treaty Arbitration* (2013) ch 6; Schaffstein, *The Doctrine of Res Judicata before International Commercial Arbitral Tribunals* (2016).

[79] Cheng, *General Principles of International Law* (1953) 336; Reinisch (2004) 3 *LPICT* 37, 44; Dodge, 'Res Judicata' (2006) *MPEPIL*; Shany (2007) 159; Schreuer et al, *The ICSID Convention* (2nd edn, 2009) 609; Hobér (2014) 366 Hague *Recueil* 99, 294; Lock, *The European Court of Justice and International Courts* (2015) 58. Also: *Interpretation of Judgments No 7 and 8 (Factory at Chorzów)* (1927) PCIJ Ser A No 13, 27 (Judge Anzilotti, diss); *Trail Smelter* (1938) 3 RIAA 1905, 1950; *Waste Management Inc v United Mexican States* (2002) 6 ICSID Reports 549, 559; *Effect of Awards of Compensation made by the UN Administrative Tribunal*, ICJ Reports 1954 p 47, 53; *Amco Asia Corp v Indonesia* (1988) 1 ICSID Reports 543, 549; *Genocide (Bosnia and Herzegovina v Serbia and Montenegro)*, ICJ Reports 2007 p 43, 90–1; Cases A3/A8/A9/A14/B61 (2009) 38 Iran–US CTR 197, 241; *Territorial and Maritime Dispute (Nicaragua v Colombia)*, ICJ Reports 2011 p 420, 443; *ConocoPhillips v Venezuela*, 10 March 2014, para 21. Some scholars go so far as to elevate it to the status of custom: Reinisch (2004) 3 *LPICT* 37, 44; Shany (2007) 159–60.

[80] *Upper Silesia* (1925) PCIJ Ser A No 6, 20; *Amco Asia Corp v Indonesia* (1984) 89 ILR 366, 459; *Helnan International Hotels v Arab Republic of Egypt*, 3 July 2008, paras 126–7.

[81] Cf *Georges Pinson (France) v United Mexican States* (1928) 5 RIAA 327, 348 (the tribunal held that it would give great weight to factual findings made by the national claims commission). Under the North American Free Trade Agreement (NAFTA), 17 December 1992, 1994 CTS 2, Art 1131(2), decisions of the Free Trade Commission (an intergovernmental executive body) are binding on tribunals: e.g. *Mondev International Ltd v United States of America* (2002) 6 ICSID Reports 181, 223–4; *Methanex v US* (2005) 16 ICSID Reports 32, 193.

[82] ECHR, Art 26.

之情況下，仲裁庭的立場是默認國家法院的判決不會對仲裁庭的裁定適用「一事不再理」原則；[83] 然而，授予仲裁庭管轄權之雙邊或多邊條約當事方，可於談判中加入程序障礙（procedural roadblocks），例如：「岔路條款」（the fork in the road clause），[84] 要求聲索方僅能在進行「投資人／地主國仲裁程序」或「地主國國內法院進行訴訟程序」等二者之間作出優先選擇解決爭端的機制，外國投資人（聲索方）不得同時要求進行國內救濟與國際仲裁，一旦作出選擇，其他提出求償的方式，將不得允許其成立。

(ii) 國內法院下的國際一事不再理問題

在實務上，國際組織或機構之決議，在未得到國內法律制度之認可下，對於國內法院不具約束力，[85] 一般而言，國家可能會用定義較為廣泛的憲法條款，「自動」納入條約規範，或要求具體的納入程序或實施行為；但在另一方面，國內法院可能直接規避此類國際組織決議的終局性，而無需透過解釋性的法律來處理一事不再理原則之適用問題。近年來，美國的實踐中呈現一個特點，亦即將法院判決之效力，連結到相關國際法院或非常設國際法庭的組織決議，確立其在國內法中的地位。[86]

【57】從另一角度而言，國際法院即使與國內法院出現基本問題相同的判決，其本身並不會為後者創造「一事不再理」，[87] 然而，就某些目的而言，上述情況並不代表國內法院不應承認具有明確能力以及權威的國際法院判決的有效性。[88] 因此，各國往往賦予國際與國內仲裁裁決一事不再理之效果；[89] 另一方

---

[83] *Amco Asia Corp v Republic of Indonesia* (1984) 89 ILR 366, 459; *Helnan International Hotels v Arab Republic of Egypt*, 3 July 2008, paras 123–5.

[84] E.g. *Occidental Exploration and Production Co v Republic of Ecuador* (2004) 138 ILR 35, 48–53; *Toto Costruzioni v Republic of Lebanon*, 11 September 2009, paras 211–12; cf *Pantechniki SA v Republic of Albania*, 30 July 2009, paras 61–4.

[85] Shany (2007) 161. Further: Iwasawa (2016) 213–42. Also: *Diggs v Richardson*, 555 F2d 848 (DC Cir, 1976) (Security Council resolution non-self-executing); *Bradley v Commonwealth of Australia* (1973) 128 CLR 557; *Medellin v Dretke*, 544 US 660 (2005).

[86] E.g. *Medellin v Texas*, 552 US 491 (2008).

[87] *Socobel v Greek State* (1951) 18 ILR 3; *Committee of United States Citizens Living in Nicaragua v Reagan*, 859 F2d 929 (DC Cir, 1988); *Breard v Greene*, 523 US 371 (1998), and generally Schulte, *Compliance with Decisions of the International Court of Justice* (2004) 77.

[88] *Messina v Petrococchino* (1872) LR 4 PC 144; *Dallal v Bank Mellat* [1986] QB 441, 457 (Hobhouse J). For comment: Fox (1988) 37 *ICLQ* 1, 24; Crawford (1986) 57 *BY* 410.

[89] E.g. Arbitration Act 1996 (UK) ss58, 66; 9 USC §13; International Arbitration Act 1974 (Cth), ss16, 33; UNCITRAL Model Law on International Commercial Arbitration 2006, Art 17H(1). Also: Hobér (2014) 366 Hague *Recueil* 99, 130, 134–5, 138–44.

面，此做法已經是形同常識（common sense），也是眾所周知的政策論點。參與訴訟之當事方，有權在某個時間點於爭議中劃清界限，並且不受持續的法律干擾，上述原則甚至已經成為了條約義務，例如：紐約公約（The Convention on the Recognition and Enforcement of Foreign Arbitral Awards，承認及執行外國仲裁判斷公約），[90] 以及國際投資爭端解決中心公約（International Centre for Settlement of Investment Disputes, ICSID）。[91] 然而，除非具有特定條約義務，否則國家實踐的差異很大，許多國家並不賦予外國判決既判力，[92] 甚至是來自同一國家的不同聯邦法院所作成的判決。[93]

(iii) 一事不再理與第三方的問題

國際法下的一事不再理（res judicata）原則係包括「禁反言」（estoppel）相關問題，但並未擴張解釋如同美國法中拘束第三方的「禁止間接再訴」（collateral estoppel）原則。[94] 但國際法院或非常設國際法庭的判決，可能對於第三方（vis-à-vis third parties）具有證據力。例如，國內法院在處理戰爭罪案件，以及因交戰占領而引起的問題時，以占領區發行之貨幣進行行政管制、徵用，以及其他交易行為的有效性，係依據紐倫堡大審和東京國際軍事法庭之調查結果作為證據，[95] 甚至可視為是確鑿證據，足以證明基於占領而發動之戰爭為非法行為；【58】除此之外，國際法庭所採用的法律推理，對於第三方則具有很重要的參考價值。在 Mara'abe v Prime Minister 一案中，以色列最高法院認為國際法院關於「圍牆」（wall）一案中的諮詢意見[96] 並不構成「一事不再理」，因其與以國之事實認定完全相反，但國際法院對國際法的解釋仍應給予

[90] Convention on the Recognition and Enforcement of Foreign Arbitral Awards, 10 June 1958, 330 UNTS 38, Art III.
[91] ICSID Convention, Arts 53, 54.
[92] The same may be said of its correlative in the criminal law, ne bis in idem: van den Wyngaert & Stessens (1999) 48 ICLQ 779, 781–90.
[93] E.g. United States v Lanza, 260 US 227 (1922); United States v Wheeler, 435 US 313 (1978). Further: Shany (2007) 160.
[94] Cf RSM Production Corp v Grenada, 10 December 2010, paras 7.1.2, 7.1.5. On estoppel: chapter 18. Also: ILA committee reports on lis pendens and res judicata in international commercial arbitration: (2009) 25 Arb Int 35 (Interim Report); (2009) 25 Arb Int 67 (Final Report); (2009) 25 Arb Int 83 (Recommendations).
[95] Brownlie, Use of Force (1963) 185. Also: N v B (1957) 24 ILR 941; B v T (1957) 24 ILR 962.
[96] Construction of a Wall in the Occupied Palestinian Territory, ICJ Reports 2004 p 136.

充分與適當的尊重。[97]

3. 普通法傳統下之國際法

(1) 普通法原則之發展

　　普通法最初被視爲適用於英格蘭王國（Kingdom of England）領域內的法律，[98] 早期係由西敏區普通法法院（Common Law Courts at Westminster）援引適用，並與管轄海事、對外貿易以及與羅馬法（*jus gentium*）、諸侯與共和國關係等之大陸法相牴觸。大陸法係由平民在海事法院（Court of Admiralty）等大陸法之法院以及相關理事會予以實踐，而委員會關於國際法的建議，係多半來自於受過文職訓練的律師，而不是普通法律師。[99]

　　上述情況，於 18 世紀時發生了相當程度的變化，在王政復辟時期取消了調解法院（conciliar courts），並開放普通法法院得以審理國際商務訴訟。開放的部分原因，乃當時英格蘭王國更願意受到外國和大陸法系的影響，Lord Mansfield 代表當時的趨勢，不僅首先採納合併原則，亦即國際法是「英格蘭法律之一部」，並更將此傳統歸功於 Lord Talbot，並繼續傳承給 Sir Blackstone。[100] 海事法院於其裁決管轄權中，將上述傳統視爲適用法律的單純事項，以及作爲普通法法院的一個深思熟慮的選擇。[101] 但此種開放態度，在不同方面都得到了證明：由於英格蘭議會具有至高權力的地位（supremacy of Parliament），因此條約並不屬於英國法律的一部分。而舊樞密院在對外關係事務中所扮演的角色，留下「國家行爲原則」（act of state doctrine）之原

---

[97] (2005) 129 ILR 241, 285, 298. Also: Iwasawa (2016) 236–42.

[98] Westlake (1906) 22 *LQR* 14; Lauterpacht (1939) 25 *GST* 51; 1 Lauterpacht (1970) 154, 218; Fatima, *Using International Law in Domestic Courts* (2005) 403; McLachlan (2014) ch 3.

[99] McNair, 3 *Opinions*, Appendix II, and for a synopsis Crawford in Zimmermann & Beatson (eds), *Jurists Uprooted* (2004) 681.

[100] *Barbuit* (1737) Cases t Talbot 281; *Triquet v Bath* (1764) 3 Burr 1478, 1481; *Heathfield v Chilton* (1767) 4 Burr 2015, 2016. Later: *De Wütz v Hendricks* (1824) 2 Bing 314, 315; *Emperor of Austria v Day* (1861) 30 LJ Ch 690, 702 (reversed on appeal on another point); *R v Keyn (The Franconia)* (1876) 2 Ex D 63. Further: O'Keefe (2008) 79 *BY* 7, 12–23.

[101] For an overview of the legal history: Baker, *An Introduction to English Legal History* (4th edn, 2002) 117–54.

型，[102] 加上議會在「外國特權」（foreign prerogative）問題上（尤其是承認）亦尊重行政部門之意見，使得整體折衷後的結果，【59】法院實踐呈現了具體實務而非理論政策。在後法院法時期（post-Judicature Act period，約 1875 年以後），有很多實務發展的途徑，但普通法的本質並未改變；必須要依序抽絲剝繭其中的成分，並且從最直接的要件開始。

(2) 英國法下之條約

(i) 未經轉換之條約

在英格蘭，[103] 條約之締結及批准皆屬於皇室特權，倘若不適用轉換原則，皇室可在未經議會同意之情況下為該項議題制定法律，[104] 恐違反「議會主權」（parliamentary sovereignty）[105] 之基本概念。然該原則不適用於極少數情況，即皇室特權得以直接擴張或限縮其管轄權而無需立法。[106]

因此，作為一個強烈的二元體系，英國法律通常不會允許法院賦予未經轉換條約之法律效力。[107] 樞密院（Privy Council）在 *Thomas v Baptiste* 一案中，針對上述規則作出簡明的陳述：

---

[102] E.g. *Blad v Bamfield* (1674) 36 ER 992 (Ch); *Duke of Brunswick v King of Hanover* (1848) 9 ER 993.

[103] The term 'English law' has been used here for the sake of concision, but the position in England broadly reflects that in other Commonwealth countries: McNair, *Treaties* (1961) 81; Fatima (2005); Sales & Clement (2008) 124 *LQR* 388, 394–413; Neff in Shelton (2011) 620, 621–6; Aust, *Modern Treaty Law and Practice* (3rd edn, 2013) 159.

[104] Sales & Clement (2008) 124 *LQR* 388, 399.

[105] 'The bedrock of the British constitution': *R (Jackson) v Attorney General* [2006] 1 AC 262, 274 (Lord Bingham).

[106] *JH Rayner (Mincing Lane) Ltd v Department of Trade and Industry* [1990] 2 AC 418, 500. Further: *The Parlement Belge* [1880] 4 PD 129, 150; *Post Office v Estuary Radio Ltd* (1968) 2 QB 740, 753. But see Bjorge [2017] *Public Law* 586.

[107] *JH Rayner (Mincing Lane) Ltd v Department of Trade and Industry* [1990] 2 AC 418, 499–500 (Lord Oliver). Also: *Rustomjee v R* [1876] 2 QB 69, 74 (Lord Coleridge); *The Parlement Belge* (1879) 4 PD 129, 150, 154–5 (Sir Robert Phillimore); *Walker v Baird* [1892] AC 491, 496–7 (Lord Herschell); *Mortensen v Peters* (1905–6) F (JC) 93, 100–1 (Scottish High Court of Justiciary); *Hoani Te Heuheu Tukino v Aotea District Maori Land Board* [1941] AC 308 (PC), 324–5 (Viscount Simon LC); *Pan-American World Airways Inc v Department of Trade* [1976] 1 Lloyd's Rep 257, 260 (Lord Denning MR), 261–2 (Scarman LJ); *JH Rayner (Mincing Lane) Ltd v Department of Trade and Industry* [1989] Ch 72, 164 (Kerr LJ); *Re M and H (Minors) (Local Authority: Parental Rights)* [1990] 1 AC 686, 721 (Lord Brandon); *R v Director of Public Prosecutions, ex p Kebilene* [2000] 2 AC 326, 340 (Lord Bingham MR); *R v Lyons* [2003] 1 AC 976, 987 (Lord Bingham), 995 (Lord Hoffmann); *Moohan v Lord Advocate* [2015] AC 901, 923 (Lord Hodge); *R (SG) v Secretary of State for Work and Pensions* [2015] 1 WLR 1449, 1477 (Lord Reed), 1518 (Lord Kerr); *Al-Saadoon v Secretary of State for Defence* [2016] EWCA Civ 811, [194] (Lloyd Jones LJ); *R (Miller) v Secretary of State for Exiting the European Union* [2017] UKSC 5, [50]–[58].

> 大法官們承認國際公約不改變國內法的原則在憲法上的重要
> 性，除非該國際公約已被立法轉換而納入國內法。締結條
> 約……係屬於政府的行政行為，而非議會的立法行為。因
> 此，條約條款並不能對國內法產生任何改變、或剝奪任何主
> 體現有的合法權利，除非議會或在立法機關授權下將其頒布
> 為國內法。一旦頒布該法令，法院可以適用已經生效之國內
> 立法，而非直接適用條約條款。[108]

【60】因此，未轉換的條約不能創造可執行之權利，也不能剝奪個人先前賦予的合法權利，此即為「無直接影響原則」（no direct effect）；[109] 此類未轉換之條約，同樣不能凌駕於法規之上，屬於一般不能在國內法院強制執行之契約，而且關於英國本身的侵權行為，在其國內並不具有法律效力。[110] 國際法院和非常設國際法庭對於英國未履行條約、或違反條約法律義務之認定，同樣亦不具有任何國內法之效力。[111]

(ii) 已轉換之條約

條約一旦由議會通過，由此立法程序而產生的法律，將成為英國法的一部分，法院得以援引適用。[112] 因此，在英國法律中，對於自動履行條約和非自動履行條約沒有區別；所有條約都可以歸類為非自動履行，因為條約都必須經由立法程序的轉換才能成為國內法。上述的一個明顯例外，出現在歐盟所締結條約之情況，歐洲法院（European Court of Justice）認為這些條約作為共同體法律的一部分在成員國內可直接履行。在英國法中，基於共同體之法案相關程

---

[108] [2000] 2 AC 1 (PC), 23 (Lord Millett); ibid, 31–3 (Lords Hoffmann & Goff, diss).

[109] The Constitutional Reform and Governance Act 2010, ss20–22, provides for prior parliamentary approval of treaty ratification in most cases. But it does not change the no direct effect rule.

[110] Fatima (2005) 283–8; Sands & Clement (2008) 124 *LQR* 388, 397–8.

[111] *R v Lyons* [2003] 1 AC 976, 987 (Lord Bingham), 995 (Lord Hoffmann). Also: *R v Secretary of State for the Home Department, ex p Brind* [1991] 1 AC 696, 747 (Lord Bridge); *Re McKerr* [2004] 2 All ER 409.

[112] *Maclaine, Watson & Co Ltd v Department of Trade and Industry* [1990] 2 AC 418, 500 (Lord Oliver). Also: *British Airways v Laker Airways* [1985] AC 58. The most obvious example of this is the Human Rights Act 1998 (UK), which gives qualified domestic effect to the ECHR.

序，歐盟條約具有自動履行之效力，但該法案將在英國退出歐盟時被廢除。[113]

法案一旦頒布，履行該條約之法規，將與任何議會法案同樣具有法律效果。因此，倘若兩者之間明顯不一致時，將適用後法優於前法的原則。[114]

另外，使條約條款在國內法中生效的立法模式，可採取許多不同形式。法規可以直接制定國際文書的條款，將其條款作爲該法案的附表列出。[115] 或者，亦可使用自行制定的實質性條款來實施條約，而並非直接頒布條約文本。頒布立法時，法案中不一定會具體提及有關條約，但可能有外部證據表明該法規旨在使其生效。[116]

【61】而適用結果，乃使法院採取折衷做法，法院必須審查並確定「議會自行制定法規」與其「母條約」間之聯繫關係與強度，以作爲解釋之工具。[117]

(iii) 條約與法律解釋

圍繞在英國法律中的條約與法規解釋問題，通常可以區分爲兩類：[118] 無論該條約是否已經轉換，皆可依據締結的條約解釋授權之文書，或其他的立法解釋。應注意者，若爲已轉換條約，解釋的主要對象是爲了履行條約而制定的國內法規，並且排除未轉換條約。[119] 因此，雖然國際法院和非常設國際法庭可以針對條約解釋作出裁決，但該裁決不具法律約束力。[120]

---

[113] Case C-87/75 *Bresciani* [1976] ECR 129; Case C-104/81 *Kupferberg* (1982) 93 ILR 76. Also: European Communities Act 1972 (UK). On the constitutional modalities of British withdrawal, *R (Miller) v Secretary of State for Exiting the European Union* [2017] UKSC 5. See now European Union (Withdrawal) Act 2018 (UK).

[114] *IRC v Collco Dealings Ltd* [1962] AC 1; *Woodend (KV Ceylon) Rubber and Tea Co v IRC* [1971] AC 321.

[115] E.g. Diplomatic Relations Act 1964 (UK), giving direct effect to certain provisions of the VCDR, 18 April 1961, 500 UNTS 95.

[116] E.g. *Re Westinghouse* [1978] AC 547 (regarding the Evidence (Proceedings in other Jurisdictions) Act 1975, implementing the unmentioned Hague Convention on the Taking of Evidence abroad in Civil or Commercial Matters, 18 March 1970, 847 UNTS 241).

[117] For a case of an unimplemented treaty giving rise to domestic rights and obligations: Republic of *Ecuador v Occidental Exploration & Production* [2007] EWCA Civ 656 (BIT arbitration). For BIT arbitration: chapters 28, 32.

[118] Sinclair (1963) 12 *ICLQ* 508; Mann, *Foreign Affairs in English Courts* (1986) 97; Fatima (2005) 65–186; Gardiner (1995) 44 *ICLQ* 620; Neff in Shelton (2011) 620; Gardiner, *Treaty Interpretation* (2nd edn, 2015) 144–9.

[119] On the primacy of the incorporating statute: *Rey v Government of Switzerland* [1999] 1 AC 54 (PC), 63 (Lord Steyn); *R v Secretary of State for the Environment, Transport and the Regions, ex p International Air Transport Association* [2000] 1 Lloyd's Rep 242, 244 (Jowitt J); *R (Al-Fawwaz) v Governor of Brixton Prison* [2001] 1 AC 556, 606–7 (Lord Rodger); *R (Al-Skeini) v Secretary of State for Defence* [2004] EWHC 2911 (Admin), [301] (Rix LJ).

[120] Though the courts will, as a general rule, follow them: Neff in Shelton (2011) 620, 623. Further: *R v Lyons* [2003] 1 AC 976, 992. Also: *Manchester City Council v Pinnock* [2011] 2 AC 104, 125 (Lord Neuberger).

　　另一方面，對於條約規定之解釋係屬法律問題，與某些國家不同，法院不向行政部門諮詢具有約束力的條約解釋，[121] 而將適用條約解釋的國際法規則，例如維也納條約法公約（Vienna Convention on the Law of Treaties）[122] 之規範，而並非國內的法定解釋標準（即使兩套標準與過去相比，並沒有太大差異）。[123] 此外，爲了相關協定在締約國間的一致性解釋，其他國家的國內法院關於條約解釋之裁決也都被納入考量。[124]

　　【62】倘若執行法規在其履行之條約範圍上模棱兩可，或完全未提及該條約，則可能會出現適用法規之困難。然而，倘若議會顯然打算透過立法來實施一項條約，則應盡可能對立法條款進行解釋，以符合條約之意旨。[125]

　　更廣泛而言，Diplock LJ 在 Salomon 一案中主張，「議會無意違反國際法，包括其中具體之條約義務」。[126] 此一推定無論適用在已轉換或未轉換之條約的情況皆相同，[127] 且僅適用於在條約簽署或批准後所制定之立法。[128] 另一方

---

[121] Absent a direction as to interpretation in the enacting statute itself: e.g. the Carriage by Air Act 1961, s4A. Cf Neff in Shelton (2011) 620, 623.

[122] 22 May 1969, 1155 UNTS 331, Arts 31–2. Further: chapter 16.

[123] E.g. *Fothergill v Monarch Airlines Ltd* [1981] AC 251, 282 (Lord Diplock); *Republic of Ecuador v Occidental Exploration and Production* [2007] EWCA Civ 656, [26]; *Czech Republic v European Media Ventures SA* [2007] EWHC 2851 (Comm), [51]; *R v Asfaw* [2008] 1 AC 1061, 1114–15 (Lord Mance); *EN (Serbia) v Secretary of State for the Home Department* [2010] QB 633, 653 (Stanley Burnton LJ); *R (ST) v Secretary of State for the Home Department* [2012] 2 AC 135, 150–1 ([30]–[31]) (Lord Hope); *Assange v Swedish Prosecution Authority* [2012] 2 AC 471, 508 ([67]) (Lord Phillips), 517–18 ([106]–[107]) (Lord Kerr), 524 ([130]) (Lord Dyson); *R (Adams) v Secretary of State for Justice* [2012] 1 AC 48, 69 (Lord Phillips); *Ben Nevis (Holdings) Ltd v Commissioners for HM Revenue & Customs* [2013] EWCA Civ 578, [17] (Lloyd Jones LJ); *Al-Saadoon v Secretary of State for Defence* [2016] EWCA Civ 811, [149] (Lloyd Jones LJ).

[124] *R v Immigration Appeal Tribunal, ex p Shah* [1999] 2 AC 629, 657 (Lord Hoffmann) ('[a]s a general rule it is desirable that international treaties should be interpreted by the courts of all states parties uniformly'). Also: *R v Asfaw* [2008] 1 AC 1061, 1095 (Lord Hope).

[125] *Garland v British Rail Engineering Ltd* [1983] 2 AC 751, 771 (Lord Diplock); *R v Secretary of State for the Home Department, ex p Brind* [1991] 1 AC 696, 748 (Lord Bridge); *A v Secretary of State for the Home Department (No 2)* [2006] 2 AC 221, 255 (Lord Bingham); *R (Al-Skeini) v Secretary of State for Defence* [2008] 1 AC 153, 192 (Lord Rodger); *EN (Serbia) v Secretary of State for the Home Department* [2010] QB 633, 663 (Stanley Burnton LJ); *Assange v Swedish Prosecution Authority* [2012] 2 AC 471, 522 (Lord Dyson); *Re McCaughey's Application for Judicial Review* [2012] 1 AC 725, 748–50 (Lord Phillips); *R (Adams) v Secretary of State for Justice* [2012] 1 AC 48, 69 (Lord Phillips). Cf *R v Gul* [2014] AC 1260, 1286–7 (Lords Neuberger and Judge).

[126] *Salomon v Commissioners of Customs and Excise* [1967] 2 QB 116, 143.

[127] Fatima (2005) 296–316.

[128] *Boyce v R* [2005] 1 AC 400, 415–16 (Lord Hoffmann).

面，即使在條約與相關立法之間沒有聯繫的情況下，上述推定亦可適用；[129] 而除立法外，該推定還可適用於具有國內效力的其他文書或準則。[130]

「推定」（presumption）本身只會在法定條文可解釋之情況下，作爲解釋輔助工具，因其表面上並不明顯。[131] 在 *Ex p Brind* 一案中，Lord Bridge 在談到當時尚未實施的歐洲保護人權公約時曾主張：

> 在解釋國內立法中任何含糊不清的條款時，從某種意義上而言，該條款具有符合或與公約相衝突之含義，法院將推定議會係依據公約之規定而進行立法，而非推定議會將違反該公約。因此，當一項法規授予行政當局一種得以侵犯公約保護的任何基本人權之方式，行使自由裁量權時，同樣可以推定，該立法之意圖，是應在公約規定的限制範圍內行使自由裁量權。[132]

(iv) 條約與普通法之確認

【63】「推定」以英國法解釋爲優先，在法律適用上不僅止於成文法規，亦包含普通法在內，而如此做法並不會使英國違反國際責任；[133] 若在普通法尚未確定或正在發展的情況下，可以適用未經轉換的條約。[134] 英國法院爲了解

---

[129] *Salomon v Commissioners of Custom and Excise* [1967] 2 QB 116, 144 (Diplock LJ); *R v Secretary of State for the Home Department, ex p Brind* [1991] 1 AC 696, 747–8 (Lord Bridge).

[130] *Mirza v Secretary of State for the Home Department* [1996] Imm AR 314 (CA), 318 (Nourse LJ).

[131] *R v Secretary of State for the Home Department, ex p Brind* [1991] 1 AC 696, 760 (Lord Ackner); *Attorney-General v Associated Newspapers* [1994] 2 AC 238, 261–2 (Lord Lowry); *JA Pye (Oxford) Ltd v Graham* [2003] 1 AC 419, 444 (Lord Browne-Wilkinson); *R v Lyons* [2003] 1 AC 976, 987 (Lord Bingham); *Al-Saadoon v Secretary of State for Defence* [2015] 3 WLR 503, 578 (Leggatt J); *R (SG) v Secretary of State for Work and Pensions* [2015] 1 WLR 1449, 1490 (Lord Hughes), 1519 (Lord Kerr).

[132] *R v Secretary of State for the Home Department, ex p Brind* [1991] 1 AC 696, 747–8; cf ibid, 760 (Lord Ackner).

[133] *R v Lyons* [2003] 1 AC 976, 992 (Lord Hoffmann). Also: *Attorney-General v Guardian Newspapers Ltd (No 2)* [1990] 1 AC 109, 283 (Lord Goff); *Al-Saadoon v Secretary of State for Defence* [2015] 3 WLR 503, 578 (Leggatt J); *R (SG) v Secretary of State for Work and Pensions* [2015] 1 WLR 1449, 1490 (Lord Hughes), 1520 (Lord Kerr).

[134] *A v Secretary of State for the Home Department (No 2)* [2005] UKHL 71, [27] (Lord Bingham); *Derbyshire County Council v Times Newspapers* [1992] QB 770, 812 (Balcombe LJ).

決普通法不足的問題，已考慮到以條約爲基礎的人權標準，包括竊聽電話之合法性問題、[135] 刑事誹謗罪、[136] 蔑視法庭、[137] 以及結社自由[138] 等。上述發展不僅限於人權條約，例如：在 *Alcom Ltd v Republic of Colombia* 一案中，爲解釋法律之目的，而參考一般國際法關於國家豁免之範圍界定。[139]

(3)國際習慣法

(i) 轉換

國際社會普遍認爲，習慣國際法採納普通法之方法[140] 係採用「轉換」（incorporation）[141] 立法之原則；易言之，習慣國際法規則應被視爲國家法律的一部分，只要該習慣原則不與議會之立法互相牴觸。Lord Denning MR 在 *Trendtex Trading Corp v Central Bank of Nigeria* 一案中之聲明，經常被引用作爲支持上述論點：

> 看到國際法規則發生了變化（確實發生變化），並且法院已經在沒有任何議會法案的情況下，實施對於變化之回應，不可避免地，不時存在的國際法規則確實構成了英國法的一部分。[142]

【64】然而，依據 Lord Wilberforce 之主張，「避免作出逾越 Lord

---

[135] *Malone v Metropolitan Police Commissioner (No 2)* [1979] 1 Ch 344, 379 (Megarry V-C).

[136] *Gleaves v Deakin* [1980] AC 477.

[137] *Attorney-General v BBC* [1981] AC 303.

[138] *Cheall v Association of Professional Executive Clerical and Computer Staff* [1983] 2 AC 180.

[139] [1984] AC 580, 597 (Lord Diplock). Also: *Rahmatullah v Ministry of Defence* [2014] EWHC 3846 (QB), [67]–[81] (Leggatt J).

[140] O'Keefe (2008) 79 *BY* 7; Sales & Clement (2008) 123 *LQR* 388, 413–20; Neff in Shelton (2011) 620, 626–30. Also: Bingham, *The Rule of Law* (2010) ch 10.

[141] The antagonist of incorporation is the doctrine of 'transformation', under which custom will only become part of the law of England once codified in statute or in a prior authoritative judicial decision—a doctrine of stasis so far as the common law is concerned. English courts have subscribed to an incorporationist approach since the eighteenth century: O'Keefe (2008) 79 *BY* 7, 9–10; Lauterpacht (1939) 25 GST 51, 65, 75–6, 84, 86; Holdsworth, *Essays in Law and History* (1945) 266.

[142] [1977] QB 529, 554; reiterated in *R (Campaign for Nuclear Disarmament) v Prime Minister of the UK* (2002) 126 ILR 727, 738; and as a general principle underlying *R (European Roma Rights Centre) v Immigration Officer at Prague Airport* [2005] 2 AC 1. Further: Neff in Shelton (2011) 620, 627.

Denning MR 令人欽佩裁判之外更多的承諾，始可謂明智之舉」。[143] 英格蘭的立場，並非將習慣法視為構成普通法的一部分（無論該習慣來自於何種外國的法律傳統，如何能接受其可制定普通法？），但習慣是英國法律的淵源之一，法院可以依據其需要的時機，而加以適用。[144]

正如同 Lord Bingham 在 *R v Jones (Margaret)* 一案中所述：

> 上訴人抗辯國際法在其全部範圍內係英格蘭和威爾斯法律的一部分。即便皇室確實有古老且至高的權威性，但皇室並沒有挑戰此議題所代表的普遍真理……我會猶豫……以「無條件」之用詞詮釋此命題，正如經常被陳述者：國際法並非英國法之一部分，而僅係其淵源之一。[145]

Lloyd-Jones LJ 也有類似陳述：

> 由於習慣國際法與普通法之間的關係相當複雜，因此不可能從如此廣泛的原則陳述中推導出全面的結論；將習慣國際法納入考量似乎更好，並不代表其作為普通法的一部分，而是作為國內法官可以參酌普通法的來源之一。作為審酌案件的過程，法官們將不得不考慮基於國內憲法原則，是否可能存在任何阻礙實施習慣國際法的阻力或障礙。此外，普通法法院的法官可能面臨是否承認和執行習慣國際法規則的政治問題。然而，基於國際法普遍皆具有善意原則的適用，一般皆會朝向有利的解釋與推定，有利其適用。[146]

---

[143] *I Congreso del Partido* [1983] AC 244, 261–2. Also: *R v Jones (Margaret)* [2007] 1 AC 136, 155 (Lord Bingham).

[144] Brierly (1935) 51 *LQR* 24, 31.

[145] [2007] 1 AC 136, 155 (citations omitted). Also: *Al-Saadoon v Secretary of State for Defence* [2015] 3 WLR 503, 579 (Leggatt J); *R (Freedom and Justice Party) v Secretary of State for Foreign and Commonwealth Affairs* [2016] EWHC 2010 (Admin), [166] (Lloyd Jones LJ).

[146] *R (Freedom and Justice Party) v Secretary of State for Foreign and Commonwealth Affairs* [2016] EWHC 2010 (Admin), [166].

簡言之，習慣和普通法的關係比合併或轉換所適用的學說更加微妙。[147]

(ii) 轉換之程序及其限制

國際社會普遍認為，習慣國際法採納普通法之方法予以轉換，依據轉換立法的原則，習慣國際法的規則，應被視為國家法律的一部分。從普通法採納習慣國際法的方式中可看出其中廣泛的過程，且產生關於或類似於準據法（choice of law）的初始問題，選法之決定不僅存在於國際法，並且允許（或要求）國內法院亦可決定。倘若（與外國豁免一樣）此兩問題的答案都是肯定的，尚有第二個關於憲法的問題待解決：究竟係普通法法院保留立法權之領域？抑或（與實體刑法一樣）不保留立法權的領域？[148]【65】在適當的情況下考慮國際法規範，而不是法院地法或外國法，然而，就適用外國法或國內法需要正式證據，法院對於準據法之規則必須進行司法認知（Judicial notice）；同時，亦須確定國際法規則的存在，及其在國家管轄領域內之效力。因此，國際法規則可能提供有限度的選法指示，在判例法（case law）規則下，有以下四個考慮因素與條約之轉換問題有關：[149]

A. 第一個問題是習慣國際法規則是否易於在國內適用。[150] 例如，系爭規則是否具有嚴格跨國界的性質，或者是否涉及當事方的私人權利。前者可能難以在國內法體系中重新建構為規範，相形之下，在後者情況中，個人權利可能更容易轉換為國內法的一部分。[151] 某些法院已經確定可能對這種轉換的嘗試進一步加諸限制，其目的並不是基於是否適合採用，而是取決於規範的性質。在 *Al-Saadoon* 一案中，Laws LJ 主張：

---

[147] E.g. *R (Al-Haq) v Secretary of State for Foreign and Commonwealth Affairs* [2009] EWHC 1910, [40]. Also: O'Keefe (2008) 79 *BY* 7, 60.

[148] *R v Jones (Margaret)* [2007] 1 AC 136, 160–3 (Lord Bingham); 170–1 (Lord Hoffmann); 179 (Lord Mance).

[149] O'Keefe (2008) 79 *BY* 7, 63–6.

[150] *R v Secretary of State for the Home Department, ex p Thakrar* [1974] QB 684, 702 (Lord Denning MR), 708–9 (Orr LJ); *JH Rayner (Mincing Lane) Ltd v Department of Trade and Industry* [1989] Ch 72, 184–5 (Kerr LJ), cf 219–20 (Nourse LJ). Also: *West Rand Central Gold Mining Co v R* [1905] 2 KB 391, 409–12 (Lord Alverstone CJ).

[151] O'Keefe (2008) 79 *BY* 7, 64.

關於以習慣規則作爲訴由（cause of action），在英國法院被
提起訴訟之情況並不十分明確，當然，必須證明該習慣規則
與英國國內法的任何規定並不衝突……我理解該規則也必須
是絕對強行法（*jus cogens erga omnes*）的狀態。[152]

然而，雖然此處所討論的「轉換」程序，自18世紀起已經存在，但「強
制性規範」之概念則是晚近才出現，因此兩者相互結合並非歷史之必
然；但由於某些規範具有極高價值，可能迫切地需要立即被執行。最
高法院 Souter 大法官在 *Sosa* 一案中的名言暗示了類似的見解，亦即
國際法規範係依據外國人侵權法（Alien Tort Statute）而直接生效，不
但具體、普遍且具有強制性（雖然 *Sosa* 案涉及成文法而非普通法的轉
換）。[153]

B. 第二個問題是系爭習慣國際法規則是否與任何憲法原則相牴觸。[154]
因此，在 *R v Jones (Margaret)* 一案中，系爭爭議爲：習慣國際法中的
侵略罪，是否可以被視爲英格蘭法律的一部分？【66】Lord Bingham
主張，爲將習慣國際法規則轉換爲普通法，該習慣必須符合憲法；因
此，習慣國際法僅在憲法允許的情況下，始適用於英國法院。[155] 由於
憲法要求，只有議會才能負責制定英國法律中的犯罪罪刑，[156]「侵略」
（aggression）不能被視爲普通法的一個要件，應被視爲一個立法事
項。[157]

---

[152] *R (Al-Saadoon) v Secretary of State of Defence* [2010] QB 486, 517 (Laws LJ), noted by O'Keefe (2009) 80 *BY* 451, 463. Similar terminology may be found in *A v Secretary of State for the Home Department (No 2)* [2006] 2 AC 221, 262 (Lord Bingham); *R (Mohamed) v Secretary of State for Foreign and Commonwealth Affairs* [2008] EWHC 2048 (Admin), [171].

[153] *Sosa v Alvarez-Machain*, 542 US 692, 732 (2004), citing *Hilao v In re Estate of Marcos*, 25 F3d 1467, 1475 (9th Cir, 1994).

[154] Sales & Clement (2008) 124 *LQR* 388, 414.

[155] [2007] 1 AC 136, 160, quoting O'Keefe (2001) 72 *BY* 293, 335. Also: *Keyu v Secretary of State for Foreign and Commonwealth Affairs* [2015] 3 WLR 1665, 1705 (Lord Mance).

[156] The judiciary's common law power to create new crimes was surrendered in *Knuller (Publishing, Printing and Promotions) Ltd v DPP* [1973] AC 435.

[157] [2007] 1 AC 136, 160–3. Also: ibid, 170–1 (Lord Hoffmann); 179 (Lord Mance). Another persuasive consideration for Lord Bingham was the fact that the incorporation of aggression into the common law would grant the courts the capacity to review the executive's conduct of foreign affairs and the deployment of armed forces, areas traditionally considered non-justiciable: ibid, 162–3.

在合憲性和習慣法成立之考量中，成文法優於普通法的原則，係直接根源於「議會主權原則」（doctrine of parliamentary sovereignty）。因此，只有在不與議會所制定的現行法案相衝突的情況下，才能將習慣國際法轉換爲普通法。在 *Chung Citi Cheung v R* 一案中，Lord Atkin 主張：

法院承認，各國之間存在著可能相互接受的規則體系，在司法案件中，法院不斷尋求相關規則之認定，並於找到可適用的相關規則後，只要該規則不與國內既存的規則相牴觸，可將其視爲已轉換的國內法。[158]

因此，在 *Al-Adsani v Government of Kuwait* 一案中，Mantell J 不會接受以下的論點：由習慣所引起侵權行爲普通法所規定的「酷刑」（torture）將優先於 1978 年國家豁免法的規定；[159] 同理，規定對死亡進行調查之立法，排除了納入「平行但不相同」（parallel but non-identical）的習慣法上義務。[160]

C. 第三個問題是系爭習慣國際法規則本身，是否與普通法上的先例原則互相矛盾。在 *West Rand* 一案中，Lord Alverstone CJ 接受習慣國際法可以對普通法作出貢獻，只要該習慣不「違反女王陛下法院（Her Majesty's Courts and Tribunals Service）所決定之法律原則」。[161] 於類似情況下，Lord Atkin 在 *Chung Chi Cheung v R* 一案中闡明，「以符合規則爲條件的轉換，最終應由法庭宣布」。[162] 既存原則如何以上述方式阻礙普通法擴展的實際例子可參考 *Chagos Islanders v Attorney*

---

[158] [1938] 4 All ER 786, 790. Also: *Mortensen v Peters* (1906) 8 F (JC) 93 (Scottish High Court of Justiciary); *Polites v Commonwealth* (1945) 70 CLR 60; *Roussety v The Attorney General* (1967) 44 ILR 108.
[159] (1995) 103 ILR 420; upheld on appeal: (1997) 107 ILR 536.
[160] *Al-Saadoon v Secretary of State for Defence* [2015] 3 WLR 503, 580 (Leggatt J). Also: *Keyu v Secretary of State for Foreign and Commonwealth Affairs* [2015] 3 WLR 1665, 1697 (Lord Neuberger).
[161] *West Rand Central Gold Mining Co v R* [1905] 2 KB 391, 408 (Lord Alverstone CJ).
[162] [1938] 4 All ER 786, 790. Also: *Keyu v Secretary of State for Foreign and Commonwealth Affairs* [2015] 3 WLR 1665, 1705 (Lord Mance).

General 一案，[163] 該案涉及英國政府不應阻止當事人返回本國，【67】繼而基於英國違反國際人權所提起之損害賠償請求。然而，Ouseley J 駁回原告之主張，並進一步指出，即使本案中侵害相關權利之情況，既違反普通法也同時違反習慣，但即使如此仍不能提起損害賠償訴訟。本案恰巧是典型「不法行政行為造成侵權損害」[164] 之具體事證，然而，上議院（House of Lords）先前已經排除普通法適用的可能性。[165]

D. 第四個問題是考量判決先例。在 *Trendtex* 一案中，Lord Denning 指出：

國際法不適用遵循先例（stare decisis）原則，倘若本法院確信關於某項議題之國際法規則，與五十或六十年前相比已經發生變化，法院可以使之有效，亦即讓該變化納入我們的英國法之中，無須等待上議院之確認，畢竟，此處我們無須考慮上議院擁有對英國法律規則的最終決定權，我們當下考慮的是「國際法規則」。[166]

相反地，在 *Thai-Europe Tapioca Service Ltd v Government of Pakistan* 一案中，Scarman LJ 認為：

國際法規則一旦被主管法院決定轉換為我們的法律，就不是對事實的推論，而是一項法律規則的產生，認知上述原則相當重要。因此，國際法欲成為我們的國內法的一部分，「遵循先例原則」同樣適用於嚴格的國內法法源。[167]

---

[163] [2003] EWHC 2222 (QB). Also (far earlier): *Emperor of Austria v Day & Kossuth* (1861) 3 De GF & J 217, 251 (Turner LJ).

[164] [2003] EWHC 2222 (QB), [379].

[165] *Three Rivers District Council v Bank of England (No 3)* [2003] 2 AC 1, 190 (Lord Steyn), citing *X (Minors) v Bedfordshire County Council* [1995] 2 AC 633.

[166] *Trendtex Trading Corp v Central Bank of Nigeria* [1977] QB 529, 554.

[167] [1975] 3 All ER 961, 969–70; ibid, 968 (Lawton LJ). Also: *Uganda Co (Holdings) Ltd v Government of Uganda* [1979] 1 Lloyd's Rep 481, 487 (Donaldson J), criticized by Crawford (1980) 51 *BY* 303, 325–6.

　　然而，倘若認為國際法規則的轉換是完全國內化，此觀點過於狹隘，正如同轉換條約，如有跡象顯示國際法發生重大變化，法院應持開放態度重新考量該規則，並更廣泛地追蹤法律發展脈絡。法院一方面認為 1938 年上議院關於絕對豁免權的決定先例，[168] 在 1978 年完全不同的事件中則被認為應予排除；但另一方面，*Trendtex* 案的判決被視為當代國際法狀態之權威解釋，並作為持續被往後判決所遵循的前例。[169]

　　Lord Mance 在 *Keyu* 一案中主張，基於國際發展，遵循先例原則不太可能再被視為國內法重新考量的巨大障礙，他進一步闡述如何將習慣國際法納入國內法範圍之見解：

> 習慣國際法一旦確立，能夠且應該重新塑造普通法，【68】只要該規則能與國內憲法原則保持一致性，法院可以自行合理調整成文法與普通法之規則，無須再邀請議會加以干涉或考量。[170]

(4) 不可裁判原則與國家行為

(i) 不可裁判原則

　　英國法律的長期傳統的立場是「皇室特權」（the Crown's prerogative）不受司法管轄，但目前情況不再如此，[171] 司法審判的範圍端視涉案之議題而定。[172]

　　雖然取得了上述進展，但與國際法有關的某些政府活動範疇，仍然不

---

[168] *Compania Naviera Vascongada v SS Christina* [1938] AC 485.

[169] Also: *I Congreso del Partido* [1978] 1 QB 500, 518 (Robert Goff J); *R v Metropolitan Stipendiary Magistrate, ex p Pinochet Ugarte (No 1)* [2000] 1 AC 61, 77 (Lord Slynn); *R v Jones (Margaret)* [2005] QB 259, 273.

[170] *Keyu v Secretary of State for Foreign and Commonwealth Affairs* [2015] 3 WLR 1665, 1705.

[171] Masterman, *The Separation of Powers in the Contemporary Constitution* (2011) 89–114; McLachlan (2014) 223–36.

[172] *Council of Civil Service Unions v Minister for the Civil Service* [1985] AC 374, 398 (Lord Fraser), 408 (Lord Scarman), 411 (Lord Diplock), 418 (Lord Roskill); *R (Sandiford) v Secretary of State for Foreign and Commonwealth Affairs* [2014] 1 WLR 2697, 2712–13, 2715–16 (Lords Carnwath and Mance); *Youssef v Secretary of State for Foreign and Commonwealth Affairs* [2016] 2 WLR 509, 520–1 (Lord Carnwath).

受法院管轄。在 *Abbosi* 一案中，上訴法院被請求指派外交大臣（Foreign Secretary）代表被關押在關塔那摩灣的英國公民向美國政府提出交涉，雖然法院對其認為美國的不妥協態度深表關切，但法院駁回該請求並拒絕發出指派命令，[173] 法院極不願意就與部署武裝部隊有關的問題發表意見。[174]

　　另一個保留於不可審理（non-justiciable）的皇室特權傳統，係指「締結條約」（treaty-making）[175] 範圍之相關事項。「締約」與「無直接效果原則」（doctrine of no direct effect）二者相加的結果，使法院裁判時，基本排除了「非經轉換之條約」（unincorporated treaties）。[176] 然而，法院仍保有一定程度之彈性，[177] 並試圖降低不可裁判原則（non-justiciability）之影響，包括其與「非經轉換之條約」間之關聯。首先，法院願意在必要時解釋「非經轉換之條約」，以便確定國內法下的權利和義務，從而將法院導引進入國際法之領域。[178] 在 *Shergill v Khaira* 一案中，最高法院指出：

> 當法院……拒絕審理皇室在處理外交事務中的特權時，通常會以無論在公法還是私法層面，【69】都沒有涉及公民的合法權利為由而駁回請求。然而，倘若基於可審理之合法期待，或依據公約所規定之明確權利時，法院確實會就皇室特權事項作出裁決，而在決定類似上述事項的私法責任時，亦可適用之。[179]

---

[173] *R (Abbasi) v Secretary of State for Foreign and Commonwealth Affairs* [2002] EWCA Civ 1598, [107]. Further: *R (Al Rawi) v Secretary of State for Foreign and Commonwealth Affairs* [2008] QB 289.

[174] *R (Gentle) v Prime Minister* [2008] 1 AC 1356. Cf *R (Smith) v Oxfordshire Assistant Deputy Coroner* [2011] 1 AC 1; *Smith v Ministry of Defence* [2014] AC 52.

[175] *Council of Civil Service Unions v Minister for the Civil Service* [1985] AC 374; *Lewis v Attorney-General of Jamaica* [2001] 2 AC 50 (PC), 77 (Lord Slynn).

[176] *A v Secretary of State for the Home Department* [2005] 2 AC 68, 146 (Lord Scott). Also: *Cook v Sprigg* [1899] AC 572, 578; *West Rand Central Gold Mining Co Ltd v R* [1905] 2 KB 391, 408–9 (Lord Alverstone CJ); *R v Ministry of Defence, ex p Smith* [1996] QB 517, 558 (Sir Thomas Bingham MR); *R v Khan* [1997] AC 558, 581–2 (Lord Nolan); *R (Campaign for Nuclear Disarmament) v The Prime Minister* [2002] EWHC 2777 (Admin), [36]–[37] (Simon Brown LJ).

[177] Fatima (2005) 273–4.

[178] *R (Campaign for Nuclear Disarmament) v Prime Minister* [2002] EWHC 2777 (Admin), [36]–[41] (Simon Brown LJ).

[179] [2015] AC 359, 378. Also: *Mohammed (Serdar) v Secretary of State for Defence* [2016] 2 WLR 247, 353 (Lord Thomas).

在 *Occidental Exploration* 一案中，上訴法院認為，依據美國和厄瓜多間之雙邊投資條約（BIT）而作出有利於上訴人之裁決，使其在英國產生可訴訟之權利，即使該 BIT 並非英國法的一部分。[180] 類似情況發生在 *Af-Jedda* 一案中，[181] 原告於伊拉克被英國軍隊非法拘留，並主張英國違反歐洲人權公約（ECHR）之義務；相反地，英國政府主張拘留原告之理由不僅是出於確保伊拉克安全所需，並且符合聯合國安全理事會 2004 年第 1546 號決議之內容，因此，依據聯合國憲章第 103 條之規定，英國符合 ECHR 之義務。無論聯合國憲章或上開聯合國大會決議，皆非經過轉換且納入英國法之淵源。其中關鍵的聯繫因素來自於 1998 年的人權法（Human Rights Act），該法使 ECHR 在英國法中生效。由於該法案規定，ECHR 之權利僅在國際法層面得到承認之範圍內才適用；法院被要求審查聯合國大會決議之影響，以確定在特定情況下 ECHR 之適用範圍。[182]

其次，法院已經表明其意願，可將「非經轉換之條約」（unincorporated treaties）視為認定英國違反國際法義務之過程，雖然違約之認定並不具有法律效力。[183] 在闡明 ECHR（特別是第 15 條規定）之國內法權利時，適用情況最為顯著，允許英國採取排除 ECHR 之措施，但此前提係此類措施並不違反依據國際法而承擔之其他義務。因此，在 *A v Secretary of State for the Home Department* 一案中，Lord Bingham 闡述依據 ECHR 第 15 條規定排除之有效性；[184] 以及申論 2001 年反恐、犯罪和安全法（Anti-terrorism, Crime and Security Act）與 ECHR 第 5 條之相容性問題：

> 被告於此問題上無法證明，拘留一組國際恐怖分子嫌疑犯之決定，係依據其國籍或移民身分之定義，或任何其他因素，

---

[180] *Occidental Exploration & Production Co v Ecuador* [2006] QB 432, 467. Cf *Gold Reserve Inc v Venezuela* [2016] EWHC 153 (Comm).

[181] *R (Al-Jedda) v Secretary of State for Defence* [2008] 1 AC 332. Further: Sands & Clement (2008) 124 *LQR* 388, 397.

[182] [2008] 1 AC 332, 357 (Lord Rodger). Cf *R (Quark Fishing Ltd) v Secretary of State for Foreign and Commonwealth Affairs* [2006] 1 AC 529, 544 (Lord Bingham), 545–6 (Lord Nicholls), 559 (Lord Hope).

[183] Fatima (2005) 279, 281–2.

[184] Human Rights Act 1998 (Designated Derogation) Order 2001 (UK).

而此做法違反 ECHR 第 14 條，同時亦違反公民權利和政治權利國際公約（ICCPR）第 26 條；因此，不符合英國在 ECHR 第 15 條規定下所應承擔之其他國際法義務。[185]

【70】第三，當決策者明確依據條約而作出決定時，法院將對其所援引之條約適用正常的司法審查標準。[186]

(ii) 司法克制和外國的國家行為

類似政策考量將導致法院進一步適用「不可裁判原則」，倘若要求確定「外國行為」之合法性或有效性，[187] 法院認為該主張應被駁回；上述原則係屬於長期以來普遍熟悉的英國公法原則，最高法院在 *Belhaj v Straw* 一案中，[188] 予以澄清以及限縮解釋。

廣義而言，「不可裁判原則」係規定法院不應對外國間爭端所引起之國際法問題作出裁決，晚近的淵源可參考 Lord Wilberforce 在 *Buttes Gas* 一案中的說明：

> 基本的問題在於是否在英國法中存在更普遍的原則，亦即法院不針對外國主權國家之交易行為作出裁決。在我看來，此一般原則長期以來一直存在。這並不是一種法院的自由裁量權，而本質上是司法程序所固有的權力。我發現該原則明確規定，英國法院不會依據主權權威，而針對在國外進行的行

---

[185] (2004) 137 ILR 1, 50 (68). Also: *R (European Roma Rights Centre) v Immigration Officer at Prague Airport* [2005] 2 AC 1, 45–7 (Lord Steyn), 64–5 (Baroness Hale).

[186] *R v Secretary of State for the Home Department, ex p Launder* [1997] 1 WLR 839, 867 (Lord Hope); *R v DPP, ex p Kebilene* [2000] 2 AC 326, 367 (Lord Steyn). But the treaty must be the basis of the decision, not simply mentioned in passing by the decision-maker: *R (Corner House Research) v Director of the Serious Fraud Office* [2009] 1 AC 756, 851.

[187] Generally: McLachlan (2014) 523–45.

[188] [2017] UKSC 3. It is not to be confused with what is sometimes referred to as the domestic act of state doctrine: cf *Buron v Denman* (1848) 2 Ex D 167; *Rahmatullah (No 2) v Ministry of Defence; Mohammed v Ministry of Defence* [2017] UKSC 1. In Lady Hale's words, this applies to 'sovereign acts [of the Crown] . . . committed abroad; in the conduct of the foreign policy of the state; so closely connected to that policy to be necessary in pursuing it; and at least extending to the conduct of military operations which are themselves lawful in international law': ibid, [37]. Generally: Perreau-Saussine (2007) 78 *BY* 176; McLachlan (2014) ch 7.

為進行裁決。[189]

在上述原則中有兩個相互競合之規定：其一是「司法克制」（judicial restraint），其二是「國家行為」（act of state）。前者係由與國家交易有關的問題而引發，[190] 並要求法院行使自由裁量權，以確定其是否有足夠能力處理系爭之爭議，在 *Buttes* 一案中，法院被要求解決兩個阿拉伯灣酋長國之間，就其中有爭議之島嶼採取的行動引起棘手的國際法問題進行裁決，Abu Musa 與兩家相互競爭的石油公司均聲稱在領海內擁有特許權。

「司法克制」乃為自由裁量原則，[191] 但適用該原則後，可能對於司法裁決產生實質性障礙，使得國內法院無法充分處理國際層面之問題。因此，即使是相關國家，亦不輕易放棄司法審判權。[192]

【71】「國家行為」之概念構成上述原則的核心；[193] 易言之，國內法院對於外國在其領土內的行為應適用「不可裁判原則」，[194] 抑或在其領土外之外國行為亦屬之。[195] 因此，在 *Ex parte Johnson* 一案中，法院認為一旦英國依據歐洲引渡公約（European Convention on Extradition），[196] 從奧地利獲得重新引渡之同意，以外交照會的形式，法院隨後即無法著手調查所提供的「同意」的相關內容。[197] 作為國內法治，上開原則有別於國際法規則中之「國家豁免原則」。[198] 於此情況下，「可裁判性」（justiciability）係指法院得認定，外國國

---

[189] *Buttes Gas & Oil Co v Hammer (No 3)* [1982] AC 888, 932–3. For criticism of the breadth of the dictum: Crawford (1982) 53 *BY* 253, 259–68.

[190] Fatima (2005) 385.

[191] E.g. *R v Bow Street Magistrate, ex p Pinochet (No 1)* [2000] 1 AC 61, 104 (Lord Lloyd, diss).

[192] Ibid, 90; *High Commissioner for Pakistan v Prince Mukkaram Jah* [2016] EWHC 1465 (Ch), [89] (Henderson J).

[193] *Kuwait Airways Corp v Iraqi Airways Co (Nos 4 and 5)* [2002] 2 AC 883, 1108 (Lord Hope).

[194] *AM Luther v James Sagor & Co* [1921] 3 KB 532, 548 (Warrington LJ); *Buttes Gas and Oil Co v Hammer (No 3)* [1982] AC 888, 934 (Lord Wilberforce); *Kuwait Airways Corp v Iraqi Airways Co (Nos 4 and 5)* [2002] 2 AC 883, 922 (Lord Hope); *Jones v Saudi Arabia* [2004] EWCA Civ 1394, [10]; [2005] QB 699; *Yukos Capital Sarl v OJSC Rosneft Oil Co (No 2)* [2014] QB 458, 486 (Rix LJ).

[195] *R v Bow Street Magistrate, ex p Pinochet (No 1)* [2000] 1 AC 61, 106 (Lord Nicholls); *Banca Carige v Banco Nacional de Cuba* [2001] 3 All ER 923, [29] (Lightman J).

[196] 13 December 1957, 359 UNTS 273.

[197] *R v Secretary of State for the Home Department, ex p Johnson* [1999] QB 1174, 1186 (Bell J).

[198] *R v Bow Street Magistrate, ex p Pinochet (No 1)* [2000] 1 AC 61, 106 (Lord Nicholls); *R v Bow Street Magistrate, ex p Pinochet (No 3)* [2000] 1 AC 147, 269 (Lord Millett); *Yukos Capital Sarl v OJSC Rosneft Oil Co (No*

家行為在其國內領域範圍內之合法性或有效性，且不妨礙法院關注其存在。[199]

與更廣泛的「不可裁判原則」一樣，「國家行為」亦存在重要的例外情況，包括：第一，如果承認外國行為係屬合法，但卻違反英國之公共政策，則此外國行為將例外具有「可裁判性」，最初認定前述例外原則者，係 *Oppenheimer v Cattermole* 案[200] 關於嚴重侵犯人權之行為；並於 *Kuwait Airways Corp v Iraqi Airways Co* 一案中，更廣泛地涵蓋明顯違反國際法之國家行為。*Kuwait Airways* 案涉及在 1990 年 8 月伊拉克非法入侵科威特期間，扣押和移除科威特航空公司擁有之航空器，但是上述例外範圍係屬不確定。Lord Steyn 認為，並非每項國際公法規則都能創造前述例外。Lord Nicholls（Lord Hoffmann 亦表示同意）認為，在法官面前的法律重點係具有根本重要性之規則，並援引 *Oppenheimer v Cattermole* 一案，具體言之，國際法亦承認一國之國內法院可適當地拒絕執行外國違反國際法之立法以及其他行為，更有甚者，該例外被更廣泛地適用於【72】*Buttes Gas* 一案中基於 Lord Wilberforce 所謂的「司法克制」原則，放棄權審理之前提係缺乏可供解釋之標準。[201] 正如同 Lord Nicholls 所言，「伊拉克不僅承認其毫無疑問地違反國際法，且亦接受聯合國安理會授權之停火」。法院採用的標準係清晰易懂，論證結果亦無爭議。[202]

因此，「明確確立」（clearly established）之國際法規則可能被視為英國公共政策的一部分，[203] 正如同普遍適用的人權標準。[204] 在 *Belhaj v Straw* 一案

---

2) [2014] QB 458, 486 (Rix LJ); *High Commissioner for Pakistan v Prince Mukkaram Jah* [2016] EWHC 1465 (Ch), [89] (Henderson J). On state immunity: chapter 22.

[199] *R v Bow Street Magistrate, ex p Pinochet (No 1)* [2000] 1 AC 61, 118 (Lord Steyn); cf ibid, 103 (Lord Lloyd, diss). Cf *Rahmatullah v Secretary of State for Foreign and Commonwealth Affairs* [2013] 1 AC 614, 639 (Lord Kerr); *R (Khan) v Secretary of State for Foreign and Commonwealth Affairs* [2014] 1 WLR 872, 884–8 (Lord Dyson MR).

[200] [1976] AC 249, 265 (Lord Hodson), 277–8 (Lord Cross).

[201] [2002] 2 AC 883, 1102; O'Keefe (2002) 73 BY 400. Also: *Jones v Saudi Arabia* [2005] EWCA 1394, [90] (Mance LJ); *R (Abbasi) v Secretary of State for Foreign and Commonwealth Affairs* [2002] EWCA Civ 1598, [57]–[67] (Lord Phillips MR).

[202] *Kuwait Airways Corp v Iraqi Airways Company (Nos 4 and 5)* [2002] 2 AC 833, 1081.

[203] *Oppenheimer v Cattermole* [1976] AC 249, 265 (Lord Hodson), 277–8 (Lord Cross); *Kuwait Airways Corp v Iraqi Airways Co (Nos 4 and 5)* [2002] 2 AC 883, 1081 (Lord Nicholls), 1103 (Lord Steyn).

[204] *Oppenheimer v Cattermole* [1976] AC 249, 263 (Lord Hailsham), 278 (Lord Cross), 282–3 (Lord Salmon); *Yukos Capital Sarl v OJSC Rosneft Oil Co (No 2)* [2014] QB 458, 486 (Rix LJ).

中，[205] 最高法院確認上述判例，而依據例外情況，證明關於國家行為之「可裁判性」結論係屬正確。除此之外，法院之裁判亦可基於該行為違反規則的強制性、是否存在明確的適用國際法標準、英國官員在其他方面的合理行為，以及司法調查是否缺乏替代可能性等。

　　系爭案件涉及英國涉嫌參與對原告之拘留與虐待（相當於酷刑），該原告為外國人、該酷刑行為在外國實施（於利比亞及阿富汗）。英國作為唯一的被告，既然外國國家豁免權顯得不重要；[206] 則本案可能為英國帶來的尷尬顯得更無足輕重。[207]

　　針對外國之「國家行為」，法院區分了「國內法下的國家行為」以及「國際法下的國家行為」。前者為一個國家行為與統治權（*jure imperii*）[208] 關於外國財產及外國人待遇之案例，而公共政策例外的制定方式各國皆不相同；後者係指嚴格意義上（*stricto sensu*）無論在何處進行之國際交易。因此，Lord Mance 認為，「被指控之行為涉及幾乎無限期拘留的情況、剝奪任何形式得以訴諸司法之機會，以及對其個人實施酷刑與持續虐待之待遇」；[209] Lord Sumption（經 Lord Neuberger 亦表示同意）則指出，「外國行政人員透過在該國境內的行為，對原告造成身體或精神上損害賠償之案件，該行為依據該國法律亦屬於非法行為」。[210]

　　而在國際法中，依據「國家行為」原則，法院亦可能出於基本相同的原因，於 *Belhaj* 案中適用公共政策例外。[211]

　　【73】另一個例外情況是，議會已將通常超出法院管轄範圍的問題，直接列為具有「可裁判性」。上議院在審理 *Pinochet* 案時，Lord Nicholls 認

---

[205] *Belhaj v Straw: Rahmatullah (No 1) v Ministry of Defence* [2017] UKSC 3, noted Sanger [2017] *CLJ* 223.

[206] [2017] UKSC 3, [31] (Lord Mance); [116] (Lord Neuberger); [197] (Lord Sumption).

[207] [2017] UKSC 3, [41] (Lord Mance, but leaving open 'a clear governmental indication as to real and likely damage to United Kingdom foreign policy or security interests': [105]); [241] (Lord Sumption).

[208] [2017] UKSC 3, [34] (Lord Mance) (applicable to property claims only); [129]–[130] (Lord Neuberger); [227]–[232], [262]–[266] (Lord Sumption) (applicable to all claims including personal injury, but subject to an exception for breaches of peremptory norms, notably torture).

[209] [2017] UKSC 3, [99] (Lord Mance).

[210] Ibid, [160] (Lord Neuberger).

[211] Ibid, [168] (Lord Neuberger) ('bearing in mind the severity and flagrancy of the alleged interference with his rights, and the length of time for which it allegedly lasted': ibid, [172]).

為，「毫無疑問地，國家行為原則乃屈服於議會所表明之相反意圖之下」。因此，依據 1988 年刑事司法法案（Criminal Justice Act）第 134 條第 1 項，以及 1982 年劫持人質法第 1 條第 1 項，並參酌其對於「酷刑」之定義，乃要求法院在某些情況下應對外國官員進行調查。

(5) 美國的習慣法傳統

(i) 條約

美國法律正式將條約及其他國際協定視為法律之淵源，[212] 規定於美國憲法第 VI 條第 2 項「最高法律條款」（Supremacy Clause）：

> 本憲法及依本憲法所制定之合眾國法律；以及合眾國已經締結及將要締結的一切條約，皆為全國之最高法律；各州法官都應受其約束，任何一州憲法或法律中的任何內容與之牴觸時，均不得違反此一規定。[213]

因此，條約與聯邦立法相提並論，優先於各州所頒布之法律，如同 Sutherland 大法官於 *United States v Belmont* 一案中所闡述：

> 顯然，美國在外部權力之行使，與國家法律或政策無關……雖然關於條約之規則係由憲法第 VI 條所明文規定，相同規則亦適用於所有國際契約及協定，蓋國際事務之完全權力係由國家政府所掌握，不會也不能受到多個州的任何限制或干預……在所有國際談判與跨國契約，以及在一般的外交關係方面，國與國間之界線已經消失。[214]

---

[212] 1 *Restatement Third* §§111–15; draft *Restatement Fourth, Treaties* (2017) §§101–13; Paust, *International Law as Law of the United States* (2nd edn, 2003); Dubinsky in Shelton (2011) 631; Bradley, *International Law in the US Legal System* (2nd edn, 2015).

[213] 1 *Restatement Third* §111, comment *(d)*; draft *Restatement Fourth, Treaties* (2017) §101; Dubinsky in Shelton (2011) 631, 641–2.

[214] 301 US 324, 331 (1937).

　　從英國發展出的普通法，與美國法傳統之間的重要區別，在於將條約轉換而納入國內法的方法，在 *Foster v Neilsen* 一案中，[215]　Marshall 大法官說明美國法係採用英國法的二元論而進行修正，其核心是「自動履行條約」（self-executing treaties）與「非自動履行條約」（non-self-executing treaties）間之區別，[216] 依據英國法規定，可將「自動履行條約」納入國內法，而無需更多的轉換程序，而對於「非自動履行條約」，則要求須經由立法轉換始能生效。[217]

　　【74】美國判例中對於認定「條約」法理的核心問題，係法院確定條約或其他國際協定是否符合「自動履行」之程序，最高法院判決為此問題引發激烈辯論。在 *Medellin v Texas* 一案中，[218] 涉及國際法院於 *Avena* 案[219] 之判決，對於美國國內造成之影響，國際法院於該案中裁定，美國違反維也納領事關係公約（Vienna Convention on Consular Relations, VCCR）第 36 條之規定，[220] 違反應給予被拘留或逮捕之外國人提供領事通知（consular notification）之義務，結果是法院下令對於 51 名受影響個人之案件進行「審查與重新考慮」。最高法院在 *Medellin* 案面臨「聯合國憲章」並非國會授權法案，該國際條約是否得適用「自動履行」原則之問題。在美國早期判決中，參考許多不同因素來決定系爭條約的自動履行狀態，包括：條約目的及其制定者的目標、條約是否存在適合直接履行之國內程序以及主責機構、替代條約履行方法之可行性、「自動履行」與「非自動履行」之條約對於國內產生立即與長期之影響。[221] 在 *Medellin* 一案中，法院更加重視聯合國憲章的文本內容，Roberts 首席大法官

---

[215]　27 US 253 (1829).

[216]　E.g. Iwasawa (1986) 26 *Va JIL* 635; Paust (1988) 82 *AJIL* 760; Buergenthal (1992) 235 Hague *Recueil* 303; Vásquez (1995) 89 *AJIL* 695; Hathaway (2008) 117 *Yale LJ* 1236; Bederman (2008) 102 *AJIL* 528; Bradley (2008) 102 *AJIL* 540; Charnovitz (2008) 102 *AJIL* 551; Vásquez (2008) 102 *AJIL* 563; Wuerth (2009) 13 *Lewis & Clark LR* 1; Huang (2011) 79 *Fordham LR* 2211; Sloss (2012) 53 *Harv ILJ* 135; Iwasawa (2016) 54–90.

[217]　Further: 1 *Restatement Third* §111; draft *Restatement Fourth, Treaties* (2017) §110.

[218]　552 US 491 (2008).

[219]　*Avena*, ICJ Reports 2004 p 12.

[220]　22 April 1963, 596 UNTS 261.

[221]　*US v Postal*, 589 F2d 862, 877 (5th Cir, 1979). This approach was favoured by the dissenters in *Medellin*, who urged reliance on a 'practical, context-specific' methodology to determining self-execution: 552 US 491, 549 (2008) (Justice Breyer, diss). This was rejected by the majority on the basis that it was indeterminate and would 'assign to the courts—not the political branches—the primary role in deciding when and how international agreements would be enforced': ibid, 516. Further: Iwasawa (2016) 64–86.

代表多數意見闡述聯合國憲章第 94 條（要求每個會員國遵守其作為當事方的國際法院的決定）之涵義：

> 本條不是對國內法院下達的指令，條文中既沒有規定美國「應當」或「必須」遵守國際法院之判決，亦沒有表明批准聯合國憲章的參議院，意圖使國際法院之判決在國內法院立即具有法律效力。相反地，憲章第 94 條之條文用語，係呼籲各國政府採取某些行動。[222]

基於上述，最高法院多數決認定之結論為：基於聯合國憲章、VCCR 任擇議定書，以及國際法院規約等，尚未透過立法轉換之方式納入美國國內法，而且這些條約本身並非自動履行，因此不能賦予司法效力。[223]

在 *Medellin* 一案中，最高法院似乎已將美國條約制定者之意圖視為具有決定性影響。[224] 此外，即使許多評論，包括「法律整編第三版」（*Restatement Third*）[225] 此前曾採取的立場【75】傾向於支持推定條約自動履行，但 *Medellin* 案之判決顯示，最高法院似乎與上述觀點保持距離，而係要求法院依據文本、結構，以及該條約之「批准」歷史，[226] 綜合考量每件個案中系爭條約的事實。然而，雖然 *Medellin* 案之態度如此，下級法院繼續對「法律整編第三版」中所倡議的「自動履行」原則，進行更細緻的測試。[227] 由上述發展可知，最高法

---

[222] 552 US 491, 508 (2008). Further: McGuinness (2008) 102 *AJIL* 622.

[223] 552 US 491, 511 (2008). Also: *Sanchez-Llamas v Oregon*, 548 US 331, 354 (2006); *Leal Garcia v Texas*, 131 S Ct 2866, 2867 (2011). Cf *Medellin v Dretke*, 544 US 660, 693–4 (2005) (Breyer J, diss), arguing that Art 94 of the Charter *does* require internal compliance by US domestic courts with decisions of the International Court.

[224] 552 US 491, 521 (2008). Cf Vásquez (2008) 83 *Notre Dame LR* 1601; Iwasawa (2016) 71–2.

[225] 1 *Restatement Third* §111, comment 5. Also: Henkin, *Foreign Affairs and the United States Constitution* (2nd edn, 1996) 20. Other commentators argue for a presumption *against* self-execution: e.g. Yoo (1999) 99 *Col LR* 1955, 2218. Also: Iwasawa (2016) 67–8; *ESAB Group Inc v Zurich Insurance PLC*, 685 F3d 376, 387 (4th Cir, 2012).

[226] 552 US 491, 518, 520 (2008); Bradley (2008) 102 *AJIL* 540, 545–7; Crootof (2011) 120 *Yale LJ* 1784, 1787. Also: *Al-Bihani v Obama*, 619 F3d 1, 15–16 (DC Cir, 2010). Draft *Restatement Fourth, Treaties* (2017) §110, comment 3, denies that there is a presumption either way.

[227] E.g. *Brzak v United Nations*, 597 F3d 107 (2d Cir, 2010). Further: Crook (2010) 104 *AJIL* 281.

院對 *Medellin* 案件的判決並未得到普遍認同。[228]

　　然而，美國法中的確存在與英國法「兼容性推定」（presumption of compatibility）相類似之情況。在 *Murray v Schooner Charming Betsy* 一案中，Marshall CJ 認爲，「只要有任何其他可能的解釋仍然存在，國會法案不應被解釋爲違反國際法」，[229] 該規範的最終目的，係解決條約或習慣國際法規則與後來通過的國會法案相衝突之情況，因爲法院通常會適用「後法優於前法」的原則。然而，在 *Charming Betsy* 案中要求時序較後制定的法規，應被解釋爲與美國早期的國際法義務相一致。[230]

　　正如同英國的「兼容性推定」原則，上述做法僅有在法規表面含糊不清的情況下始能適用。有些美國的下級法院已經對該規範進行解釋的嘗試，並且爲「非自動履行條約」注入活力，此類條約可被視爲已被編纂而接受的習慣國際法；[231] 更廣義而言，此項發展代表美國可能不希望違反基於善意的國際法義務。[232]

(ii) 習慣國際法

　　依照傳統理解，美國與習慣國際法的關係在性質上屬於一元論（monist），此立場出現在早期的 *Paquete Habana* 判決中：

> 國際法是我國法律的一部分，必須由具有適當管轄權之法院認定和適用，因爲取決於權利問題，經常被適當地提出以供法院決定之。基於此目的，在沒有條約，也沒有行政管制、立法行爲、或司法判決之情況下，必須求助於文明國家的習

---

[228] Since *Medellin*, the Senate has taken care to state in both its reports and in declarations, included in all resolutions of advice and consent, whether treaties (or specific provisions) are or are not self-executing: Crook (2010) 104 *AJIL* 100; Crook (2011) 105 *AJIL* 124; Iwasawa (2016) 75.

[229] 6 US 64, 118 (1804).

[230] E.g. *US v Yousef*, 327 F3d 56, 92 (2d Cir, 2003); *US v Ali*, 718 F3d 929, 942 (DC Cir, 2013). Cf Eskridge, Frickey, & Garrett, *Statutes and the Creation of Public Policy* (4th edn, 2007) 884; *Owner-Operator Independent Drivers Association v US Department of Transportation*, 724 F3d 230, 234 (DC Cir, 2013); Bean [2015] *BYU LR* 1801.

[231] Crootof (2011) 120 *Yale LJ* 1784, 1796–801. Thus, the VCLT, signed but not ratified by the US, is applied in US courts: e.g. *Weinberger v Rossi*, 456 US 25, 29 (1982); *Committee of US Citizens living in Nicaragua*, 859 F2d 929, 940–1 (DC Cir, 1988).

[232] E.g. *Khan v Holder*, 584 F3d 773 (9th Cir, 2009) (interpreting statute in accordance with the United Nations Protocol Relating to the Status of Refugees, 4 November 1967, 606 UNTS 267).

俗及慣例。[233]

【76】就「習慣法」之傳統觀點[234] 相對於（vis-à-vis）美國國內法而言，是否可作爲一種法律的淵源而予以適用，產生許多疑問：首先，州法院與聯邦法院是否得適用習慣規則確定爭議；其次，就習慣所形成的規則而言（*Charming Betsy* 案可參考），是否可視爲解釋工具。[235] 因此，「法律整編第三版」[236] 認爲：「習慣國際法被認爲與美國的普通法類似，但屬於聯邦法的範圍」，這一基本立場仍然沒有受到挑戰，蓋最高法院的兩項相對較新的判決認爲沒有理由違背其在 *Paquete Habana* 案之見解。[237] 習慣國際法通常不賦予個人或公司某項合法權利，甚至可能透過防禦性訴訟強制執行之權利，例如禁止或終止美國（或其他國家）違反習慣國際法之行爲。[238]

然而，習慣國際法一直引發激烈的學術辯論，[239] 許多批評者認爲，將習慣國際法以一元論的模式直接納入國內法，不符民主治理原則。[240] Dubinsky 將這些疑慮，與正在努力縮小美國國內法適用習慣法範圍的勢力加以連結，主要是試圖推翻 *Charming Betsy* 案[241] 所形成之判例，*Serre v Lapin* 案之情況，係監獄工資與習慣國際法一致的案例，在該案中法官認爲，*Charming Betsy* 案涉及有限範圍的案件，[242] 並且不能適用於純粹國內事務，而完全不考慮國際禮儀。[243]

(iii) 外國人侵權法

外國人侵權法（The Alien Tort Statute, ATS）[244] 賦予聯邦法院援引習慣國

---

[233] 175 US 677, 700 (1900).

[234] E.g. Dickinson (1952) 101 *U Penn LR* 26; Henkin (1984) 82 *Mich LR* 1555; Koh (1998) 111 *Harv LR* 1824.

[235] Dubinsky in Shelton (2011) 631, 642–3.

[236] 1 *Restatement Third* §111, comment *(d)*.

[237] *Sosa v Alvarez-Machain*, 542 US 692, 737–8 (2004); *Samantar v Yousuf*, 560 US 305 (2010).

[238] 1 *Restatement Third* §111, reporters' note 4.

[239] Dubinsky in Shelton (2011) 631, 644–51; Skinner (2010) 44 *Valp ULR* 825, 829–31; Bradley (2nd edn, 2015) 155–8.

[240] E.g. Bradley & Goldsmith (1997) 110 *Harv LR* 815.

[241] Dubinsky in Shelton (2011) 631, 644–51.

[242] 600 F3d 1191, 1198 (DC Cir, 2010).

[243] For criticism: Dubinsky in Shelton (2011) 631, 648–9.

[244] 28 USC §1350. Further: *Filartiga v Pena-Irala*, 630 F2d 876 (2d Cir, 1980). Also: Torture Victims Protection Act 1991, which provides a cause of action for any victim of torture or extrajudicial killing wherever committed: 106 Stat 73.

際法作爲準據法案件之管轄權基礎，其要件如下：(1) 原告是外國人；(2) 被告應對侵權行爲負責，以及 (3) 相關侵權行爲違反國際法，包括習慣國際法。自 1980 年代「重新發現」（rediscovery）ATS 以來，該法一直受到廣泛的訴訟案件，成爲美國國內法的重要內容，更爲習慣法注入了新的生命力。過去幾十年來，法院已經收到數十件訴訟案，其中的部分案件亦完成相當高額的和解。然而，最高法院在 *Sosa v Alvarez-Machain* 一案中，[245] 限縮習慣國際法規則之範圍，因而原本違反 ATS 規定時，可賦予當事人援引「文明世界接受具有國際性質之規範」（習慣國際法）提起相關訴訟之權利，【77】而上述規範「具有與我們已經承認的 18 世紀典範的特徵相似的特殊性定義」，[246] 亦即具有明確內容、與 ATS 通過時的既存規則類似，且被國際所接受之規範等特徵（包括：對於外交大使之侵犯、違反國家安全，以及海盜行爲等）。*Sosa* 案乃適用 *Sarei v Rio Tinto* 案之判決指出：多數決認爲，原告關於種族滅絕與戰爭罪之指控屬於 ATS，而指控因封鎖和種族歧視引起的危害人類罪的指控則不適用之。[247] Souter 大法官在 *Sosa* 案曾闡述，依 ATS 之立法意旨，法院僅能適用於少數違反國際法之行爲、承認司法補救的機會，處理國際事務中嚴重威脅之後果，[248] 以及駁回未能證明可能產生此類後果的求償。[249]

在 *Kiobel v Royal Dutch Petroleum* 一案中，ATS 之適用範圍進一步受到限制，最高法院之裁決，反對「域外適用」（extraterritorial application）之推定：

> ……適用於依據 ATS 所提起之求償……倘若該求償涉及美國領土，則必須以足夠的力量來取代推定……僅說明有企業存在爲已足，顯然無法採信。[250]

---

[245] 542 US 692 (2004).

[246] Ibid, 725.

[247] 671 F3d 736, 743–4 (9th Cir, 2011).

[248] 542 US 692, 715 (2004).

[249] *Cisneros v Aragon*, 485 F3d 1226 (10th Cir, 2007); *Aranda-Tersero v Comisario*, ILDC 2341 (US 2012).

[250] 133 S Ct 1659, 1669 (2013); cf ibid, 1671 (Breyer J). It was predicted that *Kiobel* would almost completely block ATS suits against multinational corporations: Ryngaert, *Jurisdiction in International Law* (2nd edn, 2015) 139. The Supreme Court came to the aid of the prediction in *Jesner v Arab Bank Plc*, 584 US __ (2018), holding that foreign corporations may not be defendants in ATS cases in any event. Further: chapter 21.

(iv) 政治問題與國家行為的不可裁判原則

「政治問題」與「國家行為」的不可裁判原則，在英國的學說中已有許多討論，二者都處於不斷變化的狀態。

與英國的「不可裁判性」（non-justiciability）概念相似，「政治問題」試圖從司法審查中排除，蓋有些政治敏感問題被認為不適合以司法解決。[251] 此原則可追溯至 *Marbury v Madison* 案，[252] 雖然當代最權威之論述是出自於 *Baker v Carr* 一案，其中確定系爭爭議可能「不可裁判」案件之六個主要因素：

(1) 在任何涉及「政治問題」案件的表面，都發現有文字可證明的憲法承諾將該爭議提交給相關政治部門予以協調；(2) 缺乏司法上可發現和可操作之解決標準；(3) 在沒有明確「非司法自由裁量權」（non-judicial discretion）之初始政策決定情況下，無法作出裁決；(4) 法院明確表示，不可能在缺少對政府協調部門應有尊重的情況下，作出獨立決議；(5) 法院被不尋常地要求，不問是非地遵守已經作成的政治決定；(6) 政府各部門在同一政治問題上發表各種不同立場的聲明，【78】可能造成法院潛在的困擾。[253]

雖然在 *Baker v Carr* 案中呈現一連串適用要件，但最高法院卻只在很少見與很特殊的情況、或某些個別領域的國內案件中適用不可裁判原則，包括：外國的政治地位、[254] 不行使豁免權、[255] 外交事務，以及武裝部隊部署[256] 等。因

---

[251] Henkin (1976) 85 *Yale LJ* 597; Charney (1989) 83 *AJIL* 805; Franck, *Political Questions/Judicial Answers* (1992); Seidman (2004) 37 *J Marshall LR* 441; Choper [2005] *Duke LJ* 1457.

[252] 5 US (1 Cranch) 137, 165–6 (1803).

[253] 369 US 186, 217 (1962). Also: *Schneider v Kissinger*, 412 F3d 190 (DC Cir, 2005); *Bancoult v McNamara*, 445 F3d 427 (DC Cir, 2006); *Gonzalez-Vera v Kissinger*, 449 F3d 1260 (DC Cir, 2006).

[254] *Zivotofsky v Secretary of State*, 571 F3d 1227 (DC Cir, 2010), concerning a statute passed by Congress requiring that 'Israel' be inserted as the place of birth for every American child born in Jerusalem. Further: Crook (2010) 104 *AJIL* 278; Crook (2011) 105 *AJIL* 814. The Supreme Court did not apply the principle; the question of Jerusalem's political status was distinguished from the interpretation and constitutionality of the statutory right: *Zivotofsky v Secretary of State*, 132 S Ct 1421, 1427 (2012); cf ibid, 1437–41 (Breyer J, diss). Also: Crook (2012) 106 *AJIL* 644. The case returned to the Supreme Court in *Zivotofsky v Kerry*, 576 US __ (2015): it was decided that the statute was an interference with the President's exclusive power of recognition.

[255] *De Sousa v Department of State*, 840 F Supp 2d 92 (DDC, 2012).

[256] E.g. *Goldwater v Carter*, 444 US 996 (1976).

此，在 *Greenham Women against Cruise Missiles v Reagan* 一案中，[257] 決定在英國部署美國巡弋飛彈之議題，即適用「不可裁判」原則。

正如 Klinghoffer 所強調，該原則係指「政治問題」而非指「政治案件」，[258] 相同論點於 *Kadić v Karadžić* 一案中亦被重申：

> 雖然我們也承認，司法行動在此類性質的案件中可能產生潛在不利影響，但我們不接受關於司法行動不當之絕對觀點……並非每一個「涉及外交關係」的案件都是「不可裁判」的……法官不應反射性地援引這些原則，以避免在人權背景下作出困難且涉及敏感之決定。我們認為更可取的方法，係依據具體情況詳細權衡相關之考慮因素……於此情況下，將允許司法機構依據國會明確的立法授權酌予採取行動……且不損害政治部門在外交事務中的首要地位。[259]

美國之國家行為原則，與英國同步發展並在一定程度上受其影響，[260] 而在美國「法律整編第三版」中，有以下說明：

> 在沒有關於控制法律原則的條約或其他明確協議的情況下，美國的法院通常不會審查外國在其領土內取得財產的有效性，或對外國在其領土內實施、並適用於該國的其他政府行為作出判決。[261]

---

[257] 591 F Supp 1332 (1984). Also: *Gilligan v Morgan*, 413 US 1 (1973) (composition, training, equipping, and control of the National Guard non-justiciable); *Can v US*, 14 F3d 160 (2d Cir, 1994) (issues of succession arising from assets of a foreign state non-justiciable); *Corrie v Caterpillar*, 503 F3d 974 (9th Cir, 2007) (provision of military assistance by US to foreign states a political question).

[258] *Klinghoffer v SNC Achille Lauro*, 937 F2d 44, 49 (2d Cir, 1991).

[259] 70 F3d 232, 249 (2d Cir, 1995).

[260] *Buttes Gas & Oil Co v Hammer (No 3)* [1982] AC 888, 932–3 (Lord Wilberforce), citing *Underhill v Hernandez*, 168 US 250, 252 (1897), *Oetjen v Central Leather Co*, 246 US 297, 304 (1918).

[261] 1 *Restatement Third* §443(1).

【79】上述原則亦出現於 *Underhill v Hernandez* 一案中，[262] 法院認為此一概念係根植於國際禮讓的考量，並將其作為一條不可廢除的鐵律：

> 每個主權國家都必須尊重其他任何主權國家之獨立性，因此，一國法院不會對另一國政府在其領土內之行為作出判決，倘若因此類行為而引起糾紛，則必須透過主權國家間可利用之途徑獲得補救。[263]

然而，隨著時間的演進，國家行為原則基本理論發生變化，並在適用過程中顯得更加具有彈性。[264] 在 *Banco Nacional de Cuba v Sabbatino* 一案中，最高法院重新定義國家行為原則，並揚棄在 *Underhill* 案中以國家主權（state sovereignty）作為決定性之考量因素；[265] 與以往不同者，法院考量國家行為（如同政治問題）原則之適用時，將其與三權分立，以及對美國外交政策可能產生不利影響之隱憂等因素相結合。[266]

上述原則在其適用過程中，受到最高法院之嚴格限縮解釋，在 *Kirkpatrick* 一案中，[267] 兩名美國承包商競標了與奈及利亞空軍（Nigerian Air Force）之建築契約，得標者係透過賄賂獲得該標案，而未得標之廠商則依據美國反敲詐勒索法（anti-racketeering laws）提起訴訟。法院認為，只有當美國法院被要求依據主權國家之國內法，直接評估相關行為之有效性時，國家行為原則始能適用。[268] 此外，該原則僅適用於具有「官方」（official）或「公共」（public）等性質之主權行為（acts *jure imperii*），[269] 而不適用於私人行為（acts *jure*

---

[262] 168 US 250 (1897).

[263] Ibid, 251–2. Also: *Outjen v Central Leather Co*, 246 US 297, 300–4 (1918) (stressing the need to protect comity and 'the peace of nations'); *Ricaud v American Metal Co*, 246 US 304, 309 (1918) ('to accept a ruling authority and to decide accordingly is not a surrender or abandonment of jurisdiction, rather it is an exercise of it').

[264] 1 *Restatement Third* §443, comment *(a)*.

[265] 376 US 398, 401 (1964).

[266] Ibid, 423. Further: *Alfred Dunhill of London Inc v Republic of Cuba*, 425 US 682 (1976). Also: *Konowaloff v The Metropolitan Museum of Art*, 702 F3d 140, 145–6 (2d Cir, 2012).

[267] *WS Kirkpatrick & Co Inc v Environmental Tectonics Corp International*, 493 US 400 (1990).

[268] 493 US 400, 405, 409 (1990).

[269] Ibid, 409–10.

gestionis）。[270]

「國家行為」原則受到許多例外條件之影響。首先，此原則不適用於美國法院可依據條約，或其他關於解釋法律原則之明確文書，而進行判斷之情況；[271] 其次，在 *Bernstein* 案所揭示之例外 [272] 中，國務院可請求指示法院裁定對該原則的適用性【80】，然而，此例外狀況相當具有爭議性。[273] 最高法院在 *Kirkpatrick* 一案中，特別強調憲法第 III 條規定的司法機構責任，使例外情況進一步受到質疑。[274]

第三項例外同樣是在早期的案件中出現，被投訴的國家行為係屬於「商業」而非「官方」之情況，這種區分可被視為環繞在最初原則的適用範圍，延續分辨公共及私人行為間之討論，且從未被最高法院所採用；[275] 但此情況之特點，係在各個上訴法院之間，[276] 甚至內部存在分歧和辯論。

第四到第六個國家行為原則之例外，係源自於法律之規定。第四項例外比較單純：聯邦仲裁法（Federal Arbitration Act），[277] 明確規定「仲裁協議之履行……不得依據國家行為原則而拒絕執行」；[278] 第五項例外係因愛荷華州 Hickenlooper 參議員對 *Sabbatino* 案判決之氣憤而提出法案修正，亦即所謂的「第二海肯路波修正案」（the Second Hickenlooper Amendment），[279] 其中規定國家行為原則不應適用於有關涉嫌違反國際法徵收之求償。然而，有些法院就此問題進行狹義之限縮解釋，認為該修正案僅適用於直接涉及國家非法行為，且該特定財產位於美國境內之情況；[280] 其他法院則認為，該修正案僅適

---

[270] *Alfred Dunhill of London Inc v Republic of Cuba*, 425 US 682, 711 (1976). Also: *Von Saher v Norton Simon Museum of Art*, 754 F3d 712, 726 (9th Cir, 2014).

[271] *Banco Nacional de Cuba v Sabbatino*, 376 US 398, 428 (1964); *Kalamazoo Spice Extraction Co v PMG of Socialist Ethiopia*, 729 F2d 422 (6th Cir, 1984); *Konowaloff v The Metropolitan Museum of Art*, 702 F3d 140, 145 (2d Cir, 2012).

[272] *Bernstein v NV Nederlandsche-Amerikannsche Stoomvart-Maatschappij*, 210 F3d 375 (2d Cir, 1954).

[273] *First National City Bank v Banco Nacional de Cuba*, 406 US 759, 733 (1972).

[274] *WS Kirkpatrick & Co Inc v Environmental Tectonics Corp International*, 493 US 400, 404–10 (1990).

[275] E.g. *Alfred Dunhill of London Inc v Republic of Cuba*, 425 US 682, 695 (1976); *WS Kirkpatrick & Co Inc v Environmental Tectonics Corp International*, 493 US 400, 404–5 (1990).

[276] E.g. *Von Saher v Norton Simon Museum of Art*, 754 F3d 712, 727 (9th Cir, 2014).

[277] 9 USC §15.

[278] Further: *Republic of Ecuador v ChevronTexaco Corp*, 376 F Supp 2d 334, 367 (SDNY, 2005).

[279] 22 USC §2370(e)(2).

[280] E.g. *Banco Nacional de Cuba v Chase Manhattan Bank*, 658 F2d 875, 882 (2d Cir, 1981); *Compania de Gas de Nuevo Laredo v Entex Inc*, 696 F2d 332 (5th Cir, 1982).

用於財產權，而不適用於契約中所產生之權利。第六項法規例外則規定於酷刑受害者保護法（Torture Victims Protection Act），[281] 允許對於以官方身分為外國行事，而犯下酷刑或法外處決之個人，提起民事訴訟。[282]

4. 大陸法傳統下的國際法

討論大陸法系（civil law approach）之法學方法如何接納國際法，係一種嚴重的誤導，蓋大陸法系國家並沒有確定之統一方法。在後續參考五個具體案例研究（法國、德國、義大利、俄羅斯、荷蘭）之前，似乎可以進行一般性的觀察。

【81】歐洲大陸之司法管轄傳統多數係從「一元論」角度處理習慣國際法，除了荷蘭等國家有值得注意的例外，事實上，許多國家賦予其某種形式的憲法地位。歐洲大陸可謂關於條約法一元論方法之象徵，條約（於其獨立存在範圍內）具有法律的直接效力。然而，即使採取一元論，行政部門並非可以任意地自由締結條約，而係指如法國、俄羅斯聯邦，以及荷蘭等國家於其各自憲法中規定，立法機關在條約制定過程中，尤其在簽署與批准前，可以發揮更積極的作用。然而，上述國家確實對本國政府之行為，實施不同程度的「司法克制」。

(1) 歐洲法傳統下的習慣國際法

大陸法系之司法管轄對習慣國際法採取一元論立場，將其作為一般法律規則，並經常在憲法層面規定相關之轉換程序。

(i) 法國

在法國，雖然 1958 年第五共和國憲法並沒有提及「習慣」，但此情況依然存在；相反地，上開憲法在其序言中明確反致（renvoi）其前身 1946 年第四共和國憲法中，「法蘭西共和國忠實於其傳統，符合國際公法規則」之規定。[283] 1946 年版憲法的序言中，唯一相關之實質性條款係規定，「在互惠條

---

[281] 28 USC §1350.

[282] *Mohamad v Palestinian Authority*, 132 S Ct 1702 (2012).

[283] Constitution of the Fourth Republic, Preamble, para 14.

件下……」，法國應同意為國際組織，以及維護和平之目的，對其主權進行必要之限制。[284] 此為納入習慣之模棱兩可的原則。[285] 然而，法國憲法委員會（Conseil Constitutionnel）似乎已接受習慣國際法在法國體系中之適用性，並試圖確保法國立法與其兼容。[286] 例如，在 1922 年 4 月 9 日[287] 關於馬斯垂克條約（Treaty of Maastricht）[288] 之決議中提及國際公法規則；法國最高行政法院（Conseil d'État）接受了「條約必須被善意履行」之原則（pacta sunt servanda）；易言之，所有有效之條約都對當事方具有約束力，並且必須由當事方善意履行。

【82】有些學者試圖在憲法委員會與最高行政法院的解釋方法上進行比較，[289] 如同 Decaux 所稱，[290] 雖然最高行政法院可能承認習慣之存在，但卻往往賦予其立法下之特徵，至少該習慣規則不能凌駕於後來的國內法立法範圍。[291]

(ii) 德國

德國的情況相當直截了當，基本法第 25 條規定，「國際公法的一般規則構成聯邦法律之一部分，此等規定之效力在法律之上，並對聯邦領土內居民直接發生權利義務」。[292] 上開條文之第一段，確立習慣國際法作為德國法律之一部分；第二段則將國際法提升到國內法之位階規範中，任何被認為與國際法不

---

[284] Ibid, para 15.

[285] Decaux in Shelton (2011) 205, 235.

[286] E.g. *Re Self-Determination of the Comoros Islands*, 30 December 1975, Rec 41, 74 ILR 91; *Nationalization Law*, 16 January 1982, Rec 18, 75 ILR 700; *Nationalization Law (No 2)*, 11 February 1982, Rec 31, 75 ILR 700; *Law on the Evolution of New Caledonia*, 8 August 1985, Rec 63; *Law on the Evolution of New Caledonia (No 2)*, 23 August 1985, Rec 70.

[287] *Treaty on European Union*, 9 April 1992, Rec 55, 93 ILR 337.

[288] Treaty on European Union, 7 February 1992, OJ C 191/1.

[289] E.g. Carreau, *Droit international* (9th edn, 2007) 447.

[290] Decaux in Shelton (2011) 205, 236–7.

[291] E.g. *Paulin* [2000] Rec Lebon 317; *Zaidi* [2000] Rec Lebon 159; *Aquarone* [1997] Rec Lebon 206. Also: *Saleh* [2011] Rec Lebon 473.

[292] 23 May 1949; amended by the Unification Treaty, 31 August 1990, 30 ILM 457. The most recent (58th) amendment occurred on 27 July 2010. On reunification: Harris (1991) 81 *Geo Rev* 170. Notable considerations of Art 25 by the Constitutional Court include: *Philippine Embassy*, 46 BVerfGE 342 (1977), 65 ILR 146; *National Iranian Oil Co*, 64 BVerfGE 1 (1983), 65 ILR 215; 75 BVerfGE 1 (1988) (further: 2 BvR 38/06 (2007)); *Diplomatic Immunity (Syria)*, 96 BVerfGE 68 (1997), 115 ILR 595; 117 BVerfGE 141 (2006); *Argentine Necessity*, 118 BVerfGE 124 (2007), 138 ILR 1; *Boere v Germany*, 2 BvR 148/11 (2011).

一致之國內立法，都將無效。習慣受基本法本身之規定約束，但聯邦憲法法院就基本法對於國際法之承諾，制定了一項不成文之規則，[293] 要求所有國內法（包括基本法本身）之解釋，應盡可能與國際法一致。

　　一般而言，德國法官可就習慣國際法規則進行司法認知並予以適用，倘若法官對於習慣國際法之規則是否存在、或是否直接創設對個人之權利義務發生疑義時，基本法第 100 條第 2 項要求，應請求聯邦憲法法院審判之，依其傳統，將包括一名國際公法專家。

(iii) 義大利

　　義大利亦採取相類似之立場，1948 年憲法第 10 條第 1 項規定，「義大利的法律制度符合公認之國際法規則」。上開條文為習慣國際法轉換為國內法提供一種工具，雖然透過立法進行轉換的普通方法，仍然特別被援引作為被認定是「非自動履行」之習慣國際法規範。因此，在國內的法位階體系中，習慣具有憲法層級的地位，並且在任何與其不一致之情況下，國內法都將無效。

　　【83】但此一情況衍生出一個根本性的問題，亦即習慣國際法是否被認定優於憲法？此問題出現在義大利憲法法院 *Russel v Societa Immobiliare Soblim* 一案中，[294] 該案涉及外交豁免權與憲法第 24 條第 1 項保障個人訴訟權之間可能存在之衝突，透過對於特別法（*lex specialis*）之原則，只有在相關規範於憲法生效之前形成的情況下，始能優先於憲法適用。然而，最近法院似乎已經調整了上述嚴格的時間順序規則，自此之後法院認為，對習慣國際法轉換為國內法時，必須遵循「憲法秩序的基本原則」以及「不可剝奪之人權」之限制。[295] 因此，習慣被認為是一種法律淵源，在不與憲法秩序的基本原則，以及關於「不可剝奪之人權」相牴觸的情況下，可作為特別法而凌駕於憲法之上。[296]

---

[293] Pithily rendered in German as *Völkerrechtsfreundlichkeit des Grundgesetzes*: Folz in Shelton (2011) 240, 245–6.

[294] Constitutional Court, 18 June 1979, Judgment No 48, 78 ILR 101.

[295] Constitutional Court, 23 March 2001, Judgment No 73. Earlier: Constitutional Court, 29 January 1996, Judgment No 15.

[296] Scholars differ on whether peremptory norms are subject to the same limitations. It seems arguable that they may be considered themselves as 'fundamental principles of the constitutional order': Cataldi in Shelton (2011) 328, 346, 349–52. Also: Constitutional Court, 29 December 1988, Judgment No 1146; *Ferrini v Federal Republic of Germany*, *Corte di Cassazione*, 11 March 2004, Judgment No 5044, 128 ILR 659.

義大利最高法院（*Corte suprema di cassazione*）指出，基本人權係為憲法原則之一，不能被普遍公認的國際法規則所減損。[297] 此即再次證實引發爭議，易言之，國際法院裁定義大利未能「尊重德意志聯邦共和國根據國際法享有之豁免權，而允許對其提起民事訴訟」。[298] 義大利國內法院最初使習慣國際法之義務生效，[299] 並由議會制定具體立法，以確保司法機關依循其裁決。[300] 然而，此事最終被提交至憲法法院。[301] 該法院認為，在戰爭罪和危害人類罪的損害賠償訴訟的情況下，排除了轉換習慣之義務，因為憲法規定「不可侵犯之權利」，以及「因涉嫌違反而訴諸法院之權利」。[302]

在義大利之法律體系中，憲法第 10 條第 1 項代表一種非常有效的直接轉換習慣國際法之方法，上開憲法條文據稱是規範的「永久轉換器」（permanent converter），[303] 且此原則被認為擴展到強制性規範【84】與國際法之一般原則。[304] 因此，所有國內法律機構都有權審核習慣國際法的內容並將其應用於相關的國內法規。法院在此方面被認定係獨立行使審判權，立法或行政機關皆不得干預；與義大利法律的任何其他規則相比，法院亦無需向請求適用習慣國際法規則之當事人探詢證據。

(iv) 俄羅斯聯邦

俄羅斯聯邦或許是最不尋常之實例。從表面觀之，俄羅斯的立場很大程度參考並採納德國和義大利對習慣法強烈的「一元論」態度。1993 年俄羅斯

---

[297] *Corte di Cassazione*, 13 January 2009, Judgment No 1072.

[298] *Jurisdictional Immunities of the State (Germany v Italy)*, ICJ Reports 2012 p 99, 154–5.

[299] E.g. *Military Prosecutor v Albers*, Corte di Cassazione, 9 August 2012, Case No 32139/2012, ILDC 1921 (IT 2012); *Germany v De Guglielmi*, Court of Appeal, 14 May 2012, Judgment No 941/2012, ILDC 1905 (IT 2012); *Frascà v Germany*, Corte di Cassazione, 21 February 2013, Case No 4284/2013, ILDC 1998 (IT 2013); *Germany v Ferrini*, Corte di Cassazione, 21 January 2014, Judgment No 1136, ILDC 2724 (IT 2014).

[300] Law No 5/2013, Art 3. Further: Nesi (2013) 11 *JICJ* 185, 186–95.

[301] *Alessi v Germany*, 21 January 2014, Order No 85/2014, ILDC 2725 (IT 2014).

[302] Constitutional Court, 22 October 2014, Judgment No 238. Further: various items (2014) 24 *It YIL* 1–60; Cannizzaro (2015) 98 *Rdi* 126; Pavoni (2015) 109 *AJIL* 400; various items (2016) 14 *JICJ* 573–636.

[303] Further: Cataldi in Shelton (2011) 328, 342–4.

[304] On general principles: *Re Hartmann and Pude*, Constitutional Court, 18 April 1967, Judgment No 48, 71 ILR 232; *Zennaro*, Constitutional Court, 8 April 1976, Judgment No 69, 77 ILR 581; Constitutional Court, 27 April 1994, Judgment No 168. On peremptory norms: *Ferrini v Federal Republic of Germany*, Corte di Cassazione, 11 March 2004, Judgment No 5044, 128 ILR 659; *Lozano v Italy*, Corte di Cassazione, 24 July 2008, Case No 31171/2008, ILDC 1085 (IT 2008); Corte di Cassazione, 13 January 2009, Judgment No 1072.

聯邦憲法第 15 條第 4 項規定，「普遍公認之國際法原則、準則，以及俄羅斯聯邦國際條約，係俄羅斯聯邦法律體系之組成部分。倘若俄羅斯聯邦國際條約確立了不同於法律所定之規範，則優先適用國際條約」，[305] 上開規定並非普通之憲法規範；第 15 條係憲法第一章之部分，僅能通過複雜之特殊程序進行修正。此外，此規定已在憲法生效後通過之所有法典和聯邦法律中不斷複製。[306] 此與以往蘇聯之制度形成鮮明對比，在蘇聯時期，法院援引國際法之情況相當罕見。

　　雖然如此，實踐狀況與憲法第 15 條第 4 項規定之內容有些差距，蓋俄羅斯法院沒有能力確定習慣國際法的內容，而最高法院亦幾乎沒有為下級法院提供有用之指導。俄羅斯最高法院全體會議於 2003 年 10 月 10 日之裁決中（經 2013 年修訂）認為：

　　　公認國際法原則應理解為係國際法之基本強制性規範，國際社會作為一個整體應予以接受及承認，違背規範之行為係不可被接受。除此之外，包括普遍尊重人權之原則，以及真誠履行國際義務之原則，公認國際法規範應理解為國家行為的準則，而國際社會作為一個整體，應接受和承認其具有法律拘束力。[307]

　　然而，上述決議並未闡明如何將習慣國際法轉換成為俄羅斯國內法之程序，Tikhomirov 在其觀察中提及，俄羅斯法院傾向不適用習慣國際法，反而更願意參考【85】俄羅斯所積累之「習慣法彙編」（corpus of conventional law）。[308] 即便如此，法院有時也會適用習慣原則，例如在 *Re Khodorkovskiy*

---

[305]　Butler, *Russian Law* (3rd edn, 2009) 693–6.

[306]　Marochkin (2007) 6 *Chin JIL* 329, 330.

[307]　Plenum of the Supreme Court of the Russian Federation, Decree No 5, 10 October 2003, §1 as amended by Plenum of the Supreme Court of the Russian Federation, Decree No 4, 5 March 2013.

[308]　Tikhomirov in Shelton (2011) 517, 523. But cf Danilenko (1999) 10 *EJIL* 51, 57–9, identifying an emerging trend in the application of custom in the jurisprudence of the Russian Constitutional Court. Danilenko goes on to note, however, that 'ordinary' Russian courts have much less experience in applying custom, and are more likely to rely on treaties and 'commercial customs in the sphere of international trade'

一案中，[309] 原告提起訴訟，訴請法院裁定部分「監獄內部紀律規則」無效，該條款禁止囚犯在其工作時間內接觸律師或其代表，繼而主張此規定係違反習慣國際法，最高法院之上訴庭認為，依據憲法第 15 條第 4 項，由於系爭規範已被納入俄羅斯聯邦之地方性法律，因此維持最高法院宣布違規條例無效之判決。[310]

(v) 荷蘭

與其對條約的立場相反，荷蘭憲法對習慣國際法在國內法之效果並未進行規範。原則上，習慣應不高於國內之法律、憲法或 1954 年王國憲章。[311] 但有幾部法規試圖將習慣納入國內法，基於自成一格（*sui generis*）的立場；若此情況發生且相關習慣國際法係自動履行，則將優先於其他國內法。[312] 另外在某些情況下，可納入習慣而不需要另外立法轉換程序，雖然習慣只能優先於議會之授權立法。在荷蘭法院提及習慣時，適當之做法係應考量政府之觀點，[313] 除非該習慣非常明確，否則不需要進一步探究。

(2) 歐洲法傳統下的條約與國內法

在歐洲司法管轄之傳統中，常見的做法係承認「條約高於國內法」，基於此原因，歐洲大陸各國憲法中，通常會嚴格規範該國對於條約之簽署與批准程序。

(i) 法國

法國憲法第 55 條規定：

> 依法批准或認可之條約或協定，自公布後即具有高於各種法律之權威，但就每一項協定或條約而言，以對方締約國予以適用為限。

(ibid, 58–9). Further: Marochkin (2007) 6 *Chin JIL* 329, 344, who despite his initial pessimism, nonetheless concludes 'we can speak [generally] about a positive attitude of the Court system towards international law'.

[309] *Re Khodorkovskiy* (2006) 133 ILR 365.

[310] Ibid, 370.

[311] Alkema in Shelton (2011) 407, 419.

[312] E.g. General Provisions Kingdom Legislation Act of 1829, Art 13(a): 'The courts' jurisdiction and the enforceability of judgments is subject to the exceptions recognised in international law'.

[313] Alkema in Shelton (2011) 407, 420.

【86】上開規定將條約置於高於普通立法但低於憲法之位階，[314] 但法國憲法委員會（*Conseil Constitutionnel*）不認為所有條約都具備合憲性（憲法應規範自身之權利），因此，法院不需評估每項新條約或國際協定，與之前的規範是否具有一致性。[315] 憲法第 54 條提供某種形式之憲法監督，透過「共和國總統、總理或者議會任何一院議長提請審查……」，倘若議會提請審查之協定與憲法並不相容，則需要在依據上開第 52 條或第 53 條批准之前修改使其符合憲法，否則將放棄適用該條約。[316]

就實際轉換條約而言，憲法區分總統可依據第 52 條簽署和批准之「普通條約」（ordinary treaties），以及需要議會額外制定法案始得批准之條約（第 53 條）：

> 和約、商務條約、關於國際組織之條約或協定、涉及國家財政之條約或協定、有關修改立法性規定之條約或規定、關於個人身分之條約或協定、有關領土割讓、交換或者合併的條約或協定，只能透過議會之立法予以批准或者認可。上述條約和協定只有在批准或者認可後才能生效。

憲法第 53 條界定之條約類別可謂相當寬泛，使得法國在最重要的條約與國際協定方面，實際上具有濃厚的「二元論性質」：[317] 雖然法院認為該國係「一元管轄權」（*monist jurisdiction*），並不需要直接制定法規賦予正式

---

[314] Decaux in Shelton (2011) 207, 216. This much is confirmed by the Conseil Constitutionnel: Treaty establishing a European Constitution, 19 November 2004, Rec 173. The Conseil d'État only conceded that Art 55 applies to legislation that postdates the treaty in question in 1989 (*Re Nicolo* (1989) 93 ILR 286). In *Sarran*, the Conseil held that the superiority of treaties did not extend to provisions of a constitutional character: [1998] Rec Lebon 368. Also: *Syndicat national de l'industrie pharmaceutique* [2001] Rec Lebon 624.

[315] The sole exception to this rule is where a new treaty addresses directly a previously ratified treaty: *Treaty on European Union* (1992) 93 ILR 337.

[316] The use of this procedure is not uncommon. The Treaty of Maastricht was the subject of three referrals: one presidential leading to *Treaty on European Union* (1992) 93 ILR 337; a senatorial referral leading to *Treaty on European Union (No 2)* (1992) 98 ILR 180; and one referral by the National Assembly on the referendum law authorizing ratification, leading to *Treaty on European Union (No 3)*, 23 September 1992, Rec 94. Further: Decaux in Shelton (2011) 207, 217. Generally: Neuman (2012) 45 *Cornell ILJ* 257, 267–304, 315–19, 322–49.

[317] Decaux in Shelton (2011) 207, 212.

締結和公布之條約國內效力。憲法第 53 條中之劃分，並非對應於其他國內法之任何分類法，因此無論在簽署前是否需要議會批准，法國在簽署時都將承擔國際義務。如憲法第 55 條之規定，在符合其中所載條件情況下，條約將「表面上」（*prima facie*）優於國內法。條約通常被認為屬於「自動履行」（self-executing），除非有以下之情況：(1) 相關條約僅包含針對國家與國家間之義務；或 (2) 若無立法之詳盡闡述將無法適用，【87】障礙不僅如此，然而，當法國憲法委員會被要求審視國內法是否與已公布之條約相符時，[318] 事實證明該委員會通常會保持沉默；可能係因委員會拒絕賦予國際規範等同於憲法之地位，[319] 因此允許法國最高法院（*Cour de cassation*）及法國最高行政法院（*Conseil d'État*）評估後制定之法律與條約的一致性，但仍無權行使憲法控制權。最高法院的法律論理因此而更直截了當：在 *Cafés Jacques Vabre* 一案中，[320] 法院認為歐洲經濟共同體條約（EEC Treaty）將適用於法國海關法典，雖然後者制定時間較晚；而最高行政法院在 *Gardedieu* 一案判決中，進一步指出國家責任之意涵：

> 使國家易於參與……因其有義務確保政府機構尊重國際公約，彌補因無視法國國際義務所通過之法律干預，繼而導致所有偏見。[321]

在適用此原則時，法國法院必須遵守憲法條款，亦即沒有在法蘭西共和國官方公報（*Journal officiel de la République française*）上發布之條約，法官不得援引，亦不會產生國內法之效力，即使該條約在國際上仍有效。[322] 法院也被要求評估第 55 條中之「互惠」要件（reciprocity），雖然憲法委員會某種程

---

[318] Ibid, 223–5. Also: Neuman (2012) 45 *Cornell ILJ* 257, 305–7.

[319] *Abortion Law* (1975) 74 ILR 523. When acting as electoral judge, however, the Conseil will assess the conformity of domestic laws to international treaties (*Elections of the Val d'Oise* (1988) 111 ILR 496).

[320] *Administration des Douanes v Société Cafés Jacques Vabre* (1975) 93 ILR 240, 263. This approach has been expanded beyond the EU sphere: e.g. *Glaeser* (1976) 74 ILR 700; *Barbie* (1985) 78 ILR 124.

[321] [2007] Rec Lebon 78.

[322] *National Federation of Guardianship Associations* [2000] Rec Lebon 781; *Prefect of La Gironde v Mhamedi* (1992) 106 ILR 204 (suspension of application of treaty must also be subject to publication). Further: Decaux in Shelton (2011) 207, 226.

度上已縮小限制範圍，使其不必適用於所有條約，[323] 除非係基於立法機關已批准條約之主觀意圖，或基於條約所載明權利之客觀性質。[324] 因此，憲法委員會在審查國際刑事法院規約（ICC）時指出，[325] 其所承擔之義務「適用於每個締約國，並不受其他締約國執行條件之影響」，因此，憲法第 55 條所指涉之互惠保留原則將不予適用。[326] 然而，若向最高行政法院（*Conseil d'État*）提出諮詢時，法院將事先諮詢外交部門，該條約是否存在互惠關係。[327] 但法院通常將上述理論之適用範圍限縮於雙邊條約，主要係因多邊條約具有【88】「客觀性質」（objective character），[328] 法院難以監測實際之國際參與狀況。依據歐洲人權法院之判決，上述做法被認為已侵犯公平審判權。[329] 最高行政法院已自行認定條約是否滿足互惠條件，僅管該裁定仍係參考外交部門的意見。[330]

(ii) 德國

同樣地，德國之立場更為直接。「基本法」第 59 條第 2 項賦予立法機關規管行政機關締結條約之權力如下：

> 規範聯邦政治關係或涉及聯邦立法主題之條約，需要以聯邦
> 法規之形式獲得於任何特定情況下，主管此類聯邦立法機構
> 之同意或參與。

由於「基本法」第 59 條第 2 項之條文內容寬泛，德國締結的大多數條約，都需要事先經由立法批准，並在聯邦法律公報（*Bundesgesetzblatt*）中予以公

---

[323] *Finance Act 1981*, 30 December 1980, Rec 53; *Higher Education Framework Act*, 30 October 1981, Rec 31.
[324] Decaux in Shelton (2011) 207, 227.
[325] 17 July 1998, 2187 UNTS 3.
[326] *Re ICC Statute*, 22 January 1999, Rec 29, 125 ILR 475.
[327] E.g. *GITSI* [1992] Rec Lebon 346, 106 ILR 198; *Mme Chevrol-Benkeddach* [1999] Rec Lebon 116.
[328] Decaux in Shelton (2011) 207, 227. Also: Neuman (2012) 45 *Cornell ILJ* 257, 355.
[329] *Chevrol v France* [2003] EtCHR 49636/99, [76]–[84].
[330] *Chériet-Benseghir* [2010] Rec Lebon 251. Also: Neuman (2012) 45 *Cornell ILJ* 257, 356–7.

布。[331] 條約生效後，德國法院將其視爲國家法律之一部分而予以適用。[332] 因此，條約及普通法規具有相似之地位，可被後來之立法明示或暗示廢除，[333] 由於德國基本法係堅持相當嚴格之權力分立，以及完全沒有任何「法庭之友」程序可讓行政部門聽取意見，故行政部門之意見將不會予以考慮。[334]

於適用條約時，德國法院承認「自動履行條約」及「非自動履行條約」間之區別，雖然有一定傾向假設後者數量較多。因此，條約條款將被視爲「非自動履行」，倘若有以下情況則可「自動履行」：(1) 條約未包括直接適用；(2) 條約提到締約國有必要於其國內（透過法律或命令），或於國際上（透過進一步之國家間協定）進一步予以履行，以及 (3) 有關條約規定不能直接適用，因爲其 (a) 未指定負責之行政部門；(b) 未定義必要之行政程序；或 (c) 未指定特定法院之管轄權。[335] 聯邦憲法法院在對於下級法院進行超出普通國內案件適當範圍之「司法審查」，發揮特殊之作用。

> 聯邦憲法法院亦有權於可能之情況下，防止及消除因德國法院不正確適用，或不遵守國際法義務，【89】而可能引起德國之國際法責任的違反國際公法行爲。於此部分，聯邦憲法法院間接地爲履行國際法義務而服務，並以此方式降低不遵守國際法之風險。基於此，可能有必要偏離習慣法之適用標準，審查普通法院對於國際法條約之適用及解釋。[336]

於此制度下，倘若需要透過國內立法實施之條約，則將問題提交給國際法庭，而後國際法庭作出與聯邦憲法法院聲明不一致之裁決時，可能將出現爭

---

[331] Paulus in Sloss (ed), *The Role of Domestic Courts in Treaty Enforcement* (2009) 209, 214–18; Björgvinsson (2015) 45–7.

[332] There is some disagreement as to how this is brought about. Total incorporation is seen as too radical, whereas transformation tends to decontextualize the treaty from the international sphere. The approach most germane to Art 59(2) is that of 'execution' which characterizes the legislative ratification of the treaty as a legislative directive to follow the provisions of the treaty as international law within the domestic order: Paulus (2009) 209, 217–18.

[333] Ibid, 209–10.

[334] Folz in Shelton (2011) 240, 244; cf Paulus in Sloss (2009) 209, 221–2; Arato in Aust & Nolte (2016) 198, 206.

[335] Folz in Shelton (2011) 240, 242–3.

[336] 111 BVerfGE 307, 328 (2004).

議。此情況發生於 2004 年，當時「歐洲人權法院」（ECtHR）裁定德國聯邦憲法法院於「隱私權」制定之方法不符合「歐洲人權公約」ECHR 第 8 條之規定。[337] 因此，法院就 ECHR 於「德國法秩序」（German Legal Order）[338] 之地位及作用提出主張，法院認為，雖然憲法訴訟僅能基於對 *Grundgesetz* 所保障之基本權利的侵犯予以指控，且並非係關於 ECHR 本身，ECHR 仍然構成德國法律秩序之一部分。因此，德國法院必須注意 ECtHR 對於 ECHR 之解釋，否則將成為憲法訴訟之理由。[339]

(iii) 義大利

義大利憲法並未明確規定將國際條約納入國內法，因此，除非條約透過立法轉換，否則則將不會對國內法產生直接影響。[340] 通常以兩種方法為之：[341] 其一為特殊方法，亦即透過附有條約之簡短法規，將條約轉換為法律；其二為普通方法，在修改國家立法前，重新制定法律與解釋條約，以完成實施。上述兩者時有結合之情況，凡條約不能直接作為國內法之情況，都必須採用上述的普通方法，需要制定立法予以轉換。法院基於個案之情況，得使用特殊方法審酌國際規範是否可直接適用於國內法秩序。[342]

透過特殊方法之立法批准，通常包含兩個執行條款：授權批准條款，以及命令全面履行（full implementation）【90】條約條款。後者並非基於憲法要求，使用特殊方法將表明立法及行政機關認為，相關條約係屬於「自動履行」。在適用透過使用特殊方法批准條約時，法院無須受其他國家機關意見之拘束，雖然法院仍須考量行政或立法機關可能提出之條約保留。[343]

---

[337] *Von Hannover v Germany* [2004] ECtHR 59320/00, overruling 101 BVerfGE 361 (1999).

[338] Generally: 111 BVerfGE 307 (2004).

[339] The court upheld this realignment with Strasbourg in principle in 120 BVerfGE 180 (2008); it was then taken (again) to the ECtHR (*Von Hannover v Germany (No 2)* [2012] ECtHR 60641/08) which found the Federal Constitutional Court's approach consistent with the ECHR. Also: *Von Hannover v Germany (No 3)* [2013] ECtHR 8772/10. Similar developments have occurred in preventive detention cases: e.g. 109 BVerfGE 133 (2004), overruled in *M v Germany* [2009] ECtHR 19359/04, in turn implemented in 128 BVerfGE 326 (2011). Also: *OH v Germany* [2011] ECtHR 4646/08; *Schmitz v Germany* [2011] ECtHR 30493/04. Further: Kirchhof (2011) 64 *NJW* 3681.

[340] Corte di Cassazione, 22 March 1984, Judgment 1920.

[341] Cataldi in Shelton (2011) 328, 338.

[342] Ibid, 339.

[343] Ibid, 342.

　　義大利憲法於 2003 年 10 月 16 日公布修正條文，其中引入新的第 117 條第 1 項規定，「立法權應由省和地方政府，依據符合憲法、歐盟立法及國際義務規定之方式行使」。憲法法院對上述規定之解釋為，倘若條約在內容及批准程序方面，符合憲法中的條約規定，則該條約間接具有與憲法同等之地位，而優於一般法律適用。上述結果係透過逐案認定（case by case）之機制而成形，一旦法院認為，國內法之規定與條約、習慣國際規則等不符，法官可向憲法法院提出該法律不符合第 117 條第 1 項的質疑。而憲法法院在各種不同的案件中作出類似的裁定，亦即，倘若國內法律係違反憲法第 117 條第 1 項，或因不符合歐洲人權公約（ECHR）規範，該法律應予廢除。[344] 因此，第 117 條尚未適用於其他條約或國際習慣規則。

(iv) 俄羅斯聯邦

　　與習慣國際法相同，俄羅斯聯邦締結之條約依據其憲法第 15 條第 4 項之規定，[345] 正式納入其國內法律體系。上開條文之後段規定，「倘若俄羅斯聯邦國際條約確立不同於法律所定之規範，則適用國際條約規則」；易言之，至少在原則規定上，國際條約應優先於國內法適用，[346] 然而，該憲法條文中並未說明，條約是否必須滿足某些條件始能取得優先權。[347]

　　憲法對條約位階性之規定並不明確，[348] 依據憲法第 125(2)(d) 條規定，憲法法院被要求【9.1】「審理關於……尚未生效的國際條約及協定……是否符合憲法一致性原則之案件」。在涉及此類請求的某一案件中，俄羅斯最高法院進一步澄清與闡明，「國際條約之規則，倘若與憲法規定相牴觸，則無法適

---

[344] E.g. Constitutional Court, 24 October 2007, Judgment 248; Constitutional Court, 24 October 2007, Judgment 249; Constitutional Court, 4 December 2009, Judgment 317; Constitutional Court, 18 July 2013, Judgment 210; Constitutional Court, 25 July 2011, Judgment 245; cf Constitutional Court, 28 November 2012, Judgment 264.

[345] Butler (3rd edn, 2009) 696–7.

[346] Further: Tikhomirov in Shelton (2011) 517, 521.

[347] Plenum of the Supreme Court of the Russian Federation, Decree No 5, 10 October 2003, §8 ('The rules of the effective international treaty of the Russian Federation, the consent on the mandatory nature of which was issued in the form of a federal law, shall be given priority against the laws of the Russian Federation'). Also: Plenum of the Supreme Court of the Russian Federation, Decree No 8, 31 October 1995. If consent to a treaty was not given by way of ratification in the form of a federal law, then treaty rules will only have priority with respect to subordinate normative-legal acts issued by the governmental agency which concluded the treaty: Butler in Sloss (2009) 410, 421.

[348] Burnham, Maggs, & Schwartz, *Law and Legal System of the Russian Federation* (6th edn, 2015) 33.

用」，[349] 同理亦適用於歐洲人權法院之裁決。雖然最高法院表示，依據批准歐洲人權公約（ECHR）之立法，[350]「歐洲人權法院之法律立場……包含在法院對俄羅斯聯邦作出的最終判決中，對法院而言係具有強制拘束力」，[351] 憲法法院認為，上述義務僅適用於符合俄羅斯憲法之判決。[352] 嗣後之立法制定出相關轉換程序，使憲法法院得以審理「條約機構之判決是否無法執行」。[353]

正如同上述最高法院之澄清立場，倘若條約必須完成簽署與批准程序後，[354] 使得正式轉換納入俄羅斯法律體系。依據 1995 年聯邦法，自動履行並正式公布之條約，在俄羅斯法律體系內具有直接法律效力。[355] 然而，據Butler之見解，有大量的蘇聯條約可能從未在公報（*gazette*）上刊登，因此俄羅斯法院不會援引適用前述條約。[356] 最高法院在確定條約的自動履行性質時提供了一些指導，尤其重視條約中包含關於成員國有義務修改國家的國內法之指示，[357] 亦即，在條約不能自動履行之情況下，可透過立法修正，以產生國內法的效果。

俄羅斯法院執行上述要求時，對於解釋與適用國際公約的態度非常謹慎，[358] 此原則亦適用於臨時適用條約之解釋，雖然 1995 年聯邦法並沒有明確要求在公布國內法律效力之程序。[359] 就條約解釋而言，法院可尋求外交部之意見，但通常適用維也納條約法公約（Vienna Convention on the Law of Treaties, VCLT）第 31 條及第 32 條之規定。然而，法院審理範圍並不延伸至檢視政府

---

[349] *Members of the State Duma*, Constitutional Court, 9 July 2012, No 17-П, ILDC 1940 (RU 2012).

[350] Federal Law No 54-фз of 30 March 1998.

[351] Plenum of the Supreme Court of the Russian Federation, Decree No 21, 27 June 2013, §2.

[352] Constitutional Court, 14 July 2015, No 21-П. Also: Constitutional Court, 6 December 2013, No 27-П.

[353] Federal Law No 7-фкз of 14 December 2015 on Amendments to the Federal Constitutional Law. Also: Constitutional Court, 19 April 2016, No 12-П.

[354] Plenum of the Supreme Court of the Russian Federation, Decree No 5, 10 October 2003, §4. In 2007 Federal Law No 101-фз of 15 July 1995 was amended to give Rosatom, a state-owned corporation, treaty-making capacity: Butler (2008) 102 *AJIL* 310; Butler (3rd edn, 2009) 696.

[355] Plenum of the Supreme Court of the Russian Federation, Decree No 5, 10 October 2003, §3.

[356] Butler in Sloss (2009) 410, 417. The period between entry into force and publication may be as long as several years: ibid, 434.

[357] Plenum of the Supreme Court of the Russian Federation, Decree No 5, 10 October 2003, §3.

[358] In particular the requirement of official publication: Butler in Sloss (2009) 211, 436–8.

[359] *Ushakov v Russian Federation*, Constitutional Court, 27 March 2012, No 8-П, ILDC 1930 (RU 2012).

提出的條約保留之內容或其合法性。[360] 未適用相關條約規定、或適用條約錯誤時，可於上訴審中予以更正。[361]

【92】俄羅斯憲法法院在 *Anchukov & Gladkov v Russia* 一案中，[362] 詳細討論憲法第 15 條第 4 項之法理，該案涉及囚犯投票權之爭議，歐洲人權法院認為，依俄羅斯憲法法院解釋「完全禁止囚犯投票」之做法，違反歐洲人權公約第一議定書第 3 條之意旨。蓋憲法法院認為，該條款與俄羅斯憲法第 32 條第 3 項之規定牴觸，故無需執行；即便判決如此，憲法法院建議立法機關以及法院未來可以調整羅斯之國內法與司法實踐，以便至少在一定程度上遵守歐洲法院之判決。[363]

(v) 荷蘭

在條約方面，荷蘭法中所呈現的立法轉換制度最接近「一元論」的光譜。所有作為國際法且對荷蘭具有約束力之條約，都自動轉換而納入荷蘭的國內法律體系，無需再次立法。上述轉換規則本身並非憲法規定，[364] 但可溯及最高法院 1919 年一項具有歷史意義的判決理由：[365]「荷蘭簽訂之條約，必須得到議會批准，此民主程序僅部分滿足該原則」。Nollkaemper 認為，[366] 上開條文更顯示出荷蘭對於國際法「普遍接受」之態度，並使得荷蘭於憲法要求中，積極促進國際法律秩序之發展。[367]

由於荷蘭制度的效率很高，荷蘭的立法兩院機關對於條約制定過程進行詳盡控管，雖然政府行政部門直接負責條約之談判，但荷蘭國會（States

---

[360] Tikhomirov in Shelton (2011) 517, 523. Also: Plenum of the Supreme Court of the Russian Federation, Decree No 5, 10 October 2003, §5. Further: Butler in Sloss (2009) 411, 418–21.

[361] Butler in Sloss (2009) 411, 418.

[362] *Anchukov & Gladkov v Russia*, Constitutional Court, decision of 19 April 2016, noted (2017)111 *AJIL* 461.

[363] For criticism, see Opinion 832/2016, Report of the Venice Commission, 13 June 2016.

[364] Reference is sometimes made to Art 93 of the Constitution, which provides that '[p]rovisions of treaties and resolutions by international institutions that are binding on all persons by virtue of their contents shall become binding after they have been published' as providing a constitutional basis for the *validity* of treaties, but this is better characterized as going to their *direct effect* within municipal law: Nollkaemper in Sloss (2009) 326, 331–3.

[365] NJ (1919) No 371.

[366] Nollkaemper in Sloss (2009) 326, 332.

[367] Constitution of the Netherlands, Art 90 ('The Government shall promote the development of the international rule of law'). On this imperative: Besselink (2003) 34 *NYIL* 89.

General of the Netherlands）[368] 必須在整個談判過程中，隨時了解情況並定期更新；[369] 甚至可在批准條約之法案中，添加解釋性聲明或保留，並於條約正式締結時，【93】由政府提出立法轉換。[370] 條約文本一旦最終確定，並由部長級內閣會議批准，則將於最終簽署或批准之前，提交立法機關審議，並附有包括逐條評論之解釋性備忘錄。荷蘭憲法第 91 條第 1 項規定，未經議會事先批准，王國不受條約之約束，亦不得廢止條約。然而，上開條文指出，「不需批准的情況，應由議會法案規定之」，導致條約法透過憲法第 7 條中所包含之例外清單，[371] 產生許多重大之漏洞。此外，憲法與條約法都規定單純默許同意。

　　關於條約之審議，荷蘭國會通常會以簡單多數決為之，但是，倘若擬議之條約與憲法規定相衝突，憲法第 91 條第 3 項規定，需經上下議院之三分之二多數始得批准之，一旦獲得批准，自動履行條約之條款，將自始（*sui genesis*）凌駕於憲法之上。基於上述適用原則，使荷蘭成為世界上少數幾個在國內法律秩序中，將國際法義務置於其憲法之上的司法管轄實踐。憲法第 94 條規定，「王國現行的法律規範，若與對所有人具有普遍約束力之條約規定、或國際組織之決議相牴觸，不予適用」，其中包含「對所有人具有普遍拘束力」之警示很重要，並被解釋為排除需要議會採取進一步行動，始得令條約生效之規定（亦即非自動履行條款）。[372] 直接效力之問題，係由法院首先通過參考條約締約國之意圖予以解決；其次，法院在無法確定意圖之情況下，訴諸條約之文本分析。[373] 即使條約條款明確要求在國內採取措施以達到某種「保護標準」，倘若該標準「足夠精確」（sufficiently precise）可視為「無條件地作

---

[368] On the role of Parliament in the treaty-making process: Alkema (1984) 31 *NILR* 307; van Dijk & Tahzib (1991) 67 *ChiKentLR* 413.

[369] Law on the Approval and Promulgation of Treaties, Stb 1994, 542, Art 1 (Law on Treaties). Also: Klabbers (1995) 44 *ICLQ* 629. The government is not required to inform Parliament as the *content* of the treaty in question, merely its progress, though this does not prevent Parliament from requesting that further information be provided.

[370] Nollkaemper in Sloss (2009) 326, 328.

[371] Further: Klabbers (1995) 44 *ICLQ* 629, 631–5.

[372] The justification for this is rooted in the separation of powers; were vague or hortatory provisions to be given supremacy, this would give too much power to the courts to override the codified will of the legislature: Nollkaemper in Sloss (2009) 326, 332–5.

[373] See e.g. NJ (1995) No 619, reported in Barnhoorn (1997) 27 *NYIL* 336. On the process: Nollkaemper in Sloss (2009) 326, 341–5.

爲司法制度內之客觀權利而予以適用」，則該條款仍可被視爲「自動履行」（self-executing）。[374] 即使沒有直接影響，條約仍可能在立法解釋中發揮作用，荷蘭法院應盡可能以國家履行該條約義務的方式，予以解釋及適用國內法律。[375]

(3) 歐洲法傳統下「不可裁判」原則

與習慣法和條約國際法一樣，關於司法克制或干預國家事務的問題，係每個法律制度內部選擇的結果。[376]

(i) 法國

在法國，稱之爲「政府行爲」（acte de gouvernement），該原則可排除司法審查，倘若該行爲：(1) 將法國當局之意願表現至國際層面，因此僅在法國與國際組織、或其他組織間之關係才有意義；(2) 完全涉及從外交政策之角度評估行動的適當性。[377] 法國最高行政法院已確認上述問題係法國法院之管轄權，而並非求償之可受理性問題。[378] 除此之外，該原則已被適用於以下情況：[379] 政府行使權力保護在外國的法國國民、[380] 決定是否公布國際協議、[381] 處理與外國政府關係時被指控疏忽、[382] 關於歐洲理事會部長之投票、[383] 建立國際海上禁區（maritime exclusion zone）、[384] 拒絕與外國進行國際談判或於國際法院提起訴訟、[385] 終止一項國際協議、[386] 於伊拉克入侵科威特後中止與其科學合作、[387] 總理暗示拒絕向議會提交改變歐盟架構決議之法案、[388] 政府反對在法國

---

[374] NJ (2015) No 12. Also: NJ (2011) No 354.

[375] The principle applies irrespective of whether the law so interpreted entered into force before or after the adoption of the treaty: Nollkaemper in Sloss (2009) 326, 349–50.

[376] For a comparative view of emerging trends: Amaroso (2010) 23 *LJIL* 933.

[377] *UK and Governor of Hong Kong* (1993) 106 ILR 233.

[378] Ibid, 236. Also: *GITSI* (1992) 106 ILR 198, 200.

[379] Further: *UK and Governor of Hong Kong* [1993] Rec Lebon 267, 106 ILR 233, 238–40.

[380] *Delle Buttner* [1953] Rec Lebon 184.

[381] *De Malglaive* (1970) 72 ILR 236.

[382] *Petit T* [1973] Rec Lebon 921.

[383] *The Greens Association* [1984] Rec Lebon 382.

[384] *Paris de Bollardière* (1975) 74 ILR 95.

[385] *Société Sapvin* (1988) 89 ILR 6.

[386] *Prefect of La Gironde v Mahmedi* (1992) 106 ILR 204.

[387] *GITSI* (1992) 106 ILR 198.

[388] *Krikorian* [2012] Rec Lebon 646.

境內舉行敘利亞總統選舉，[389] 以及提名特定個人擔任國際刑事法院法官。[390] 該原則亦適用於在科索沃戰爭期間，部署法國軍隊以對抗南斯拉夫之決定、[391] 允許美國與英國之飛機在第二次波斯灣戰爭期間進入法國領空。[392]

法國司法機關僅就以下條件考量「政府行為」：該行為具有國際性質；該行為【95】主要係基於與公共政策或國家公共服務；無論是在國內還是國外進行，都可予以裁判。[393] 撤離在國外服務的法國合作助理與其說是主權行為，不如說是負責合作的國家公共服務部門之管理行為；[394] 而指控法國警察對外國外交官的保護不足，[395] 以及法國海軍摧毀了一艘被遺棄在公海之船舶，情況亦相同。[396]

「政府行為」原則在 Darmon 檢察總長（Advocate-General）所引述的「可分離行為理論」（theory of detachable acts）下，政府行為原則一直受到侵蝕。若依按照此種方法，倘若法國政府在履行其國際義務程序方面有獨立選擇權，且可以自行採取主動行為，則表面上看來「不可裁判」之政府行為，仍可能受到法院所審理。[397] 事實證明，引渡之裁決特別容易受到上述分離行為理論的影響，例如，在 UK and Governor of Hong Kong 一案中，英國政府向法國最高行政法院訴請審查，關於法國政府拒絕引渡一名被控在香港嚴重欺詐和財務管理不善之馬來西亞商人的決定，而 Vigouroux 論告官（Commissaire du gouvernement）辯稱，對於引渡事項之司法審查，並不妨礙政府在外交政策上的主動權。因此，拒絕引渡之決定可以與更廣泛的雙邊外交關係分離，並允許其接受司法審查。[398]

---

[389] *Daoud* [2014] Rec Lebon 572.

[390] *Baynast* [2014] Rec Lebon 58.

[391] *Mégret* [2000] Rec Lebon 291.

[392] *Committee against the Iraq War* [2003] Rec Lebon 707.

[393] *UK and Governor of Hong Kong* (1993) 106 ILR 223, 239–40.

[394] *Finance Ministry* [1966] Rec Lebon 476.

[395] *Yener and Erez* (1987) 89 ILR 1.

[396] *Société Nachfolger Navigation Co Ltd* (1987) 89 ILR 3.

[397] Case C-241/87 *Maclaine Watson & Co Ltd v Council and Commission of the European Communities* (1990) 96 ILR 201, 217–18.

[398] *UK and Governor of Hong Kong* [1993] Rec Lebon 267, 106 ILR 223, 240–3.

(ii) 德國

德國憲法模式的特點是強大的司法審查制度，幾乎終結了「不可裁判性」（non-justiciability）原則，對於行政行為進行司法審查並不是一項「默示權利」，法院的設置係憲政制度中，用以評估行政行為及立法是否符合基本法，係經過深思熟慮後的選擇。德國基本法第 19 條第 4 項規定，「任何人之權利受到官署侵害時，得提起訴訟」；同法第 93(1)(1) 條進一步允許聯邦政府不同機構之間，就其權限問題之疑義提起訴訟。[399] 而聯邦憲法法院之設立，係為在普通法院系統外，審理與解釋基本法有關之事項。[400]

【96】雖然表面上「基本權利」僅適用於基本法本身所載明之內容，但法院應盡可能解釋其不違反國際法義務，更何況基本法本身之適用係優於國內法律。[401] 此限制已因所涉權利之廣泛，以及嗣後透過解釋而被司法擴張所取代，[402] 受影響之公民，可在提起訴訟時主張第三方利益、[403] 聯邦制，以及三權分立等原則。[404] 值得注意者，基本法第 93(1)(2) 條允許四分之一的聯邦議會議員直接向聯邦憲法法院提起訴訟，質疑某項法律之合憲性問題，因此，當某項有爭議的立法以微弱多數通過時，可以合理地預期該法律將會在憲法法院再次被提出。[405]

在德國憲法體系中，並沒有要求司法機關自動遵循制定外交政策的行政部門，[406] 此議題可能延伸至德國武裝部隊部署之問題。[407] 當德國政府試圖加入北約部隊，負責在前南斯拉夫境內執行安理會決議時，在 *International Military*

---

[399] This form of jurisdiction is known as *Organstreit* or 'dispute between constitutional organs': Quint (2006) 65 *Md LR* 152, 156–7.

[400] Basic Law, Arts 92–4, 100.

[401] Folz in Shelton (2011) 240, 245.

[402] Basic Law, Art 2(1) refers to 'freedom of personality'. The Federal Constitutional Court has interpreted this as including any and all things that a person might wish to do: 6 BVerfGE 32, 41 (1957). Further: Currie (1999) 165–6.

[403] E.g. 85 BVerfGE 191, 205–6 (1992) (employer permitted to argue that a ban on nocturnal employment discriminated against female employees).

[404] E.g. *Jurisdiction over Berlin*, 20 BVerfGE 257, 268–71 (1966), 75 ILR 113, 114–16 (excessive delegation); 26 BVerfGE 246, 253–8 (1969) (lack of federal authority).

[405] E.g. Abortion Law, 39 BVerfGE 1 (1975), 74 ILR 523 (challenging a statute relaxing the criminal penalties for abortion).

[406] Folz in Shelton (2011) 240, 244.

[407] Quint (2006) 65 *Md LR* 152, 161–2.

Operations 一案中 [408] 受到嚴重挑戰。聯邦憲法法院認為，此類軍事行動係被允許，只要其維持在「共同集體安全體系」（system of mutual collective security）[409] 之框架，而本案司法審查權，進一步延伸至德國的條約制定權，法院介入以審視與提供德意志民主共和國（GDR，簡稱東德）[410] 與德意志聯邦共和國（FRG，簡稱西德）間「基本條約」（Basic Treaty），[411] 以及馬斯垂克條約（Maastricht Treaty）[412] 之文本。

　　然而，令人困惑者，有時可能會發現一些法院厭惡「政治問題」之跡象，在 *Cruise Missiles (Danger to Life)* 一案中，[413] 某些西德公民依據北大西洋公約組織（North Atlantic Treaty Organization, NATO）之決議，【97】對在西德境內部署帶有核彈頭之美國中程導彈提起合憲性之挑戰，原告主張部署該導彈侵犯了基本法第 2 條第 2 項規定之生命權和人身安全；同時，原告進一步主張，該軍事部署違反基本法第 25 條，因其明顯違反禁止此類核子武器的國際法一般原則。法院以三個理由駁回該案件：(1) 沒有可參酌之數據使法院可以確定所謂「生命及健康風險」，無論如何，此風險之實現完全取決於蘇聯未來的政治以及軍事決定；(2) 任何可作為此類主張之依據，控訴違反基本法之行為只能針對德國政府提起訴訟，然而本案之直接威脅係來自蘇聯的核武；(3) 決定西德外交與國防政策係政府之責任，並非法院之責任。[414]

　　依據 Currie 之見解，法院拒絕審理此類事件無非是斷定基本法將某些問題交由另一個政府部門自由裁量或決定。[415] 另一個類似之爭議係 *Chemical Weapons* 案，法官認為：

---

[408] On the basis that German forces could only be deployed for the purposes of 'defence': Basic Law, Art 87a(2).

[409] 90 BVerfGE 286 (1994), 106 ILR 319, 327–30. Further: Quint, *The Imperfect Union* (1997) 290–6. Also: 2 BvE 4/08 (2010).

[410] Treaty concerning the basis of relations between the Federal Republic of Germany and the German Democratic Republic, 21 December 1972, Bundesgesetzblatt II (1973) 423.

[411] *Relations Treaty between the FRG and GDR*, 36 BVerfGE 1 (1973), 78 ILR 149. The Court gave a restrictive interpretation to the agreements so as to avoid the full recognition of the GDR in international law.

[412] *Maastricht Treaty 1992*, 89 BVerfGE 155 (1993), 98 ILR 196. The Court affirmed that any further derogation from German sovereignty would be met with close scrutiny.

[413] 66 BVerfGE 39 (1983), 106 ILR 353.

[414] Ibid, 361–2.

[415] Currie (1999) 170–1.

將司法審查可接受性與國防政策之特殊性加以連結，而為遵
守憲法訴訟可受理性之要求，此類申訴基於涉嫌違反基本法
第 2 條第 2 項規定之基本權利的保護義務……。[416]

於此情況下，法院並未完全排除司法審查，而係設置了與系爭問題嚴重
性相同之舉證門檻，形式上，德國法尚未發展出「不可裁判性」原則。而在關
於德國參與確定北約空襲潛在目標的案例中，憲法法院認為，「編制軍事目標
清單，與不行使否決權反對將清單上的客體列為合法軍事目標，並不是政治決
定，且已超出司法審判之範圍」，[417]法院進一步指出，由於國家責任之憲法意
義，以及聲索方無法獲知軍事訊息，故要求國家解釋其行為之舉證責任轉換，
被認為更能有效的進行司法審查。雖然如此，考量該清單的臨時性質，以及在
進行軍事行動時所賦予政府的自由裁量權，最終法院得出結論，認為德國政府
之行為，符合本案所適用之國際人道法規範。[418]

(iii) 義大利

【98】與法國法律體系類似，義大利法律規定「政府行為」（*teoria
dell'atto do governo*）適用不可裁判（non-justiciable）原則。基於前述理念而
對於維護某些憲法或政治要求，政府有必要行使「行政裁量權」；此處之參
考原則為「憲法」，義大利憲法為行政和立法機構保留了某些事項。[419] 最顯著
者，議會宣布戰爭狀態，以及賦予政府必要的起訴權力之能力。[420] 由於此類行
為其固有的自由裁量性質，也由於分權考慮，是「不可裁判」。

Markovié 一案為經典之判決，1999 年北約部隊對貝爾格勒之空中轟炸中
喪生的塞爾維亞平民提出的求償中，法院須就義大利政府之責任作出裁決。
「責任」係存在於兩項可相互替代之基礎：義大利作為北約成員國，對空襲負
「連帶責任」；抑或轟炸係由位於義大利領土上軍事基地所單獨進行。法院在

---

[416] *Chemical Weapons Deployment (Danger to Life)* (1987) 106 ILR 389, 395.

[417] *Varvarin Bridge*, 2 BvR 2660/06 (2013).

[418] Further: Gärditz (2014) 108 *AJIL* 86; Henn (2014) 12 *JICJ* 615; Stöckle (2014) 57 *GYIL* 613; Mehring
(2015) 15 *Int Crim LR* 191.

[419] Frulli (2003) 1 *JICJ* 406, 410.

[420] Constitution of Italy, arts 78 and 87.

一項簡明的判決書中認為，此乃有關「政治行為」，而法院「不可裁判」：

> 選擇進行敵對行動之方法屬於一種「政府行為」，所有「政府
> 行為」都是政治功能之表達。依據義大利憲法，該政治功能被
> 設想為來自憲法機構，本質上，不能僅以「屬於其範圍內之
> 行為無法準確定義」為理由，而應「保護個人利益免受其影
> 響」。對於此類行為，任何法院都無權審查「政府行為」。[421]

因此，義大利與法國、英國和美國之做法，有著相同之傳統。[422]

(iv) 俄羅斯聯邦

俄羅斯的司法審查制度與德國類似，依其憲法第 46 條第 2 項之規定，
「對國家權力機關、地方自治機關、社會團體和公職人員的決定和作為（或不
作為），可向法院投訴」，法院傾向於將任何違反上述權利之意圖【99】視為
違憲。[423] 此外，行政訴訟通常不接受「主權豁免」之抗辯，[424] 上開憲法第 125
條，對於憲法法院提出更廣泛之管轄權，[425] 雖然其審理某些爭議之審判權限，
取決於相關政府機構是否將此爭議提交憲法法院，[426] 但該條文仍保留法院可審
理有關「侵犯公民憲法權利與自由之訴」的一般管轄權。[427]

俄羅斯憲法法院係源自於蘇聯解體後之機關，俄羅斯之第二個憲法法

---

[421] *President of the Council v Marcović*, Corte di Cassazione, 5 June 2002, Judgment No 8157, 128 ILR 652, 655–6. Frulli argues that while the initial *declaration* of war may not be justiciable, those individual acts performed in the prosecution of armed conflict ought to be, with any other alternative depriving a plaintiff of his or her rights under arts 2 and 24 of the Constitution. Moreover, this argument is consistent with representations previously made by the Italian government before the ECtHR: Frulli (2003) 1 *JICJ* 406, 412–14. This distinction was later applied and individual acts were found to be justiciable: *Ferrini v Federal Republic of Germany*, Corte di Cassazione (2004) 128 ILR 658, 665–6.

[422] There is here a certain tension with art 2 of the Constitution, which provides that '[t]he Republic recognizes and guarantees the inviolable rights of man, as an individual, and in the social groups where he expresses his personality, and demands the fulfilment of the intransgressible duties of political, economic, and social solidarity'. This is paired with art 24, which itself provides the right to an effective judicial remedy for the violation of fundamental rights and interests. Further: Frulli (2003) 1 *JICJ* 406, 412.

[423] Burnham, Maggs, & Schwartz (6th edn, 2015) 852–3.

[424] Ibid, 856.

[425] Butler (3rd edn, 2009) 172–7.

[426] Constitution of the Russian Federation, Art 125(2).

[427] Ibid, Art 125(4).

院，此背景使俄羅斯的司法審查以及「不可裁判性」之適用情況變得相當複雜。第一個憲法法院成立於 1991 年，其管轄權係基於 1978 年蘇聯憲法以及和 1991 年所制定之「俄羅斯蘇維埃社會主義聯邦共和國憲法法院組織法」（Law on the Constitutional Court of the Russian Soviet Federative Socialist Republic），上述法律並未排除法院參與政治事務。[428] 在 1993 年俄羅斯憲法危機的背景下，法院與 Yeltsin 總統之間發生了極具破壞性之對抗，該危機最終以 1993 年現行憲法以及 1994 年憲法法院組織法之施行而落幕，其中第 3 條規定，「法院應僅能就法律問題作出裁決」，因此，法院失去自行裁量（ex proprio motu）審查案件之權利，以及無法對總統和其他行政官員和機構之非規範行為進行審判。[429]

雖然 1994 年憲法法院組織法第 3 條規定「必要性」原則，法院並未避免處理通常被認為具有政治性質之問題，[430] 例如，在 Chechnya 一案中，[431] 俄羅斯議會中的少數人依據憲法第 125 條第 2 項規定，要求憲法法院審理 Yeltsin 總統下令軍隊前往車臣之決定是否合憲。雖然法院拒絕考慮政府之政策決定、政治權宜之計、或在此基礎上採取行動之有效性，但法院仍然認為自己有權裁定初始命令是否合憲，而最終維持系爭命令之合法性。[432]

1994 年憲法法院組織法第 3 條應僅適用於對該「憲法法院」管轄權之限制，但並沒有證據表明類似之學說在俄羅斯其他級別司法等級之發展，雖然這些法院在運用相關理論及實踐時相對較不成熟。

(v) 荷蘭

【100】荷蘭之司法審查與德國的立場有相當類似之處，但同時亦有完全不同的考量。首先，條約法在各司法管轄權中之特殊地位並不相同；其次，來自於荷蘭憲法第 120 條規定，「法院無權審查議會法律和國際條約之合憲性」

---

[428] Burnham, Maggs, & Schwartz (6th edn, 2015) 76.

[429] Ibid, 77. Further: Trochev (2008) ch 3.

[430] Cf *Members of the State Duma*, Constitutional Court, 9 July 2012, No 17-П, ILDC 1940 (RU 2012).

[431] Ruling No 10-P, VKS 1995 No 11, 3 (31 July 1995).

[432] Additionally, the court managed to avoid giving substantive consideration to the human rights issues raised by the case, by referring them to unspecified further proceedings before the criminal courts: Pomeranz (1997) 9 *RCEEL* 9, 26–8.

之約束。[433] 上開條文直接限制了司法審查範圍及其管轄權，此做法在自由民主國家中絕無僅有，因此，關於荷蘭之司法審查僅能透過以下事實來解決：國內法律不認爲條約具有合憲性，開啓依據荷蘭簽署與批准國際公約之標準，來評估國內法規之可能性。[434]

荷蘭法中並無適用「政治問題」原則，蓋與立法機構有內在聯繫之問題，將自動排除於法院許可權範圍之外；[435] 相反地，荷蘭法院最近開始在自由裁量之基礎上，表現出對立法機關在政治事務專屬權限之極度尊重。第一個案件爲 *Association of Lawyers for Peace* 一案，法院再次考量社區團體申請優先之權利，訴請宣布荷蘭部署核子武器係屬非法，然而，法院駁回該申請並認爲：

> 本件訴訟所提出之申請，涉及與國家在外交政策和國防政策之相關問題，系爭爭點……在很大程度上係取決於政治考量……此情況顯示，民事法院在審理諸如本案提出之申請時，應保持很大程度的克制。由於當事人之請求，係預先認爲政府在外交政策和國防領域的政治決策行爲屬於非法……但畢竟，作出這種政治性質之裁決，並非民事法院之職能。[436]

如同上述，在外交政策和國防問題上之司法克制原則，自該案件起反覆被荷蘭法院援引適用。[437] 值得注意者，在美國 Bush 總統於荷蘭進行正式訪問時，[438] 法院駁回了對其指控犯下戰爭罪而應予逮捕之請求；另一個預先提起之請求，係爲防止荷蘭政府因支持美國在 911 恐怖襲擊後所採取的報復措施，在

---

[433] Generally: van der Schyff (2010) 11 *GLJ* 275.

[434] Van der Schyff (2010) 11 *GLJ* 275, 279–81.

[435] E.g. *Foundation for the Prohibition of Cruise Missiles*, NJ (1991) No 248, 106 ILR 400, concerning an attempt by a community organization to pre-empt the Dutch government from permitting US cruise missiles to be based on Dutch soil. In Germany, the question was considered effectively non-justiciable: *Cruise Missiles (Danger to Life)*, 66 BVerfGE 39 (1983), 106 ILR 353. The Dutch court did not even refer to the doctrine when dismissing the application.

[436] *Association of Lawyers for Peace v Netherlands*, NJ (2002) No 217, 3.3.

[437] Generally: Fleurin (2010) 57 *NILR* 262.

[438] Here, the interlocutory judge paid particular attention to the effects that such an order, if granted, would have on US–Dutch relations and Dutch foreign policy as a whole: *Hague City Party v The Netherlands*, The Hague District Court, 4 May 2005, Case No KG 05/432, ILDC 849 (NL 2005), 3.4–3.5, 3.8.

未得到聯合國安理會之授權時，逕行部署荷蘭軍隊。[439]

【101】在關於荷蘭營（Dutchbat）行為合法性的兩個案例中：荷蘭特遣隊（Dutch contingent）為聯合國在塞爾維亞國際維和部隊（peacekeeping force）之成員，最高法院駁回了政府對法院應行使司法克制之請求，理由係政府在請求法院不應對此問題作出裁決時，該主張欠缺法律依據。雖然荷蘭最高法院承認此裁定對維持和平行動可能產生的不利影響，但仍認為：

> 行使司法克制……意味著法院幾乎沒有任何理由審視荷蘭特遣隊在執行維持和平任務時，其相關受指控行為所造成的後果。如同在本案中，荷蘭營和國家行為遭到指控，如此深遠影響之「司法克制」並未被接受。[440]

在 *Urgenda Foundation v The Netherlands* 一案中，進一步證明法院對政府機關之尊重相當有限。在本案中，減少溫室氣體排放之國家政策受到質疑，法院認為政府並沒有充分保護人類健康和環境，繼而同時違反國內法與國際法。一審法院認為，雖然相關條約規定並沒有直接效力，但條約義務限制了政府的自由裁量權，並告知政府必須採取更謹慎之標準，故法院進一步接受該求償涉及應受法律保護之權利，具有「可裁判性」。於此情況下，法院認定此爭議係屬於政治決策的問題，沒有理由限縮法官解決爭端之任務與權力。然而，對於法院之裁決可能對荷蘭談判立場產生潛在干擾之主張，在所不問。最後，法院認定荷蘭政府違反了國家注意義務（duty of care），而被勒令進一步限制溫室氣體排放量。[441] 2018 年 10 月 9 日，海牙上訴法院維持海牙地方法院之判決。[442]

---

[439] NJ (2004) No 329, 3.4. Also: NJ (2003) No 35 (concerning Kosovo).

[440] *Netherlands v Mustafić-Mujić*, 6 September 2013, App No 12/03329, 3.18.3, reported in Ryngaert (2013) 60 *NILR* 447; *Netherlands v Nuhanović*, 6 September 2013, App No 12/03324, ILDC 2061 (NL 2013).

[441] *Urgenda Foundation v The Netherlands*, The Hague District Court, 24 June 2015, Case No C/09/456689, ILDC 2456 (NL 2015); upheld on appeal, 9 October 2018 (Hague CA). Further: de Graff & Hans (2015) 27 *JEL* 517; Lambrecht & Ituarte-Lima (2016) 18 *Env LR* 57; Cox (2016) 34 *JENRL* 143; Roy & Woerdman (2016) 34 *JENRL* 165.

[442] *The Netherlands v Urgenda Foundation*, The Hague Court of Appeal, 9 October 2018, Case No 200.178.245/01 (NL 2018).

5. 結論

　　綜觀國內法與國際法的關係，理論建構在很大程度上脫離現實狀況。倘若必須在本章前面所分析的理論間進行選擇，Fitzmaurice 的觀點可能更貼近於事實，亦即每個系統在各自的領域範圍內都擁有至高無上地位，彼此都無法支配對方。然而，任何泛泛地論述，都僅能為國內法和國際法體系間的複雜關係提供一些背景說明。【102】其中，有三個比較重要的因素值得思考。第一個是「組織」所造成的問題：各國司法機關在何種程度上準備在內部和外部適用國際法規則？443 此處似乎鼓勵各國朝向一種多元主義的願景，而且每個制度都需要規範自己與其他法律制度間的關係。第二個因素是「證明國際法特定規則存在相當困難」的問題：在認定國際法有其困難的情況下，國內法院通常依據行政部門的建議或既有的判決，而適用的結果，可能不符合對法律的客觀評價。第三個因素是國內法院或國際法院經常會關心特定法律問題應適用於何種系統。何者較具適當性的問題，會使組織之間的區別更加強化；易言之，管轄權的「國內」或「國際」性質，以及靈活運用此兩種制度的規則，以作為處理爭議和規範非爭議事項的工具。國際法院可能認為有必要適用國內法規則；而一國國內的機構，例如：美國的外國求償解決委員會（the United States Foreign Claims Settlement Commission），雖然該委員會在組織和能力方面僅具備美國的國內法性質，但委員會很合適且實際上已被授權大規模適用國際法規則。當國內法院於適當的時機適用國際法規則時，再去探究適用的規則是否已經「轉換」（成為國內法）已經沒有任何意義，除非由於特定國家制度中，要求某些機構被允許適用國際法規則之前，必須經過「轉換」的程序。

---

443 Monists underestimate this aspect of the matter or gloss it over with conceptualism. The fact is that national law is more viable in terms of organization whereas international law is less of a system *in this sense*. From this perspective, there is some substance in the view that international law derives from the activities of the constitutional organs of states. International law has often been dependent on state machinery for its enforcement. Although there has been a strengthening of international institutions, especially of dispute settlement (see chapter 32), international law remains largely dependent on state machinery for enforcement. Further, many aspects of international law are to be implemented primarily at a domestic level and international institutions play a secondary role. This view, characterized as monism-in-reverse, was supported by e.g. Decencière-Ferrandière (1933) 40 *RGDIP* 45. Critics have tended to caricature this position, but it accords with widely held views that international law is *international* and not dependent on a supranational coercive order.

第二部分

法律人格與承認

第四章　國際法之主體

1. 概述

　　【105】國際法之主體[1]係擁有國際權利及義務，且有能力：(1) 透過提出國際求償以維護其權利；[2]以及 (2) 受到他國提出求償，且為違反義務而負責之實體。[3]雖然上述定義乃約定俗成，但卻產生相當多的疑問，蓋所指涉之情況，理論上係取決於法人之存在；倘若有疑問時，判斷相關能力是否存在之主要方式，係詢問實際行使權利與否。易言之，習慣法承認能夠擁有權利及義務，並得提出和接受國際求償之實體類型為「法人」。倘若無法滿足後一個條件，有關實體可能具有非常有限類型之法人資格，此取決於對法人承認之同意或默許，而國際層面上，可提出反對者僅限於同意或默許之人。出現人格問題之主要背景為：就違反國際法行為而提出求償之能力、締結條約（即在國際範圍內有效協定）之能力，以及享有來自於國家特權及豁免管轄之權利。國家尤其具有這些能力及豁免權；事實上，依據習慣法發展關於「國家」為主體的事件，為其他實體提供法人人格之象徵及存在之證據。

　　除國家外，倘若滿足某些條件，國際組織可能具有這些能力及豁免。對「在聯合國工作中受傷之賠償」（Reparation for Injuries Suffered in the Service of the United Nations）[4]諮詢案【106】關於條約法的第一份報告中，指出國際組織得依據國際法而具備提出求償能力，至少對於某種類型之組織而言，該諮詢意見係肯認國際組織成為國際協定締約方之能力，現行國際間之做法亦

---

[1] Especially Lauterpacht, 2 *International Law* (1975) 487; Higgins, *Problems and Process* (1994) 39–55; Nijman, *The Concept of International Legal Personality* (2004); Crawford, *Creation of States* (2nd edn, 2006) 28–33; Portmann, *Legal Personality in International Law* (2010); Dominicé (2013) 370 *Hague Recueil* 9, 139–200; Chetail in Alland et al (eds), *Unity and Diversity of International Law* (2014) 105, 107–10; Kjeldgaard-Pedersen (2014) 16 *J Hist IL* 9, 11–15.

[2] *Reparation for Injuries Suffered in the Service of the United Nations*, ICJ Reports 1949 p 174, 179.

[3] For the ILC's rejection of the concept of 'delictual capacity' in the context of state responsibility: ILC *Ybk* 1998/I, 1, 31, 196.

[4] *Reparation for Injuries*, ICJ Reports 1949 p 174.

然。[5] 自 *Reparation for Injuries* 一案之諮詢意見後，「國際組織」已加入國際間承認其作爲法人之類別，且此一發展有助於接受相當有限或處於邊緣之實體（關於國際組織，請參見第七章）。

因此，在國際層面上代表「正常類型」法人之型態爲「國家」以及「國際組織」；然而，國際關係之複雜現實，無法過於簡化爲一項簡單公式。「正常類型」因其性質相近故產生之問題極爲類似，但國際間亦有各種實體並非屬於上述兩種類型，且獨自具有某種特性，例如紅十字國際委員會（ICRC）。[6] 此外，抽象法律上可接受之人格類型不符合現實，因爲「在某些方面異常，但在國際層面上具有法律關係」之實體，亦有可能獲得承認或默許。雖然此問題過於複雜，但「國家」仍係作爲法律主體之首要地位，正如 Friedmann 所觀察：

> 此一立場之基本假設爲當今世界係在各國共存之基礎上所組織而成，僅有透過國家行動，無論係積極或消極，根本變化始得發生：國家係對於人民及領土之合法權力的寶庫。僅有透過國家權力、特權、管轄範圍，以及立法能力，始能確定領土範圍、管轄權、官方行爲責任，以及其他一系列國家間共存之問題。「國家」作爲國際關係中法律主體之基本首要地位，將受到實質性影響並最終被取代，僅有當國家實體被收納進世界國家中時，其作爲政治及法律體系之地位才足以彰顯。[7]

---

[5] ILC *Ybk* 1962/II, 31, 32, 35, 37. Also: Brierly, ILC *Ybk* 1950/II, 230; Lauterpacht, ILC *Ybk* 1953/II, 96; Fitzmaurice, ILC *Ybk* 1956/II, 117–18; 1958/II, 24, 32; Waldock, ILC *Ybk* 1962/II, 31, 35–7. At a later stage, the Commission decided to confine the Draft Articles to the treaties of states: ILC *Ybk* 1965/II, 18; 1966/II, 187, Art 1, commentary. Instead a separate treaty was concluded, modelled on the VCLT: Convention on the Law of Treaties between States and International Organizations or between International Organizations, 12 March 1986, A/CONF.129/15; 25 ILM 543 (44 parties, not yet in force).

[6] E.g. Agreement between the International Committee of the Red Cross and the Swiss Federal Council to Determine the Legal Status of the Committee in Switzerland, 19 March 1993, GA Res 45/6, 16 October 1990; Rules of Procedure and Evidence for the Application of the Rome Statute of the International Criminal Court, Art 73; *Prosecutor v Simić*, IT-95–9-PT, Trial Chamber, 27 July 1999, para 46.

[7] Friedmann, *The Changing Structure of International Law* (1964) 67, quoting Jessup, *A Modern Law of Nations* (1948) 17. Cf Anghie (1999) 40 *Harv ILJ* 1, 2.

2. 已成立之法人

(1) 國家

　　國家作為法人類別係迄今為止最重要的實踐，但仍有其自身之問題，在本書第五章中將進行詳細分析，例如：歷史上曾存在具有某些合格法律能力之「附屬國家」，使國際情況更加復雜，然而，提供基本條件【107】對於國家地位之存在，「附屬國家」保留了它的人格。在某些聯邦體系中（特別是由國家聯盟在國際層面創建之聯盟），其組成成員可能保留剩餘能力（residual capacities）。例如，在瑞士[8]及德國[9]之憲法中，成員國被允許行使某些國家的職能，包括締約權（treaty-making）。通常情況下，各「州」即使以自己之名義行事，也係作為聯盟之代理人而行事。[10]以美國憲法為例，聯邦政府允許各州在國會同意之情況下，與其他州或外國達成協議，但此狀況甚少發生，在大多數成立之新舊聯邦中，[11]聯邦政府與外國締結條約亦具有「排他性」（exclusive）之權力。[12]國際法院在 *LaGrand* 及 *Avena* 案中之立場係無論憲法之限制為何，都必須充分遵守「維也納領事關係公約」（Vienna Convention on Consular Relations, VCCR）所規定之國際義務，雖然其執行方式仍有待選

---

[8] *Jenni v Conseil d'État* (1978) 75 ILR 99. The Swiss cantons may 'conclude treaties with foreign countries within the domain relevant to their competencies' but these 'may not be contrary to the law and interests of the Federation nor to the rights of other Cantons': Swiss Constitution (as amended, entered into force 1 January 2000), Art 56.

[9] German Constitution, Art 32(3); Lindau Agreement regarding the Treaty Making Power of the Federation, 14 November 1957: (1957) *Bulletin des Bundesregierung* 1966.

[10] Waldock, ILC *Ybk* 1962/II, 31, 36–7; Wildhaber, *Treaty-Making Power and Constitution* (1971); Uibopuu (1975) 24 *ICLQ* 811; Di Marzo, *Component Units of Federal States and International Agreements* (1980) 48–9; Opeskin (1996) 43 *NILR* 353; Rudolf, 'Federal States' (2011) *MPEPIL*; Grant in Hollis (ed), *The Oxford Guide to Treaties* (2012) ch 6; Hernández in French (ed), *Statehood and Self-Determination* (2013) 491.

[11] Constitution, Art I (10)(3); 1 *Restatement Third* §302(f); Hollis (2010) 88 *Texas LR* 741.

[12] The Australian federal executive has exclusive power to enter into treaties, which the federal Parliament can implement by legislation under the 'external affairs' power: *Koowarta v Bjelke-Petersen* (1982) 68 ILR 181; *Commonwealth v Tasmania* (1983) 68 ILR 266; *Queensland v Commonwealth* (1989) 90 ILR 115; *Victoria v Commonwealth* (1996) 187 CLR 416. In Canada, s132 of the Constitution Act 1867 (UK) vests the power to make treaties in the federal government, but the federal Parliament cannot legislate to implement in domestic law treaties falling within areas of provincial jurisdiction. See *Attorney-General for Canada v Attorney-General for Ontario and Others* [1937] AC 326; *Schneider v The Queen* [1982] 2 SCR 112, 135; *Thomson v Thomson* [1994] 3 SCR 551; *UL Canada Inc v Quebec (Attorney General)* [1999] RJQ 1720, [81]–[83], aff'd [2005] 1 SCR 143.

擇，但聯邦州（federal state）應對其下屬部門之不法行爲承擔法律責任。[13]

(2) 在法律上接近國家之實體

政治定居點不時產生實體，例如：前「但澤自由市」（Former Free City of Danzig），擁有一定之自治權、領土以及人口，並在國際層面上具有一定之法律能力，或多或少類似於「國家」。在政治上，此類實體並非正常意義上之「國家」，但在法律上此種區別並不重要。倘若該實體最終擁有自主權與更重要之核心法律能力，例如：在境內締結條約、維持秩序、行使【108】管轄權、擁有獨立之國籍法等，則關於該實體之條約起源，以及國際組織提供某種形式保護之存在（在 Danzig 案中爲國際聯盟）便顯得無關緊要。常設國際法院（PICJ）承認 Danzig 具有「接近於國家」之國際人格，但條約義務及與國際聯盟、波蘭等建立特殊關係之情況除外。[14] 依據「凡爾賽條約」（Treaty of Versailles）第 100 條至 108 條，國際聯盟具有對 Danzig 監督之權力，但實際上卻是波蘭控制 Danzig 之對外關係。[15] 在上述 Danzig 案中，其結果爲一個「受保護國」在法律地位及憲法上，皆受制於外部的監督管理，而將 Danzig 此一「法律實體」描述爲「國際化領土」（internationalized territories），[16] 並無太大幫助，蓋該詞彙涵蓋許多不同實體及情況，並忽略「法律人格」（legal personality）之問題。

關鍵在於沒有創建法人之情況下，可附予某些實體「特殊地位」（special status）。一個國家內之一個地區，依據條約可被賦予一定之自治權，而不會導致在國際層面上任何程度之獨立人格：梅梅爾領地（Memel Territory）即爲此種情況，其於 1924 年至 1939 年間具有「特殊地位」，但仍係立陶宛之

---

[13] LaGrand (Germany v US), ICJ Reports 2001 p 466, 514; Avena and Other Mexican Nationals (Mexico v US), ICJ Reports 2004 p 12, 65–6.

[14] E.g. Free City of Danzig and the ILO (1930) PCIJ Ser B No 18; Polish Nationals in Danzig (1932) Ser A/B No 44, 23–4. Germany occupied the Free City in 1939; since 1945 Danzig (Gdansk) has been part of Poland.

[15] Treaty of Peace, 28 June 1919, 225 CTS 188. On Danzig, see further Crawford (2nd edn, 2006) 236–41; Stahn, The Law and Practice of International Territorial Administration (2008) 173–85.

[16] Ydit, Internationalized Territories (1961); Verzijl, 2 International Law in Historical Perspective (1970) 500–2, 510–45. A more recent label—hardly more informative—is 'international territorial administration', of which the type-case is Kosovo under SC Res 1244 (1999): e.g. Wilde, International Territorial Administration (2008) 114–27.

一部分。[17] 而另一種更具真正國際化之制度，涉及國際組織對某個領土之「排他性專屬管理」（exclusive administration），此為聯合國「託管理事會」（Trusteeship Council）於 1950 年為耶路撒冷地位所提議之制度，但至今從未實施。[18] 於此一情況下，除非國際組織之某個機構具有一定之自主權，否則不會設立新法人。

(3) 被承認為交戰團體之實體

在實踐中，一個國家內之交戰或叛亂團體（belligerent or insurgent bodies），可能會在國際層面上與國家、其他交戰或叛亂分子等，建立法律關係並達成協議。Fitzmaurice 將締結條約之能力歸因於「被承認為具有一定，但有限形式之國際人格的準國家實體」，例如：被承認為具有交戰地位之叛亂團體，因其為事實上控制某特定領域之組織（*de facto* authorities）。[19] 上述觀點原則上乃正確之論述，[20] 但將其應用於特定事實時需要更加謹慎。好戰之共同體通常代表其目的為分裂國家之政治運動：在殖民地【109】脈絡外，國家一直非常不願意在此情況下給予任何形式之承認，包括承認國家係處於「交戰狀態」（recognition of belligerency）。[21]

(4) 獨立前領土的國際管理

對於被聯合國劃定為處於「非法占領」（illegal occupation）之下，並符合快速過渡到獨立領土（rapid transition to independence）之資格，可以在

---

[17] *Interpretation of the Statute of the Memel Territory* (1932) PCIJ Ser A/B No 49, 313.

[18] GA Res 181(II), 29 November 1947. Further: Ydit (1961) 273–314; Cassese (1986) 3 *Palestine YIL* 13; Stahn (2008) 99–102; Ramos Tolosa in Biagini & Motta (eds), *Empires and Nations from the Eighteenth to the Twentieth Century* (2014) 90–8; Ben-Dror & Ziedler (2015) 26 *Diplomacy & Statecraft* 636.

[19] ILC *Ybk* 1958/II, 24, 32; Fitzmaurice (1957) 92 Hague *Recueil* 5, 10. The Draft Articles on the law of treaties as initially adopted referred to 'States or other subjects of international law': ILC *Ybk* 1962/II, 161. This was intended to cover the case of insurgents.

[20] McNair, *Law of Treaties* (1961) 676; Kelsen, *Principles of International Law* (2nd edn, 1967) 252. Further: Chen, *The International Law of Recognition* (1951) 303–6; Crawford (2nd edn, 2006) 380–2.

[21] Under the Articles on the Responsibility of States for Internationally Wrongful Acts, Art 10, successful insurgents may be responsible (*qua* government of the old or new state, as the case may be) for conduct of the insurgent movement, but this is a rule of attribution, not a retrospective recognition of legal personality. Cf Cahin in Crawford, Pellet, & Olleson (eds), *The Law of International Responsibility* (2010) 247; and further: chapter 25.

聯合國監督下建立臨時過渡制度。[22] 因此，納米比亞獨立的最後階段，涉及依據安全理事會第 435(1978) 號決議設立之聯合國過渡時期援助小組（UN Transition Assistance Group）。[23]

　　1999 年，關於印尼非法占領東帝汶曠日廢時之危機，係安理會採取果斷行動之案例。依據安理會第 1272(1999) 號決議，設立「聯合國東帝汶過渡行政組織」（UN Transitional Administration in East Timor, UNTAET），其任務是為東帝汶之獨立進行準備，[24] UNTAET 擁有完全之立法及行政權力，並獨立於任何其他之機關以發揮其作用，2002 年經過選舉後，東帝汶（East Timor/ Timor-Leste）正式獨立。[25]

　　南斯拉夫社會主義聯邦共和國（Socialist Federal Republic of Yugoslavia, SFRY）解體後，有爭議、過往為自治領土之科索沃爆發內戰，以北約軍事干預（NATO Military Intervention）而告終。[26] 安理會第 1244(1999) 號決議，建立「臨時民事管理架構」（framework for an interim civil administration），而聯合國科索沃特派團（UN Mission in Kosovo, UNMIK）之條例更進一步確立上述架構之法律地位。UNMIK 於 2001 年 5 月 15 日第 2001/9 號條例規定，臨時自治政府之憲法架構，並劃分聯合國代表及「科索沃臨時自治機構」（Provisional Institutions of Self-Government of Kosovo）間之行政責任。而於塞爾維亞與科索沃間，針對最終地位問題進行談判未果後，2008 年 2 月 17 日正式通過「科索沃獨立宣言」（Declaration of Independence of Kosovo），聯合國大會要求國際法庭提供諮詢意見。[27]

　　另一方面，國際法院認為，「憲法架構之拘束力來自於聯合國安理會第1244(1999) 號決議，故其法源為國際法」。【110】就此意義而言，本案具有

---

[22] Generally: Chesterman, *You, The People: The United Nations, Transitional Administration and State-Building* (2004); Knoll, *The Legal Status of Territories subject to Administration by International Organisations* (2008); Ronen, *Transition from Illegal Regimes under International Law* (2011).

[23] See Berat, *Walvis Bay: Decolonization and International Law* (1990); Ronen (2011) 38–46.

[24] SC Res 1272 (1999). Further: Drew (2001) 12 *EJIL* 651.

[25] SC Res 1414 (2002); GA Res 57/3, 27 September 2002, admitting the Democratic Republic of Timor-Leste to UN membership.

[26] S/1999/648.

[27] GA Res 63/3, 8 October 2008.

國際法性質；[28] 其次，科索沃行政管理機構於過渡階段，[29] 通過相關法律並使之生效，其憲法架構即屬於該法律體系之部分。安理會第 1244(1999) 號決議不能被解釋為，係在排除一切旨在解決雙方已陷入僵局之行動；[30] 相反地，聯合國特別代表或安理會應禁止（或事後譴責）任何單方面宣布獨立。然而，兩者都未如此安排。於此情況下，該「聲明」並未打算以由該法律秩序創建，並有權在該體系內機構之身分行事，而係採取一項措施，其重要性及影響皆將超出該命令，[31] 因此，該措施並未違反上述憲法架構。顯然，國際領土管理之保證，僅限於反對主權要求之範圍，[32] 使得科索沃地位問題至今仍懸而未決。[33]

(5) 國際組織

本書第七章將探討「組織」在國際層面上獲得法人資格之條件，此類型中最重要者即為「聯合國」。在國家授權下行事之實體，可於國際層面享有獨立之人格及能力。[34] 透過締結協議，各國則可建立聯合機構，賦予監督、規則制定、甚至具有司法性質之權力。例如，共管地機構、常設仲裁庭、依據加拿大與美國邊界水域協議所成立之國際聯合委員會（International Joint Commission set up under an agreement concerning boundary waters between Canada and the US），以及前多瑙河歐洲委員會（former European Commission of the Danube）。[35] 隨著特定機構之獨立程度及法律權力之提升，上述組織之功能接近於「國際組織」。

---

[28] *Accordance with International Law of the Unilateral Declaration of Independence in Respect of Kosovo*, ICJ Reports 2010 p 403, 439–40.

[29] Ibid, 440, 444.

[30] Ibid, 449–52, and for the impasse in negotiations, see the Ahtisaari Report: S/2007/168, 2 February 2007.

[31] ICJ Reports 2010 p 403, 446.

[32] For criticism: e.g. Kohen & Del Mar (2011) 24 *LJIL* 109. Further on Kosovo, see Weller, *Contested Statehood* (2009); Hilpold (ed), *Kosovo and International Law* (2012); Almqvist in French (2013) 165; Walter in Walter, von Ungern-Sternberg & Abushov (eds), *Self-Determination and Secession in International Law* (2014) 13; Summers, ibid, 235; Milanović & Wood, *The Law and Politics of the Kosovo Advisory Opinion* (2015); Chinkin in Chinkin & Baetens (eds), *Sovereignty, Statehood and State Responsibility* (2015) 155, 161–6. Generally on secession: chapter 5.

[33] Further: chapter 5.

[34] See Fitzmaurice, ILC *Ybk* 1952/II, 118. On the role of the chartered companies such as the English East India Co and the Dutch East India Co (VOC): McNair, 1 *Opinions* 41, 55; *Island of Palmas* (1928) 2 RIAA 829, 858–9.

[35] Baxter, *The Law of International Waterways* (1964) 103–7, 126–9.

(6)個人

【111】國際法上並無「個人」無法成爲「國際法主體」之一般規則：於特定情況下，「個人」可能享有其透過國際行動維護之權利，特別在人權及投資保障領域。[36] 同時，倘若將個人歸類爲國際法之「主體」係無益的，因爲這似乎暗示存在不存在之能力，並且無法避免區分「個人」和其他類型主體之任務。雖然國際人權法承認個人（甚至公司）之各種權利，但人權法規範尚未被視爲在個人之間橫向適用、平行於或（更遑論）替代適用之國內法。就某些國際人權文件，包括涉及個人責任與權利之條款而言，國際法並未規定執行上述文件之固定模式。實際上，人權（以及爲個人及公司利益承擔之其他義務）皆係對抗國家之權力而制定，因此，國家迄今爲止實際上壟斷相關之責任。[37]

3. 特殊類型

(1)公司（國營或私營）

在國際上參與活動之「實體」（entities）眾多，倘若僅提及國家（及其類似政治實體）、國際組織、個人等，無法窮盡其全貌。公司，無論係國營或私營所成立，通常在一個或多個國家從事經濟活動，而並非僅限於依據其法律成立或擁有經濟地位之國家範圍內。有時，單一公司享有之資源可能比某些國家之資源更多，並且該公司可能有來自於本國政府強大的外交支持，此類公司確實在實踐上得與外國政府達成協議，例如特許權協議（concession agreements）。[38] 基於此，有些學者特別認爲，「國家」與「外國公司」間之關係，應該置於國際層面上予以處理，而非僅適用各國國內法關於規範國家領

---

[36] Parlett, *The Individual in the International Legal System* (2011); Peters, *Beyond Human Rights* (2016). See also chapters 28 (investment arbitration), 29 (human rights). Also: Kjeldgaard-Pedersen (2014) 16 *J Hist IL* 9.

[37] Similar considerations apply to international non-governmental organizations (INGOs), some of which—e.g. Greenpeace, Medecins sans Frontières, Amnesty International—have become very influential, but without the need to claim international legal personality: Lindblom, *Non-Governmental Organizations in International Law* (2005); Dupuy & Vierucci (eds), *NGOs in International Law* (2008); Ben-Ari, *The Legal Status of International Non-Governmental Organizations* (2013).

[38] E.g. the Channel Tunnel Concession of 1986 between an Anglo-French consortium and the British and French governments, analysed in *Eurotunnel* (2007) 132 ILR 1, 51–5.

土內「外國人及其資產」（aliens and their assets）之一般正常規則。[39]然而，原則上「公司」並不具有國際法人之資格。因此，【112】國家與外國公司之間所簽訂之「特許權」或契約等，不受條約法規範，[40]此議題將於第二十四章中進一步探討。

另一方面，出於「責任」之目的，公司之行為有時可能歸責於國家，而獨立且由國家控制之實體，可能得以在外國法院請求適用「國家豁免」（state immunity）。事實上，被政府嚴密控制以致於成為國家機構之公司總是難以簡單區辨，就國際法而言，即便依據國內法授予獨立人格，並非當然比照（vis-à-vis）「國家」待遇，而推導出「公司」在國際法得享有自治（autonomy）之結論。[41]

時至今日，「公司」之重要職能被歸類為「私法下政府間企業」（intergovernmental corporations of private law）或「國際公共機構」（establishments publics internationaux）[42]等形式予以規範，關鍵在於，國家可透過條約而創建法人，其地位受當事國的國內法規定；同時，條約可能包括依據一個或多個國家法律所創造，並賦予其特權地位（privilege status）；各方亦可簽訂協議，另外給予所設立之機構一定的豁免權，以及各項權力。倘若上開授權明顯獨立於當事方之國內法，而監督管理責任將交給具有在國際層面上有效授權，且經由有關國家所成立之「聯合機構」，並針對該公司所進行之活動比照當地法律之規範而享有特權地位。[43]倘若除獨立於國家法律之外，還擁有相當數量的法律授權，以及在決策及規則制定方面，具有很大的「自主權」，則上述的相關機構可能具有更類似「國際組織」之特徵。當依據條約所

---

[39] Seidl-Hohenveldern, *Corporations in and under International Law* (1987) 12–14. For an egregious example: *Sandline v Papua New Guinea* (1998) 117 ILR 552.

[40] Waldock, ILC *Ybk* 1962/II, 32. Cf *Anglo-Iranian Oil Co (UK v Iran)*, Jurisdiction, ICJ Reports 1952 p 93, 112; *SGS v Philippines* (2004) 8 ICSID Reports 518, 553.

[41] McNair, 2 *Opinions*, 39. See *Noble Ventures v Romania* (2005) 16 ICSID Reports 210, 252–5.

[42] Sereni (1959) 96 Hague *Recueil* 169; Goldman (1963) 90 *JDI* 321; Friedmann (1964) 181–4, 219–20; Adam, 1–4 *Les Organismes internationaux spécialisés* (1965–77); Angelo (1968) 125 Hague *Recueil* 482; Salmon, *Dictionnaire* (2001) 453, 1029.

[43] The treaty concerned may result in legal personality under the national law of the parties. See *Vigoureux v Comité des Obligataires Danube-Save-Adriatique* (1951) 18 ILR 1. For the Bank for International Settlements (restructured in 1993): Bederman (1988) 6 *ITBL* 92; Tarin (1992) 5 *Trans L* 839; *Reineccius v Bank of International Settlements* (2003) 140 ILR 1.

設立之機構，具有生存及特殊功能（viability and special function），主要在各國法律制度和管轄範圍內擁有權力和特權時，或許並不合適以「聯合機構」（joint agency）名稱加以描述，而必須在國際上成為一個特殊類別。此類政府間企業之實例可見於「歐洲鐵路運輸工具籌資公司」（Eurofima），此公司於1955年依據條約而成立，其設立宗旨為改善歐洲之鐵路車輛資源。該條約將Eurofima 確立為一家依據瑞士法律而成立之公司，但須經某些修正。[44] 而嗣後締約方皆同意，將在本國法律體系內承認經條約修正後，該公司於瑞士法下的私法地位。Eurofima 在功能上係屬於國際化企業，而由參與鐵路管理部門提供資金，該公司享有國際法上之特權，包括於住所所在國瑞士之免稅地位等。然而，作為「國際公共機構」（establishments publics internationaux）【113】之類別可能有其正面作用，但畢竟此分類並非精確分析之工具，也不能作為「國際法人」（international legal person）之獨特種類，因此，上述類型之安排係於條約基礎上，將「國家」與「國際法律秩序」相結合而產生的實體，至於具體適用國際法的情況，則應以個案認定之。

(2) 非自治民族

倘若不討論受保護地位、委託或託管協議之法律效力問題，聯合國憲章第十一章規定所稱「非自治領土」（non-self-governing territories）之人民，很可能具有法人資格，雖然具有其特殊性，此類別源自於「自決原則」（詳見第二十九章）。此外，在聯合國及區域組織內進行之「反殖民運動」過程實踐中，賦予某些民族解放運動在國際上之合法地位，[45] 此類運動所代表之大多數民族最終都獲得國家地位。

民族解放運動（national liberation movements）可能且通常亦扮演其他角色，例如事實上政府（de facto governments）與交戰團體，被承認為解放運動之政治實體，有許多合法權利與義務，其中比較重要者，羅列如下：

---

[44] Convention on the Establishment of 'Eurofima', European Company for the Financing of Railway Equipment, 20 October 1955, 378 UNTS 159 (currently 25 parties).

[45] Wilson, *International Law and the Use of Force by National Liberation Movements* (1988); Younis, *Liberation and Democratization* (2000); Higgins, *International Law and Wars of National Liberation* (2014); Mastorodimos (2015) 17 *Oregon RIL* 71.

A. 民族解放運動有能力與其他國際法人締結具有約束力之國際協定。

B. 公認之國際人道法原則規定若干權利與義務，倘若滿足某些條件，1977 年日內瓦第一議定書規定，得適用於涉及民族解放運動之武裝衝突。[46]

C. 民族解放運動之法律能力（legal capacity）係以「觀察員身分」參與聯合國相關活動之權利，且聯合國大會各項決議明確賦予此權利。[47]

D. 指定從事民族解放進程之「非自治人民」（non-self-governing people）對殖民（或統治）國家具有影響。因此，【114】殖民地政府並無能力制定可能會引起相關人民反對，且影響領土邊界或地位之協定。[48]

(3) 特殊實體

雖然必須適當考慮法律原則，但法律不能忽視在國際法律層面上保持某種存在之特殊實體（*Entities sui generis*），雖然它們具有不尋常之特質（anomalous character）。交戰團體等政治活躍實體所扮演之角色表明，在「法律人格」之領域，有效性係一個有影響力之原則。與其他地方一樣（並遵守任何相關的強制性規範），默認、承認、自願雙邊關係之發生率可能占據上風，以下簡要論述一些特殊情況之考量。

在 1929 年之條約及協定中，義大利承認「羅馬教廷在國際領域之主權」（the Sovereignty of the Holy See in the international domain）及其對梵蒂岡城

[46] Protocol Additional to the Geneva Conventions of 12 August 1949, and relating to the Protection of Victims of International Armed Conflicts (Protocol I), 8 June 1977, 1125 UNTS 3, Arts 1(4), 96(3). For the first successful fulfilment of these conditions (by Polisario), see Swiss Federal Council, 'Notification to the Governments of the States parties to the Geneva Conventions of 12 August 1949 for the Protection of War Victims', 26 June 2015.

[47] Thus, the Palestine Liberation Organization was granted observer status in GA Res 3237(XXIX), 22 November 1974; granted the right to circulate communications without the need for an intermediate in GA Res 43/160, 9 December 1988; designated 'Palestine' in GA Res 43/77, 15 December 1988; granted the right to participate in debate and certain additional rights in GA Res 52/250, 7 July 1998; upgraded to 'non-Member Observer State status' in GA Res A/RES/67/19, 29 November 2012. Further: Vidmar (2013) 12 *Chin JIL* 19; Eden (2013) 62 *ICLQ* 225; Ronen in Baetens & Chinkin (2015) 229. Palestine is recognized as a state by some 135 (of 193) UN Members.

[48] See *Delimitation of the Maritime Boundary between Guinea-Bissau and Senegal* (1989) 83 ILR 1, 25–30; *Kasikili/Sedudu Island (Botswana v Namibia)*, ICJ Reports 1999 p 1045, 1091–2.

（City of the Vatican）之專屬主權和管轄權。[49] 許多國家皆承認羅馬教廷並與其建立外交關係，而羅馬教廷亦為許多條約之締約方。因此，就功能及其領土與行政組織而言，梵蒂岡城接近於一個國家（proximate to a state）。然而，除常駐工作人員外，梵蒂岡城沒有人口，且其唯一目的係支持羅馬教廷作為一個宗教實體（religious entity）。某些國際法學者將梵蒂岡城視為一個國家，但其特殊功能仍令人懷疑，但其作為具有締約能力之法人卻得到廣泛認可。[50] 梵蒂岡城之「人格」取決於其接近於一個國家，雖然有相當的特殊性，包括羅馬教廷之世襲主權（patrimonial sovereignty），部分乃取決於現有法人之默許及承認（acquiescence and recognition）。更棘手的問題係「羅馬教廷」之人格問題，[51] 除其在梵蒂岡城之領土基礎，此類型之政治與宗教機構特性，可能僅與準備在國際層面上與其建立關係之國家有關，即使在承認與雙邊關係（bilateral relations）之領域，耶路撒冷和「馬爾他騎士團」（Malta）等機構之法律能力亦必須受到限制，因為上述實體缺乏國家之領土及人口特徵。[52]

【115】另外兩種政治實體需要加以分類，其中「流亡政府」（Governments-in-exile）可能在大多數國家之領土內被授予相當大的權力，並活躍於各種政治領域；除國家自願讓步以及使用「流亡政府」作為針對已建立政府及國家之非法活動的代理機構外，「流亡政府」之地位取決於其聲稱所代表群體之法律狀況，該群體可以為國家、交戰團體或非自治人民。當其因違反強制性規範之行為，而被排斥在其作為代理團體之外時，該法律地位將更容易

---

[49] Lateran Pacts, Treaty of Conciliation, 11 February 1929, 130 BFSP 791. See Duursma, *Fragmentation and the International Relations of Micro-States* (1996) 374–419. Further: Kunz (1952) 46 *AJIL* 308; 2 Verzijl (1970) 295–302, 308–38; Crawford (2nd edn, 2006) 221–33. Also: Cismas, *Religious Actors and International Law* (2014) 166–85; cf Morss (2015) 26 *EJIL* 927, 941–5.

[50] Fitzmaurice, ILC *Ybk* 1956/II, 107, 118; *State of the Vatican City v Pieciukiewicz* (1982) 78 ILR 120; *Re Marcinkus, Mennini and De Strebel* (1987) 87 ILR 48; *Holy See v Starbright Sales* (1994) 102 ILR 163.

[51] The problem of personality divorced from a territorial base is difficult to isolate because of the interaction of the Vatican City, the Holy See, and the Catholic Church: Duursma (1996) 386–96. Also: Cismas (2014) 155–238; Morss (2015) 26 *EJIL* 927, 929–31.

[52] In the law of war, the status of the Order is merely that of a 'relief society' within the meaning of Geneva Convention III, 12 August 1949, 75 UNTS 135, Art 125. Cf Prantner, *Maltesorden und Völkergemeinschaft* (1974), reviewed by O'Connell (1976–7) 48 *BY* 433; Theutenberg, *The Holy See, the Order of Malta and International Law* (2003); Karski (2012) 14 *Int Comm LR* 19.

確立。[53]

　　最後，亦有未確定領土所有權之情況，而該領土上有人居住且有獨立之行政管理權力。存在於具有此地位領土上之群體，可能被視為具有「限定人格」（modified personality），或接近於「國家人格」（approximating to personality of a state）。[54] 有一種觀點認為，台灣即為上述情況。自 1972 年以來，英國與大多數其他政府一樣，承認中華人民共和國政府（People's Republic of China, PRC）為中國之唯一政府（sole government of China），並「認知」（acknowledges）中華人民共和國之立場，即台灣為中國之一省。[55] 國際間沒有政府能夠維持基於「兩個中國」（two Chinese states）之承認政策。台灣是否是一個「國家」之問題，可能在特定情況下出現；[56] 就海洋法而言，其為一個「捕魚實體」（fishing entity），[57] 並且作為一個「個別關稅領域」（separate customs territory），其亦為 WTO 成員；[58] 雖然不被承認為一個國家，但其係具有國際法身分（international legal identity）。[*1]

---

[53] Talmon, *Essays in Honour of Ian Brownlie* (1999) 499; and generally Talmon, *Recognition of Governments in International Law* (1998) 113–268.

[54] On state-like entities not claiming statehood: Ronen in French (2013) 23.

[55] Official statements reported in (1986) 57 *BY* 509, 512; (1991) 62 *BY* 568; (1995) 66 *BY* 618, 620–1; Additional Articles to the Constitution of China, 25 April 2000, Art 11; White Paper Taiwan Affairs Office and the Information Office of the State Council, 21 February 2000, 'The One-China Principle and the Taiwan Issue'; Anti-Secession Law of PRC, 14 March 2005. Also: Crawford (2nd edn, 2006) 197–221; Freund Larus (2006) 42 *Issues & Studies* 23; Hsieh & Tsai (2010) 28 *Chinese (Taiwan) Ybk IL & Aff* 226; Oda (2011) 54 *JYIL* 386; Lee (2014) *Maryland Series in Contemporary Asian Studies* 1.

[56] E.g. *Reel v Holder* (1981) 74 ILR 105, noted (1981) 52 *BY* 301.

[57] Serdy (2004) 75 *BY* 183.

[58] Marrakesh Agreement establishing the WTO, 15 April 1994, 1867 UNTS 3, Art XII; Cho, *Taiwan's Application to GATT/WTO* (2002); Mo (2003) 2 *Chin JIL* 145; Hsieh (2005) 39 *JWT* 1195.

[*1] 【譯注】中華民國與英國於 1950 年斷絕正式外交關係，雙方實質關係則與世界上其他國家之情況類似。在不同的國際組織中，視該組織條款所列「會員資格」之彈性，而有不同的權宜名稱，國際間較為常見者為奧運所使用之「中華台北」（Chinese Taipei）名稱；而在加入 WTO 時，則以「臺澎金馬個別關稅領域」（TPKM）作為正式名稱（其後與新加坡和紐西蘭簽訂之經濟合作協定亦以此為名）；至於「捕魚實體」（fishing entity），則為非國家之實體特殊地位。雖然上述名稱各有不同，但並不影響作為國際法「主體」地位及法律人格之權利及義務的行使。

4. 結論

　　透過本章之調查可以提出警告：不要對「法律人格」問題進行過於簡化
之論述。由於國際關係之複雜性，以及缺乏集中且單一之中央集權法律特性，
國際法難以依據簡單或統一之概念涵蓋其全貌。因此，為特定目的而具有人格
之實體數量相當可觀。此外，倘若將具有一定授權量之國家機構及組織考慮在
內，則自治機構之總數會隨之增加。【116】國際法與國際關係實踐中所遇到
之法律人格候選清單乃具有一定的價值。然而，此程序亦有其缺陷；首先，
在很大程度上取決於特定實體與實體法各方面之關係。因此，在某些情況下，
「個人」亦被視為具有國際法人格，但很明顯地，「個人」不能締結條約，亦
不能（僅僅因為缺乏任何可用之法庭）在國際刑事法有限領域之外，向其提出
國際求償，或成為國際法庭上之適格主體。上述背景仍然是最重要的考量，此
外，在強制性規範之作用下，默許及承認之制度一直在積極維持異常關係。最
後，代理及代表之介入，造成適用與原則上之問題。因此，區分具有獨立人格
之附屬國家，與不具有獨立性之從屬實體、國家聯合機構與組織、受國家某種
程度控制之國營或私營公司，與「國家本身」並不容易判斷其中之區別。

　　由於「國際法主體」（subjects of international law）概念之廣度，以及時
常產生模糊性（「主體」一詞完全消失，唯一功能係否定其地位）[59]，有論者質
疑此概念是否仍具任何價值，[60] 此答案必然為肯定。一個實體是否得直接進入
國際法庭很重要；一個實體是否直接受一般國際法之拘束亦相當重要；另一方
面，大多數實體（如國際非政府組織）不需如此受國際法之拘束。「國家」、
「國際組織」以及「其他主體」之探討，有義務不干涉他國之國內管轄（詳見
第二十章）。非政府組織（NGO）之意義可能係為實現該組織的目標而成立。
「國際法層面」係一種虛擬之構想，而並非真有此場域，而國際社會像一個舞
臺，在大多數情況下，仍需要一張門票始得進入。

---

[59] Oppenheim, *International Law* (1st edn, 1905) 344–5 (individuals classed as 'objects' alongside rivers, canals, lakes, straits, etc).

[60] E.g. Higgins (1994) 49–50.

第五章　國家地位之建立與發生

1. 概述

　　【117】如第四章所述，「國家」係國際法承認之一種「法人」，然而，由於仍有其他類型之法人獲得認可，故僅以擁有「法人」之資格，並不足以成爲國家地位之必然要件。[1] 此外，行使「法律能力」（legal capacities）係法律人格之正常結果，而並非關鍵之證據，例如：傀儡國家（puppet state）可能擁有獨立人格的所有特徵，但只不過爲另一個權力之代理人（機構）。有學者認爲，國家地位係「事實問題」，而並非「法律問題」。[2] 然而，國際法律師通常會詢問法律「實體」是否係一個具有特定法律地位或功能之「國家」？倘若將法律爭議中關於「法律原則所適用的事實」（applying the legal principles to the facts）或「必須先發現關鍵事實」（discovering the key facts in the first place）等困難點混爲一談，並無太大意義。「國家地位之標準」（criteria of statehood）係由法律所規定，若非如此，則「國家地位」將與某些類型之國籍學說中，產生相同類型之結構缺陷（structural defect）（詳見第二十三章）。易言之，某一國家只要拒絕將另一方定性爲「國家」，即可透過契約而解除其依據國際法所應承擔之義務。但若國家準備無視於法律（ignore the law）規定，可能將動輒以國家自由爲名義作爲掩飾（disguised by a plea of freedom），而逃避相關之「關鍵概念」（key concepts）及其延伸之特定權利

---

[1] Generally: 1 Whiteman 221–33, 283–476; Guggenheim, 80 Hague *Recueil* 1; Higgins, *Development* (1963) 11–57; Fawcett, *British Commonwealth in International Law* (1963) 88–143; Marek, *Identity and Continuity of States in Public International Law* (2nd edn, 1968); Verzijl, 2 *International Law in Historical Perspective* (1969) 62–294, 339–500; Rousseau, 2 *Droit International Public* (1974) 13–93; Arangio-Ruiz, *L'État dans le sens du droit des gens et la notion du droit international* (1975); Lauterpacht, 3 *International Law* (1977) 5–25; Grant, *Recognition of States* (1999); Crawford, *Creation of States* (2nd edn, 2006); Caspersen & Stansfield, *Unrecognized States in the International System* (2011); Vidmar, *Democratic Statehood in International Law* (2013) 39–138, 202–41; Dugard (2013) 357 Hague *Recueil* 9, 45–69; Coleman, *Resolving Claims to Self-Determination* (2013) ch 2; Vidmar (2015) 4 *CJICL* 547. On UN membership: Grant, *Admission to the United Nations* (2009); Duxbury, *Participation of States in International Organisations* (2011); Charlesworth (2014) 371 Hague *Recueil* 43, 79–81.

[2] Oppenheim, 1 *International Law* (1st edn, 1905) 99–101; cf 1 Oppenheim 120–3.

與義務，例如：國家地位或國籍等。此立場在某種程度上，預示本書第六章所探討關於「承認」（recognition）之結論。然而，作爲問題陳述，一個或多個其他國家之「承認」是否係一個具有決定性之關鍵因素（依據承認之【118】「構成理論」所要求）在本章中將暫不討論。另外，「國家繼承」（state succession）之主題亦被排除在本次討論之外：該主題下通常討論的內容將於第十九章中一併論述。

2. 國家地位之建立

「關於國家權利和義務之蒙特維多公約」（Montevideo Convention on Rights and Duties of States）第 1 條規定：「國家作爲國際法人應具備下列條件：(1) 永久居住的人口；(2) 劃定之領土；(3) 政府；(4) 與其他國家建立關係之能力」。[3] 上開簡短之列舉經常被國際間所引用，[4] 但該條文僅可作爲進一步查證之基礎，並非所有條件都屬於必要，且無論如何皆須採用進一步標準，以建立具體有效之定義。[5]

(1) 人口

蒙特維多公約提到「永久居住的人口」（permanent population），該標準係旨在與「領土標準」相互結合使用，並表示一個穩定之社群。顯然，這很重要，因爲在缺乏有組織社群之物理基礎條件下，很難建立一個國家。

(2) 固定之領土

國家必須有形成相當穩定的「政治共同體」（political community），意即必須控制一定的地區。很明顯地，「完全界定之邊界」（fully defined frontiers）並非必要條件，而較爲重要者，係有效建立之「政治共同體」。[6]

---

[3] Convention on Rights and Duties of States adopted by the Seventh International Conference of American States, 26 December 1933, 165 LNTS 19.

[4] E.g. Fitzmaurice (1957) 92 Hague *Recueil* 1, 13; Higgins (1963) 13; Fawcett (1963) 92.

[5] Grant (1999) 37 *Col JTL* 403.

[6] *Deutsche Continental Gas-Gesellschaft v Polish State* (1929) 5 ILR 11; *North Sea Continental Shelf (Federal Republic of Germany/Netherlands; Federal Republic of Germany/Denmark)*, ICJ Reports 1969 p 3, 32; *In re Duchy of Sealand* (1978) 80 ILR 683. Further: Badinter Commission, *Opinion No 1* (1991) 92 ILR 162; *Opinion No 10* (1992) 92 ILR 206.

1913 年，阿爾巴尼亞在沒有確定邊界之情況下得到一些國家之承認；[7] 而以色列在 1949 年雖然存在邊界爭議，亦被聯合國接納。[8]

　　然而，人口或領土兩項條件皆無固定下限，某些被承認的國家，兩者數量都很少，國際間曾一度認為聯合國承認「微型國家」（micro-states），特別是列支敦士登、聖馬利諾、摩納哥及安道爾等歐洲微型國家，因其規模而可能被排除在外，【119】但最終因聯合國會員國之「普遍性原則」（principle of universality）而得到認可。至 1990 年代後，所有國家都被聯合國接納為成員國，其中，安道爾係在經歷重大改革，消除對其獨立於法國的疑慮後始得加入。[9]

(3) 政府

　　國家是一個穩定之政治共同體，並維持其在「特定地區」有排他性之法律秩序。具有中央集權之行政及立法機關的「有效政府」（effective government）存在，係政治社會穩定之最好證明。[10] 然而，「有效政府」並不足以支持對於形成國家地位，或非屬必要條件，蓋某些國家在政府組織完成前，即已出現。例如，波蘭於1919年、[11] 蒲隆地及盧安達則於1962年，[12] 皆基於民族自決（self-determination）原則而加入聯合國。本章討論「有效政府」之概念，曾經遭受國際間普遍反對之爭議，尤其該定義後來曾被用以作為延續殖民統治之理論。相反地，有關爭議變成政府的「有效性」係為誰的利益？以及為達成何種法律目的？一旦國家建立，即使存在廣泛內亂、外國入侵或自然災害等，導致該國秩序崩潰，並不影響其法律人格，亦不否定其「有效政府」之存在，蓋此節係涉及其他國家對於該國之獨立與代表權之認定問題，將於下

[7] On Albania: Ydit, *Internationalized Territories* (1961) 29–33; Crawford (2nd edn, 2006) 510–12.

[8] See Jessup, US representative in the Security Council, 2 December 1948, quoted in 1 Whiteman 230; also SC Res 69 (1949), GA Res 273(III), 11 May 1949.

[9] On the European micro-states generally: Duursma, *Fragmentation and the International Relations of Microstates* (1996). On micro-states as UN Members: Crawford (2nd edn, 2006) 182–5. On Andorra before the reforms of 1993: Crawford (1977) 55 *RDISDP* 259; on the reforms: Duursma (1996) 316–73.

[10] Guggenheim (1952) 80 Hague *Recueil* 1, 83; Higgins (1963) 20–5.

[11] Temperley, 5 *History of the Peace Conference at Paris* (1921) 158. Cf Chen, *The International Law of Recognition* (1951) 201. Further: Crawford (2nd edn, 2006) 530–1.

[12] Higgins (1963) 22.

一節中討論。

(4)獨立

　　「獨立性」係國家地位之決定性標準，[13] Guggenheim透過其認為以「量」而「質」的檢驗方法，將國家與其他法律秩序予以區分。[14] 首先，國家機構具有一定程度之中央集權，此乃其他組織所不具備之特徵；其次，在特定領域，國家乃唯一之行政及立法機構。換言之，國家必須獨立於其他國家內部的法律秩序以外，並且此類法律秩序，或國際機構之任何干預，都必須基於「國際法」的名義。於正常情況下，「獨立性」作為判斷標準可能不會產生問題，但有時可能成為概念混淆的來源。首先，「獨立性」可能與「有效政府」之要求密切相關，從而導致之前所考量的問題一再發生。同樣地，由於國家在某種程度上係一種法律秩序的成立，【120】故可能存在必須依賴正式標準之需求。當然，倘若一個實體有獨立的行政及其他功能性機關，透過已建立的自身機構處理對外關係、擁有自主之法院系統與法律體系、頒布國籍法等，則可謂已具備很充足的「國家地位」證據。然而，不能忽視國際間仍存在不少案例，其實際狀態乃為「外國控制」（foreign control），但卻藉由表面上獨立之國家政府而行使權力。其中之重點在於，「外國控制」在廣泛的國內管理問題上，乃以系統性、持續性的方式凌駕於相關實體之決策。在 *Aland Islands* 一案中，司法委員會提到芬蘭存之之混亂情況，並提出其觀察：「很難清楚表明芬蘭共和國在法律意義上真正成為一個明確構成主權國家之確切日期。直到芬蘭建立起一個穩定的政治組織前，都不會被視為主權國家。易言之，直到芬蘭的政府機關變得強大到足以在沒有外國軍隊協助之情況下，在整個國家領土上主張自身權利。」[15] 上述案件將門檻設定很高，倘若國際間普遍隱瞞，則會產生尷尬之後果。

　　在國際實踐中，就國家地位爭議而言，各國往往忽視對於弱勢成員所施加的各種形式「政治經濟勒索與干預」（political and economic blackmail and

---

[13] 2 Rousseau (1974) 68–73. Cf Marek (1968) 161–90.

[14] Guggenheim (1952) 80 *Hague Recueil* 183, 96.

[15] (1920) *LNOJ Sp Supp* No 3, 3.

interference）。事實上，應嚴格區分「代理」與「控制」、「臨時干預」與「建議」等行為之界線。[16]

(i) 附屬國

倘若一個國家的事務係由「外國控制」（Foreign control），可能乃係依據國際法上的權利而產生，例如在「保護條約」（treaty of protection）中所規定之內容、某種其他形式對外關係代理（或代表）之同意、對於戰爭之合法集體防衛（collective defense）、制裁非法占領或實施旨在消除侵略根源之措施等情況。盟軍依據 1945 年 6 月 5 日之「柏林宣言」（Berlin Declaration）占領德國即為一例：盟軍在德國共同承擔最高權威機構（supreme authority）之責任。[17] 倘若其代理（或代表）之權力在事實與法律上都存在，則正式宣稱其滿足「獨立性」之標準即非難事；然而，不幸的是，國際法學者們透過將「獨立性」作為判斷國家地位的重要因素，並提到「附屬國家」之名稱，從而造成混亂，並將其作為例外的類別。[18] 因此，「法律人格」與「國家地位存在」二者沒有充分區別，「附屬」（dependent）一詞，用於表示存在以下一種或多種不同的情況：【121】

A. 沒有「國家地位」，相關「實體」完全附屬於他國，並處於其控制之下（附屬之來源國並無建立代理或代表）；

B. 在管轄權與行政事務上對他國作出讓步，以至於相關「實體」在某種意義上，已不再係擁有主權之國家；[19]

C. 依法授予他國廣泛之外交代理與代表權之國家；[20]

---

[16] On independence as a criterion for statehood: Crawford (2nd edn, 2006) 62–88.

[17] The occupation was not a belligerent occupation, nor was there a *debellatio* leading to extinction of Germany as a state: Protocol on Zones of Occupation in Germany, 12 September 1944, 227 UNTS 279; further: Jennings (1946) 23 *BY* 112; Sharp, *The Wartime Alliance and the Zonal Division of Germany* (1975); Hendry & Wood, *The Legal Status of Berlin* (1987); Piotrowicz & Blay, *The Unification of Germany in International and Domestic Law* (1997).

[18] Hall, *International Law* (8th edn, 1924) 18, 20, 33; 1 Oppenheim 125–6 ('sovereignty' used as a synonym for 'independence').

[19] On the Gulf states before British withdrawal in 1971: Al Baharna, *The Legal Status of the Arabian Gulf States* (2nd rev edn, 1975); Al Baharna, *British Extra-Territorial Jurisdiction in the Gulf 1913–1971* (1998).

[20] This may occur without subordination. Since 1919, by agreement the Swiss Federal Council is authorized to conduct the diplomatic relations of Liechtenstein where Liechtenstein does not do so itself: Duursma (1996) 161–9. Also: Busek & Hummer (eds), *Der Kleinstaat als Akteur in den Internationalen Beziehungen* (2004).

D. 一個實際上受到他國干涉之國家，在政治上可能是一個「附庸國」（client state），但在數量上不受「宗主國」（patron）之完全以及永久控制；

E. 一種特殊類型之法人，僅係基於某些目的而出現在國際層面，例如：在委任統治地、託管地，以及某些保護國之情況。

「獨立性」（或專有主權）之範疇，僅能依據個案中的合法目的與事實予以具體適用。在 *Austro-German Customs Union*（奧德關稅同盟）一案中，[21] 常設法院被問及系爭之「關稅同盟」是否違反奧地利依據 1922 年議定書中所稱之條約義務，意即「不放棄其獨立性」（not to alienate its independence），以及「放棄任何談判」（abstain from any negotiations）或「任何以直接或間接計算損害其『獨立性』之經濟及金融參與」（any economic and financial engagement calculated directly or indirectly to compromise this independence）。[22] 最終，法院以八票對七票之多數決裁定，系爭關稅同盟的制度與條約義務並不相符。此處所謂「獨立」（independence）一詞，係指條約中對於經濟關係之專屬概念，而本案指涉的義務，不侷限於放棄實際與完全剝奪其獨立性。在國籍法令（Nationality Decrees）中，常設國際法院強調：受保護國於其創建時及其發展階段，具有「因特殊條件而產生之個別法律特徵」。[23] 而「受保護國」可提供「國際代表」（international representation）之實例，使其所代表實體之「法律人格」及「國家地位」完好無缺，雖然從「法律人格」之角度而言，該實體可能在前面提到一種或多種意義上係「附屬」於他國。在 *US Nationals in Morocco* 一案中，國際法院提到費茲條約（Treaty of Fez）及 1912 年法國保護國之建立，並進一步聲明：依據該條約，摩洛哥仍然屬於「主權國家」，但其作出一項具有契約性質之安排【122】，因此，法國承諾以摩洛哥之名義並代表摩洛哥行使部分「主權權力」（sovereign

---

[21] *Customs Régime between Germany and Austria* (1931) PCIJ Ser A/B No 41, 37.

[22] Protocol No 1, 4 October 1922, 116 BFSP 851.

[23] *Nationality Decrees in Tunis and Morocco* (1923) PCIJ Ser B No 4, 7.

powers）；[24] 事實上，可謂摩洛哥所有對外的「國際關係」均屬之。故此種關係可謂係彼此的「從屬」（subordination），而非「代理」（agency）。

「屬地」（dependency）為出現在殖民地背景下的另一種型態，在發展經濟學及公共行政理論架構下所分析的「後殖民屬地」（Post-colonial dependency）。與殖民地相比，「屬地」之性質係指一個國家或其領土單位，被國際組織部分或全部管理，從而失去對其領域內關於治理某些或所有方面之控制，並且變得附屬於其管理者（administrator）。[25] 另一方面，上述純粹學理之發展，創造出關於「國家」之量化等級系統（scalar system of states）；易言之，將國家區分為：「已開發」（developed）及「開發中」（developing）二者，透過在「已開發國家之地位」（status of developed state）得以確保的情形下，設定一個表面上國際社會普遍可達到之目標作為終點。而「經濟制度」（economic institutions）則提供國際間持續透過監督及干預之合法理由，藉以主張改造「開發中」地區之可能性。[26] 許多國家與來自世界銀行（World Bank）等機構之對外援助貸款有關，但經濟援助計畫通常附有條件，例如：該條件可能與資金使用、接受國在人權、徵收、民主化等問題之國內政策有關。倘若接受國欲獲得並保留對上述援助開發資金之使用權，則只能遵守世界銀行所開出的條件，別無選擇。因此，當「開發中國家」依賴外國資源時，很容易受到「已開發世界」（developed world）之影響和干預。

不少專家認為，「後殖民國家」（post-colonial states）已經被證明相

---

[24] *Rights of Nationals of the United States of America in Morocco (France v US)*, ICJ Reports 1952 p 176, 188. Also: Guggenheim (1952) 80 Hague *Recueil* 1, 96. Cf the separate but dependent personality of India 1919–47; on which see McNair, *The Law of Treaties* (1938) 76; Poulose (1970) 44 *BY* 201; *Right of Passage over Indian Territory (Portugal v India)*, ICJ Reports 1960 p 6, 95 (Judge Moreno Quintana, diss). Cf also the position of Monaco in relation to France: Duursma (1996) 274–91; Guidi, 'Monaco' (2007) *MPEPIL*; Grinda, *The Principality of Monaco* (2nd edn, 2010) ch 3. On the status of Hungary after German occupation in 1944: *Restitution of Households Effects Belonging to Jews Deported from Hungary (Germany)* (1965) 44 ILR 301, 334–42. On the status of Croatia in Yugoslavia during the German occupation: *Socony Vacuum Oil Co* (1954) 21 ILR 55, 58–62. On Morocco as a French protectorate: Treaty for the Organisation of the Protectorate, 30 March 1912, 106 BFSP 1032.

[25] The colonial analogy has been made in different ways, e.g. in Helman & Ratner (1992) 89 *Foreign Policy* 3; Lyon (1993) 31 *JCCP* 96; Gordon (1995) 28 *Cornell ILJ* 301; Richardson (1996) 10 *Temple ICLJ* 1; Perritt (2004) 15 *Duke JCIL* 1. Cf Wilde, *International Territorial Administration* (2008) ch 8. For more on international administrations: chapter 4.

[26] Pahuja, *Decolonising International Law* (2011) 46–7.

當「失敗」，並要求國際社會或特定國家予以監督，[27] 而為解決此類「失敗國家」（failed states）之問題，Helman 與 Ratner 提出「聯合國接管制度」（United Nations Conservatorship）：聯合國應考量管理失敗國家事務之三種選擇；[28] Pfaff 相當直接地主張，非洲大部分地區需要一種人們可稱之為「無私的新殖民主義」（disinterested neo-colonialism），並建議歐盟（EU）應與非洲人民合作共同承擔責任，【123】以努力阻止非洲大陸之衰落（continent's decline），並令其維持逐漸進步之過程（progressive course）。[29] 然而，上述論點仍然係少數的立場。另外，部分非洲國家正在表現出穩健之增長與減貧（solid growth and poverty reduction），更多國家反而支持以下觀點：意即嚴重貧困持續存在的原因，以及消除貧困之關鍵，在於此等國家本身。[30]

　　某些國家選擇與前殖民國家保持聯繫，這代表後殖民附屬關係（post-colonial dependency）的另一個面向，例如：關島（Guam）係美國屬地；阿魯巴島（Aruba）為荷蘭王國的一部分；英屬維爾京群島（British Virgin Islands）是英國皇家殖民地（Crown Colony），而安奎拉（Anguilla）係英國之「聯繫邦」（associated state），於上述情況下，地方政府機關負責大部分的內政，而其「母國」（parent states）則負責國防與對外關係。[31]

(ii) 國家協會

　　獨立國家間可基於「同意」與「平等」的基礎上進行合作，合作之基礎可能成為國際組織章程之雛形。然而，依據條約或國際習慣，國家間亦可以建立其他維持合作之法律架構，例如：組成「邦聯」（confederation）的結構，而在國際實踐上，「邦聯」可能走向解體，或轉變為更緊密之「聯邦」（federation）政府。「成員身分」（membership）對成員國之法律能力及人格之影響，不限於獲得組織成員之資格而已，其於組織內的影響力大小可能不

---

[27] Brooks (2005) 72 *U Chic LR* 1159, 1168.

[28] Helman & Ratner (1992) 89 *Foreign Policy* 3, 13.

[29] Pfaff (1995) 74 *Foreign Affairs* 2, 2, 6. Also: Kreijen, *State Failure, Sovereignty and Effectiveness* (2004); Silva, *State Legitimacy and Failure in International Law* (2014) ch 6; Crawford, *Creation of States* (2nd edn, 2006) 719–23.

[30] Further: Pogge in Crawford & Koskenniemi (eds), *Cambridge Companion to International Law* (2012) 375; Szpak (2014) 13 *Chin JIL* 251.

[31] Ehrenreich & Brooks (2005) 72 *U Chic LR* 1159, 1187.

同，例如：雖然歐盟係在條約基礎上成立，但仍具有「聯邦」性質。[32]

(5) 維持一定程度之永久性

倘若國家之存在主要係依靠穩定的政治共同體概念，則要求國家維持「一定程度之永久性」規定（a degree of permanence），似乎略顯多餘。[33]「時間」乃為國家地位存在的要件；「空間」亦復如此。然而，「永久性」對於作為法律秩序的國家存在而言並非必要，一個僅擁有非常短暫生命的國家，可能仍然會在其滅亡及消失後，留下一系列隨之而來的法律問題。[34]

(6) 遵守國際法意願

【124】在當代文獻中，「遵守國際法意願」作為標準常受到尖銳的批判，且並不常被廣泛提及。[35]雖然「國家地位」係產生不法行為與其他國際責任之必然結果，但就目前國際實踐而言，上開不法行為及後續歸責，已不再僅限於「國家」。因此，倘若藉由「實體」所承擔之條件，用以作為表述「國家地位」的標準，此論點難以令人信服；另一個更根本之問題，係在於某種程度之「文明」（civilization）是否為「國家地位」所固有之特徵。例如，Hyde補充論述進一步可採用之標準：「居民必須達到一定程度的『文明』，使其能夠遵守被認為在國際社會成員以及在個人關係中，彼此應受約束之法律原則。」[36]然而，上述論點通常被標準列舉清單所移除，蓋以「文明」作為區分，很容易讓人聯想起「歐洲協調組織」（Concert of Europe）並未給予「非歐洲國家」平等待遇（equal treatment）之過往歷史。[37]

---

[32] Treaty on the Functioning of the European Union (TFEU), 13 December 2007 [2016] OJ C 202/47. Generally: Gerven, *The European Union* (2005); Hix & Høyland (eds), *The Political System of the European Union* (3rd edn, 2011); Cardwell (ed), *EU External Relations: Law and Policy in the Post-Lisbon Era* (2012).

[33] Chen (1951) 59–60; Kelsen, *Principles of International Law* (2nd edn, 1966) 381–3; Waldock, ILC *Ybk* 1972/II, 34–5; 1 *Restatement 3rd* §§201–2.

[34] British Somaliland became independent on 26 June 1960 but united with Somalia to form the Somali Republic on 1 July 1960. It retains aspirations for independence but is so far not recognized as a separate state: UKMIL (2010) 81 *BY* 453, 503–5; (2011) 82 *BY* 676, 736; (2012) 83 *BY* 298, 350, 360–1. Also: *Secretary of State for the Home Department v Mohamed (formerly CC)* [2014] EWCA Civ 559. Further on Somaliland: Maogoto in French (ed), *Statehood and Self-Determination* (2013) 208.

[35] Chen (1951) 61.

[36] Hyde, 1 *International Law* (1922) 23; Chen (1951) 127–9. Also: 1 Whiteman 223.

[37] Gong, *The Standard of 'Civilization' in International Society* (1984); Bull & Watson, *The Expansion of International Society* (1985); Fidler (2001) 2 *Chicago JIL* 137. And see chapter 1.

(7) 主權

　　「主權」（sovereignty）可視爲「獨立」（independence）之同義詞，且已成爲考量「國家地位」之關鍵要素。[38] 然而，倘若一個國家「同意」由他國管理其對外關係，或授予他國廣泛之「治外法權」（extraterritorial rights），則並非一般認知的「主權國家」。若賦予「主權」（或類似內容），且使用相同表意文字作爲「國家地位」（statehood）之判斷標準，[39] 則「國家地位」與「法律人格」（legal personality）的解釋及其附隨義務等將再次混淆不清。因此，1945 年後德國之狀況，涉及當時德國之「主權」被大幅削弱，但德國仍然繼續作爲一個國家而存在，考量到此類特殊狀況，導致國際間亦有批評者，主張應拒絕將「主權」作爲「國家地位」的標準。[40]

　　另一種「替代性方式」（alternative approach），在 *US Nationals in Morocco* 案中，雖然摩洛哥當時仍受到法國之保護，[41] 但國際法院將其描述爲「主權國家」，使摩洛哥仍保持其基本法律人格。相反地，國際法庭亦有可能裁定，一個已經零碎地授予其【125】大部分法律權力的國家，不再具備獨立存在之要件；但法官可能難以分辨「同意授予能力」與「代理（或代表）」等關係之存在，並明確推定該國家不會因此而失去其地位。

(8) 國家功能

　　國際經驗表明，可能存在一些「實體」，雖然很難被視爲一個國家，但其具有一定程度、甚至相當大之國際影響力。1919 年凡爾賽條約（Treaty of Versailles）創設「但澤自由市」（Free City of Danzig），該城市係具有國家

---

[38] Generally: Chayes & Chayes, *The New Sovereignty* (1995); Krasner, *Sovereignty, Organized Hypocrisy* (1999); MacCormick, *Questioning Sovereignty* (1999); Kalmo & Skinner (eds), *Sovereignty in Fragments* (2010); Sur (2013) 360 Hague *Recueil* 9, 88–105; Crawford, *Chance, Order, Change* (2014) 70–89; Orakhelashvili in Baetens & Chinkin (eds), *Sovereignty, Statehood and State Responsibility* (2015) 172.

[39] Cf Badinter Commission, *Opinion No 1* (1991) 92 ILR 162: 'The Committee considers . . . that such a state is characterized by sovereignty.' But cf 1 Oppenheim (1st edn, 1905) 108.

[40] Rousseau (1948) 73 Hague *Recueil* 1, 178–80. Cf *Duff Development Co v Government of Kelantan* (1924) 2 ILR 124, 127 (Viscount Finlay); Judges Adatci, Kellogg, Rolin-Jaequemyns, Hurst, Schücking, van Eysinga and Wang (diss), *Austro-German Customs Union* (1931) PCIJ Ser A/B No 41, 37, 77. Further: Fawcett (1963) 88–93; *Lighthouses in Crete and Samos* (1937) PCIJ Ser A/B No 71, 94.

[41] ICJ Reports 1952 p 176, 185, 188. Also: Rolin (1950) 77 Hague *Recueil* 305, 326.

地位之法律特徵，雖然「但澤自由市」仍受到國際聯盟之保障，並且波蘭有權處理其對外關係。[42] 上述案件中，涉及的「法人人格」（legal personality）類型與「國家地位」類似，但由於此類實體之特殊政治功能及其與國際組織之關係，係禁止上述實體使用「國家地位」之類別。

(i) 處於初始狀態之國家

一個具有相當生存人口、控制一定地區領土且以國家地位爲目標之「政治共同體」（political community），在實現該目標前可能會經歷一段艱困的期間。無論如何，由於「邊界劃定」及「有效政府」等問題並沒有被過於嚴格地看待，所以很難堅持某個「實體」在「初始狀態」（statu nascendi）和「國家地位」（statehood）間之區別。[43] 國家通常首先作爲「獨立交戰實體」（independent belligerent entities）並出現一個政治權威機構，而此機構可以有效地作爲「臨時政府」（provisional government）而運作。一旦國家地位穩固確立，且當某種程度「有效政府」亦存在時，於「普遍承認」（general recognition）爲國家前之一段時期內，無論係於法律上或實踐上，法律秩序之追溯生效（retroactive validation of the legal order）係屬合理。倘若暫不探討國家繼承之問題，「有效性原則」（principle of effectiveness）要求至少出於某些法律目的，而接受國家地位穩固建立之前與之後之連續性。[44]

特別是，「民族自決原則」（self-determination）可能證明給予某些類型交戰實體或流亡政府更高的地位相當合理。在特殊情況下，一個民族可能【126】被國際社會及相關利害關係各方「承認」係有權建立「國家地位」（statehood），因此是一個處於「初始地位之國家」（state in statu

---

[42] Crawford (2nd edn, 2006) 236–41. But disputes between Danzig and Poland were referred to the PCIJ by means of its advisory jurisdiction in view of Art 34 of the Statute of the Court, which gives *locus standi* in contentious cases only to states. On Danzig: chapter 4.

[43] Cf the cases of Albania in 1913; Poland and Czechoslovakia in 1917–18; Estonia, Latvia, and Lithuania, 1918–20. See 1 Hackworth 199–222. Also the case of Indonesia, 1946–9: 2 Whiteman 165–7. Cf the observations of Lord Finlay, *German Interests in Polish Upper Silesia* (1926) PCIJ Ser A No 7, 4, 84.

[44] For the asserted continuity of the Palestine Mandate and Israel, see *AG (Israel) v Eichmann* (1961) 36 ILR 5, 52–3; (1962) 36 ILR 277, 304. See further *ALB v Austrian Federal Ministry for the Interior* (1922) 1 ILR 20; *Poznanski v Lentz and Hirschfeld* (1924) 2 ILR 228; *Establishment of Czechoslovak State* (1925) 3 ILR 13; *HE v Federal Ministry of the Interior* (1925) 4 ILR 25; *Deutsche Continental Gas-Gesellschaft v Poland* (1929) 5 ILR 11.

nascendi）。一般而言，上述初始地位之過渡狀態，將毫不拖延地在聯合國主持與支持下走向獨立。然而，就巴勒斯坦人民之經驗則遭遇一個「極不尋常之雙邊進程」（eccentric bilateral process），於此進程中，以色列政府與巴勒斯坦解放組織（Palestine Liberation Organization, PLO）[45] 間一直存在「國家地位」爭議，反而因此引發多邊機構中的問題。[46] 巴勒斯坦問題將於本章之後詳細論述。

3. 國家地位之相關爭議

影響世界秩序的三個主要案例，提供對於當代「國家地位」問題之觀察。

(1) 1945 年以來之德國

1945 年 6 月對於德意志帝國（German Reich）之敵對行動結束，[47] 適逢有效國家政府在其領土上消失。[48] 國際間為對此進行回應，同盟國承擔對於「德國之最高權力機構」（supreme authority with respect to Germany）：「盟軍控制委員會」（Allied Control Council）則取代德國政府。[49] 雖然盟軍原則上肯認德國之完整性，但委員會將德國劃分為四個占領區（four Zones of Occupation），而並非「單一中央政府」（single central government），四大重要同盟國的總司令（Commanders-in-Chief）於每個占領區分別單獨行動，並且僅針對「整個德國」（Germany as a whole）採取聯合行動。然而，倘若案件涉及各區域管理時，[50] 國家法院出現難以解釋法律之問題。至於「聯合管理」（joint administration）之爭議，顯然一般政府的殘餘職能，以及在投降時已經存在之國家權利與責任，雖然盟國安排係不太尋常，且往往違反正式分類。各種法律文書皆建議在「德國作為一個整體」（Germany as a whole）之

---

[45] Oslo Accords (1993) 32 ILM 1542. Cassese, *Self-Determination of Peoples* (1995) 230–48; Shehadeh, *From Occupation to Interim Accords* (1997); McDowall, *The Palestinians* (1998); Crawford (2nd edn, 2006) 434–48. Further: *Legal Consequences of the Construction of a Wall in the Occupied Palestinian Territory*, ICJ Reports 2004 p 136.

[46] E.g. the ICC: Shaw (2011) 9 *JICJ* 301.

[47] Hendry & Wood (1987); Frowein (1992) 86 *AJIL* 152; Piotrowicz (1992) 63 *BY* 367; Crawford (2nd edn, 2006) 452–66.

[48] Berlin Declaration, 5 June 1945, 145 BFSP 796.

[49] Statement on Control Machinery in Germany, 5 June 1945, 145 BFSP 803.

[50] See *Brehm v Acheson*, 90 F Supp 662 (SD Tex, 1950); *Recidivism (Soviet Zone of Germany)* (1954) 21 ILR 42.

前提下保留一些國家權力，[51] 但獨立之占領區行政部門之首要地位仍然存在，而德國戰後格局（postwar configuration of Germany）正是從上述安排出現。

【127】特別是，四大國未能執行關於德國再統一之「波茨坦協定」（Potsdam Agreement），為兩個獨立之政府單位演變開闢道路：一個在蘇聯占領區（Soviet Zone），一個在三個西方國家占領區（Western Zones）。德意志聯邦共和國（Federal Republic of Germany, FRG）從 1949 年 5 月 23 日開始作為西方盟國在其地區之「附屬政府」（subordinate government），雖然同盟國很快即接受 FRG 不僅僅為其「代表」（delegate）之觀點，1950 年 12 月 19 日之聲明如下：「三國政府認為，德意志聯邦共和國政府係唯一自由合法組成之德國政府，因此有權在國際事務中代表德國人民發言。」[52] 1952 年 5 月 26 日所締結之「三方關係公約」（Tripartite Convention on Relations）擴大德意志聯邦共和國之權力，雖然該權力仍有所限制。三個西方盟國保留其此前行使，或享有與柏林以及整個德國有關之權利與責任，包括「德國統一及和平解決」（reunification of Germany and a peace settlement）之目標。[53] 1955 年 9 月 13 日蘇聯對西德之「承認」[54] 回顧性地驗證了一系列越權行為（ultra vires acts），因為四個國家已視為一個整體（the four as a whole），故沒有任何一個盟友或盟友集團有能力放棄四方權力。[55]

蘇聯為回應德國西部地區之發展，遂於 1949 年 10 月 7 日宣布成立「德意志民主共和國」（東德，German Democratic Republic, GDR）。1955 年 9 月 20 日的一項條約表明，東德在「國內及外交政策」方面擁有普遍行動自由，且為蘇聯保留「蘇聯與東德依據與整個德國有關之現有國際協定所承擔的義務」（obligations of the Soviet Union and of the GDR under existing international agreements relating to Germany as a whole）。[56] 西方盟國則抵制上

---

[51] 1952 Tripartite Convention, 331 UNTS 327, Art 2; 1955 Convention (USSR–GDR), 226 UNTS 201, Art 1; 1972 Treaty on the Basis of Intra-German Relations, 21 December 1972, 12 ILM 16, Art 9.

[52] [1964] *BPIL* 276.

[53] 331 UNTS 327, Art 2.

[54] Letter from Prime Minister Bulganin to FRG delegation, 13 September 1955: 162 BFSP 623.

[55] Mann, *Studies in International Law* (1972) 671.

[56] 226 UNTS 201. Also USSR–GDR Treaty of Friendship, Mutual Assistance and Co-operation, 12 June 1964, 553 UNTS 249, Arts 7, 9.

述發展，其所持反對東德建國之主要論點如下：A. 缺乏對東德之「普遍承認」
（general recognition）係根本性弱點，雖然此立場在 1950 年代基本上已經無
法成立；B. 民主制度之缺乏阻礙東德獲得獨立；C. 東德附屬於蘇聯；D. 假定
東德之獨立性將違反「整個德國」之自決權。[57] 無論東德成為一個國家過程之
法律特徵為何，其「國家地位」最終仍得到普遍承認，此乃透過一系列之交易
而實現，特別是 1970 年 8 月 12 日西德與蘇聯間所締結之「互不侵犯條約」
（Non-Aggression Treaty between the FRG and the USSR），其中確認「兩個德
國國家」（two German states）間之邊界；[58] 以及 1972 年 12 月 21 日「關於德
國內部關係之條約」（Intra-German Relations between the FRG and GDR），
其中雙方都承認「不能在國際領域代表對方或代表對方行事」。[59]【128】1972
年 11 月 9 日，[60] 四大國宣布接受單獨之聯合國會員國資格，第二年兩個德國國
家在沒有反對之情況下，皆被聯合國接納。[61]

　　很明顯地，四大國在 1990 年放棄其對於「整個德國」之剩餘聯合權力，[62]
具體包括於柏林之剩餘領土權利，而西方大國從未放棄過其東部地區被接受為
東德之組成部分。[63] 然而，依據最終解決方案之同一條款，「德國統一後，應
相應地對其內部及外部事務擁有完全主權」，[64] 此代表權力與責任回歸德國，
而並非從此消失。因此，雖然 1945 年後「兩個德國」在某種意義上係繼承
國，[65] 但一個強大的「連續性」一直持續到 1990 年，此後以聯邦共和國之形式
再次得到確認。

(2) 巴勒斯坦

　　自 1945 年以來，國家地位係為「法律而非事實問題」之觀點相當穩固，
「強制性規範」無疑影響此一進程，但在特定情況下，國家地位仍然會被高度

---

[57] Crawford (2nd edn, 2006) 456–7.

[58] 1972 UNTS 315, 9 ILM 1026, Art 3.

[59] 12 ILM 16, Art 4.

[60] 12 ILM 217.

[61] SC Res 344 (1973); GA Res 3050(XXVIII), 18 September 1973.

[62] Treaty on the Final Settlement with Respect to Germany, 12 September 1990, 1696 UNTS 123, Art 7(1).

[63] Three Powers note of 14 April 1975: A/10078. Further: (1977) 81 *RGDIP* 494, 613–14, 772–4. About Berlin generally: Hendry & Wood (1987).

[64] Treaty on the Final Settlement, Art 7(2).

[65] Ress, *Die Rechtslage Deutschlands* (1978) 199–228.

政治化，以巴衝突（Israel-Palestine conflict）即爲一個敏感的實例。[66]

自 1993 年以來，以色列政府與巴解組織之間之談判議程包括「永久地位談判」（the permanent status negotiations），而據該議程之設定，此將創建一個獨立之巴勒斯坦國。1993 年奧斯陸協定（Oslo Accords of 1993）第 1 條規定如下：

> 當前中東和平進程中，以巴談判之目標爲：除其他事項外，爲約旦河西岸之巴勒斯坦人民與迦薩走廊地帶（West Bank and the Gaza Strip）的人民建立巴勒斯坦臨時自治政府（Palestinian Interim Self-Government Authority, the elected Council），過渡期不超過五年，並依據聯合國安理會第 242 號和第 338 號決議，達成永久解決方案。據悉「臨時安排」（interim arrangements）係爲整個和平進程之一部分，而關於永久地位之談判將使安全理事會第 242 號和第 338 號決議得以有效執行。[67]

十年後，以色列及巴勒斯坦仍未達成最終地位之和平協議。2003 年，協調談判之「四方」（Quartet，美國、歐盟、俄羅斯聯邦及聯合國）提出「以履行爲基礎之路徑圖」（performance-based Roadmap）【129】，設想創建一個巴勒斯坦國。[68] 該路徑圖之第三階段（Phase III of the Roadmap）要求各方依據聯合國安理會第 242、338 及 1397 號決議，透過談判達成最終及全面永久地位協議，並要求「兩個國家」，「以色列與主權、獨立、民主及可實現的巴勒斯坦國，達成基於和平與安全，得以毗鄰共存」，而此路徑圖於 2003

---

[66] And one giving rise to unusually sharp exchanges: Crawford (1990) 1 *EJIL* 307; Boyle (1990) 1 *EJIL* 301; Benoliel & Perry (2010) 32 *Mich JIL* 73; Quigley (2011) 32 *Mich JIL* 749.

[67] Declaration of Principles on Interim Self-Government Arrangements, 13 September 1993, 32 ILM 1527, and see Benvenisti (1993) 4 *EJIL* 542; Cassese, ibid, 564; Malanczuk (1996) 7 *EJIL* 485; Watson, *The Oslo Accords* (2000); Benvenisti, *The International Law of Occupation* (2nd edn, 2012) 209–12; Burgis-Kasthala (2014) 25 *EJIL* 677, 682–5.

[68] Performance-based Roadmap to a Permanent Two-State Solution to the Israeli–Palestinian Conflict, S/2003/529, 7 May 2003.

年 11 月獲得安理會之認可。[69] 然而，雙方仍未能就最終地位達成一致性協議。2007 年 11 月，「以色列－巴勒斯坦共同諒解書」（Israeli-Palestinian Joint Understanding）宣布雙方打算「立即啟動有誠意的雙邊談判，以締結和平條約，解決所有懸而未決的問題，包括所有核心問題，無一例外地按照先前協議之安排，以促進以色列與巴勒斯坦兩國在和平與安全中毗鄰共存（living side by side in peace and security）之目標」；[70] 雙方還承諾履行各自在路線圖下的義務。[71] 在以色列拒絕延長在巴勒斯坦被占領土上建立屯墾區活動（settlement activity）之十個月凍結期後，和平談判陷入僵局，此決定促使巴勒斯坦權力機構退出與以色列之直接會談，該會談在中斷兩年後僅在日前短暫恢復。雖然以巴雙方尚未達成最終地位之協議，但巴勒斯坦於 2011 年 9 月 23 日申請加入聯合國。[72] 安理會新會員國入會委員會（Committee on the Admission of New Members）無法向安理會建議採取行動，而係通過一份報告，指涉安理會內部意見嚴重分歧。[73] 巴勒斯坦此前已被接納為不結盟運動（Non-Aligned Movement）、伊斯蘭合作組織（Organization of Islamic Cooperation）、西亞經濟社會委員會（Economic and Social Commission for Western Asia）、77 國集團（Group of 77），以及聯合國教科文組織（UNESCO）等之成員。[74] 截至 2018 年 7 月 1 日，約有 137 個會員國承認巴勒斯坦為一「國家」。2012 年，聯合國大會更授予巴勒斯坦「非會員觀察員國地位」（non-member observer state status），[75] 但巴勒斯坦問題之真正解決，似乎一如既往地遙不可及[76]。

---

[69] SC Res 1515 (2003), op para 1.

[70] Joint Understanding Read by President Bush at Annapolis Conference, 27 November 2007, released by the White House, Office of the Press Secretary.

[71] Ibid.

[72] Application of Palestine for Admission to Membership in the UN, A/66/371, 23 September 2011.

[73] Report of the Committee on the Admission of New Members concerning the application of Palestine for admission to membership in the UN, S/2011/705, 11 November 2011, para 21.

[74] The latter occurred on 31 October 2011: 'General Conference admits Palestine as UNESCO Member State', Doc UNESCO_Pal-MemberState, UNESCO Press Release.

[75] See GA Res 67/19, 29 November 2012, op para 2. Further: UKMIL (2011) 82 *BY* 676, 714; Vidmar (2013) 12 *Chin JIL* 19; Megiddo & Nevo in French (2013) 187; Eden (2013) 62 *ICLQ* 225; Ronen in Baetens & Chinkin (2015) 229.

[76] Cf SC Res 2334, 23 December 2016. For the controversy over the status of Jerusalem, see GA Res 72/240, 20 December 2017.

(3) 科索沃

　　另外一個懸而未決之案例為科索沃。在科索沃於國際法院之諮詢程序中，提交意見之國家論及「自決權」（於殖民脈絡之外的情況），有論者主張得依據【130】「救濟性分離」（remedial secession）[77]之權利而創建一個國家。然而，法院認為「沒有必要於本案中解決此類問題」，蓋聯合國大會已要求法院就一個範圍較限縮之問題發表諮詢意見，即「獨立宣言」是否符合國際法？法院之結論為：一般國際法並未包含禁止宣布獨立之適用規定，因此，科索沃2008 年 2 月 17 日之獨立宣言並未違反一般國際法。[78] 法院進一步認定，聯合國安理會第 1244(1999) 號決議並未針對 2008 年 2 月 17 日宣言之起草者，因此亦未限制其發表獨立宣言之權利。該獨立宣言之起草者並非以作為憲法架構內臨時自治機構之一而行事，其應被視為乃臨時行政機構外之科索沃人民代表（representatives of the people of Kosovo），[79] 該決議亦未將最終決定科索沃地位之權力保留給安理會。[80] 無論最終科索沃是否創建一個新的國家，法院選擇不予裁定此類宣布獨立之後果，亦不裁定其他國家是否有義務給予承認（或不承認）。截至 2018 年 7 月 1 日止，約有 116 個國家承認科索沃。[81]

4. 實現獨立：分裂及自決

　　倘若獨立係創建新國家之決定性標準，[82] 則「自決」（self-determination）

---

[77] *Accordance with International Law of the Unilateral Declaration of Independence in Respect of Kosovo*, ICJ Reports 2010 p 403, 438.

[78] Ibid, 438–9. Also: Vidmar in French (2013) 60.

[79] *Kosovo*, ICJ Reports 2010 p 403, 447–9, 451–2.

[80] Ibid, 449.

[81] Further on Kosovo: Almqvist in French (2013) 165; Walter in Walter, von Ungern-Sternberg, & Abushov (eds), *Self-Determination and Secession in International Law* (2014) 13; Summers, ibid, 235; Chinkin in Baetens & Chinkin (2015) 155, 161–6; Milanović and Wood (eds), *The Law and Politics of the Kosovo Advisory Opinion* (2015). Also: Metz, *The Way to Statehood* (2014) ch 3.

[82] Cristescu, *Right to Self-Determination* (1981); Higgins, *Problems and Process* (1994) 111–28; Cassese (1995); Franck, *Fairness in International Law and Institutions* (1995) 140–69; Quane (1998) 47 *ICLQ* 537; Mc-Corquodale (ed), *Self-Determination in International Law* (2000); Crawford (2nd edn, 2006) 108–28; Del Mar in French (2013) 79; Bolton, ibid, 109; Summers, ibid, 229; Coleman (2013) chs 1, 3; Dugard (2013) 357 Hague *Recueil* 9; Vidmar (2013) 139–201, 242–52; Sterio, *Right to Self-Determination Under International Law* (2013); Walter, von Ungern-Sternberg, & Abushov (2014); Tesón (ed), *Theory of Self-Determination* (2016).

原則可視爲與「成爲一個國家」之權利，[83] 早期之關鍵發展係於「聯合國憲章」第 1 條第 2 款，以及第 55 條中所提及「人民平等權利與自決原則」（principle of equal rights and self-determination of peoples）。[84] 許多學者認爲，上開條文內容僅具有宣示性效果，但觀察聯合國機構之做法，有力地強化此一原則【131】——尤其是，1960 年聯合國大會通過「給予殖民地國家和人民獨立宣言」（Declaration on the Granting of Independence to Colonial Countries and Peoples）即爲重要文件，且此後聯合國大會的一系列決議，在很長一段時間內均提及該宣言之內容。[85] 上開宣言將「自決原則」視爲源自於聯合國憲章之義務，且以權威解釋之形態出現；[86]「所有民族之自決權」（self-determination of all peoples）亦被列入 1966 年兩項人權公約之共同第 1 條。[87]

　　實現自決之方式包括透過分離（secession）、在聯邦國家中結盟、或在單一（非聯邦）國家中實施自治或同化（autonomy or assimilation），以形成新的國家。[88] 國際間普遍認爲，「受殖民統治之人民」（peoples subjected to colonial rule）有權依據國際法選擇獨立，但在殖民地之外所出現的「分離」，以及更普遍之自決問題，則一直廣受爭議。[89] 實際上，目前已發展出「完全（外部）自決」（full "external" self-determination）與「有限（內部）自決」（qualified "internal" self-determination）間具有顯著的區別，此規則可能係由加拿大最高法院明確制定：

　　　　我們考慮問題一所設想之事實情況下，依據國際法是否存在「積極的法律上分離權」（positive legal entitlement to

---

[83] Crawford (2nd edn, 2006) 107.

[84] Also Chapters XI (Declaration Regarding Non-Self-Governing Territories) and XII (International Trusteeship System).

[85] GA Res 1514(XV), 14 December 1960.

[86] Waldock (1962) 106 Hague *Recueil* 33; *Right of Passage*, ICJ Reports 1960 p 6, 95–6 (Judge Moreno Quintana, diss).

[87] International Covenant on Economic, Social and Cultural Rights (ICESCR) and International Covenant on Civil and Political Rights (ICCPR), GA Res 2200A(XXI), 16 December 1966; respectively 993 UNTS 3 and 999 UNTS 171.

[88] GA Res 1541(XV), 15 December 1960; GA Res 2625(XXV), 24 October 1970.

[89] See chapter 29.

secession），亦即是否支持以民主方式表達對於魁北克分裂此一明確問題。一些支持對上述問題作出肯定答案者，乃基於承認屬於「所有人民之自決權」。雖然魁北克大部分的人口中，確實具有一個民族之許多特徵，但並無必要因此而裁決「人民」一詞之爭議，蓋「分離權」（right to secession）僅在國際法中「民族自決原則」下而產生，「人民」係被統治而成為殖民帝國（colonial empire）的一部分。「一個民族」（a people）倘若受到外力征服（alien subjugation）、統治（domination）或剝削（exploitation）；並且可能是「一個民族」在其獨立形成的國家內，被剝奪任何有意義的自決權的情況下，人們被期望在其現有狀態之架構內實現自決。政府在「平等」與「無歧視」（equality and without discrimination）之基礎上代表全體人民，或居住在其領土內之人民，並在其內部安排中尊重自決原則之國家，有權依據國際法「維護其領土完整」（maintain its territorial integrity）以及讓其他國家承認其領土之完整。[90]

【132】「內部自決」（internal self-determination）與「救濟性分離」（remedial secession）等問題於本案中依舊懸而未決，國際間仍然存在爭議。國際法院於科索沃案諮詢意見中，亦未處理關於「救濟性分離」之解釋。[91] 2014 年，克里米亞自治共和國（Autonomous Republic of Crimea）與塞瓦斯托波爾市（City of Sevastopol）宣布獨立，並提到科索沃支持其合法之論點，並

[90] *Reference re Secession of Quebec* (1998) 115 ILR 536, 594–5. Also: Crawford (1998) 69 *BY* 115; Bayefsky (ed), *Self-Determination in International Law: Quebec and Lessons Learned* (2000). Cf Scotland's 2014 independence referendum (held with the UK's consent and thus a purely internal affair with the potential for independence through a negotiated settlement rather than by secession): Agreement Between the United Kingdom Government and the Scottish Government on a Referendum on Independence for Scotland, 15 October 2012; Scotland Act 1998 (Modification of Schedule 5) Order 2013 (UK). Also: Tierney (2013) 9 *ECLR* 359, 360–3, 371–6; Levites (2015) 41 *Brooklyn JIL* 373, 392–9; Boyle & Crawford, *Devolution and the Implications of Scottish Independence* (Cm 8554, 2013) 64, 67, 72.

[91] *Kosovo*, ICJ Reports 2010 p 403, 438. But see Pellet in Milanović & Wood (2015) 268.

且倘若公投結果有利，將創建一個獨立之國家，隨後更提議加入俄羅斯聯邦，並成為一個新的組成實體（a new constituent entity）。[92] 上述過程並未獲得國際承認，就像加泰隆尼亞（Catalonia）之分裂意圖一樣。[93] 而可能成為「救濟性分離」之案例乃為南蘇丹（South Sudan）；另外，雖然亦可在傳統基礎上，分析像厄利垂亞在難解之衝突後，透過協議取得分離之案例。[94]

5. 國家連續性

國家之「連續性」（continuity）一詞並未得到任何精確之使用，並可能被引用於各種法律問題之中。[95] 因此，「連續性」可能會引入國家之合法權利及責任，且不受國家元首或政府內部形式變換而影響。[96] 由於政治變化有可能導致足以影響特定類型條約關係之變化，故國際政治上而言，或許可在不提及「連續性」或「繼承」之情況下維持上述主張。然而，法律學者則較為傾向於區分「連續性」（同一性 identity）與「國家繼承」（state succession），尤其後者經常出現在一個國際人格取代另一個國際人格時，例如：透過聯合（union）或合法吞併（lawful annexation）。一般來說，假設「國家繼承」之情況可能涉及有關實體的法律地位及權利之重要變化，【133】而倘若其具有

---

[92] Declaration of Independence of the Autonomous Republic of Crimea and the City of Sevastopol, 11 March 2014. Also: 'Address by President of the Russian Federation', 18 March 2014. Further on the secession and annexation of Crimea: Shany (2014) 21 *Brown JWA* 233; Christakis (2015) 75 *ZaöRV* 75; van den Driest (2015) 62 *NILR* 329; Vidmar (2015) 16 *GLJ* 365; Hilpold (2015) 14 *Chin JIL* 237, 262–7; Geiß (2015) 91 *ILS* 425; Lavonoy (2015) 4 *CJICL* 388, 399–403; Grant (2015) 109 *AJIL* 68.

[93] For the Spanish Constitutional Tribunal decision declaring the unconstitutionality of the independence referendum, see Judgment No 114/2017, *Prime Minister v Parliament of Catalonia*, 17 October 2017, noted (2018) 112 *AJIL* 80. See also *Statement on the Lack of Foundation in International Law of the Independence Referendum in Catalonia* (2018) 70 *REDI* 295.

[94] On Eritrea, see Crawford (2nd edn, 2006) 402–3. On South Sudan: Comprehensive Peace Agreement, 9 January 2005; Coghlan, *Collapse of a Country* (2017); cf *Government of Sudan v Sudan People's Liberation Movement/Army* (*Abyei arbitration*) (2009) 144 ILR 348.

[95] In particular: Kunz (1955) 49 *AJIL* 68; Kelsen (1966) 383–7; Marek (1968); O'Connell, 1–2 *State Succession in Municipal Law and International Law* (1967); Eisemann & Koskenniemi (eds), *State Succession* (2000); Crawford (2nd edn, 2006) 667–99; Zimmermann, 'Continuity of States' (2006) *MPEPIL*; Craven, *The Decolonization of International Law* (2007); Dumberry (2012) 59 *NILR* 235, 242–9, 251–4; Ziemele in Baetens & Chinkin (2015) 273.

[96] McNair, 1, 3 *Opinions*; 1 Hackworth 387–92; *Tinoco Concessions* (1923) 2 ILR 34; Crawford (2nd edn, 2006) 678–80; International Law Association, Aspects of the Law of State Succession (2008) 73 ILA Rep 73rd Conf 250; Avedian (2012) 23 *EJIL* 797, 799–800; Dumberry (2014) 14 *Int Crim LR* 261, 269–72.

「連續性」，則國家之法律人格及特定權利與義務仍然保持不變，本書將於第十九章更詳細論述相關區別。

6. 結論

在 1948 年至 1960 年，以及隨後於 1990 年代，國家數量迅速增加後，雖然國際間仍有幾次國家分裂之嘗試，但在過去二十年中，國家總數並沒有大量增加。國際體系仍然反對分裂，少數實體在單方面宣布獨立後，得到廣泛國際承認之推定國家（putative states），如：科索沃、南蘇丹等，仍在掙扎奮鬥中。另外，可稱為「救濟性承認」（remedial recognition）之主要實例係指巴勒斯坦，目前得到三分之二多數，約 137 個聯合國會員國之承認；巴勒斯坦爭端之兩國解決方案，與以往一樣遠遠未能實現。除上述案例外，看來各民族之未來，甚至是孤立和分散之少數群體，仍取決於其原籍國的立場態度。

第六章　國家和政府之承認

1. 承認作為一般類別

【134】每當一個國家行為可能影響其他國家的權利或利益時，問題即出自於該等國家對於事件採取何種具有意義之回應。[1] 在 *Legal Status of Eastern Greenland*（東格陵蘭法律地位）一案中，法院認為挪威透過其外交部長 Nils Ihlen 之聲明，接受丹麥對有爭議領土之所有權。[2] 易言之，挪威係以「非正式協議」（informal agreement）接受丹麥之主張。而在其他類似案例中，對於權利之承認，乃透過「正式條約條款」（formal treaty provisions）規範之。然而，除協議外，具有法律意義之回應（legally significant reactions）可能係以單方行為（unilateral acts），或涉及承認及默許行為（recognition or acquiescence）的方式為之。國家之「不法行為」可能將招致他國的抗議，而在任何情況下，國家原則上皆不得以「不法行為」來反對他國，「抗議」並非不法之要件。相反地，領土主張之有效性，並不以他國是否接受為其條件。

但「抗議」或「承認」等行為在國際法上皆有重要功用。然而，目前仍有一系列爭議為不確定、新興（novel）或可能涉及法律變遷之主張（law-

---

[1] State practice and other materials: 2 Whiteman 1–746; 1 Hackworth 161–387; 1 Moore, *Digest*, 67–248. Literature: Lauterpacht, *Recognition in International Law* (1947, repr with introduction by Crawford, 2013, xxi–lix); Jessup, *A Modern Law of Nations* (1948) 43–67; Chen, *The International Law of Recognition* (1951); Fitzmaurice (1957) 92 Hague *Recueil* 1, 16–35; Kelsen, *Principles of International Law* (2nd edn, 1967) 387; Jennings (1967) 121 Hague *Recueil* 323, 349–68; Lauterpacht, 1 *International Law: Collected Papers* (1970) 308; Salmon, *La Reconnaissance d'état* (1971); Verhoeven, *La Reconnaissance internationale dans la pratique contemporaine* (1975); Brownlie (1982) 53 *BY* 197; Dugard, *Recognition and the United Nations* (1987); Talmon, *Recognition of Governments in International Law* (1998); Grant, *The Recognition of States* (1999); Talmon (2004) 75 *BY* 101; Crawford, *Creation of States* (2nd edn, 2006) 12–28; Talmon, *La non reconnaissance collective des Etats illégaux* (2007); Fabry, *Recognizing States* (2010); Vidmar (2013) 31 *Chinese (Taiwan) YBIL & Aff* 136; Dugard (2013) 357 Hague *Recueil* 9, 36–72; Craven & Parfitt in Evans (ed), *International Law* (5th edn, 2018) 177; Charlesworth (2014) 371 Hague *Recueil* 43, 74–81; Grant in Baetens & Chinkin (eds), *Sovereignty, Statehood and State Responsibility* (2015) 192.

[2] (1933) PCIL Ser A/B No 53, 73. The better view is that the facts disclosed an agreement rather than a unilateral act, the *quid pro quo* being Danish recognition of Norwegian sovereignty over Svalbard (Spitzbergen). On unilateral acts in general: chapter 18.

changing claims）（詳細內容可參閱本書第十一章大陸架資源主張之發展），另外，有些爭議或許更適合於「臨時及雙邊之基礎」（*ad hoc* and bilateral basis）上獲得解決。【135】爭端往往係依據事實決定，包括默許因素（elements of acquiescence）；易言之，某些特殊內容係存在於雙方之間所建立之法律關係，此與條約完全不同。最後，「抗議」與「承認」可能僅涉及純粹之政策行為，無意涉及對其他國家之行為予以法律定性。

然而，更具體分析，「承認」[3] 通常在法律上用於指涉兩種相關之「國家行為」（state acts）：首先，承認另一個「實體」為國家；其次，承認該「實體」之政府為既已成立（established）、法定（lawful）且合法（legitimate），有權就所有「國際目的」（international purpose）而代表該國家，[4] 同時，其意義包含承認國（recognizing state）承諾將相關「實體」視為一個「國家」（或已被承認國家之政府）。[5]

2. 國家承認

(1) 理論重疊

基於上述原因，法律上關於「承認」之意義，係採用政治關係中的內涵及重點，尤其涉及承認國家之基本問題，事實上，「在國際關係領域中，可能沒有任何像『法律』與『政治』如此緊密地產生關聯的學科了」。[6]

「承認」作為一個類別之主導地位，引起一些不當引用規則之情況。當兩個國家對領土所有權有爭議時，法院或法庭將審查任何一方「所有可用且具有法律意義之行為」（all the available and legally significant conduct）。倘若系爭一方聲明其不「承認」另一方之所有權，並不能解決爭議，而且通常價值很低。記錄對方在某一日期處於實際占領（actual occupation）事實之陳述可能

---

[3] Brownlie (1982) 53 *BY* 197, 197–8.

[4] E.g. 1 *Restatement Third* §§202, 203. Recognition of a state may be independent of the recognition of its government, though the reverse is not true: ibid, §203, comment *(a)*.

[5] Ibid, §202, comment *(c)*. Also: Montevideo Convention on the Rights and Duties of States, 26 December 1933, 165 LNTS 19, Art 6 ('The recognition of a State merely signifies that the State which recognizes it accepts the personality of the other with all the rights and duties determined by international law').

[6] Lauterpacht (1947, repr 2013) v.

成爲證據，但僅在特定案件背景下，該陳述始有意義。相形之下，當國家與政府之存在成爲爭議時，各種觀點似乎就莫衷一是，難以捉摸。

　　事實上，在國家間關係（interstate relations）中，關於「承認」法律問題之複雜性，學說上已濃縮爲「宣示性」（declaratory）或「建構性」（constitutive）二種不同觀點間之爭辯。[7]依據「宣示性」觀點，[8]「承認」的法律效力有限：「承認」係對於法律及事實現狀之「聲明」（declaration）或「確認」（acknowledgement），先前已透過法律之實施而賦予「法人資格」。在如同國際法庭等相對【136】客觀之場域中，雖然一個國家不被爭端之另一方或其他第三國所承認，[9]但法庭接受其存在係完全適當的做法，此觀點似乎已被國際法院接受（至少已有默許）。[10]在 Bosnian Genocide（波士尼亞種族滅絕）一案中，[11]南斯拉夫社會主義聯邦共和國（Socialist Federal Republic of Yugoslavia, SFRY）主張，關於其對波士尼亞及赫塞哥維那（Bosnia-Herzegovina）違反「滅絕種族罪公約」（Genocide Convention）[12]之指控，法院不得受理，因系爭各方於有關事件發生當時，並未相互承認。法院駁回了上述抗辯，且由於各方隨後於「戴頓協定」（Dayton Accord）[13]中得到承認，任何缺陷都僅爲程序上瑕疵，爭端當事方得透過重新提出與 1995 年之前發生種族滅絕事件有關之求償作爲救濟。

　　實質性國家實踐者支持「宣示性」觀點，[14]故「不被承認國家」（unrecognized states）通常正是拒絕承認國家提出國際求償之對象。以色列即

　[7] Talmon characterizes the declaratory position as *status-confirming* and the constitutive position as *status-creating*: Talmon (2004) 75 *BY* 101, 101–2.

　[8] Adherents include Chen (1951); Waldock (1962) 106 Hague *Recueil* 1, 147–51; Rolin (1950) 77 Hague *Recueil* 305, 326–37; Kunz (1950) 44 *AJIL* 713; Charpentier, *La Reconnaissance internationale* (1956); Talmon (2004) 75 *BY* 101; Crawford (2nd edn, 2006) 19–22.

　[9] E.g. *Tinoco Concessions* (1923) 1 RIAA 369; *Deutsch Continental Gesellschaft v Polish State* (1929) 5 ILR 11.

　[10] The issue may arise in the case brought by Palestine against the US before the International Court in relation to alleged violations of the Vienna Convention on Diplomatic Relations, as a result of the relocation of the US Embassy in Israel from Tel-Aviv to Jerusalem: *Palestine v US*, Application, 28 September 2018.

　[11] ICJ Reports 1996 p 595, 612–13.

　[12] Convention on the Prevention and Punishment of the Crime of Genocide, 9 December 1948, 78 UNTS 277.

　[13] General Framework Agreement for Peace in Bosnia and Herzegovina, 14 December 1995, 35 ILM 75.

　[14] Montevideo Convention, Arts 3 ('The political existence of the State is independent of recognition by the other States'), 6. Also: 1 *Restatement Third* §202(1); Badinter Commission, *Opinion No 10* (1992) 92 ILR 206, 208; *Reference re Secession of Quebec* (1998) 115 ILR 536, 589–90. Further: Talmon (2004) 75 *BY* 101, 106–7.

爲一例，依據國際人道法及人權法，某些仍然拒絕承認以色列之阿拉伯國家，長期主張應追究以色列之責任。[15]

「宣示性」承認理論與「建構性」互相對立；「建構性」理論認爲，「承認」之政治行爲係法律權利存在之前提要件：在其極端的情況下，代表一個國家之法律人格係取決於他國之「政治決定」（political decision）。[16] 對此一觀點最細緻之辯護者爲 Lauterpacht，其主張應將「國家」視爲國際領域之守門員（gatekeepers）：

> 新興共同體之「完整國際法律人格」（full international legal personality）無法自動產生，爲查明法律人格問題，須先確定事實與法律上所遇到之困難情況，因此必須有人執行此項任務。倘若沒有更好的解決辦法，例如：建立一個公正之國際機構以執行上述功能，則恐怕此查明確定法律人格之任務，必須由現有已存在之國家來執行。然而，有效的反駁意見，並非針對國家執行義務之事實而反對，而係反對將國家作爲有別於法律義務（legal duty）之「恣意政策」（arbitrary policy）來執行。[17]

【137】然而，就合乎邏輯之結論而言，「建構性」理論觀點在原則上不可能被國際間所接受：該理論明確主張，國家不能透過其獨立判斷而取消或廢除，國際法確立他國所享有之任何管轄權（與協議或特許權不同）。此外，

---

[15] Craven & Parfitt in Evans (5th edn, 2018) 177, 207.

[16] Constitutive doctrine takes many forms; many jurists allow certain rights prior to recognition. Adherents include Anzilotti, 1 *Cours de droit international* (1929) 160; Kelsen (1932) 42 Hague *Recueil* 117, 260–94 (earlier he was a declaratist: (1929) 4 *RDI* 613, 617–18); Lauterpacht (1947, repr 2013). *Certain German Interests in Polish Upper Silesia* (1926) PCIJ Ser A No 7, 28 does not unequivocally support the constitutive view, since the issue was the existence of a contractual nexus between Germany and Poland: that Poland could not invoke a treaty against Germany did not connote its non-existence as a state. For the view that UN Secretariat practice supported the constitutive position: Schachter (1948) 25 *BY* 91, 109–15. For the view that Japan's Supreme Court has supported this position: Tomonori (2013) 107 *AJIL* 627.

[17] Lauterpacht (1947, repr 2013) 55 (emphasis in original). Lauterpacht tempers the severity of this position by reference to a 'duty' of recognition. Also: Capps (2011) 82 *BY* 248, 252–64; Crawford in Lauterpacht (repr 2013) xxi.

「建構性」承認理論於實際應用上亦產生很大困難，例如：有多少國家必須被承認？國家存在是否僅能相對於被「承認」之狀態？[18] 國家存在依靠「承認」之情況，是否僅在對於事實產生適當之理解時適用？更重要者，一個國家的「不承認」是否使其有權出於國際法目的──例如透過干涉內政或兼併領土──將一個「實體」視為「非國家」（non-state）？

　　對於上述爭議的一種解決方案係將承認「集體化」（collectivization），於此情況下，「國家地位」（statehood）係透過加入聯合國而逐漸成熟，或至少由聯合國呼籲「承認」一個新國家；[19] 同時，如此將避免 Lauterpacht 所指涉「相對國家地位之怪誕景象」（grotesque spectacle of relative statehood）。[20]「建構性」理論有自身問題，[21] 該理論無法解釋一個國家從「宣布獨立後，直到加入聯合國」中間這段期間之法律地位，例如：就「南北兩個韓國」（two Koreas）而言，上述期間持續大約四十三年。[22] 另外，依據「聯合國憲章」第4 條規定，「國家地位」應係成員「申請資格之標準」，而並非加入組織後的「結果」。

(2) 承認和不承認的不同法律後果

　　「承認」或「不承認」並沒有統一之類型，[23] 官方書面聲明與宣告所使用之用語也並不一致，常見用語，包括：「法律上承認」（*de jure* recognition）、「事實上承認」（*de facto* recognition）、「完全外交承認」（full diplomatic recognition）、「正式承認」（formal recognition）等。另外，「承認」一詞亦可能不存在，而改以「建交協議」（agreement to establish

---

[18] Further: Kelsen (1941) 35 *AJIL* 605, 609; Lauterpacht (1947, repr 2013) 67, 88; Crawford (2nd edn, 2006) 21–2.

[19] E.g. Chen (1951) 222; Dugard (1987) 125–7; Duursma (1996) 110–12; Hillgruber (1998) 9 *EJIL* 491; Grant (2009) 256; Dugard (2013) 357 Hague *Recueil* 9, 57–69. Also and earlier: Lauterpacht (1947, repr 2013) 167–9.

[20] Lauterpacht (1947, repr 2013) 78.

[21] Talmon (2004) 75 *BY* 101, 105.

[22] The Republic of Korea was established on 15 August 1948 and the Democratic Republic of North Korea on 9 September 1948. Both states were admitted to the UN on 17 September 1991: SC Res 702 (1991); GA Res 46/1, 17 September 1991.

[23] 1 *Restatement Third* §202, comment *(a)*: 'States may recognize an entity's statehood by formal declaration or by recognizing its government, but states often treat a qualified entity as a state without any formal act of recognition.' On the distinction between recognition of governments and of legitimate representatives of the people: Talmon (2013) 12 *Chin JIL* 219.

diplomatic relations）或「獨立日賀電」（congratulatory message）等形式出現。典型之「承認」行為可產生兩種法律功能：其一為「國家地位」之確定，此為法律問題，國家的個別決定可能具有證據價值；[24] 其二為建立正式關係之條件，包括外交關係及【138】雙邊條約之締結。而正是上述第二個功能，被描述係「建構性」理論之承認，但此結果無法成為「國家地位」之條件。

　　由於法律並不要求各國公開宣告「承認」，亦無須進行諸如互派大使之類的選擇性關係，因此從自願意義上而言，「承認」所涉及之國家意圖表達，乃屬於政治問題；但國家亦可能在更明顯的意義上表達政治意涵。「未予承認」（absence of recognition）的行為本身，可能根本沒有任何法律依據可循，亦未試圖傳遞「國家地位」之立場。而「不承認」（non-recognition）可能僅係一般反對或抵制政策的一部分。「承認」亦可能涉及於侵略政策下，傀儡國家（puppet state）之建立：此法律後果乃由於所涉及違反國際法行為所造成。[25]

　　綜上所述，「承認」應被視為一種政治行為。因此，「承認」一詞無法免除律師調查承認政府之意圖，並將其置於相關事實及法律之背景下進行分析。事實上，「不承認」（non-recognition）在拒絕建立正式關係之意義上，可能帶有「承認」可能存在的隱含假設。Warbrick 指出，「不承認」之簡單聲明有五種可能含義，其中只有一種係明確聲明有關實體不被視為國家。而於其分類法下，「不承認」可歸納如下：(i) 一份「中立聲明」（statement of neutrality），依據該聲明，不刻意考慮該實體之國家地位；(ii) 純粹基於政治算計考量（從而暗示在法律上可承認一個國家之國家地位）；(iii) 基於認定「承認」係為非法或過早（真正不承認）；(iv) 基於在習慣或條約中之附帶義務而妨礙承認；(v) 依據安全理事會決議所規定之附帶義務。[26]

　　上述情況導致對於「承認」採取實用性之考量：一個國家的存在並沒有什麼價值，除非該國家能被國際社會接受。斷言台灣或索馬里蘭（Somaliland）

---

[24] Recognition is rarely 'cognitive' in a simple sense: the issue is one of law as well as fact, and cognition, which may involve no outward sign, occurs before, often long before, public recognition. Cf 2 Whiteman 13 (Secretary of State Dulles).

[25] E.g. the Japanese recognition of 'Manchukuo': Crawford (2nd edn, 2006) 78–9.

[26] Warbrick in Evans (ed), *Aspects of Statehood and Institutionalism in Contemporary Europe* (1997) 9, 1–11.

係一個「國家」並無多大價值，倘若沒有國家願意於此基礎上與之接觸。[27]

(3)承認義務

Lauterpacht[28]與Guggenheim[29]對於「承認」之概念，係採納「建構性」理論，但認爲應「承認」法律義務（legal duty）之觀點，但因此觀點與國家實踐並無關聯且前後矛盾，而受到強烈批判。易言之，上述理論認爲「國家同意」係決定「國家地位」之關鍵因素，同時限縮其範圍，直到僅剩一個選擇。[30]從不同角度觀之，爲調和理論不一致，【139】過去依賴必須承認法律義務的「建構性」理論，已逐漸轉變爲「宣示性」理論。

原則上，「法律義務」代表著相關實體已經具有「國家地位」之特徵，並且（雖然Lauterpacht並未這樣表達）該義務似乎係僅限於相關實體所負有之義務，該論點在客觀基礎上假設法律人格之存在。對Lauterpacht觀點之討論常顯示批評者之間某種困惑，亦即「承認」作爲國家公共行爲（public act of state），係一種本質上可自由選擇之政治行爲，就此而言並不存在「法律義務」。然而，從更深層之意義而言，倘若任何一個實體係具有「國家地位」的特徵，而他國如果忽視國家關係間的基本義務，將會置國家於法律危險之中。例如，很少有人會認爲阿拉伯鄰國可將以色列視爲「非實體」（non-entity）。在此類國家行爲之背景下，有義務接受與適用國際法基本規則，至少出於某些目的下關於「承認」之法律義務；[31]但國家沒有義務作出明確、公開決定，或宣布準備透過「承認」之方式建立正式外交關係：畢竟「承認」仍然屬於政治性與自由裁量（political and discretionary）之範疇。「不承認」（在此意義上）並非外交關係之決定性因素；易言之，沒有建立外交關係本身，並非代表國家

---

[27] Generally: Brenthurst Foundation, 'The Consequences of Somaliland's International (Non) Recognition', Discussion Paper 2011/05 (2011). Further: UKMIL (2006) 77 *BY* 597, 618–19; (2007) 78 *BY* 634, 682; (2008) 79 *BY* 565, 596–7; (2009) 80 *BY* 661, 709–10, 712–13; (2010) 81 *BY* 435, 503–5; (2011) 82 *BY* 676, 736; (2012) 83 *BY* 298, 350, 359–61; (2014) 85 *BY* 301, 394–5; *Secretary of State for the Home Department v CC and CF* [2012] EWHC 2837 (Admin), [118].

[28] Lauterpacht (1947, repr 2013) 73–5; 158–61; 1 Lauterpacht (1970) 308, 312–14.

[29] 1 Guggenheim 190–1.

[30] Kunz (1950) 44 *AJIL* 713; Cohn (1948) 64 *LQR* 404; Briggs (1949) 43 *AJIL* 113; Jessup (1971) 65 *AJIL* 214, 217; Brownlie (1982) 53 *BY* 197, 209; Talmon (2004) 75 *BY* 101, 103; Crawford (2nd edn, 2006) 22.

[31] E.g. 1 *Restatement Third* §202(1).

的「不承認」。[32]

(4) 默示承認

　　「承認」係指涉一個意圖，可以為「明示」或「暗示」。[33] 意圖之暗示（implication of intention）係依據某些假設下所進行之程序。[34] Lauterpacht 論述此原則時提及，在承認國家之情況下，僅有締結雙邊條約、正式建立外交關係，以及領事證書（consular exequaturs）等型態，始能證明「默示承認」的存在。[35] 然而，「默示承認」無法透過談判、非官方代表、不被承認實體締結多邊條約、加入國際組織（至少對於不支持其加入組織之成員），[36] 或與有關實體一起參與國際會議等行為而獲得證明。混淆主要來自兩方面：首先，政府聲明之用語，可能導致法庭僅願意賦予低層級承認（low level of recognition）行為的法律地位，[37] 例如，僅與其進行過非正式或有限接觸之國家政府，可能獲得國內法院之主權豁免；[38] 其次，不同考量應適用於不同面向之承認，但晚近學說傾向於將全部承認皆包涵在內。因此，就國際法庭之證據而言，【140】「非正式關係」（informal relations），尤其是倘若此類關係持續存在，可能對「國家地位」問題提供證明價值。然而，作為任意性之雙邊關係，「承認」仍係取決於「意圖」。[39]

(5) 承認之追溯力

　　英國與美國之法院，在遵循或解釋行政部門於承認問題上之觀點時，適用「追溯原則」（principle of retroactivity），[40] 但 Oppenheim 將該規則描述為係

---

[32] Brownlie (1982) 53 *BY* 197, 209.
[33] In some cases, a state may base its policy of recognition with respect to both states and governments around an approach of implied recognition: Talmon (2009) 7 *NZYIL* 1.
[34] Lauterpacht (1947, repr 2013) 369–408; Chen (1951) 201–16; Lachs (1959) 35 *BY* 252. US practice: 1 Hackworth 327–63; 2 Whiteman 48–59, 524–604; 1 *Restatement Third* §201.
[35] Lauterpacht (1947, repr 2013) 406.
[36] Some international organizations are open to non-states: e.g. autonomous customs territories under the WTO (Hong Kong, Macao, and Taiwan) and the World Tourism Organization. Further: chapter 7.
[37] Cf Talmon (2009) 7 *NZYIL* 1, 17.
[38] E.g. *Arantzazu Mendi* [1939] AC 256.
[39] Brownlie (1982) 53 *BY* 197, 208.
[40] E.g. *Haile Selassie v Cable and Wireless Ltd (No 2)* [1939] 1 Ch 182. Also: 2 Whiteman 728–45; 1 Hackworth 381–5; Chen (1951) 172–86; Brownlie (1982) 53 *BY* 197, 208–9.

基於「便利而非原則」（one of convenience rather than of principle），[41] 並再次表明，除在國際層面上沒有「追溯原則」外，不應一概而論。至於「國家地位」的基本權利與義務，「延遲承認」（delayed recognition）無法主張溯及既往，就特殊意義上而言，此舉略顯多餘；無論是否基於「任擇」與「雙方同意」之關係，「承認」乃屬於國家自由裁量權之範疇。[42]

(6) 國際組織之承認與加入

「集體承認」（collective recognition）可採取聯合聲明之形式，例如，第一次世界大戰後，盟軍最高委員會（Allied Supreme Council）之聲明，或邀請新國家加入具有政治性質之多邊條約，尤其是和平條約。[43] 另外，國際聯盟與聯合國等國際組織運作下，提供了各種承認國家之場合，對於其他成員或非成員之「承認」，可能發生在投票接納新成員，[44] 或審議涉及威脅或破壞和平之控訴過程中。事實上，有學者認為，國家加入國際聯盟與聯合國後，需要所有其他成員依法「承認」，無論其是否投票贊成加入。

在理論及實踐的支持下，上述立場似乎有所發展，加入會員國可作為「國家地位」（statehood）的證據，[45] 倘若不予承認之會員國無視作為其「不被承認之實體」（non-recognition entity）之基本生存權利，則其將面臨風險。[46] 然而，聯合國憲章或習慣國際法中，並沒有任何內容【141】要求「不被承認之國家」（non-recognizing state）與其他成員建立任擇之雙邊關係。[47] 無論如

---

[41] 1 Oppenheim (9th edn, 1992) 161.

[42] Cf *Polish Upper Silesia* (1926) PCIJ Ser A No 7, 27–39, 84 (Lord Finlay).

[43] Generally: Rosenne (1949) 26 *BY* 437; Aufricht (1949) 43 *AJIL* 679; Wright (1950) 44 *AJIL* 548; Higgins, *Development* (1963) 131–2, 140–4, 146–50; Dugard (1987); Crawford (2nd edn, 2006) ch 4; Grant, *Admission to the United Nations* (2009); Duxbury, *The Participation of States in International Organisations* (2011) 314–15.

[44] Cf *Northern Cameroons (Cameroon v UK)*, Preliminary Objections, ICJ Reports 1963 p 15, 119–20 (Judge Fitzmaurice).

[45] E.g. *Genocide (Bosnia and Herzegovina v Yugoslavia)*, Preliminary Objections, ICJ Reports 1996 p 595, 611. Also: Rosenne, *Developments in the Law of Treaties 1945–1986* (1989) 215; Grant (2009) 254. For UK practice: UKMIL (2009) 80 *BY* 661, 706 (UK written intervention in the *Kosovo* advisory opinion).

[46] Grant (2009) 255 ('UN admission, entailing the participation of all members in a multilateral treaty, may be described as putting a formal frame around the opposability of statehood toward all other UN members'). E.g. the UN admission of Montenegro: SC Res 1691 (2006), GA Res 60/264, 12 July 2006.

[47] S/1466, 9 March 1950; Kelsen, *Law of the United Nations* (1951) 946.

何，一般國際法下的「國家地位測試」（statehood test），不一定適用於解釋聯合國專門機構之成員資格問題，[48] 巴勒斯坦於 2011 年加入聯合國教科文組織（UNESCO）即可為證。[49]

就國際組織而言，尚有其他考量因素。聯合國及其機構（包括秘書處）本身能否給予「承認」？為達成聯合國憲章之目的，常被要求對國家地位作出無數決定，例如：聯合國秘書長（UN Secretary-General）擔任重要條約的保管人，此類確定是否得為一般目的而提供「國家地位」之證據？答案必須取決於個別特定案件中採用之標準，及其與一般國際法之相關性。[50] 因此，「不承認」的態度可能取決於個別會員國之政治立場；無論如何，可能認為該情況尚未滿足聯合國憲章第 4 條所規定「成員特殊資格」（special qualifications for membership）之觀點；易言之，「國家地位」為必要條件但仍非全部，還必須係「愛好和平之國家，並接受憲章所載之義務，經本組織（聯合國）認為確能並願意履行該項義務者」。

3. 政府承認

一個實體作為國家「政府地位」所引發承認的問題，與「國家地位」有些不同，雖然這種差異於歷史上常被適用於分別對國家與政府的「外交承認」（diplomatic recognition）做法所混淆。[51] 國際法中之法律實體為「國家」；而政府在正常情況下，係作為國家之代表，有權代表國家行事。倘若某個實體不被視為「國家」，則將有很大的後果。世界上某些地區若有「不被承認國家」將增加「法律真空」（legal vacuum）的可能性，雖然在實踐中可以透過各種

---

[48] Morgenstern, *Legal Problems of International Organizations* (1986) 46–68.

[49] UNESCO Doc DG/2011/147, 31 October 2011; Cerone (2012) 51 ILM 606.

[50] UN organs have been involved in varying degrees in the process of political creation of some states, e.g. Indonesia, Israel, Libya, Republic of Korea, Somalia, Namibia, Kosovo, and South Sudan. On the UN role: Crawford (2nd edn, 2006) ch 12. See also chapter 8.

[51] Generally: Galloway, *Recognizing Foreign Governments* (1978); Ando [1985] *JAIL* 28, 29–46; Talmon (1992) 63 *BY* 231; Talmon (1998). Also: 1 *Restatement Third* §203; Pavot (2006) 14 *Rev Aff Eur* 297; Talmon (2009) 8 *Chin JIL* 135; Schuit (2012) 14 *Int Comm LR* 381, 382–95; Vidmar (2013) 31 *Chinese (Taiwan) YBIL & Aff* 136, 150–8; Gathii, 'Introduction to the AJIL Unbound Symposium on Recognition of Governments and Customary International Law' (2014) 108 *AJIL Unbound* 199–200; de Wet (2015) 26 *EJIL* 979, 983–92.

方式減輕此種現象。[52] 相反地，「不被承認國家」的政府並不會導致所有權喪失，反而可能需要某種形式之監管（curatorship）。簡言之，雖然對政府與國家之「承認」二者可能密切相關，但其實並不完全相同。[53]

【142】「不承認」特定政權並不一定代表認定該政權所代表之社群，沒有資格享有「國家地位」。「不被承認政府」可能表示其在獨立性及有效性方面，不被視爲一個政府，或可能係該不承認之國家不願意與其有正常的政府間關係。在自願關係（voluntary relations）之背景下，「承認」可能以政權之民主性質、接受特定要求或提供承諾等爲條件，例如：少數民族待遇。[54] 關於此爭議，爲因應蘇聯與南斯拉夫解體後，透過「歐洲共同體關於承認新國家準則」（European Community's Guidelines on the Recognition of New States）之公布，具有指標性的意義。[55] 任擇關係（optional relations）與自願義務（voluntary obligations）之範疇係以自由裁量及協商之形式出現，而就雙邊關係而言，「不被承認政府」與「不被承認國家」相比，二者相去不遠。在 Tinoco Concessions 一案中，英國依據哥斯大黎加前革命政府（former revolutionary government of Costa Rica）給予之妥協提出要求，但其他國家（包括英國本身）並未承認該妥協內容。依仲裁人 Taft CJ 之觀察：

> 其他國家不承認聲稱具有國家人格之政府，通常係該政府尚未獲得國際法賦予其獨立性及控制權之適當證據。然而，當上述國家透過調查，確定是否承認政府之合法性時，並非調

---

[52] Thus de facto control may continue while issues of succession are resolved: e.g. the continued involvement in Kosovo of UNMIK: S/2011/675, 31 October 2011, para 2; S/2012/818, 8 November 2012, para 2; S/2013/631, 28 October 2013, para 2; S/2014/773, 31 October 2014, para 2; S/2015/303, 27 April 2015, para 2; S/2016/407, 29 April 2016, para 2; S/2016/901, 26 October 2016, para 2; S/2017/95/Rev.1, 6 February 2017, para 2; S/2017/640, 24 July 2017, para 2; S/2017/911, 31 October 2017, para 2; S/2018/76, 31 January 2018, para 2; S/2018/407, 1 May 2018, para 2.

[53] E.g. *Republic of Somalia v Woodhouse, Drake & Carey (Suisse) SA* [1993] QB 54.

[54] Kelsen (2nd edn, 1967) 403–4; cf Murphy (1999) 48 *ICLQ* 545. E.g. the Roosevelt–Litvinov Agreement, 16 November 1933, 11 TIAS 1248 (recognition of the USSR by the US dependent on the resolution of certain financial claims and an undertaking by the USSR not to take acts prejudicial to the internal security of the US). Also: Duxbury (2011) 101–3 on EU recognition of former Soviet states.

[55] 16 December 1991, 31 ILM 1485. Further: Hillgruber (1998) 9 *EJIL* 491.

查其「事實上主權」（*de facto* sovereignty）以及「完全政府控制」（complete governmental control），而係調查其來源之非法性或不合法性，他們的「不承認」失去某些重要的證據，爭議在於此類國家未準確適用國際法規則。不承認美國對 Tinoco 統治下「事實上政府」（*de facto* government）存在的三十個月中，其影響可能在一定程度上，不承認其盟國在歐洲戰爭中的眞實性地位。然而，無論出於何種原因，這種「不承認」都不能超過我面前的這份紀錄所揭示之證據，亦即依據國際法規定之標準，Tinoco 政府之「事實上特徵」（*de facto* character）。[56]

迄今爲止，就政府而言，國際法制定的標準，係對於所有或大部分國家領土確保其「事實上控制」（*de facto* control）之標準。Tinoco 政權擁有此一特徵，因此無論是否「承認」，當時 Tinoco 政權確係哥斯大黎加之政府。

(1) 法律上及事實上之承認

【143】「法律上承認」（*de jure* recognition）與「事實上承認」（*de facto* recognition）間之區別，完全出現在對「政府承認」之背景下，因此並無「事實上國家」（*de facto* state）之概念。[57] 關於區分之一般論點是不可信的，一切取決於有關政府的意圖，以及事實與法律上之背景。[58] 在國際層面上，某個政府被承認爲國家之「事實上政府」（*de facto* government）之聲明，可能涉及

---

[56] (1923) 1 RIAA 369, 381. Also: *Wulfsohn v RSFSR*, 234 NY 372 (1923); *Sokoloff v National City Bank*, 239 NY 158 (1924); *Salimoff v Standard Oil Co*, 262 NY 220 (1933); *Deutsche Continental Gas-Gesellschaft v Polish State* (1929) 5 ILR 11; *Socony Vacuum Oil Co* (1954) 21 ILR 55; *Standard Vacuum Oil Co* (1959) 30 ILR 168; *Clerget v Représentation Commerciale de la République démocratique du Viet-Nam* (1967) 48 ILR 145; Badinter Commission, *Opinion No 1* (1991) 92 ILR 162; *Opinion No 8* (1992) 92 ILR 199; *Opinion No 10* (1992) 92 ILR 206.

[57] Frowein, *Das de facto-Regime im Völkerrecht* (1968) proposed the idea of a 'de facto regime' to describe political entities that exercise control over territories, but are not recognized as states. The concept is not reflected in state practice and appears chiefly in the German literature, but see Mansour (2014) 3 *CJICL* 1182. Further: Talmon (2004) 75 *BY* 101, 103–5; Frowein, 'De Facto Regime' (2013) *MPEPIL*.

[58] Briggs (1939) 33 *AJIL* 689; Brownlie (1982) 53 *BY* 197, 207–8; Talmon (1998) 59–111; Craven in Evans (4th edn, 2014) 201, 240–1.

純粹的政治判斷，涉及不情願或謹慎地接受一個有效政府，依據國際法合法建立，並非來自於外部強加，或無依據地接受非法機構。另一方面，該聲明可能旨在確定一個政府係有效存在，但對其永久性與可行性則有所保留。毫無疑問，謹慎的法律與政治原因可能都趨於一致，但此類觀點很難影響法院之判斷，蓋無論有無事實上之名義（*epithet de facto*），法院都給予與「承認」同樣之效果。有時「法律上承認」爲不可撤銷，而「事實上承認」則可以撤回。但在政治意義上，任何一種「承認」都得撤回；而從法律上而言，除非情況發生變化，否則不能撤銷。

在「法律上承認」與「和事實上承認」之間存在嚴重分歧之法律區別情況確實發生。因此，一些政府接受了德國於 1938 年至 1945 年控制奧地利，以及 1939 年至 1945 年控制捷克斯洛伐克之某些法律後果，例如，在國籍法與領事關係等範疇。然而，上述政府並不接受德國控制之合法性，[59] 在與此類事項相關之法律文件中，「事實上承認」可用於描述接受法律來源可疑之事實；「法律上承認」則爲不適當與無理由。[60] 於此情況下，接受僅給予「事實上承認」之主管部門所公布的全部法律權限相當危險。因此，在 *Bank of Ethiopia v National Bank of Egypt and Liguori* 一案中，[61] 法院以英國承認義大利爲「事實上政府」爲由，在衣索比亞實施一項義大利法令；事實上，義大利不過僅爲一個「交戰下的占領者」（belligerent occupant）。此外，在對立政府在同一領土上，獲得「法律上」與「事實上」皆獲承認之情況下，倘若對兩種形式之「承認」給予相同的法律效果時，可能會出現問題。[62]

(2) 承認政府之暫時擱置

【144】有一種學說流派支持自動承認「事實上政府」，例如：墨西哥外

---

[59] On UK and US policies: Brownlie, *Use of Force* (1963) 414–16.

[60] British de jure recognition in 1938 of the Italian conquest of Ethiopia in 1936 was avoided in 1941: Wright (1937) 31 *AJIL* 683; Talmon (1998) 102–3, 290; Crawford (2nd edn, 2006) 519–20.

[61] [1937] Ch 513.

[62] Further: *Carl Zeiss Stiftung v Rayner and Keeler Ltd (No 2)* [1967] 1 AC 853, 898–904 (Lord Reid), 950–78 (Lord Wilberforce). Also: *Hesperides Hotels Ltd v Aegean Turkish Holidays Ltd* [1978] QB 205, 218 (Lord Denning MR).

交關係部長在 1930 年主張之「埃斯特拉達原則」（Estrada doctrine），[63] 減少「不承認」（non-recognition）作爲干涉內政的一種手段，此論點值得稱讚，但困難依然存在。1980 年，英國政府採取不再進行「政府承認」之立場，其聲明如下：

> 倘若在一個「被承認國家」發生違憲之政權更迭情況，其他國家政府必須考慮他們應該與新政權有何交涉（如果有的話），以及該政權是否，以及在多大程度上，有資格被有關國家視爲該國之「政府」。我們許多夥伴及盟友採取之立場爲：他們「不承認政府」，因此，於此情況下，不會出現承認問題。相比之下，歷屆英國政府之政策一直是，我們應該作出並宣布正式「承認」新政府之決定。
>
> 上述做法有時會被誤解，雖然有相反解釋，我們的「承認」被解釋爲暗示批准。因此，我們得出結論，參考許多其他國家政策而不進行「政府承認」有實際上益處。
>
> 像這些國家或盟友一樣，我們將繼續依據我們對於新政權是否能夠自行行使對有關國家領土之有效控制而加以評估，並決定我們與違憲上台之新政權打交道的本質，並且似乎可能繼續如此進行。[64]

上述變化之實際結果並不順利。決定執行證書（如 Gur Corp 提供的證書）[65] 之程序可能過於優柔寡斷，反映上述問題與一般國際法無關之前提。在政權合法性引發有效性問題之情況下，例如：在外國干預情況下，上述前提尤其不合適。毫無疑問，「事實」在每個案件中都係最重要的考量因素，但「事

---

[63] Estrada (1931) 25 *AJIL Supp* 203; Jessup (1931) 25 *AJIL* 719.

[64] UKMIL (1980) 51 *BY* 355, 367–8. Also: Warbrick (1981) 30 *ICLQ* 568. Further: 1 *Restatement Third* §203, reporter note (1).

[65] *Gur Corp v Trust Bank of Africa Ltd* [1987] 1 QB 599.

實」僅能在適當的法律架構內進行評估。[66]

　　然而，當國際合法性問題受到質疑時，英國政府提供必要之指導，例如：關於 1990 年伊拉克占領下科威特之地位；[67] 以及「北賽普勒斯土耳其共和國」（TRNC）之地位等。[68] 然而，對於利比亞合法政府之澄清，係以證書形式提供（顯然違反此前【145】宣布之政策），明確指出英國政府認為全國過渡委員會（National Transitional Council, NTC）係利比亞之合法政府，並沒有承認利比亞的任何其他政府，特別是前格達費政權（former Qaddafi regime），而該證書允許 NTC 調查以前由格達費及其支持者控制的利比亞，其名下之英國銀行帳戶。[69]

(3) 國際組織中之全權證書及代表

　　聯合國機構批准國家代表之「全權證書」（credentials）會引發與「接納」類似但不完全相同之問題，蓋於國際實踐中，批准全權證書之正式要求，通常與質疑特定政府的國家代表權有關。[70]

4. 集體不承認及制裁

　　在國際實踐中，「集體不承認」（collective non-recognition）係一種由聯合國機構決議或裁定之形式，其依據係確定發生違法行為（illegal act）。[71] 國際法院於科索沃諮詢意見（Kosovo advisory opinion）中支持上述概念。[72] 同

---

[66] For criticism: Brownlie (1982) 53 *BY* 197, 209–11; Crawford (1986) 57 *BY* 408; Talmon (1998) 3–14. Also: *Republic of Somalia v Woodhouse Drake and Carey (Suisse) SA* [1993] QB 54, noted Kingsbury (1993) 109 *LQR* 377; Crawford (1993) 52 *CLJ* 4.

[67] *Kuwait Airways Corp v Iraqi Airways Co and the Republic of Iraq* (1999) 116 ILR 534, 580–1.

[68] *Caglar v Billingham* (1996) 108 ILR 510, 519; *Veysi Dag v Secretary of State* (2001) 122 ILR 529, 536.

[69] *British Arab Commercial Bank plc v National Transitional Council of the State of Libya* (2011) 147 ILR 667, 675–7 (Blair J). Further: Warbrick (2012) 61 *ICLQ* 247; Schuit (2012) 14 *Int Comm LR* 381. For recent controversy over Venezuela: OAS Permanent Council, CP.RES.1117 (2200/19), 10 January 2019.

[70] Higgins (1963) 131–2, 140–4, 146–50; Kelsen (2nd edn, 1967) 406.

[71] 1 Lauterpacht (1970) 308, 321; Kelsen (2nd edn, 1967) 415–16; Dugard (1987) 81–111; Crawford (2nd edn, 2006) 157–73; Talmon in Talmon et al (eds), *Fundamental Rules of the International Legal Order* (2006) 99; Talmon (2007); Ronen, *Transition from Illegal Regimes under International Law* (2011) chs 2, 3; Vidmar (2013) 31 *Chinese (Taiwan) YBIL & Aff* 136, 144–9; ILA Committee on Recognition/Non-Recognition in International Law, Second (Interim) Report (2014), 76 ILA Rep Conf 424, 426–32, 449–57.

[72] *Accordance with International Law of the Unilateral Declaration of Independence in Respect of Kosovo*, ICJ Reports 2010 p 403, 437–8.

時，國際法委員會（ILC）「關於國家對國際不法行為的責任條款」（Articles on the Responsibility of States for Internationally Wrongful Acts）第 41 條第 2 款更進一步闡述此觀點，該條規定：「任何國家均『不得承認』對於國際法強制性規範（peremptory norm of international law）之嚴重違背義務行為所造成的情況為合法，也不得協助或援助保持該狀況」。[73] 在目前情況下，上述義務包含兩項核心之「避讓義務」（duty of abstention）：(1) 不承認嚴重違反國際法而造成之合法情況；(2) 不提供幫助或協助維持此類情況。因此，國家有義務不承認非法取得之領土，在 Wall opinion 一案中，[74] 國際法院認為此原則已被確認為習慣國際法義務，【146】故可以（但絕非必要）將上述做法稱為「集體不承認」（collective non-recognition）。毫無疑問，集體安全體系（system of collective security）或其他多邊公約締約國，有責任對於違反條約義務之行為，不予支持及寬待。[75] 然而，「不承認」之義務並非絕對義務，而係相對義務，正如國際法院於 Namibia 一案裁決中所述：

> 總體而言，「不承認」南非對該領土之管理，不應導致剝奪納米比亞人民從國際合作中所獲得的任何好處。特別值得注意者，雖然南非政府在委任統治（Mandate）終止後，代表納米比亞，或與納米比亞有關之官方行為皆屬非法與無效，但此種無效性無法擴大到以下所有行為，例如：出生登記、死亡和婚姻，其影響倘若被忽略，只會損害領土居民之利益。[76]

---

[73] On the aetiology of Art 41: Talmon in Talmon et al (2006) 99, 102–3; Dawidowicz in Crawford, Pellet, & Olleson (eds), *The Law of International Responsibility* (2010) 677; Pert (2012) 30 *Chinese (Taiwan) YBIL & Aff* 48, 49–59. See also chapter 27.

[74] *Legal Consequences of the Construction of a Wall in the Occupied Palestinian Territory*, ICJ Reports 2004 p 136, 171; cf ibid, 232 (Judge Kooijmans).

[75] Cf the Stimson Doctrine: LNOJ, Sp Supp 101 (1932) 87–8 ('it is incumbent upon the members of the League of Nations not to recognize any situation, treaty or agreement which may be brought about by means contrary to the Covenant of the League of Nations or the Pact of Paris'). Further: 1 Lauterpacht (1970) 308, 337–48; Turns (2003) 2 *Chin JIL* 105; Fabry (2010) 135–7; Grant, 'Doctrines (Monroe, Hallstein, Brezhnev, Stimson)' (2014) *MPEPIL*, §C. See further chapter 27.

[76] *Namibia*, ICJ Reports 1971 p 16, 56. Also: *Loizidou v Turkey*, Merits (1996) 108 ILR 443, 462. Generally: Ronen (2011) 80–100.

上述觀點與美國及後來英國所採用之歷史立場非常相似，因此，「不被承認國家」（non-recognizing state）之國內法院可以繼續實施本質上屬於內部及私法性質之權利與責任，即使該國法律亦屬於「不被承認制度」（non-recognized regimes）。

在某些情況下，「不承認」之責任被詳細記載，並可能與建議或要求之措施產生關聯，成為一種「制裁」或「強制執行」之形式。聯合國安理會 1965 年和 1966 年之決議，將羅德西亞之史密斯政權（Smith regime in Rhodesia）定性為違反「聯合國憲章」之非法政權，並呼籲所有國家不予承認。[77] 類似問題亦出現在委任統治終止後的納米比亞（前西南非，formerly South West Africa）之局勢、[78] 南非之「班圖斯坦」（Bantustans）、[79] 1974 年土耳其入侵後北賽普勒斯共和國（TRNC）地位，[80] 以及關於印尼兼併東帝汶之爭議。[81] 晚近由於國際法院 *Wall advisory opinion* 之意見，以色列在占領區領土上之活動亦違反國際法義務【147】，法院認為：

> 鑒於所涉權利和義務的性質和重要性，法院認為，所有國家都有義務「不承認」在巴勒斯坦被占領土（Occupied Palestinian Territory），包括東耶路撒冷（East Jerusalem）及其周圍地區修建隔離牆（Wall）所造成之非法局勢。所有國家

---

[77] SC Res 216 (1965); SC Res 217 (1965); SC Res 232 (1966); SC Res 253 (1968); SC Res 277 (1970). Later: SC Res 318 (1972); SC Res 320 (1972); SC Res 388 (1976); SC Res 409 (1977); SC Res 423 (1978). On the UN resolutions concerning Rhodesia: Fawcett (1965–6) 41 *BY* 103; McDougal & Reisman (1968) 62 *AJIL* 1; Dugard (1987) 90–8; Gowlland-Debbas, *Collective Responses to Illegal Acts in International Law* (1990); Ronen (2011) 27–37.

[78] Generally: *Namibia*, ICJ Reports 1971 p 16.

[79] SC Res 385 (1976); SC Res 402 (1976); SC Res 407 (1977); SC Res 417 (1977).

[80] SC Res 541 (1983); SC Res 550 (1984). Further: Case C-432/92 *R v Minister of Agriculture, Fisheries and Food, ex p SP Anastasiou (Pissouri) Ltd* (1994) 100 ILR 257; *Loizidou v Turkey, Preliminary Objections* (1995) 103 ILR 622; *Loizidou v Turkey*, Merits (1996) 108 ILR 443; *Demopoulos v Turkey* (2010) 158 ILR 88. Generally: Ronen (2011) 38–54.

[81] GA Res 3485(XXX), 12 December 1975; GA Res 31/53, 1 December 1976; GA Res 32/34, 28 November 1977; GA Res 33/39, 13 December 1978; GA Res 34/40, 21 November 1979; GA Res 35/27, 11 November 1980; GA Res 36/50, 24 November 1981; GA Res 37/30, 22 November 1982; SC Res 384 (1975); SC Res 389 (1976). Further: Ronen (2011) 54–61; Vidmar (2012) 61 *ICLQ* 361, 367–8; Qerimi (2013) 36 *T Jeff LR* 181, 201–3. Also: *East Timor (Portugal v Australia)*, ICJ Reports 1995 p 90.

亦負有義務不提供援助，或協助維持此類隔離牆建築設施所
造成之情況。[82]

聯合國大會隨後呼籲所有成員「遵守諮詢意見中提及的法律義務」，[83] 但
安理會沒有就此事採取任何行動，亦沒有國家承諾改變其對以色列違法行爲之
態度，甚至在援助的提供方面亦相當沉默。[84]

聯合國大會亦呼籲所有成員與歐盟一起，「集體不承認」俄羅斯兼併克
里米亞及塞瓦斯托波爾（Crimea and Sevastopol），歐盟甚至對俄羅斯實施制
裁。[85] 然而，基本情況仍未解決。[*1]

5. 國家法院面對承認之問題

(1) 概述

「個別承認」（individual recognition）可能在國內法上產生重要的實際
影響。[86] 地方法院倘若願意，或有義務聽從行政機關建議之情況下，不被承認
之國家或政府（unrecognized state or government）無法要求管轄豁免、不能獲
得承認其立法及司法行爲之法律衝突（conflict of laws）、亦無法於地方法院

---

[82] *Wall*, ICJ Reports 2004 p 136, 200.

[83] GA Res ES-10/15, 20 July 2004, para 3.

[84] Ronen (2011) 312 attributes the ineffectiveness of collective non-recognition to (1) non-uniform application of the duty (Soviet annexation of the Baltic states, Indonesian annexation of East Timor), (2) the internal strength of certain illegal regimes (the case of Rhodesia), or (3) the political consequences inherent in implementing non-recognition (the case of Israel and Palestine). Talmon in Talmon et al (2006) 99, 125, is more sanguine, but believes the scope of the duty to be limited.

[85] GA Res 68/262, 27 March 2014, op para 6. On sanctions: e.g. Council Regulation (EU) 692/2014, OJ L183/9; Council Regulation (EU) 1351/2014, OJ L365/46. For individual non-recognition and sanctions: Daugirdas & Mortensons (2014) 108 *AJIL* 783, 800, 803–4.

[*1] 【譯注】俄羅斯與烏克蘭間之關係，自 2022 年俄羅斯採取「特殊軍事行動」後，更兼併
盧甘斯克（Luhansk）、頓內次克（Donetsk）、扎波羅熱（Kherson）、赫爾松（Zaporizhia）
等四地，並於占領區進行公投將其劃爲俄羅斯之新領土。聯合國與其多數成員國亦「不承
認」俄羅斯之主張。

[86] Generally: Mann (1943) 29 *GST* 143; Merrills (1971) 20 *ICLQ* 476; Nedjati (1981) 30 *ICLQ* 388; Verhoeven (1985) 192 Hague *Recueil* 13; Talmon (1998) Appendix I; Fatima, *Using International Law in Domestic Courts* (2005) 388; McLachlan, *Foreign Relations Law* (2014) ch 10; ILA Committee on Recognition/Non-Recognition in International Law, Second (Interim) Report (2014), 76 ILA Rep Conf 424, 433–45.

提起訴訟。因此，國內法院對於「承認」問題所採取之態度，將呈現法院所在地國的外交政策，因此，使用國內法案例以確立關於一般國際法承認之建議時，需要格外謹慎。特別需要留意者，由於許多國內法院在「涉外關係」（foreign relations）問題上採取憲法立場，故將國內法案件作爲支持國家構成地位（constitutive position）之證據並不合理。

(2) 英國法院之立場

【148】在「承認」議題上，英國司法機構歷來堅持兩項密切相關之原則。首先，於 *Arantzazu Mendi* 一案中所表達：「我們國家不能在此事件上用兩種聲音說話，司法說一套，行政卻說另一套」；[87] 其次，雖然行政與司法都被認爲係國家的體現，但僅有前者始有資格決定外交政策。因此，自然而然地，法院無權「承認」一個國家或政府；[88] 相反地，法院必須聽從於行政部門之指導。因此，在早期 *Annette* 案中，[89] 法院拒絕將國家豁免權擴大到不被承認之「俄羅斯北部臨時政府」之船舶（unrecognized Provisional Government of Northern Russia）。最近，於 *Bouhadi v Breish* 一案中，法院被要求裁定利比亞政府有權任命投資局主席（Libyan Investment Authority's chairperson），其中具爭議的問題，因兩個任命係由相互競爭之機構所作出；在英國行政部門聲明其不承認任何一個機構，並聲稱目前優先事項係以「建立一個民族團結政府」（to establish a Government of National Accord）以「澄清利比亞投資局之領導」（clarify the leadership of the Libyan Investment Authority）後，法院宣布休庭。[90] 雖然英國政府已公開表示停止發布正式的政府承認聲明，但偶爾仍

---

[87] [1939] AC 256, 264 (Lord Atkin). This principle still exists: *Adams v Adams* [1971] P 188, 198 (Simon P); *Re Westinghouse Electric Corp Uranium Contract Litigation (Nos 1 and 2)* [1978] AC 547, 617; *Gur Corp v Trust Bank of Africa Ltd* [1987] QB 599, 604 (Steyn J), on appeal, ibid, 625 (Nourse LJ); *Lonrho Exports Ltd v Export Credits Guarantee Department* [1999] Ch 158, 179 (Lightman J); *R (Sultan of Pahang) v Secretary of State* (2011) 152 ILR 543, 548 (Maurice Kay LJ), 554 (Moore-Bick LJ); *British Arab Commercial Bank plc v National Transitional Council of the State of Libya* (2011) 147 ILR 667, 676–7 (Blair J); *Al Attiya v Al Thani* (2016) 174 ILR 519, 544 (Blake J).

[88] As noted by Mann (1943) 29 *GST* 143, 145: '[t]he Courts cannot *make* foreign policy' (emphasis in original).

[89] [1919] P 105. Also: *Luther v Sagor* [1921] 1 KB 456, on appeal: [1921] 3 KB 532.

[90] [2016] EWHC 602 (Comm).

會這樣做，於此情況下，該證書將被法院視為決定性的關鍵。[91]

在未有政府承認聲明證書之情況下，法院可以審查「行政行為」以推斷承認已經發生，法院可以審視整個事件，但無需猜測未表達之意圖。[92] 在 *Republic Somalia v Woodhouse Drake and Carey (Suisse) SA* 一案中，本案於沒有證書之情況下，Hobhouse 認為以下因素乃具有決定性：(i) 系爭政府是否為該國憲法上政府（constitutional government of the state）；(ii) 其行政控制之程度、性質以及穩定性；(iii) 該行政部門（人員）是否與該政府有過任何往來，以及該往來之性質；(iv) 僅在很少見之案例中，【149】他國對於政府的態度。[93] Hobhouse 進一步補充，雖然外交及聯邦事務部之聲明作為證據具有很強之說服力，但並未得到完全承認，且並非決定性的關鍵。[94]

倘若行政部門選擇將其認可限定為事實上（*de facto*）而非法律上（*de jure*）之承認，問題可能會變得複雜。在 *AM Luther v James Sagar & Co* 一案中，上訴法院認為，僅在事實基礎上（*de facto* basis）擴大「承認」此一事實，並沒有減少國家可獲得之合法權利。[95] 此一立場在 *Haile Selassie* 案中得到證明，[96] 該案為衣索比亞皇帝對位於英國的資產提出之求償，當時英國承認義大利為「事實上政府」（*de facto* government），而 Selassie 仍然具有「法律上主權」（*de jure* sovereign）。一審認為，義大利作為「事實上權力機構」並未減損衣索比亞皇帝追回涉案資產之能力，但在被告上訴前，英國政府在「法律上承認」（*de jure* recognition）義大利為衣索比亞之權力機構。上訴法院裁

---

[91] E.g. *Mighell v Sultan of Johore* [1894] 1 QB 149, 158 ('When once there is the authoritative certificate of the Queen through her minister of state as to the status of another sovereign, that in the courts of this country is decisive'); *Carl Zeiss Siftung v Rayner and Keeler Ltd (No 2)* [1967] AC 853, 43 ILR 25; *Gur Corp v Trust Bank of Africa Ltd* [1987] QB 599; *Veysi Dag v Secretary of State* (2001) 122 ILR 529, 535–6; *British Arab Commercial Bank plc v National Transitional Council of the State of Libya* (2011) 147 ILR 667, 676–7 (Blair J); *Bouhadi v Breish* [2016] EWHC 602 (Comm), [33] (Blair J).

[92] *Gur Corp v Trust Bank of Africa Ltd* [1987] QB 599, 625. Cf Mann (1987) 36 *ICLQ* 348, 349–50; Beck (1987) 36 *ICLQ* 350.

[93] [1993] QB 54, 68.

[94] Ibid, 65. Further: *Sierra Leone Telecommunications Co Ltd v Barclays Bank* [1998] 2 All ER 821.

[95] [1921] 1 KB 456.

[96] *Haile Selassie v Cable & Wireless Ltd (No 2)* [1939] 1 Ch 182.

定，從事實上授權的首次延展日起具有追溯力。[97] 因此，衣索比亞皇帝之主張被取代，任何財產上權利都歸義大利國王所享有。

　　Haile Selassie 一案將一個明顯問題賦予新的詮釋，亦即在同一領土上，可能同時存在「法律上」與「事實上」之政府。[98] 從歷史上看，英國法院的做法乃「統一到僵化之地步」（uniform to the point of rigidity）：[99] 不被承認之國家與政府行為並未獲得重視。[100] 但是，法院已經採用了一些手段來緩解此問題。首先，此狀況實際上乃屬於「法律虛構」（legal fiction）情境，係於推定機構之基礎上運作：不被承認實體（non-recognized entity）之行為，被認為係在合法主權授予其權力下始能執行。在 *Carl Zeiss* 一案中，[101] 上議院將德意志民主共和國（GDR）未獲承認政府之行為，解釋為蘇聯附屬機構、相關領土上「法律上政府」（*de jure* government）之行為；實際上，東德政府之行為，可能產生通常被視為來自於「法律上政府」之權利及責任，此狀態並未違反行政部門之「不承認」（non-recognition）政策。*Gur Corp* 案亦出現類似情況，上訴法院裁定 Bantustan of Ciskei 不被承認，而係屬於南非的附屬機構。[102]

　　【150】第二種方法允許針對「未承認國家」狀態內部私人行為予以「承認」；簡言之，英國法院試圖「承認」完全屬於私法性質之權利及義務，與行政部分「不承認」之理由無關。[103] 在 *Hesperides Hotels* 一案中，Lord Denning MR 表達此觀點，即一個「不被承認實體」（non-recognized entity）之法律可能會產生在英國法院可反對之權利及義務，只要該事件涉及「人們的日常事務」（day-to-day affairs of the people），例如：婚姻、離婚、租約、職業等問

---

[97] But cf *Gdynia Ameryka Linie Zeglugowe AS v Boguslawski* [1953] AC 11 (recognition of the new de jure government's acts only retrospective 'in so far as those acts related to matters under its control at the time when the acts were done'); *Civil Air Transport Inc v Civil Air Transport Corp* [1953] AC 70 ('retroactivity of recognition operates to validate acts of a *de facto* Government which has subsequently become the new *de iure* government, and not to invalidate acts of a previous *de iure* Government').

[98] Generally: Mann (1987) 36 *ICLQ* 348.

[99] Lauterpacht (1947, repr 2013) 145.

[100] E.g. *City of Berne v Bank of England* (1804) 9 Ves Jun 346; *AM Luther v James Sagor & Co* [1921] 1 KB 456. Much later: *Adams v Adams* [1971] P 188.

[101] *Carl Zeiss Siftung v Rayner and Keeler Ltd (No 2)* [1967] AC 853. Also: Greig (1987) 83 *LQR* 96.

[102] *Gur Corp v Trust Bank of Africa Ltd* [1987] 1 QB 599.

[103] Further: *Caglar v Billingham* (1996) 108 ILR 510, 534.

題。[104] Lord Donaldson MR 於 *Gur Corp* 案中同意此觀點，並指出：

> 我認爲私法保留（private law reservation）有很大之影響力，因爲將一個國家或政府視爲「沒有法律」（without the law）是一回事；而將其領土上的居民視爲無法有效結婚、生育婚生子女、以信用貸款購買商品，或從事無數具有法律效果之日常活動的人，視爲「不法分子」（outlaws），則完全是另一回事。[105]

上述「私人行爲」之例外，亦適用於 *Sumner Jin Emin v Yeldag* 一案，[106] 法院擴大 Lord Denning 之立場，將所有在「不被承認國家」內所進行之私人行爲全部包括在內，法官指出：(i) 沒有法律禁止承認該行爲，並且；(ii) 承認行爲沒有損害行政部門之政治或外交目標。[107]

例外之限制在 *Kibris Turk* 一案中得到證明，法院審查交通大臣拒絕允許土耳其航空公司運營英國及北賽普勒斯（Turkish Republic of Northern Cyprus, TRNC）之間航班的決定，而 Wyn Williams J 維持該決定係基於以下兩原因：首先，雖然賽普勒斯政府僅控制該島南部，但其爲「芝加哥公約」（Chicago Convention）[108] 在意義上就系爭領土之「承認政府」（recognized government），因此有能力監督與管理該領土內之空中交通；[109] 其次，倘若法院允許頒發許可證，則將與政府長期以來，不承認北愛爾蘭共和國之做法互相

---

[104] *Hesperides Hotels Ltd v Aegean Turkish Holidays* [1978] QB 205, 218. Also: *Carl Zeiss Siftung v Rayner and Keeler Ltd (No 2)* [1967] AC 853, 954 (Lord Wilberforce).

[105] *Gur Corp v Trust Bank of Africa Ltd* [1987] 1 QB 599, 622.

[106] [2002] 1 FLR 956; cf *B v B* [2000] FLR 707. Also: *Parent v Singapore Airlines & Civil Aeronautics Administration* (2003) 133 ILR 264. Further: Ronen (2004) 63 *CLJ* 268.

[107] The Foreign Corporations Act 1991 (UK), s1, provides that where a question arises as to the corporate status of a body under the laws of a non-recognized country, and those laws are applied by a settled court system, the question shall be determined as if the territory were a recognized state. Also: UKMIL (1991) 62 *BY* 535, 565–8.

[108] Convention on International Civil Aviation, 7 December 1944, 15 UNTS 295 (as amended).

[109] *R (Kibris Türk Hava Yollari & CTA Holidays) v Secretary of State for Transport* (2009) 148 ILR 683, 701–7. The decision was affirmed on appeal: (2010) 148 ILR 715. Further: Talmon (2005) 43 *AdV* 1; Talmon (2009) 8 *Chin JIL* 135.

矛盾：法院認爲於此部分不得援引「私人行爲」例外原則：

> TRNC 政府許多與航空有關之行爲都係對外公開且具有國際性質，但卻未被恰當地描述爲規範居住在 TRNC 居民之日常事務法律，此正如同 Lord Denning MR 或 Sumner 所描述的情況。本法院有義務拒絕接受在「不被承認領土」上所進行的行爲有效性【151】，除非有關行爲可適當地被視爲規範有關領土內人民之日常事務，並在本質上可適當地被視爲係具備私人之特質。[110]

(3) 美國法院之立場

　　許多關於「不承認」之判例，源於美國拒絕承認蘇聯，從蘇聯於 1922 年出現，[111] 一直到 1933 年「羅斯福・利特維諾夫協議」（Roosevelt-Litvinov Agreements）。[112] 美國對於一般政府承認之立場，規定於美國法律整編第三版（Restatement Third）：[113]

> A. 不被承認爲國家之實體，或不被承認爲國家政府之政權，在美國通常被拒絕訴諸法院；
> B. 不被承認爲國家政府之政權，無權擁有屬於該國家位於美國之財產；
> C. 美國法院通常會審酌代表不被承認爲國家之實體及其政權的行爲，或不被承認爲國家政府的政權所爲行爲，倘若上述行爲適用於該政權控制下之領土，並且僅限涉及其國內事務。

---

[110] *R (Kibris Türk Hava Yollari and CTA Holidays) v Secretary of State for Transport* (2009) 148 ILR 683, 714.

[111] E.g. *Wulfsohn v RSFSR*, 234 NY 372 (1923). On the early US cases: Dickinson (1931) 25 *AJIL* 214; Borchard (1932) 36 *AJIL* 261; Lauterpacht (1947, repr 2013) 145–50 (comparing early UK and US practice).

[112] Further: Kallis (1933) 20 *Va JIL* 1; Talmon (1998) 34–7; Grant (1999) 49–51.

[113] Generally: Fountain (1988–89) 29 *Va JIL* 473. For a reaffirmation of the executive's exclusive power of recognition: *Zivotofsky v Kerry, Secretary of State*, 576 US (2015); McLachlan, 'Speaking with One Voice on the Recognition of States' (2015) 109 *AJIL Unbound* 61.

關於上述原則 A 與 B，美國情況與英國類似：一個不被承認之國家[114] 或政府，既不能出現於法庭上，亦不能主張對在美國持有財產之權利。[115] 雖然美國法院已經表明僅依據「不承認」，並非決定性的關鍵；[116] 但倘若行政部門明確表示法院應對「不承認國家」（unrecognized state）關閉，司法部門通常會遵循該意見。

然而，依據案件事實、「准許」或「不准許」訴諸法院之實際後果，以及【152】「准許」訴諸法院與美國外交政策目標之密切程度等考量下，[117] 得放寬對訴諸法院之禁止態度。因此，在 *Upright v Mercury Business Machines Co* 一案中，[118] 雖然美國政府不承認 GDR，但並不妨礙 GDR 機構簽發之貿易承兌匯票簽署人提起訴訟。相反地，Kunstsammlungen zu Weimar 原為一家東德政府機構，被轉變為一個「獨立法人」以試圖干預有關追回兩幅珍貴畫作之案件。法院裁定：正式變更組織對於東德就上開機構之控制力並無影響，法院否認其存在，並指出否則將「使我們政府不承認東德（GDR）成為一種毫無意義的狀態」。[119]

自南北戰爭以來，[120] 美國法院認可「不被承認國家」（non-recognized

---

[114] But cf the special provisions under the Taiwan Relations Act, 22 USC §3301 and further *Mingtai Fire and Marine Insurance Co Ltd v United Parcel Service*, 177 F3d 1142 (9th Cir, 1999). Further: Lee, *The Making of the Taiwan Relations Act* (2010); Ahl, 'Taiwan' (2008) *MPEPIL*. More generally, non-recognized governments are still offered certain protections under the US Criminal Code in relation to, e.g., counterfeiting of currency or killing of officials and representatives: 18 USC §§11, 1116. Non-recognized states are also entitled to sovereign immunity: *Wulfsohn v RSFSR*, 234 NY 372 (1923); cf *Klinghoffer v SNC Achille Lauro*, 937 F2d 44 (2d Cir, 1991).

[115] E.g. *The Penza*, 277 F 91 (EDNY, 1931); *The Rogdai*, 276 F 294 (ND Cal, 1920); *RSFSR v Cibrario*, 235 NY 255 (1923); *Republic of Vietnam v Pfizer Inc*, 556 F2d 892 (8th Cir, 1977). However, the courts remain open to recognized governments with which the US does not have diplomatic relations: *Banco Nacional de Cuba v Sabbatino*, 376 US 398, 408–12 (1964).

[116] E.g. *Ministry of Defence of the Islamic Republic of Iran v Gould Inc* (1988) 82 *AJIL* 591; *Petrochemical v The M/T Stolt Sheaf*, 860 F2d 551 (2d Cir, 1988).

[117] E.g. *The Maret*, 145 F2d 431, 439 (3d Cir, 1944); *Transportes Aeros de Angola v Ronair*, 544 F Supp 856, 863–4 (D Del, 1982) (corporations owned by non-recognized governments permitted to appear); *Russian Volunteer Fleet v US*, 282 US 481, 492 (1931) (alien investor from non-recognized country entitled to compensation for expropriation). Further: 1 *Restatement Third* §205, comment *(a)*.

[118] 213 NYS (2d) 417 (1961).

[119] *Kunstsammlungen zu Weimar v Elicofon*, 358 F Supp 747, 757 (EDNY, 1972), affirmed on appeal: 478 F2d 231 (2d Cir, 1973). The US later recognized the government of East Germany, after which it was permitted to intervene: *Federal Republic of Germany v Elicofon*, 358 F Supp 747 (EDNY, 1972).

[120] E.g. *Texas v White*, 74 US 700 (1868).

states）之行為，前提是此類行為「僅處理私人、地方及內部事務」（private, local and domestic matters），而並非不被承認實體「超出邊界之事務」（matters extending beyond the borders）。[121] 上述觀點，實際上預示允許法院採取「私人行為例外」之原則，Lauterpacht 稱之為「正義和公共政策」（justice and public policy）原理，[122] 其基本原則於 *Salimoff v Standard Oil Co of New York* 一案中可為證明。法院拒絕承認蘇聯係一個管理國內事務之政府，乃虛構出其不應該擁有之真實感。[123] 然而，上述原則之侷限性，可於 *The Maret* 案中看出，[124] 法院拒絕認可不被承認之愛沙尼亞蘇維埃共和國（unrecognized Soviet Republic of Estonia）將船舶國有化之事實。[125]

(4) 歐洲之立場

(i)「泛歐洲」之傾向

歐洲對於「不承認」之法律後果因國家而異，但泛歐機構，尤其是歐洲法院（European Court of Justice）提供相關之法理架構。作為一般規則（瑞士與荷蘭為明顯例外），[126]「不被承認國家」沒有出庭之權利（right of appearance），其行為將【153】不會被歐洲法院宣告生效。[127] 在早期之「蘇聯婚姻案」（*Soviet Marriages*）中可得到印證，匈牙利皇家上訴法院（Royal Hungarian Court of Appeal）拒絕認可依據「不被承認之蘇聯」之法律所締結的婚姻：[128] 正如同義大利最高法院（Italian Court of Cassation）對東德（GDR）所持態度，此立場在 20 世紀後期有所軟化。

---

[121] *Carl Zeiss Siftung v VEB Carl Zeiss*, 293 F Supp 892, 900 (SDNY, 1968). Also: *Sokoloff v National City Bank of New York*, 239 NY 158 (1924). Further: Lauterpacht (1947, repr 2013) 147; 1 *Restatement Third* §202, reporter note 6; ibid, §205, reporter note 3.

[122] Lauterpacht (1947, repr 2013) 147.

[123] 186 NE 679, 882 (1933). Further: Dickinson (1933) 27 *AJIL* 743.

[124] *Maret*, 145 F2d 431 (3d Cir, 1944).

[125] Further: *Autocephalous Church of Cyprus v Goldberg and Feldman Fine Arts Inc*, 917 F2d 278 (2d Cir, 1990).

[126] E.g. *Schinz v High Court of Zurich* (1926) 3 ILR 32; *Exportchleb Ltd v Goudeket* (1935) 8 ILR 117; *X v Y* (1946) 13 ILR 19; *South Moluccas v Netherlands New Guinea* (1954) 21 ILR 48; *VEB Carl Zeiss Jena v Carl Zeiss Heidenheim* (1965) 72 ILR 550; *Billerbeck and Cie v Bergbau-Handel GmbH* (1967) 72 ILR 59; *Wang v Switzerland*, ILDC 90 (CH 2004).

[127] On the early European cases: Lauterpacht (1947, repr 2013) 151–3.

[128] (1925) 3 ILR 31.

依據義大利與整個歐洲大陸長期存在之原則，該法律問題係
確定於義大利生效，而於外國執行的私法上行為，則一國
是否與另一國保持外交關係，或後一國家是否得到前一國
家的承認，皆無關緊要，因為後者之國際私法規則都將得
到執行。執行外國法律規則之唯一先決條件係「有效性」
（effectiveness）原則，前提係特定法律之規定，亦無須透過
互惠待遇，只要待執行外國法律原則不與法庭的法（lex fori）
之基本原則相牴觸即可，於此情況下，基於公共政策原因，
不可執行外國法律。[129]

　　論述方法上之差異，可能取決於國內法院是否準備好適用國際法。在某
些國家，司法機構將「承認」之政治問題與「國家地位」加以區別，並自行
評估該實體之法律能力，而並非依循行政部門行為。此觀點可參考 *Fretilin v
Netherlands* 一案，本案涉及東帝汶抵抗組織（East Timorese resistance group）
試圖阻止向印尼政府出售三艘荷蘭護衛艦（Dutch corvettes），阿姆斯特丹地
方法院認為東帝汶並非一個國家，因此 Fretilin Liberation Front（東帝汶獨立
解放陣線）不具備法律人格，因此拒絕受理該訴訟。然而，法院認為，此問
題必須由法院獨立決定，而不考慮其「承認」問題，而且法院係「依據國際
法規定之國家地位的事實標準予以判斷」。[130] 晚近案例可參考義大利最高法院
（Italian Court of Cassation）於 *Djukanovic* 案中裁定蒙特內哥羅當時並非一個
國家。[131]

　　在 *Anastasiou I* 案中，[132] 歐洲法院審理英國高等法院（English High
Court）向其提交關於從北賽普勒斯（TRNC）進口農產品之問題，依據 1972
年歐洲共同體與賽普勒斯共和國間所簽訂之聯合協定（Association Agreement

---

[129] *Warenzeichenverband Regekungstechnik EV v Ministry of Trade and Industry* (1975) 77 ILR 571, 571.

[130] *Democratic Republic of East Timor & Fretilin v State of the Netherlands* (1980) 87 ILR 73, 74. Also: *FRG-GDR Relations Case* (1973) 78 ILR 149, 165–6.

[131] *Italy v Djukanovic*, ILDC 74 (IT 2004).

[132] Case C-432/92 *R v Minister of Agriculture, Fisheries and Food, ex p SP Anastasiou (Pissouri) Ltd* (1994) 100 ILR 257.

between the European Communities and the Republic of Cyprus in 1972），以及
1977 年締結議定書之條款，爲獲得優惠關稅待遇，每批出口貨物都必須附有
海關機構所簽發之出口國原產地證明證書。然而，北賽普勒斯（TRNC）貨物
出口到英國與其他地方，[133] 並附有 TRNC 當局出具之證書，【154】引發了一
個法律上問題：此證書對於上開協議及議定書之目的而言，是否有效？雖然上
述爭議主要集中於對相關文本之解釋上，但英國及歐盟委員會認爲，否認證書
之有效性，亦即代表否認 TRNC 居民享有協議及議定書所賦予之關稅優惠，
因此「納米比亞例外」（Namibia exception）原則應予適用，[134] 故法院採納了
Gulmann 總檢察長（Advocate-General）之立場，[135] 認爲：

> 雖然由於 1974 年土耳其武裝部隊（Turkish armed forces）之
> 干預，賽普勒斯領土事實上（*de facto*）被劃分爲：一個賽普
> 勒斯共和國（Republic of Cyprus）政府得繼續充分行使其權
> 力之地區；以及另一個他們實際上無法行使權力之地區。因
> 此，提出在將聯合協定適用於整個賽普勒斯方面難以解決之
> 問題，此現象不保證其當然違背 1977 年議定書關於產品原產
> 地及行政合作所要求的明確、準確及無條件之規定。[136]

(ii) 擴大納米比亞例外

雖然歐洲法院在 *Anastasiou I* 案中作出判決，但「納米比亞例外」原則，
可說在歐洲人權法院得以擴大解釋。[137]

在 *Loizidou v Turkey* 一案中，土耳其之抗辯主張，爲給予逃離南方流離失
所之土耳其裔賽普勒斯人（Turkish Cypriots）提供住房，北賽普勒斯（TRNC）
沒收流離失所的希臘裔賽普勒斯人（Greek Cypriots）的房屋係屬正當行爲。

---

[133] Belgium, France, Germany, Ireland, Italy, Netherlands: ibid, 270.

[134] (1994) 100 ILR 257, 276. Further: *Namibia*, ICJ Reports 1971 p 16, 56.

[135] (1994) 100 ILR 257, 281.

[136] Ibid, 297. But cf Case C-219/98 *R v Minister of Agriculture, Fisheries and Food, ex p SP Anastasiou (Pissouri) Ltd* [2000] ECR I-5241.

[137] Ronen (2011) 88–98; Orakhelashvili in Baetens & Chinkin (2015) 172, 177–9.

多數法官並未完全拒絕此一論點，但表示於本案情況下，徵收行為不符合比例原則。[138] 法院在 *Cyprus v Turkey* (*Fourth Interstate Case*) 一案中走得更遠，法院進一步承認，於 TRNC 境內可採用土耳其所提供之「國內救濟」程序，作為其救濟措施。法院認為，[139]

> 值得注意者，國際法院諮詢意見清楚地表明，在與本案類似之情況下，忽略「事實上實體」（*de facto* entities）行為並非絕對義務。系爭領土上的居民日常生活仍在持續，必須允許其生活，居民更應受到「事實上管理機構」（*de facto* authorities）及其法院之保護。為當地居民之利益，第三國或國際機構，尤其當地法院，或甚至包括本院在內，不能簡單地忽視上述機構之相關行為。否則，無異於剝奪該領土居民在國際法層面討論過的所有權利，亦等同於剝奪該居民應享有之「最低標準權利」（minimum standard of rights）。[140]

【155】在 *Demopoulos v Turkey* 一案中，法院於此上述基礎中往前推進，依據「歐洲人權公約」（European Convention on Human Rights）第 35 條第 1 款規定，法院以 TRNC 之國內救濟措施尚未窮盡為由，禁止當事人訴諸法院。[141]

6. 結論

本書雖然不斷嘗試廢除「建構理論」（constitutive theory），並將「承認」視為普通國家間同意及默許過程之表現，「正式外交承認」（formal diplomatic recognition）仍然是選擇之一，且用於涉及新國家，或偶爾有新政

---

[138] *Loizidou v Turkey*, Merits (1996) 108 ILR 443, 468; 474 (Judge Baka, diss), 481 (Judge Pettiti, diss). Further: *Foka v Turkey* (2008) 158 ILR 88; *Protopapa v Turkey* [2009] ECtHR 16084/90.

[139] (2001) 120 ILR 10, 42–6.

[140] Ibid, 44–5.

[141] (2010) 158 ILR 88, 116–38. Further: Ronen (2011) 95; Loucaides (2011) 24 *LJIL* 435, and see chapter 27.

府衝突之狀況，並以某種方式予以確定。事實上，被一個國家或甚至大多數國家「承認」，無法依據普通原則構成，或「不被承認國家」（non-recognizing states）欲解決其實體承認地位（status of the recognized entity），似乎依舊無法確定。鑒於國家間關係之「去中心化體系」（decentralized system）及以第三方解決此爭議相當罕見，故關於「承認」爭論不休之情況，從結果上而言，並未如現在所見之混亂。

第七章　國際組織

1. 概述

　　【156】正如第一章所討論的，在 18 世紀末及 19 世紀，各國發展出多邊合作形式，以補充對於雙邊條約與外交之依賴，其中包括第一批國際組織。最初，此類組織之授權受到限制，例如 1856 年多瑙河歐洲委員會（European Commission of the Danube），以及 1865 年國際電報聯盟（International Telegraph Union）。但在 1920 年後，國際聯盟及聯合國提供更完善的普遍維持和平之概念，並建立起許多與技術、經濟、社會合作有關之專門機構。國際組織與機構之多樣性研究是政治與社會科學之一個學科，而本章將聚焦於說明國家間組織產生之主要法律問題。[1]

2. 法人資格

(1) 國際組織作為國際法之主體

　　由於現存之國際組織數量眾多，[2] 很難找到可以涵蓋全貌之定義。而在國際法上可茲參考之文書，【157】可見於 2011 年 ILC 國際組織責任條款（Articles on the Responsibility of International Organizations）第 2 條第 (a) 項，其中規定：

---

[1] Generally: Sands & Klein, *Bowett's Law of International Institutions* (6th edn, 2009); Lagrange & Sorel, *Droit des organisations internationales* (2013); Klabbers, *An Introduction to International Organizations Law* (3rd edn, 2015); Cogan, Hurd, & Johnstone (eds), *The Oxford Handbook of International Organizations* (2016). Also: Morgenstern, *Legal Problems of International Organizations* (1986); Sarooshi, *International Organizations and Their Exercise of Sovereign Powers* (2005); Klabbers & Wallendahl (eds), *Research Handbook on the Law of International Organizations* (2011); Ruffert & Walter, *Institutionalised International Law* (2015); Ryngaert et al (eds), *Judicial Decisions on the Law of International Organizations* (2016); Higgins et al, *Oppenheim's International Law. United Nations* (2 vols, 2017).

[2] There is no definitive list of international organizations. The *Yearbook of International Organizations 2017–2018* states that in 2017 there were 273 'conventional' intergovernmental organizations: Fig 2.1.

> 「國際組織」係指依據條約或受國際法制約之其他文書建立
> 的擁有自己國際法律人格的組織。國際組織的成員除「國家」
> 之外，尚可包括「其他實體」。[3]

　　上開條款雖然有參考價值，但該定義係於國際責任之背景下所制定，其乃以「法律人格」（legal personality）為前提。「國際組織」有可能並無法律人格，但仍然（基於條約、國家間之性質與活動）被視為係一個國際組織。儘管如此，大多數「國際組織」皆擁有其獨立人格（separate personality）。

　　雖然國際組織自 19 世紀中葉以來即已存在，但賦予其法人資格卻花費很長的時間，[4] 大致上係於 1919 年後開始發生轉變，儘管當時對國際組織的特點仍然是模稜兩可。「國際聯盟盟約」（Covenant of the League of Nations）並未提及「法律人格」；[5] 然而直到 1926 年，國際聯盟與瑞士所簽訂之「臨時協議」（modus vivendi）內容乃包含承認其於國際層面之獨立存在。[6]

　　隨後，國際法院在 Reparation for Injuries 一案 [7] 之見解，又更往前一步。在聯合國特使 Folke Bernadotte 伯爵及其隨行人員，被「猶太復國民族主義者」（Zionist nationalists）[8] 暗殺後，國際法院被要求將聯合國視為一個國際組織，於外交保護（diplomatic protection）範圍內，對其人員之傷害提出國際求償的能力提出建議，以及關於因其代理人受到侵害，而追究其對聯合國所造成之損害。聯合國憲章並未包含任何關於聯合國國際法律人格之明確規定，[9] 但國際法院藉由整個法律文件之含義明確指出，倘若聯合國欲履行其任務，「國

---

[3] A/CN.4/L.778, 30 May 2011.

[4] Bederman (1996) 36 *Va JIL* 275; Sands & Klein (6th edn, 2009) 474–6; Portmann, *Legal Personality in International Law* (2010) ch 5.

[5] The Covenant did, however, provide for immunity of officials and representatives of the League (Art 7(4)) and inviolability of League premises (Art 7(5)).

[6] *Communications du Conseil Fédéral Suisse concernant le Régime des Immunités Diplomatiques du Personnel de la Société des Nations et du Bureau International du Travail*, 18 September 1926, 7 *LNOJ* (1926) annex 911a, 1422. Further: Hill, *Immunities and Privileges of International Officials* (1947) 14–23; Gautier (2000) 4 *MPUNYB* 331, 341–2.

[7] *Reparation for Injuries suffered in the Service of the United Nations*, ICJ Reports 1949 p 174.

[8] SC Res 57 (1948).

[9] Article 104 of the Charter relates solely to legal capacity of the Organization in the municipal law of member states: Ziegler in Simma et al (eds), 2 *The Charter of the United Nations* (3rd edn, 2012) 2138.

際人格」之歸屬係必不可少之要件。[10]

　　法院進一步分析聯合國憲章本身，並確定其中默示聯合國旨在擁有法律人格之條文要件，除其他事項外，注意到會員國相對於聯合國之明確立場，以及他們協助聯合國之要求（第2條第5項）；遵守及執行安全理事會決議之義務（第25條）；聯合國大會向會員國提出建議之能力（第10條）；授予聯合國在【158】其會員國領土內的法律能力、特權和豁免權（第104、105條）；以及聯合國與其成員間締結之條約（第43條）。法院認爲，上述規定表明：

> 本組織旨在行使及享有，並且實際上正在行使及享有相關之職能與權利，僅能依據擁有大量國際人格，以及在國際層面運作之能力予以解釋。本組織係目前最高類型之國際組織，倘若不具備「國際人格」，即無法實現其創始者之意圖。而我們必須承認，本組織的成員透過將某些功能委託給本組織，以及隨各該功能而衍生之職責與責任，並賦予本組織有效履行上開功能所需之能力。
>
> 因此，法院得出結論，國際組織係一個國際法人。此觀點與將國際組織視爲一個「國家」（當然不是國家），或主張國際組織之法律人格、權利、義務與國家相同，並非同一概念；此與認爲國際組織係一個「超級國家」（super-state）更不合理：不管此概念所欲表達意思爲何。國際組織應該是國際法之主體、能享有國際權利與義務，並且有能力透過提出國際求償以維護其自身之權利。[11]

(2) 國際法人格之證明

　　目前有兩個主要理論可解釋「國際法人格」（international legal

---

[10] ICJ Reports 1949 p 174, 178-9.

[11] Ibid, 179.

personality）。[12] 其一，國際組織是否具有「國際法人格」取決於其發起國之意願，[13] 倘若國際法係基於各國自由表達同意，此現象可能會為國際組織具備「法律人格」；[14] 但有些國際組織並未明確被賦予「國際法人格」，僅能透過推論而強制產生，此爭議很明顯在聯合國早期成立的組織中發生，[15] 但於後來成立的機構，此類爭議逐漸減少。[16] 值得注意的是，由一些國家創建之國際組織，如何與第三方互動的問題，倘若第三方拒絕承認該組織之獨立人格，則可能顯示「國際法人格」概念潛在空洞（potential emptiness）。其中一種解決方案，係以第三方之「承認」作為「法律人格」之要件，但在實踐中，「承認」制度尚未擴展到國際組織。[17]

【159】而第二種，或許亦為更好之觀點係認為，國際組織可透過在國際層面履行某些職能，[18] 而獲得獨立於「承認」制度之外的「客觀法律人格」（objective legal personality）。上述觀點係國際法院在 *Reparation for Injuries* 案中，[19] 至少已部分採納之立場。因此，國際組織擁有法人資格的標準可歸納如下：

A. 國家或其他組織之「永久聯合體」（permanent association of states），具有合法目標，並設置相關機構；

B. 該組織在「法律權力與宗旨」（legal powers and purposes）部分，與其成員國之間有所區別；

---

[12] Further: Gazzini in Klabbers & Wallendahl (2011) 33, 34–6; Klabbers (3rd edn, 2015) 46–50; Higgins-Oppenheim (2017) ch 11.

[13] E.g. Sands & Klein (6th edn, 2009) 479–80.

[14] Amerasinghe (2nd edn, 2005) 79.

[15] E.g. Constitution of the United Nations Educational, Scientific and Cultural Organization, 15 November 1945, 4 UNTS 275, Art XII; Constitution of the World Health Organization (WHO), 22 July 1946, 14 UNTS 185, Art 66.

[16] E.g. UNCLOS, 10 December 1982, 1833 UNTS 3, Art 176 (International Seabed Authority); Agreement Establishing the World Trade Organization (WTO), 15 April 1994, 1867 UNTS 154, Art VIII.1; ICC Statute, 17 July 1998, 2187 UNTS 3, Art 4(1).

[17] The main counter-example was the initial non-recognition of the EEC by the USSR: Schermers & Blokker, *International Institutional Law* (5th edn, 2011) 1141, 1181–3, 1189–90. It was not a success and did not inspire imitation.

[18] The theory was first developed by Seyersted, *Objective International Personality of Intergovernmental Organizations* (1963); Seyersted (1964) 4 *Indian JIL* 53.

[19] ICJ Reports 1949 p 174, 178–9.

C. 存在可於國際範圍內行使之「法律權力」，而並非僅在一個或多個國家之國內法體系內。[20]

國際組織可能已經存在，但缺乏法人資格所必需之機構及目標。大英國協（Commonwealth of Nations）最初即為此類型之協會，但目前大英國協已被視為一個獨立之法律實體，雖然該國協仍缺乏正式之組織章程。[21] 同樣地，多邊公約可能在某種程度上透過定期會議之規定而逐漸制度化，但卻不涉及任何獨立之法律人格。在 *IFAD Advisory Opinion* 一案中，國際法院否認「全球防止荒漠化機制」（Global Mechanism to Combat Desertification）具有「法律人格」：不僅該組織章程文件中並未有就此進行明確規定，更何況該全球機制「並未聲稱於國際或任何一國國內，行使簽訂契約或締結協定之權力」。[22]

另一方面，國家聯合機構（joint agencies of states），[23] 例如：仲裁庭（arbitral tribunal）或河流委員會（river commission），可能具備有限之能力或獨立性，可被視為獨立之法人；[24] 此原則亦適用於聯合國貿易暨發展會議（United Nations Conference on Trade and Development, UNCTAD）或聯合國難民事務高級專員公署（UN High Commissioner for Refugees）等附屬機構。

其次，倘若國際組織具有相當之獨立性與干預成員國國內事務之權力，此類安排可能類似於「聯邦聯盟」（federal union）。【160】歐盟有時具有這類特徵，雖然此認定仍有商榷餘地，蓋歐盟僅能行使成員國所明確賦予之權力。[25]

---

[20] Further: Jenks (1945) 22 *BY* 267; Weissberg, *The International Status of the United Nations* (1961); Higgins-Oppenheim (2017) 385–90.

[21] On the Commonwealth of Nations: Fawcett, *British Commonwealth in International Law* (1963); Steinorth, 'Commonwealth' (2017) *MPEPIL*.

[22] ICJ Reports 2012 p 10, 36.

[23] E.g. the International Joint Commission (US–Canada): Boundary Waters Treaty, 11 January 1909, USTS 548; MacKay (1928) 22 *AJIL* 292; Spencer, *The International Joint Commission Seventy Years On* (1981); Reardon in Susskind et al (eds), *International Environmental Treaty Making* (1992) 125; International Joint Commission, *Annual Report for 2008: Boundary Waters Treaty Centennial Edition* (2008).

[24] In *Pulp Mills on the River Uruguay*, the ICJ affirmed that a river commission established by Argentina and Uruguay had 'a permanent existence of its own' and was an 'international organization with legal personality': ICJ Reports 2010 p 14, 52–3.

[25] Treaty on European Union, 7 February 1992, OJ C 191/1, Arts 4, 5. The EU is thus a classic example of the *compétences d'attribution*, referred to by the Permanent Court in *European Commission of the Danube* (1927) PCIJ Ser B No 14, 64. Also: *Exchange of Greek and Turkish Populations* (1925) PCIJ Ser B No 10.

再其次，雖然具有法人資格之國際組織，通常係藉由條約所建立，但其來源可能係國際會議之決議或各國的統一實踐。[26] 例如，聯合國工業發展組織（United Nations Industrial Development Organization, UNIDO）最初基礎係藉由聯合國大會決議而產生；[27] 而石油輸出國組織（Organization of the Petroleum Exporting Countries, OPEC），以及歐洲安全與合作組織（Organization for Security and Cooperation in Europe, OSCE）則源自政府在國際會議上所達成之共識。

簡言之，在國際層面上，沒有任何法律與行政程序，可與各國國內法上「公司」之概念相提並論。如果並未存在承認與註冊社團為法人之憲法制度，則主要測試係以「功能性」為判斷基準。事實上，從多邊到雙邊，國際間面對約 250 個國家組織存在，倘若從一個抽象方法開始進行認定，將是相當愚蠢（fatuous）之做法。

(3) 客觀人格及第三國

國際組織「法人人格」客觀理論之特點，係使該人格可與第三國相對立，雖然相關國際組織通常亦為條約之創設者。ILC 於草案第 2 條之評註中，清楚地表明此論點：「在考慮該國際組織是否可能依據本條款承擔國際責任之前，沒有必要詢問該組織之法律人格是否得到受害國之承認。」[28] ILC 認為損害賠償（Reparation for Injuries）案之判決具有決定性意義，其強調「客觀法律人格」（objective legal personality）。[29] 雖然法院以聯合國創始會員國之數量及地位作為其意見之條件，但有充分理由將此一提議適用於所有國際組織，並且已經於實踐中發生。

---

[26] The World Tourism Organization is unusual in having three tiers of membership: (1) full members (states); (2) associate members (dependencies of states); and (3) affiliate members (companies and NGOs): Gilmour (1971) 18 *NILR* 275. See also the Global Fund to Fight Aids, Tuberculosis and Malaria: incorporated as a Swiss non-profit organization, its voting board members include 'seven representatives from developing countries[,] eight representatives from donors [and] five representatives from civil society and the private sector' (Triponel (2009) 35 *NCJILCR* 173, 202).

[27] GA Res 2152(XXI), 17 November 1966, only later formalized by treaty: Constitution of the United Nations Industrial Development Organization, 8 April 1979, 1401 UNTS 3, Art 21(1).

[28] ILC Report 2011, A/66/10, 76.

[29] ICJ Reports 1949 p 174, 185.

3. 特權與豁免

【161】為實現有效運作，國際組織要求其資產、總部與其他機構、人員，以及成員國授權代表享有最低標準之自由及法律保障（minimum standards of freedom and legal security）。[30] 與外交特權和豁免類比，國際組織之代理人以及該組織本身，在地主國領土管轄權上享有必要之特權及豁免（即同意其設立總部或其他活動國家）可能被承認。然而，此類比並不完整，顯而易見有三個困難：[31] 首先，與外交豁免權相反，一個國際組織之官員通常同時具有成員國（包括地主國）之國籍，並且通常與成員國具有特殊關係。而作為外國使節團成員的接受國國民，僅能於限縮、狹隘或有條件限制之基礎上，[32] 享有外交豁免權；其次，外交官雖然不受接受國管轄（receiving state），但仍適用派遣國（sending state）之管轄權；其三，雖然基於互惠原則下，鼓勵各國尊重國際外交法（international diplomatic law），但國際組織仍無法建立有效之「制裁機制」（regime of sanctions）。

(1) 特權及豁免之法律淵源

(i) 條約法

國際組織之特權及豁免有多種法源。[33] 首先，建立該組織之法律文件通常至少包含一項一般性規定，[34] 說明該組織及其人員享有豁免權。聯合國憲章第

---

[30] Secretariat Study, ILC *Ybk* 1967/II, 154–324; El-Erian, ILC *Ybk* 1967/II, 133–53; ILC *Ybk* 1968/II, 119–62; ILC *Ybk* 1969/II, 1–21; ILC *Ybk* 1970/II, 1–24; ILC *Ybk* 1971/II(1), 1–142; *Privileges and Immunities of International Organizations*, Res (69)29 of the Committee of Ministers, Council of Europe (1970). Also: Jenks, *International Immunities* (1961); Gaillard & Pingel-Lenuzza (2002) 51 *ICLQ* 1; Sands & Klein (6th edn, 2009) 489–516; Möldner, 'International Organization or Institutions, Privileges or Immunities' (2011) *MPEPIL*; Reinisch in Klabbers & Wallendahl (2011) 132; Orakhelashvili (2014) 11 *Int Org LR* 114, 150–70; Blokker & Schrijver, *Immunity of International Organizations* (2015); Orzan in Virzo and Ingravallo (eds), *Evolutions in the Law of International Organizations* (2015) 364; Higgins-Oppenheim (2017) ch 16. Further: Reinisch (ed), *The Privileges and Immunities of International Organizations in Domestic Courts* (2013).

[31] Sands & Klein (6th edn, 2009) 490.

[32] VCDR, 18 April 1961, 500 UNTS 95, Arts 8(2), 38(1).

[33] Sands & Klein (6th edn, 2009) 490–3; Ryngaert (2010) 7 *Int Org LR* 121; Irmscher in Sarooshi (ed), *Remedies and Responsibility for the Actions of International Organizations* (2014) 443, 450–4.

[34] Other constituent instruments may establish privileges and immunities in detail: e.g. Articles of Agreement of the International Bank for Reconstruction and Development, 22 July 1944, 2 UNTS 134, Art VII (IBRD Articles); Convention on the Settlement of Investment Disputes between States and Nationals of Other States, 18 March 1965, 575 UNTS 159, Arts 18–24 (ICSID Convention).

105 條具有象徵性之意義：

1. 本組織於每一會員國之領土內，應享受於達成其宗旨所必需之特權及豁免。【162】
2. 聯合國會員國之代表及本組織之職員，亦應同樣享受於其獨立行使關於本組織之職務所必需之特權及豁免。[35]

　　特權及豁免之另一個法源，係來自於單獨的多邊協定。「聯合國特權及豁免公約」（Convention on the Privileges and Immunities of the United Nations, General Convention）[36] 是最常見的例子，該公約後續啓發其他類似文件，例如「專門機構特權及豁免公約」（Convention on the Privileges and Immunities of the Specialized Agencies）。[37] 上述公約可能會因國際組織與地主國間的「總部協議」（headquarters agreements）而進一步確立其法律地位，例如聯合國與美國之間關於紐約聯合國總部之協議。[38]

(ii) 國家法律

　　國家法律，尤其「地主國法律」（host state law），係確保國際組織特權及豁免之核心，且通常需要執行相關之國際協議。[39] 國家法律可添加至此類協議之中，或在有關國家尚未簽署協議之情況下，充當其替代規範。

---

[35] Further: Statute of the International Atomic Energy Agency, 26 October 1956, 276 UNTS 4, Art XV; Constitution of the International Labour Organization, 1 April 1919, 15 UNTS 40, Art 40; Agreement Establishing the World Trade Organization, 15 April 1994, 1867 UNTS 154, Art VIII.

[36] 13 February 1946, 1 UNTS 15 (General Convention).

[37] 21 November 1947, 33 UNTS 261. Also: General Agreement on Privileges and Immunities of the Council of Europe, 2 September 1949, 1337 UNTS 420; Agreement on Privileges and Immunities of the Organization of American States, 15 May 1949, 1438 UNTS 83; Agreement on the Privileges and Immunities of the International Criminal Court, 9 September 2002, 2271 UNTS 3. See: Reinisch & Bachmayer (eds), *The Conventions on the Privileges and Immunities of the United Nations and Its Specialized Agencies* (2016).

[38] 26 June 1947, 11 UNTS 11 (UN Headquarters Agreement). Also: Interim Agreement on Privileges and Immunities of the United Nations concluded between the Secretary-General of the United Nations and the Swiss Federal Council, 11 June 1946, 1 UNTS 164 (UN Immunities Agreement); Headquarters Agreement between the International Criminal Court and the Host State, 7 June 2007, ICC-BD/04–01–08; Sands & Klein (6th edn, 2009) 491.

[39] E.g. International Organisations Act 1968 (UK); International Organizations Immunity Act 1945, 59 Stat 669 (US); International Organisations (Privileges and Immunities) Act 1963 (Cth) (Australia).

(iii) 習慣國際法

至於特權及豁免規定於習慣國際法上之發展，[40] 某些政府和國內法院採納習慣中存在豁免（immunity exists in custom）之觀點。[41] 美國法律整編第三版（Restatement Third）中規定，國際組織在習慣法上有權享有「為實現該組織宗旨所必需之特權及豁免，包括免受法律程序、財務控制、稅收與關稅等之豁免」。[42]「豁免」偶爾會被【163】非成員國之國內法院所承認，[43] 而「豁免」在某些方面而言，亦可能具有一般法律原則之地位，雖然有學者建議，上述原則可能僅適用於具有普遍性質的「聯合國體系」下的國際組織。[44]

至於成員更有限之國際組織，此爭議仍然懸而未決，[45] 在 *Standard Chartered Bank v. International Tin Council and Others* 一案中，Bingham *J* 主張：

> 據我所知，像 ITC 之類的國際組織，在普通法體系中從未被承認享有主權地位（sovereign status）。因此，除非立法文件（legislative instrument）授予此類豁免權，並且僅在此類授予的範圍內適用；否則，ITC 在該國無權享有任何主權或外交豁免權。[46]

而依 Higgins 之見解，[47] 上述判決並未掌握要點：「豁免權」係國際組織運作所必需享有之權利，於此方面，國際組織成員數量係有限或無限沒有本質上差別。國家倘若同意接納一個國際組織，但卻剝奪其賴以預期運作之功能，似乎相當無禮（churlish），此觀點亦為國際法院於聯合國特權及豁免中所提

---

[40] Sands & Klein (6th edn, 2009) 492–3; Ryngaert (2010) 7 *Int Org LR* 121, 123–32; Wood in Blokker & Schrijver (2015) 29.

[41] Generally: *Iran–US Claims Tribunal v AS* (1985) 94 ILR 321; *Eckhardt v Eurocontrol (No 2)* (1984) 94 ILR 331.

[42] All examples given by the Reporter are of universal organizations: 1 *Restatement Third* §467(i).

[43] *ZM v Permanent Delegation of the League of Arab States to the United Nations* (1993) 116 ILR 643.

[44] Sands & Klein (6th edn, 2009) 493.

[45] Higgins (1994) 91; Reinisch, *International Organizations before National Courts* (2000) 145–57.

[46] *Standard Chartered Bank v International Tin Council* [1987] 1 WLR 641, 648.

[47] Higgins (1994) 91.

出。[48]

另一個爭議，係國際組織是否有權在「非成員國」境內享有豁免權？實踐上表明，習慣規則中並未出現關於此情況之規定。[49]馬來西亞法院認為，「禮讓」（comity）並不要求國家對於僅有英國在內有限成員之組織，必須認可其豁免權（acknowledge immunity）。[50]瑞士法院則裁定，法院對系爭國際組織與其一名官員間之僱傭糾紛沒有管轄權，[51]雖然此裁定有別於一般規則之特殊例外。[52]

然而，可能會有反對者爭辯主張，倘若國際組織之法律人格源於對其功能之客觀評估（objective assessment），並要求非締約方接受其獨立身分（separate identity），則此種法律人格必須具有該組織執行其任務所必需的屬性，包括必要時該組織及其人員之豁免權。[53]

(2)附屬於國際組織之特權及豁免

【164】如前所述，大多數國際組織之特權及豁免，法源係出自一般條約之規定；而某類型的國際組織（尤其聯合國）締結條約時，具體簽訂此類豁免權之附加條約。[54]倘若並非如此，則需要在原條約中之一般條款載明相關內容。於此情況下，可參考特權及豁免之功能性基礎，並依據各該國際組織之需要而擴大某些特定之保護範圍。蓋國際組織的功能各異其趣，其豁免權範圍亦不相同。聯合國維和部隊（UN peacekeeping forces）的經驗表明，與地主國之關係在很大程度上，取決於該行動涉及之具體功能與當地所有現況。國家法院關於國際組織代表人員豁免權之裁決，並沒有形成一套連貫一致之原則，某些

---

[48] *Applicability of Article VI, Section 22 of the Convention on the Privileges and Immunities of the United Nations*, ICJ Reports 1989 p 177, 192–6.

[49] E.g. Sands & Klein (6th edn, 2009) 493. Also: *Amaratunga v Northwest Atlantic Fisheries Organization* [2013] 3 SCR 866, para 29.

[50] *Bank Bumiputra Bhd v International Tin Council* (1987) 80 ILR 24. Also: *International Tin Council v Amalgamet Inc*, 524 NYS (2d) 971 (1988) (international organization party to an arbitration clause held to have impliedly waived immunity).

[51] *ZM v Permanent Delegation of the League of Arab States to the United Nations* (1993) 116 ILR 643.

[52] Higgins (1994) 92. Also: *Weidner v International Telecommunications Satellite Organization*, 382 A2d 508 (DC, 1978).

[53] Sands & Klein (6th edn, 2009) 493; cf Reinisch (2000) 146.

[54] Alternatively, they may be incorporated by reference: e.g. WTO Agreement, Art VIII.4.

裁決係依賴類推適用「外交豁免」（diplomatic immunities）：[55] 其他法院則採取更嚴格之功能性觀點：[56] 然而，四大豁免權及特權，通常被確定爲依附於國際組織之下，[57] 並需經該組織同意始得放棄。[58]

　　第一，「管轄豁免」（immunity from jurisdiction），亦即豁免於法院所在地國所有形式之法律程序，包括免於執行，主要適用於判決或仲裁裁決。[59] 而由此原則擴張解釋之例，可參考 General Agreement 第 2 條第 2 節之規定：[60]

> 聯合國財產及資產，不論其位於何處及保管者爲何人，應享任何方式訴訟之豁免，但爲程序起見或因契約上規定，而經明白拋棄者不在此限。訴訟程序豁免之棄權，認爲其並不推及於強制執行。

　　「管轄豁免」主要理由是，若未同意享有此豁免權，則成員國的國內法院可能對國際組織行爲之合法性作出裁決。某些國內司法管轄權試圖透過援引及類比「國家豁免權」（state immunity）中，關於「管理權行爲（非主權行爲）」（acts *jure gestionis*）及「統治權行爲（主權行爲）」（acts *jure imperii*）區分爲二類種類別，以限制「管轄豁免」之範圍。[61] 然而，國際實

---

[55] E.g. *African Reinsurance Corp v Abate Fantaye* (1991) 86 ILR 655, 691. This approach is no longer generally accepted: Reinisch (2000) 363–4. Note that some states by legislation extend absolute immunity to international organizations: e.g. International Organizations Immunities Act, 22 USC §288a(b) (providing that designated organizations 'enjoy the same immunity from suit and every form of judicial process as is enjoyed by foreign governments').

[56] Klabbers (3rd edn, 2015) 130–6. Further: Ryngaert (2010) 7 *Int Org LR* 121; Reinisch (2013) 8–9.

[57] E.g. *Shearson Lehman Bros Inc v Maclaine Watson & Co Ltd (No 2)* [1988] 1 All ER 116 (inviolability of official archives waived by communication of documents by member states to third parties); cf (regarding the relevance of inviolability for admissibility in judicial proceedings): *R (Bancoult) v Secretary of State for Foreign and Commonwealth Affairs (No 3)* (2014) 162 ILR 348, 440–3.

[58] Sands & Klein (6th edn, 2009) 493ff.

[59] Ibid, 499–500. On the distinction between immunity from jurisdiction and execution: Ryngaert (2010) 7 *Int Org LR* 121, 144–6.

[60] Further: Council of Europe Immunities Agreement, Art 3; ICSID Convention, Art 20; ICC Immunities Agreement, Art 6. A constituent instrument may also narrow the scope of the immunity: e.g. IBRD Articles, Art VII(3). Also: Sands & Klein (6th edn, 2009) 495.

[61] E.g. the practice of the Italian courts: *Branno v Ministry of War* (1954) 22 ILR 756; *Indpai v Food and Agriculture Organization* (1982) 87 ILR 5; *Drago v International Plant Genetic Resources Institute* (2007) ILDC 827. For the US approach: Young (2012) 44 *Geo JIL* 311. For rejection of this approach in the UK (obiter): *Assuranceforeningen Gard Gjensidig v International Oil Pollution Compensation Fund* [2014] EWHC 3369 (Comm), [127].

踐上，僅限於少數國家如此適用。【165】在當代國際法發展趨勢中，由於豁免及國際法的其他附屬原則在情況上並不一致，某些國家法院陸續拒絕在國際組織內部行政法庭[62]提出之司法不公求償，給予其豁免。歐洲人權法院（European Court of Human Rights）之案例值得注意，在 *Waite and Kennedy v Germany* 案，[63]以及 *Beer and Regan v Germany* 案中，[64]法院認為德國維持「歐洲太空總署局」（European Space Agency, ESA）之豁免權，符合其依據「歐洲人權公約」（ECHR）第 6 條第 1 款之規定，承擔公平審判權之義務。[65]不過，法院認為維持「豁免權」不能為「反身性」（reflexive），僅有在該國際組織內部審查程序可充分保護任何求償人基於 ECHR 第 6 條第 1 項權利之下，法院始得拒絕就針對國際組織行為，向德國法院提起訴訟，ESA 上訴委員會顯然已經滿足該要求。[66]

　　第二，「共同保護」（common protection）涉及國際組織場所及其檔案之不可侵犯性（inviolability）。[67]實際上，此原則亦可反映在對外交使團之保護上；未經國際組織行政最高首長同意，國家不得進入該國際組織之場所，即使在實施逮捕或送達命令時，亦復如此。此類保護在極少數之情況下遭到破壞。例如，在 2009 年針對哈馬斯（Hamas）之軍事行動中，以色列國防軍在

---

[62] Reinisch (2008) 7 *Chin JIL* 285; Sands & Klein (6th edn, 2009) 497–9. Generally: Pavoni in de Wet & Vidmar (eds), *Hierarchy in International Law* (2012) 71, 71–4, 78–82, 98–111; Council of Europe, *Accountability of International Organisations for Human Rights Violations* (2013) 9–13, 22; Freedman (2014) 25 *EJIL* 239; Irmscher in Sarooshi (2014) 443, 457–91; Gallo in Virzo and Ingravallo (eds), *Evolutions in the Law of International Organizations* (2015) 509.

[63] (1999) 118 ILR 121.

[64] [1999] ECtHR 28934/95.

[65] 4 November 1950, 213 UNTS 222.

[66] (1999) 118 ILR 121, 136. See also *Chapman v Belgium* [2013] ECtHR 39619/06, [54]–[56]; *Klausecker v Germany* [2015] ECtHR 415/07, [65]–[76]. Similarly: *Vakbondsunie van het Europees Octrooibureau & SUEPO v EPO*, Court of Appeal in The Hague, Case No 200.141.812/01, 17 February 2015, paras 3.2–3.10. The judgment and the executive's instruction not to enforce the decision are discussed in: Ryngaert & Pennings (2015) *Nederlands Juristenblad* 859. Cf *Stichting Mothers of Srebrenica and others v Netherlands* (2013) 160 ILR 573, 615–21, 624 (European Court of Human Rights) ('It does not follow, however, that in the absence of an alternative remedy the recognition of immunity is *ipso facto* . . . a violation of the right of access to a court'). See further Reinisch in Cogan, Hurd, & Johnstone (eds), *The Oxford Handbook of International Organizations* (2016) ch 49. US courts have not, however, applied *Waite & Kennedy*-style reasoning to the UN: *Georges v United Nations*, 834 F3d 88 (2d Cir, 2016) (claim that UN peacekeepers caused a cholera epidemic while serving in Haiti).

[67] Sands & Klein (6th edn, 2009) 500–2. Also: e.g. Council of Europe Immunities Agreement, Arts 4–5; ICSID Convention, Art 23(1); ICC Immunities Agreement, Arts 4, 7.

加薩走廊地帶（Gaza Strip）由聯合國救濟及工程處（United Nations Relief and Works Agency）所接管之學校遭到破壞。[68]

第三，向國際組織提供之保護，涉及貨幣及其他財政事務。[69]許多國際組織皆管理可觀之【166】資金，此類資金通常係由其成員國所提供，其流動性對於國際組織的運作至關重要。General Convention 第 2 條第 5 節規定：

不受任何形式之財務控制、法規或暫停之限制：
(a) 聯合國得持有任何種類之資金、黃金或貨幣，並以任何貨幣經營其帳戶；
(b) 聯合國得自由地將其資金、黃金或貨幣，從一個國家轉移至另一個國家，或在任何國家內部之間轉移，並將其持有之任何貨幣兌換成任何其他貨幣。[70]

上述規定可保護聯合國免受國家對於「外匯管制制度」（exchange control regimes）之影響，第 2 條第 7 節並就上述原則予以補充，保護聯合國免於直接徵稅與關稅；但不適用於國內稅，蓋國內稅僅係對於公用事業之使用費。[71]

第四，保護功能擴展到國際組織之「通信自由」（freedom of communication）。[72]此原則係仿照適用於外交使團之類似自由保障，包括：免於審查自由、使用密碼及信使之權利、外交郵袋特權及其附隨之不可侵犯性，以及在每個國家領土上，官方通訊之待遇（與外交使團一樣有利之方式），可參考之範例為 General Convention 第 3 條第 9 節及第 10 節（關於交通便利）之條文。[73]

---

[68] UN Office for the Coordination of Humanitarian Affairs, 'Field Update on Gaza from the Humanitarian Coordinator. 30 January–2 February 2009'.

[69] Sands & Klein (6th edn, 2009) 502–3.

[70] Further: Council of Europe Immunities Agreement, Arts 6, 7; ICSID Convention, Art 24; ICC Immunities Agreement, Arts 6, 8–10.

[71] For the regime of trust funds held by organizations: Bantekas (2010) 81 *BY* 224.

[72] Sands & Klein (6th edn, 2009) 503.

[73] Also: e.g. Council of Europe Immunity Agreement, Art 8; ICC Immunity Agreement, Art 11.

(3) 人員享有之特權及豁免權

　　人員享有之特權及豁免權再次發揮作用：國際組織要求國家作出決定，並確實執行賦予國際組織官員之豁免權。[74]

(i) 國際組織人員享有之豁免

　　在沒有條約可茲遵循之情況下，國際間並無關於豁免範圍之普遍協議。而最低待遇原則係國際組織官員「所有公務行為」（all official acts）均不受當地管轄與執行。因此，General Convention 第 5 條第 18 節有以下規定：

聯合國官員應：

(a) 豁免其因公務之言論及行為而生之訴訟；

(b) 豁免聯合國所予薪給及津貼之課稅；

(c) 豁免國家公民服役之義務；

(d) 豁免其本人，連同其配偶及未成年子女之移民限制與外國人登記；

(e)【167】該國政府所予外交團類似等級官員所享受之同樣外匯便利；

(f) 給予其本人，連同其配偶及未成年子女與外交使節於國際危機時之同樣的返國便利；

(g) 在有關國家首次就職時有權免稅進口家具和物品。

　　雖然上述規定通常僅將豁免權擴大到該組織之官員，但一些國際組織下的機構將此網絡撒得更廣。「國際刑事法院與聯合國及獅子山共和國間豁免協定」（The International Criminal Court (ICC) Immunities Agreement and the agreement between the UN and Sierra Leone）規定，[75] 於獅子山共和國特別法庭

---

[74] Sands & Klein (6th edn, 2009) 508–16.

[75] Agreement between the United Nations and the Government of Sierra Leone on the Establishment of a Special Court for Sierra Leone, 16 January 2002, appended to Report of the Secretary-General on the Establishment of a Special Court for Sierra Leone, S/2000/915, 4 October 2000 (SCSL Agreement).

協定下，授予律師、以其他方式提供協助人員、[76] 證人、[77] 被害人[78] 之豁免權。另外，ICSID 公約則規定當事人、代理人、律師、辯護人、證人及專家之豁免權（第 21 條、第 22 條）。

然而，倘若要確定上述官員（或應受保障之人）是否以官方身分實施某項行為時，可能會出現困難。[79] 國際法院認為，聯合國秘書長對官方行為之任何決定都具有拘束力，[80] 但各國並未迅速採取此一立場。

某些條約甚至可能要求對於某些國際組織官員，獲得相當於「完全外交豁免」（full diplomatic immunity）之權利。General Convention 第 5 條第 19 節，以及歐洲委員會豁免協定（Council of Europe Immunity Agreement）第 16 條，皆要求將上述保護擴大至秘書長、助理秘書長，以及其配偶與未成年子女等。而目前給予國際法院法官[81] 及其他司法或檢察官職位之豁免權，[82] 亦等同於外交特權（diplomatic privileges）。

(ii) 國家代表享有之豁免權

為國際組織官員提供豁免權之協議，通常將其保護延伸至該組織的國家代表。[83] General Convention 第 4 條第 11 節規定，授予聯合國代表比通常授予國際組織官員更為廣泛之豁免權。事實上，「國家代表豁免權」（state representative immunity）與「完全外交豁免權」（full diplomatic immunity）[84] 有許多共同點。【168】與向國際組織官員[85] 所提供之保護比較而言，兩者並不完全一致，尤其經常於限制國家代表之範圍上，僅在以官方身分

---

[76] ICC Immunities Agreement, Art 18; SCSL Agreement, Art 14.

[77] ICC Immunities Agreement, Art 19; SCSL Agreement, Art 15.

[78] ICC Immunities Agreement; Art 20; SCSL Agreement, Art 15 (to the extent that victims can be considered witnesses).

[79] Sands & Klein (6th edn, 2009) 508.

[80] *Difference Relating to Immunity from Legal Process of a Special Rapporteur of the Commission of Human Rights*, ICJ Reports 1999 p 62, 87.

[81] ICJ Statute, Art 19.

[82] E.g. ICC Immunities Agreement, Art 15. Further: *Zoernsch v Waldock* [1964] 2 All ER 256.

[83] Sands & Klein (6th edn, 2009) 504–7.

[84] Cf UN Headquarters Agreement, Art V, s15 granting full diplomatic immunity to state representatives attending the UN in the US: *US v Devyani Khobragade*, US Digest (2014) 426, 427. Also: *Estrada v Al-Juffali* [2016] EWCA Civ 176, [51]–[55].

[85] Further: Council of Europe Immunities Agreement, Arts 9–10 (representatives to the Committee of Ministers) 13–15 (representatives to the Consultative Assembly); ICC Immunities Agreement, Arts 13–14 (representatives to the Assembly of States and ICC subsidiary organs).

實施行為方面，可享有法律程序豁免權。[86]

　　國際組織之國家代表，通常不派駐地主國而是派駐於該國際組織本身。故聯合國總部協定第 IX 條第 25 節成為上述做法的顯著例外，蓋其要求除「常駐代表」（permanent representatives）及某些其他高級官員外，使團工作人員亦必須獲得派遣國、美國，以及聯合國秘書長同意。

　　1975 年面對主要地主國反對通過「關於國家在其與具有普遍性之國際組織關係中代表權的維也納公約」（Vienna Convention on the Representation of States in their Relations with International Organizations of a Universal Character）[87] 解決了國家代表的特權及豁免問題，但較為遺憾者，該條約尚未生效。[88]

4. 法律行為之履行

　　雖然存在明顯類推適用上之危險，但在國際關係中行使法律功能之主體主要仍為「國家」。最可行之國際組織類型，將擁有類似於通常與「國家地位」相等之法律權力。然而，必須強調每個國際組織之特性：首先，「法律行為能力」（legal capacity）之範圍，將可於該組織的組成條約或協定中呈現。

(1) 締約權

　　雖然最初國際組織之條約締結能力[89] 受到質疑，[90] 但現今已無此爭議。[91]

---

[86] E.g. ICC Immunities Agreement, Art 13(1)(b); General Convention, Art III, s11. Also: UN Immunities Agreement, Art IV, s9(a).

[87] 14 March 1975, A/CONF.67/16 (34 state parties, 35 needed for entry into force). For a recent view that the Convention reflects customary international law: *Estrada v Al-Juffali* [2016] EWCA Civ 176, [52], [55].

[88] Fennessy (1976) 70 *AJIL* 62.

[89] Chiu, *The Capacity of International Organizations to Conclude Treaties* (1966); Zemanek (ed), *Agreements of International Organizations and the Vienna Convention on the Law of Treaties* (1971). Also: Draft Articles on Treaties Concluded between States and International Organizations or between International Organizations, ILC *Ybk* 1982/II(2), 17 (Reuter, Special Rapporteur). Further: Brölmann, *The Institutional Veil in Public International Law* (2007); Brölmann in Klabbers & Wallendahl (2011) 285; Corten & Klein (eds), *The Vienna Conventions on the Law of Treaties* (2011) 117–24; Elias in Hollis (ed), *The Oxford Guide to Treaties* (2012) 73; Cremona, ibid, 93.

[90] E.g. *South West Africa (Preliminary Objections)*, ICJ Reports 1962 p 319, 495–503 (Judges Fitzmaurice and Spender) (treaty-making capacity of League of Nations). Cf the majority: ibid, 330–2.

[91] *Reparation for Injuries*, ICJ Reports 1949 p 174, 178–9. Also: Amerasinghe (2nd edn, 2005) 101–3; Sands & Klein (6th edn, 2009) 483.

「關於國家與國際組織間或國際組織之間條約法之維也納公約」（Vienna Convention on the Law of Treaties between States and International Organizations or between International Organizations）【169】於 1986 年 3 月 21 日通過,[92] 該條約係以「維也納條約法公約」（Vienna Convention on the Law of Treaties, VCLT）[93] 為藍本。該條約開放予「任何有能力締結條約之組織加入」（第 84 條），但也許內容太過接近,至今並未生效,然而仍可作為法律及實踐之重要指引。

「法律人格」之存在並不一定代表有權力締結條約,雖然在國際實踐中,國際組織很容易承擔締約權。[94] 另外,建立國際組織之章程可能亦會將該組織之締約權限縮於某些機關,[95] 對於國際組織整體能力進行限制。然而,倘若達成協議,整個國際組織將受到約束,[96] 殆無疑問;而即使在締約機構「越權行事」（acting *ultra vires*）[97] 之情況下,亦復如此。另一方面,雖然該組織因其機構之行為而承擔責任,但成員國並不受其約束,蓋國際組織或其機構具有「獨立法律人格」（separate legal personality）。[98]

建立組織之章程通常不會授予一般性質的廣泛締約權,但可能透過對整個章程之解釋,或「默示權力原則」（doctrine of implied powers）[99] 以確立之。例如:「聯合國憲章」授權締結託管協定（第十二章）、與專門機構關係協定（第 57 條和第 63 條）、允許國家武裝部隊交由安全理事會調遣之專門協定（第 43 條）,以及關於特權和豁免的公約（第 105 條第 3 款）。但聯合國於未經明確授權之情況下,締結總部協定（headquarters agreements）及與其他組織之合作協定（agreements on cooperation with other organizations）。因此,

---

[92] A/CONF.129/15. Further: Gaja (1987) 58 *BY* 253.

[93] 22 May 1969, 1155 UNTS 331.

[94] E.g. Art 63 of the Charter, conferring power to conclude relationship agreements with specialized agencies on the UN Economic and Social Council (ECOSOC).

[95] E.g. Opinion 2/94, *Accession by the Community to the European Convention for the Protection of Human Rights and Fundamental Freedoms* [1996] ECR I-1759.

[96] Sands & Klein (6th edn, 2009) 486.

[97] Art 46(2) of the 1986 Convention.

[98] On mixed agreements of the EU: Hillion & Kautrakos (eds), *Mixed Agreements Revisited* (2010); Koutrakos, *EU International Relations Law* (2015) ch 5; Craig & de Búrca, *EU Law* (2015) 352–3, 372–4.

[99] Sands & Klein (6th edn, 2009) 483. Some early commentators thought that such powers needed to be conferred expressly: e.g. Kelsen, *Law of the United Nations* (1950) 330; Lukashuk (1960) *Soviet YIL* 144.

「特定限制締約權」（specific constrained power to enter into treaties）被用來推斷「法律人格」，而法律人格又反向被用來推斷該組織之「一般締約權」（general treating-making power）。[100]

(2)提出國際求償之能力

在 *Reparation for Injuries*（損害賠償）一案中，國際法院一致認為，聯合國係一個法人，有能力就對其所造成之「直接侵害」（direct injuries），向會員國與非會員國提出求償。[101] 得提出此類求償權力之國際組織，被認為應具有「法律人格」；然而，法院就「默示權力及有效性」（implied powers and effectiveness）之推論作結。[102]【170】類似之論理過程，可能適用於其他國際組織。因此，支持求償能力之主張，係取決於：(i) 國際組織存在「法律人格」；以及 (ii) 依據特定國際組織之功能，及其對建立該組織章程之解釋。相反地，豁免之存在，並不以有關實體的獨立法律人格為要件。

至於國際組織附屬機構之功能保護，國際法院於 *Reparation for Injuries* 一案中使用類似之論理過程，證明該法院認為，聯合國可以支持對其機構人員受傷之求償申訴。[103] 於此點上，法院並未達成一致意見，[104] 但該原則目前基本上尚無引起爭議。[105] 當機構作為被告國國民之代理身分而提出求償時，情況依然特別微妙。[106] 法院試圖解決此困難並指出：

> 國際組織之行動，實際上並非基於被害人之國籍，而係基於其作為該組織機構代表之身分。因此，求償所針對之國家是

---

[100] Sands & Klein (6th edn, 2009) 484.

[101] ICJ Reports 1949 p 174, 184–5, 187.

[102] Ibid, 180. Cf Schermers & Blokker (5th edn, 2011) 1190–1.

[103] ICJ Reports 1949 p 174, 181–4. Further: El-Erian, ILC *Ybk* 1963/II, 159, 181–3; Hardy (1961) 37 *BY* 516; Hardy, ILC *Ybk* 1967/II, 218–19; Carabot & Ubeda-Saillard in Crawford, Pellet, & Olleson (eds), *The Law of International Responsibility* (2010) 1073.

[104] ICJ Reports 1949 p 174, 189 (Judge Winiarski, diss), 196 (Judge Hackworth, diss), 205 (Judge Badawi, diss), 217 (Judge Krylov, diss).

[105] Carabot & Ubeda-Saillard (2010) 1073, 1083.

[106] E.g. the *Alicja Wesolowska* case, where a Polish national in the employ of the UN was arrested and imprisoned by Polish authorities in 1979. The UN's claim and attempts to obtain a right of visit failed: ibid, 1082–3.

否將其視爲本國國民並不重要，因爲國籍問題與求償之可受
理性並無關係。[107]

另一個有待解決之問題，係「國家之外交保護權」（state's right of
diplomatic protection）與「國際組織功能保護權」（organization's right of
functional protection）二者之間，何者具有優先的地位。[108] 而若再次透過與國
內法之類比，可能的答案係二者得同時主張，但仍受「禁止雙重賠償規則」
（rule against double recovery）之限制。

(3) 國際法庭之適格

當一個國際組織具有「法人資格」時，原則上其於國際法院或其他國際法
庭上即具備「出庭資格」（locus standi）；事實上，一切都取決於管轄裁決機
構，或有關協議（compromis）之安排。但在許多情況下，國際組織並沒有上
述法律適格出庭之機會。[109] 值得注意者，雖然某些國際組織可透過其諮詢管轄
權訴諸國際法院，然而「國際法院規約」仍限制必須以「國家」資格（第34條）
爲之。[110] 但國際組織亦可能在特殊情況下【171】於國際法庭出庭，而法庭之
管轄權可透過該組織條約之制定或締約能力以實現。[111]

(4) 擁有財產之能力

「法律人格」（legal personality）之另一個要素係國際組織依據一國的國
內法，具備擁有財產之能力，此爲其功能上的必要性。相反地，財產所有權亦
可作爲「法律人格」之象徵，[112] 基於此原理而擁有之任何財產，都可以適用該
國際組織所享有之特權及豁免的保護。

---

[107] ICJ Reports 1949 p 174, 186.

[108] Ibid, 185–6; Carabot & Ubeda-Saillard (2010) 1073, 1081–2.

[109] Schermers & Blokker (5th edn, 2011) 1193.

[110] Though Art 34(3) of the Statute obliges the Court to update international organizations on cases concerning their constituent instruments. Also: Jenks, *The Prospects of International Adjudication* (1964) 185–224; Schermers & Blokker (5th edn, 2011) 1193.

[111] E.g. UNESCO–France, *Question of the tax regime governing pensions paid to retired UNESCO officials residing in France* (2003) 25 RIAA 231.

[112] Reinisch (2000) 44–5.

(5)責任

倘若國際組織具有不同於成員國之「法律人格」，且該組織之執行必須透過「國家」爲之，並因此產生「責任」（responsibility），[113]該「責任」應歸屬於國際組織。[114]上述原則相當合理，此類求償通常係援引「窮盡當地救濟原則」（exhaustion of local remedies）爲前提；易言之，必須先於國際組織下的任何機關進行救濟。[115]此論述係依據國際法院於 *Reparation for Injuries* 一案中之推論所得出。國際組織責任法最顯著之發展係其於 2011 年 ILC 草案條款中之編纂，[116]該條款草案很大程度上，歸功於 ILC 之前於「國家責任」（state responsibility）方面所進行之工作。依據第 3 條，國際組織之每一項「國際不法行爲」（internationally wrongful act）都需要承擔國際責任（另見第 4 條），相類似之規則，亦規定於下列條款中，例如：歸責（第 6 條至第 9 條）、違反國際義務（第 10 條至第 13 條）、排除不法性之情況（第 20 條至第 27 條）、國際責任之內容（第 28 條至第 42 條）及其實施（第 41 條至第 57 條）。

【172】此外，正如 *International Tin Council* 一案所證明之原理，「獨立法律人格」可以推定防止一個國際組織之成員國承擔責任。該訴訟起因於美國國際貿易委員會（ITC）無力履行其債務而開始；英國法院並沒有直接面對國際法問題（如針對成員國剩餘責任，residual responsibility）予以解釋，該判決在一定程度上，轉向涉及 International Tin Council（豁免及特權）命令之構

---

[113] Eagleton (1950) 76 Hague *Recueil* 318; Hirsch, *The Responsibility of International Organizations toward Third Parties* (1995); Sands & Klein (6th edn, 2009) 516–30; Klein in Cogan, Hurd, & Johnstone (2016) ch 48. Cf further the Report of Higgins (1995) 66 *Ann de l'Inst* 249; and the resolution adopted in 1995 (1995) 66 *Ann de l'Inst* 445; ILA, Report of the 71st Conference (2004) 164–241; ILA, Study Group on the Responsibility of International Organizations (2012); Ragazzi (ed), *Responsibility of International Organizations: Essays in Memory of Sir Ian Brownlie* (2013); Sarooshi (2014). On the EU: Evans & Koutrakos (eds), *The International Responsibility of the European Union* (2013); Paasivirta (2015) 12 *Int Org LR* 448; Kuijper (2013) 46 *RBDI* 57; d'Aspremont in Kosta, Skoutaris, & Tzevelekos (eds), *The EU Accession to the ECHR* (2014) 75. On the UN: Verdirame, *The UN and Human Rights* (2011) ch 3; Gowllland-Debbas (2012) 353 Hague *Recueil* 185, 357–84; Higgins-Oppenheim (2017) ch 13.
[114] Schermers & Blokker (5th edn, 2011) 1192–3.
[115] E.g. Convention on International Liability for Damage Caused by Space Objects, 29 March 1972, 961 UNTS 187, Art XXII(3).
[116] On which: Blokker in Klabbers & Wallendahl (2011) 313; Ahlborn (2011) 8 *Int Org LR* 397; A/CN.4/650/Add.1, 20 January 2012, 5–7; Wouters & Odermatt (2012) 9 *Int Org LR* 7; d'Aspremont, ibid, 15; Amerasinghe, ibid, 29; Nedeski & Nollkaemper, ibid, 33; Ahlborn, ibid, 53; Möldner (2012) 16 *MPUNYB* 281; Voulgaris (2014) 11 *Int Org LR* 5; Orakhelashvili, ibid, 114, 118–50. On human rights specifically: Bogdandy & Platise (2012) 9 *Int Org LR* 67.

建，主要涉及英國法本質上之問題。[117] 在上訴法院針對由債權人控訴成員國之「直接訴訟」（direct actions）中，Kerr 法官得出結論：

> 總而言之，我找不到任何法律依據得出如此結論，即已經表明存在任何對 ITC 成員國具有拘束力之國際法規則，因此，它們可以在任何國家之法院被追究責任，更遑論「連帶」及「個別」（jointly and severally）責任。爲 ITC 以自己之名義簽訂的契約中，所產生 ITC 之債務。[118]

上議院（The House of Lords）同意上述觀點。[119]

在通過 ILC 條款草案時，ILC 進一步確認，成員國一般不能被視爲對該組織之「國際不法行爲」（internationally wrongful acts）負責。毫無疑問，倘若一個或幾個國家可以透過建立一個國際組織，來行使其國家本身不能合法化之行爲，爲求逃避責任，將有悖常理；[120] 然而，每一種情況都必須予以考量。關於在維和行動中，倘若必須派遣聯合國授權之軍事部隊（peacekeeping operations），一般實踐上，係由派遣國政府（contributing governments）與聯合國間，[121] 以及後者與地主國（host state）間之協議，以確定「財務責任」（financial responsibility）。ILC 草案條款之第 7 條可適用於本爭議問題之解釋：[122]

---

[117] *International Tin Council Appeals* [1988] 3 All ER 257.

[118] Ibid, 307. Ralph Gibson LJ, expressed a similar view: ibid, 341–56. But Nourse LJ proposed a residual liability of the member states for debts not discharged by the ITC itself: ibid, 326–34.

[119] [1989] 3 WLR 969, 983–4 (Lord Templeman); 1010–12 (Lord Oliver). For the concurring view of the International Tribunal for the Law of the Sea (ITLOS): *Request for an Advisory Opinion Submitted by the Sub-Regional Fisheries Commission*, ITLOS Case No 21 (Advisory Opinion, 2 April 2015), paras 170–3.

[120] *Waite and Kennedy v Germany* (1999) 118 ILR 121, 135. Also: Draft Articles on the Responsibility of International Organizations, Art 61. Further: Brownlie in Ragazzi (ed), *Essays in Memory of Oscar Schachter* (2005) 355; Yee, ibid, 435.

[121] For the UN's comments on the Draft Articles: A/CN.4/637/Add, 17 February 2011, 30.

[122] Sari (2012) 9 *Int Org LR* 77; Boutin (2012) 25 *LJIL* 521; Salerno in Ragazzi (2013) 405, esp 419–27. Generally: Klein in Crawford, Pellet, & Olleson (2010) 297, 305–6; Gowlland-Debbas (2012) 353 Hague *Recueil* 185, 373–4, 400–6; Crawford, *State Responsibility* (2013) 346–54; Messineo in Nollkaemper & Plakokefalos (eds), *Principles of Shared Responsibility in International Law* (2014) 60, 88–97; Boon (2014) 15 *Melb JIL* 330, 353–63; Orakhelashvili (2014) 11 *Int Org LR* 114, 120–3; Dannenbaum (2015) 12 *Int Org LR* 401.

一國的機關或一國際組織的機關或代理人在交由另一國際組
織支配之後，其行爲依國際法應視爲後一國際組織的行爲，
只要該組織對該行爲行使有效控制（effective control）。

【173】此外，上開條款之第 V 部分詳細規定國家及國際組織對「國際
不法行爲」之共同責任。[123] 國家可能因協助與教唆國際組織不法行爲（第 58
條），以及行使指揮或控制（第 59 條）、脅迫（第 60 條）及承擔責任（第
62 條）而被追究責任。特別值得注意者係第 61 條，該條規定，倘若一個成員
國使國際組織實施某項行爲，而該行爲若由該國實施即違反國際義務時，成員
國可能必須承擔國際責任，無論該組織行爲是否違反國際義務。

於實踐上，聯合國已爲其附屬機構之行爲承擔「責任」。[124] 然而，對
於成員人數較少且更專業之組織，可能有必要求助於成員之「集體責任」
（collective responsibility）。然而，國際法上有一個強烈之推定，亦即反對
「國家」僅係具有成員資格，就將「責任」推託給國際組織。但國際組織有
時可能會被認爲，在其活動過程中會產生風險並承擔責任，並且會被視爲成
本及風險分配之工具。上述原則可從「太空物體造成損害的國際責任公約」
（Convention on International Liability for Damage Caused by Space Objects）
第 XXII 條第 3 項觀之，其在一定前提條件下規定，「倘若國際政府間組織依
據本公約的規定對損害承擔責任，則該組織及其作爲本公約締約國的成員應承
擔連帶責任」。[125]

---

[123] Gowlland-Debbas (2012) 353 Hague *Recueil* 185, 381–4; Crawford (2013) 395–434; Orakhelashvili (2014) 11 *Int Org LR* 114, 135–50; Couzigou (2014) 61 *NILR* 335, 355–60. Fry in Nollkaemper & Plakokefalos (2014) 98, 113–27. On the responsibility of member states for conduct during the decision-making of an international organization: Murray (2011) 8 *Int Org LR* 291; Council of Europe, *Accountability of International Organisations for Human Rights Violations* (2013) 19–20, 22–3; Barros & Ryngaert (2014) 11 *Int Org LR* 53. On potentially relevant procedural issues: Nollkaemper (2013) 4 *JIDS* 277, 286–91; Paparinskis, ibid, 295 (ICJ); Baetens, ibid, 319 (arbitral proceedings); Bartels, ibid, 343 (WTO); Heijer, ibid, 361 (ECHR); Plakokefalos, ibid, 385 (UNCLOS).

[124] UN *Ybk* 1965, 138; ILC *Ybk* 1967/II, 216–20.

[125] 29 March 1972, 961 UNTS 187.

5. 建立組織之章程的解釋

與國家不同，國際組織僅能行使明示或默示賦予該組織之權力，並不具有一般權限。[126] 國際組織法適用之基本規則，係賦予其權力或特殊性。國際法院於 *Nuclear Weapons opinion* 一案中認為：

> 與國家不同，國際組織不具有一般權限。國際組織受「特殊性原則」之拘束；易言之，國際組織【174】由創建它們之國家賦予權力，其限制係共同利益之功能，這些國家委託該組織促進這些利益。[127]

(1) 解釋者之身分

(i) 國際組織內之自我解釋

在國際組織內，無論權力是否被明確授予，每個機關都必須解釋自身之管轄權。[128] 國際法院在某些費用中接受此現實，並認為在憲章中並未進一步指示之情況下，聯合國附屬之每個組成機構都有權首先確定其管轄權。此外，當此決定伴隨著適當之斷言時，推定係在權限之內。[129] 聯合國大會充分利用這點，多次確定了自身之管轄權；安全理事會亦一直願意進行此類思考，尤其是在考慮憲章第 39 條所規定之「對和平的威脅」之內涵。

(ii) 司法或其他第三方解釋

倘若對一個國際組織之章程（constituent instrument）解釋有爭議，該章程本身可以規定應透過司法機關解決。在聯合國之背景下，此為國際法院之功

---

[126] Lauterpacht, *Development* (1958) 267–81; Schermers & Blokker (5th edn, 2011) 155–89; Smith & Klein (6th edn, 2009) 448–61; Blokker, 'International Organizations or Institutions, Implied Powers' (2009) *MPEPIL*.

[127] *Legality of the Use by a State of Nuclear Weapons in Armed Conflict*, ICJ Reports 1996 p 66, 78. Also: *Competence of the ILO to Regulate Incidentally the Personal Work of the Employer* (1926) PCIJ Ser B No 13, 18; *European Commission of the Danube* (1927) PCIJ Ser B No 14, 64; *Reparation for Injuries*, ICJ Reports 1949 p 174, 182–3; *Effect of Awards of Compensation Made by the United Nations Administrative Tribunal*, ICJ Reports 1954 p 47, 57.

[128] For a useful summary of a wide range of organizations and their approach to interpretation: Sands & Klein (6th edn, 2009) 451–4.

[129] *Certain Expenses*, ICJ Reports 1962 p 151, 168.

能，透過其諮詢管轄權（advisory jurisdiction），可對本組織之機關 [130] 及專門機構的能力 [131] 發表意見。雖然在實踐中一切執行正常，但實際上國際法院之諮詢意見對有關組織並無拘束力（沒有特殊協議）。[132]

【175】在某些費用中，法院面臨聯合國成員間存在分歧爭議；易言之，聯合國緊急部隊（United Nations Emergency Force, UNEF）以及聯合國剛果特派團（United Nations Mission in the Congo, ONUC）使用武裝部隊的憲法基礎（constitutional basis）。法院結論為：「當本組織採取之行動，足以證明其適當地對於實現聯合國既定宗旨，則推定此類行動並未逾越本組織之權限」。[133] 大多數意見認為，上述行動係依照規定目的所進行，相應費用是第 17 條第 2 款規定之「本組織之費用」。然而，該意見遭受批評，理由係其允許「非強制性建議」（non-obligatory recommendations）導致具有拘束力之財政義務（binding financial obligations），從而賦予聯合國大會「超國家預算權力」（supranational budgetary power），而並非像一個整合之共同體。[134] 一般而言，此類「司法控制」（judicial control）並不能調和成員國間之重大分歧：事實上，倘若維持和平經費拖欠問題沒有辦法透過談判獲得解決，該意見可能會產生災難性結果（disastrous outcome）。[135]

除解釋章程文件之司法選擇外，還可能存在其他特殊（*sui generis*）選

---

[130] UN Charter, Art 96(1) (General Assembly, Security Council), (2) (other authorized organs and specialized agencies). On advisory jurisdiction: chapter 32.

[131] A specialized agency can only request advisory opinions if (1) it is so provided in its constitution, or (2) it is the subject of separate agreement with the UN: e.g. WHO Constitution, Art 76; Convention on the International Maritime Organization, 6 March 1948, 289 UNTS 3, Art 66. Further: (3) a specialized agency 'is not empowered to seek an opinion on the interpretation of its Constitution in relation to matters outside the scope of its functions': *Nuclear Weapons in Armed Conflict*, ICJ Reports 1996 p 66, 82. Cf Akande (1998) 9 *EJIL* 437, 452–7 (arguing that an agency is always entitled to seek an interpretation of its constituent instrument). In fact, of 26 requests for an advisory opinion since 1945, only five were made by specialized agencies: *Judgments of the Administrative Tribunal of the ILO upon Complaints made against UNESCO*, ICJ Reports 1956 p 77 (UNESCO); *Constitution of the IMCO Maritime Safety Committee*, ICJ Reports 1960 p 150 (IMO); *Interpretation of the Agreement of 25 March 1951 between the WHO and Egypt*, ICJ Reports 1980 p 73 (WHO); *Nuclear Weapons in Armed Conflict*, ICJ Reports 66 (WHO); *Judgment No 2867 of the ILO Administrative Tribunal*, ICJ Reports 2012 p 10.

[132] E.g. General Convention, Art VIII, s30.

[133] ICJ Reports 1962 p 151, 168; 204, 208 (Judge Fitzmaurice); 223 (Judge Morelli); 298 (Judge Bustamante, diss).

[134] Gross (1963) 16 *Int Org* 1; Simmonds (1964) 13 *ICLQ* 854; Verzijl (1963) 10 *NILR* 1.

[135] The US invoked Art 19 of the Charter in consequence of the Opinion and for a whole session no voting took place in the General Assembly: (1965) 4 ILM 1000.

擇，¹³⁶ 章程中可能要求召集仲裁庭審理爭議。¹³⁷ 或者，依據國際組織與另一方之間協議而設立之仲裁庭，可能必須解釋該組織之章程文件。¹³⁸ 最後，國際法庭可能會附帶解釋一個組織之章程文件，以確定其自身管轄權。例如，在 *Tadic* 一案中，前南斯拉夫問題國際刑事法庭（International Criminal Tribunal for the Former Yugoslavia, ICTY）認爲，安全理事會有能力依據憲章第 41 條之規定，設立國際刑事法庭。¹³⁹

(2) 解釋規則

在認可國際組織之組織章程係多邊條約，且適用條約解釋既定規則時，法院試圖區分「某些特殊特徵」：¹⁴⁰

> 國際組織之組織章程（constituent instruments）係特定類型之條約；其目標係創造具有一定自治權（autonomy）之新法律主體，【176】各方將實現共同目標的任務委託給此類主體。此類條約可能會引起具體之解釋問題，特別因國際組織同時具備慣例性及制度性；其所創建組織之性質、創始成員爲其設定之目標、與有效履行其功能相關之必要條件，以及其自身之實踐，皆爲解釋此類組織章程條約時，值得特別關注之要素。¹⁴¹

因此，當涉及爭議之解釋與組織章程有關時，彈性、甚至以「目的論」

---

136 Notably the international financial organizations may refer such questions to the Executive Board, Board of Directors, Board of Governors, etc: e.g. IBRD Articles, Art IX(a); IMF Articles of Agreement, 22 July 1944, 2 UNTS 35, Art XXIX(a) (IMF Articles); Agreement Establishing the Asian Development Bank, 4 December 1965, 571 UNTS 123, Art 59.

137 E.g. Constitution of the Universal Postal Union, 10 July 1964, 611 UNTS 7, Art 32. The Universal Postal Union (UPU) has not been authorized by the GA to seek an interpretation of its constitution: Sands & Klein (6th edn, 2009) 453.

138 E.g. *Westland Helicopters v Arab Organization for Industrialization* (1989) 80 ILR 595.

139 *Prosecutor v Tadić*, Jurisdiction (1995) 105 ILR 419 (Appeals Chamber).

140 Schermers & Blokker (5th edn, 2011) 841–8; Sands & Klein (6th edn, 2009) 454–6; ILC Report 2015, A/70/10, 89–103.

141 *Nuclear Weapons in Armed Conflict*, ICJ Reports 1996 p 66, 74–5 (emphasis added). Also: *Certain Expenses*, ICJ Reports 1962 p 151, 157.

解釋可能是最顯而易見之方法。然而，此方法並不能證明在進行條約解釋時，放棄 VCLT 第 31 條第 1 款中所規定之「統一解釋過程」（unitary process of interpretation），其中之區別僅在於優先順序不同。在 *Reparation for Injuries* 一案中，法院指出：類似本組織（聯合國）之實體的權利及義務，必須取決於其組織章程文件中規定或暗示之宗旨與功能，並在實踐中得到發展。[142] 解釋上述文件時，將參照使其能夠有效實現目標之內容。因此，法院認為在沒有明確規定之情況下，建立法庭以在該組織與工作人員間伸張正義之能力，係出於憲章內容中之必要意圖（necessary intendment）而產生。[143]

(i) 組織內之後續實踐

如同國際法院於 *Nuclear Weapons in Armed Conflict advisory opinion* 案中所論述，與「有效履行（effective performance）其職能相關之必要條件，以及其自身的實踐等，皆為解釋該國際組織章程條約時，值得特別關注之因素」。[144] 因此，法院認定 VCLT 第 31(3)(b) 條中之解釋原則（嗣後於條約適用方面確定各當事國對條約解釋之協定的任何慣例）特別相關。然而，第 31(3)(b) 條並非完美之類比，該條文僅暗示條約締約國之實踐，而並非國際組織本身之實踐。[145]

在解釋組織章程文本時，必須考慮到一個事實，亦即組織之實踐可能已經改變了條約文本之應用，但卻不影響其實際措辭。[146] 在 *Namibia* 一案中，法院認為依據聯合國安理會關於憲章第 27 條第 3 款中，使用「同意投票」（concurring vote）一詞之既定慣例，常任理事國【177】之「棄權」等於「同意」，不涉及行使「否決權」。[147] 依條文之文字敘述幾乎無法支持上述解釋，

---

[142] ICJ Reports 1949 p 174, 180.

[143] *Effect of Awards*, ICJ Reports 1954 p 47, 56–7. Also: E Lauterpacht (1976) 52 Hague *Recueil* 377, 420.

[144] ICJ Reports 1996 p 66, 75.

[145] Schermers & Blokker (5th edn, 2011) 844; Brölmann in Hollis (2012) 507, 515–16; *Whaling in the Antarctic (Australia v Japan: New Zealand Intervening)*, ICJ Reports 2014 p 226, 248, 257; cf Gardiner, *Treaty Interpretation* (2015) 280–5. Further: Ahlborn (2011) 8 *Int Org LR* 397, 407–18, 425–33; Arato (2013) 38 *Yale JIL* 289, 316–32; Nolte in Nolte (ed), *Treaties and Subsequent Practice* (2013) 169, 203–4.

[146] Schermers & Blokker (5th edn, 2011) 843.

[147] *Legal Consequences for States of the Continued Presence of South Africa in Namibia (South West Africa) notwithstanding Security Council Resolution 276 (1970)*, ICJ Reports 1971 p 16, 22.

但支持性之實踐（supporting practice）持續時間既漫長，範圍亦相當普遍。

(ii) 默示權力

國際組織「默示權力」（implied powers）之難題，國際法院於 *Reparation for Injuries* 一案中指出：

> 依據國際法，一個組織必須被視為擁有以下權力：雖然憲章中沒有明確規定，但透過必要之默示，授予其對於履行職責必不可少之權力。[148]

其基本概念係國際組織應不斷發展，並適應國際層面之變化。

國際組織之「裁量權力」（power of appreciation）相當廣泛，但並非毫無限制。因此，在 *Legality of the Use by a State of Nuclear Weapons in Armed Conflict* 一案中，國際法院否認世界衛生組織（WHO）有能力解決使用核武器之合法性問題：

> 法院認為，賦予 WHO 解決使用核武器合法性之權限，即使考量核武器對健康與環境之影響，無異於忽略「特殊性原則」（principle of specialty）；蓋依據其成員國賦予該組織之成立目的，此權限不能被認為係組織章程中的必然默示之含義；易言之，基於其成員國賦予 WHO 之宗旨，上述權限不能被視為組織章程之一部分。[149]

---

[148] ICJ Reports 1949 p 174, 182. A substantial contribution has also been made by the CJEU: Blokker, 'International Organizations or Institutions, Implied Powers' (2009) *MPEPIL*, §C. E.g. Opinion 1/76, *Draft Agreement Establishing a European Laying-up Fund for Inland Waterway Vessels* [1977] ECR 741; Opinion 2/91, *Convention No 170 of the International Labour Organization concerning Safety in the Use of Chemicals at Work* [1993] ECR I-1061; Opinion 1/94, *Competence of the Community to Conclude International Agreements concerning Services and the Protection of Intellectual Property—Article 228(6) of the EC Treaty* [1994] ECR I-5267. Further: Konstadinides (2014) 39 *ELR* 511.

[149] ICJ Reports 1996 p 66, 79. For comment: E Lauterpacht in Boisson de Chazournes & Sands (eds), *International Law, the International Court of Justice and Nuclear Weapons* (1999) 92; Bothe, ibid, 103; Leary, ibid, 112.

基於條約解釋之平衡觀點，Blokker 確定「默示權力」存在範圍之四項限制：[150] 第一，「默示權力」必須係組織「必不可少」或「不可或缺」之要件；第二，不得與組織章程之明文規定互相牴觸；第三，不得違反國際法之基本規則與原則；第四，不得改變組織機構間之權力分配。測試關於組織章程之解釋權界限（boundaries of interpretive power），可能會導致成員間看法的重大分歧。[151]

6. 國際組織之關係

(1) 與成員之關係

【178】任何國際組織之核心功能，係該組織與其成員間之關係。國際組織通常由國家所組成，但某些組織已經實施與以往傳統不同之做法；易言之，只要該實體與國際組織之特殊目的相符且可有效運作，即可符合成員之資格。因此，萬國郵政聯盟（Universal Postal Union）係由郵政管理部門所組成聯盟；世界氣象組織（World Meteorological Organization）係擁有獨立氣象服務之國家與地區之聯盟；世界貿易組織（World Trade Organization）係個別關稅區所組成之聯盟。在上述不同的成員制度下，附屬領土與成員國在功能上完全平等。而在其他國際組織中，附屬領土常被授予「準」成員（associate membership）[152] 之資格，雖然在實踐中此類成員與其他成員享有平等地位。

(i) 決策制定

在國際聯盟中，通常只能在一致同意（unanimity）[153] 之基礎上作成決議。[154] 時至今日，國際組織普遍採用多數決原則（principle of majority

---

[150] Blokker, 'International Organizations or Institutions, Implied Powers' (2009) *MPEPIL*, §D.

[151] E.g. GA Res 377(V), 3 November 1950. Further: Binder, 'Uniting for Peace Resolution (1950)' (2017) *MPEPIL*.

[152] E.g. the International Telecommunication Union (ITU), WHO, Inter-Governmental Maritime Consultative Organization (IMCO), UNESCO, and the UN Food and Agriculture Organization (FAO).

[153] White in Klabbers & Wallendahl (2011) 225.

[154] Covenant, Art 4(6), 5(1), but cf Arts 5(2) (matters of procedure), 15(6), (7) (parties to a dispute unable to prevent adoption of a Council report on the dispute). Also: *Voting Procedure*, ICJ Reports 1955 p 67, 98–103 (Judge Lauterpacht).

decision），[155] 儘管不同國際組織間，或同一國際組織但不同附屬機構間之投票規則不盡相同。例如，在國際貨幣基金組織（IMF）中，[156] 適用「加權投票」（weighted voting）；而在聯合國安理會，五個常任理事國對於所有非程序性事項擁有「否決權」（veto）。[157]

國際組織通常無法直接作出實質性決定，因此在許多方面受到限制。[158] 例如，聯合國安全理事會可依據「憲章」第 39 條確定對國際和平與安全之威脅，並依據第 41 條及第 42 條尋求救濟，但聯合國並無自己所屬之經濟以實施制裁，亦無所屬之軍隊以執行制裁，強行解決問題（憲章第 43 條中並無部隊派遣協議）。實際上，聯合國所能實施之舉措，僅能依據第 25 條、第 39 條，以及第 103 條等，[159] 作出對聯合國會員國具有拘束力之決議。

(ii) 國內管轄權

【179】透過國際組織及其章程條約而開展之國際合作類型，通常不會觸及專屬於國內管轄權（domestic jurisdiction）所保留之範圍。而當國際組織之權力廣泛時，如聯合國，則可提出明確之條約保留（憲章第 2 條第 7 款）。[160] 然而，憲章並不允許任何影響到適用安理會依第七章對國家採取強制執行措施（cnforcement measures）之條約保留。

常設國際法院（PICJ）在關於「國籍法令」（*Nationality Decrees*） 一案中，對「國內管轄權」（domestic jurisdiction）之確切定義作出經典聲明。PICJ 指出，國家於國內管轄範圍內的事項僅係指涉「原則上不受國際法管轄之事項」，因此，國內法院仍係唯一之審判機構，PICJ 進一步闡釋：

---

[155] Under the Dispute Settlement Body of the WTO (Dispute Settlement Understanding (DSU), Arts 6.1, 16.4, 17.14, and 22.6) a rule of 'reverse consensus' has been adopted; all WTO Members must agree that a decision of a panel or the Appellate Body *not* be adopted in order to prevent implementation: Matsushita, Schoenbaum, & Mavroidis, *The World Trade Organization* (3rd edn, 2015) 86. Further: chapter 32.

[156] Sands & Klein (6th edn, 2009) 268–81.

[157] UN Charter, Art 27(2). Whether a matter is procedural is not considered a procedural question, and the veto applies.

[158] Schermers & Blokker (5th edn, 2011) 1210–11; Klabbers (3rd edn, 2015) 218–21.

[159] Tzanakopoulos, *Disobeying the Security Council* (2010).

[160] Cf also its progenitor, Art 15(8) of the League Covenant. Further: Charter of the Organization of American States (OAS), 30 April 1948, 119 UNTS 3, Art 1; cf Caminos & Lavalle (1989) 83 *AJIL* 395.

某一事項是否僅在一國國內管轄範圍內，此爭議本質上係屬
於相對性的問題，且其答案應取決於國際關係之發展。[161]

Nolte 則提供了一些詳細說明：

「國內管轄」（domestic jurisdiction）之概念並不表示明確界
定、不可簡化、或以任何方式，本質上被排除於國際關係之
外。相反地，「國內管轄」界定某些範圍，且考慮到系爭案
件所涉情況，甚至從表面上（*prima facie*）觀之，皆不受國際
法規則所影響。[162]

但諸如聯合國憲章第 2 條第 7 款之規定，「本憲章不得認為授權聯合國干
涉在本質上屬於任何國家國內管轄之事件，且並不要求會員國將該項事件依本
憲章提請解決」，上開條文並未證明乃普遍有效之限制。[163]

(iii) 機關

依據國家與國際組織間之協議，後者可成為成員國及其他國家之代理
人，處理超出其正常權限之事務。[164] 相反地，國家亦可能出於特定目的，成為
國際組織之代理人。例如，依據「聯合國憲章」第 81 條規定，[165] 國家作為託
管領土之管理機構。

(iv) 準據法

【180】國際組織既可於國際層面上建立法律關係，亦可於特定國內法體

---

[161] *Nationality Decrees in Tunis and Morocco* (1923) PCIJ Ser B No 4, 24.

[162] Nolte in 1 Simma (3rd edn, 2012) 280, 292. Further: Conforti & Focarelli, *Law and Practice of the United Nations* (4th edn, 2010) 157–8.

[163] Schermers & Blokker (5th edn, 2011) 163; Nolte in 1 Simma (3rd edn, 2012) 280, 294; cf Alvarez (2005) 156–83, on the shrinking concept of domestic jurisdiction. Also: chapter 20.

[164] Generally: Hawkins et al (eds), *Delegation and Agency in International Organizations* (2006); Couzigou (2014) 61 *NILR* 335, 340–51.

[165] On territorial administration by international organizations: Knoll, *The Legal Status of Territories Subject to Administration by International Organizations* (2008); Wilde, *International Territorial Administration* (2008); Stahn, *The Law and Practice of International Territorial Administration* (2008) ch 9.

系內，與私法人建立法律關係。[166] 原則上，該組織與國際法其他主體間之關係，將受到國際法之管轄，而當涉及與該組織成員國間之關係時，國際組織章程之規範則占有主導地位。當與私法人關係產生爭議時，可透過條約中之「準據法條款」（choice of law provision）加以規範，該條約可能涉及國內法體系中的「一般法律原則」（general principles of law）；否則，一切都將取決於提交爭議之法庭，及其適用的衝突法（conflict of laws）規則而定。[167]

事實上，爲方便起見，大多數國際組織都會將其契約（或協定）納入一個或多個國內法體系中（通常爲地主國法律體系）；因此，萬國郵政聯盟與WHO之大部分內部契約皆受瑞士法律所管轄，而國際民用航空組織（ICAO）之內部契約則受魁北克法律管轄。

至於涉及人身傷害或其他形式之侵權行爲，地主國協議可爲該機構制定責任制度。[168] 然而，倘若無跡象表明國際組織可承擔責任係普遍接受之原則，則系爭案件應適用「損害發生地」（the place of the injury）之法律。[169]

(2) 與非成員國之關係

國際法一般規則係僅有條約之締約方才受條約所載明義務之約束，且此規則之適用，主要規定於建立該組織之章程文件中。聯合國憲章第 2 條第 6 項則爲極少數之例外，該條規定：「本組織在維持國際和平及安全之必要範圍內，應保證非聯合國會員國遵行上述原則」，此例外情況 [170] 係因聯合國爲主要關注維護全球和平及安全之「準普遍性組織」（quasi-universal organization）的獨特性。

享有國際法人資格者，即具備締約能力。當然，第三國可與在國際範圍內有效之國際組織簽訂協定，而非成員國亦可透過特別使團與某個國際組織建立關係。值得注意者，國際組織「法律人格」雖存在，但仍無法確認其「法律能

---

[166] On the law applicable to the relations between international organizations and private persons: Seyersted (1967) 122 Hague *Recueil* 427; Valticos (1977) *Ann de l'Inst* 1.

[167] Sands & Klein (6th edn, 2009) 466; cf Klabbers (3rd edn, 2015) 252–5.

[168] E.g. Headquarters Agreement between the Organization of American States and the United States, 14 March 1992, US Treaty Doc 102–40, Art VIII(1).

[169] Sands & Klein (6th edn, 2009) 470.

[170] For the view that the provision does not bind non-members: Bindschedler (1963) 108 Hague *Recueil* 307, 404–6; Talmon in 1 Simma (3rd edn, 2012) 252, 261–2. For the opposite view: Kelsen (1950) 85–6, 106–10.

力」範圍。在第三國關係問題上，組織章程仍然是特定權力的主要決定因素。

(3) 與國內法之關係

【181】國際組織必然會在特定的國內法體系中建立法律關係，無論是於總部所在地，抑或在其更廣泛之活動過程中所涉及之國家。[171] 特定法律系統承認國際組織法律人格之程度，將取決於經任何相關協議而修正之當地的國內法。因此，歐盟運作條約（Treaty on the Functioning of the European Union）[172] 於第335條中規定，歐盟應在每個成員國中被賦予法律能力，以最大限度地賦予「依據其法律規範下之法人」（legal persons under their laws）。就國際民航組織（ICAO）而言，其章程並未就該組織「法人資格」之確切內容作出規定，因此，ICAO之地位依據其成員「未經協調之國內法」（uncoordinated municipal laws）而有所不同。

就英國法院而言，只有英國承認的國家依據其國內法成立之外國實體，該外國實體始被承認具有「法人資格」。倘某一國家並非國際組織之成員國，而該組織係依據一個或多個成員國之法律，或該組織所在國之法律賦予其法律能力，則該國際組織將被賦予法人資格（與訴訟能力）。[173]

7. 透過組織制定法律

國際組織之相關活動不屬於「國際法院規約」（Statute of the International Court）第38條所列舉的國際法淵源，[174] 但國際組織完全有能力為國際法之發展作出貢獻，主要係由於國際組織有能力集體表達成員國之意見。如同 Higgins 所主張：

---

[171] O'Connell (1963) 67 *RGDIP* 6, 26–9, 34; Skubiszewski (1972) 2 *Pol YIL* 80; Schreuer (1978) 27 *ICLQ* 1; Reinisch (2000).

[172] 25 March 1957, OJ C 83/47.

[173] *Arab Monetary Fund v Hashim (No 3)* [1991] 2 AC 114, 161 (Lord Templeman); *Westland Helicopters Ltd v AOI* [1995] 2 WLR 126, 140–1 (Colman J). Also: Marston (1991) 40 *ICLQ* 403.

[174] Skubiszewski (1965–6) 41 *BY* 198; Sloan (1987) 58 *BY* 39; Higgins, *Development* (1963); Buergenthal, *Law-Making in the International Civil Aviation Organization* (1969); Vignes in Macdonald & Johnston (eds), *The Structure and Process of International Law* (1983) 809–53; Schwebel, *The Legal Effect of Resolutions and Codes of Conduct of the United Nations* (1986); Alvarez (2005); Johnstone (2008) 40 *G Wash ILR* 87; Wouters & De Man in Klabbers & Wallendahl (2011) 190; Arsanjani (2013) 362 Hague *Recueil* 9; Klabbers (3rd edn, 2015) 163–8; Wessel in Brölmann & Radi (eds), *Research Handbook on the Theory and Practice of International Law-Making* (2016) 179; Alvarez, *The Impact of International Organizations on International Law* (2017).

「聯合國」係尋找國際法發展軌跡非常合適之機構，蓋「國際習慣」係由國家實踐中所推導出來，其中包括外交行動以及公開聲明所展現之國際交往。而隨著國際組織之發展，國家的投票和意見作爲習慣國際法之證據，已經具有法律意義；同時，國家之集體行爲（Collective acts of States），被足夠多的會員重複、默許【182】，並以足夠之頻率，最終獲得法律地位。聯合國之存在——尤其該組織自 1955 年以來，加速實現會員國普遍化之趨勢——至今爲「國家實踐」提供一個非常清晰且集中之焦點。[175]

但在上述發展上聯合國爲一特例，其他國際組織可能並非如此，其相對影響力將取決於該個別組織之能力與成員資格，[176] 國際組織所扮演之不同角色，可大致區分如下：

(1) 國家實踐論壇

國家政府透過其在國際組織或相關國際委員會中之代表，就法律問題發表的聲明，可以提供作爲「習慣法之證據」（evidence of customary law）；其對於與法律事務有關之決議行使表決權，亦復如此。例如，參與聯合國大會決議，確認「紐倫堡憲章」（Nuremberg Charter）[177] 原則。從上述意義而言，國際組織本身並無特別之處；雖然國際組織可爲一個國家提供就某項問題發表聲明或考量之機會，但於此組織中所表達的任何意見，僅能視爲該國之「國家實踐」。

(2) 強制性決議

一項本身不具有法律拘束力之決議，[178] 可能指涉相關的國際法原則，並

---

[175] Higgins (1963) 2. Further: Higgins (1994) 23; Higgins-Oppenheim (2017) ch 12.

[176] See the Draft Conclusions on Identification of Customary International Law, Conclusion 12 & commentary: Report of the ILC, A/71/10 (2016) ch V, 106–9.

[177] GA Res 95(I), 11 December 1946.

[178] Thus GA resolutions are recommendations creating prima facie no legal obligation. Cf, however, *Voting Procedure*, ICJ Reports 1955 p 57, 118–19, 122 (Judge Lauterpacht); and *Digest of US Practice* (1975) 85. Generally: Amerasinghe (2nd edn, 2005) ch 6.

聲稱其爲「宣示性」。然而，僅制定原則可能會闡明及發展法律，[179] 而當聯合國大會決議涉及「聯合國憲章」之主題時，該決議可被視爲一種「權威解釋」（authoritative interpretation），例如「給予殖民地國家及人民獨立宣言」（Declaration on the Granting of Independence to Colonial Countries and Peoples）[180] 及「友好關係宣言」（Friendly Relations Declaration）[181] 等，即是如此。關於新法律問題之決議，在維持正式督促程序的同時，亦提供一種蒐集與定義不斷增加之各國「國家實踐」的方法。[182] 正如國際法院於 *Legality the Threat or Use of Nuclear Weapons* 一案中所闡述：

> 「聯合國大會決議」，即使其並無法律上拘束力，有時可能具有「規範性」價值（normative value）。在某些情況下，該決議可提供對於確定規則存在，或「法律確信」（*opinio juris*）之出現提供重要證據。要確定某項決議是否【183】屬實，有必要審視其內容與通過之條件；同時亦有必要審視是否存在關於其規範性之「法律確信」，或可審視於一系列決議中，可能表明建立新規則所需之「法律確信」的逐漸演變。[183]

(3) 專家意見之管道

　　國際組織經常建立法律專家機構，最重要者乃爲「國際法委員會」（ILC），[184] 其核心目標係爲整體國際法之編纂及逐步發展而努力。[185] 受 ILC

---

[179] Higgins (1994) 25–8.

[180] GA Res 1514(XV), 14 December 1960.

[181] GA Res 2625(XXV), 24 October 1970.

[182] Cf the declaration of principles governing activities in outer space: GA Res 1962(XVII), 13 December 1963.

[183] *Nuclear Weapons*, ICJ Reports 1996 p 226, 254–5. Also: *South West Africa*, ICJ Reports 1966 p 248, 291 (Judge Tanaka, diss); *North Sea Continental Shelf (Federal Republic of Germany/Netherlands; Federal Republic of Germany/Denmark)*, ICJ Reports 1969 p 3, 177 (Judge Tanaka, diss).

[184] ILC Statute, 21 November 1947, GA Res 174(II), 21 November 1947. Generally: United Nations, *The Work of the International Law Commission* (8th edn, 2012); Watts, Pronto, & Wood, 1–4 *The International Law Commission, 1949–1998* and *1999–2009* (1999, 2010).

[185] Further: UN Charter, Art 13(1)(a); Watts, 'Codification and Progressive Development of International Law' (2006) *MPEPIL*; Fleischhauer & Simma in 1 Simma (3rd edn, 2012) 525; Rao, 'International Law Commission (ILC)' (2017) *MPEPIL*. Other UN expert bodies include the Commission on International Trade Law (UNCITRAL), and the International Institute for the Unification of Private Law (UNIDROIT).

影響深遠之關鍵國際法領域，包括：外交與領事關係、海洋法、條約法、責任法等。ILC 或許也存在自相矛盾，例如，在影響國際組織法方面並不成功，僅能強調該領域之多樣性、特殊性，以及各國不願透過國際組織於其行動中受到間接限制，或負擔潛在責任。

(4) 政治機構之實踐

「政治機構」（political organs），特別是聯合國大會及安全理事會，經常針對涉及一般國際法、聯合國憲章或其他法律文件適用上的具體爭議，提出建議與形成決議，如此持續性之做法可能具有法律意義。然而，與「國家實踐」相同，在衡量其法律重要性前，必須審查特定決議之內容，以及其考量法律爭議之程度。此外，將機構之忽視（omission of an organ）賦以某種法律意義亦會產生爭議，某些學者似乎依據投票之票數計算（arithmetic of voting）來評價政治機構所作成之決議，因其可代表多數國家之意見，且該決議之說服力係依多數除以少數國家之比例而定。然而，國家不能透過對於控制國際組織之數量，以提高其於「國家實踐」比照「組織實踐」（practice of organizations）之價值。[186]

國際組織內機關之成員，有時會基於「慣性持久之實踐」（persistent practice）而形成「一致性解釋」（consistent interpretation）。例如，於表決事項上，即使有充分證據顯示【184】某事項已經被聯合國成員國普遍接受，但安理會（組織內的機構）亦可能作成與所有成員意見相反之決議，此即為國際法院就 *Namibia* 案中，針對聯合國憲章第 27 條第 3 項含義所作出決定之基礎。[187]

國際法院對於國際組織實踐之價值採取更為自由開放的觀點，在 *Nuclear Weapons in Armed Conflict* 一案中，法院指出，國際組織之實踐可作為解釋「組織章程」（constituent instruments）[188] 時「值得特別關注之要素」（elements which may deserve special attention）之一。法院接著考量世界衛生組織

---

[186] For views on the reliability of subsequent practice of organs in interpretation of the Charter: *Certain Expenses*, ICJ Reports 1962 p 151, 187 (Judge Spender), 210 (Judge Fitzmaurice).

[187] ICJ Reports 1971 p 16, 22.

[188] *Nuclear Weapons in Armed Conflict*, ICJ Reports 1996 p 66, 75.

（WHO）於決定核武器之合法性，是否屬於其作為一個專門機構職權範圍時的做法。另外，於 *Kosovo advisory opinion*（科索沃諮詢意見）一案中，法院認為，「秘書長之特別代表（Special Representative of the Secretary-General）在面對 2008 年 2 月 17 日獨立宣言時保持沉默」，證實該宣言係超越安全理事會所確立之架構而作出的結論。[189] 但上述爭議更大：蓋該「秘書長特別代表」之沉默，更可能係秘書處採取中立政策之必然結果，而並非對該宣言起草者身分之法律定罪（legal conviction）。

(5) 組織之外部實踐

國際組織可與成員國、非成員國，以及其他國際組織達成協議，得提出國際主張，並就影響其問題發表官方聲明（official pronouncements）。依據本章前述，於評估政治機關行為時需要謹慎，而國際組織之實踐可以提供法律證據。另外，國際組織在國際間所為行為，可能會影響國際法之發展，從而間接影響習慣國際法之形成。

(6) 內部立法

國際組織在內部事務上有相當大的自主權，例如：程序、組織及其與職員間之關係。[190] 聯合國機構關於程序問題之決議，為會員國制定其組織的內部法律制度。聯合國曾制定管理其官員服務之職員條例，1949 年大會成立「聯合國行政法庭」（United Nations Administrative Tribunal, UNAT），以裁決控訴秘書處人員不遵守僱傭契約之申訴案件。[191] 過去一段時間，聯合國內部之司法系統（Internal Justice System）進行相關程序之改革，UNAT 被一個由「聯合國爭議法庭」（Nations Dispute Tribunal）及「聯合國上訴法庭」（United Nations Appeals Tribunal）[192] 組成之兩審級系統所取代。【185】其他國際組織亦有相關的職員法庭，而此類法庭共同建立起為數可觀之行政判例

---

[189] *Accordance with International Law of the Unilateral Declaration of Independence in respect of Kosovo*, ICJ Reports 2010 p 403, 447–8.

[190] Schermers & Blokker (5th rev edn, 2011) ch 8; Sands & Klein (6th edn, 2009) ch 14; Amerasinghe (2nd edn, 2005) ch 9.

[191] Generally: Amerasinghe, *The Law of the International Civil Service* (1988); *Effect of Awards*, ICJ Reports 1954 p 47.

[192] GA Res 61/261, 4 April 2007. See Megzari, *The Internal Justice of the United Nations* (2015) 431–2.

（administrative jurisprudence）。[193]

8. 組織行為之控制

(1) 一般國際法規定之責任

外部機構對於國際組織行為進行審查，並不存在強制性的制度，於此情況下，一般國際法則提供有限控制。如前所述，「法律人格」與提出「國際求償能力」之關聯，係「責任」之歸屬問題。[194] 此外，於創建機構時，當國際組織之活動對第三方利益造成侵害時，國家不能總是隱藏在國際組織後面。

(2) 內部政治及司法控制

國際組織之實際控制（practical control）問題，取決於行政及審議機構之權力分配以及對其之憲法限制（constitutional limitations）。[195] 各機構間之職權劃分與整個組織之權力限制，皆可能被詳細界定。以「聯合國憲章」為例，相關法律文件中所規定之義務，可能會被表述為適用於聯合國本身及其附屬機構。[196] 授權附屬機構對於聯合國憲章之條約解釋乃為一般原則，然而，依據憲章規定國際法院為統一解釋機構，但仍視各種政治機構是否準備好請求諮詢意見，並在法院提供後予以遵守。因此，在 Namibia 一案中，有論者認為，「毫無疑問，國際法院並不具備對於聯合國相關附屬機構作出之決定，進行司法審查或上訴之權力」。然而，法院實際上確實考慮了機構在行使司法職能時行為之有效性，並且因此而提出反駁意見。[197]

雖然許多附屬機構得自主決定管轄權（self-determining jurisdiction），但同時已採取某些步驟以加強問責制，例如 1993 年於世界銀行內部設立「檢查小組」（Inspection Panel），並於 2001 年在國際貨幣基金組織內設立一個獨

---

[193] Riddell, 'Administrative Boards, Commissions and Tribunals in International Organizations' (2010) *MPEPIL*; Amerasinghe (2nd edn, 2005) ch 9.

[194] Generally: Klein, *La Responsabilité des Organisations internationales* (1998); Wellens, *Remedies against International Organisations* (2002); Gowlland-Debbas (2012) 353 Hague *Recueil* 185, 411–22; Sarooshi (2014).

[195] Generally: Bindschedler (1963) 108 Hague *Recueil* 307, 312–418; Gowlland-Debbas (2012) 353 Hague *Recueil* 185, 355–7, 384–92; Crawford, *Chance, Order, Change* (2014) ch 13; Uriarte in Sarooshi (2014) 321, 331–45.

[196] UN Charter, Arts 2, 24(2), 55.

[197] ICJ Reports 1971 p 16, 45.

立評估辦公室（Independent Evaluation Office），[198] 但上述小組仍然屬於實驗性質。[199]

【186】司法機構可能會於解釋要旨上，產生令人印象深刻且前後一致之判例法。然而，政治機構可能會支持明顯有爭議之憲政發展（constitutional developments）。早期之案例係於 1956 年蘇伊士運河危機（Suez crisis）後，[200] 利用團結一致之和平決議，建立「聯合國緊急部隊」（United Nations Emergency Force）。當安全理事會授權秘書長組織部隊並於剛果開展行動時，出現類似情況。[201] 安理會公開通過「立法決議」（legislative resolutions）之做法係依據憲章第 39 條，作爲「對和平之威脅」的普遍現象作出回應，並非針對特定、地理上界定之情況，此爲晚近之實例。[202]

然而，針對上述決議，個別國家無權置喙，[203] 且少數意見可能被否決，某些國家可能會退出該組織，默許將上述決議之軍事部隊視爲「非法行動」（unlawful operations），抵制在該組織推定權力（putative authority）下行事之軍隊，或僅單純不服從其認定之「越權決議」（resolution *ultra vires*）。正如 Morelli 法官於 *Certain Expenses* 一案中提及：

> 就國際組織之行爲而言，國內法中與行政行爲有關之救濟措施係無法比擬的。此適用結果，不可能將「可撤銷性」（voidability）之概念適用於聯合國之行爲。倘若聯合國機構之行爲必須被視爲「無效行爲」（invalid act），此種無效僅能構成該行爲的絕對無效（absolute nullity）。[204]

---

[198] On the prospects of current non-judicial accountability mechanisms: de Wet (2008) 9 *GLJ* 1987. On the World Bank Inspection Panel: Shihata, *The World Bank Inspection Panel* (2nd edn, 2000); Gualtieri (2002) 72 *BY* 213; Orakhelashvili (2005) 2 *Int Org LR* 57.

[199] De Wet (2008) 9 *GLJ* 1987, 2010.

[200] GA Res 998(ES-1), 4 November 1956; GA Res 1000(ES-1), 5 November 1956.

[201] SC Res 143 (1960).

[202] SC Res 1373 (2001); SC Res 1540 (2004). Further: Talmon (2005) 99 *AJIL* 175; Bianchi (2007) 17 *EJIL* 881; Hinojosa-Martinez (2009) 57 *ICLQ* 333; Crawford (2014), 424–8.

[203] Generally: Akande (1997) 46 *ICLQ* 309; Alvarez (1996) 90 *AJIL* 1; de Wet (2000) 47 *NILR* 181.

[204] ICJ Reports 1962 p 151, 222.

由於會員國可扣留對於聯合國之財政捐助，[205] 此程序於 *Certain Expenses* 一案中被採納，最終聯合國大會徵求國際法院之諮詢意見。[206] 即使在本案送交諮詢時，大會的「政治控制」意圖亦很明顯，該請求之擬定方式，旨在人為地將問題限縮為解釋「聯合國憲章」第 17 條第 2 項所指涉之「本組織費用」（expenses of the Organization）。此外，徵求法院之意見係追溯性質（retrospectively），在行動獲得授權並產生巨額開支很久之後始為之。[207] 總而言之，國際組織「越權行為」（*ultra vires* acts）引發之問題，很難於短期內獲得解決，當然亦不易透過簡化之公式處理。[208]

9. 結論：法治與國際組織

【187】迄今為止，國際組織似乎已擺脫過往普遍存在「不問責」（non-accountability）之現象，而專門設立機構對於組織行為進行直接司法控制之情況很少見，但在歐盟法院（Court of Justice of the European Union）[209] 中已有成熟發展之形式。法院有權以不適當、違反相關條約或規則、程序不備，以及濫用權力（*détournement de pouvoir*）等為由，審查歐盟機構之行為。「歐洲聯盟運作條約」（Treaty on the Functioning of the European Union）甚至規定於談判階段，得就協議與基本條約是否相符之問題，交由司法機構參考。[210]

因此，產生歐盟法院對於 *Kadi* 案之判決，[211] 該判決係針對安理會 2001 年

---

[205] See Verdirame (2011) 338–41.

[206] Ibid, 203–4 (Judge Fitzmaurice), 232 (Judge Winiarski, diss), 304–5 (Judge Bustamante, diss).

[207] Ibid, 237 (Judge Basdevant).

[208] Generally: E Lauterpacht in *Cambridge Essays in International Law* (1965) 88; Cannizzaro & Palchetti in Klabbers & Wallendahl (2011) 365, esp 375–92; Gowlland-Debbas (2012) 353 Hague *Recueil* 185, 415–17; Crawford (2014) 435–8.

[209] E.g. Hilpold (2009) 13 *MPUNYB* 141; Reinisch (ed), *Challenging Acts of International Organizations before National Courts* (2010); Rosas in Evans & Koutrakos (2013) 139; Bobek in Arnull & Chalmers (eds), *The Oxford Handbook of European Union Law* (2015) 153; Arnull, ibid, 376.

[210] TFEU, Art 218(11).

[211] Joined Cases C-402/05 P and C-415/05 P *Kadi & Al Barakaat International Foundation v Council & Commission* [2008] ECR I-6351. Further: the Opinion of Advocate-General Poiares Maduro and at first instance Case T-315/01 *Kadi v Council and Commission* [2005] ECR II-3649; Case T-306/01 *Yusef & Al Barakaat International Foundation v Council and Commission* [2005] ECR II-3533. Also: Kokott & Sobotta (2012) 23 *EJIL* 1015; de Wet (2013) 12 *Chin JIL* 787; Wimmer (2014) 21 *Maastricht J EU & Comp L* 676; Shirlow (2014) 15 *Melb JIL* 534; Smith in Geiger, *Research Handbook on Human Rights and Intellectual Property* (2015) 60–1; Korenica, *The EU Accession to the ECHR* (2015) 78–82; Cameron in Mitsilegas, Bergström, & Konstadinides, *Research Handbook on EU Criminal Law* (2016) 551–5.

第 1333 號及第 1373 號決議，[212] 以及後續決議之回應。上述決議，迫使會員國凍結某些涉嫌恐怖分子及其共犯之資產，作爲「定向制裁制度」（targeted sanctions regime）之一部分。然而，資產被凍結者之身分，係由安理會之委員會所決議。[213] 依最初構想，列爲名單上之個人並無機會就安理會作出之決定提出抗辯，或於法庭上對後續措施提出異議。[214] 歐洲法院適用 *Bosphorus v Ireland* 一案中 [215] 所建立之「同等保護原則」（doctrine of equivalent protection）進一步認爲，實施制裁需要歐盟採取積極行動，然而，歐盟必須依據符合「歐洲人權公約」（ECHR）所規定之基本權（fundamental rights）而爲之。雖然聯合國憲章要求歐盟必須遵守安理會之指示，但其並未要求以嚴格及預先確定之方式轉譯此項決議。[216]【188】歐盟法院得裁定必須以尊重人權之方式執行上述決議──尤其依「歐洲人權公約」（ECHR）第 6 條第 1 項規定爲之。[217] 而「歐洲人權法院」（European Court of Human Rights，簡稱 ECtHR）亦採用了類似之解釋方法，在安全理事會指令的「境內轉換」（domestic transposition）中找出「允許之彈性」（permissible flexibility），並要求成員國以符合人權之方式，執行上開安理會之指令。[218] ECtHR 此種解釋方法，形成一種有效之問責機制；易言之，國際組織未來可能被追究責任，[219] 此係當前國際法相當薄弱之環節。然而，倘若安理會指示成員國，且不

---

[212] SC Res 1390 (2002); SC Res 1344 (1003); SC Res 1526 (2004); SC Res 1617 (2005); SC Res 1735 (2006); SC Res 1822 (2008).

[213] The Al Qaeda/Taliban Sanctions Committee: SC Res 1267 (1999).

[214] Cf SC Res 1822 (2008). Further: Almqvist (2008) 57 *ICLQ* 303.

[215] [2005] ECtHR 45036/98. On the application of the doctrine in this context: Verdirame (2011) 359–86; Tzanakopoulos in Avbelj, Fontanelli, & Martinico (eds), *Kadi on Trial* (2014) 121.

[216] [2008] ECR I-6351, [298]. More controversially, the Court also built a second line of defence based on the principle that UN law cannot prevail over EC primary law, of which fundamental rights form a part: [304]–[308]. Art 103 of the Charter is conspicuous by its absence from the Court's reasoning: Hilpold in Reinisch (2010) 18, 34–5. These findings were nevertheless affirmed in subsequent proceedings: Joined Cases C-584/10 P, C-593/10 P, and C-595/10 P *Commission and others v Kadi*, ECLI:EU:C:2014:518, [664].

[217] [2008] ECR I-6351, [334], [348]ff. Later, the Court clarified the standard of review it would apply in determining the compliance of EU measures transposing SC directives with human rights, as well as what would amount to equivalent protection: *Commission and others v Kadi* (2013), [118]–[119], [134].

[218] *Nada v Switzerland* [2012] ECtHR 10593/98, [172], [176], [180]; *Al-Dulimi v Switzerland* [2016] ECtHR 5809/08, [145]–[146].

[219] See e.g. Gowlland-Debbas (2012) 353 Hague *Recueil* 185, 392–400; Kanetake (2012) 9 *Int Org LR* 267; Sarvarian in Avbelj, Fontanelli, & Martinico (2014) 95; Lavranos & Vatos, ibid, 108; Uriarte in Sarooshi (2014) 321, 321–31, 345–66; de Wet in Charlesworth & Farrall (eds), *Strengthening the Rule of Law Through the UN Security Council* (2016) 194–203. Further: Tzanakopoulos in de Wet & Vidmar (eds), *Hierarchy in International Law* (2012) 42.

允許其於適用上有任何彈性，上述應用即會產生困難。[220] 倘若依聯合國憲章第
103 條要求成員國「嚴格執行決議」，於此情況下，將不管 EU 或 ECtHR 如
何彈性處理此問題，亦不管在安理會層面是否缺乏同等保護機制。因此，在國
際層面遵守權威（compliance with authority）的最終問題，變成國際組織法之
難題。

---

[220] Hilpold in Reinisch (2010) 18, 34.

第三部分

領土主權

第八章　領土之政府機構形態

1. 領土之概念

　　【191】於土地空間部分，國際法已建立四種類型之制度：領土主權
（territorial sovereignty）、不受任何一個或多個國家主權管轄並擁有自己地位
之領土（如託管地，trust territories）、無主地（*res nullius*），以及共有地（*res
communis*）。「領土主權」主要涵蓋陸地領土、領海、海床及其底土；同時，
於領土概念下，包括島嶼、小島、岩石及礁石（某些情況）。[1] 在特殊情況下，
一個領土區域可能由幾個國家之主權「共管」，雖然於國際實踐中，此類國家
一直係其他領土受其專屬主權（exclusive sovereignty）管轄之國家。[2]「無主地」
則包括在法律上可被國家取得，但尚未置於領土主權下之區域。由「公海」
（就目前而言，包括【192】專屬經濟區）及外太空組成之「共有地」，不得
置於主權之下。依據習慣國際法及相關權宜規定（dictates of convenience），
國家領土上方空域及下方底土、無主地及共有地等，都包含於各項類別之中。

---

[1] For the dispute over the large Caribbean reef structure, Quitasueño Bank: *Territorial and Maritime Dispute (Nicaragua v Colombia)*, ICJ Reports 2012 p 624, 645. For the dispute over Scarborough Shoal and certain maritime features in the Spratly Islands: *South China Sea (Philippines v China)* (2016) 170 ILR 1, 420–5, 455–6. On the distinction between low- and high-tide elevations: chapter 11. For a critique of the ICJ's treatment of the 'other islands, islets and reefs' as part of the San Andrés Archipelago: Palestini (2016) 15 *LPICT* 56. See also von Mühlendahl (2016) 31 *IJMCL* 1.

[2] Generally: Barberis in Kohen (ed), *Liber Amicorum Lucius Caflisch* (2007) 673; Samuels (2008) 29 *Mich JIL* 732. The best known example is the former condominium of the New Hebrides (now Vanuatu): O'Connell (1968–9) 43 *BY* 71. The legal regime may be used to deal with problems of neighbourhood relating to boundary rivers and the like: *Dutch-Prussian Condominium* (1816) 6 ILR 50. Cf Brown, *The Saudi Arabia Kuwait Neutral Zone* (1963). For the Anglo-Egyptian Sudan: Taha (2005) 76 *BY* 337. In certain cases, e.g. land-locked lakes and bays bounded by two or more states, it has been argued that riparian states have a condominium by operation of law. This is doubtful, but it is possible for such a regime to arise by usage. In relation to the Gulf of Fonseca, the Chamber held that its waters, other than the three-mile maritime belts, 'are historic waters and subject to a joint sovereignty of the three coastal states': *El Salvador v Honduras*, ICJ Reports 1992 p 351, 601. Also *Gulf of Fonseca* (1917) 11 *AJIL* 674. For commentary, see Rossi (2015) *37 Hous JIL* 793. In each case, the particular regime will depend on the facts, and it is unsafe to rely on any general theory of community of property. On 'implicit condominium': Post in Nicolini, Palermo, & Milano (eds), *Law, Territory and Conflict Resolution* (2016) 346.

2. 關鍵用語及區別

(1)主權與管轄

國家領土及其附屬地區（appurtenance，如領空及領海），連同其邊界內的政府與人口，構成國家之物質與社會基礎。「國家法律權限」（legal competence）及保護規則，係有賴於假設存在穩定、物理上確定（通常由法律界定）之基礎。國家於其領土方面之權限，通常以「主權」與「管轄權」予以描述，但即使於法源中，此類詞彙之使用亦有多種表述方式，因此，可能必須留意前二者於用法上之統一性。「主權」通常係與「國家權利」之正常互補（normal complement of state rights），亦即典型有關「法律權限」之案例。「管轄權」則指特定權利，或權利之累積數量低於常態（accumulations of rights quantitatively less than the norm）。簡言之，「主權」係為某種法律人格（legal personality）之簡寫，又稱「國家地位」；而「管轄權」係指特定權限，尤其指涉國家之權利（或主張）、自由與權力。另外，具有特殊意義者，係「同意」的標準。舉例而言，A 國可能在 B 國境內駐紮相當數量之軍隊；A 國亦可能對 B 國之某個地區享有專屬使用權，並對本國軍隊享有專屬管轄權。然而，倘若上述權利係於地主國「同意」之情況下始存在，則 A 國無權要求對 B 國之任何部分享有「主權」。[3] 於此案例下，B 國主權受到「減損」（derogation），但 A 國並未因此而獲得主權。然而，倘若 A 國主張排他性使用迄今仍屬於 B 國的部分地區，並聲稱乃基於其主權、權利行使且不需得到任何其他國家之同意等，情況則大不相同。

(2)主權及所有權

國際法上領土主權與國內法中不動產所有權間之類比，表面上似乎比實際更有用，目前為止，二者間建立某些區別即已足。國家法律權限，包括在內部組織與領土處分方面，享有相當大之權力。易言之，國家對於政府、行政及處分之一般權力係屬於「統治權」（imperium）之範圍，亦即國際法承認與界定

---

[3] E.g. British Sovereign Base Areas in Cyprus. Further: Hendry & Dickson, *British Overseas Territories Law* (2011) 339–42. Generally: Strauss, *Territorial Leasing in Diplomacy and International Law* (2015) 52, 97–102.

之能力。「統治權」（imperium）與「所有權」（dominium）之區別，【193】
在於國家財產之公有制（public ownership），[4] 以及法律承認之私有制（private
ownership）形式。[5]

(3) 主權與行政管理

某個地區在形成政府的過程中，以及隨之而來的「特權及義務」
（privileges and duties），最終可能落入另一個國家之控制。因此，第二次
世界大戰納粹德國（Nazi Germany）戰敗後，四大同盟國於德國取得如同國
家主權之「最高權力」（supreme power），[6] 然而，德國政府並未消失。當
時的情勢，類似於「法律代表」（legal representation）或「緊急事務之代
理人」（agency of necessity）。事實上，「占領」之法律基礎係有賴於德國
持續存在，而外國在未經德國同意之情況下接管政府權力，其中涉及非常嚴
重之主權減損（derogation of sovereignty），且並未構成主權移轉（transfer
of sovereignty）。另一方面，長期在習慣國際法中得到認可之類似案例，係
戰時交戰國對敵方領土之占領。[7] 於此情況下，「主權」之重要特徵，係該
法人（legal person）繼續存在以及領土暫時屬於該法人，而並非領土之控制

---

[4] Or elsewhere: cf the John F Kennedy Memorial Act 1964, s1 which transferred to and vested in the US land at Runnymede, England for an estate in fee simple absolute to be held in perpetuity.

[5] Cf Lauterpacht, 1 *International Law* (1970) 367, 367–70.

[6] It is assumed that the form which the occupation took was lawful. See Jennings (1946) 23 *BY* 112, and on post-1945 Germany, Crawford, *Creation of States* (2nd edn, 2006) 452–66, 523–6.

[7] *L v N* (1947) 14 ILR 242. The basic rule in the modern law of military occupation that the occupation of territory during armed conflict does not confer sovereignty upon the occupying power is borne out, inter alia, in Arts 43 and 45 of the Hague Regulations 1907 which establish the occupying force as a mere de facto administrator: Pictet (ed), *Commentary on Geneva Convention IV of 1949* (1958) 273. Further: Fleck (ed), *Handbook of International Humanitarian Law* (3rd edn, 2013) 526–44. Cf McCarthy (2005) 10 *JCSL* 43, questioning the right of the Coalition forces to implement structural changes in the government of Iraq during its occupation in 2003–4. On the relationship between transformative state-building and the law of belligerent occupation: Power (2014) 19 *JCSL* 341; Carcano, *The Transformation of Occupied Territory in International Law* (2015). Further examples of delegated powers: *Quaglia v Caiselli* (1952) 19 ILR 144; *Nicolo v Creni* (1952) 19 ILR 145. On belligerent occupation generally: Dinstein, *The Law of Belligerent Occupation* (2009); Benvenisti, *The International Law of Occupation* (2nd edn, 2012); Spoerri in Clapham & Gaeta (eds), *The Oxford Handbook of International Law in Armed Conflict* (2014) 182. On Northern Cyprus, see e.g. *Loizidou v Turkey* (1996) 108 ILR 443, 462: the Republic of Cyprus, which does not exercise effective control over Northern Cyprus, 'has remained the sole legitimate Government of Cyprus'; also *Tomko v Republic of Cyprus*, ILDC 834 (CYP, 2007); *KTHY v Secretary of Transport* [2010] EWCA Civ 1093, [38], [68]–[69].

者。[8] 同樣地，在將對領土「有效控制權」（effective control）交給「非國家行為者」（non-state actors）之情況下，主權亦未喪失。事實上，基於合法理由情況下，「主權」仍然持續存在，上述假設於國際中被反覆實踐；於此基礎上，即使係低窪島國（low-lying island state）被淹沒亦不會導致其自動消失、【194】其居民被剝奪國籍，或喪失其海域及域外資產。[9]

(4) 國家領土以外之主權

另一個常見的混淆，係「主權」不僅被用來形容伴隨「獨立」之「法律人格」（legal personality），更被用來指涉「國家遺產」（patrimony of a state）中之各種權利。「主權」除非特別授予，或基於歷史性所有權，否則此類權利不可廢除。例如，沿海國對大陸架資源享有「主權權利」；[10] 或主要領土與飛地（enclave）間享有法定通行權。[11] 國家所「享有之權利」，以及在此特殊意義上「主權」涉及更廣泛概念，不能簡單地還原為「領土主權」。

3. 領土行政與國家主權分離

雖然領土主權（territorial sovereignty）之概念通常適用於國家，但國際組織現在亦有相當豐富之實踐經驗，不僅以代理人身分管理領土，而且對沒有國家所有權的領土承擔「法律責任」（legal responsibility）。此情況出現

---

[8] On international administrations: e.g. Knoll, *The Legal Status of Territories Subject to Administration by International Organisations* (2008); Stahn, *The Law and Practice of International Territorial Administration* (2008); Wilde, *International Territorial Administration* (2008). On post-conflict international administrations: Wilde in White & Henderson (eds), *Research Handbook on International Conflict and Security Law* (2013) 547; Lemay-Hébert (2013) 7 *J Intervention & Statebuilding* 87; Jacob, *Justice and Foreign Rule* (2014); Vianes (2015) 25 *Indiana ICLR* 421.

[9] Climate change, and the associated risk of territory becoming uninhabitable over time, raises questions about the centrality of territory to the state. See Costi & Ross in Butler & Morris (eds), *Small States in a Legal World* (2017) 101; Yamamoto & Esteban, *Atoll Island States and International Law: Climate Change Displacement and Sovereignty* (2014) ch 6; Stoutenburg in Gerrard & Wannier (eds), *Threatened Island Nations: Legal Implications of Rising Seas and a Changing Climate* (2013) 57. Also: Blanchard (2015) 53 *Can YBIL* 66; Willcox (2017) 30 *LJIL* 117.

[10] E.g. GCCS, 28 April 1958, 499 UNTS 311, Art 2, recognized as customary law in *North Sea Continental Shelf (Federal Republic of Germany/Netherlands; Federal Republic of Germany/Denmark)*, ICJ Reports 1969 p 3, 19; UNCLOS, 10 December 1982, 1833 UNTS 3, Art 77. Also Tanaka, *The International Law of the Sea* (2nd edn, 2015) 147–9, describing the sovereign rights of a coastal state over its continental shelf.

[11] On historic fishing rights: *South China Sea (Philippines v China)* (2016) 170 ILR 289–90; *Chagos Marine Protected Area (Mauritius v UK)* (2015) 162 ILR 1, 104–9, 246–7, 254–7.

在 1966 年，當時聯合國大會終止對西南非（South West Africa）之委任統治授權，於上述情況下，國際組織與領土之法律關係，僅能歸類爲「特殊權利」（*sui generis*），蓋「主權」與「所有權」等概念，在歷史上係由於「國家遺產」（patrimony of states）而來。[12]

(1) 可終止及收回之權利

在某些情況下，領土主權可能會因實施法律而被廢除，例如，在有明示或暗示條件下，【195】透過「滿足主權移轉條件」，或「未滿足主權移轉之後續條件」時，「所有權」應歸還「授予人」（grantor）。第一種情況，可以 2005 年前之摩納哥爲例，其獨立係附有條件限制，倘若摩納哥國王出現空缺，則該國將成爲法國之保護國（protectorate），[13] 於此情況發生前，承租人在主權的各個層面，皆享有平等利益。[14]

第二種情況，有些觀點認爲，主要可以觀察第一次世界大戰後所建立之「委任統治制度」（system of mandates）。各個前德國領土（ex-German territories）之委任統治國或管理國，係由五個主要同盟國及相關國家所提名，德國則放棄主權。於此基礎上，並且因同盟國決定將上述領土置於其委任統治之下，故有論者建議，「主要國家在實際有關領土上保留『剩餘或複歸利益』（residual or reversionary interest），除非此領土已經實現自治或獨立」。[15] 此類恢復之確切事件，將視個案情況而定，[16] 但其並不等同於主權；而係採取處分權之形式（power of disposition），或在任何處分過程中行使干預或否決權。

(2) 剩餘主權

和平時期對外國領土之占領，可能係依據與領土主權有關之條約而產生。在條約規定下，受讓人（grantee）可能會獲得相當高度之管理權力，等同

---

[12] *International Status of South West Africa*, ICJ Reports 1950 p 128, 150 (Lord McNair). Also Knoll, *The Legal Status of Territories Subject to Administration by International Organisations* (2008).

[13] Treaty of Friendship, 17 July 1918, 981 UNTS 364, Art 3.

[14] Now Treaty of 24 October 2002, 48 *AFDI* 792; Crawford (2nd edn, 2006) 328.

[15] *South West Africa (Ethiopia v South Africa; Liberia v South Africa)*, Preliminary Objections, ICJ Reports 1962 p 319, 482 (Judges Spender and Fitzmaurice, diss).

[16] *Eritrea v Yemen (Territorial Sovereignty)* (1998) 114 ILR 1, 40, 115 (holding that Yemen had not shown that a doctrine of reversion existed).

於在特定時期內,將領土主權之許多權力委託給擁有者(possessor)。因此,在 1951 年 9 月 8 日之「和平條約」(Treaty of Peace)第 3 條中,日本同意,將「琉球群島」(Ryukyu Islands)置於聯合國託管(trusteeship)之下,而在此建議行動之前:

> 美國將有權對這些島嶼之領土及居民,包括其領海,行使所
> 有及任何行政、立法及管轄權。[17]

美國法院認為,琉球群島上的居民並非美國國民,並且這些島嶼係與美國各種法規適用相關之「外國」(foreign country),係指美國享有「事實上主權」(*de facto* sovereignty),以及日本則享有「剩餘主權」(residual sovereignty)或「法律上主權」(*de jure* sovereignty)方面之利益。[18] 恢復日本之完全主權,係隨後雙邊協議之主題。[19]

此類型之利益,可能會產生實際後果。在 *Lighthouses in Crete and Samos* 一案中,常設法院裁定,1913 年克里特島(Crete)及薩莫斯島(Samos)處於土耳其【196】主權之下,因此土耳其有權授予或更新上述島嶼之「特許權」。關於克里特島,法院進一步指出:

> 雖然克里特島擁有自治權,但其並未停止成為鄂圖曼帝國
> (Ottoman Empire)的一部分。因此,蘇丹(Sultan)不得不
> 接受對其在克里特島行使主權權利的重要限制;易言之,該
> 島之主權並未停止且仍屬於帝國所享有,但從司法角度來看
> 可能會有所限制。[20]

---

[17] 136 UNTS 45.

[18] E.g. *Burna v US*, 240 F2d 720 (1957). Also: Oda & Owada (eds), *The Practice of Japan in International Law 1961–1970* (1982) 76–96.

[19] (1968) 7 ILM 554; Rousseau (1970) 74 *RGDIP* 682, 717; Rousseau (1970) 64 *AJIL* 647.

[20] *Lighthouses in Crete and Samos* (1937) PCIJ Ser A/B No 71, 126–30. Also: 1 Lauterpacht (1970) 367, 372–3.

(3) 國際租借地

領土特許權（concessions of territory）之實例，包括完全之政府權力，為期數年（1997 年之前香港新界，New Territories of Hong Kong），[21] 或甚至是永久（關塔那摩灣，Guantanamo Bay）。於上述情況下，「租借」（lease）一詞可能只不過是一則謊言，對於相關利益之「表面上指引」（superficial guide）：每個案例都有賴於特定事實，尤其係關於「轉讓」（grant）之確切條款。當然，此類案例中皆假設「轉讓人」（grantor）仍保留剩餘主權（residual sovereignty）。然而，某些類型之「租賃」則實際上係處於「領土割讓」（cessions of territory）。[22] 因此，對於國際上幾個「租借地」（leased territories）（1997 年香港、1999 年澳門、2000 年巴拿馬運河區）[23] 之完全控制權的回歸，可能預示確認出租人主權（lessor's sovereignty）之趨勢。最著名之國際租約案例，係古巴與美國間關於關塔那摩灣之租約。[24] 最初的租約係於 1903 年古巴宣布獨立後不久所簽訂；[25]【197】1934 年則簽訂第二份租約。[26]

---

[21] Treaty between China and Great Britain, 29 August 1842, 30 BFSP 389. On the expiry of the lease: UK-MIL (1985) 56 *BY* 363, 483–5; UKMIL (1986) 57 *BY* 487, 513–14, 529–34. Further: Malanczuk, 'Hong Kong' (2010) *MPEPIL*; Strauss (2015) 77–80, 175–8. On the current status of Hong Kong: Ahl (2013) 31 *Chin YBILA* 116; Shen in Sevastik (ed), *Aspects of Sovereignty* (2013) 101–19; Cheung (2015) 40 *Brooklyn JIL* 465.

[22] On territorial leases in perpetuity: Strauss (2015) 117. Cf *Secretary of State for India v Sardar Rustam Khan* (1941) 10 ILR 98. Also: *Union of India v Sengupta* (1990) 92 ILR 554, for discussion of the difference between a lease and servitude.

[23] Panama–US Convention of 18 November 1903, USTS No 431. The Panama Canal Treaty and the Treaty Concerning the Permanent Neutrality and Operation of the Panama Canal, 7 September 1977, 1161 UNTS 177, 1280 UNTS 3, superseded the 1903 Convention: Arcari, 'Panama Canal' (2009) *MPEPIL*.

[24] Lazar (1968) 62 *AJIL* 730; Lazar (1969) 63 *AJIL* 116; Strauss, *The Leasing of Guantanamo Bay* (2009) 78–80; Strauss (2013) 37 *SIULJ* 533; Johns, *Non-Legality in International Law* (2012) ch 3. Another example is the British Indian Ocean Territory (BIOT). In 1966, the UK made the BIOT available to the US for a period of at least 50 years; it subsequently agreed to the establishment of a military base on Diego Garcia. Cf *Chagos Marine Protected Area (Mauritius v UK)* (2015) 162 ILR 1, 76–94; *Chagos Islanders v UK* [2012] ECtHR 35622/04; *Bancoult v Foreign Secretary* [2008] UKHL 61. On the alleged violations of the indigenous people's rights over the Chagos Archipelago: *Chagos Marine Protected Area (Mauritius v UK)* (2015) 162 ILR 1, 88–99 (forced removal of the Chagossian population); *R (Bancoult) v Secretary of State for Foreign and Commonwealth Affairs* (2014) 162 ILR 348; *Bancoult v McNamara*, 445 F3d 427 (DC Cir, 2006); 549 US 1166 (2007); Allen, *The Chagos Islanders and International Law* (2017) ch 2. Aspects of the Chagos problem have been referred by way of advisory opinion to the ICJ: GA Res 71/292, 22 June 2017. On the inapplicability of British law to the Sovereign Base Areas in Cyprus: *Ministry of Defence v Holloway (Jurisdictional Points)* [2015] UKEAT 0396_14_2807 (28 July 2015).

[25] Agreement between Cuba and the United States for the Lease of Lands for Coaling and Naval Stations, 16 and 23 February 1903, 192 CTS 429.

[26] Treaty Concerning the Relations between the United States of America and the Republic of Cuba, 29 May 1934, 150 LNTS 97.

古巴自1959年以來一直主張，上述兩項租約皆爲非法。[27]古巴主張所依據之論點，很少在法律條款中直接闡明，亦即租約係基於不公平性質；以及應依冷戰結束後情勢變遷，而得以撤銷之。[28]與上述論點有關條款，係1903年租約第3條之規定：

> 雖然美國一方面承認古巴共和國對上述陸地和水域的最終主權（ultimate sovereignty）之延續；另一方面，古巴共和國同意，在美國依據本協定之條款占領（occupation）上述地區期間，美國應對上述地區行使完全管轄權（complete jurisdiction）及控制權，並有權享有爲美國之「公共目的」（public purposes），透過購買或行使徵用權（eminent domain），而向其所有者提供充分補償（full compensation）之任何土地或其中財產。

上開條款賦予之權利，是否具有「明顯永久性」（apparently perpetual）引起許多質疑，其中一個關鍵問題，即爲美國憲法權利保護是否延伸至關塔那摩灣。[29] *1

---

[27] Further: de Zayas, 'Guantánamo Naval Base' (2009) *MPEPIL*.

[28] Strauss (2009) 119–20, 165, 193; Ronen, 'Territory, Lease' (2008) *MPEPIL*.

[29] Particularly in relation to the US use of its naval facility at Guantanamo to house detainees captured as part of the so-called 'war on terror': e.g. Steyn (2004) 53 *ICLQ* 1; *R (Abbasi) v Secretary of State for Foreign and Commonwealth Affairs* [2002] EWCA Civ 1598. Also: Vladeck (2012) 161 *U Pa LR* 78. Key US decisions are *Rasul v Bush*, 542 US 466 (2004); *Hamdan v Rumsfeld*, 548 US 557 (2006); *Boumediene v Bush*, 553 US 723 (2008); *Al Maqaleh v Gates*, 605 F3d 84 (DC Cir, 2010); *Al Maqaleh v Hagel*, 738 F3d 312 (DC Cir, 2013); *Aamer v Obama*, 742 F3d 1023 (DC Cir, 2014). Also: *Khadr v Canada (No 1)* (2008) 143 ILR 212; *Khadr v Canada (No 2)* (2009) 143 ILR 225.

*1【譯注】美軍2002年遣送第一批被拘留者抵達位於古巴關塔那摩灣之拘留設施，聯合國人權委員會於此事件20週年（2022年）之際，譴責該美國之軍事設施係「惡名昭彰」（unparalleled notoriety）之場所，並表示其繼續運作係美國政府「對法治承諾方面之污點」（a stain on the US Government's commitment to the rule of law），使得美國司法系統未能在保護人權、維護法治，以及在其明顯認可與支持下，使得法律黑洞在關塔那摩灣不斷擴大（legal black hole to thrive in Guantánamo）。參閱：UN Human Rights Council, Rights experts condemn 'unrelenting human rights violations' at Guantánamo Bay, 10 January 2022, https://news.un. org/en/story/2022/01/1109472 (last visited 1 July 2023)。

於此情況下，關於「轉讓人」利益性質之困難，不太可能出現新的實例，亦不存在於提供便利設施之火車站、軍事、海軍、空軍基地之「租約」中。[30]因此，條約、行政協定或其他政府間協議所轉讓之權利，更為有限。「轉讓人」有權依據其條款，撤銷「契約許可」（contractual license），並在經過一段合理期間後，得採取適當步驟，驅逐侵入者。

(4) 非軍事化及中立之領土

條約中所接受對於領土使用之限制（restrictions on use of territory），不影響「領土主權」作為「所有權」之法律地位，即使該限制涉及國家安全與國防準備事項。[31]【198】同樣地，此原則亦適用於聯合國安理會或國際法院，[32]於其以「臨時措施」（provisional measures）劃定「非軍事區」（demilitarized zones）之情況。[33]

(5) 附庸國、宗主國及保護

如前所述，共管權（condominium）涉及兩個（或多個）國家於平等基礎上共同行使主權。從歷史觀之，許多類型之共享主權已經出現，其中占主導地位之 A 國，於 B 國政府中發揮重要作用，特別係作出與外交事務相關之行政決定。此類型之法律關係，將依據個案情況而有所不同，且不能從相關國際文書之條款中一概而論。[34]「受保護之共同體」（protected community）或「受保護國」可能係 A 國的一部分，作為殖民地保護國，不具有國際法律人格，雖然就國內法而言，其可能具有特殊地位。[35]然而，殖民地保護國之地位問題相

---

[30] Another example of a modern lease agreement is the US Manas Airbase in Kyrgyzstan, renewed in 2010: US–Kyrgyzstan Status of Forces Agreement, 4 December 2001. The airbase closed in 2014.

[31] *A-G of Israel v El-Turani* (1951) 18 ILR 164.

[32] E.g. SC Res 687 (1991) reconfirming the territorial sovereignty of both Iraq and Kuwait while imposing a demilitarized zone in the border region between the states; SC Res 1973 (2011) reconfirming the territorial sovereignty of Libya while imposing a no-fly zone.

[33] *Request for Interpretation of the Judgment of 15 June 1962 in the case concerning the Temple of Preah Vihear (Cambodia v Thailand)*, ICJ Reports 2013 p 281, 315–18.

[34] On the unique co-seigneury of Andorra before the adoption of its constitution in 1993, see *Cruzel v Massip* (1960) 39 ILR 412; *Re Boedecker & Ronski* (1965) 44 ILR 176; Crawford (1977) 55 *RDISDP* 258. Now: Duursma, *Fragmentation and the International Relations of Micro-States* (1996) 316–73; Crawford (2nd edn, 2006) 284–5.

[35] *Ex p Mwenya* [1960] 1 QB 241 (sovereignty of the British Crown over the protectorate of Northern Rhodesia indistinguishable in legal effect from that of a British colony; habeas corpus thus available). *Mwenya* was cited by the Supreme Court in *Rasul v Bush*, 542 US 466, 482 (2004).

當複雜，亦僅能依個案探討。[36] 雖然「受保護國」其法律能力之行使被委託給 A 國，但其仍可保留一定程度之對外有效法律人格，於此情況下，A 國簽訂之條約，不一定直接適用於 B 國。但出於某些目的，包括中立法及戰爭法，B 國被視為 A 國之代理人。因此，倘若 A 國宣戰，「受保護國」亦可能同時被視為「交戰國」（belligerent），儘管很大程度上仍須檢視 A 國和 B 國間關係之確切性質。[37] 上述問題雖然對於確定領土之「法律地位」仍很重要，但與第五章中討論之國家獨立問題亦密切相關。

4. 領土配置之限制

(1) 條約條款

　　各國可以透過條約，同意在任何情況下均不轉讓某些領土，亦可同意不轉讓領土給一個或多個特定國家：[38] 反之，各國亦可【199】同意在未指定之未來日期，將某一塊領土轉讓給特定之國家，從而排除轉讓給任何其他國家之可能性。[39] 此外，一個國家可能同意不與另一個國家合併，例如依據 1955 年之國家條約（State Treaty），奧地利有義務不與德國建立政治或經濟同盟。[40] 於此之前，在 1919 年「聖日耳曼條約」（Treaty of St. Germain）第 88 條中，該義務之表達方式與上開條款不同，其文字為：奧地利之獨立「不可剝奪」（inalienable），除非得到國際聯盟理事會之同意（Council of the League of Nations）。[41] 另外，條約中亦可以規定「不取得領土」之義務（obligation not to acquire territory）。倘若違反不得轉讓或取得領土之條約義務，受讓人（grantee）可能會將該條約視為「他國間之事務」（*res inter alios acta*），故第三國提出違反條約之求償，是否導致該轉讓領土無效，頗值懷疑。

---

[36] *Land and Maritime Boundary between Cameroon and Nigeria (Cameroon v Nigeria)*, ICJ Reports 2002 p 303, 402–7 (kings and chiefs of Old Calabar).

[37] Cf *Nationality Decrees Issued in Tunis and Morocco* (1923) PCIJ Ser B No 4, 27.

[38] Rousseau, 3 *Droit International Public* (1977) 197–8; Verzijl (1969) 477–8.

[39] *Chagos Marine Protected Area (Mauritius v UK)* (2015) 162 ILR 1, 254 (holding the UK bound by its agreement to 'return the Chagos Archipelago to Mauritius when no longer needed for defence purposes').

[40] 15 May 1955, 217 UNTS 223, Art 4.

[41] (1920) 14 *AJIL Supp* 30. See *Customs Regime between Germany and Austria* (1931) PCIJ Ser A/B No 41.

(2) 附屬原則

法律意義上之國家領土，包括領海（倘若該國有海岸線）、陸地領土及領海之上之領空（空域）。[42] 因此，倘若 A 國與 B 國合併，B 國之領土將包括原 A 國之領海及領空。[43] 上述簡單舉例，有時被描述為「附屬原則」（principle of appurtenance），[44] 各國之政府基於統治高權（high authority）皆支持此觀點；換言之，倘若一國本身並沒有海岸，則領海就無法被轉讓（毫無疑問，在領空之情況下亦復如此），[45] 但是推論之邏輯與法律基礎並未讓人信服。另一種「附屬形式」出現於 McNair 法官在 *Anglo-Norwegian Fisheries* 一案之反對意見中：「國際法規定海洋國承擔某些義務，並賦予其某些權利，而此類權利源於其對其海洋領土行使之主權」。因此，擁有領土係必要條件並具有法律之強制性，並非基於國家意願。[46] 雖然上述觀點乍看之下相當具有吸引力，但仍會帶來許多窒礙難行之處。各種領土擴張（territorial extensions）中，有多少係法律規定強制擁有？而讓沿海國負責維護秩序及航行設施之願望，並不足以成為 McNair 法官闡述其原則之基礎。事實上，此邏輯同樣支持「封閉海域學說」（doctrine of closed seas）。【200】另外，倘若國家被允許放棄領土，而使其成為「無主地」（*res nullius*）時，放棄領海之推定後果，乃為擴大「共有地」（*res communis*），即該海域將成為「公海」。

---

[42] E.g. when Great Britain acquired sovereignty over Australia's Northern Territory in 1824 it also acquired sovereignty over the territorial sea 'by operation of international law': *Yarmirr v Northern Territory* (2001) 125 ILR 320, 350. On airspace, Art 1 of the Convention on International Civil Aviation, 7 December 1944, 15 UNTS 295, provides that '[t]he contracting States recognize that every State has complete and exclusive sovereignty over the airspace above its territory.' Havel & Sanchez, *Principles and Practice of International Aviation Law* (2014) 40; *KTHY v Secretary of Transport* [2010] EWCA Civ 1093, [26].

[43] Claims to territory and treaties of transfer usually refer to territory as specified, or islands, without referring to territorial waters: e.g. the Italian Peace Treaty, 10 February 1947, 49 UNTS 3, Arts 11, 14; Treaty between US and Cuba relating to the Isle of Pines, 2 March 1904, 127 LNTS 143: Wright (1925) 19 *AJIL* 340.

[44] *Grisbadarna (Norway v Sweden)* (1909) 11 RIAA 147, 155.

[45] 1 Oppenheim 479–84; also Towey (1983) 32 *ICLQ* 1013.

[46] *Fisheries (UK v Norway)*, ICJ Reports 1951 p 116, 160 (Judge McNair, diss). Also: Fitzmaurice (1954) 31 *BY* 371, 372–3; Fitzmaurice (1957) 92 Hague *Recueil* 1, 129, 137–8.

5. 結論

(1) 所有權之概念

本章已就「主權」之內容從不同角度進行觀察。總體而言，該詞彙係代表一個國家對其領土享有之「法律權限」（legal competence），此權限係基於「所有權」之必然結果，但不能與其相提並論。[47] 因此，「國家權限」之重要實踐方法係「處分權」（power of disposition），可能受到條約之限制；但此種限制，只要並非完全限制，並不會影響「所有權」。然而，國際法之各類法律文書，使用「主權」一詞來描述「所有權」之概念以及由此而產生之「法律權限」。在此意義上，「主權」一詞可作以下之解釋：(i) 為何存在此種法律權限，其最大可能之範圍為何；(ii) 是否可針對特定國家干涉該管轄領土之爭議而提出求償。

第二個方面係有關「所有權」之本質，亦即「對他國領土主權主張之效力」。法文中對於「所有權」（title）之「等效概念」（equivalent concept）定義為：從法律「所有權」之意義而言，該名詞係指作為權利之原因與基礎的任何相關事實、行為或狀況（*terme qui, pris dans le sens de titre juridique, désigne tout fait, acte ou situation qui est la cause et le fondement d'un droit*），[48] 原則上，可對所有他國以及占有人主張「所有權」之概念[49] 確實存在。因此，第一個無爭議「占領」（undisputed occupation of land）之無主地（*res nullius*），可能產生等同於羅馬法中的統治權（dominium）概念。然而，在國際實踐中，用於解決爭端之「所有權」概念，卻更貼近於類似普通法中所熟悉之「占有權」（right to possess）。[50]「默認」（acquiescence）及「承認」

---

[47] The following works are helpful, since the problems in the sphere of international law are basically the same: Honoré in Guest (ed), *Oxford Essays in Jurisprudence* (1961) 107, 134–41; Buckland & McNair, *Roman Law and Common Law* (2nd edn, 1965) 71–88 (excursus by Lawson). Also: Castellino & Allen, *Title to Territory in International Law* (2003).

[48] Basdevant, *Dictionnaire de la terminologie du droit international* (1960) *sv.* Cf Salmon (ed), *Dictionnaire de droit international public* (2001) 1084.

[49] Honoré in Guest (1961) 137, for a definition of a unititular system: '[u]nder it, if the title to a thing is in A, no title to it can be acquired (independently) by B, except by a process which divests A. There is only one "root of title" for each thing, and the present title can ultimately be traced back to that root.'

[50] Jennings, *Acquisition of Territory in International Law* (1963) 5–6. The common law is 'multititular': Honoré in Guest (1961) 139; so is international law: *Legal Status of Eastern Greenland* (1933) PCIJ Ser A/B No 53, 46; *Island of Palmas* (1928) 2 RIAA 829, 840.

（recognition）原則之運作，不可避免地使用上述解釋方法，但在實際裁決案件時，仲裁庭傾向於贊成其中一種方法，而該方法考慮到由求償案件中的兩造提供證據，依此主導下的仲裁庭程序有其侷限性，故其結果不會自動對抗第三國。

(2) 所有權、劃界、邊界

從廣義而言，許多「所有權」爭議係於「邊界糾紛」（boundary disputes）之背景下而產生，原則上，【201】確定邊界線之詳細位置，與確定產權爭議係完全不同的兩個問題。雖然並未有正式確定之邊界劃界，仍可能會發生相當程度之領土處置，且「受讓人」亦可享有自轉讓領土中獲得之「所有權」利益。[51] 另一方面，「正式確定邊界」可能成為過渡條約中之「暫停條件」（suspensive condition），蓋確定邊界之過程，係依據一套特殊規則而進行。例如，依據 *Navigable River* 一案所建立之「河道分界線」（thalweg）原則，主要航道之中間線被推定為「邊界」；而在非通航水道之情況下，邊界由兩岸間之「中線」（median line）所構成。[52]

另外，必須重視邊界之實踐進展。國家就邊界之確切細節達成協議後，通常會進行單獨「劃界」（demarcation）程序，亦即就表面字意而言，係透過建立標柱、石柱等在地面上劃出邊界。然而，亦有可能發生該邊界在法律上已臻明確但卻未實際劃定。[53] 倘若邊界僅為「事實上」（*de facto*）存在，則可能係基於尚未標定或仍存在未解決之領土爭議。即便如此，出於某些目的，仍可能被接受為主權之合法界線。例如，民事或刑事管轄權、國籍法，以及禁止使用或不使用武器進行未經許可之入侵行為。

---

[51] On the effect of treaties of cession or renunciation relating to territories the boundaries of which are undetermined: *Interpretation of Article 3, Paragraph 2, of the Treaty of Lausanne* (1925) PCIJ Ser B No 12, 21.

[52] *Kasikili/Sedudu Island (Botswana/Namibia)*, ICJ Reports 1999 p 1045, 1061–2; *Frontier Dispute (Benin/Niger)*, ICJ Reports 2005 p 90, 149–50. Also: *Guyana/Suriname Arbitration* (2007) 139 ILR 566, 137, 194, 226, 301. Generally: Brownlie, *African Boundaries* (1979); Shaw, *Title to Territory in Africa* (1986) 221–63; McCaffrey, *The Law of International Watercourses* (2nd edn, 2007) 70–2; Islam, *The Law of Non-Navigational Uses of International Watercourses* (2010); Caflisch in Boisson de Chazournes, Leb, & Tignino (eds), *International Law and Freshwater: The Multiple Challenges* (2013) 26–7.

[53] *Decision regarding Delimitation of the Border between Eritrea and Ethiopia* (2002) 25 RIAA 83, 106 ('The boundaries laid down in the Treaties have never been implemented by demarcation'), 119–20, 165–6.

(3) 不得處分無權處分之物

「不得處分無權處分之物」（*nemo dat quod non habet*），此格言以及一些例外情況，係英國法律上常見的特徵，但毫無疑問地，該原則亦已成為國際法的一部分。[54] 在 *Island of Palmas* 一案中，仲裁人 *Huber* 提及：

> 美利堅合眾國聲稱構成其主張直接基礎之權利，係巴黎條約（Treaty of Paris）所規定之「割讓權」（cession），而該割讓權，係轉移西班牙可能在該地區擁有之所有主權權利。很明顯，西班牙不能轉讓比其自己擁有更多之權利。[55]

默認與承認之適用，大大降低上述原則之效果。

某些相關原則需要一併考量。首先，法庭原則上就 A 國及 B 國間之領土裁決，並不能對抗 C 國。就仲裁庭之管轄權，及其裁決本身所賦予之權利而言，僅及於兩造當事人間所衍生之爭議。[56]【202】C 國對某特定領土提出主張之事實，並不一定會剝奪法庭之裁決權，並且亦不會阻止 A 國和 B 國就該領土相互界定之權利。[57] 在某些情況下，該原則係透過管理特殊問題之特殊規則運作。因此，侵略者以武力奪取領土後，可能主張將該領土轉讓予第三國。「割讓」之有效性，將視其與國家使用武力相關具體規則之效力而定。相同地，某個國家亦可能轉讓其並無能力轉讓之領土，於此情況下，很大程度上則必須視「默許」及「承認」之原則是否得彌補「所有權」之瑕疵。

於某些情況下，法律承認產權負擔（encumbrances）伴隨領土割讓而存在。McNair 法官提及「產生純粹國內義務之條約」（treaties creating purely local obligations），並舉例說明「割讓國」（ceding state）授予另一國過境

---

[54] *Cameroon v Nigeria*, ICJ Reports 2002 p 303, 400–7. Also McNair, *Treaties* (1961) 656, 665.

[55] *Island of Palmas (Netherlands v US)* (1928) 2 RIAA 829, 842.

[56] *Guiana Boundary (Brazil v UK)* (1904) 11 RIAA 11, 22.

[57] Boundary Agreement between China and Pakistan, 2 March 1963 (1963) 57 *AJIL* 713, Art 6, which is expressed as fixing 'the alignment of the boundary between China's Sinkiang and the contiguous areas the defence of which is under the actual control of Pakistan'. Thus, India's position in respect of Kashmir is not foreclosed.

權、[58] 內河航行權、[59] 領海或內水之捕魚權。[60] 此觀點亦與 1978 年「關於國家在條約方面之繼承的維也納公約」（Vienna Convention on the Succession of States in Respect of Treaties）之規定一致，該公約第 12 條規定，國家繼承（succession of states）不應影響「與領土使用有關」（relating to the use of territory）之權利或義務，尤其該條約係基於「外國任何領土之利益而訂定。其內容係有關任何領土的使用或限制使用，並被視爲附屬於有關領土之各種義務」。[61]

---

[58] 'A right of transit by one country across the territory of another can only arise as a matter of specific agreement': *Iron Rhine (Belgium v Netherlands)* (2005) 27 RIAA 35, 64.

[59] E.g. the rights of Costa Rica over the San Juan River: *Navigational and Related Rights (Nicaragua v Costa Rica)*, ICJ Reports 2009 p 213.

[60] McNair (1961) 656. Others speak of 'international servitudes': Strauss (2015) 9. McNair rejects the term since it 'would make the category depend upon the recognition by international law of the institution known as a servitude, which is highly controversial'. See, however, *Eritrea v Yemen (Territorial Sovereignty)* where the tribunal noted that the traditional open fishing regime in the southern Red Sea together with the common use of the islands in the area by populations of both coasts was capable of creating historic rights accruing to the two states in dispute in the form of 'a "*servitude internationale*" falling short of territorial sovereignty': (1998) 114 ILR 1, 40–1. Evidently the tribunal could not quite stomach the idea of a servitude in English. In the region, this well-meaning dictum has been a further source of conflict. On the question of servitudes, see also *Right of Passage over Indian Territory (Portugal v India)*, ICJ Reports 1960 p 6; *Åland Islands* (1920) *LNOJ Sp Supp* No 3, 18; *SS Wimbledon* (1920) PCIJ Ser A No 1, 24. Traditionally, such rights were to be interpreted restrictively as limitations to sovereignty. However, such a restrictive interpretation has been rejected in more recent cases: e.g. *Iron Rhine* (2005) 27 RIAA 35, 64–7; *Navigational Rights*, ICJ Reports 2009 p 213, 237–8.

[61] 23 August 1978, 1946 UNTS 3. Art 12 does not, however, say when rights and duties are so considered. On Bolivia's claim to sovereign access to the Pacific Ocean across Chilean territory in terms of the Treaty of Peace and Friendship (Bolivia and Chile, 20 October 1904, 196 CTS 403): *Obligation to Negotiate Access to the Pacific Ocean (Bolivia v Chile)*, Preliminary Objection, ICJ Reports 2015 p 592; Merits, judgment of 24 September 2018.

第九章　領土主權的取得與移轉

1. 概述

　　【203】有關陸地領土（包括島嶼）所有權之爭端，以及邊界之精確確定（precise determination of boundaries），[1] 通常係國際訴訟之議題。[2] 訴諸仲裁可能爲全面和平解決方案的一部分，[3] 但許多領土衝突處於「休眠狀態」（dormant），只有當爭端爆發時，才會受到關注。雖然占領不屬於任何國家之領土（如無主地，*terra nullius*）問題不復存在，但過去此類有關「占領」之爭議仍可能出現，[4] 其中與法律相關之事件，可能遠在幾個世紀前就已經發生。[5] 民族情緒的壓力、曾經被認爲貧瘠或無法進入地區之開發能力、過往被忽視地區之戰略意義，以及人口對資源壓力愈趨明顯，領土爭端將繼續受到重要之關注。

2. 確定所有權

(1) 所有權之中心地位

　　【204】倘若國際法體系之基本單位爲「國家」，則「國家」於世界上

---

[1] Jennings, *The Acquisition of Territory in International Law* (1963); Blum, *Historic Titles in International Law* (1965); Kaikobad (1983) 54 *BY* 119; Thirlway (1995) 66 *BY* 1; Kohen, *Possession contestée et souveraine-té territoriale* (1997); Ratner (2006) 100 *AJIL* 808; Prescott & Triggs, *International Frontiers and Boundaries* (2008); Shaw, *The International Law of Territory* (2012); Duncan (2012) 35 *Boston Col ICLR* 1; Kohen (ed), *Territoriality and International Law* (2016). For acquisition of maritime zones, see chapter 11; for maritime delimitation, chapter 12.

[2] E.g. *South China Sea Arbitration* (2016) 170 ILR 1; *Bay of Bengal Maritime Boundary Arbitration (Bangladesh v India)* (2014) 167 ILR 1.

[3] E.g. *Eritrea–Ethiopia Boundary Delimitation* (2002) 130 ILR 1. Also: *Government of Sudan v Sudan People's Liberation Movement/Army (Abyei Arbitration)* (2009) 144 ILR 348; Daly & Schofield, 'Abyei Arbitration' (2010) *MPEPIL*; Bockenforde (2010) 23 *LJIL* 555.

[4] Cf *Ure v Commonwealth of Australia* (2016) 173 ILR 624 (Federal Court of Australia) (whether private individuals could acquire proprietary rights over *terra nullius*: held not), distinguishing *Jacobsen v Norwegian Government* (1933) 7 ILR 109 (Supreme Court of Norway).

[5] In *Minquiers and Ecrehos (France/UK)*, ICJ Reports 1953 p 47, the parties and, to a lesser extent, the Court considered it necessary to investigate legal transactions of the medieval period.

所占據之空間則爲其「領土」，在傳統上被認爲係不動產（realty），國家（或法人）爲其「所有權人」（proprietor）。[6]因此，國家領土有租賃權與歸還權之出售及贈與，但通常很少或根本不會考慮居民意願。事實上，國際法早在國家本身發展爲規範概念前，即已發展出「領土權利」（entitlement to territory）之概念。此後，所有權之產生不僅需透過「實際占領」〔physical occupation，即有管理之事實，通常亦被稱爲「有效性」（effectivity）〕，並且必須係爲「依法取得」。儘管直到 1928 年，國際法始出現強制條約有效之規則。[7]然而，也存在一些不確定之概念，例如領土（通常係島嶼、小島、岩石等，有時甚至是整個省分）在各國間時常存在爭議，[8]上述情況主要係基於歷史性問題，端視相關國家中，何者能提出較好的主張。

在 *Frontier Dispute (Burkina Faso/ Mali)* 一案之邊界爭端法庭中，法官闡述現代法律之基本原則：

> 倘若行爲完全符合法律，抑或倘若有效管理係對於「保持法律下的持有」（*uti possidetis juris*）概念之補充，則「有效」與否之唯一作用，乃確認該權利之行使，係源自於法律所有權（legal title）。反之，倘若該行爲不符合法律，抑或倘若系爭領土，乃由擁有合法所有權國以外的他國行使「有效管理」（effectively administered），則應優先考慮所有權人之主張。然而，倘若「有效性」並未與任何法定所有權共存，則必須始終將其予以考量。最後，於某些情況下，法定所有權無法

---

[6] Fitzmaurice (1955–6) 32 *BY* 20, 64–6; Schwarzenberger (1957) 51 *AJIL* 308, 320–2; Castellino & Allen, *Title to Territory in International Law* (2003); Kohen (2004) 108 *RGDIP* 562; Shaw (ed), *Title to Territory* (2005); Ratner (2006) 100 *AJIL* 808; Yanagihara, *Territorial Title* (2012). See also chapter 8. For linguistic confusion over the term: O'Keefe (2011) 13 *Int Comm LR* 147, 153–4.

[7] Thus, the objection to British acquisition of the Boer Republics was that it was premature, not that it was intrinsically unlawful: *West Rand Central Gold Mining Co v R* [1905] 2 KB 391. For the development of rules relating to the use of force, see chapter 33.

[8] On Gibraltar, see Waibel, 'Gibraltar' (2009) *MPEPIL*. On the Senkaku Islands: Lee in Chinkin & Baetens (eds), *Sovereignty, Statehood and State Responsibility* (2015) 126; Ramos-Mrosovsky in Liao, Hara, & Wiegand (eds), *The China–Japan Border Dispute: Islands of Contention in Multidisciplinary Perspective* (2015) 115–40.

準確顯示與其相關之領土範圍。反而，「有效性」可解釋所有權之實踐，並發揮重要作用。[9]

因此，「所有權」優先於「占領」；但倘若「所有權」未臻明確，則權利主張下之「占領」就變得很重要。[10]

領土所有權，與土地所有權相通，通常係「客觀」（objective）存在，但並無發展出「國際托倫斯所有權登記制」（international Torrens title）之註冊系統。[11]無爭議之所有權【205】乃爲偶然發生於歷史、受到普遍認可，以及沒有任何人提出權利主張。「所有權」在上述幾個完全不同之上下文脈絡中，亦可能成爲相對性之概念。

A. 「不得處分無權處分之物原則」（*nemo dat quod non habet*）對於雙邊協議下所安排之所有權，具有限制性影響。

B. 關於所有權之司法判決，不能妨礙（對抗）第三方之權利。

C. 倘若實際占有並非所有權爭端之決定性因素，某些國家（非全部國家）之「承認」則變得相當重要。

D. 將爭端提交國際法院或法庭，其所依據之雙方協議（compromise）可假定「所有權」屬於求償方之一。在 *Minquiers and Ecrehos* 一案中，國際法院將「雙方協議」解釋爲：排除小島係無主地或受共管管轄之裁定。[12]而於沒有任何其他國家提出所有權主張之情況下，結果似乎係對於所有系爭各方均有效之所有權，但系爭各方卻沒有達到任何關於「有效控制」（effective control）之最低要求

---

[9] ICJ Reports 1986 p 554, 586–7. The term *uti possidetis (juris)* refers to the presumption that the boundaries of a new state or entity follow those that existed under the previous (usually colonial) regime. Further: Lalonde, *Determining Boundaries in a Conflicted World* (2002); Castellino & Allen (2003) ch 1; Duncan (2012) 12.

[10] See the ICJ's line of reasoning in *Territorial and Maritime Dispute (Nicaragua v Colombia)*, ICJ Reports 2012 p 624, 651–2. Cf *Frontier Dispute (Burkina Faso/Niger)*, ICJ Reports 2013 p 44.

[11] I.e. a system of municipal title registration whereby inclusion on the register confers on the holder an indefeasible title. The civil law equivalent is a cadaster.

[12] ICJ Reports 1953 p 47, 52. See also the special agreement in *Island of Palmas (Netherlands v US)* (1928) 2 RIAA 829.

E. 在 *Island of Palmas, Minquiers and Ecrehos* 等案件中，[13] 國際法院評估國家權力間相互競爭行為（competing acts）所顯現之強度，以確定何者擁有更好之權利主張。

F. 於適當情況下，即便有理由認定該領土在相關時間係「無主地」（*terra nullius*），國際法院亦傾向於支持一個原告方所主張之「所有權」。因此，在 *Eastern Greenland* 一案中，[14] 丹麥在有爭議地區幾乎沒有密集之活動，但法院拒絕認定該地區為「無主地」。[15]

G. 於某些情況下，案件事實呈現高度模稜兩可，將導致法院僅能基於非重要事項而裁判，[16] 或尋求一方「默許」之證據〔國際法學術著作中使用「初步」（inchoate）權利一詞作為分類〕。「所有權」雖然僅基於「初步」行為（preliminary acts），但對比於其他未能提出更好主張者而言即已足。[17] 因此，法院就所有權之爭議作出裁決時，有必要衡量相互間所主張之「權利」。[18]

(2) 時際法

【206】爭端各方的權利可能源自很久之前具有法律意義之行為，[19] 或於當時締結之條約。如同 Fitzmaurice 所言，「於此情況下，國際法之既定原則係必須依據『當時存在』而非以『今日存在』之國際法規則，評估有關情況及條約解釋」。[20] 在 *Island of Palmas* 一案中，仲裁人 Huber 必須考慮西班牙對

---

[13] Also: *Temple of Preah Vihear (Cambodia v Thailand)*, ICJ Reports 1962 p 6, 72 (Judge Moreno Quintana).

[14] *Legal Status of Eastern Greenland* (1933) PCIJ Ser A/B No 53. Further: Alfredsson, 'Eastern Greenland Case' (2007) *MPEPIL*.

[15] Cf Lauterpacht, *Development* (1958) 241. Also: *Clipperton Island* (1931) 2 RIAA 1105.

[16] *Sovereignty over Certain Frontier Land (Belgium/Netherlands)*, ICJ Reports 1959 p 209, 231 (Judge Lauterpacht), 232 (Judge Spiropoulos), 249–51 (Judge Armand-Ugon), where title resting on an ambiguous treaty conflicted with various acts of administration. On the interpretation of the term '*terra nullius*' in the context of the Treaty Concerning Spitsbergen, 9 February 1920, 2 LNTS 7: Ulfstein, *The Svalbard Treaty—From Terra Nullius to Norwegian Sovereignty* (1995); Rossi (2016) 15 *Wash U Global SLR* 93.

[17] Cf French rights as against Mexico in *Clipperton Island* (1931) 2 RIAA 1105.

[18] *Island of Palmas* (1928) 2 RIAA 831, 870.

[19] Jennings (1963) 28; Fitzmaurice (1953) 30 *BY* 1, 5; Elias (1980) 74 *AJIL* 285; Thirlway (1995) 66 *BY* 128; Higgins in Makarczyk (ed), *International Law at the Threshold of the 21st Century* (1996) 173; Kotzur, 'Intertemporal Law' (2008) *MPEPIL*; Merkouris (2014) 45 *NYIL* 121; Bjorge, *The Evolutionary Interpretation of Treaties* (2014) 142–67; Fry & Loja (2014) 27 *LJIL* 727.

[20] Fitzmaurice (1953) 30 *BY* 1, 5 (emphasis added).

於該島之主權是否於 1898 年之關鍵日期仍然存在，而 Huber 陳述該原則並認定：「西班牙發現之影響，則由 16 世紀上半葉生效之國際法規則所決定，或於該年度之第一季。」[21] 該規則亦適用領土條約之解釋。[22] 參考國際所有權體系（international system of title）之可預測性及穩定性之需求以證明其爲合理。[23]

在 *Island of Palmas* 一案中，仲裁人 Huber 賦予上述規則新的解釋：

> 關於在特定情況下適用於連續時期（successive periods）所生效之不同法律制度中的何種法律（所謂時際法，intertemporal law），乃必須區分「創設權利」（creation of rights）與「既存權利」（existence of rights）。「創設權利」之行爲，受到與權利產生時有效法律的「同一原則」所約束，並要求當時係已爲「既存權利」；換言之，其持續的意思表示，應繼續遵循法律演變所要求之條件。[24]

上述原則之擴張解釋受到質疑與批評，主要理由係要求國家於無時無刻都必須積極維護所有權，將威脅到許多既定之「所有權」且導致不穩定之局勢。[25] 如此考量，乃強調於應用上述規則時必須謹慎爲之。[26] 例如於 *Pedra Branca* 案所示，「時際法原則」（intertemporal principle）並非於眞空狀態中運作，【207】該原則之適用將因爲國家之承認、默許，以及不推定放棄等規

---

[21] *Island of Palmas* (1928) 2 RIAA 829. Further: Jessup (1928) 22 *AJIL* 735; also *Banks of Grisbadarna (Norway v Sweden)* (1909) 11 RIAA 155, 159.

[22] *Rights of Nationals of the United States of America in Morocco (France v US)*, ICJ Reports 1952 p 176, 189; *Right of Passage over Indian Territory (Portugal v India)*, ICJ Reports 1960 p 6, 37; also *Legal Consequences for States of the Continued Presence of South Africa in Namibia (South West Africa) notwithstanding Security Council Resolution 276 (1970)*, ICJ Reports 1971 p 16, 31; *Aegean Sea Continental Shelf (Greece v Turkey)*, ICJ Reports 1978 p 3, 32.

[23] E.g. *Eritrea and Yemen* (1998) 114 ILR 1, 46, 115; *Eritrea–Ethiopia Boundary* (2002) 130 ILR 1, 34; *Land and Maritime Boundary between Cameroon and Nigeria*, ICJ Reports 2002 p 303, 404–7.

[24] *Island of Palmas* (1928) 2 RIAA 831, 845.

[25] Lauterpacht, *Function of Law* (1933, repr 2011) 283–5. See Jessup (1928) 22 *AJIL* 735, 739; Jennings (1963) 28; Jennings (1967) 121 Hague *Recueil* 422.

[26] This form of the doctrine was applied sensibly in *Minquiers and Ecrehos*, ICJ Reports 1953 p 47, 56; see also *Western Sahara*, ICJ Reports 1975 p 12, 38; ibid, 168 (Judge de Castro).

則影響而減少。[27]

(3) 關鍵日期

在任何爭議中，關鍵日期於事實評估之過程中占有相當重要的地位。[28]
上述關鍵日期之選擇，於仲裁庭管轄範圍內，將視系爭雙方主張之邏輯，以及
將相關證據限縮於相關事實，尤其係於任何爭議存在前之行為。易言之，仲裁
庭僅係簡單地排除由當事方於爭議發生後利己行為構成之證據；但於「關鍵日
期」後所發生之行為，以及倘若陳述之證據並非出於自利（self-serving），則
可被採納，例如不利之情況。「關鍵日期」有幾種不同類型，若要制定一般定
義相當困難，而且可能會產生誤導。因此，個案事實仍具有主導之地位（包括
授權仲裁庭審理案件之特別協議條款），仲裁庭並無必要選擇任何日期。

某些情況下，可能會有幾個關鍵日期。東格陵蘭（Eastern Greenland）係
源於 1931 年 7 月 10 日挪威宣布占領該地區的一項公告。國際法院認為，「關
鍵日期為 1931 年 7 月 10 日，蓋丹麥於占領該地區前之一段期間內，已建立有
效之所有權」。[29] 而於 *Island Palmas* 一案中，依據 1898 年 12 月 10 日之條約，
美國主張其係西班牙之繼承人，應遵循當時西班牙所擁有之一切權利性質。然
而，國際法院並未於 *Minquiers and Ecrehos* 案 [30] 中具體選擇「關鍵日期」。於
Argentine-Chile Frontier 案中，仲裁庭認為「關鍵日期」之概念在本案中意義
不大，並且法院亦審查雙方所提交之所有證據，無論此類證據所涉行為之日期

---

[27] *Sovereignty over Pedra Branca/Pulau Batu Puteh, Middle Rocks and South Ledge (Malaysia/Singapore)*,
ICJ Reports 2008 p 12.

[28] Fitzmaurice (1955–6) 32 *BY* 20; Blum (1965) 208; Thirlway (1995) 66 *BY* 31. See also *Land, Island and
Maritime Frontier Dispute (El Salvador/Honduras)*, ICJ Reports 1992 p 351, 401. For the problems arising in
the context of treaties of cession and the rights of successor states, see *Lighthouses (France and Greece)* (1956)
23 ILR 659, 668. On the critical date in the African regime: Ahmed, *Boundaries and Secession in Africa and
International Law: Challenging Uti Possedetis* (2015) 136.

[29] *Eastern Greenland* (1933) PCIJ Ser A/B No 53, 45.

[30] ICJ Reports 1953 p 47. France relied on the date of the Convention between France and Great Britain for
Defining the Limits of Exclusive Fishing Rights, 2 August 1839, 89 CTS 221; the UK on the date of the *compro-
mis* (29 December 1950). See Johnson (1954) 3 *ICLQ* 189, 207–11. Critical dates did not feature in *Temple*, ICJ
Reports 1962 p 6. However, the Court treated two dates as material: 1904, the date of a frontier treaty between
France and Thailand, and 1954, when Thailand sent military or police forces to occupy the area. See also *Rann
of Kutch* (1968) 50 ILR 2, 470.

爲何。[31]

(4) 無主地

【208】無主地（*Terra nullius*）[32] 係指不在任何國家的主權或權力之下的土地；而「占領」（occupation）係獲得此類領土之方式。[33] 在現代語境中，無主地（*terra nullius*）已被廢棄，主要係因爲地球表面上已經沒有眞正的「閒置領土」（vacant territory）。[34] 同時，亦因此詞彙過去被用來指涉「歐洲霸權理論」（European supremacy）爲面積範圍廣大且有人居住之土地「殖民」而辯護，使其逐漸帶有帝國主義色彩（imperialist overtones）。[35] 上述理論係 1885 年柏林會議（Congress of Berlin）之基礎，但現在則受到譴責。[36] 在 *Western Sahara* 一案中，法院必須裁定西撒哈拉（Western Sahara）在西班牙殖民時期（1890 年代）是否爲無主地，而法院認爲事實並非如此，該領土之人民在社會及政治上係在有能力代表其人民之酋長的領導下而組織起來。事實上，該領土係通過條約獲得，而並非占領。[37]

---

[31] (1966) 38 ILR 10, 79–80. Also: *Eritrea and Yemen* (1998) 114 ILR 1, 32; *Sovereignty over Pulau Ligitan and Pulau Sipadan (Indonesia/Malaysia)*, ICJ Reports 2002 p 625, 682; *Burkina Faso/Mali*, ICJ Reports 1986 p 554, 586–7; *Territorial and Maritime Dispute between Nicaragua and Honduras in the Caribbean Sea*, ICJ Reports 2007 p 659, 697–701; *Nicaragua v Colombia*, 2012 ICJ Rep p 624, 653; *Burkina Faso/Niger*, ICJ Reports 2013 p 44, 74–5, 77.

[32] Generally: Andrews (1978) 94 *LQR* 408; Sookyeon (2015) 26 *EJIL* 709. Modern scholarship is focused on its relationship with indigenous rights: Banner (2005) 23 *L & Hist R* 95; Borrows (2015) 48 *UBCLR* 701.

[33] E.g. *Eastern Greenland* (1933) PCIJ Ser A/B No 53, 44–51; *Western Sahara*, ICJ Reports 1975 p 12, 38–40, 85–6 (Vice-President Ammoun); *Pulau Batu Puteh*, ICJ Reports 2008 p 12, 35–7 ([60]–[69]). See also Kohen (2013) 15 *J Hist IL* 151; Jia in del Castillo (ed), *Law of the Sea, from Grotius to the International Tribunal for the Law of the Sea* (2015) 657.

[34] Aside from some very small rocks and a small sector of Antarctica (over which in any case no sovereignty may be claimed by virtue of the Antarctic Treaty, 1 December 1959, 402 UNTS 71, Art IV). Also: Shaw in Shaw (2005) 3, 24; Ratner (2006) 100 *AJIL* 808, 811.

[35] Sookyeon (2015) 26 *EJIL* 709.

[36] *Western Sahara*, ICJ Reports 1975 p 12, 86.

[37] Ibid, 39–40. See also: Case T-512/12 *Front Polisario v Council*, ECLI:EU:T:2015:953, [60], [113], [247]. For the classification of Australia as *terra nullius*: *Mabo v Queensland (No 2)* (1992) 112 ILR 457, 491–2. In Canada: *Tsilhqot'in Nation v British Columbia* [2014] 2 SCR 256, 292; McNeil (2015) 48 *UBCLR* 821. Generally on the eighteenth-nineteenth century practice: Crawford (2nd edn, 2006) 263–74; Fitzmaurice, *Sovereignty, Property and Empire, 1500–2000* (2014) 125–71, 215–56.

3. 領土取得之模式

(1)基本原則

　　國際法教科書之標準章節係以羅馬法所規定之形式，[38] 對於領土取得之模式進行分類。因此，有五種領土取得模式，分別為占領、添附、割讓、征服及時效。但上述領土取得模式之概念，在原則上並不合理，如此分類只會使分析工作更加困難。[39] 正統方法不足之處，於研究相關問題時更加明顯，但仍有一些事項可能會有幫助。

　　第一，通常將上述五種傳統取得領土之方式，歸類為「原始」或「繼受」（derivative）。占領與添附通常被視為「原始」模式；「割讓」則被視為「繼受」模式；而關於征服與時效取得，則存在不同意見，但倘若再次分類並無任何實用價值。[40] 就某種意義而言，【209】領土之「所有權」皆具有「原始」性質，因為於「割讓」之情況下，很大程度係基於受讓人之行為。然而，雙重分類過於簡單化事實之情況，被描述為「繼受」模式係以相當不同之方式。此外，一般之法律分析並未充分解釋，當一個新的國家出現時，如何獲得所有權。[41] 而導致新國家獨立之事件，大多數係當時仍於另一個國家之國內管轄範圍內為之，但此事件可能在法律上與涉及新國家之領土爭端有關。於此情況下，不存在「所有權根源」（root of title）之說法，而「所有權」係建立一個新國家作為領土主權來源的事件中，最重要之「副產品」（by-product）。[42]

　　第二，於確定「所有權」時，仲裁庭將關注於「關鍵日期」之前，透過確認「主權歸屬行為」（titre de souverain）已存在之證明，而並非使用傳統之分析方法以描述其決策過程。[43] 領土主權爭議往往相當複雜，涉及將各種法律原則應用於案例事實，包括（就當代而言）源自於禁止以使用武力取得領土，以及強制條約無效等原則。因此，法庭論證之結果，通常不能僅歸因於任何領

---

[38] Castellino & Allen (2003) ch 2.
[39] For criticism: Johnson (1955) 13 *CLJ* 215; Jennings (1963) 6–7.
[40] Thus an 'original' mode does not necessarily give a title free of encumbrances: *Right of Passage*, ICJ Reports 1960 p 6.
[41] Jennings (1963) 7–11. Also: 1 Hyde 390; 1 Hackworth 444–5.
[42] Crawford (2nd edn, 2006) 664–5; see further chapter 5.
[43] *Nicaragua v Colombia*, ICJ Rep 2012 p 624, 655.

土取得之單一模式。更有甚者，傳統分析方法不允許「默許」、「承認」，以及與其他規則之交互作用。此外，像「割讓」或「時效取得」等兩個類別，可能會把截然不同之情況帶入更複雜之困境。最後，倘若太過於迷信且拘泥於上述五種模式，則於有爭議案件中提出更好權利（即相對所有權）主張時，重要性即變得相對減弱。因此，本章以下之標題將代表更為合宜之分類。

(2) 原始及歷史之所有權

當前爭端所發生的情況，可能不僅涉及對於國家權力行使之信賴，亦涉及援引古老、原始或歷史性之權利，此概念係「自古占有」（immemorial possession）原則，以及考量基於歷史事實的普遍認知或相關意見之證據。特別係於亞洲，「傳統邊界」（traditional boundaries）仍扮演重要之影響作用。[44] 國際法庭已經承認「古代或原始所有權」（ancient or original title）之概念，但仍需要適當證據以支持該主張。[45] 倘若有足夠證據將令一個國家主張其不以任何其他所有權而持有之權利、他國之默認，以及經過足夠之時間等為理由，而堅持其對海洋領土之「歷史性權利」（historic title），如此結果將導致國際間默許爭端之存在。[46] 然而，仲裁庭於 South China Sea Arbitration（南海仲裁案）一案中，認為「聯合國海洋法公約」【210】之生效後（至少於成員國間），「一個國家於現在屬於另一個國家之專屬經濟區與大陸架地區」，對於其主張可能曾經擁有任何「歷史性權利」均應廢除。[47]

(3) 有效占領

國際法中「有效占領」（effective occupation）之概念，代表在私法中被視為「占有」（possession）之法律關係類型。[48] 在 Eastern Greenland 一案中，

---

[44] *South China Sea Arbitration*, Merits (2016) 170 ILR 1, 290; Kaikobad (1983) 54 *BY* 119, 130–4; Dupuy & Dupuy (2013) 107 *AJIL* 124.

[45] *Minquiers and Ecrehos*, ICJ Reports 1953 p 47, 53–7, 74–9 (Judge Basdevant); *Rann of Kutch* (1968) 50 ILR 2, 474; *Western Sahara*, ICJ Reports 1975 p 12, 42–3; *El Salvador/Honduras*, ICJ Reports 1992 p 351, 564–5; *Eritrea and Yemen* (1998) 114 ILR 1, 37–45. See also Kohen (2013) 15 *J Hist IL* 151.

[46] *South China Sea Arbitration*, Merits (2016) 170 ILR 1, 313.

[47] Ibid, 298.

[48] Waldock (1948) 25 *BY* 311; Fitzmaurice (1955–6) 32 *BY* 20, 49–71; Fitzmaurice (2014) 215–55. For a critique of the doctrine as a means to establish territorial sovereignty over maritime areas: Mirasola (2016) 47 *JMLC* 29; and generally Hu (2016) 15 *Chin JIL* 75.

常設國際法院認為，「主權之主張，並非基於某些特定行為或權利，例如割讓條約，而僅係基於『權力』之持續展現（continued display of authority），此處涉及兩個要件，每個要件都必須證明其存在：作為主權國家行事之意圖與意願；以及對於國家權力之實際行使或展現」。[49] 上述論點並未失去效力，並於 *Eritrea v. Yemen* 一案中（部分）重申此一原則，「現代國際法關於取得領土（或歸屬）之一般要求，乃為有意識地於領土上，以持續和平為基礎，並透過行使管轄權或國家機關，展示權力與權威」。[50]

在條約或判決中，並無正式之所有權基礎，[51] 且在沒有所有權登記之體系下，「占有」具備相當重要之作用。然而，重要之要件為「國家活動」（state activity），尤其是「行政行為」（acts of administration），至於「當地人使用」該領土，通常缺乏此要素並且無關緊要。[52]「占領」（occupation）之詞彙源自羅馬法中之占領，但並非必然表示須符合「實際定居與持有」（actual settlement and a physical holding）之事實。

與私法一樣，「有效占領」（effective occupation）之概念相當複雜，正如同將其應用於事實時出現之困難一樣，何種行為足以建立主權？此乃事實與程度之問題，[53] 且可能依領土性質之不同而有變化，例如，偏遠及人煙稀少地區之適用標準，將遠低於人口稠密地區。

「有效且長期建立之占領」（effective and long-established occupation）係主張「時效取得」（acquisitive prescription）之關鍵，儘管國際法院及法庭很少適用該原則。[54] 實際上，區分「有效占領」【211】及「時效取得」相當困難，故國際法院於 *Island of Palmas* 案及 *Eastern Greenland* 案中，皆未採納上

---

[49] (1933) PCIJ Ser A/B No 53, 45–6, 63; *Western Sahara*, ICJ Reports 1975 p 6, 12, 42–3. These criteria were applied in *Caribbean Sea*, ICJ Reports 2007 p 659, 711–21.

[50] (1998) 114 ILR 1, 69.

[51] Where a treaty or award has a bearing on the question, it will trump a claim to effective title: *Certain Activities carried out by Nicaragua in the Border Area (Costa Rica v Nicaragua)*, ICJ Reports 2015 p 665, 703 ([89]); *Burkina Faso/Niger*, ICJ Reports 2013 p 44, 79, 84.

[52] *Kasikili/Sedudu Island (Botswana/Namibia)*, ICJ Reports 1999 p 1045, 1105–6.

[53] E.g. *Eastern Greenland* (1933) PCIJ Ser A/B No 53, 45–6; *Qatar v Bahrain*, ICJ Reports 2001 p 40, 100 (and see Kohen (2002) 106 *RGDIP* 295); *Pulau Ligitan/Sipadan*, ICJ Reports 2002 p 625, 682; *Pulau Batu Puteh*, ICJ Reports 2008 p 12, 34–7.

[54] E.g. *Pulau Batu Puteh*, ICJ Reports 2008 p 12.

述推論。進一步而言，前者可被歸類為「時效取得」之案例；後者則以「占領」為基礎之案件；然而，於此兩種情況下，爭議皆可簡化為：在兩個相互競爭主權之國家中，何者擁有更好之權利。「時效取得」通常涉及「侵占」（usurpation），但出於所有實際目的，此類案例涉及當代國家間之主權競爭行為。在 *Minquiers and Ecrehos* 一案中，法院將這一問題表述為「占有」（possession）之爭議，[55] 而在上下文中，其實係等同於「主權」問題。[56] 法院之任務係「評估兩造針對 Ecrehos 對立之主權主張，二者之相對強度」。[57]

(i) 發現

出於法律分析的目的，此類別雖大量使用，但卻無法令人滿意。[58] 其主要原因係將「發現」與「無主地」二個概念聯繫起來，並因同樣的原因而受到批評與質疑。長期以來，人們認為在 15 及 16 世紀，「發現」得賦予國家完整之權利，[59] 然而，「有效占有行為」（effective act of appropriation）仍然係必要要件。[60] 當然，現代觀點認為，「發現」之概念充其量僅係提供一種不成熟之權利，一種相對於其他國家而言，於「合理期間」內進行有效占領之選擇。[61] 在 *Island of Palmas* 一案中，美國於其抗辯主張，作為西班牙之繼承者，其權利係源於西班牙在 16 世紀之「發現」。仲裁人 Huber 回應此論點且認為，即使當時並未有更多之「發現」賦予其所有權，就權利之繼續存在而言，仍然必須依據 1898 年（關鍵日期）當時實行之法律予以確定之。因此，一項不成熟之「發現權利」（title of discovery），必須於合理期限內，透過「有效占領」

---

[55] *Minquiers and Ecrehos*, ICJ Reports 1953 p 47, 55–7.

[56] Ibid, 58–9.

[57] Ibid, 67. Cf *Eastern Greenland* (1933) PCIJ Ser A/B No 53, 22, 46.

[58] See Lindley (1926) ch 8; Goebel, *The Struggle for the Falkland Islands* (1927) 47–119; Waldock (1948) 25 *BY* 311, 322–5; McDougal, Lasswell, & Vlasic, *Law and Public Order in Space* (1963) 829–44; Kohen & Hébié, 'Territory, Discovery' (2011) *MPEPIL*.

[59] Hall, *International Law* (1st edn, 1880) 126.

[60] Contemporary state practice usually demanded a first taking followed by public and continuous possession evidenced by state activity. See the instructions of Charles V of Spain to his ambassador of 18 December 1523 respecting the Spanish claim to the Moluccas: Goebel (1927) 96–7; 1 Hyde 324; Keller, Lissitzyn, & Mann, *Creation of Rights of Sovereignty through Symbolic Acts, 1400–1800* (1938) 148–9.

[61] McNair, 1 *Opinions* 285.

主張其「發現」之區域，以完成程序。[62] 英國[63] 及挪威[64] 之國家實踐支持此觀點，而目前美國之觀點為，僅因「發現」並不能賦予所有權，無論是源於早期發現或其他時期。[65] 因此，「發現」之概念僅有在緊密地連結於「有效占領」之背景下，始具有法律上意義，故早期所有權（inchoate title）之概念具有誤導性。所有權存在與否並非依據「早期」而判斷，但倘若基於國家活動之輕微證據，則會顯得權利很薄弱。

(ii) 象徵性之兼併

【212】象徵性兼併（symbolic annexation）[66] 可定義為一項宣言、其他主權行為或私人行為，經由國家正式授權或隨後批准，試圖提供明確證據（unequivocal evidence）以證明取得領土或島嶼之主權。此主題必須被納入「有效占領」（effective occupation）此一般性問題之一部分。政府宣布主權並無特別之處，無論其於之前、同時或之後是否於該土地附近舉行正式儀式（formal ceremony）。在無人居住、荒涼及偏遠地區，幾乎不需要具備國家活動（state activity），首先，決定性之主權行為可能足以產生有效權利，但原則上國家活動仍必須滿足「有效占領」之正常要求。除特殊情況外（如Clipperton Island），「象徵性兼併」無法產生所有權。然而，國家先前的「正式兼併行為」（formal annexation）即使經過很長期間，仍無法對抗他國實際及持續展示主權，但可作為國家活動證據的一部分。[67] 但倘若最初行為（initial act）有效地賦予權利，則後續主張權利者，僅能於時效取得或默許之基礎上成功取得領土。另一方面，倘若對於維護權利之要求過多，可能會助長對於和平之威脅。例如，在偏遠島嶼的情況下，一旦所有權真正確立，要求確定最低

---

[62] See also *Clipperton Island* (1931) 2 RIAA 1105.
[63] McNair, 1 *Opinions* 285, 287, 320; 1 Hackworth 455.
[64] 1 Hackworth 400, 453, 469, 459 (French view on Adélie Land); Orent & Reinsch (1941) 35 *AJIL* 443.
[65] 1 Hackworth 398–400, 457, 460.
[66] The term 'annexation' commonly describes an official state act signifying an extension of sovereignty. Whether it is legally effective is another matter. See McNair, 1 *Opinions* 285, 289; 1 Hackworth 446–9. On Crimea: Grant (2015) 109 *AJIL* 68; Grant, *Aggression against Ukraine. Territory, Responsibility, and International Law* (2015). See also McDougal et al (1963) 111 *U Penn LR* 521, 543–4, 558–60, 598–611; McNair, 1 *Opinions* 314ff; Marston (1986) 57 *BY* 337.
[67] See Waldock (1950) 36 *GST* 325. Cf Fitzmaurice (1955–6) 32 *BY* 20, 65.

「有效性」並無意義。[68]

　　在 *Clipperton Island* 一案中，法國中尉於 1858 年獲得法國政府正式授權，宣布法國擁有該地主權，此行爲係由法國領事館通知夏威夷政府。至 1897 年，該島嶼經過多年閒置後，一艘法國船舶停靠該島，發現三名美國人正爲一家美國公司收集鳥糞，美國否認有任何主張主權之意圖。同年，該島迎來墨西哥砲艦之首次造訪，而一場外交爭論於焉開始。在本案中，墨西哥的主張係基於西班牙先前「發現」該島嶼，但仲裁員認爲，即使「歷史性權利」（historic right）存在，亦無任何表現形式得以支持墨西哥享有主權。[69] 兼併雖然於形式上僅爲「象徵性」，但仍具有法律效力。

(iii) 有效及持續展示國家權力

　　正如於 *Island of Palmas* 一案所闡明，「在有爭議之情況下，持續與和平展示國家功能（continuous and peaceful display of state functions），係判斷領土主權之合理與自然的標準」。[70] 此論點與舊學說形成鮮明對比，19 世紀時之「占領」觀點，乃強調主張權利者，應於該領土上定居以及近距離占有。[71] 相反地，此爭議已演變成爲「行政行爲」，依據此等行爲可反映一國政府之治理意圖（intention to govern），而不僅僅係以某種名義上的方式所占有，而構成所有權。[72]

　　【213】因此，於 *Island of Palmas* 一案中，荷蘭對於有爭議領土之主張，係基於證據表明從 1700 年到 1906 年間，荷蘭和平展示主權之行爲並未受到質疑，可被視爲足以證明荷蘭主權眞實於當地存在。[73] 另外，於 *Eastern Greenland* 一案中，丹麥之主張並非基於在有爭議領土上的任何實際存在（physical presence），而是基於長期存在於格陵蘭其他地區的殖民地。然而，丹麥適用於東格陵蘭之立法與條約規定，被法院認爲該證據係優於挪威基於該地區各種遠征探險，以及該地區無線電台之建設等事實之主張。國際

---

[68] On the establishment of British sovereignty over Rockall in 1955: Verzijl, 3 *International Law in Historical Perspective* (1968) 351.

[69] (1931) 2 RIAA 1105, 1110.

[70] E.g. *Island of Palmas* (1928) 2 RIAA 829.

[71] See Hall, *International Law* (8th edn, 1924) 125. Also: McNair, 1 *Opinions* 291, 315–16.

[72] Cf *Eritrea–Ethiopia Boundary* (2002) 130 ILR 1, 42.

[73] *Island of Palmas* (1928) 2 RIAA 829.

常設法院認爲，至少在挪威介入之前的十年中，丹麥「展示及行使之主權權利（displayed and exercised sovereign rights），足以構成有效行使主權之證據」。[74]

強調國家活動之展示及其依據，有利於法律穩定性；同時，考量到無人居住及偏遠地區之特殊法律政策對於事實解釋的影響，皆表示國際法已發生變化。現代法注重所有權利與主權的證據，使得「占領」概念亦相應得到更細緻之分析。因此，在 *Minquiers and Ecrehos* 一案中，關於 Ecrehos 群島，法院乃關注涉及管轄權行使、地方行政管理（例如進行調查），[75] 以及1875年英國財政部之令狀（British Treasury Warrant）將 Jersey Island 列爲海峽群島港口（Port of the Channel Islands）之行爲。[76] 另外，在 *Territorial and Maritime Dispute* (*Nicaragua v Colombia*) 一案中，法院認定相關行爲，特別指出但不限於：「立法行爲、行政控制行爲、與刑法或民法的適用及執行有關行爲、規範移民行爲、規範漁業及其他經濟活動行爲、海軍巡邏以及搜救行動」等。[77] 因此，主張在適當領土（appropriate territory）內所爲之私人行爲，可能得到國家批准，並於其後構成其有效占領之證據。[78] 否則，該行爲不具有任何法律效力。[79]

(iv) 作爲主權國家的意圖

國際上普遍強調，作爲主權國家行事之「意圖」要求；反之，被視爲具有「占有意圖」（*animus occupandi*[80] 或 *animus possidendi*[81]）。然而，此概念可能引發不少爭議，反而比其所解決的問題還多。【214】在相當長一段時間內，[82] 主觀標準（subjective criterion）係不切實際的做法，尤其欲從涉及眾多

---

[74] (1933) PCIJ Ser A/B No 53, 63.
[75] ICJ Reports 1953 p 47, 65–6. On acts relating to the Minquiers, see ibid, 67–70.
[76] *Minquiers and Ecrehos*, ICJ Reports 1953 p 47. Further: *Sovereignty over Certain Frontier Land (Belgium/Netherlands)*, ICJ Reports 1959 p 209, 228–9, 231–2, 248–50, 251, 255; *Temple*, ICJ Reports 1962 p 6, 12, 29–30, 59–60, 72, 91–6; *Pulau Ligitan/Sipadan*, ICJ Reports 2002 p 625, 678–86.
[77] ICJ Reports 2012 p 624, 655.
[78] McNair, 1 *Opinions* 295, 314, 316–19, 323–5. Also: Orent & Reinsch (1941) 35 *AJIL* 443, 450–4.
[79] E.g. *Qatar v Bahrain*, ICJ Reports 2001 p 40, 99–100 (digging of artesian wells not reflective of sovereignty); *Pulau Ligitan/Sipadan*, ICJ Reports 2002 p 625, 683 (illegal fishing not evidence of sovereign conduct). See also the Court's treatment of the persistent presence of indigenous peoples in the contested territory in *Kasikili/Sedudu Island*, ICJ Reports 1999 p 1045, 1094–5, 1105–6.
[80] Cf Fitzmaurice (1955–6) 32 *BY* 20, 55–8; *Clipperton Island* (1931) 2 RIAA 1105, 1110.
[81] See *Eastern Greenland* (1933) PCIJ Ser A/B No 53, 83 (Judge Anzilotti, diss).
[82] Ross, *International Law* (1947) 147.

個人之活動中尋求「連貫意圖」（coherent intention）。此外，在許多存在主權競爭行為之情況下，上述標準卻迴避實質問題。[83]

然而，在某些情況下，「占有意圖」有其必要功能。第一，該國家活動必須係以「主權」名義，蓋政府機構必須係歸屬於國家，而並非由未經授權之個人所行事；第二，「占有意圖」有消極之作用，倘若相關活動係由另一個被承認為主權國家之同意而進行，則再多之國家活動亦不能被視為主權；第三，國家活動作為一個整體，可能只有在主權被假設確立之基礎上始可被理解。[84] 因此，在 *Minquiers and Ecrehos* 一案中，事實上，雙方都對該地區進行「官方水文測量」（official hydrographic surveys），但此並不一定代表任何一方得因此而主張其享有主權。然而，某些形式國家活動，雖然不一定與領土主權直接相關，但具有重要的證明價值，例如行使刑事管轄權。

(4) 割讓

領土權可透過條約而授予，[85] 前提係受讓人（transferee）依條約規定取得領土，而無須有實際轉讓行為。[86] 因此，「所有權」之變更日期，通常係條約生效日，[87] 而未經批准之條約則不得授予主權。[88]

除依據條約所衍生之領土「割讓」（cession）[89] 及「轉讓」（transfer）外，

---

[83] Cf *Eastern Greenland* (1933) PCIJ Ser A/B No 53, 45–6.

[84] Fitzmaurice (1955–6) 32 *BY* 20, 56–8.

[85] *Pulau Batu Puteh*, ICJ Reports 2008 p 12, 50; *Chagos Marine Protected Area (Mauritius v UK)* (2015) 162 ILR 1, 65, 75–6. See also *Franco-Ethiopian Railway Co* (1957) 24 ILR 602, 616, 623; *Christian v R* [2006] UKPC 47, [11]. Cf *Certain German Interests in Polish Upper Silesia* (1926) PCIJ Ser A No 7, 30; *Lighthouses in Crete and Samos* (1937) PCIJ Ser A/B No 71, 103; *Maritime Dispute (Peru v Chile)*, ICJ Reports 2014 p 3, 39.

[86] Some cases of transfer may be better classified as renunciation: *Sorkis v Amed* (1950) 17 ILR 101, although the term cession is sometimes used: *German Reparations* (1924) 1 RIAA 429, 443. In the Treaty on the Final Settlement with Respect to Germany, 12 September 1990, 1696 UNTS 115, Germany confirmed its border with Poland and other territorial changes, without qualifying the transaction as a cession, relinquishment, or confirmation. For the Chagos dispute, see chapter 8.

[87] *Date of Entry into Force of Versailles Treaty* (1961) 32 ILR 339; Treaty of Cession relating to the Kuria Muria Islands, 15 November 1967, 617 UNTS 319.

[88] *Territorial Dispute (Libya/Chad)*, ICJ Reports 1994 p 6, 25.

[89] The term 'cession' is used to cover a variety of transactions: cf *Différends Sociétés Dufay et Gigandet* (1962) 16 RIAA 197, 208–12. Also: *Christian v R* [2006] UKPC 47, [11]. See generally Dörr, 'Cession' (2006) *MPEPIL*. On the possibility of cession by the people of a territory (Malta), see *Sammut v Strickland* [1938] AC 678. On the population of Crimea's attempted cession to Russia: Agreement between the Russian Federation and the Republic of Crimea on the Accession of the Republic of Crimea to the Russian Federation and on Forming New Constituent Entities within the Russian Federation (2014); GA Res 68/262 (2014); Venice Commission, Opinion 762/2014, 21 March 2014; Geiss (2015) 91 *ILS* 425; Grant (2015) 109 *AJIL* 68.

「所有權」可能僅基於條約而存在，該條約以正式書面形式，[90] 象徵其對主權之「互惠承認」（reciprocal recognition）。於存在爭議邊界之情況下，解決爭端之「邊界條約」（boundary treaty）將創建以前未解決之所有權，【215】而「割讓條約」（treaty of cession）僅為移轉一個現存與確定之所有權。[91] 在由條約建立領土制度之情況下，該解決方案實現條約本身未必享有的「永久性」（permanence）特徵。易言之，無論當初協議領土制度所依據之條約是否仍繼續有效，該領土制度仍應繼續存在，不受影響。[92]

(i) 與原住民統治者締結之協定

原住民與國家間之條約係殖民時期之特徵，但在世界被劃分為獨立國家後，其外部相關性相當有限。[93] 早期立場主要係於西歐殖民擴張（West European colonial expansion）時代確定，特別在所謂「爭奪非洲」（Scramble for Africa）時期，[94] 於此期間，歐洲與非洲各國政府締結大量的條約。[95] 與原住民統治者之此類領土安排通常不被視為「割讓」（cessions），而係提供一種衍生所有權之形式，將「獲取行為」（act of acquisition）與單純之「占領」加以區分，正如 *Island of Palmas* 一案中之特點：

> 就本質上而言，此類並非平等協議；更像各方於殖民領土上，一種內部組織之形式，建立於當地人自治基礎之上。因此，對原住民國家（native states）之宗主權（suzerainty），成為對國際社會其他成員的領土主權之基礎。[96]

---

[90] Consequently, disputes as to title may involve the interpretation of a treaty and nothing more: see *Beagle Channel* (1977) 52 ILR 93.

[91] See McNair, *Law of Treaties* (1961) 656–7; McNair, 1 *Opinions* 287; *Sovereignty over Certain Frontier Land (Belgium/Netherlands)*, ICJ Reports 1959 p 209, 226, 231, 256; *Temple*, ICJ Reports 1962 p 6, 16, 52, 67, 73–4, 102–3.

[92] *Territorial Dispute (Libya/Chad)*, ICJ Reports 1994 p 6, 37; *Territorial and Maritime Dispute (Nicaragua v Colombia)*, Preliminary Objections, ICJ Reports 2007 p 832, 861.

[93] Generally: Crawford (2nd edn, 2006) ch 6; Alfredsson, 'Indigenous Peoples, Treaties with' (2007) *MPEPIL*; Göcke (2013) 5 *Goettingen JIL* 87, 91–6. See also UN Declaration on the Rights of Indigenous Peoples, GA Res 61/295, 13 September 2007, Art 37.

[94] Generally: Anghie, *Imperialism, Sovereignty and the Making of International Law* (2005).

[95] *Cameroon v Nigeria*, ICJ Reports 2002 p 303, 404. Also: Castellino & Allen (2003) ch 4.

[96] *Island of Palmas* (1928) 2 RIAA 829.

國際法院隨後的判決中，於一定程度上對於 Huber 之論斷進行修正。在 *Western Sahara* 一案中，法院指出於 1884 年開始之一段時間內，「與當地統治者達成之協議，無論是否被視為領土的實際『割讓』（cession），都被視為所有權衍生之根源，而非僅透過占領無主地（*terra nullius*）而獲得原始所有權」。[97]

在 *Cameroon v Nigeria* 一案中，國際法院被要求確定 1884 年英國與尼日河三角洲地區（Niger Delta）「舊卡拉巴爾之國王與酋長」（Kings and Chiefs of Old Calabar）所簽訂條約之法律效力，及其對於英國後來處理該領土能力之影響。[98] 奈及利亞主張，雖然依據 1884 年之條約建立起國際保護國（international protectorate），但並未導致該所有權轉移至英國；相反地，作為一個主權實體，該地區之所有權仍然屬於「舊卡拉巴爾」。法院並不同意上述主張，進一步指出：(i) 當時，英國並未將「舊卡拉巴爾」視為一個主權國家，此立場與其於該地區或其他地區之活動一致；(ii) 該地區並未建立起足夠的中央或聯邦權力【216】以建立保護國；(iii) 英國於該地區之活動，反映出其作為管理者之意圖（intention to administer），而不僅僅係提供保護而已；(iv) 無論於 1884 年或之後，奈及利亞都無法準確地確認「舊卡拉巴爾」之國際人格之來源及特徵。[99] 國際法院因此而得出結論，「依據當時法律，1913 年英國得確定其在奈及利亞與德國之邊界，包括南部地區」。[100]

(ii) 拋棄

國家可以拋棄（renunciation）對領土之所有權，尤其係在該標的並未因此而成為「無主地」（*terra nullius*）之情況，從而將「拋棄」與「遺棄」（abandonment）予以區分。另外，於「割讓條約」（treaty of cession）情形下，並無互惠，亦無轉讓之承諾。「拋棄」可能係承認另一個國家擁有所有

---

[97] *Western Sahara*, ICJ Reports 1975 p 12, 39; 123–4 (Judge Dillard). But cf *Cameroon v Nigeria*, ICJ Reports 2002 p 303, 405. Further: Fry & Loja (2014) 27 *LJIL* 727, 738.

[98] 10 September 1884, 163 CTS 182.

[99] *Cameroon v Nigeria*, ICJ Reports 2002 p 303, 404–7.

[100] Ibid, 407.

權，[101] 或同意授予由另一個國家或國家集團對該土地行使處分權。[102]

倘若出現一系列之「單方行為」（unilateral acts）可能構成默示放棄權利之證據。[103]「拋棄」亦有別於「歸還」（reversion），意即侵略者（aggressor）承認，被侵占之領土理所當然地屬於被害者之主權，並無可拋棄之權利。[104]

(5) 裁決

雖然「裁決」（adjudication）通常被忽視，但國際法學者普遍接受司法機關之裁決係作為一種領土取得之方式。[105] 此類型與割讓條約相同，爭議問題系「裁決」乃為自動執行（self-executing），抑或僅係授予國家執行權利（executory right）。[106] 至少於某些情況下，「裁決」於雙方間具有確定性質：(i) 當領土性質使得其有效占領不須實際行動時（海洋劃界亦復如此）；(ii) 兩個爭議方皆對有關領土行使【217】行政管理行為時，裁決僅宣布兩個「持有者」中之任何一方為合法持有者；(iii) 敗訴者可能將持續擁有管理及管轄權之委託授權；(iv) 成功之求償方已經占有該土地；(v)（也許）裁決僅涉及邊界之詳細確定。

---

[101] E.g. Colombia–United States, Treaty concerning the status of Quita Sueño, Roncador and Serrana, 8 September 1972, 1307 UNTS 379, Art 1, discussed in *Nicaragua v Colombia*, ICJ Reports 2012 p 624, 658–9. See also: Treaty of St Germain-en-Laye, 10 September 1919, 226 CTS 8, Arts 36, 43, 46–7, 53–4, 59; South Africa–Namibia, Treaty with Respect to Walvis Bay and the Offshore Islands, 28 February 1994, 33 ILM 1256, Art 2. Also: *German Reparations* (1924) 1 RIAA 429, 442.

[102] *Lighthouses (France and Greece)* (1956) 23 ILR 659, 663–6. On Dutch renunciation of Singapore in 1824: *Pulau Batu Puteh*, ICJ Reports 2008, p 12, 25. On Italian renunciation of all right and title to territories in Africa, see the Treaty of Peace, 10 February 1947, 49 UNTS 3, Art 23; *Différends Sociétés Dufay et Gigandet* (1962) 16 RIAA 197, 208–12. Also: Treaty of Peace with Japan, 8 September 1951, 136 UNTS 45, Art 2. For the former German eastern territories: Treaty on the Final Settlement with Respect to Germany, 12 September 1990, 1696 UNTS 115, Art 1. For Turkish renunciation of title to Ottoman territories: Treaty of Lausanne, 24 July 1923, 28 LNTS 11, Art 16; *Eritrea v Yemen* (1998) 114 ILR 1, 38.

[103] *Rann of Kutch* (1968) 17 RIAA 1, 531–53, 567–70.

[104] *Franco-Ethiopian Railway Co* (1957) 24 ILR 602, 605.

[105] *Minquiers and Ecrehos*, ICJ Reports 1953 p 47, 56; *Brazil–British Guiana Boundary* (1904) 11 RIAA 21. Further Kaikobad, *Interpretation and Revision of International Boundary Decisions* (2007) 3–14.

[106] Before execution of the award, the successful claimant cannot simply seize the territory: UN Charter, Art 94(2); Mosler & Oellers-Frahm in Simma (ed), *The Charter of the United Nations* (2nd edn, 2002) 1174.

4. 領土移轉

(1) 時效取得之概念

(i) 時效取得在法律中之地位

「時效取得」（prescription）係指在前一主權人之默許同意下，消除因侵占他人主權而產生的推定所有權（putative title）之缺陷。[107] 對「時效取得」原則之基本解釋，係基於「善意」（good faith）以及維護國際秩序與穩定之需要。「時效取得」並非一種獲取領土之方式：所有權之真正來源，係承認或默許不受挑戰之占有與控制之結果。

「時效取得」不同於完全放棄使用或拋棄領土。「遺棄」（abandonment）係指在另一國透過合法分配，或有效占領而建立自己所有權之前，一個國家被認為已經放棄其所有權，而將領土轉變為無主地（res nullius）之情況。在「放棄」之情況下，不存在主權被侵占，蓋並無同時存在且相互排斥之主張。「拋棄」則被認為在面對更好的法律主張，或至少係對現有領土主張時，放棄對於領土使用之主張。[108]

「時效取得」與「有效占領」間之區別不易辨認，例如在帕爾馬斯島（Island of Palmas）一案中，存在相互競爭之國家活動。法庭必須適用與「有效占領」相關之有效控制標準。[109] 於此情況下，談論「時效取得」乃無濟於事。[110]

(ii) 私法之類推適用

在面對「時效取得」問題時，國際法學者們援引大陸法系與普通法系傳統私法加以比較。[111] 從大陸法系之傳統中，得出「拋棄」或「遺棄」之概念，依

---

[107] Generally: 2 Whiteman 1062–84; Fitzmaurice (1955–6) 32 *BY* 20, 31–7; Jennings (1963) 20–3; Blum (1965) 6–37; Thirlway (1995) 66 *BY* 1, 12–14; Lesaffer (2005) 16 *EJIL* 25; Wouters & Verhoeven, 'Prescription' (2008) *MPEPIL*; O'Keefe (2011) 13 *Int Comm LR* 147; Duncan (2012) 21–3.

[108] See Judges Simma and Abraham (diss) in *Pulau Batu Puteh*, ICJ Reports 2008 p 12, 121.

[109] *Island of Palmas* (1928) 2 RIAA 829; *Burkina Faso/Mali*, ICJ Reports 1986 p 554, 587; *El Salvador/Honduras*, ICJ Reports 1992 p 351, 398, 429; *Kasikili/Sedudu Island*, ICJ Reports 1999 p 1045, 1094–5; *Argentine-Chile Frontier* (1966) 16 RIAA 109, 173; *Nicaragua v Colombia*, ICJ Reports 2012 p 624, 662.

[110] For references to *Island of Palmas* as an instance of prescription: Beckett (1934) 50 Hague *Recueil* 220, 230; Johnson (1950) 27 *BY* 342, 348. Other cases misleadingly classified in this way include *Brazil–British Guiana Boundary* (1904) 11 RIAA 21; *Grisbadarna (Norway v Sweden)* (1909) 11 RIAA 155; *Guatemala–Honduras Boundary* (1933) 2 RIAA 1322.

[111] Lauterpacht, *Private Law Sources and Analogies of International Law* (1927) 91; Kohen (1997) 10–48; Lesaffer (2005) 16 *EJIL* 25.

據上述概念，所有權人【218】有意識地決定放棄其對於有爭議領土之權利，並導致該土地於他國提出求償前，將成爲無主地（*res nullius*）。就普通法而言，依據「禁反言」（estoppel）原則，倘若某個國家作出之陳述被他國依賴並對其造成損害，可能會阻止前一國以相反方式行事。另外，比較法上，大陸法系所強調之「時效取得」（acquisitive prescription）原則，等同於普通法上之「逆權占有」（adverse possession）原則。

除上述來源之不完美之特性外，另外顯著之問題係「合法性推定」（presumption of legality）之效果。雖然國際間普遍認爲「時效取得」係一般法律原則，[112] 但其內容爲何？將時效取得、逆權占有或類似概念加以比較，並未如預期的提供適用上的指引，反而容易引起混淆並導致法律用語不一致。

(2)時效取得之要件

(i) 占領行爲

要確立「侵占所有權」（usurpation of title）之案例，必須先明確界定某些先決條件：[113]

A. 占領必須係作爲主權行使（*à titre de souverain*），[114] 透過展示國家權力，以及不承認另一個國家之主權，倘若未出現「反對占領」（adverse possession）之主張，則無須考慮「時效取得」規定。

B. 占領必須係公開、和平、且不間斷。[115] 相形之下，在國家活動相互競爭之情況下，如在 *Island of Palmas* 一案中，宣傳並未發揮重要作用，蓋除非於特殊狀況下，「默許」將無關緊要。

C. 最後，占領必須維持一段時間而並非僅爲短期。[116] 在晚近就占領情況而言，很難舉出默認之證據。「固定期限」（fixed periods）[117] 之建議

---

[112] Johnson (1950) 27 *BY* 343.

[113] E.g. *Kasikili/Sedudu Island*, ICJ Reports 1999 p 1045, 1103–4; *Pulau Batu Puteh*, ICJ Reports 2008 p 12, 122 (Judges Simma and Abraham, diss).

[114] *Nicaragua v Colombia*, ICJ Reports 2012 p 624, 655–7.

[115] Ibid, 657. On the requirement of publicity in the acquisition of sovereign rights short of territorial title: *South China Sea Arbitration*, Merits (2016) 170 ILR 1, 313.

[116] *Nicaragua v Colombia*, ICJ Reports 2012 p 624, 657.

[117] E.g. Field, *Outlines of an International Code* (1872) 52 (50 years). The 50-year period specified in Art IV(a) of the arbitration treaty relative to the British Guiana–Venezuela boundary represents an ad hoc rule of thumb: 2 February 1897, 89 BFSP 57; *British Guiana–Venezuela Boundary* (1899) 28 RIAA 331, 333–7; *Sovereignty over Certain Frontier Land* (Belgium/Netherlands), ICJ Reports 1959 p 209, 231 (Judge Lauterpacht).

係由於對國內法模式之期待。然而，更好的解釋觀點爲「所需時間的長短乃取決於個案之具體情況」。

倘若已經確定侵占方之必要影響（necessary effectivities），則必須評估「所有權持有人」（title-holder）之行爲，以確定所有權是否已被拋棄（relinquished）。

(ii) 默認之重要性

【219】在 *Island of Palmas* 一案中，仲裁人 Huber 提出其觀察，一國持續而和平地展示「有效性」（effectivity），甚至可能勝過他國事先提出之明確所有權（definitive title）。[118] 面對另一方之競爭活動與主張，一個國家可透過行爲或承認默許其競爭對手延伸主權。[119]

最簡單之形式，係一國明確聲明其認定他國擁有該領土所有權，並結合該國「必須以主權爲之的法律行爲」（*titre de souverain*）作爲證據。此重要特徵即爲格陵蘭島東部（Eastern Greenland）之情況，挪威透過其外交部長 Nils Ihlen 之聲明，接受丹麥對爭議領土之所有權。[120] 於 *Pulau Batu Puteh* 一案中，法院對 Johor 州代理國務卿於 1953 年之回應，給予相當地重視並具有決定性之影響，亦即「Johor 州政府沒有聲稱擁有白礁島（Pulau Batu Puteh）之所有權」。[121]

即使沒有明確之放棄聲明，但倘若於該土地上並無國家活動，加上亦無進行抗議，且亦未對於對方「有效性」主張作出回應，上述情況可能對於結果皆至關重要。[122] 在國際法院之判決中，上述行爲被視爲「默許」

---

[118] *Island of Palmas* (1928) 2 RIAA 829.

[119] McNair, 1 *Opinions* 299–305; Fitzmaurice (1955–6) 32 *BY* 20, 67; Jennings (1963) 36–40; Kaikobad (1983) 54 *BY* 119; Marston (1986) 57 *BY* 337; Marques Antunes & Bradley, *Estoppel, Acquiescence and Recognition in Territorial and Boundary Dispute Settlement* (2000); Kohen, 'Abandonment' (2008) *MPEPIL*; O'Keefe (2011) 13 *Int Comm LR* 147.

[120] *Eastern Greenland* (1933) PCIL Ser A/B No 53, 73. The better view is that the facts disclosed an agreement rather than a unilateral act, the quid pro quo being Danish recognition of Norwegian sovereignty over Svalbard (Spitzbergen). On unilateral acts generally, see chapter 18.

[121] ICJ Reports 2008 p 12, 81. Although there is a distinction between sovereignty and 'ownership', the Court took them here to be synonymous: ibid, 80.

[122] Thus, mere protest will be sufficient to prevent the conclusion that title has been abandoned: e.g. *Chamizal* (1911) 11 RIAA 309; *Nicaragua v Colombia*, ICJ Reports 2012 p 624.

（acquiescence），此概念等同於默示承認（tacit recognition），而他國可適當地將此單方行為解釋為「同意」。儘管上述概念最初出現在海洋劃界之背景下，[123] 國際法院亦將其用於領土爭端案件。[124] 但出於維持法律之穩定性以及避免「擅自占地者」（squatting），不能直接推定原所有權國為「放棄」。[125] 如同法官於 Burkina Faso/ Mali 一案中認為，倘若「所有權」與「有效性」間存在衝突，仲裁庭將優先考慮前者。[126] 因此，幾乎不需要「有效性」的證據以證明維持所有權，特別係在偏遠以及無人居住之地區。[127]【220】在 Eastern Greenland 一案中，挪威抗辯主張，在早期定居地消失後，格陵蘭島即變成無主地。法院駁回此論點，並認為：

> 閱讀領土主權案件之裁決紀錄，就不可能不觀察到在許多情況下，法庭很少對實際行使主權權利之方式感到滿意，前提係對造國亦無法提出更有利之主張。尤其在對於人口稀少或無人定居國家之地區，提出主權主張之情況。[128]

相同地，在 Cameroon v Nigeria 一案中，國際法院裁定喀麥隆並未放棄其對 Bakassi 地區之所有權，儘管由於缺乏資源，喀麥隆僅僅偶爾於該地區進行行政管理。[129]

因此，似乎只要所有權持有人完全（或幾乎完全）不在某地區行使「必須以主權為之的法律行為」（titre de souverain），即足以表明正在擺脫「現狀」（status quo）。另一個實例為 Pulau Batu Puteh（白膠島）案，法院裁定，「任

---

[123] *Delimitation of the Maritime Boundary in the Gulf of Maine Area (Canada/US)*, ICJ Reports 1984 p 246, 305.

[124] *Pulau Batu Puteh*, ICJ Reports 2008 p 12, 50–1.

[125] Tribunals often avoided pronouncing on whether *derelictio* was even possible, preferring instead to find the claim was not made out on the facts: e.g. *Chamizal* (1911) 11 RIAA 309, 328; *Sovereignty over Certain Frontier Land (Belgium/Netherlands)*, ICJ Reports 1959 p 209, 227–31; *Kasikili/Sedudu Island*, ICJ Reports 1999 p 1045, 1105.

[126] ICJ Reports 1986 p 554, 586–7. See also *Argentine–Chile Frontier* (1966) 16 RIAA 109, 173; *Eritrea and Yemen* (1998) 114 ILR 1, 51.

[127] *Clipperton Island* (1931) 2 RIAA 1105, 1110–11. Cf *Territorial and Maritime Dispute (Nicaragua v Honduras)*, ICJ Reports 2007 p 659, 712; *Nicaragua v Colombia*, ICJ Reports 2012 p 624, 655.

[128] *Eastern Greenland* (1933) PCIJ Ser A/B No 53, 46–7.

[129] It did, however, collect taxation from the area: *Cameroon v Nigeria*, ICJ Reports 2002 p 303, 415–16.

何基於當事方行爲之領土主權轉移，都必須透過該行爲與相關事實清楚且毫無疑問地表明。尤其當事一方可能涉及之情況，實際上乃放棄對其部分領土的主權」。[130] 上述結論之建立，係參考 *Pulau Batu Puteh (Pedra Branca)* 案之情況，且僅基於代理國務秘書之聲明而斷定。

(iii) 禁反言

承認、默許、接受等皆爲構成主權證據之一部分，[131] 同時，與禁反言亦形成相互關聯之議題；所有的決定皆有賴於反對方所提出「有效性」的精確程度，並加上該反對方不認爲其乃爲主權國家某種形式之代表而存在。[132] 在 *Temple* 一案中，國際法院認爲，泰國之行爲已經「承認」柬埔寨在寺廟地區所爭執之邊界線，正如同「混合劃界委員會」（Mixed Delimitation Commission）之法國成員所繪製之地圖上，與該標示一致。尤其國際法院係依據一名暹羅王室成員（member of the Siamese royal family）對爭議領土進行「準官方性質」（quasi-official character）的訪問，而法國於當地之全權代表不但「正式接待且懸掛法國國旗」。[133] 國際法院認爲：

就整體事件而言，在需要暹羅作出反應之情況下，由於該國未能以任何方式作出回應，此點似乎「默示承認」柬埔寨（當時係於法國保護國之管轄下）對 Preah Vihear 之主權，尤其在面對明顯之反對主張要求時，應予確認或保留所有權之場合下卻保持沉默。本案中似乎很清楚之事實，暹羅【221】實際上不相信其享有任何主權（此假設完全符合其一直以來之態度）；或暹羅決定不堅持，而再次代表其接受法國之聲稱，或接受地圖上繪製之 Preah Vihear 邊界。[134]

---

[130] ICJ Reports 2008 p 12, 50–1.

[131] See Fitzmaurice (1955–6) 32 *BY* 20, 60–2; Bowett (1957) 33 *BY* 176, 196–7.

[132] See Bowett (1957) 33 *BY* 176; MacGibbon (1958) 7 *ICLQ* 468, 5069; Martin, *L'Estoppel en droit international public* (1979); Thirlway (1989) 60 *BY* 29; Sinclair in Lowe & Fitzmaurice (eds), *Fifty Years of the International Court of Justice* (1996) 104. Generally, see chapter 18.

[133] *Temple*, ICJ Reports 1962 p 6, 30.

[134] Ibid, 30–1. On the value of maps in determining sovereignty: *Pulau Batu Puteh*, ICJ Reports 2008, p 12, 95; *Certain Activities (Costa Rica v Nicaragua)*, ICJ Reports 2015 p 665, 702; *Burkina Faso/Mali*, ICJ Reports

　　國際法院無視泰國王子當時並未擔任任何職務，且係進行私人訪問之事實。

　　在很多情況下，默認與明示之承認，僅係確認主權證據之一部分。「禁反言」（Estoppel）不同之處在於，倘若滿足禁反言之條件，就足以解決問題。基於「善意原則」以及國家關係中的「一致性原則」，禁反言可能涉及要求政府作出實際上不符合其「真實意圖」之聲明，倘若該聲明係相當「明確」，且聲明所針對之國家已經依賴該聲明而對其造成損害。[135] 法院必須謹慎使用禁反言原則，特別是在處理領土問題之際。因此，法院裁定，代理國務秘書關於 Johor 州不擁有白礁島（Pedra Branca）主權之聲明，並不適用禁反言：

> 主張「禁反言」之一方必須證明，除其他事項外，其已依據另一方之陳述而採取明顯行動。法院進一步指出，新加坡沒未指出任何此類行為。相反地，該國於答覆中承認，收到此封信後，其並無理由改變行為；易言之，1953 年以後之行動，乃係上個世紀行動之延續與發展。[136]

　　相反地，在像 *Temple* 之類的案件中，許多證據都屬於模稜兩可，故長期之默許可能被視為具有決定性之關鍵因素。就本案而言，默許本身並非所有權之來源，而係對於事實與法律文書解釋有所助益。[137] 倘若為具有決定性，默許必須基於非常有說服力之證據。因此，倘若於條約中明確承認他國存在所有權（相對於第三國的承認），當然係一種決定性之關鍵證據。[138]

1986 p 554, 582; *Nicaragua v Colombia*, ICJ Reports 2012 p 624, 662; *Burkina Faso v Niger*, ICJ Reports 2013 p 44, 76. On the import of the Chinese 'Nine-Dash Line' in its map of the South China Sea: *South China Sea Arbitration*, Merits (2016) 170 ILR 1, 261–313; Gao & Jia (2013) 98, 107 *AJIL* 108; Dupuy & Dupuy (2013) 107 *AJIL* 124, 125, 138; Beckman (2013) 107 *AJIL* 142, 154–8.

[135] See Bowett (1957) 33 *BY* 176, 197–201, 202; and *Temple*, ICJ Reports 1962 p 6, 142–6 (Judge Spender, diss). The dispute returned to the Court, under the guise of a request for interpretation under Art 60 of the Statute: Request for Interpretation of the Judgment of 15 June 1962 (*Cambodia v Thailand*), ICJ Reports 2013 p 281.

[136] *Pulau Batu Puteh*, ICJ Reports 2008 p 12, 81.

[137] Jennings (1963) 51.

[138] See McNair, *Treaties* (1961) 487, referring to *Eastern Greenland* (1933) PCIJ Ser A/B No 53, 68–9.

(3) 消極時效取得

某些論者似乎認為，即使不存在默許，規範性所有權（prescriptive title）亦會產生，只是隨著時間流逝及占有而不受強制自力救濟（forcible self-help）之干擾。假設於某些【222】條件下，默認原則亦達到類似結果，此觀點未受到判決的支持，法院為「已確認之所有權移轉」（displacement of confirmed title）設下相當嚴格之「證據標準」（evidentiary standard），該標準至少需要默認之證據（默示或明示），而此通常比禁止強迫自力救濟與征服時期更早。然而，「時效取得」已無法由非法行為帶來之情況中產生合法權利。[139] 最後，在 Island of Palmas, Minquiers, Ecrehos 一案或其他類似案件中，法庭僅於特殊情況下，推翻占有權；而法庭作出相反結果之判決，並非皆基於當事方「蓄意侵占」（deliberate usurpation），有時或多或少乃各方係於同期間相互競爭所有權。

(4) 歷史上領土合併

「歷史合併」（historical consolidation）之概念，係指於很長一段時間內，[140] 並未受到他國質疑地使用，就其使用之基礎而取得所有權。在 Anglo-Norwegian Fisheries 一案中，法院已確認挪威自 1869 年以來，一直透過「直線基線」方法劃定其領海，因此法院必須決定，與其他國家相比，挪威是否對如此劃定之水域取得所有權。法院認為：

> 事實上，此制度本身之「直線基線」（straight baselines）劃界法，將獲得普遍容忍之好處，意即基於「歷史合併」之基礎，使其對於所有國家而言，皆可強制執行。本案中，外國對挪威之做法普遍容忍係不爭之事實。然而，惡名昭彰之事實、國際社會普遍容忍、英國於北海之立場、英國就此問題之利益，以及其長期之棄權作為，無論如何皆可保證，挪威

---

[139] Lauterpacht (1950) 27 BY 367, 397–8.
[140] Nicaragua v Colombia, ICJ Reports 2012 p 624, 657.

對於英國持續執行其制度。[141]

於上述案件中，其他國家的態度，被作為該制度合法性之證據，但亦有特殊之處。蓋挪威主張之主權延伸，係基於國際間「公有地」（*res communis*）之上，因此，其他國家之容忍具有重要意義。此外，法院似乎將英國的沉默，視為反對英國主張之單獨合法性基礎。在 Territorial and Maritime Dispute (*Nicaragua v Colombia*) 一案中，法院考量其他國家對領土之態度，不認為系爭領土係「公有地」。[142]

De Visscher 將該判決作為「從秩序與和平之角度而言，領土局勢穩定之根本利益」之實例，如此亦可解釋「歷史合併」於國際法中之地位。[143] 因此，「合併」（consolidation）與 de Visscher 主張的「時效取得」與「占領」完全不同。可以肯定的是，稱為「合併」之因素具有影響力，事實本質為他國和平持有以及默許或容忍。[144] 然而，「歷史合併」只不過是作為對於先前已存在領土取得模式之概念彙整。至 1998 年，仲裁庭提及【223】「經批准之合併所有權」（consolidation of title with approval）概念，令人印象深刻。[145] 然而，就國際法上公認之觀點而言，「合併」並非獨立於既有之「有效占領」及「時效取得」等規則概念而存在。在 Cameroon v Nigeria 一案中，法院認為，「歷史合併理論極具爭議性，不能取代國際法規定中既定之領土取得方式」。[146]

5. 主權範圍：領土爭端

對於決定從某些所有權來源衍生之「主權實際範圍」（actual extent of sovereignty）而言，例如，割讓條約（treaty of cession）或有效占領（effective occupation）等，某些邏輯及衡平原則（logical and equitable principles）相當

---

[141] ICJ Reports 1951 p 116, 130, 138–9.
[142] ICJ Reports 2012 p 624, 659–60.
[143] De Visscher, *Theory and Reality in Public International Law* (4th edn, 1970) 226.
[144] Schwarzenberger (1957) 51 *AJIL* 308, 316–24.
[145] *Eritrea and Yemen* (1998) 114 ILR 1, 117.
[146] *Cameroon v Nigeria*, ICJ Reports 2002 p 303, 352.

重要。[147]

(1) 鄰接原則

　　當有爭議之領土在相關時期無人居住、貧瘠或無人涉足時，對於「鄰接」（contiguity）及「地理統一性」（geographical unity）之考量將成為重點。特別係就島嶼而言，「鄰接」乃為相關概念。因此，在 *Land, Maritime and Frontier Dispute* 一案中，法官認為 Meanguerita 島係與較大的 Meanguera 島相鄰接之附屬島嶼，因其面積小、距離近，而且爭端之求償方將此兩島視為一個整體。[148] 倘若僅出於假設：三個有爭議之地區，包括 Pulau 島、Batu 島及 Puteh 島等，其中第一個島嶼被法院判定為歸屬於新加坡，第二個及第三個（依推論）則屬於馬來西亞。[149]

　　上述考量係司法判決理由之內容，但於其他方面亦具有重要意義，作為主權證據之國家活動，不需要統一地施加在領土上的每一個部分。因此，基於國家活動之外圍占有（peripheral possession）推定，例如在貧瘠領土之海岸即為如此。[150] 在 *Eastern Greenland* 一案中，[151] 法院闡述地理統一（geographical unity）之概念，並於判決結論中認為，丹麥之局部活動賦予整個格陵蘭島之所有權。因此，於撰寫判決書時，Lauterpacht 評論提及「國際關係之終局性、穩定性及有效性原則，係法院工作之特點」。[152]「鄰接性」可能係對於「有效性」的保證，但其本身僅為一種適用「有效占領」原則之技術性規定。

(2) 保持占有原則

　　【224】「保持占有原則」（*uti possidetis*）概念規定，倘若一個較大的實

---

[147] Waldock (1948) 25 *BY* 311, 339ff; Lauterpacht (1950) 27 *BY* 376, 423–31; Fitzmaurice (1955–6) 32 *BY* 20, 72–5; McNair, 1 *Opinions* 287–8, 292; Sharma (1997) 51–61; Ratner (2006) 100 *AJIL* 808; Prescott & Triggs (2008).

[148] ICJ Reports 1992 p 351, 570.

[149] ICJ Reports 2008 p 12, 95–6 (Pedra Branca), 99 (Middle Rocks), 100–1 (South Ledge).

[150] *Brazil–British Guiana Boundary* (1904) 11 RIAA 21. See also *Island of Palmas* (1928) 2 RIAA 829, 855; *Minquiers and Ecrehos*, ICJ Reports 1953 p 47, 99.

[151] (1933) PCIJ Ser A/B No 53, 45–52; also *Western Sahara*, ICJ Reports 1975 p 12, 42–3.

[152] Lauterpacht, *Development* (1958) 241.

體解體後，繼承國獨立時之行政邊界即作為其正式邊界。[153] 在 *Burkina Faso/Mali* 一案中，法庭將上述原則適用於非洲，並主張：

> 該原則之實質內容在於其主要目的係確保在國家實現獨立時，尊重領土邊界。此類領土邊界可能僅不過係不同行政區之劃分，或同一主權下殖民地之間的劃界。於上述情況下，適用「保持占有原則」導致行政邊界（administrative boundaries）轉變為完全意義上之「國際邊界」（international frontiers）。[154]

雖然「保持占有原則」源於羅馬法，[155] 但該學說之現代適用卻始於 19 世紀之拉丁美洲，當時西班牙強加實施的行政區劃分，被用作該地區出現新國家之邊界。[156] 因此，上述原則涉及默示同意將領土爭議問題建構在 1821 年中美洲，或 1810 年南美洲的前西班牙行政機關推定「保持占有原則」之基礎上。該原則之適用一直存在，並以略有不同的形式，被亞洲 [157] 及非洲 [158] 涉及邊界爭端的政府與法庭所採用。同時，該原則亦適用於前南斯拉夫領土上新國家之出現，[159] 以及相關國家間之邊界劃分。[160] 當然，此原則亦適用於海洋劃界。[161]

---

[153] Shaw (1993) 42 *ICLQ* 929; Lalonde (2002); Abi-Saab in Kohen (2007) 657; Caffi, 'Boundary Disputes in Latin America' (2013) *MPEPIL*; Rossi (2014–15) 24 *TLCP* 19, 46–57; Lalonde in Chinkin & Baetens (2015) 248.

[154] *Burkina Faso/Mali*, ICJ Reports 1986 p 554, 566. Also: *El Salvador/Honduras*, ICJ Reports 1992 p 351, 386–8; *Burkina Faso/Niger*, ICJ Reports 2013 p 44, 73, 84.

[155] Ratner (1996) 90 *AJIL* 590, 593–5.

[156] Shaw (1996) 67 *BY* 75, 98–100; Castellino & Allen (2003) ch 3.

[157] See *Temple*, ICJ Reports 1962 p 6; *Rann of Kutch* (1968) 50 ILR 2.

[158] Organization of African Unity (OAU) Resolution on Border Disputes, AHG/Res 16(I), 21 July 1964; *Burkina Faso/Mali*, ICJ Reports 1986 p 554, 565–8, 586–7; *Guinea–Guinea (Bissau) Maritime Delimitation* (1985) 77 ILR 636, 657; *Guinea (Bissau)–Senegal Delimitation* (1989) 83 ILR 1, 22; 56–85 (Judge Bedjaoui, diss). Also: *Libya/Chad*, ICJ Reports 1994 p 6, 83–92 (Judge ad hoc Ajibola); *Eritrea and Yemen* (1998) 114 ILR 1, 32–4. On the application of *uti possidetis* in the African context: Ahmed (2015).

[159] Badinter Commission, *Opinion No 2* (1992) 92 ILR 167; *Opinion No 3* (1992) 92 ILR 170; and see Craven (1995) 66 *BY* 333, 385–90.

[160] Cf *Croatia v Slovenia*, PCA, 29 June 2017, [256]–[263].

[161] *El Salvador/Honduras: Nicaragua intervening*, ICJ Reports 1992 p 351, 589; *Nicaragua v Honduras*, ICJ Reports 2007 p 659, 697–701. Cf *Bay of Bengal Maritime Boundary Arbitration (Bangladesh v India)* (2014) 167 ILR 1, 53.

　　然而，即使適用「保持占有原則」，並非總能獲致令人滿意之解決方案。Ratner 提出兩個主要質疑：(i) 此原則本質上過於簡單之特性，造成種族分離主義者（ethnic separatists）沿著現有邊界進一步分裂領土的誘惑；(ii) 將該原則適用於現代國家解體時，可能將導致大量人民不僅不滿於其在新國家之地位，且更對於其【225】在新國家的政治參與感到不確定。[162] 行政邊界通常界定不清或難以證明。[163] 此外，未來可能產生爭議之地區，通常係依賴過去「殖民地邊界」（colonial boundaries）而定，但往往最初並未以任何程度之種族敏感性（ethnic sensitivity）來劃定邊界，導致嚴重對立之群體被納入同一個新國家。[164] 最後，上述原則可能會阻礙對新國家之承認，蓋國家不願意承認與「保持占有原則」背道而馳之獨立願望。[165]

　　「保持占有原則」並非強制，各國可自由採用其他原則作為解決爭端之基礎，[166] 但獨立前受同一主權管轄之前行政區邊界劃定，因受制於同一主權者，故保持其存在係符合良好政策。國際法學者通常提出三個論點來證明此結論：[167] (i) 該原則使一個國家之分裂容易僅受到一種結果影響，即防止因領土爭端而發生武裝衝突；(ii) 基於行政邊界劃分，原則上與任何其他方法一樣有效，而執行起來更為簡單；(iii)「保持占有原則」已成為一般法律原則，或國際法默認規則之地位。[168]

(3) 添附

　　添附（accretion）係指透過新的地質構造而增加領土之過程，[169] 簡言之，沿海地區之沉積物，可能導致於領土主權之延伸。國際上一個頗具戲劇性之實

---

[162] Ratner (1996) 90 *AJIL* 590.

[163] See *Guatemala–Honduras Boundary* (1933) 2 RIAA 1322. Also: *El Salvador/Honduras*, ICJ Reports 1992 p 351, 386–95; *Frontier Dispute (Benin/Niger)*, ICJ Reports 2005 p 90, 108–10, 133–49; *Nicaragua v Honduras*, ICJ Reports 2007 p 659, 727–9.

[164] Further: Oduntan, *International Law and Boundary Disputes in Africa* (2015) 20.

[165] On Somaliland: see Poore (2009) 45 *Stanford JIL* 117; Kreuter (2010) 19 *Minn JIL* 363; Haji-Ali Ahmed in Bereketeab (ed), *Self-Determination and Secession in Africa: The Post-Colonial State* (2015) 119.

[166] *Opinion No 2* (1992) 92 ILR 167, 168.

[167] Ratner (1996) 90 *AJIL* 590, 591.

[168] *Burkina Faso/Mali*, ICJ Reports 1986 p 554, 565. Also: Badinter Commission, *Opinion No 3* (1992) 92 ILR 170, 171–2. Some scholars attribute to it the status of customary international law: Ratner (2006) 100 *AJIL* 808, 811.

[169] See 1 Hackworth 409–21; 1 Hyde 355; *Island of Palmas* (1928) 2 RIAA 829; Kanska & Manko (2002–3) 26 *Pol YIL* 135.

例，係 1986 年由於火山活動在硫磺島（Iwo Jima）領海內增生出一個島嶼；英國政府立即承認此島嶼係日本領土的一部分，[170] 於此情況下，不需正式占領行為。[171]

(4) 水域邊界

(i) 界河

法律上確立之劃界原則係「河道分界線」（thalweg）原則，此假定係指主要航道之中間線。[172] 然而，該詞彙於特定文書與條約中可能有其他涵義，【226】即最深探測線（line of deepest soundings），上述兩個定義通常係趨於一致。然而，即使在同一水域系統內亦有多種變化，學術觀點對於實踐之助益不大，仍需依賴專業知識與技術，尤其是確定一條河流中數條不同支線間的主要河道位置。[173]

與純粹之陸地邊界不同，邊界河流可能會改變其路線，然而此並非真實之「添附」案例。因此，在美國新墨西哥州南部邊界問題上，美墨爭端解決係有賴於「默許原則」（principles of acquiescence）以及協定中對於自然變化結果之解釋。[174] 於此情況下，即使沒有可適用之協議，河道突然、強行與重大變化（如侵蝕，avulsion）亦未被視為改變邊界線。[175] 換言之，邊界將沿著原河床（former river bed）路線予以確定，並非沿著河流，而係沿著其下之土地。「添附」係指沉積物逐漸、不知不覺地增加，可能導致沿岸國之主權擴展到已經依據「鄰接」及「確定性」原則而有效占領（effective occupation）之地

---

[170] UKMIL (1986) 57 *BY* 487, 563.

[171] 1 Hyde 355–6.

[172] See Kaikobad, *The Shatt-al-Arab Boundary Question* (1988); Schroeter (1992) 38 *AFDI* 948; Prescott & Triggs (2008) ch 7.

[173] See *Argentine–Chile Frontier* (1966) 38 ILR 10, 93; *Kasikili/Sedudu Island*, ICJ Reports 1999 p 1045, 1060–74; *Eritrea–Ethiopia Boundary* (2002) 130 ILR 1, 116; *Benin/Niger*, ICJ Reports 2005 p 90, 149–50.

[174] See *Chamizal* (1911) 11 RIAA 309, 316; *San Lorenzo* (1932) 6 ILR 113. Also: Chamizal Convention, 28 August 1963, 505 UNTS 185.

[175] *Nebraska v Iowa*, 143 US 359 (1892); *Kansas v Missouri*, 322 US 213 (1943); *Georgia v South Carolina*, 497 US 376 (1991); *El Salvador/Honduras*, ICJ Reports 1992 p 351, 546. Note that in *Delimitation of the border between Eritrea and Ethiopia* (2002) 25 RIAA 83, 172, the Commission held that, pending final determination of river boundaries, they should be determined by reference to the main channel identified during the dry season, and that regard should be paid to the customary rights of the local people to have access to the river.

區。[176]該過程之漸進性質,導致沿海國假定占領,以及獲得其他國家之默許,故邊界將保持隨著河流而移動。[177]

在 *Eritrea-Ethiopia Boundary Commission* 一案中,法庭為其劃界(demarcation)階段之工作提出相關指示,包括以下內容:

> 將河流確定為邊界通常已足,無須於其中實際劃界,除非為確定匯流處、可能引起懷疑之轉折點,以及其上游或源頭等。[178]

此外,邊界之轉折點係指「每條河流或溪流主要河道之匯合點」,且在地形允許之情況下,「轉折點應由三根柱子確定,每條河流及兩岸各一根」,在與河流相交會之河岸兩邊各擺設一根,而第三根在河岸交匯處對面,且每根柱子與相遇點之距離皆標示其上。[179]而於決定河流內劃界階段之邊界線,應有「公平考量」(equitable considerations),例如:當地人民進入河流之習慣權利(customary rights)。[180]

(ii) 界湖

【227】對於界湖(boundary lakes),適用中線原則,但通常明示同意或默認可能產生其他劃分方式。事實上,就 Lake Albert(烏干達與剛果民主共和國之分界線),及 Lake Geneva(法國與瑞士之界湖)而言,「正式中線」(formal middle line)被商定為彼此之邊界。[181]依據 1890 年之英德協定(Anglo-German Agreement),[182]烏干達、坦尚尼亞、肯亞,被 Lake Victoria 上的「天文線」(astronomical line)所劃分。另外,由於缺乏協議,奧地利、

---

[176] See *Island of Palmas* (1928) 2 RIAA 829, 839.

[177] *El Salvador/Honduras*, ICJ Reports 1992 p 351, 546. Also: *Arkansas v Tennessee*, 246 US 158 (1918); *Louisiana v Mississippi*, 282 US 458 (1940); *Georgia v South Carolina*, 497 US 376 (1991).

[178] *Demarcation of the Eritrea/Ethiopia Boundary Directions* (2002) 25 RIAA 207, 214.

[179] Ibid.

[180] *Decision regarding delimitation of the border between Eritrea and Ethiopia* (2002) 25 RIAA 83, 172.

[181] London Agreement, 3 February 1915, 220 CTS 397; Convention on the Delimitation of the Boundary in Lake Geneva, 25 February 1953, reproduced in (1960) 64 RGDIP 444.

[182] Anglo-German Agreement, 1 July 1890, 173 CTS 271, Art 1.

瑞士及德國在 Lake Constance 上之邊界問題仍未解決。[183] 雖然界湖亦可透過
「共管方式」進行規範，[184] 但該假設仍被各方所反對。

(5) 極地區域：扇形原理

　　特別是在北極之情況下，出現了對冰凍海域或「冰域」（ice territory）
之權利問題，[185] 此外，正常原則適用於位於極地地區（polar regions）之領
土。[186] 在主張擁有冰漠（ice deserts）及偏遠島嶼群時，各國政府試圖透過「直
線」基線法確定領土主權之界限，而類似之劃界方式亦可能於其他地區出現，
例如於北美洲之劃界。在極地地區，已經使用匯聚於兩極之經線而產生一個主
權區域。雖然「扇形原則」（sector principle）並未直接等同於所有權範圍，
但其合理解釋方法可能與適用於 *Eastern Greenland* 案 [187] 中所揭示之「有效
占領」（effective occupation）原則相同。上述原則仍然係一種粗略之劃界方
法，並未成為單獨之法律規範。[188]

　　對於主權主張之混亂，主要係源於極地地區國家活動之特徵並不明確。
然而，大致上可提出以下三點保留：(i)「扇形原則」具有任何基於「鄰接」
（contiguity）原則之缺陷；(ii) 就延伸至極地之狹隘主權主張而言，該適用並
不合理；(iii) 不能適用於包括公海區域。【228】於北極地區，丹麥、芬蘭、
挪威及美國，並未提出與極地海域周邊領土相關之「扇形原則」劃界，但另

---

[183] Keupp in Keupp (ed), *The Northern Sea Route: A Comprehensive Analysis* (2015) 21, 28.

[184] E.g. Lake Titicaca (between Peru and Bolivia): Janusz-Pawletta, *The Legal Status of the Caspian Sea* (2015) 25.

[185] See Waldock (1948) 25 *BY* 311, 317–18. The USSR was fond of such claims: see Lakhtine (1930) 24 *AJIL* 703. But given global warming and its impact on ice shelves this is doubtful. On the status of ice in international law, see Joyner (2001) 23; Lalonde & McDorman, *International Law and Politics of the Arctic Ocean* (2015) 7–10, 394. In the Antarctic context, see the New Zealand claim over the Ross Dependency, including the Ross Ice Shelf: Auburn, *The Ross Dependency* (1972); Brady, *The Emerging Politics of Antarctica* (2012) 150.

[186] On the Antarctic: Kaye in Oude Elferink & Rothwell (eds), *The Law of the Sea and Polar Maritime Delimitation and Jurisdiction* (2001) 157; Saul & Stephens, *Antarctica in International Law* (2015). On the Arctic: Scott (2009) 20 *Ybk IEL* 3; Hodgson-Johnston (2015) 7 *Ybk Polar L* 556; Byers, *International Law and the Arctic* (2013); McDorman & Schofield in Jensen & Hønneland (eds), *Handbook of the Politics of the Arctic* (2015) 207; Rothwell in Chinkin & Baetens (2015) 110.

[187] See Wall (1947) 1 *ILQ* 54.

[188] Rothwell in Jensen & Hønneland (2015) 247, 250.

一方面，加拿大 [189] 與俄羅斯 [190] 則主張應適用「扇形原則」，但可能係透過條約或其他方式之承認，於北極地區創設所有權，而並非基於適用「扇形原則」。[191]

英國、紐西蘭、澳大利亞、法國、挪威、阿根廷與智利在南極洲均提出「扇形原則」之聲明。第一，上述國家之某些主張並非基於「鄰接」，而係基於「發現」；第二，主張權利之國家，並不像北極地區僅侷限於周邊鄰國；第三，在由領土主張重疊所造成「不穩定情況」（fluid situation），「承認」[192] 並確立所有權顯得十分重要，上述許多主張就法律而言，可能僅不過係「邊界主張」（ambit claims）或「利益聲明」而已。然而，南極條約（Antarctic Treaty）[193] 阻止對該大陸提出任何額外之主權主張，並表明第三國均不得承認過去已提出之主張。

6. 領土主權及強制性規範

本書第二十七章探討違反「強制性規範」（peremptory norms）對於國家間協議有效性影響的複雜問題，而此處所關注者，係某些規則對於「轉讓權力」之影響（power of alienation）。

(1) 侵略者之領土移轉

當代國際法禁止「征服」（conquest），並將以武力強迫之「割讓條約」視為無效，此為聯合國憲章第 2 條第 4 項規定「禁止使用武力」之合理延伸。[194] 即使（而且頗值懷疑）「所有權」上之錯誤，可透過第三國之承

---

[189] No precise declaration was made, but see 1 Hackworth 463; 2 Whiteman 1267. For the Canadian declaration that the sector principle does not apply to the Arctic: (1970) 9 ILM 607, 613. On the current status of Canadian Arctic sovereignty: Rothwell in Jensen & Hønneland (2015) 247; Steinberg, Tasch, & Gerhardt, *Contesting the Arctic: Politics and Imaginaries in the Circumpolar North* (2015) 24–25, 30.

[190] Decree of 15 April 1926, 1 Hackworth 461; Byers (2013) 114, 117.

[191] 1 Hackworth 463–8; 2 Whiteman 1268.

[192] The Norwegian proclamation of 1939 was accompanied by a minute of the Ministry of Foreign Affairs which recognized the British, New Zealand, Australian, and French claims: ibid, 57–8. Norway does not accept the sector principle as such.

[193] 1 December 1959, 402 UNTS 72, Art IV(2).

[194] Also: Arts 3 and 4 of the Helsinki Final Act, 1 August 1975, 14 ILM 1292; Tancredi in Walter, von Ungern-Sternberg, & Abushov (eds), *Self-Determination and Secession in International Law* (2014) 68.

認予以糾正，戰敗方亦不被排除於侵略者轉讓土地之基礎上，挑戰任何所有權。然而，上述運作原則係基於禁止武力的強制規範、非法標記（stamp of illegality）等，並非「任何人不能給予其所未有者」（nemo dat quad non habet）原則。因此，聯合國憲章時期，以武力侵占領土之情況，遠遠少於憲章通過之前。[195] 甚至於安全理事會第 242(1967) 號決議中，【229】亦強調不允許以武力取得領土，更進一步強調 1970 年所通過之「友好關係宣言」（Friendly Relations Declaration）。[196] 然而，當主要國家，或其他國家基於普遍有效之國際程序對領土進行處分時，可能會出現例外情況。迄今為止，在當代國際法實踐中，此類處分並未導致協議之解決方案，並允許侵略方維持占領領土的主權。

(2) 自決原則與領土移轉

　　倘若未能滿足「該地區同意」（local consent）之某些最低條件（minimum conditions），是否有禁止領土轉讓之法律規則？[197] 1919 年以來主要國家之處分、國際組織規定程序下之移交、雙邊割讓，都被認定為符合「自決原則」（self-determination），然而，有時亦會採用「公民投票」（plebiscite）之機制，[198] 或受影響之個人，可能將獲得國籍與遣返之選擇權。[199]

　　反對意見者主張，任何人口稠密領土之轉讓，都必須滿足「自決原則」。然而，並未有足夠之國際實踐證明，僅因未達足夠居民表達意見之規定，即認為領土轉讓係屬無效。[200] 目前而言，大多數求償條款中，並不包括與相關人民進行適當協商之條件。堅持上述原則之法律學者提到例外之情況，例如，代表

---

[195] Zacher (2001) 55 *Int Org* 215, 223–4; Ratner (2006) 100 *AJIL* 808, 811.

[196] GA Res 2625(XXV) 2 October 1970. See also SC Res 662 (1990) para 1; VCLT, Art 52; SC Res 242 (1967); GA Res 66/18, 30 November 2011; GA Res 67/19, 4 December 2012; GA Res 69/241, 19 December 2014.

[197] Walter, von Ungern-Sternberg, & Abushov (2014); Tancredi in Nicolini, Palermo, & Milano (eds), *Law, Territory and Conflict Resolution* (2016) 90; Bereketeab (2015); Ahmed (2015) 44–5, 48–51, 133–5.

[198] For criticism of the referendum to support the transfer of Crimea to Russia: Grant, *Aggression against Ukraine: Territory, Responsibility, and International Law* (2015).

[199] E.g. India–Bangladesh, Agreement Concerning the Demarcation of the Land Boundary between India and Bangladesh and Related Matters, 16 May 1974, Art 3 and Protocol of 6 September 2011 (Government of India, Ministry of External Affairs, *India & Bangladesh: Land Boundary Agreement*, Annexure III, file no BG74B2547, 36; Annexure V, file no BG11B0577, 42).

[200] Ratner (2006) 100 *AJIL* 808, 811.

國際社會之國家，集體決定對侵略者採取措施，[201] 以及前殖民地獲得獨立後，尊重獨立前行政區劃分之「保持占有」（*uti possidetis*）原則。[202] 然而，在實踐中適用該原則可能很困難。關於英國與阿根廷間之「福克蘭群島」（又稱馬維納斯群島，Falklands/Malvinas）爭端，聯合國相關決議要求依據「非殖民化原則」進行領土移轉，但英國則認為未經當地同意之移轉，違反「自決原則」。[203]

7. 結論

【230】歷史上賦予「領土主權」主導地位（predominance）以及將其視為「土地私法爭端」（private law disputes over land）等必然趨勢，引發當前「人權」與「自決原則」是否一致之問題。對於好幾公頃無人居住之沼澤（uninhabited swamp）提出主張，與對一個「省」提出主張，二者在法律上並無區別。然而，國家係存在於歷史之實體，領土上的共同體具有深厚歷史根源，以及（經常）磨損、模糊或不確定之界限。現代邊界與領土爭端，涉及可能跨越人民及其共同體之漫長邊界，範圍包括小島嶼或小區域土地之爭端。[204] 至少到目前為止，邊界必須存在於某處土地，並有賴於「保持占有」（*uti possidetis*）與條約穩定性（treaty stability）等假設之歷史性解釋方法。

---

[201] Cf the debate over the Oder–Neisse frontier established by the Potsdam Declaration (1945) 39 *AJIL Supp* 245; Brownlie, *Use of Force* (1963) 409.

[202] See *Burkina Faso/Mali*, ICJ Reports 1986 p 554, 566–7; ibid, 652–3 (Judge ad hoc Luchaire); Bantekas & Oette, *International Human Rights Law and Practice* (2nd edn, 2016) 415–17; Ahmed (2015) 133.

[203] See UKMIL (1985) 56 *BY* 402–6, 473–4. Also: Reisman (1983) 93 *Yale LJ* 287; Crawford (2nd edn, 2006) 637–47.

[204] Intermediate was the Nicaraguan claim to the San Andrés Archipelago (with a population at the time of some 60,000); the Court was able to dismiss the substance of that claim at the preliminary objections stage: *Territorial and Maritime Dispute (Nicaragua v Colombia)*, ICJ Reports 2007 p 832, and the entire insular claim at the merits stage: ICJ Reports 2012 p 624. For Finland's claim to the Åland Islands (population ca 20,000; claim resolved in Finland's favour but with minority guarantees), see Crawford (2nd edn, 2006) 108–12.

第十章　領土之狀態：延伸問題

1. 領土處置之國際程序

【231】國際體系上基本假設係「主權」（sovereignty）乃對於領土之「完全權力」（plenary power），由每個國家單獨繼承，該國並對其領土主張所有權，不與其他國家共享。然而，前開論述僅為假設；從法律角度而言，該論述甚至可能僅為一種「推定」（presumption），既非屬於法律規則，更非視為強制性規範（peremptory norm）。[1] 沒有什麼力量可以阻止一個國家自由地放棄其主權（freely abandoning its sovereignty）以作為合併入另一個國家之條件，該國可以整體完成合併，亦可以只有部分合併。國家集團或國際組織亦可對於特定領土行使決定性權力（dispositive authority）。隨之而來，可能會出現關於行使此種權力之方式，以及考量關於領土上民族自決（self-determination）之爭議，其中一些情況，在本章中分別予以考量。

(1) 有關國家之間的協議

領土割讓（cession of territory）可能取決於爭端中有關國家之政治決定，此類種「割讓」可能係基於歷史或安全之政治、法律上要求，或綜合二者之結果。而領土發生轉移之條件，可能受到國際組織下的政治機構建議所影響；同時，亦可能受到「自決原則」（self-determination）之影響（見第五章和第二十九章）。在聯合國主持下，國際上曾有多次公民投票，其結果被視為具有「指示性質」（indicative）或具有「拘束力」（binding）。[2]

---

[1] See esp Jennings, *Acquisition of Territory* (1963) 69–87; Crawford, *Creation of States* (2nd edn, 2006) 501–647.

[2] Wambaugh, *Plebiscites since the World War* (1933); Beigbeder, *International Monitoring of Plebiscites, Referenda and National Elections* (1994); Beigbeder, 'Referendum' (2011) *MPEPIL*; Şen, *Sovereignty Referendums in International and Constitutional Law* (2015) 95; Bilkova in Nicolini, Palermo, & Milano (eds), *Law, Territory and Conflict Resolution* (2016) 194, 214 (outlining the international standards applicable to a territorial referendum). See *Cameroon v Nigeria*, ICJ Reports 2002 p 303, 332, 342, 383, 410. More recently, a cessionary plebiscite was organized domestically in Crimea, without UN involvement. Its legitimacy has been called into question: GA Res A/68/L39, 27 March 2014 ('Underscores that the referendum held in the Autonomous Republic of Crimea and the city of Sevastopol on 16 March 2014, having no validity, cannot form the basis for any alteration of the status of the Autonomous Republic of Crimea or of the city of Sevastopol'); Grant (2015) 109 *AJIL* 68.

(2) 主要強權國家間之共同決定

【232】同樣地，在許多情況下，一些主要權力集團可能與其他國家聯合承擔「處分權力」（power of disposition），儘管此類權力之法律基礎有時相當具有爭議。[3] 例如，有可能以透過叛亂團體而制定新憲法之狀況，政治與法律基礎係不可分割，上述「處分權力」之法律結果當然乃被國際間普遍接受。委任統治制度（mandates system）至少在很大程度上取決於此類「處分權」，國際法院在其關於西南非（South West Africa）地位之法律諮詢意見中，接受該處分之結果。[4]

然而，僅依據領土之「處分」並不足以構成「主權讓渡」（transfer of sovereignty）。在 *Eritrea v Yemen* 仲裁案中，仲裁庭根據「洛桑條約」（Treaty of Lausanne）第 16 條之規定，審議某些位於紅海島嶼（Red Sea Islands）之地位，依據該條約鄂圖曼帝國（Ottoman Empire）放棄對上述島嶼之主權。法院進一步認為，本案並不適用「歷史上所有權」（historical title）歸還之原則，因此，於土耳其放棄領土後，對上述島嶼之主權，仍然屬於不確定狀態。[5] 獲得領土所需要之條件，係於持續和平之基礎上，透過行使管轄權與國家功能，有意圖地在領土上展示權力和權威。[6]

(3) 聯合國機構所採取之行動

聯合國是否有能力轉讓領土之所有權值得懷疑，其中重要原因是聯合國不能承擔享有領土主權之角色。雖然有默示權力（implied powers）之原則，但聯合國並非國家，大會僅有推薦權；因此，在此基礎上得主張 1947 年 11 月 29 日批准巴勒斯坦分治計畫之聯合國大會第 181(II) 號決議，即使並非越權（*ultra vires*），但亦不能對成員國具有拘束力。[7]

---

[3] Cf *International Status of South West Africa*, ICJ Reports 1950 p 128, 146–63 (Lord McNair).

[4] *Status of South West Africa*, ICJ Reports 1950 p 128; *Namibia (South West Africa)*, ICJ Reports 1971 p 16; *Western Sahara*, ICJ Reports 1975 p 12.

[5] *Eritrea v Yemen (Territorial Sovereignty)* (1998) 114 ILR 1, 40. On the doctrine of reversion: Crawford (2nd edn, 2006) 695–9.

[6] *Eritrea v Yemen (Territorial Sovereignty)* (1998) 114 ILR 1, 69.

[7] Kelsen, *The Law of the United Nations* (1950) 195–7; Crawford (2nd edn, 2006) 424–36; Terry (2012–13) 23 *Fin YIL* 351.

　　事實上，各國可能同意將處分權力委託給聯合國下的附屬機構，且至少係在前任主權者放棄所有權（relinquished title）之情況下。然而，此時並未移轉主權，亦未處分聯合國固有之權力，因此聯合國主要係充當裁判者之角色：聯合國大會在利比亞及索馬利亞等新國家之建立，以及義大利依據 1947 年「和平條約」放棄領土（territory relinquished）等實例上突顯上述之功能。[8]

【233】根據類似原則，聯合國大會亦可能保留因故終止託管地位（terminate trusteeship status）之權力。[9] 但終止委任統治（termination of mandates）可能係一個更困難之問題，因爲參與「凡爾賽條約」（Treaty of Versailles）之主要同盟國皆享有處分權。[10] 在委任統治地與託管地之歷史案例中，以及依聯合國憲章第十一章適用之少數剩餘領土（remaining territories），聯合國並不「授予主權」（confer sovereignty），而係決定或批准以「自決原則」之方式實施。當然，聯合國大會決議在確認領土所有權方面，發揮著重要作用。尤其係基於第 1514(XV) 號決議之決議，通過「給予殖民地國家和人民獨立宣言」（Declaration on the Granting of Independence to Colonial Countries and Peoples）。[11]

　　然而，聯合國大會於 1966 年 10 月 27 日第 2145(XXI) 號決議中行使其權力，終止對西南非洲委任統治。[12] 隨後，大會成立西南非理事會（Council for South West Africa），任命聯合國專員管理該領土，並將該領土更名爲「納米比亞」（Namibia）。而南非未能對上述事件之發展作出回應，安全理事會於 1969 年和 1970 年通過決議，確認大會終止委任統治之決定，並呼籲所有國家採取措施落實「南非繼續在納米比亞駐留係非法行爲」之結論。另一項決議則請求國際法院就「南非不顧安全理事會第 276(1970) 號決議之規定，繼續留

[8] See GA Res 289A(IV), 21 November 1949; GA Res 387(V), 17 November 1950; GA Res 1418(XIV), 5 December 1959. Further: GA Res 515(VI), 1 February 1952, on the transfer of Eritrea to Ethiopia.

[9] This may be inferred from Arts 76 and 85 of the Charter: Jennings (1963) 81. No express provision appears, but (except with strategic trusteeships) it was the GA that approved the trusteeship agreement in each case. Further: Marston (1969) 18 *ICLQ* 1; Crawford (2nd edn, 2006) 581–6.

[10] Also: *Status of South West Africa*, ICJ Reports 1950 p 128, 150 (Judge McNair), 168 (Judge Read), 180–1 (Judge Alvarez, diss); Crawford (2nd edn, 2006) 574–81.

[11] 14 December 1960. Further: Jennings (1963) 82–7.

[12] For contemporary comment: Dugard (1968) 62 *AJIL* 78; Marston (1969) 18 *ICLQ* 1, 28; Rousseau (1967) 71 *RGDIP* 382; Dugard in Maluwa (ed), *Law, Politics and Rights* (2014) 287, 293.

在納米比亞對各國造成的法律後果為何？」之爭議，提供法律諮詢意見。法院初步對爭議之實質內容發表意見，援引據聯合國憲章之規範以檢視大會第2145(XXI) 號決議之有效性。[13] 法院認為，國際聯盟及聯合國乃係一般國際法承認（以嚴重違反條約為由終止）撤銷委任統治默示權力之原因。[14] 聯合國大會於安全理事會之協助下，將採取必要行動以確保決議 1514(XV) 之規定適用於納米比亞人民。至少於形式上，此並不涉及處分權本身，而係依據【234】機關之實踐解釋，並涉及自決原則（principle of self-determination）。[15] 納米比亞最終在 1990 年在聯合國過渡時期援助小組（UN Transition Assistance Group）監督下之選舉中獲得獨立。[16]

聯合國大會於西撒哈拉（Western Sahara）非殖民化中之作用涉及到「自決原則」，以及摩洛哥與茅利塔尼亞合法利益之複雜問題，[17] 情況仍未解決。[18]

在伊拉克入侵及占領科威特後，聯合國安全理事會通過第 687(1991) 號決議，具體規定依據憲章第七章採取措施，特別是，安全理事會要求尊重已協議之領土劃界（territorial delimitation），並決議應保證國際邊界不可侵犯，[19] 另依憲章酌予為此情況採取「一切必要措施」（all necessary measures）。事件發生後，依據安全理事會授權行事之基礎，由聯合國會員廣泛組成之聯

---

[13] *Namibia*, ICJ Reports 1971 p 16, 45–50. See Tomuschat, *Human Rights: Between Idealism and Realism* (3rd edn, 2014) 280.

[14] Ibid, 47–9. Also: Dugard (1968) 62 *AJIL* 78, 84–8.

[15] For criticism of the opinion on the basis that neither the GA nor the SC has the power to abrogate or alter territorial rights, see Judge Fitzmaurice (diss), ICJ Reports 1971 p 16, 280–3, 294–5. But in the Friendly Relations Declaration, the GA stated that achieving *any* political status freely determined by plebiscite is tantamount to achieving self-determination: Declaration on Principles of International Law concerning Friendly Relations and Co-operation among States in accordance with the Charter of the United Nations, Annex to GA Res 2625(XXV), 24 October 1970.

[16] GA Res S-18, 23 April 1990, following SC Res 652 (1990).

[17] *Western Sahara*, ICJ Reports 1975 p 12, 69–77 (Judge Gros), 105–15 (Judge Petrén), 116–26 (Judge Dillard), 127–72 (Judge de Castro); Jensen, *Western Sahara: Anatomy of a Stalemate* (2005) 80; Wilson in Zoubir & White (eds), *North African Politics: Change and Continuity* (2016) 128, 129–32; Roussellier in Boukhars & Roussellier (eds), *Perspectives on Western Sahara: Myths, Nationalisms, and Geopolitics* (2014) 119.

[18] Franck (1976) 70 *AJIL* 694; Shaw (1978) 49 *BY* 118; Crawford (2nd edn, 2006) 637–47; S/2007/210; Saul (2015) 27 *GCPS* 301; Simon in Walter, Ungern-Sternberg, & Abushov (eds), *Self-Determination and Secession in International Law* (2014) 255–72; Smith (2015) 27 *GCPS* 263; Linton in Linton, Simpson, & Schabas (eds), *For the Sake of Present and Future Generations* (2015) 260; White (2015) 42 *BJMES* 339.

[19] Iraq-Kuwait, Agreed Minutes Between the State of Kuwait and the Republic of Iraq Regarding the Restoration of Friendly Relations, Recognition and Related Matters, Baghdad, 4 October 1963, 485 UNTS 321. The Agreed Minutes did not delimit maritime areas.

盟（broad-based coalition）以軍事力量驅逐伊拉克，並成立「劃界委員會」（Demarcation Commission）。該委員會於 1993 年 5 月 20 日提交關於伊拉克與科威特間國際邊界劃分之最終報告；[20] 安全理事會並於第 833(1993) 號決議中，通過委員會之決議作爲「最終決定」（final decision）。至少在形式上，此項工作係對於已經商定之「等距方式」劃分邊界，並無「重新分配」之意圖。然而，當審查最終報告時，幾乎不可避免地發現涉及劃界之要件，特別是在「海洋劃界」（maritime delimitation）方面。[21] 上述案件之結果係具有很大爭議，但重要關鍵係在於，安理會明確「否認」有意使用劃界程序以「重新分配科威特及伊拉克間之領土」：伊拉克隨後亦承認依上述劃界原則所確定之邊界。[22]

在維護國際和平與安全之背景下，聯合國機構亦準備承擔與耶路撒冷城 [23]、【235】的里雅斯特自由城（Free City of Trieste）、[24] 東帝汶 [25] 及科索沃 [26] 有關的管理功能，存在此項行政權力之合法性前提係基於「必要原則」（principle of necessary），且與聯合國不能享有領土主權之觀點並不矛盾。

2. 主權移轉或擱置

儘管「主權不可分割」（undivided sovereignty）係領土管理之正常模式，但亦存在不能強加以「主權束縛」（sovereignty straitjacket）之例外情

---

[20] S/25811, 21 May 1993.

[21] Mendelson & Hulton (1993) 64 *BY* 135.

[22] S/1994/1173, 14 October 1994. Also: SC Res 949 (1994).

[23] See Trusteeship Council, Statute for the City of Jerusalem, T/592, 4 April 1950; Stahn (2001) 5 *MPUNYB* 105, 126–7, 134; Chesterman, *You, The People: The United Nations, Transitional Administration, and State-Building* (2004) 52–4; Stahn, *The Law and Practice of International Territorial Administration* (2008) 195–203.

[24] See Permanent Statute for the Free Territory of Trieste, Annex VI to the Treaty of Peace with Italy, 10 February 1947, 49 UNTS 3; Stahn (2001) 5 *MPUNYB* 105, 125–6, 135–6, 180; 3 Whiteman 68–109; Chesterman (2004) 50–2; Stahn (2008) 188–94.

[25] On the UN Transitional Administration in East Timor (1999–2002), see Crawford (2nd edn, 2006) 560–2; Chesterman (2004) 60–4, 135–43; Wilde, *International Territorial Administration* (2008) 178–88; Stahn (2008) 332–46; Philpott in Berger (ed), *From Nation-Building to State-Building* (2008) 131, 139.

[26] Ruffert (2001) 50 *ICLQ* 613; Stahn (2001) 5 *MPUNYB* 105; Wilde (2001) 95 *AJIL* 583; Chesterman (2004) 79–83; Smyrek, *Internationally Administered Territories—International Protectorates?* (2006); Wilde (2008) 144–6; Stahn (2008) 308–30; Sari in Stahn, Easterday, & Iverson (eds), *Jus Post Bellum: Mapping the Normative Foundations* (2014) 467, 487–90. Further: chapter 4.

況。因此，主權可以由兩個國家共同享有，例如於共管公寓大廈之情況，[27] 或以時間分散，如租賃關係，受制於其他主權權利最終收回權（ultimate right of reversion）；[28] 或主權可能被擱置，以類似委任統治或託管之形式出現。[29] 以下簡要分析其他可能性。

(1)未決之領土

當領土爭端被提交裁決時，「主權」於眞實意義上處於「暫時擱置」（abeyance *pendente lite*）之狀態，易言之，在法庭作出決定前，不承認任何一個國家之主權，雖然一旦法庭作出決定，仍爲「宣告性形式」（declaratory in form）。此類情況之類比，可能與羅馬法中之「扣押者」（sequester）或其利害關係人（stakeholder）擁有之「占有權」（right of possession）概念相關。[30] 現有制度下所依據之法律行爲，原則上不得使「現有擁有土地者」建立主權，但亦不會使該地區成爲「無主地」（*terra nullius*）。出於實際目的，「現有擁有土地者」可被視爲行使正常之管轄及行政權，並僅受到決定該地區地位法律文書之「外部限制」（external limitations）。因此，相關協議可能包含「非軍事化條款」（provisions for demilitarization）；此外，必須遵守「默示義務」（implied obligation）：不得以導致無法實現協議最終目標（ultimate objective）之方式行事。故倘若【236】協議所規定之目標，係讓某些少數群體表達意見，則驅逐（deport）、騷擾（harass）或勒索（blackmail）有關群體，都將被視爲「越權行爲」（*ultra vires*）。[31] 於此情況，即使缺乏文本規定之「履行機制」（enforcement mechanism），不足以作爲免除「不妨礙實現協議最終目標」之義務。另一方面，居民之國籍與公民地位，將依個案之具體情況而定。[32] 倘若接受「最終目標學說」（doctrine of the ultimate objective）所形成之固有義務，則授予及剝奪居民之國籍所衍生之爭議，將不構成管理國

---

[27] 1 *Oppenheim* (9th edn, 1992) 565–66. Cf Kelsen (1950) 195–7, 684–7. E.g. O'Connell (1968–9) 43 *BY* 71 (New Hebrides).

[28] The best known case is Guantanamo Bay under the Cuba–US Treaty of 23 February 1903, 193 CTS 314.

[29] Lauterpacht (1956) 5 *ICLQ* 405; Seyersted (1961) 37 *BY* 351.

[30] Holmes, *The Common Law* (1881) 209.

[31] Genocide Convention, 9 December 1948, 78 UNTS 277.

[32] Cf *Loss of Property in Ethiopia owned by Non-Residents (Eritrea's Claim No 24)* (2005) 135 ILR 657, 662–3.

（administrative state）之國內管轄問題。

(2)未確定之領土所有權

　　國際上亦有可能發生「非無主地」（*not a res nullius*）之領土而屬於「主權未定」（no determinate sovereign），此情況並不能簡化為兩個國家對於領土之主張發生衝突。原則上，此類案件可依法進行評估，以「聲明」（declaration）形式作出裁決；相反地，在某些情況下，所有權實際上係擱置（suspended），等待未來某些事件之發生。現有案例主要源於前一個擁有者「放棄主權」（renunciation of sovereignty），以及存在處分權之空窗期（interregnum）；直到滿足特定條件，或享有處分權之國家，無論出於何種原因而不行使或未能有效行使該權力。例如，1951 年和平條約（Peace Treaty with Japan，又稱舊金山和約）日本放棄對台灣的所有權利（renounced all rights），[33] 但更好的觀點應將其解釋為「台灣並非任何處分行為之客體」（not the subject of any act of disposition），並未被轉移到任何國家。而英國政府過去之立場為：「福爾摩沙與澎湖係『法律上主權』不確定或未確定之領土」（Formosa and the Pescadores are territory the *de jure* sovereignty over which is uncertain or undetermined）；[34] 自 1972 年後，英國政府已經認知到中華人民共和國政府（PRC）之立場，即「台灣為中國的一個省分」（Taiwan is a province of China）。[35] *1

---

[33] Treaty of Peace with Japan, 8 September 1951, 136 UNTS 45, Art 2(b).

[34] Written answer by the Secretary of State, 4 February 1955, in (1956) 5 *ICLQ* 405, 413; also: (1959) 8 *ICLQ* 146, 166.

[35] See the official statements in (1986) 57 *BY* 509, 512; (1991) 62 *BY* 568; (1995) 66 *BY* 618, 620–1. On the legal status of Taiwan, cf Crawford (2nd edn, 2006) 206–21; Chen, *An Introduction to Contemporary International Law* (3rd edn, 2015) 46–58.

*1【譯注】本書作者之論述係以英國政府之立場為主，並未提及 1952 年的「中日和約」（又稱日華條約）。事實上，舊金山和約締結時，日本稱放棄台灣與澎湖的一切權利；其後日本與中華民國政府締結「中華民國與日本國間和平條約」（日本國と中華民國との間の平和條約，Treaty of Peace between the Republic of China and Japan）。該條約第 10 條規定，於中華民國有效統治範圍內之國民均屬於中華民國國民。1952 年簽訂之「中日和約」以條約形式再次確認台灣領土主權歸屬中華民國。參閱中華民國外交部條約法律司，「中日和約」答客問，2012 年 8 月 16 日，https://www.mofa.gov.tw/News_Content.aspx?n=53CFB45A329E6B01&sms=8BFD8EF69DF69F75&s=6AF7BADE42537535（最後瀏覽日：2023 年 7 月 1 日）。

(3) 無主地

出於實際目的，「無主地」（*terra nullius*）及「待審未決領土」（territory *sub judice*），或「所有權未定」（undetermined title）之情況，在一定程度上均可被同化。在上述情況下，活動都受到類似於在國內法中保護「歸復地權利益者」（reversioner's interest）原則之限制。[36] 然而，就無主地而言，處於【237】合併所有權原則上，[37] 有權實施主權行為（acts of sovereignty）。重要區別在於，儘管「無主地」可被任何國家所徵用，但「待審未決領土」不易被占領，因其歸屬之明確條件，可能已有相關規定。無論如何，倘若任何土地上已有一個占領者（possessor），則其占領之過渡期間，可能獲得某種形式之承認。

「無主地」受某些法律規則之約束，此類規則取決於兩個假設：第一，該區域暫時免費供所有人使用及開發；第二，人們不會僅僅因為沒有國家主權，而被剝奪法律上之保護，海洋法為此給出相關類比。各國可對其在無主地上展開活動之個人、公司，以及無國籍人行使管轄權。在某些情況下亦存在普遍管轄權（universal jurisdiction），「聯合國海洋法公約」（UNCLOS）第 101 條，將海盜行為定義為包括在任何國家管轄範圍以外之地方，針對「船舶、飛機、人員或財產」（ship, aircraft, persons or property）之行為。[38] 而具有侵略或破壞和平性質之行為、戰爭罪、危害和平及人類罪等，於「無主地」亦可適用。[39] 另外，他國機構對合法活動之不當干涉（unjustified interference），則適用一般的規則而產生國際責任。然而，就新成立國家之義務繼承而言，在「無主地」劃歸主權之前，已於其上所建立之私人利益，是否必須受到新主權者之

---

[36] *Island of Palmas (Netherlands v US)* (1928) 2 RIAA 829; Fitzmaurice (1957) 92 Hague *Recueil* 129, 140–4. Cf McNair, 1 *Opinions* 314–25; *Jacobsen v Norwegian Government* (1933) 7 ILR 109; Huh (2015) 26 *EJIL* 709; Jia in del Castillo (ed), *Law of the Sea: From Grotius to the International Tribunal for the Law of the Sea* (2015) 657, 657–73. Also: chapter 9.

[37] Since states do not always advertise an *animus possidendi* this is probably to be presumed, except where representations from other states provoke a disclaimer. See Escorihuela (2003) 14 *EJIL* 703, 717 (presenting one view of *animus possidendi* as an 'empty phantom'); *Legal Status of Eastern Greenland* (1933) PCIJ Ser A/B No 53.

[38] UNCLOS, 10 December 1982, 1833 UNTS 3. Also: UNCLOS, Arts 100, 105; ILC *Ybk* 1956/II, 282–3 (Arts 38–9, 43 and commentary). On piracy: chapter 13.

[39] Fitzmaurice (1957) 92 Hague *Recueil* 129, 142.

尊重，頗值懷疑。[40]

　　最後，「無主地」仍有幾個問題仍未解決，例如，對於是否可延伸擁有領海（territorial sea）仍不清楚。「附屬原則」（doctrine of appurtenance）[41]之邏輯於此並不適用，故將鄰接水域視爲「公海」乃屬合理。[42]

(4) 共有資源（res communis）

　　「公海」（High Sea）通常被描述爲「公有物」（*res communis omnium*），[43]有時亦被描述爲「非交易物」（*res extra commercium*）；[44]然而，上述用語的使用較爲中性，無須對其進行過多解讀，不同的詞彙僅代表一些基本概念，並未提供可行之自我管理制度。「公有物」之概念下，除一般默許外，不得受制於任何國家之主權【238】，各國有義務避免任何可能對其他國家，或其國民使用「公海」而產生不利影響之行爲。而目前普遍認爲外太空（outer space）及天體（celestial bodies）具有相同性質，類型相似之法律制度，可透過條約之締結而適用於其他相關資源，例如，位於兩個或多個國家部分地區地底下方之油田（oilfield）。[45]

(5) 享有法人資格之領土實體（除國家外）

　　在 *Western Sahara*（西撒哈拉）一案中，國際法院審查關於 1884 年西班牙殖民時期「茅利塔尼亞實體」（Mauritanian entity）之法律地位，法院接受該實體並非「國家」之事實，然而，在得出上述結論時，法院認爲在某些情況下，國家以外之法律實體得「享有某種形式主權」（enjoying some form of sovereignty），並且可以與其組成的幾個酋長國及部落等，加以區分。[46]

---

[40]　Cf *Mabo v Queensland (No 2)* 112 ILR 457.

[41]　E.g. *Cohen v Whitcomb*, 142 Minn 20, 23 (Minn SC, 1919) defining *appurtenance* as '[t]hat which belongs to something else. Something annexed to another thing more worthy.'

[42]　GCTS, 29 April 1958, 516 UNTS 215, Art 10 and UNCLOS, Art 2 speak of the extension of the sovereignty of a state, not of the extent of a territory.

[43]　Fitzmaurice (1957) 92 Hague *Recueil* 129, 142, 143, 150–1, 156–7, 160–2. In Roman law the concept did not acquire a very definite content and was confused at times with *res publicae*. On the high seas: chapter 13.

[44]　Lindley, *The Acquisition and Government of Backward Territory in International Law* (1926) 23 uses the term *territorium nullius*.

[45]　UK–Netherlands, Agreement relating to the Exploitation of Single Geological Structures extending across the Dividing Line on the Continental Shelf under the North Sea, 6 October 1965, 595 UNTS 106.

[46]　ICJ Reports 1975 p 12, 57–65, 67–8. On the possibility of human rights obligations extending to 'territorial non-state actors': Ronen (2013) 46 *Cornell ILJ* 21.

法院並未對上述條件進行任何精確闡述，但「共同機構或機關」（common institutions or organs）之存在，與處於此地位之實體有關，就其成員而言，該「共同機構或機關」有權要求各別實體予以尊重。[47]

(6) 南極洲

南極洲（Antarctica）不屬於上述所有分類，然而，該地區清楚地展示政府以「國際安排」（international arrangements）形式進行領土管理的可能性及其缺陷。[48]實際上，南極洲幾乎整個大陸都被 7 個求償國（claimant states）主張享有其主權（除有一小區無人認領之區域可能係地球上最後倖存之無主地）；但關於領土之主張，不被南極活動之任何其他參與者所承認，「主張者」及「非主張者」之法律地位，均受到「南極條約」（Antarctic Treaty）第 4 條，大陸「不受影響條款」（without prejudice）之保護。[49]南極科學與（越來越多）旅遊活動之整體精神，以及南極條約體系之管制架構（regulatory framework），正係基於脆弱之領土主張以及「不承認」（non-recognition）等原則。

---

[47] ICJ Reports 1975 p 12, 63, referring to *Reparation for Injuries Suffered in the Service of the United Nations*, ICJ Reports 1949 p 174, 178. On legal personality: chapter 4.

[48] See Bush, *Antarctica and International Law* (1988); Rothwell, *The Polar Regions and the Development of International Law* (1996); Stokke & Vidas, *Governing the Antarctic* (1996); Brady, *The Emerging Politics of Antarctica* (2012); Hodgson-Johnston (2015) 7 *Ybk Polar L* 556; Saul & Stephens (eds), *Antarctica in International Law* (2015).

[49] Antarctic Treaty, 1 December 1959, 402 UNTS 71, Art IV.

第四部分

海洋法

第十一章 領海與其他海域

1. 領海

(1) 概述

【241】傳統上，國家被視爲在鄰近其海岸線並以公海爲界的海帶上行使主權，且以「無害通過權」（right of innocent passage）爲其限制。[1] 雖然於 1930 年、1958 年及 1960 年嘗試進行條約之編纂，但對於「領海」（territorial sea）之寬度從未得到最終確定，[2] 求償範圍介於 3 海里（nm）至 6 海里（nm）之間，甚至更多。[3] 國際間逐漸認識到，「領海」建立於「基線」（baseline），與低潮位線（low-water mark）相關，並包圍位於其陸地一側之「內水」（河流、海灣、海灣、港口等）。1958 年「日內瓦領海及鄰接區公約」（Geneva Convention on the Territorial Sea and Contiguous Zone, GCTS）[4] 及 1982 年「聯合國海洋法公約」（UN Convention on the Law of the Sea, UNCLOS）[5] 均假定沿海國擁有「領海」。[6]

經過國際間早期辯論，[7] 各國對於領海擁有主權此原則始獲得解決。GCTS

---

[1] Generally: Nordquist (ed), *United Nations Convention on the Law of the Sea 1982* (1985); O'Connell, 1–2 *The International Law of the Sea* (ed Shearer, 1982, 1984); Platzöder (ed), *Third United Nations Conference on the Law of the Sea* (1982–8); Churchill & Lowe, *The Law of the Sea* (3rd edn, 1999); UN, *Handbook on the Delimitation of Maritime Boundaries* (2000); Coustère et al (eds), *La Mer et son droit* (2003); Roach & Smith, *Excessive Maritime Claims* (3rd edn, 2012); Attard, Fitzmaurice, & Martinez Gutierrez (eds), *The IMLI Manual on International Maritime Law*, vol I (2014); Rothwell et al (eds), *The Oxford Handbook of the Law of the Sea* (2015); del Castillo (ed), *Law of the Sea* (2015); Tanaka, *The International Law of the Sea* (2nd edn, 2015); Rothwell & Stephens, *The International Law of the Sea* (2nd edn, 2016); Fietta & Cleverly, *A Practitioner's Guide to Maritime Boundary Delimitation* (2016).

[2] Other terms in use included the 'marginal sea' and 'territorial waters'. The term 'territorial waters' was used occasionally in national legislation to describe internal waters, or internal waters and the territorial sea combined. Cf *Fisheries (UK v Norway)*, ICJ Reports 1951 p 116, 125.

[3] The marine or nautical mile (nm) is equivalent to 1,852 metres. National definitions have historically varied; however, this value was approved by the International Hydrographic Conference in 1929.

[4] 29 April 1958, 516 UNTS 205.

[5] 10 December 1982, 1833 UNTS 3, Art 311.

[6] GCTS, Art 21; UNCLOS, Art 2.

[7] Gidel, 3 *Le Droit international public de la mer* (1934) 181; O'Connell (1971) 45 *BY* 303; 1 O'Connell (1982) 59.

第2條與UNCLOS第2條皆規定，行使主權須遵守各自公約之規定以及【242】國際法之其他規則，此係為強調UNCLOS規定對於該領域主權限制，並非詳盡無遺（non-exhaustive）。[8] 一般而言，沿海國之主權延伸至領海之海床、底土及其上空。[9]

為理解現代國際法之發展，必須先理解過去之歷史。於18世紀，對於毫無節制擴張海洋主權之主張，逐漸被視為過時或近乎過時的論述。1702年，荷蘭國際法學家Bynkershoek提出領土主權之權力，延伸至海岸大砲射程內船舶之學說。[10] 最初，此一學說似乎與港口及堡壘對鄰近水域之實際火砲控制相當，該權力並非一條寬度統一之海上帶。[11] 然而，於18世紀下半葉，出於海關或漁業管理之目的，某些國家於立法及條約中規定對於海上帶之限制，而1745年後，丹麥做法即以4英哩之海上帶為基礎，[12] 且對於歐洲大陸之思想產生影響。[13]

在18世紀後期，出現兩個發展，學者與政府構想出虛擬之火砲射擊規則，倘若沿著整個海岸放置火砲，其射程則可於海岸帶上形成一條線。此外，由於「火砲射擊」係有點不精確之標準，後續則出現其他替代性的建議，1782年，義大利法學者Galiani提出1海里，或3海里（nm）。[14] 然而，3英哩限制（three-mile limit）之外交規則，似乎係1793年11月8日美國給英國及法國之照會，其中為了中立之目的而採用該限制。[15] 於拿破崙戰爭（Napoleonic Wars）期間及之後，英國及美國之「捕獲法院」（prize court）將火砲射擊規則，轉化為3英哩規則。[16]

---

[8] For the interpretation of UNCLOS, Art 2(3): *Chagos Marine Protected Area (Mauritius v UK)* (2015) 162 ILR 1, 272–8.

[9] GCTS, Art 2; UNCLOS, Art 2.

[10] Bynkershoek, *De Dominio Maris Dissertatio* (1702, tr Magoffin 1923) ch 2.

[11] This is the view of Walker (1945) 22 *BY* 210.

[12] Vattel adopted the theory of a maritime belt, but regarding breadth concluded that 'all that can reasonably be said, is, that, in general, the dominion of the state over the neighbouring sea extends as far as her safety renders it necessary and her power is able to assert it': Vattel, *Le Droit des gens* (1758, tr Anon 1797) I.xxiii.§289.

[13] Kent (1954) 48 *AJIL* 537; O'Connell (1971) 45 *BY* 303, 320–3.

[14] Similar views were expressed by Azuni in *Sistema universale dei principii del diritto marittimo dell'Europa* (1795, tr Johnson 1806). Also: Kent (1954) 48 *AJIL* 537, 548.

[15] 1 Hyde 455.

[16] *The Twee Gebroeders* (1800) 3 C Rob 162; (1801) 3 C Rob 336; *The Anna* (1805) 5 C Rob 373; *The Brig Ann* (1815) 1 Gall 62. Also: McNair, 1 *Opinions* 331.

國際法上重大發展，係從出於特定目的之主權要求，轉變爲對海洋帶之主權延伸。某些國家，例如丹麥與瑞典之主張，雖然最初係出於「中立目的」之聲明，但很快發展成爲主權主張，[17] 尤其係於與「專屬漁業限制」（exclusive fishery limits）相關。於其他情況下，尚不清楚求償係僅針對某些類型之管轄權，抑或一般之主權限制。[18]

【243】上述對管轄權之主張，將強化爲對主權之主張，事實上，某些國家仍然主張 12 海里以外之領海或其他主權區域，此亦成爲 UNCLOS 第 3 條目前所規定之界限。然而，由於承認作爲主權延伸之領海及特別管轄區間之法律區分，[19] 導致此進程受到國際間反對聲浪之阻礙。直至 20 世紀，國際間出現許多主張，其中四種制度最終被 UNCLOS 所接受，即鄰接區、大陸架、專屬經濟區（Exclusive Economic Zone, EEZ），以及（在某些情況下）「群島海域」（archipelagic seas）。而上述制度皆受 UNCLOS 之拘束，「非締約方」幾乎沒有表現出質疑該規定之意願。UNCLOS 將沿海國對於大陸架及 EEZ 之權利視爲「主權權利」，但其與適用於其他事項之公海權利並存，特別係海上運輸、鋪設海底電纜等（見本書第十三章）。

(2) 領海測量之基線

測量領海寬度之「基線」（baseline）通常係指「沿岸低潮線」（low-water line）；[20] 然而，即使 UNCLOS 第 5 條將「基線」定義爲：「測算領海寬度的正常基線是沿海國官方承認之大比例尺海圖所標明的沿岸低潮線」，但各國並未確認此基線之標準。[21]

[17] In the case of Denmark and Norway, probably in 1812. Also: Fulton, *The Sovereignty of the Sea* (1911) 566ff; Verzijl, 3 *International Law in Historical Perspective* (1970) 60–5.

[18] Cf the Portuguese six-mile limit for customs and neutrality: Jessup, *The Law of Territorial Waters and Maritime Jurisdiction* (1927) 41. The Spanish six-mile limit for a territorial sea appears to have originated in customs legislation. The 12-mile zone claimed by Imperial Russia related to customs and fisheries legislation.

[19] Such general recognition certainly existed by 1920 and perhaps as early as 1880. Generally: Masterson, *Jurisdiction in Marginal Seas* (1929) 375ff. In 1914, Chile, which already had a territorial sea with a three-mile limit, declared the same limit for the purposes of neutrality. British sources often refer to 'territorial jurisdiction'.

[20] GCTS, Art 3; UNCLOS, Art 5; ILC *Ybk* 1956/II, 266; Waldock (1951) 28 *BY* 114, 131–7; Lathrop in Rothwell et al (2015) 69, 73–9; Rothwell & Stephens (2nd edn, 2016) 42–4.

[21] Article 5 states this as a definition and not as presumptive evidence. See *Li Chia Hsing v Rankin* (1978) 73 ILR 173. See also UN Office for Ocean Affairs and the Law of the Sea, *Baselines: An Examination of the Relevant Provisions of the United Nations Convention on the Law of the Sea* (1989).

　　曾經有爭議者，「基線」係出於所有目的之「低潮線」，但在 *Anglo-Norwegian Fisheries* 此指標性案件中，法院作出相當不同之判決；[22] 挪威領海 4 海里之界限係 1812 年由皇家法令所規定，於本案中並不存在爭議，然而，嗣後於 1869 年、1881 年以及 1889 年之法令，延續 1812 年之措施，即從 skjaergaard 某些最外點，或挪威海岸大部分邊緣之岩石及島嶼之城牆繪製的直線系統。依據 1935 年 7 月 12 日所頒布之法令，挪威更詳細地應用並增補該系統，英國便質疑「新限制」之有效性。而於發生一系列之事件後，英國向法庭提出本案，要求挪威賠償該國超出允許範圍而干擾英國漁船所造成之損失。[23] 法院認為【244】沿海岸整體方向之直線基線制度一直為挪威所採用，且其他國家亦未提出異議。然而，英國直到 1933 年始明確抗議該基線位置，[24] 因此，1935 年之法令本可基於「默認」而繼續維持；事實上，Hackworth 法官支持挪威對於相關地區之「歷史性所有權」（historic title）。[25]

　　法院更進一步認為，挪威之「基線」制度在原則上係屬合法，[26] 其充分顯示挪威海岸線破碎與鋸齒狀之特徵：[27] 沿著 skjaergaard 之外部界線劃定基線乃為一種「由地理現實決定」（dictated by geographical realities）之解決方案。[28] 然而，相比之下，一條海岸線的「精確影像」（exact image，平行線 *Tracé parallele*），被視為其乃採取「低潮線」規則之正常方法，[29] 但此規則並不適用於僅能透過「幾何構造」（geometric construction）而確定基線之海岸。[30]

　　英國關於「封閉線」（closing lines）長度不得超過 10 海里之主張，備受

---

[22] ICJ Reports 1951 p 116. For contemporary comment: Waldock (1951) 28 *BY* 114; Hudson (1952) 46 *AJIL* 23; Johnson (1952) 1 *ICLQ* 145; Evensen (1952) 46 *AJIL* 609; Wilberforce (1952) 38 *GST* 151; Auby (1953) 80 *JDI* 24; Fitzmaurice (1953) 30 *BY* 8; Fitzmaurice (1954) 31 *BY* 371; Lauterpacht, *Development* (1958) 190–9.

[23] Under the 1935 decree (not strictly enforced until 1948), 48 fixed points were employed: 18 lines exceeded 15nm in length, one was 44nm in length. The decree referred to a fisheries zone, but both parties assumed in argument that it delimited the territorial sea: ICJ Reports 1951 p 116, 125.

[24] Ibid, 138, but see ibid, 171–80 (Judge McNair, diss).

[25] Ibid, 206. Also see *Anglo-French Continental Shelf* (1978) 54 ILR 6, 74–83 on acceptance of a basepoint by conduct.

[26] Later references to the attitude of other governments appear to have been partially intended as evidence of legality: ICJ Reports 1951 p 116, 139.

[27] Ibid, 127.

[28] Ibid, 128.

[29] See Waldock (1951) 28 *BY* 114, 132–7.

[30] ICJ Reports 1951 p 116, 129–30.

質疑：

> 各國實踐顯示，無法證明制定任何一般法律規則係屬於正當
> 方法。除將基線限制於 10 英哩以內之任何問題外，可設想不
> 同的多條「線」。於此情況下，沿海國似乎最有資格評估與決
> 定如何選擇當地條件。法院於挪威體系中所能據以判斷者，
> 僅係一般國際法對於具體案件之適用標準。[31]

　　法院於該案件中，詳細闡述確定「直線基線」（straight baselines）有效
性之標準。第一，由於「領海」依附於陸地，故「繪製基線時，不得明顯偏
離海岸線之整體方向」；[32] 第二，海域及陸地構造間之密切地理關係，乃決定
位於基線內之某些海域是否與陸地區域密切相關，以及是否歸屬於「內水」
之「基本判斷」標準；[33] 第三，一個地區倘若具有「特殊經濟利益」（certain
economic interests），其現實性與重要性已被長期使用證明，則可能納入考
量。[34]

　　即使將 *Anglo-Norwegian Fisheries* 案的見解作為「司法立法」（judicial
legislation）之實例，其對法律發展之意義亦不容低估。法院關於「直線基
線法」之論述，【245】係在普遍適用於某些類型之海岸，此規則已被納入
GCTS 第 4 條以及 UNCLOS 第 7 條，故可由此確認 *Anglo-Norwegian Fisheries*
案於現代海洋法中之重要地位。至今有許多國家皆採用「直線基線」法，雖然
並不一定完全符合該規則。[35]

　　UNCLOS 第 14 條規定，「沿海國為適應不同情況，可交替使用以上各條

---

[31] Ibid, 131.

[32] Ibid, 133.

[33] Ibid.

[34] See also the statement that 'in these barren regions the inhabitants of the coastal zone derive their liveli-hood essentially from fishing': ibid, 128.

[35] Roach & Smith (2000) 31 *ODIL* 47; Lathrop in Rothwell et al (2015) 69, 79–88. Generally: US Depart-ment of State, *Limits in the Seas* No 36 and revisions; UN Division for Ocean Affairs and the Law of the Sea, Deposit of Charts/Lists of Coordinates.

規定之任何方法以確定基線」，因此，「直線基線」可與橫跨河口[36]及海灣[37]之「封閉線」合併使用。此外，依據 UNCLOS 第 7 條第 2 項規定，雖然海岸形態發生了變化，但「直線基線」系統顯然依舊可繼續維持。

(3) 領海之寬度

於 17 世紀時，領海之寬度已知有幾種形式予以限制，包括晴天時目測視線範圍，或沿岸火砲之射程等。[38]及至 18 世紀最後二十五年間，西歐及南歐則採用「火砲射擊」（cannon-shot rule）規則。然而，該規則並非取得法定地位，於求償案件中僅基於具有規定寬度之海域帶。[39]而於 1793 年，外交實踐中首次將「火砲射擊規則」之標準值定為 1 海里或 3 海里；[40]一直至 1862 年，[41]或可能更早，「火砲射擊規則」與「3 英哩限制」（three-mile limit）通常被視為同義詞。[42]

然而，國家實踐對於上述原則並不一致，[43]蓋法國、比利時、葡萄牙、德國、俄羅斯等，於其國家實踐中，並未明確區分「領海」（territorial sea）及其「管轄區」（jurisdictional zones）。許多有「3 英哩限制」之國家，主張其連續區域應延伸超過 3 海里。

因此，國際法學者質疑「3 英哩限制」是否為明確之規定；[44]1930 年海牙編纂會議（Hague Codification Conference）後，提供重要的「平衡主張」結論，易言之，雖然大多數國家支持「3 英哩限制」原則，但某些國家亦主張擁有鄰接區（contiguous zones）。最終於提交會議之報告中，第二委員會解釋，由於

---

[36] GCTS, Art 13; UNCLOS, Art 9.

[37] GCTS, Art 7; UNCLOS, Art 10.

[38] Fulton (1911) 537ff; Gidel (1934) 62ff; McDougal & Burke (1962) 446–564; Noyes in Rothwell et al (2015) 91, 92–5; Rothwell & Stephens (2nd edn, 2016) 61–75.

[39] Denmark and Norway, 4nm (1745); Sweden, 4nm (1779); Spain, 6nm (1760).

[40] The US Proclamation of Neutrality, 22 April 1793, refers to the range of a cannonball, 'usually stated at one sea league'. See 1 Hyde 455.

[41] Cf Moore, 1 *Digest* 706–7.

[42] An isolated case of reliance on the rule to justify a limit of 12nm occurred in 1912, when Russia referred to the rule to justify extensions of jurisdiction for customs and fishery purposes: 1 Hackworth 635. Also *Costa Rica Packet* (1898) in Moore, 5 *Int Arb* 4948; *The Alleganean* (1885), in Moore, 4 *Int Arb* 4332.

[43] Cf (1926) 20 *AJIL Sp Supp* 73–4; Gidel (1934) 69ff, on treaty practice.

[44] E.g. Hall, *International Law* (1880) 191–2; Westlake, *International Law* (1904) part I, 184–6. Also: Fulton (1911) 664.

各國意見分歧，會議傾向於不發表任何定論。[45] 相同地，國際法委員會（ILC）於 1956 年表示，大多數【246】成員並不認爲「3 英哩限制」之規則爲「實定法」（positive law）。[46] 事實證明，不可能在 UNCLOS 第一屆會議（1958 年）及第二屆會議（1960 年）上就領海範圍之限制達成一致性結論。但 UNCLOS 第三屆會議中，各國進行許多協商，最終達成協議，如今 UNCLOS 第 3 條規定，「每一個國家均有權確定其領海之寬度，直至從按照本公約確定之基線量起，不超過 12 海里之界限爲止」。

直到 1987 年與 1988 年，美國與英國仍舊支持「3 英哩限制」，並抗議領海範圍更擴大之主張。自 1878 年「領土水域管轄法」（Territorial Waters Jurisdiction Act）開始，英國立法加強對於「3 英哩限制」之堅持。然而，現在幾乎所有國家都制定 12 海里之領海範圍限制，[47] 包括美國等非 UNCLOS 締約國。[48] 至於若有國家之領海範圍明顯超過 12 海里之主張，則需要仔細評估。其中某些乃係錯誤地被定性爲「漁業保護區」（fishing conservation zones）。[49]

(4) 海灣

於某些情況下，海灣可能被一條線包圍，而此線將「內水」留在其向陸地之側，並爲劃定領海提供基線。[50]

(i) 海岸屬於一個國家的海灣

只有在海灣海岸屬於一個國家之情況下，始可畫出「封閉線」（closing

---

[45] For the views expressed: (1930) 24 *AJIL Sp Supp* 253; 1 Hackworth 628.

[46] ILC *Ybk* 1956/II, 265–6.

[47] For information on maritime claims: UN Office of Legal Affairs, *Law of the Sea Bulletin*.

[48] Presidential Proclamation No 5928, 27 December 1988, 54 FR 777.

[49] UNCLOS, Art 310, allows states to make 'declarations or statements, however phrased or named, with a view, inter alia, to the harmonization of its laws and regulations with the provisions of this Convention'. Such declarations or statements may clarify how zones characterized differently at the national level might correspond with those under UNCLOS. In *Anglo-Norwegian Fisheries*, the Court took the fisheries zone delimited by the Norwegian Royal Decree of 1935 as 'none other than the sea area which Norway considers to be her territorial sea': ICJ Reports 1951 p 116, 125.

[50] In particular: Gidel (1934) 532ff; Waldock (1951) 28 *BY* 114, 137–42; McDougal & Burke (1962) 327–73; 4 Whiteman 207–33; Bouchez, *The Regime of Bays in International Law* (1964); Blum, *Historic Titles in International Law* (1965) 261–81; 1 O'Connell (1982) 338–416; Westerman, *The Juridical Bay* (1987); Lathrop in Rothwell et al (2015) 69, 82–4; Rothwell & Stephens (2nd edn, 2016) 48–51.

line）。GCTS 第 7 條第 2 項與 UNCLOS 第 10 條第 2 項為海灣提供「幾何半圓測試」（geometrical semi-circle test）。[51] 此為海灣存在之必要條件，但並非充分條件；易言之，海灣仍必須具有「明顯凹痕及可識別之岬角」（well-marked indentation with identifiable headlands）。[52] 海灣、峽灣、海峽或其部分，並未排除於海灣法律概念之外；另一方面，有關海灣之規定，由於其海岸地理結構並不適合，故無意援引「直線基線劃法」。

過去曾有論據指稱「封閉線」僅限於 10 海里以內；然而，國際實踐對此問題之看法並不一致，[53] 在 *Anglo-Norwegian Fisheries* 案中，【247】國際法院得出之結論認為「10 英哩規則尚未獲得國際法一般規則之認可」，[54] GCTS 第 7 條第 4 項及 UNCLOS 第 10 條第 4 項乃規定 24 海里。

由於 *Anglo-Norwegian Fisheries* 案之「直線基線」規則，沿海國家將可能享有對於海灣之所有權。大量與「海灣」相關之求償乃基於「歷史性所有權」，通常亦基於可疑或模稜兩可之證據。[55]

(ii) *海岸屬於兩個或多個國家之海灣*

雖然對於海岸屬於兩個或多個國家海灣之情況，涉及海岸相向或相鄰國家間領海界線之劃定，並非毫無爭議，但 GCTS 第 12 條第 1 項及 UNCLOS 第 15 條代表現行國際法規範。UNCLOS 第 15 條規定：

> 如果兩國海岸彼此相向或相鄰，兩國中任何一國在彼此沒有相反協議之情形下，均無權將其領海伸延至一條其每一點都

[51] UNCLOS, Art 10(2). On the application of this provision: *Post Office v Estuary Radio* [1967] 1 WLR 1396. Also: *US v California* (1952) 57 ILR 54; *US v California*, 381 US 139 (1965); *US v Louisiana*, 389 US 155 (1967); *US v Louisiana*, 394 US 11 (1969); *Texas v Louisiana*, 426 US 465 (1976). In Australia: *Raptis v South Australia* (1977) 69 ILR 32.

[52] *North Atlantic Fisheries* (1910) 11 RIAA 167, 199; *US v Louisiana*, 394 US 11, 48–55 (1969); *Raptis v South Australia* (1977) 69 ILR 32. Cf 1 O'Connell (1982) 384; Westerman (1987) 79–98.

[53] McNair, 1 *Opinions* 353–6, 360.

[54] ICJ Reports 1951 p 116, 131. Also: ibid, 163–4 (Judge McNair). However, Judge Read regarded the rule as customary: ibid, 188.

[55] For bays claimed as 'historic bays' (over 30 in all): Jessup (1927) 383–439; Gidel (1934) 621–63; McDougal & Burke (1962) 357–68 (discounting the basis in authority of some claims); Rothwell & Stephens (2nd edn, 2016) 49–51. The Central American Court of Justice in 1917 declared that the Gulf of Fonseca was 'an historic bay possessed of the characteristics of a closed sea' and further, that without prejudice to the rights of Honduras, El Salvador, and Nicaragua had a right of co-ownership in the extraterritorial waters of the Gulf. See *El Salvador v Honduras*, ICJ Reports 1992 p 351, 588–605.

同測算兩國中每一國領海寬度之基線上最近各點距離相等的中間線以外。

但如因歷史性所有權（historic title），或其他特殊情況而有必要按照與上述規定不同的方法劃定兩國領海之界線，則不適用上述規定。

「歷史性所有權」之爭議，在 *South China Sea* 仲裁案中被提出討論，[56] 中國主張其依據 UNCLOS 第 298(1)(a)(i) 條聲明，其不接受強制解決爭端，尤其係涉及「歷史性所有權」之爭端。UNCLOS 附件 VII 下所成立之仲裁庭裁定其擁有管轄權，並認定中國未主張南海水域之「歷史性所有權」，反而為「一系列未具備所有權之歷史性權利」（constellation of historic rights short of title）。[57]

(5) 島嶼、岩石和低潮高地

本節將逐一介紹島嶼、岩石及低潮高地。[58]

(i)「島嶼」之定義

無論面積大小或人口為何，倘若滿足以下兩個條件，則在法律上即視為「島嶼」（island）：(i) 該地理結構必須係「自然形成之陸地區域」（naturally formed area of land）；(ii) 其必須總是【248】高於海平面。[59] 永久淹沒之堤岸及礁石通常不會產生「領海」，僅有於低潮時始可見到的地層結構（又稱低潮高地，low-tide elevations），只會於有限之情況下產生。相反地，島嶼則通常有權享有領海、鄰接區、專屬經濟區及大陸架等。[60]

---

[56] *South China Sea (Philippines v China)*, Merits (2016) 170 ILR 1.

[57] Ibid, 291, [228]–[229]. On China's claimed nine-dash line in South China Sea in general: Gao & Jia (2013) 107 *AJIL* 98.

[58] GCTS, Art 10; UNCLOS, Art 121(1); ILC *Ybk* 1956/II, 270. Also: Gidel (1934) 670ff; McNair, 1 *Opinions*, 363ff; McDougal & Burke (1962) 373, 391–8; Bowett, *The Legal Regime of Islands in International Law* (1979); Symmons, *The Maritime Zones of Islands in International Law* (1979); Jayewardene, *The Regime of Islands in International Law* (1990); Anderson in Nordquist et al (eds), *The Law of the Sea Convention: US Accession and Globalization* (2012) 307; Franckx in Attard, Fitzmaurice, & Martinez Gutierrez (2014) 99; Tanaka (2nd edn, 2015) 63–73; Murphy, *International Law relating to Islands* (2017).

[59] E.g. *Nicaragua v Colombia*, ICJ Reports 2012 p 624, 645 (concerning the large marine feature Quitasueño).

[60] UNCLOS, Art 121(2). Also: *Nicaragua v Colombia*, ICJ Reports 2012 p 624, 690–1.

　　然而，UNCLOS 第 121 條第 3 項規定，「不能維持人類居住或其本身的經濟生活的岩礁，不應有專屬經濟區或大陸架」。[61] 此規定顯示，對於永久高於海平面，但在其他方面微不足道之次要特徵，不應產生以 200 海里作為範圍，擴張海洋區域之擔憂。「礁岩」（rocks）　詞不太可能將 UNCLOS 第 121 條第 3 項之應用進一步限制於滿足未指定地質標準之特徵上。[62] 1989 年聯合國發表關於基線之研究報告，提出關於「岩石」之定義為：「有限範圍之固體物質」（a solid mass of limited extent）。[63] 然而，依據大小範圍限制支持 EEZ「島嶼」之提議並未被接受；[64]「岩石」可被視為係指滿足上述條件 (i) 及 (ii)，且無法維持其自身居住或經濟生活之島嶼。

　　但該限定條件並不清楚，過去、現在或未來之「人類居住」（human habitation）或「經濟生活」（economic life）是否足夠？[65] 法條文意中之連接詞「或」，可能表示一個島嶼得享有 EEZ，前提係「島嶼」能夠獨立維持「人類居住」或「經濟生活」、抑或將二條件予以累積適用。「其自身之經濟生活」概念亦相當模糊，[66] 蓋許多小島嶼人口係依賴外援匯款，以及大都市之援助，但其仍有資格享有「其自身之經濟生活」（economic life of their own）。在 South China Sea 一案中，依附件 VII 成立之仲裁庭澄清認為，該「地物」（feature）必須足以支持其獨立之經濟生活，亦即此生活不全部依賴外部資源，或並非當地人民參與純粹係開採資源之性質。[67] 在領海開發生物與非生物海洋資源之主權權利，有可能滿足「經濟提升」（economic lift）之要求。[*1]

---

[61] In *Nicaragua v Colombia*, the Court affirmed the customary international law status of Art 121(3), emphasizing that the legal regime of islands under Art 121 forms an indivisible regime: ICJ Reports 2012 p 624, 674.

[62] For a comprehensive interpretation of Art 121(3): *Philippines v China*, Merits (2016) 170 ILR 1, 397–405 ([478]-[504]). The PRC did not appear and has denounced the award.

[63] UN Office for Ocean Affairs and the Law of the Sea, *Baselines* (1989) 61.

[64] 3 *Virginia Commentary* (1985) 328–36.

[65] *Philippines v China*, Merits (2016) 170 ILR 1, 400–3 ([493]-[497]).

[66] Soons & Kwiatkowska (1990) 21 *NYIL* 139, 160–9; Franckx in Attard, Fitzmaurice, & Martinez Gutierrez (2014) 99, 115–7.

[67] *Philippines v China*, Merits (2016) 170 ILR 1, 403–4 ([500]).

[*1]【譯注】關於南海仲裁之實體爭議，當時作為世界國際法學會（International Law Association, ILA）執委會成員的「中華民國國際法學會」（Chinese Society of International Law）於 2016 年向海牙常設仲裁法院提交法庭之友（Amicus Curiae）文件。雖然仲裁庭對此並未徵求中華民國（台灣）之意見，惟太平島係屬「岩礁」或「島嶼」，涉及台灣得否依

相反地，超過 12 海里之漁業或海底礦產，則無法做到此點；否則，每塊「礁岩」都能維持「其自身之經濟生活」，而該條款將完全係陷於無止盡之循環。

「國家實踐」對於上述爭議亦爲模稜兩可。雖然英國於加入 UNCLOS 後就放棄對於 EEZ 或岩石外大陸架之任何主張，[68] 但其他國家仍繼續主張享有類似特徵之擴張海域範圍。[69]

【249】無論第 121 條第 3 項於解釋上有何困難，其係屬於談判文本之一部分，必須予以實施。此外，1958 年公約中對於「島嶼」之唯一明確定義，係於 GCTS 中，其規定無論任何大小之「島嶼」及「岩礁」，都享有領海權係無爭議。而有爭議者，乃爲其是否有權享有 12 海里以外之海域？然而，公約並未考慮 EEZ，且「日內瓦大陸架公約」（Geneva Convention on the Continental Shelf, GCCS）亦表現出模稜兩可之態度。[70]

(ii) 低潮高地

於兩種情況下，「低潮高地」（low-tide elevations）依 UNCLOS 定義並非屬於「島嶼」，其範圍將影響領海之界線。[71] 而 GCTS 第 4 條第 3 項與 UNCLOS 第 7 條第 4 項規定，「除在低潮高地上築有永久高於海平面之燈塔或類似設施，或以此種高地作爲劃定基線之起訖點已獲得國際一般承認者外，直線基線之劃定不應以低潮高地爲起訖點」。[72] 第二，距大陸或島嶼不超過領

聯合國海洋法公約第 121 條主張專屬經濟海域及大陸礁層之權益，學會向仲裁庭提供「法庭之友」意見書及相關重要事實與證據，據以主張太平島得「維持人類居住」及其「本身之經濟生活」，並符合聯合國海洋法公約第 121 條島嶼之定義。*In the Matter of An Arbitration before An Arbitral Tribunal Constituted under Annex VII to the 1982 UNCLOS (The Philippines v. China), Amicus Curiae* Submission by the Chinese (Taiwan) Society of International Law on the Issue of the Feature of Taiping Island (Itu Aba) Pursuant to Article 121 (1) and (3) of the 1982 UNCLOS, PCA Case No. 2013-19 (2016).

[68] Hansard, HC Deb, 21 July 1997, vol 298, cols 397–8W: 'The United Kingdom's fishery limits will need to be redefined based on St Kilda, since Rockall is not a valid base point for such limits under article 121(3) of the convention.' Cf [1997] UKMIL 591, 599–600.

[69] See generally Dupuy & Dupuy (2013) 107 *AJIL* 124.

[70] 29 April 1958, 499 UNTS 311. For the role of islands in maritime delimitation: chapter 12.

[71] *Maritime Delimitation and Territorial Questions between Qatar and Bahrain*, ICJ Reports 2001 p 40, 100–3. Also: Marston (1972–3) 46 *BY* 405; Weil, 1 *Liber Amicorum Judge Shigeru Oda* (2002) 307; Guillaume, *Mélanges offerts à Laurent Lucchini et Jean-Pierre Quéneudec* (2003) 287; Tanaka (2006) 20 *Ocean Ybk* 189; Lavalle (2014) 29 *IJMCL* 457.

[72] Reisman & Westerman, *Straight Baselines in International Maritime Boundary Delimitation* (1992) 92–3. Also: *Qatar v Bahrain*, ICJ Reports 2001 p 40, 100–3.

海寬度之高地低潮線，可作爲基線。[73]「地物」是否爲低潮高地，應依其自然條件以確定之。[74]「低潮高地」係自然形成之地物，法律上而言，不能透過人爲干預，將其轉變爲「島嶼」，且領海以外之「低潮高地」亦無法形成自己的領海範圍。

(iii) 島嶼群：群島

ILC 未制定關於「群島」（archipelagos）之條款草案納入 GCTS，[75] 雖然於該法第 10 條之評釋中指出「直線基線」之制度或可適用之，[76] 但此說法並未解決與大陸無涉之廣泛「島嶼系統」（island systems）之爭議。一直以來，印尼與菲律賓均採用「直線基線」劃法以包圍其「島嶼系統」，[77] 其主張「多邊形系統」（polygonal system）乃唯一可行之方式。然而，此主張仍有其爭議，蓋此方法僅爲 *Anglo-Norwegian Fisheries* 一案中闡明統一且相互依存原則，對於特殊事實之進一步適用，其困難之處在於【250】國際上倘若允許此類特殊情況發生，但卻遲遲不給予一個與任何明確涉及大陸概念無關的一般性規則，可能被視爲允許國家濫用其權利。[78]

在 UNCLOS 第三屆會議中，「群島國家」（archipelagic states）作爲一個談判集團之整體，[79] 成功促成「直線群島基線」（straight archipelagic baselines）劃法之發展，現今則規定於 UNCLOS 第 IV 部分（第 46 條至第 54 條）。「群島國家」係指「完全由一個或多個群島構成，並可包括其他島嶼之

---

[73] GCTS, Art 11; UNCLOS, Art 13. Also: *Anglo-Norwegian Fisheries*, ICJ Reports 1951 p 116, 128; cf *R v Kent Justices, ex p Lye* [1967] 2 QB 153; *US v Louisiana*, 394 US 11 (1969).

[74] *Philippines v China*, Merits (2016) 170 ILR 1, 325 ([305]).

[75] Gidel (1934) 706–27; Waldock (1951) 28 *BY* 114, 142–7; McDougal & Burke (1962) 373–87; ILC *Ybk* 1953/II, 69, 77; O'Connell (1971) 45 *BY* 1; Bowett (1979) 73–113; Symmons (1979) 62–81; Lattion, *L'Archipel en droit international* (1984); Herman (1985) 23 *CYIL* 172; Jayewardene (1990) 103–72; Churchill & Lowe (3rd edn, 1999) 118–31; Jiménez Piernas, 'Archipelagic Waters' (2009) *MPEPIL*; Kopela, *Dependent Archipelagos in the Law of the Sea* (2013); Oegroseno in Attard, Fitzmaurice, & Martinez Gutierrez (2014) 125; Davenport in Rothwell et al (2015) 134; Cogliati-Bantz in del Castillo (2015) 299; Baumert & Melchior (2015) 46 *ODIL* 60; Rothwell & Stephens (2nd edn, 2016) ch 8.

[76] ILC *Ybk* 1956/II, 270.

[77] Philippines claim: ILC *Ybk* 1956/II, 69–70. For the Indonesian claim and the UK protest: Lauterpacht (1958) 7 *ICLQ* 514, 538.

[78] Also: *Chagos Marine Protected Area (Mauritius v UK)* (2015) 162 ILR 1 (where the identity of the coastal state was disputed).

[79] Twenty-two coastal states parties to UNCLOS claim archipelagic status. In *Qatar v Bahrain*, the Court declined to consider whether Bahrain, which had not formally claimed status as an archipelagic state, was entitled to do so: ICJ Reports 2001 p 40, 97.

國家」。然而，此定義不合理地排除厄瓜多與加拿大等國家使用「直線群島基線」之劃分法，蓋此等國家係由大陸海岸以及一個或多個群島所共同組成。

「群島直線基線」乃依據個別條件而使用，例如此類基線之劃定「不應在任何明顯程度上，偏離群島之一般輪廓」（UNCLOS 第 47 條第 3 項）。「群島國」對於受 UNCLOS 第 IV 部分限制之基線所包圍的水域享有主權，特別係關於所有國家船舶之「無害通過權」，以及「通常用於國際航行航線之群島海道（archipelagic sea lane）通過權」（除非群島國指定海道及航線）。[80]

(6) 領海之法律制度

在「領海」範圍內，沿海國享有主權之固有所有權利及義務，而外國船舶享有「特權」，尤其是與「無害通過」相關之特權，此於陸地領域並無相對應之法律制度。沿海國可保留漁業供各國使用，且亦可能將外國船舶排除於航行及貿易之外（係指 cabotage，沿海航行）。顯然，在安全、海關、財政監督，以及衛生及健康管理等方面，享有「一般警察權力」（general police powers）。外國船舶於習慣國際法上，享有「無害通過」領海之權利。[81] GCTS 第 14 條及 UNCLOS 第 17 條，皆納入此項權利（詳見本書第十三章）。

2. 鄰接區

沿海國之力量亦可透過其他方式展現，蓋「領海」係涉及國家「主權」合法權利最為集中之海域。維護領海以外海域自由之普遍利益，與沿海國透過發展普遍承認之管轄權，以及擴張相關的特殊權利，並將其權力向更深處之海洋延伸，基於此目的，最先出現者即為「鄰接區」（contiguous zone）。

(1) 鄰接區之概念

【251】國際間普遍認為，「鄰接區」係出於特殊目的所賦予領海以外之管轄權海域。[82] 1958 年，關於「鄰接區」規範之唯一條款係 GCTS 第 24 條，

---

[80] UNCLOS, Art 53(12). For archipelagic sea lane passage: chapter 13.

[81] GCTS, Art 14; UNCLOS, Art 17.

[82] Jessup (1927) 75–112, 241–352; Gidel (1934) 361–492; François, ILC *Ybk* 1951/II, 91–4; Fitzmaurice (1959) 8 *ICLQ* 73, 108–21; Lowe (1981) 52 *BY* 109; 2 O'Connell (1984) 1034–61; Roach & Smith (3rd edn, 2012) ch 6; Aquilina in Attard, Fitzmaurice, & Martinez Gutierrez (2014) 26, 56–68; Aznar (2014) 29 *IJMCL* 1; Noyes in Rothwell et al (2015) 91, 107–11; Rothwell & Stephens (2nd edn, 2016) 79–83.

其中提及沿海國控制「在與其領海鄰接之公海區域」（in a zone of the high seas contiguous to its territorial sea）。UNCLOS 第 33 條規定將其簡單描述為鄰接沿海國之領海區域。依 UNCLOS 第 55 條，倘若有主權主張，鄰接區將與 EEZ 之上重疊，而在國家沒有主張 EEZ 之情況下，相關區域構成公海之一部分（UNCLOS 第 86 條）。由此可知，沿海國在鄰接區之權利並未構成「主權」，[83] 除於此管轄區域外，其他國家在公海均享有可行使之權利。

直到晚近始出現一致之「鄰接區學說」（doctrine of contiguous zones）。[84] UNCLOS 第 33 條為與 GCTS 第 24 條相同之目的，與相同的基礎規定建立鄰接區，除非：(i) 鄰接區不再被視為「公海」；(ii) 最大限制表示為距領海基線 24 海里。大多數沿海國都主張於此最大限制範圍內，擁有「鄰接區」；上述原則當限縮於 UNCLOS 第 33 條規定之目的時，並未發生爭議。

(2) 鄰接區之功能管轄權

在考慮維持鄰接區之目的時，UNCLOS 第 33 條為其基本之規範，其係為防止在沿海國領土或領海內違反「海關、財政、移民或衛生條例」而進行之必要控制。雖然規定中並未提及出於「安全目的」而行使控制權，但於 GCTS 以及 UNCLOS 生效之前與之後，[85] 某些國家係以此為基礎，主張對於領海之「鄰接區」內之管轄權。1928 年國際間商議出一套與和平時期領海有關之條款草案，其中包括適用於領海外鄰接區實施之管制中有關之「安全措施」。[86] 然而，在 1956 年，ILC 提出以下主張：

> 國際間並不承認「鄰接區」享有「特殊之安全權利」（special security rights），蓋「安全」一詞係「極端模糊」（extreme vagueness）且恣意使用，將為國家濫用權利開啟一條道路，且各國亦認為沒有授予此類權利之「必要性」。於大多數情

---

[83] Cf *Sorensen & Jensen* (1991) 89 ILR 78.

[84] Gidel (1934) 372ff deserves credit for giving the concept authority and coherence. Cf the materials of The Hague Codification Conference; and Renault (1889–92) 11 *Ann de l'Inst* 133, 150.

[85] Shearer (2003) 17 *Ocean Ybk* 548; Dutton in Van Dyke et al (eds), *Governing Ocean Resources* (2013) 287.

[86] Institut de droit international (1928) *Ann de l'Inst* 755; Caminos, 'Contiguous Zone' (2013) *MPEPIL*.

況下，執行海關及衛生條例，足以保障國家安全。而就針對國家安全迫在眉睫，以及直接威脅採取之「自衛措施」（measures of self-defense）而言，ILC 參考國際法與「聯合國憲章」之一般國際法原則。[87]

【252】倘若承認上述權利，將有助於使「鄰接區」等同於享有「領海」之權利。

(i) 海關

「海關」作為管轄權之行使係經常發生，且無疑依賴於習慣國際法。UNCLOS 第 33 條簡明扼要地提及鄰接區之「海關與財政法規」（customs and fiscal regulations），其他來源則參考「租稅法」（revenue laws）。倘若採用狹隘之執法區域，現代船舶將發現走私相當容易，並且於 6 海里至 12 海里之「海關區域」（customs zones）更常發生。從 1790 年起，美國對於四個聯盟區域內入境之外國船舶，行使「海關管轄權」；英國自 1736 年至 1876 年間，對外國船舶實施類似之「盤旋行為」（hovering acts）。[88] 在「公海區域」執行國家立法之要求，受到「合理性」的限制，蓋為執行稅收而設計之法規，不得用於實現其他目的，例如排除外國船舶。[89] 條約制度之建立有其作用，其係以「相互承認區域及執行程序」，減少突發事件發生之可能性。[90]

(ii) 移民

在國家實踐中，海關及財政法規得適用於處理移民相關問題，且該國內管轄與有關海關之政策的法源依據相同。「移民」爭議係透過納入 GCTS 及 UNCLOS 之規定得到法律上的協調。[91] 因此，雖然 ILC 於其 1955 年之報告中表示，對移民之限制係相當重要，其用意係指應於公約中將「移民」爭議納入

---

[87] ILC *Ybk* 1956/II, 295. Also: Oda (1962) 11 *ICLQ* 131, 147–8; Roach & Smith (3rd edn, 2012) 154–7.

[88] On British and US legislation and the diplomatic repercussions: Masterson (1929).

[89] See 1 Hackworth 657–9.

[90] Helsingfors Convention for the Suppression of the Contraband Traffic in Alcoholic Liquors, 19 August 1925, 42 LNTS 75. On the 'liquor treaties' concluded by the US: Masterson (1929) 326.

[91] The type had appeared in the ILC Draft Articles in 1955, but was deleted in 1956: ILC *Ybk* 1956/II, 295. Cf Fitzmaurice (1959) 8 *ICLQ* 73, 117–18 (critical of inclusion); Oda (1962) 11 *ICLQ* 131, 146.

其中。[92]

(iii) 衛生目的

鄰接區之範圍係於 GCTS 第 24 條及 UNCLOS 第 33 條所規定，ILC 之評釋提及：

> 雖然為實施衛生條例而對「鄰接區」主張權利之國家數量相當少，但 ILC 認為，基於海關與衛生條例間之聯繫，此類權利亦應於衛生條例中獲得承認。[93]

學說亦支持此類型之法律主張。[94]

國家基於衛生之目的，可能包括防止污染措施，尤其係石油污染，但各國之立場並不明確。【253】領海範圍擴大以及 EEZ 之出現，促進污染執法警察之管轄權，易言之，沿海國有權保護及管理自然資源。[95] UNCLOS 第 XII 部分更規定保護及保全海洋環境之一般義務。[96] UNCLOS 第 194 條第 1 項規定，「各國應在適當情形下個別或聯合地採取一切符合本公約之必要措施，防止、減少及控制任何來源之海洋環境污染，為此目的，依其能力使用其所掌握之最切實可行方法，並應在此方面盡力協調其政策」；第 194 條第 2 項則規定，「各國應採取一切必要措施，確保在其管轄或控制下活動的進行不致使其他國家及其環境遭受污染的損害，並確保在其管轄或控制範圍內事件或活動所造成的污染不致擴大至依本公約行使主權權利之區域以外」。[97] 沿海國可於其 EEZ 內採用「防止、減少和控制船舶污染的法律法規，以符合併實施普遍接受的國際規則及標準」，[98] UNCLOS 第 220 條規定沿海國在其領海和專屬經濟區內，對於船舶之執法權。

---

[92] GAOR, 8th Sess, Supplement No 9, A/2456, para 111.

[93] ILC *Ybk* 1956/II, 294–5.

[94] Gidel (1934) 455–7, 476, 486; Fitzmaurice (1959) 8 *ICLQ* 73, 117.

[95] UNCLOS, Arts 56, 61, 73.

[96] UNCLOS, Art 192.

[97] UNCLOS, Art 194(1)–(2).

[98] UNCLOS, Art 211.

(3) 執法問題

　　依據一般國際法，沿海國可採取「必要措施」，強制他國於規定區域（prescribed zone）內遵守其法律。國家之權力行使係一種警察權及控制權，不能以相當於「報復」（reprisal）或「簡易懲罰」（summary punishment）之結論施加違法者（transgressors）；在海域上或許不像在侵犯陸地邊界之情況，容易訴諸「強制自救」（forcible self-help）行為。因此，從沿海國之角度而言，「協議之法律」（conventional law）可能比習慣國際法更具限制性效果。[99] GCTS 第 24 條第 1 項及 UNCLOS 第 33 條皆規定於其領土或領海內，行使必要之控制權，以防止及懲罰違反海關、財政、移民或衛生法律或法規之行為。Fitzmaurice 於 ILC 中特別提及該法律文本，依其觀點：

> 國家行使者係「控制權」而非「管轄權」。整體而言，權力之本質係監督及預防。實際上，基本對象可預期於當時並未違反沿海國法律之行為。如此目的僅係為避免隨後發生此類罪行，一旦當船舶進入領海時，船舶即進入沿海國之管轄範圍。無論駛入船舶之最終情況如何，都不能假設於現階段「在沿海國領土或領海範圍內犯下罪行」，而就當船舶在該管轄範圍內時已經犯下此類罪行予以懲罰。至於因命令或引導船舶於護航下進港，則情況較為模糊；雖然前述情況於形式上不同於「逮捕」，但於此情況下，「強制引導」進入港口幾乎等同於「逮捕」，故原則上應被排除在外。任何必要的訊問、調查、檢查、搜查等，應於船舶仍在鄰接區範圍時，在海上進行。倘若係過度限制，必須注意者，只有【254】堅持此類限制，始有可能防止沿海國將鄰接區視為實際上等同於領海之範圍。[100]

---

[99]　Oda (1962) 11 *ICLQ* 131; McDougal & Burke (1962) 621–30.

[100]　(1959) 8 *ICLQ* 73, 113. Also: Fitzmaurice (1954) 31 *BY* 371, 378–9; 2 O'Connell (1984) 1057–9.

　　上述解釋雖然較爲開放，但並非國際間的共識。海洋法會議之準備工作文件中表明，大多數代表團並未打算透過區分「控制」及「管轄權」二者而對沿海國之權利加以限制。[101] 隨後，GCTS 第 24 條之文字全部保留於 UNCLOS 第 33 條中，數次的談判紀錄在在顯示，各國並不傾向透過使用「控制」一詞，[102] 以限制沿海國在「鄰接區」之權利；然而，仍予以維持「鄰接區」制度之保留，故基於此脈絡觀察，可謂 EEZ 內之沿海國管轄權主要係與自然資源有關，但並未包含於「鄰接區」行使「控制權」而規定之功能。雖然「鄰接區」之執法管轄權涉及領土或領海內可能或實際違反法律規章之行爲，但並未將管轄權延伸至「鄰接區」，少數國家認爲此限制並未得到 UNCLOS 第一屆會議通過，亦未成爲大多數的國家實踐。[103] 然而，一項波蘭修正案（Polish amendment）之提議中，刪除其對於領土或領海內侵權之認定（並將「安全」條件納入公認之控制目清單中），然而，此建議最終未能於全體會議上通過。

3. 大陸架

　　「海底區域」（submarine areas）可分爲以下幾類：(i) 沿海國享有領土主權之內水與領海之海床；(ii) 屬於 EEZ 之海床與底土；(iii) 與 EEZ 重疊 200 海里以內，但可能進一步延伸之大陸架區域；(iv) 屬於公海法律制度之大陸架與 EEZ 外部界限以外之海床和洋底。

　　UNCLOS 第 56 條之目的係透過規定，各國必須依據同法第 VI 部分，亦即大陸架制度，行使對 EEZ 海床及底土之權利，以解決制度重疊之問題。但此安排並無法完全解決問題，蓋一個區域可能於 A 國 200 海里以內（因此係其 EEZ 之一部分）；但距離 B 國 200 海里以外，卻仍被其宣稱爲「外大陸架」（outer continental shelf），此亦被稱爲「灰色地帶」（grey area）。[104] 國際海

---

[101] Oda (1962) 11 *ICLQ* 131; 2 O'Connell (1984) 1034.

[102] 2 *Virginia Commentary* (1985) 267–75.

[103] Caminos, 'Contiguous zone' (2013) *MPEPIL*.

[104] A grey area will exist, to a degree, wherever the lateral maritime boundary between A and B departs from equidistance. The tribunal in *Barbados v Trinidad and Tobago* (2006) 139 ILR 449 sought to eliminate it by tapering the EEZ/shelf boundary to a single point 200nm from the nearest (Tobago) coast. By contrast, in *Bangladesh/Myanmar*, ITLOS delimited the grey area by allocating water column rights over that area to Myan-

底「區域」及「國際海底管理局」之法律制度將於本書第十三章討論。

(1) 大陸架之起源

【255】大部分的「海床」（seabed）係由幾千公尺深之「深海底層」（deep ocean floor）所組成。在世界上許多地方，「深海平原」（abyssal plain）與大陸板塊之海岸被大陸平台或大陸架所隔開。此為大陸層本身之地質部分，被大陸邊緣相對較淺之水域所覆蓋，而大陸架之寬度從一英哩至幾百英哩不等；深度範圍則從 50 公尺至 550 公尺之間。海底之構造具有一定的規律性，海水深度逐漸增加，直到抵達大陸架邊緣或斷裂處時，該地形會急劇下降至海底底層，其邊緣之平均深度則界於 130 公尺至 200 公尺之間。而「大陸坡」（continental slope）相對陡峭之傾斜，使通常位於其周圍粗粒沉積物增多，掩蓋深海床與大陸板塊基座間之邊界，亦被稱為「大陸隆起」（continental rise）。

「大陸架」（continental shelf）在許多地區蘊含石油及天然氣礦藏，而海底本身亦提供固定之漁業資源。1944 年，阿根廷頒布法令於大陸外海建立「礦產儲備區」（zones of mineral reserves）。[105] 然而，國家實踐中較為重要之事件，係美國 1945 年 9 月 28 日關於大陸架底土及海床自然資源之國際文件，又稱為「杜魯門宣言」（Truman Proclamation），[106] 而大陸架被視為延伸至 100 海里之海底地質特徵。有關資源被描述為「屬於美國並受其管轄與控制」，故求償僅限於自然資源本身，而宣言中主張「大陸架水域作為公海性質，故其自由與暢通無阻之航行權，並未因此而受影響」。

事實上，於「杜魯門宣言」之後，係 1948 年關於巴哈馬及牙買加之安全理事會決議之命令，以及 1948 年沙烏地阿拉伯與 1949 年受英國保護之 9 個阿

---

mar and continental shelf rights to Bangladesh: *Delimitation of the Maritime Boundary between Bangladesh and Myanmar in the Bay of Bengal (Bangladesh/Myanmar)*, ITLOS Case No 16 (Judgment 14 March 2012); similarly Bay of Bengal *Maritime Boundary (Bangladesh v India)* (2014) 167 ILR 1, 169–71.

[105] Decree 1836 of 24 February 1944.

[106] Truman Proclamation (1946) 40 *AJIL Sp Supp* 45; 4 Whiteman 756. For the background: Hollick (1976) 17 *Va JIL* 23; Hollick, *United States Foreign Policy and the Law of the Sea* (1981); Treves in Rothwell et al (2015) 1, 10–3; Rothwell & Stephens (2nd edn, 2016) 104–6. On the impact of the Proclamation in terms of custom: Crawford & Viles in Crawford, *Selected Essays* (2002) 317; Scharf, *Customary International Law in Times of Fundamental Change* (2013) 107.

拉伯灣酋長國所發布之公告。[107] 然而，國家實踐各不相同。「杜魯門宣言」與
澳大利亞 1953 年 9 月 10 日之公告，乃涉及對大陸架海床及底土自然資源之開
採，並規定上覆水域作為公海之法律地位不受影響。其他國家主張對於大陸架
之海床及底土享有主權，但保留對於上述水域狀況之考量。[108]

　　事實上，「杜魯門宣言」對於許多國家而言，具有相當的吸引力。該宣言
為石油之開採提供基礎，同時，【256】亦為上覆水域之捕魚及航行提供了自
由。然而，具體國家實踐則參差不齊，[109] ILC 於 1951 年至 1956 年之討論顯示
該制度尚未成熟。GCCS 不可避免地在某種程度上代表漸進發展中之進程；[110]
雖然如此，到 1958 年，GCCS 前三項條文反映出習慣國際法之立場。[111] 第 1 條
係透過參考相鄰之一般概念與更具體（但顯然仍然是開放式）之深度，加上可
開發性之限制，以定義「大陸架」；同時，該條文亦將「大陸架」制度擴張解
釋至「島嶼」（當時尚未定義）；第 2 條則將沿海國對大陸架之權利定義為
「以探索大陸架及開發其自然資源為目的之主權權利」，此類權利係具有「排
他性」，不需要國家逕行宣布；第 3 條則保留「上覆水域作為公海之法律地
位，或這些水域上方大氣層空間之法律地位」。

　　倘若爭端雙方皆為 GCCS 之締約國，而並未加入 UNCLOS，[112] 則 GCCS
可能仍然具有相關性。然而，目前在一般國際法中之地位，取決於眾多來源，
且每個來源都給予同等重視。例如，於「緬因灣分庭」（Chamber in Gulf of
Maine）之案中，國際海洋法法庭承認編纂公約、法院及其他國際法庭之裁
決，以及第三次 UNCLOS 之訴訟程序的相關性，其表明某些條款反映出彼

---

[107] Surveys of state practice: 4 Whiteman 752–814; UN Secretariat, Survey of National Legislation Concerning the Seabed and the Ocean Floor, and the Subsoil thereof, underlying the High Seas beyond the Limits of Present National Jurisdiction, A/AC.135/11, 4 June 1968; UN Legis Series, *National Legislation and Treaties Relating to the Territorial Sea* (1970) 319–476; US Department of State, *Limits in the Seas* No 36 and revisions.

[108] E.g. Bahamas (1948), Saudi Arabia (1949), Pakistan (1950), India (1955).

[109] See the award in *Abu Dhabi* (1951) 18 ILR 144. The date at which the concept of the shelf matured as part of custom may still matter: *Re Seabed and Subsoil of the Continental Shelf Offshore Newfoundland* (1984) 86 ILR 593.

[110] For contemporary discussion: Whiteman (1958) 52 *AJIL* 629; Gutteridge (1959) 35 *BY* 102; Young (1961) 55 *AJIL* 359.

[111] *North Sea Continental Shelf*, ICJ Reports 1969 p 3, 39.

[112] *Anglo-French Continental Shelf* (1977) 54 ILR 6; *Gulf of Maine*, ICJ Reports 1984 p 246, 291, 300–3; *Jan Mayen (Denmark v Norway)*, ICJ Reports 1993 p 38, 57–9.

此共識。[113] 而在關於 *Continental Shelf (Libya/ Malta)* 大陸架一案中，國際法院仔細考量 UNCLOS 作爲習慣國際法之證據，[114] 同時亦強調國家實踐之重要性。[115]

(2) 沿海國於大陸架的權利

依據 GCCS 第 2 條，UNCLOS 在第 77 條中重申，「沿海國爲勘探大陸架與開發其自然資源之目的，對大陸架行使主權權利」。過去曾有意避免使用「主權」一詞，蓋國家間擔心此詞彙將聯想到「領土主權」（於三個維度上運作），並將損害大陸架上方水域作爲公海之地位，雖然主張 200 海里 EEZ 內之區域並未指定爲「公海」。[116] UNCLOS 第 78 條第 1 項規定，「沿海國對大陸架的權利不影響上覆水域或水域上空之法律地位」；[117] 在未有 EEZ 之情況下，當大陸架延伸超過 200 海里時，【257】上層水域於國際法上，將被視爲「公海」；而當 EEZ 確實存在時，依據習慣國際法與 UNCLOS 第 58 條之規定，上覆水域仍然受大多數「公海自由」之拘束。

若干條款證明，平衡沿海國開發大陸架資源之權利與其他國家權利間之微妙問題。UNCLOS 第 78 條第 2 項規定，「沿海國對於大陸架權利之行使，絕不得對航行及本公約規定的其他國家之其他權利與自由有所侵害，或造成不當之干擾」（另見 GCCS 第 5 條第 1 項）。UNCLOS 第 79 條第 1 項則規定，「所有國家依照本條之規定，都有於大陸架上鋪設海底電纜和管道的權利」；另 UNCLOS 第 81 條規定，「沿海國授權及管理爲一切目的在大陸架上進行鑽探之專屬權利」。[118]

上述規範之主要目標，係爲海底作業提供穩定之基礎，並避免被海上利益集團所占用。因此，「主權權利」（sovereign rights）依法應屬於沿海國家，不以占領或主張爲條件，除非明確授予，否則其不可撤銷。雖然沿海國對於大陸架地區之活動，適用刑法及民法的不同部分，完全不清楚沿海國如此適用法

---

[113] ICJ Reports 1984 p 246, 288–95.
[114] ICJ Reports 1985 p 13, 29–34.
[115] Ibid, 29–30, 33, 38, 45.
[116] UNCLOS, Arts 55, 86.
[117] Cf GCCS, Art 3.
[118] UNCLOS, Art 81.

律，係基於其於大陸架地區之「領土權利」或「其他權利」。英國[119]及其他國家之立法規定，大陸架制度不應被同化為「國家領土」。[120]

(3)大陸架之自然資源

杜魯門宣言涉及大陸架之礦產資源，尤其是碳氫化合物（hydrocarbons）。[121]隨後，拉丁美洲國家要求國際間承認沿海國享有近海漁業（offshore fisheries）之利益（無論其是否擁有地球物理學上之大陸架）。ILC 已決定將定居漁業納入大陸架制度，[122] GCCS 第 2 條第 4 項將「自然資源」定義為包括「定居物種，易言之，於可捕撈階段，其可能於海床之上或之下而不移動之生物體；或可能與海床或底土保持物理接觸，始能移動之生物體」。[123] 該定義不包括於海床附近游動之底棲物種，該規定被轉載於 UNCLOS 第 77 條第 4 項：倘若已經擁有一個包容性 EEZ 的主張【258】，則不會出現定義問題，蓋生物資源將被一個政府或另一個政府所捕獲。

(4)人工島及大陸架上之裝置

UNCLOS 第 60 條規定於 EEZ 內授權及管理「人工島嶼、設施及其他結構」（artificial islands, installations, and other structures）之權利，同法第 80 條亦提及「比照適用於大陸架上之人工島嶼、設施及結構」。[124] 最重要者，上述設施並無法主張其「領海」；[125] 且於必要時，沿海國可在其周圍劃定，不

---

[119] Continental Shelf Act 1964; *Clark (Inspector of Taxes) v Oceanic Contractors Inc* [1983] 2 AC 130.

[120] For jurisdiction over shelf resources in federal states: *US v California*, 332 US 19 (1947); *US v Texas*, 339 US 707 (1950); *US v Louisiana*, 339 US 699 (1950); *In re Ownership and Jurisdiction over Offshore Mineral Rights* (1967) 43 ILR 93; *Bonser v La Macchia* (1969) 51 ILR 39; *New South Wales v Commonwealth* (1975) 135 CLR 337; *Re Mineral and Other Natural Resources of the Continental Shelf* (1983) 90 ILR 234; *Re Seabed and Subsoil of the Continental Shelf Offshore Newfoundland* (1984) 86 ILR 593.

[121] Gutteridge (1959) 35 *BY* 102, 116–19; 1 O'Connell (1982) 498–503; Ong in Freestone, Barnes, & Ong (eds), *The Law of the Sea: Progress and Prospects* (2006) 93; Becker-Weinberg, *Joint Development of Hydrocarbon Deposits in the Law of the Sea* (2014); Loja (2014) 27 *LJIL* 893; Lucky (2015) 17 *Int Comm LR* 95.

[122] ILC *Ybk* 1956/II, 297–8.

[123] This distinction presents difficulties in relation to king crabs: Oda (1969) 127 Hague *Recueil* 371, 427–30, and some species of lobster: Azzam (1964) 13 *ICLQ* 1453.

[124] On artificial islands: Papadakis, *The International Legal Regime of Artificial Islands* (1977); 1 O'Connell (1982) 196–7; Elferink, 'Artificial Islands, Installations and Structures' (2013) *MPEPIL*.

[125] GCCS, Art 5(4); UNCLOS, Art 60(8) via Art 80.

超過 500 公尺之「安全區」（safety zones），[126] 且該等設施不得建立於可能干擾使用對國際航行必不可少的公認海上航道之處。[127]

GCCS 及 UNCLOS 之規定對於現成之「防禦設施」（defense installations）保持沉默。因此，倘若存在其他一些正當理由，「防禦設施」可能被視為合法。[128] 而建議沿海國可建立「防禦設施」並禁止其他國家之類似活動，[129] 可能將冒著為大陸架「安全區」辯護之風險。

(5) 底土之規定

UNCLOS 第 85 條規定，第 VI 部分「不妨害沿海國開鑿隧道以開採底土之權利，無論底土上火域之深度為何」（另見 GCCS 第 7 條）。換言之，此類活動不屬於公約之範圍，而係受習慣國際法規範。有個顯著之區別，倘若從大陸透過隧道開採，則適用不同之制度；倘若從大陸架以上開採底土（subsoil），則適用 UNCLOS 制度。[130]

(6) 大陸架之外部界線

大陸架之內部界限係領海及其海床之外緣。至於其外部界限（outer limit），UNCLOS 提出之解決方案與 GCCS 第 1 條標準在實質上與程序上皆不相同。依據第 1 條，200 公尺深度標準受可開發性標準（exploitability criterion）所拘束，但後者受制於【259】大陸架一般地質概念與相鄰原則（principle of adjacency），[131] 只有少數國家依然依賴上述公式。[132]

[126] GCCS, Art 5(3); UNCLOS, Art 60(5) via Art 80.

[127] GCCS, Art 5(6); UNCLOS, Art 60(7) via Art 80.

[128] Treves (1980) 74 *AJIL* 808; Zedalis (1981) 75 *AJIL* 926; Treves (1981) 75 *AJIL* 933; Brown (1992) 23 *ODIL* 115, 122–6; Hayashi (2005) 29 *Marine Policy* 123, 129–30, 131–2; Kraska, *Maritime Power and the Law of the Sea: Expeditionary Operations in World Politics* (2011) 279–81; Roach in Burnett, Beckman, & Davenport (eds), *Submarine Cables: The Handbook of Law and Policy* (2014) 339, 343–8.

[129] 1 O'Connell (1982) 507.

[130] On the Channel tunnel project: van den Mensbrugghe (1967) 71 *RGDIP* 325; Marston (1974–75) 47 *BY* 290.

[131] Further: Jennings (1969) 18 *ICLQ* 819; 1 O'Connell (1982) 488–95, 509–11; Hutchinson (1985) 56 *BY* 111; Vasciannie (1987) 58 *BY* 271; Magnússon (2013) 62 *ICLQ* 345; Kunoy (2013) 83 *BY* 61; Mossop in Schofield, Lee, & Kwon (eds), *The Limits of Maritime Jurisdiction* (2014) 753.

[132] According to the UN unofficial table of claims to maritime jurisdiction, 11 states use 200m depth plus exploitability; a further three use an exploitability criterion alone: http://www.un.org/Depts/los/LEGISLATIONANDTREATIES/claims.htm (as at 2011).

UNCLOS 第 76 條採用不同之方法，其承認 200 海里之寬度限制係一個獨立有效之標準，並為確定「大陸邊界之外緣」（outer edge of the continental margin）而提供複雜之指引：該特徵距離相關基線超過 200 海里。UNCLOS 第 76 條第 5 項規定「外大陸架」之最大界限，亦即距相關基線 350 海里，或距 2,500 公尺等深線 100 海里之範圍。

此為實質性差異；至於程序上之主要區別，在於附件二規定成立「大陸架外部界限專家委員會」（Expert Commission on the Outer Limits of the Continental Shelf）。UNCLOS 第 76 條第 8 項規定：

> 從測算領海寬度的基線量起 200 海里以外大陸架界限的情報應由沿海國提交依據附件二於公平地區代表制基礎上成立之「大陸架界限委員會」。委員會應就有關劃定大陸架外部界限之事項向沿海國提出建議，沿海國於此建議基礎上劃定之大陸架界限，應有確定性與拘束力。[133]

本書第十二章將討論附件 II 委員會之工作與國際間關於大陸架劃界間之關係。

雖然 UNCLOS 第 76 條於其表述中顯得相當複雜，且有明顯外交妥協之痕跡，但國際間普遍認為該新條文，已取代大陸架習慣國際法之標準。反對 200 英哩寬度標準之國家，原本預期將持續扮演反對者，但實際上此情況並未發生。

4. 專屬經濟區／漁業區

(1) 概述

EEZ 係 UNCLOS 之核心創新之一，大多數國家現在透過主張，從領海基線起 200 海里之 EEZ 以確保其「漁業權」（right to fisheries），雖然國家繼續主張「專屬漁業區」（Exclusive Fishery Zones, EFZ）代替或與 EEZ 一樣。

---

[133] See Baumert (2017) 111 *AJIL* 827, 866–9 for the possible jurisdiction of the Annex II Commission with respect to coastal states not parties to UNCLOS.

EEZ 不僅僅係漁業區，其更涵蓋「非生物」及「生物資源」之開發及管理，因此將大陸架延伸至 200 海里。【260】UNCLOS 第 56 條進一步規定沿海國「對區域之經濟性開發及探勘之其他活動」的主權權利，且亦規定部分責任（雖然此類責任並未被命名爲「主權」）。[134]

(2) 漁業區

自 1945 年以來，對近海漁業特別感興趣的沿海國，已設法限制區域外捕魚船隊之作業。然而，矛盾的正是美國雖然歷來爲反對設置「捕魚區」之國家，反而推動最初的變革。首先，美國於 1945 年以「鄰接區」之概念爲基礎，對大陸架礦產資源提出重要倡議。不出所料，其他國家準備透過普遍之推理，對於鄰近水域或「陸緣海」（epicontinental sea）之生物資源提出主張；其次，美國亦於 1945 年 9 月 28 日發布漁業公告，[135] 授權政府在「與美國相鄰」之公海區域建立「明確界定」（explicitly bounded）之保護區。

自 1946 年開始，許多拉丁美洲國家對於大陸外海之自然資源提出主張，實際上，其範圍係以成立 200 海里寬之「漁業保護區」（fishery conservation zone）。[136] 冰島於 1948 年通過此方面立法，而此類趨勢最初並不連貫；支持國家之間意見分歧，某些法律主張皆無法確定，且各不相同。例如，秘魯之主張，在某個觀點上係提出領海之擴張，而對飛越及自由航行予以讓步。直至 1970 年，20 個拉丁美洲國家中，9 個國家共同簽署「蒙特維多海洋法宣言」（Montevideo Declaration on the Law of the Sea），[137] 主張 200 海里之區域，在「保護、開發，以及開採其海岸附近海域之自然資源、其土壤與底土所必需之範圍內，享有主權與管轄權」，但不得損害航行及飛越自由。

於此同時，「漁業保護區」得到習慣國際法的支持。在 *Fisheries Jurisdiction* 一案中，依據 1961 年之雙邊協議，[138] 法院認爲英國與德國不反對

---

[134] On UNCLOS, Art 56(2): *Chagos Marine Protected Area (Mauritius v UK)* (2015) 162 ILR 1, 279.

[135] (1946) 40 *AJIL Sp Supp* 45; 4 Whiteman 954. The Proclamation has never been implemented by Executive Order.

[136] Argentina (1946), Panama (1946), Peru (1947), Chile (1947), Ecuador (1947), Honduras (1950), El Salvador (1950).

[137] Text: (1970) 64 *AJIL* 1021.

[138] *Fisheries Jurisdiction (UK v Iceland)*, ICJ Reports 1974 p 3; *Fisheries Jurisdiction (Germany v Iceland)*, ICJ Reports 1974 p 175.

寬度爲 50 海里之「冰島捕魚區」（Icelandic fishing zone）。法院避免就冰島
主張於一般國際法之「有效性」採取立場。[139] 然而，法院半途而廢，維持習慣
國際法於鄰近海域捕魚之優先權，【261】此判決有利於沿海國在特別依賴其
沿海漁業之情況下，此優惠亦適用於其他有關開發相同漁業之國家。[140] 國際法
院於 Jan Mayen 一案中 [141] 亦承認「漁業保護區」之習慣國際法地位。因此，
「優先捕魚權」（preferential fishing rights）之概念似乎於習慣國際法中得以
保留，雖然其並未被納入 UNCLOS。[142]

然而，由於 EEZ 之優勢，200 海里「漁業區」之開發顯得相當多餘。直
至 2016 年，僅有 14 個國家保留長達 200 海里之「捕魚區」。[143] 此類區域之支
持者，包括：美國、[144] 日本，以及某些歐盟成員國。[145] 英國主張其擁有 200 海
里之「捕魚區」，以及福克蘭群島（Falkland Islands "Malvinas"）200 海里之
「漁業保護區」。[146]

(3) 專屬經濟區作為既定區域

如前所述，對於「鄰近海域」（adjacent maritime zone）漁業區之專屬權
主張之增加，最終導致國家對海床及上覆水域 200 海里寬度範圍內之所有自然
資源提出主張。[147] 至 1972 年，此發展以或多或少的規劃形式，呈現爲「世襲

---

[139] ICJ Reports 1974 p 3, 35–8 (Judge Ignacio-Pinto); 39 (Judge Nagendra Singh). In a joint separate opinion five judges expressed the firm view that no rule of customary law concerning maximum fishery limits had yet emerged: ibid, 45ff (Judges Forster, Bengzon, Jiménez de Aréchaga, Nagendra Singh, and Ruda).

[140] Ibid, 23–31.

[141] Jan Mayen, ICJ Reports 1993 p 38, 59, 61–2.

[142] For a more sceptical view: Churchill & Lowe (3rd edn, 1999) 285.

[143] US Department of State, Limits in the Seas No 36 and revisions.

[144] Fishery Conservation and Management Act 1976, 15 ILM 635. This legislation has some controversial features: Statement by the President, ibid, 634.

[145] On EU fisheries jurisdiction: Churchill & Owen, The EC Common Fisheries Policy (2010); Salomon, Markus, & Dross (2014) 47 Marine Policy 76; Self (2014) 48 Vand JTL 577. For the first case pertaining to the EU exclusive competence over fisheries matters, see Request for Advisory Opinion submitted by the Sub-Regional Fisheries Commission, Advisory Opinion, ITLOS Reports 2015 p 4.

[146] Fishery Limits Act 1976 (UK). For the dispute over the Falkland (Malvinas) Islands: chapter 9.

[147] Smith, Exclusive Economic Zone Claims (1986); Attard, The Exclusive Economic Zone in International Law (1987); Orrego Vicuña, The Exclusive Economic Zone (1989); Roach & Smith (3rd edn, 2012) ch 7; Proelss (2012) 26 Ocean Ybk 87; Leanza & Caracciolo in Attard, Fitzmaurice, & Martinez Gutierrez (2014) 177; Andreone in Rothwell et al (2015) 159; Rothwell & Stephens (2nd edn, 2016) ch 4.

之海」（patrimonial sea）[148] 或「經濟區」（economic zone）。[149]

在 UNCLOS 第三屆會議中，EEZ 得到國際間廣泛支持，UNCLOS 第 55 條至第 75 條提供詳細之規範。EEZ 從「領海基線」延伸不超過 200 海里，且並未被定義爲「公海」之一部分（UNCLOS 第 86 條）而作爲特殊之制度。但除「捕魚自由」外，「公海自由」亦得適用之（UNCLOS 第 87 條）。沿海國之立場於 UNCLOS 第 56 條第 1 項中規定如下：

沿海國於專屬經濟區內享有：

(a) 以探勘和開發、養護和管理海床上覆水域和海床及其底土的自然資料（不論爲生物或非生物資源）爲目的之主權權利，【262】以及關於在該區內從事經濟性開發及探勘，如利用海水、海流和風力生產能等其他活動之主權權利；

(b) 本公約有關條款規定的對下列事項之管轄權：

(i) 人工島嶼、設施和結構的建造和使用；

(ii) 海洋科學研究；

(iii) 海洋環境的保護及保全；

(c) 本公約規定的其他權利和義務。

在 *South China Sea* 一案中，UNCLOS 附件 VII 仲裁庭裁定，中國對於「九段線」（nine-dash line）內之生物與非生物資源之「歷史性權利」主張與 UNCLOS 不符，因其超出依據 UNCLOS 建立之海域。仲裁庭強調，UNCLOS 對海域之權利進行全面配置，並未對於主張「歷史性權利」留下空間；[150] 但中國拒絕該裁決結果。

毫無疑問，正如國際法院所承認，EEZ 構成習慣國際法之一部分；該概

[148] Declaration of Santo Domingo, 9 June 1972, 11 ILM 892; Castañeda (1972) 12 *Indian JIL* 535; Nelson (1973) 22 *ICLQ* 668; Gastines (1975) 79 *RGDIP* 447; cf the Declaration of Lima, 8 August 1970, 10 ILM 207.

[149] Lay, Churchill, & Nordquist, 1 *New Directions in the Law of the Sea* (1973) 250.

[150] *Philippines v China*, Merits (2016) 170 ILR 1, 307–8.

念之習慣國際法版本，與第三屆 UNCLOS 中提出之版本密切相關。[151] 依據 UNCLOS 及習慣國際法，EEZ 係可由國家自由選擇，其存在與否取決於實際之法律主張。某些國家，如加拿大、德國及日本，滿足於維持 200 英哩之「專屬捕魚區」（exclusive fishing zones）。

EEZ 與管轄海床及底土權利之大陸架制度共存（UNCLOS 第 56 條第 3 項），其亦可與 24 海里以下之「鄰接區」共存。

美國最初認為，包括具有重要商業價值之金槍魚在內的「高度洄游物種」（highly migratory species）被排除於沿海國之管轄範圍，因此可供外國遠洋捕魚船隊使用。[152] 此立場變得越來越站不住腳；其與 UNCLOS 第 64 條規定相互矛盾，未在國家實踐中展現。[153] EEZ 之法律制度有許多方面，UNCLOS 第 60 條之規定如下：

1. 沿海國在 EEZ 內應有專屬權利建造並授權及管理建造、操作及使用：
   (a) 人工島嶼；
   (b) 為第 56 條所規定的目的和其他經濟目的之設施與結構；
   (c) 可能干擾沿海國在區域內行使權利之設施與結構。
2. 【263】沿海國對此種人工島嶼、設施與結構應有專屬管轄權，包括有關海關、財政、衛生、安全及移民之法律與規章方面之管轄權。

上開同條文亦確認，人工島嶼、設施與構築物並無自己之領海，其存在亦不影響領海、EEZ、或大陸架之劃界。UNCLOS 第 61 條闡述沿海國 EEZ 內生

---

[151] *Continental Shelf (Tunisia v Libya)*, ICJ Reports 1982 p 18, 38, 47–9, 74; *Gulf of Maine*, ICJ Reports 1984 p 246, 294; *Libya/Malta*, ICJ Reports 1985 p 13, 32–4.

[152] Ibid. Nevertheless, the US conceded that tuna was included in the EEZ resources of Pacific Island States in the Treaty of Port Moresby, 2 April 1987, 2176 UNTS 173.

[153] Burke (1984–5) 14 *ODIL* 273; Attard (1987) 184–7; Carr in Caron & Scheiber (eds), *Bringing New Law to Ocean Waters* (2004) 55. The US position was eventually abandoned via a 1996 amendment to the Magnuson–Stevens Fisheries Management and Conservation Act of 1976: 16 USC §1802(21).

物資源之責任，即「應透過正當的養護和管理措施，確保專屬經濟區內生物資源的維持不受過度開發的危害」；同樣地，UNCLOS 第 62 條要求沿海國促進對於區域內生物資源之最佳利用；該條文規定如下：

> 2. 沿海國應決定其捕撈「專屬經濟區」內生物資源之能力。沿海國於沒有能力捕撈全部可捕量之情形下，應透過協定或其他安排，並依據第 4 款所指涉之條款、條件、法律及規章，准許其他國家捕撈可捕量之剩餘部分，特別顧及第 69 條及第 70 條之規定，尤其係關於其中所提到之發展中國家之部分。

沿海國及該地區其他國家於各自 EEZ 內之權利與義務分配，涉及一個微妙的平衡過程，該過程於 UNCLOS 之條款中以相當籠統方式表述。[154] UNCLOS 第 58 條規定如下：

> 1. 在專屬經濟區內，所有國家，不論爲沿海國或內陸國，在本公約有關規定的限制下，享有第 87 條所指的航行和飛越的自由，鋪設海底電纜和管道的自由，以及與這些自由有關的海洋其他國際合法用途，諸如同船舶和飛機的操作及海底電纜和管道的使用有關的並符合本公約其他規定的那些用途；
>
> 2. 第 88 條至第 115 條以及其他國際法有關規則，只要與本部分不相牴觸均適用於專屬經濟區；
>
> 3. 各國於專屬經濟區內根據本公約行使其權利和履行其義務

---

[154] Attard relies on the reference to 'sovereign rights' in Art 56(1)(a) to support a presumption in favour of the coastal state: Attard (1987) 48. This may be true of the modalities of the recognized rights of the coastal state, but not when independently constituted rights (like those of landlocked and geographically disadvantaged states) are in question (Arts 69, 70, 71). The general formulations of Art 59 beg the question, but Churchill & Lowe (3rd edn, 1999) 175–6, hold that it excludes any presumption.

時，應適當顧及沿海國的權利和義務，並應遵守沿海國按
照本公約的規定和其他國際法規則所制定的與本部分不相
牴觸的法律和規章。[155]

【264】UNCLOS 第 59 條出現在解決 EEZ 權利與管轄權歸屬衝突之基礎
之標題，並規定如下：

在本公約未將在專屬經濟區內之權利或管轄權歸屬於沿海國
或其他國家，而沿海國與任何其他一國或數國之間的利益發
生衝突的情形下，此類衝突應在公平的基礎上參照一切有關
情況，考慮到所涉利益分別對有關各方及整個國際社會的重
要性，加以解決。

沿海國有權依據一般國際法與 UNCLOS 本身之標準，採取合理措施於區
域內行使其權利與管轄權（UNCLOS 第 73 條）。[156]

在 *Sub-Regional Fisheries Commission* 一案中，「國際海洋法法庭」
（ITLOS）應由 7 個西非國家組成之政府間組織之要求，就船旗國及沿海國
於 EEZ 內「非法、瞞報及無管制捕魚」（illegal, unreported and unregulated
fishing, IUU）之捕魚權利及義務提出諮詢意見。[157] ITLOS 認為，基於沿海國
於 EEZ 生物資源保護及管理方面之特殊權利與責任，其對於預防、阻止與消
除 IUU 之捕魚負有「主要責任」（primary responsibility）。但船旗國有責
任確保懸掛其國旗之船舶不在委員會成員國之 EEZ 內進行 IUU 捕魚，此責
任係屬於「盡職調查」（due diligence）義務之範疇。[158] 船旗國之責任不包

[155] On the interpretation of Art 58 and various related issues, see *M/V Saiga (No 2)* (1999) 120 ILR 143, 188–92; *M/V 'Virginia G' (Panama v Guinea-Bissau)*, Judgment, ITLOS Reports 2014 p 4, 70 (§§221–3).

[156] ITLOS has found that confiscation of vessels may be permitted as an enforcement measure by the coastal state in case of fisheries violations in the EEZ: *'Tomimaru' (Japan v Russia)*, ITLOS Reports 2005–7 p 74, 96; *M/V 'Virginia G' (Panama v Guinea-Bissau)*, Judgment, ITLOS Reports 2014 p 4, 77, 78 (§§253, 257).

[157] ITLOS Reports 2015 p 4, 33 (§§104–6). For criticism: Becker (2015) 109 *AJIL* 851.

[158] ITLOS Reports 2015 p 4, 36–40 (§§116–29); also ibid, 42 (§§138–9).

括船舶未能遵守有關 IUU 捕魚活動之相關法律規章，蓋此類行為不能歸咎於船旗國。[159] 此外，倘若一個國家將「漁業權限」（fisheries competence）轉讓給國際組織（如歐盟）而該組織係對於漁業具有「專屬權限」（exclusive competence），則該組織應對未履行「盡職調查」義務而負責。[160] 最後，法庭確認沿海國有義務在「共享種群」（shared stocks）及「高度洄游物種」（highly migratory species）之永續管理進行合作，並依據需要採取「預防措施」（precautionary approach）。[161]

(4) 大陸架與專屬經濟區之比較

比較大陸架及 EEZ 之法律概念相當具有啟發意義，二者於習慣國際法領域及 UNCLOS 下共存，並包含重要之相似性及相互滲透之要件。此兩概念都側重於對經濟資源之控制，並在不同程度上基於「相鄰」（adjacency）【265】及「距離原則」（distance principle）。[162] EEZ 包括 200 海里海域之海底大陸架的權利。然而，二者仍有以下重要之區別：

A. EEZ 係屬於自由選擇，而依法享有探勘及開發沿海國家大陸架資源之權利。因此，地中海之幾個國家，擁有 EEZ 無法相比之大陸架權利（此於半封閉海域並不重要）。

B. 當大陸架及其邊緣之延伸，超出相關海岸 200 海里之界限時，大陸架權利即自始存在。因此，在 UNCLOS 制度內，國際海底管理局（International Sea-bed Authority）之權利必須與沿海國之權利相互協調。

C. EEZ 制度涉及「水層」（water column），故其資源（定居物種除外）受到關於與其他國家分享 EEZ 剩餘生物資源規則之拘束，特別係與同一區域或次區域之內陸或地理不利之國家（UNCLOS 第 62、68、69、70、71 條）。

---

[159] Ibid, 44–5 (§§146–8).
[160] Ibid, 51 (§§172–3).
[161] Ibid, 59 (§208).
[162] *Libya/Malta*, ICJ Reports 1985 p 13, 33.

D. EEZ 制度賦予沿海國家對於船舶污染之實質管轄權，以及對海洋科學研究更大的控制權。

5. 其他特殊用途區域

20 世紀產生一些主張乃針對國家領土不連續但相鄰之特殊用途區域。[163]

(1)安全區域

延伸到領海以外之多邊或類似形式之安全或防禦區，[164] 以及用於空中識別（air identification）目的之區域，[165] 已經於各國實踐中出現。[166] 就上述區域代表對國民之域外管轄權主張而言，其並非與一般【266】國際法原則相衝突。此外，國家間亦可合作並依據公約相互負有尊重此類區域之法律義務。同樣地，此類區域亦可能以戰時交戰國合法權利之形式出現。否則，涉及對外國船舶或飛行器適用預防或懲罰權力時，此區域將不符合領海界限以外水域之地位。

(2)其餘事項之求償

顯然，於 1945 年至 1982 年期間不僅海上主張之範圍有所增長，甚至新型海域亦有所增長。於「領海」及「內水」之簡單的長期圖象中，增加四個新類別之討論。UNCLOS 在國際間之廣泛批准，為穩定法律而作出很大貢獻，目前而言，不太可能對於公海資源提出新的「排他性主張」（new exclusive claims）。然而，動態之習慣國際法體系不能斷然排除新發展。智利對於所謂 Presencial Sea 之主張即為一例，雖然其被解釋為「非專屬利益區」（non-

---

[163] On marine protected areas, see chapter 15.

[164] On maritime security generally: Klein, *Maritime Security and the Law of the Sea* (2011); Kraska & Pedrozo, *International Maritime Security Law* (2013); Kojima in Nasu & Rubenstein (eds), *Legal Perspectives on Security Institutions* (2015) 95; Klein in Rothwell et al (2015) 582.

[165] Murchison, *The Contiguous Air Space Zone in International Law* (1956); 4 Whiteman 495–8; Hailbronner (1983) 77 *AJIL* 490, 500, 515–19; Dutton (2009) 103 *AJIL* 691; Pedrozo (2011) 10 *Chin JIL* 207, 211–13; Rothwell & Stephens (2nd edn, 2016) 305–6.

[166] In 2013, China declared an air defence identification zone over the East China Sea which partly overlaps with the air defence identification zones established by South Korea and Japan while covering a group of islands (Diaoyu in China; Senkaku in Japan) contested by both China and Japan. For discussion: Daugirdas & Mortenson (2014) 108 *AJIL* 94, 106; Kaiser (2014) 63 *German J Air & Space Law* 527; Su (2015) 14 *Chin JIL* 271.

exclusive zone）而並非領土主張。[167]

6. 結論

在很大程度上，UNCLOS 之效果，乃支持 1974 年前針對領海以外之海域（鄰接區、EEZ、大陸架、群島海域）等提出之主張，同時限制新主張之發展。同時，UNCLOS 亦為現行法律提供更多細節，並建立一個相當複雜之爭端解決體系（見本書第三十二章）。因此，UNCLOS 具有顯著之鞏固效果，但仍持續存在相當多爭議，尤其係於南中國海（South China Sea）爭端，引發對於穩定性之質疑，甚至 UNCLOS 締約國間之爭議，雖然美國全面承認其航行及安全利益，但美國仍未正式批准 UNCLOS，許多見解亦無濟於事；UNCLOS 中達成之平衡雖然貢獻很大，但仍係屬於臨時性質。

---

[167]　Kibel (2000) 12 *JEL* 43; Molenaar in Rothwell et al (2015) 280, 299–300.

第十二章　海域劃界及其相關問題

1. 概述

　　【267】第十一章概述海洋區域之權利規則，但沿海國相對於其鄰國之位置可能與其潛在區域互相重疊。[1] 事實上，世界上沒有任何沿海國不與至少一個其他國家有重疊之潛在權利（見圖 12-1）。另外，亦有關於公海及其海床之權利問題，沿海國分別與國際公共領域（international public domain）或「全球公共領域」（global commons）之間進行有效劃界，直到近代，公共領域始急劇消退。

　　許多海洋邊界仍未劃定，且有相當一部分依舊存在爭議，[2] 涵蓋了各式各樣之地理情況，從擁擠在凹形海岸線上之相鄰國家，[3] 到與長海岸線相對，[4] 或面向公海之小島等皆然。[5] 然而，國際法院及法庭應以原則性方式就海洋劃界作出判決，無須重新劃分地理區域，但仍【269】應取得公平結果。對於司法技術而言，劃界爭議將是相當大的考驗。

---

[1] Generally: O'Connell, *The International Law of the Sea* (1984) 684–732; Weil, *The Law of Maritime Delimitation* (1989); Evans, *Relevant Circumstances and Maritime Delimitation* (1989); Churchill & Lowe, *The Law of the Sea* (3rd edn, 1999) ch 10; Antunes, *Towards the Conceptualisation of Maritime Delimitation* (2003); Scovazzi, 'Maritime Delimitation Cases before International Courts and Tribunals' (2006) *MPEPIL*; Lagoni & Vignes (eds), *Maritime Delimitation* (2006); Tanaka, *Predictability and Flexibility in the Law of Maritime Delimitation* (2006); Yanai in Attard, Fitzmaurice, & Martinez Gutierrez (eds), *The IMLI Manual on International Maritime Law*, Vol I (2014) 304; Evans in Rothwell et al (eds), *The Oxford Handbook of the Law of the Sea* (2015) 254; Cottier, *Equitable Principles of Maritime Boundary Delimitation* (2015); Rothwell & Stephens (eds), *The International Law of the Sea* (2nd edn, 2016) ch 16; Fietta & Cleverly, *A Practitioner's Guide to Maritime Boundary Delimitation* (2016).

[2] Including, perhaps surprisingly, the maritime boundaries between Canada and the US: McDorman, *Salt Water Neighbours* (2009); Roach & Smith, *Excessive Maritime Claims* (3rd edn, 2012) 901.

[3] E.g. *North Sea Continental Shelf (Federal Republic of Germany/Netherlands; Federal Republic of Germany/Denmark)*, ICJ Reports 1969 p 3; *Guyana v Suriname* (2007) 139 ILR 566; *Bangladesh v India* (2016) 167 ILR 1.

[4] E.g. *Nicaragua v Colombia*, ICJ Reports 2012 p 624.

[5] E.g. *Barbados v Trinidad and Tobago* (2006) 139 ILR 449.

2. 權利與劃界之區別

對當事方具有一般管轄權之國際法院或法庭，可同時裁定陸地邊界爭端、島嶼主權爭端以及隨之而來之海洋劃界爭議。[6] 然而，「聯合國海洋法公約」（UNCLOS）第 298(1)(a)(i) 條規定，允許各國關於海洋劃界議題，得選擇不對「爭議」進行強制性爭端解決。此類爭端可提交「強制調解」（compulsory conciliation），[7] 但其條件爲此類爭端排除「任何必然涉及同時審議有關大陸或島嶼陸地領土之主權，或其他權利有關之任何尚未解決之爭端」，其含義似乎意謂 UNCLOS 第 XV 部分對海洋劃界之管轄權，將包括關於海岸線是否存在陸地主權之爭端，而此爭端是否屬於海岸線上其他國家，抑或陸地邊界之終點位置。

在 *Mauritius v UK* 一案中，仲裁庭（以三比二）駁回其具有實質性附帶管轄權（substantial incidental jurisdiction）。模里西斯抗辯主張，就 Chagos Archipelago（查戈斯群島）周圍海洋保護區之爭端聲明而言，英國不是「沿海國家」（coastal state）。仲裁庭認爲，該群島之潛在主權爭端並非依據「聯合國海洋法公約」（UNCLOS）所引起：

> UNCLOS 第 298(1)(a)(i) 條僅適用於公約對於涉及海洋邊界及歷史所有權之爭端。充其量對該條款之相反解釋亦可支持上述論點，易言之，倘若土地主權爭議眞正附屬於海洋邊界爭端或歷史所有權之主張，則該爭議可能屬於 UNCLOS 第 XV 部分之法院或法庭之管轄範圍。[8]

---

[6] E.g. *Cameroon v Nigeria*, ICJ Reports 2002 p 303; *Nicaragua v Colombia*, ICJ Reports 2012 p 624.

[7] There has so far only been one conciliation proceeding under Art 298(1): *Timor-Leste v Australia*, PCA, Decision on Australia's Objections to Competence, 19 September 2016. On 6 March 2018, the parties signed the Treaty between Australia and the Democratic Republic of Timor-Leste establishing their Maritime Boundaries in the Timor Sea; on 9 May 2018 the Report and Recommendations of the Compulsory Conciliation Commission between Timor-Leste and Australia on the Timor Sea was published.

[8] *Chagos Marine Protected Area (Mauritius v UK)* (2015) 162 ILR 1, 157. Judges Wolfrum and Kateka dissented: ibid, 292–317.

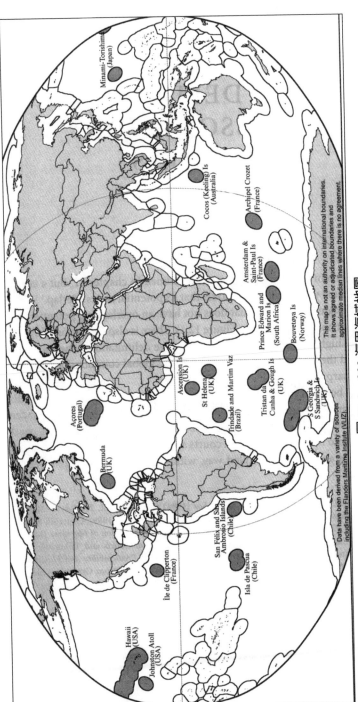

圖 12-1　200 海里海域地圖

資料來源：Marbdy Consulting Ltd., Robin Cleverly 博士

本地圖顯示 200 海里之海域以及相關邊界，所有海域皆附屬於陸地或島嶼。以深色標示者，乃為未有重疊海域之島嶼。

　　上述爭議問題，在關於對依據第298(1)(a)條作出聲明之國家（如中國）提起之南海案（South China Sea case）中，再次出現。本案涉及中國對南中國海及所謂「九段線」（Nine-Dash line）內「小地物」（small features）而主張之地位。原告方要求仲裁庭確認此地物於 UNCLOS 下之地位，以及是否（即使假設其為中國所有）或可能將產生重疊之海域主張。仲裁庭維持於上述議題之管轄權，理由為【270】「關於是否存在海域權利之爭端，不同於在各方權利重疊之區域中進行劃界之爭端」，[9]且仲裁庭認為有可能獨立於主權爭端以決定相關之權利問題。[10]

　　「權利」與「劃界」間之區別並非絕對。在 *Maritime Delimitation in the Caribbean Sea and the Pacific Ocean (Costa Rica v Nicaragua)* 一案中，法院不得不於海岸線被嚴重侵蝕之區域（聖胡安河河口，the mouth of the San Juan river）劃定當事方之海域，並留下一個狹窄之沙洲（長約 800 米），將「加勒比海」（Caribbean Sea）與尼加拉瓜小潟湖（Nicaraguan lagoon）二者獨立隔開，其兩側則被哥斯大黎加之領土所包圍。法院認為：

> 將「港頭潟湖」（Harbor Head Lagoon）與「加勒比海」分隔開來之沙洲極為不穩定，而且其作為哥斯大黎加領土內的一小塊飛地（enclave），需要一種特殊之解決方案。倘若該領海歸於飛地，則對於尼加拉瓜沒有多大用處，同時會破壞哥斯大黎加領海之連續性。於此情況下，雙方領海劃界將不考慮飛地可能產生之任何權利。[11]

　　上述案例係國際法院第一次於海域劃界時，完全忽略沿岸（非島嶼）之特徵。

　　[9] *South China Sea (Philippines v China)*, Jurisdiction (2015) 170 ILR 1, 85–6; see also Merits, ibid, 28–91, 450–4, 662–4.
　　[10] Ibid, 74–5, 83–5.
　　[11] Judgment, 2 February 2018, para 105.

3. 協議劃界

涉及劃界之 UNCLOS 條文（第 15、74、83 條）將有關國家之間之協議置於優先地位，各國間可自由地應用等距、偏離等距、以空間換取資源，以及對於小的地貌特徵使其全部、部分或不產生任何影響。大多數「海域邊界」（maritime boundaries）皆屬於協議商定。[12]

即使在沒有條約之情況下，亦經常有國家主張，相關各方已經透過「國家實踐」而默示同意其領海邊界，而此主張幾乎永遠不會成功。[13] 在 *Peru v Chile* 一案中，智利主張當事國於 1952 年主張成為其 200 英哩區域時，各方已經同意係由「有關國家陸地邊界入海點之平行線」，即陸地邊界終點緯度之平行線。[14] 此「共同理解」（shared understanding）[15] 得到 1954 年及 1969 年條約之確認，該二部條約有效解決有關【271】假定海域邊界之具體問題。但面對令人信服之協議證據，法院仍裁定「雙方商議沿平行線之海域邊界（未延伸）從其起點計算超過 80 海里。亦即超過 80 英哩，邊界恢復到等距之 200 英哩」。[16] 然而，80 英哩（法院的轉折點）的數字，在雙方協議或通訊中並未出現。因此，即使是明確之隱性協議（clear implicit agreements）亦被賦予狹義之結構。

4. 領海劃界

對立或相鄰國家間之領海劃界受 UNCLOS 第 15 條管轄，[17] 該條文實際上與「日內瓦領海及鄰接區公約」（Geneva Convention on the Territorial Sea

---

[12] But there is a distinction between an allocation line at sea which determines sovereignty over territory (including islands) and a maritime boundary delimitation: e.g. *Nicaragua v Colombia*, Preliminary Objections, ICJ Reports 2007 p 832.

[13] E.g. *Cameroon v Nigeria*, ICJ Reports 2002 p 303, 474–8; *Romania v Ukraine*, ICJ Reports 2009 p 61, 86–9; *Delimitation of the Maritime Boundary between Ghana and Côte d'Ivoire in the Atlantic Ocean (Ghana/Côte d'Ivoire)*, ITLOS Case No 23, Judgment, 23 September 2017, paras 211–28.

[14] Santiago Declaration, 18 August 1952, para IV, 1006 UNTS 301.

[15] As the Court termed it: *Peru v Chile*, ICJ Reports 2014 p 3, 32.

[16] Ibid, 48. For the view that the agreed boundary extended to 200 nm, see e.g. President Tomka, sep op, ibid, 76–82.

[17] Generally: Aquilina in Attard, Fitzmaurice, & Martinez Gutierrez (2014) 26, 35–8; Evans in Rothwell et al (2015) 254, 255–6.

and Contiguous Zone, GCTS）第 12 條第 1 項相同，充分顯示習慣國際法原則。[18]UNCLOS 第 15 條規定：

> 倘若兩國海岸彼此相向或相鄰，兩國中任何一國在彼此沒有相反協議之情形下，均無權將其領海伸延至一條其每一點都同測算兩國中每一國領海寬度的基線上最近各點距離相等的中間線以外。但如因歷史性所有權或其他特殊情況，而有必要按照與上述規定不同的方法劃定兩國領海的界限，則不適用上述規定。

倘若各國未能達成一致，第 15 條將「等距」（equidistance）置於首位，除非由於歷史性所有權或其他「特殊情況」而有必要，始不適用「等距」原則。而在領海劃界中，是否存在正式之等距離推定，可能存在爭議，但「等距」原則肯定係一般之常態，並且由於所涉及彼此距離相對較小而顯得合理。[19]

5. 大陸架劃界

(1) 法源

「大陸架」（continental shelf）之直接起源，係出自於 1945 年 9 月 28 日之杜魯門宣言（Truman Proclamation）。[20]在一項具有非凡的先見之明實踐中，該宣言用以下用語解決海域劃界問題：

> 【272】在大陸架與鄰國共享的情況下，邊界應由美國與有關

---

[18] *Maritime Delimitation and Territorial Questions between Qatar and Bahrain (Qatar v Bahrain)*, ICJ Reports 2001 p 40, 93–4.

[19] But see *Croatia v Slovenia*, PCA Final Award, 29 June 2017, [1014] (modified equidistance line to avoid cut-off).

[20] Generally: Bowett (1978) 49 *BY* 1; Pazarci, *La Délimitation du plateau continental et les îles* (1982); Hutchinson (1984) 55 *BY* 133; Colson (2003) 97 *AJIL* 91; Kunoy (2006) 53 *NILR* 247; Leanza in Boschiero (ed), *International Courts and the Development of International Law* (2013) 281; Rothwell & Stephens (2nd edn, 2016) ch 16.

國家依據公平原則確定。[21]

1942 年帕里亞灣條約（Gulf of Paria Treaty）爲第一個海床劃界條約（seabed delimitation treaty），劃定千里達（Trinidad）及委內瑞拉海岸間之淺海內海。[22]

至 1953 年國際法委員會（ILC）審議該問題時，國家實踐並沒有取得太大的進展。依據製圖建議，ILC 提議並在日內瓦會議上通過「日內瓦大陸架公約」（Geneva Convention on the Continental Shelf, GCCS），其中第 6 條[23] 適用於「同一大陸架」位於對立或相鄰國家間延伸之情況。在單獨之條文中，規定劃定邊界係由協議而確定，但「在沒有協議之情況下，除非有特殊情況需要另行劃定邊界線」，否則，邊界應以與基線最近點「等距之線」以確定之，領海寬度亦從該基線加以量度。

1969 年，國際法院將第 6 條中闡明之「等距」與「特殊情況」規則作爲習慣而予以否決，[24] 至於案例與學說以及談判中經歷多次變遷後，此立場於 1982 年 UNCLOS 第 83 條第 1 項中顯然得到支持，[25] 該條文規定：

> 海岸相向或相鄰國家間大陸架的界限，應在國際法院規約第 38 條所指國際法的基礎上以協議劃定，以便得到公平解決。

UNCLOS 第 83 條第 1 項可視爲「杜魯門宣言」關於劃界條款至今最詳盡的版本；就此而言，UNCLOS 第 VI 部分已回到其國際習慣法之淵源。[26]

(2) 既定方法

於此同時，國家實踐與司法判例法已不斷向前發展，在 *Continental Shelf*

---

[21] 1945 United States Presidential Proclamation 2667, reprinted in Lowe & Talmon (eds), *The Legal Order of the Oceans* (2009) 19.
[22] Treaty relating to the Submarine Areas of the Gulf of Paria, 26 February 1942, 205 LNTS 121.
[23] 29 April 1958, 499 UNTS 311.
[24] *North Sea Continental Shelf*, ICJ Reports 1969 p 6, 38; further chapter 2.
[25] UNCLOS, Art 83(4) preserves existing delimitation agreements, including those based on different principles.
[26] Nordquist, 2 *United Nations Convention on the Law of the Sea* (1993) 953–4.

(*Libyan v. Malta*) 一案中，[27] 雙方同意其大陸架劃界爭端受習慣國際法管轄，國際法院判斷該爭議與 UNCLOS 第 83 條第 1 項之關聯性，[28] 法院進一步強調第 83 條第 1 項傾向於「公平」（equitable）解決有關大陸架劃界之問題。法院指出：

> 公約已設定欲實現之目標，但並未說明實現該目標所應遵循之方法。公約僅限於制定標準，而係由各國自行或由法院賦予該標準特定之內容。[29]

【273】考量到海岸線長度之差異，法院採用偏離中線之「比例測試」（proportionality test），同時強調不要求相關海岸與各自大陸架區域間達到預定比例。[30]

由於此判決以及隨後之實踐，出現一種「公認方法」（received approach）。[31] 第一步為臨時畫一條「等距線」（equidistance line）。[32] 倘若證明不合適，法庭可使用不同之方法，例如：「角平分線」（angle bisector），依據該方法透過平分海岸線之線性近似所產生之角度以繪製分界線。[33] 下一個步驟，係檢視如此劃定之界線是否必須依據「相關情況」（relevant circumstances）進行調整，例如小島或沿岸地理等實況。[34] 第三，仲裁庭核實檢驗，由此產生之分界線，並未導致不公平之結果。原因係「各海岸長度之比

---

[27] *Continental Shelf (Libya/Malta)*, ICJ Reports 1985 p 13.

[28] Ibid, 55.

[29] Ibid, 30.

[30] Ibid, 49–50, 55.

[31] Further: Scovazzi, 'Maritime Delimitation Cases before International Courts and Tribunals' (2006) *MPEPIL*, §F; Vidas in Boschiero (2013) 325, 326–30.

[32] E.g. *Qatar v Bahrain*, ICJ Reports 2001 p 40, 94; *Nicaragua v Honduras*, ICJ Reports 2007 p 659, 742–5; *Delimitation of the Maritime Boundary between Bangladesh and Myanmar in the Bay of Bengal (Bangladesh/Myanmar)*, ITLOS Case No 16 (Judgment 14 March 2012); *Bangladesh v India* (2014) 167 ILR 1, 112–13.

[33] *Nicaragua v Honduras*, ICJ Reports 2007 p 659, 746; cf *Gulf of Maine*, ICJ Reports 1984 p 246, 327.

[34] *Cameroon v Nigeria*, ICJ Reports 2002 p 303, 441; *Romania v Ukraine*, ICJ Reports 2009 p 61, 101–3; *Bangladesh/Myanmar*, ITLOS Case No 16 (Judgment 14 March 2012); *Nicaragua v Colombia*, ICJ Reports 2012 p 624, 696; *Bangladesh v India* (2014) 167 ILR 1, 131.

例」與「每個國家相關海域間之比例」，二者之間是否存在任何明顯之傾斜不公。[35]

(3) 公平原則

「等距線」係大陸架劃界之普通起點，乃依據 UNCLOS 第 83 條第 1 項及習慣國際法解決問題的一項公平原則。自從國際法院於 *North Sea Continental Shelf* 一案中所賦予法律定義之「公平原則」（equitable principles），使其具有作爲一般國際法之規範性。[36] 誠然，UNCLOS 第 83 條第 1 項爲「公平」一詞設下模糊之標準，[37] 但目前已經出現一些具體之適用標準，可簡述如下：

A. 任何一方都應盡可能不侵犯對方的自然延續，亦稱爲「不侵犯原則」（principle of non-encroachment）。[38]

B.【274】只要有可能，任何有關國家之海岸向海面之投影，都不應被不當切斷。[39]

C. 劃界應適用公平標準，並使用能確保就該區域之地理配置及其他相關情況，以得出公平結果之實用方法。[40]

D. 可積極地假設，應以公平解決之方式，平等劃分爭議國家大陸架之重疊區域。[41]

---

[35] *Romania v Ukraine*, ICJ Reports 2009 p 61, 103, 129–30; *Nicaragua v Colombia*, ICJ Reports 2012 p 624, 696; *Bangladesh v India* (2014) 167 ILR 1, 163.

[36] *North Sea Continental Shelf*, ICJ Reports 1969 p 3, 46–7; *Tunisia/Libya*, ICJ Reports 1982 p 18, 60; *Libya/Malta*, ICJ Reports 1985 p 13, 38–9.

[37] Ibid, 30.

[38] *North Sea Continental Shelf*, ICJ Reports 1969 p 3, 46–7, 53; *Gulf of Maine*, ICJ Reports 1984 p 246, 312–13; *Libya/Malta*, ICJ Reports 1985 p 13, 39; *Dubai v Sharjah* (1981) 91 ILR 543, 659; *Barbados v Trinidad and Tobago* (2006) 139 ILR 449, 521. Generally: Colson (2003) 97 *AJIL* 91, 102–7; Kaye (2008) 14 *OCLJ* 73, 74–9; Kim (2014) 45 *ODIL* 374; Paik in del Castillo (ed), *Law of the Sea* (2015) 583.

[39] *North Sea Continental Shelf*, ICJ Reports 1969 p 3, 17–88; *Gulf of Maine*, ICJ Reports 1984 p 246, 298–9, 312–13, 328, 335; *Guinea–Guinea-Bissau* (1985) 77 ILR 635, 681; *Barbados v Trinidad and Tobago* (2006) 139 ILR 449, 521; *Bangladesh/Myanmar*, ITLOS Case No 16 (Judgment 14 March 2012); *Nicaragua v Colombia*, ICJ Reports 2012 p 624, 704; *Bangladesh v India* (2014) 167 ILR 1, 137.

[40] *Gulf of Maine*, ICJ Reports 1984 p 246, 299–300; *Libya/Malta*, ICJ Reports 1985, p 13, 38–9, 57; *Barbados v Trinidad and Tobago* (2006) 139 ILR 449, 521; *Bangladesh v India* (2016) 167 ILR 1, 112.

[41] *North Sea Continental Shelf*, ICJ Reports 1969 p 3, 36, 52–3; *Gulf of Maine*, ICJ Reports 1984 p 246, 300–1, 312–13, 327–32; *Libya/Malta*, ICJ Reports 1985 p 13, 47.

(4) 相關情況

衡平法原則之適用，涉及參照「相關情況」（relevant circumstances），或「應考量之因素」（factors to be taken into account），[42] 相關情況包括：

 A. 雙方海岸之整體布局；[43]
 B. 無視或不充分考量可能對於劃界產生不成比例影響之附帶特徵（例如離岸島嶼）；[44]
 C. 相關地區海岸線長度之差異；[45]
 D. 一般地理架構或脈絡。[46]

有時會提及但未被廣泛接受的因素包括：

 E. 【275】海底地質結構及其地貌（或地表特徵）；[47]
 F. 雙方行為；[48]
 G. 爭議地區之自然資源分布情況；[49]

[42] *Libya/Malta*, ICJ Reports 1985 p 13, 40.

[43] *North Sea Continental Shelf*, ICJ Reports 1969 p 3, 49, 53–4; *Tunisia/Libya*, ICJ Reports 1982 p 18, 61–3; *Gulf of Maine*, ICJ Reports 1984 p 246, 327–31; *Libya/Malta*, ICJ Reports 1985 p 13, 50, 52; *Guinea–Guinea-Bissau* (1985) 77 ILR 635, 676–9; *Cameroon v Nigeria*, ICJ Reports 2002 p 303, 445–6. Also: *Bangladesh v India* (2016) 167 ILR 1, 133–4 (cut-off effect as a result of the concavity of the coast of Bangladesh). Cf ibid, 132 (holding that '[f]uture changes of the coast, including those resulting from climate change, cannot be taken into account in adjusting a provisional equidistance line').

[44] E.g. *Costa Rica v Nicaragua*, Judgment, 2 February 2018, paras 153–4 (giving half-effect to the Corn Islands), 193–4 (giving half effect to the Santa Elena Peninsula).

[45] *Gulf of Maine*, ICJ Reports 1984 p 246, 323; *Libya/Malta*, ICJ Reports 1985 p 13, 48–50; *Jan Mayen*, ICJ Reports 1993 p 38, 65–70; *Cameroon v Nigeria*, ICJ Reports 2002 p 303, 446–7; *Barbados v Trinidad and Tobago* (2006) 139 ILR 449, 523; *Romania v Ukraine*, ICJ Reports 2009 p 61, 116–18; *Nicaragua v Colombia*, ICJ Reports 2012 p 624, 702.

[46] *Anglo-French Continental Shelf* (1977) 54 ILR 6, 95–8; *Libya/Malta*, ICJ Reports 1985 p 13, 42, 50–3; *Guinea–Guinea-Bissau* (1985) 77 ILR 635, 683–5; *Nicaragua v Colombia*, ICJ Reports 2012 p 624, 703–4.

[47] *North Sea Continental Shelf*, ICJ Reports 1969 p 3, 53–4; *Tunisia/Libya*, ICJ Reports 1982 p 18, 58, 64. See now *Libya/Malta*, ICJ Reports 1985 p 13, 35–7, 38–41.

[48] *Nicaragua v Colombia*, ICJ Reports 2012 p 624, 705; *Ghana/Côte d'Ivoire*, Judgment, 23 September 2017, paras 241–6, 456–79.

[49] *North Sea Continental Shelf*, ICJ Reports 1969 p 3, 54; *Tunisia/Libya*, ICJ Reports p 18, 77–8; *Libya/Malta*, ICJ Reports 1985 p 13, 41. But see *Jan Mayen*, ICJ Reports 1993 p 38, 70–3 (fisheries).

H. 爭端國家之國防與安全利益；[50]

I. 航海權益；[51]

J. 與陸地邊界之整體方向一致；[52]

K. 該區域已經進行的海洋劃界。[53]

此處需要對上述其中幾項因素進行討論。

例如第 B 項因素，考量沿海國間準平等（quasi-equality）之地理狀況，通常有必要減輕可能導致不合理之待遇差異的附帶特徵影響。而該原則已被用於避免，或至少減少因凹形海岸之切斷效應，[54] 或島嶼不成比例等之影響；[55] 有時，即使地理上沒有明顯的偏頗，一組島嶼之影響已經減少一半。[56]

至於現有或合理懷疑之資源發生率，與資源相關之標準已得到更加謹慎的對待。法庭通常沒有將此因素作爲相關情況予以適用（至少明確地適用），[57] 關於 200 海里範圍內劃界之例外係揚馬延島（Jan Mayen），考量丹麥對於已建立之毛鱗魚漁業（capelin fishery）的利用，[58] 其中一部分界線已進行調整。因此，在單一海域邊界之背景下，與專屬經濟區（EEZ）相關之考量將決定大陸架邊界之位置。

談論有關證明偏離「臨時界線」（provisional line）之公認標準的「相關情況」（relevant circumstances）似有誤導之疑慮，而列舉情況並未【276】關閉。然而，正如國際法院在 Continental Shelf (Libyan v. Malta) 一案中認爲，只

---

[50] *Anglo-French Continental Shelf* (1977) 54 ILR 6, 98; *Libya/Malta*, ICJ Reports 1985 p 13, 42; *Guinea–Guinea-Bissau* (1985) 77 ILR 635, 689; *Jan Mayen*, ICJ Reports 1993 p 38, 74–5; *Romania v Ukraine*, ICJ Reports 2009 p 61, 127–8; *Nicaragua v Colombia*, ICJ Reports 2012 p 624, 706.

[51] *Anglo-French Continental Shelf* (1977) 54 ILR 6, 98.

[52] *Tunisia/Libya*, ICJ Reports 1982 p 18, 64–6; *Guinea–Guinea-Bissau* (1985) 77 ILR 635, 682–3.

[53] *Romania v Ukraine*, ICJ Reports 2009 p 61, 118–20; *Nicaragua v Colombia*, ICJ Reports 2012 p 624, 707.

[54] *North Sea Continental Shelf*, ICJ Reports 1969 p 3, 36, 49–50; *Bangladesh v India* (2016) 167 ILR 1, 136–8.

[55] *Anglo-French Continental Shelf* (1977) 54 ILR 6, 100–2 (Channel Islands enclaved), 123–4 (Scilly Isles given half-effect); *Bangladesh/Myanmar*, ITLOS Case No 16 (Judgment 14 March 2012) (St Martin's Island given no effect beyond 12 nm); *Nicaragua v Colombia*, ICJ Reports 2012 p 624, 713–15 (Serrana Island enclaved).

[56] *Tunisia/Libya*, ICJ Reports 1982 p 18, 88–9. Also: *Dubai v Sharjah* (1981) 91 ILR 543, 673–7.

[57] *Barbados v Trinidad and Tobago* (2006) 139 ILR 449, 523; *Romania v Ukraine*, ICJ Reports 2009 p 61, 125–6.

[58] *Jan Mayen*, ICJ Reports 1993 p 38, 70–2; cf *Cameroon v Nigeria*, ICJ Reports 2002 p 303, 447–8 (irrelevance of oil practice). Also: *Peru v Chile*, ICJ Reports 2014, p 3, 41, 57–8; ibid, 100, 102 (Judges Xue, Gaja, Bhandari, and Judge ad hoc Orrego Vicuña, diss); ibid, 76 (President Tomka, decl).

有「與大陸架制度相關之情況，因為其已經在法律範圍內發展，並與公平原則在其劃界中之適用有關，始得被納入考量」。[59] 其餘無關因素，則包括人口、腹地範圍或沿海國家發展狀況等。[60]

(5) 合比例性

在 *North Sea Continental Shelf* 一案中，法院指出在劃界中「應考慮」之其中一項因素，即為「合理程度之相稱性」（the element of a reasonable degree of proportionality），依據「公平原則」進行劃界，應該在屬於沿海國與沿岸岸線總方向測量之海岸長度。為此目的應考慮同一區域相鄰國家間任何其他大陸架劃界之實際情況或未來影響。[61] 然而，依「比例」（基於各自海岸長度的比例）僅為參考因素，並非一項獨立的劃界規則，仍應透過其他方式得出檢驗結果的公平性。[62] 此種依據其他標準而得出之界線，進行事後（*ex postfacto*）驗證之過程，可採取兩種形式。於特殊情況下，法院可採用基於各自海岸線長度之比例形式。[63] 更進一步而言，其採取形式係審查由特定地理特徵引起明顯不成比例之劃界。[64]

(6) 200 海里以外之大陸架劃界

UNCLOS 第 76 條之複雜公式規範確認大陸架外部界限之標準，[65] 與基線 200 海里內之「大陸架劃界」（continental shelf delimitation）不同，當沿海國欲劃定 200 海里外之大陸架外部界線時，相關國家必須向「聯合國大陸礁層界限委員會」（UN Commission on the Limits of the Continental Shelf, CLCS）提

---

[59] *Libya/Malta*, ICJ Reports 1985 p 13, 40.

[60] *Tunisia/Libya*, ICJ Reports 1982 p 18, 77–8; *Libya/Malta*, ICJ Reports 1985 p 13, 41; *Guinea–Guinea-Bissau* (1985) 77 ILR 635, 688–9.

[61] ICJ Reports 1969 p 3, 52–4. In *Bangladesh/Myanmar*, this was referred to as the 'disproportionality test', ITLOS Case No 16 (Judgment 14 March 2012); similarly: *Nicaragua v Colombia*, ICJ Reports 2012 p 624, 715–16; *Peru v Chile*, ICJ Reports 2014, p 3, 65; *Bangladesh v India* (2016) 167 ILR 1, 165.

[62] *Libya/Malta*, ICJ Reports 1985 p 13, 45–6; *Nicaragua v Colombia*, ICJ Reports 2012 p 624, 715–16; *Bangladesh v India* (2014) 167 ILR 1, 168 [492].

[63] *Tunisia/Libya*, ICJ Reports 1982 p 18, 75–6, 78, 91, 93.

[64] *Anglo-French Continental Shelf* (1977) 54 ILR 6, 67–8; *Gulf of Maine*, ICJ Reports 1984 p 246, 323; *Libya/Malta*, ICJ Reports 1985 p 13, 53–5.

[65] Generally: Kunoy (2006) 53 *NILR* 247; McDorman (2009) 18 *J Trans LP* 155; Magnússon, *The Continental Shelf Beyond 200 Nautical Miles* (2015); Jensen (2015) 84 *Nordic JIL* 580.

交此類界限之詳情。[66] 依據文件並應用 UNCLOS 第 76 條中之標準，委員會提出建議：倘若【277】上述標準被國家接受及付諸實施，大陸架之限制將變得明確且具有法律拘束力。[67]

上述程序僅適用於無爭議劃界，倘若有關區域存在爭議，CLCS 必須推遲審議。在 *Nicaragua v Honduras* 一案中，法院認為欲劃定之分界線不能延伸超過 200 海里，因為「外緣大陸架」（outer continental shelf）之主張必須提交 CLCS，[68] 但此立場目前已經過時。[69] 在 *Bangladeshi v. Myanmar* 案中，法庭為維持其管轄權，至少在相鄰國家間劃定超過 200 海里之界線。而於 *Bangladesh v India* 一案中，法庭亦效仿此做法。[70] 結果，孟加拉（與德國一樣，位於凹形海岸之中部沿海國家）出現比等距基礎上更多之大陸架。

6. 專屬經濟區劃界

UNCLOS 第 74 條關於海岸相向或相鄰國家間「專屬經濟區劃界」（delimitation of the EEZ）之規定，與第 83 條關於大陸架劃界規定大致相同。[71] 此外，由於國際法院於 *Continental Shelf* (*Libyan v. Malta*) 一案 [72] 強調 200 海里距離原則，因此沿海國享有 EEZ 或大陸架之基礎區別不大；除非所涉及之海岸相距超過 400 海里以上，否則，劃界原則係非常相似。然而，某些差異可能會在平衡「公平要素」（equitable factors）時展現，尤其當國家間欲

---

[66] UNCLOS, Annex II, esp Art 4. That one coastal state is not a party to UNCLOS does not relieve the other from its obligation to submit a claim to the CLCS: *Nicaragua v Colombia*, ICJ Reports 2012 p 624, 668–9; cf 757–9 (Judge Donoghue, sep op).

[67] UNCLOS, Art 76(8).

[68] ICJ Reports 2007 p 659, 759. In *Nicaragua v Colombia*, the Court also refrained from delimiting beyond 200nm, but for different reasons: ICJ Reports 2012 p 624, 668–9. That delimitation is now pending in a later case: *Nicaragua v Colombia*, Preliminary Objections, ICJ Reports 2016 p 100.

[69] (2012) 166 ILR 464, 552–5.

[70] (2014) 167 ILR 1, 156, 169–71. On the timing of delimitation negotiations beyond 200nm and CLCS submissions, see *Somalia v Kenya*, Preliminary Objections, 2 February 2017, paras 67–9, 94–8 (Judges Gaja and Crawford, sep op, paras 7–12).

[71] Generally: O'Connell (1984) 727–32; Attard, *The Exclusive Economic Zone in International Law* (1987) 221–76; Weil (1989); Evans (1989) 39–62; 2 Nordquist (1993) 796–817; Leanza & Caracciolo in Attard, Fitzmaurice, & Martinez Gutierrez (2014) 177, 203–7; Rothwell & Stephens (2nd edn, 2016) 433–40.

[72] ICJ Reports 1985 p 35. Cf *Tunisia/Libya*, ICJ Reports 1982 p 18, 48–9, 114–15 (Judge Jiménez de Aréchaga), 222 (Judge Oda).

劃定之 EEZ 區域係出於漁業，而並非石油與天然氣之利益時，更是如此。

雖然存在上述差異，有一種強烈之趨勢係以各國「同意」或「法庭裁決」單一之海上邊界；[73] 而此邊界用一條線劃分不同地位之區域，例如大陸架、EEZ 或漁業區。在 *Gulf of Maine* 一案中，[74] 仲裁庭採納原本與適用於大陸架劃界標準基本相同之「公平標準」，【278】同時強調需要適用於涉及大陸架上覆水柱之多重用途劃界標準。[75] 即使在國家實踐中，各方無法妥協出單一海域邊界，倘若可能的話，法庭亦會爭取以判決爲之。

一種較不可能發生之情況係 X 國之大陸架自然延伸到 B 國之 EEZ，被稱爲「灰色地帶」（grey area）。*Bangladeshi v. Myanmar* 案中，國際海洋法法庭（ITLOS）指出，由於位在孟加拉之大陸架與在緬甸之 EEZ 形成「灰色地帶」，而並未以其他方式限制緬甸於 EEZ 之權利。[76] 因此，其賦予孟加拉對於該地區大陸架所主張之權利，同時，亦保留緬甸對於上覆水柱之權利；易言之，每個國家都必須「行使其權利並履行其義務，同時亦應適當考量對方之權利與義務」。[77] 同樣地，關於在 *Bangladesh v India* 一案中，劃定之分界線造成「灰色地帶」，仲裁庭承認孟加拉對大陸架之權利，以及印度對上覆水域 EEZ 之權利，同時讓雙方就各自在該地區之權利與義務作出實際安排。[78] 仲裁庭指出，實際「灰色地帶」有一部分與孟加拉及緬甸所定義之「灰色地帶」相重疊，但法院強調，其判決不損及印度對緬甸在其關於 EEZ 主張重疊之兩個「灰色地帶」部分之上覆水域可主張之權利。[79]

---

[73] There are a few examples of treaties adopting different shelf and zone boundaries: e.g. Australia–Papua New Guinea, Torres Strait Treaty, 18 December 1978: 1429 UNTS 207.

[74] ICJ Reports 1984 p 246. For comment: Rhee (1981) 75 *AJIL* 590; Legault & McRae (1984) 22 *CYIL* 267; Schneider (1985) 79 *AJIL* 539; Oda (1987) 349; Kaye (2008) 14 *OCLJ* 73; Vander Zwaag (2010) 15 *OCLJ* 241.

[75] ICJ Reports 1984 p 246, 326–7. Also: *Guinea–Guinea-Bissau* (1985) 77 ILR 635, 658–9, 685–7; *Dubai v Sharjah* (1981) 91 ILR 543; *St Pierre and Miquelon* (1992) 95 ILR 645, 663–4; *Eritrea v Yemen (Phase Two: Maritime Delimitation)* (1999) 119 ILR 417, 457–8; *Qatar v Bahrain*, ICJ Reports 2001 p 40, 91–3; *Cameroon v Nigeria*, ICJ Reports 2002 p 303, 440–2; *Nicaragua v Honduras*, ICJ Reports 2007 p 659, 738–40.

[76] *Bangladesh/Myanmar*, ITLOS Case No 16(Judgment 14 March 2012).

[77] Ibid, 572–3.

[78] *Bangladesh v India* (2014) 167 ILR 1, 170–1.

[79] Ibid, 171.

7. 島嶼對劃界之影響

為劃定相對或相鄰國家間之大陸架或 EEZ 區域，「島嶼」可能構成「相關情況」，[80] 於此情形下，「島嶼」可能完全有效，[81] 或僅半數有效；[82] 又或者，「島嶼」可能會被忽略或被視為「群島」。[83]

【279】一個島嶼是否於海域劃界中發揮重要作用，乃取決於其被認為係介於劃界進程中的何種階段。倘若於暫定線劃定初期即計算於內，該影響可能將會相當大；但倘若僅係於後期考量作為調整「臨時等距線」之相關因素，其影響則將降低許多。蛇島（Serpents Island）係位於多瑙河三角洲以東 20 海里之 0.17 平方公里之海域地物（maritime feature）；於第一階段劃界時，並未考量作為繪製臨時線之基點，其存在後來亦沒有被視為需要調整「臨時等距線」（provisional equidistance line）。[84] 於此情況下，UNCLOS 第 121 條第 3 項之潛在影響可能會被排除。

在其他情況下，一個島嶼可能會依據要劃定之區域給予不同處理。在 *Bangladeshi v. Myanmar* 案中，聖馬丁島（St Martin's Island）被賦予具備 12 海里之「領海」（territorial sea）地位，但並未涵蓋額外之大陸架或 EEZ，以避免「等距線」被不當扭曲，[85] 故其於很大程度上，與單一海域邊界之繪製無關。[86]

---

[80] Briscoe & Prows in Schofield, Lee, & Kwon (eds), *The Limits of Maritime Jurisdiction* (2014) 79; Rothwell & Stephens (2nd edn, 2016) 437–9.

[81] *Anglo-French Continental Shelf* (1977) 54 ILR 6, 123 (Ushant); *Bangladesh/Myanmar* (2012), ITLOS Case No 16 (Judgment 14 March 2012) (St Martin's Island given a 12nm territorial sea 'where such territorial sea no longer overlaps with Myanmar's territorial sea').

[82] *Tunisia/Libya*, ICJ Reports 1982 p 18, 88–9 (Kerkennah Islands); *Anglo-French Continental Shelf* (1977) 54 ILR 6, 121–4 (Scilly Isles); *Gulf of Maine*, ICJ Reports 1984 p 246, 336–7 (Seal Island).

[83] *Anglo-French Continental Shelf* (1977) 54 ILR 6, 98–104 (Channel Islands); *Bangladesh/Myanmar*, ITLOS Case No 16 (Judgment 14 March 2012) (St Martin's Island given no effect with respect to EEZ and continental shelf); *Territorial and Maritime Dispute (Nicaragua v Colombia)*, ICJ Reports 2012 p 624, 713–15 (ditto Serrana Island).

[84] *Romania v Ukraine*, ICJ Reports 2009 p 61, 68–70, 110–12, 122–3.

[85] *Bangladesh/Myanmar*, ITLOS Case No 16 (Judgment 14 March 2012).

[86] In *Nicaragua v Colombia*, Quitasueño (an Art 121(2) rock) had no entitlement beyond 12nm. Serrana (not a rock) was enclaved at 12nm on account of its small size. The archipelago of San Andrés was not enclaved. See respectively ICJ Reports 2012 p 624, 692–3, 181–3, 713–15, 708–9.

8. 結論

　　在 1969 年之後的前二十五年劃界判決中，有論者抱怨基於對於地理及其他因素之主觀評估結果不甚穩定。而在專業文獻中，此類質疑似乎已經平息。但某些國家一直直言不諱地批判甚至無視最近之不利判決。[87] 此種高調之拒絕是否會持續下去，以及其對於已經發展成熟之法律體系，將產生何種影響，更遑論其對有關國家之關係，以上均有待後續觀察。

---

[87] E.g. Colombia in respect of *Nicaragua v Colombia*; China in respect of *South China Sea*.

第十三章　海域跨境與公海制度

1. 概述

【280】現代「公海法律」（law of the high seas）制度主要規定於兩部多邊條約中。[1] 第一部爲「日內瓦公海公約」（Geneva Convention on the High Seas, GCHS），[2] 其序言聲稱其條款「通常係對於國際法既定原則之宣示」，其條款基本上已被「聯合國海洋法公約」（UN Convention on the Law of the Sea, UNCLOS）第 VII 部分「公海」（High Seas）納入其中。[3] 易言之，後者實質上建立於前者的內容基礎之上，UNCLOS 之宗旨爲取代 GCHS，而兩者都以「所有國家」（all states）之形式提出主張；雖然某些國家持續不參與締結條約，但在大多數情況下，上述二部公約可被視爲海域跨境與公海制度之最終立場。[4]

傳統上，「公海」包括領海與一國內水以外之所有海域。[5] 然而，UNCLOS 第 VII 部分之第 86 條規定，「公海」適用於不屬於「專屬經濟區」（Exclusive

---

[1] Still of considerable authority are the Secretariat Memo of 14 July 1950, ILC *Ybk* 1950/II, 67 (believed to be the work of Gidel), and the reports of Special Rapporteur François: ILC *Ybk* 1950/II, 36; ILC *Ybk* 1951/II, 75; ILC *Ybk* 1952/II, 44; ILC *Ybk* 1954/II, 7. Further: McDougal & Burke, *The Public Order of the Oceans* (1962, repr 1987) 730–1007; 2 O'Connell, *The International Law of the Sea* (1984) 792–830; Churchill & Lowe (eds), *The Law of the Sea* (3rd edn, 1999) ch 11; Klein, *Dispute Settlement in the UN Convention on the Law of the Sea* (2005); Guilfoyle, *Shipping Interdiction and the Law of the Sea* (2009); Freestone in Vidas & Schei (eds), *The World Ocean in Globalisation* (2011) 99; Attard & Mallia in Attard, Fitzmaurice, & Martinez Gutierrez (eds), *The IMLI Manual on International Maritime Law*, Vol I (2014) 239; Guilfoyle in Rothwell et al (eds), *The Oxford Handbook of the Law of the Sea* (2015) 203; Warner in Warner & Kaye (eds), *Routledge Handbook of Maritime Regulation and Enforcement* (2016) 16; Rothwell & Stephens (eds), *The International Law of the Sea* (2nd edn, 2016) ch 7.

[2] 29 April 1958, 450 UNTS 82.

[3] 10 December 1982, 1833 UNTS 3.

[4] There are currently 168 parties to UNCLOS, including the EU. The US is conspicuous by its continuing absence; it remains a party to the GCHS. Afghanistan, Cambodia, Central African Republic, Israel, Madagascar, and Venezuela are also parties to the GCHS but not to UNCLOS. Some US courts have declared UNCLOS to be reflective of customary international law: e.g. *Sarei v Rio Tinto*, 456 F3d 1069, 1078 (9th Cir, 2006); *US v Hasan*, 747 F Supp 2d 599, 634 (DC, 2010); *US v Dire* (2012) 154 ILR 700, 715; *Institute of Cetacean Research v Sea Shepherd* (2013) 156 ILR 718, 736; but cf Mank [2007] *Utah LR* 1085.

[5] GCHS, Art 1.

Economic Zone, EEZ）、【281】領海、國家內水、群島國家（archipelagic state）內之群島水域等之所有海域。此定義引起兩個問題，首先，並非所有沿海國都主張其擁有專屬經濟區（EEZ）；其次，許多公海自由適用於 EEZ（UNCLOS 第 58 條、第 86 條），此亦為習慣國際法之立場。[6]

「公海」制度不適用於國際湖泊與內陸海（landlocked seas），除非特別協定允許，否則不開放自由航行。然而，實際上被內陸包圍之海域，亦可能獲得「公海」之地位，波羅的海與黑海（Baltic and Black Seas）即為如此。然而，於此情況下，很多沿海國乃維持與其他大片海域相通之海峽間的「過境自由」（freedom of transit），[7]除有關准入與其他問題之特別協議外，嚴格而言，波羅的海與黑海是否具有公海地位，仍值懷疑；但裏海（Caspian Sea）則無此疑慮。[8]

2. 公海自由

(1) 歷史法學淵源

現代國際法中，管理公海之基礎在於，「公海」不開放給國家單獨或集體占領之規則，因「公海」被視為與「商業以外之財產」（res extra commercium）或「公有地」（res communis）相同之概念。該規則之出現與海上強國崛起，以及偏好封閉海域國家之影響力下降有關。直至 18 世紀，情況完全改變。荷蘭之政策支持航行與捕魚自由，Grotius 曾撰文反對葡萄牙於東

---

[6] Cf the reference to freedom of navigation in the EEZ in *Military and Paramilitary Activities in and against Nicaragua (Nicaragua v US)*, ICJ Rep 1986 p 14, 111–12.

[7] On access to the Black Sea: see Montreux Convention Regarding the Regime of the Turkish Straits, 20 July 1936, 173 LNTS 214. This in effect gave Turkey full control of the straits whilst guaranteeing free passage of civilian vessels during peacetime. The ICJ considered various questions of the delimitation of maritime boundaries in the Black Sea in *Maritime Delimitation in the Black Sea (Romania v Ukraine)*, ICJ Reports 2009 p 61.

[8] Following the dissolution of the Soviet Union, the political and economic interests of the Caspian states (Russia, Kazakhstan, Turkmenistan, Iran, and Azerbaijan) resulted in a prolonged and fruitless dispute over its status. Relevant instruments include: Persia–RSFSR, Treaty of Friendship, 26 February 1921, 9 LNTS 383, Art 11; Iran–USSR, Treaty of Establishment, Commerce and Navigation, 27 August 1935, 176 LNTS 301, Arts 14, 15; Iran–USSR, Treaty of Commerce and Navigation, 25 March 1940, 144 BFSP 419 (referring to the Caspian as a 'Soviet–Iranian Sea'); Iran–USSR, Treaty concerning the Settlement of Frontier and Financial Questions, 2 December 1954, 451 UNTS 250. Currently the littoral states do not agree on the overall legal status of the Caspian, though they appear to agree on sectoral division of the seabed: Mehdiyoun (2000) 94 *AJIL* 179; Janusz-Pawletta, *The Legal Status of the Caspian Sea* (2015); Ziyadzade (2015) 16 *Chicago JIL* 312.

印度群島（East Indies）壟斷航海及商業。[9] 1689 年威廉三世（William III）即
任英國王位後，英國與荷蘭在漁業方面之爭端即告停止，而一直至 18 世紀後
期，英國之主權主張（國王議事廳，the King's Chambers）已經過時，對升旗
儀式之堅持於 1805 年徹底結束。於此同時，火砲射擊規則占主導地位【282】
並且對於大片海域之要求逐漸消失。[10] 直至 19 世紀，海軍力量與商業利益促使
英國、法國、美國支持「海洋自由原則」（principle of freedom of the seas）。
無論該原則於歷史上服務於何種特殊利益團體，該等國家都自我稱許其主張，
在技術水準不得威脅全球海洋公域之情況下，對於海洋「共享使用」（shared
use）之進步概念。

　　雖然 Gidel 將「公海自由」描述為「多重且短暫」（*multiforme et
fugace*）之概念，[11] 但實際上則為一般國際法原則，可從中推斷出特定規則之
政策。但其於具體問題上之適用，往往不能得到準確之結果。例如，涉及暫時
關閉大片海洋區域之武器試驗，被某些國家視為合法使用；而另一些國家則
認為此乃嚴重剝奪海洋自由之權利。[12] Gidel 認為「公海自由」之概念本質上
乃屬於消極性質，從表面而言，國家有義務不阻止懸掛另一國國旗之船舶於
公海開展業務；[13] 然而，該原則之實質內容及其本身性質，均會產生某些假設
與推定的情況。Grotius 提出兩個主張：首先，海洋不能成為私人或公共占有
之對象；其次，一國使用公海將使他國亦可使用公海。[14] 對於上述提議，有必

---

[9] *Mare Liberum sive de jure quod Batavis competit ad Indicana commercia dissertatio* (1609, tr Hakluyt 2004).
Mare Liberum was a chapter of *De iure praedae*, which was not published until unearthed in the nineteenth century:
De iure praedae (1868, tr Hamaker 2006). On its significance: Blom, *Property, Piracy and Punishment* (2009);
Feenstra, *Hugo Grotius Mare Liberum 1609-2009* (2009). Generally: Fulton, *The Sovereignty of the Sea* (1911).

[10] The extravagant Portuguese and Spanish pretensions had ended before this. Spain supported a six-mile
limit in 1760. On earlier British claims and the general development of the concept of the territorial and high
seas: Selden, *Mare Clausum* (1636); Churchill & Lowe (3rd edn, 1999) 71-5; Rothwell & Stephens (2nd edn,
2016) 61-3.

[11] Gidel, ILC *Ybk* 1950/II, 68.

[12] Gidel in *Festschrift für Jean Spiropoulos* (1957) 173; Oda & Owada (eds), *The Practice of Japan in
International Law 1961-1970* (1982) 110-21; Churchill & Lowe (3rd edn, 1999) 206, 426; Klein, *Maritime
Security and the Law of the Sea* (2011) 54-8; Guilfoyle in Rothwell et al (2015) 203, 210-12; Rothwell & Stephens
(2nd edn, 2016) 300. See also the applications of Australia and New Zealand in *Nuclear Tests (Australia v
France)*, ICJ Reports 1974 p 253; *Nuclear Tests (New Zealand v France)*, ICJ Reports 1974 p 457.

[13] Gidel in *Festschrift Spiropoulos* (1957) 691. Also: *SS Lotus* (1927) PCIJ Ser A No 10, 25.

[14] Grotius, *Mare Liberum* (1609, tr Hakluyt 2004) ch 5.

要進行補充，一般原則應一體適用和平時期，[15] 以及戰爭或武裝衝突時期。國際法院曾兩次藉由案例判決中，援引「海事通信自由」（freedom of maritime communication）原則。[16]

(2)「聯合國海洋法公約」與公海自由

UNCLOS 第 87 條對公海自由原則之規定如下：

(i) 公海對所有國家開放，不論其爲沿海國或内陸國。公海自由（Freedom of the high seas）係於本公約與其他國際法規則所規定之條件下行使。公海自由對沿海國和内陸國而言，除其他外，包括：

(a)航行自由（freedom of navigation）；

(b)飛越自由（freedom of overflight）；

(c)【283】鋪設海底電纜與管道之自由，但受第 VI 部分限制；

(d)建造國際法所容許之人工島嶼（artificial islands）及其他設施之自由，但受第 VI 部分之限制。

(e)捕魚自由（freedom of fishing），但受第 2 節規定條件之限制；

(f)科學研究的自由（freedom of scientific research），但受第 VI 與第 XIII 部分之限制。

(ii)這些自由應由所有國家行使，但須適當顧及其他國家行使公海自由之利益，並適當顧及本公約所規定之同「區域」（於海床、洋底及其底土）内活動有關之權利。

在 UNCLOS 第 87 條列舉之六項自由中，僅有航行、捕魚、鋪設海底電纜

---

[15] On the modern law of maritime blockade: Guilfoyle (2010) 81 *BY* 171; Oral in del Castillo (ed), *Law of the Sea* (2015) 356; Heintschel von Heinegg in Weller (ed), *The Oxford Handbook of the Use of Force in International Law* (2015) 923, 936–9. Also: International Committee of the Red Cross (ICRC), *San Remo Manual on International Law Applicable to Armed Conflicts at Sea* (1994).

[16] *Corfu Channel (UK v Albania)*, ICJ Reports 1949 p 4, 22; *Nicaragua*, ICJ Reports 1986 p 14, 111–12.

及管道,以及飛越自由等被納入 GCHS 第 2 條之規定範疇,此四項自由得到國際仲裁判斷之支持,並且係許多特定法律規則所固有之原則。「捕魚自由」係源自 *Anglo-Norwegian Fisheries* 案,[17] 以及 1893 年 [18] 與 1902 年 [19] *Behring Sea Fisheries* 案判斷之結果,上述兩起仲裁案均源於試圖在公海執行保護措施。於前一個仲裁案中,美國逮捕加拿大海豹捕撈者;而於後一個案件中,俄羅斯船舶逮捕美國之海豹捕撈者,目的皆係防止海豹物種瀕危。此兩項仲裁裁決都駁回對於公海上外國船舶實施保護措施之要求。因此,在未有條約規定之情況下,沿海國僅能對於懸掛本國國旗之船舶採取保護措施。在提交給 1893 年仲裁庭裁決之爭議中,第五項爭議涉及一般法律問題:當海豹經常出沒於 3 英哩界限外之白令海(Behring Sea)島嶼時,美國是否有任何權利(或倘若有),行使保護權或任何財產權?仲裁庭以多數票裁定,當海豹經常出現在白令海美國島嶼之外時,美國對上述海豹並無任何保護權或財產權。[20]

與之前的法律相比,UNCLOS 第 87 條第 1 項對於「公海自由」原則施加額外限制。現有之鋪設海底管道及電纜自由,以及建造人工島嶼與其他結構,以及進行科學研究之「新自由」,係由 UNCLOS 第 VI 部分規定,管理大陸架上之活動;另外,捕魚自由則於第 VII 部分第 2 節予以界定,涉及公海生物資源之養護及管理。尤其 UNCLOS 第 117 條與第 118 條規定捕魚自由,要求締約國與其他國家合作,作為各自國民採取保護及管理公海生物資源所必需之措施。[21]

【284】UNCLOS 第 XI 部分亦與之相關,規範國家管轄範圍以外之海床、洋底、其底土之活動。UNCLOS 建立「國際海床管理局」(International Seabed Authority),這是一個國際組織,聯合國海洋法公約締約國可以透過

---

[17] *Fisheries (UK v Norway)*, ICJ Reports 1951 p 116; cf 187–9 (Judge Read, diss).

[18] (1893) 28 RIAA 263, 1 IELR 43.

[19] (1902) 9 RIAA 51. The seal fishery was later regulated by the Convention between Great Britain, Japan, Russia and the United States Requesting Measures for the Preservation and Protection of Fur Seals in the North Pacific Ocean, 7 December 1911, 214 CTS 80.

[20] 28 RIAA 263, 267; 1 IELR 43, 53.

[21] On regional fisheries management organizations: Young, *Trading Fish, Saving Fish* (2011) 38–46; Rayfuse in Rothwell et al (2015) 439; Pulvenis de Séligny-Maurel in del Castillo (2015) 698; Tetzlaff in Warner & Kaye (2016) 106.

該組織控制海底活動，特別側重於管理海底資源。[22]

　　然而，UNCLOS 對於習慣國際法最重要之貢獻，係修改 EEZ 成為單獨之管轄區域，每個沿海國皆有權主張。[23] EEZ 之概念於 20 世紀後期始受到關注；[24] 1958 年第三次日內瓦公約並未予以承認，而僅認可沿海國享有「優先權」，[25] 及至 1974 年第三次聯合國海洋法會議（UNCLOS III）召開時，很明顯大多數（尤其是）發展中國家皆全面支持此概念，剩下之任務，即為對其完整闡述。UNCLOS 第 V 部分提供一套管理 EEZ 之規則，並於該公約第 57 條中，規定沿海國基線向外 200 海里處之 EEZ 外部界限；而於 UNCLOS 第 56 條中，則規定沿海國就 EEZ 之權利、義務及管轄權。復依據公約第 86 條規定，雖然許多公海制度之重要原則皆適用於 EEZ，但其並未構成公海之範圍。而於 UNCLOS 第 58 條第 1 項規定 EEZ 之內其他國家之權利與義務，並為其保留航行、飛越、鋪設海底電纜及管道，以及所有其他國家之自由，並與此類自由有關之國際合法海洋使用。此外，UNCLOS 第 58 條第 2 項將第 88 條至第 115 條（多數條文為管理公海之一般性規定）之適用範圍擴大到 EEZ，只要其規定不與第 V 部分的規定相衝突，從而在兩個領域之間產生實質規範之重疊競合。

(3) 公海制度之司法管轄權

　　雖然「公海法」（law of the high seas）之基本原則係一國不得在未經他國同意之情況下，干涉懸掛他國國旗航行之船舶，但 UNCLOS 第 110 條規定一些例外情況，授予停止權力、【285】搜索，甚至於某些情況下扣押外國船

---

[22] UNCLOS, Arts 156–157.

[23] On the evolution of the EEZ: Attard, *The Exclusive Economic Zone in International Law* (1985); Orrego Vicuña, *The Exclusive Economic Zone* (1989); Churchill & Lowe (3rd edn, 1999) ch 9; Leanza & Caracciolo in Attard, Fitzmaurice, & Martinez Gutierrez (2014) 177; Andreone in Rothwell et al (2015) 159; Rothwell & Stephens (2nd edn, 2016) ch 4.

[24] The first claim to an exclusive fisheries zone beyond 12nm was made by Chile and Peru in 1947, mutually recognized in the Santiago Declaration on the Maritime Zone, 18 August 1952, 1006 UNTS 325 (Chile, Peru, Ecuador); *Maritime Dispute (Peru v Chile)*, ICJ Reports 2014, p 3.

[25] Convention on Fishing and Conservation of the Living Resources of the High Seas, 29 April 1958, 559 UNTS 285. This was the least successful of the four Geneva Conventions, having at its height only 38 parties. For the state of customary international law after 1958: *Fisheries Jurisdiction (UK v Iceland)*, Merits, ICJ Reports 1974 p 3, 24, 29; *(Federal Republic of Germany v Iceland)*, ICJ Reports 1974 p 175, 196, where the Court expressed matters in terms of opposability rather than validity of claims.

舶作爲國家行使管轄權以執行。[26] 於其他情況下，當事方僅有義務將相關禁令
納入其國家立法，而對於懸掛旗幟之船舶，或法庭地國國民之執法權，則保留
給國內法院。無論係基於條約或習慣法規定，執行體系都必須依賴國際法下
之合作，尤其擁有船旗國之國內法間進行合作。每個國家都有責任確認授予國
籍、在其領土內登記船舶，以及懸掛其國旗權利之條件。船舶有權享有其「有
權懸掛國旗」國家之國籍。[27]

　　就管轄權而言，UNCLOS 第 VII 部分整體上乃承襲於習慣國際法，第 88
條及第 89 條分別規定，公海係爲「和平目的」而保留，[28] 任何國家不得將公海
之任何部分置於其主權之下。UNCLOS 第 90 條則規定每個國家（無論係沿海
國抑或內陸國）都有權於公海上航行並懸掛其國旗之船舶。第 92 條第 1 項復
規定，船舶航行時僅能懸掛一國國旗；除某些例外情況，船舶於公海上應受船
旗國之「專屬管轄」（exclusive jurisdiction）。第 94 條則規定各國對於懸掛
其國旗船舶之義務、享有法律保護之權利，以及船旗國對於其船舶行爲責任之
平衡關係。[29]

　　無國籍船舶[30] 於公海登臨船舶（並可能被扣押）時，失去法律保護；[31] 然
而，此類船舶並非完全不受法律拘束，該船舶之船員仍應受基本人道考量之保

---

[26] As distinguished from a state's jurisdiction to prescribe, which is not regulated by UNCLOS but by the general law: Guilfoyle (2009) 7–10; Beckman & Davenport in Nordquist et al (eds), *The Law of the Sea Convention* (2012) 229, 231–3, and see chapter 21.

[27] GCHS, Art 5; UNCLOS, Art 91; Churchill & Lowe (3rd edn, 1999) 257–63; Attard & Mallia in Attard, Fitzmaurice, & Martinez Gutierrez (2014) 239, 246–56.

[28] This has by no means demilitarized the oceans: Oxman (1983–4) 24 *Va JIL* 809, 830–1; Kraska in Rothwell et al (2015) 866, 868–9.

[29] On the nationality of ships: generally *Constitution of the IMCO Maritime Safety Committee*, ICJ Reports 1960 p 150; *M/V Saiga (No 2)* (1999) 120 ILR 143; *M/V 'Virginia G' (Panama v Guinea-Bissau)*, Judgment, ITLOS Reports 2014 p 4. Also: O'Keefe (2000) 59 *CLJ* 428; Attard & Mallia in Attard, Fitzmaurice, & Martinez Gutierrez (2014) 239, 246–56; Barnes in Rothwell et al (2015) 304, 306–10. Further: chapter 24.

[30] To which will be assimilated a vessel flying a flag without authority of the flag state and a ship sailing under the flags of two or more states, using them according to convenience: GCHS, Art 6.2; UNCLOS, Art 92(2); Churchill & Lowe (3rd edn, 1999) 213–14.

[31] *Naim Molvan v AG for Palestine* [1948] AC 351, 369; *US v Cortes* (1979) 91 ILR 486, 490–1; François, ILC *Ybk* 1950/II, 36, 38; but cf UNCLOS, Art 110(1)(d), which makes reference only to boarding, not seizure, with reference to ships without nationality: Guilfoyle (2009) 16–18. On the status of derelict vessels: *Costa Rica Packet* (1898) in Moore, 5 *Int Arb* 4948. With the view to combating illicit drug traffic, the US enacted the United States Maritime Drug Law Enforcement Act, 46 USC §70503 (2013) which extends US criminal jurisdiction to persons on board stateless vessels who possess, with the intent to manufacture or distribute, a controlled substance.

護。另外，叛亂分子劫持船舶之情況，則將造成棘手之難題，關於此類爭議，因法院傾向於將叛亂分子控制下之船舶視爲「海盜」（pirates）而變得模糊不清。此類船舶似乎不應受到干擾，只要其不試圖對外國船舶行使交戰權，並保障船上任何「中立」之外國人生命不受威脅。

(4) 海盜行為

【286】海盜行爲（Piracy）係「公海自由」之主要例外狀況，並且具有新賦予之法律意義。[32] *Lotus* 一案中，Moore 法官之反對意見書提供有用之討論起點，其主張論點爲：

> 就國際法所稱之「海盜行爲」而言，已承認「普遍管轄權」（universal jurisdiction），依據該管轄權，被指控犯有罪行之人，可由他可能受到其管轄之任何國家予以審判及懲罰。我說「國際法海盜行爲」（piracy by law of nations），係因許多國家之國內法將許多不構成「國際法海盜行爲」之行爲，定名爲「海盜行爲」並予以懲罰。國際法規定之海盜行爲，就其管轄權而言，乃爲獨一無二之特性。雖然法律可能規定對「海盜行爲」懲罰，但其乃違反國際法之罪行；且由於海盜活動之場域爲「公海」。「海盜」被視爲亡命之徒，全人類之共同敵人（hostis humani generis，又稱人類公敵），因此，任何國家都可能爲所有人之利益，而將其逮捕與懲罰。[33]

「普遍管轄權」一詞係指，一國規定在沒有領土、國家或其他國際公認聯

---

[32] Guilfoyle (2009) ch 4; Shearer, 'Piracy' (2010) *MPEPIL*; Guilfoyle, *Modern Piracy* (2013); Koutrakos & Skordas, *The Law and Practice of Piracy at Sea* (2014); Scharf, Newton, & Sterio (eds), *Prosecuting Maritime Piracy* (2015); Guilfoyle in Boister & Currie (eds), *Routledge Handbook of Transnational Criminal Law* (2015) 364; Petrig in Rothwell et al (2015) 843; Tuerk in del Castillo (2015) 469; Ntovas in Footer et al (eds), *Security and International Law* (2016) 167. Also: Gidel, 1 *Le Droit international public de la mer* (1932) 303–55; Harvard Research in International Law, Draft Convention on Piracy (1932) 26 *AJIL Supp* 739; Secretariat Memorandum, ILC *Ybk* 1950/II, 70; Johnson (1957) 43 *GST* 63; McNair, 1 *Opinions* 265–81; 2 O'Connell (1984) 967–83; Rubin, *The Law of Piracy* (2nd edn, 1998).

[33] (1927) PCIJ Ser A No 10, 70.

繫之域外所發生行爲之管轄權，以及在公海執行該管轄權之能力。[34]

(i) 海盜之定義

「海盜」之定義歷來係爭議之根源，[35] 但 UNCLOS 第 101 條（幾乎完全與 GCHS 第 15 條相同）代表現有習慣國際法的發展，或者更確切地說，習慣國際法已經開始條文化。[36] UNCLOS 第 101 條規定：

下列行爲中之任何行爲構成海盜行爲：

(a)【287】私人船舶或私人飛行器之船員、機組成員或乘客爲私人目的，對下列對象所從事的任何非法的暴力或扣留行爲，或任何掠奪行爲：

　(i) 在公海上對另一船舶或飛行器，或對另一船舶或飛行器上之人或財物；

　(ii)在任何國家管轄範圍以外的地方對船舶、飛行器，人或財物；

(b) 明知船舶或飛行器成爲海盜船舶或飛行器之事實，而自願參加其活動之任何行爲；

(c) 教唆或故意便利 (a) 或 (b) 項所列行爲之任何行爲。

與 1958 年之前對於「海盜行爲」之理解相比，上述條文唯一之創新乃

---

[34] Further: *Arrest Warrant of 11 April 2000 (Democratic Republic of the Congo v Belgium)*, ICJ Reports 2002 p 3, 36–44 (Judge Guillaume), 53 (Judge Oda, diss), 56–7 (Judge Ranjeva), 62 (Judge Koroma), 75, 79–80 (Judges Higgins, Kooijmans, and Buergenthal); Shnider (2012) 38 *NCJILCR* 473; Nanda in Scharf, Newton, & Sterio (2015) 54; O'Keefe in Cassese et al (eds), *International Criminal Law*, Vol 5 (2015) 32; and see chapter 21.

[35] Note that definitions by municipal courts are often out of date, and may involve an amalgam of municipal rules and international law, or such narrower issues as the meaning of 'piracy' in an insurance policy. The treatment in 2 Oppenheim, 610–14, presents an unusually wide conception of piracy. For judicial essays in definition: *US v Smith*, 18 US 153, 163–80 (1820); *The Serhassan Pirates* (1845) 2 Wm Rob 354; *The Magellan Pirates* (1853) 1 Sp Ecc & Ad 81; *Republic of Bolivia v Indemnity Mutual Marine Assurance Co* [1909] KB 785; *In re Piracy Jure Gentium* [1934] AC 586; *Athens Maritime Enterprises Corp v Hellenic Mutual War Risks Association (Bermuda) Ltd* [1983] QB 647; *Castle John and Nederlandse Stichting Sirius v NV Mabeco & NV Parfin* (1986) 77 ILR 537; *US v Dire* (2012) 154 ILR 700.

[36] Guilfoyle (2009) ch 4; Guilfoyle (2013); Petrig in Rothwell et al (2015) 843. Also the ILC draft and comment: ILC *Ybk* 1956/II, 282.

為提到「飛行器」（aircraft），此為因應世局而作出相當明智之變化。[37] 但於 *Arctic Sunrise* 一案中，常設仲裁法院（PCA）區分「船舶」與「海上耐冰固定裝置平台」（offshore ice-resistant fixed platform）之差別。[38]

　　「海盜行為」之基本特徵，係該行為必須係為「私人目的」（private ends）而進行。[39] 軍艦或其他政府船舶、或政府飛行器等，皆不構成「海盜行為」，除非該船員「叛變並控制船舶或飛行器」（UNCLOS 第 102 條）。船員在船上所實施，針對船舶本身船上人員或財產之行為，亦不在定義範圍內。[40]

　　UNCLOS 第 101 條第 1 項將海盜活動限制於「公海」或「任何國家管轄範圍以外之區域」（in a place outside the jurisdiction of any state）。因此，倘若於一國領海內，對船舶實施之非法暴力、或掠奪行為等並不構成海盜行為，而應依據領海所在國之國內法，構成於海上實施之武裝搶劫、謀殺、或其他犯罪行為。[41]

　　在 *US v Ali* 一案中，美國法院駁回檢方對於一名索馬利亞被告之指控，該被告係被起訴因透過擔任索馬利亞海盜之翻譯，而協助及教唆「海盜行為」，該判決理由係被告之行為僅在公海發生之時間相當有限。[42] 此判決結果於上訴審被推翻，蓋上訴法院採用「文義解釋」（textual interpretation），並得出結論認為，與「海盜行為」（UNCLOS 第 101(a)(i)、(ii) 條）相反，「教唆或故意便利海盜行為」（UNCLOS 第 101 條第 (c) 項）對海盜行為並無地域之限制，代表該行為並不需要發生於公海，而只要於整個過程中實施，即可構成犯罪。[43]

　　【288】UNCLOS 第 105 條（替代 GCHS 第 19 條）規定：

---

[37] The ILC draft did not refer to attacks by aircraft on aircraft. Further: Tokyo Convention Act 1967 (UK), s4 & Sch, replaced by the Merchant Shipping and Maritime Security Act 1997 (UK), s26(1), (3), Sch 5, which incorporates the UNCLOS, Art 101 definition of piracy and its associated reference to aircraft.

[38] *Arctic Sunrise (Netherlands v Russia)* (2015) 171 ILR 1, 93–4.

[39] Guilfoyle (2009) 32–42; Eggers in Guilfoyle (2013) 250, 263–5. Also: *Institute of Cetacean Research v Sea Shepherd* (2013) 156 ILR 718.

[40] Cf 2 Oppenheim, 751; Hall, *International Law* (8th edn, 1924) 314. Further: 2 O'Connell (1984) 970–3.

[41] Guilfoyle (2009) 42–5; Eggers in Guilfoyle (2013) 250, 259–62.

[42] *US v Ali*, 885 F Supp 2d 55 (DC, 2012).

[43] *US v Ali*, 718 F3d 929 (DC, 2013).

在公海上，或在任何國家管轄範圍以外之任何其他地方，每
個國家均可扣押海盜船舶或飛行器、或爲海盜所奪取並於海
盜控制下之船舶或飛行器，以及逮捕船上或航空器上人員，
並扣押船上或航空器上財物。扣押國之法院可判定應處之刑
罰，並可決定對船舶、飛行器、或財產所應採取之行動，但
受善意第三人權利之限制。

該條款之第二部分，「海盜行爲不改變劫掠財物之所有權」（*pirata non mutat dominium*）原則之格言，因而合法之所有者，並不會因海盜行爲而被剝奪所有權。[44] 且海盜之扣押，僅能由軍艦、軍用飛機或其他授權之政府船舶進行之（第 107 條）。由於海盜襲擊目標之自衛行爲，在其他情況下可能會發生俘虜。[45]

「海盜」經常被認爲係一種歷史奇觀（historical curiosity）。[46] 然而，在 21 世紀初期，從索馬利亞基地（Somalia）活動之海盜，針對亞丁灣（Gulf of Aden）商業航運之襲擊與干擾，引起國際社會的高度警惕。[47] 索馬利亞海盜行爲造成之人力與經濟代價損失慘重，導致國際各方協調一致地打擊海盜行爲。在「國際海事組織」（International Maritime Organization, IMO）之前提出之擔憂，使各國達成諒解備忘錄（MOU），以解決非洲發生之問題。[48] 而依據聯合國憲章第七章，安全理事會第 1816 號決議授權「合作國」（co-operating states）得於索馬里領海內，進行外國軍事入侵（foreign military incursions）。[49] 安理會第 1851 號決議更進一步，授權各國使用武力對海盜進

---

[44] Wortley (1947) 24 *BY* 258.

[45] Further: ILC *Ybk* 1956/II, 283.

[46] E.g. Dickinson (1924–5) 38 *Harv LR* 334.

[47] Guilfoyle in Guilfoyle (2013) 35. Concern also arose in relation to pirate activity off the coast of South East Asia, South America, and Africa, but did not result in much attention from the SC: Beckman, ibid, 13. Further: IMO, Acts of Piracy and Armed Robbery against Ships (MSC/Circ.4—Series).

[48] Guilfoyle (2009) 72–4; Roach (2010) 104 *AJIL* 397, 409–11; Tuerk in del Castillo (2015) 469, 480–2.

[49] SC Res 1816 (2008); re-enacted in SC Res 1846 (2008)/1846 and annually since. For the efforts of the IMO and Security Council to combat piracy, Guilfoyle (2008) 57 *ICLQ* 690; Roach in Caron & Oral (eds), *Navigating Straits* (2014) 241.

行陸上打擊行動。[50] 此外，安全理事會第2015號亦決議授權於索馬利亞及其他地區國家設立「專門反海盜法庭」（specialized anti-piracy courts），並有大量國際參與；[51] 許多海盜被告已被移交鄰國（主要係為肯亞）受審。[52]

(ii) 在公海實施之其他違法行為

【289】在不屬於海盜行為定義的情況下，於公海上對外國船舶使用武力可能構成非法行為。然而，法院、政府及國際法學者不時將某些類別之行為歸於「海盜行為」，[53] 即使 UNCLOS 第101條中之定義，現在似乎排除任何此類之擴張解釋。作為國際法整體架構，此爭議主要係在國家領土管轄範圍之外維持秩序，特別係針對那些無法確定其歸屬於應被追究責任國家之人，國家為維持法律秩序而為之。因此，Hall 認為海盜行為包括，「未經任何政治組織團體授權下行事之人的行為，雖然其目標，可能自稱係基於政治性目的」。[54]

(iii) 叛亂分子於海上之行動

除非被承認為交戰方（belligerents），否則叛亂分子控制下船舶不得對其他國家之航運行使「交戰權」（belligerent rights），此「強制干預」（forcible interference）係未經授權行為，將被其他國家抵制。但將此類行為定性為「海盜行為」是否正確，頗值懷疑。[55] 蓋 UNCLOS 第 101 條第 (a) 項僅涵蓋「為私人目的」（for private ends）所實施之行為。[56] 故支持將叛亂分子視為「海盜」

---

[50] SC Res 1851 (2008).

[51] SC Res 2015 (2011); reiterated in SC Res 2020 (2011); 2077 (2012); 2125 (2013); 2184 (2014); 2246 (2015).

[52] Kenya has concluded Memoranda of Understanding with the US and UK to accept and try piracy suspects apprehended off the Gulf of Aden. Universal prescriptive jurisdiction over non-nationals captured on the high seas is established through the provisions of the Kenyan Merchant Shipping Act 2009, Part XVI. Also: *In re Mohamud Mohammed Hashi*, ILDC 1603 (KE 2010). Generally Gathii (2010) 104 *AJIL* 416; Muteti (2013) 39 *Comm L Bull* 73; Sterio in Scharf, Newton, & Sterio (2015) 75, 95–9. Also: Guilfoyle (2008) 57 *ICLQ* 690; Roach (2010) 104 *AJIL* 397; Kontorovoch & Art (2010) 104 *AJIL* 436; UKMIL (2010) 81 *BY* 453, 675–87; Guilfoyle in Guilfoyle (2013) 35. The Seychelles, Tanzania, and Mauritius also signed MoUs with the UK allowing the Royal Navy to transfer suspected pirates to the respective states for prosecution; UKMIL (2010) 81 *BY* 453, 810; UKMIL (2012) 83 *BY* 298, 540.

[53] E.g. the Nyon Agreement, 14 September 1937, 181 LNTS 137.

[54] Hall (8th edn, 1924) 311, 314; Johnson (1957) 43 *GST* 63, 77–80.

[55] For the view doubted: Hall (8th edn, 1924) 314, 318–19; 2 Oppenheim, 751–2; McNair, 1 *Opinions* 274–80; Lauterpacht (1939) 46 *RGDIP* 513; Secretariat Memorandum, ILC *Ybk* 1950/II, 70. Further: Green (1961) 37 *BY* 496; Halberstam (1988) 82 *AJIL* 269, 282; Garmon (2002) 27 *Tul Mar LJ* 257, 265 (expanding the definition to terrorism); Guilfoyle in Koutrakos & Skordas (2014) 33.

[56] A limitation which has existed in the law since the preparation of the 1932 Harvard Draft Convention on Piracy (1932) 26 *AJIL Supp* 739. Further: Guilfoyle (2009) 32–42; Churchill in Koutrakos & Skordas (2014)

的論述，並不正確，[57] 除非叛亂分子於公海攻擊懸掛外國國旗之私人船舶情況下，此結論不僅來自 UNCLOS 第 101 條定義之明確文字，且亦來自於國際人道法上「禁止攻擊平民」（prohibition on attacks on civilians）之原則。[58]

(iv) 經合法政府授權實施之行為

軍艦或公務船舶之非法攻擊，或劫持無辜商船將導致船旗國承擔國家責任，但該違規船舶不會構成「海盜船」（pirate ships）。此為較早之私掠做法（privateering）之基礎，於此情況中，交戰方授權為其服務之私人船舶不會被視為海盜，即使對於「中立船舶」（neutral ships）實施之暴力行為。在後一種情況下，交戰方作為委託人應負擔法律責任。[59]

【290】Guilfoyle 作出之結論，相當具有說服力：

> 海盜行為之測試並非出於海盜之主觀動機，而係在於其「行為」缺乏公共之制裁。此即為何在沒有船員反抗之情況下，服役於軍隊或政府之船舶，依據該定義不能成為海盜船。海盜行為之本質是既不提高「屬於國家或政府行為的豁免權」，亦不承擔國家責任。[60]

(v) 有組織之團體出於政治動機的行為

在公海上部署部隊之有組織團體的騷擾行動，可能具有政治目的，[61] 但既

9, 16–18. The question was brought to a head in relation to the events surrounding the *Santa Maria* and the *Achille Lauro*, and the response was to create a new offence, not to extend the definition of piracy: Convention for the Suppression of Unlawful Acts Against the Safety of Maritime Navigation (SUA Convention), 10 March 1988, 1678 UNTS 222.

[57] E.g. *Ambrose Light* (1885) 25 F 408.

[58] Guilfoyle (2009) 35.

[59] Privateering was abolished by the Declaration of Paris, 16 April 1856, 61 BFSP 155; Lemnitzer, *Power, Law and the End of Privateering* (2014).

[60] Guilfoyle (2009) 36–7, citing Harvard Research in International Law: Draft Convention on Piracy, (1932) 26 *AJIL Supp* 739, 798. Also: Petrig in Rothwell et al (2015) 843, 847.

[61] E.g. the activities of Greenpeace in relation to French nuclear testing in the South Pacific, and of Sea Shepherd in relation to Japanese whaling in the Southern Ocean: Roeschke (2009) 20 *Villanova ELJ* 99; Kanehara in Symmons (ed), *Selected Contemporary Issues in the Law of the Sea* (2011) 195; Churchill in Koutrakos & Skordas (2014) 9, 16–18.

不與針對特定政府之叛亂有關，亦不由合法政府之代理人執行。因此，受到此類活動威脅之船舶可能會受到保護，但侵略者不會被視為海盜。[62] 然而，某些國家之國內法院，在將「私人目的」歸因於表面證據確鑿之政治行為（*prima facie* political acts）方面表現出彈性。[63]

(vi) 無限制之潛艇戰

「海盜」一詞有時被用來描述船舶依照公認政府之命令行事的行為，「此類行為嚴重違反國際法，並且表現出漠視人命之犯罪行為」（criminal disregard of human life）。[64] 依據1937年「尼永協定」（Nyon Agreement），[65] 8個國家同意針對西班牙內戰期間，於地中海襲擊商船之「潛艇海盜行為」（piratical acts by submarines）採取集體措施，實際上建立早期之「海軍禁區」（naval exclusion zone）。[66] 此類行為被描述為「違背最基本人性要求之行為」（acts contrary to the most elementary dictates of humanity），應被公正地視為「海盜行為」。然而，「海盜」一詞純粹係為修辭效果而使用，公約中沒有任何內容涉及個人刑事責任之規範。

(5) 公海自由原則之其他例外

(i) 和平時期之接近權

【291】為維持公海秩序，有必要規定軍艦得「接近」（approach），以核實船舶之身分及國籍，[67] 此種「接近權」（right of approach）乃被習慣國際

---

[62] In *Arctic Sunrise*, ITLOS ordered as a provisional measure the release of a vessel and crew detained for harassing activities of this kind in the Russian EEZ: *The 'Arctic Sunrise'* (2013) 159 ILR 68; Guilfoyle & Miles (2014) 108 *AJIL* 271.

[63] E.g. the Belgian Court of Cassation in *Castle John and Nederlandse Stichting Sirius v NV Mabeco & NV Parfin* (1986) 77 ILR 537, holding that a Greenpeace vessel which attacked an allegedly polluting Dutch ship committed an act of piracy as the act in question was not political in character, 'but in support of a political point of view'. In the same vein, the US Court of Appeals held in *Institute of Cetacean Research v Sea Shepherd* (2013) 156 ILR 718 that private ends included those pursued on personal, moral, or philosophical grounds, regardless of Sea Shepherd's belief that its conduct served public values. Further: Guilfoyle (2009) 36–7; Geiß & Petrig, *Piracy and Armed Robbery at Sea* (2011) 61; Klein (2011) 119; Papastavridis, *The Interception of Vessels on the High Seas* (2013) 163–5; Churchill in Koutrakos & Skordas (2014) 9, 17–18.

[64] 2 Oppenheim 750.

[65] 14 September 1937, 181 LNTS 137.

[66] Guilfoyle (2009) 37.

[67] 2 Oppenheim 736–7; 1 Gidel (1932) 299; François, First Report, ILC *Ybk* 1950/II, 41; Second Report, ILC *Ybk* 1951/II, 81; 2 O'Connell (1984) 802–3.

法所承認，亦稱爲「接近、查詢、檢查旗幟或偵蒐之權利」（*droit d'approche, enquéte ou vérification du pavillon, reconnaissance*）。雖然於 UNCLOS 第 VII 部分中並未明確提及，「接近權」於所有情況下都應存在，但不包括實際檢查文件或扣押船舶。

(ii) 和平時期之登臨、搜查及扣押

公海沒有對外國商船行使之「一般警察權力」（general power of police），[68] 和平時期軍艦得查扣之場合亦相當有限。[69] 早期之英國及美國判決拒絕承認涉嫌參與奴隸貿易（slave trade）之「船舶登臨權」（right of visit），[70] 且此項權利僅能於條約之基礎而存在，除海盜行爲外，或倘若船舶拒絕出示其旗幟時始得行使「登臨權」。

公海自由之法律制度遇到一些威脅。除試圖擴大「海盜行爲」之概念外，「公海自衛權」（self-defense on the high seas）之主張構成另一個不穩定的根源。而另一個混淆之根源，在於「接近權」或驗證旗幟權之定義。各國認識到，「登臨權」可能會被濫用，必須有合理懷疑之理由，例如，船舶拒絕升起旗幟（refusal by a ship to hoist a flag）等。[71]

此原則已納入 UNCLOS 第 110 條，[72] 規定如下：

1. 除條約授權之干涉行爲外，軍艦在公海上遇依照第 95 條及第 96 條享有完全豁免權船舶以外之外國船舶，非有合理依據認爲有下列嫌疑，不得登臨該船舶：

   (a)該船舶從事海盜行爲；

[68] Generally: Gidel (1932) 288–300; 2 O'Connell (1984) 757, 801–8, 1114–15; Churchill & Lowe (3rd edn, 1999) 208–20; Guilfoyle (2009); Klein (2011) 114–43; Papastavridis (2013) 50–82. Also: McDougal & Burke (1987) 767, 881ff.

[69] McNair, 1 *Opinions* 233. For the contemporaneous US position, see 2 Hackworth 659–65; Moore, 2 *Digest* 987–1001.

[70] Cf the decisions of Lord Stowell in *Le Louis* (1817) 2 Dods 210; and the US Supreme Court in *Antelope* (1825) 10 Wheaton 66. Further: Moore, 2 *Digest* 914–18.

[71] E.g McNair, 1 *Opinions* 233, 240 ('vehement suspicion of Piracy'); François, ILC *Ybk* 1951/II, 81–3; Churchill & Lowe (3rd edn, 1999) 210; Papastavridis (2013) 62–3.

[72] Itself a descendant of GCHS, Art 22(1). UNCLOS, Art 110, however, provides for the right of visit in cases of unauthorized broadcasting and statelessness, though the latter arguably already existed as a matter of custom: *Molvan v AG for Palestine* [1948] AC 351, 369.

(b)該船舶從事奴隸販賣；

(c)【292】該船舶從事未經許可之廣播而且軍艦之船旗國依
　　據第 109 條享有管轄權；

(d)該船舶為無國籍；

(e)該船雖懸掛外國旗幟或拒不展示其旗幟，而事實上卻與
　　該軍艦屬同一國籍。

　　至於 UNCLOS 第 110 條第 2 項至第 110 條第 5 項規定於公海上對外國船舶行使管轄權之方式。

　　雖然軍艦得於公海行使「登臨權」之情況範圍很廣，但 UNCLOS 似乎限制可能發生扣押之情況，明確規定僅針對 UNCLOS 第 105 條規定之海盜船及船舶，依據第 109 條第 4 項逮捕從事未經許可廣播之任何人或船舶，並扣押其廣播器材。與奴隸交易有關之搜查及扣押權，在單獨一套獨立之條約義務下運作。[73]更為嚴格者，UNCLOS 第 108 條第 1 項規定，各國必須合作打擊公海麻醉品及非法藥物之販運，但並未明確規定扣押權，甚至沒有規定登臨權。

　　在考慮無國籍船舶時，問題最為複雜。UNCLOS 第 110(1)(d) 條規定「登臨權」，但並未提及扣押。Guilfoyle 指出兩個實踐流派，[74]第一種係被美國所接受，而英國亦於某些情況下採用，此係無國籍船舶不受任何國家之保護，因此可能受到任何國家之管轄；[75]第二種則係需要進一步之「司法上聯繫因素」（jurisdictional nexus）始得「登臨權」轉化為「扣押權」，此立場更符合現有之條約慣例。

　　針對「登船行為」（act of boarding）而言，即使存在具備登船之「合理理由」（reasonable ground），亦應被視為一種特權，依據 UNCLOS 第 110 條第 3 項，倘若被登臨之船舶沒有實施足以證明所懷疑之行為，船旗國將承擔嚴格責任，而軍艦亦必須賠償「任何損失或損壞」。[76]國際法委員會（ILC）於其評論中表示，嚴厲懲罰似乎頗為合理，以防止「登臨權」（right of visit）

---

[73] On maritime aspects of the slave trade: Guilfoyle (2009) 75–7.
[74] Ibid, 17–18.
[75] *US v Cortes*, 588 F2d 106, 110 (5th Cir, 1979); *US v Marino-Garcia*, 679 F2d 1373, 1383 (11th Cir, 1982).
[76] Cf *Marianna Flora* (1826) 11 Wheaton 1; Moore, 2 *Digest* 886.

被濫用。[77]

(iii) 自衛權

在公海上登臨及扣押船舶之主張，可以採取「安全區」（security zone）、「防衛區」（defense zone）或「中立區」（neutrality zone）等形式；第十一章已討論此類區域之合法性。然而，除對於鄰接區及其他區域之主張外，某些國家亦主張有權以安全或自衛為由扣留船舶。然而，在被扣留之船舶沒有襲擊其他船舶之情況下，此扣留權利係缺乏合法之法律依據。於目前情況下，最重要之國際法規範中，ILC 及大多數國家並不接受「安全區」為合法之主張，且【293】國家不太可能以任何有利之方式對待（預期）自衛權之動態行使。[78] 相同地，UNCLOS 第 VII 部分亦無明確規定「自衛權」。

(iv) 封鎖及違禁品

在戰時，行使交戰權（belligerent rights）係正當主張，可採取封鎖敵方港口與海岸之形式；執法可能會於鄰接區海岸之公海進行，中立商船倘若試圖突破封鎖，該船舶可能被交戰方沒收。可對攜帶違禁品，或從事「非中立服務行為」（acts of non-neutral service）[79] 之中立船舶或飛行器行使登臨、搜查與捕獲之權利；不言可喻，依據國際法之規定，「非法封鎖」不會合法化登臨、搜索與捕獲之權利。為保持封鎖完整性而進行之登臨、搜查與捕獲權利之爭議案例，係發生於 Mavi Marrnara 號上，[80] 2010 年 5 月，一艘載有人道援助及建築材料之客船，試圖突破以色列－埃及對於加薩走廊（Gaza Strip）地帶之封鎖。本案事實較為複雜，蓋封鎖之目標係「哈馬斯」（Hamas）乃為「非國家行為者」（non-state actor），且封鎖涉及「非國際性武裝衝突」（non-international armed conflict）。[81] 當該船舶仍於公海航行時，此艦隊被以色列海軍攔截，並

---

[77] ILC *Ybk* 1956/II, 284.

[78] Ibid. Also the Secretariat Memorandum, ILC *Ybk* 1950/II, 71.

[79] ICRC, *San Remo Manual on International Law Applicable to Armed Conflicts at Sea* (1994) paras 67–71 (purporting to codify custom).

[80] Generally: Guilfoyle (2010) 81 *BY* 171; Buchan (2011) 58 *NILR* 209.

[81] See Dinstein, *Non-International Armed Conflicts in International Law* (2014) 111–12, 221; Heintschel von Heinegg in Watkin & Norris (eds), *Non-International Armed Conflict in the Twenty-First Century* (2012) 214–17, 227–31; limited precedents include the Confederate States of America during the US Civil War: Guilfoyle (2010) 81 *BY* 171, 191–4. Generally see Sivakumaran, *The Law of Non-International Armed Conflict* (2012) 336–429.

被以色列突擊隊登臨，導致 9 名平民死亡，數十人受傷，且數名以色列士兵亦受傷。聯合國人權理事會（UN Human Rights Council）事實調查團之一項調查得出結論認為，由於加薩走廊發生之人道危機（humanitarian crisis），封鎖本身依據國際法而言係非法行為，因此以色列登臨、搜索與占領 Navi Marmara 號亦復如此。即使封鎖可被認為係合法行為，但以色列軍隊過度使用武力（disproportionate force），將使其行使權利成為非法。[82] 相比之下，受聯合國秘書長委託編寫之 Palmer Report 得出結論為：「封鎖行為係合法，但使用武力過度反使其成為非法」。[83]

(v) 緊追權

雖然除某些例外情況，一個國家不得於公海執行其法律，但該國可於公海繼續在領海或鄰接區（或延伸至 EEZ）內開始且未曾中斷之追逐，倘若其逮捕可疑船舶，則允許【294】於公海上予以逮捕。[84] Hall 對於「緊追權」（right of hot pursuit）及其理由之表述如下：

> 獲得許可之理由似乎是，於此情況下，「緊追」（pursuit）係管轄權行為之延續，該管轄權行為已經開始，或倘若沒有立即逃脫之事故，就會於領土內開始，並且有必要允許它，以便能夠有效地行使領域管轄權（territorial jurisdiction）。[85]

---

[82] A/HRC/15/21, 27 September 2010, paras 261, 264.

[83] Report of the Secretary-General's Panel of Inquiry on the 31 May 2010 Flotilla Incident, 3 September 2011. The Israeli Public Commission to Examine the Maritime Incident of 30 May 2010, 23 January 2011, exonerated Israeli forces entirely. In 2013, following US good offices, Israel officially apologized to Turkey and declared its intention to compensate the families of the Turkish victims.

[84] McDougal & Burke (1987) 893–923; 2 Hackworth, 700–9; François, First Report, ILC *Ybk* 1950/II, 43–5; Second Report, ILC *Ybk* 1951/II, 89–91; Bowett, *Self-Defence in International Law* (1958) 82–6; McNair, 1 *Opinions* 253–5; 2 O'Connell (1984) 1075–93; Poulantzas, *The Right of Hot Pursuit in International Law* (2nd edn, 2002) Part II; Klein (2011) 109–14; Tanaka, *The International Law of the Sea* (2nd edn, 2015) 168–72; Gilmore in Weller (2015) 897, 898–903; Rothwell & Stephens (2nd edn, 2016) 448–51. The question of hot pursuit was among the issues raised by *I'm Alone* (1935) 3 RIAA 1609. Also: Fitzmaurice (1936) 17 *BY* 82. Irregularities in hot pursuit do not affect ITLOS's prompt release jurisdiction: *The Volga (Russia v Australia) (Prompt Release)* (2002) 126 ILR 433 (failure to warn within 200nm).

[85] Hall, *International Law* (1st edn, 1880) 309.

雖然於領海外之地理範圍相當大，但該聲明依然係對於該概念之簡單概括。

以目前的形式，緊追權（hot pursuit）曾於 19 世紀上半葉之英美實踐（Anglo-US practice）中出現，但直到 1930 年之「海牙法典會議」（Hague Codification Conference）始有足夠證據得到各國之普遍認可。此即為 ILC 通過之條款草案提供基礎，[86] 經過一些修正後成為 GCHS 第 23 條，現在即為 UNCLOS 第 111 條第 1 項。[87] 當沿海國政府有充分理由相信，外國船舶違反該國所適用之法律及命令時，可以行使「緊追權」；此緊追必須於船舶或其中一艘小艇，且位於追逐國之內水、群島水域、領海或鄰接區內時開始，而僅有於追逐未被中斷之情況下，始得於該區外繼續進行。[88]

UNCLOS 第 111 條第 2 項將「緊追權」準用（*mutatis mutandis*）違反 EEZ 或大陸架領土國之國內法律行為，包括大陸架設施周圍之安全區。[89] 依據第 111 條第 3 項，一旦被追逐之船舶進入他國領海，「緊追權」即告用盡；第 111 條第 4 項規定得開始緊追之條件，要求追逐船確認被追趕船（或以被追趕船為母船之任何船舶），於其進入領海、鄰接區或 EEZ 之前即開始緊追。該條文亦要求在開始緊追前，【295】應發出停止之視覺或聽覺信號（眾所周知之「船頭射擊警告」，shot across the bow）。[90] 依據第 111 條第 5 項，僅有軍用，或可清楚識別之政府船舶，或飛行器得行使緊追權。復依據第 111 條第 8 項，倘若發現「緊追權」被錯誤地行使，船舶及其所有人必須賠償可能導致之滅失或損害。

---

[86]　ILC *Ybk* 1956/II, 284–5.

[87]　Itself derived from GCHS, Art 23.

[88]　*Arctic Sunrise (Netherlands v Russia)* (2015) 171 ILR 1, 95–6. For a restrictive interpretation of the requirement of continued pursuit: ibid, 104–5.

[89]　*Arctic Sunrise* involved the application of UNCLOS, Art 60 which allows a 500-metre exclusion zone for the protection of artificial islands and fixed installations within the EEZ. The tribunal found that 'the alleged commission of hooliganism and unauthorised entry into a safety zone does not provide a basis under international law for boarding a foreign vessel in the EEZ without the consent of the flag State', unless the requirements of hot pursuit were satisfied: ibid, [244].

[90]　There is a historical controversy as to whether a signal by radio meets this criterion: Attard & Mallia in Attard, Fitzmaurice, & Martinez Gutierrez (2014) 239, 264; cf ILC *Ybk* 1956/II, 285. See now *Arctic Sunrise* (2015) 171 ILR 1, 100–1.

(vi) 條約之限制

許多條約內容中，涉及超越習慣國際法所允許範圍之登臨權或捕獲權力。1815 年之後，英國加入多項關於禁止奴隸交易之雙邊條約；1841 年，「倫敦條約」（Treaty of London）規定，[91] 持有特別搜查令之軍艦得搜查、扣留或送審疑似懸掛締約國國旗之商船。1890 年「制止販賣奴隸之一般法」（General Act for the Repression of the Slave Trade）提及，在規定區域內搜查可疑船舶之有限權利。[92] 而在「聖日耳曼萊伊條約」（Treaty of St. Germain En-Laye）與「奴隸制公約」（Slavery Conventions）之締約方間，上述「制止販賣奴隸之一般法」基本上已被廢除。[93] 至於 1926 年[94] 與 1956 年[95] 所頒布之法令，皆未再規定登臨、搜查及扣押等措施；然而，GCHS 第 23 條與 UNCLOS 第 110 條則又規定登臨權（right of visit）。另外，關於魚類種群保護、人口販運，以及毒品與非法武器販運之雙邊條約，[96] 經常授予締約方相互登臨及搜索之權力。

1884 年「保護海底電纜公約」（Convention for the Protection of Submarine Cable）第 10 條賦予停止與核實涉嫌違反條約之商船國籍的權利。[97] GCHS 第 26 條至第 29 條並未提及此權利，但其無意取代 1884 年公約；而 UNCLOS 第 311 條第 2 項亦是如此，各國透過條約同意相互進行緊追之權利。[98]

---

[91] 20 December 1841, 92 CTS 437 (Austria, Great Britain, Prussia, and Russia. Belgium acceded. France signed but did not ratify).

[92] 2 July 1890, 173 CTS 293.

[93] Treaty between the Allied and Associated Powers and the Kingdom of the Serbs, Croats and Slovenes, 10 September 1919, 226 CTS 186.

[94] Convention to Suppress the Slave Trade and Slavery, 25 September 1926, 60 LNTS 254.

[95] Supplementary Convention on the Abolition of Slavery, the Slave Trade, and Institutions and Practices Similar to Slavery, 7 September 1956, 226 UNTS 3.

[96] Guilfoyle (2009) chs 6, 8, 9; Papastavridis (2013) 143–8, 226–37; 281–90.

[97] 14 March 1884, 163 CTS 391. Also: McDougal & Burke (1987) 843; 4 Whiteman 727–39.

[98] E.g. Niue Treaty on Cooperation in Fisheries Surveillance and Law Enforcement in the South Pacific Region, 9 July 1992, 32 ILM 136.

3. 公海船舶之管轄權

(1) Lotus (蓮花號) 案之判決

　　UNCLOS 肯定常設法院於 *Lotus* 一案中闡明之一般原則，但否定實際結果。至於該原則，法院認為：

> 公海上之船舶不受除其懸掛國旗之國家權力以外之任何權力所拘束。依據「海洋自由原則」（principle of freedom of the seas），即公海不存在任何【296】領土主權，任何國家不得對外國船舶於公海行使任何形式之管轄權。[99]

　　因此，UNCLOS 第 92 條第 1 項規定，船舶只能懸掛一國國旗航行，除國際條約或本公約明確規定例外之情況，在公海應受其「專屬管轄」（exclusive jurisdiction）。[100] 另一方面，UNCLOS 第 97 條第 1 項規定：

> 遇有船舶在公海上碰撞（collision）或任何其他航行事故（incident of navigation）涉及船長或任何其他為船舶服務的人員的刑事或紀律責任時，對此種人員的任何刑事訴訟或紀律程序，僅可向船旗國或此種人員所屬國籍之司法或行政機關提出。

　　上開條文款否定 *Lotus* 案中關於「公海碰撞」（collisions on the high seas）可能存在刑事管轄權之判決。ILC 於其對相關條款草案之評釋中提及：此判決受到了非常強烈之批評，並在國際海事界引起嚴重不安。1952 年在布魯塞爾舉行之外交會議不同意判決結論。ILC 同意此目的係保護船舶及其船員於公海發生碰撞時，免受外國法院刑事訴訟之風險，蓋此類訴訟可能對於國際

---

[99]　(1927) PCIJ Ser A No 10, 25.
[100]　Also: GCHS, Art 6(1).

航行構成無法容忍之干擾。[101]

(2) 油污事故之管轄權

　　各國可對與其海岸相鄰之公海區域主張管轄特區，用以規範各種活動，鄰接區即爲一例，但可能會出現需要監管之新問題。1967 年，登記在利比亞籍之「托瑞峽谷號」（Torrey Canyon）於康沃爾海岸（Cornish coast）擱淺，損失大約 6 萬噸石油，在嘗試打撈失敗後，英國政府下令炸毀沉船。雖然如此，英國與法國之海岸仍然受到嚴重污染。此補救行動可能係基於必要性（但並非自衛）之理由。[102] 因而導致關於在公海發生「石油污染事故」（Oil Pollution Casualties）時，[103] 進行干預之國際公約的締結。使用保護措施現已獲得 UNCLOS 第 221 條第 1 項之承認。[104]

(3) 未經授權之廣播

　　【297】歐洲委員會（Council of Europe）於 1965 年發起一項「關於防止從國家領土以外電台傳輸廣播協定」（Agreement for the Prevention of Broadcasts Transmitted from Stations outside National Territories），[105] 該公約側重於支持在締約國國家管轄範圍內實施之「海盜」廣播行爲，並且不允許干涉外國船舶、航空器或國民。[106] 相反地，UNCLOS 第 109 條至第 110 條規定廣泛之管轄及逮捕權，涉及「違反國際規定，從公海船舶或設施傳輸聲音無線電或電視廣播，目的係提供一般公眾接收，但不包括求救信號之傳輸」。[107]

---

[101] ILC *Ybk* 1956/II, 281, citing the International Convention for the Unification of Certain Rules relating to Penal Jurisdiction in matters of Collisions and Other Incidents of Navigation, 10 May 1952, 439 UNTS 233.

[102] Brown (1968) 21 *CLP* 113; Queneudec (1968) *AFDI* 701; Caflisch (1972) 8 *RBDI* 7; 2 O'Connell (1984) 997–1012; Churchill & Lowe (3rd edn, 1999) ch 15; Rothwell & Stephens (2nd edn, 2016) ch 15. On necessity as a defence: chapter 25.

[103] 29 November 1969, 970 UNTS 211.

[104] Generally: Boyle (1985) 79 *AJIL* 347; Brubacker, *Marine Pollution and International Law* (1993); Churchill & Lowe (3rd edn, 1999) ch 15; Gahlen in Papastavridis & Trapp (eds), *La Criminalité en mer* (2014) 97; Kirk in Rothwell et al (2015) 516; Karim, *Prevention of Pollution of the Marine Environment from Vessels* (2015); Rothwell & Stephens (2nd edn, 2016) ch 15. For protection of the marine environment: chapter 15.

[105] 2 January 1965, ETS 53.

[106] On 'pirate' radio: François (1965) 12 *NILR* 113; Bos (1965) 12 *NILR* 337; Woodliffe (1965) 12 *NILR* 365; 2 O'Connell (1984) 814–19; Guilfoyle (2009) 170–9; Klein (2011) 127–30.

[107] UNCLOS, Art 109 introduces the offence of unauthorized broadcasting from the high seas, and grants the capacity to arrest, seize, and prosecute to states affected. Further: *Post Office v Estuary Radio Ltd* [1968] 2 QB 740 (CA). With the end of state monopolies on broadcasting, the problem of commercial 'pirate' radio stations has not recurred.

(4) 禁止毒品

對於某些類型之跨國犯罪，特別的條約制度係爲各國提供公海上之「登臨權」，[108] 其中之一即爲攔截毒販（interdiction of drug traffickers）。[109] 雖然 UNCLOS 第 27(1)(d) 條規定沿海國有管轄權，對於涉嫌於其領海內運載非法毒品之外國船舶，等待毒販進入領海時再行使逮捕權，相當不切實際。UNCLOS 第 108 條第 2 項僅規定，任何國家「有合理理由相信」（with reasonable grounds for believing）懸掛其本國國旗航行之船舶從事販運非法麻醉品時，得請求其他國家之合作，而未解決（更有可能）一國懷疑懸掛他國國旗之船舶運載此類物質之情況。[110]

就此議題，UNCLOS 得到「聯合國禁止非法販運麻醉藥品及精神藥物公約」（UN Convention Against Illicit Traffic in Narcotic Drugs and Psychotropic Substances）之補充，[111] 該公約第 17 條第 1 項要求締約國依據海洋法盡最大可能合作制止「海上毒品運輸」（carriage of drugs by sea）。[112] 第 17 條第 2 項及第 17 條第 3 項規定，一方有「合理理由」（reasonable grounds）懷疑懸掛【298】另一方國旗並「行使航行自由」（exercising freedom of navigation）之船舶得請求「確認登記及授權」，以採取適當措施。[113] 倘若同意，第 17 條第 4 項規定，船旗國得授權詢問國登臨及搜查船舶，並採取適當行動。[114] 上開第 17 條第 3 項中包含「行使航行自由」一詞係有爭議，涵蓋領海以外之所有

---

[108] Churchill & Lowe (3rd edn, 1999) 218–19; Guilfoyle (2009) chs 6, 8, 9; Papastavridis (2013) chs 5, 7, 8.

[109] Generally: Guilfoyle (2009) ch 5; Papastavridis (2013) ch 7.

[110] Gilmore (1991) 15 *Mar Policy* 183, 185; Papastavridis (2013) 207; Tanaka (2nd edn, 2015) 173.

[111] 20 December 1988, 1582 UNTS 95. Further: Guilfoyle (2009) 83–5; Kraska & Pedrozo (eds), *International Maritime Security Law* (2013) 531–40; Papastavridis (2013) 209–17.

[112] E.g. Agreement to facilitate the interdiction by the United States of vessels of the United Kingdom suspected of trafficking in drugs, 13 November 1981, 1285 UNTS 197; Treaty between the Kingdom of Spain and the Italian Republic to Combat Illicit Drug Trafficking at Sea, 23 March 1990, 1776 UNTS 229; Agreement on Illicit Traffic by Sea implementing Article 17 of the United Nations Convention against Illicit Traffic in Narcotic Drugs and Psychotropic Substances, 3 January 1995, ETS 156. Further: Siddle (1982) 31 *ICLQ* 726; Gilmore (1989) 13 *Mar Policy* 218; Gilmore (1996) 20 *Mar Policy* 3; Klein (2011) 130–7; Kraska & Pedrozo (2013) 539–40.

[113] UN Narcotics Convention, 28th meeting, E/CONF.82/C.2/SR.28, §7.

[114] The discursive nature of this list implies that the flag state may decide exactly how far the inquiring state may exercise its enforcement jurisdiction. Flag states may therefore reserve their position on seizure until evidence of illicit narcotics is discovered: Guilfoyle (2009) 83–5; Papastavridis (2013) 211–14.

船舶，包括 EEZ 內之船舶。[115]

(5) 走私移民

「走私移民」（migrant smuggling）係為逃避移民管制而進行之非法人員流動；[116] 其經常涉及在危險之條件下進行海上運輸。依據「走私移民議定書」（Migrant Smuggling Protocol）之定義，涉及於不遵守國家移民法之情況下，為個人利益促成一個人進入「該人並非其國民或永久居民」之國家。[117]

「走私移民議定書」主要規定，係將人員非法跨境流動定為刑事犯罪（第3 條與第 6 條），但亦包括基於「麻醉品公約」（Narcotics Convention）第17 條之「公海攔截」條款（high seas interdiction provisions）。議定書第 7 條規定，「締約國應依據國際海洋法盡最大可能合作，預防及制止海上走私移民」。第 8 條第 2 項允許締約國於合理懷疑懸掛另一締約國國旗之船舶正在走私移民時，請求船旗國允許採取適當措施，船旗國可以授權登臨作為回應，並於其認為合適之情況下，進行搜查及扣押。[118] 第 8 條第 5 項明確保留船旗國之管轄權；倘若有關船舶看似無國籍，第 8 條第 7 項規定，允許攔截國於有合理理由懷疑該船舶從事走私移民活動之情況下，登臨及搜查。倘若發現懷疑之證據屬實，阻斷國得依據相關國際法與國內法採取適當之措施。上述規定使國際法對於無國籍船舶，行使規定性及強制性管轄權之模糊性，長期存在。[119]

然而，與「麻醉品公約」不同者，該議定書並未明確允許攔截國對被攔截船舶行使規範性管轄權（prescriptive jurisdiction）。【299】除非允許攔截國起訴，否則船旗國之管轄權將優先。[120]

(6) 人口販運

奴隸制度之現代同義詞可稱為「人口販運」（human trafficking），涉及

---

[115] Guilfoyle (2009) 83–4.

[116] Generally: Guilfoyle (2009) 182–226; Klein (2011) 122–7; Mallia, *Migrant Smuggling by Sea* (2010); Papastavridis (2013) ch 8; Gallagher & David (eds), *The International Law of Migrant Smuggling* (2014) ch 6.

[117] Protocol against the Smuggling of Migrants by Land, Sea and Air, Supplementing the United Nations Convention against Transnational Organized Crime, GA Res 55/25 (Annex III), 15 November 2000, Arts 3, 6.

[118] Narcotics Convention, Art 17(4).

[119] UNCLOS, Art 110(1)(d); Narcotics Convention, Art 17(2). Further: Guilfoyle (2009) 185; Gallagher & David (2014) 244–6.

[120] Guilfoyle (2009) 186.

以剝削為目的，透過強制手段招募及運送人員，包括：性剝削、強迫勞動、奴役或類似奴役之做法。[121]「人口販運議定書」（Human Trafficking Protocol）並未規定攔截在公海從事人口販運之船舶，主要係因為被販運者很少成群結隊出現或直接透過海上運輸。[122] 然而，走私移民與人口販運間存在許多重疊地帶。易言之，這將為依據「移民販運議定書」（Migrant Trafficking Protocol）第 8 條進行攔截提供聯繫。[123]

(7) 遏制恐怖主義及武器之傳播

另一個與制止針對船舶之恐怖活動（以及後來制止化學、生物及核武器之海上運輸）有關之獨特制度（*sui generis*）係 1988 年 3 月 10 日通過「制止危及海上航行安全非法行為公約」（Convention for the Suppression of Unlawful Acts against the Safety of Maritime Navigation, SUA）之宗旨；[124] 並經由 2005 年締結之議定書予以修正（SUA Protocol）。[125]

在 *Achille Lauro* 事件之後，[126] 很明顯起草 SUA 公約[127] 成為國際間無法就恐怖主義的全面性與一般性定義達成一致意見時，所締結之一項「部門協議」（sectoral agreements）。該議定書第 3 條定義「船舶劫持罪」（offence of ship hijacking），例如非法「以武力或武力威脅或任何其他形式之恐嚇方式，扣押或控制船舶」及同源行為。SUA 議定書改變 SUA 公約之範圍，其目的並非針對「海上恐怖主義」（maritime terrorism），而係加強【300】「核

---

[121] Protocol to Prevent, Suppress and Punish Trafficking in Persons, Especially Women and Children, supplementing the United Nations Convention against Transnational Organized Crime, GA Res 55/25, Annex II, 15 November 2000.

[122] Obokata (2005) 54 *ICLQ* 445, 448; Guilfoyle (2009) 227.

[123] Guilfoyle (2009) 227–8. If a person is being trafficked into outright slavery, a right of visit and search would arise under UNCLOS, Art 110(1)(b).

[124] 10 March 1988, 1678 UNTS 222. Further: Tuerk, *Reflections on the Contemporary Law of the Sea* (2012) ch 6; MacDonald (2013) 28 *IJMCL* 485; McDorman in Caron & Scheiber (eds), *The Oceans in the Nuclear Age* (2014) 239; Caracciolo in Del Vecchio (ed), *International Law of the Sea* (2014) 109.

[125] Protocol to the Convention for the Suppression of Unlawful Acts against the Safety of Maritime Navigation, 14 October 2005, 1678 UNTS 304.

[126] In 1985, the *Achille Lauro* was hijacked by members of the Palestinian Liberation Front (PLF) while still in port: Halberstam (1988) 82 *AJIL* 269; Guilfoyle (2009) 32–42; Guilfoyle in Koutrakos & Skordas (2014) 33, 44–6.

[127] Byers (2004) 98 *AJIL* 526; Guilfoyle (2007) 12 *JCSL* 1; Guilfoyle (2009) ch 9; Oxman in Franckx & Gautier (eds), *The Exercise of Jurisdiction Over Vessels* (2010), 138; Beckman & Davenport in Nordquist et al (2012) 229; Papastavridis in Saul (ed), *Research Handbook on International Law and Terrorism* (2014) 74.

武不擴散條約」（Treaty on the Non-Proliferation of Nuclear Weapons）。[128]
SUA 議定書於 2010 年生效，成為第一個將海上運輸生物、化學或核武器
（BCN 武器）定為犯罪之國際法文件。該議定書亦規定「公海攔截」（high
seas interdiction）。起源於美國之「防擴散安全倡議」（Proliferation Security
Initiative, PSI）計畫，[129] 雖然其靈感可謂係基於聯合國安全理事會第 1540 號
決議，且此為安理會第二次嘗試利用「聯合國憲章」第 VII 章制定之「國際立
法」（international legislation）。此迫使各國採取措施，禁止此類武器及其前
身之各類貿易。[130] 議定書第 3 bis 條第 1 項規定，故意使用船舶作為「可能造
成死亡或嚴重傷害」（likely to cause death or serious injury）行動的一部分，
而該行為之目的係「依據其性質或背景，可能為恐嚇民眾、脅迫政府、或國
際組織，而採取或不採取任何行動」，無論該行動是否涉及攜帶 BCN 武器。
SUA 公約之「公海攔截制度」（第 8 bis 條）規定攔截國得請求船旗國授權登
船及搜查船舶，而船旗國並無義務同意該請求（與「麻醉品公約」第 17 條中
相同之弱點）。[131]

4. 進出公海之運輸規則

　　一般海洋法，尤其係 UNCLOS 的一個重要規定，係其對於各種海上過境
制度之闡述，過境權（transit rights）之範圍則取決於相關區域。

(1) 無害通過

　　習慣國際法法承認「無害通過領海之權利」（right of innocent passage
through the territorial sea），而其後納入 UNCLOS 第 17 條之規定。[132] 同法第 8

---

[128] Treaty on the Non-Proliferation of Nuclear Weapons, 1 July 1968, 729 UNTS 161.
[129] Murphy (2004) 98 *AJIL* 349, 355–7. Further: Guilfoyle (2005) 29 *Melb ULR* 733, Guilfoyle (2009) 246–54; Davis in Meier & Daase (eds), *Arms Control in the 21st Century: Between Coercion and Cooperation* (2013) 146; Rothwell in Caron & Scheiber (2014) 285.
[130] The first such resolution was SC Res 1373 (2001). Generally: Talmon (2005) 99 *AJIL* 175; Bianchi (2006) 17 *EJIL* 881; Hinojosa-Martinez (2008) 57 *ICLQ* 333; Powell in Ramraj et al (eds), *Global Anti-Terrorism Law and Policy* (2012) 19; Heupel in Popovski & Fraser (eds), *The Security Council as Global Legislator* (2014) 124.
[131] SUA Convention, Arts 8*bis*(4), 8*bis*(5) reflect UNCLOS, Art 108(2) and Narcotics Convention, Art 17 in relation to the interdiction of drug shipments on the high seas.
[132] 3 Gidel (1934) 193–291; 4 Whiteman 343–417; François, ILC *Ybk* 1952/II(2), 38; Fitzmaurice (1959) 8 *ICLQ* 73, 90–108; McDougal & Burke (1987) 174–269; 1 O'Connell, *The International Law of the Sea* (1982) 259–98; Tanaka in Rothwell et al (2015) 536, 539–49; Rothwell & Stephens (2nd edn, 2016) 78–9.

條則保留在以前被視爲領海一部分之內水，或由直線基線（straight baselines）包圍之公海中無害通過之權利；此條文乃基於「日內瓦領海及鄰接區公約」（Geneva Convention on the Territorial Sea and Contiguous Zone, GCTS）第14 條及第 15 條之規定而來。【301】就歷史而言，「無害通過權」（right of innocent passage）係於特殊管轄區與主權區沒有明確區分之時期而產生之制度。海洋帶（maritime belt）被認爲係屬於「公海」，但仍受到有利於沿海國之限制。「無害通過」作爲政策上議題，可謂海上交通需要與沿海國利益間之明智調和。

　　「無害通過」之定義以前係一個相當困難之問題；但「無害通過」基本規則目前已經相當清楚完備，其於 UNCLOS 第 18 條及第 18 條第 1 項中進行詳細說明，列出「無害通過」之目的，此範圍不包括沿海貿易（沿海航行）或捕魚。依據第 18 條第 2 項之規定，「通過」必須係以「連續且迅速」（continuous and expeditious）之方式。UNCLOS 第 19 條第 1 項規定，「只要不損害沿海國之和平、良好秩序或安全」（not prejudicial to the peace, good order or security of the coastal State）；另外，「通過」亦應被視爲無害，UNCLOS 第20 條規定，「在領海內，潛艇及其他水下航行器，必須於海面航行並展示其旗幟」。

　　雖然上開第 19 條提到沿海國之「和平、良好秩序或安全」，但第 19 條第2 項中之清單，提及僅對於沿海國造成「經濟損害」（economic prejudice）之行爲，特別係指「漁業」。[133] 事實上，第 19(2)(i) 條規定，任何與「通過」沒有直接關係之活動，將被視爲「損害沿海國之利益」。

　　依據 UNCLOS 第 25 條第 1 項，沿海國可在其領海內採取必要措施，防止「非無害通過」，而行使「通行權」之船舶亦受當地法律及法規之約束，前提係此類法律及法規符合國際法與條約之義務（UNCLOS 第 21 條、第 22 條、第 25 條第 2 項）。UNCLOS 第 25 條第 3 項賦予沿海國於領海特定區域內暫時中止「無害通過」之權利，倘若此中止係「對於保護其安全係屬必要」，而UNCLOS 第 26 條規定，不得向外國船舶徵收任何費用，但倘若爲船舶提供之

---

[133] Fishing vessels share the right of passage, but any unauthorized act of fishing actually occurring in territorial waters will render passage prejudicial to the interests of the coastal state and hence not innocent.

特定服務，則不在此限。UNCLOS 第 30 條包含適用於軍艦及其他為非商業目的運營之政府船舶的特殊制度，該條文不包括對於軍艦之執法，在不遵守沿海國規定之情況下，只能要求其離開領海。[134]

(2) 無害通過期間之刑事管轄

雖然沿海國對其領海既有「規範管轄權」亦有「執行管轄權」，但此類管轄權並不適用於行使「無害通過權」之外國船舶，除非於滿足某些條件之情況下始符合例外。關於刑事事項，UNCLOS 第 27 條第 1 項規定，僅於下列情況中，始能對無害通過沿海國領海之外國船舶行使管轄權【302】：(i) 罪行之後果及於沿海國；(ii) 罪行屬於擾亂當地安寧或領海良好秩序之性質；(iii) 經船長或船旗國外交代表或領事官員請求地方當局予以協助；(iv) 此類措施係取締違法販運麻醉藥品或精神調理物質所必要。[135]另外，上述規定不影響沿海國為在駛離內水後通過領海的外國船舶上進行逮捕或調查的目的而採取其法律所授權的任何步驟之權利，但仍須通知船旗國。[136]

UNCLOS 第 28 條第 1 項規定，沿海國不應為對通過領海的外國船舶上某人行使民事管轄權的目的而停止其航行或改變其航向。同樣地，第 28 條第 2 項規定，沿海國不得為追究任何民事訴訟，[137]而對外國船舶執行判決扣押財產或予以逮捕，但船舶在航行期間承擔之責任除外。倘若外國船舶離開內水後通過領海，或以不符合「無害通過」之方式於領海拋錨，[138]則沿海國仍可依

---

[134] Harvard Research (1929) 23 *AJIL Sp Supp* 295–6; 3 Gidel (1934) 227–89; Jessup (1959) 59 *Col LR* 234, 247–9; François, ILC *Ybk* 1952/II, 42–3; McDougal & Burke (1987) 192–4, 216–21; 1 O'Connell (1982) 274–98; Oxman (1984) 24 *Va JIL* 809; Butler (1987) 81 *AJIL* 331; Klein (2011) 30–2; Roach & Smith, *Excessive Maritime Claims* (3rd edn, 2012) 239–59; Hakapää, 'Innocent Passage' (2013) *MPEPIL*; Heintschel von Heinegg, 'Warships' (2015) *MPEPIL*; Tanaka in Rothwell et al (2015) 536, 545–7. Also: *Corfu Channel*, ICJ Reports 1949 p 4, 28.

[135] The position may not be absolute. UNCLOS, Art 27(1) commences with the words 'should not', which were chosen to exhort restraint, not impose absolute limitations: Shearer (1986) 35 *ICLQ* 320, 327; Churchill & Lowe (3rd edn, 1999) 95–8; Guilfoyle (2009) 11; Tanaka in Orakhelashvili (ed), *Research Handbook on Jurisdiction and Immunities in International Law* (2015) 110, 121–2. Nonetheless, there is some state practice suggesting the provision is exhaustive: e.g. US–USSR, Joint Statement on the Uniform Interpretation of Rules of International Law Governing Innocent Passage, 23 September 1989, 28 ILM 1444.

[136] UNCLOS, Art 27(2)–(3).

[137] E.g. by attempting to seize a ship in order to enforce an arbitral award where that ship is merely passing innocently through the enforcing state's territorial sea.

[138] I.e. in situations other than where the ship is lying in the territorial sea in a manner incidental to ordinary navigation, by reason of *force majeure* or in order to respond to a distress signal: UNCLOS, Art 18(2).

UNCLOS 第 28 條第 3 項規定，行使管轄權。

　　對於為「非商業目的」營運之外國軍艦或政府船舶，UNCLOS 第 32 條保留了其「習慣法上豁免權」（customary immunity）；此類船舶於行使「無害通過權」時，仍必須遵守適用於所有船舶之規則，但倘若違反時，沿海國最多僅能依 UNCLOS 第 30 條，要求違法之船舶離開其領海。倘若此類船舶之違法行為，係導致沿海國遭受任何損失或損害，船旗國將依 UNCLOS 第 31 條之規定承擔責任。

(3) 國際海峽過境通行

　　「過境通行」（transit passage）係指外國船舶透過「國際海峽」（international straits）進入公海或 EEZ 之活動，[139] UNCLOS 第 III 部分規範此類移動。第 37 條規定，「本節適用於在公海或 EEZ 之一部分以及公海或 EEZ 之另一部分之間用於國際航行【303】之海峽」；同法第 38 條第 2 項則將「過境通行」定義為「係指依照本部分規定，專為在公海或專屬經濟區之一個部分及公海或 EEZ 之另一部分間之海峽繼續不停和迅速過境的目的而行使航行和飛越自由。然而，對繼續不停和迅速過境的要求，並不排除在一個海峽沿海國入境條件的限制下，為駛入、駛離該國或自該國返回的目的而通過海峽」。與「無害通過權」相比，領海之「過境通行權」受到限制較少。但 UNCLOS 第 36 條與同法第 38 條第 1 項僅適用於沒有「通過公海或通過在航行及水文特徵方面，具有類似便利性之專屬經濟區之航線」的情況。UNCLOS 第 39 條第 2 項亦規定，「過境通行」之船舶與第 39 條第 3 項中之飛行器之特定義務。

(4) 通過專屬經濟區

　　就通過 EEZ 而言，UNCLOS 將該區域視為與整個公海大致相同之地理位置，符合習慣國際法上之傳統。[140] UNCLOS 第 58 條保留於該區域航行、飛越及鋪設海底電纜之自由，以及 UNCLOS 第 88 至 115 條規定之權利與義務。因

---

[139] Churchill & Lowe (3rd edn, 1999) ch 5; Ntovas in Attard, Fitzmaurice, & Martinez Gutierrez (2014) 71; Caron & Oral (2014); Caminos & Cogliati-Bantz (eds), *The Legal Regime of Straits* (2014); Rothwell in Rothwell et al (2015) 1, 10–13; Rothwell & Stephens (2nd edn, 2016) ch 11.

[140] *Nicaragua*, ICJ Reports 1986 p 14, 111–12.

此，EEZ 之「過境通行」條件，與「無害通過」領海或國際海峽之條件不大相同，而與享有較多自由之公海制度，有更多共同之處。

(5) 群島海道航道

　　UNCLOS 第 52 條第 1 項及第 53 條第 2 項，於此類海道及空中航線中規定「群島海道通過權」（right of archipelagic sea lanes passage），此通道類似於國際海峽之「過境通行」，該權利並非完全不受限制，然而，依 UNCLOS 第 53 條第 1 項規定，「群島國」（archipelagic state）得指定適合外國船舶或飛行器，連續且快速通過或飛越其群島水域及鄰接之領海之海道與航線。此外，UNCLOS 第 52 條第 2 項規定，倘若群島國為保護其國家安全所必要，其可於對外國船舶之間在形式上或事實上不加歧視之條件下，暫時停止外國船舶於其群島水域之特定區域內的無害通過。

(6) 強制領航

　　於某些情況下，沿海國可能堅持要求船舶通過上層水域時，必須由經過批准之領航員帶領其通過特別險惡之水域，或重要而脆弱之生態系統。[141]「領航制度」（pilotage regimes）必須符合 UNCLOS 之條款，推薦計畫將表面上符合要求。強制性制度更具爭議性。【304】根據 UNCLOS 第 21(1)(a)、(f) 條，沿海國可以出於各種保護目的制定與無害通過領海有關之法律及規章，包括在必要時引入強制性之領航制度。[142]

　　而通過「國際海峽」時實施強制領航則更具爭議性，各國已表明願意在過境通行方面挑戰強制性領航制度，特別係存在於澳大利亞與巴布亞紐幾內亞，

---

[141] Generally: Kachel, *Particularly Sensitive Sea Areas* (2008) 202–4; Mahmoudi, 'Transit Passage' (2008) *MPEPIL*; Kaye, 'Torres Strait' (2009) *MPEPIL*; Bateman & White (2009) 40 *ODIL* 184; Neher in Nordquist, Koh, & Norton Moore (eds), *Freedom of Seas, Passage Rights and the 1982 Law of the Sea Convention* (2009) 339; Hakapää, 'Innocent Passage' (2013) *MPEPIL*; Egede in Caddell & Thomas (eds), *Shipping, Law and the Marine Environment in the 21st Century: Emerging Challenges for the Law of the Sea—Legal Implications and Liabilities* (2013) 35; Anton in Caron & Oral (2014) 49.

[142] E.g. the pilotage regime with regard to navigation through the Great Barrier Reef: Great Barrier Reef Marine Park Act 1975 (Cth), Part VIIA.

試圖於托雷斯海峽（Torres Strait）引入領航制度。[143] 至於收取引航服務費用並不違反 UNCLOS，亦不損害過境之權利。[144]

5. 公海上漁民之管理

(1) 歷史之觀點

在「航行自由」（freedom of navigation）後，捕魚自由（freedom to fish）可謂係公海歷史上最基本之自由。[145] 歷史上，魚類曾被視爲取之不盡、用之不竭的資源，[146] 但二次大戰以來，工業化捕魚技術之發展，徹底顛覆上述期望。[147]

現代漁業法可分爲兩個階段：第一階段，直到 1970 年代中期，其特點係沿海國家之海域狹窄，許多公海漁業乃由國際漁業委員會（international fisheries commissions, IFC）監督與管理。自 1970 年代中期以來，出現 EEZ 制度，其中包括大多數可進行商業開發之魚類種群，於一定程度上削弱 IFC 之作用。IFC 被排除在外，導致遠洋漁業國家將重點放在通常偏遠且繁殖緩慢之物種（例如巴塔哥尼亞犬牙魚，Patagonian toothfish）上；其結果係漸進式公有財產之悲劇，由一些成功的沿海國或地區監督案例（例如挪威春季產卵鯡魚，Norwegian spring spawning herring）以彌補。

---

[143] The Australian and Papua New Guinean governments succeeded in gaining IMO support for a recommended pilotage regime for certain large vessels and oil and gas tankers: IMO Res A.619/13, 6 November 1991. The IMO further agreed to extend the Great Barrier Reef's Particularly Sensitive Sea Area (PSSA) designation to include the Torres Strait, but did not expressly provide for compulsory pilotage: IMO Res MEPC.133/53, 22 July 2005. Further: Bateman & White (2009) 40 *ODIL* 184; Anton in Caron & Oral (2014) 49.

[144] 2 Nordquist (1995) 236.

[145] On fisheries: Burke, *The New International Law of Fisheries* (1994); Orrego Vicuña, *The Changing International Law of High Seas Fisheries* (1999); Churchill & Lowe (3rd edn, 1999) ch 14; Guilfoyle (2009) ch 6; Young (2011); Serdy (2011) 60 *ICLQ* 387; Takei, *Filling Regulatory Gaps in High Seas Fisheries: Discrete High Seas Fish Stocks, Deep-Sea Fisheries and Vulnerable Marine Ecosystems* (2013); Tsamenyi & Hanich in Freestone (ed), *The 1982 Law of the Sea Convention at 30* (2013) 109; Rothwell & Stephens (2nd edn, 2016) ch 13.

[146] Grotius, *Mare Liberum* (1609, tr Hakluyt 2004) 25–30; Wolff, *Jus gentium methodo scientifica pertractatum* (1764, tr Drake 1934) 64; cf Vattel, *Le Droit des gens* (1758, tr Anon 1797) I.xxiii.§287.

[147] Churchill & Lowe (3rd edn, 1999) 279–83; Oda, *Fifty Years of the Law of the Sea* (2003) 457–9.

(2) 漁業自由及其限制

【305】習慣國際法中已確立「公海捕魚自由」（freedom of fishing），雖然其僅從消極意義上闡述該原則之存在：「國家不應干涉懸掛另一旗幟捕魚之船舶」。[148] 然而，雖然「航行自由」（freedom of navigation）自 Grotian 公式以來一直相對有增無減，但爲促進保護及有序進入之目標，「捕魚自由」受到各種方式之限制。

UNCLOS 第 87(1)(e) 條規定於公海捕魚之自由，但必須遵守 UNCLOS 第 VII 部分第 2 節規定所設下之條件。[149] UNCLOS 第 116 條規定，所有國家均有權由其國民在公海上捕魚，包括依據條約義務、沿海國之權利、義務及利益。UNCLOS 第 63 條第 2 項則涉及「跨界種群」（straddling stocks），即在 EEZ 及鄰近公海區域內，出現相同或相關之魚類，於此情況下，必須直接或透過適當之漁業組織（fisheries organization）進行合作。

習慣國際法之立場一度不太明確。在 *Fisheries Jurisdiction*（漁業管轄權）一案中，[150] 法院被要求確定冰島將其捕魚限制從 12 海里擴大到 50 海里之有效性。法院認爲，依據習慣國際法，特別依賴漁業謀生之沿海國於某些情況下，享有優先進入與其領海相鄰的公海漁業之權利。然而，該判決因缺乏支持證據，以及如此確定之規則普遍不準確而受到批評。[151] 在法院判決前或後，沒有任何沿海國家試圖依靠該原則以擴大其在公海漁業中之占比，且該決定（過渡性）已被 EEZ 之引入所取代。

(i) 保護及合作之義務

各國對公海漁業的主要義務是保護與合作。UNCLOS 第 117 條要求締約國「所有國家均有義務爲各該國國民採取，或與其他國家合作採取養護公海生物資源的必要措施」，此不僅係規範懸掛旗幟船舶行爲之義務；易言之，適

---

[148] Orrego Vicuña (1999) 13.

[149] 29 April 1958, 559 UNTS 285. Further: Takei (2013); Serdy, *The New Entrants Problem in International Fisheries Law* (2016).

[150] *Fisheries Jurisdiction (FRG v Iceland)*, ICJ Reports 1974 p 175, 195; *Fisheries Jurisdiction (UK v Iceland)*, Merits, ICJ Reports 1974 p 3, 26.

[151] Churchill & Lowe (3rd edn, 1999) 285; Orrego Vicuña (1999) 15–17; Lowe & Tzanakopoulos in Tams & Sloan (eds), *The Development of International Law by the International Court of Justice* (2013) 177, 191.

用於所有國民，無論其懸掛之國旗爲何，[152] 此解釋得到「聯合國糧食及農業組織」（UN Food and Agriculture Organization, FAO）之認可。[153]

【306】UNCLOS 第 118 條規定，締約國有義務爲養護及管理公海生物資源進行合作。[154] 而同法第 63 條至第 67 條則進一步規定與跨界種群、高度洄游物種、海洋哺乳動物、溯河產卵種群、降河產卵魚種等有關之具體保護及合作義務。特別重要者，係有關於跨界種群[155] 及高度洄游物種[156] 之保育。UNCLOS 第 63 條第 2 項規定，任何對跨界種群感興趣之國家，「倘若同一種群或有關聯之魚種的幾個種群，出現在 EEZ 內而又出現在 EEZ 外之鄰接區域內，沿海國及在鄰接區域內捕撈此種種群之國家，應直接或透過適當之分區域或區域組織，設法就必要措施達成協議，以養護在鄰接區域內之此類種群」。至於對高度洄游物種，第 64 條規定：「沿海國及其國民在區域內捕撈附件一所列之高度洄游魚種之其他國家應直接或透過適當國際組織進行合作，以期確保在 EEZ 以內及以外之整個區域內的此類魚種之養護及促進最適度利用此類魚種的目標。在未有適當之國際組織存在的區域內，沿海國及其國民在區域內捕撈此類魚種之其他國家，應合作設立這種組織並參加其工作。」合作及保護之義務遠遠不夠，公海漁業僅能透過國際合作進行適當之管理，例如透過建立區域或特定物種之國際機構。然而，除高度洄游物種（UNCLOS 第 64 條）外，締約國於此部分並無義務；UNCLOS 可提出建立區域機構作爲直接談判之替

---

[152] Guilfoyle (2009) 101.

[153] FAO International Plan of Action to Prevent, Deter and Eliminate Illegal, Unreported and Unregulated Fishing, 23 June 2001, para 18.

[154] The Lacey Act, 16 USC §§3371–8, makes it a crime for US nationals to violate any applicable fisheries regulations anywhere, effectively co-opting other states' conservation measures adopted under UNCLOS. For prosecutions: *US v Cameron*, 888 F2d 1279 (9th Cir, 1989) (violating International Pacific Halibut Commission regulations); *Wood v Verity*, 729 F Supp 1324 (SD Fla, 1989) (violating Bahamian EEZ regulations). Also: the forfeiture proceedings in *US v 594,464 Pounds of Salmon, More or Less*, 687 F Supp 525 (WD Wash, 1987) (violation of Taiwanese Salmon regulations); *US v Proceeds from Approximately 15,538 Panulirus Argus Lobster Tails*, 834 F Supp 385 (SD Fla, 1993) (Turks and Caicos Islands fishing restrictions); *US v 144,774 Pounds of Blue King Crab*, 410 F3d 1131 (9th Cir, 2005) (Russian Federation fishing and resource protection laws).

[155] Species of fish which migrate from salt to fresh water to breed, such as the various species of Pacific salmon: UNCLOS, Art 66.

[156] Species of fish which migrate from fresh to salt water to breed, such as the freshwater eels of the genus *Anguilla*: UNCLOS, Art 67.

代方案，如「跨界種群」之情況（UNCLOS 第 63 條），抑或透過考慮適當性以限定義務，例如 UNCLOS 第 118 條中更普遍之情況。

(ii) 區域漁業管理組織

雖然國際合作義務有些薄弱，但還是創建許多區域漁業管理組織（Regional Fisheries Management Organizations, RFMO）。[157] 顧名思義，RFMO 主要乃透過管理及養護措施之規定，合作管理特定區域內某些種群之公海漁業。【307】此即所謂「共同之責任」（common responsibilities），例如漁業統計數據之蒐集與分析、[158] 對管轄範圍內魚類種群的評估與管理、[159] 總允許捕撈量（total allowable catch, TAC）[160] 之確定和分配、設備之監督，[161] 以及科學研究等。RFMO 協議經常包含爭端解決條款，或規定「合規委員會」（compliance committee）。[162]

(iii) 跨界及高度洄游種群

「跨界魚類種群協定」（Straddling Stocks Agreement）之規範，[163] 有助於建立可信賴之區域漁業管理組織（RFMOs），該協定可視為國際間為建立公海漁業管理整體法律架構所作出之努力，同時亦解決 UNCLOS 之抽象意義條

---

[157] E.g. Convention on the Conservation and Management of Fishery Resources in the South East Atlantic Ocean, 20 April 2001, 41 ILM 257 (2002) (SEAFOC); Convention on the Conservation of Antarctic Marine Living Resources, 20 May 1980, 19 ILM 841 (1982) (CCAMLR); Convention for the Conservation of Southern Bluefin Tuna, 10 May 1993, 1819 UNTS 360 (CCSBT); Treaty between the Government of Canada and the United States of America concerning Pacific Salmon, 28 January 1985, 1469 UNTS 358 (PST).

[158] SEAFOC, Art 6(3)(k)–(l); CCAMLR, Art IX(1)(c)–(d); CCSBT, Arts 5(2), 8(1); PST, Arts II(17), XIV(c).

[159] SEAFOC, Art 6(3)(a)–(b), (g)–(h); CCAMLR, Art IX(1)(e), (1)(f), (2), XI; CCSBT, Art 8(2); PST, Art II(8).

[160] SEAFOC, Arts 6(3)(c), (8)(a)–(c); CCAMLR, Art IX(1)(f), (2)(a)(g); CCSBT, Art 8(3)(a), (4); PST, Art IV(3), (4), (5).

[161] SEAFOC, Arts 6(3)(c), 8(d)–(e); CCAMLR, Art IX(1)(f), (2)(h); CCSBT, Art 8(3)(b), (4); PST, Art IV(3)–(5).

[162] SEAFOC, Art 9; CCAMLR, Art XXV; CCSBT, Art 16; PST, Art XXI, Annex III. The capacity for these provisions to oust the jurisdiction of an ITLOS tribunal under UNCLOS, Part XV and Annex VII was highlighted in the Annex VII tribunal decision in the *Southern Bluefin Tuna* decision, which concerned CCSBT, Art 16: *Southern Bluefin Tuna (Australia and New Zealand v Japan)* (2000) 119 ILR 508. The decision has been much criticized: e.g. Boyle, 'Southern Bluefin Tuna Cases' (2008) *MPEPIL*.

[163] Agreement for the Implementation of the Provisions of the United Nations Convention on the Law of the Sea of 10 December 1982 Relating to the Conservation and Management of Straddling Fish Stocks and Highly Migratory Fish Stocks, 4 December 1995, 2167 UNTS 3.

款所造成之部分缺陷。[164]

　　該協定第 8 條至第 13 條賦予 RFMOs 於跨界及高度洄游魚類種群合作管理中占有核心之作用。「跨界魚類種群協定」第 8 條第 1 項與 UNCLOS 一樣，呼籲就跨界及高度洄游魚類種群開展合作。[165] 但其設計出一個試圖消除「搭便車」（free riders）之制度，以及一個「只有遵守規則者始得捕魚」（only those who play by the rules can fish）之規定，[166] 特別在該協定第 8 條第 4 項規定，只有加入 RFMOs 或同意加入 RFMOs 之國家，使得進入 RFMOs 監督之漁業。

　　登臨、檢查及執法制度之採納，有效強化「跨界魚類種群協定」義務之實踐，但該制度逾越國際間針對更嚴重爭議之做法，例如毒品走私、人口販運、移民走私，以及 BCN 武器運輸。該協定進一步指示 RFMOs 成員應制定計畫，並據此得登臨及檢查「跨界種群協定」任何締約國之船舶【308】（甚至無論其是否已為 RFMOs 之成員）。[167] 倘若於登臨及檢查後，有明確理由相信該船舶從事違反適用 RFMOs 規範之活動，則攔截國應獲取證據，並就該指控之違規行為[168] 立即通知船旗國，由其決定應自行處理，或授權攔截國調查之。[169] 倘若攔截國或其自己之調查人員發現足夠之有罪證據，船旗國有義務採取執法行動，或授權檢查國採取船旗國指定之執法行動，以符合協議條款之規範。[170] 此乃取決於船旗國要求將船舶交還之權利，[171] 於此情況下，船旗國仍有義務採取適當之執法行動。

---

[164] Orrego Vicuña (1999) 201; Churchill & Lowe (3rd edn, 1999) 309–10; Guilfoyle (2009) 103–12; Palma, Tsamenyi, & Edeson (eds), *Promoting Sustainable Fisheries* (2010) 61–3; Takei (2013) 61–8.

[165] Notwithstanding the use of the term 'states parties' here, the Straddling Stocks Agreement makes reference throughout to 'states', raising a question whether the Agreement purported to require even non-states parties to comply with its provisions: Guilfoyle (2009) 104. The Chairman of the drafting committee, however, reiterated the parties' understanding that the Agreement was to apply to states parties only: Rayfuse (1999) 20 *AYIL* 253, 268.

[166] Balton (1996) 27 *ODIL* 125, 138. Also: Guilfoyle (2009) 104; Gillespie, *Conservation, Biodiversity and International Law* (2011) 446–7.

[167] Straddling Stocks Agreement, Art 21(1). Further: Churchill & Lowe (3rd edn, 1999) 310; Guilfoyle (2009) 106; Stephens & Rothwell in Freestone (2013) 27, 33.

[168] Straddling Stocks Agreement, Art 21(5).

[169] Ibid, Art 21(6).

[170] Ibid, Art 21(7).

[171] Ibid, Art 21(12).

(iv) 世界貿易組織

「世界貿易組織」（World Trade Organization, WTO）與公海漁業之管理相關，[172] 蓋對於保護受威脅之魚類種群有其利益之 WTO 成員，可能引入歧視性貿易政策（discriminatory trade policies），但此舉將違反「關稅暨貿易總協定」（General Agreement on Tariffs and Trade, GATT）之各項規定。[173] GATT 第 XX 條第 (b) 項規定，GATT 中之任何內容均不得解釋為阻止其締約方採取或執行「保護人類、動物、或植物生命或健康所必要」之貿易政策。同樣地，依據 GATT 第 XX 條第 (g) 項，締約方可採取與 GATT 規定不一致之措施，倘若此措施與限制國內生產或消費能有效結合，且涉及保護「可耗盡之自然資源」，而該有關措施必須符合 GATT 第 XX 條之「序言」（chapeau）要件。

在 Tuna Dolphin I 案之裁決中，專家小組認為，依據 GATT 規定，美國對於使用導致海豚死亡率高之捕撈方法而捕獲之金槍魚實施禁運係顯不合理，蓋該措施對於保護金槍魚既非「必要」（necessary），且與保護動物健康及可耗盡之自然資源間，亦無充分「相關性」（related to），此論點於 Tuna Dolphin II 案 [174] 中再次被重申。【309】特別是，美國政府之單邊措施被視為令人反感。雖然裁決最後並未被採納，但被國際間視為公認之智慧（received wisdom）。而當 WTO 上訴機構重新審視 US-Shrimp 一案裁決中 GATT 第 XX 條適用時機時，爭端解決小組之裁決被上訴機構推翻，該條款涉及美國所實施之另一項禁運，此次係針對拖網漁船捕獲之蝦，並未裝設排除海龜之裝置。上訴機構認為，該措施與保護一種可耗盡之自然資源「相關」，[175] 但認為需要與

---

[172] Generally: Young (2011) ch 5; Meliadò (2012) 46 *JWT* 1083.

[173] Marrakesh Agreement Establishing the World Trade Organization (Annex 1A: GATT 1994), 15 April 1994, 1867 UNTS 187.

[174] *US—Restrictions on the Imports of Tuna* (1991) 30 ILM 1594; *US—Restrictions on the Imports of Tuna* (1994) 33 ILM 839. Further: Matsushita et al, *The World Trade Organization* (3nd edn, 2015) 722–4; Kelly (2014) 48 *JWT* 501. The decisions prompted vigorous criticism from those who wish to see a stronger link between trade and the environment: e.g. Charnovitz (1994) 27 *Cornell ILJ* 459; Bhagwati in Zaelke, Orbuch, & Housman (eds), *Trade and the Environment* (1993) 159; Watson, *The WTO and the Environment: Development of Competence beyond Trade* (2013) 203–4; Reid, *Balancing Human Rights, Environmental Protection and International Trade* (2015) 224–9.

[175] WTO Doc WT/DS58/AB/R, 12 October 1998, paras 134–42. For commentary: Howse (2002) 27 *Col JEL* 491; Mann (1998) 9 *Ybk IEL* 28; Schoenbaum (1998) 9 *Ybk IEL* 35; Wirth (1998) 9 *Ybk IEL* 40.

受影響的一個或多個國家進行談判，始能滿足「序言」條件。

　　類似情況亦引發智利與歐盟間關於南太平洋劍魚漁業之長期爭端。[176] 於 ITLOS 成立之前，智利主張歐盟未能與沿海國合作，以確保高度洄游劍魚種群之保護，並違反 UNCLOS。[177] 該程序係為回應爭端解決機構提出之一項「平行訴訟」（parallel action），歐盟主張智利拒絕船舶進入港口，乃違反 GATT 第 V 條關於貨物自由過境之規定。[178] 雙方於達成雙邊合作協議後，於 2001 年暫停所有訴訟。

　　最近的案例涉及法羅群島、冰島、挪威、俄羅斯與歐盟依據「大西洋－斯堪地鯡魚管理安排」（Atlanto-Scandian Herring Management Arrangements）共同管理之捕撈配額。由於各方未能就 2013 年總允許捕撈量之劃分達成協議，法羅群島選擇單方面增加，導致歐盟禁止從法羅群島向歐盟進口鯡魚及鯖魚。丹麥於 UNCLOS 附件 VII 法庭（UNCLOS 第 63 條第 1 項之解釋及適用）[179] 及 WTO 爭端解決機構（涉嫌違反 GATT 第 I(1) 條、第 V(2) 條及第 XI(I) 條）[180] 提起爭端解決，就法羅群島爭議對歐盟進行「平行訴訟」；直至 2014 年，雙方於兩個爭端解決機構中解決彼此爭議。

　　自 2001 年以來，WTO 就改進漁業補貼規則（rules on fisheries subsidies）進行談判。自 2005 年以來，談判重點係禁止會員採取導致過度捕撈之「補貼措施」。[181] [*1]

---

[176] Generally: Stoll & Vöneky (2002) 62 *ZaöRV* 21.

[177] *Conservation and Sustainable Exploitation of Swordfish Stocks in the South-Eastern Pacific Ocean*, Order of 20 December 2000 [2000] ITLOS Rep 148.

[178] Request for Consultations: *Chile—Swordfish*, WTO Doc WT/DS193/1, 26 April 2000. Request for Establishment of a Panel: *Chile—Swordfish*, WTO Doc WT/DS193/2, 7 November 2000.

[179] *The Atlanto-Scandian Herring Arbitration (Denmark in respect of Faroe Islands/European Union)*, PCA Case No 2013–30.

[180] Request for Consultations: *European Union—Measures on Atlanto-Scandian Herring*, WTO Doc WT/DS469/1, 7 November 2013.

[181] *Hong Kong Ministerial Declaration*, Annex A: Agriculture, WTO Doc WT/MIN(05)/DEC, 18 December 2005, para 9; *Fisheries Subsidies Ministerial Decision*, 13 December 2017, WTO Doc WT/MIN(17)/64: at the 2017 WTO Ministerial Conference, Members agreed to continue to engage in negotiations with a view to adopting an agreement prohibiting certain fisheries subsidies in 2019.

[*1]【譯注】WTO 漁業補貼談判始於 2001 年杜哈回合談判，並於 2022 年 6 月完成協定文本，稱為「漁業補貼協定」（Agreement On Fisheries Subsidies），內容包括：明確禁止會員提供 IUU 漁業行為之船舶或經營者任何補貼、提供或維持與 OFS（Overfished Stock）相關

(3)捕鯨法規

【310】「捕鯨」（Whaling）[182] 係一項單獨的國際協定主題，即 1946 年「國際捕鯨管制公約」（International Convention for the Regulation of Whaling, ICRW），[183] 並依此建立「國際捕鯨委員會」（International Whaling Commission, IWC），此乃捕鯨活動之國際監督機構。最初，捕撈限額設置得太高，使用廣義捕撈單位（藍鯨單位，blue whale unit）導致幾個物種瀕臨滅絕。直至 1974 年，國際間復引進一項新程序，禁止捕殺除數量最多之五種鯨魚以外的所有鯨魚。然後，於 1986 年，IWC 全面停止所有商業捕鯨活動。[184] 該措施遭到日本、挪威，以及蘇聯之反對，但日本隨後撤回反對意見，雖然日本仍依 ICRW 第 VIII 條第 1 項進行修改後之捕鯨計畫。國際法院裁定，日本於南極海域進行之捕鯨活動並非「以科學研究為目的」，最終判決日本違反 IWC 之全面暫停令。[185]

6. 國家司法管轄範圍以外之海床及海底

(1)既有之海底制度

依據古典國際法，公海海床不受國家之占有，如同 GCHS 第 2 條之規定而適用公海自由制度。[186] 歷史性權利（historic title）及時效原則可於此處發揮功能，某些海底（固定）漁業（如珍珠、牡蠣、海綿漁業）之財產權可依據時效而獲得，但此皆為少數例外，在利潤本質上，國際間傾向不涉及對於海床權

之補貼，以及其他補貼（禁止提供沿海會員、沿海非會員及 RFMO/A 管轄範圍以外漁業行為及相關活動補貼）。上述協定第 12 條規定，「在協定生效後四年內，如未能完成全面之漁業補貼規範（comprehensive disciplines），除非 WTO 總理事會另行決議，本協定將立即失效」。參閱：World Trade Organization, "*Agreement on Fisheries Subsidies*", WTO Doc. WT/MIN(22)/33; WT/L/1144, Ministerial Decision of 17 June 2022。

[182] Generally: Gillespie, *Whaling Diplomacy* (2005); Fitzmaurice, *Whaling and International Law* (2015).

[183] 2 December 1946, 161 UNTS 72; amended by the Protocol to the International Convention for the Regulation of Whaling, 19 November 1956, 338 UNTS 336.

[184] Whaling Convention, Schedule, para 10(e).

[185] *Whaling in the Antarctic (Australia v Japan: New Zealand intervening)*, ICJ Rep 2014 p 226. See chapter 15.

[186] 1 Gidel (1932) 493–501; François, ILC *Ybk* 1951/II, 94–9; O'Connell (1955) 49 *AJIL* 185; 1 O'Connell (1982) 449–57; Churchill & Lowe (3rd edn, 1999) 223–54; Nandan in Freestone, Barnes, & Ong (eds), *The Law of the Sea* (2006) 75; Rothwell & Stephens (2nd edn, 2016) ch 6.

利之本身，[187] 而大陸架與 EEZ 實際上使得定居漁業（sedentary fisheries）類別顯得多餘。

(2)「聯合國海洋法公約」及國際海底管理局

在 1960 年代，有學者斷言，在大陸架制度未包括之區域開發深海海底與洋底礦產資源，在技術上係可行，並允許於沿海國家之間劃分海底，或允許個體企業發展採礦【311】業務。[188] 上述所指涉之礦藏形式，主要係於太平洋及印度洋之大量多金屬結核礦床，其中富含錳、鎳、銅、鈷等原料。1967 年 11 月 1 日，Arvid Pardo 博士（Malta）向聯合國大會第一委員會提交一項提案，其內容主要係國家管轄範圍以外之海床及其資源應宣布為「人類共同遺產」（common heritage of mankind）[189] 的一部分，該提案成為第三次 UNCLOS 之關鍵議題。結果，UNCLOS 第 XI 部分包含深海海底礦產資源國際化之制度，此類「資源」與「區域」被宣布為「人類之共同遺產」（UNCLOS 第 136 條）。該制度適用於 200 海里 EEZ 限制之外，因此與超出該限制之大陸架區域重疊（UNCLOS 第 82 條、第 134 條、第 142 條）。一般而言，區域礦產資源條約與公海法律制度共存。因此，第 UNCLOS 第 135 條規定，條約制度「不應影響區域上覆水域之法律地位，或這種水域上空的法律地位」。與「區域」資源有關之制度的體制基礎，係國際海底管理局（International Seabed Authority），所有締約國都是其事實上之成員，管理局應有為行使關於「區域」內活動的權力和職務包含的和必要的並符合本公約的各項附帶權力（UNCLOS 第 157 條）。[190]

「區域」資源開發制度有四個關鍵要素。首先，UNCLOS 第 137 條第 1

---

[187] McNair, 1 *Opinions* 258–64. For a different view, see Egede, *Africa and the Deep Seabed Regime* (2011) 55–9.

[188] Anand, *Legal Regime of the Seabed and the Developing Countries* (1976); Bennouna (1980) 84 *RGDIP* 120; Kronmiller, 1–3 *The Lawfulness of Deep Seabed Mining* (1980–1); Paolillo (1984) 188 Hague *Recueil* 135; Dupuy & Vignes (eds), *Traité du nouveau droit de la mer* (1985) 499–686; Brown, 1–3 *Sea-Bed Energy and Mineral Resources and the Law of the Sea* (1986); Joyner (1986) 35 *ICLQ* 190; Churchill & Lowe (3rd edn, 1999) ch 12; Harrison, *Making the Law of the Sea: A Study in the Development of International Law* (2011) ch 5.

[189] Churchill & Lowe (3rd edn, 1999) 224–9; Lodge in Freestone (2013) 59; Tuerk in Attard, Fitzmaurice, & Martinez Gutierrez (2014) 276, 279–84.

[190] UNCLOS, Art 157. For the delimitation of the outer limits of the continental shelf (and therefore of the Area): chapter 12.

項規定，「任何國家不應對『區域』之任何部分或其資源主張或行使主權或主權權利，任何國家或自然人或法人，也不應將『區域』或其資源之任何部分據為己有。任何這種主權和主權權利的主張或行使，或這種據為己有的行為，均應不予承認」；其次，與此相關的是，「區域」內之活動將完全由管理局組織及控制，並為全人類的利益而開展；[191] 第三，「區域」之勘探及開發將涉及企業部（管理局之一個機構）及經營者之平行活動；[192] 此類經營者必須擁有締約國國籍，或被締約國有效控制；第四，管理局必須規定公平分享「區域」內活動之經濟利益，[193] 但在這樣做時有權特別考慮發展中國家的利益。[194]

【312】此為目標相當遠大的制度，UNCLOS 締約方主張代表該「區域」之「國際公共領域」（international public domain），但其在許多方面都很脆弱。首先，從經濟角度而言，在陸地礦物需求不穩定的時期，乃依據已發現足夠之可採資源，並進行商業開發；其次，雖然經濟前景尚不明朗，但仍建立一個龐大之官僚體系，且必須為其提供資金；第三，UNCLOS 締約國聲稱不僅代表國際公共領域，且占有其所有利益，在法律上顯然有所疑義。「非締約方」之問題變得更加尖銳，因為具有「非締約方」國籍並受其控制之潛在海底礦工，或其國民被取消資格。此類人士並無動力組織起來，將其納入制度，亦無充分理由反對；而為阻止此類反對，「籌備委員會」（Prepcom）於決議 II 中，[195] 承認所謂「先驅投資者」（pioneer investors）。

部分出於上述原因，部分則出於對「國際政府」計畫之反對，某些國家制定相互承認對於深海海底資源主張之競爭制度。[196] 此造成某種外交僵局：依據

---

[191] UNCLOS, Arts 137(2), 140, 150(i), 153(2), 156, 157. Also: Art 149 ('Archaeological and historical objects').

[192] UNCLOS, Art 153.

[193] UNCLOS, Arts 140(2), 160(2)(f)(i).

[194] UNCLOS, Arts 140(1), 144(2), 148, 150, 152(2), 160(2)(f)(i). Reference was also made to the 'special need' of the landlocked and geographically disadvantaged states among the developing states: Arts 148, 152(2), 160(2)(k).

[195] Churchill & Lowe (3rd edn, 1999) 230–1; Rothwell & Stephens (2nd edn, 2016) 138–9. Registrations were lodged of sites for India, France, Japan, and the USSR with respect to eight investors.

[196] Deep Seabed Hard Mineral Resources Act 1980 (US), 19 ILM 1003, and equivalent interim legislation passed by France, Germany, Italy, Japan, Russian Federation, and UK; Provisional Understanding Regarding Deep Seabed Matters, 3 August 1984, 23 ILM 1354 (Belgium, France, Germany, Italy, Japan, the Netherlands, UK, US).

此兩種方案，都未進行任何重大之海底勘探，更遑論開採權。

外交僵局於 1994 年得到解決，當時大會通過關於執行第 XI 部分（深海海底協定），[197] 從而允許 UNCLOS 於所有締約國明示或默示同意下，以修訂後之形式生效。於此豁免下，「深海海底協定」（Deep Seabed Agreement）及 UNCLOS 將作為「單一文書」（as a single instrument）一併解釋與適用（第 2 條）。「深海海底協定」修改第 XI 部分某些內容，以滿足美國及其他國家提出之反對意見。[198]

(3) 修正後之海底制度

(i) 深海海底協議及採礦法

「深海海底協議」相對簡短，僅由十項執行條款、序言與實質性附件組成，該協議主要係屬於程序性規範，但其附件乃為海底制度運作之新規則，包括對第 XI 部分某些規定之解釋，以及關於管理局運作之新規定。上開協定第 4 條與第 5 條提供統一與簡化之方式，允許國家同意受 UNCLOS 及依據【313】「深海海底協議」第 2 條之拘束。因此，該協議修正 UNCLOS，並提供確保國家普遍參與之替代性規則。

在 2000 年時，國際海底管理局（International Seabed Authority）通過 2013 年更新之「區域內多金屬結核探索規章」（Regulations on Prospecting and Exploration for polymetallic nodules in the Area, RPNM）。此規章係管理局於「採礦法」（Mining Code）中頒布之第一份法律文件，乃係一套由管理局頒布之綜合規則、條例和程序，以管理「區域」內海洋礦物之探勘、探索與開採。2010 年，管理局復通過「多金屬礦硫化物之調查及探索規章」（Regulations on Prospecting and Exploration for Polymetallic Sulphides），並於 2012 年通過第三套「富鈷殼之調查與探索規章」（Regulations on Prospecting and Exploration for Cobalt-Rich Crusts）。RPNM 使管理局能夠於 2001 年簽訂一系列為期十五年之「多金屬結核探索」契約。至此，籌委會決

---

[197] Agreement relating to the Implementation of Part XI, 28 July 1994, 1836 UNTS 3.
[198] Nash (1994) 88 *AJIL* 733; Oxman (1994) 88 *AJIL* 687; Sohn (1994) 88 *AJIL* 696; Charney (1994) 88 *AJIL* 705.

議 II 之制度，即宣告結束。[199]

(ii) 對贊助實體及承包商之國家責任

「國際海洋法法庭海底爭端分庭」（Seabed Disputes Chamber of ITLOS）於其關於國際海底採礦之諮詢意見（advisory opinion on international seabed mining）中，就國家對其贊助進行海底採礦之私人實體的責任，作出多項重要澄清。[200]

首先，於此情況下，一個國家之基本義務係「確保」由贊助實體或承包商進行之「區域活動」符合 UNCLOS、其與管理局之探索契約，以及「海底協議」規定之義務。[201] 同時，還必須依據預防方法、最佳環境實踐與環境影響評估等，對計畫進行充分之「盡職調查」（due diligence）。[202]

其次，UNCLOS 第 139 條第 2 項規定國家對於贊助之實體與承包商行為之責任限制，並確定幾個國家不承擔剩餘責任之「責任差額」（liability gaps）。[203] ITLOS 提出於「採礦法」中，增加可能於上述空白規範內進行法律責任分配之可能性，且進一步暗示保護公海及海底環境義務可能具有之普遍性。[204]

最後，各國必須制定有效之法律及配套行政法規，以監督此類超出單純契約保障措施之行動，且必須「不低於管理局或其他國際機構採用之國際規則、條例與程序」。[205]

7. 結論

【314】公海領域範圍內，有非常廣泛之監督與管理問題於國際法層面得到解決，從海上運輸、國防安全、打擊海盜、難民協議範圍外之移民流動或走

---

[199] Oude Elferink & Rothwell, *Oceans Management* (2004) 341–5. And see International Seabed Authority, *Draft Regulations on Exploitation of Mineral Resources in the Area*, ISBA Doc ISBA/24/LTC/WP.1, 30 April 2018, 8.

[200] *Responsibilities and Obligations of States Sponsoring Persons and Entities with Respect to Activities in the Area* (2011) 150 ILR 244.

[201] Ibid, 274–5.

[202] Ibid, 275–8, 279–82, 283–5.

[203] Ibid, 297.

[204] Ibid, 292 (citing Articles on the Responsibility of States for Internationally Wrongful Acts, Art 48).

[205] Ibid, 305–6 (citing UNCLOS, Art 209(2)).

私控制、海底探礦、漁業、基於陸地上所產生之污染等。由於公海制度缺乏總體性政府架構予以管理，以及「公海自由」（freedom of high seas）作為持續規範，此類議題皆必須以其特定且通常係臨時之方式解決；公海之獨特特徵，以及許多爭議之特殊性，很難對於各種法律制度之總和作出全面判斷，且即使有此類判斷，可能無論如何都將係一種毫無意義之結論。相形之下，許多公海資源之脆弱性，比以往歷史上任何時期都更加突顯。

最近之發展係依 UNCLOS 制定關於在國家管轄範圍以外區域保護與永續利用海洋生物多樣性之具有約束力之指引。聯合國大會於 2015 年成立「籌備委員會」（Preparatory Committee），就上述議題提出起草條約之建議；[206] 2017 年 12 月，大會復召開政府間會議予以審議上述建議。[207] 最後，該條約規定「國家管轄範圍以外的區域」（Areas beyond national jurisdiction），將包括「公海」；但該條約之指導原則等級（hierarchy of the guiding principles）尚未確定，包括「人類共同遺產」（common heritage of mankind）及「公海自由」（freedom of the high seas）。

---

[206] GA Res 69/292, 19 June 2015.
[207] GA Res 72/249, 24 December 2017.

第五部分

環境與自然資源

第十四章　共同空間及自然資源之合作利用

1. 概述

【317】世界自然資源環境既可共享卻有分別、既不可分割但卻又可加以區分。「主權」的世界形成歷史上最大之集體行動（collective action）問題：國際法既是世界之產物，亦是我們可以用來解決主權問題之少數工具之一。然而，除適用於公海及太空之「公有地」（*res communis*），以及適用於大氣與海洋之「人類共同遺產」（common heritage of mankind）等概念，[1] 國際法主要係源於自願之基礎，於條約、協定、國際機構及組織之形式，以規範對於獲取不完全位於國家領土內之資源。事實上，在過去的政治條件下，使用上述方法導致一種情況：即法律似乎阻止發展中國家控制自己的國家資源，並強烈反對產生「新的國際經濟秩序」（new international economic order）之需求。[2]

除「經濟自決」（economic self-determination）等問題外，整體國際法發展趨勢涉及體系、組織，以及技術等考量之影響，其程度在其他法律領域並不常見。此外，國際會議之議程亦隨著科學技術之變化而發展：在 1960 年代，國際律師們較關注大氣層核武試驗可能嚴重影響環境之活動；最近，圍繞在人為「氣候變遷」（climate change）之擔憂，促使國際「氣候變遷」制度之發展。[3]

---

[1] Wolfrum, 'Common Heritage of Mankind' (2009) *MPEPIL*; Taylor & Stroud, *Common Heritage of Mankind: A Bibliography of Legal Writing* (2013). The concept has been explored in the context of the deep seabed: Vitzthum, 'International Seabed Area' (2008) *MPEPIL*; and the moon: Tronchetti, *The Exploitation of Natural Resources of the Moon and Other Celestial Bodies* (2009).

[2] E.g. Declaration on the Establishment of a New International Economic Order, GA Res 3201(S-VI), 1 May 1974; Agarwala, *The New International Economic Order* (1983); Ghosh (ed), *New International Economic Order* (1984).

[3] Stockholm Conference, Declaration on the Human Environment, 16 June 1972, 11 ILM 1416; Framework Convention on Climate Change, 9 May 1992, 1771 UNTS 107; Kyoto Protocol to the United Nations Framework Convention on Climate Change, 10 December 1997, 2303 UNTS 148; Paris Agreement, 12 December 2015, CN/2016/CN.92.2016-Eng.pdf. Further: Voigt, *Sustainable Development as a Principle of International Law* (2009) 57–87; Faure & Peeters (eds), *Climate Change Liability* (2011); Carlane, Gray, & Tarasofsky (eds), *The Oxford Handbook of International Climate Change Law* (2016).

【318】而與氣候變遷相關之政策，亦引發貿易與投資之爭端。[4]

以下各節簡要說明「共享資源」（shared resources）相關的法律問題：包括能源之產生與使用、跨境水資源之用途、其他形式之跨境合作（transboundary cooperation）、極地地區，以及外太空等具體問題。

2. 能源產生及使用方面之合作

(1) 核能與核武器不擴散條約

為和平目的利用原子能（atomic energy）一直是國家之間，以及國際組織與國家之間主要的合作領域，原因可歸納如下：原子能與安全及裁軍問題之關係、透過提供非化石燃料能源（non-fossil-fuel-based energy source）、其應對人為氣候變遷（anthropogenic climate change）之貢獻（可能有爭議）、巨大開發成本，以及核事故（nuclear accidents）對人類健康所構成之風險。[5] 國際間最重要之組織為成立於 1957 年的「國際原子能機構」（International Atomic Energy Agency, IAEA）。[6] IAEA 在進行檢查及建造控制系統下，為特定國家之原子能發展提供各種援助，以確保該援助不為軍事目的所使用。隨著前蘇聯車諾比事故（Chernobyl accident）後，[7] 人們對於「核反應爐」（nuclear reactors）之擔憂增加，於 IAEA 之監督下，國際間簽訂了兩項協議：「核安全公約」（Convention on Nuclear Safety）[8] 及「用過核燃料暨放射性廢棄物管理安全聯合公約」（Joint Convention on the Safety of Spent Fuel and Radioactive Waste Management），[9]【319】2011 年日本福島核電站（Fukushima nuclear

---

[4] For trade disputes, see e.g. *Canada—Certain Measures Affecting the Renewable Energy Generation Sector*; *Canada—Measures Relating to the Feed-in Tariff Program*, WTO Doc WT/DS412/AB/R; WT/DS426/AB/R, 6 May 2013. For investment disputes, e.g. *Charanne BV Construction Investments SARL v Kingdom of Spain*, SCC Arbitration, 16 January 2016.

[5] Generally: International School of Nuclear Law (ISNL) (ed), *International Nuclear Law* (2010); Joyner, *Interpreting the Nuclear Non-Proliferation Treaty* (2011); Pella, *Midlife Crisis of the Nuclear Nonproliferation Treaty* (2016).

[6] Statute of the International Atomic Energy Agency, 26 October 1956, 276 UNTS 3. See Jankowitsch-Prevor in ISNL (2010) 13; Rockwood in ISNL (2010) 243; Brown, *Nuclear Authority: The IAEA and the Absolute Weapon* (2015).

[7] Smith & Beresford, *Chernobyl* (2005).

[8] 20 September 1994, 1963 UNTS 293.

[9] 5 September 1997, 2153 UNTS 303.

plant）災難引發人們對於核電風險之新擔憂，該制度再次受到審查。[10]

其他相關機構包括「歐洲原子能共同體」（European Atomic Energy Community, Euratom）[11] 及「經濟合作暨發展組織核能署」（Nuclear Energy Agency of Organization for Economic Co-operation and Development, OECD/NEA）。[12]

至於為非和平目的使用核能，習慣國際法並未全面禁止以核武器進行威脅或使用核武器本身，儘管任何實際使用核武器都不符合國際法。[13] 迄今為止，核裁軍制度主要包括 1968 年「核武不擴散條約」（Treaty on the Non-Proliferation of Nuclear Weapons, NPT）[14]、1963 年「部分禁止核試驗條約」（Partial Test Ban Treaty, PTBT），[15] 以及 1995 年「全面禁止核試驗條約」（Comprehensive Nuclear Test Ban Treaty, CTBT）。[16] CTBT 禁止地球上所有之「核爆炸」（nuclear explosions），無論係出於軍事抑或和平的目的，並建立一個由 CTBT 組織監督之「全球核查制度」（global verification regime）。CTBT 於 1996 年開放供簽署，但尚未生效，仍有待附件二的 44 個國家中至少 8 個國家批准，該等國家擁有核技術。然而，CTBT 制度面臨許多挑戰，包括北韓繼續進行核武試驗，並聲稱退出 NPT，[17] 而印度、巴基斯坦與以色列未批准 NPT，[18] 以及美國與印度間明顯矛盾之特殊協議。[19] 馬紹爾群島（Marshall

---

[10] The UN System-Wide Study on the Implications of the Accident at the Fukushima Daiichi Nuclear Power Plant, SG/HLM/2011/1, 16 August 2011, addressed numerous safety issues, including the IAEA's role and the adequacy of nuclear disaster preparedness and response frameworks.

[11] 25 March 1957, 298 UNTS 167. See Cenevska, *The European Atomic Energy Community in the European Union Context: The 'Outsider' Within* (2016).

[12] 14 December 1960, 888 UNTS 179. On the Nuclear Energy Agency: Schwarz in ISNL (2010) 31.

[13] *Legality of the Threat or Use of Nuclear Weapons*, ICJ Reports 1996 p 226, 266. The Court was divided on whether or not the use of nuclear weapons might be lawful in self-defence against a threat to the life of the nation itself. Further: Nystuen, Casey-Maslen, and Bersagel (eds), *Nuclear Weapons under International Law* (2014).

[14] 1 July 1968, 729 UNTS 168. See Moxley, Burroughs, & Granoff (2011) 34 *Fordham ILJ* 595; Pella (2016).

[15] 5 August 1963, 480 UNTS 43.

[16] GA Res 50/245, 10 September 1995.

[17] See SC Res 1718 (2006); SC Res 1874 (2009). Further: Joyner (2011).

[18] Simpson, *US Nuclear Diplomacy with Iran: From the War on Terror to the Obama Administration* (2015) 149.

[19] USA–India, Agreement for Cooperation concerning Peaceful Uses of Nuclear Energy, 10 October 2008; India–IAEA, Agreement for the Application of Safeguards to Civilian Nuclear Facilities, 29 May 2009, IN-FCIRC/754. See Ranganathan (2011) 51 *Indian JIL* 146.

Islands）於國際法院對於所有核武器國家採取的失敗行動，很大一部分乃爲自己所造成之挫折[20]（法國在南太平洋的核試驗於早期亦曾在國際法院引起爭議，但其影響更大）。[21] 在可預見之未來，CTBT 不太可能生效。[22]

【320】另一個國際間重大發展，係於 2015 年當伊朗、德國，以及安理會五個常任理事國共同締結一項「聯合全面行動計畫」（Joint Comprehensive Plan of Action, JCPOA），其中伊朗同意不依據任何規定尋求、發展或獲取任何核武器，以換取解除所有安理會制裁，以及其他多邊或國家制裁之條件。[23]

直到最近，條約尚未禁止在任何情況下擁有與製造核武器。然而，2017 年 7 月 7 日又通過「禁止核武器條約」（Treaty on the Prohibition of Nuclear Weapons, TPNW），122 個國家投票贊成條約文本，但荷蘭投下反對票，新加坡則棄權。有許多非參與者，包括所有核武器國家。[24] 即使 TPNW 生效，倘若擁有核武器之國家立場沒有根本改變且始終缺席，TPNW 亦無法發揮其預期成效。然而，該公約具有締約者「立場聲明」（*la prize de position*）之性質，雖然僅於序言中表達，但該段落文字明確保留：本條約的任何規定不得解釋爲影響締約國不受歧視地爲「和平目的」而研究、生產及使用核能之「不可剝奪之權利」（inalienable right）。[25]

---

[20] *Obligations Concerning Negotiations Relating to Cessation of the Nuclear Arms Race and to Nuclear Disarmament (Marshall Islands v UK)*, Preliminary Objections, ICJ Reports 2016 p 833. In this and parallel cases against India and Pakistan, the Court held by narrow majorities that the Marshall Islands had failed to articulate a 'dispute' prior to the commencement of the proceedings.

[21] *Nuclear Tests (Australia v France)*, ICJ Reports 1974 p 253; *Nuclear Tests (New Zealand v France)*, ICJ Reports 1974 p 457; *Request for an Examination of the Situation*, ICJ Report 1995 p 388.

[22] Dahlman in Pilat & Busch (eds), *Routledge Handbook of Nuclear Proliferation and Policy* (2015) 180–1.

[23] UN Doc S/2015/544. The Security Council endorsed JCPOA on 20 July 2015: S/RES/2231 (2015), but the US suspended implementation on 8 May 2018: see S/2018/453 for Iran's response, and cf *Alleged Violations of the 1955 Treaty of Amity, Economic Relations, and Consular Rights (Islamic Republic of Iran v US)*, Provisional Measures, Order of 3 October 2018.

[24] United Nations Office on Disarmament Affairs, *List of Countries which Signed Treaty on the Prohibition of Nuclear Weapons on Opening Day*, 20 September 2017 (20 September 2017), see further Crawford (2018) 49 VUWLR 447.

[25] The NPT contains the same safeguard in its Art IV. Article IV of the NPT also mandates cooperation between its states parties in the development of nuclear energy for peaceful purposes.

(2) 能源憲章條約

「能源憲章條約」（Energy Charter Treaty, ECT）[26] 連同「能源效率及相關環境方面議定書」（Protocol on Energy Efficiency and Related Environmental Aspects）建構出目標遠大之多邊能源合作機制，[27] 此機制源於蘇聯解體後 1991 年「歐洲能源憲章」（European Energy Charter）[28] 之政治宣言基礎之上。該憲章試圖透過能源部門之合作，以加速東歐國家之經濟復甦。目前其成員國之組成，乃包括歐盟在內的 54 個成員國，充分顯示出亞洲能源市場日益增長之重要性。俄羅斯雖於 1994 年簽署該條約，但於 2009 年宣布不予批准，而依據該憲章第 45(3)(a) 條，臨時適用（provisional application）規範已於 2009 年 10 月 18 日結束。[29]

ECT 規範與能源相關之外國投資及貿易、爭端解決、過境及能源效率等條款。其中，「投資制度」（investment regime）尤值注意，ECT 為第一個為多數締約國廣泛批准，【321】且包含投資相關條款之多邊協定。該條約將「投資制度」分為「投資前」（pre-investment）與「投資後」（post-investment）之規定。而「投資前」條款係規範「市場進入」（market access）議題，並在很大程度上被定義為「盡最大努力」（best endeavours）之承諾，並無強制法律效力；相反地，「投資後」制度則規定基於「最惠國待遇」（Most-Favoured Nation, MFN）與「國民待遇」（National Treatment, NT）原則二項較具有法律拘束之義務。其中較為顯著之特徵，係「外國投資人」（foreign investor）有權對於不遵守規定之締約國（地主國）政府提出強制仲裁程序（ECT 第 26 條）。

2015 年，「國際能源憲章」（International Energy Charter）獲得通過，[30]

---

[26] 17 December 1994, 2080 UNTS 95. See Wälde, *The Energy Charter Treaty: An East–West Gateway for Investment & Trade* (1996); Ostry in Kirton, Larionova, & Savona (eds), *Making Global Economic Governance Effective* (2010) 131; Talus, *Research Handbook on International Energy Law* (2014) 79; Abu Gosh, Filis, & Leal-Arcas, *International Energy Governance* (2014).

[27] 17 December 1994, 2081 UNTS 3.

[28] Concluding Document of The Hague Conference on the European Energy Charter, 17 December 1991.

[29] For rejection of the tribunal's findings on provisional application: *Russian Federation v Veteran Petroleum Ltd*, Hague District Court, 20 April 2016, C/09/477160/HA ZA paras 15-1, 15-2, 15-112 (under appeal).

[30] Adopted at the Ministerial Conference on the International Energy Charter, 20 May 2015.

成為一項政治宣言，其宗旨係為更新最初載於 1991 年「歐洲能源憲章」中之國際能源合作原則，並加強 ECT 成員國與非成員國間之合作。[31]

(3) 其他

能源資源共享之其他關注領域，包括建立與維護跨國能源網絡，以及能源之國際運輸。目前國際間能源貿易自由化之步伐已然加快，但國家電網間相應的延伸融合進度卻尚未跟上。迄今為止，尚未出現管理跨國能源網絡之多邊條約，但北歐已經建立廣泛的綜合電網計畫，[32] 南亞的大湄公河周邊區域（Greater Mekong Subregion）[33] 之水電開發與電力互聯也取得長足進展。東南亞國家協會（Association of South East Asian Nations, ASEAN，簡稱東協）於 1986 年簽署了「東協能源合作協議」（Agreement on ASEAN Energy Cooperation），並致力於建立東協電網，以及跨東協天然氣管道，[34] 諸如此類倡議，提出許多政治與法律問題之挑戰。

ECT 第 7 條規定，締約方應在非歧視之基礎（non-discriminatory basis）上促進能源材料與產品之自由運輸，並應「鼓勵相關實體合作」（encourage relevant entities to cooperate）能源運輸所需基礎設施之現代化、開發及運營，諸如輸電線路及管道。上開條文僅為架構條款，[35] 各國間為確保可靠之能源供應，已經締結雙邊與多邊之能源管道條約（pipeline treaties）。[36]

【322】多個歐洲國家已經宣布接受 ECT 第 7 條第 8 項之規定，締約國受到關於海底電纜與管道管轄權之一般及約定國際法拘束。上開條文另包括在因能源材料與產品之過境，而引起任何事項發生爭議時之爭端解決程序。另外，核能運輸亦受 IAEA 相關規定與「核材料實物保護公約」（Convention on

---

[31] Gruenig, Lombardi, & O'Donnell in Lombardi & Gruenig (eds), *Low-Carbon Energy Security from a European Perspective* (2016) 3.

[32] North Seas Countries' Offshore Grid Initiative, Memorandum of Understanding, 3 December 2010.

[33] Lei in de Jong, Snelder, & Ishikawa (eds), *Transborder Governance of Forests, Rivers, and Seas* (2010) 163; Asian Development Bank, *Greater Mekong Subregion Power Trade and Interconnection* (2012).

[34] Doshi in Das (ed), *Enhancing ASEAN's Connectivity* (2013); Asian Development Bank Institute, *Connecting South Asia and Southeast Asia* (2015).

[35] Azaria, *Treaties on Transit of Energy via Pipelines and Countermeasures* (2015) 133.

[36] Ibid, 116–36. See also in relation to the January 2009 gas crisis involving supply from the Russian Federation to the EU via Ukraine, Coop, *Energy Dispute Resolution: Investment Protection, Transit and the Energy Charter Treaty* (2011) 286–91.

Physical Protection of Nuclear Material）之管轄。[37]

3. 跨境水資源

(1) 共享淡水及運河

(i) 共享淡水資源

涉及「水體」（body of water）之「國際」一詞，僅爲在地理與經濟上影響兩個或多個國家領土與利益之河流或水庫等之一般用法，[38] 易言之，水體亦可「國際化」，意即依據一般或區域性之條約或國際習慣，給予完全不同於任何國家領土主權及管轄權之地位，但目前並未有明確之實例；相反地，像河流等水體係依國界而劃分。分隔或穿越兩個或多個國家領土之河流，通常受沿河岸國的領域管轄，直到「河流中線」（filum aquae）之出現，被認爲可作爲通航水域最深航道或「河道分界線」（thalweg）。[39] 但亦有一些例外狀況，同意其他邊界，例如構成尼加拉瓜與哥斯大黎加邊界一部分之聖胡安河（San Juan river）係完全流經尼加拉瓜，而兩國之邊界係該河流於哥斯大黎加一側之右岸。然而，沿岸國之間的邊界條約，也爲哥斯大黎加提供了在聖胡安河上「爲商業目的」（con objetos de comercio）[40] 之航行權（Navigational Rights）。國際法院針對此項權利及其限制條件於航行權中之意義予以考量，特別是確定該短文之意思係「爲商業目的」，從而賦予哥斯大黎加於河流上運載貨物及乘客之權利，[41] 並裁定如此於該河道航行之人，無須取得尼加拉瓜之簽證或向尼加拉瓜支付任何款項。[42]

河流之法律制度，爲其他沿岸國與非沿岸國創設權利，並限制個別沿岸國

---

[37] 3 March 1980, 1456 UNTS 101. Cf Jankowitsch-Prevor in ISNL (2010) 187.

[38] Generally: McCaffrey, *The Law of International Watercourses* (2nd edn, 2007); Boisson de Chazournes, *Fresh Water in International Law* (2013); Leb, *Cooperation in the Law of Transboundary Water Resources* (2013).

[39] On the problems of river boundaries: E Lauterpacht (1960) 9 *ICLQ* 208, 216–22; Caflisch (1989) 219 Hague *Recueil* 9; McCaffrey (2nd edn, 2007) 70–2; Boisson de Chazournes (2013) 8–13.

[40] Treaty of Limits, 15 April 1858, 118 CTS 439, Art VI.

[41] Police patrol vessels were excluded, as were vessels resupplying Costa Rican border posts: *Navigational and Related Rights (Costa Rica v Nicaragua)*, ICJ Reports 2009 p 213, 232–48.

[42] Ibid, 248–63. See also *Certain Activities carried out by Nicaragua in the Border Area (Costa Rica v Nicaragua)*, ICJ Reports 2015 p 665, 706–7, where the Court affirmed that states must conduct environmental impact assessments for projects that could result in transboundary harm.

行使領域管轄權，此部分大多數係由條約法組成，國際法院側重於特定條約之條款，【323】僅次要地參考一般國際法或當地習慣規則。[43] 廣義而言，河流之航行與非航行用途有不同之法律制度。早期認為航海用途享有首要地位之假設已不再準確；現在許多沿海地區基於水利灌溉、水力發電、工業等水資源的用途，以及家庭用途增長迅速，甚至比航海、捕魚、木材漂浮更為重要。

在 *Lac Lanoux* 一案中，涉及雙邊條約之解釋，但仲裁庭依據習慣法對於西班牙某些主張發表意見。一方面，仲裁庭似乎接受此原則，即上游國家不得以可能對下游國家造成嚴重傷害之方式，改變河流之自然狀態；另一方面，仲裁庭進一步指出，「各國只有在有關國家間事先達成協議之情況下，始能利用國際水道水力之規則（utilize the hydraulic force of international watercourses），不能確立為習慣國際法，更不能確立為一般法律原則」。[44]

而沿岸國間之河流流量變化的責任問題，將在條約法架構下結合「國家責任」原則來予以確定之，如 *Gabcikovo-Nagymaros* 案。同時，國際法院提及匈牙利「公平合理地分享國際水道資源」係該國之「基本權利」（basic right）。[45] 由於涉及界河，該案於某些方面具有特殊性。另外，於印度河水域 *Kishenganga* 仲裁案中，依據 1960 年印度河水域條約組成之仲裁庭裁定，印度有資格從 Kishenganga/ Neelum 河引水，[46] 因其需要保持足夠之下游流量，並減輕跨界損害。仲裁庭作出此一裁決時，係依據自制定該條約之後所形成的習慣國際環境法原則，用以解釋上開 1960 年條約。[47]

---

[43] *Diversion of Water from the Meuse* (1937) PCIJ Ser A/B No 70; *Gabčíkovo-Nagymaros Project (Hungary v Slovakia)*, ICJ Reports 1997 p 7; *Navigational and Related Rights*, ICJ Reports 2009 p 213; *Pulp Mills on the River Uruguay*, ICJ Reports 2010 p 14.

[44] (1957) 24 ILR 101. Also: Duléry (1958) 62 *RGDIP* 469; Griffin (1959) 53 *AJIL* 50. For the resulting Agreement relating to Lake Lanoux and Exchange of Letters constituting an Amendment to the Agreement, 12 July 1958/27 January 1970, see 796 UNTS 235. Further: Treaty Relating to Co-operative Development of the Water Resources of the Columbia River Basin (Canada–US), 17 January 1961, 542 UNTS 245; Helsinki Convention on the Protection and Use of Transboundary Watercourses and International Lakes, 17 March 1992, 1936 UNTS 269.

[45] *Gabčíkovo-Nagymaros*, ICJ Reports 1997 p 7, 54.

[46] *Indus Waters Kishenganga Arbitration (Pakistan v India)*, Partial Award, 18 February 2013, 154 ILR 1; Final Award, 20 December 2013, 157 ILR 362 (setting minimum discharge levels downstream).

[47] Partial Award, 154 ILR 1, 171. See Crook (2014) 108 *AJIL* 308.

但習慣國際法不承認於國際河流上自由航行之權利。[48] 只有少數國家接受 1921 年「國際關注之可航水道制度之巴塞隆納公約及規約」（Barcelona Convention and Statute on the Regime of Navigable Waterways of International Concern），[49] 其中規定之雙方間之自由航行（free navigation）。一些針對特定河流系統之條約制度，【324】僅規定沿岸國可自由航行與平等對待。[50] 相比之下，多瑙河之條約制度（treaty regime for the Danube）長期以來一直將航行權授予非沿岸國（non-riparians）。1948 年貝爾格勒公約（Belgrade Convention）維持所有國家之自由航行，同時亦保留沿岸國之控制權，並禁止「非沿岸國」之軍艦航行。[51] 在解釋建立監督國際航行制度機制之條約時，法庭可能不希望對控制機構相對於領土主權之權力，採用限制性之解釋。[52]

在 River Oder 一案中，常設國際法院提及自 1815 年以來之各種公約，並強調「沿岸國之利益共同體」（community of interest of riparian states）於通航河流中，成為共同合法權利之基礎。其基本特徵係所有沿岸國於使用整個河道方面完全平等，並排除任何一個沿岸國相對於其他沿岸國之任何優惠特權（preferential privilege）。[53]

1966 年，世界國際法學會（International Law Association, ILA）通過「關於國際河流水域使用之赫爾辛基規則」（Helsinki Rules on the Uses of Waters of International Rivers），作為涵蓋航行與非航行使用之現行國際法聲明，[54] 且 ILA 還於 2004 年通過全面修訂之「柏林水資源規則」（Berlin Rules on

---

[48] *Faber* (1903) 10 RIAA 438, 439–41. Also: Baxter & Triska, *The Law of International Waterways* (1964) 133; Uprety, *The Transit Regime for Landlocked States* (2006) 37–44. Cf Caflisch (1989) 219 Hague *Recueil* 9, 104–32 (suggesting that a regional custom of free navigation has developed in Europe, and possibly in South America); McCaffrey (2nd edn, 2007) ch 6; Boisson de Chazournes (2013) 13–16.

[49] 20 April 1921, 7 LNTS 35 (ca 30 parties).

[50] E.g. Treaty Relating to Boundary Waters between the US and Canada (US–Great Britain), 11 January 1909, 4 *AJIL Supp* 239.

[51] Convention Regarding the Regime of Navigation on the Danube, 18 August 1948, 33 UNTS 181; see Kunz (1949) 43 *AJIL* 104.

[52] *Territorial Jurisdiction of the International Commission of the River Oder* (1929) PCIJ Ser A No 23, 29, citing General Act of the Congress of Vienna, 9 June 1815, 2 BFSP 7, Arts 108–109. Also *Jurisdiction of the European Commission of the Danube* (1927) PCIJ Ser B No 14, 61, 63–4.

[53] (1929) PCIJ Ser A No 23, 28; the Court referred also to the interest of non-riparian states in navigation on the waterways in question.

[54] ILA, Report of the 52nd Conference (1966) 477–533. On the status of the Rules: Salman (2007) 23 *WRD* 625, 630.

Water Resources）。[55] 國際法委員會（International Law Commission, ILC）就該主題開展二十多年之工作，最終於 1997 年制定「國際水道非航行使用法公約」（Convention on the Law of Non-Navigational Uses of International Watercourses），並於 2015 年生效。第二部分規定「水道之一般原則」（general principles for watercourses），包括為確保公平合理利用與參與、避免重大損害，以及包括訊息共享在內之一般合作義務。第三部分則包含有關計畫措施事先通知之詳細規定。在沒有達成協議之情況下，水道的任何特定用途，均不享有優先於其他用途之「內在優先權」（inherent priority）。[56]

在 *Gabcikovo-Nagymaros* 一案中，法院面對由捷克斯洛伐克與匈牙利於 1977 年簽訂條約而引起之爭議，該條約旨在於各自領土內之多瑙河建築水壩，以在峰值模式下生產水力發電。當匈牙利以環境問題為由，拒絕建設該專案之一部分時，斯洛伐克將河流進一步改道，【325】並在其領土上建造第二座上游大壩（稱為變體 C 之應急措施）。然而，本案爭議係匈牙利之拒絕主張並不合理，且是否違反 1977 年之條約？以及斯洛伐克是否有權單方進行變體？法院指出，多瑙河不僅為一條共享之國際水道，而且係一條適用於沿岸國間「完全平等原則」（principle of perfect equality）之國際邊界河（international boundary river）。變體 C 使捷克斯洛伐克於相當大之範圍內控制此河，並剝奪匈牙利合理及公平分享之權利。在作出上述決定時，法院將奧德河（River Oder）案中之原則，[57] 擴展到水道之「非航行用途」（non-navigational uses of watercourses），但仍未解決此案之爭議。

(ii) 國際運河

運河（Canals）原則上受其分隔或穿越之一個或多個國家之領土主權及管轄權所拘束。倘若運河服務於不止一個國家，或以其他方式影響不止一個國家之利益，則可建立條約制度以規範使用及其管理。國際上所關注之三條運河的歷史，為國際法學者尋求建立一般性規則提供基礎素材。

蘇伊士運河（Suez Canal）於 1869 年依據埃及政府授予「環球蘇伊士運

---

[55] ILA, Report of the 71st Conference (2004) 334–421; Salman (2007) 23 *WRD* 625, 635–8.

[56] 21 May 1997, A/51/869 (36 parties). Further: (2014) 24 *Ybk IEL* 102; (2015) 25 *Ybk IEL* 213.

[57] ICJ Reports 1997 p 7, 55–7.

河公司」（Universal Suez Maritime Canal Company）長達九十九年之私法特許權建成，並予以開通。在其歷史的大部分時間中，後者係一家法國與埃及之合資公司，其存在與運作之各方面均受法國或埃及法律之拘束，英國政府成爲第一大股東。依據 1888 年「君士坦丁堡公約」（Convention of Constantinople）第 1 條規定，[58] 運河「無論於戰時或平時，均應始終自由開放，不分旗幟，對每艘商船或軍艦開放」，雙方同意不干涉運河之自由使用，亦不賦予其封鎖權。

　　1954 年，英國與埃及同意，英國撤出蘇伊士運河基地，且雙方承認「運河係埃及不可分割的一部分，是一條在經濟、商業及戰略上具有國際重要性之水道」。[59] 1956 年，埃及政府依據一項提供賠償之法律將運河公司國有化（nationalized），[60] 但並未要求改變運河本身的地位。英法等國對該措施之非法性提出抗辯，主張將公司及特許權之地位與運河地位聯繫起來，「國有化」與運河之「國際地位」（international status）並不相符。而由於同年較晚時法英入侵，故埃及廢除 1954 年之協定。[61] 1957 年 4 月 24 日，埃及發表聲明，確認「君士坦丁堡公約」所產生之權利與義務。【326】雖然該宣言係一項單方行爲，但亦依據聯合國憲章第 102 條予以登記。[62]

　　直到 1978 年，依據 1903 年之 Hay-Bunau-Varilla 條約，[63] 巴拿馬運河區（Panama Canal Zone）由美國獨立於巴拿馬占領及管理，該條約規定運河應永久保持中立，並向所有的國家開放船舶。甚至於此之前，Hay-Pauncefote 之條約已經保證自由航行，即使在戰時，亦借用「君士坦丁堡公約」之條款。[64] 但依據 1977 年之一項條約（於 1978 年修訂），巴拿馬被承認爲「領土主權」

---

[58] Convention Respecting the Free Navigation of the Suez Canal, 29 October 1888, 171 CTS 241. See Matthews (1967) 21 *Int Org* 81.

[59] UK–Egypt, Agreement regarding the Suez Canal Base, 19 October 1954, 221 UNTS 227; further: Selak (1955) 49 *AJIL* 487.

[60] Suez Canal Company Nationalisation Law, Decree Law No 285, 1956; for the heads of agreement as to compensation of 29 April 1958, see (1960) 54 *AJIL* 493.

[61] (1957) 51 *AJIL* 672.

[62] 265 UNTS 300. See E Lauterpacht, *The Suez Canal Settlement* (1960) 35; Arcari, 'Suez Canal' (2007) *MPEPIL*; Smith (ed), *Reassessing Suez 1956* (2008).

[63] 18 November 1903, 33 Stat 2234; TS 431.

[64] 18 November 1901, 32 Stat 1903; TS 401.

（territorial sovereign），並於條約有效期內將運河之管理權授予美國。[65]

「基爾運河」（Kiel Canal）雖然對於國際貿易相當重要，但乃由德國控制，不受特殊義務之拘束，直到「凡爾賽條約」（Treaty of Versailles）規定，除德國作為交戰國外，運河應平等開放給所有國家之商船與戰船（第380條）。1936年，「凡爾賽條約」之有關規定遭到德國譴責，其他國家似乎對此默許。[66]

現有歷史資料能否證明關於「國際運河」之任何一般原則，仍然係值得懷疑，但亦有一些相反的見解。在 *Wimbledon* 一案中，一艘由法國公司租用之英國船舶，在為波蘭政府運送彈藥前往但澤市途中，被拒絕駛入「基爾運河」。本案之爭議，係由於波蘭與俄羅斯正處於交戰狀態，德國是否有理由認為「凡爾賽條約」第380條不排除遵守中立。該判決支持對於「過境權」（right of transit）之擴張解釋，將蘇伊士運河及巴拿馬運河稱為「先例」（precedents），法院認為：

> 僅為一般意見之例證，倘若依據此看法，當連接兩個公海之「人工水道」永久提供全世界使用時，就某種意義而言，此水道被「同化」（assimilated）為自然海峽（natural straits），即使係交戰雙方，戰爭不損害管轄有關水域之主權國家的中立。[67]

值得注意者，此提議係對於條約解釋之補充，即使係一般性提議亦取決於「永久奉獻」（permanent dedication）之發生率。此外，具有利害關係之國家卻有不一致的國家實踐：1956年，美國認為蘇伊士運河具有「國際地位」；但同時卻又於巴拿馬運河之情況下，否認其「國際地位」。[68]

---

[65] Panama Canal Treaty, 7 September 1977, 16 ILM 1022. The Protocol to the Treaty Concerning the Permanent Neutrality and Operation of the Panama Canal (ibid, 1042) is open to accession by all states.

[66] Böhmer (1995) 38 *GYIL* 325; Lagoni, 'Kiel Canal' (2009) *MPEPIL*.

[67] (1923) PCIJ Ser A No 1, 28.

[68] Baxter & Triska (1964) 182, 308, 343.

(2)聯合邊界委員會

【327】幾個世紀以來，聯合邊界委員會（joint boundary commissions）一直被用來促進跨界合作與解決鄰國間之邊界爭端，1400 年代後期之「鄂圖曼委員會」（Ottoman Commissions），[69] 或 1780 年代之「卡羅·奧爾南奧委員會」（Caro-Ornano Commissions）試圖就法國與西班牙間之邊界進行談判。[70] 時至今日，聯合邊界委員會已相當普遍。[71]

傳統上，邊界委員會之主要功能係劃定、標定及維護邊界，通常作為和平解決或爭端解決進程之一部分，邊界委員會亦可能參與正在進行之跨境水與環境管理，其通常係透過建立條約，可能係臨時的或永久之協定。[72] 實際案例包括：「加拿大－美國國際聯合委員會」（Canada/US International Joint Commission）、[73]「美國－墨西哥國際邊界與水資源委員會」（US/Mexico International Boundary and Water Commission），[74] 以及「喀麥隆－尼日混合委員會」（Cameroon/Nigeria Mixed Commission）等。[75]

在 *Pulp Mills* 一案中，法院考量 1975 年依烏拉圭河法規（Statute of the River Uruguay）而設立之「烏拉圭河行政委員會」（Administrative Commission of the River Uruguay, CARU）之功用。[76] 該法規將 CARU 確立為河流管理之合作機構，法院非常重視此立場。因此，當烏拉圭未能透過 CARU 通知阿根廷即將為兩個有爭議之紙漿廠核發初步環境許可證時，法院認為其違反國際義務。[77]

---

[69] Wright, *Bartolomeo Minio: Venetian Administration in 15th-Century Nauplion* (2000) ch 3.

[70] Sahlins, *Boundaries* (1989) 98–102.

[71] See Boisson de Chazournes & Campanelli, 'Mixed Commissions' (2006) *MPEPIL*.

[72] E.g. the Joint Rivers Commission (Bangladesh/India); Joint Commission on Protection and Sustainable Use of Transboundary Waters (Estonia/Russia); Chu and Talas Rivers Commission (Kazakhstan/Kyrgyzstan).

[73] Boundary Waters Treaty, 11 January 1909, 36 Stat 2448. See Bakker, Cohen, & Norman, *Water without Borders?* (2013).

[74] Treaty Relating to the Utilization of Waters of Colorado and Tijuana Rivers and of the Rio Grande, 3 February 1944, 59 Stat 1219; Handl, 'American-Mexican Boundary Disputes and Co-operation' (2017) *MPEPIL*.

[75] Established by the UN Secretary-General to facilitate implementation of the ruling of the International Court in *Cameroon v Nigeria*, ICJ Reports 2002 p 303. Further: Udogu (2008) 7 *Af & Asian S* 77, 89–96; Oduntan, *International Law and Boundary Disputes in Africa* (2015) 227–34.

[76] 26 February 1975, 1295 UNTS 339.

[77] *Pulp Mills*, ICJ Reports 2010 p 14, 56–7, 66–7.

(3) 聯合開發區域

自第二次世界大戰以來，沿海國對於海洋資源（生物與非生物）之管轄範圍逐漸擴大。[78]【328】在存在競爭性未解決領土主張之區域，或資源跨越海洋邊界之地區，需要合作開發此類資源，因此建立了「聯合開發區」（joint development zones, JDZ）之做法。

「聯合國海洋法公約」第 74 條第 3 項及第 83 條第 3 項之規定中，強化建立 JDZ 作為臨時措施之做法，「在未就專屬經濟區（EEZ），或大陸架劃界達成協議之前，有關國家應盡一切努力達成具有實用性之臨時安排」，[79] 此類雙邊安排涵蓋開發活動產生之權利與義務分配、開發之監督管理、海洋環境保護、檢查權及爭端解決等事項。[80]

JDZ 在非生物資源（如近海碳氫化合物礦藏，offshore hydrocarbon deposits）[81] 及跨界魚類種群之開發、保護與管理方面等皆相當重要。[82] 例如，2012 年 2 月，美國與墨西哥簽署一項合作措施協議，以規範墨西哥灣國際海上邊界地區深水油氣礦藏之開發；[83] 其他案例包括：在尼日與聖多美與普林西比間所建立之區域、[84] 印尼與澳大利亞，[85] 以及東北亞之各種安排。[86]

---

[78] Generally: Lagoni (1979) 73 *AJIL* 215; Fox (ed), *Joint Development of Offshore Oil and Gas* (1990); Churchill & Lowe, *The Law of the Sea* (3rd edn, 1999) 198–202, 294–6; Ong (1999) 93 *AJIL* 771; Kim, *Maritime Delimitation and Interim Arrangements in North East Asia* (2004); Gao (2008) 23 *IJMCL* 55; Wu & Hong (eds), *Recent Developments in the South China Sea Dispute: The Prospect of a Joint Development Regime* (2016); Beckman in Wu & Valencia (eds), *UN Convention on the Law of the Sea and the South China Sea* (2015) 251. Future negotiations regarding the establishment of JDZs in disputed areas of the South China Sea may be influenced by the award in *South China Sea (Philippines v China)* (2016) 170 ILR 1, despite China's flat rejection of it.

[79] 10 December 1982, 1833 UNTS 3. Generally: Nordquist, Rosenne, & Nandan, *United Nations Convention on the Law of the Sea, 1982* (1993) 796–816, 948–85.

[80] For a model agreement: Fox (1990) 3–23.

[81] Becker-Weinberg, *Joint Development of Hydrocarbon Deposits in the Law of the Sea* (2014).

[82] Also: Agreement on Straddling Fish Stocks and Highly Migratory Fish Stocks, 4 December 1995, 2167 UNTS 3.

[83] See US Department of State, Fact Sheet, *US–Mexico Transboundary Hydrocarbons Agreement*, 2 May 2013. See also Crook (2012) 106 *AJIL* 370.

[84] Federal Republic of Nigeria-Democratic Republic of São Tomé and Príncipe, Treaty on the Joint Development of Petroleum and other Resources, 21 February 2001. See Biang, *The Joint Development Zone between Nigeria and Sao Tome and Principe* (2010).

[85] 11 December 1989, 1654 UNTS 105; see Becker-Weinberg (2014) 146.

[86] Kim (2004).

(4) 內陸國家與「飛地」

地球上有 43 個內陸國家（landlocked states，加上科索沃）與許多脫離大都市領土且無法出海之「飛地」（enclaves）。[87]「過境權」（Rights of transit），特別係出於貿易之目的，通常乃藉由條約安排，但亦可能存在於可撤銷之許可證或當地習慣。[88]「過境權」本身可作為一般法律原則，亦可依據「地役權原則」（principle of servitudes），或其他一般法律原則確定；[89] 然而，一般「過境權」很難維持。

於上述前景黯淡之背景脈絡下，國際法必須考量各種嘗試，以改善內陸國家之法律地位。在第一屆聯合國海洋法公約會議上，第五委員會審議內陸國家「自由出海」（free access to the sea）之問題。【329】結果於「公海公約」（Convention on the High Seas）第 3 條規定，[90] 於互惠基礎上採納「自由過境」（free transit）原則，以及在港口准入與使用方面之平等待遇。第 4 條則承認，「每個國家，無論是否為沿海國，懸掛其國旗之船舶皆有權於公海上航行」。「聯合國內陸國家過境貿易公約」（UN Convention on the Transit Trade of Landlocked States）[91] 亦採納了自由准入之原則，並規定授予「過境自由」（principle of free access）之條件。該公約為締結雙邊條約提供架構，但對於過境權並不具有關鍵意義。

UNCLOS 第 X 部分著重於「內陸國家進出海洋的權利和過境自由」（right of access of land-locked states to and from the sea and freedom of transit），[92] 其關鍵條款為 UNCLOS 第 125 條第 2 項，該條文規定，「行使過境自由之條件與方式應由內陸國及有關過境國透過雙邊、分區域或區域協定予以議定」；而第 125 條第 3 項則規定，「過境國在對其領土行使完全主權時，應有權採取一

---

[87] Generally: Uprety (2006); Hafner, 'Land-Locked States' (2007) *MPEPIL*; Mishra & Singh (2008) 64 *India Quarterly* 55.

[88] *Right of Passage over Indian Territory (Portugal v India)*, ICJ Reports 1960 p 6, esp 66 (Judge Wellington Koo), 79–80 (Judge Armand-Ugon); Azaria (2015) 55–7.

[89] Uprety (2006) 27–44.

[90] 29 April 1958, 450 UNTS 11.

[91] 8 July 1965, 597 UNTS 3 (43 parties).

[92] Nordquist, Rosenne, & Nandan, *United Nations Convention on the Law of the Sea, 1982: A Commentary* (1995) Part X.

切必要措施，以確保本部分為內陸國所規定的各項權利和便利絕不侵害其合法利益」。雖然本條構成對該原則之明確認可，但所要求之方式必須涉及實踐中之實質性資格。

目前有 31 個內陸國家為「發展中國家」，其中 16 個係屬於聯合國低度開發國家（least developed countries），上述國家之經濟邊緣化及特殊需要於「千年宣言」（Millennium Declaration）及嗣後之國際會議上得到承認。2003年，於一次國際部長級會議中，通過「阿拉木圖宣言及行動綱領」（Almaty Declaration and Programme of Action），將加強過境運輸合作、基礎設施及貿易，以造福於發展中內陸國及過境國作為優先事項。[93]

4. 極地地區

(1)南極大陸

本章概述了極地地區領土主張所引起的問題。[94]「南極條約」（Antarctic Treaty）之目的係「確保南極洲僅用於和平目的，促進南極洲內之國際科學合作，並擱置領土主權爭端」。[95] 而軍事人員及裝備亦可符合用於追求和平之目的，但該條約禁止出於任何目的所進行之核爆炸。另外，該條約適用於南緯60 度以南之區域，包括所有大陸架，但保留各國（不僅締約方）對該區域公海之權利（第 VI 條）。

【330】另外，「南極條約」第 IV 條規定，保留締約各方對該地區領土主權之權利與主張，以及「不承認國家」（non-recognizing states）之法律地位。[96] 因此，對於國家提出求償但尚未裁決之案件，受到條約之保護且免受新競爭來源的影響；而非求償者，亦可於不經徵求許可之情況下，自由從事科學研究。另外有兩個值得注意的問題：首先，「自由檢查制度」（liberal

---

[93] A/CONF.202/3, 29 August 2003.

[94] Generally: Triggs & Riddell (eds), *Antarctica* (2007); Byers, 'Arctic Region' (2010) *MPEPIL*; Joyner in Berkman et al (eds), *Science Diplomacy* (2011) 97; Elferink, Molenaar, & Rothwell (eds), *The Law of the Sea and the Polar Regions* (2013); Loukacheva (ed), *Polar Law and Resources* (2015); Lalonde & McDorman, *International Law and Politics of the Arctic Ocean* (2015).

[95] 1 December 1959, 402 UNTS 71, Arts I–IV.

[96] On sovereignty and jurisdiction in Antarctica: Scott (2009) 20 *Ybk IEL* 3.

inspection system），包括單方指定觀察員之權利，並規定此觀察員可完全自由地進入南極洲所有地區；其次，「管轄權」不得以領域管轄（principle of territoriality）原則為依據，從管轄角度而言，該地區被視為「無主物」（res nullius）之共同資源，適用「國籍原則」（nationality principle）。因此，當一方國民對於另一方或非締約方之國民實施犯罪或民事不法行為時，必須訴諸一般法律所規範之管轄原則。[97]

有三項國際法文件補充上述制度，包括：1972 年「南極海豹保護公約」（Convention on the Conservation of Antarctic Seals）、[98] 1980 年「南極海洋生物資源保護公約」（Convention on the Conservation of Antarctic Marine Living Resources），[99] 以及 1991 年「南極條約環境保護議定書」（Protocol on Environmental Protection to the Antarctic Treaty）。[100] 而捕鯨爭議、大陸架主張、近海碳氫化合物資源勘探，以及氣候變遷之影響，對南極條約體系（Antarctic treaty system）構成重大挑戰。[101]

(2) 北極地區

北極地區（Arctic）並無相當於「南極條約體系」（Antarctic Treaty system）的總體制度規範，[102] 相反地，北極地區主要受海洋法 [103] 以及關於具體問題之多邊與雙邊協定、[104] 軟法聲明、【331】各種諒解書

---

[97] The nationality principle is applied to observers and scientific personnel exchanged under the Treaty: Art VIII(1).

[98] 1 June 1972, 1080 UNTS 175.

[99] 20 May 1980, 1329 UNTS 47. See Brown in Triggs & Riddell (2007) 85; Rose & Milligan (2009) 20 Ybk IEL 41; Jabour in Loukacheva (ed) (2015).

[100] Madrid, 4 October 1991, 30 ILM 1461. Annex II of the Protocol replaced the Agreed Measures for the Protection of Flora and Fauna (1964). See generally Joyner in Vidas (ed), Implementing the Environmental Protection Regime for the Antarctic (2000) 104; Bastmeijer, The Antarctic Environmental Protocol and its Domestic Legal Implementation (2003). The Madrid Protocol effectively replaced the Convention on the Regulation of Antarctic Mineral Resource Activities, 2 June 1988, 27 ILM 868.

[101] Joyner in Berkman et al (2011). Further: Triggs & Riddell (2007); Hemmings & Stephens (2009) 20 Public LR 9; Fitzmaurice in Loukacheva (2015). For the Court's decision in Whaling in the Antarctic, see chapter 15.

[102] Byers, 'Arctic Region' (2010) MPEPIL; Byers & Baker, International Law and the Arctic (2013) 4, 28.

[103] Baker in Elferink, Molenaar, & Rothwell (2013) 35.

[104] E.g. International Convention for the Prevention of Pollution from Ships (MARPOL), 2 November 1973, 1340 UNTS 184, modified by Protocol of 17 February 1978, 1340 UNTS 61; International Convention for the Safety of Life at Sea (SOLAS), 1 November 1974, 1184 UNTS 3; Agreement on Conservation of Polar Bears, Oslo, 15 November 1973, 2898 UNTS; Espoo Convention on Environmental Impact Assessment in a Trans-

（MOU），[105] 以及 8 個北極周邊國家國內立法之管轄，[106] 並共同實施北極環境保護策略（Arctic Environmental Protection Strategy），亦稱為「羅瓦涅米進程」（Rovaniemi Process）。[107] 1996 年，上述國家共同創建「北極理事會」（Arctic Council），作為就該地區永續及環境保護問題進行政府間合作與協調之論壇。另外，幾個原住民組織（indigenous organizations）亦被承認為理事會之永久參與者。

北極之常住人口約 400 萬人，北極冰帽（Arctic icecap）下並無任何陸地領土（land territory），此一事實以及其他根本上的差異，代表南極制度之許多成功措施，無法確切可行地轉移至北極地區。[108] 北極著名之環境爭議領域，包括：海冰融化（melting of the sea ice）及全球暖化（global warming）之其他影響，特別是對該地區之原住民族；[109] 而在海洋法方面，亦有許多潛在衝突之來源，包括：海洋劃界（maritime delimitation）以及在冰層融化時調節航行。[110]

5. 外太空

國際法可能不需要大膽地推進人類間之互動，[111] 但其適用於任何可能發生之國際交流及國家間之關係，因此，沒有理由相信國際法於空間上應受限制。人類活動之新領域產生不少問題，國際法可能必須迅速調整並應對衍生之

---

boundary Context, 25 February 1991, 1989 UNTS 309; Stockholm Convention on Persistent Organic Pollutants, 22 May 2001, 2256 UNTS 119; Agreement on Cooperation on Marine Oil Pollution Preparedness and Response in the Arctic, 15 May 2013; International Code for Ships Operating in Polar Waters, 15 May 2015, IMO Doc MSC.385(94), which amends both MARPOL and SOLAS and has as its aim the protection of the polar environment.

[105] E.g. Kiruna Declaration, 15 May 2013, Eighth Arctic Council Ministerial Meeting; Declaration Concerning the Prevention of Unregulated High Seas Fishing in the Central Arctic Ocean, 16 July 2015.

[106] Canada, Denmark, Finland, Iceland, Norway, Russia, Sweden, US.

[107] Sands et al, *Principles of International Environmental Law* (4th edn, 2018) 644–50.

[108] Koivurova, *Introduction to International Environmental Law* (2014) 102; Loukacheva in Loukacheva (2015) 19–23; Koivurova, Kankaanpää, & Stępień (2015) 27 *JEL* 285, 288–90. But cf Jabour in Lalonde & McDorman (2015) for discussion of whether an Antarctic-style treaty would work in the Arctic.

[109] Smith (2011) 41 *G Wash ILR* 651; Winther in Loukacheva (2015).

[110] Generally: Joyner in Triggs & Riddell (2007) 61; Byers, 'Arctic Region' (2010) *MPEPIL*; Smith (2011); Schofield & Sas in Lalonde & McDorman (2015).

[111] Generally: Wolter, *Common Security in Outer Space and International Law* (2006); Jakhu, *International Space Law* (2015); Al-Ekabi et al, *Yearbook on Space Policy 2014* (2015); von der Dunk & Tronchetti (eds), *Handbook of Space Law* (2015); Lyall & Larsen, *Space Law* (2016); Sands & Peel (4th edn, 2018) 290–3.

新興爭議，就像 1945 年之後大陸架開發案之實例（case of exploitation of the continental shelf）（見本書第十一章）。聯合國大會已宣布國際法，包括「聯合國憲章」得適用於外太空間與天體，[112] 最合適用之類比概念係同屬於「無主物」（res nullius）之公海，但此分類並非法律上精確的用語。

雖然國際法上仍有許多概念必須釐清，尤其係在控制太空之軍事用途方面，但自 1957 年蘇聯發射人造衛星，以及開始太空探索以來，國際間已就某些基本規則達成穩固之協議。【332】達成協議之基礎，係國家能早日接受外太空與天體不易被國家侵占之原則。1963 年 12 月 13 日聯合國大會決議一致通過，[113] 提供普遍接受原則之證據，其中包含規範各國探索與利用外太空活動之「法律原則聲明」（declaration of legal principles）。自 1963 年聯合國大會之決議通過後，國際間已締結五項關於外太空之多邊條約，包括：

(1) 1967 年外太空條約（Outer Space Treaty）；[114]
(2) 1968 年關於拯救太空人、歸還太空人及歸還發射至外太空物體之協定（Agreement on the Rescue of Astronauts, the Return of Astronauts and the Return of Objects Launched into Outer Space）；[115]
(3) 1972 年太空物體造成損害之國際責任公約（Convention on International Liability for Damage Caused by Space Objects）；[116]
(4) 1974 年關於登記發射進入外太空物體公約（Convention on Registration of Objects Launched into Outer Space）；[117]

---

[112] GA Res 1721(XVI), 20 December 1961. Also: Treaty on Principles Governing the Activities of States in the Exploration and Use of Outer Space, including the Moon and other Celestial Bodies, 27 January 1967, 610 UNTS 205, Art 3.
[113] GA Res 1962(XVII), 13 December 1963 (Declaration of Legal Principles Governing the Activities of States in the Exploration and Uses of Outer Space). On the relations of the Outer Space Treaty and the resolution: Fawcett, *International Law and the Uses of Outer Space* (1968) 4–14.
[114] 10 October 1967, 610 UNTS 205.
[115] 22 April 1968, 672 UNTS 119.
[116] 29 March 1972, 961 UNTS 187.
[117] GA Res 3235(XXIX), 12 November 1974, 1023 UNTS 15.

(5) 1979 年關於各國於月球或其他天體上活動之協定
（Agreement Governing the Activities of States on the Moon
and Other Celestial Bodies）。[118]

　　作為 1963 年決議之後續而通過之「外太空條約」（Outer Space Treaty）
所建立之制度，與 1959 年「南極條約」（Antarctic Treaty）之制度並無不同，
其重要之區別乃係迄今為止，並沒有國家主張其於外太空之主權。外太空條約
第 1 條規定，外太空之探索與利用，「應為所有國家之福利及利益進行之，不
論其經濟或科學發展之程度如何，並應歸屬於全人類」，此外，外太空，包括
月球與其他天體，「應任由各國在平等基礎上並依照國際法探測及使用，不得
有任何種類之歧視，天體之所有區域應得自由進入」，且外太空應有「科學
調查之自由，各國應便利並鼓勵此類調查之國際合作」。上開條約第 2 條則規
定，外太空「不得由國家以主張主權，或以使用或占領之方法，或以任何其他
方法占有」。

　　然而，國際法上並未出現關於「外太空」與「大氣層空間」二者精確邊
界之規定，亦即「無主物」（res nullius）制度與國家對於「國家領土」主
權之間的邊界規範。而在就國家領空邊緣（fringes of national airspace）某些
類型活動之合法性達成一致之前，各國傾向於保留其於邊界線之立場，易言
之，對於超過該邊界線之非法活動實施制裁，【333】可能會出現問題。地球
上空足以允許太空梭（spacecraft）於自由軌道運行之最低限度，將成為合理
的標準，此限度大約為 100 英哩，此為技術理想上之最低軌道高度（altitude
of orbit），[119] 而關於軌道衛星可能有一個習慣法之規則，亦即「干擾行為」
（interference）除非係基於有關行使個人或集體自衛之法律，否則國家皆不得
「干擾」在軌衛星（satellites in orbit）。

　　外太空之一般制度與公海制度一樣，基於自由使用而禁止個別國家提出

---

[118] 5 December 1979, 1363 UNTS 3.

[119] Fawcett (1968) 23–4. In Art 1 of the draft treaty presented by Russia and China to the Conference on Disarmament in 2008, outer space is defined as 'space beyond the elevation of approximately 100 *km* above ocean level of the Earth' (emphasis added; CD/1839, 29 February 2008). The revised treaty presented to the Conference in 2014 omits any definition of outer space (CD/1985, 12 June 2014).

主權主張。然而，倘若月球及其他天體係人類常規活動之目標，則必然會建立基地，此舉動可能將產生某種所有權。無論如何，現有規則需要發展以應對和平但競爭性使用之實際及其管轄權問題。外太空條約第 8 條規定，「條約締約國為射入外空物體之登記國者，於此種物體及其所載任何人員在外太空或任一天體之時，應保持管轄及控制權」。聯合國首先依據 1961 年之大會決議，[120] 隨後依據 1974 年之登記公約，對發射衛星進行登記。第 6 條規定，締約國應對國家於外太空之活動承擔責任，無論該活動係由政府實體抑或非政府實體進行；而第 7 條規定，向外太空發射物體之締約國，以及從其領土或設施發射物體之締約國，對此類物體對於其他締約國，或其國民造成之損害，應負國際上責任；第 9 條規定，從事探索與利用外太空國家之行為標準，因此，開展活動時應「適當考慮條約所有其他締約國之同等利益」，締約國並應「從事研究及進行探測，避免使其遭受有害之污染，及以地球外物資使地球環境發生不利之變化」。

外太空條約第 4 條亦建立「非軍事化制度」（regime of demilitarization）。[121] 然而，維護外太空且基於和平用途之願望，導致人們越來越擔心該制度不足以透過在軌道上放置具有破壞能力之裝置，以防止外太空之「武器化」（weaponization）。[122] 2014 年，俄羅斯與中國向聯合國大會提交一份關於防止於外太空放置武器，以及對外太空物體使用或威脅使用武力的條約更新草案，[123]【334】該草案尚未通過，尤其係因美國之持續反對。[124] 聯合國大會指出，裁軍談判會議（Conference on Disarmament）對談判一項防止外

---

[120] GA Res 1721B(XVI), 20 December 1961.

[121] Also Art 3. Earlier developments: Partial Test Ban Treaty; GA Res 1884(XVIII), 17 November 1963. Further: Fawcett (1968) 29–42; Wolter (2006).

[122] E.g. 49th session of the Legal Subcommittee on the Peaceful Uses of Outer Space, A/AC.105/942, 16 April 2010, 6, 8; 53rd session of the Committee on the Peaceful Uses of Outer Space, A/65/20, 18 June 2010, 8. See further Jasentuliyana (1999) 67–129; Wolter (2006); Tronchetti in von der Dunk (ed), *Handbook of Space Law* (2015) 377–82.

[123] CD/1985, 12 June 2014. For the previous text, see CD/1839, 29 February 2008.

[124] E.g. CD/1998, 3 September 2014. Some argue that an international code of conduct for outer space activities would be a more feasible alternative, which might cover other matters of concern including space traffic management and the problem of space debris: see revised draft code approved by the Council of the European Union, 31 March 2014; Tronchetti in von der Dunk (2015) 379–81; Rajagopalan in Al-Ekabi et al (2015).

太空軍備競賽（arms race in space）之多邊條約負有首要責任。[125]

　　與探索外太空不同，利用外太空之一個重要特徵，係利用在軌衛星發展電信與廣播。迄今為止之主要發展，係建立在國際組織對此類活動之合作管理之上。主要之組織為「國際通信衛星公司」（INTELSAT），最初係 1964 年作為相關利益集團而成立，而於 1973 年成為永久性組織，其最終安排包括國際協議與運營協議，[126] 政府及指定實體（公共或私人）皆可參加，而 INTELSAT 於 2005 年亦全面私有化。[127]

　　此外，亦有區域系統和全球專業網絡，國際海事衛星組織（INMARSAT）。[128] 上述發展所帶來之問題，包括無線電頻譜保護、國際電信聯盟（ITU）以及教科文組織（UNESCO），於此問題上採取行動之權力，以及國際組織對太空活動之法律責任。外太空條約第 6 條規定，「國際組織於在外太空活動時，其遵守本條約之責任，應由該國際組織及參加該組織之本條約當事國共同負擔責任」。[129] 2009 年一顆報廢之俄羅斯衛星，與一顆活躍之美國衛星相撞，突顯改進外太空碎片與交通管理之必要性。[130]

　　外太空間活動必然涉及於享受公海自由背景下所面臨之問題種類。某些活動於被認為違反「不據為己有之原則」（principle of non-appropriation），或涉及違反一般國際法之其他原則。第一類以地球靜止（或同步）衛星現象為例，該等衛星係保持固定於地球表面給定位置之上方運行。而 8 個赤道國家主張，獨特之地球靜止軌道的各個部分，應受國家主權制度之拘束，[131] 但此主張不符合「外太空條約」第 1 條及第 2 條之規定。【335】無論如何，在過度使用軌道與挪用資源間，需要明確的劃清界限。外太空衛星亦可用於蒐集與地球表面以及地下條件有關之數據，亦即「遙測」（remote sensing）；目前「遙

[125] E.g. GA Res 62/20, 5 December 2007; GA Res 65/44, 8 December 2010; GA Res 70/27, 11 December 2015.

[126] Operating Agreement relating to the International Telecommunications Satellite Organization (INTELSAT), 20 August 1971, 1220 UNTS 149; see Bender, *Launching and Operating Satellites* (1998) 120.

[127] Von der Dunk in von der Dunk (2015) 283–9.

[128] 3 September 1976, 15 ILM 219, 1051; amendments: 27 ILM 691.

[129] Also Art 13.

[130] Pelton, *New Solutions for the Space Debris Problem* (2015) 3–4.

[131] Bogotá Declaration, 1976, Jasentuliyana & Lee (eds), *Manual on Space Law* (1979) 383–7; *Digest of US Practice* (1979) 1187–8.

測」技術之合法性，一直存在很大的問題。[132]

　　聯合國大會繼續促進和平使用外太空之國際合作，[133] 以及外太空活動之透明度，並努力建立起信任措施；[134] 同時，聯合國大會已將 4 月 12 日訂定為一年一度之「國際太空載人飛行日」（International Day of Human Space Flight），以紀念蘇聯籍 Yuri Gagarin 於 1961 年進行的首次太空載人飛行。[135]

6. 結論

　　從本章中所分類範圍相當複雜之主題中，無法得出總體性之結論。習慣國際法持續於此領域中發揮作用，有時乃為動態作用，但仍需要謹慎行事，避免將實際上係針對特定問題之務實解決方案，假設為一般性規則。而在所有討論之案例中，最重要者，乃為特殊之條約制度，及其於當代的國家實踐。

---

[132] Draft Principles adopted by the Legal Sub-Committee, 13 June 1986, 25 ILM 1334. Further: Lyall & Larsen (2016) ch 13.

[133] E.g. GA Res 70/82, 15 December 2015.

[134] E.g. GA Res 70/53, 11 December 2015.

[135] GA Res 65/271, 7 April 2011.

第十五章　環境保護之法律問題

1. 國際法於解決環境問題中的作用

　　【336】人們越來越認識到地球環境面臨的許多風險，以及人類活動可能造成潛在不可逆轉之損害，導致各國政府、國際組織及非政府組織共同努力加強對環境之法律保護，[1] 由此而產生的議題相當廣泛，包括：臭氧層之消耗、跨界空氣污染、人為氣候變遷問題、依賴核能而造成之風險、保護極地地區、保護瀕危動植物物種、控制極度危險廢棄物之處置，以及從訊息交流至環境評估的一系列法律程序義務，上述議題所產生之政策問題，往往難以解決。不可諱言，此類問題並不僅單純地涉及「環境」，而係涉及經濟與社會優先事項、損害分配制度，以及發展問題。倘若將環境保護與諸如此類之其他議題連結起來，有時被稱為永續發展之目標。

(1) 一般國際法下之環境問題

　　環境問題涉及國際法之諸多領域，相關類別包括：海洋法、南極洲法律制度、國際水道之非航行使用等。但很明顯地，一般國際法【337】並未提供集中解決問題之方法，而此類問題可能係由特殊規劃的與國內或國際支持體系，以及與資金相關標準制定之條約而產生。因此，透過條約制定專門的環境制度，目的即在於解決上述法律的缺陷。

　　儘管如此，環境保護法律基礎仍然屬於一般國際法律制度。從過去的國際法文獻中顯而易見，文獻通常援引領土主權國家對於其領土內，產生或容忍其他國家所製造的風險來源，以確立「國家責任」原則，並援引 *Trail Smelter*

---

[1] Generally: Birnie, Boyle, & Redgwell, *International Law and the Environment* (3rd edn, 2009); Hunter, Salzman, & Zaelke, *International Environmental Law and Policy* (4th edn, 2011); Alam et al (eds), *Routledge Handbook of International Environmental Law* (2013); Koivurova, *Introduction to International Environmental Law* (2014); Dupuy & Viñuales, *International Environmental Law* (2nd edn, 2018); Sands et al, *Principles of International Environmental Law* (4th edn, 2018).

（鉛錫精煉廠仲裁）案[2]及 *Corfu Channel*（科孚海峽）案[3]作爲範本（即使不太適當）。毫無疑問，有關環境問題之案件亦（且主要）涉及國際法一般爭議。「核試爆」（Nuclear Tests）涉及可受理性（admissibility）與救濟法律之問題，以及單方承諾之地位。[4] *Certain Phosphate Lands in Nauru*（位於諾魯之某些磷酸鹽土地）案亦涉及可受理性、聯合國前託管地制度與國家責任。[5] 國際海洋法法庭（ITLOS）海底爭端分庭（Seabed Disputes Chamber）關於國際海底採礦責任與義務之諮詢意見，解決涉及條約解釋之重要問題。[6]

於實踐中，具體之跨界環境問題將具有條約關係及國家間其他協議的背景。*Gabcikovo-Nagymaros* 案與多瑙河上聯合水電計畫（joint hydroelectric project）有關，涉及條約法及國家責任之規範，即違反條約義務之正當性問題；[7] *Pulp Mills* 案則具體援引條約法、國際組織法、國際水道法等規範。[8] 環境問題亦可能與海洋法爭議，[9] 以及提交世界貿易組織（WTO）爭端解決機構之國際貿易爭端案件有關。[10]

(2)對抗性責任制之缺陷

把「責任」作爲環境保護之保障手段，其關鍵問題在於其係在損害已經發生後才解決問題，而並非關注於損害預防之必要性。此發展不足以呈現於環境保護領域，日益開始重視之預防行動原則（principle of preventive action）。【338】特別困難之問題，乃爲建立與選擇適當之求償基礎。就物理原則而言，環境影響通常係漸進式發生，且可能涉及複雜與分散的因果關係。要求實質或重大損害（material or significant damage）作爲求償之必要條件，與輻射

---

[2] (1938) 3 RIAA 1905; (1941) 3 RIAA 1938.

[3] *UK v Albania*, ICJ Reports 1949 p 4.

[4] *Australia v France*, ICJ Reports 1974 p 253; *New Zealand v France*, ICJ Reports 1974 p 457.

[5] *Nauru v Australia*, ICJ Reports 1992 p 240.

[6] *Responsibilities and Obligations of States Sponsoring Persons and Entities with Respect to Activities in the Area* (2011) 150 ILR 244.

[7] *Hungary v Slovakia*, ICJ Reports 1997 p 7.

[8] *Pulp Mills on the River Uruguay (Argentina v Uruguay)*, ICJ Reports 2010 p 14.

[9] E.g. *Southern Bluefin Tuna* (1999) 117 ILR 148; *MOX Plant* (2001) 126 ILR 257; *South China Sea (Philippines v China)*, (2016) 170 ILR 1.

[10] E.g. *US—Gasoline*, WTO Doc WT/DS2/AB/R, 29 April 1996; *US—Shrimp*, WTO Doc WT/DS58/AB/R, 12 October 1998; *Brazil—Measures Affecting Imports of Retreaded Tyres*, WTO Doc WT/DS332/AB/R, 3 December 2007.

或其他形式污染全面上升，造成損害達到一定閾值之科學證據關係不大，並且經常出現多重因果關係（multiple causation）之問題。

在 Nuclear Tests 一案中，原告採用相當於非法入侵之國際法處理此問題；易言之，放射性沉澱物之沉積，被歸類爲侵犯其領土主權。[11] 同樣地，使用「決定主權」（decisional sovereignty）之概念，係指其有權決定在領土內採取何種行動。上述論點中隱含之主張，係於該國家所涉及之距離範圍內沉澱物之水平，對於原告國或其國民造成之實質傷害很輕微、甚至接近於零，此時比自然背景的輻射量還低。法院通過將法國官方聲明提升爲具有拘束力之承諾，以避免潛在之法律問題；而澳大利亞之主張被認爲沒有實質意義，因法國之大氣試驗（atmospheric testing）已告停止。[12]

有論者認爲，Nuclear Tests 案之裁決，表明國際法院不得頒發禁令或其他禁止令，以限制違反國際法之行爲。[13] 然而，此論述並不合理，正如不同意見書所指出，法院所作出之聲明具有禁止令之效力（injunctive in effect）。[14]

但國際求償，無論係於國際法院抑或任擇法庭，都需要歷經多年始能解決爭端，於此期間，相關建設計畫（無論是大壩、[15] 橋梁 [16] 或大規模土地開墾計畫）[17] 可能已經完成，但前景渺茫。因此，向國際法院或其他法庭提出臨時保護措施之請求，具有至關重要之作用。[18]

---

[11] ICJ Pleadings, 1 *Nuclear Tests,* 479–90 (argument of Byers QC).

[12] *Australia v France*, ICJ Reports 1974 p 253, 271–2; *New Zealand v France*, ICJ Reports 1974 p 457, 477. See Elkind (1974) 8 *Vand JTL* 39; Thierry (1974) 20 *AFDI* 286; Franck (1975) 69 *AJIL* 612; Lellouche (1975) 16 *Harv ILJ* 614; Macdonald & Hough (1977) 20 *GYIL* 337; Watts, 'Nuclear Tests Cases' (2007) *MPEPIL*. Also: *Request for an Examination of the Situation*, ICJ Reports 1995 p 288.

[13] Birnie, Boyle, & Redgwell (3rd edn, 2009) 228.

[14] ICJ Reports 1974 p 457, 494–523 (Judges Onyeama, Dillard, Jiménez de Aréchaga, and Waldock, joint diss).

[15] In *Gabčíkovo-Nagymaros Project (Hungary v Slovakia)*, ICJ Reports 1997 p 7, the Special Agreement specifically excluded provisional measures. For a successful application, see *Indus Waters Kishenganga Arbitration (Pakistan v India)*, Order of 23 September 2011, 150 ILR 311.

[16] *Passage through the Great Belt (Finland v Denmark)*, Order of 10 September 1992, ICJ Reports 1992 p 348.

[17] *Land Reclamation by Singapore (Malaysia v Singapore)* (2003) 126 ILR 487 (provisional measures).

[18] See *Southern Bluefin Tuna* (1999) 117 ILR 148, the beneficial consequences of which were not entirely eliminated by the Annex VII tribunal's denial of jurisdiction: (2000) 119 ILR 508. Likewise, the improved interstate cooperation that resulted from the limited provisional measures orders in *MOX Plant* (2001) 126 ILR 257 assisted in the resolution of that problem, notwithstanding the subsequent negative decision of the Court of Justice of the European Union: Case C-459/03 *Commission v Ireland* [2006] ECR I-4635. Further: *Indus*

(3) 1992 年里約會議與國際環境法之發展

【339】國際社會關注環境保護之證據，可見於早期之國際協定，例如，1936 年「關於保護自然棲息地動植物公約」（Convention relative to the Preservation of Fauna and Flora in their Natural Habitat）、[19] 1937 年「美利堅合眾國和墨西哥保護候鳥和狩獵哺乳動物公約」（Convention between the United States of America and Mexico for the protection of migratory birds and game mammals），[20] 以及 1938 年「國際捕鯨管制協定」（International Agreement for the Regulation of Whaling）。[21] 然而，成立於 1961 年之「世界野生動物基金會」（World Wildlife Fund）及成立於 1971 年之「綠色和平」（Greenpeace）等組織，提供國際間環保運動更大之動力及政治影響。早期之部門方法（sectoral approach）於某種程度上被納入更廣泛之政治及法律議程，最終於 1992 年之「里約會議」上達到頂峰。而其中更重要之步驟，係 1987 年「世界環境與發展委員會」（World Commission on Environment and Development）發布之「布倫特蘭報告」（Brundtland Report），以因應並尋求多邊合作之挑戰，並通往永續發展之道路。[22] 此為第一份關注全球永續性，並將環境及發展問題加以連結之重要報告；此外，該報告亦提出基於國際合作以及改革政治體制與法律之解決方案。

1992 年，聯合國環境與發展會議制定「21 世紀議程」（Agenda 21），此為一項行動計畫，呼籲「進一步發展永續發展國際法（international law on sustainable development），且應特別注意環境與發展問題間之微妙平衡」。[23] 該會議亦制定「關於環境及發展之里約宣言」（Rio Declaration on

---

Waters Kishenganga Arbitration, Order of 23 September 2011, 150 ILR 311; *Certain Activities carried out by Nicaragua in the Border Area (Costa Rica v Nicaragua)*, Provisional Measures, ICJ Reports 2011 p 6; Provisional Measures, ICJ Reports 2013 p 354. For environmental cases in which provisional measures were refused: *Great Belt*, ICJ Reports 1991 p 12; *Pulp Mills*, ICJ Reports 2007 p 3. For a case where interim measures were not sought, see *Whaling in the Antarctic*, ICJ Reports 2014 p 226.

[19]　9 November 1933, 172 LNTS 241.

[20]　7 February 1936, 178 LNTS 310.

[21]　8 June 1937, 190 UNTS 79.

[22]　World Commission on Environment and Development (WCED), *Our Common Future* (1987).

[23]　A/CONF.151/26/Rev.1, Annex II, 12 August 1992.

Environment and Development），[24] 其中包含與永續發展概念相關之 27 條原則，以及不具拘束力之「關於所有類型森林的管理、保護及永續發展之全球共識之權威性原則聲明」（Conservation and Sustainable Development of All Types of Forests, i.e. the Forest Principles）。[25] 此外，「生物多樣性公約」（Biodiversity Convention）[26] 及「聯合國氣候變遷綱要公約」（UNFCCC）[27] 亦開放會員國簽署。

2. 緊急法律原則

從國際間一系列之活動中，出現某些已具雛型之法律原則，以下簡要回顧其中較重要者。

(1) 預警原則

【340】正如國際法院所闡述之理由，環境損害通常乃具有「不可逆轉」（irreversible）之特徵，以及事後賠償的侷限性，因此，如何預防顯得至關重要。[28]「預警原則」（preventive principle）[29] 要求於早期階段即採取行動，此原則已納入一系列關於禁止有害活動，以及要求強制遵守標準之國內與國際法措施當中。

2001 年，國際法委員會（ILC）通過「關於危險活動造成跨界損害之預警措施條款草案」（Draft Articles on the Prevention of Transboundary Harm from Hazardous Activities），[30] 此草案條款將「跨界損害」分為兩部分：一方面係建立預警機制；另一方面則規範「跨界損害」（transboundary harm）之賠償責任。[31] 涉及預警之條款草案適用於「國際法未禁止」之活動，包括涉及透過其

---

[24] A/CONF.151/26 (Vol 1), Annex I, 12 August 1992.

[25] A/CONF.151/26 (Vol 3), Annex III, 14 August 1992.

[26] 5 June 1992, 1760 UNTS 79.

[27] 9 May 1992, 1771 UNTS 107. Further: Zahar in Alam et al (eds) (2013).

[28] *Gabčíkovo-Nagymaros*, ICJ Reports 1997 p 7, 78.

[29] Sands et al (4th edn, 2018) 211–13; cf Martella & Brett Grosko (eds), *International Environmental Law* (2014) 108–9.

[30] ILC *Ybk* 2001/II(2), 144–70.

[31] In 2006, the ILC adopted a set of eight draft principles on the allocation of loss in the case of transboundary harm arising out of hazardous activities: ILC *Ybk* 2006/II(2), 58–90. Further: Boyle (2005) 17 *JEL* 3. Unlike the case of prevention of harm, the adoption of a convention is not envisaged in relation to the allocation of

實際後果，而造成重大跨界損害之風險；而將活動限制於「國際法未禁止」，表面上係為將其與國際責任下之求償問題加以區別。[32]

上述條款草案納入國際環境法上其他既定原則。例如，國家「應採取一切適當措施防止重大跨界損害，或在任何情況下將其風險降至最低」之要求係援引預警原則，雖然該援引方法受到國際社會的批評。[33] 草案條款第 7 條將環境影響（environmental impact）作為評估跨界損害可能性之工具。在要求國家間合作以防止跨界損害時，條款草案亦基於國際政治之動態，以及國際法既定架構，以執行基於其任何公約之規定。為了解決於 *Trail Smelter* 等案件中構成爭議之狀況，ILC 亦提出「基本原則」（fundamental principle）之要求，即「涉及在其領土內，或在其管轄或控制下的其他地方，倘若進行可能造成重大跨界損害之活動，須經由國家之事先授權」。雖然草案條款關於其未來之地位存在許多不確定性，但該草案乃為提供關於國家防止跨界損害風險之國際法律義務範圍的一部重要聲明。[34]

(2) 預防性原則

【341】目前在仍在發展的環境保護法律原則中，最廣為人知者，可能係「預防性原則」（precautionary principle）。[35] 此發展被描述為「試圖於法律編纂中納入預防性原則之概念」，[36] 其中「預防」被定義為因應風險之策略。[37] 雖然此詞彙乃眾所周知，但卻很難賦予其法律定義。Sands 與 Peel 觀察到：「國

---

loss. Later ILC topics have included protection of the environment (ILC Report 2017, A/72/10, ch VI—the scope of which is heavily qualified: ibid, fn 677), and the protection of the environment in armed conflict (ibid, ch X).

[32] ILC *Ybk* 2001/II(2), 150 (commentary to Art 1, §6).

[33] Ibid, 153–5 (Art 3).

[34] Handl in Bodansky, Brunnée, & Hey (2007) 540; Albers, *Responsibility and Liability in the Context of Transboundary Movements of Hazardous Wastes by Sea* (2015) 63.

[35] This is quite often referred to in diluted form as the 'precautionary approach': e.g. *Pulp Mills on the River Uruguay*, ICJ Reports 2010 p 14, 71. Cf Schröder, 'Precautionary Approach/Principle' (2014) *MPEPIL*, §3; Pedersen (2014) 3 *TEL* 323, 324, fn 1. See generally: Birnie, Boyle, & Redgwell (3rd edn, 2009) 159–64; Zander, *The Application of the Precautionary Principle in Practice* (2010); Foster, *Science and the Precautionary Principle in International Courts and Tribunals* (2011); Hunter, Salzman, & Zaelke (4th edn, 2011) 477–9; Kravchenko, Chowdhury, & Bhuiyan in Alam et al (2013) 46–50; Schröder, 'Precautionary Approach/Principle' (2014) *MPEPIL*; Pedersen (2014) 3 *TEL* 323; Sands et al (4th edn, 2018) 229–40.

[36] Bodansky, Brunnée, & Hey (2007) 599.

[37] Ibid, 598.

家與國際社會其他成員，對於預防性原則之內涵並無明確與統一之理解。」[38]
此外，根據具體情況，適用預防原則的後果也大不相同。

　　另一方面，從 1970 年代開始，某些國家之國內法體系中（例如德國與美國）[39] 已採用「預防性原則」，該原則目前亦已成爲歐洲法律之一部分。[40] 時至今日，「預防性原則」之邏輯與內涵亦擴展至國際法層面，且該預防原則之方法於里約宣言第 15 條原則中，得到明確支持：

　　　爲保護環境，各國應依據自身能力廣泛採用「預防措施」。
　　　倘若存在嚴重或不可逆轉損害之威脅，則不得以缺乏充分之
　　　科學確定性爲由，延遲採取具有成本效益之措施，以防止環
　　　境退化。

　　「預防性原則」之規範方式，散見於許多多邊文書，例如「聯合國氣候變遷綱要公約」及「生物多樣性公約」等。「預防性原則」可被解釋爲，當沒有關於特定風險情境之明確證據時，風險本身之不確定，或直到風險不存在時，[41] 基於「預防性原則」而採取監管措施係屬合理。國際海洋法法庭海底爭端分庭之諮詢意見中，[42] 亦確認「預防性原則」乃歸屬於擔保國之義務。在 Indus Waters Kishenganga 仲裁案中，巴基斯坦試圖援引「預防性原則」作爲 1960 年「印度河水域條約」（Indus Waters Treaty）中爭議條款之解釋工具。然而，仲裁庭裁決認爲，該條約限制其可作爲考量之外部來源。因此，【342】仲裁庭倘若接受「預防性措施」，並承擔決策者之角色，顯然並不合適。[43]

---

[38] Sands et al (4th edn, 2018) 234. For a critical perspective: Sunstein, *Laws of Fear. Beyond the Precautionary Principle* (2005).

[39] For an exploration of how the precautionary principle developed in different national jurisdictions: de Sadeleer, *Implementing the Precautionary Principle* (2007).

[40] Haigh, *EU Environmental Policy* (2016) ch 13.

[41] Birnie, Boyle, & Redgwell (3rd edn, 2009) 604–7; Kravchenko, Chowdhury, & Bhuiyan in Alam et al (eds) (2013) 46.

[42] (2011) 150 ILR 244, 279–81. See also *Delimitation of the Maritime Boundary between Ghana and Côte d'Ivoire in the Atlantic Ocean*, ITLOS Case No 23, Provisional Measures, 25 April 2015, para 72.

[43] (2013) 157 ILR 362, 412. Further: Pedersen (2014) 3 *TEL* 323.

(3) 永續發展理念

儘管「永續發展」（sustainable development）可作為一個獨特之學術領域，然而，倘若將其視為單獨法律概念，同時令其產生或定義為「可訴訟之權利」（actionable rights）概念，將引發爭議。[44] 由於此概念相當廣泛，包括貿易、投資、甚至社會等問題，因此，永續發展應被理解為不同法律類別之集合或搭配，並且作為「一般準則」（general guideline）。[45]

於布倫特蘭報告中，最常被引用關於「永續發展」之定義，係為「既可滿足當代人需求，卻又不損害後代人滿足其需求能力之發展」。[46] 因此，「發展」係指一個改善人類及其社區生活質量之演變過程，而當以提供保護人口長期福祉之發展方式，整合社會、經濟與環境因素等將其實現，即為「永續」概念。「永續發展法」（sustainable development law）領域，係指於實現上述平衡之新興法律文件、規範、條約體系，以及支撐「永續發展」概念之特別程序要件（通常乃基於國際人權法）。而「永續發展」之目標，在經貿條約、區域整合條約，以及國際決策中越來越常被納入條文當中。[47]

(4) 污染者付費原則

「污染者付費原則」（polluter-pays principle）[48] 與其說係國際法之規則，不如將之視為「一般準則」（general guideline）。「里約宣言」（Rio Declaration）第 16 條之條文用語，表達此一概念：

> 國家政府機關應努力促進環境成本內部化（internalization of environmental costs）及使用經濟手段（economic

---

[44] Cordonier Segger, Gehring, & Newcombe (eds), *Sustainable Development in World Investment Law* (2011); Beyerlin, 'Sustainable Development' (2013) *MPEPIL*; Kravchenko, Chowdhury, & Bhuiyan in Alam et al (2013) 44–6; Dernbach & Cheever (2015) 4 *TEL* 247; Gupta, *Sustainable Development Law* (2016); Sands et al (4th edn, 2018) 217–29.

[45] Cassese, *International Law* (2nd edn, 2005) 492–3.

[46] WCED (1987) 43. See also the UN Sustainable Development Goals, 25 September 2015.

[47] E.g. Agreement Establishing the World Trade Organization, 15 April 1994, 1867 UNTS 410, preamble; Treaty on the Functioning of the European Union (2008) OJ C 115/47, Art 11; *Indus Waters Kishenganga Arbitration (Pakistan v India)* (2013) 154 ILR 1, 170.

[48] Kravchenko, Chowdhury, & Bhuiyan in Alam et al (2013) 50–3; Dupuy & Viñuales (2015) 71–2.

instruments），同時考量污染者原則上應承擔污染費用，並適當考量公眾利益，以及不扭曲國際貿易與投資。

Birnie、Boyle 及 Redgwell 三位國際法學者將該原則描述為「分配公共機關承擔污染，或環境損害成本之經濟政策」【343】以及「對國際與國內損害責任法發展的影響」。[49] 從「里約宣言」第 16 條之條文用語中，可清楚地看出，該原則本質上係綱要性與宣示性質，故「污染者付費原則」尚未形成規範國際層面國家間之關係或責任。[50] 詳言之，該原則之具體內容含糊不清，例如不清楚國家是否需要負擔嚴格賠償責任，倘若答案為肯定，則明顯已經超出國家對於影響另一國合法利益，始應負擔損害賠償責任之正常原則。

(5) 使用自己財產而不損害他人原則

國際法院在 *Legality of the Threat or Use of Nuclear Weapons*（以核武器進行威脅或使用核武器的合法性）一案中，[51] 確認國家之一般義務，即確保在其管轄與控制範圍內之活動，必須尊重其他國家，以及受國家控制範圍以外地區之自然環境，此即拉丁文中「使用自己財產而不損害他人」（*sic utere tuo*）原則。

(6) 環境影響評估

「環境影響評估」（Environmental Impact Assessment, EIA）係一種將環境因素納入決策過程之技術。[52] 於國際法中，進行「環境影響評估」之義務在「里約宣言」之原則第 17 條中，有所表述：

環境影響評估作為一項國家文書，應針對可能對於環境產生

---

[49] Birnie, Boyle, & Redgwell (3rd edn, 2009) 322.

[50] Sands et al (4th edn, 2018) 241.

[51] ICJ Reports 1996 p 226, 241–2. Also: Rio Declaration, Principle 2; Institute of International Law, Resolution on Responsibility and Liability under International Law for Environmental Damage (1998) 67 *Ann de l'Inst* 487; *Gabčíkovo-Nagymaros*, ICJ Reports 1997 p 7, 41; Brunée, '*Sic utere tuo ut alienum non laedas*' (2010) *MPEPIL*.

[52] Generally: Epiney, 'Environmental Impact Assessment' (2009) *MPEPIL*; Hunter, Salzman, & Zaelke (4th edn, 2011) 498–500; Sands et al (4th edn, 2018) ch 14.

重大不利之影響進行監督管理，並遵守國家主管機關之決定。

　　EC 85/337/EEC 指令[53] 係第一個採用 EIA 之國際文書，儘管於 1972 年「斯德哥爾摩宣言」（Stockholm Declaration）之原則第 21 點中亦可找到隱含對於 EIA 之承認，[54] 至於涵蓋 EIA 最著名之國際公約係 1991 年「艾斯波跨國環境影響評估公約」（Espoo Convention on Environmental Impact Assessment in a Transboundary Context），[55] 該公約要求締約方評估其管轄範圍內，某些行動之跨界環境影響，並就此影響通知可能受影響之國家，並與其進行諮商。[56] 對於該公約之最新定期審查程序指出【344】，公約中概念之應用並不一致，缺乏標準化的做法，以及各國需要解決有關延遲報告之問題。[57] 儘管如此，要求進行 EIA 乃為防止危險活動而造成跨界損害之重要程序。國際法院於 *Pulp Mills* 一案中承認此點，並進一步說明環境影響評估之進行方式：

> 環境影響評估（EIA）已獲得各國如此廣泛接受，以至於現在可能被認為係一般國際法的要求，亦即國家於擬議工業活動，特別在共享資源之情況下，倘若有可能於跨界環境中產生重大不利影響之風險，應進行環境影響評估。[58]

　　國際法院於 *Construction of a Road in Costa Rica*（哥斯大黎加公路建設）一案中重申，[59] 各國必須對可能導致跨界損害之計畫進行 EIA，法院進一步指

---

[53] Council Directive 85/337/EEC of 27 June 1985 on the assessment of the effects of certain public and private projects on the environment [1985] OJ L175/40.

[54] Further: Atapattu, *Emerging Principles of International Environmental Law* (2006) 299–300.

[55] 25 February 1991, 1989 UNTS 309 (45 parties). Under Art 17(2), certain non-Economic Commission for Europe (ECE) members can become parties: none have done so. A 2001 amendment added Art 17(3), allowing any UN member state to accede: it is not yet operative.

[56] Knox (2002) 96 *AJIL* 292, 302.

[57] ECE, *Fifth review of implementation of the Convention on Environmental Impact Assessment in a Transboundary Context*, ECE/MP.EIA/2017/9 (2017), Section I.B.

[58] ICJ Reports 2010 p 14, 82–3.

[59] *Certain Activities carried out by Nicaragua in the Border Area (Costa Rica v Nicaragua)*, ICJ Reports 2015 p 665, 706–7.

出，國內法規定之緊急狀態，不影響國際法要求進行 EIA。[60]

另一方面，法院在 *Pulp Mills* 案中認為，EIA 之內容應由相關國家法律予以規定。[61] 同樣地，在 *Indus Waters Kishenganga* 仲裁案中，仲裁庭發現對於此類 EIA，沒有單一之正確方式。[62] 此「混合義務」（hybrid obligation）尤其給予跨界損害評估帶來不少爭議。其更根本之原因乃在於，很難看出如何能有一項國際義務之規範內容，完全係應由債務人之國內法予以規定之範疇。

(7) 環境損害之量化

倘若國際層面之環境法規欲產生實際效果，國際法院及法庭將面臨損害評估及其量化之難題。[63] 至目前為止，上述爭議在很大程度上已經被避免，例如：透過抵消求償與反賠償做法（如 *Gabĉikovo-Nagymatos* 一案所建議），[64] 或透過授予其他形式之救濟措施，例如勒令停止。[65]

在 *Certain Activities* 一案中，國際法院不得不評估受尼加拉瓜【345】非法疏浚活動（dredging activities）[66] 造成一小塊哥斯大黎加溼地受影響之損害賠償救濟。法院原則上支持哥斯大黎加對於「恢復之前受影響地區之環境商品及服務之侵害或損失」進行求償，但法院於該計畫下判給原告 12 萬美元，而並非求償主張的約 280 萬美元。對於衍生之成本及費用，法院判決約 18 萬 5,000 美元，因減值而獲得之金額，在不同意見書中被批評為僅係「象徵金額」，且相當不合理。[67]

---

[60] Ibid, 721–2.

[61] ICJ Reports 2010 p 14, 83.

[62] (2013) 157 ILR 362, 408.

[63] Generally: Sands et al (4th edn, 2018) ch 16.

[64] ICJ Reports 1997 p 7, 81.

[65] In *Whaling in the Antarctic*, ICJ Reports 2014 p 226, 298, the Court ordered the Japanese Whale Research Program under Special Permit in the Antarctic (JARPA) II permits to be revoked. No damages were sought or could have been proved. In *Pulp Mills*, the Court held that 'ordering the dismantling of the mill would not . . . constitute an appropriate remedy for the breach of procedural obligations': ICJ Reports 2010, p 14, 104. On remedies see also: chapter 24.

[66] *Certain Activities (Costa Rica v Nicaragua), Compensation Owed by the Republic of Nicaragua to the Republic of Costa Rica*, Judgment, 2 February 2018.

[67] Ibid, Judge ad hoc Dugard (dissenting), paras 7, 16.

3. 多邊公約制定標準之發展

國際法一項重大發展，亦是國際環境法之特點，乃爲多邊標準制定公約（multilateral standard-setting conventions）之演變。此類公約係爲因應與環境有關之國際集體行動問題而起草與協議定之，不但建立國際環境制度，亦爲解決其核心問題而提供架構及資源。國際環境制度之發展與有效性，一直係跨學科學術研究（interdisciplinary scholarship）之主題。[68]

(1) 瀕危物種之交易

1973年「瀕臨絕種野生動植物國際貿易公約」（Convention on International Trade in Endangered Species of Wild Fauna and Flora, CITES）目前有183個締約方；[69] 而更早於1963年「國際自然保護聯盟」（International Union for Conservation of Nature, IUCN）亦於非洲奈洛比召開，[70] 可謂CITES之催化劑，IUCN繼續透過科學建議及諮詢對於CITES予以支持。CITES秘書處位於日內瓦，由「聯合國環境規劃署」（UN Environment Programme, UNEP）加以管理。CITES試圖規範瀕臨滅絕物種之國際貿易，並規定此類物種之貿易「必須受到特別嚴格之監督管理」（must be subject to particularly strict regulation），以免進一步危及瀕臨滅絕物種之生存，並且僅在特殊之情況下始能得到批准。[71] CITES亦規定締約方有義務對於所列物種之貿易進行處罰，並在發現時沒收其標本，且締約國必須定期向秘書處報告其執行公約之情況。CITES係環境公約之實例，該公約以支持環境危害（物種滅絕）之經濟活動（國際貿易）爲解決問題之手段；然而，其並未直接解決瀕危物種貿易需求方之傾向【346】，例如消費者偏好，或供應方之傾向（如貧困）。[72]

---

[68] For the effectiveness of international environmental regimes: Mitchell in Carlsnaes, Risse, & Simmons (eds), *Handbook of International Relations* (2012); Schiele, *Evolution of International Environmental Regimes* (2014) 90.

[69] 3 March 1973, 993 UNTS 243.

[70] For the history: Bowman, Davies, & Redgwell (eds), *Lyster's International Wildlife Law* (2nd edn, 2011) 483–6.

[71] CITES, Art 2(1)—Fundamental Principles.

[72] Young (2003) 14 *CJIELP* 167. Further: Martella & Grosko (2014) 200.

　　上述實踐之重要案例為「南極捕鯨」（Whaling in the Antarctic），[73] 此涉及日本長期實施之捕鯨計畫（Japanese whaling programme），儘管依據 1946年「捕鯨公約」（Whaling Convention）於 1982 年宣布暫停商業捕鯨。[74] 具體來說，該計畫亦涉及「日本在南極獲得特別許可的鯨魚研究計畫的第二階段」（Second Phase of Japan's Whale Research Program under Special Permit in the Antarctic, JARPA II），此為一項多物種計畫（multispecies programme），可衡量暫停對生態系統之影響（尤其磷蝦，krill）。日本試圖證明 JARPA II 係依據 CITES 第 VIII 條「出於科學研究目的」（for purposes of scientific research）。法院認為，系爭爭議係該計畫之設計與實施，對於實現其既定目標而言是否合理，且應以客觀之審查標準為之。[75] 簡言之，JARPA II 之致死方法與樣本數之選擇「並非出於嚴格之科學考量」，[76] 而且（正如日本科學專家所承認），樣本數係因長鬚鯨與座頭鯨太小，而無法產生統計上有用之結果。[77] 此外，上述三項物種之實際行動係「出於政治與邏輯之考量，而非基於科學考量」，[78] 因此，並不符合第 VIII 條之要求。而該判決有助於保護 CITES 公約之完整性；但於此同時，日本亦制定一項僅針對數量減少之小鬚鯨的修正計畫。

(2) 臭氧層保護

　　1985 年「保護臭氧層維也納公約」（Vienna Convention on the Protection of the Ozone Layer）主要係一個架構公約，[79] 需要各方採取進一步之行動。上述公約確實朝著加強控制措施邁出重要之一步。而 1987 年「蒙特婁議定書」（Montreal Protocol）確立對於與臭氧消耗有關物質之實質控制（第 2 條）、報告進展機制（第 7 條）以及成立多邊基金（multilateral fund），為提供財務與技術合作，包括技術轉讓以支持議定書之執行（第 10 條）。[80]「蒙特婁議定

---

[73] *Whaling in the Antarctic (Australia v Japan; New Zealand intervening)*, ICJ Reports 2014 p 226.
[74] International Convention for the Regulation of Whaling, Washington, 2 December 1946, 161 UNTS 72.
[75] ICJ Reports 2014 p 226, 254.
[76] Ibid, 274.
[77] Ibid, 280.
[78] Ibid, 290.
[79] 22 March 1985, 1513 UNTS 293.
[80] Montreal Protocol on Substances that Deplete the Ozone Layer, 16 September 1987, 1522 UNTS 3.

書」納入大量關於跨界污染之程序及實體法律，此法律原則於談判前皆取得習慣法之地位。[81] 該制度於其運作中被描述為「充滿活力與彈性」（dynamic and flexible），[82] 且已有 197 個締約方之普遍批准，並結合一些支持減少臭氧消耗之證據，在在表明該議定書取得一定程度之成功。[83]

(3) 危險廢棄物之跨境轉移

【347】1989 年「巴塞爾公約」（Basel Convention）[84] 係為因應國家間危險廢棄物（hazardous waste）之運輸可能對「過境國」或「接收國」造成環境危害之擔憂而達成談判締結。該公約雖然不禁止危險廢物之運輸，但限制其轉移危險廢棄物，例如倘若出口國未有足夠之處置能力（sufficient disposal capacity）、或不能以無害環境方式處置場所、或廢棄物係進口國要求作為回收行業之原始材料等。此外，上開公約亦規定，出口國必須徵得進口國與過境國之同意，始得裝運危險廢棄物，且締約方有義務減少危險廢棄物，並以符合環境保護之方式對其進行管理。「巴塞爾公約」第 6 條亦明確禁止向南極洲出口危險廢棄物，然而該公約自締結以來即廣受批評，主要係因其未能充分規範各國內部危險廢棄物之生產；同時，該公約亦允許將環境問題，透過國際貿易方式，從發達國家輸出至發展中國家。[85] 另一方面，考量支持出口國可能係代價高昂之政治現實，以及關於廢棄物跨境運輸發展行業進口商，尚未提供具有成本效益的解決方案，故國際間透過巴塞爾公約監督此問題，在某些方面亦取得部分進展，亦被視為向前邁進。[86]

(4) 氣候變遷

政府間氣候變遷專門委員會（Intergovernmental Panel on Climate

---

[81] Blegen (1987–8) 16 *DJILP* 413, 424.

[82] Birnie, Boyle, & Redgwell (3rd edn, 2009) 354.

[83] Ibid, 355. Also: Galizzi in Alam et al (2013) 343; Koivurova (2014) 167–8.

[84] Convention on the Control of Transboundary Movements of Hazardous Wastes and their Disposal, 22 March 1989, 1673 UNTS 57. Generally: Daniel, 'Hazardous Wastes, Transboundary Impacts' (2011) *MPEPIL*; Hunter, Salzman, & Zaelke (4th edn, 2011) 947–54; Sands et al (4th edn, 2018) 619–23.

[85] Quadri (2010) 22 *Florida JIL* 467; Puthucherril in Alam et al (2013) 302.

[86] Further treaties include the Rotterdam Convention on Prior Informed Consent, 10 September 1998, 2244 UNTS 337; the Stockholm Convention on Persistent Organic Pollutants, 22 May 2001, 2256 UNTS 119, and the Minamata Convention on Mercury, 10 October 2013 (entered into force 16 August 2017).

Change）第五次評估報告中確認，向大氣中排放溫室氣體（greenhouse gases）乃氣候變遷之主要人為因素。[87] 國際氣候變遷之制度[88] 包括「聯合國氣候變遷綱要公約」、「京都議定書」（Kyoto Protocol）與「巴黎協定」（Paris Agreement）。[89]「京都議定書」之宗旨係透過基於市場之【348】措施促進氣候保護，該議定書欲建立一個「碳市場」（carbon market），其中包含與「排放權交易」（emissions trading）有關之規則，及其成員國用來幫助他們實現減排目標之「彈性機制」（flexible mechanisms）。議定書下之初始承諾期於 2012 年到期，成員國同意將該期限延長至 2020 年。然而，碳交易概念頗具爭議，其制度欲成功達成，不僅取決於有拘束力之目標，亦取決於強而有力之報告，以及強大之國家與國際基礎設施，用以追蹤、核實及強制遵守，而此類特徵在很大程度上係「京都議定書」所欠缺。[90]

「巴黎協定」於 2016 年 11 月 4 日生效，該協定力求將全球平均氣溫之升幅，限制在「工業化前水平」（pre-industrial levels）的升幅控制在 2℃以內。「巴黎協定」並未對於締約國強加具有拘束力之目標，而係採用所謂「自下而上」之方法，由成員國決定自己的「國家自主貢獻」（nationally determined contributions, NDC）。[91]「巴黎協定」以「共同但有區別之責任」（common but differentiated responsibilities）原則為基礎，並包括在設定連續之「國家自主貢獻」時，亦須承擔逐步推進義務（obligation of progression）。該協定較為創新的部分，係其增強「行動及支持透明架構，允許成員國確定自己的『國家自主貢獻』，但包括國際層面之評量、報告與核查機制」。雖然，此架構是

---

[87] Intergovernmental Panel on Climate Change (IPCC), *Climate Change 2014* (2014). A Sixth Assessment Report is due in 2023.

[88] Generally: Birnie, Boyle, & Redgwell (3rd edn, 2009) 356–77; Held, Hervey, & Theros (eds), *The Governance of Climate Change* (2011); Sands et al (4th edn, 2018) 295–336; Schiele, *Evolution of International Environmental Regimes* (2014); Gray, Tarasofsky, & Carlarne, *The Oxford Handbook of International Climate Change Law* (2016). For climate change in the national context, see *Netherlands v Urgenda Foundation*, Hague CA, 9 October 2018, Case No 200.178.245/01 .

[89] Kyoto Protocol to the United Nations Framework Convention on Climate Change, 11 December 1997, 2303 UNTS 162; Paris Agreement, C.N.63.2016.TREATIES-XXVII.7.d, 12 December 2015. Also: UN Convention to Combat Desertification in those Countries Experiencing Serious Drought and/or Desertification, Particularly in Africa, 12 September 1994, 1954 UNTS 3.

[90] Tietenberg, *Emissions Trading Principles and Practice* (2nd edn, 2006) 170.

[91] Paris Agreement, Arts 2(2), 4(3).

否足以讓成員國承擔責任（更不用說限制全球暖化）仍有待觀察，但該協定已被譽為值得慶祝。除此之外，由於協定內容幾乎被締約國普遍接受，其建立長期反覆過程，以及其對於成員國逐步作出理想崇高承諾之要求。[92] 但美國宣布退出該協定（至少暫時），而掩蓋了此溫和進展。[93]

(5) 海洋環境保護

「控制海洋污染」（controlling marine pollution）係一個日益重要的環境問題，在許多國際文書中皆有此規範。[94] UNCLOS 第 192 條規定各國皆有義務保護及保全海洋環境，UNCLOS 第 XII 部分則專門用於實現該目標。[95] 除 UNCLOS 外，許多區域協定涉及海洋環境保護之各個層面，包括 1992 年「保護東北大西洋海洋環境公約」（Convention for the Protection of the Marine Environment of the North-East Atlantic, OSPAR），[96] 以及於「聯合國環境署區域海洋計畫」（UNEP Regional Seas programme）下，制定綱要公約之程序。[97]

【349】特定海洋污染源亦由單獨國際法之文書所涵蓋。早期重點係石油洩漏，但隨著時間推移，國際規則已經制定解決各種來源之污染，包括陸上活動、海上傾倒、海上運輸之其他影響，以及海底活動。[98] 具體之國際法文書中，特別突出者係為「防止船舶污染國際公約」（International Convention for the Prevention of Pollution from Ships, MARPOL 73/78），[99] 該公約規範船舶污染，以及廢棄物傾倒之「倫敦公約」（London Convention）。[100] 諸如此類之法律文書產生一些影響；然而，最大的困難在於有效控制陸上活動造成之污染，此為迄今為止最大的海洋污染來源。1992 年地球峰會通過之行動計畫「21 世

---

[92] Bodansky (2016) 110 *AJIL* 288. Further: Savaresi (2016) 34 *JENRL* 16; Rajamani (2016) 28 *JEL* 337; Viñuales (2016) 59 *GYIL* 11.

[93] Statement by President Trump on the Paris Climate Accord (1 June 2017), noted (2017) 111 *AJIL* 1036.

[94] Mensah, 'Marine Pollution from Ships, Prevention of and Responses to' (2011) *MPEPIL*; Sands et al (4th edn, 2018) 459–506, and generally: chapter 11.

[95] 10 December 1982, 1833 UNTS 3. For discussion: Dupuy & Viñuales (2015) 97–106.

[96] 22 September 1992, 2354 UNTS 67.

[97] Sands et al (4th edn, 2018) 64.

[98] Ibid, 415–48.

[99] International Convention for the Prevention of Pollution from Ships, as modified by the Protocol of 1978, 17 February 1978, 1340 UNTS 61.

[100] Convention for the Prevention of Marine Pollution by Dumping of Wastes and Other Matter, 29 December 1972, 1046 UNTS 138.

紀議程」（Agenda 21）第十七章中，確立海洋環境保護計畫，並敦促各國遵守 1985 年「保護海洋環境免受陸源污染的蒙特婁準則」（Montreal Guidelines for the Protection of the Marine Environment from Land-Based Sources）。[101]

為彌補 UNCLOS 保護條款中之空白，聯合國大會建議透過一項關於國家管轄範圍之外，區域海洋生物多樣性保護以及永續利用，具有法律約束力之文書。[102]

(6)其他公約與機構

國際公約建立許多其他環境制度用於規範不同類型之環境風險及影響，包括「及早通報核事故公約」（Convention on Early Notification of a Nuclear Accident）、[103]「保護及使用跨界水道和湖泊公約」（Convention on the Protection and Use of Transboundary Watercourses and Lakes）、[104]「工業事故跨界影響公約」（Convention on the Transboundary Effect of Industrial Accidents）、[105]「生物多樣性公約」及其關於「生物安全和遺傳資源的議定書」（Protocols on Biosafety and Genetic Resources）、[106]「進一步減少硫排放議定書」（Protocol on Further Reduction of Sulphur Emissions），[107] 以及國際水道非航行使用法公約（Convention on the Law of the Non-Navigational Uses of International Watercourses）。[108]

發展針對特定問題之法律機制，作為處理環境問題之首選手段趨勢相當明顯；【350】透過爭端解決過程，對於國際法律原則之闡述乃漸進而生，無法如同制定法律條約以相當迅速的方式解決預防與集體行動問題。儘管如此，談判

---

[101] A/CONF.151/26/Rev.1 (Vol I), 238.

[102] GA Res 69/292, 9 June 2015. See Tladi (2015) 25 *Ybk IEL* 113. On marine protected areas, see Jones, *Governing Marine Protected Areas* (2014); Harrison, *Saving the Oceans Through Law* (2017). An MPA is any marine region, together with its overlying waters and associated flora, fauna, historical and cultural features, reserved by legislation to protect the enclosed environment. There is no specific international regulation of these areas, although some multilateral treaties include provisions on the topic. The tribunal in the *Chagos* case upheld an interstate challenge to an MPA on procedural grounds: (2015) 162 ILR 1.

[103] 28 September 1986, 1439 UNTS 275.

[104] 17 March 1992, 1936 UNTS 269.

[105] 17 March 1992, 2105 UNTS 457.

[106] 29 January 2000, 2226 UNTS 208; 29 October 2010, UNEP/CBD/COP/DEC/X/1.

[107] 14 June 1994, 2030 UNTS 122.

[108] 21 May 1997, Doc A/51/869 (36 parties).

中之政治妥協與文本，一旦通過必須依賴國家實施始能達成目標，亦帶來自身困難；且國際環境協定文本與其在實踐中運作方式之間，可能存在顯著差異。

4. 結論

　　自 1970 年代以來，「國際法一般原則」（general principles of international law）已作出調整以因應對於保護環境之關注，包括：防止跨界環境損害、並出現了一些採取新興之集體行動方法、強調防止「可預見之損害」（預警原則以及預防原則或方法）、分配責任（污染者付費原則），並強調將環境保護納入經濟活動（永續發展）之重要性。此外，許多基於條約之制度，亦對於特定環境問題作出回應。

　　國際環境法文件存在於多邊、區域及雙邊條約之中。各國不僅於跨界環境損害或保護全球與本國環境等方面，[109] 負有越來越多之責任。雖然，目前各國法律與實踐之執行情況參差不齊，但國際環境條約中清楚有效之原則聲明，以及與其相關之爭端解決與立法機構，為該領域未來發展提供許多參考價值。[110]

---

[109] E.g. Biodiversity Convention, preamble, Arts 6, 8.
[110] See also Inter-American Court of Human Rights, Advisory Opinion OC-23/17, *Environment and Human Rights*, 15 November 2017.

第六部分

國際協議

第十六章　條約法

1. 概述

【353】許多國際爭端都涉及條約之解釋與效力，而國家關係間之許多實際內容，都在條約中呈現並由條約所構成，[1] 包括聯合國在內之國際組織的法律基礎即為多邊條約。從地球靜止軌道（geostationary orbit）到智慧財產權，再到南極大陸的治理等事務性安排，亦復如此。雙邊條約之規範，亦涵蓋航空、邊界、引渡、投資保障、共享自然資源等事項。

自 1949 年以來，國際法委員會（International Law Commission, ILC）一直關注條約法；[2] 1966 年，ILC 通過一部包含 75 條條款之草案，[3] 此草案構成 1969 年「維也納條約法公約」（Vienna Convention on the Law of Treaties, VCLT）之基礎，該公約於 1980 年 1 月 27 日生效。[4]

在 VCLT 通過時，不能說其整體上係對一般國際法之宣示，各項條款明確涉及逐步發展（progressive development）。【354】雖然如此，VCLT 仍舊

---

[1] Harvard Research (1935) 29 *AJIL Supp*; McNair, *The Law of Treaties* (1961); Jennings (1967) 121 Hague *Recueil* 527; Sinclair, *The Vienna Convention on the Law of Treaties* (2nd edn, 1984); Rosenne, *Developments in the Law of Treaties, 1945–1986* (1989); Thirlway (1991) 62 *BY* 2; Thirlway (1992) 63 *BY* 1; Reuter, *Introduction to the Law of Treaties* (2nd edn, 1995); Villiger, *Commentary on the 1969 Vienna Convention on the Law of Treaties* (2009); Villiger (2009) 344 Hague *Recueil* 9; Corten & Klein (eds), *The Vienna Conventions on the Law of Treaties* (2011); Hollis (ed), *The Oxford Guide to Treaties* (2012); Aust, *Modern Treaty Law and Practice* (3rd edn, 2013); Tams, Tzanakopoulos, & Zimmermann (eds), *Research Handbook on the Law of Treaties* (2014); Dörr & Schmalenbach (eds), *Vienna Convention on the Law of Treaties* (2nd edn, 2018).

[2] In addition to its work on interstate treaties, the ILC produced draft articles on treaties of international organizations, which became VCLT II, 21 March 1986, 25 ILM 543 (not yet in force, requiring still three states to ratify or accede; 12 international organizations including the UN are parties). In 2011, it completed an enormous Guide to Practice on Reservations to Treaties: A/CN.4/L.779, 19 May 2011. It adopted a first draft of Conclusions on subsequent agreements and practice in 2016: ILC *Ybk* 2016/II(1), ch VI. It is also working on the provisional application of treaties: ibid, ch XII.

[3] The principal items are: Reports by Brierly, ILC *Ybk* 1950/II, 222; ILC *Ybk* 1951/II, 1; ILC *Ybk* 1952/II, 50; Lauterpacht, ILC *Ybk* 1953/II, 90; ILC *Ybk* 1954/II, 123; Fitzmaurice, ILC *Ybk* 1956/II, 104; ILC *Ybk* 1957/II, 16; ILC *Ybk* 1958/II, 20; ILC *Ybk* 1960/II, 69; Waldock, ILC *Ybk* 1962/II, 27; ILC *Ybk* 1963/II, 36; ILC *Ybk* 1964/II, 4; ILC *Ybk* 1965/II, 3; ILC *Ybk* 1966/II, 1; ILC Final Report, ILC *Ybk* 1966/II, 172; proceedings of the Vienna Conference, A/CONF.39/11 and Adds 1–2.

[4] 22 May 1969, 1155 UNTS 331. See Kearney & Dalton (1970) 64 *AJIL* 495.

產生非常大的影響，目前很多條款基本上都是對現行法律之宣示，並不構成緊急規則之推定證據。[5] 事實上，無論 VCLT 是否作為在特定情況下適用之條約，其條款都被視為國際法之主要淵源。[6] 在 *Namibia* 一案中，法院指出，

> 「維也納公約」關於因違約而終止條約關係之規則（未經反對票而已通過），在許多方面可被視為對此一主題現有習慣法之編纂。[7]

歐盟法院（CJEU）指出，條約之習慣國際法構成歐洲法律秩序的一部分，並且通常係遵循 VCLT（隱含或明確）之規定；[8] 世界貿易組織（WTO）爭端解決機構及國際海洋法法庭（ITLOS）亦強調 VCLT 條約解釋規則之習慣法地位。[9]

該公約於維也納會議上以絕大多數票通過，[10] 內容涵蓋條約法之主要領域。VCLT 不涉及 (i) 國家與國際組織之間、兩個或多個組織之間的條約；[11] (ii) 條約繼承；[12] 或 (iii) 武裝衝突對於條約之影響，每部條約皆是 ILC 個別獨立之研究主題。[13]

---

[5] Villiger (2009) 24–7.

[6] Under Art 4, the VCLT only applies to treaties concluded between states all of which at that time were already parties to it. Since only 116 states are parties, this means in effect that the VCLT does not apply as such to most multilateral treaties. In practice, it is applied as customary international law in any event.

[7] *Namibia*, ICJ Reports 1971 p 16, 47. Also: *Jurisdiction of the ICAO Council (India v Pakistan)*, ICJ Reports 1972 p 46, 67; *Fisheries Jurisdiction (UK v Iceland)*, Jurisdiction, ICJ Reports 1973 p 3, 18; *Pulau Ligitan and Pulau Sipadan (Indonesia v Malaysia)*, ICJ Reports 2002 p 625, 645–6.

[8] E.g. *Kadi & Al Barakaat International Foundation v Council & Commission* [2008] ECR I-6351, [291]. Further: Verwey, *The European Community and the European Union and the International Law of Treaties* (2004).

[9] E.g. *US—Gasoline*, WTO Doc WT/DS2/AB/R, 29 April 1996, 16–17; *US—Gambling*, WTO Doc WT/DS285/AB/R, 7 April 2005, 51; *US—Clove Cigarettes*, WTO Doc WT/DS406/AB/R, 4 April 2012, 89; *Responsibilities and Obligations of States Sponsoring Persons and Entities with Respect to Activities in the Area* (2011) 150 ILR 244, 263–4. Further: van Damme, *Treaty Interpretation by the WTO Appellate Body* (2009).

[10] A/CONF.39/11, Add 1, 206–7 (79–1 (France): 19).

[11] Gaja (1987) 58 *BY* 253; Zemanek in Hafner et al (eds), *Liber Amicorum Ignaz Seidl-Hohenveldern* (1998) 843; Menon, *Law of Treaties between States and International Organizations* (1992); Footer in Orakhelashvili & Williams (eds), *40 Years of the Vienna Convention on the Law of Treaties* (2010) 183; Tomuschat in Cannizzaro (ed), *The Law of Treaties Beyond the Vienna Convention* (2011) 206.

[12] Vienna Convention on Succession of States in Respect of Treaties, 22 August 1978, 1946 UNTS 3; also chapter 19.

[13] A/RES/59/41, 16 December 2004.

(1)「條約」之定義

ILC 臨時草案（provisional ILC draft）將「條約」定義爲：

> 任何書面形式之國際協議，無論係包含於單一文書中，抑或包含在兩個或更多相關文書中，亦無論其具體名稱如何〔條約、公約、議定書、盟約、憲章、法規、法案、宣言、協約、換文、商定會議紀錄、協議備忘錄、臨時協議（*modus vivendi*）或任何其他名稱〕【355】，由兩個或多個國家或其他國際法主體締結並受國際法管轄。[14]

提及「其他國際法主體」（other subjects of international law）係對於國際組織、羅馬教廷，以及其他國際實體締結條約而作出規定；但 ILC 之最終草案，以及 VCLT 本身，僅限於國家間之條約（第 1 條）。[15] 而第 3 條規定，公約因此受到限制之事實，不應影響國家與其他國際法主體之間，或此類其他主體間協定之法律效力。

第 2(1)(a) 條將條約定義爲：「所謂國家間所締結而以國際法爲準之國際書面協定，不論其載於一項單獨文書或兩項以上相互有關之文書內，亦不論其特定名稱爲何。」很難區分一項協議係由兩國之間明確的法律承諾；或並未有明確法律承諾；[16] 協議亦有其限制：下級政府締結之行政協定（administrative arrangements），將不被視爲「條約」。[17]

第 2(1)(a) 條亦規定公約所適用之協定，必須「受國際法管轄」（governed by international law）；此並不包括政府間所作出，並受國家法律管轄之商業

---

[14] ILC *Ybk* 1962/II, 161.
[15] On the concept of a treaty: Widdows (1979) 50 *BY* 117; Thirlway (1991) 62 *BY* 1, 4–15; Klabbers, *The Concept of Treaty in International Law* (1996); Fitzmaurice (2002) 73 *BY* 141; Hollis in Hollis (2012) 11, 19–28.
[16] The conclusion of treaties in simplified form is increasingly common. Many treaties are made by an exchange of notes, the adoption of agreed minutes, etc. See ILC *Ybk* 1966/II, 188; Villiger, *Commentary* (2009) 181; Corten & Klein (2011) 259–64; Aust (3rd edn, 2013) 94. Also: *Aegean Sea Continental Shelf (Greece v Turkey)*, ICJ Reports 1978 p 3, 38–44; *Military and Paramilitary Activities*, ICJ Reports 1986 p 14, 130–2; *Qatar v Bahrain*, Jurisdiction and Admissibility, ICJ Reports 1994 p 112, 120–2.
[17] E.g. *Navigational Rights (Costa Rica v Nicaragua)*, ICJ Reports 2009 p 213, 234–5.

安排（commercial arrangements）。[18]

(2) 條約之功能

很久以前 McNair 即指出關於條約執行之各種功能。[19] 某些條約對於領土及與領土有關之權利具有支配性，例如：權利轉讓（conveyances）。涉及幾個國家間談判之條約即類似於「契約」（contract）；而創建一套規則（如「海牙戰爭法公約」Hague Conventions on the Law of War）或一個組織（如著作權聯盟 Copyright Union）等多邊條約則係「立法」（law-making），構成組織之條約，亦類似於公司章程（charter of incorporation）。考慮不同類型條約之不同特徵，甚至期待特殊規則之制定，具有相當之影響力；因此，各方間戰爭之影響，亦因所涉條約之類型而有差異。然而，McNair 及其他學者傾向於支持上述立場，易言之，條約之種類，對於適用規則產生相當普遍的影響。因此，具有「立法性質」（lawmaking character）之條約可謂：(i) 排除訴諸於準備工作（preparatory work）以輔助解釋【356】；(ii) 免除其中一方須承認他方為國家或政府；(iii) 不適用情勢變更原則（doctrine of *rebus sic stantibus*）。[20]

相反地，ILC 有意避免依照擴張界限對條約進行任何分類，並且拒絕接受將條約對「非締約方」（non-parties）造成影響之「客觀制度」（objective regime）概念。ILC 在少數情況下亦接受專門規則，[21] 但卻認為沒有必要區分「立法」及其他條約。[22] ILC 以及維也納會議（Vienna Conference）將條約法視為本質上相同之文件。[23] 此外，國際法學者現在亦不太願意接受明確區分「契約條約」（vertrag）與「立法條約」（*vereinbarung*）。[24] 將「雙邊政治協商」以及「廣泛國際會議所產生之立法行為（legislative act）」二者之間強加對比，並不符現實狀況。政治問題與協商係「國際海洋法公約第 III 部分」

---

[18] See Mann (1957) 33 *BY* 20; Mann (1959) 35 *BY* 34; Fitzmaurice (2002) 73 *BY* 141, 168; cf *Diverted Cargoes* (1955) 12 RIAA 53, 70.

[19] McNair (1961) 739–54. On the special role of multilateral treaties: Lachs (1957) 92 Hague *Recueil* 229, 233–41; Crawford (2006) 319 Hague *Recueil* 325, 349–420.

[20] McNair (1961) 743–9.

[21] VCLT, Art 62(2) (fundamental change of circumstances rule inapplicable to boundary treaties).

[22] ILC *Ybk* 1966/II, 219.

[23] Gardiner, *Treaty Interpretation* (2nd edn, 2015) 161–2.

[24] For the history: Lauterpacht, *Private Law Sources and Analogies of International Law* (1927) 156–9.

（UNCLOS III）等立法努力之背後原因。此外，上述二分法刻意忽略國內法中條約制定與立法間的眞正區別。雖然如此，國際上仍應該承認某些 VCLT 規則（例如與保留有關之規則），可能更適用於「契約類型條約」而非「立法類型條約」。

(3) 條約之加入

在早期 ILC 草案中，將「一般性多邊條約」（general multilateral treaty）定義爲「涉及國際法一般規範，並處理各國作爲『一個整體』，[25] 而普遍關心之議題的多邊條約」。但國際組織成員仍可集體決定，允許某些特定國家或其他實體參與起草之條約，或由國際組織主持而締結條約。過去曾有會員國於 ILC 中提議，各國應有權成爲上述「立法性質」條約之締約方，除非條約或國際組織規則另有規定，否則解決方案係採用非實質形式表明權利之存在。[26] 然而，ILC 最終草案並未包含關於試圖賦予「所有國家參與多邊條約締結之權利」意涵的任何條款內容，且該修正案亦於維也納會議上被否決。[27]

2. 條約之締結

(1) 條約之格式及目的

條約如何談判與生效，取決於締約方之意圖，國際法上並無強制性的形式要求，[28] 例如在「換文」（exchange of letters），甚至「會議紀錄」（minutes of a conference）中，各方所達成之協議記載，可能與包含在單一文書中正式起草之條約，具有相同的法律效力【357】。[29] 在實踐中，格式部分係由慣例決定，並且會依據該協議是否係於國家、國家元首、政府、特定之部長或部門間所達成者，在表述上有所不同。[30]

依 VCLT 之規定，僅適用於「書面格式」（in written form）之協議，但

---

[25] ILC *Ybk* 1962/II, 161.
[26] Draft Articles, I, ILC *Ybk* 1962/II, 167–9 (Art 8); Waldock (1962) 106 Hague *Recueil* 1, 53–8.
[27] ILC *Ybk* 1966/II, 200; A/CONF.39.11, Add 1, 182–5. Also: Lukashuk (1972) 135 Hague *Recueil* 231.
[28] *Temple of Preah Vihear (Cambodia v Thailand)*, Preliminary Objections, ICJ Reports 1961 p 17, 31–2.
[29] *Qatar v Bahrain*, Jurisdiction and Admissibility, ICJ Reports 1994 p 112, 120–2; Aust (3rd edn, 2013) 14–27.
[30] ILC *Ybk* 1966/II, 190–1 (Art 3).

第 3 條規定此限制不影響「非書面格式」協議之法律效力。倘若雙方希望就開展業務，或其他關係紀錄而相互理解，但並不打算因此而產生具有法律約束力之義務，雙方通常會締結稱為「諒解備忘錄」（memoranda of understanding, MOU）之非拘束性文書。[31] 該文書之名稱不能決定其法律地位；然而，重要的是其所使用之「名稱」所反映出締約方之意圖。[32]

(2) 全權委託及簽署

在專制君主及通訊緩慢的時代，產生一種締結條約之做法，亦即國家代理人將被賦予全權談判與締結特定條約之權力。[33] 在現代實踐中，全權（full powers）賦予代表談判、簽署，以及條約用印之權力，但無權代表國家承諾。在非正式協議之情況下，通常會免除全權。[34] 因此，VCLT 第 2 條第 (c) 項中的定義：

> 稱「全權證書」者，謂一國主管機關所頒發，指派一人或數人代表該國談判、議定或認證條約約文，表示該國同意承受條約拘束，或完成有關條約之任何其他行為之文件。

在 *Cameroon v Nigeria* 一案，係全權委託之實例，國際法院確認授予國家元首之「全權」委託係源於他或她在國家層級制度中之最高地位。[35] 在 *Bosnian Genocide*（波士尼亞種族滅絕）案中，上述立場被擴張至條約法之外，VCLT 援引「每位國家元首皆能於其國際關係中代表國家行事」之假設。[36] 談判之成功結果，係透過認證商定之文本。「簽署」則作為其功能之一，具有認證效

---

[31] Thirlway (1991) 63 *BY* 1, 18–19; Aust (3rd edn, 2013) 28–54.

[32] *Somalia v Kenya*, Preliminary Objections, ICJ Reports 2017 p 3, 21–2. And see Aust (3rd edn, 2013) 14–27, esp 20–3.

[33] VCLT, Arts 7–11; Waldock, ILC *Ybk* 1962/II, 38ff; ILC *Ybk* 1966/II, 189, 193–7; Watts (1994) 247 Hague *Recueil* 10, 19; Sabel, *Procedure at International Conferences* (2nd edn, 2006) 58–67; Korontzis in Hollis (2012) 177, 184–6, 191–4; Bradley, ibid, 208. Further: *DRC v Rwanda*, Jurisdiction and Admissibility, ICJ Reports 2006 p 6, 27–9.

[34] Heads of state, heads of government, and foreign ministers are not required to furnish evidence of their authority: VCLT, Art 7(2). Further: Aust (3rd edn, 2013) 71–8.

[35] ICJ Reports 2002 p 303, 430.

[36] *Bosnian Genocide*, Preliminary Objections, ICJ Reports 1996 p 595, 661–2. See also *Somalia v Kenya*, Preliminary Objections, ICJ Reports 2017 p 3, 21–3.

力，然而，條約文本可透過其他方式進行認證，例如，加入或草簽於國際會議中所通過之最後法案。[37]

【358】倘若簽名需要批准、接受或核准，則「簽名」並不表示同意該國家受到約束，亦不產生批准之義務。[38]「簽署」之功用，僅係使簽字人有「資格」進行後續之批准、接受或核准程序；「簽署」亦具有臨時善意義務，意即避免採取旨在阻撓條約目標之行爲。[39]

倘若條約無須批准、接受或核准，「簽署」即表示同意受約束；有時可免除簽署，例如該條約文本係透過聯合國大會決議而通過或批准，並提交會員國加入。

(3) 暫時適用

現代雙邊及多邊條約之共同特徵，係其於生效前可能適用所有或部分締約方之「暫時適用制度」（regime of provisional application）。[40]一般而言，於緊急情況或於提前批准存在不確定性下，皆可採取「暫時適用」，以允許新協議同時生效，例如包括關於軍備控制、部隊地位、漁業、貨品，以及國際組織章程修正之條約等。

VCLT 對「暫時適用」採取較爲寬容之方式（就像 VCLT 對於簽署之法律效力之規定類似），VCLT 第 25 條第 1 項規定，條約或條約之一部分於條約生效前於下列情形下得「暫時適用」：(i) 條約本身如此規定；(ii) 談判國以其他方式協議如此辦理。而第 25 條第 2 項則提及，「除條約另有規定或談判國另有協議外，條約或條約一部分對一國之暫時適用，於該國將其不欲成爲條約

[37] VCLT, Art 10; Korontzis in Hollis (2012) 177, 188–9, 194–7. On adoption: ibid, 186–8.

[38] ILC *Ybk* 1962/II, 171. But cf Lauterpacht, ILC *Ybk* 1953/II, 108–12; Fitzmaurice, ILC *Ybk* 1956/II, 112–13, 121–2. Also: Rosenne (2000) 4 *EPIL* 932; Kolb (2004) 51 *NILR* 185; Villiger, *Commentary* (2009) 181–228; Corten & Klein (2011) 243; Bradley in Hollis (2012) 208, 212–6; Aust (3rd edn, 2013) 87–94.

[39] VCLT, Art 18; *Certain German Interests in Polish Upper Silesia* (1926) PCIJ Ser A No 7, 30; Palchetti in Cannizzaro (2011) 25; Aust (3rd edn, 2013) 106–10; Dörr in Dörr & Schmalenbach (2018) 244–5. Note Art 18(a): if a state that has signed a treaty makes it clear that it does not intend to ratify it, it is released from any obligations under Art 18 and its signature has no legal effect. The US relied on this to 'unsign' the ICC Statute (17 July 1998, 2187 UNTS 3) in May 2002, by lodging a note with the UN to the effect that it did not intend to become a party: Swaine (2003) 55 *Stanford LR* 2061; Bradley in Hollis (2012) 208, 216–18. The Russian Federation did the same in 2016.

[40] Villiger (2009) 349–58; Corten & Klein (2011) 639–54; Dalton in Hollis (2012) 220, 226–46; Mertsch, *Provisionally Applied Treaties* (2012); Krieger in Dörr & Schmalenbach (2018) 441.

當事國之意思通知已暫時適用條約之其他各國時終止」。上開 VCLT 第 25 條之條文用語係屬於描述性質，而第 26 條中「條約必須善意履行原則」（*pacta sunt servanda*）則並未表述爲涵蓋「暫時適用」之條約。雖然如此，「暫時適用」似乎已經成爲條約適用之形式，並得依據當事方之同意而產生法律效力。此原則可延伸多遠，仍然存在爭議，尤其係於「能源憲章條約」（Energy Charter Treaty）下之投資仲裁情況。[41]

【359】ILC 正在制定關於「暫時適用」之進一步指導方針，而依據該文件，「暫時適用」之條約係一項眞正（雖然不穩定）之承諾。[42]

(4)批准

批准（ratification）涉及兩個不同程序之行爲：第一，內部批准行爲（例如由議會爲之，或在英國係由官方批准）；第二，透過正式交換或交存批准書，使條約生效之國際程序。而後一種意義上之批准係一項重要行爲，涉及國家「同意」接受條約之拘束。[43] 然而，一切係基於締約方之意圖，於當代國際法實踐中，包含許多旨在對簽署具有拘束力之「非正式協議」的實例。[44] 關於少數沒有明確規定批准之條約，ILC 最初認爲應該要求批准。[45] 然而，ILC 後來改變其看法，部分原因係難以「推定」（presumption）簡化形式之條約得直接適用；最後，VCLT 第 14 條規定，應參考締約方之意圖，而不進行任何「推定」以規範該事項。

(5)加入、接受及批准

「加入」（accession）係指發生於未簽署條約之國家正式接受其條款時，此情況可能係於條約生效之前或之後；而「加入」之條件與其所涉及之程序係

---

[41] Energy Charter Treaty, Lisbon, 17 December 1994, 2080 UNTS 95, Art 45. See *Kardassopoulos v Georgia*, ICSID ARB/05/18, 3 March 2010; *Yukos v Russian Federation*, PCA, 18 July 2014. The *Yukos* award was set aside by the Hague District Court on 20 April 2016 on the ground that the Russian Constitution did not allow irrevocable consent to jurisdiction before ratification. The decision is under appeal.

[42] A/72/10, ch V (2017), esp Guideline 7.

[43] VCLT, Art 14; for other means of expressing consent to be bound: VCLT, Arts 11–17.

[44] *Cameroon v Nigeria*, ICJ Reports 2002 p 303, 429–30; *Somalia v Kenya*, Preliminary Objections, ICJ Reports p 3, 22–3.

[45] Draft Articles, I, ILC *Ybk* 1962/II, 161, 171–3; Waldock, ILC *Ybk* 1962/II, 48–53. Also: ILC Final Report, ILC *Ybk* 1966/II, 187–9, 195–9, 201.

視條約之規定辦理。[46]「加入」亦可能係國家成為締約方之唯一途徑，例如：聯合國大會批准並建議成員國加入之公約。[47] 晚近之國際實踐，納入「接受」與「批准」之概念，以描述「加入」之實質內容。然而，上述用詞之使用並非僵化，倘若條約被表述為開放供簽署但必須接受，則亦等同於須經由批准為之。

(6) 生效、存放及登記

條約中之條款決定該條約如何，以及何時生效。倘若條約中未指定日期，則假定條約將於所有談判國同意接受其拘束後，立即生效。[48]

【360】條約締結後，批准書、加入書等書面文件，以及保留與其他聲明等資料，將交由保管方保存（custody of a depositary），而此保管方可以為一個或多個國家，或國際組織。[49] 其中最重要者，聯合國秘書處係作為多邊條約之保存處所。聯合國憲章第 102 條規定：

> A. 聯合國任何會員國【360】所締結之一切條約及國際協定，
>   應儘速於秘書處登記，並由秘書處公布之。
> B. 當事國對於未經依本條第一項規定登記之條約或國際協
>   定，不得向聯合國任何機關援引之。

上開條款（可追溯至 Woodrow Wilson 總統）[50] 旨在防止秘密外交（secret diplomacy）並促進條約文本的公開可得閱覽。聯合國秘書處接受註冊協議，但並未授予協議或各締約方原本不存在之任何地位。然而，在條例規定「依職

---

[46] Korontzis in Hollis (2012) 177, 199–201; Hoffmeister in Dörr & Schmalenbach (2018) 217–36.

[47] McNair (1961) 153–5.

[48] VCLT, Art 24(2). The International Court has described Art 24 as declaratory of the general rule: *Cameroon v Nigeria*, Preliminary Objections, ICJ Reports 1998 p 275, 293–4; *Right of Passage over Indian Territory (Portugal v India)*, Preliminary Objections, ICJ Reports 1957 p 125, 145–7. Also: Korontzis in Hollis (2012) 177, 201–5.

[49] VCLT, Arts 76–7; Rosenne (1967) 61 *AJIL* 923; Rosenne (1970) 64 *AJIL* 838; Hinojal-Oyarbide & Rosenboom in Hollis (2012) 248, 250–66.

[50] The first of Wilson's Fourteen Points Address, delivered at a joint session of Congress on 8 January 1918, called for 'open covenants of peace, openly arrived at': US Department of State, *Papers Relating to the Foreign Relations of the United States 1918—Supplement 1, The World War* (1933) 12, 15; Schwietzke, 'Fourteen Points of Wilson (1918)' (2007) *MPEPIL*: Donaldson (2017) 111 *AJIL* 575.

權（ex officio）登記」之情況下，並非如此，此部分乃涉及秘書處之倡議，並延伸至聯合國作爲締約方之協定，以及聯合國保管之多邊協定。「一切條約及國際協定」（every treaty and international agreement）一詞之範圍很廣泛，包括：政府間技術性之協議、接受國際法院規約中任擇條款之聲明、國際組織與國家間之協議、國際組織間之協議，以及具有國際性質之單方約定等，均包含在內。[51]

事實上，「不登記」（non-registration）並未影響條約或國際協定之有效性，雖然在聯合國機構之訴訟程序中可能從未援引此類「未登記」之協定。不過，條約或國際協定之登記沒有期限，故實際上並不限制其信賴程度。[52]

3. 條約之保留

VCLT 第 2 條第 (d) 項下，「保留」之定義爲：「謂一國於簽署、批准、接受、贊同或加入條約時所作之片面聲明，不論措辭或名稱爲何，其目的在摒除或更改條約中若干規定對該國適用時之法律效果」。[53]【361】「保留」有別於「解釋性聲明」（interpretative declaration），該聲明係聲明國對於條約涵義表達意見，並非提出國家接受約束之條件。[54]

事實上，與「保留」有關之法律與慣例存在相當大之不確定性。

(1) 歷史背景

國際聯盟（League of Nations）關於多邊公約之實踐缺乏一致性，聯盟

---

[51] If an agreement is between international legal persons it is registrable even if governed by a particular municipal law; cf Higgins (1963) 329.

[52] But see *Maritime Delimitation in the Caribbean Sea and the Pacific Ocean (Costa Rica v Nicaragua)*, Judgment, 2 February 2018, declaration of Judge Simma.

[53] VCLT, Arts 19–23; further: Lauterpacht, ILC *Ybk* 1953/II, 123–36; Fitzmaurice (1953) 2 *ICLQ* 1; McNair (1961) ch 4; Draft Articles, I, ILC *Ybk* 1962/II, 161, 163, 175–82 (Arts 1(1)(f), 18–22); Waldock, ILC *Ybk* 1966/II, 27, 60–8; ILC Final Report, ILC *Ybk* 1966/II, 189–90, 202–9 (Arts 2(1)(d), 16–20); Bowett (1976–7) 48 *BY* 67; Sinclair (2nd edn, 1984) 51–82; Greig (1995) 16 *AYIL* 21; Villiger (2009) 344 Hague *Recueil* 9, 77–112; Pellet & Müller in Cannizzaro (2011) 37; Corten & Klein (2011) 405–627; Swaine in Hollis (2012) 277; Walter in Dörr & Schmalenbach (2018) 263–420. Further: reports of the Special Rapporteur on Reservations to Treaties (Pellet) e.g. A/CN.4/647, 26 May 2011; ILC *Ybk* 2011/II(2), ch IV.

[54] E.g. the Swiss declaration regarding the European Convention on Human Rights (ECHR), 4 November 1950, ETS 5, Art 6(1): *Belilos v Switzerland* (1988) 88 ILR 635, 636. On the difficulty in some cases of distinguishing interpretative declarations from reservations: ibid, 663–6.

秘書處，以及後來的聯合國秘書長，作爲在聯盟主持下締結之公約的保存者（depositary of conventions），乃遵循「絕對完整性」原則（principle of absolute integrity）：「保留」僅在條約允許，或所有締約方都接受之情況下始生效力，否則保留國將不被視爲締約方。[55] 相反地，泛美聯盟（Pan-American Union），即後來的美洲國家組織（Organization of American States），採用一種彈性制度，易言之，允許將「保留國」視爲相對於（vis-a-vis）「非反對國」之締約方（nonobjecting states）。此制度乃始於 1932 年，並以犧牲義務一致性作爲代價，以促進條約之普遍性。

聯合國在 1948 年通過「防止及懲治滅絕種族罪公約」（Genocide Convention）後，對公約提出「保留」之可接受性產生分歧意見，因其中沒有關於該議題之規定，而徵求國際法院之法律諮詢意見。國際法院強調實踐之差異與公約特點，包括：起草者之意圖係期待該公約於適用範圍上應具有普遍性。法院的主要見解係「國家作出一項被公約的一個或多個締約方反對之保留，但未被其餘締約方質疑時，該提出保留之國家仍可被視爲締約方，前提係該保留與公約之目的與宗旨相符（compatible）」。[56]

1951 年，ILC 以過於主觀爲由，否決上述「相容性」（compatibility）之標準，傾向於一致同意（unanimous consent）之規則。[57] 然而，在 1952 年，聯合國大會要求秘書長應令聯合國之實踐與法院意見保持一致，並就以秘書長作爲保管者之未來公約中，【362】應讓每個國家從傳達給秘書長之「保留」中作出對於該條約之結論。[58] 1959 年，聯合國大會將其擴張至包括所有聯合國公約，除非其包含相反規定之條款。[59] 1962 年，ILC 轉而決定支持「相容性」規則。[60]

---

[55] On this contractual conception of treaties, a reservation would constitute a counter-offer requiring a new acceptance, failing which the state making the counter-offer would not become a party to the treaty. See *Reservations to the Genocide Convention*, ICJ Reports 1951 p 15, 21, 24.

[56] Ibid, 29.

[57] ILC *Ybk* 1951/II, 128–31.

[58] GA Res 598(VI), 12 January 1952.

[59] GA Res 1452A(XIV), 7 December 1959.

[60] ILC *Ybk* 1962/II, 175–81.

(2) 不被允許之保留

VCLT 第 20 條中，詳細列舉了「接受」與「反對」除條約明確授權保留以外之其餘保留情況，[61] 而「相容性」測試絕非理想之做法；[62] 尤其關於是否與條約相符之適用，係涉及留給個別國家自由裁量之問題。例如，以該測試標準，如何適用於爭端解決條款？於實踐中可知，「相容性」測試可能無法充分維持多邊公約關於嚴格義務標準（firm level of obligation）之「完整性」與「有效性」間之平衡；因此，與聯合國法律保留有關之「相容性」測試，是否仍有其實用性，頗值懷疑。[63]

另外，與人權條約有關之「可分割性」（severability）問題，尤其具有爭議性。[64] 在 *Belilos*[65] 以及 *Loizidou*[66] 二個案件中，歐洲人權法院（European Court of Human Rights）將有爭議之保留，視為「可分割」。人權委員會（Human Rights Committee）亦復如此，例如國家不能提出保留對於任何人施以酷刑之權利、在證明無罪前推定任何人有罪等。[67] 與其說欲進行條約保留之國家在參與條約的條件上被否決，不如說該等國家乃條約締約方，無論其潛在意圖為何，均不得提出保留而影響其義務之履行。

(3) 國際法委員會指引

2011 年 ILC 通過「對條約保留實踐指引」（Guide to Practice on Reservations to Treaties）以解決「允許保留」（permissibility of reservations）

---

[61] Special provisions concerning the making of reservations may present problems of interpretation. See *UK–French Continental Shelf* (1977) 54 ILR 6, 41–57; Bowett (1976–7) 48 *BY* 67.

[62] Waldock, ILC *Ybk* 1962/II, 65–6; ILC *Ybk* 1966/II, 205; Sinclair (1970) 19 *ICLQ* 53; McCall-Smith (2014) 16 *Int Comm LR* 263, 268–70. Further: Milanovic & Sicilianos (2013) 24 *EJIL* 1055, 1056–7.

[63] E.g. Bowett (1976–77) 48 *BY* 67, 70–5; Redgwell (1993) 64 *BY* 245.

[64] See Ziemele & Leide (2013) 24 *EJIL* 1135, 1138–44; McCall-Smith (2014) 63 *ICLQ* 599, 611–22.

[65] *Belilos v Switzerland* (1988) 88 ILR 635. Further: Cameron & Horn (1990) 33 *GYIL* 69; Marks (1990) 39 *ICLQ* 300.

[66] *Loizidou v Turkey*, Preliminary Objections (1995) 103 ILR 622. For a similar approach under the Inter-American system: *Radilla-Pacheco v Mexico*, IACtHR C/209, 23 November 2009, §§299–312.

[67] Centre for Civil and Political Rights (CCPR), General Comment 24 (1994) CCPR/C/21/Rev.1/Add.6. The UK government was critical: (1995) 66 *BY* 655. Also: Hampson, E/CN.4/Sub.2/1999/28, 28 June 1999; Simma in Hafner et al (1998) 659; Helfer (2002) 102 *Col LR* 1832. Further: *Armed Activities (2002 Application) (DRC v Rwanda)*, Jurisdiction and Admissibility, ICJ Reports 2006 p 6, 69–70 (Judges Higgins, Kooijmans, Elaraby, Owada, and Simma, sep op).

之困難。[68] 該指引係作為國際法實務界於提出保留時，關於「允許性」與「效果」之有效工具，並將其導引至符合現有規則之解決方案。【363】該指引雖非具有約束力之法律文書，亦無意成為公約基礎，但其可作為澄清上述爭議的法律與實踐範本。

　　關於「可分割性」爭議，上開「指引」採取巧妙的折衷方案。「指引」第 4.5.1 條中規定，「不合法或不被允許之保留，應屬無效且不具法律拘束力（null and void）」。無效保留之提出者，是否在未受益於「保留」之情況下，仍受條約約束？抑或無效保留是否影響該國同意完全接受約束？在實踐上有不同結論。[69] 而上開「指引」中規定，「除非該方表達相反之意圖，或以其他方式確定其真意，否則應推定其接受條約」。[70] 透過上述解釋，「指引」明確重申，提出條約保留者，就條約地位之關鍵考量因素，係以其「意圖」為準；[71]「指引」進一步將條約法中的「相互同意」（mutual consent）基本原則與「禁止保留」間，進行合理折衷；易言之，「條約禁止之保留」或「不符合條約目的與宗旨之保留」，均屬無效。[72]

4. 條約之遵守、適用及解釋

(1) 條約必須善意履行原則

　　VCLT 對於條約效力之有效性與持續性進行某種推定，[73] 此做法係基於締約方被要求遵守「條約必須善意履行」（*pacta sunt servanda*）作為國際法一般原則。易言之，條約生效對締約方具有法律約束力，必須由其「善意履行」（performed in good faith）。[74] 就法律上而言，條約係持久之文書，不易被廢

---

[68] ILC Report, ILC *Ybk* 2011/II(2), ch IV. Further: Milanovic & Sicilianos (2013) 24 *EJIL* 1055; Pellet (2013) 24 *EJIL* 1061; Wood (2013) 24 *EJIL* 1099; McCall-Smith (2014) 16 *Int Comm LR* 263.

[69] Commentary to Guideline 4.5.2.

[70] Guideline 4.5.3, para 2.

[71] Guideline 4.5.3, para 1.

[72] Commentary to Guideline 4.5.3.

[73] VCLT, Art 42. Also: ILC *Ybk* 1963/II, 189–90 ; ILC Final Report, ILC *Ybk* 1966/II, 236–7.

[74] VCLT, Art 26; ILC Final Report, ILC *Ybk* 1966/II, 210–11; Villiger, *Commentary* (2009) 361–8; Corten & Klein (2011) 659–87; Schmalenbach in Dörr & Schmalenbach (2018) 467.

除，故亦不得援引國內法作爲不履行條約之理由。[75]

(2) 條約適用

條約並不具有「追溯效力」（retroactive）；易言之，除非有確定相反之意圖，否則條約僅對於生效後，有關締約方所發生之行爲或事實，具有法律約束力。[76]此外，除非另有其他規定，否則條約應適用於締約國全境。[77]

【364】VCLT 第 30 條規定，涵蓋對於同一事項先後所訂條約之適用，[78]相同締約方間之條約關係與重疊條款，主要係涉及解釋問題，並輔之以推定。因此，關於同一主題之事項，可以推定較晚條約優先於較早條約。然而，條約可明確規定其優先於嗣後不相容之條約（subsequent incompatible treaties）。聯合國憲章第 103 條規定，「聯合國會員國在本憲章下之義務與其依任何其他國際協定所負之義務有衝突時，其在本憲章下之義務應居優先」；「歐盟運作條約」（Treaty on the Functioning of the European Union, TFEU）第 351 條規定，先前存在之權利及義務不受其條款或「歐盟條約」（Treaty on European Union, TEU）條款影響，但倘若存在不相容之處，各方應採取適當措施以消除其差異。[79]在特定情況下是否存在衝突，係屬於條約解釋問題。例如，一項能夠以符合「公民權利和政治權利國際公約」（International Covenant on Civil and Political Rights）方式執行之決議，可被解釋爲無意推翻相關權利。[80]另

---

[75] VLCT, Art 27; Villiger, *Commentary* (2009) 369–75; Corten & Klein (2011) 688–717; Schmalenbach in Dörr & Schmalenbach (2018) 493.

[76] VCLT, Art 28; Villiger, *Commentary* (2009) 379–86; Corten & Klein (2011) 718–30; von der Decken in Dörr & Schmalenbach (2018) 507.

[77] VCLT, Art 29; Villiger, *Commentary* (2009) 387–94; Corten & Klein (2011) 731–63; Karagiannis in Hollis (2012) 305, 305–9, 317–24.

[78] Generally: ILC *Ybk* 1964/II, 185–92; ILC Final Report, ILC *Ybk* 1966/II, 214–17; Jenks (1953) 30 *BY* 401; Sciso (1987) 38 ÖZföR 161; Binder, *Treaty Conflict and Political Contradiction* (1988); Kohen (2000) 106 *RGDIP* 577; Sadat-Akhavi, *Methods of Resolving Conflicts between Treaties* (2003); Villiger, *Commentary* (2009) 395–411; Klabbers in Cannizzaro (2011) 192. Further: Ranganathan, *Strategically Created Treaty Conflicts and the Politics of International Law* (2014).

[79] TFEU [2016] OJ C 202/47. A recurring issue is whether intra-EU bilateral investment treaties (BITs) have been superseded by the Treaty of Lisbon: e.g. *Micula v Romania*, ICSID Case ARB/05/20, 11 December 2013; Decision on Annulment, 26 February 2016. See now Case C-284/16 *Achmea v Slovak Republic*, ECLI:EU:C:2018:158, where the CJEU held that they have been.

[80] *Al Jedda v UK* (2011) 147 ILR 107, 174–6.

外，VCLT 第 59 條規定，在某些情況下條約之終止或停止，係指全體締約方就同一事項締結後訂條約。

(3) 條約解釋

(i) 解釋能力

顯然，締約方有權解釋條約，但此解釋權力仍取決於其他法律規則之運作架構。[81] 另外，條約本身亦可授予國際法院或專門法庭管轄權。聯合國憲章由其附屬機關就其功能予以解釋，同時，亦可徵求國際法院之諮詢意見。[82]

【365】(ii) 解釋之「規則」

多年來，國際間已經提出各種解釋條約之「規則」，[83] 包括文義解釋法、限縮解釋法、目的解釋法，以及有效性原則。其中，VCLT 僅認可文義解釋法，VCLT 第 31 條係強調締約方於文本脈絡中所表達之意圖，乃為彼此間「共同意圖」之最佳詮釋，[84] 國際法院判決亦支持「文義解釋」方法。[85]

在某些案件中，常設國際法院堅持上述解釋原則，對於暗示限制國家主權之規定，採取限縮解釋。[86] 作為條約解釋之一般原則，此係迴避爭議問題，

---

[81] McNair (1961) chs 20–9; Fitzmaurice (1971) 65 *AJIL* 358; Thirlway (1991) 62 *BY* 1, 16–75; Thirlway (2007) 77 *BY* 1; Berman (2004) 29 *Yale JIL* 315; Kolb, *Interprétation et creation du droit international* (2006); Orakhelashvili, *The Interpretation of Acts and Rules in Public International Law* (2008); Villiger (2009) 344 Hague *Recueil* 9, 113–34; van Damme (2009); Villiger in Cannizzaro (2011) 105; Corten & Klein (2011) 804–86; Gardiner in Hollis (2012) 475; Alland (2013) 362 Hague *Recueil* 41, 130–222; Waibel in Tams, Tzanakopoulos, & Zimmermann (2014) 375; Linderfalk (2015) 26 *EJIL* 169; de Brabandere & van Damme in Mitchell, Sornarajah, & Voon (eds), *Good Faith and International Economic Law* (2015) 37; Bianchi, Peat, & Windsor (eds), *Interpretation in International Law* (2015); Gardiner (2nd edn, 2015); Dörr in Dörr & Schmalenbach (2018) 559–651.

[82] *Certain Expenses of the United Nations*, ICJ Reports 1962 p 151, 163.

[83] Fitzmaurice (1951) 28 *BY* 1.

[84] On interpretation of treaties authenticated in two or more languages: Art 33; *James Buchanan and Co Ltd v Babco (UK) Ltd* [1977] AC 141; *Young Loan* (1980) 59 ILR 494; *LaGrand (Germany v US)*, ICJ Reports 2001 p 466, 502. Also Korontzis in Hollis (2012) 177, 189–91.

[85] 'If the relevant words in their natural and ordinary meaning make sense in their context, that is an end of the matter': *Admission of a State to the United Nations*, ICJ Reports 1950 p 4, 8. Also: *Territorial Dispute (Libya v Chad)*, ICJ Reports 1994 p 6, 21–2; *Qatar v Bahrain*, Jurisdiction and Admissibility, ICJ Reports 1995 p 6, 18; *Pulau Ligitan/Sipadan*, ICJ Reports 2002 p 625, 645; *Bosnian Genocide*, ICJ Reports 2007 p 43, 109–10. Further: Fitzmaurice (1957) 33 *BY* 203, 203–38; Thirlway (1991) 62 *BY* 1, 18–37; Gardiner (2nd edn, 2015) 14–17.

[86] E.g. *Territorial Jurisdiction of the International Commission of the River Oder* (1929) PCIJ Ser A No 23, 261. On restrictive interpretation generally: Lauterpacht (1949) 26 *BY* 48; Crook (1989) 83 *AJIL* 278, 304–7; Orakhelashvili (2003) 14 *EJIL* 529; Crema (2010) 21 *EJIL* 681.

後來之判決使其解釋範圍更加縮小。[87] 然而，由於該原則可能適用於涉及規範「核心領土特權」（core territorial privileges）之案件，於此情況下，文義解釋並非「輔助解釋」（aid to interpretation），而係獨立之原則。

另外，依據目的解釋法（teleological approach），對於條約之意見分歧，應優先考量能使條約目的與宗旨生效之解釋方向。[88] 此方法可能涉及當事方未預期之司法實施目的。

「目的解釋」方法有許多缺陷，尤其明顯「立法」特徵（legislative character）與實際情況不盡相符。「目的解釋」方法通常係於「進化」（evolutive，或進步，progressive）解釋之語境下被提出，[89] 此解釋過去在適用於航海權時，曾發生爭議。例如，1858 年邊界條約中「為商業目的」（for the purposes of commerce）一詞，是否擴張解釋至涵蓋「商業旅遊」（即以出租方式運送乘客）。法院認為，1858 年條約中之用語，應解釋為涵蓋「所有現代商業形式」，故旅遊業應視為其中之一：

> 倘若締約方於條約中使用通用詞彙（generic terms），締約方必然已經意識到上述詞彙之涵義，可能會隨著時間推移而演變，並且條約已經【366】簽訂很長一段時間或「持續時間」（continuing duration），作為一般規則，必須假定締約方有意使此類詞彙具有不斷變化之涵義（evolving meaning）。[90]

顯然，上述結果係依據時代變化而調整意涵之做法，相當正確亦顯得重要，又例如，「過境權」（right of transit）具有永久性，屬於領土邊界制度之一部分，但國際法院可能假定「商業」一詞於 19 世紀中葉具有刻板之涵義；

---

[87] E.g. *Navigational Rights*, ICJ Reports 2009 p 213, 237–8.

[88] Generally: Waldock, *Mélanges offerts à Paul Reuter: le droit international, unité et diversité* (1981) 535; Klabbers (2001) 34 *Vand JTL* 283; Jonas & Saunders (2010) 43 *Vand JTL* 565, 581.

[89] On evolutive interpretation: Alland (2013) 362 Hague *Recueil* 41, 207–15; Bjorge, *The Evolutionary Interpretation of Treaties* (2014); Merkouris (2014) 45 *NYIL* 121; McKeever (2015) 64 *ICLQ* 405, 406–9; Djeffal, *Static and Evolutive Treaty Interpretation* (2015); Bjorge in Bianchi, Peat, & Windsor (2015) 189.

[90] ICJ Reports 2009 p 213, 343.

事實上，在 1858 年條約簽訂時，人員係於航運途中被僱用。而關於有效性原則（effectiveness principle），在聯合國附屬機構權力之諮詢意見中，國際法院經常採用機構有效性之原則，並暗示應認定該機構有針對憲章目的之必要或有益之權力。[91] 歐洲人權法院（European Court of Human Rights）於適用歐洲人權公約時，[92] 亦傾向於採用有效且「漸進」（effective and evolutionary approach）之解釋方法。[93]

　　然而，此做法與限縮解釋原則存在同樣之缺陷。ILC 並未採納上述原則，並認為倘若現行法律出現爭議，依據文本普通涵義之善意解釋原則即已足，無須依賴其他解釋方法。ILC 認為必須留意並確保此類「規則」不會成為僵化且沉重之解釋工具，否則，將可能使法院對於條約解釋時，被迫於初期即進行選擇，而並非成為富有彈性之指引。因此，ILC 乃避免採取教條主義立場，且並非將法院侷限及隔離於「比解釋條約一般規則相對更少的一般性原則」。[94] 綜合上述，作為條約解釋之實用性規則，最終呈現在 VCLT 第 31 條及第 32 條之條文文字，並通過成為 ILC 之最終草案。

(iii) 一般規則：VCLT 第 31 條

　　VCLT 第 31 條名稱為「解釋之通則」（general rule of interpretation），該條文之內容，已被國際法院承認為習慣國際法，[95] 其規定如下：

A. 條約應依其用語按其上下文並參照條約之目的及宗旨所具有之普通意義，善意解釋之。

B. 就解釋條約而言，上下文除指連同前言及附件在內之約文

---

[91] *International Status of South West Africa*, ICJ Reports 1950 p 128; *South West Africa*, Preliminary Objections, ICJ Reports 1962 p 319; *Namibia*, ICJ Reports 1971 p 16, 47–50. Also: *Certain Expenses*, ICJ Reports 1962 p 151, 198–215 (Judge Fitzmaurice).

[92] See *Golder v UK* (1975) 57 ILR 200, 245–6. Also: Letsas, *A Theory of Interpretation of the European Convention on Human Rights* (2nd edn, 2009); Dothan (2014) 3 *CJICL* 508.

[93] ILC *Ybk* 1966/II, 219.

[94] Ibid, 218–19.

[95] E.g. *Arbitral Award of 31 July 1989 (Guinea-Bissau v Senegal)*, ICJ Reports 1991 p 53, 70; *Pulau Ligitan/Sipadan*, ICJ Reports 2002 p 625, 645; *Avena (Mexico v US)*, ICJ Reports 2004 p 12, 48; *Bosnian Genocide*, Preliminary Objections, ICJ Reports 2007 p 43, 109–10; *Maritime Dispute (Peru v Chile)*, ICJ Reports 2014 p 3, 28; *Croatia v Serbia*, ICJ Reports 2015 p 3, 64.

外，並應包括：

(a) 全體當事國間因締結條約所訂與條約有關之任何協定；

(b)【367】一個以上當事國因締結條約所訂並經其他當事國
接受為條約有關文書之任何文書；

C. 應與上下文一併考慮者尚有：

(a) 當事國嗣後所訂關於條約之解釋或其規定之適用之任何
協定；

(b) 嗣後在條約適用，確定當事國對條約解釋之協定的任何
慣例；

(c) 適用於當事國間關係之任何有關國際法規則。

D. 倘經確定當事國有此原意，條約用語應使其具有特殊意義。

ILC 在其評釋中強調，適用此「一般規則」（general rule）係單一聯合行動（single combined operation），故使用單數形式。任何系爭案例中存在之各種元素都將相互作用。[96]

VCLT 第 31 條第 1 項規定之原則，係指「條約應依其用語按其上下文並參照條約之目的及宗旨所具有之普通意義，善意解釋之」，在 *Polish Postal Service in Danzig*（但澤市之波蘭郵政服務案）一案中，常設國際法院指出，波蘭郵政服務係依據條約規定，有權在但澤市建立工廠，並不侷限於郵政大樓內的工作；因此，「郵政服務」必須於其普通意義進行解釋，以便包括「郵政服務」之正常功能。[97] 由該案件起，「普通意義」（ordinary meaning）原則已被確立為解釋條約之基本方法。

作為解釋之推論可採用「整合原則」（principle of integration），易言之，「普通意義」必須於整個條約背景脈絡下理解（包括文本、序言及附件等，以及任何與條約本身或其締結程序中相關之協議文書），[98]

---

[96] Cf *Somalia v Kenya*, Preliminary Objections, ICJ Reports p 3, 30: 'These elements of interpretation—ordinary meaning, context and object and purpose—are to be considered as a whole.'

[97] (1925) PCIJ Ser B No 11, 37.

[98] VCLT, Art 31(2); further: *Conditions of the Labour of Persons Employed in Agriculture* (1922) PCIJ Ser B Nos 2 and 3, 23; *Free Zones* (1932) Ser A/B No 46, 140; *South West Africa*, Preliminary Objections, ICJ Reports

並依據其目的與宗旨加以判斷。[99] 另一個必須重視之推論為「共時性原則」（contemporaneity），易言之，條約之語言必須依據締結條約時有效之一般國際法規則，[100] 以及該詞彙同時期之含義予以解釋。[101]「普通意義」涉及推定，故於該意義以外之情況亦可能成立，然而，對於提出「特殊意義」之一方應負擔舉證責任。[102]【368】在複雜之案件中，法庭將準備對於條約之確切目的與宗旨進行詳盡調查。[103]

VCLT 第 31 條第 3 項列舉應與上下文一同考量之其他因素（如同 VCLT 第 31 條第 2 項中之定義）。締約方可就條約解釋或條約條款之適用達成協議，此類協議可採取多種形式，並不必然為條約之正式修正（formal amendments）。[104]

「嗣後慣例」（subsequent practice）在條約適用上，可清楚地確定所有當事國對於條約之解釋。[105] 而單一締約方的「嗣後慣例」亦具有某種證明價值（probative value）。[106] 在一系列重要諮詢意見中，國際法院大量使用國際組織之「嗣後慣例」以決定有爭議之解釋問題。[107] 由此發展出兩個特點：首先，在有關國際機構中，成員之意見被否決後，可能不受該慣例之拘束；其次，政治機關實踐具有自由裁量權與投機之成分，而重要之關鍵係該實踐背後所運用

1962 p 319, 335; *Young Loan* (1980) 59 ILR 494, 534–40, 556–8; *Arbitral Award of 31 July 1989*, ICJ Reports 1991 p 53. Also: Bernhardt (1967) 27 *ZaöRV* 491, 498; Gardiner (2nd edn, 2015) 184–5.

[99] *US Nationals in Morocco*, ICJ Reports 1952 p 176, 183–4, 197–8; *Pulau Ligitan/Sipadan*, ICJ Reports 2002 p 625, 645–6, 651–3; *Obligation to Prosecute or Extradite (Belgium v Senegal)*, ICJ Reports 2012 p 442, 449, 454, 460; *Whaling in the Antarctic (Australia v Japan: New Zealand Intervening)*, ICJ Reports 2014 p 226, 250–2, 294. See also Linderfalk (2007) 205.

[100] *Grisbadarna (Norway v Sweden)* (1909) 11 RIAA 159; *Namibia*, ICJ Reports 1971 p 16, 31.

[101] *US Nationals in Morocco*, ICJ Reports 1952 p 176, 189.

[102] For critical comment on the concept of 'plain meaning': Lauterpacht, *Development* (1958) 52–60.

[103] *Gabčíkovo-Nagymaros Project (Hungary v Slovakia)*, ICJ Reports 1997 p 7, 35–46.

[104] Aust (3rd edn, 2013) 212–14.

[105] ILC *Ybk* 1966/II, 221; *Air Transport Services Agreement (US v France)* (1964) 38 ILR 182, 245–8, 256–8; *Young Loan* (1980) 59 ILR 494, 541–3; ibid, 573–4 (Robinson, Bathurst, & Monguilan, diss). Also: Fitzmaurice (1951) 28 *BY* 1, 20–1; Fitzmaurice (1957) 33 *BY* 203, 223–5 (commending subsequent practice for its 'superior reliability' as an indication of meaning); Villiger, *Commentary* (2009) 431–2; Aust (3rd edn, 2013) 214–16; Nolte (ed), *Treaties and Subsequent Practice* (2013); ILC Report 2013, A/68/10, 12–48; ILC Report 2014, A/69/10, 170–217; ILC Report 2015, A/70/10, 86–103, esp 89–103; ILC Report 2016, A/71/10, ch VI.

[106] E.g *Eritrea-Ethiopia Boundary Delimitation* (2002) 130 ILR 1, 34–42, 66–74, 87–104, 110–13; cf *Whaling in the Antarctic*, ICJ Reports 2014 p 226, 257.

[107] *Admissions*, ICJ Reports 1950 p 4, 9; *Constitution of the IMCO Maritime Safety Committee*, ICJ Reports 1960 p 150, 167–71; *Certain Expenses*, ICJ Reports 1962 p 151.

之推理，可表明其具有法律上意義。[108]

　　VCLT 第 31(3)(c) 條中包含之規則，要求解釋者應考量「適用於當事國間關係之任何有關國際法規則」，意即應將條約置於一般國際法更廣泛背景之下予以衡量。[109] 在 *Oil Platforms* 一案中，法院將相關國際法規則之適用，認定為「解釋任務之組成部分」（integral part of the task of interpretation），[110] 雖然多數判決因其嗣後適用關於「使用武力」之實質性習慣法，以及聯合國憲章，並以此解釋有關商業自由之條約規定，而廣泛受到批評。[111]

　　第 31(3)(c) 條一直圍繞在「國際法不成體系」（fragmentation of international law）爭辯之核心位置，其構成促進不同層面、或多或少專業化國際法律領域[112] 間進行【369】系統性整合（systemic integration）之論據基礎。[113] 在一個機構繁多、管轄權重疊，且必須於國際法各種淵源之適用間作出選擇的環境下，保持一致性（maintain coherence）被視為越來越重要。[114] 因此，法院解釋條約時不能隔離於更廣泛背景之外，但適用 VCLT 第 31(3)(c) 條時，倘若作為以超越司法功能界限（oversteps the boundaries of the judicial function）之方式納入外在規則（extraneous rules）作為解釋工具時，應更加謹慎。[115]

---

[108] *Certain Expenses*, ICJ Reports 1962 p 151, 187 (Judge Spender); 201–3 (Judge Fitzmaurice); *Namibia*, ICJ Reports 1971 p 16, 52–3.

[109] Aust (3rd edn, 2013) 216–17.

[110] *Oil Platforms (Iran v US)*, ICJ Reports 2003 p 161, 182–3.

[111] In her separate opinion, Judge Higgins accused the majority of invoking the concept of treaty interpretation to displace the applicable law, with the result that the text of the treaty itself was ignored: ibid, 237–8 (Judge Higgins).

[112] On fragmentation: e.g. Simma (2004) 25 *Mich JIL* 845; Pauwelyn (2004) 25 *Mich JIL* 903; Fragmentation of International Law: Difficulties Arising From the Diversification and Expansion of International Law, Report of the Study Group of the ILC, ILC *Ybk* 2006/II(2) 176–84; Buffard in Buffard et al (eds), *International Law between Universalism and Fragmentation* (2008) 13; Borgen in Hollis (2012) 448; Crawford, *Chance, Order, Change* (2014) 275–309; Greenwood in Andenas & Bjørge (eds), *A Farewell to Fragmentation* (2015) 37.

[113] McLachlan (2005) 54 *ICLQ* 279; Merkouris, *Article 31(3)(c) VCLT and the Principle of Systemic Integration* (2015).

[114] E.g. Dupuy (2002) 297 Hague *Recueil* 9; Pauwelyn, *Conflict of Norms in Public International Law* (2003); Simma & Pulkoswki (2006) 17 *EJIL* 483; Higgins (2006) 55 *ICLQ* 791; Vanneste, *General International Law before Human Rights Courts* (2010); van Aaken & Motoc (eds), *The European Convention on Human Rights and General International Law* (2018).

[115] French (2006) 55 *ICLQ* 281.

(iv) 補充解釋：VCLT 第 32 條

VCLT 允許在某些情況下求助於進一步之解釋方法，謹慎地限縮文義解釋，因此，第 32 條規定，可以求助於解釋之補充資料，包括條約之準備以及締結條件之情況：

> 為證實由適用第 31 條所得之意義起見，或遇依第 31 條作解釋而：
> (a) 意義仍屬不明或難解；或
> (b) 所獲結果顯屬荒謬或不合理時，為確定其意義起見，得使用解釋之補充資料，包括條約之準備工作及締約之情況在內。[116]

一般而言，倘若條文本身已足夠清楚，法院將拒絕訴諸準備工作；[117]但其亦可使用準備工作以確認透過其他方式而得出之結論。[118]準備工作係一種需要謹慎使用之輔助工具，因為其內容可能將偏離文義解釋方法。此外，尤其是於多邊條約之情況下，會議紀錄、條約草案等紀錄可能乃片面、混亂或模棱兩可之資料，因此，於 VCLT 第 32 條第 (b) 項所提及之情況下考慮準備工作與條約目的論之解釋方法不盡相同。實踐中之文義解釋方法，通常係由決策者選擇可能之文字含義，並在進行該選擇時，不可能對於政策因素未予考慮，故關於條約解釋之問題，絕非狹隘之「技術查詢」（technical inquiries）而已。【370】在維也納會議（Vienna Conference）上，美國提出將 VCLT 第 31 條及第 32 條予以合併之修正案，從而為條約準備工作及締結條件提供更多之空間，[119]

---

[116] ILC *Ybk* 1966/II, 222–3. See also *Bosnian Genocide*, Preliminary Objections, ICJ Reports 2007 p 43, 109–10.

[117] *Admission of a State to Membership in the United Nations*, ICJ Reports 1948 p 57, 63; *Competence of the General Assembly*, ICJ Reports 1950 p 4, 8; and see Fitzmaurice (1951) 28 *BY* 1, 10–13; (1957) 33 *BY* 203, 215–20.

[118] See *Employment of Women during the Night* (1932) PCIJ Ser A/B No 50, 380; *Libya v Chad*, ICJ Reports 1994 p 6, 27–8; *Peru v Chile*, ICJ Reports 2014 p 3, 30–1; *Croatia v Serbia*, ICJ Reports 2015 p 3, 69–70; *Somalia v Kenya*, Preliminary Objections, ICJ Reports 2017 p 3, 41–3. See also *Banković v Belgium* (2001) 123 ILR 94, 110–11.

[119] A/CONF/39/11, 167–8 (McDougal).

但此提議幾乎沒有得到其他國家的支持。然而，ILC 於其評釋中指出，上開兩條文應結合適用，並不會發生「補充」及其他解釋方式間產生兩條平行線且劃清界限之效果。同時，此區分本身係屬合理，第 31 條中之解釋條件皆與締約方間之協議有關，意即「締約當時或嗣後，其於文本中得到之眞實表達」。「準備工作」不具備相同之眞實性特徵（authentic character），「有時其於闡明文本中協定之表達可能甚具價值，但於條約解釋中亦在所不問」。[120]

(4) 第三國之義務及權利

國際法上有句名言謂，「條約既不減損亦不有利於第三國」（*pacta tertiis nec nocent nec prosunt*），清楚表達出「條約僅適用於締約方之間」的基本原則。[121] VCLT 將上述原則稱爲「一般規則」（general rule），係基於同意原則，以及國家主權及獨立之必然結果。VCLT 第 34 條規定，「條約非經第三國同意，不爲該國創設義務或權利」。[122] 然而，此條文之文字與習慣法規則之表述略有不同，習慣法除對於不能產生義務或權利外，條約亦不能在未經第三國同意下，侵犯其權利。此論點一直係作爲美國反對其國民可能在未經其同意之情況下，透過「羅馬規約」（Rome Statute）第 12(2)(a) 條之適用，[123] 可能受國際刑事法院管轄，雖然美國將其國民（而非國家官員）與國家等同視之，使得此主張備受質疑。

關於一般規則之例外情況，無論其存在與程度都頗受爭議。ILC 不接受此例外觀點，亦即 ILC 並不認同「客觀制度」（objective regimes）（例如透過條約使領土非軍事化，或主要水道法律制度）在條約法中建立其特殊之地位。[124] 因此，VCLT 第 35 條規定，「倘若條約當事國有意以條約之一項規定

---

[120] ILC *Ybk* 1966/II, 219–20.
[121] VCLT, Arts 34–8; ILC *Ybk* 1964/II, 180–5; ILC Final Report, ILC *Ybk* 1966/II, 226–31; Lauterpacht, *Development* (1958) 306–13; Chinkin, *Third Parties in International Law* (1993) 25–114; Tomuschat (1993) 241 Hague *Recueil* 195; Villiger, *Commentary* (2009) 465–504; Corten & Klein (2011) 887–960; Bederman in Hollis (2012) 328, 328–46, esp 336–41; Proelss in Tams, Tzanakopoulos, & Zimmermann (2014) 222; Proelss in Dörr & Schmalenbach (2018) 655–754.
[122] See O'Keefe (2010) *Cam RIA* 1, 9.
[123] ICC Statute, 17 July 1998, 2187 UNTS 3 (currently 123 parties). For analysis of US arguments about the 'third-party effect' of the ICC Statute, see O'Keefe (2010) 23 *Cam RIA* 1.
[124] See McNair (1961) 310. Cf Vienna Convention on Succession of States in Respect of Treaties, 22 August 1978, 1946 UNTS 3, Arts 11, 12; *Gabčíkovo-Nagymaros*, ICJ Reports 1997 p 7, 70–3; Klabbers (1998) 11 *LJIL* 345, 352–5.

作爲確立一項義務之方法，且該項義務經一第三國以書面明示接受，則該第三國即因此項規定而負有義務」。

然而，該原則存在兩個明顯的例外情況：首先，倘若條約中之規則成爲習慣國際法的一部分，則其可能會對非締約方產生約束力。[125]【371】其次，條約可規定對於侵略國違法行爲之合法制裁。[126] VCLT 第 75 條規定，「本公約之規定不妨礙因依照聯合國憲章對侵略國之侵略行爲所採措施而可能引起之該國任何條約義務」。

聯合國憲章第 2 條第 6 項亦規定：

> 本組織在維持國際和平及安全之必要範圍內，應保證非聯合
> 國會員國遵行上述原則。

Kelsen 認爲，上開條款爲「非成員國」創設憲章執行條款下之義務及制裁責任，[127] 假設此爲聯合國憲章起草者之意圖，其僅能通過上述所提及之憲章第 2 條所揭櫫之原則，以習慣國際法之地位，與其他一般原則相互協調一致。至目前爲止，此問題主要僅止於學理上之探討，蓋幾乎全球所有國家都係聯合國之會員國，且憲章對於締約方直接具有拘束力。

更有爭議之問題，係將權利授予第三國，即規定「爲他國創設權利」（pour autrui）。條約經常作出有利於特定第三國，或其他國家之規定，例如，涉及某些主要國際水道之條約，包括巴拿馬運河（Panama Canal）。[128] 此爭議在於要發現所授予之權利何時變得完善並可由第三國執行？易言之，第三國是否需要於權利受益前，明示或暗示地同意該權利之創設？或該權利係無條件授予第三國？依據 ILC 之闡述，此兩種對立觀點在法律效果上，並無實質差異。VCLT 第 36 條第 1 項中規定，「倘若條約當事國有意以條約之一項規定對一第三國或其所屬一組國家或所有國家給予一項權利，而該第三國對此

---

[125] VCLT, Art 38; ILC Final Report, ILC *Ybk* 1966/II, 230–1.

[126] ILC *Ybk* 1966/II, 227.

[127] *The Law of the United Nations* (1951) 106–10; cf Bindschedler (1963) 108 Hague *Recueil* 307, 403–7. Also: McNair (1961) 216–18.

[128] Ibid, 265–8. On international waterways see: chapter 14.

表示同意，則該第三國即因此項規定而享有該項權利。該第三國倘無相反之表示，應推定其表示同意，但條約另有規定者不在此限」，由上開規定可知，ILC 係「推定」第三國同意權利之授予。

當然，VCLT 第 37 條第 2 項中復規定，「依照第 36 條使第三國享有權利時，倘經確定原意為非經該第三國同意不得取消或變更該項權利，當事國不得取消或變更之」。易言之，第三國可透過「不行使」而明示或默示放棄任何已經繼承之權利；倘若確定僅有在第三國同意之情況下，始能發生上述情況，則當事方不得撤銷或修改該權利。

5. 條約的修正及修改

條約之修正係基於各締約方之同意，此部分主要涉及政治問題。[129] 然而，律師可能會關心條約之修正程序，作為國際關係和平變革大目標下的細節部分。【372】許多條約，包括聯合國憲章（第 108、109 條），皆提供修正程序之條款。國際組織之修正程序，於某些情況下顯得更為複雜。在國際聯盟盟約（第 19 條）與不太明確之聯合國憲章（第 14 條）中，和平變革（peaceful change）之規定是作為避免和平受到威脅的計畫的一部分。

除修正案外，當締約方締結相互協議，適用彼此間單獨調整條約時，條約可能會進行某部分的「修改」（modification）。然而，VCLT 第 41 條在某些情況下對於此類情況予以嚴格限制，易言之，對於「僅在若干當事國間修改多邊條約之協定」附加嚴格之條件。

「修改」亦可能因締結後續條約，或甚至出現新的一般國際法強制性規範而發生。ILC 最終草案規定，「條約可依據適用條約之嗣後慣例進行修改，確立締約方同意修改其條款之規定」。[130] 此規定在維也納會議上遭到否決，理由為上述規則將造成不穩定，[131] 此結果不盡如人意。首先，VCLT 第 39 條規定，

---

[129] VCLT, Arts 39–41; ILC *Ybk* 1964/II, 193–9; ILC Final Report, ILC *Ybk* 1966/II, 231–6; Hoyt, *The Unanimity Rule in the Revision of Treaties* (1959); Zacklin, *Amendment of the Constitutive Instruments of the United Nations and Specialized Agencies* (1968, repr 2005); Kontou, *Termination and Revision of Treaties in Light of New Customary International Law* (1994); Villiger, *Commentary* (2009) 507–38; Corten & Klein (2011) 961–1011; Brunnée in Hollis (2012) 347; von der Decken in Dörr & Schmalenbach (2018) 757–86.

[130] ILC *Ybk* 1966/II, 236 (Art 38).

[131] A/CONF.39/11, 207–15. Also: Kearney & Dalton (1970) 64 *AJIL* 495, 525.

條約得以當事國之協議修正之，無須任何明確表示協議之形式程序；其次，「共同同意變更」（common consent to a change）可以藉由過去國際間一貫之做法，得到令人信服之證據；第三，此類型之「修改」亦在國際實踐中發生。透過嗣後實踐進行解釋之過程，在法律上並不等同於「修改」。

6. 條約之失效、終止和停止施行

VCLT 第五編係規範條約之失效（invalidity）、終止（termination）與停止施行（suspension），[132] 其規定中詳細列出理由與清單（詳見 VCLT 第42 條第 2 項），無論條約義務之來源是否有效或終止，亦可能出現為「義務不履行」（non-performance of obligations）之抗辯問題。然而，「正當性」（justification）之議題屬於國家責任法範疇，[133] VCLT 明確保留並於第 73 條規定，「本公約之規定不妨礙國家繼承或國家所負國際責任或國家間發生敵對行為所引起關於條約之任何問題」。

(1) 條約失效

一般而言，假定條約及同意受拘束之效力為繼續有效（第 42 條），但各種事件可能會引起「無效性」問題，雖然此狀況於實踐中很少出現，而由國際法庭所審理之相關爭議，則更為罕見。

【373】(i) 違反國際法

對於締約權之憲法限制（constitutional limitations）在多大程度上可援引至國際層面予以主張，係一個極具爭議之問題。[134] 從歷史上觀之，有三種主要

---

[132] McNair (1961) chs 30–5; Haraszti, *Some Fundamental Problems of the Law of Treaties* (1973) 229–425; Thirlway (1992) 63 *BY* 63; Villiger, *Commentary* (2009) 541–798; Corten & Klein (2011) 1015–642; Klabbers in Hollis (2012) 551; Aust (3rd edn, 2013) 273–82; Rensmann in Dörr & Schmalenbach (2018) 837–935; Schmalenbach in Dörr & Schmalenbach (2018) 937–1012, 1201–8; Giegerich in Dörr & Schmalenbach (2018) 1015–199.

[133] On the relationship between the law of treaties and the law of state responsibility generally: Dupuy (1997) 43 *AFDI* 7; Crawford & Olleson (2000) 21 *AYIL* 55; Simma & Pulkowski (2006) 17 *EJIL* 483; Verhoeven in Crawford, Pellet, & Olleson (eds), *The Law of International Responsibility* (2010) 105; Krieger in Dörr & Schmalenbach (2018) 1331–65.

[134] See de Visscher, *De la conclusion des traités internationaux* (1943) 219–87; Lauterpacht, ILC *Ybk* 1953/II, 141–6; McNair (1961) ch 3; Waldock, ILC *Ybk* 1963/II, 41–6; ILC *Ybk* 1963/II, 190–3; ILC Final Report, ILC *Ybk* 1966/II, 240–2; de Visscher (1972) 136 Hague *Recueil* 1, 94–8; Meron (1978) 49 *BY* 175; Villiger, *Commentary* (2009) 583–94; Rensmann in Dörr & Schmalenbach (2018) 837.

觀點得到支持。第一種主張，「憲法限制」決定國際層面之有效性。[135] 對於此觀點之批評，強調其於締結條約時之不安全性；第二種觀點與第一種不同，認為僅有「惡名昭著」之憲法限制，始於國際層面有效；第三種觀點認為，一個國家受到依據國際法適當授權之代理人同意的約束，不論其內部限制為何。此觀點支持者，於其他國家意識到未能遵守國內法，或違規行為明顯之情況下，對該規則進行限制。1966 年 ILC 認可此立場，其中涉及推定能力，並排除明顯之違規行為。[136] 在維也納會議上，條款草案變得更加嚴格，最後形成 VCLT 第 46 條第 1 項之文字，該條文規定，「一國不得援引其同意承受條約拘束之表示為違反該國國內法關於締約權限之一項規定之事實以撤銷其同意，但違反之情事顯明且涉及其具有基本重要性之國內法之一項規則者，不在此限」。此條文從未在國際法院中成功援引作為抗辯。[137]

(ii) 代表權限之特定限制

VCLT 第 47 條規定，「倘若代表表示一國同意承受某一條約拘束之權力附有特定限制，除非在其表示同意前已將此項限制通知其他談判國，該國不得援引該代表未遵守限制之事實以撤銷其所表示之同意」。[138]

(iii) 錯誤

依據 VCLT 第 48 條第 1 項規定，「一國得援引條約內之錯誤以撤銷其承受條約拘束之同意，但此項錯誤以涉及該國於締結條約時，假定為存在且構成其同意承受條約拘束之必要依據之事實或情勢者為限」。[139] 然而，與先前法律實踐一致，第 48 條第 2 項規定，「倘若錯誤係由關係國家本身行為所助成，或倘若當時情況足以使該國知悉有錯誤之可能，第 1 項不適用之」。[140]

---

[135] This was the position of the ILC in 1951: ILC *Ybk* 1951/II, 73.

[136] ILC *Ybk* 1966/II, 240–2.

[137] See *Cameroon v Nigeria*, ICJ Reports 2002 p 303, 430; *Somalia v Kenya*, Preliminary Objections, ICJ Reports 2017 p 3, 23–4.

[138] See ILC *Ybk* 1963/II, 193; Waldock, ILC *Ybk* 1963/II, 46–7; ILC Final Report, ILC *Ybk* 1966/II, 242–3; Villiger, *Commentary* (2009) 595–602. Further: *Phillips Petroleum Co, Iran v Iran, National Iranian Oil Co* (1982) 70 ILR 483, 486; *Amoco Iran Oil Co v Iran* (1982) 70 ILR 490, 492.

[139] ILC *Ybk* 1966/II, 243–4, and see Lauterpacht, ILC *Ybk* 1953/II, 153; Fitzmaurice (1953) 2 *ICLQ* 25, 35–7; Waldock, ILC *Ybk* 1963/II, 48–50; Oraison, *L'Erreur dans les traités* (1972); Thirlway (1992) 63 *BY* 1, 22–8; Villiger, *Commentary* (2009) 603–12; Rensmann in Dörr & Schmalenbach (2018) 879.

[140] *Temple*, ICJ Reports 1962 p 6, 26–7; ibid, 57–9 (Judge Fitzmaurice).

【374】(iv) 詐欺

對於詐欺，很少有有用之先例可循。[141] VCLT 第 49 條規定，「倘若一國因另一談判國之詐欺行為而締結條約，該國得援引詐欺為理由撤銷其承受條約拘束之同意」。然而，對於重大事實之欺詐性虛假陳述（fraudulent misrepresentation）而導致之重大錯誤，係由與「錯誤」有關之規定處理。

ILC 認為，締約代表之腐敗，並不構成欺詐案件，[142] VCLT 第 50 條係關於一國締約代表賄賂之規定，「倘若一國同意承受條約拘束之表示係經另一談判國直接或間接賄賂其代表而取得，該國得援引賄賂為理由撤銷其承受條約拘束之同意」。[143]

(v) 脅迫

「脅迫」包括對國家代表之脅迫，[144] 以及對國家本身之脅迫。[145] VCLT 第 51 條規定，「一國同意承受條約拘束之表示係以行為或威脅對其代表所施之強迫而取得者，應無法律效果」。脅迫之概念延伸至勒索威脅，以及包括威脅締約代表之家人。[146]

至於對國家之脅迫，ILC 認為聯合國憲章第 2 條第 4 項，以及連同其他事態之發展，證明透過違反憲章規定，「以武力威脅，或使用武力而取得之條約無效」之結論相當合理；而 VCLT 第 52 條亦如此規定，「條約係違反聯合國

---

[141] Lauterpacht, ILC *Ybk* 1953/II, 152; Fitzmaurice, ILC *Ybk* 1958/II, 25, 37; Waldock, ILC *Ybk* 1963/II, 47–8; ILC Final Report, ILC *Ybk* 1966/II, 244–5. Further Oraison (1975) 75 *RGDIP* 617; Villiger, *Commentary* (2009) 613–22; Corten & Klein (2011) 1142–66; Rensmann in Dörr & Schmalenbach (2018) 899.

[142] ILC *Ybk* 1966/II, 245.

[143] Villiger, *Commentary* (2009) 621–8; Corten & Klein (2011) 1169–78; Rensmann in Dörr & Schmalenbach (2018) 915. The matter is not dealt with in the UN Convention against Corruption, 21 October 2003, 2349 UNTS 41, Art 34. Further on consequences of corruption, see *World Duty Free Co Ltd v Kenya* (2006) 17 ICSID Reports 212, 255 (a case governed by Kenyan law); Llamzon, *Corruption in International Investment Arbitration* (2014).

[144] Fitzmaurice, ILC *Ybk* 1958/II, 26, 38; Waldock, ILC *Ybk* 1963/II, 36, 50; ILC Final Report, ILC *Ybk* 1966/II, 245–6; Villiger, *Commentary* (2009) 629–37.

[145] ILC *Ybk* 1963/II, 197–8; Waldock, ILC *Ybk* 1963/II, 51–2; Lauterpacht, ILC *Ybk* 1953/II, 147–52; Fitzmaurice, ILC *Ybk* 1957/II, 32, 56–7; Fitzmaurice, ILC *Ybk* 1958/II, 26, 38–9; McNair (1961) 206–11; Caflisch (1992) 35 *GYIL* 52. Also: *Fisheries Jurisdiction (UK v Iceland)*, Jurisdiction, ICJ Reports 1973 p 3, 14; Thirlway (1992) 63 *BY* 1, 28–31.

[146] *Sharjah v Dubai* (1981) 91 ILR 543, 571.

憲章所含國際法原則以威脅或使用武力而獲締結者無效」。[147] 然而，曾經有一項旨在將「武力」定義為，包括任何「經濟或政治壓力」的修正案被撤回；相反地，譴責此類壓力之聲明，則出現於該會議最終文件。[148]

(vi) 與一般國際法強制性規範牴觸之條約

【375】VCLT 第 53 條規定，條約在締結時與一般國際法強制性規範[149]（peremptory norm of general international law, "*jus cogens*"）牴觸者無效。[150] 此外，「一般國際法強制規範係指國家之國際社會全體接受並公認為不許損抑，且僅有以後具有同等性質之一般國際法規範始得更改之規律」，易言之，倘若條約與條約生效後確立之一般國際法強制性規範相牴觸，則該條約無效，[151] 但此並不具有追溯效力。上述原則之討論，引發各國於維也納會議上進行「最長、最激烈、最混亂」之辯論。[152] 對於 VCLT 條款是否符合現行國際法，意見不一；[153] 但現在答案似乎已經相當清楚。「強制性規範」係不允許一個或多個國家減損之規範；試圖減損之形式並不重要，因此，延伸至與強制性規範不相容之「條約」，此類問題將於第二十七章中加以探討。

(2) 條約之終止及停止施行

VCLT 第五編第 3 節涉及條約之終止及停止施行，[154] 意即條約可規定其終

---

[147] Also: ILC Final Report, ILC *Ybk* 1966/II, 246–7; Kearney & Dalton (1970) 64 *AJIL* 495, 532; Villiger, *Commentary* (2009) 638–50; Corten & Klein (2011) 1201–23; Schmalenbach in Dörr & Schmalenbach (2018) 937.

[148] A/CONF.39/11, Add 1, 168–9.

[149] De Visscher (1971) 75 *RGDIP* 5; Gaja (1981) 172 Hague *Recueil* 271; D'Amato (1990) 6 *Conn JIL* 1; Charney (1993) 87 *AJIL* 529; Kolb (2005) 109 *RGDIP* 305; Tomuschat & Thouvenin (eds), *The Fundamental Rules of the International Legal Order* (2006) 83; Orakhelashvili, *Peremptory Norms in International Law* (2006); Saul (2015) 5 *Asian JIL* 26; Kolb, *Peremptory International Law* (2015); Cannizzaro (ed), *The Present and Future of Jus Cogens* (2015); Costelloe, *Legal Consequences of Peremptory Norms in International Law* (2017). For the ILC's recent work on the subject, see ILC Report 2017, ch VIII.

[150] ILC Final Report, ILC *Ybk* 1966/II, 247–9; Gaja (1981) 172 Hague *Recueil* 271, 279–89; Villiger, *Commentary* (2009) 661–78; Corten & Klein (2011) 1224–35; Schmalenbach in Dörr & Schmalenbach (2018) 965.

[151] VCLT, Art 64. See Fitzmaurice, ILC *Ybk* 1957/II, 29–30, 51; ILC *Ybk* 1963/II, 211; Waldock, ILC *Ybk* 1963/II, 77, 79; ILC Final Report, ILC *Ybk* 1966/II, 261; Villiger (2009) 344 Hague *Recueil* 9, 135–41.

[152] Villiger (2009) 344 Hague *Recueil* 9, 137.

[153] E.g. Gaja (1981) 172 Hague *Recueil* 271, 279; cf Villiger (2009) 344 Hague *Recueil* 9, 140–1.

[154] E.g. Corten & Klein (2011) 1236–454; Helfer in Hollis (2012) 634; Aust (3rd edn, 2013) 245–72; Lekkas & Tzanakopoulos in Tams, Tzanakopoulos, & Zimmermann (2014) 312; Giegerich in Dörr & Schmalenbach (2018) 1015–199; Schmalenbach in Dörr & Schmalenbach (2018) 1201–8.

止條件，並可規定締約方之退出程序。[155] 倘若條約不包含關於其終止之規定，則退出權存在與否，僅得依締約方意圖而定，亦可從條約條款及其主要規範事項中予以判斷。然而，依據 VCLT 之規定，「推定」不可令條約被廢除或要求締約方退出。[156] 至少於某些情況下，退出條約係以合理之通知期限作爲條件，而某些重要之「立法條約」則不包含「廢止條款」（denunciation clause），例如「和平條約」即不允許單方行爲予以廢止。

(i) 戰爭及武裝衝突

【376】敵對關係並不會自動終止武裝衝突各方間之條約，[157] 許多條約，包括聯合國憲章，其條約意旨係於戰爭狀況下，仍然具有同等之法律拘束力；1949 年日內瓦公約（Geneva Conventions）屬於多方立法條約，在武裝衝突或戰爭狀態下，仍然適用。[158] 然而，在實踐中，許多類型之條約至少在戰時被視爲「停止施行」，戰爭之條件可能導致條約因不可能，或情況根本改變而終止。在許多方面，關於此議題之法律處於不確定狀態，易言之，國際間不清楚「使用武力」或「威脅使用武力」之非法性，於多大程度上將影響將條約視爲終止或停止施行之權利（倘若承認係存在此種權利）。[159]

2000 年，ILC 決定著手研究「武裝衝突對條約的影響」（effects of armed conflicts on treaties），[160] 並於 2011 年二讀通過一項共計 18 條條文並附帶評釋之條款草案。[161] 該草案文本之基本前提指出，「倘若武裝衝突存在，並不因此

---

[155] If it is a bilateral treaty, denunciation by one party will terminate it; if it is multilateral, the withdrawal of the denouncing party will usually not terminate the whole treaty. Treaties may also be terminated at any time by the consent of all the parties, after consultation, irrespective of what the treaty says. See VCLT, Art 54; ILC Final Report, ILC *Ybk* 1966/II, 249; Briggs (1974) 68 *AJIL* 51; Helfer (2005) 91 *Va LR* 1579; Binder (2012) 25 *LJIL* 909, 922–6; Aust (3rd edn, 2013) 245.

[156] VCLT, Art 56; Fitzmaurice, ILC *Ybk* 1957/II, 22; ILC *Ybk* 1963/II, 200–1; Waldock, ILC *Ybk* 1963/II, 63–70; ILC Final Report, ILC *Ybk* 1966/II, 250–1; Widdows (1982) 53 *BY* 83; Plender (1986) 57 *BY* 133, 143; Villiger, *Commentary* (2009) 695–706. See also *Interpretation of the Agreement of 25 March 1951 between the WHO and Egypt*, ICJ Reports 1980 p 73, 94–6, 128–9 (Judge Mosler), 159–62 (Judge Ago), 176–7 (Judge El-Erian), 184–9 (Judge Sette-Camara); *Nicaragua*, Jurisdiction and Admissibility, ICJ Reports 1984 p 392, 419–20.

[157] McNair (1961) ch 43; Caflisch in Boschiero et al (eds), *International Courts and the Development of International Law* (2013) 31; Pronto (2013) 2 *CJICL* 227; Ronen in Tams, Tzanakopoulos, & Zimmermann (2014) 541.

[158] *Masinimport v Scottish Mechanical Light Industries* (1976) 74 ILR 559, 564.

[159] ILC *Ybk* 1963/II, 187, 189.

[160] Brownlie was appointed Special Rapporteur; he was succeeded by Caflisch in 2009.

[161] ILC Report, ILC *Ybk* 2011/II, ch VI.

而終止或停止施行條約之實施，無論係於交戰國之間，抑或針對第三國而言」（第 3 條）。然而，據推論條約可能「在發生武裝衝突時很容易被終止、退出或停止施行」，應考慮其相關議題與其他因素，尤其應包括「武裝衝突之特點」，例如領土範圍、規模、強度、持續時間、「非國際性武裝衝突」（non-international armed conflict）之情況，以及外部介入之程度等（第 6 條第 (b) 項）。另一方面，某些條約內容，暗示其於武裝衝突期間，得繼續以全部或部分實施，並提供此類條約之「指示性清單」（indicative list）。[162] 只要該條約之實施不符合一國有效行使自衛權時，該國有權暫停其作為締約國之條約履行（第 14 條）。

(ii) 退出及協議終止

經所有締約方同意可終止或退出條約，[163] 此種同意可能係以「默示」（implied）為之。尤其是倘若所有締約方於締結條約時，主要目的在於取代先前條約而締結嗣後新約；或倘若嗣後條約與原條約之規定不符，則條約可被視為終止。[164]「廢棄」（desuetude）一詞之本質係關於停止使用【377】條約，以及其隱含締約方「同意終止」。[165] 然而，「廢棄」之概念亦可擴張至國家單方面放棄條約規定權利之特殊情況。此外，無論締約方是否同意，一項「遠古條約」（ancient treaty）可能變得毫無意義，無法再實際應用。

(iii) 重大違約

締約一方之重大違約（material breach），使另一方或條約各方有權援引該違約作為終止或停止施行之理由。VCLT 第 60 條規定，「雙邊條約當事國一方有重大違約情事時，他方有權援引違約為理由終止該條約，或全部或局

[162] Art 7 and Annex. The list is lengthy, and includes humanitarian law and human rights treaties, dispute-settlement treaties, and treaties 'creating or regulating a permanent regime or status or related permanent rights, including treaties establishing or modifying land and maritime boundaries'.

[163] VCLT, Art 54. See ILC *Ybk* 1963/II, 203–4; ILC Final Report, ILC *Ybk* 1966/II, 251–2.

[164] VCLT, Art 59. See ILC *Ybk* 1963/II, 203–4; ILC Final Report, ILC *Ybk* 1966/II, 252–3; Plender (1986) 57 *BY* 133, 153–7. Also: *Electricity Co of Sofia and Bulgaria* (1939) PCIJ, Preliminary Objection, Ser A/B No 77, 92 (Judge Anzilotti).

[165] Fitzmaurice, ILC *Ybk* 1957/II, 28, 47–8, 52; ILC Final Report, ILC *Ybk* 1966/II, 237; Thirlway (1992) 63 *BY* 1, 94–6; Kohen in Cannizzaro (2011) 350. Also: *Nuclear Tests (Australia v France)*, ICJ Reports 1974 p 253, 337–8 (Judges Onyeama, Dillard, Jiménez de Aréchaga, and Sir Humphrey Waldock, diss), 381 (Judge de Castro, diss), 404, 415–16 (Judge ad hoc Barwick, diss).

部停止其施行」。[166] 然而，對於得行使上述「單方面廢除權利」（unilateral abrogation）之確切情況存在相當大之不確定性，尤其係在多邊條約之情況更是如此，在實踐中，國家很少援引此「重大違約」條款。在 *Gabcikovo-Nagymaros* 一案中，國際法院駁回匈牙利關於斯洛伐克違反雙邊條約，並未認同該國有權依據相當於 VCLT 第 60 條內容之習慣國際法，進而終止條約之主張論點。匈牙利當時本身亦違反條約，並且無法依據斯洛伐克嗣後挑起之違約行為；[167] 因此，於雙方都違反條約之情況下，條約因此得以延續。

　　依據 VCLT 第 60 條，試圖廢除該條約之締約方相當重要。在 *Rainbow Warrior* 一案中，仲裁庭裁定法國乃「重大違約」，但此裁定幾乎沒有實質上意義，因紐西蘭係尋求履行之一方，而並非主張廢除該條約。[168]

　　雖然 VCLT 第 60 條之表述方式引起某些批評，但該條文係以合理預期（reasonably expected）且盡可能精確之方式解決「重大違約」問題，儘管其適用標準受到廣泛地批評。[169] 其中第 1 款及第 2 款規定雙邊與多邊條約之締約方，有權採取何種措施以應對另一方之重大違約行為；第 3 款將「重大違約」定義為未經 VCLT 批准而拒絕接受條約，或違反對實現條約目的與宗旨至關重要之規定。[170] 其重點在於違反規定之重要性，而並非違反之嚴重程度。[171] 第 4 款規定，前三款不影響在違約情況下適用條約中之任何規定；【378】第 5 款則排除前三款對於「具有人道性質（humanitarian character）條約中，有關保護人身規定之適用」。

[166] ILC *Ybk* 1963/II, 204–6; Waldock, ILC *Ybk* 1963/II, 72–7; ILC Final Report, ILC *Ybk* 1966/II, 253–5. Also McNair (1961) ch 36; Rosenne, *Breach of Treaty* (1985); Hutchinson (1988) 58 *BY* 151; Kirgis (1989) 22 *Cornell ILJ* 549; Kontou (1994); Gomaa, *Suspension and Termination of Treaties on Grounds of Breach* (1996); Laly-Chevalier, *La Violation du traité* (2005); Villiger (2009) 344 Hague *Recueil* 9, 144–59; Corten & Klein (2011) 1350–81; Simma & Tams in Hollis (2012) 576, 582–95; Giegerich in Dörr & Schmalenbach (2018) 1095.

[167] ICJ Reports 1997 p 7, 60–2, 65–7.

[168] (1990) 82 ILR 499. Cf *Somalia v Kenya*, Preliminary Objections, ICJ Reports 2017 p 3, 51–3.

[169] E.g. Simma (1970) 20 *ÖZföR* 5; Klabbers in Tupamäki (ed), *Essays on International Law* (1998) 20.

[170] This definition was applied by analogy in *Namibia*, ICJ Reports 1971 p 16, 46–7, in respect of South African violations of the Mandate for South West Africa and the consequent revocation of the Mandate by the General Assembly.

[171] For comment: Simma (1970) 20 *ÖZföR* 5, 61.

(iv) 發生意外不可能履行

　　VCLT 第 61 條第 1 項規定，「倘因實施條約所必不可少之標的物永久消失或毀壞以致不可能履行條約時，當事國得援引不可能履行為理由終止或退出條約；倘若不可能履行係屬暫時性質，僅得援引為停止施行條約之理由」，[172] 可預見本條假想之情況，包括：島嶼淹沒、河流乾涸、鐵路因地震或其他災難而毀壞等。不可能履行（impossibility）之效果並非自動適用，必須由締約之一方援引終止之理由。但 VCLT 第 61 條第 2 項另規定不得援引之情況，「倘條約不可能履行，係一當事國違反條約義務或違反對條約任何其他當事國所負任何其他國際義務之結果，該當事國不得援引不可能履行為理由終止、退出或停止施行條約」。[173]

(v) 情勢變更

　　VCLT 第 62 條規定可援引「情勢變更（情況根本改變）」（fundamental change of circumstances）作為終止或退出條約之理由。[174] 關於情勢變更之實例，如軍事或政治聯盟之一方，涉及軍事情報及機密訊息交換，則政府更迭後，倘若與當初聯盟之基礎不相容，則終止其法律關係。VCLT 第 62 條之條文反映出「情勢變更」原則（又可稱情況根本改變），該原則最初涉及「默示條款」，意即倘若情況發生重大變化，則協定義務將終止。正如同於國內法體系之情況，於國際法中，國際間承認阻礙協定目標之根本發生變化時，即使不等同於實際上不可能履行，亦可證明其終止係正當行為。某些國際法學者不支持該原則，尤其在國際法缺乏強制管轄權制度之情況下，將其視為「義務不安全」（insecurity of obligations）之來源。然而，「情勢變更」原則已被非常謹慎地適用，例如於自由區（Free Zones）之實踐。[175] 值得注意者，VCLT 將邊界條約排除於「情勢變更」原則之適用，以避免對於和平造成明顯威脅之來源。

---

[172] ILC *Ybk* 1963/II, 206–7; ILC Final Report, ILC *Ybk* 1966/II, 255–6. Also: Villiger, *Commentary* (2009) 752–61; Fitzmaurice in Hollis (2012) 605, 606–12; Aust (3rd edn, 2013) 261; Giegerich in Dörr & Schmalenbach (2018) 1127.

[173] *Gabčíkovo-Nagymaros*, ICJ Reports 1997 p 7, 63–4.

[174] ILC *Ybk* 1963/II, 207–11; Waldock, ILC *Ybk* 1963/II, 79–85; ILC Final Report, ILC *Ybk* 1966/II, 256–60. Also Thirlway (1992) 63 *BY* 1, 75–82; Villiger, *Commentary* (2009) 762–81; Corten & Klein (2011) 1411–36; Fitzmaurice in Hollis (2012) 605, 612–24; Giegerich in Dörr & Schmalenbach (2018) 1143.

[175] (1932) PCIJ Ser A/B No 46, 156–8.

在 *Fisheries Jurisdiction (UK v Iceland)* 一案中，國際法院接受 VCLT 第 62 條作為習慣國際法之主張，但該案裁定新的捕魚技術對於冰島利益造成之危險「不能構成雙邊協議中管轄條款之失效或存在情勢變更」。[176] 另外，在 *Gabčikovo-Nagymaros* 一案中，匈牙利具體說明政治性質之深刻變化、計畫經濟可行性下降、【379】環境知識進步，以及國際環境法新規定及規範發展，以作為其有權援引「情勢變更」原則之理由。法院檢視其於 *Fisheries Jurisdiction*（漁業管轄權）案中之調查結果，並駁回匈牙利主張，法院認為：

> 以本院觀點而言，匈牙利所提出「情勢變更」後之情況，無論係單獨，抑或集體，其影響都不會從「根本上改變」為完成該計畫而仍需履行義務之範圍。「情況之根本變化」（情勢變更，fundamental change of circumstances）必須為「不可預見」（unforeseen）；條約締結時已經存在的情況，必須構成各方同意受條約拘束之重要基礎。[177]

參考 VCLT 第 62 條之規定，國際法院得出結論，「條約關係之穩定性要求，只有在特殊情況下，始得適用情勢變更之抗辯」。[178]

相反地，歐盟法院（Court of Justice of the European Union, CJEU）在 *Racke v Hauptzollamt Mainz* 一案中，[179] 對上述原則進行較為寬鬆之解釋，以支持中止「歐共體與南斯拉夫間之合作協議」（EC-Yugoslavia Cooperation Agreement）。CJEU 承認，在敵對行動爆發後，委員會本可繼續給予關稅減讓，但指出並未要求「不可能履行」（impossibility of performance），並且在南斯拉夫解體之情況下，繼續給予關稅優惠乃屬於毫無意義之事。[180]

---

[176] Merits, ICJ Reports 1974 p 3, 20–1. Also: *Fisheries Jurisdiction (Germany v Iceland)*, Jurisdiction, ICJ Reports 1973 p 49; and Briggs (1974) 68 *AJIL* 51.

[177] *Gabčíkovo-Nagymaros*, ICJ Reports 1997 p 7, 65.

[178] Ibid.

[179] (1998) 117 ILR 399.

[180] Ibid, 442. For criticism, Klabbers (1999) 36 *CMLR* 179.

當一國全部或部分繼承另一國法人資格與領土時，條約亦可能受到影響。繼承國關於條約之存續條件，有賴於許多因素之累積，包括「繼承」之確切形式、起源，以及相關條約之類型等。[181]

(3) 程序及結果

無效、終止及停止施行之結果，將視締約方所依據之理由而定。[182] 某些無效理由必須由相關當事方所援引，[183] 因此，有關條約並非無效，而係「可撤銷」（voidable），此類理由係包括：國內法規定不適當、國家代表越權、錯誤、欺詐及貪腐（可能的話）。某些終止條約之理由亦是如此，重大違約、不可能履行，以及情勢變更等。另一方面，條約於「國家受強迫」（coercion of a state）之情況下無效，【380】並且倘若與現有或新出現之「強制性規範」（peremptory norm）衝突時，亦屬無效（或終止）。VCLT 第 51 條亦規定，「一國同意承受條約拘束之表示係以行為或威脅對其代表所施之強迫而取得者，應無法律效果」。至於條約條款「可分離性」規則（separability of treaty provisions），則於 VCLT 第 44 條中予以規定，意即受條約無效或終止理由影響之「特定條款之分離性」，不適用於對締約代表脅迫、國家脅迫、或與現有強制性規範衝突等情況。[184] VCLT 第 69 條至第 72 條則涉及失效、終止或停止施行之結果。[185]

7. 結論

條約往往被視為脆弱的花朵，容易在高溫下枯萎。條約法之讀者可能會認為其主要係關於無效、不合法、單方終止等事項之爭議。然而，更仔細地觀察，將會揭示出條約的高度穩定性，與上述激烈概念相比，透過「解釋」解決

---

[181] VCLT, Art 73. In its work on the law of treaties the ILC put this question aside: ILC *Ybk* 1966/II, 267–8. See also chapter 19.

[182] See VCLT, Part V, sections 3–4. Further: Cahier (1972) 76 *RGDIP* 645, 672–89; Binder (2012) 25 *LJIL* 909, 914–15.

[183] VCLT, Arts 65–68. Further: David, *The Strategy of Termination* (1976); Thirlway (1992) 63 *BY* 1, 85; Villiger, *Commentary* (2009) 799–891; Prost in Corten & Klein (2011) 1483–508; Krieger in Dörr & Schmalenbach (2018) 1211–62.

[184] ILC *Ybk* 1966/II, 238–9, 261. For comment: Sinclair (1970) 19 *ICLQ* 67.

[185] See Villiger, *Commentary* (2009) 853–91; Corten & Klein (2011) 1571–642; Wittich in Dörr & Schmalenbach (2018) 1265–327.

許多困難問題。爭議如此之多，以至於更大的風險係停滯不前、修改困難，以及一旦條約完成締結就具有一定彈性，特別是但不限於「多邊條約」之情況。第二個特點為條約無處不在，即使偉大多邊條約（great multilateral treaties）之時代暫時過去，很少有人類衝突與合作、人類與環境相互作用領域，以及缺乏具體條約制度及其實踐之延伸。對於 1969 年 VCLT 之成就而言，該公約在很大程度上已經證明，VCLT 繼續成為解決各種條約不斷產生許多解釋性與其他爭議之有用方法。

第十七章　外交與領事關係

1. 國家間關係之方式

【381】就最簡單意義而言，「外交」包括國家建立或維持相互關係、相互溝通、或進行任何形式之政治與法律交往，於上述每種情況下，都必須透過其授權之代理人爲之。[1] 因此，「外交」可能存在於交戰團體或武裝衝突國家之間，但此概念涉及「友好」或「敵對」間之交流，[2] 而並非經濟、軍事合作、衝突等實際的形態。

通常「外交」涉及常駐外交使團之交流，而類似「常駐」（permanent），或至少定期代表，對於各國賦予其在聯合國及其他主要政府間組織中之成員資格係必要。另外一種類別，係特殊任務（special missions）、臨時外交（ad hoc diplomacy），以及在臨時會議上之國家代表。

規範外交關係之國際法規則，係國際交流範圍中，屬於最正式的法律規範；外交關係藉由「國家實踐」（state practice）所長期確立之產物，可參考各國締結之條約、國家立法及司法判決。此法律規則，目前已在「維也納外交關係公約」（Vienna Convention on Diplomatic Relations, VCDR）中得到實質性之編纂。[3] 雖然 VCDR 之部分內容涉及漸進式發展，但其被國際間廣泛接受

---

[1] ILC *Ybk* 1956/II, 129; ILC *Ybk* 1957/I, 2; ILC *Ybk* 1958/I, 84; ILC *Ybk* 1958/II, 16, 89; 7 *BD* ch 19; Lee & Quigley, *Consular Law and Practice* (3rd edn, 2008); van Alebeek, 'Immunity, Diplomatic' (2009) *MPEPIL*; Hestermeyer, 'Vienna Convention on Diplomatic Relations (1961)' (2009) *MPEPIL*; Cooper, Heine, & Thakur (eds), *The Oxford Handbook of Modern Diplomacy* (2013); Fox & Webb, *The Law of State Immunity* (3rd edn, 2015) 587–614; Denza, *Diplomatic Law* (4th edn, 2016); *Satow's Diplomatic Practice* (ed Roberts, 7th edn, 2017).

[2] Cf Sir Henry Wotton's definition of an ambassador: 'an honest man, sent to lie abroad for the good of his country' (1604). According to Satow, 102, the joke is in the translation, not in the original Latin.

[3] 18 April 1961, 500 UNTS 95; Fox & Webb (3rd edn, 2015) 579–92. Further: Optional Protocol concerning the Acquisition of Nationality, 18 April 1961, 500 UNTS 223; Optional Protocol concerning the Compulsory Settlement of Disputes, 18 April 1961, 500 UNTS 241. The VCDR has 191 parties; the Optional Protocol concerning Acquisition of Nationality, 51 parties; the Optional Protocol concerning the Compulsory Settlement of Disputes, 71 parties.

與實施，顯示 VCDR 主要將習慣法予以條約化。[4]【382】*Tehran Hostages*（德黑蘭人質）一案中，強調 VCDR 中涵蓋外交關係原則之重要性，國際法院於該案中認為，「伊朗政府於此處所主張的系爭義務，不僅係契約所規定，而且亦屬於一般國際法規定之義務」。[5] 對於英國法院而言，1708 年「外交特權法案」（Diplomatic Privileges Act）被表述為普通法對此議題之宣示；「外交特權法案」從 1708 年一直沿用至 1964 年始被取代，而該法案亦使得 VCDR 於英國法律中生效。[6] VCDR 不影響其條款規範「未明確規定問題」（questions not expressly regulated）之習慣規則，[7] 各國皆可透過締結協定而改變其立場。

2. 外交關係之一般法律問題

(1) 外交關係之發生

VCDR 第 2 條規定，「國與國間外交關係及常設使館（permanent diplomatic missions）之建立，以協議為之」。一般國際法中無權授予外交關係，但各國皆有能力建立此等關係，故所涉及之「相互同意」（mutual consent）得以非正式之方式表達。

(2) 外交關係與承認之關係

雖然「承認」係建立與維持外交關係之條件，但外交關係並非「承認」之必然後果。不設立、撤回或減少「外交代表」（diplomatic representation），可能純粹係出於實際考量，或被視為「非軍事制裁」（non-military sanction）之形式。在近代歷史中，國家採取上述措施，係針對涉嫌包庇或支持恐怖主義國家，而進行協調一致之國際行動，例如利比亞拒絕交出被認為對在蘇格蘭洛克比上空轟炸泛美航空 103 號航班，以及於查德與尼日上空轟炸 UTA 772 號航班，應對事件負責之人。聯合國安理會第 748 號決議提及：

---

[4] Denza (4th edn, 2016) 1–9.

[5] *United States Diplomatic and Consular Staff in Tehran*, ICJ Reports 1980 p 3, 31, 33, 41.

[6] *Empson v Smith* [1966] 1 QB 426; *Shaw v Shaw* (1979) 78 ILR 483. The schedule to the 1964 Act sets out those provisions of the VCDR which are incorporated into UK law. Cf Buckley (1965–6) 41 *BY* 321.

[7] *Philippine Embassy* (1977) 65 ILR 146, 161–2, 186–7; *Republic of 'A', Embassy Bank Account* (1988) 77 ILR 489; *Abbott v Republic of South Africa* (1999) 113 ILR 411; Bruns, *A Cornerstone of Modern Diplomacy* (2014) 134.

所有國家皆應大幅減少利比亞外交使團及領事館工作人員之數量與級別，並限制或控制所有留下此類工作人員於其領土內之行動；同時，就利比亞駐國際組織代表團而言，地主國倘若認為有必要時，可就執行本項決議所需之措施與有關組織進行協商。[8]

【383】而利比亞仍未能遵守國際法，聯合國安理會第883號決議進一步指示所有國家繼續減少利比亞外交使團及領事館之工作人員。[9]

(3) 特權及豁免之理由

外交關係代表派遣國政府於接受國之許可下，在接受國領土上行使國家職權。[10] 同意建交後，接受國必須使派遣國從許可之內容中受益，如此將產生一系列之特權及豁免（privileges and immunities）。此情況可解釋為外交代表與使團之房地享有「治外法權」（exterritorial），易言之，在法律上同化為派遣國之屬地管轄權。[11] 上述理論推導出之結果並未真正實現，故法律不基於任何此類前提為基礎。事實上，外交關係並不依賴於任何特定理論或一系列理論之組合，雖然該體系通常強調「外交官作為國家代理人」之角色的「代表性理論」（representative theory），以及「功能性理論」（functional theory）[12] 基於實際之必要性。[13] 於「功能模式」下，「豁免」首先係對於派遣國主權及獨立地位之承認，對外交官行為之公共性，以及由此而延伸對於接受國之管轄豁免。其次，豁免權之存在係為保護外交使團及工作人員，並確保有效履行旨在

---

[8] SC Res 748 (1992), op para 6.

[9] SC Res 883 (1993), op para 7. Also: SC Res 1192 (1998), op para 8; UKMIL (2000) 70 *BY* 387, 551, 563; SC Res 1506 (2003), op para 1; UKMIL (2004) 74 *BY* 565, 750–2.

[10] Lee & Quigley (3rd edn, 2008) 341–2; Fox & Webb (3rd edn, 2015) 587–8; Denza (4th edn, 2016) 10–12.

[11] E.g. Grotius, *De Iure Belli ac Pacis* (1695, ed Tuck 2005) II.xviii.§IV.5: 'yet that an Exception should be made in Favour of Ambassadors, who, as they are, by a Sort of Fiction, taken for the very Persons whom they represent . . . so may they be by the same kind of Fiction be imagined to be out of the Territories of the *Potentate*, to whom they are sent'.

[12] Based on the maxim *ne impediatur legatio*: Fox & Webb (3rd edn, 2015) 588. The functional theory is not a latecomer, having been well articulated by Vattel, *Le Droit des gens* (1758, tr Anon 1797) IV.vii.§92.

[13] ILC *Ybk* 1958/II, 94–5. Cf *Aziz v Aziz; HM The Sultan of Brunei intervening* [2008] 2 All ER 501. The preamble to the VCDR refers to both considerations.

維護國際秩序與維持國家間溝通之功能。[14]

總之，上述問題必須與外交代表之雙重性質（dual aspect）有關：一方面係外國官方行為所享有之「國家豁免」（state immunity；屬事豁免，immunity *ratione materiae*），另一方面，係指附加於外國之官方行為，以及外交人員及其處所之「功能性特權及豁免」（functional privileges and immunities）等要素。

(4) 接受國履行義務之情況

接受國履行法律義務時，需要採取各種立法與行政措施；[15] 而在為外交人員及場所提供警察保護時，必須表現出適當之謹慎態度，倘若司法機構未能維護既定之特權及豁免，則國家將承擔其法律責任。

【384】明顯之實例係 *Tehran Hostages*（德黑蘭人質）案，於該案件中，伊朗因未能阻止暴亂，甚至隨後採取行動制止入侵美國駐德黑蘭使團之武裝分子攻擊，而被追究國家責任。國際法院認為：

> Ayatollah Khomeini 及伊朗國家其他機構對此類事實之認可，以及使此類事實長期存在之決定，將繼續占領大使館及扣押人質轉化為該國之行為。武裝分子、入侵始作俑者及人質之獄卒，現在已成為伊朗國家之代理人，國家本身對其行為負有「國際責任」（internationally responsible）。[16]

(5) 外交使館之功能

VCDR 第 3 條簡要規定外交使館之職能，主要係於接受國代表派遣國「在國際法允許之限度內，在接受國中保護派遣國及其國民之利益」。[17] 外交使團

---

[14] Fox & Webb (3rd edn, 2015) 588.

[15] See e.g. GA Res 69/121, 10 December 2014, preambular para 12, op paras 3–5.

[16] ICJ Reports 1980 p 3, 35. In respect of state responsibility for the acts of agents and the co-option of acts: chapter 25. Further: Buffard & Wittich, 'United States Diplomatic and Consular Staff in Tehran Case (US v Iran)' (2007) *MPEPIL*.

[17] Also: VCDR, Art 41 which provides, inter alia, that persons enjoying privileges and immunities have a duty not to interfere in the internal affairs of the receiving state. Further: Behrens (2011) 82 *BY* 178; Crook (ed) (2012) 106 *AJIL* 843, 851–2; Behrens, *Diplomatic Interference and the Law* (2016); Denza (4th edn, 2016) 377–82.

可與接受國政府進行交涉，查明及報告當地大事，以及促進兩國友好關係。

(6) 濫用外交豁免權

嚴重違反外交豁免權之情況相當罕見，[18] 主要係由於多數國家透過相互遵守外交法而產生之互惠利益。[19] 考量 VCDR 對於國家管轄權之嚴格限制，以及相互保持外交關係之國家間，經常存在歷史、意識形態、政治或其他衝突點，上述立場值得注意。

然而，國際間卻存在嚴重「濫用外交豁免權」之行為。例如，一名尼日前部長被發現於英國 Stansted 機場之「外交郵袋」（diplomatic bag）中下藥。[20] 另外，在駐倫敦利比亞人民局（Libyan People's Bureau in London）外守衛之警員 Yvonne Fletcher 被從該處所發射之武器擊斃。[21] 一週後，大使館終於在一名沙烏地阿拉伯代表在場之情況下被疏散及搜索，並發現武器與相關之法醫證據。下議院外交事務【385】委員會（House of Commons Foreign Affairs Committee）準備對 VCDR 進行詳細審查，[22] 但得出之結論認為，任何試圖改變權利與義務平衡，以進一步要求受保護之個人亦須尊重接受國法律之行為，皆為不可取。[23] 委員會因此建議，在 VCDR 中更嚴格地應用防衛措施（safeguards），特別基於 VCDR 第 9 條（不受歡迎之人）及第 11 條（任務規模之限制）等，英國政府完全採納此建議。[24]

---

[18] Cf *Tehran Hostages*, ICJ Reports 1980 p 3. At the height of the Cold War, espionage operations of considerable scale were based in both Western and Soviet Embassies: Satow, 163–4. Generally: Gaddis (2007) 13 *Diplomatic History* 191.

[19] Higgins (1985) 78 *AJIL* 641, 641.

[20] *R v Lambeth Justices, ex p Yusufu* (1985) 88 ILR 323.

[21] Further: Satow, 169, 174–5. On the accreditation problem: Denza (4th edn, 2016) 56.

[22] Generally: Cameron (1985) 34 *ICLQ* 610; Higgins (1985) 79 *AJIL* 641; Higgins (1986) 80 *AJIL* 135; Davidson et al (1986) 35 *ICLQ* 425; Herdegen (1986) 46 *ZaöRV* 734; Orrego Vicuña (1991) 40 *ICLQ* 34. Also: UK-MIL (1985) 56 *BY* 363, 437–62. Generally: Barker, *The Abuse of Diplomatic Privileges and Immunities* (1996).

[23] Cf VCDR, Art 41(1), which contains this obligation (but without prejudice to the inviolability of protected individuals).

[24] Diplomatic and Consular Premises Act 1987 (UK); UKMIL (1985) 56 *BY* 363, 439–40; UKMIL (1987) 58 *BY* 497, 540–2.

3. 使館人員、房屋及設施

(1) 人員之分類

VCDR 第 1 條將使館工作人員分為三類：外交人員（具有參贊、外交秘書或隨員等外交官銜之使館成員）、行政與技術人員，以及使館之當地私人僕役。另外，有兩個名詞相當重要：「外交代表」（diplomatic agent）係指使館館長或使館外交職員；「使館館長」（head of the mission）係指派遣國責成擔任此項職位之人。

(2) 使館館長

(i) 認證及同意

VCDR 第 4 條第 1 項規定，「派遣國對於擬派駐接受國之使館館長人選務須查明其確已獲得接受國之『同意』」；[25] 因此，接受國享有單方面之拒絕權，並且無須向派遣國說明不予同意之理由（第 4 條第 2 項）。[26]

(ii) 種類與級別

依據 VCDR 第 14 條第 1 項規定，使館館長分為以下三級：(a) 向國家元首派遣之大使或教廷大使，[27] 及其他同等級位之使館館長；[28] (b) 向國家元首派遣之使節，公使及教廷公使；【386】(c) 向外交部長派遣之代辦。[29] 隨著主權平等原則（doctrine of sovereign equality）之正式確立，「除關於優先地位及禮儀之事項外，各使館館長不應因其所屬等級而有任何差別」（第 14 條第 2 項）。另外，VCDR 第 16 條第 1 項規定，「使館館長於其各別等級中之優先地位應按照其依第 13 條規定開始執行職務之日期及時間先後定之」，此條文之精神可溯及至 1815 年時即存在。[30]

---

[25] Satow, 103–5.

[26] In case of the appointment of a chargé d'affaires ad interim to act provisionally as head of the mission, owing to the vacancy of the post of head or inability, no *agrément* is required: VCDR, Art 19(1).

[27] Representatives of the Holy See. On their precedence: VCDR, Art 16(3). Further: Satow, 99.

[28] High Commissioners between Commonwealth countries are considered the equivalent of ambassadors. On occasion, a distinctly lower rank of diplomat may be sent as head of mission, a situation usually reflecting a historical anomaly or coolness in diplomatic relations: Satow, 99.

[29] The practice was regulated previously by the Congress of Vienna, 1815, and the Conference of Aix-la-Chapelle, 1818, which established three classes. Further: 7 *BD* 655.

[30] Règlement on the Precedence of Diplomatic Agents, Vienna, 19 March 1815, 64 CTS 1.

(3) 委任館長外之成員

VCDR 第 7 條規定，派遣國得自由委派使館職員。[31] 關於陸、海、空軍武官，接受國得要求先行提名，徵求該國同意。

ILC 會議中對於接受國在何種條件下，同意任命使館館長以外之成員，意見相當分歧。VCDR 第 7 條之條文內容似乎已清楚表明立場，[32] 但於維也納會議中，某些國家之代表團所採取之立場為，該條文應依據普遍履行之習慣進行解釋，[33] 易言之，接受國之同意為必要要件。因此，除 VCDR 第 7 條規定外，國際實踐顯然已明確支持派遣國享有不受限制之任命權。[34]

在過去一項有爭議之英國判決中，[35] VCDR 第 7 條被同法第 10 條「應通知接受國外交部或另經商定事項」所限定，且倘若未依規定通知接受國，將可能排除派遣國被任命者之豁免權；另外，在某些情況下，接受國具有特殊控制權，例如在對多個國家之任命（第 5 條第 1 項）、非國民任命（第 8 條），以及過度任命（第 11 條）等。此外，VCDR 第 9 條第 1 項允許接受國在抵達之前，宣布擬任命者為不受歡迎之人（*persona non grata*），且並未要求接受國提出拒絕之理由。[36]

(4) 功能終止

外交關係乃基於雙方同意，可能因派遣國或接受國撤出使館而終止。[37]

【387】派遣國可能出於本身實際或政治之原因，於通知接受國後，終止個別外交人員之職務。依據 VCDR 第 9 條第 1 項之規定，「接受國得隨時不具解釋通知派遣國宣告使館館長或使館任何外交職員為不受歡迎人員或使館任何其他職員為不能接受。遇此情形，派遣國應斟酌情況召回該員或終止其在使

---

[31] Generally: Satow, 105–10.

[32] Brown (1988) 37 *ICLQ* 53, 54.

[33] Harvard Research (1932) 26 *AJIL Supp* 15, 67 (Art 8).

[34] Denza (4th edn, 2016) 49–57; Satow, 105.

[35] *R v Lambeth Justices, ex p Yusufu* (1985) 88 ILR 323, noted (1985) 56 *BY* 311, 328–31.

[36] VCDR, Art 4(2) so provides with respect to heads of mission, but this is no basis for an *expressio unius* interpretation in the case of other appointees, e.g. defence attachés: Denza (4th edn, 2016) 50.

[37] VCDR, Art 43. On the effect of death: Art 39(3), (4). Further: 7 Whiteman 83–108; Denza (4th edn, 2016) 365–6; Satow, 167–9. Also: *Gustavo JL* (1987) 86 ILR 517.

館中之職務。任何人員得於其到達接受國國境前，被宣告為不受歡迎或不能接受」；而同法9條第2項規定，「倘若派遣國拒絕或不在相當期間內履行其依本條第1項規定所負義務，接受國得拒絕承認該員為使館人員」。

於VCDR中編纂後，「不受歡迎之人規則」（*persona non grata* rule）已被適用於ILC未考量之行為實踐，此為多功能特性而並非允許濫用。[38] 例如，在冷戰期間，上述規則被廣泛適用於清除可疑之間諜。於現代國際法之實踐中，上述原則最常被援引作為關於間諜活動、參與恐怖主義、顛覆活動，以及其他犯罪行為。

(5) 使館館舍及其設施

VCDR第25條規定，「接受國應給予使館執行職務之充分便利」，其他規定涉及使館成員之行動自由，但必須遵守為確保國家安全[39]及「使館為一切公務目的自由通訊」而制定之法律限制。另一個特殊問題，係「購置使館館舍」（acquisition of premises）之問題，[40] 蓋某些國家之國內法律制度中，可能排除不動產交易市場，或限制外國人、或外國政府購置土地及不動產。ILC草案[41] 要求接收國應允許派遣國取得館舍；或以其他方式確保足夠之便利，最終納入看似並非果斷之文字，VCDR第21條規定為，「接受國應便利派遣國依照接受國法律在其境內置備派遣國使館所需之館舍，或協助派遣國以其他方法獲得房舍」。

4. 使館不可侵犯

(1) 前提

使館成立與運作之結果係在保護使館館舍免受外部干擾；[42] 使館館舍，包

---

[38] Denza (4th edn, 2016) 64.

[39] VCDR, Art 26. Also: Denza (4th edn, 2016) 173–7.

[40] VCDR, Art 27(1). Also: Kerley (1962) 56 *AJIL* 88, 110–18; Bruns (2014) 138–42, 174–5; Denza (4th edn, 2016) 178–88.

[41] VCDR, Art 19. Also: Hardy (1968) 33–4; Denza (4th edn, 2016) 105–6.

[42] Denza (4th edn, 2016) 110–48; Satow, 108–10, 232–3; *Embassy Eviction* (1965) 65 ILR 248.

括其附屬土地，乃爲其總部，享有派遣國之豁免權。[43] 該原則源於外交豁免權（diplomatic immunity）之概念，【388】並且起源於 Grotian 之前，[44] 在 VCDR 第 22 條第 1 項中涵蓋習慣法之立場，明確規定，「使館館舍不得侵犯。接受國官吏非經使館館長許可，不得進入使館館舍」；並於第 22 條第 2 項規定，「接受國負有特殊責任，採取一切適當步驟保護使館館舍免受侵入或損害，並防止一切擾亂使館安寧或有損使館尊嚴之情事」。[45]

第 22 條第 1 項並未規範有關於緊急情況之附帶條件，例如：館舍因火災對於周圍地區構成緊迫危險之情況、或工作人員爲非法目的擅自使用館舍時之因應措施等。此問題點出核心爭議，倘若地主國採取任何補救措施，是否可以維持緊急避難或武力威脅爲由進行抗辯，[46] 並以其作爲排除違反「不可侵犯性」（inviolability）之反制措施。[47] 至今爲止之實踐做法，通常係於緊急情況發生時，外交使館將不惜一切代價，避免尋求外部援助。[48]

依據第 22 條之規定，任何令狀（writs）不能送達至使館館舍之內；即使係郵寄送達，亦僅能透過當地外交部送達。[49] 第 22 條第 2 項規定一種

---

[43] It further includes the *droit de chapelle*, the right to maintain within the mission a chapel and to practise the faith of the head of the mission, which, e.g., exempted foreign priests in the service of foreign missions from anti-Catholic laws during the 1745 rebellion in England: Martens, 2 *Causes célèbres de droit des gens* (1827) 22–5. Cf Denza (4th edn, 2016) 117–18.

[44] Grotius states that diplomatic immunity encompassed the immunity of diplomatic persons and possessions or the levying of execution on embassy premises: Grotius, *De iure belli ac pacis* (1695, ed Tuck 2005) II.xviii.§§8–9.

[45] VCDR, Art 1(i) defines 'the premises of the mission' as 'the buildings . . . and the land ancillary thereto . . . used for the purposes of the mission'; premises not so 'used' are outside the terms of VCDR, Art 22; *Westminster City Council v Government of the Islamic Republic of Iran* [1986] 3 All ER 284. The requirement of host state consent to the use of diplomatic premises, and the extent of their immunity from requisition, are before the ICJ: see *Equatorial Guinea v France*, Provisional Measures, where the Court's Order of 7 December 2016 was limited to 'the *execution* of any measure of confiscation' ([95], emphasis added).

[46] E.g. the case of Sun Yat Sen, detained in the Chinese Legation in London in 1896: McNair, 1 *Opinions* 85; and the shooting episode at the Libyan embassy in London in April 1984: UKMIL (1984) 55 BY 405, 582–4. Also: Higgins (1985) 79 *AJIL* 641, 646–7; Denza (4th edn, 2016) 118–19. For other episodes: *Fatemi v US*, 192 A2d 535 (1963); *R v Turnbull, ex p Petroff* (1979) 52 ILR 303.

[47] See Articles on the Responsibility of States for Internationally Wrongful Acts, Art 50(2)(b) ('A State taking countermeasures is not relieved from fulfilling its obligations . . . to respect the inviolability of diplomatic or consular agents, premises archives and documents') and commentary, paras (14)–(15).

[48] The rationale for this was demonstrated by an incident in which 'firefighters' called to the US embassy in Moscow proved to be KGB agents: Denza (4th edn, 2016) 119. Further: Bruns (2014) 127–9.

[49] *Hellenic Lines Ltd v Moore*, 345 F2d 978 (DC Cir, 1965). Denza (4th edn, 2016) 123–6. Cf *Reyes v Al-Malki* (2015) 162 ILR 688.

特殊之「注意標準」（standard of care），超越一國國內保護外國人時所表現出「盡職調查」（due diligence）之正常義務。國際法院裁定，剛果軍隊於其境內武裝活動中，襲擊烏干達駐金沙薩之大使館（Ugandan embassy in Kinshasa），[50] 此行為係違反 VCDR 第 22 條。

蓋使館銀行帳戶亦受 VCDR 第 24 條規定之保護，亦即「使館檔案及文件無論何時，亦不論位於何處，均屬不得侵犯」。[51]

(2) 外交庇護

VCDR 沒有關於外交庇護（diplomatic asylum）之規定，僅於第 41 條中提及「特別協定」（special agreements）得允許雙邊承認給予使館內【389】政治難民（political refugees）庇護之權利。[52] 在 ILC 之籌備工作中，此爭議被故意排除於議程之外，故「政治難民」或其他人之庇護權，是否能得到一般國際法承認，[53] 仍然值得懷疑。而依據 1928 年「哈瓦那庇護公約」（Havana Convention on Asylum）之規定，[54] 存在於拉丁美洲地區之習慣法，可能使國家享有限定之外交庇護權。[55]

VCDR 下之外交庇護議題，係適用第 41 條第 1 項與同法其他條文之合併解釋，易言之，關於尊重法律與不干涉接受國事務；以及 VCDR 第 22 條中，「外交使館不可侵犯」（inviolability of a diplomatic mission）之權利，並未允許任何例外。因此，雖然沒有直接給予「政治庇護」之權利，然而，一旦一名或多名難民被接納為「大使館財產」（embassy property），接收國就

[50] ICJ Reports 2005 p 168, 277–9. Also: *Kenyan Diplomatic Residence* (2003) 128 ILR 632.

[51] *Iraq v Vinci Constructions* (2002) 127 ILR 101.

[52] Morgenstern (1948) 25 *BY* 236; 7 *BD*, 905–23; Ronning, *Diplomatic Asylum* (1965); Satow, 233–7.

[53] Harvard Research Draft (1932) 26 *AJIL Supp* 15, 62–6 (Art 6); *Asylum (Columbia v Peru)*, ICJ Reports 1950 p 266, 282–6. Also: UKMIL (2012) 83 *BY* 298, 492–7. Cf Morgenstern (1948) 25 *BY* 236; Behrens (2014) 35 *Mich JIL* 319; Duquet & Wouters (2015) 40 *ELR* 722. Denza (4th edn, 2016) 115 suggests that a limited and temporary right to grant asylum exists in custom where there is immediate danger to the life or safety of a refugee. Satow, 234–5 is more circumspect, suggesting that the question remains an open one.

[54] 20 February 1928, 132 LNTS 323, Art 2(1); also the Montevideo Convention on Political Asylum, 26 December 1933, 165 LNTS 19.

[55] *Asylum*, ICJ Reports 1950 p 266, 276–7; *Haya de la Torre (Columbia v Peru)*, ICJ Reports 1951 p 71. Cf Organization of American States (OAS) Convention on Diplomatic Asylum, 28 March 1954, 1438 UNTS 104 (14 parties); 6 Whiteman, 436; *Almeida de Quinteros v Uruguay* (1983) 79 ILR 168; Cançado Trindade (2016) 376 Hague *Recueil* 9, 70–1.

無法將其召回，此情況通常會迫使派遣國與接收國回到談判桌。例如，2012
年，厄瓜多爾駐倫敦大使館（Ecuadorian embassy in London）向「維基解密」
（Wikilealcs）之負責人朱利安‧阿桑奇（Julian Assange）提供庇護，當時阿
桑奇被瑞典政府以非政治犯（non-political crimes）之名義進行追訴。英國認
爲大使館使用「與 VCDR 不符且違反第 41 條」之舉措，但英國政府並未採取
單方行動，而係採取以外交解決之方式處理此爭議。[56]

(3) 檔案、文件及官方信函

VCDR 第 24 條規定，使館檔案及文件[57] 無論何時，亦不論位於何處，均
屬不得侵犯；[58] 此亦包括「官方信件」（official correspondence）。[59] 上開條文
簡單而言，即是「外交郵袋不得予以開拆或扣留」。[60] 在 *Tehran Hostages*（德
黑蘭人質）一案中，國際法院認爲，僅是上述規定之義務，即構成系爭案件中
的被告國嚴重違反 VCDR 第 27 條第 3 項及第 4 項。[61]

【390】英國政府曾於有充分理由懷疑「以販毒或參與恐怖活動形式」而
濫用「外交郵袋」之證據，並於邀請相關使館成員在場之情況下，對「外交郵
袋」進行掃描。[62] 1989 年，ILC 通過一項更加明確之「外交郵袋及外交信使規
則」（rules concerning diplomatic bags and diplomatic couriers），但可惜未能
於 ILC 大會上達成 致共識。[63]

「外交郵袋」由其快遞標籤顯示其特殊性質，雖然依據 VCDR 其他規
定，該郵袋內容亦可能受到事實上保護。例如，「厄利垂亞－衣索比亞求償
委員會」（Eritrea-Ethiopia Claims Commission）認爲，1999 年厄利垂亞官員

---

[56] UKMIL (2012) 83 *BY* 298, 492–7; UKMIL (2013) 84 *BY* 526, 731.

[57] 7 Whiteman 389–92; Cohen (1948) 25 *BY* 404; Hardy (1968) 49; Satow 113–19. Cf *In re Estate of King Faisal* II, 199 NYS2d 595 (Surr Ct, 1966). Also: *Fayed v Al-Tajir* [1988] 1 QB 712.

[58] VCDR, Art 24.

[59] VCDR, Art 27(2). Denza (4th edn, 2016) 156–68, 189–90. Also: *R (Bancoult) v Secretary of State for Foreign and Commonwealth Affairs (No 3)* (2014) 162 ILR 348, 364–8, 428–32; GA Res 69/121, 10 December 2014, preambular paras 6–7. On the issue of waiver (by way of analogy): *Shearson Lehman Bros v Maclaine Watson & Co Ltd (No 2)* [1988] 1 All ER 116. On the relevance of inviolability for admissibility in judicial proceedings: *R (Bancoult) v Secretary of State for Foreign and Commonwealth Affairs (No 3)* (2014) 162 ILR 348, 432–43.

[60] VCDR, Art 27(3); also Art 27(4). Also: Denza (4th edn, 2016) 191–207; Bruns (2014) 142–3.

[61] ICJ Reports 1980 p 3, 14, 36.

[62] E.g. UKMIL (1985) 56 *BY* 363, 446, 459; UKMIL (1987) 58 *BY* 497, 548, 566, 570.

[63] ILC *Ybk* 1989/II, 8.

於阿斯馬拉機場（Asmara airport）攔截衣索比亞「外交郵袋」之行為，違反
VCDR 第 24 條之規定；雖然包裹標籤錯誤並且由私人快遞運送，外觀上並非
VCDR 第 27 條所指涉之「外交郵袋」，但其中空白護照、發票及收據等特徵
係顯而易見之證明。[64]

　　由於使館不具有獨立之法人資格，檔案及其他文件仍係派遣國之財產。倘
若遇到政府更迭，此類檔案或文件之所有權，將由接收國轉移給新政府。新政
府嗣後可透過檔案及文件之所有權，強制執行其產生之任何權利，但仍須承擔
因此而衍生的相關法律責任。[65]

(4) 其他財產

　　VCDR 第 22 條第 3 項將保護範圍擴大至其他使館財產，其規定為，「使
館館舍及設備，以及館舍內其他財產與使館交通工具免受搜查、徵用、扣押或
強制執行」。

5. 外交代表

(1) 不可侵犯性

　　VCDR 第 29 條規定：

> 外交代表人身不得侵犯。外交代表不受任何方式之逮捕或拘
> 禁。接受國對外交代表應特示尊重，並應採取一切適當步驟
> 以防止其人身、自由或尊嚴受有任何侵犯。

　　上開條文即所謂「不可侵犯性」（inviolability），此概念與「刑事管轄豁
免」並不相同。關於使館館舍之「不可侵犯性」，則未明確保留於緊急情況下
允許接受國採取任何行動，例如一名醉酒之外交官於公共場所手持已上膛的槍
枝。[66]

---

[64] *Partial Award: Diplomatic Claim—Ethiopia's Claim 8* (2005) 26 RIAA 407, 423–4.
[65] Denza (4th edn, 2016) 162.
[66] 7 *BD* 785; Giuliano (1960) 100 Hague *Recueil* 81, 111, 120–2; Denza (4th edn, 2016) 133–7; Satow, 122–6.
Also: *Fatemi v US*, 192 A2d 535 (1963).

【391】VCDR 第 30 條規定，外交代表之私人住所（包括臨時住所）同樣不可侵犯；而外交代表之文件、信件及財產亦復如此，但仍須遵守第 31 條第 3 項之規定，亦即外交代表並未豁免於其在「接受國內在公務範圍以外所從事之專業或商務活動之訴訟」。因此，於涉及不動產之實際訴訟中，不存在管轄豁免，雖然接受國不能對於財產採取執行措施，但法院可能不願意支持外交代表採取自助措施（measures of self-help），依據善意提出之權利要求，從占有人之持有狀態收回房產。[67]

亦有論者建議 VCDR 第 29 條之「職責範圍」，應包括對外交官尊嚴之間接攻擊，甚至可能使外交官難堪或冒犯等事件。在 *Aziz* 一案中，[68] 汶萊蘇丹（Sultan of Brunei）的前妻對於卜卦者（fortune teller）提起訴訟，要求其歸還在錯誤理解下所給予之財產。蘇丹於是進行干預，辯稱作為外國國家元首，其有權依據 1978 年國家豁免法（State Immunity Act）第 20 條（頒布 VCDR 第 29 條）獲得與外國使館館長相同等級之保護，並且有責任防止任何對他尊嚴之攻擊。國際法院並未同意蘇丹的上述主張，並認為倘若公布有關判決，並不會對蘇丹之尊嚴造成侮辱。Collins 法官總結：

> 擺在我們面前之證據素材，使我無法相信有一項習慣國際法規則規定，國家有義務採取適當措施，防止個人對外國國家元首進行簡單之冒犯或侮辱行為。[69]

上述國際法院之立場，與當代外交法之功能基礎係為一致。

---

[67] *Agbor v Metropolitan Police Commissioner* [1969] 2 All ER 707.

[68] *Aziz v Aziz; HM The Sultan of Brunei intervening* [2008] 2 All ER 501. Further: Denza (4th edn, 2016) 219–20; Satow, 213.

[69] [2008] 2 All ER 501, 522. A protest outside an embassy does not constitute an attack on the dignity of the mission, provided it does not obstruct the ordinary business of the embassy: *Boos v Barry*, 798 F2d 1450 (DC Cir, 1986). Also: *Djibouti v France*, ICJ Reports 2008 p 177, 238–40; Foakes, *The Position of Heads of State and Senior Officials in International Law* (2014) 64–6, 79–80.

(2) 豁免之概念

外交代表享有當地司法管轄權之豁免，[70] 並非實體法之豁免；[71] 然而，豁免權得放棄，並於放棄後適用當地法律。VCDR 第 41 條第 1 項規定，「在不妨礙外交特權與豁免之情形下，凡享有此項特權與豁免之人員，均負有尊重接受國法律規章之義務，且此等人員並負有不干涉該國內政之義務」。[72]

【392】(3) 國家代理人免受刑事管轄權

VCDR 第 31 條第 1 項規定，「外交代表享有接受國刑事管轄豁免」，[73] 此無條件賦予之豁免權，係習慣法長期以來的立場。[74] 另外，嚴重或持續違反法律之外交代表可能被宣告為「不受歡迎之人」（*persona non grata*），但於其任職期間不受起訴，無論犯罪性質或其與使館功能或工作之關係為何。[75]

(4) 免受民事及行政管轄

第 31 條第 1 項另規定「外交代表」豁免於當地之民事及行政管轄權（civil and administrative jurisdiction），[76] 但下列情況除外：(a) 關於接受國境內私有不動產之物權訴訟，但其代表派遣國為使館用途置有之不動產不在此列；[77] (b) 關於外交代表以私人身分，且並不代表派遣國而為遺囑執行人、遺產管理人、繼承人或受遺贈人之繼承訴訟；(c) 關於外交代表於接受國內在公務範圍以外所從事之專業或商務活動之訴訟。[78]

---

[70] The jurisdiction of the sending state applies in principle: Hardy (1968) 55; Denza (4th edn, 2016) 266–8; VCDR, Art 31(4). On the distinction between immunity and inviolability: O'Keefe, *International Criminal Law* (2015) 409–12.

[71] *Dickinson v Del Solar* [1930] 1 KB 376; *Regele v Federal Ministry* (1958) 26 ILR 544; *Fatemi v US*, 192 A2d 535 (1963); *Empson v Smith* [1966] 1 QB 426; *Bonne & Company X v Company Y* (1970) 69 ILR 280; *Armon v Katz* (1976) 60 ILR 374.

[72] Further: UKMIL (1981) 52 *BY* 361, 431.

[73] Further: *Tehran Hostages*, ICJ Reports 1980 p 3, 37.

[74] Generally: 4 Hackworth 515; 7 *BD* 756; Giuliano (1960) 100 Hague *Recueil* 81, 91–2; 4 Satow, 253–4.

[75] UKMIL (1985) 56 *BY* 363, 451; Denza (4th edn, 2016) 69–72.

[76] Generally: Denza (4th edn, 2016) 232–59; Satow, 254–7. On proceedings begun before immunity applied: *Ghosh v D'Rozario* [1963] 1 QB 106.

[77] *Intpro Properties (UK) Ltd v Sauvel* [1983] 2 All ER 495.

[78] VCDR, Art 42 provides that 'a diplomatic agent shall not in the receiving state practise for personal profit any professional or commercial activity'. The exception in VCDR, Art 31(1) applies (1) to cases in which the receiving state allows exceptions to the operation of VCDR, Art 42; and (2) to activities of members of the staff not of diplomatic rank. Further: *Reyes v Al-Malki* (2015) 162 ILR 688, 692–713.

　　上述形式之豁免例外情況係為當代國際法之發展，亦即「外交代表」之個人豁免原則除極少數例外情況外，不應受到相關限制；就適用與不動產有關之例外而言，該財產係指外交代表之住所，然而，並不包括影響人身或住所不可侵犯的執行措施。[79]

　　VCDR 第 31 條第 1 項中提到之司法管轄權，包括相關類別之任何特別法院，例如商事法院、為適用社會立法而設立之法院，以及行使司法職能的行政機關。[80]「豁免」不僅包括針對外交官及其財產之直接求償，亦包括家事法院求償、保護兒童及其他家庭成員之訴訟等。[81] 然而，「豁免」是否涵蓋死因調查，則仍係懸而未決之爭議。【393】VCDR 第 31 條沒有提供明確之答案，但英國之做法係未經使館批准，不得進行此類調查。[82]

(5) 個人豁免

　　對於受保護人之「公務行為」（official acts），「豁免」係永久適用，[83] 蓋其性質係派遣國享有之豁免；[84] 而就私人行為而言，「豁免」僅係偶然及補充性質，於有關個人離職時即終止。[85] VCDR 第 39 條第 2 項提及，「享有特權及豁免之人員職務如已終止，此項特權與豁免通常於該員離境之時，或聽任其離境之合理期限終了之時停止，縱有武裝衝突情事，亦應繼續有效至該時為止。但關於其以使館人員資格執行職務之行為，豁免應始終有效」。[86]「官方行為」（official acts）之定義絕非「不言自明」（no means self-evident），但於有爭議之情況下，派遣國主張仍應受到重視；[87] 依目前實踐而言，似乎

[79] VCDR, Art 31(3). For measures of execution deemed not to violate this inviolability: *Sedelmayer v Russian Federation*, 1 July 2011, ILDC 1673 (Sweden, Supreme Court); Wrange (2012) 106 *AJIL* 347.

[80] ILC *Ybk* 1958/II, 98. Cf 7 *BD* 798.

[81] E.g. *De Andrade v De Andrade* (1984) 118 ILR 299; *Re P (No 2)* [1998] 1 FLR 1027, 1035; *Re B (a child)* [2003] 2 WLR 168.

[82] Denza (4th edn, 2016) 235; Satow, 257.

[83] Harvard Research (1932) 26 *AJIL Supp* 15, 97–9, 104–6, 136–7; ILC *Ybk* 1956/II, 145; O'Keefe (2015) 414–15, 421–5; Denza (4th edn, 2016) 356–60; Satow, 263–4. Also: *Zoernsch v Waldock* [1964] 2 All ER 256; *Tabatabai* (1983) 80 ILR 388; *Propend Finance Pty Ltd v Sing* [1997] EWCA Civ 1433.

[84] *Zoernsch v Waldock* [1964] 2 All ER 256, 265–6 (Diplock LJ).

[85] This is similar to the situation with respect to state immunity *ratione materiae* and *ratione personae*: further chapter 22. On the interaction between state and diplomatic immunity: Denza (2008) 102 *PAS* 111.

[86] Also: VCDR, Arts 37(2), (3), 38(1).

[87] Denza (4th edn, 2016) 356–60.

已擴張解釋，外交官依派遣國命令所採取的行動均屬之。例如，在一件德國案例中，[88] 敘利亞駐東德大使（Syrian Ambassador to the German Democratic Republic）奉命「盡一切可能」（do everything possible）協助恐怖組織；該大使接受命令並保管一袋炸藥，而此炸藥嗣後被用於轟炸西柏林的行動。法院認為，大使之行為適用「事件豁免」（immunity *ratione materiae*）原則，故敘利亞應承擔相應之國家責任。[89]

該原則延伸至本質上係「於執行公務過程中」（in the course of official duties）的任何事項，例如涉及公務用車之交通事故。[90] 然而，上述豁免原則在 *Knab v Republic of Georgia* 案中顯然造成很大適用上之困難，該案涉及喬治亞外交官於參加外交招待會後，酒駕而導致一名女孩死亡；然而，雙方同意該外交官有權享有「個人豁免」，而讓受害人家屬獨自對喬治亞政府採取法律行動。[91]

(6) 當地法律之適用

適用當地法律之某些「豁免」係附屬於享有特權及豁免權之主體，[92] 而最具決定性之來源係「執行措施」（measures of execution）。[93]【394】除例外情況（特別是包括於商品及服務價格中之間接稅），[94] 所有費用及稅款均予以豁免。更進一步之特權及豁免，則涉及關稅、[95] 個人服務、公共服務（即陪審員服務）、軍事義務、[96] 社會保障規定，[97] 以及作為證人提供證據[98] 等。外交代表

---

[88] *Former Syrian Ambassador to the German Democratic Republic* (1997) 115 ILR 595.

[89] The court regarded it as immaterial that the acts in question may have fallen outside the scope of VCDR, Art 3: ibid, 605–7.

[90] Kerley (1962) 56 *AJIL* 88, 120–1. Cf *Re Cummings* (1958) 26 ILR 549; *Caisse Industrielle d'Assurance Mutuelle v Consul Général de la République Argentine* (1972) 45 ILR 381; *Wokuri v Kassam* (2012) 152 ILR 557, 565–7.

[91] *Knab v Republic of Georgia* (1998) 1998 US Dist LEXIS 8820.

[92] Generally: Satow, 266–71.

[93] VCDR, Arts 31(3), 32(4).

[94] VCDR, Arts 23, 34. Cf Art 37 concerning the family of the agent and administrative, technical, and service staff.

[95] VCDR, Art 36. Cf Art 37.

[96] VCDR, Art 35. Cf Art 37.

[97] VCDR, Art 33. Cf Art 37.

[98] VCDR, Art 31(2). Cf VCDR, Art 37; Satow, 257–8.

或其家庭成員的個人自用物品免徵關稅，係將國際間長期適用之慣例做法轉換爲具體之法律規則。然而，免除關稅及稅收之豁免，可能存在於習慣法中，但國家實踐並不一致。[99]

(7) 豁免之受益人

非接受國國民或永久居民之外交代表，而得享有特權及豁免之受益人，[100] 規定於 VCDR 第 29 條至第 36 條。[101] 至於行政與技術人員（作爲非外交人員）應於何種程度上享有上述特權及豁免，一直是國家實踐無法達成共識之爭議，[102] 甚至於維也納會議上就此議題進行激烈爭辯。[103] 該使館以及服務人員之職位係規定於 VCDR 第 37 條第 2 項。[104] 其中，第 37 條第 2 項規定，「使館行政與技術職員暨與其構成同一戶口之家屬，如非接受國國民且不在該國永久居留者，均享有第 29 條至第 35 條所規定之特權及豁免」。然而，第 31 條第 1 項之民事及行政管轄豁免，僅限於此類個人於其公務過程中所實施之行爲。就使館服務人員而言，倘若並非接受國之國民，第 31 條第 2 項規定對其在履行職務過程中實施之行爲享有「豁免」，並免除對其透過就業與社會保障規定所獲得報酬之課稅。

就外交代表及使館之行政與技術人員而言，各自豁免權延伸至構成「其家庭」（their households）之「家庭成員」（members of the family），【395】鑒於家庭法及社會習俗之差異，並不被認爲適合予以精確之定義。[105]

---

[99] On VCLT Art 34(e) and the dispute over road user charges (e.g. the London congestion charge): Denza (4th edn, 2016) 303–6; UKMIL (2015) 86 *BY* 324, 522–3.

[100] Giuliano (1960) 100 Hague *Recueil* 81, 141–65; 7 Whiteman 260–70; Wilson (1965) 14 *ICLQ* 1265; Denza (4th edn, 2016) 319–64; Satow, 274–86.

[101] VCDR, Art 37(1). There had been some inconsistent practice in relation to diplomatic agents apart from heads of mission: Gutteridge (1947) 24 *BY* 148. For diplomatic agents who are nationals or permanent residents of the receiving state: VCDR, Art 38(1); *Estrada v Al-Juffali* [2016] EWCA Civ 176, [58]–[91].

[102] Gutteridge (1947) 24 *BY* 148; Giuliano (1960) 100 Hague *Recueil* 81, 153–8.

[103] Bruns (2014) 143–50.

[104] On the previous position: Giuliano (1960) 100 Hague *Recueil* 81, 159–62.

[105] *Re C (an infant)* [1958] 2 All ER 656; *Dutch Diplomat Taxation* (1980) 87 ILR 76; *Re P (No 1)* [1998] 1 FLR 625. Generally: UKMIL (1978) 49 *BY* 329, 368; UKMIL (1985) 56 *BY* 363, 441; O'Keefe (1976) 25 *ICLQ* 329; Brown (1988) 37 *ICLQ* 53.

(8)特權及豁免之期限

VCDR 第 39 條規定特權及豁免之期限。[106] 首先，凡享有外交特權與豁免之人，自其進入接受國國境前往就任之時起享有此項特權與豁免，其已在該國境內者，自其委派通知外交部或另經商定之其他部之時開始享有；[107] 其次，享有特權與豁免人員之職務如已終止，此項特權與豁免通常於該員離境之時或聽任其離境之合理期限終了之時停止，縱有武裝衝突情事，亦應繼續有效至該時為止。[108] 但關於其以使館人員資格執行職務之行為豁免（immunity ratione materiae），應始終有效。

VCDR 第 39 條第 2 項並未對於「合理期限」（reasonable period）進行準確之定義，[109] 將依個案之情況而決定，例如在未有關於該議題立法聲明之情況下，被宣告為「不受歡迎之人」之裁量空間則小很多。例如，在 Fletcher 女警員被槍殺後，被驅逐出境者有七天時間離開英國；[110] 相形之下，瑞士法律規定默認之「合理期限」則長達六個月，直到豁免權終止；而委內瑞拉則允許一個月之期間。[111]

(9)放棄

國際間一直認為豁免得放棄，[112] 特別是由派遣國提出主張時。[113] 以前較早之實踐係容忍基於行為之「默示放棄」（implied waiver），但 VCDR 第 32 條

---

[106] Generally: 7 Whiteman, 436–45; Lauterpacht, 3 *International Law* (1970) 433–57; Denza (4th edn, 2016) 347–64; Satow, 261–4. Also: *US v Devyani Khobragade, US Digest* (2014) 426–30.

[107] On the express rejection of a functional criterion: *Al Attiya v Bin-Jassim Bin-Jaber Al Thani* [2016] EWHC 212 (QB), [73]–[83]; *Estrada v Al-Juffali* [2016] EWCA Civ 176, [21]–[42].

[108] E.g. *Magdalena Steam Navigation Co v Martin* [1859] 2 El & El 94; *Musurus Bey v Gadban* [1894] 2 QB 352; *Re Suarez* (1944) 12 ILR 412; *Shaffer v Singh*, 343 F3d 324 (DC Cir, 1965); *Propend Finance Pty v Sing* [1997] EWCA Civ 1433; *Harb v HRH Prince Abdul Aziz* [2014] EWHC 1807 (Ch), [34]. Also: UKMIL (2014) 85 *BY* 301, 529.

[109] Denza (4th edn, 2016) 355–6.

[110] UKMIL (1984) 55 *BY* 405, 458–9. For subsequent developments: UKMIL (1999) 70 *BY* 387, 535; UK-MIL (2010) 81 *BY* 453, 699–700.

[111] Legault (1983) 21 *CYIL* 307; Denza (4th edn, 2016) 355.

[112] Denza (4th edn, 2016) 273–87; Satow, 259–61.

[113] The Resolution on Consideration of Civil Claims adopted by the Vienna Conference on 14 April 1961 recommended that the sending state should waive immunity 'in respect of civil claims of persons in the receiving State when this can be done without impeding the performance of the functions of the mission'. It recommended, further, 'that in the absence of waiver the sending state should use its best endeavours to bring about a just settlement of claims'.

第 2 項規定「豁免之拋棄，概須明示」；[114]【396】依據第 32 條第 3 項規定，「外交代表或依第 37 條享有管轄豁免之人如主動提起訴訟即不得對與主訴直接相關之反訴主張管轄之豁免」。[115]

VCDR 第 32 條第 4 項規定，「在民事或行政訴訟程序上管轄豁免之拋棄，不得視為對判決執行之豁免亦默示拋棄，後項拋棄須分別為之」，且棄權一經作出，則不可撤銷。[116]

VCDR 第 32 條並未提及刑事管轄權，但此遺漏係疏忽所導致之結果，倘若就刑事或民事管轄權援引「棄權」，均應同樣有效，因此，豁免範圍僅限於民事或刑事管轄。[117] 在 *US v Makharadze* 一案中，喬治亞國家政府放棄外交官於刑事訴訟方面之豁免權，但於受害人家屬所提起之訴訟方面，則保持民事豁免權。[118]

不言可喻，只有在具有必要權限之人給予「棄權」時，始生效力，鑒於豁免權乃屬於國家享有，故只有國家始能授予豁免權；[119] 即使於考慮受保護人試圖放棄自身豁免權時，亦同樣適用。例如，在 *Nzie v Vassah* 一案中，[120] 喀麥隆駐巴黎大使館外交官（Cameroon embassy in Paris）所撰寫之信件，稱其同意依據法國法律與妻子離婚，但此並不構成有效「棄權」。

6. 其他事項

(1) 領事關係

原則上，「領事」（consuls）在職權及法律地位上與「外交代表」截然不同。[121] 雖然派遣國之代理人有其特殊目的，但並不享有「外交代表」所享有

---

[114] For the position in English law: *Engelke v Musmann* [1928] AC 433; *R v Madan* [1961] 2 QB 1; Diplomatic Privileges Act 1964, s2(3); 7 *BD* 867–75. Also: *Armon v Katz* (1976) 60 ILR 374; *Nzie v Vassah* (1978) 74 ILR 519; *Public Prosecutor v Orhan Olmez* (1987) 87 ILR 212.

[115] *High Commissioner for India v Ghosh* [1960] 1 QB 134.

[116] Denza (4th edn, 2016) 278.

[117] Ibid, 283.

[118] No F-1446–97 (DC Sup Ct). Further: Murphy (1999) 93 *AJIL* 485.

[119] VCDR, Art 32(1).

[120] (1978) 74 ILR 519. Further: *Gustavo JL* (1987) 86 ILR 517; *Public Prosecutor v JBC* (1984) 94 ILR 339.

[121] 8 *BD*; Harvard Research (1932) 26 *AJIL Supp* 189, 189–449; 4 Hackworth 655–949; 7 Whiteman 505–870; ILC *Ybk* 1961/II, 55, 89, 129; 3 *Répertoire suisse* 1552–93; *Digest of US Practice* (1979) 654–75; Lee & Quigley (3rd edn, 2008); Angelet, 'Consular Treaties' (2010) *MPEPIL*; Satow, chs 8–9.

對於接受國法律與執法管轄之豁免。在外交實踐上，領事之職權各不相同，包括保護派遣國及其國民之利益、發展經濟與文化關係、簽發護照及簽證、管理派遣國國民之財產、出生、死亡登記，以及歸屬於派遣國婚姻、船舶及飛機之監督。

自 18 世紀以來，「領事」地位一直係基於一般習慣，再加上特殊條約規定而非基於法律。習慣法之演變過程如下：[122] 領事必須有派遣國之授權【397】（或其委託）以及接受國之授權（執行證書，exequatur）。接受國必須給予領事官員及其館舍之特殊保護，即比一般保護外國人之「適當標準」（appropriate）更高之「盡職標準」（diligence）。領事館之館舍並非完全禁止於接受國代理人進入，故無絕對「不可侵犯」之權利。[123] 然而，領事檔案及文件則屬於「不可侵犯」，領事館成員於執行領事職務時，其所實施之行為，不受接受國司法及行政機關之管轄。[124] 此種對於公務行為之豁免通常被視為源自於「國家豁免」（state immunity）。[125] 提供領事館所使用之物品免徵關稅，領事館成員（服務人員除外）亦免除於所有公共服務，包括軍事義務等。政府機關對於「領事官員人身不可侵犯」（personal inviolability of consular officials）之意見相當分歧，原則上該等人員可能被逮捕或拘留。[126] 此外，領事館人員於「非官方行為」部分、地方稅收及關稅方面等，必須依接受國刑事及民事管轄；一般而言，可說地主國管轄權得被推定適用。

無論習慣國際法之演變為何，大量的雙邊條約證明統一實踐的存在，[127] 鼓勵 ILC 制定關於「領事關係條款草案」（draft articles on consular relations），並促成了 1963 年「維也納領事關係公約」（Vienna Convention on Consular

---

[122] ILC *Ybk* 1961/II, 110ff. There are differing views on the ambit of the customary law: compare Zourek (1962) 106 Hague *Recueil* 357, 451; Beckett (1944) 21 *BY* 34; 8 *BD* 146, 151, 158, 164; Lee & Quigley (3rd edn, 2008) 107.

[123] 8 *BD* 125; Beckett (1944) 21 *BY* 34; ILC *Ybk* 1961/II, 109. Cf 7 Whiteman, 744. Lee & Quigley dispute this, and identify the emergence of three schools of thought prior to 1963 (no inviolability, conditional inviolability, and absolute inviolability): Lee & Quigley (3rd edn, 2008) 353–6.

[124] *Princess Zizianoff v Kahn and Bigelow* (1927) 4 ILR 384, 386–7; 8 *BD* 146; Beckett (1944) 21 *BY* 34; 7 Whiteman 770; ILC *Ybk* 1961/II, 117; Parry, *Cambridge Essays* (1965) 122, 127–32, 154; Lee & Quigley (3rd edn, 2008) 388–93; *General Prosecutor at the Court of Appeals of Milan v Adler*, 5th Criminal Section, 29 November 2012, Case No 46340/2012, ILDC 1960 (IT 2012); O'Keefe (2015) 454–6.

[125] Also: *Hallberg v Pombo Argaez* (1963) 44 ILR 190; Lee & Quigley (3rd edn, 2008) 440–5.

[126] 8 *BD* 103–22, 214; 7 Whiteman 739; ILC *Ybk* 1961/II, 115; Lee & Quigley (3rd edn, 2008) 433–6.

[127] For a substantial bibliography of consular treaties: Lee & Quigley (3rd edn, 2008) Appendix I.

Relations, VCCR），[128] 且該公約「不得影響在其締約方間生效之其他國際協定」，VCCR 具有對現行法律進行發展與重建之重大因素，並使職業領事（career consuls）地位〔與名譽領事（honorary consuls）相反〕，並更接近外交代表之地位。職業領事與外交官一樣，免徵稅收與關稅；領事館享有實質上之不可侵犯性（第 31 條）及享有免稅待遇（第 32 條）。[129] 習慣法已經承認之豁免與保護義務得以維持。至於領事官員人身不受侵犯規定於第 41 條條文中，[130] 且對於保護與豁免進行重大補充與擴展。【398】依 VCCR 第 41 條第 1 項規定，「領事官員不得予以逮捕候審或羈押候審，但遇犯嚴重罪行之情形，依主管司法機關之裁判執行者不在此列」。[131] 同樣地，VCCR 第 41 條第 2 項規定，領事官員不應受任何形式之人身自由限制，除非執行具有最終效力之司法判決，或依 VCCR 第 41 條第 1 項所述之情況。雖然領事官員可能被迫於接受國之刑事法院出庭，但應顧及該員所任職位並予以適當尊重，除非存在第 41 條第 1 項所述之情況，並應盡量避免妨礙領事職務之執行（第 41 條第 3 項）。

雖然 VCCR 已有超過 179 個締約方，但該公約仍不能說是國際法現狀之確切證據。[132] 然而，各國之國內法院[133] 可將其條款作為現行法之最佳證據，而與其對於實際當事方之影響截然不同。[134] 在 *Tehran Hostages*（德黑蘭人質）一案中，國際法院強調，伊朗無視「領事義務」係一般國際法之一部分，而並非僅係 VCCR 所確立之條約義務。[135]

---

[128] 24 April 1963, 596 UNTS 261 (179 parties). Generally Lee & Quigley (3rd edn, 2008). Substantial parts of the VCCR are incorporated into UK law: Consular Relations Act 1968 (UK), s1. Further: *R (B and Others) v Secretary of State* [2005] QB 643.

[129] VCCR, Arts 40 (Protection of consular officers), 33 (Inviolability of consular archives and documents), 43 (Immunity from jurisdiction in respect of acts performed in the exercise of consular functions), and 52 (Exemption from personal services and contributions). Also: *L v R* (1977) 68 ILR 175; *US v Lo Gatto* (1995) 114 ILR 555; *Canada v Cargnello* (1998) 114 ILR 559.

[130] Generally: Lee & Quigley (3rd edn, 2008) chs 28–34.

[131] Moreover, when pre-trial detention is necessary under VCCR, Art 41(1), proceedings against the consular official must be instituted with minimal delay: VCCR, Art 41(3).

[132] Satow, 134–6.

[133] Cf *Republic of Argentina v City of New York*, 25 NY2d 252 (1969); *Heaney v Government of Spain*, 445 F2d 501 (2d Cir, 1971); 7 Whiteman 825–8; *Digest of US Practice* (1974) 183; *Digest of US Practice* (1975) 249–50, 259–60. Also: *Honorary Consul of X v Austria* (1986) 86 ILR 553.

[134] Cf generally the conclusions drawn as to benefits of the VCCR by Lee & Quigley (3rd edn, 2008) 585–9.

[135] ICJ Reports 1979 p 3, 31, 33, 41.

在美國各組成州政府所發生一系列涉及外國人被判處死刑之案件中，已向國際法院提出臨時措施（provisional measures）之請求，上述請求係基於對於美國違反 VCCR 條款之明確指控：尤其係要求逮捕機關必須告知外國國民，其有權聯繫適當之領事館（第 36(1)(b) 條）。[136]

(2) 特別使團

除透過外交使館或領事館建立永久關係外，各國亦經常使用「臨時外交或特別使團」（ad hoc diplomacy or special missions），[137] 上述機構於功能上有很大差異。例如，包括政府首長以官方身分參加國外葬禮、外交部長或國防部長訪問另一國家進行談判，【399】以及政府貿易代表團進行官方訪問等業務均屬之。聯合國大會 1969 年通過「特別使團公約」（Convention on Special Missions）並開放簽署，該公約並已於 1985 年生效。[138] 此公約提供一個基於 VCDR 之體系，且具備相當彈性之行為準則，並有適當區分。「特別使團公約」影響有關公務訪問人員（特別使團）之習慣規則，過去此類規則主要係透過各國國內判例法而制定。[139] 與現行習慣國際法相比，該公約賦予範圍更窄之任務，但卻有更大範圍之特權及豁免，後者側重於適當執行任務所必需的豁免，主要係集中於「不可侵犯性」與「刑事管轄豁免」。[140]

(3) 針對應受國際保護人員之罪行

外交人員之「不可侵犯性」係國際法最古老的原則之一，但 1961 年以後，殺害與攻擊外交人員之事件顯著增加。[141] 國際法院裁定，在 Armed

---

[136] Vienna Convention on Consular Relations (Paraguay v US), Provisional Measures, ICJ Reports 1998 p 248; LaGrand (Germany v US), ICJ Reports 2001 p 466; Avena (Mexico v US), ICJ Reports 2004 p 12; Avena (Request for Interpretation), ICJ Reports 2009 p 3; Jadhav (India v Pakistan), Provisional Measures, Order of 18 May 2017.

[137] 7 Whiteman 33–47; ILC Ybk 1964/II, 67; ILC Ybk 1965/II, 109; ILC Ybk 1966/II, 125; ILC Ybk 1967/II, 1; Bartos (1963) 108 Hague Recueil 425; Waters, The Ad Hoc Diplomat (1963); Kalb, 'Immunities, Special Missions' (2011) MPEPIL; Nikolajew (2013) 18 R Comp L 129; Foakes (2014) 133–5; Satow, ch 15.

[138] 8 December 1969, 1400 UNTS 231 (38 parties). Also: GA Res 2531(XXIV), 8 December 1969.

[139] Khurts Bat v Investigating Judge of the German Federal Court [2011] EWHC 2029 (Admin); R (Freedom and Justice Party) v Secretary of State for Foreign and Commonwealth Affairs [2016] EWHC 2010 (Admin). Also: Sanger (2013) 62 ICLQ 193, 196–7. For subsequent UK practice: UKMIL (2013) 84 BY 526, 735–7, UKMIL (2014) 85 BY 301, 543–4.

[140] Wood (2012) 16 MPUNYB 35. Further: O'Keefe (2015) 415.

[141] Denza (4th edn, 2016) 213–19.

Activities (*DRC v Uganda*) 一案中，[142] 武裝活動違反 VCDR 第 29 條之行為。由於針對外交官與其他官員之政治暴力行為發生率仍然偏高，聯合國大會通過 1973 年「關於防止和懲處侵害應受國際保護人員包括外交代表罪行之公約」（Convention on the Prevention and Punishment of Crimes against Internationally Protected Persons）。[143] 該公約所羅列之罪行，主要係包括「謀殺、綁架、或以其他方式攻擊應受國際保護人員之人身或自由」，包括國家元首、外交部長等。締約方承諾考量到對於此類罪行嚴重性之適當處罰，並引渡被指控之罪犯，或將案件提交國內檢察機關追訴。

7. 結論

於歷史上外交及領事關係法係國際法中最古老之主題之一，於近代國際法中，亦成為最早被編纂之公約。其特點係廣泛衡量利益之互惠，例如與有關國際組織「豁免」之法律相比，接受國與派遣國間之分歧則更為明顯。【400】在外交及領事關係方面，每個國家同時係派遣國與接受國，雖然有些濫用，但「維持現狀」（*status quo*）已被視為一種平衡狀態，此為英國政府於 Fletcher 女員警被謀殺後所得出之結論，現在亦復如此。

然而，雖然國際法編纂工作取得廣泛成功，國家實踐並未停滯不前。鑒於國家間關係與談判方式之變化，訪問使節團與不太正式之接觸渠道，至少與正式外交關係一樣重要。另外，外交與領事功能之融合，可能提高職業領事之地位，但並沒有增加正式外交之重要性。從條約至諒解備忘錄（MOU）、會議紀錄、甚至新聞稿之轉變係顯而易見，且難以控制。「非正式」外交可能有更大之適應能力，但卻也是法律混亂之根源。

---

[142] ICJ Reports 2005 p 168, 277–9.

[143] 14 December 1973, 1035 UNTS 167 (180 parties). Further: Internationally Protected Persons Act 1978 (UK); *Duff v R* (1979) 73 ILR 678. Generally: Foakes (2014) 74–6.

第十八章　單方行為、默認及禁反言

1. 概述

【401】「國家」係一種必須在代表制度下運作之法人實體，為使其受到雙方同意義務之約束，適用條約法所規定之一般授權規則；為確定國家是否遵守條約義務，需要一個足以適用認定「國家責任」歸屬之一般性原則。除正常規則外，亦有於其他情況下，需要給予、假設或暗示國家之同意。

就條約法之代表規則（rules of representation）而言，有權代表國家之機關包括：國家元首、政府首長及外交部長，但亦可依據情況而涵蓋行政部門首長與外交代表等。[1] 然而，國家之法律邊界並非以簡單用語即可定義，國家可將特定權力授予組成會議之代表團或派往外國政府之特別代表團的個人。於特定情況下是否存在國家授予之權力，可能係國際法所規定之事項。因此，與條約締結之情況一樣，外交部長被假定有權拘束國家作出單方聲明。[2]

2. 單方行為

(1) 一般情況

【402】政府之單方行為無法締結條約或協定，但仍能產生部分法律效力。[3] 國家之「單方行為」（unilateral acts）係基於兩項重要類別（雖然二者非

---

[1] Sørensen (1960) 101 Hague *Recueil* 1, 58–68; ILC *Ybk* 1962/II, 164–6. In *Armed Activities on the Territory of the Congo (New Application: 2002) (Democratic Republic of the Congo v Rwanda)*, the ICJ noted, 'that with increasing frequency in modern international relations other persons representing a State in specific fields may be authorized by that State to bind it by their statements in respect of matters falling within their purview. This may be true, for example, of holders of technical ministerial portfolios exercising powers in their field of competence in the area of foreign relations, and even of certain officials': Jurisdiction and Admissibility, ICJ Reports 2006 p 6, 27.

[2] Cf *Legal Status of Eastern Greenland* (1933) PCIJ Ser A/B No 53, 71; McNair, *The Law of Treaties* (1961) 73–5; Vienna Convention on the Law of Treaties (VCLT), 23 May 1969, 1155 UNTS 331, Art 7(2)(a). Also: *Land and Maritime Boundary between Cameroon and Nigeria*, ICJ Reports 2002 p 303, 430–1 (Maroua Declaration).

[3] Pellet in Zimmermann et al (eds), *The Statute of the International Court of Justice: A Commentary* (2nd edn, 2012) 730, 763–7; Sur (2013) 363 Hague *Recueil* 9, 177–9, 181–4; Kassoti, *The Juridical Nature of Unilateral Acts of States in International Law* (2015); Saganek, *Unilateral Acts of States in Public International Law* (2015).

常不同），分別爲「習慣法」與「承認法」規則之形成。有論者認爲，應將「單方行爲」（包括抗議、承諾、放棄及承認）納入「法律行爲」（legal acts），且無論係基於雙方契約或單方行爲，皆適用「法人意思表示」之一般概念。[4]上述方法可爲後續討論提供一個架構，但亦可能掩蓋其中所涉及之各種法律關係。[5]倘若僅從「承諾」（promise）此一類型加以分析，抗議（protest）或類似傾向可能會混淆「事實條件」及「法律結果」；因此，從「承諾」或「抗議」之形成脈絡加以觀察，很大程度上將涵蓋對於周圍環境，以及相關法律規則之交互影響。[6]

不同的條約間，在事實上可能存在很大差異，故「條約法」進行之分類模式，乃具有實踐與分析上之雙重意義。單方行爲亦復如此，其不僅被理解爲單一國家之任何行爲，而且於某種更狹義（仍有待確定）之意義上「暗示國家之善意行爲」（acts implicating the good faith of the state），或者更簡單地說，係「承諾及暗示承諾之陳述」（commitments and representations implying commitment）。然而，雖然「誠信原則」無疑適用於單方、雙邊或多邊行爲，但何種承諾或陳述涉及國家誠信（good faith of the state）問題，僅能視情況而依個案決定；[7]易言之，國家誠信從來都未如此簡單地被認定，更遑論在每天召開兩次新聞發布會以及網際網路發達的時代，更不可能如此。

---

[4] Esp Suy, *Les Actes juridiques unilatéraux en droit international public* (1962); Jacqué, *Éléments pour une théorie de l'acte juridique en droit international public* (1972). Further: Martin, *L'Estoppel en droit international public* (1979); Reisman & Arsanjani (2004) 19 *ICSID Rev-FILJ* 328; D'Aspremont Lynden (2005) 109 *RGDIP* 163; Rodríguez-Cedeño & Torres Cazorla, 'Unilateral Acts of State in International Law' (2007) *MPEPIL*; Suy, *Mélanges Salmon* (2007) 631.

[5] The ILC's work on unilateral acts was in part vitiated by unfounded assumptions as to the uniform character of unilateral acts as promises: Rodríguez-Cedeño, First Report on Unilateral Acts of States, ILC *Ybk* 1998/II(1), 319–39; Second Report, ILC *Ybk* 1999/II(1), 195–213; Third Report, ILC *Ybk* 2000/II(1), 247–82; Fourth Report, ILC *Ybk* 2001/II(1), 115–36; Fifth Report, ILC *Ybk* 2002/II(1), 91–116; Sixth Report, ILC *Ybk* 2003/II(1), 53; Seventh Report, ILC *Ybk* 2004/II(1), 207; Eighth Report, ILC *Ybk* 2005/II(1), 119; Ninth Report, ILC *Ybk* 2006/II(1), 147. The ILC work nevertheless ended with a series of Guiding Principles Applicable to Unilateral Declarations of States Capable of Creating Legal Obligations with Commentaries, ILC *Ybk* 2006/II(2), 369.

[6] Reuter (1961) 103 Hague, *Recueil* 425, 547–82; Charney (1985) 56 *BY* 1; Eick, 'Protest' (2006) *MPEPIL*; Suy & Angelet, 'Promise' (2007) *MPEPIL*; Eckart, *Promises of States under International Law* (2012); Kassoti (2015) 46–55.

[7] The issue was foreshadowed in the Declaration of Judge Gaja at the Preliminary Objections stage of *Bolivia v Chile*, but was not further discussed at the merits stage: *Obligation to Negotiate Access to the Pacific Ocean (Bolivia v Chile)*, Preliminary Objections, ICJ Reports 2015 p 592, 645 (Judge Gaja); cf Merits, ICJ Reports 2018 p 1.

(2) 正式的單方聲明

【403】一個國家可以透過公開聲明，表達該國係有意圖明確地接受對其他國家之義務，而上述公開聲明並非「要約」（offer），或以其他方式要求他國之互惠承諾。[8] 顯然，國家之單方聲明條款將決定其得以被撤銷之條件。[9] 1957年，埃及政府發表關於蘇伊士運河（Suez Canal）及其運營安排之單方聲明，其中接受某些法律義務；該宣言連同一封說明該宣言將被視為「國際文書」（international instrument）之信件一起送交聯合國秘書長，秘書處已將其完成登記。[10] 另外，此類聲明可能以暗示或其他方式，要求他國接受，作為其有效性之條件。[11] 簡言之，雖然一紙空洞聲明（未被接受）可能具有效力，但僅有在被接受（明示或暗示）時，其才能產生預期之效果。

在 *Nuclear Tests* 一案中，國際法院認為，法國政府高層承諾停止進行大氣層核試驗並接受國際法拘束，[12] 而履行此法律義務之標準，係國家「聲明」應受其書面條款拘束之意圖並公開其承諾，沒有任何交換條件或後續接受或回應之要求。[13] 【404】作為法國承諾之結果，法院如此解釋，認為爭議已經消

---

[8] See McNair (1961) 11; Brierly, ILC *Ybk* 1950/II, 227; Lauterpacht, ILC *Ybk* 1953/II, 101–2; *South West Africa*, Preliminary Objections, ICJ Reports 1962 p 319, 402–4, 417–18; (Judge Jessup); Fitzmaurice (1957) 33 *BY* 229; Lachs (1980) 169 Hague *Recueil* 9, 198; Virally in Bedjaoui (1991) 241; Charpentier in Makarczyk (ed), *Theory of International Law at the Threshold of the 21st Century* (1996) 367; Torres, *Los actos unilaterales de los estados* (2010); Pellet in Zimmermann et al (2nd edn, 2012) 730, 763–6.

[9] Cf Fitzmaurice, ILC *Ybk* 1960/III, 79 (Art 12), 81 (Art 22), 91, 105; ILC Guiding Principles applicable to unilateral declarations of States capable of creating legal obligations, with commentaries thereto, ILC *Ybk* 2006/II(2), Principle 10 and commentary, 380–1. See further *Military and Paramilitary Activities in and against Nicaragua*, Jurisdiction and Admissibility, ICJ Reports 1984 p 392, 415; *Fisheries Jurisdiction (Germany v Iceland)*, Jurisdiction, ICJ Reports 1973 p 49, 63; *Gabčíkovo-Nagymaros Project (Hungary/Slovakia)*, ICJ Reports 1997 p 7, 64.

[10] Declaration of the Government of the Republic of Egypt on the Suez Canal and the arrangements for its operation, 24 April 1957, 265 UNTS 299. See also Egypt's Declaration of 18 July 1957 recognizing the ICJ's jurisdiction over 'all legal disputes that may arise' under para 9 (b) of its Declaration on the Suez Canal.

[11] Cf the Austrian Declaration of 1955, contained in the Constitutional Federal Statute on Austria's permanent neutrality, 26 October 1955, BGBl 1955, 4 November 1955, No 211; Kunz (1956) 50 *AJIL* 418.

[12] *Nuclear Tests (Australia v France)*, ICJ Reports 1974 p 253, 267–71; *Nuclear Tests (New Zealand v France)*, ICJ Reports 1974 p 457, 472–5. For comment: Bollecker-Stern (1974) 20 *AFDI* 299; Thierry (1974) 20 *AFDI* 286; Franck (1975) 59 *AJIL* 612; Sur (1975) 79 *RGDIP* 972; Dupuy (1977) 20 *GYIL* 375; Rubin (1977) 71 *AJIL* 1; de Visscher in Makarczyk (ed), *Essays in Honour of Manfred Lachs* (1984) 459; Thirlway (1989) 60 *BY* 1, 8–17; Scobbie (1992) 41 *ICLQ* 808; Sur (2013) 363 Hague *Recueil* 9, 184; Thirlway, *The Sources of International Law* (2014) 44–52.

[13] But cf *Nuclear Tests (Australia v France)*, ICJ Reports 1974 p 253, 373–4 (Judge de Castro, diss), accepting the principle, but deciding on the facts that the French statements lay within 'the political domain'. The Court's own unease at its solution can be detected in the unprecedented provision (ibid, 272) for either claimant to ask for an 'examination of the situation' if France did not comply with the Court's view of France's commitment. In response to later French underground tests, New Zealand did so, but failed on the basis that the 1974

失，並且「提出求償將不再有任何對象」；雖然法院適用「國家單方聲明可能
具有某些法律效力」之原則並不新鮮，但當「聲明」並非針對一個或多個特定
國家，而係表達爲普遍適用情況時，如本案所示，即法國聲明其核試驗檢測將
受法律拘束之意圖，而關於此意圖之結構，涉及對事實非常仔細之評估。無論
如何，國際法院在 *Nicaragua* 案，[14] 以及國際仲裁庭於 *Frontier Dispute* (*Burkina
Faso v Mali*) 案中，皆援引適用上述 *Nuclear Tests* 案所承認之原則。[15]

　　然而，國家於訴訟過程中可能藉由發表聲明以期影響判決結果。國際法院
有時會注意到此類聲明之法律拘束力。[16] 倘若國家之「聲明」未被明確承認具
有法律拘束力時，國際法院仍會基於善意，[17] 推定國家將遵守此類「聲明」，
因此，此類聲明於法院所進行之評估中，通常與事實相關。[18]

(3) 單方承諾之撤銷

　　適用於國家單方聲明之 ILC 指導原則第 10 點規定：

> 「單方聲明」爲作出聲明國家所規定之法律義務，不得任意
> 撤銷。於評估撤銷是否具有任意性時，應考量：
> (b) 負有義務之人對此類義務的依賴程度。[19]

---

commitment concerned atmospheric tests only: *Request for an Examination of the Situation in Accordance
with Paragraph 63 of the Court's Judgment of 20 December 1974 in* Nuclear Tests (*New Zealand v France*), ICJ
Reports 1995 p 288.

[14] *Nicaragua*, ICJ Reports 1986 p 14, 132. Also: ibid, 384–5 (Judge Schwebel, diss.).

[15] ICJ Reports 1986 p 554, 573–4. Also: *Filleting within the Gulf of St Lawrence (Canada v France)* (1986)
19 RIAA 225, 265.

[16] *Mavrommatis Jerusalem Concessions Case* (1925) PCIJ Ser A No 5, 37; *Certain German Interests in Polish Upper
Silesia* (1926) PCIJ Ser A No 7, 13; *Free Zones of Upper Savoy and the District of Gex* (1932) PCIJ Ser A/B No 46, 108,
169–70. Also: *US—Sections 301–310 of the Trade Act of 1974*, WTO Doc WT/DS152/R, 22 December 1999, 333–5.

[17] *Questions relating to the Seizure and Detention of Certain Documents and Data (Timor-Leste v Australia)*,
Provisional Measures, Order of 3 March 2014, ICJ Reports 2014 p 147, 155–8; cf *Certain Activities Carried Out
by Nicaragua in the Border Area (Costa Rica v Nicaragua)*, Provisional Measures, Order of 22 November 2013,
ICJ Reports 2013 p 354, 366–7.

[18] *Certain Criminal Proceedings in France (Republic of the Congo v France)*, Provisional Measure, ICJ Re-
ports 2003 p 102, 109–10; *Pulp Mills on the River Uruguay (Argentina v Uruguay)*, Provisional Measures, Order
of 13 July 2006, ICJ Reports 2006 p 113, 128, 134; *Questions relating to the Obligation to Prosecute or Extradite
(Belgium v Senegal)*, Provisional Measures, Order of 28 May 2009, ICJ Reports 2009 p 139, 155; *Certain Activi-
ties Carried Out by Nicaragua in the Border Area (Costa Rica v Nicaragua)*, Provisional Measures, Order of 8
March 2011, ICJ Reports 2011 p 6, 23–4.

[19] ILC *Ybk* 2006/II(2), Principle 10, 166.

雖然單方聲明可能反映出國家所爲之「承諾」（commitments），但該聲明本身並非條約，不適用相對嚴格之 VCLT 終止或退出制度之拘束。然而，在情勢變更之情況下，例如某些情況允許國家終止或退出，亦與確定撤銷單方聲明是否具有任意性（arbitrary）有關。

3. 默許

【405】一旦已知存在爭議，另一方可能會透過「承認」或「默許」（acquiescence）[20] 以主張於涉及之案件中受到嚴重損害。而以「默許」、「承認」或「默示同意」之方式表示同意，亦可能導致其承認所主張者爲合法權利。當一個國家於某種程度上基於似是而非之基礎主張權利時，可能會出現類似情況。此處所謂「默許」，應包括接受對方主張之法律基礎，[21] 而「抗議」，係旨在防止認定「默許」之國家單方行爲，必須及時提出。[22]

(1) 法律基礎

作爲一個實體法律概念，「默許」起源於普通法，雖然民法也有類似之程序概念，而此原則係透過國際審判於國際法體系中逐漸具體化。[23] 1910 年，仲裁法庭爲劃定挪威與瑞典間之海上邊界而成立，其依據於系爭地區之廣泛實踐而裁定瑞典得繼續維護其主權，包括：捕撈龍蝦、進行測量，以及停泊小船，仲裁庭於結論中認爲：

> 關於國際法之既定原則，倘若事物狀態係實際且長期存在，

---

[20] MacGibbon (1957) 33 *BY* 115; Bowett (1957) 33 *BY* 176, 197; Thirlway (1989) 60 *BY* 1, 29–49; Sinclair in Lowe & Fitzmaurice (eds), *Jennings Essays* (1996) 104; Antunes, *Estoppel, Acquiescence and Recognition in Territorial and Boundary Dispute Settlement* (2000); Chan (2004) 3 *Chin JIL* 421; Tams in Crawford, Pellet, & Olleson (eds), *The Law of International Responsibility* (2010) 1035.

[21] *Fisheries (UK v Norway)*, ICJ Reports 1951 p 116, 138–9.

[22] *Land, Island and Maritime Frontier Dispute (El Salvador/Honduras: Nicaragua intervening)*, ICJ Reports 1992 p 351, 577.

[23] E.g. *Maritime Boundary Dispute between Norway and Sweden* (1910) 4 *AJIL* 226, 233–5; *Anglo-Norwegian Fisheries*, ICJ Reports 1951 p 116, 138–9; *Right of Passage over Indian Territory (Portugal v India)*, ICJ Reports 1960 p 6, 39–44; *Temple of Preah Vihear (Cambodia v Thailand)*, ICJ Reports 1962 p 6, 23–33; *Continental Shelf (France v UK)* (1977) 18 RIAA 3, 68–74; *Land, Island and Maritime Frontier Dispute (El Salvador/Honduras: Nicaragua intervening)*, ICJ Reports 1992 p 351, 401–9, 566–70; *Sovereignty over Pedra Branca/Pulau Batu Puteh, Middle Rocks and South Ledge (Malaysia/Singapore)*, ICJ Reports 2008 p 12, 50–1, 120–1.

則應盡可能減少改變。[24]

1951 年，國際法院支持挪威建立「直線基線」（straight baselines）之合法性，並以類似之方式進行推理：

> 事實的惡名昭彰、國際社會普遍容忍、英國對於北海之立場，以及該國在北海之利益問題等；無論如何，基於其長期棄權之態度，都將保證挪威對英國執行其制度。[25]

【406】因此，「默許」之條件包括：惡名昭著之事實及主張、利益受到特別影響國家之長期容忍，以及國際間普遍容忍等。至於舉證責任，有論者主張，從構成「默許」之行為中得出之推論「很可能幾乎可以肯定」（so probable as to be almost certain），[26]「默許」迄今主要適用於對領土之主張。然而，作為「默示接受」之證明，隨時間長久的推移，假設國家之「同意」係屬合理且可納入更廣泛之「單方行為」的一種類別。[27] 因此，「默許」可能導致國家接受一項義務，或形成他國之權利。

在 North Sea Continental Shelf 一案中，國際法院指出，單方承擔條約義務之行為「不能輕易推定」（not lightly to be presumed），需要「非常一致之行為過程」（very consistent course of conduct）。[28] 然而，於 Nicaragua 一案中，國際法院裁定，尼加拉瓜「始終默認」（constant acquiescence）於法院年報（Court's Yearbook）中公布其所謂之任擇條款聲明，「構成其承認法院強制管轄權意圖的有效方式」，[29] 很明顯地，此可視為「非常一致之行為過程」。

---

[24] *Maritime Boundary Dispute between Norway and Sweden* (1910) 4 *AJIL* 226, 233.

[25] *Anglo-Norwegian Fisheries*, ICJ Reports 1951 p 116, 139.

[26] *Maritime Boundary Dispute between Norway and Sweden* (1910) 4 *AJIL* 226, 234. Also: *Territorial and Maritime Dispute between Nicaragua and Honduras in the Caribbean Sea (Nicaragua v Honduras)*, ICJ Reports 2007 p 659, 735.

[27] Sur (2013) 363 Hague *Recueil* 9, 182.

[28] *North Sea Continental Shelf (Federal Republic of Germany/Netherlands; Federal Republic of Germany/Denmark)*, ICJ Reports 1969 p 3, 25.

[29] *Nicaragua*, ICJ Reports 1984 p 392, 411–13; also: ibid, 413–15, on issues of estoppel. Further: ibid, 458–60 (Judge Ruda); 463–5 (Judge Mosler); 483–9 (Judge Oda); 527–31 (Judge Ago); 595–600 (Judge Schwebel, diss).

(2) 權利不一致之證據

單方聲明（unilateral declarations）至少在原則上涉及對問題有意識、公開、連貫，以及決定性之表述。然而，「默許行爲」與「官方聲明」可能都具有證明價值，蓋國家所承認之權利與聲明者之主張不一致時，此類行爲皆爲單獨且不具有決定性。在 *Eastern Greenland* 一案中，雖然系爭爭議係爲附屬事項，但法院非常重視挪威已成爲若干條約締約國之事實，此類條約提到丹麥對於整個格陵蘭島之主權，而挪威於抗辯時主張，丹麥之主權並未擴張至格陵蘭島之全部範圍。[30]

4. 禁反言

(1) 禁反言在國際法中之地位

國際上傾向於將任何具有法律意義之陳述或行爲適用「禁反言」，從而阻止國家否認其陳述之「眞實性」（truth），無論其爲明示或暗示；國際法透過類比國內法上的「禁反言」原則，【407】以及參考國際法院之判決，Bowett 整理「禁反言」之要點爲：(i) 明確之事實陳述；(ii) 自願、無條件、授權；(iii) 信賴善意而損害他方，或有利於作出聲明之一方。[31] 許多權威人士支持上述觀點，即「禁反言」係國際法之一般原則，以誠信、善意，以及一貫原則爲基礎。[32]「禁反言」之本質，係他方因信賴此行爲，而使其改變其立場而導致損害，或因此而遭受某些損害行爲。[33] 值得注意者，國內法中的「禁反言」原則

---

[30] PCIJ Ser A/B No 53, 68–9, 70–1. Also: *Minquiers and Ecrehos (France/UK)*, ICJ Reports 1953 p 47, 66–7, 71–2.

[31] Bowett (1957) 33 *BY* 176, 202. Further: Martin (1979); Thirlway (1989) 60 *BY* 1, 29–49; Youakim, *Estoppel in International Law* (1994); Sinclair in Lowe & Fitzmaurice (1996) 104; Cottier & Müller, 'Estoppel' (2007) *MPEPIL*; Eckart (2012) 277–98; Thirlway, *The Law and Procedure of the International Court of Justice* (2013) 27–42; Kassoti (2015) 89–94; Kulick (2016) 27 *EJIL* 107, 107–12, 115–17, 124–8.

[32] *Temple*, ICJ Reports 1962 p 6, 61–5 (Judge Fitzmaurice); *Delimitation of the Maritime Boundary in the Gulf of Maine Area (Canada/US)*, ICJ Reports 1984 p 246, 305. Also: Bowett (1957) 33 *BY* 176, 202; MacGibbon (1958) 7 *ICLQ* 468; Lauterpacht, *Development* (1958) 168–72; ILC *Ybk* 1963/II, 212–13; Waldock, ibid, 39–40; ILC *Ybk* 1966/II, 239. Cf Fauvarque-Cosson, *La Confiance légitime et l'Estoppel* (2007).

[33] *Gulf of Maine*, ICJ Reports 1984 p 246, 309. Also: *El Salvador/Honduras, Application to Intervene by Nicaragua*, ICJ Reports 1990 p 92, 118; *Cameroon v Nigeria*, Preliminary Objections, ICJ Reports 1998 p 275, 303–4; *Obligation to Negotiate Access to the Pacific Ocean (Bolivia v Chile)*, ICJ Reports 2018 p 1, 49–50. Also:

適用上非常謹慎，並且該「原則」在國際法中並未具特別之連貫性，其發生與效果並非達成一致。[34] 因此，於法庭面前，主要定義可用來解決紛爭，並且作爲公平與正義之原則，[35] 且「禁反言」亦成爲法官推理之一部分。而在其他地方，「禁反言」之內容，係由上一節所提及之原則來處理，諸多原則彼此之間皆爲相互關聯。[36]

司法上適用「禁反言」原則將其擴張解釋之實例，可見於 *King of Spain*（西班牙國王）之仲裁裁決案，尼加拉瓜對該裁決之有效性提出質疑。然而，國際法院認爲裁決有效，但補充說明，尼加拉瓜已透過明確「聲明」及行爲承認該裁決有效，因此不得再對其提出異議。[37] 本案與類似案例皆支持特定類型之「禁反言」原則，但相關適用可獨立於任何一般規則之運作。

【408】(2) 單方行爲與禁反言間之關係

「單方行爲」與「禁反言」間之關係需要加以釐清，此兩項原則乃分別從大陸法系及英美法系導入國際法體系中，且各自獨立成長，相互交錯適用。雖然兩項原則皆起源於「誠信原則」，但「單方行爲」本質上係在於公開表明「聲明」或「陳述」，並使其具有拘束力；而「禁反言」係更普遍之類別，包括不具有約束力或意圖之聲明或陳述，相當於「承諾」，其約束力則視具體情況而定。

撤銷「單方行爲」之問題，亦不同於「禁反言」。蓋具有拘束力之單方行

Chevron-Texaco v Ecuador, PCA Case No 34877, Partial Award on the Merits, 30 March 2010, [350]–[353]; *Delimitation of the Maritime Boundary between Bangladesh and Myanmar in the Bay of Bengal (Bangladesh/Myanmar)*, Judgment of 14 March 2012, ITLOS Case No 16, paras 119–25; *Railway Land Arbitration (Malaysia v Singapore)* (2014) 162 ILR 588, 669–72; *Chagos Marine Protected Area (Republic of Mauritius v UK)* (2015) 162 ILR 1, 247–50. For refusal to apply estoppel to questions on title to land as between host state and investor, see *Vestey Group Ltd v Venezuela*, ICSID Case ARB/06/4, 15 April 2016, paras 257–8.

[34] *Temple*, ICJ Reports 1962 p 6, 39 (Judge Alfaro), 143 (Judge Spender, diss).

[35] Cf Cheng, *General Principles* (4th edn, 1987, repr 2006) 141–58. Also: Bowett (1957) 33 *BY* 176, 195; Lauterpacht (1958) 168–72.

[36] Venturini (1964) 112 Hague *Recueil* 363, 370–4. Bowett uses the principle of reliance to isolate 'simple' or 'true' estoppel from the other principles. In some contexts, such as renunciation, reliance is not active in determining legal consequences: see *Pulau Batu Puteh*, ICJ Reports 2008 p 12. Nor does his distinction as to statements of fact have much viability. Further: *Chagos Marine Protected Area* (2015) 162 ILR 1, 248; and see Kulick (2016) 27 *EJIL* 107, 126–7.

[37] *Arbitral Award Made by the King of Spain on 23 December 1906 (Honduras v Nicaragua)*, ICJ Reports 1960 p 192, 213. Cf Johnson (1961) 10 *ICLQ* 328.

爲，可於未被依賴，或情況發生重大變化，且具充分理由時，被原行爲者「撤銷」。鑒於產生法律義務之首要條件係單方行爲之公示，故公示亦爲通知撤回單方行爲之要件之一，並視具體情況而定。然而，對於「禁反言」之出現，並未有上述之要求。兩者的共同特徵，係沒有理由假定任何一方都受條約法規定之終止義務規則所拘束。

　　「禁反言」亦應與「默許」加以區分。後者涉及允許現有之法律或事實情況，在可得且應該提出反對之情況下，繼續存在；隨時間之推移，而導致同意的假定。「默許」不受「有害依賴」（detrimental reliance）要求之約束，而係於時間流逝之背景下「隱含之承諾」。用緬因灣商會（Chamber in Gulf of Maine）之說法：

　　「默許」及「禁反言」之概念，無論國際法賦予其地位爲何，都應遵循誠信及公平之基本原則。然而，基於不同之法律推理，因爲「默許」係等同以單方行爲表示之「默認承認」，另一方可能將其解釋爲同意，而與「禁反言」及排除等概念互相關聯。[38]

5. 結論

　　本章之內容可以總結如下：

(1) 國際法承認「禁反言」原則。

(2)「禁反言」並非僅只是「單方行爲」，而係代表其實體在某些情況下不能否認其先前對於眞實性之表示，尤其可能會違反信賴及造成損害。

(3) 相形之下，國際法意義上之「單方行爲」係一種旨在具有拘束力，並被接受之承諾。

(4)「禁反言」原則並未窮盡國際法中之誠信原則；然而，其可能發揮何種進一步之作用，仍取決於事實與個案情況。

---

[38] *Gulf of Maine*, ICJ Reports 1984 p 246, 305.

第十九章　權利與義務之繼承

1. 概述

(1) 國家繼承作為一個類別

　　【409】當一個國家對特定領土之主權最終被另一個國家所取代時，即發生「國家繼承」（state succession），[1] 亦符合國際法之替代規則，[2] 與繼承有關之政治事件包括：現有國家解體、國家之全部或部分分離或解體（secession or separation）、去殖民化、現有國家合併為新國家，以及國家領土之割讓或兼併（cession or annexation）等。「國家繼承」係基於主權權力之永久轉移，因此不包括：因交戰占領、代理，或條約授予領土之專屬占有而導致領土臨時性變化。

　　當一個國家之主權取代另一個國家時，就會出現許多法律問題。例如：繼承國（successor state）是否受前任國所有或任何條約的約束？原有領土上之居民是否自動成為繼承國之國民？繼承國是否受到涉及前任國之國際債權、前任國國債影響，以及法律制度下其他義務於繼承國是否被取代？值得應該注意者，「國家繼承」一詞係用來描述一個地區或一系列問題之根源，而此概念並非代表著任何壓倒一切之原則，甚至亦非「推定」，即在特定情況下發生法律權利及義務之轉移或繼承。另外，「國家繼承」係國際公認之概念，雖然國內法將個人一般財產中法人資格之連續性，作為「遺產之傳遞」（passing as an inheritance），但倘若將「國家繼承」與國內法類比具有誤導性，此涉及完整或「普遍繼承」（universal succession）。一般而言，國際法中「普遍繼承」

---

[1] Principal items of literature include: O'Connell, *State Succession in Municipal Law and International Law* (1967); O'Connell (1970) 130 Hague *Recueil* 95; Verzijl, 7 *International Law in Historical Perspective* (1974); Crawford (1980) 51 *BY* 1; Makonnen, *International Law and the New States of Africa* (1983); Hafner & Kornfeind (1996) 1 *Austrian RIEL* 1; Stern (1996) 262 Hague *Recueil* 164; Eisemann & Koskenniemi (eds), *State Succession* (2000); Craven, *The Decolonization of International Law* (2007). See also Sarvarian (2016) 27 *EJIL* 789.

[2] Where territory is occupied by a state in circumstances not in accordance with international law (or at least with a peremptory norm), there is no succession and the regime is one of occupation pending resolution of the problem: Ronen, *Transition from Illegal Regimes under International Law* (2011), and further: chapter 27.

之唯一事件係國家之連續性（state continuity），涉及「生」而非「死」。

【410】「國家繼承」乃爲一個充滿不確定性及極具爭議之領域。許多實踐皆處於模稜兩可之狀態，得依據「特殊協議」或不同於法律繼承概念之規則來解釋。事實上，目前可謂尚未出現許多既定國際法之規則。

雖然如此，國際法委員會（ILC）試圖將國家繼承法編纂成兩個獨立之公約，1978 年「關於國家在條約方面的繼承的維也納公約」（Vienna Convention on the Succession of States in Respect of Treaties），[3] 以及 1983 年「關於國家在財產、檔案和債務方面繼承的維也納公約」（Vienna Convention on the Succession of States in Respect of Property Archives and Debt）。[4] 兩項公約皆因部分條文與既定之國際法規則不一致而受到批評，[5] 並且批准國之數量有限（1978 年公約於 1996 年才生效，有 22 個締約國；1983 年公約則至今仍未生效）。[6] 然而，過去二十年間之領土移轉，顯示出國際間逐漸援引上述兩項公約，或至少以該公約某些條款解決爭議之趨勢，蓋國際法上並無更好之法律淵源得以闡明所涉及之各項原則。[7]

(2) 以協定方式規範優先議題

當多邊和平條約構成新國家，或重新分配領土時（例如於 1815 年、1919 年至 1923 年，或 1947 年），此類條約通常會將繼承問題作爲領土重新安排之一部分並進行規範。聖日耳曼條約（Treaty of St. Germain）規定奧匈帝國（Austro-Hungarian）君主制繼承國，對其公共債務之責任；[8] 1947 年義大利

---

[3] 23 August 1978, 1946 UNTS 3.

[4] 7 April 1983, 22 ILM 306. The Convention was adopted by 54–11:11.

[5] O'Connell (1979) 39 *ZaöRV* 730; Vagts (1992–3) 3 *Va JIL* 275, 295; Stern (ed), *Dissolution, Continuation and Succession in Eastern Europe* (1998).

[6] See also ILC Draft Articles on nationality of natural persons in relation to the succession of states, ILC *Ybk* 1999/II(2), 23–47; in Pronto & Wood, *The International Law Commission 1999–2009* (2010) IV, 75–126. The Draft Articles were brought to the attention of governments by GA Res 55/153, 12 December 2000, and finalized as a non-treaty text by GA Res 66/469, 9 December 2011. Initial work has started on state succession in respect of responsibility: ILC Report 2017, 69th Session, ch IX.

[7] *Gabčíkovo-Nagymaros Project (Hungary/Slovakia)*, ICJ Reports 1997 p 7, 70–2; Badinter Commission, *Opinion No 9* (1992) 92 ILR 203, *Opinion No 12* (1993) 96 ILR 729, *Opinion No 14* (1993) 96 ILR 723, *Opinion No 15* (1993) 96 ILR 733; *Partial Award: Prisoners of War—Eritrea's Claim 17* (2003) 26 RIAA 23, 38.

[8] Principal Allied & Associated Powers-Austria, Treaty of St Germain-en-Laye, 10 September 1919, 226 CTS 8, Art 203. Also: *Administrative Decision no 1* (1927) 6 RIAA 203; *Ottoman Debt* (1925) 1 RIAA 529.

和平條約（Italian Peace Treaty）之規定中，確定有關義大利與其前殖民地利比亞關係之問題；[9] 於其他情況下，國家行為可能透過單方聲明、立法或其他立場之表達方式產生「非正式更替」（informal novation）；[10] 1958 年，當埃及與敘利亞聯合成立「阿拉伯聯合共和國」（United Arab Republic）時，聯盟外交部長在給聯合國秘書長之照會中提及，【411】「埃及或敘利亞締結之所有國際條約及協定，以及與其他國家之關係，將在其締結時規定區域範圍內，並依據國際法原則繼續有效」。[11] 上述聲明本身不能拘束第三方與埃及與敘利亞間所締結之條約。然而，第三國默許阿拉伯聯合共和國所採取之立場，而美國明確注意到其給予之保證。[12] 新國家可以透過通知繼承的方式成為條約之締約國，而其他國家、國際組織或於必要時，法院亦接受其有效性。[13]

　　條約權利及義務之轉移，通常係繼承國與被繼承國間締結協定之主題，[14] 此類協定促進彼此關係之確定與穩定，[15] 除此之外，協定亦將產生某些問題。首先，該協定可能看起來係即將離任之殖民勢力，於獨立時強加交易之一部分，而新國家可能會尋求法律手段質疑其有效性與適用性；其次，第三國不能受繼承協定之拘束，除非第三國亦透過明確之聲明或行為，表達同意受其拘束。[16]

---

[9]　Treaty of Peace with Italy, 10 February 1947, 49 UNTS 124; and e.g. *Italy v UK* (1953) 25 ILR 2.

[10]　Waldock, ILC *Ybk* 1971/II(1), 149–53; ILC *Ybk* 1972/II, 272–7; ILC *Ybk* 1974/II(1), 236–41. Also e.g. *DC v Public Prosecutor* (1972) 73 ILR 38 (continuity of post-1992 FRY); *R v Director of Public Prosecutions, ex p Schwartz* (1976) 73 ILR 44 (reliance on Jamaican constitutional provision); *M v Federal Department of Justice and Police* (1979) 75 ILR 107 (continuity of 1880 Anglo-Swiss Extradition Treaty based on the tacit acceptance of Switzerland and South Africa).

[11]　ILC *Ybk* 1958/II, 77.

[12]　2 Whiteman 959–62, 1014. The United Arab Republic dissolved in 1964 with similar consequences in terms of treaty continuity: 2 O'Connell (1967) 71–4, 169–70.

[13]　Cf SC Res 757 (1992); SC Res 777 (1992); *Bosnian Genocide*, Preliminary Objections, ICJ Reports 1996 p 595, 612. There the ICJ did not consider it necessary to decide whether Bosnia and Herzegovina became a party to the Genocide Convention through succession or accession after independence. It relied on the 'object and purpose' of the Genocide Convention to establish its jurisdiction *ratione temporis* rather than an acceptance of Yugoslavia's notification of succession (indeed, it implicitly discounted the notification of succession by applying the Convention retroactively: ibid, 617).

[14]　Lauterpacht (1958) 7 *ICLQ* 514, 524–30; 2 O'Connell (1967) 352–73.

[15]　ILA, *The Effect of Independence on Treaties* (1965) 191; 2 O'Connell (1967) 154; Craven (2007) 122.

[16]　UK–Venezuela Agreement, 17 February 1966, 561 UNTS 321, Art VIII; Waldock, Second Report, ILC *Ybk* 1969/II, 54–62; ILC *Ybk* 1972/II, 236–41; ILC *Ybk* 1974/II(1), 183–7; Craven (2007) 120–31.

2. 領土變化之形式

領土變化之形式與「權利及義務可轉讓性」（transmissibility of rights and duties）間顯然存在某種關係。因此，「移動條約邊界」（moving treaty boundaries）原則上係假設領土從 A 國轉移到 D 國，並未影響現有條約；B 國條約涵蓋轉移之領土，而 B 國之條約則不再適用。[17] 然而，將割讓、解體、合併、去殖民化等概念確立爲主要類別，似乎沒有價值與實益；[18] 或許去殖民化可歸納出特殊原則，但在去殖民化、解體、分裂及兼併等方面，嚴格區分並沒有普遍意義，故過於依賴上述區別恐怕會令人誤解，【412】倘若特定事實情況與法律類別相似，所援引之法律規則中可能存在一些異常或令人反感之區別。因此，O'Connell 採用「兼併」（annexation）之類別，並接受「兼併」終止「個別條約」之觀點；[19] 但在「授予獨立」（grants of independence）之情況下，O'Connell 對於條約之存續採取不同方法，但並未解釋爲何會有如此不同之結果。

然而，導致主權變更事件，係於特定情況下可能具有法律之相關性。故倘若繼任國否認或承認與前任之「連續性」，可能會產生排除後續法律事項之效果。倘若政治及法律變革機制涉及放棄主權，嗣後更以多邊領土之解決形式重新分配，就像 1919 年至 1920 年歐洲和平條約（Peace Treaties in Europe）之情況一樣，[20] 很可能將有反對「連續性」之假設。同樣地，在強制分離或類似情況下，例如以色列建國之案例，將推定不具有「連續性」。[21] 提到承認或

---

[17] *Sanum Investments Limited v Laos*, Award on Jurisdiction, PCA, 13 December 2013. But see *Lao People's Republic v Sanum Investments Ltd* [2015] SGHC 15. Cf Costelloe (2016) 65 *ICLQ* 343.

[18] But see Bedjaoui, ILC *Ybk* 1968/II, 100–1. Other ILC members adopted a similar point of view: ILC *Ybk* 1969/I, 53ff.

[19] 2 O'Connell (1967) chs 2, 8. Like O'Connell, Jennings (1967) 121 Hague *Recueil* 323, 447–8 regards 'evolution towards independence' within the British Commonwealth as creating a continuity in personality with the pre-independence colonial government. This view is not reflected in the relevant materials except in the rather different case where a protectorate is held to have had international personality before the subordinate status was removed: Zemanek (1965) 116 Hague *Recueil* 195, 228; Crawford, *Creation of States* (2nd edn, 2006) 307–10. Cf Rosenne (1950) 27 *BY* 267.

[20] Cf *Réparations allemandes selon l'article 260 du Traité de Versailles* (1924) 1 RIAA 429, 441–4. Special provision was made in the treaties for the maintenance of public debts.

[21] UN, *Materials on Succession of States* (1967) 38; *Shimshon Palestine Portland Cement Factory Ltd v A-G* (1950) 17 ILR 72.

否認與前任國家之連續性，會給第三國帶來問題，第三國並非必要接受「推定繼任國」（putative successor）之決定。[22] 第三國對「連續性」之承認係一個重要因素，蓋「連續性」於很大程度上，亦為一種選擇與承認之問題。[23] 在複雜的政治變化，以及短時間內產生「雙重繼承」（double succession）之情況亦復如此，例如印度與巴基斯坦、塞內加爾與馬利。通常，這些事項將由條約規定：因此，根據洛桑條約（Treaty of Lausanne），土耳其作為一個新的政治實體，被視為與奧圖曼帝國具有「連續性」。[24]

(1)連續性與繼承之區別

簡言之，國家連續性（state continuity）與國家繼承（state succession）之間存在著「根本區別」（fundamental distinction）；「連續性」表示同一國家繼續存在之情況，而「繼承」係指於特定領土上一個國家被另一個國家所取代。[25]「連續性」先於「繼承」問題，【413】國家連續性以法律關係之穩定性為前提。換言之，倘若「同一國家」（same state）繼續存在，則該國不存在權利及義務之繼承問題。[26]

雖然如此，在區分認同與繼承時，可能會遇到困難，尤其在國家領土、政府，或人口發生劇烈變化之情勢下。[27] 當涉及國際組織之成員資格時，此問題尤其可能成為爭議。[28] 由於「國家滅絕」（state extinction）並無明確定義之標準，主觀因素可能為其關鍵，包括：國家自己對連續性之主張，以及其他國家

---

[22] 2 Whiteman 758–9; 3 *Répertoire suisse* 1337–57.

[23] *DC v Public Prosecutor* (1972) 73 ILR 38.

[24] *Ottoman Debt* (1925) 1 RIAA 529, 571–4, 590–4, 599.

[25] Cf Stern (1996) 262 Hague *Recueil* 9, 39; Crawford (2nd edn, 2006) 667–8; Zimmermann in Tams & Sloan (2013) 53, 54–7; Ziemele in Chinkin & Baetens (eds), *Sovereignty, Statehood and State Responsibility* (2015) 273.

[26] Marek, *Identity and Continuity of States in International Law* (1968) 10; Mälksoo, *Illegal Annexation and State Continuity* (2003). But see Craven (2007) 78–80.

[27] The general rule is that internal changes of government do not affect a state's identity: Crawford (2nd edn, 2006) 678–80. Claims by the Russian Soviet Federative Socialist Republic of discontinuity with Tsarist Russia were rejected and were not persisted in.

[28] Russia assumed the USSR's place as a permanent member of the SC: Müllerson (1993) 42 *ICLQ* 473, 475–8; Shaw (1994) 5 *Fin YIL* 34, 49–50; Craven (2007) 218–19. By contrast, Serbia–Montenegro was denied automatic UN membership as a continuator of Yugoslavia. The Czech Republic and Slovakia agreed to reapply to UN membership as new states; their attempt to divide between themselves Czechoslovakia's seats in the specialized agencies was rejected: Scharf (1995) 28 *Cornell ILJ* 29, 30–1.

之承認等。[29] 雖然認同及連續性之確定具有不穩定之特徵，但國際間已提出許多標準來解決「國家連續性」之問題。Marek 依據正式之「獨立」標準（或有關國家之法律秩序維護）作為試金石；[30] 任何其他可能性係指國家地位之基本標準（例如領土與人口之連續性），適用於第三國之主張、承認及默許。[31]

(2) 聯邦國家之解體

關於探討蘇聯與南斯拉夫社會主義聯邦共和國（Socialist Federal Republic of Yugoslavia, SFRY）[32] 解體或部分解體之文章很多。就俄羅斯聯邦（Russian Federation）此一蘇聯主要倖存之組成部分而言，國際社會接受俄羅斯在致聯合國之信函，以及向所有在莫斯科設有外交使館之國家發出通告，即俄羅斯係前蘇聯之繼承者；俄羅斯亦被聯合國安理會成員接受為蘇聯之繼承國，俄羅斯承擔所有條約義務，並鞏固其於蘇聯在國外之債務及財產（雖然蘇聯之財產及債務可能已經於所有前共和國之間進行分配）。而前南斯拉夫解體（disintegration）後，塞爾維亞及蒙特內哥羅宣布其為前南斯拉夫的唯一繼承者，當時之名稱為「南斯拉夫聯盟共和國」（Federal Republic of Yugoslavia）。【414】此一立場不被歐洲共同體（European Community）及其成員國接受。[33] 很顯然地，由於此差異，南斯拉夫無法行使其作為聯合國會員國之諸多權利，但暫時不會影響其作為「國際法院規約」（Statute of the International Court of Justice）締約國之地位。然而，在 2001 年後，國際間對於此情況採取完全不同之看法；[34] 國際法院方面搖擺不定，亦很難對上述事件提出法律解釋。

---

[29] Bühler in Eismann & Koskenniemi (2000) 187–201; Caflisch (1963) 10 *NILR* 337, 338. But see Crawford (2nd edn, 2006) 668.

[30] Marek (1968) 188, 216.

[31] Crawford (2nd edn, 2006) 670–1.

[32] Schachter (1948) 25 *BY* 91, 101–9; Zemanek (1965) 116 Hague *Recueil* 181, 254; 2 O'Connell (1967) 183–211; 2 Whiteman 1016–27; Bühler in Eismann & Koskenniemi (2000) 187.

[33] Badinter Commission, *Opinion No 9* (1992) 92 ILR 203. For other Opinions: *Opinion No 11* (1992) 96 ILR 718; *Opinion No 12* (1993) 96 ILR 723; *Opinion No 13* (1993) 96 ILR 726; *Opinion No 14* (1993) 96 ILR 729. Also *Federal Republic and National Bank of Yugoslavia v Republics of Croatia, Slovenia, Macedonia and Bosnia-Herzegovina* (1999) 128 ILR 627.

[34] Further: *Legality of the Use of Force (Serbia and Montenegro v Belgium)*, ICJ Reports 2004 p 279; *Bosnian Genocide*, ICJ Reports 2007 p 43; *Croatia v Serbia*, Preliminary Objections, ICJ Reports 2008 p 412.

(3) 歸還原則

由於第三國之普遍承認而產生的連續性，可能以歸還（reversion）之形式出現，[35]「繼承國」可被視爲恢復被解體或殖民化干預時期所取代之政治及法律身分。[36] 此情況很少見，「歸還原則」之後果可能會對於法律關係之安全造成威脅。因此，繼承國不得認爲自己受前任強加之領土授予，或承認領土甚至人口變化之法律拘束。[37] 有論者提出，除第三國承認外，在「後殖民歸還」（post-colonial reversion）之情況下，「自決原則」（selfdetermination）可能會產生有利於「繼承國」之推定。[38] 如此引發「強制性規範」（包括自決）與「國家繼承」相關法律關係之重大問題。

3. 國家繼承與國內法之關係

主權變更後，可能會在國內法之背景下提出各種問題，例如割讓國或被繼承國財產之命運、法律制度連續性、私有財產權之地位、契約衍生之權利，以及依據被繼承國之法律達成之特許權與國籍問題等。但亦有論者堅持認爲，被繼承國之國內法仍然有效，直到新君主採取措施進行改變爲止。[39]【415】O'Connell 支持既得權或獲取權利之原則，[40] 亦即主權改變並不影響外國國民之「既得權」（acquired rights）。該原則雖然得到法庭之支持，[41] 但實際上卻成爲混淆之根源，因爲該原則係以提問式爲主，並且被用作各種命題之基礎。對於某些論者而言，上述概念僅代表私人權利不受主權本身變化之影響；而對

---

[35] Alexandrowicz (1969) 45 *International Affairs* 465; Jain (1969) 9 *Indian JIL* 525; Långström in Eisemann & Koskenniemi (2000) 723, 730–3.

[36] Cf Crawford (2nd edn, 2006) 697–9.

[37] The major modern example is the Baltic States: Ziemele, *State Continuity and Nationality* (2005); Crawford (2nd edn, 2006) 689–90. Only limited consequences flowed from recognition of pre-1940 continuity.

[38] *Right of Passage (Portugal v India)*, ICJ Reports 1960 p 6, 93–6 (Judge Quintana, diss). Cf Bedjaoui, ILC *Ybk* 1968/II, 128. In *Red Sea Islands*, the Yemeni argument based on reversion was rejected on the facts: (1998) 114 ILR 1, 115–17. It is not clear that the Court of Arbitration appreciated the precise historical sequence of events.

[39] 1 Hyde 397ff.

[40] 2 O'Connell (1967) chs 6–18; O'Connell (1970) 130 Hague *Recueil* 95, 134–46. Zemanek (1965) 116 Hague *Recueil* 181, 279, points out that only when one assumes that the chain of continuity is broken does it become necessary to have recourse to a special rule on vested rights.

[41] *Forests of Central Rhodopia* (1933) 3 RIAA 1405, 1431–6; *Lighthouses* (1956) 23 ILR 79, 79–80.

另一部分論者而言，似乎代表著繼承國除在不涉及繼承之情況下，就關於外國人待遇適用的一般國際法規則外，還面臨對其與外國人私權（private rights of aliens）有關之權力限制。此外，國際法學者往往無法將「既得權」概念與影響主權變化之其他原則予以聯繫。當新主權者獲得與被繼承國所享有之相同主權，涉及正常之立法權力及管轄權。舊法律之存續與否係取決於新君主之同意，在其同意之前，並非意謂存在法律真空（legal vacuum），而係指該領土、憲法或公法必然會發生變化，以適應新情況。新君主擁有與舊君主同等修改法律之自由；[42] 事實上，既得權之支持者，以限定形式解釋該原則。因此，O'Connell 指出「國際法中尊重既得權之原則，不過是主權變更下之必然產物，不應過多地觸及個人利益原則」，並進一步闡明，倘若繼承國改變或終止既得權，必須符合國際法之最低標準。[43] 在去殖民化（decolonization）情況下，延續獨立前之經濟結構，通常涉及外國對主要資源之廣泛所有權，此將導致「政治獨立及正式主權」（political independence and formal sovereignty）與「規範國家經濟之正常權力機構」（normal competence to regulate the national economy），二者無法完全配合之情況。聯合國大會關於「對自然資源永久主權」（Permanent Sovereignty over Natural Resources）之宣言 [44] 包含一個附帶條件：

> 考慮到以下第 4 段中之任何內容，都不會以任何方式損害任何會員國對於繼承國與政府（successor States and Governments），在前殖民統治國家獲得完全主權（complete sovereignty of countries formerly）之前，所享有之財產權及義

---

[42] Kaeckenbeeck (1936) 17 *BY* 1, 13; Rosenne (1950) 27 *BY* 267, 273, 281–2; 1 Guggenheim 136; Zemanek (1965) 116 Hague *Recueil* 181, 281; Bedjaoui, ILC *Ybk* 1968/II, 115; Bedjaoui, ILC *Ybk* 1969/II, 69. For the debate: ILC *Ybk* 1969/I, 53ff; Bedjaoui (1970) 130 Hague *Recueil* 455, 531–61. The often-quoted passage in *German Settlers in Poland* (1923) PCIJ Ser B No 6, 36, that German law had continued to operate in the German territory transferred to Poland after 1918, is a factual statement. Further *L & JJ v Polish State Railways* (1957) 24 ILR 77.

[43] 1 O'Connell (1967) 266. O'Connell points out that the principle of continuity of law is only a presumption: ibid, 170. Also O'Connell (1970) 130 Hague *Recueil* 95, 141.

[44] GA Res 1803, 14 December 1962.

務問題之立場，此爲殖民統治下所保留之權限，而非給予全
新之全權主權。

(1)國家財產

【416】國際間普遍承認，繼承位於被繼承國有關領土上之公共財產
（public property of the predecessor state）[45] 係習慣國際法之原則，常設國際法
院之判決支持上述立場。[46] 另一種方法提及「原則」實際上係一種「推定」，
即「國家財產」之獲得乃屬於領土主權之固有權利，且係於「轉讓」或「割
讓」以外之情況下，享有「主權」後的正常結果。1983 年「關於國家在財產、
檔案和債務方面繼承的維也納公約」[47] 基本上確認上述立場，雖然該公約針對
「繼承國」爲「新獨立國家」（newly independent state）之情況時，提出一種
截然不同的法律制度。

在實踐中，倘若於繼承國間分割「國家財產」，可能會產生很大的困難，
通常此類爭議係基於「公平」原則而透過談判簽訂與雙邊協定解決之。爲規範
「國家財產」之繼承（特別涉及國家解體及分離之區別）而對主權變更形式存
在不同意見時，可能導致衝突；[48] 於某些情況下，「國家財產」之定義本身可
能存在爭議，前南斯拉夫社會主義聯邦共和國（SFRY）之繼承國就「社會財
產」（social property）提出相互競爭之主張，即爲很好的實例。[49]

---

[45] For ILC proceedings: ILC *Ybk* 1970/II, 131; ILC *Ybk* 1971/II(1), 157; ILC *Ybk* 1973/II, 3; ILC *Ybk* 1974/II(1), 91; ILC *Ybk* 1975/II, 110; ILC *Ybk* 1976/II(1), 55; ILC *Ybk* 1976/II(2), 122; ILC *Ybk* 1981/II(2), 24–47; *Union of Burma v Kotaro Toda* (1965) 53 ILR 149. Also: Dronova in Eisemann & Koskenniemi (2000) 782, 798–810; Terol, ibid, 889, 916–24; Stanič (2001) 12 *EJIL* 751; Resolution, Institut de Droit International (2001) 69 *Ann de l'Inst* 713.

[46] *Peter Pázmány University* (1933) PCIJ Ser A/B No 61, 237. Also *Haile Selassie v Cable and Wireless, Ltd (No 2)* [1939] Ch 182, 195.

[47] 22 ILM 298, 306. For comment: Streinz (1983) 26 *GYIL* 198; Monnier (1984) 30 *AFDI* 221. Further: Badinter Commission, *Opinion No 9* (1992) 92 ILR 203, *Opinion No 12* (1993) 96 ILR 729, *Opinion No 14* (1993) 96 ILR 723, *Opinion No 15* (1993) 96 ILR 733.

[48] *Republic of Croatia v GiroCredit Bank AG der Sparkassen* (1996) 36 ILM 1520; *Re AY Bank Ltd (in liquidation)* [2006] EWHC 830 (Ch); *Republic of Croatia v Republic of Serbia* [2009] EWHC 1559 (Ch); Bosnia and Herzegovina–Croatia–Macedonia–Slovenia–FRY, Agreement on Succession Issues, 29 June 2001, 2262 UNTS 253.

[49] Badinter Commission, *Opinion No 14* (1993) 96 ILR 723.

　　蘇聯解體後，需要特殊解決方案，以分配核武力量（nuclear forces）及其他軍事財產問題，此情況嚴重偏離「屬地原則」（principles of territoriality）及「公平分配原則」（equitable apportionment）。雖然最初有繼承國提出抗議，但最終同意俄羅斯將保有對所有核武器之控制，而擁有核武器之獨立國協（Commonwealth of Independent States）之其他成員國（白俄羅斯、哈薩克及烏克蘭等）則承諾「全面核裁軍」（total nuclear disarmament），並透過談判及賠償保證達成協議。[50] 1997 年，位於克里米亞半島（Crimean Peninsula，1954 年移交給烏克蘭）之黑海艦隊（Black Sea fleet）被俄羅斯（81.7%）與烏克蘭（18.3%）瓜分，【417】俄羅斯保留烏克蘭塞瓦斯托波爾港（Port of Sevastopol）之使用權二十年之久。[51]

(2) 公法上求償與公共債務

　　依據已經討論之內容，「繼承國」有權接受屬於前一國家與領土有關之「財政債權」（fiscal claims），包括有權徵收應得稅款。[52] 較具爭議性之問題，係被繼承國「公共債務」（public debts）之命運，可能並未建立相關之繼承規則。[53] 但某些學者認為，在國家被「兼併」或「解體」之狀態下（與割讓相反，即割讓國仍然存在），「繼承國」有義務承擔已消滅之「被繼承國」的公共債務。[54] Zemanek 將繼承限制適用於以下情況，意即在國家獨立前，一個「自治之政治屬國」（autonomous political dependency）透過代理宗主國之權

---

[50] Långström in Eisemann & Koskenniemi (2000) 742, 743–5; Dronova, ibid, 800–2. The present status of the Agreement is unclear.

[51] Agreement Between the Russian Federation and Ukraine on the Status and Conditions of the Russian Federation Black Sea Fleet's Stay on Ukrainian Territory, 28 May 1997, *RG* (7 June 1997) analysed in Sherr (1997) 39 *Survival* 33, extended for 25 years by the Russian–Ukrainian Naval Base for Natural Gas Treaty, 21 April 2010, *RG* (28 April 2010). Cf Dronova in Eisemann & Koskenniemi (2000) 805–10. Subsequent events in relation to Crimea have effectively superseded these arrangements: see Grant (2015) 109 *AJIL* 68.

[52] ILA, Report of the 53rd Conference (1968) 598, 603; Lauterpacht, 3 *International Law* (1977) 121; Cazorla in Eisemann & Koskenniemi (2000) 663–71, 696–706; Staničの (2001) 12 *EJIL* 751; King, *The Doctrine of Odious Debt in International Law* (2016). For ILC proceedings: Bedjaoui, ILC *Ybk* 1971/II(1), 185; ILC *Ybk* 1977/II(1), 45; ILC *Ybk* 1977/II(2), 59; ILC *Ybk* 1978/II(1), 229; ILC *Ybk* 1978/II(2), 113; ILC *Ybk* 1979/II(2), 40; ILC *Ybk* 1981/II(2), 72–113. As to state archives see ILC *Ybk* 1979/II(1), 67; 1 ILC *Ybk* 1979/II(2), 77; ILC *Ybk* 1980/II(1), 1; ILC *Ybk* 1980/II(2), 11; ILC *Ybk* 1981/II(2), 47–71.

[53] *Ottoman Debt* (1925) 1 RIAA 529, 573; *Franco-Ethiopian Railway Co* (1957) 24 ILR 602, 629.

[54] Feilchenfeld, *Public Debts and State Succession* (1931); Sack (1931–2) 80 *U Penn LR* 608; 1 O'Connell (1967) 369ff. Also *Lighthouses* (1956) 23 ILR 659.

力（metropolitan power），簽訂「債務地方化」（localized debt），而該債務於國家分離後，自動歸於「新國家」。[55] 在實踐中，僅有當「繼承國」承認前一國之義務時，國內法院始對「繼承國」強制執行此類義務，[56] 雖然該承認可能採取債務產生所依據之法律制度，以無條件延續的形式為之。1983 年的「維也納公約」（Vienna Convention）規定，在國家部分移轉、分離、或解體之情況下，「國家債務」將依公平比例減少（作為一般原則）並移轉給「繼承國」（第 36 條至第 41 條）。然而，當「繼承國」係一個「新獨立國家」時，除非有協定，並且只有在滿足某些條件之特殊情況下，任何「國家債務」都不得移轉（第 38 條）。依據第 2(l)(e) 條，「新獨立國家」係指「繼承國」之領土曾經係「被繼承國對其國際關係負責之從屬領土」；然而，「新獨立國家」與其他類型之「繼承國」（successor states）間之區別仍有很大爭議，尤其是當此區別有決定性之法律影響時，則更難以解決。

【418】(3) 國家契約及特許權

與根據「被繼承國」（predecessor state）之國內法享有之所有權一樣，基於「國家契約」與「特許」（concessions）之權利，很容易被新主權者所改變，對於此類干涉之限制，係源自於「外國人待遇」（treatment of aliens）或一般人權法之國際標準。[57] 然而，某些國際法學者 [58] 陳述以下原則，意即「取得特許經營權」（acquired rights of a concessionaire）之公司所享有之權利，必須受到「繼承國」之尊重。[59] 在選擇「特許權」作為實質受益人時，存在一定之異常狀況，可能與其他事項有關，包括：僱傭契約或養老金權利等。僅僅改變主權並不會取消「特許權」之司法聲明（judicial pronouncements）；[60] 易言

[55] (1965) 116 Hague *Recueil* 181, 255–70. Also: 1 Guggenheim 472; Bedjaoui, ILC *Ybk* 1968/II, 109–10. Cf *Pittacos v État Belge* (1964) 45 ILR 24, 31–2.
[56] E.g. *West Rand Central Gold Mining Co v R* [1905] 2 KB 391; *Shimshon Palestine Portland Cement Co Ltd v AG* (1950) 17 ILR 72; *Dalmia Dadri Cement Co Ltd v Commissioner of Income Tax* (1958) 26 ILR 79.
[57] 1 Guggenheim 474; Castrén, ILC *Ybk* 1969/I, 63; Ruda, ILC *Ybk* 1969/II, 82; Ago, ILC *Ybk* 1969/II, 88.
[58] E.g. Rousseau, 3 *Droit International Public* (1974) 393–425; 1 Guggenheim 476–7; 1 O'Connell (1967) 266, 304ff.
[59] Also: Bedjaoui, ILC *Ybk* 1968/II, 115–17; 3 *Répertoire suisse* 1394–403; Cazorla in Eisemann & Koskenniemi (2000) 707–12.
[60] *Sopron-Köszeg Railway* (1929) 2 RIAA 961, 967.

之，支持「既得權原則」（acquired rights doctrine）並不能流於形式，因此，主權更迭後，新主權國必須維持主權變更前外國人所享有之財產權。

在 Lighthouses (France v. Greece) 仲裁案中，某些求償涉及希臘主權應擴展到「克里特島自治州」（autonomous state of Crete）之前所發生違反「特許權」之行為，並主張希臘應負有責任。[61] 仲裁庭依據希臘承認並採納於有關島嶼主權發生變化之前，甚至之後發生違反「特許權」契約之行為，作為處理本案之基礎。仲裁庭認為：

> 希臘承認克里特島最近作為自治州之非法行為，作為「繼承國」，有義務承擔違反特許權契約之財務結果。否則，就是兩國中的任何一個國家公然違反契約。經另一方同意，在合併情況下，將產生完全不公正之後果，即取消明確之財務責任，並犧牲私人公司無可置疑之權利，此類公司基於領土繼承情況下，對所謂之「不移轉債務原則」（principle of non-transmission of debts）作出讓步，實際上並不存在一般或絕對原則。於此情況下，希臘政府有充分理由承認自己之責任。[62]

簡言之，領土變化本身既不取消亦不賦予私人權利之特殊地位，此等權利於繼承後，並未享有監理或其他豁免權，但其仍繼續受到國際最低標準保護（international minimum standard of protection）之拘束（詳見本書第二十九章之討論）。倘若私人權利涉及外國對「經濟之實質性控制」（substantial foreign control of the economy），某些既得原則（principle of vested）之現代倡導者或「既得權」（acquired rights），轉而傾向於提出限定條件，以限制「惡質特許」（odious concessions）或【419】「違背繼承國公共政策之特許權」。[63] 例如，在國家獨立前夕，授予他方涉及重要資源之重大特許權。倘若

---

[61] (1956) 23 ILR 79. Of some interest, though depending on treaty provisions, is *Mavrommatis Jerusalem Concessions* (1925) PCIJ Ser A No 5, 21, 27.

[62] (1956) 23 ILR 79, 92.

[63] Zemanek (1965) 116 Hague *Recueil* 181, 282–9. Also Craven (2007) 43–5, 84–7.

符合此等程度，該原則似乎失去其可行性。

(4) 國籍

「被轉讓領土居民」（nationality of inhabitants of the transferred territory）之國籍涉及許多爭議。[64] 在解決此問題時，國家繼承法幾乎沒有任何幫助。[65]

(i) 作爲領土轉移結果之國籍

事實上，人民在「國籍」問題上會依據主權變化而改變，目前國際間絕大多數證據都支持此觀點。第一次世界大戰結束時，「和平條約」中亦有涵蓋內容大致相同之條款；易言之，只要涉及主權變化，則必然顯示「國家繼承」之所有變化。[66] 因此，於凡爾賽簽署之「少數民族條約」（Minorities Treaty）第4條規定如下：

> 波蘭承認並宣布，無須任何手續要求出生在系爭領土內，且父母常住在當地之德國、奧地利、匈牙利或俄羅斯國籍之人，他們事實上（ipso facto）皆爲波蘭國民，即使在本條約生效日之範圍內，他們自己並非慣常居住於當地。
>
> 然而，於上述條約生效後兩年內，系爭領土內的人民，可於其居住國之「波蘭主管機關」（competent Polish authorities）面前聲明放棄波蘭國籍，如此，該人民將不再被視爲波蘭國民；就此而言，丈夫之聲明將涵蓋其妻子，而父母之聲明將涵蓋其18歲以下子女。[67]

---

[64] ILC Draft Articles on Nationality of Natural Persons in Relation to the Succession of States, ILC *Ybk* 1999/II(2), 21–3. Also Ziemele in Edwards & van Waas, *Nationality and Statelessness under International Law* (2014) 217.

[65] Cf Weis, *Nationality and Statelessness in International Law* (2nd edn, 1979) 136, 144; Zimmermann in Eisemann & Koskenniemi (2000) 611.

[66] UN, *Laws Concerning Nationality* (1954) 586ff. Also: Treaty of Neuilly-sur-Seine, 27 November 1919, 112 BFSP 781, Arts 51–52; Treaty of Lausanne, 24 July 1923, 28 LNTS 11, Arts 30–36.

[67] Principal Allied and Associated Powers–Poland, Minorities Treaty, 28 June 1919, 225 CTS 412.

「聖日耳曼條約」（Treaty of St. Germain）、[68]「特里亞農條約」（Treaty of St. Trianon），[69] 以及「巴黎條約」（Treaty of Paris）[70] 均有類似規定，只是「聖日耳曼條約」與「特里亞農條約」提及父母所生之子女「經常居住或擁有『公民權』（pertinenza-heimat recht），依個案情況而決定之」。基於上述規範之統一性，及其所審議案件之國際性質，此類規定具有相當重要之先例價值。【420】反對上述規範給予「選擇權」（right of option）之意見，並沒有走得太遠，蓋「選擇權」係較晚之附加程序。繼承國之國籍，僅有在系爭人民行使選擇權時，始終止其國籍身分地位，故並不存在無國籍之狀態。1947 年之義大利「和平條約」亦規定，居住於被轉讓領土上之義大利公民，將成為受讓國之公民，且應給予該公民選擇權。[71]

國內法規定所證明之國家慣例具有同等效力，McNair 對於英國法律之表述如下：

> 無論該兼併之來源或原因為何（如割讓條約或戰爭征服），英國王室兼併領土之正常效果，係該領土被兼併之國家的國民，倘若仍居住其上，將成為英國國民。然而，於實踐中，越來越普遍之做法，係透過割讓條約或議會通過法案，讓此類人民得選擇離開該領土，並保留其國籍。[72]

就「國家實踐」而言，權威著作中出現主權更迭時，依屬地原則而改變人民國籍之說法不足為奇，[73] 而 Weis 反而異常謹慎，其觀點認為：

---

[68] Principal Allied & Associated Powers–Austria, Treaty of St Germain-en-Laye, 10 September 1919, 226 CTS 8.

[69] Allied and Associated Powers–Hungary, Treaty of Peace and Protocol and Declaration, 4 June 1920, 6 LNTS 188.

[70] Allied Powers–Roumania, Treaty of Peace, 10 February 1947, 42 UNTS 3, Art 4. Also: *Markt v Prefect of Trent* (1945) 10 ILR 281; Caggiano (1976) 2 *It YIL* 248, 264–71.

[71] Allied Powers–Italy, Treaty of Peace, 10 February 1947, 49 UNTS 4, Art 19.

[72] McNair, 2 *Opinions* 24. Also Parry, *Nationality and Citizenship Laws of the Commonwealth* (1957) 274–5. Cf British Nationality Act 1948 (repealed by the British Nationality Act 1981).

[73] 3 Rousseau 343; 2 Hyde 1090; Harvard Draft, Art 18 (1929) 23 *AJIL Sp Supp* 61.

目前並未出現任何國際法規則，規定被繼承國之國民，自動享有繼承國之國籍。國際法不可能有此類直接效果，各國實踐亦不能證明此為主權變化之必然結果。然而，作為一項規則，國家將其國籍授予被繼承國之前國民，於此部分，於國內法尚無成文法規定之情況下，國際法得推定國內法具有此效果。[74]

倘若國際法能就上述原則進行推定，則可確立新的規則：是否遵守在所不問，實際上係國家實踐證明規則之存在。雖然存在實踐之變化與相關質疑，但幾乎都並未違背一般規則，有些困難僅涉及一般規則本身之形式。因此，主權移轉時，居住在領土主權發生變化之外的被繼承國國民，其國籍地位未定。以英國之規則而言，除非被繼承國人民已經或立即取得於被轉讓領土上之住所，[75] 否則這些人民並不當然取得繼承國國籍。[76]

【421】國際法上之一般原則，係與合格人士之公民身分、居住地或家庭關係與「領土」有實質聯繫（substantial connection）時，此為有效連接（effective link）之特殊形式。[77] 然而，對於個人而言，在主權移轉時與繼承國之聯繫係屬偶然，無論有何特點，於領土轉移之情況下，此聯繫具有特殊性質。無論就社會抑或法律而言，「領土」都不應被視為空洞之聯繫。除明顯之地理例外，領土代表人口、種族群體、忠誠度模式、民族志向，以及人類之一部分，或者，領土可謂一個「有機體」（organism）。於正常情況下，將人口視為與特定領土產生關聯性，並非要回到封建主義時期，而係承認現代領土定

---

[74] Weis (2nd edn, 1979) 143–4. A formula involving a presumption as to the effect of municipal law is infelicitous: inter alia one cannot be criticized for failure to comply with a presumption. But other authors offer similarly cautious opinions: Graupner (1946) 32 *GST* 87, 92; Jones, *British Nationality Law* (1956) 206; Crawford (1986) 27 *Seoul LJ* 34.

[75] *Slouzak Minority in Teschen (Nationality)* (1940) 11 ILR 179; *Ministry of Home Affairs v Kemali* (1962) 40 ILR 191; *North Transylvania Nationality Case* (1965) 43 ILR, 191, 192. Cf *In re Andries* (1950) 17 ILR 109 (dual nationality); Weis (2nd edn, 1979) 140–4, 149–53; Draft Articles on Nationality of Natural Persons in relation to Succession of States, Arts 20–44, ILC *Ybk* 1997/II(2), 13, 20, 36–42; Blackman (1997–8) 19 *Mich JIL* 1141, 1155–71

[76] McNair, 2 *Opinions* 21–6; Weis (2nd edn, 1979) 140; Fransman, *British Nationality Law* (3rd edn, 2011) 601–2. Parry (1957) 163–4, 275, believes the rule is uncertain. Also *Murray v Parkes* [1942] 2 KB 123.

[77] Cf Secretariat Survey, 14 May 1954, ILC *Ybk* 1954/II, 61. Also UN Convention on the Reduction of Statelessness, 30 August 1961, 989 UNTS 175, Art 10.

居背後的人類與政治現實。「主權」代表「責任」，主權之改變，並不賦予新主權國自行決定處置有關人民之權力。人口隨領土而去：一方面，倘若被繼承國試圖將人口保留爲本國國民（雖然選擇權係另一件事），乃「非法行爲」，並且可能導致廢除轉移。另一方面，繼承國採取任何涉及試圖逃避對領土狀況負責之措施都屬於非法，例如，將居民視爲事實上之無國籍人。國際法之立場係人口具有「領土」或在地之地位，無論是否有全部或部分繼承國，或者是否存在割讓，即主權「轉移」或一個國家放棄領土，都不會受到影響，嗣後再由國際權威機構進行處理。

在某些情況下，其他考慮因素亦會出現。倘若有關國家之一要求「連續性」，則保留被繼承國國籍則更爲常見，其結果可能與繼承之情況沒有很大區別，[78] 亦可能出現人口轉移之合法性問題（除自願行使選擇權外）。[79]

(ii) 外交求償與國籍持續原則

原則上，倘若當事人因領土主權更迭而發生國籍變更時，則無法符合從受傷到提出求償（或者在訴諸司法解決情況下，作出裁決）間之「國籍連續性」（continuity of nationality）的要求。[80]【422】支持「國籍連續性原則」的重要論點，乃爲該原則阻止受害公民透過轉換國籍而選擇保護國，故於國際變更之情況下不適用。在坦干伊加（Tanganyika）與尚吉巴（Zanzibar）自願合併後，「連續國籍」之規則將對坦尚尼亞全體之公民人口產生不利影響。而於某些領土轉讓之情況下，「被繼承國」與「繼承國」間可以聯合行動，依序代表其國籍之人提出求償主張，但此解決方法並不適用於國家合併或解散之情況。原則上正確之解決方法乃爲「替代原則」（rule of substitution），乃要求「繼承

[78] After the breakup of Yugoslavia, the Badinter Commission stated that the consequences of the principle of self-determination might include for 'the members of the Serbian population in Bosnia-Hercegovina and Croatia to be recognized under agreements between the Republics as having the nationality of their choice': *Opinion No 2* (1992) 92 ILR 167, 169.

[79] There is no rule that prevents transfer of populations (e.g. the 2011 agreement concluded between India and Bangladesh to swap 162 territorial enclaves between the two states: Protocol to the Agreement Concerning the Demarcation of the Land Boundary between India and Bangladesh and Related Matters, Dhaka, 6 September 2011). But Ethiopia's forced expulsion of dual Ethiopian–Eritrean nationals in 1992–3 was held unlawful: Eritrea–Ethiopia Claims Commission, *Civilian Claims* (2004) 26 RIAA 195, 224–30. Cf Henckaerts, *Mass Expulsion in Modern International Law* (1995); Bruce, *Twice a Stranger* (2006); Özsu, *Formalizing Displacement* (2015).

[80] Wyler, *La règle dite de la continuité de la nationalité dans le contentieux international* (1990) 111–17, and further: chapter 23.

國」應負起屬於「被繼承國」之責任，此與有效改變主權規則一致（effective change of sovereignty）。

在 *Panevezys-Saldutiskis Railway* 一案中，常設國際法院審理愛沙尼亞提出之求償主張，以及立陶宛進行之反訴，本案涉及一家依據俄羅斯帝國法律（law of the Russian Empire）成立，並於 1918 年構成全新的愛沙尼亞與立陶宛國家之領土上所經營之公司的財產。[81] 1923 年，該公司成為一家愛沙尼亞公司，並於愛沙尼亞設有登記辦事處。愛沙尼亞隨後要求立陶宛賠償因 1919 年沒收該公司資產之損害；但法院支持立陶宛關於主張愛沙尼亞未「窮盡當地救濟」（non-exhaustion of local remedies）原則之初步反對意見（preliminary objection）。然而，對上述持反對意見之 van Eysinga 法官提及，要求「連續性」原則所造成之「不公平結果」（inequitable results），並得出結論，認為該原則不能阻止國家繼承法之正常運作。[82]

ILC 於其關於外交保護之編纂工作中，考量「國籍持續」原則，2006 年 ILC 條款第 5 條規定：

1. 一國有權對從發生損害之日到正式提出求償之日，持續為其國民之人實行外交保護。倘若於上述兩個日期該人都持有該國籍，則推定該國籍為持續。

2. 雖然有第 1 款之規定，一國對在正式提出求償之日為其國民，但於受到損害之日並非其國民之人，仍得實行外交保護，但條件係該人曾具有被繼承國之國籍，或已喪失原國籍，並且基於與提出求償無關之原因、以不違反國際法之方式，已獲得該國國籍。

3. 倘若一人在受到損害時為其原國籍國國民，而並非現國籍國之國民，則現國籍國不得針對原國籍國，就該人所受到之損害實行外交保護。[83]

---

[81] (1939) PCIJ Ser A/B No 76.

[82] Ibid, 32–5. Also: Monnier (1962) 8 *AFDI* 65, 68–72; 1 O'Connell (1967) 537–41; Jennings (1967) 121 Hague *Recueil* 323, 476.

[83] ILC *Ybk* 2006/II(2), 35. The matter is not dealt with in the 1999 Articles on nationality of persons in relation to succession of states.

【423】依據上述原則，因「國家繼承」而導致之國籍改變，不會排除繼承國對於第三國之保護，但會阻止「被繼承國」之保護。

4. 國家繼承

國際法學者常見之錯誤，係將複雜之法律問題過度簡化歸類為「繼承」，並可能在適用法律規則時，單獨考量特定爭議，而忽略可能同時涉及條約法、國家責任、憲法或國際組織等其他法律原則。條約法充分說明需要考量之因素與特定法律原則，在主權變更之時所引起的爭議。

(1) 條約繼承：總則

國際間似乎普遍認為，在「部分繼承」（partial succession）之情況下，即「兼併」或「讓與」，倘若「被繼承國」沒有消滅，並不會發生條約繼承之情況。[84] 繼承國之現有條約將初步適用於相關的領土。而處理其他問題時，應以條約法為主要參考依據，繼承事實應符合上述原則。[85]

當一個新國家出現時，由於國家繼承之強制性規則，其不受先前條約之拘束。在許多情況下，影響涉及領土變更國家之條約終止，將透過「退出條款」（provisions for denunciation）之正常運作而實現。然而，作為一般原則，一個新國家，假設為非締約方，則不受條約約束；易言之，依據法律的運作，條約之其他締約方亦無義務接受一個新締約方。[86]

一般而言，「非移轉性」（non-transmissibility，又稱「清白國家原則」，

---

[84] ILC *Ybk* 1950/II, 206–18. For ILA proceedings: ILA, *The Effect of Independence on Treaties* (1965); ILA, Report of the 53rd Conference (1968) 596; ILA, Report of the 54th Conference (1970); O'Connell in ILA, *The Present State of International Law* (1973) 331. Generally: Onory, *La Succession d'états aux traités* (1968); Udokang, *Succession of New States to International Treaties* (1972). Caggiano (1975) 1 *It YIL* 69; Mériboute, *La Codification de la succession d'états aux traités* (1984); Vagts (1992–3) 3 *Va JIL* 275; Eisemann & Koskenniemi (2000); Craven (2007); Hafner & Novak in Hollis (2012) 396; Zimmermann and Devaney in Tams, Tzanakopoulos, & Zimmermann (2014) 505.

[85] This issue has arisen most in practice in recent years in the context of bilateral investment treaties (BITs): see Dumberry (2015) 6 *JIDS* 74; Tams (2016) 31 *ICSID Rev* 314. Note also the divergent views taken with respect to the applicability of the China–Laos BIT to Macau by an arbitral tribunal (*Sanum Investments Ltd v Laos*, Award on Jurisdiction, PCA, 13 December 2013) and the Singapore High Court (*Lao People's Republic v Sanum Investments Ltd* [2015] SGHC 15).

[86] McNair, *Law of Treaties* (1961) 592, 600–1, 629, 655; Jennings (1967) 121 Hague *Recueil* 323, 442–6; ILC *Ybk* 1970/II, 31–7; ILC *Ybk* 1972/II, 227, 250–4; ILC *Ybk* 1974/II(1), 7–9, 168–9, 211–14. But see Craven (2007) 120–31, 138–9.

clean slate doctrine）之規則既適用於「新獨立國家」之分離運動（即非殖民化情況），亦可適用於透過法律實施、聯合、或國家解散而出現的新國家等其他形式。ILC 與嗣後【424】之「關於國家在條約方面的繼承的維也納公約」[87] 所作出之區分，並未反映於各國實踐中。[88] 此結果並非否認於國家聯盟情況下，原則與政策之考量可能導致不同結果（見維也納公約第 31 條至第 33 條）。然而，無論係作爲法律或原則問題，「分離」與「解散」（聯邦與政治聯盟）之間幾乎不可能作出詳細區分。[89]

對於「非移轉」之一般原則，亦存在某些重要之例外情況。

(i) 邊界條約

許多國際法學者將「邊界條約」（boundary treaties）視爲一種特殊情況，尤其對領土問題之穩定性予以認眞考慮，而此議題似乎係依據管轄領土轉移之正常原則。當然，主權改變之本身，不會影響邊界劃定。[90] 1978 年「維也納公約」第 11 條即表達此一原則。國際法院的某個分庭中，亦重申於國家繼承情況下，有義務尊重先前存在之邊界。[91]

(ii) 一般之「客觀制度」及條約的地方化

O'Connel[92] 與 McNair[93] 及一些國際法學者認爲，有一類關於在非軍事區、過境權、航行權、捕魚權、港口設施等方面，應享有特定領土事務之決定性或地方性條約（dispositive or localized treaties）。依其觀點而言，此類條約係可藉由主權更迭而轉讓，該權利與「國際地役」（international servitudes）

---

[87] 23 August 1978, 1946 UNTS 3. The Swiss Federal Tribunal described the ILC final draft as authoritative: *M v Federal Department of Justice and Police* (1979) 75 ILR 107, 110. Further: Sinclair, *Essays in Honour of Erik Castrén* (1979) 149. Also Badinter Commission, *Opinion No 1* (1991) 92 ILR 162, *Opinion No 9* (1992) 92 ILR 203.

[88] ILC *Ybk* 1972/II, 250, 286; ILC *Ybk* 1974/II(1), 211, 252. The evidence set out here does not satisfy the criteria for a rule of customary law. Also *R v Commissioner of Correctional Services, ex p Fitz Henry* (1976) 72 ILR 63.

[89] Dumberry (2015) 28 *LJIL* 13.

[90] 2 O'Connell (1967) 273; Waldock, ILC *Ybk* 1968/II, 92–3; Bedjaoui, ILC *Ybk* 1968/II, 112–14; Waldock, ILC *Ybk* 1972/II, 44–59; ILC *Ybk* 1972/II, 298–308; ILC *Ybk* 1974/II(1), 196–208.

[91] *Frontier Dispute (Burkina Faso/Mali)*, ICJ Reports 1986 p 554, 566; cf *Guinea–Guinea-Bissau Maritime Delimitation* (1985) 77 ILR 635, 657. Also: Kaikobad (1983) 54 *BY* 119; Kaikobad (1985) 56 *BY* 49.

[92] 2 O'Connell (1967) 12–23, 231ff.

[93] McNair (1961) 655–64. Also: Zemanek (1965) 161 Hague *Recueil* 181, 239–44; 3 Rousseau 491–4; Sørensen, *Manual of Public International Law* (1968) 297–8; 1 Guggenheim 465. Further: 3 *Répertoire suisse* 1333–4, 1339–40, 1358–92.

之討論很大重疊之處。然而，其他學者則認為，無論係原則上抑或實踐中，都沒有足夠證據足以證明，普遍規則存在例外之情況。[94] 首先，許多國家實踐皆為模稜兩可，可能僅存在「默許」；其次，該類別難以界定，[95] 並且不清楚為何明顯包括在內的條約，卻被要求以特殊方式對待。而支持所謂「例外」之學者所依據之法律淵源，通常被援引作為「國際地役」獨立概念之證據。[96] 然而，【425】1978 年的「關於國家在條約方面的繼承的維也納公約」第 12 條規定，國家繼承不影響「條約為了外國任何領土的利益，而訂定的有關任何領土之使用或限制使用，並被視為附屬於有關領土之各種義務或權利」。在 *Gabcikovo-Nagymaros* 一案中，國際法院必須確定 1977 年匈牙利與捷克斯洛伐克間之相關條約，[97] 是否於捷克斯洛伐克解體後仍然存在。而國際法院認為，第 12 條係為「一項習慣國際法規則」，且 1977 年條約內容充分表明，系爭領土必須被視為已建立第 12 條含義內之領土制度。[98]

事實上，1977 年條約於該案件中事關重大，[99] 儘管在建立邊界條約之後，可被視為 1978 年「關於國家在條約方面的繼承的維也納公約」第 11 條第 (b) 項意義上之「關於邊界制度」（relating to the regime of a boundary）的條約，即使僅因其依據上游攔河壩之運作，而微幅修改邊界。

倘若「邊界」於國家繼承後仍繼續存在，則構成邊界制度之規定，應同樣繼續存在。然而，法院沒有必要就諸如「地役權」如此廣泛且不確定之類別予以考量，更遑論「本地化條約」所欲表達之觀點；尤其係因為「本地化」僅採取事前適用於被轉讓領土形式之情況。

(iii) 其他類別

大多數國際學者否認存在其他例外；但仍有些學者認為，在一般多邊或「立法條約」之情況下，存在移轉（transmission）。O'Connell 之觀點係於此

---

[94] E.g. Castrén (1951) 78 Hague *Recueil* 379, 448–9; Jennings (1967) 121 Hague *Recueil* 323, 442.

[95] See the miscellany in McNair (1961) 656–64, 705, 740–2.

[96] *Free Zones of Upper Savoy and the District of Gex* (1932) PCIJ Ser A/B, No 46; *SS Wimbledon* (1923) PCIJ Ser A No 1.

[97] Hungary–Czechoslovakia, Treaty concerning the Gabčíkovo-Nagymaros Barrage System, 16 September 1977, 1109 UNTS 211.

[98] ICJ Reports 1997 p 7, 69–72.

[99] Treaty of Peace with Hungary, 15 September 1947, 41 UNTS 135.

情況下，繼承國負有法律義務。[100] 然而，國家實踐反而表明，繼承國可選擇以其自身之權利參加此類條約，即使該條約最後條款並未明確予以規定。[101] 此類公約之締約國與保管人，對於此類非正式參與之定期默許，很可能表現出一種「法律確信」（opinio juris）。然而，為此目的而制定的一般性多邊條約定義仍存在困難；[102] 其間之共同特徵係公約本身允許參與之普遍性，以及為特定主題提供全面規則或標準法規之主要目標。[103]「繼任國」通常會接受其「被繼承國」之人權[104]與軍備控制協定（human rights and arms control agreements），[105]【426】雖然此乃得到「繼任國」之同意，而並非任何自動繼承之規則。[106]

　　1978 年「關於國家在條約方面的繼承的維也納公約」對於參與多邊條約之國家，採取相當嚴格之觀點，但允許「新獨立國家」於「繼承通知」（notification of succession）之基礎上，採用非正式參與的制度（詳見維也納公約第 10 條、第 17 條至第 23 條、第 31 條）。在國家實踐中，繼承問題通常透過權力下放協議、新國家最初加入公約、或依據單方聲明予以解決。1961 年，坦干伊加政府發表聲明，其中包含以下內容：(i) 有效之雙邊條約將繼續適用兩年，除非經雙方同意提前廢除或修改；(ii) 於此點上，條約將初步被視為已經終止，除非其依據國際法被繼承；(iii) 多邊條約將單獨審視並作出決定；(iv) 於審視期間，在獨立之前適用，或擴大到坦干伊加之多邊條約任何締約方，都可於互惠之基礎上，依據該條款而反對坦干伊加。[107] 相當多的國家都

[100] 1 O'Connell (1967) 212–29. Also Dumberry & Turp (2013) 13 *Baltic YIL* 27.
[101] Waldock, ILC *Ybk* 1968/II, 130–1, 145–6; Castañeda, ibid, 137; Waldock, ILC *Ybk* 1970/II, 37–60; ILC *Ybk* 1972/II, 254–72; ILC *Ybk* 1974/II(1), 214–36. Further: the Secretariat studies in ILC *Ybk* 1968/II, 1; ILC *Ybk* 1969/II, 23; ILC *Ybk* 1970/II, 61.
[102] UN Secretariat Memo, ILC *Ybk* 1962/II, 106.
[103] Jennings (1967) 121 Hague *Recueil* 323, 444.
[104] *Bosnian Genocide*, Preliminary Objections, ICJ Reports 1996, 595 (Judge Weeramantry); Merits, ICJ Reports 2007 p 43; *Croatia v Serbia*, Preliminary Objections, ICJ Reports 2008 p 412. Also: Schachter (1992–3) 33 *Va JIL* 253; Müllerson (1993) 42 *ICLQ* 473; Kamminga (1996) 7 *EJIL* 469. But see Rasulov (2003) 14 *EJIL* 141.
[105] Långström in Eismann & Koskenniemi (2000) 742, 745.
[106] Ibid, 742, 749–56, 775.
[107] UN Legis Series (1967) 177. Also: Waldock, ILC *Ybk* 1969/II, 62–8; ILC *Ybk* 1972/II, 241–6; ILC *Ybk* 1974/II(1), 187–93.

採用上述方法，[108] 但有變化時，此類聲明既普遍承認未指明之條約因習慣法規則適用而繼續存在；同時又提供寬限期，在寬限期內，條約在不損害聲明者法律地位之情況下暫時有效，但須遵守互惠原則。[109] 基於此類聲明之實踐表明，最終發生者係「終止」或「更替」，然而，視具體條約之情況而定。

關於條約之選擇性延續做法，並不侷限於多邊條約；[110] 但出現之爭議係與多邊公約有關之做法，是否應解釋為新國家有權選擇參加。很可能係肯定答案，但僅為暫時性質，所有類型條約之連續性實踐，都可以簡單地解釋為新國家與其他先前存在締約方對於原始條約之更新。

(iv) 簽署、批准及保留之繼承

在條約繼承之現有可能性中，相當多的國家實踐表明，新國家可以繼承，前一國家已批准但尚未生效條約之法律結果；但一個新國家能否繼承前一國家已簽署但仍須經批准之條約，頗值懷疑。[111] 另一個尚未解決之問題，係繼續執行前任條約之國家【427】，是否繼承後者之保留，或有權提出自己保留或反對意見。[112] 1978 年「維也納公約」包含許多條款，在此類爭議上創造有利於「新獨立國家」之特權（第 18 條至第 20 條）。

(2) 責任之繼承

大多數國家政府皆支持一項規則：當責任國（responsible state）因「兼併」或「自願割讓」[113] 而不復存在時，對國際不法行為之責任即告消滅。此責任被認為係責任國的個別責任，倘若於發生繼承後仍繼續存在，則該責任乃由該國承擔。然而，此種推理若對於「自願合併」或「解體」之情況而言，不太具有說服力；而當繼承國接受繼承之存在時，亦不適用。在 *Lighthouses* 仲裁案中，

---

[108] E.g. Waldock, Second Report, ILC *Ybk* 1969/II, 62–8; UKMIL (1981) 52 *BY* 384 (Kiribati); UKMIL (1981) 52 *BY* 443 (Suriname).

[109] But see *Molefi v Principal Legal Adviser* (1969) 39 ILR 415, where the Privy Council treated a declaration of this type as an accession to the 1951 Convention Relating to the Status of Refugees.

[110] For the unilateral declarations noted above: Zemanek (1965) 116 Hague *Recueil* 181, 243; ILA, *The Effect of Independence on Treaties* (1965) 99–100, 109, 144ff.

[111] ILC *Ybk* 1962/II, 124.

[112] Waldock, ILC *Ybk* 1970/II, 46–52; Gaja (1975) 1 *It YIL* 52.

[113] The following paragraph was cited with approval by Lord Mance in *Keyu v Secretary of State for Foreign and Commonwealth Affairs* [2015] UKSC 69, [194]. See also: *Brown* (1923) 6 RIAA 120; *Hawaiian Claims* (1925) 6 RIAA 157, and see now Dumberry, *State Succession to International Responsibility* (2007); ILC Report 2017, GAOR, 72nd Session, Supp No 10, A/72/10, ch IX.

爭議係與當事國之主張有關，亦即希臘透過國家行為，採納被繼承國之「非法行為」（unlawful act）並承認其責任。[114]

　　與責任相關的另一個問題，係「當地救濟原則」（local remedies rule）之地位，例如，於依據被繼承國之國內法律發生徵收財產之情況。倘若承認法律制度之連續性，是否代表透過提供「當地救濟措施」之繼承國，於此類救濟措施用盡後，即不得對「責任之繼承」（succession to responsibility）提出異議？就國際法而言，答案可能為否定。然而，倘若依據國內法之規定，無論繼承發生之前或之後，應負責任之單位或實體（responsible unit or entity）具有「連續性」，則救濟措施仍將繼續存在，倘若嗣後因歧視或其他不合理的理由被拒絕，有可能提出拒絕司法求償。

(3) 國際組織之成員資格

　　國際間普遍觀點係「條約繼承原則」（principles of succession to treaties）不適用於國際組織成員資格。[115] 此立場係於個別組織章程中之規定得到確認。以聯合國而言，所有新加入成員國，都必須以申請方式加入。然而，成員國倘若取得一般「默示合意」（general tacit agreement）或「默認」之情況，得以特殊方式處理之。1947 年，當聯合國原始成員印度被分治時，大會將存續之印度視為 1947 年之前印度之「繼承國」，並接納巴基斯坦為聯合國新成員。1958 年埃及與敘利亞聯盟（The union of Egypt and Syria）合併為阿拉伯聯合共和國，並於 1961 年解體，【428】導致聯合國成員後續產生「非正式之相對變化」（informal consequential changes），而並非透過「正式接納」程序；第一次係稱為「聯合共和國」（United Republic），第二次則恢復埃及（仍然稱為阿拉伯聯合共和國）與敘利亞之名稱。[116]

　　由上可知，一個國家的國際組織成員資格乃屬於「個別性質」，故只有

---

114 *Lighthouses* (1956) 23 ILR 81. The decision rests on the adoption of the wrongful act by Greece. The tribunal referred to 'the vagaries of international practice and the chaotic state of authoritative writings': ibid, 91–2. Further: 7 Verzijl (1974) 219–28; *Minister of Defence, Namibia v Mwandinghi* (1991) 91 ILR 341; Articles on the Responsibility of States for Internationally Wrongful Acts, Art 11 and commentary.

115 ILC *Ybk* 1962/II, 101, 106; ILC *Ybk* 1968/II, 1; ILC *Ybk* 1969/II, 23; 2 O'Connell (1967) 183–211; Bühler in Eisemann & Koskenniemi (2000) 187.

116 Crawford (2nd edn, 2006) 489, 690, 706.

在法律連續性之情況下始可延續。因此，領土變更爲國際組織成員資格繼承問題之核心，「俄羅斯」與「塞爾維亞與蒙特內哥羅國家聯盟」，[117] 二者對比之案例，可證明以上原則。倘若「被繼承國」發生一次或多次之「分離」（separations），「殘餘國家」（rump states）繼續進行測試（例如前蘇聯）其是否繼續保有該國際組織之成員資格；另一方面，「解體」之情況係「被繼承國」完全滅亡，所有「繼承國」都必須申請成爲國際組織的新成員，[118] 此爲前南斯拉夫解體後，國際上所採取之立場，最終被塞爾維亞「默許」接受。

5. 結論

　　歐洲自從共產主義崩潰後（德國統一、蘇聯、南斯拉夫和捷克斯洛伐克解體），「領土轉變」（territorial transformation）所呈現之複雜現象，促使國際法學者們重新檢視「國家繼承」（state succession）的法律問題，但卻因 ILC 之編纂嘗試將上述情況與「去殖民化」（decolonization）之實際結束相提並論，故很多法律爭議被 ILC 忽視。然而，當代大量新國家出現，使得國家繼承案例遽增，基於不同歷史與政治背景脈絡下，幾十年來國家實踐經驗不斷積累且呈現較爲一致之結果，使得國際間出現試圖重塑「國家繼承法」（law of state succession）的聲浪。

　　雖然「國家繼承法」仍然具有高度政治性，且受到與其他法律領域相互作用之深刻影響，但仍然得辨識出某些法律規則。例如，在關於條約之國家繼承領域，條約關係連續性之更大幅度討論進展緩慢，[119] 故以單方行爲廢止「被繼承國」條約之實踐並不多見。於此同時，更加深需要重新調整法律關係之情況下，各國以善意進行談判之義務。[120] 而在國家繼承「公共財產」（特殊類別財

---

[117] The UN's general practice is to consider the 'parent' state's membership unaffected by the loss of territory, whereas the new state must apply for membership: Blum (1992) 3 *EJIL* 354, 355–7. Eritrea was admitted to the UN as a new member after it separated from Ethiopia, while the latter continued its prior membership. SC Res 828 (1993); GA Res 47/230, 28 May 1993. South Sudan was admitted as a new state, while Sudan's membership was unaffected. SC Res 1999 (2011); GA Res 65/308, 14 July 2011. On South Sudan succession issues, see Helal (2013) 27 *Emory ILR* 907 (Nile Waters Agreement 1959).

[118] Blum (1992) 3 *EJIL* 354, 359; Scharf (1995) 28 *Cornell ILJ* 29, 34–6, 67–8.

[119] Schachter (1992–3) 33 *Va JIL* 253, 258.

[120] Müllerson (1993) 42 *ICLQ* 473, 473.

產除外）與國際組織成員資格的領域，可藉由國家實踐而確定各項法律原則。即便如此，對於「國家繼承法」之傳統批評者認爲，「國家繼承法」應將其視爲「基於政治動機之雙邊協定」（politically motivated bilateral agreements），很難將其視爲國際法的一般原理原則。易言之，「國家繼承法」乃基於新國家之意願，而並非自動適用之一般原則，以保留該領域法律之特殊性質，更重要者，「國際繼承法」仍有賴於其他國家之承認。

第七部分

國家管轄權

第二十章　主權與國家平等

1. 主權之概念

【431】「國家主權」（sovereignty of states）[1] 代表了萬國法（law of nations）之基本憲法學說基礎，主權亦可謂主要管理由「國家」所組成之共同體，而具有統一法律人格（uniform legal personality）。[2] 倘若國際法眞實存在，則「國家主權」動態亦得以法律規範之。倘若國家（且僅限國家）被認爲係享有「主權」，則至少逾此方面而言，國家間應爲「平等」，而其「主權」係指以法律規定國家與其他國家（或與國家組織）間之各種交往關係。

　　「主權」與「國家平等」之必然結果可歸納如下：(i) 對於領土，以及居住於其上之常住人口所行使之「管轄權」（jurisdiction）係具有「外觀上排他性」（*prima facie* exclusive）；(ii) 不干涉他國專屬管轄權之義務；(iii) 關於因習慣國際法或條約產生之義務，最終仍須得到國家之同意。關於「國家同意」於實踐上有特殊之情況：一般而言，國際法庭之管轄權係基於當事雙方之同意；加入國際組織亦非強制性（基於國家同意）；以及國際組織機關得確定自身之管轄權限、國際組織以多數決作出決議與執行決議之權力應基於成員國之同意。[3]

---

[1] Kelsen (1944) 53 *Yale LJ* 207; Rousseau (1948) 73 Hague *Recueil* 167, 171–253; van Kleffens (1953) 82 Hague *Recueil* 1, 5–130; Fitzmaurice (1957) 92 Hague *Recueil* 1, 48–59; Lauterpacht, *Development* (1958) 297–400; Verzijl, 1 *International Law in Historical Perspective* (1968) 256–92; Koskenniemi (1991) 32 *Harv ILJ* 397; Schreuer (1993) 4 *EJIL* 447; Koskenniemi, *From Apology to Utopia* (2005) ch 4; Besson, 'Sovereignty' (2011) *MPEPIL*; Crawford in Crawford & Koskenniemi (eds), *Cambridge Companion to International Law* (2012) 117; Condorelli & Cassese in Cassese (ed), *Realizing Utopia: The Future of International Law* (2012) 14–25; Alvarez, ibid, 26–37; van der Vyver in Shelton (ed), *The Oxford Handbook of International Human Rights Law* (2013) ch 16; Rawlings, Leyland, & Young, *Sovereignty and the Law: Domestic, European and International Perspectives* (2013); Glanville, *Sovereignty and the Responsibility to Protect* (2014); Chinkin & Baetens (eds), *Sovereignty, Statehood and State Responsibility* (2015); Glanville in Bellamy & Dunne (eds), *The Oxford Handbook of the Responsibility to Protect* (2016) ch 9.

[2] *Reparation for Injuries Suffered in the Service of the United Nations*, ICJ Reports 1949 p 174, 177–8.

[3] The qualifier 'ultimately' bears considerable weight. In practice, the sovereignty of most states is sullied by consent—e.g. the consent of UN member states that are not permanent members of the Security Council to be bound by the Council's resolutions. The principle of consent has retained practical content more in some fields than others, and more in certain formal settings—e.g. the jurisdiction of courts and tribunals (see chapter 32).

【432】法律表達主權內容之方式各不相同，許多法律皆可用主權之共存與衝突（coexistence and conflict of sovereignties）予以規定。現代國際法之觀點係由「土權」概念所衍生而來，易言之，在國內法律管轄區域內行使國家之自由裁量權。因此，僅「國家」得基於其國內法之目的而授予國籍、劃定領海、並決定採取自衛行動之必要性。然而，於上述情況下，權力之行使都必須以國際法為前提要件，國際法不僅是行為國（acting state）應遵守，其他所有國家都應以此為基礎。

2.「主權」功能概述

(1)國家權限

「主權」（sovereignty）一詞被廣泛用於描述國家具有之一般「法律權限」（legal competence），易言之，各國所提及該權限的「特定功能」（particular function），或為特定行使此權限所提供之正當理由。「主權」一詞本身即有漫長而複雜之歷史脈絡，且相當容易受到多重涵義及理由（multiple meanings and justifications）之影響。[4]然而，「主權」在現代最常見之用法中，具有相當之描述性（descriptive）意義，在「包羅萬象」（catch-all）之意義上，係指一個國家所擁有全部集合之權利（collection of rights）；首先，以國家作為有權對其領土行使控制權之實體身分；其次，國家能代表該領土及其人民，於國際層面採取行動。[5]「主權」不等同於任何具體的實體權

---

[4] Koskenniemi (2005) 228–33, 240–5. Many consider the term to be outdated: Charney recommends its eradication as evoking 'the total independence and autonomy of the state . . . a fundamentalist view that is difficult to debate in light of its emotive baggage': Charney (1997) 91 *AJIL* 394, 395; Donnelly (2014) 28 *Ethics & Int Affairs* 225, 234 ('appeals to absolute sovereignty ring increasingly hollow'). See also Ilgen, *Reconfigured Sovereignty: Multi-Layered Governance in the Global Age* (2003) 6–35; Radon (2004) 40 *Stanford JIL* 195; Camilleri in Jacobsen, Sampford, & Thakur (eds), *Re-Envisioning Sovereignty: The End of Westphalia?* (2008) 33. On shifts in the meaning and relevance of sovereignty: Spruyt, *The Sovereign State and Its Competitors* (1994); Krasner, *Sovereignty: Organized Hypocrisy* (1999); Sassen, *Territory, Authority, Rights: From Medieval to Global Assemblages* (2006); Walker, *Sovereignty in Transition* (2006); Benvenisti (2013) 107 *AJIL* 295 (reconceptualizing sovereignty as trusteeship); Zürn & Deitelhoff in Leibfried et al (eds), *The Oxford Handbook of Transformations of the State* (2015) 193.

[5] Although states are not the only entities with international legal personality, there is certainly a perception that they are paramount: Schreuer (1993) 4 *EJIL* 447, 455; Crawford, *Chance, Order, Change* (2014) ch III. This perception is reaffirmed by scholars of international relations: Abbott (1989) 14 *Yale JIL* 335; Jackson, *Sovereignty* (2007). Cf Walker in Rawlings, Leyland, & Young (eds), *Sovereignty and the Law: Domestic, European*

利，更非獨立建國之先決條件。[6] 因此，「管轄權」乃包括對於國家領土之立法權限（legislative competence），可稱之爲「主權」或「主權權利」。易言之，主權係指對於領土之所有權，或行使該所有權而產生之任何權利。[7]【433】尊重領土主權的相關義務，以及被稱爲「國家豁免」（主權豁免）之領土管轄特權，皆以同樣方式加以描述。一般而言，「主權」亦可表現於習慣國際法上的「權力與特權」（powers and privileges），但其乃獨立於他國所爲之特定同意。

(2) 主權之平等

「主權獨立」之必然結果乃爲「國家平等」（equality of states），[8] 歷史上曾有格言表述此一原則，意即「地位平等者之間相互無管轄權」（*Par in parem non habet imperium*, i.e. "equals have no sovereignty over each other"）。[9] 在國際法中，上述「國家平等」原則，經常被援引爲國家豁免之基礎，其核心（於其有限的現代國際法適用實踐中）可謂主權國家間維持平等之概念。[10] 但「平等」一詞，有更深層次之含義，其內容係將國家間權力分配的法律予以概念化。然而，現實中國家「權力分配」（allocation of power）以及於現實中反映權力之能力，乃二個不同概念，此亦表明，雖然所有國家間應該皆爲平等，但事實上，有些國家卻比其他國家更爲平等。[11]

雖然如此，維持形式上之平等（formal equality）仍然存在，並具有重要

---

and International Perspectives (2013) 24; Glanville, *Sovereignty and the Responsibility to Protect* (2014) 7–9; Walker, *Intimations of Global Law* (2014) 13.

[6] Crawford, *The Creation of States in International Law* (2nd edn, 2006) 32–3.

[7] *Corfu Channel (UK v Albania)*, ICJ Reports 1949 p 4, 35; UN Charter, Art 2(4).

[8] Draft Declaration on the Rights and Duties of States, ILC *Ybk* 1949, 287, Art 3. Cf *SS Lotus* (1927) PCIJ Ser A No 10, 25.

[9] The maxim may be traced back to the fourteenth-century-jurist Bartolus, who wrote '*Non enim una civitas potest facere legem super alteram, quia par in parem non habet imperium*' ('For it is not for one city to make the law upon another, for an equal has no power over an equal'): Badr, *State Immunity* (1984) 89, citing Bartolus, *Tractatus Repressalium* (1394) Quaestio 1/3, §10. Further: Dinstein (1966) 1 *Is LR* 407.

[10] Cooper (1979–80) 11 *Loyola UCLJ* 193, 194; Kokott, 'States, Sovereign Equality' (2011) *MPEPIL*; Weatherall (2014–15) 46 *Geo JIL* 1151, 1156.

[11] Cf Orwell, *Animal Farm* (1945) 90; and see Simpson, *Great Powers and Outlaw States* (2004); Reinold, *Sovereignty and the Responsibility to Protect* (2012) 47; Viola, Snidal, & Zürn in Leibfried et al (eds) (2015) 221–36.

意義。[12] 當國家透過立法或行政命令劃定漁業區域或領海時，行使此類權力之方式與來源，首先便歸屬於國家之權力；然而，當談到對於其他國家執行限制時，問題就必須放在國際層面上討論。相同地，「國籍」之授予或取消，可能導致兩個國家於行使外交保護權時，產生利益衝突。此現象可能會得出以下結論：在沒有任何外部權力得取消或阻止國家權力於其內部有效行為下，上述標準係基於內部權限間之區別，以及對於錯誤行使該權限後果之國際責任，當然仍有廣泛之適用，但在性質上並非絕對。因此，於特定情況下，作為條約義務之結果，國際法可能對於國家「內部」之領土管轄權施加限制，例如，禁止歧視人口中某些群體之立法。就一般或地方習慣及條約規定之各種領土特權而言，允許其他國家在領土範圍內行使政府職能，即視為行使主權之行為。

3. 國家與國際法之互動關係

【434】討論主權問題之前，必須先回顧國家與國際法之互動關係。

(1) 主權及規則之適用

(i) 條約義務之履行

習慣國際法上關於條約之核心概念為「條約必須被善意履行」（*paeta sunt servanda*）原則，意即國家必須真誠地遵守其基於條約所生之義務；[13] 而目前尚未出現國際法院或任何國際法庭否認上述原則，或質疑其有效性之案例。從某種角度來看，「條約必須被善意履行」原則係已被視為「公理化」（axiomatic）及「不證自明」（self-evident）之原理。[14] 另一方面，該原則與

---

[12] Reinold (2013) 32, 47–50; Cohen, *Globalization and Sovereignty* (2012) 196–204; Aalberts, *Constructing Sovereignty Between Politics and Law* (2012) 147–51; Zürn & Deitelhoff in Leibfried et al (eds) (2015) 202–5, 209; Li (2016) 38 *Hous JIL* 465, 484–8.

[13] Vienna Convention on the Law of Treaties (VCLT), 23 May 1969, 1155 UNTS 331, Art 26. Also: Aust, 'Pacta Sunt Servanda' (2007) *MPEPIL*; Villiger, *Commentary on the 1969 Vienna Convention on the Law of Treaties* (2009) 363–8; Dörr & Schmalenbach, *Vienna Convention on the Law of Treaties* (2nd edn, 2018) 467; Reinhold (2013) 2 *UCLJLJ* 40; Thirlway, *The Sources of International Law* (2014) 31; Ziegler & Baumgartner in Mitchell, Sornarajah, & Voon (eds), *Good Faith and International Economic Law* (2015) 9–35; Steinhardt (2013) 107 *AJIL* 841.

[14] It was one of Kelsen's two candidates for the *grundnorm* of international law: Kelsen, *Reine Rechtslehre* (1934) 129–30; Kelsen (1936) 10 *RITD* 253, 254–6. Also: Rigaux (1998) 9 *EJIL* 325; von Bernstorff, *The Public International Law Theory of Hans Kelsen* (2010); and further: chapter 3.

主權概念卻存在緊張關係，蓋履行條約義務（以及對不履行義務承擔責任），似乎限制國家行使主權之能力。

在 *Wimbledon* 一案中，常設國際法院堅決駁回當事方主張之論點，認為「不能以條約中所列條款，剝奪一個國家對於通過基爾運河（Kiel Canal）之船舶適用中立法（law of neutrality）之權利」。詳言之，在上述系爭案件中，Wimbledon 為一艘英國人所擁有之輪船，而定期租給一家法國公司。案件發生時，該船舶上載有一批義大利軍火，運往但澤市（Danzig City）之波蘭海軍基地；當時波蘭與俄羅斯已開始交戰，德國已承諾於武裝衝突中保持中立。由於擔心倘若允許該船舶通過，將會破壞德國之中立性，Wimbledon 被扣留，最終並被迫通過丹麥海峽，而找到通往但澤市之水道，因而造成延誤。英國、法國、義大利及日本（波蘭並未提出）皆要求賠償，並主張德國拒絕允許 Wimbledon 通過之舉措，係違反凡爾賽條約（Treaty of Versailles）第308條之規定，[15] 而該條要求德國允許所有未與之交戰國家所屬之船舶，皆能自由通過基爾運河。

常設國際法院認為，該條約錯誤地限制德國對於基爾運河實施中立法之「主權」權利。條約本身係基於「國家同意」表達受其拘束，但德國未取消對於基爾運河適用中立法之權利，【435】而係規定以某種方式行使該權利之義務，而履行國際義務之能力（capacity to enter into an international obligation）本身，即為「主權」特性之展現。[16]

(ii) 條約之解釋

國際法院將主權權利（sovereign rights）作為對於條約義務進行「限縮解釋」（restrictive interpretation）之依據；[17] 但依據 VCLT 第31條之規定以及習

---

[15] Treaty of Peace between the Allied and Associated Powers and Germany, 28 June 1919, 225 CTS 188.

[16] (1923) PCIJ Ser A No 1, 25. Further: Feinäugle, 'The Wimbledon' (2013) *MPEPIL*. But the principle operates equally in favour of freedom as constraint: cf the view of the International Court on reservations by states to multilateral treaties: *Reservations to the Convention on the Prevention and Punishment of the Crime of Genocide*, ICJ Reports 1951 p 15, 24.

[17] *SS Wimbledon* (1923) PCIJ Ser A No 1, 24; *Free Zone of Upper Savoy and the District of Gex* (1930) PCIJ Ser A No 24, 12; (1932) PCIJ Ser A/B No 46, 96, 167; *Rights of Access to Danzig Harbour* (1931) PCIJ Ser A/B No 43, 142; *Interpretation of the Statute of Memel* (1932) PCIJ Ser A/B No 49, 294, 313–14; *Interpretation of Peace Treaties with Bulgaria, Hungary and Romania*, ICJ Reports 1950 p 221, 227; *Fisheries (UK v Norway)*, ICJ Reports 1951 p 116, 143; *Anglo-Iranian Oil Co (UK v Iran)*, ICJ Reports 1952 p 93, 105, cf 143 (Judge Read, diss); *Continental Shelf (Libya/Malta)*, ICJ Reports 1985 p 13, 22; *Nuclear Tests (Australia v France)*, ICJ Reports 1974 p 253, 267; ibid, 286 (Judge Gros); 306 (Judge Petrén); 365–6

慣國際法關於「統一解釋理論」（unitary theory of interpretation），應依據條約之上下文、當事方意圖，以及其他相關規則（如有效性原則）、相反主張等予以綜合考量。於某些情況下，上述對於其他解釋準則之累積適用，導致限縮解釋方法之傾向完全受到破壞，尤其在系爭爭議涉及國家與私人當事方之情況更是如此。[18] 投資人與地主國間仲裁庭（Investor-state arbitration tribunals）[*1] 特別關注此領域之發展，仲裁庭通常認爲「國際投資協議」（international investment agreements）應該被解釋爲中立，[19] 或甚至有利於投資人之立場。[20] 某些國際法學者認爲，不應再適用有利於主權之「限縮解釋原則」，[21] 國際法院近期之判決亦支持此立場。[22]

(iii) 推定及舉證責任

【436】國際法許多領域皆爲不確定之法律概念，或包含不易適用於具體問題之原則。因此，對於是否存在支持「主權」之推定問題上，答案可能有

(Judges Oneyana, Dillard, Jiménez de Aréchaga, and Waldock, diss) (on unilateral declarations). Also: Lauterpacht (1949) 26 *BY* 48; Koskenniemi (2005) 253–4; Linderfalk, *On the Interpretation of Treaties* (2007) 280–4; Gardiner, *Treaty Interpretation* (2nd edn, 2015) 65–8; Bjorge, *The Evolutionary Interpretation of Treaties* (2014) 48–54; Djeffal, *Static and Evolutive Treaty Interpretation: A Functional Reconstruction* (2016) 263–7.

[18] Crema (2010) 21 *EJIL* 681, 691.

[*1] 【譯注】投資人與地主國間之仲裁（Investor-state arbitration），又稱爲 ISDS（Investor-State Dispute Settlement），其歷史發展係由習慣國際法而來，近代國際法的實踐中，最常出現於「雙邊投資條約」（Bilateral Investment Treaties, BITs）中，隨後亦被「多邊投資公約」（Multilateral Investment Treaties），如「能源憲章條約」（Energy Charter Treaty）所納入。而在包括「北美自由貿易協定」（NAFTA，現已爲「美加墨協定」USMCA 所取代）在內之許多自由貿易協定（Free Trade Agreements）之投資專章中。

[19] E.g. *Mondev International Ltd v US* (2002) 125 ILR 98, 123. Further: Amerasinghe, *Jurisdiction of Specific International Tribunals* (2009) 438; Dolzer & Schreuer, *Principles of International Investment Law* (2nd edn, 2012) 29–30; Weiler, *The Interpretation of International Investment Law* (2013) 31; Bjorge (2014) 43.

[20] *Tradex Hellas SA v Albania* (1996) 5 ICSID Reports 43, 68–9; *SGS Société Générale de Surveillance SA v Philippines* (2004) 8 ICSID Reports 515, 550;

Republic of Ecuador v Occidental Exploration & Production [2007] EWCA Civ 656, [28]; *Fraport AG Frankfurt Airport Services Worldwide v Philippines*, ICSID Award, 16 August 2007, para 397; Waibel in Hofmann & Tams (eds), *International Investment Law and General International Law* (2011) 29, 39–40.

[21] Pulkowski in Broude & Shany (eds), *The Shifting Allocation of Authority in International Law* (2008) 67; Crema (2010) 21 *EJIL* 688; Bjorge (2014) 48.

[22] *Navigational and Related Rights (Costa Rica v Nicaragua)*, ICJ Reports 2009 p 213, 237 ('A treaty provision which has the purpose of limiting the sovereign powers of a State must be interpreted like any other provision of a treaty, i.e. in accordance with the intentions of its authors as reflected by the text of the treaty and the other relevant factors in terms of interpretation').

很大差異。另一種形式之爭議，係對於適用規則方式有疑問或於沒有規則可適用之情況下，推定國家是否具備法律職權（legal competence）。在 *Lotus* 一案中，國際法院認為「不能以推定對國家之獨立性予以限制」（restrictions upon the independence of States cannot be presumed）之基礎上，決定管轄權問題。[23] 然而，法院作出上述決定時，同樣沒有一般規則可供依循，故於司法實踐中，此類推定問題僅能憑法官的經驗來處理。事實上，任何「一般性推定」（general presumption）都可能導致法庭不便利或其原則之濫用。另一方面，爭議案件之事實背景將決定舉證責任之歸屬，此做法亦造成舉證責任是否將限制主權（restriction on sovereignty）之疑慮。事實上，涉及爭議之「管轄地理」（jurisdictional geography）可提供有用之指引，亦即某些爭議涉及不止一個主權。因此，在 *Asylum* 一案中，國際法院強調此事實，認為「外交庇護」（diplomatic asylum）涉及對「主權」之減損，通常係屬於領土國之「專屬管轄權」（exclusive jurisdiction）。[24]

(2) 主權及國際組織

國際組織之制度將形成「主權平等原則」（principle of sovereign equality）實際上而非表面形式之限制。[25] 例如，在採取多數決或加權表決制度之國際組織中，可允許該組織於未經所有成員國明確同意之情況下達成決議，甚至制定具有拘束力之規則。但由於加入該國際組織時，每個成員國皆事先「同意」組織內部制度之設計，因此，可謂成員國係以正式程序，符合「條約義務」僅能由「國家同意」產生，以及「主權平等」原則。

另一方面，國際組織可能不斷發展與擴張，並承擔與最初設計截然不同之角色。例如，以聯合國而言，各機構依據「效力原則」及「隱含權力」解釋

23　Cf *Lake Lanoux (France v Spain)* (1957) 12 RIAA 281, 306. Further: *De Pascale* (1970) 40 ILR 250, 256.

24　*Asylum (Columbia v Peru)*, ICJ Reports 1950 p 266, 274–5.

25　Bourquin, *L'Etat souverain et l'organisation internationale* (1959); Morgenstern, *Legal Problems of International Organizations* (1986) 46–68; Amerasinghe, *Principles of the Institutional Law of International Organizations* (2nd edn, 2005) 48; Duxbury, *The Participation of States in International Organisations* (2011) 166–7; De Brabandère in French (ed), *Statehood and Self-Determination: Reconciling Tradition and Modernity in International Law* (2015) 450–70; Klabbers, *An Introduction to International Organizations Law* (3rd edn, 2015) 4–7, 131; Archer, *International Organizations* (4th edn, 2015) 32–57; Bederman & Keitner, *International Law Frameworks* (4th edn, 2016) ch 8.

憲章，但似乎犧牲第 2 條第 1 項（主權平等）以及第 2 條第 7 項（國內管轄）之原則。[26] 在 *Certain Expenses* 一案中，國際法院認為，在沒有任何特定程序可確定聯合國機構行為有效性之情況下，每個機構都必須確認本身之管轄權。[27] 大約四十年後，此一立場，【437】可謂使聯合國安全理事會得利用其依據第 VII 章之權力，[28] 通過幾項「立法性決議」（legislative resolutions）；此類決議要求各會員國制定特定之國內法，從而取代聯合國大會之「建議」性質、條約制定過程，以及國家同意原則等。[29] 誠然，安理會一直有權力拘束聯合國會員國，並使其決議凌駕於其他條約義務之上，[30] 但以決議通過「立法性決議」來要求會員國遵守，應以針對「普遍現象」（資助恐怖主義、核武器運輸）為原則，而並非涉及特定國家或地區之情勢；此實踐對於安理會應作為「維護世界和平」而並非「改變世界秩序」力量之初衷，並不一致。[31]

倘若一個國際組織在很大程度上侵犯成員之「國內管轄權」，其結構可能近似於一個「聯邦」（federation）組織。鑒於國家與國際組織間關係之現代概念，此立場似乎本質上不可能發生；無論如何，國家與國際組織「基於同意概念」（consent-based conception）之關係，能有效排除國家主權受到某種形式「世界政府」（world government）威脅之論點。在一場（不太可能發生的）革命前，「世界政府」本質上係一個「去中心化之實體」（decentralized enterprise），國際法之某些規定各國皆已接受，此亦可謂於國際間無政府狀態時，所擁有的唯一政府。

---

[26] Simma et al (eds), *The Charter of the United Nations* (3rd edn, 2012) 85; and further: chapter 7. On the principle of effectiveness generally: Zappala in Cassese (2012) 105–17.

[27] *Certain Expenses of the United Nations (Article 17, paragraph 2, of the Charter)*, ICJ Reports 1962 p 151, 162. Also *Reparation for Injuries*, ICJ Reports 1962 p 174, 185.

[28] SC Res 1373 (2001) and SC Res 1540 (2004).

[29] On the scope and potential limitations of these resolutions: Happold (2003) 16 *LJIL* 593; Talmon (2005) 99 *AJIL* 175; Bianchi (2006) 17 *EJIL* 881; Hinojosa-Martinez (2008) 57 *ICLQ* 333. Commenting on the Security Council's power to legislate more generally: Koskenniemi (1995) 6 *EJIL* 325, 326; Szasz (2002) 96 *AJIL* 901; Talmon (2005) 99 *AJIL* 175; Tsagourias (2011) 24 *LJIL* 539; Joyner (2011–12) 43 *Geo JIL* 225; Boyle in Cassese (2012) 172–86.

[30] UN Charter, Arts 25, 39, 41–42, 103.

[31] E.g. *Legal Consequences for States of the Continued Presence of South Africa in Namibia (South West Africa) notwithstanding Security Council Resolution 276 (1970)*, ICJ Reports 1971 p 16, 294 (Judge Fitzmaurice, diss).

(3) 聯合國憲章第 2 條第 7 款：國內管轄權

依據一般國際法，屬於國家權限範圍內之事務，被認爲屬於國家保留範疇（reserved domain），又稱爲「國內管轄權」（domestic jurisdiction）；[32] 然而，於國際實踐中，國內管轄權之效果有限，該條文似乎成爲贅文。

(i) 原始意圖

在國際政治的基礎上，有權力解決爭端之國際組織相繼出現，使得許多國家支持明確提及國內管轄之「保留範疇」（reserved domain），以有效強化國家主權。「國際聯盟盟約」（League of Nations Covenant）第 15 條第 8 項規定，關於提交給理事會之爭端，有別於仲裁或司法解決：

【438】倘若其中一方主張當事方間之爭端，由理事會依據國際法認定，係由完全屬於該當事方國內管轄事項所引起時，理事會應如此報告，且不得作出任何關於該爭端解決之建議。

而在作出政治解決之決議時，聯合國安理會很可能會觸及「保留範疇」，由於此決議包含經常引起爭議之事項，且顯然需要寫下法定之行動限制。在聯合國憲章之起草過程中，出現類似上述爭議，因此，最終出現憲章第 2 條第 7 項之規定：

本憲章不得認爲授權聯合國干涉在本質上屬於任何國家國內管轄之事件，且並不要求會員國將該項事件依本憲章提請解決；但此項原則不妨礙第七章內執行辦法之適用。

將聯合國憲章第 2 條第 7 項與國際聯盟盟約第 15 條第 8 項進行對比時可發現，憲章已不再提及依據「國際法」而認定，該條提及之文字爲「本質上」

---

[32] Kelsen, *The Law of the United Nations* (1950) 769–91; Verdross, *Mélanges offerts à Charles Rousseau* (1974) 267. For the practice of UN organs: Higgins, *Development* (1963) 58–130; Oxman, 'Jurisdiction of States' (2007) *MPEPIL*; Zurbuchen (2010) 31 *Grotiana* 69; Nolte in Simma et al (3rd edn, 2012) 280–311; Watts (2014) 14 *Baltic YIL* 137.

（essentially）屬於任何國內管轄之事件；同時，亦未指定有權限定特定事項之機構。由此可知，憲章第 2 條第 7 項旨在提供靈活彈性之認定，而非僅著眼於技術性條款的設計。同時，由於限制係全面性質，使用「本質上」之判斷標準，係由於聯合國憲章（第 IX 章）對於經濟與社會規定之廣泛影響。

(ii) 政治組織之實踐

雖然起草者打算加強行動之限制，但這些意圖在實踐中相互牴觸。憲章第 2 條第 7 項之靈活彈性以及於國家實踐中，乃假設其不會凌駕於其他可能相互衝突之條款，而導致國內管轄範圍受到侵害。此外，「干預」一詞係依據經驗判斷，上述條文於制定時，並未限制關於討論特定國家、一般性建議，甚至作成決議等之範圍。[33]

最終，早期關於「干預」一詞內涵之爭辯已不再有重要性。隨著時間推移，憲章第 2 條第 7 項之規定中，不再就聯合國之行動進行限制。[34] 聯合國作出如此結論，並非由於對「干預」進行狹義之限縮解釋，[35] 而係由於對被視為僅在國家「國內管轄」範圍內之事件，縮小其適用範圍。正如常設國際法院在 *Nationality Decrees*（國籍法令）一案中指出：

> 【439】某一事件是否僅屬於一國國內管轄範圍，此問題本質上係相對性之問題；端視國際關係之發展而定。[36]

常設國際法院上述論點影響深遠。

因此，「國內管轄」概念並非以明確界定的、不可限縮，或以任何固有型態之方式，從國際法領域中移除「特定領域」（specific areas）。易言之，「國內管轄」應解釋為限定某些領域，考慮到所涉及之整體情況，此領

---

[33] *Nationality Decrees in Tunis and Morocco* (1923) PCIJ Ser B No 4, 7; *Peace Treaties*, ICJ Reports 1950 p 65, 70–1; Lauterpacht (1958) 270–2.

[34] Goodrich, Hambro, & Simons, *Charter of the United Nations* (3rd edn, 1969) 68.

[35] Which has been interpreted broadly: *Military and Paramilitary Activities in and against Nicaragua (Nicaragua v US)*, ICJ Reports 1986 p 14, 107; Conforti, *The Law and Practice of the United Nations* (3rd edn, 2005) 143–5. On the interpretation of the term 'to intervene' generally: Nolte in Simma et al (3rd edn, 2012) 10–22; Watts (2014) 14 *Baltic YIL* 137, 151–2, 157–8.

[36] (1923) PCIJ Ser B No 4, 24.

域甚至表面上不受國際法規則之影響。爲將某領域從「國內管轄」範疇中排除，而該領域僅於某方面受國際法管轄即已足，[37] 例如聯合國機構已就涉及政府與本國人民關係之廣泛議題採取行動，尤其係定期通過關於侵犯人權、自決權及民主治理之決議。倘若有關機構認爲被控告之行爲違背憲章之宗旨及原則，且該爭議係「危害國際和平與安全」（endangering international peace and security），[38] 安理會通過一項決議認爲，某些爭議已被視爲「固有之國際關注事項」（inherently matters of international concern），無需明確提及對於國際和平與安全造成任何威脅。安理會最初通過一項關於「種族隔離」（apartheid）之決議，於該情勢發展中，僅部分基於「對國際和平與安全構成潛在威脅」（constitutes a potential threat to international peace and security）；[39] 然而隨著時間推移，潛在已經變成現實。1992 年，安理會主席表示，可能對於和平與安全造成威脅之經濟、社會、人道及生態等因素，本身即可構成威脅，並由此可證明，安理會依據憲章第 VII 章所採取之行動合法且正當。[40]

作爲一般國際法中之單獨概念，國內管轄「保留範疇」之所以神祕，僅係因爲許多人並未察覺其爲「同義詞反覆」（又稱爲套套邏輯，tautology）。然而，倘若某事項因其性質以及於正常情況下，出現爭議且於「保留範疇」中逐漸消失，則可能會對於該領域之任何限制，創造出某些推定。由此可知，國家課徵關稅之行爲，表面上不受國際法限制；而向另一國派遣軍隊，表面上而言，則並非僅爲派遣國內政而已。[41] 因此，與其他涉及「主權」之爭議相同，「國內管轄權」之內容係由推定而來，並非固定之法律規則。[42]

---

[37] Nolte in Simma et al (3rd edn, 2012) 292.

[38] On the concept of international concern: Higgins (1963) 77–81.

[39] SC Res 282 (1970). Note that this and other SC resolutions on the same subject were adopted under Chapter VI.

[40] S/23500 (1992) para 3; Talmon (2005) 99 *AJIL* 175, 180.

[41] See, however, the opinion of Judge Lauterpacht in *Certain Norwegian Loans (France v Norway)*, ICJ Reports 1957 p 9, 51–2.

[42] For the decline of the plea of domestic jurisdiction as a preliminary plea before international courts and tribunals: *Interhandel (Switzerland v US)*, Preliminary Objections, ICJ Reports 1959 p 6; *Peace Treaties*, ICJ Reports 1950 p 65, 70–1. Also: Nolte in Simma et al (3rd edn, 2012) 291; Tams, 'Interhandel Case' (2007) *MPEPIL*.

第二十一章　管轄權限

1. 概述

【440】「管轄權」係主權之一個面向，乃指一國依據國際法規範自然人與法人行爲之權限。[1] 監理之概念則包括政府所有部門之活動：立法、行政及司法。[2]

雖然「國家」在國際法中被視爲單一之單位，但爲分析管轄權及其限制之目的，通常仍會作出一些細分。一方面，國家制定法律、形成判決或規則之權力（規範性管轄權，prescriptive jurisdiction）；另一方面，國家係依據決策或規則制定，而產生採取行政或司法行動之權力（分別爲執法或裁判管轄權，respectively enforcement or adjudicative jurisdiction）。[3] 上述法律原則之出發點，係推定所有形式管轄權皆爲「屬地管轄」；倘若未有國際法之具體依據，則不得於「域外」行使管轄。[4] 然而，「屬地管轄」之論述已依據經驗而不斷擴充其內涵，而「域外管轄」（extraterritorial jurisdiction）之定義爲何，乃

---

[1] Generally: Akehurst (1972–3) 46 *BY* 145; Bowett (1982) 53 *BY* 1; Lowe, *Extraterritorial Jurisdiction* (1983); Meessen (ed), *Extra-Territorial Jurisdiction in Theory and Practice* (1996); Oxman, 'Jurisdiction of States' (2007) *MPEPIL*; Simma & Müller in Crawford & Koskenniemi (eds), *Cambridge Companion to International Law* (2012) 134; Kamminga, 'Extraterritoriality' (2012) *MPEPIL*; Colangelo (2013–14) 99 *Cornell LR* 1303; Ryngaert, *Jurisdiction in International Law* (2nd edn, 2015); Orakhelashvili, *Research Handbook on Jurisdiction and Immunities in International Law* (2015). On jurisdiction over the Internet: Kulesza, *International Internet Law* (2012) ch 1; Coughlan et al, *Law Beyond Borders* (2014) ch 5; Gillespie, *Cybercrime: Key Issues and Debates* (2015) ch 2.

[2] In the US, see *Restatement Third* §401. Also see the draft *Restatement Fourth* (2017) §101.

[3] On adjudicative jurisdiction (also referred to as *judicial* or *curial* jurisdiction): Akehurst (1972–3) 46 *BY* 145, 152–78; Oxman, 'Jurisdiction of States' (2007) *MPEPIL*; Colangelo (2013) 28 *Md JIL* 65. This refers to the competence of a municipal court to sit in judgment over a foreign national and may be better seen as a manifestation of prescriptive jurisdiction: the application of municipal law by the court is, in effect, the actualization of prescription, although the carrying out of any judgment or sentence is an expression of enforcement jurisdiction: O'Keefe (2004) 2 *JICJ* 735, 737. But the different elements may be difficult to separate out in this way.

[4] Ryngaert (2nd edn, 2015) ch 5. To this end, there is a presumption against extraterritoriality: draft *Restatement Fourth* (2017) §203; Ryngaert (2nd edn, 2015) 68–73; Bradley (2nd edn, 2015) 179–86. For the application of the presumption: *R v Jameson* [1896] 2 QB 425; *Morrison v National Australia Bank Ltd*, 561 US 247, 250–1 (2010); *Kiobel v Royal Dutch Petroleum Co*, 569 US 108 (2013); *US v Vilar*, 729 F3d 62, 72 (2d Cir, 2013).

成爲一個越來越需要理解之問題。【441】倘若出現一個基本原則，則係「管轄權標的」與「領土基礎」或有關國家「合理利益」（reasonable interests）間之眞正聯繫。[5] 應該強調者，此種充分管轄之理由，通常係相對於其他國家之權利而言。因此，可對於無國籍之人或與國籍國達成協議之非國民行使管轄權；亦可基於其他理由對外國國民行使管轄權。沒有假設（即使在刑事案件中）個人或公司只能受到一次監理，故多重管轄權（multiple jurisdictional competence）之情況經常發生。於此情況下，不存在「自然」（natural）監理機構，並且對適用於同一交易之多部法律後果進行管理，而並非避免雙重課稅。[6]

2. 對罪行之規定管轄權

(1) 一般管轄權基礎

以下討論涉及確定一個國家是否可依據國內法將行爲制定爲犯罪之一般原則，[7] 而於 1870 年後，此爭議始成爲一個獨特的議題，由於罪刑明確性原則（clear principles）出現，[8] 國內法院判決之法源顯見受到阻礙，此表現出「經驗主義」（empiricism）與遵守國家政策。法定刑事管轄權（prescriptive criminal jurisdiction）之早期結構，係由常設國際法院 *Lotus* 一案中所提出，該案涉及一艘法國輪船與一艘土耳其運煤船於公海碰撞後，隨即沉沒，土耳其船員及乘客喪生。法國輪船於土耳其港口維修，值班人員被審訊並判決犯有過失殺人罪（involuntary manslaughter），關於一般管轄權問題，常設國際法院

---

[5] Cf the doctrine stated in *Nottebohm (Liechtenstein v Guatemala)*, ICJ Reports 1955 p 4; *Kingdom of Greece v Julius Bär and Co* (1956) 23 ILR 195; *Guardianship of Infants (Netherlands v Sweden)*, ICJ Reports 1958 p 55, 109 (Judge Moreno Quintana). Also Ryngaert (2nd edn, 2015) 156–7.

[6] E.g. OECD Model Tax Convention on Income and Capital (9th edn, 2015); UN Model Double Taxation Convention between Developed and Developing Countries (2011).

[7] Harvard Research (1935) 29 *AJIL Supp* 439; Higgins, *Problems and Process* (1994) ch 4; Oxman, 'Jurisdiction of States' (2007) *MPEPIL*; Ryngaert (2nd edn, 2015) ch 4; Farbiarz (2016) 114 *Mich LR* 507; Liivoja, *Criminal Jurisdiction over Armed Forces Abroad* (2017). Some US courts have suggested that the presumption against extraterritoriality does not apply to criminal law: *US v Siddiqui*, 699 F3d 690 (2d Cir, 2012).

[8] An early *cause célèbre* was *R v Keyn (The Franconia)* (1878) 2 Ex D 63, concerning criminal jurisdiction over the German captain of a German merchant ship which collided with a British vessel in the UK territorial sea. The court denied jurisdiction (on a vote of 8–7), a decision promptly reversed by statute: Territorial Waters Jurisdiction Act 1878. Further: Crawford (1980) 51 *BY* 1, 48–61.

認為：

> 國際法並無規範國家不得將其法律之適用範圍及法院管轄權擴大至其領土以外之人、財產或行為的一般禁令（general prohibition）；而國際法係於此方面賦予法院廣泛之自由裁量權，意即僅於某些情況下，受到禁止性規則（prohibitive rules）之限制；至於其他情況，每個國家皆可自由採納其認為最好與最合適之原則。[9]

【442】上述之論點受到很多批評。[10] 國內法院之具體判決被條約所推翻，[11] 其強調全權國家自由裁量權普遍與 *Anglo-Norwegian Fisheries* 案[12] 及 *Nottebohm* 案[13] 所採取之方法相互矛盾，後者分別涉及國家劃定領海與授予個人國籍之類似能力，亦稱為監督管理之能力（regulatory competences）。在 *Arrest Warrant* 一案[14] 之後，有跡象表明 *Lotus* 案已被逆轉，倘若國家希望將其法定管轄權投射於域外，必須在國際法中找到公認之依據。然而，法院之論理看似僅為表面上之轉變，一般而言，國際常設法院聲明係「對於國家所有要求，係指不應超越國際法對於管轄權規定之限制」，於此限制內，其「行使管轄權之權利在於其主權」仍然正確。[15]

(i) 領域管轄原則

犯罪地法院管轄原則係國際間普遍公認之原則，[16] 亦代表「主權之領域

---

[9] (1927) PCIJ Ser A No 10, 19.

[10] E.g. Brierly (1936) 58 Hague *Recueil* 1, 146–8, 183–4; Basdevant (1936) 58 Hague *Recueil* 471, 594–7; Fitzmaurice (1957) 92 Hague *Recueil* 1, 56–7; Lauterpacht, 1 *International Law* (1970) 488–9; Higgins, *Problems and Process* (1994) 76–7; Cameron, *The Protective Principle of International Criminal Jurisdiction* (1994) 319; Ryngaert (2nd edn, 2015) 33–8; Hertogen (2015) 26 *EJIL* 901.

[11] See now UN Convention on the Law of the Sea (UNCLOS) Art 92, and see further: chapter 15.

[12] *Fisheries (UK v Norway)*, ICJ Reports 1951 p 116, 131–4.

[13] ICJ Reports 1955 p 4, 20. Also chapter 23.

[14] *Arrest Warrant of 11 April 2000 (Democratic Republic of the Congo v Belgium)*, ICJ Reports 2002 p 3, 78 (Judges Higgins, Kooijmans, and Buergenthal), 169 (Judge ad hoc van den Wyngaert).

[15] *SS Lotus* (1927) PCIJ Ser A No 10, 19.

[16] Buxbaum (2009) 57 *AJCL* 631; Ireland-Piper (2013) 9(4) *Utrecht LR* 68, 72; Bassiouni, *International Extradition* (6th edn, 2014) 364–405; Scott (2014) 62 *AJCL* 87; Ryngaert (2nd edn, 2015) ch 3; Cormier (2015) 13 *JICJ* 895; Farbiarz (2016) 114 *Mich LR* 507.

（屬地性）」（territoriality of sovereignty）性原則。在刑事犯罪案件中，領域屬地原則具有許多實際上的優勢，包括：法庭便利（convenience of the forum）以及假定涉及犯罪發生地之國家利益。因此，該原則受到廣泛應用。首先，「主體領域原則」（subjective territoriality），係指在一國國內開始著手施行犯罪時，即可建立該國之管轄權，即使後續犯罪結果係於國外完成。[17] 其次，目前國際間普遍接受及經常適用者，乃爲「客體領域原則」（objective territorial principle），依據該原則，當犯罪之任何基本構成要件於法庭地領土內完成時，管轄權即告成立。[18] 典型之實例爲越界開槍，而導致被害人於法庭地領域（territory of the forum）內死亡。且該原則可用於「域外活動」範圍，以及許多涉及政治陰謀、[19]【443】違反競爭（反托拉斯）法、[20] 移民法案件，[21] 或其他政治領域。[22] 因此，就上述兩項原則結合起來之效果而言，只要犯罪構成要件具備跨越國境邊界之性質時，兩個不同國家皆具有管轄權。

上述「客體領域原則」於常設國際法院 Lotus 一案中得到普遍支持；而具有爭議者，係法院是否得將該原則適用於國際水域（international waters）之船舶碰撞。於該案中法國主張「船旗國」（flag state）係唯一得對於航行於公海範圍內之船舶上行爲享有管轄權之國家；土耳其則主張，公海上船舶應被視爲船旗國領土之一部分，被害船舶之船旗國亦可對加害方行使管轄權。透過國

---

[17] Harvard Research (1935) 29 *AJIL Supp* 439, 480, 484–7. In the US, see e.g. 18 USC §956(a)(1).

[18] Ryngaert (2009) 9 *Int Crim LR* 187, 188 ('[I]t is domestic law, rather than international law, which defines the constituent elements of a particular offence').

[19] *Board of Trade v Owen* [1957] AC 602, 634 (Lord Tucker); *R v Cox* [1968] 1 All ER 410, 413; *DPP v Doot* [1973] AC 807, 817 (Lord Wilberforce); *DPP v Stonehouse* [1977] 2 All ER 909, 916 (Lord Diplock); *Liangsiripraset v US* [1991] 1 AC 225. Under US law, conspiracy can be seen as either an inchoate or independent crime, allowing the protective principle and effects doctrine to found jurisdiction independently: *Ford v US*, 273 US 593 (1927); *Iannelli v US*, 420 US 770 (1975); *US v Leija-Sanchez*, 820 F3d 899 (7th Cir, 2016). Generally: Ryngaert (2009) 9 *Int Crim LR* 187, 194–7.

[20] *US v Aluminum Co of America*, 148 F2d 416 (2d Cir, 1945). In US antitrust cases, wide extension of the territorial principle might be explained by, though it is not expressed in terms of, a principle of protection. It can also be described in terms of the effects doctrine: Ryngaert (2nd edn, 2015) 82–4. See Alford (1992) 33 *Va JIL* 1; Botteman & Patsa (2012) 8 *Eu Comp J* 365; Buxbaum & Michaels in Basedow, Francq, & Idot (eds), *International Antitrust Litigation* (2012) 225–44. However, US jurisdiction on antitrust matters does not extend to the foreign effects of anti-competitive conduct. *See Hoffmann-La Roche Ltd v Empagran SA*, 542 US 155 (2004).

[21] Cf Ryan & Mitsilegas, *Extraterritorial Immigration Control* (2010); den Heijer, *Europe and Extra-Territorial Asylum* (2011) 239–42.

[22] The European approach is notable; as soon as one of the constituent elements of an offence is committed in a state's territory, the state will ordinarily have jurisdiction: Ryngaert (2009) 9 *Int Crim LR* 187, 197–202.

際法院院長關鍵性的投票，法院裁定土耳其行使刑事管轄權之行為，並未違反國際法。常國際法院之多數意見（Moore 法官同意）之基礎係「客體領域」管轄原則。法院對於適用該原則很熟悉，但為於本案中適用，法院必須將土耳其船舶認定其為土耳其之國家領域範圍，[23] 此關鍵步驟並未獲得多數支持，與後續發展不符。

(ii) 國籍屬人原則

「國籍」作為有效忠國家之意義，以及主權的一個面向，乃為對於域外行為行使管轄權之基礎。[24] 本原則之適用範圍，可透過居住地與其他聯繫因素，[25] 或忽視國籍之變化，[26] 作為外國人效忠國家之證據。[27] 例如，英國立法機關授予其法院針對英國國民或居民於任何地方犯下之叛國罪、[28]【444】謀殺罪、[29] 重婚罪、[30] 足球流氓罪（soccer hooliganism）、[31] 兒童性虐待罪，[32] 以及違反「官方機密法」（Official Secrets Acts）[33] 等行為之管轄權。

「領域管轄」與「國籍管轄」（以及雙重國籍日益增多的情況）二項原則造成平行管轄（parallel jurisdictions），以及可能出現之「雙重追訴」（double

---

[23] (1927) PCIJ Ser A No 10, 23.

[24] *SS Lotus*, 92 (Judge Moore); *The Queen v Klassen*, ILDC 941 (2008). Further: Harvard Research (1935) 29 *AJIL Supp* 519; Jennings (1957) 33 *BY* 146, 153; Chehtman, *The Philosophical Foundations of Extraterritorial Punishment* (2010) 59–67; Ireland-Piper (2012) 13 *Melb JIL* 122, 131–4; Ryngaert (2nd edn, 2015) 76–8; Guilfoyle, *International Criminal Law* (2016) 32–3. See also *Restatement Third* §403(2)(b) and the draft *Restatement Fourth* (2017) §201(1)(c); *Blackmer v US*, 284 US 421 (1932); *Al-Skeini v Secretary of State for Defence* [2008] 1 AC 153; *Smith v Ministry of Defence* [2013] UKSC 41, [46]–[48]. Also Bassiouni (6th edn, 2014) 406–8.

[25] E.g. Penal Law 1977, as amended in 1994 (Israel), s16(a); War Crimes Act 1991 (UK), s2(b); Terrorism Act 2000 (UK), ss63B, 63C. In Australia: War Crimes Act 1945, as amended in 2001, s11; *XYZ v Commonwealth* [2006] HCA 25. See also: *R v Moti* (2009) 235 FLR 320.

[26] *Public Prosecutor v Drechsler* (1946) 13 ILR 73; *Re Penati* (1946) 13 ILR 74; *In re Bittner* (1949) 16 ILR 95; cf *DPP v Joyce* [1946] AC 347; *Re P (GE) (an infant)* [1964] 3 All ER 977. The Canadian Criminal Code RSC 1985 C-46 operates against persons 'ordinarily resident': ss7(3.72), (3.73), (3.74). See also: Liivoja (2010) 11 *Melb JIL* 309, 324–9.

[27] *In re Mittermaier* (1946) 13 ILR 69; *In re SS Member Ahlbrecht* (1947) 14 ILR 196, 200–1; *Ram Narain v Central Bank of India* (1951) 18 ILR 207.

[28] Treason Act 1351, sII; further: *R v Lynch* [1903] 1 KB 444; *R v Casement* [1917] 1 KB 98; Lew (1978) 27 *ICLQ* 168.

[29] Offences Against the Person Act 1861, s9.

[30] Ibid, s57.

[31] Football Spectators Act 1989, s22.

[32] Sexual Offences Act 2003, s72, Sch 2.

[33] Official Secrets Act 1989, s15.

jeopardy），故許多國家皆就「國籍原則」予以限制，[34] 例如，將其限於「嚴重罪行」（serious offences）；[35] 但國際法並未受此類限制所拘束。[36]「國籍管轄」原則爲像南極洲等地之犯罪行爲提供主要標準，而「領域管轄」原則於此類人類所共有之區域，則無法得到普遍承認。[37]

對於「國籍管轄」原則，通常國家主張對於其行使「法定管轄」（prescriptive jurisdiction）之人，於犯罪行爲發生時，必須係國民身分（具有該國國籍）；否則，可能將違反「法無明文不爲罪」（principle of *nullum crimen sine lege*）之原則。然而，各國對於國籍之法規皆不一致，有些國家規定對於嗣後取得國籍之人，亦具有國籍管轄權。[38]

(iii) 被害人國籍原則

倘若「國籍管轄」可被定性爲「主動人格」（active personality）；則其反面意義即爲「被動人格」（passive personality）。[39] 依據此原則，外國人可能會因爲於國外對法庭地國民所造成傷害之行爲，而受到刑事處罰，故又稱爲「被害人國籍管轄」原則；此原則若作爲一般原則時，將比「領域管轄」與「國籍管轄」等一般性原則來得更具爭議性。在 *Cutting* 一案中，墨西哥法院對於美國公民於德州報紙上所發表，誹謗墨西哥公民之事件行使管轄權。【445】

---

[34] Harvard Research (1935) 29 *AJIL Supp 439*, 519; Ryngaert (2nd edn, 2015) 105.

[35] E.g. UKMIL (2006) 77 *BY* 597, 756; 18 USC §2423(c). Naturally, this will depend on the definition of 'serious': cf Misuse of Drugs Act (Singapore), ss8A, 33, 33A, Schs 2 and 4. Note also: Penal Code (France), arts 113-6, 113-7 (creating extraterritorial jurisdiction for misdemeanours punishable by imprisonment).

[36] Ryngaert (2nd edn, 2015) 105–6. The practice of limiting the use of nationality jurisdiction to serious offences is largely common law in origin, with civil law countries applying a more expansive approach: e.g. Bosnia/Herzegovina Criminal Code, Art 12(2) ('The criminal legislation of Bosnia and Herzegovina shall be applied to a citizen of Bosnia and Herzegovina who, outside the territory of Bosnia and Herzegovina, perpetrates a criminal offence').

[37] Antarctic Treaty, 1 December 1959, 402 UNTS 71, Art VIII(1); see e.g. Antarctic Act 1994 (UK), s21. Further: Molenaar & Elferink, *The International Legal Regime of Areas beyond National Jurisdiction* (2010) 115–16. The same situation subsists with respect to criminal jurisdiction on the International Space Station, although the governing instrument also provides for subsidiary territorial and passive personality jurisdiction in certain cases: Agreement Concerning Cooperation on the Civil International Space Station, 29 January 1998, TIAS 12927, Art 22. The position is not replicated with respect to the earlier Treaty on Principles Governing the Activities of States in the Exploration and Use of Outer Space, Including the Moon and Other Celestial Bodies, 27 January 1967, 610 UNTS 205: Art 8 provides that when a state party launches an object into outer space, it retains jurisdiction over that object and over any personnel—a species of flag state jurisdiction.

[38] E.g. Swedish Penal Code, ch 2, s2. Further: Harvard Research (1935) 29 *AJIL* 439, 535; Ryngaert (2nd edn, 2015) 104.

[39] Harvard Research (1953) 29 *AJIL Supp* 439, 443, 445, 573, 579; Ireland-Piper (2012) 13 *Melb JIL* 122, 134–6; Echle (2013) 9(4) *Utrecht LR* 56; Bassiouni (6th edn, 2014) 408–11; Ryngaert (2nd edn, 2015) 110–13.

法院適用「被害人國籍原則」，旋即引起了美國提出外交抗議，雖然最終結果並無定論。[40]

而在 *Lotus* 一案中，土耳其刑法典（Turkish Penal Code）規定，針對外國人於土耳其境外對其國民實施不法行為之處罰；實際上，此規定係為「被害人國籍管轄原則」之全面行使。常設國際法院拒絕評估上開法律之本身是否違反國際法，而探究該案爭議之具體事實情況，及其是否屬於土耳其之管轄範圍。[41] 最終法院援引保護原則（protective principle）認為案件確係如此。[42] Moore 法官在另一份意見書中，同意大多數人認定之結果，但明確拒絕適用「保護原則」。[43]

美國 1991 年反恐法（Antiterrorism Act）[44] 規定美國地方法院就「國際恐怖主義行為」（acts of international terrorism）對於美國公民造成之傷害，具有管轄權。[45] 然而，法院已經明白，在 *Daimle* 一案後，[46] 法院管轄範圍內之大量業務難以負荷。而在 *Waldman* 一案中，第二巡迴法院闡明被告是否可於法庭中「被公平地視為在其國家」（fairly regarded as at home）之測試，並發現巴勒斯坦政府於華盛頓特區之宣傳活動，不足以達成此目的。法院亦拒絕為美國境外活動尋找具體之「屬人管轄權」，此類活動僅影響美國公民作為國外無差別之暴力行為（indiscriminate violence）之受害者。[47]

「被害人國籍原則」一直受到許多批評。[48] 早期之批判係指該原則並未達成更廣泛之刑事司法目標，易言之，其並未符合管轄權之「國內概念化」，亦

[40]　Moore, 2 *Digest* 228–42; *Foreign Relations of the United States* (1887) 751–867.

[41]　(1927) PCIJ Ser A No 10, 15.

[42]　Lauterpacht (1947) 9 *CLJ* 330, 343. Cf Bassiouni (6th edn, 2014) 408–9.

[43]　(1927) PCIJ Ser A No 10, 89–94 (Judge Moore, diss). Also *Flatow v Islamic Republic of Iran*, 999 F Supp 1, 15–16 (DCC, 1998), see also *Cicippio-Puleo v Islamic Republic of Iran*, 353 F3d 1024, 1033 (DCC, 2004); *Owens v Republic of Sudan*, 864 F3d 751 (DCC, 2017). For comment on the extension of jurisdiction with respect to terrorism: Higgins (1994) 66–7 (US law); Wiffen (2012–13) 59 *Crim LQ* 47 (Canadian law).

[44]　Antiterrorism Act of 1991, 106 Stat 4506 (1992). The Act had the purpose of expanding US courts' jurisdiction in terrorism cases beyond the scope of admiralty. See *Klinghoffer v SNC Achille Lauro*, 739 F Supp 854, 856 (SDNY, 1990).

[45]　18 USC §2333(a).

[46]　*Daimler AG v Bauman*, 134 S Ct 746 (2014).

[47]　*Waldman v Palestine Liberation Organization*, 835 F3d 317, 322, 336–7 (2d Cir, 2016), cert den, __ US ___ (2018); noted (2017) 111 *AJIL* 504.

[48]　Harvard Research (1935) 29 *AJIL Supp* 439, 578–9; Ireland-Piper (2012) 13 *Melb JIL* 122, 134–6; Echle (2013) 9(4) *Utrecht LR* 56, 60–1; Ryngaert (2nd edn, 2015) 110.

無法滿足各國間之執法差距，且缺乏抑制犯罪之社會目標；[49] 同時，亦有學者擔心適用上述原則，可能將使「個人」被大量不同國家之司法施以管轄。[50] 然而，此類反對意見，並未阻止針對某些與國際恐怖主義有關之情況下，國家間針對適用「被害人國籍原則」達成共識。[51] 此外，大多數涉及刑事法律之條約中，【446】「引渡與起訴義務」（aut dedere aut judicare）原則之條款，授權於締約國間適用「被害人國籍原則」賦予管轄權。[52]

(iv) 保護或安全原則

幾乎所有國家皆對於外國人在國外所做而足以影響國家內外安全，或國家其他關鍵利益之行為施以管轄，[53] 此概念包括各種犯罪行為，並非僅侷限於政治行為。[54] 因此，諸如貨幣、移民、經濟犯罪等，經常受到懲罰，英國及美國皆允許「領域管轄原則」之例外援引，即使並無明確適用「保護原則」（protective principle）。因此，法院得懲罰外國人於公海上之非法移民（illegal immigration），[55] 也許係同時基於安全之考量。此外，英國上議院（House of

---

[49] Donnedieu de Vabres, *Les Principes modernes du droit penal international* (1928) 170. Also Ryngaert (2nd edn, 2015) 110–11.

[50] Brierly (1928) 44 *LQR* 154, 161; Echle (2013) 9(4) *Utrecht LR* 56.

[51] E.g. *Arrest Warrant*, ICJ Report 2002 p 3, 76–7 (Judges Higgins, Kooijmans, and Buergenthal): 'Passive personality jurisdiction, for so long regarded as controversial, is reflected not only in the legislation of various countries . . . and today meets with relatively little opposition, at least so far as a particular category of offences is concerned'. Also Ryngaert (2nd edn, 2015) 111; ILC *Ybk* 2006/II(2), 527. For example, in domestic legislation: Criminal Code Amendment (Offences against Australians) Act 2002 (Australia); Penal Code (France), arts 113–117; 18 USC §2332F(b)(2)(B); Organic Law 1/2009 (3 November 2009) (Spain) art 23(4), (5). In the US, passive personality was rejected by the *Restatement Second* (1965) §30(2) but it was accepted in *Restatement Third* §402(2).

[52] E.g. Convention on Offences Committed on Board Aircraft, 14 September 1963, 704 UNTS 219, Art 4(b); Convention Against Torture, 10 December 1984, 1485 UNTS 85, Art 5(1)(c).

[53] Harvard Research (1935) 29 *AJIL Supp* 439, 543; Cameron, 'International Criminal Jurisdiction, Protective Principle' (2007) *MPEPIL*; Ryngaert (2nd edn, 2015) 114–20; Guilfoyle (2016) 35–6. For a critique: Bialostozky (2013–14) 52 *Col JTL* 617. See also *Restatement Third* §402(3); draft *Restatement Fourth* (2017) §201(1)(e).

[54] *Nusselein v Belgian State* (1950) 17 ILR 136; *Public Prosecutor v L* (1951) 18 ILR 206; *Re van den Plas* (1955) 22 ILR 205; *Rocha v US*, 288 F2d 545 (9th Cir, 1961); *Italian South Tyrol Terrorism Case* (1970) 71 ILR 242; *US v Peterson*, 812 F2d 486, 494 (9th Cir, 1987) ('Protective jurisdiction is proper if the activity threatens the security or government functions of the United States.'); *US v Yousef*, 327 F3d 56, 112 (2d Cir, 2003); *US v Davis*, 905 F2d 245, 249 (9th Cir, 1990); *US v Cardales*, 168 F3d 548, 553 (1st Cir, 1999), cf *US v Bustos-Useche*, 273 F3d 622 (5th Cir, 2001); *Arrest Warrant*, ICJ Reports 2002 p 3, 37 (President Guillaume), 92 (Judge Rezek); *US v Al Kassar*, 660 F3d 108, 118 (2d Cir, 2011).

[55] *Molvan v AG for Palestine* [1948] AC 351; *Giles v Tumminello* (1969) 38 ILR 120.

Lords）於 *Joyce v Director of Public Prosecution* 一案中，[56] 判定一名持有英國護照且離開該國之外國人，於戰爭時期為德國進行宣傳並對該國效忠，因而犯下「叛國罪」（guilty of treason）。就「保護原則」係基於對具體利益之保護效力而言，上述判決合情合理，但不同的法院對其所「保護」概念之解釋，可能有所差異。例如，在 *Eichmann* 案中，猶太受害者針對被告援引「保護原則」，[57] 雖然在相關罪行發生時，以色列尚未成為一個國家。[58]

出於「保護管轄」（protective jurisdiction）之目的，可被視為重大利益（vital interest）的類別並未被否認，[59] 除嚴重性的認定較為模糊外，目前並不存在確定何謂重大利益之標準。總而言之，管轄權過度認定（identification of exorbitant jurisdiction）之情況，對各國而言或許見仁見智。[60]

(v) 有效性原則

【447】「有效性原則」（effects doctrine）[61] 係由許多學者建議，作為適用規範性管轄權（prescriptive jurisdiction）的另一個重要面向。倘若「域外犯罪」（extraterritorial offence）在某國家造成一些有害影響，但實際上並不適用領域管轄（territorial jurisdiction）原則之標准，或並未具備足夠證據，代表對有關國家之內部或外部安全之重要利益，以證明有理由援引「保護原則」，可能將引發爭議。

雖然「有效性原則」存在爭議，[62] 但並非於所有情況下都受到反對，至少

---

56 [1946] AC 347 (on which see Lauterpacht, 3 *International Law* (1977), 221). Also *Board of Trade v Owen* [1957] AC 602, 634 (Lord Tucker).

57 (1962) 36 ILR 5, 18, 54–7 (Dist Ct), 304 (Sup Ct).

58 Notwithstanding this, the District Court of Jerusalem felt able to say that the law under which Eichmann was prosecuted 'conforms to the best traditions of the law of nations': (1962) 36 ILR 5, 18, 25. Also the statement of the Supreme Court, ibid, 287.

59 E.g. the US asserts jurisdiction over foreigners on the high seas on the basis of the protective principle, arguing that the illegal trade in narcotics is sufficiently prejudicial to its national interest: *US v Gonzalez*, 776 F2d 931 (11th Cir, 1985); *US v Davis*, 905 F2d 245 (1st Cir, 1990); *US v Saac*, 632 F3d 1203 (11th Cir, 2011). Maritime Drug Law Enforcement Act 1986; Murphy (2003) 97 *AJIL* 183. Further: Papastavridis, *The Interception of Vessels on the High Seas* (2013) 248–51.

60 *Jacobellis v Ohio*, 378 US 184, 197 (1964) (Stewart J).

61 Coppel (1993) 6 *LJIL* 73; O'Keefe (2004) 2 *JICJ* 735, 739.

62 E.g. in respect of inchoate conspiracies to murder or import illegal narcotics, where these offences are almost certainly illegal in those countries in which the plotting took place. In other areas, notably the fields of antitrust/competition law, such illegality cannot be assumed, and the validity of the doctrine remains uncertain: ibid, 739.

在 *Lotus* 一案[63] 中得到大多數常設國際法院法官之承認，而在 *Arrest Warrant* 一案中，[64] 亦得到國際法院某些法官之肯認。時至今日，「有效性」（effects）或「具影響」（impact）之管轄權判斷原則主要為美國法的實踐，另外，歐盟亦於很大程度上採取相同見解。[65] 例如，於 *Alcoa* 一案中，Learned Hand 法官認為，「倘若某一行為在一國國家境內產生依該國法律應予究責（state reprehends）之結果，即使係對於不在該國效忠範圍內之個人，任何國家都可對其於境外所施加的行為課予責任」，[66] 法院進一步認定此論點為「既定法律」（settled law），事實上，此立場於美國反托拉斯法理論與實務判決中，得到廣泛之認可。[67]

在 *Alcoa* 一案後，於許多情況下，「有效性」原則及其擴張解釋，均係由美國之管轄權之傾向加以推動。然而，由於「有效性」原則與其他不同類型之「規範性管轄權」（prescriptive jurisdiction）概念非常相似，現今該觀點已然改變；「有效性」原則可於反托拉斯管轄（antitrust jurisdiction）、侵權管轄（tort jurisdiction），以及稅務課徵管轄（taxation jurisdiction）等加以探討，其中有些管轄權將比其他管轄權具有更廣泛之「域外法律」（extraterritorial）影響效果。然而，若依上述適用管轄的不同實踐方式，將導致「有效性原則」在國際法中處於不確定的地位，一方面作為其自身權利之規定；或另一方面受到「主體領域原則」或「保護原則」的管轄適用影響，具有不尋常之效果。

---

[63] (1927) PCIJ Ser A No 10, 23.

[64] ICJ Reports 2002 p 3, 77 (Judges Higgins, Kooijmans, and Buergenthal).

[65] In the US: *Restatement Third* §402(1)(c), draft *Restatement Fourth* §201(1)(b); *Morrison v National Australia Bank Ltd*, 130 S Ct 2869, 2877 (2010) (articulating a 'substantial effects' test); Dodge (2011) 40 *Southwestern LR* 687. In the EU: e.g. Case T-102/96 *Gencor Ltd v Commission* [1999] ECR II-753; Case T-286/09 *Intel Corp v European Commission*, ECLI:EU:T:2014:547. Further: Agreement between the European Communities and the Government of the United States on the Application of Positive Comity Principles in the Enforcement of their Competition Laws, 4 June 1998 [1998] OJ L173/28; Jaiswal (2015) 12 *Manchester JIEL* 344; Ryngaert (2nd edn, 2015) 83–4.

[66] *US v Aluminum Co of America*, 148 F2d 416, 443 (2d Cir, 1945).

[67] *Hartford Fire Insurance Co v California*, 509 US 764, 796 (1993); *Hoffman-La Roche Ltd v Empagran SA*, 542 US 155, 165 (2004); *Minn-Chem Inc v Agrium Inc*, 683 F3d 845 (7th Cir, 2012); *Carrier Corp v Outokumpu Oyj*, 673 F3d 430 (6th Cir, 2012). Generally: Raymond (1967) 61 *AJIL* 558; Metzger (1967) 61 *AJIL* 1015; Norton (1979) 28 *ICLQ* 575; Kelley (1991) 23 *U Miami IA LR* 195; Buxbaum & Michaels in Basedow, Francq, & Idot (eds), *International Antitrust Litigation* (2012) 225–44. Further Basedow, 'Antitrust or Competition Law, International' (2014) *MPEPIL*.

「有效性原則」之政策引起一些外國政府之強烈反應，英國、[68] 歐盟 [69] 以及其他國家已相繼立法，【448】作爲針對美國政策之「防衛措施」（defensive measures）。例如，由於美國出口管理法（US Export Administration Act）之實施，類似事件相繼出現，面對美國針對參與西西伯利亞（West Siberian）鐵路建設契約中，[70]「非美國籍公司」所採取之措施，歐洲共同體[71]與英國[72]皆提出抗議，並主張美國政府關於阻止美國原產機械再出口的措施，以及拒絕提供來自美國數據產品之行爲，皆屬非法行爲。但必須注意者，幾個歐洲國家之競爭法規（competition legislation）皆採用與美國「有效性」原則相類似之立法。[73] 此外，歐盟法院對於涉案子公司適用類似於美國「有效性原則」（effects doctrine）關於對公司補貼之解釋方法，[74] 而總檢察長在其於 *Woodpulp* 案之意見亦支持此觀點。[75] 然而，美國之國內立法繼續引發歐盟與其他個別國家之抗議，[76] 包括 1992 年「古巴民主法」（Cuban Democracy Act）、[77] 1996 年「達馬托·甘迺迪法案」（D'Amato-Kennedy Act），[78] 以及 1996 年「赫姆斯·柏頓法案」（Helms-Burton Act）。[79]

(2) 對船舶與航空器之管轄權

本書之第十一章與第十三章探討對於公海上船舶之管轄權，或行使於領海或專屬經濟區（EEZ）之無害通過權（right of innocent passage）。此處所點出的爭議問題，係船旗國對於停靠港口或行使於其他內水之私人船舶管

---

[68] Shipping Contracts and Commercial Documents Act 1964 (UK).

[69] Regulation (EC) 2271/96, amended by Regulation (EU) 2018/1100, and see Regulation (EU) 2018/1101 laying down criteria for its application.

[70] Lowe (1984) 27 *GYIL* 54; Kuyper, ibid, 72; Meessen, ibid, 97.

[71] Cf the Note dated 12 August 1982 and comment, Lowe (1983) 197.

[72] Note dated 18 October 1982, UKMIL (1982) 53 *BY* 337, 453; Lowe (1983) 212.

[73] Herdegen, *Principles of International Economic Law* (2013) 90; Ryngaert (2nd edn, 2015) 83–4.

[74] *ICI v EEC Commission* (1972) 48 ILR 106, 121–3.

[75] (1988) 96 ILR 174. However, the Court based its decision on 'the territoriality principle as universally recognized in public international law': ibid, 196–7.

[76] E.g. UKMIL (1992) 63 *BY* 615, 724–9; UKMIL (1993) 64 *BY* 579, 643–5; UKMIL (1995) 66 *BY* 583, 669–71; UKMIL (1996) 67 *BY* 683, 763–5; UKMIL (1998) 69 *BY* 433, 534; UKMIL (2001) 72 *BY* 551, 627, 631; UKMIL (2013) 83 *BY* 298, 461–2. Further: Supplemental Brief of the European Commission on Behalf of the European Union as Amicus Curiae in Support of Neither Party, *Kiobel v Royal Dutch Petroleum Co*, 569 US 108 (2013). On the EU approach to the effects test more generally: Scott (2014) 62 *AJCL* 87, 92–3, 95–6.

[77] 22 USC §6001.

[78] Iran and Libya Sanctions Act, 110 Stat 1541.

[79] Cuban Liberty and Democratic Solidarity (Libertad) Act, 22 USC §6021.

轄權，及其與領土主權間之相互關係。[80]「船舶」為浮動之國家領土（floating part of state territory）之觀點早已聲名狼藉，但船舶「內部經濟」（internal economy）之特殊性仍然得到認可，此處之規則係船旗國的法律決定船舶之國籍，[81]【449】且船旗國對於該船舶負有監督責任及享有管轄權。[82]然而，當一艘外國船舶進入港口時，除為遇難（consequence of distress）之緊急情況外，[83]否則應暫時適用於領土主權之領域管轄，並產生「管轄權競合」（concurrent jurisdiction）。[84]

對於國家刑事管轄權之限制一直存在爭議：原則上，國際法並未設下任何限制，前提係僅針對違反當地法律，而並非違反船旗國法律規定之行為採取行動。[85]1930年海牙編纂會議（Hague Codification Conference）籌備工作期間，英國發表以下意見：

> 國家有權對於停泊在其港口之外國商船，以及船舶上的人員及貨物行使管轄權。於刑事案件中，政府機關通常不會干預及執行當地管轄權，除非他們係得到船旗國之當地代表、船舶控制人、或直接有關人員之同意下並取得協助，或除非港口之和平或良好秩序可能受到影響。於任何情況下，都應由

[80] Gidel, 2 *Le Droit international public de la mer* (1932) 39–252; Jessup, *Law of Territorial Waters and Maritime Jurisdiction* (1927) 144–208; Harvard Research (1929) 23 *AJIL Supp* 241, 307–28; Harvard Research (1935) 29 *AJIL Supp* 508; McDougal & Burke, *The Public Order of the Oceans* (1962) 161–73; Churchill & Lowe, *The Law of the Sea* (3rd edn, 1999) 65–9; Marten, *Port State Jurisdiction and the Regulation of Merchant Shipping* (2014); Molenaar, 'Port State Jurisdiction' (2014) MPEPIL; Kopela (2016) 47 *ODIL* 89; Rothwell & Stephens, *The International Law of the Sea* (3rd edn, 2016) 47–8; Rayfuse in Warner & Kaye (eds), *Routledge Handbook of Maritime Regulation and Enforcement* (2016) 71, 72–4.

[81] Also *Lauritzen v Larsen*, 345 US 571, 584–6 (1953). See also *Reino de España v American Bureau of Shipping Inc*, 729 F Supp 2d 635 (SDNY, 2010); Churchill & Lowe (3rd edn, 1999) 66–7; Tanaka (2nd edn, 2015) 157–160; Baterman in Warner & Kaye (2016) 45–7.

[82] Further: UNCLOS, 10 December 1982, 1833 UNTS 3, Arts 91–94; UN Convention on the Conditions of Registration of Ships, 7 February 1986, 26 ILM 1229; *M/V Saiga (No 2)* (1999) 120 ILR 143; Baterman in Warner & Kaye (2016) 43–53.

[83] Molenaar (1998) 187; Churchill & Lowe (3rd edn, 1999) 68; Rothwell & Stephens, *The International Law of the Sea* (2010) 56. No general right of port access exists under customary international law: Rayfuse in Warner & Kaye (2016) 73.

[84] *US v Flores*, 289 US 137 (1933); *Re Bianchi* (1957) 24 ILR 173; Rayfuse in Warner & Kaye (2016) 72.

[85] 2 Gidel (1932) 204, 246; Churchill & Lowe (3rd edn, 1999) 65–6.

當地國家政府判斷是否進行干預。[86]

依據此觀點，克減行使地方刑事管轄權，係基於禮讓與自由裁量權之問題，但在實踐中仍可援引：(i) 擾亂港口治安秩序；(ii) 船長或者船旗國代表請求協助；(iii) 涉及非機組人員。[87]

除與船舶「內部經濟」有關之事務外，港口國管轄權越來越被認爲，係船旗國未能對其船舶行使有效管轄權及控制權之補救措施。該管轄權不再僅用於執行當地之民事及刑事案件，而係於國際管轄領域積極發揮作用。上述規定於海洋污染案件中尤其值得注意，「聯合國海洋法公約」（UNCLOS）第 218 條授予港口國對於發生在其領海及專屬經濟區以外之非法排放，提起訴訟或處以罰款之權利。港口國管轄權（Port state jurisdiction）亦被作爲對於公海上非法及無管制捕魚之回應。依據「跨界種群協定」（Straddling Stocks Agreement）第 23 條，[88] 港口國有權利（實際上亦有義務）採取某些措施打擊非法捕魚，【450】此類規定主要聚焦於文件、漁具及漁獲物本身之檢查。該條款不等同於優先適用關於漁業之「聯合國海洋法公約」第 218 條的規定，但其確實以某種方式支持現有港口國管轄權之使用。聯合國教科文組織「保護水下文化遺產公約」（UNESCO Convention on the Protection of Underwater Cultural Heritage）第 15 條之規定亦復如此，[89] 該條文要求締約國禁止利用此類報告，作爲支持任何不符合公約規定之針對水下文化遺產（underwater cultural heritage）之活動。

最初在國內法與國際法之管轄規則中對於航空器產生一些爭議，在公海或外國領空上之民用航空器上之犯罪係意見分歧很大之問題。例如，在英國，

[86] McNair, 2 *Opinions* 194.

[87] Churchill & Lowe (3rd edn, 1999) 66–7; Bardin (2002) 14 *Pace ILR* 27, 31. For a US perspective on crimes at the sea, see Roach in Franckx & Gautier (eds), *The Exercise of Jurisdiction over Vessels* (2011) 151; for a European perspective, see Anderson in Franckx & Gautier (2011) 171. Also Shearer in Rothwell (ed), *Law of the Sea* (2013) 320, 327.

[88] Agreement for the Implementation of the Provisions of the United Nations Convention on the Law of the Sea of 10 December 1982 relating to the Conservation and Management of Straddling Fish Stocks and Highly Migratory Fish Stocks, 4 August 1995, 2167 UNTS 3.

[89] 2 November 2001, 2562 UNTS 3 (58 parties). Further: Rau (2006) 6 *MPUNYB* 387.

謀殺及盜竊等普通法罪行之域外犯罪係可予以懲處，[90] 但除依據 1949 年民航法（Civil Aviation Act）制定之航空法規外，許多規定並不適用於在國外或公海上空飛行之犯罪。各國關於航空器之國內法，以及飛越任何外國領土法律之間關係的國家實踐很不一致。然而，由國際民用航空組織（International Civil Aviation Organization）支持之工作產生關於在「航空器上所犯罪行及若干其他行為公約」（Convention on Offences and Certain Other Acts Committed on Board Aircraft，東京公約，Tokyo Convention），[91] 其中第 3 條第 1 項規定，航空器登記國有權對機上犯罪及行為行使管轄權，並進一步要求該國採取必要措施，對此類行為主張管轄權（第 3 條第 2 項），而該公約第 3 條第 3 項規定，不排除依據國家法律行使之刑事管轄權。

另外，東京公約第 4 條明確禁止：凡非航空器登記國之締約國不得干涉在飛航中之航空器，以行使其對該航空器上所犯罪行之刑事管轄權，但下列情形不在此限：(1) 犯罪行為係實行於該締約國領域以內者；(2) 犯罪行為係由於或對於該締約國之國民或其永久居民所為者；(3) 犯罪行為係違害該締約國之安全者；(4) 犯罪行為係違反該締約國有關航空器飛航或操作之任何有效規章者。

劫機案件（Aircraft hijacking）促使多邊公約規定，各國皆有義務懲罰與扣押飛行中之航空器，並於特定條件下行使管轄權，例如當犯罪發生在締約國註冊之航空器時。[92]

(3) 普遍管轄

(i) 普遍管轄之定義

【451】簡單而言，「普遍管轄」（universal jurisdiction）[93] 相當於一個國

---

[90] *R v Martin* [1956] 2 QB 272, 285–6 (Devlin J); *R v Naylor* [1962] 2 QB 527.

[91] 14 September 1963, 704 UNTS 219.

[92] Convention for the Suppression of Unlawful Seizure of Aircraft, 16 December 1970, 860 UNTS 105; Convention for the Suppression of Unlawful Acts Against the Safety of Civil Aviation, 23 September 1971, 974 UNTS 178; Convention on the Suppression of Unlawful Acts Relating to International Civil Aviation, 10 September 2010, International Civil Aviation Organization (ICAO) Doc 9960 (not yet in force).

[93] Harvard Research (1935) 29 *AJIL Supp* 439, 563; Bowett (1982) 53 *BY* 1, 11–14; Higgins (1994) 56–65; *The Princeton Principles on Universal Jurisdiction* (2001); Reydams, *Universal Jurisdiction* (2003); Ryngaert

家在沒有任何其他公認之法定管轄情況下，主張其刑事管轄權。[94] O'Keefe's曾將「普遍管轄」定義如下：

> 「普遍管轄」可定義爲，對於在犯罪時係「非居民之外國人」於國外犯下罪行之規範性管轄權（prescriptive jurisdiction），倘若此類罪行不被視爲對規定國根本利益（fundamental interests）構成威脅，或於適當情況下，於其領土內產生影響之案件。[95]

　　許多國家已經採納「普遍管轄」原則，允許其政府對於「非國民之行爲」行使管轄權，但通常對於此類管轄範圍加以限制，包括犯罪之性質，以證明國家乃基於「國際公共政策」（international public policy）而執行司法拘束。由上述意義而言，「普遍管轄」係依據有關罪行之性質而予以界定，並非由於與規定國存在某種聯繫因素而予以認定。依據習慣國際法對於罪行之起訴，常常被形容爲接受「普遍性原則」（principle of universality），[96] 但此推論並不嚴格亦不正確，因爲受懲罰乃違反國際法之行爲，因此，「普遍管轄」不同於國內法，係基於國際法規範，甚至要求所有國家共同進行懲罰，但其本身並不宣布其爲犯罪行爲者。

(ii) 普遍管轄之內容

　　如何界定「普遍管轄」之內容？某些國際法學者與評論家提及，「普遍管轄」乃基於道德或公共政策之理由，繼而主張國家應擴大管轄權；易言之，「普遍管轄」應適用於習慣國際法規定之某些嚴重罪行，而實施此類罪行乃

(2nd edn, 2015) 120–42. Further: Langer (2011) 105 *AJIL* 1; Nyst (2012) 8 *JIL & Int Rel* 36, 39–43; Schabas (2013) 26 *LJIL* 667, 687–93; Bassiouni (6th edn, 2014) 425–73; Lett (2015) 23 *Mich St ILR* 545; Kapelańska-Pręgowska (2015) 17 *Int Comm LR* 413, 425–9; O'Keefe, *International Criminal Law* (2015) 371–5; Trouille (2016) 14 *JICJ* 195; Mennecke in Jalloh (ed), *The International Criminal Court and Africa* (2017) 10; O'Sullivan, *Universal Jurisdiction in International Criminal Law* (2017). There is a Working Group of the Sixth Committee on the scope and application of universal jurisdiction: see GA Res 72/120, 18 December 2017.

[94] La Pradelle in Ascensio, Decaux, & Pellet (eds), *Droit International Pénal* (2005) 905; Guilfoyle (2016) 37.

[95] O'Keefe (2004) 2 *JICJ* 735, 745.

[96] Baxter (1951) 28 *BY* 382. Cf Röling (1960) 100 Hague *Recueil* 323, 357–62. Also *Re Sharon and Yaron* (2003) 127 ILR 110; *Javor* (1996) 127 ILR 126; *Munyeshyaka* (1998) 127 ILR 134.

被國際間普遍認為（generally accepted）係對於「國際秩序之攻擊」（attack upon the international order）。[97] 正如同耶路撒冷地方法院（District Court of Jerusalem）於 *Eichmann*（艾希曼）一案中所闡述之論點：

> 以色列法律中所定義之嚴重罪行，不僅僅係以色列法律中所獨有的罪行，此類打擊全人類、震驚各國良知之罪行，係對於國際法本身之嚴重冒犯（*delicta juris gentium*）。因此，【452】國際法非但沒有否定或限制國家對此於類罪行之管轄權，甚至在沒有國際法院之情況下，國際法更需要每個國家之司法與立法機關，來共同實施其刑事禁令，並將此類罪犯繩之以法。因此，依據國際法審判罪行之管轄權，應視為具有「普遍」（universal）性。[98]

「普遍管轄」最初涉及之罪行為「海盜行為」（piracy *jure gentium*），[99] 其次係「奴隸」（slavery）。[100] 在現代國際法中，「普遍管轄」之範圍已擴張至習慣國際法上的「核心罪行」（core crimes），[101] 意即「種族滅絕」（genocide）、[102]「危害人類罪」（crimes against humanity）以及違反戰爭法，

[97] Higgins (1994) 58. See also *Arrest Warrant*, ICJ Reports 2002 p 3, 81 (Judges Higgins, Kooijmans, and Buergenthal); *R v Bow Street Stipendiary Magistrate, ex p Pinochet Ugarte (No 3)* [1999] 2 All ER 97, 176 (Lord Millett).

[98] (1961) 36 ILR 5, 26.

[99] This can be explained by the fact that no state could exercise territorial jurisdiction: e.g. *SS Lotus* (1927) PCIJ Ser A No 10, 51 (Judge Finlay, diss), 70–1 (Judge Moore, diss), 95 (Judge Altamira, diss); *Arrest Warrant*, ICJ Reports 2002 p 3, 37–8, 42 (President Guillaume), 55–6 (Judge Ranjeva), 78–9, 81 (Judges Higgins, Kooijmans, and Buergenthal). On piracy: UNCLOS, Art 105, and chapter 13; Hodgkinson in Scharf, Newton, & Sterio (eds), *Prosecuting Maritime Piracy* (2015). Also: *US v Shibin*, 722 F3d 233 (4th Cir, 2013).

[100] E.g. *SS Lotus* (1927) PCIJ Ser A No 10, 95 (Judge Altamira, diss); *Arrest Warrant*, ICJ Reports 2002 p 3, 61–2 (Judge Koroma); Trouille (2016) 14 *JICJ* 195; van der Wilt (2016) 14 *JICJ* 269.

[101] Ryngaert (2nd edn, 2015) 127–8; *US v Bellaizac-Hurtado*, 700 F3d 1245, 1253–4 (11th Cir, 2012) (holding enforcement of an anti-drug trafficking law unconstitutional as applied to conduct in the territorial waters of another country, drug trafficking being 'not a violation of customary international law'). But see *US v Macias*, 654 Fed Appx 458 (11th Cir, 2016), (holding that the prosecution for drug-trafficking crimes committed on board a stateless vessel in international waters is a constitutional exercise of extraterritorial jurisdiction).

[102] *Jorgic v Germany* [1997] ECtHR 74614/01, [69]. Institut de Droit International, Seventeenth Commission, *Universal Jurisdiction Over Genocide, Crimes Against Humanity and War Crimes* (2005) 2. Generally:

尤其係指 1907 年海牙公約（Hague Convention），以及嚴重違反 1949 年日內瓦公約（Geneva Conventions）之行為。[103] 另一方面，1984 年「聯合國禁止酷刑和其他殘忍、不人道或有辱人格的待遇或處罰公約（簡稱禁止酷刑公約）」（United Nations Convention against Torture and Other Cruel, Inhuman or Degrading Treatment or Punishment (UNCAT, or Torture Convention)）意義上之「酷刑與不人道待遇」亦可能適用「普遍管轄」。[104]

　　除明確之案例外，公共政策作為判斷「普遍管轄」標準之用處不大。國際間並未出現依據「普遍管轄」起訴侵略罪（crime of aggression）之實例，而直到 2017 年國際刑事法院（International Criminal Court）羅馬規約之締約國大會才啟動對於該罪行管轄權之討論，並不令人感到訝異。[105] 然而，於此同時，指控「侵略罪」之強烈政治影響，亦可解釋各國不願意依據「普遍管轄」進行起訴之原因。因此，就目前而言，「侵略行為」是否可被視為具有「普遍管轄」之罪行乃值得懷疑；但若仔細觀察時，可能事實並非如此。

　　【453】因此，雖然「普遍管轄」之「道德理由」乃主導關於此主題之討論，[106] 但其並未充分解釋「普遍管轄」之現實，且經常受到（可能亦是決定性）政治考慮之影響。[107] 國際間試圖推導出一個連貫的理論，以擴張解釋對於某些罪行，而非其他罪行之「普遍管轄」，似乎註定是徒勞無功；相反地，「普遍管轄」於習慣國際法中逐案擴大，認定其對於「國際秩序之攻擊」乃為必要條件，但並非充分條件。

Kreß (2006) 4 *JICJ* 561; Reydams (2003) 1 *JICJ* 428; cf Reydams (2003) 1 *JICJ* 679; Ryngaert (2007) *Hague JJ* 85. This has become the position despite the fact that the Genocide Convention, 9 December 1948, 78 UNTS 277, Art VI reserves universal jurisdiction in the case of genocide for an international court: cf *In re Koch* (1966) 30 ILR 496; *Jorgic v Germany* [1997] ECtHR 74613/01 (alternative interpretation of Genocide Convention, Art VI, which permits universal jurisdiction for states); Schabas (2003) 1 *JICJ* 39.

[103] Higgins (1994) 61; Van Elst (2000) 13 *LJIL* 815; Ryngaert (2007) *Hague JJ* 85; Carrillo & Nelson (2013–14) 46 *G Wash ILR* 481.

[104] *R v Bow Street Metropolitan Stipendiary Magistrate, ex p Pinochet Ugarte (No 3)* [2000] 1 AC 147, 275 (Lord Millett); *Furundžija* (2002) 121 ILR 213, 262. Cf *Jones v Saudi Arabia* [2006] UKHL 26, [34] (rejecting the existence of universal tort jurisdiction over torture).

[105] Resolution ICC-ASP/16/Res.5, 14 December 2017; ICC Statute, 17 July 1998, 2187 UNTS 3, Arts 8*bis*, 15*bis*, 15*ter*, inserted by Resolution RC/Res.6 of 11 June 2010. See also Kreß & Barriga, *The Crime of Aggression: A Commentary* (2017).

[106] Ryngaert (2nd edn, 2015) 127.

[107] E.g. in Spain: Moltó (2015) 13 *JICJ* 1121, 1122–31.

(iii)「缺席」之普遍管轄？

國際法院或法庭對於「普遍管轄」最實質性之考量係於 *Arrest Warrant* 一案中，雖然該討論僅爲附帶性質，法院認爲可在不決定管轄權之情況下，解決系爭相關豁免問題。[108] 其中某幾位確實曾考量「普遍管轄」適用要件之法官意見書，可明顯看出彼此見解的分歧：有 4 名法官（Guillaume、Ranjeva、Rezek、Bula-Bula）反對適用「普遍管轄」；而 6 名法官（Koroma、Higgins、Kooijmans、Buergenthal 於其聯合協同意見；al-Khasawneh 提出暗示；以及 van den Wyngaert 支持比利時申請）贊成適用「普遍管轄」。[109]

然而，於審查反對比利主張「普遍管轄」之法官意見時，僅有 Guillaume 院長[110]及 Rezek 法官[111]反對「普遍管轄」概念本身。Ranjeva 與 Bula-Bula 二位法官則僅批評其於「缺席」（*in absentia*）之情況下使用，亦即系爭國家並不享有對被告之監護權。[112]

雖然關於「缺席普遍管轄」（universal jurisdiction *in absentia*）之情況，在 *Arrest Warrant* 案[113]之前之學術文獻中並非鮮爲人知，但其推論卻難以令人信服。事實上，「普遍管轄」係一國管轄權之展現，故該管轄權係由當事方「親自行使」（*in personam*）或「缺席行使」（*in absentia*），皆爲國家行使管轄權之一種形式。[114] 在 *Arrest Warrant* 一案之背景下，比利時關於援引戰爭罪的法律，以及支持該法律之逮捕令爭議，係屬二個不同的行爲。因此，倘若討論「缺席普遍管轄」之情況，係將「規範管轄」（prescriptive jurisdiction）與「執行管轄」（enforcement jurisdiction）混爲一談。[115]

---

[108]　Generally: Winants (2003) 16 *LJIL* 491; Rabinovitch (2004) 28 *Fordham ILJ* 500. O'Keefe (2004) 2 *JICJ* 735; Goldmann, 'Arrest Warrant Case (Democratic Republic of Congo v Belgium)' (2009) *MPEPIL*.

[109]　Cf also the dissenting opinion of Judge Oda: ICJ Reports 2002 p 3, 51.

[110]　President Guillaume took a conservative stance on universal jurisdiction holding that under customary international law it only applied with respect to piracy and within the confines of certain *sui generis* treaty regimes: ibid, 37–8.

[111]　Ibid, 94.

[112]　Ibid, 55–7 (Judge Ranjeva), 121–6 (Judge ad hoc Bula-Bula).

[113]　Reydams (2003) 55, 74, 88–9, 156, 177, 222, 224, 226–7. For comment on universal jurisdiction *in absentia*: Colangelo (2005) 36 *Geo JIL* 537; Poels (2005) 23 *NQHR* 65; Ryngaert (2nd edn, 2015) 133–5.

[114]　O'Keefe (2004) 2 *JICJ* 735, 750.

[115]　Ibid, 750–1; O'Keefe (2015) 573–5; Guilfoyle (2016) 40. Cf Ryngaert (2nd edn, 2015) 123–5.

(iv) 基於條約之「準普遍管轄」

【454】另一種更受限制之「準普遍管轄」（quasi-universal jurisdiction）形式，源自於內容涵蓋刑事法特徵之「特殊條約」（*sui generis* treaty）；[116] 此類條約於很大程度上乃爲回應被視爲「不受歡迎之特定行爲」而制定，條款中繼而要求締約國對於其領土內某些個人行使「強制性規範管轄」（mandatory prescriptive jurisdiction），獨立於任何「普通聯繫」（ordinary nexus）之外；此條約通常具有「引渡或起訴之義務」（obligation of *aut dedere aut judicare*），並將迫使締約國選擇自行審判被告，或將其引渡至願意承擔義務之國家。[117]

上述情況之立法實例，[118] 出現於「海牙劫機公約」，亦稱「制止非法劫持航空器公約」（Hague Hijacking Convention, formally the Convention for the Suppression of Unlawful Seizure of Aircraft），[119] 該公約第4條第1款中規定：

> 每一締約國應採取必要措施，對犯罪及與該犯罪有關之疑犯，對乘客或機員所犯任何其他暴行，在下列情形下，建立其管轄權。當疑犯在其領域內出現而未依照第8條之規定將其引渡至本條第1項所稱之國家時，每一締約國亦應採取必要之措施，該項犯罪建立其管轄權。

上述原則已或多或少地適用於許多公約，例如於早期1949年「日內瓦公約」（Geneva Conventions）中，[120] 亦出現「引渡或起訴之義務」（obligation

---

[116] Generally: Reydams (2003) ch 3; Scharf, '*Aut dedere aut iudicare*' (2008) *MPEPIL*; Guilfoyle (2016) 44–52.

[117] The concept again comes from Grotius, who found the notion of a fugitive arriving on the territory of a state and there remaining to enjoy the fruits of his iniquity offensive: Grotius, *De iure belli ac pacis* (1625, Tuck 2005) II.xxi, §4.1. The position was later reversed by Enlightenment philosophers who sought to restrict the prescriptive jurisdiction of states to territorial concerns alone: e.g, Beccaria, *Traité des délits et des peines* (1764) §21. Further: *Arrest Warrant*, ICJ Reports 2002 p 3, 36–40 (President Guillaume).

[118] In the modern era, the concept first appeared in the International Convention for the Suppression of Counterfeiting Currency, 20 April 1929, 112 LNTS 371, Art 9.

[119] 16 December 1970, 860 UNTS 105, Art 4(1).

[120] E.g. Geneva Convention Relative to the Treatment of Prisoners of War, 75 UNTS 135, Art 129.

of *aut dedere aut judicare*) 條款。而在最近締結之條約中,最主要係就各類政府「部門」之反恐協議("sectoral" anti-terrorism agreements),此類協議很明顯地在無法就「恐怖主義」(terrorism) 之普遍定義達成有意義協議時,依據功能性之權宜性質而締結之條約。[121]

因此,將上述功能性條約所建立之「管轄權」,定義為「普遍」乃用詞不當。[122] 正如同 Ryngaert 所闡述:

> 「引渡或起訴之義務」(obligation of *aut dedere aut judicare*) 所要求與規範其實施之對象,確實僅限於締約國;而締約國集中其主權,並明確授權彼此對於其國民,或於其領土內犯下罪行之人,行使管轄權。[123]

【455】然而,即使有條約之設計安排,卻並未阻止某些國家堅持主張,對於有關條約之「非締約國國民」亦得適用「特殊管轄基礎」(*sui generis* bases of jurisdiction)。值得注意者,美國經常對於相關部門協議之「非締約國國民」,於其涉嫌恐怖分子身分時,行使刑事管轄權。[124] 例如,在 *Yunis* 一案中,一名黎巴嫩國民因劫持約旦皇家航空公司從貝魯特飛往安曼之第 402 號航班班機,而被美國起訴;此飛機上載有數名美國公民,但該飛機係於約旦註冊,懸掛約旦國旗,且從未於美國領土降落,或飛越美國領空。法院認定其對於被告劫持航空器,以及劫持人質之行為,具有刑事檢控之「普遍管轄」(universal jurisdiction)。雖然本案管轄之依據,係以黎巴嫩為「海牙公約」(Hague Conventions) 與「蒙特利爾公約」(Montreal Conventions) 之締約

---

[121] Generally: Saul, *Defining Terrorism in International Law* (2006); Schmid (2012) 6 *Perspectives on Terrorism* 158; Easson & Schmid in Schmid (ed), *Routledge Handbook of Terrorism Research* (2011) 99–157; Cohen (2013) 20 *Mich St ILR* 219, 229–33; O'Keefe (2015) 160, 266–74; Brennan in McCorquodale & Gauci (eds), *British Influences on International Law* (2016) 417–35. Cf Cassese, *International Law* (3rd edn, 2013) ch 8.

[122] Higgins (1994) 64 ('Although these treaties seek to provide wide alternative bases of jurisdiction, they are not examples of universal jurisdiction. Universal jurisdiction, properly called, allows *any* state to assert jurisdiction over an offence').

[123] Ryngaert (2nd edn, 2015) 124. Also Guilfoyle (2016) 46.

[124] E.g. *US v Rezaq*, 134 F3d 1121 (DC Cir, 1998); *US v Wang Kun Lue*, 134 F3d 79 (2d Cir, 1998); *US v Lin*, 101 F3d 760 (DC Cir, 1996). For commentary on the US position: Scharf (2001) 64 *LCP* 67.

國，但法院進一步認為，雖然黎巴嫩與約旦並非締約國，但「反對劫持人質國際公約」（Hostages Convention）之條款亦賦予管轄權。[125]

3. 民事限定管轄權

對於涉及民事管轄權（civil jurisdiction）之法律，國際間存在不同看法。有一種觀點認為，過度主張民事管轄權，可能引發國際責任。此外，由於藐視法庭（contempt of court）之刑事制裁，最終會適用民事管轄權；原則上，對於外國人主張民事管轄權與刑事管轄權所造成之問題，並無太大區別實益。[126] 特別是，反托拉斯立法（於國家實踐中許多困難之根源）涉及行政程序，雖然形式上係民事糾紛；但實際上卻具有強制性與懲罰性，如同證券交易之監理領域。[127] 另一種觀點認為，國家對於實際上屬於私法事務之民事管轄權行使幾乎沒有限制；不同國家基於不同理由主張管轄權，但透過衝突法之規則，尊重外國法律可減輕任何過度管轄之因素。

(1) 不同法律傳統中民事管轄權之基礎

不同的法律傳統間雖然存在廣泛相似之處，但對於民事管轄權之規定方式仍然有很大不同；尤其當國內法院考量並同意就外國當事人行使管轄權作為「規範管轄」時，此類劃分更為明顯。

【456】為滿足有關外國人待遇之國際法標準，國家必須於正常狀態運作中，維持有權裁決民事案件之國內法院系統，並準備在包含涉外因素之情況下，酌情適用「國際私法」（private international law）規則。[128] 國內法院可能不願意對於具有涉外因素之案件行使管轄權，轉而堅持適用爭議事實所在地為要件之「領域管轄」原則，並輔以與效忠國家、住所概念，以及服從管轄權原

---

[125] *US v Yunis*, 681 F Supp 896, 901 (DDC, 1988) and *US v Yunis*, 924 F2d 1086 (DCC, 1991).

[126] Akehurst (1972–3) 46 *BYIL* 145, 170; Vagias, *The Territorial Jurisdiction of the International Criminal Court* (2014) 181–2; Kohl in Tsagourias & Buchan (eds), *Research Handbook on International Law and Cyberspace* (2015) 31–3. There are many specialized areas, e.g. those relating to conscription and taxation. On the former: Parry (1954) 31 *BY* 437; 8 Whiteman 540–72. On the latter: Mann (1964) 111 Hague *Recueil* 1, 109–19; Martha, *The Jurisdiction to Tax in International Law* (1989).

[127] Ryngaert (2nd edn, 2015) 32, 82–4, 89–94. Also Ryngaert, *Jurisdiction over Antitrust Violations in International Law* (2008).

[128] On the relations of public and private international law: Mills, *Confluence of Public and Private International Law* (2009); Boer (2010) 57 *NILR* 183; Mills (2014) 84 *BYIL* 187; Ryngaert (2nd edn, 2015) 16–22.

則（doctrines of submission to the jurisdiction）相關之標準（包括基於法庭地國家財產所有權之默認提交）。[129]

作為一般規則，「普通法體系」（common law system）係對於可透過原審程序（originating process）送達之外國被告，主張管轄權；[130] 依據最基本之原理，只要被告涉足，[131] 或於司法管轄區建立商業據點，[132] 無論時間有多短，皆可送達令狀。上述管轄權之行使仍係基於「領土主權」（領域管轄）而來；由於國家對其領域內之個人皆有管轄權，普通法法院對於在領域內接受原審程序之被告行使管轄權。[133]

然而，倘若被告不在場，於某些情況下，仍可於該國司法管轄區外送達令狀。[134] 於此情況下，原訴傳票僅能於法院許可之情況下發出；許可准駁與否，則由法院依「訴因標的物」（subject matter of the cause of action）是否存在與領土之聯繫及其強度，予以評估。[135] 法院通常仍會行使管轄權，例如，倘若領域內之財產構成爭議標的物，或被告在當地有住所或通常居住於當地等。

雖然民事律師經常抱怨送達規則被認為過於苛刻，[136] 但普通法律師指出，被告可能會以審理爭議之適當法庭在別處為理由，質疑該國內法院行使管轄權。

---

[129] Beale (1922–3) 36 *Harv LR* 241. For a different view see Akehurst (1972–3) 46 *BY* 145, 170–7; and see *Derby & Co Ltd v Larsson* [1976] 1 WLR 202, noted (1976–7) 48 *BY* 333, 352. Also *Thai-Europe Tapioca Service v Government of Pakistan* [1975] 1 WLR 1485, 1491–2 (Lord Denning); Putnam, *Courts without Borders* (2016) ch 2.

[130] *Russell & Co v Cayzer, Irvine Ltd* [1916] 2 AC 298, 302; *ANZ Grindlays Bank plc v Fattah* (1991) 4 WAR 296, 299–300. Further: *Dicey, Morris & Collins on the Conflict of Laws* (15th edn, 2012) 411.

[131] E.g. *Maharanee of Baroda v Wildenstein* [1972] 2 QB 283. Sime, *A Practical Approach to Civil Procedure* (17th edn, 2014) 117.

[132] E.g. *Dunlop Ltd v Cudell & Co* [1902] 1 KB 342; *Cleveland Museum of Art v Capricorn International SA* [1990] 2 Lloyd's Rep 166. In civil claims against corporations in US courts, a 'commercial presence' is no longer sufficient to establish jurisdiction: *Daimler AG v Bauman*, 134 S Ct 746 (2014); *Bristol-Myers Squibb Co v Superior Court of California, San Francisco County*, 137 S Ct 1773 (2017).

[133] McConville in Scott (ed), *Torture as Tort* (2001) 160.

[134] E.g. *Spiliada Maritime Corp v Cansulex Ltd* [1987] AC 460; *Airbus Industrie GIE v Patel* [1999] 1 AC 119; *Lubbe v Cape plc* [2000] 1 WLR 1545. Generally: Sime (17th edn, 2014) 124–5; Fentiman, *International Commercial Litigation* (2nd edn, 2015) chs 8–9, 12.

[135] Where the defendant has a territorial connection with England sufficient to allow the writ to be served directly, the court may decline jurisdiction on the basis that England is *forum non conveniens*: *VTB Capital plc v Nutritek International Corp* [2013] 2 AC 337.

[136] E.g. Ehrenzweig (1956) 65 *Yale LJ* 289. Relations between common law and civil law countries on the service of process have been a source of difficulty: e.g. *Decision concerning Service of Punitive Damage Claims* (1995) 34 ILM 975.

【457】某些普通法司法管轄區進一步擴張管轄權之概念。在美國，過去最低限度之領土接觸（minimum territorial contacts），[137] 就足以對被告施以管轄權，例如，外國公司於美國境內設立之子公司之存在，乃為母公司提供必要之「最低限度聯繫」（minimum contact）。然而，於 *Daimler AG v Bauman* 一案中，法院大大減弱了上述原則之重要性。最高法院裁定，本院僅會對在美國境外產生之求償事件行使管轄權，而此類求償係針對於美國註冊成立，或以美國為主要營業地之外國公司。[138]

相形之下，大陸法系之傾向則較為不同，行使民事管轄權之方法乃基於類似「以原就被」原則，即在可能情況下，被告應於其住所地被起訴；此原則可在關於管轄權，以及關於民商事判決承認與執行之 EC Regulation 44/2001（Brussels I Regulation，布魯塞爾第 I 條例）[139] 中看到，該條例第 2 條規定：依據本條例，居住在歐盟成員國之人，無論其國籍為何，都應於該成員國之國內法院被起訴。[140] 然而，EC Regulation 44/2001 提供替代管轄權之基礎，倘若被告已於歐盟定居，則此類管轄權之地域性並不嚴格檢驗，尤其包括侵權案件中之不法行為（第 5 條第 3 項）。而於契約情況下，違反義務履行地（第 5(1)(a) 條）、貨物交付或服務履行地（第 5(1)(b) 條），或對於因分支機構、代理機構或其他機構之運營引起的商業糾紛，該分支機構、代理機構或其他機構所在地（第 5 條第 5 項）。[141]

大陸法系與普通法系另一個顯著之差異，係「酌情拒絕管轄」

137 *International Shoe Co v Washington*, 326 US 310, 316 (1945). Also *World-Wide Volkswagen Corp v Woodson*, 444 US 286, 297 (1980); *Goodyear Dunlop Tyres Operations SA v Brown*, 564 US 915 (2011).
138 134 S Ct 746, 761 (2014) (uprooting the corporate presence doctrine). For comment: Ji (2015) 23 *Mich St ILR* 397; Cavanagh (2016) 68 *Maine LR* 287. See also *Gucci America Inc v Weixing Li*, 768 F3d 122 (2d Cir, 2017).
139 [2001] OJ L12/1, an elaboration on the Convention on Jurisdiction and the Enforcement of Judgments in Civil and Commercial Matters, Brussels, 27 September 1968, 1262 UNTS 153 As an EU member, the UK is bound by the Brussels I Regulation. To the extent that the Regulation does not apply, the common law rules of jurisdiction will have residual effect: Brussels I Regulation, Art 4. Also of note is EC Regulation 593/2008 on the law applicable to contractual relations [2008] OJ L177/6 (Rome I Regulation). Generally: Briggs, *Civil Jurisdiction and Judgments* (6th edn, 2015) ch 2; van Calster, *European Private International Law* (2nd edn, 2016) ch 2.
140 The Brussels I Regulation permits certain exceptions to this principle based on questions of subject matter and the relationship between the parties: e.g. Arts 5(1) (matters relating to a contract), 5(3) (matters relating to a tort or delict), 5(5) (matters relating to a dispute arising from the activities of a branch, agent, or other establishment); 22 (exclusive jurisdiction), 23 (jurisdiction agreements), and 27 and 28 (*lis pendens* and related actions).
141 Further: Kaeb & Scheffer (2013) 107 *AJIL* 852, 854–5; Fentiman (2nd edn, 2015) ch 9.

（discretionary refusal of jurisdiction）之概念，此為民事管轄案件中令人遺憾的做法。而作為一般規則，倘若案件被適當地接受，法院不能拒絕管轄權，除非該條例條款已明確授權拒絕：[142] 例如，依據 EC Regulation 44/2001 第 27 條，倘若案件懸而未決，第二審理法院必須中止其審理程序，以利於首先審理之法院，除非後者確定其並無管轄權。[143]

【458】雖然此方法具有確定性與一致性之優點，但其條款僵化可能會導致不幸之實際後果。例如，在 *Owusu* 一案中，[144] 一名英國被告與五名牙買加被告，因涉嫌於牙買加發生之侵權行為，而在英國法院被起訴；雖然依「法庭便利」（forum convenient）原則而言，顯然係牙買加法院具有優勢，但第 2 條之強制措辭，以及其中一名被告之英國住所地，阻卻英國法院拒絕管轄權。

(2) 司法管轄及衝突法

「衝突法」（Conflict of Laws），亦稱為「國際私法」（private international law），涉及國家法院之管轄權、適用於涉外糾紛之國內法，以及判決之跨境執行等問題。[145] 上述法律通常被認為僅係國內法，其研究與國際公法研究間劃出了一條明確之界線。然而，倘若「衝突法」必須被視為國際法，則其具有國際法之性質，因其涉及競爭與水平之主張。

依據 Mills 之說法，對於「衝突法」採用國際法體系之觀點，揭示國際公法與私法「本質上之融合」（essential confluence），因二者共享相似之知識起源（intellectual progenitors）。[146] 例如，「國籍」係民事法律制度中核心關鍵之管轄原則。「法國民法典」（French Civil Code）第 15 條規定，「法國人在外國訂約所負擔之債務，即使對方為外國人之情形下，亦得由法國法院審理之」；被動人格亦是「法國民法典」第 14 條之重點，該條規定，「不居住

---

[142] Cf Brussels I Regulation, Art 28.

[143] E.g. because the court second seised is the beneficiary of an exclusive jurisdiction agreement between the parties (Art 23) or the subject matter of the dispute is something within the exclusive jurisdiction of the court second seised (Art 22).

[144] Case C-281/02 *Owusu v Jackson* [2005] ECR I-1383 (ECJ). Also Case C-159/02 *Turner v Grovit* [2005] ECR I-3565 (ECJ); Case C-116/02 *Erich Gasser GmbH v MISAT srl* [2003] ECR I-14693 (ECJ); Case C-185/07, *Allianz SpA v West Tankers Inc* [2009] ECR I-663; *Ferrexpo AG v Gilson Investment Ltd* [2012] EWHC 721 (Comm). Further: Rodger (2006) 2 *JPIL* 71; De Verneuil Smith, Lasserson, & Rymkiewicz (2012) 8 *JPIL* 389.

[145] Mills, *The Confluence of Public and Private International Law* (2009); Ryngaert (2nd edn, 2015) ch 1.

[146] Mills (2009) 298.

於法國之外國人，或曾在法國與法國人訂立契約者，因此契約所生債務履行之問題，得由法國法院受理；其曾在外國訂約對法國人負有債務者，亦得由法國法院受理」，易言之，允許就與法國國民訂約而負有債務者，向法國法院傳喚該外國人。

另一方面，「領域管轄」原則於國際私法中之影響同樣非常普遍，特別在普通法體系中，被告身處於國家管轄範圍內，即足以構成法院裁判管轄權之基礎。然而，如此簡單認定係有爭議，蓋依據國際公法之「領土主權」概念，屬於裁判權主體之行為或事件，必須於管轄範圍內進行，故被告於案件發生後才出現於國家領土範圍內，並不足以構成管轄。易言之，透過主張「法庭不便利原則」（forum non convenient）以拒絕管轄權，而在他國之國家法院更適合審理此案件情況下，過度擴張國內法院管轄權之情況逐漸減少；而在美國，「合理性」（reasonableness）之考量因素，亦也可發揮重要作用。[147] 在布魯塞爾第 I 條例第 22 條第 1 項亦規定「領域管轄」（爭議較小）之適用範圍，該條例規定，某些法院具有「專屬管轄權」（exclusive jurisdiction），倘若有關訴訟之標的物係屬於不動產物權或不動產租賃時，則被告之住所地為何，在所不問。

(3) 外國人侵權法及相關立法

【459】在 *Eichmann* 案中，表達之「普遍原則」（universality principle）最常與對於國際嚴重罪行之起訴連結在一起。[148] 只有少數幾個國家主張「普遍民事管轄權」（universal civil jurisdiction），即「規範性管轄權」（prescriptive jurisdiction）與所涉違法行為，無需任何最小之領土或國家聯繫；[149] 最典型之例子係 1789 年之美國「外國人侵權求償法」（US Alien Tort

---

[147] E.g. *Timberlane Lumber Co v Bank of America*, 549 F2d 597 (9th Cir, 1976); *Asahi Metal Industry Co v Superior Court of California*, 480 US 102 (1987);
cf *Hartford Fire Ins Co v California*, 509 US 764 (1993). Further: Oakley & Amar, *American Civil Procedure* (2009) 116; Grossi, *The US Supreme Court and the Modern Common Law Approach* (2015) 144, 166–8, 171.
[148] Steinhardt & D'Amato (eds), *The Alien Tort Claims Act* (1999); Paust (2004) 16 *Florida JIL* 249; Ku (2013) 107 *AJIL* 835–7; Ryngaert (2nd edn, 2015) 135–42; Seibert-Fohr, 'United States Alien Tort Statute' (2015) *MPEPIL*.
[149] Reydams (2008) 126–7; Cassese (3rd edn, 2013) 278–81.

Claims Act），現在被編纂爲「外國人侵權法」（Alien Tort Statute, ATS）。[150]

ATS 在其相關章節中規定，巡迴法院對於外國人違反國際法或美國條約，而僅針對侵權行爲提起之民事訴訟，具有初審管轄權（original jurisdiction）。顯然 ATS 頒布之目的，原係爲海盜行爲、違反安全行爲或外交大使權利之行爲等，[151] 提供求償之權利。該法規幾乎已經沉睡兩個世紀之久，直到在 *Filartiga v Pefia-Irala* 一案後，[152] 始獲得現代國際間的重視；於該案中，應將其解讀爲，第二巡迴上訴法院之裁定，納入保護個人權利之現行習慣國際法。

只有在以下情況下，始發生違反 ATS 行爲：(i) 原告係外國人；(ii) 個人被告 [153] 應對侵權行爲負責；以及 (iii) 有關之侵權行爲違反國際法。[154] 然而，並非所有違反國際法之行爲，都將被視爲可予以起訴。美國最高法院於 *Sosa v Alvarez-Machain* 一案中，雖未能闡明一個連貫之類別，但將法規範圍限制於「文明世界接受的具有國際性質之規範」。[155] 於此意義上而言，ATS 至少在某種程度上，從與對種族滅絕、戰爭罪、危害人類罪等之「普遍刑事管轄權」相同之法律來源中，取得其合法性。[156]

或許係因爲 ATS 之規定與程序上的侷限性，一直很少有人反對 ATS。[157] 雖然歐洲國家可能更喜歡對嚴重侵犯人權之行爲，採取刑事或行政救濟措施，【460】但原則上似乎並不反對此類型之「普遍侵權管轄權」（universal tort

---

[150] 28 USC §1350. After the 'rediscovery' of the Alien Tort Claims Act, the Torture Victims Protection Act of 1991 was passed: it provides a cause of action for any victim of torture or extrajudicial killing wherever committed: 106 Stat 73.

[151] These are the offences against the law of nations described by Blackstone as addressed by the criminal law of England. See *Sosa v Alvarez-Machain*, 542 US 692, 725 (2004). The origins of the original statute are obscure: Paust (2004) 16 *Florida JIL* 249; Seibert-Fohr, 'United States Alien Tort Statute' (2015) *MPEPIL*.

[152] 630 F2d 876, 881 (2d Cir, 1980).

[153] There is no nationality requirement imposed on the defendant by the ATS; accordingly, US companies were named as defendants in many cases, converting ATS into a corporate social responsibility tool: e.g. *Doe 1 v Unocal*, 395 F3d 932 (9th Cir, 2002). But corporations that have a 'mere corporate presence' in the US have been held not to fall within the Act: *Kiobel v Royal Dutch Petroleum Co*, 569 US 108 (2013), and the Supreme Court has held that foreign corporations may not be defendants in ATS cases: *Jesner v Arab Bank Plc*, 584 US __ (2018). The scope of the ATS is thus further reduced.

[154] Ryngaert (2nd edn, 2015) 71, 106.

[155] 542 US 692, 749 (2004).

[156] Ryngaert (2003) 38 *NYIL* 3, 35–8.

[157] E.g. *Arrest Warrant*, ICJ Reports 2002 p 3, 77 (Judges Higgins, Kooijmans, and Buergenthal) ('[w]hile this unilateral exercise of the function of guardian of international values has been much commented on, it has not attracted the approbation of States generally'). Cf Ramsay (2009) 50 *Harv ILJ* 271.

jurisdiction），雖然歐洲國家仍然反對美國之民事管轄權不斷擴張，已構成「過度人身管轄」。[158]

美國最高法院在 *Kiobel* 一案中，大幅減少 ATS 之「域外管轄權」（extraterritoriality）範圍，依據反對「域外管轄權」之推論，法院裁定，僅有於可證明「接觸及關注」（touch and concern）美國之情況下，ATS 始適用於基於域外行為之求償；最高法院進一步認為：

> 即使「求償」涉及接觸且關注美國領土，該主張亦必須擁有
> 足夠力量證明上述論點，以取代針對域外管轄適用之推定。[159]

在被投訴行為僅發生於奈及利亞之案件中，被告在美國「僅有公司存在」，被認為不足以滿足上述「足夠力量」（sufficient force）之測試。[160] 除此之外，*Kiobel* 案中，法官並未進一步說明滿足「足夠力量」測試中「接觸與關注」情況之具體要件，此實踐欠缺標準，使得 ATS 縮小範圍之情況並未解決，因此，*Kiobel* 案之判決受到強烈批評，當然並非完美的解決方式。[161]

在 *RJR Nabisco* 一案中，[162] 最高法院認為，無論「美國法與外國法之間，是否存在衝突風險」以及（附帶）「相關法規是否規範行為、提供救濟，或僅授予域外管轄權」，法院認為「反勒索及受賄組織法」（Racketeer Influenced and Corrupt Organizations Act, RICO）可適用於某些外國勒索或貪腐受賄之活動，因此推翻關於該法案實質規定之推定。[163]

---

[158] Ryngaert (2nd edn, 2015) 137; Kaeb & Scheffer (2013) 107 *AJIL* 852.

[159] *Kiobel v Royal Dutch Petroleum Co*, 569 US 108, 14 (2013) (Chief Justice Roberts, joined by Justices Scalia, Alito, Thomas, and Kennedy).

[160] See *Mujica v AirScan Inc*, 771 F3d 580, 594 (9th Cir, 2014) (stating that '*Kiobel* (quite purposely) did not enumerate the specific kinds of connections to the United States that could establish that ATS claims "touch and concern" this country').

[161] Stephens (2013) 28 *Md JIL* 256; Chander (2013) 107 *AJIL* 829; Ku (2013) 107 *AJIL* 835.

[162] *RJR Nabisco, Inc v European Community*, 136 S Ct 2090, 2100–1 (2016).

[163] But the presumption was not overcome regarding the private right of action, for which domestic injury must be alleged and proved. See *RJR Nabisco, Inc v European Community*, 136 S Ct 2090, 2105–11 (2016).

4. 管轄權之獨立性

(1) 管轄獨立之關係

為證明對於外國人之管轄權合理，國家所主張之各種管轄原則通常被列為具有獨立性且得累積適用，[164] 雖然有些管轄原則可能被視為「從屬」（subsidiary）於其他原則之下。[165]【461】然而，必須注意者，國內法之「原則」實際上乃大量國家法律規定之概括，大致上無法反映出國際法具體承認之管轄權類別。每項單獨原則可能僅為行使管轄權之合理性證據；[166] 在國家實踐中，各種原則經常交錯適用。因此，「領域」原則及「被害人國籍」原則等的客觀應用與「保護」原則之間，有很多相似性。「國籍」原則可能與「安全」考量並存，或者對外國人而言，居住等因素亦可能支持「臨時效忠」（ad hoc notion of allegiance）於國家之概念，上述做法促使法院認可一項廣泛原則，該原則係基於「犯罪」與「法庭地國」間某種真正或有效之聯繫。[167]

(2) 過度規範管轄之後果

(i) 法律立場

倘若於「過度管轄」（exorbitant jurisdiction）之情況下，採取執法行動並因此而造成損害，則可能將構成「國際不法行為」（international wrong），[168] 僅僅透過立法而主張「過度管轄」產生之結果，仍係懸而未決之爭議。

(ii) 實際後果

作為實際問題，雖然各國可能會抗議使用「過度規範管轄」（exorbitant

---

[164] Ireland-Piper (2013) 9(4) *Utrecht LR* 68, 73; Currie & Coughlan (2007) 11 *Can Crim LR* 141, 148. E.g. *Janković*, Decision on Art 11*bis* referral (ICTY Appeals Chamber, Case No IT-96–23/2-AR11*bis*.2, 15 November 2005), para 34.

[165] E.g. *Eichmann* (1962) 36 ILR 277, 302; *Arrest Warrant*, ICJ Reports 2002 p 3, 80 (Judges Higgins, Kooijmans, and Buergenthal) (arguing that universal jurisdiction can only be exercised once the territorial state has declined to take action).

[166] Further: Ryngaert (2nd edn, 2015) ch 5.

[167] Mann (1964) 111 Hague *Recueil* 9, 43–51, 82–126; Ryngaert (2nd edn, 2015) 156–7. For the Canadian approach, requiring 'a real and substantial link': *Queen v Klassen* 2008 BCSC 1762; ILDC 941; *Club Resorts Ltd v Van Breda* [2012] 1 SCR 572, and see Monestier (2013) 36 *Fordham ILJ* 396.

[168] Ryngaert (2nd edn, 2015) ch 2; Kamminga, 'Extraterritoriality' (2012) *MPEPIL*; Piraino (2012) 40 *Hofstra LR* 1099.

prescriptive jurisdiction），但除非制定法律之國家試圖執行其所主張之管轄權，否則國家不太可能採取任何法律行動。同時，即使沒有立即採取執法行動，「規範性聲明」（prescriptive statement）就根本上而言亦是一種威脅，可能會迫使外國人改變其行為。[169] 此結果可能會導致另一個國家透過制定「阻斷法規」（blocking statute）作出回應，該法律係為阻礙他國基於司法管轄權所頒布法律，或其「域外管轄適用」（extra-jurisdictional application）之效力而頒布。[170]

5. 執法管轄權

(1)基本原則

【462】與「規範性管轄」（prescriptive jurisdiction）相同，國家於其領土內主張「執法管轄」（enforcement jurisdiction）並無任何爭議。[171] 相比之下，單方行為及域外（extraterritorial）主張執法管轄則不被允許。正如同常設國際法院於 Lotus 一案中認定：

> 倘若不行使相反之許可規則（permissive rule），國際法對於一國施加之首要限制，係不得於另一國領土上以任何形式行使權力。從此層面之意義而言，管轄權當然係歸於「領域」之屬地性質；易言之，不能由一個國家於其領域外行使管轄，除非依據國際習慣或公約之許可規則。[172]

---

[169] Donovan & Roberts (2006) 100 *AJIL* 142, 142; Mills (2014) 84 *BY* 187, 202.

[170] E.g. Protection of Trading Interests Act 1980 (UK) (which has, however, been little used). Also EC Regulation 2271/96, enacted in response to the Helms–Burton and D'Amato–Kennedy Acts. On restricting the reach of state jurisdictions over online data: Woods (2016) 68 *Stanford LR* 729, 779–80. On blocking investigations under the US Foreign Corrupt Practices Act: Liakopoulos & Marsilia, *The Regulation of Transnational Mergers in International and European Law* (2009) 17; Robert-Ritter (2012) 8 *IL & Man R* 89.

[171] Mann (1964) 13 *ICLQ* 1460; Jennings (1957) 33 *BY* 146; 6 Whiteman 118–83; Akehurst (1972–3) 46 *BY* 145, 179–212 Meessen (ed), *Extra-Territorial Jurisdiction in Theory and Practice* (1996); Milanovic, *Extraterritorial Application of Human Rights Treaties* (2011) 23–6; Colangelo (2014) 99 *Cornell LR* 1303; Ryngaert (2nd edn, 2015) 31; Schabas (ed), *The Cambridge Companion to International Criminal Law* (2016) 161, 218, 220–6.

[172] (1927) PCIJ Ser A No 10, 18–19.

「執行管轄」之基本指導原則,係指除非依據條約或其他同意條款給予例外規定,倘若未經他國同意,一個國家不得於他國領土上,以執行其法律之方式採取任何強制措施,[173]包括:不得逮捕人員、不得送達傳票、不得施以警察或稅務調查、不得於他國領土上執行出示文件之命令。[174]此類同意於國際法實踐上的一個重要實例,即「使節團地位協定」(Status of Mission, SOMA)或「部隊地位協定」(Status of Forces Agreement, SOFA),依據上述協定,一個國家同意他國軍隊於其領土上存在,以及行使相關之「軍事管轄權」(military jurisdiction)。[175]

(2)關於域外活動之執法

倘若僅因為一國對於在他國實施之行為,於該國境內採取行動,並不侵犯「領域管轄」原則,此立場雖正確,卻未能阻止爭議產生。在美國法院考量使用「有效性原則」(effects doctrine)以促進經濟監督與管理領域之某些規範性目標時,尤其如此,最典型之例子即為美國的反托拉斯法(antitrust law)。例如,美國法院於 *United States v. Aluminum Company of America et al. (Alcoa case)* 案,[176] 以及 *United States v. Watchmakers of Switzerland* 案 [177] 等二個判決中皆認為,【463】只要國外之經濟活動在美國境內產生違反當地立法之後果或影響,美國各級法院得下令處置外國公司之專利權與其他財產、於他國重組產業、出示文件等要求。上述美國學說,似乎僅限於意圖於美國境內產生實質影響之國外協議。[178]在過去一段期間內,美國法院採納一項平衡原則,處理其所涉及之各種國家利益,該原則雖然內容含糊不清,且對於解決案件爭

---

[173] E.g. *Armed Activities on the Territory of the Congo (DRC v Uganda)*, ICJ Reports 2005 p 168, 196–9; *R v Hape* [2007] 2 SCR 292. Further: Stigall (2013) 3 *Notre Dame JICL* 1, 9.

[174] *SS Lotus* (1927) PCIJ Ser A No 10, 18.

[175] E.g. Agreement between the Parties to the North Atlantic Treaty regarding the Status of their Forces, 19 June 1951, 199 UNTS 67, Art VII; Agreement between the Democratic Republic of East Timor and the United Nations concerning the Status of the United Nations Mission of Support in East Timor, 20 May 2002, 2185 UNTS 368, Arts 43–44. Further: chapter 22.

[176] *US v Aluminum Co of America*, 148 F2d 416 (2d Cir, 1945).

[177] *US v Watchmakers of Switzerland Information Center Inc*, 133 F Supp 40 (SDNY, 1955); 134 F Supp 710 (SDNY, 1955).

[178] Intention was not a prominent requirement in *US v ICI*, 100 F Supp 504 (SDNY, 1951); 105 F Supp 215 (SDNY, 1952), and in many circumstances it can be inferred.

議的助益不大，但似乎可以減輕部分「有效性原則」之粗糙做法。[179]

　　美國政府、外國政府及法院在對於美國措施作出反應時，皆假設「執法管轄」必須存在某些限制，但各國卻又對於何種程度與形式之限制，無法達成共識。[180] 這些限制在 *Hoffman-La Roche* 一案 [181] 中進行初步測試，該案件涉及外國發生重大違反競爭行為（反托拉斯），且具有不利於美國國內之影響，以及獨立之外國影響。美國最高法院裁定，其具有管轄權受理「美國購買者基於國內損害所提出之求償」，但不受理「外國購買者基於國外損害所提出之求償」。除有其他考量因素外，美國最高法院清楚認識到，法院必須解釋模稜兩可之法規，以避免對於主權權力之不合理干涉，並假設美國國會通常尋求遵循習慣國際法之原則。

　　英國之觀點似乎為，倘若一個國家措施係在規範「非本國國民」於其領域管轄範圍外所為之行為，並且於其管轄範圍內，並未出現實質影響時，該國乃超出其領域管轄之範圍。[182] Jennings 法官進一步闡明：「域外管轄之行使，不得以『與被指控之犯罪行為發生地的當地法律相牴觸』方式為之」。[183] 對於組織結構複雜之跨國企業或其境外子公司，法院得適用「實質」或「有效」聯繫因素之原則，作為管轄權主張的依據；[184] 上述方法亦符合「衝突法」（conflict of laws）之相關概念，尤其是關於交易行為之準據法。英國目前之立場可能如下：【464】一個國家只有在執行其立法管轄所必須之範圍內，始享有「域外執法管轄權」；後者基於現有之管轄權原則，有學者認為，此原則接近於「實質聯繫原則」（principle of substantial connection）。

[179] *Timberlane Lumber Co v Bank of America*, 549 F2d 597 (9th Cir, 1976); *Mannington Mills Inc v Congoleum Corp*, 595 F2d 1287 (3d Cir, 1979). The 'balancing' approach was criticized in *Laker Airways Ltd v Sabena*, 731 F2d 909 (DC Cir, 1984). *Hartford Fire Insurance v California*, 509 US 764 (1993) ignored almost all the balancing factors and held that US courts should exercise jurisdiction where there is a substantial effect within the US and there is no conflict, i.e. no foreign law requires that a party act or not act in a certain manner contrary to US laws. Further: Ryngaert (2nd edn, 2015) 155–6; Duns, Duke, & Sweeney (eds), *Comparative Competition Law* (2015) 356–60.

[180] *Barcelona Traction*, Second Phase, ICJ Reports 1970 p 3, 103–6 (Judge Fitzmaurice).

[181] *Hoffman-La Roche Ltd v Empagran SA*, 542 US 155 (2004). See also *Restatement Third* §403(1) and (2); draft *Restatement Fourth* (2017) §101.

[182] *BPIL* (1964) 146, 153.

[183] (1957) 33 *BY* 146, 151. Also *British Nylon Spinners Ltd v ICI Ltd* [1952] 2 All ER 780; [1954] 3 All ER 88; Kahn-Freund (1955) 18 *MLR* 65.

[184] *Carron Iron Co v Maclaren* (1855) 5 HLC 416, 442 (Lord Cranworth); *The Tropaioforos* [1962] 1 Lloyd's Rep 410.

(3) 國外之承認及執行

(i) 刑事管轄

在刑事案件中，「執法管轄權」（enforcement jurisdiction）通常包括追訴、逮捕、拘留、審判被告以及執行任何判決。

對於導致逮捕被告之「域外執法行動」（extraterritorial enforcement action），可臨時給予國家同意，但於兩國之間的流動相對規律與直接之情況下，可締結雙邊或多邊協議，以便為國家間之「執法管轄權」提供常規法令基礎。其中最引人注目者，係歐盟某些成員國間所締結之「申根公約」（Schengen Convention），[185] 該公約第 40 條第 1 項規定，倘若締約方官員對於涉嫌可引渡犯罪（extraditable offence）之人進行監視，他們可要求另一締約方之官員，繼續於該締約方之領土上進行監視。第 40 條第 2 項進一步規定，因基於特別緊急原因，而無法請求另一締約方授權之情況下，執行監視之官員，得被授權於另一締約方領土內繼續進行監視。類似情況亦然，第 41 條允許官員基於情況緊急，而無法獲得另一締約國許可之情況下，得跨越國界對於目標進行緊追。

另外，第 39 條第 1 項規定，依據國內法要求，各締約方之警察機構承諾，相互協助以偵查與預防刑事犯罪，雖然此規定並未明確授權「域外執法」（extraterritorial enforcement）。於此方面，「歐盟成員國間之刑事司法互助公約」（Convention on Mutual Assistance in Criminal Matters between the member states of the European Union）對第 39 條進行補充，[186] 其他刑事互助條約（Treaties of Mutual Criminal Assistance），如執行協議，亦可於雙邊或多邊基礎上締結。[187]

---

[185] Convention implementing the Schengen Agreement of 14 June 1985 [2000] OJ L239/19.

[186] [2001] OJ C 197/1. Also: Convention on the Establishment of a European Police Office [1995] OJ C 316/2. Further: McClean (2002) 167–8, 224–37.

[187] The UN has sponsored a series of treaties designed to secure greater cooperation in criminal matters: UN Model Treaty on Mutual Assistance in Criminal Matters, 14 December 1990, A/RES/45/117, amended by A/RES/53/112, 20 January 1999; Model Treaty on the Transfer of Proceedings in Criminal Matters, 14 December 1990, A/RES/45/118; UN Convention Against Transnational Organized Crime, 15 November 2000, A/RES/55/25 (Annex I). Further: *Certain Questions of Mutual Assistance in Criminal Matters (Djibouti v France)*, ICJ Reports 2008 p 117.

　　然而，與監視被告有關活動不同，關於逮捕、審判、監禁等人身強制措施，很少以「域外身分」的方式進行，特別是在與「使節團地位協定」（SOMA）或「部隊地位協定」（SOFA）無關之情況。

　　然而，利比亞政府主張，除非「應對 1988 年泛美航空公司第 103 號航班於蘇格蘭洛克比爆炸事件負責之嫌疑犯」於中立國家接受審判，否則利比亞政府拒絕引渡。【465】隨後，英國及荷蘭達成協議，允許蘇格蘭法院適用蘇格蘭刑法，並於荷蘭之前美國空軍基地審判被告。[188]

　　同時，條約亦對外國刑事判決之執行作出規定。於此情況下，大陸法系與普通法系對此問題之處理方法通常存在很大分歧：英美法系國家原則上拒絕執行另一國家之刑法；[189] 相反地，大陸法系國家則不太反對執行他國之刑事判決，「歐洲刑事判決國際有效性公約」（European Convention on the International Validity of Criminal Judgments）即爲例證。[190]

　　除「缺席審判」（trial *in absentia*）此一令人不滿意之法律程序外，各國仍必須依靠其他國家之合作，始能移交在國外或已經逃往國外之嫌疑犯，或已定罪之罪犯。倘若上述司法合作基於請求及同意之程序，並受某些一般原則之拘束，則國際司法協助（international judicial assistance）之形式稱爲「引渡」（extradition）。[191] 由於國際間締結之「引渡條約」（extradition treaties）數量繁多，可謂形成「國際引渡法」（international law of extradition），此詞彙並非代表習慣國際法已經存在，而係一個重要之條約法匯集，繼而展現該領域的某些共同要素。「引渡條約」通常係屬於雙邊條約，[192] 但「歐洲引渡公約」

[188] UK–Netherlands, Agreement concerning a Scottish trial in the Netherlands, 18 September 1998, 2062 UNTS 81. This approach was approved in SC Res 1192 (1998). Further: Aust (2000) 49 *ICLQ* 278; Plachta (2001) 12 *EJIL* 125. Also: UK–New Zealand, Agreement concerning trials under Pitcairn law in New Zealand, 11 October 2002, 2219 UNTS 57; Pitcairn Trials Act 2002 (NZ); *R v Seven Named Accused* (2004) 127 ILR 232; *Christian v R* [2007] 2 WLR 120.

[189] E.g. *Wisconsin v Pelican Insurance Co*, 127 US 265 (1887); *Huntington v Attrill* [1893] AC 150; *US v Inkley* [1989] QB 255 (CA). Further: Zeynalova (2013) 31 *Berkeley JIL* 150, 163–8.

[190] 28 May 1970, ETS No 70.

[191] Generally: Nicholls & Montgomery, *The Law of Extradition and Mutual Assistance* (2nd edn, 2007); Stein, 'Extradition' (2011) *MPEPIL*. On reciprocity as a basis for extradition: Rezek (1981) 52 *BY* 171; Duffy, *The 'War on Terror' and the Framework of International Law* (2nd edn, 2015) 162–5.

[192] E.g. UK–USA, Extradition Treaty, 31 March 2003, Cm 5821.

（European Convention on Extradition, ECE）[193] 在歐盟成員國間有效，雖然該公約已於很大程度上，被結合逮捕及引渡要件之「歐洲逮捕令」（European arrest warrant, EAW）所取代，[194] 聯合國甚至還公布「引渡模範條約」（United Nations Model Treaty on Extradition, UNMTE）。[195] 常見之條款包括：「雙重犯罪」（double criminality，依據請求國與被請求國之法律，有關行為於雙方國家中皆必須係犯罪行為）、[196]「政治犯不引渡」（non-extradition for political offences）原則，[197]【466】以及防止基於條約引渡（treaty-based extradition）之起訴繼續進行之特殊規則、不得基於請求所依據之基礎以外的任何方式進行等。[198] 另一個重要之限制為「一事不再理」（*ne bis in idem*）原則，該規則禁止引渡已經因同一罪行受審判之人。最後，許多國家出於對人權之考量，而保留拒絕引渡之權利，例如，引渡可能代表被告可能遭受酷刑待遇，[199] 或被執行死刑。[200]

自 2001 年基地組織（al-Qaeda）襲擊美國以來，「非正式」引渡（informal

---

[193] 13 December 1957, 359 UNTS 273. Also: Additional Protocol to the European Convention on Extradition, 15 October 1975, CETS No 86; Second Additional Protocol to the European Convention on Extradition, 17 March 1978, CETS No 98.

[194] Cf EC Framework Decision of 13 June 2002 on the European arrest warrant and surrender procedures between member states [2002] OJ L190/1; and see *Assange v Swedish Prosecution Authority* [2012] UKSC 22. But cf *Assange (Sweden and the UK)* (2015) 175 ILR 475 (UN Working Group on Arbitrary Detention).

[195] A/RES/45/116, 14 December 1990. The UNMTE has been supplemented by a UN Model Law on Extradition: 10 May 2004, E/EN.15/2004/CRP.10.

[196] E.g. UNMTE, Art 2. Older treaties phrased this requirement in terms of an exhaustive list of offences for which extradition could be requested: ECE, Art 2, but cf Art 2(4). The EAW does away with this entirely with respect to certain serious offences, including those deemed to be crimes under the ICC Statute: EAW, Art 2(2).

[197] E.g. UNMTE, Art 3(a), ECE, Art 3. Also the European Convention on Extradition, 13 December 1957, 359 UNTS 273, Art 3, supplemented by Additional Protocol, 15 October 1975, 1161 UNTS 450, Art 1. On the non-refoulement principle and the prosecution of crimes committed extraterritorially: Gilbert & Rüsch (2014) 12 *JICJ* 1093.

[198] E.g. UNMTE, Art 14, ECE, Art 14.

[199] E.g. UNMTE, Art 3(f). Additionally, the European Court of Human Rights (ECtHR) has held that parties could not knowingly extradite an individual where that individual would be in danger of torture: *Soering v UK* (1989) 98 ILR 270. Cf *Netherlands v Short* (1990) 29 ILM 1375; *Ng v Canada* (1993) 98 ILR 497; *Aylor* (1993) 100 ILR 664; *US v Burns* (2001) 124 ILR 298; *Mamatkulov v Turkey* (2005) 134 ILR 230; *Ahmad v UK* [2012] ECtHR 24027/07, [166]–[179]. This rule has been applied in other jurisdictions: e.g. *Lamas Puccio v Peru*, ILDC 1886 (2011); *Minister of Home Affairs v Tsebe*, 2012 (5) SA 467. Further: Beltrán de Felipe & Nieto Martín (2012) 10 *JICJ* 581; Stover (2014) 45 *Col HRLR* 325. See also Southern African Development Community, Protocol on Extradition (2006), Art 5(j).

[200] E.g. UNMTE, Art 3(d), ECE, Art 11.

extradition）或「移解」（rendition）之情況有所增加，雖然此類做法並不新鮮，[201] 倘若其於「解送國」同意之情況下發生，則並無違反國際法之標準。[202] 然而，如未進行任何形式之引渡要求，意即以非正式或其他方式進行移解，嫌疑犯係於沒有任何法律程序保障之情況下，被接受國之代理人逮捕，則顯然違反國際法。[203] 此情況通常被視為「非常規引渡」（extraordinary rendition），自 2001 年以來，美國一直在執行此類引渡模式。依據相關法律制度，雖然該引渡伴隨之非法行為，可能並未阻止其對嫌疑人之審判，此即為格言「無論該嫌疑犯之來源為何，只要於國家管轄範圍下即可對其進行審判」（*male captus bene detentus*）之應用。[204]

(ii) 民事及行政管轄

關於民事及行政管轄權，「域外執行」（extraterritorial enforcement）主要係聚焦於國外承認與執行判決及命令等方面，此議題可謂國際私法之核心關注議題之一。一般而言，民事與行政管轄之領域相當狹隘，每個國家都制定本身之法律程序及標準來承認與執行。布魯塞爾第 I 條例之宗旨係在統一歐盟成員國間承認判決之程序。【467】一個成員國法院之判決，[205] 應受其他成員國法院自動承認（第 36 條）及執行（第 39 條）之拘束，被告倘若對於執法提出質疑時，應援引數量有限之明確規定的例外情況。[206]

---

[201] Cf *Eichmann* (1962) 36 ILR 5. There, the accused was abducted from Argentina, drugged, and dressed as a flight attendant for rendition to Israel. Further: Fawcett (1962) 38 *BY* 181; Schabas (2013) 26 *LJIL* 667. The US courts recognize as a general rule that law enforcement officers of one country can exercise powers in another country only with the permission of the latter. See *Société Nationale Industrielle Aerospatiale v US DC for Southern District of Iowa*, 482 US 522 (1987); *Williams v Wisconsin*, 336 F3d 576 (7th Cir, 2003).

[202] Including human rights standards: *Öcalan v Turkey* [2005] ECtHR 46221/99 (irregular rendition not automatically contrary to ECHR Art 5(1)).

[203] Further: Parry (2005) 6 *Melb JIL* 516; Weissbrodt & Bergquist (2006) 19 *Harv HRJ* 123; Sands in Roberts (ed), *Mélanges Salmon* (2007) 1074; Messineo (2009) 7 *JICJ* 1023; Jensen & Jenks (2010) 1 *Harv NSJ* 171; McDermott (2014) 1 *J Use of Force & IL* 299.

[204] *US v Alvarez-Machain*, 504 US 655 (1992). But cf *R v Horseferry Road Magistrates' Court, ex p Bennett* [1994] 1 AC 42; *S v Ebrahim* (1991) 95 ILR 417. Traditionally European jurisdictions would ordinarily accept jurisdiction in exorbitant circumstances, but this has changed with the ECtHR: *Re Argoud* (1964) 45 ILR 90; cf *Stockë v Germany* (1991) 95 ILR 350. Also: *Prosecutor v Nikolić*, Legality of Arrest, ICTY, IT-94-2-AR73, 5 June 2003, paras 23, 55–7. Further: Schabas (2013) 3 *LJIL* 667, 687–93.

[205] As of 10 January 2015, the (recast) Brussels I Regulation applies: Regulation (EU) No 1215/2012. Further: Beaumont & Walker (2015) 11 *JPIL* 31.

[206] Brussels I Regulation (recast), Art 45. In the US: Stephan (ed), *Foreign Court Judgments and the United States Legal System* (2014).

　　然而，在考慮「普通法法院」（common law courts）發布之某些命令時（尤其涉及英國及美國），依據當事方之良心，於法庭上採取適當之個人行動，以限制其在管轄範圍之外，處分其資產或流程；並須與尋求執行之司法管轄區的法院進行預防措施（在形式上，或於實質上）。其中進行執行管轄之第一項程序，即所謂之「凍結禁令」（freezing injunction），[207] 以個人名義阻止被告移轉、隱藏、或以其他方式分散其資產，從而使當事方權利免受判決時程影響。[208] 因此，該「凍結禁令」既不創設、轉讓、亦不撤銷財產權，該命令僅會影響被告自由行使權利之能力。然而，「凍結禁令」於域外形式上之不足，在域外效力上得到彌補，該禁令之範圍已逐漸擴大。首先，由於其個人運作，可針對不在發出命令之法院管轄範圍內的資產發出禁令；[209] 此外，該禁令亦可針對外國之第三方生效，通常係於授予命令之司法管轄區內設有分支機構之跨國銀行。最後，即使在發出禁令之法院前，沒有進行任何法律程序之情況下，亦可以授予該個人以協助外國訴訟。[210]

　　第二個例子乃為「禁訴令」（anti-suit injunction），其作用係限制受法院管轄之一方，於外國法院發起或繼續訴訟，而於此類訴訟中損害被告之利益。[211] 通常，外國程序中之原告必須已經出庭，[212] 雖然在訴訟標的[213]或當事方間之關係[214]都足以賦予法院「專屬管轄權」（exclusive jurisdiction），[215]

---

[207] *Mareva Compania Naviera SA v International Bulkcarriers SA* [1975] 2 Lloyd's Rep 509; and cf generally: Fentiman (2nd edn, 2015) ch 17.

[208] *Ashtiani v Kashi* [1987] QB 888.

[209] E.g. *Babanaft International Co v Bassatne* [1990] Ch 13; *Derby & Co Ltd v Weldon* [1990] Ch 48 (CA).

[210] E.g. *Credit Suisse Fides Trust SA v Cuoghi* [1998] QB 818; *Republic of Haiti v Duvalier* [1990] 1 QB 202; *Refco v Eastern Trading Co* [1999] 1 Lloyd's Rep 159 (CA); *Ryan v Friction Dynamics* [2001] CP Rep 75; *Motorola Credit Corp v Uzan* [2004] 1 WLR 113.

[211] *Castanho v Brown & Root* [1981] AC 557, 573; *Airbus Industrie GIE v Patel* [1999] 1 AC 119, 133; *Amchem Products Inc v British Columbia Workers Compensation Board* (1993) 102 DLR (4th) 96, 119; *Turner v Grovit* [2002] 1 WLR 107. Generally: Fentiman (2nd edn, 2015) 532–40; Chan (2016) 79 MLR 341.

[212] *Masri v Consolidated Contractors International (UK) Ltd (No 3)* [2009] QB 503, 533. This also includes cases where the foreign claimant is prevented from re-litigating previous proceedings: e.g. *Royal Bank of Scotland plc v Hicks & Gillette* [2010] EWHC 2579 (Ch).

[213] E.g. *Midland Bank plc v Laker Airways Ltd* [1986] QB 689; cf *Siskina (Owners of cargo lately laden on board) v Distos Compania Naviera SA* [1979] AC 210.

[214] Notably where the parties have concluded an exclusive jurisdiction agreement in favour of the injuncting court: e.g. *Donohue v Armco Ltd* [2002] 1 Lloyd's Rep 425.

[215] Jääskinen & Sikora in Cremona, Thies, & Wessel (eds), *The European Union and International Dispute Settlement* (2017) 101–11.

【468】因此，任何國內訴訟都可自動授予救濟程序。雖然該「禁訴令」通常係於外國程序中之原告，以某種令人反感之方式啓動的情況下所發出；但亦可能在外國原告顯然並無過錯之情況下發出。[216]

普通法司法管轄區，於上述命令方面之「過度管轄」經常受到基於「禮讓」之批評；[217] 而「禮讓」係源於國家管轄權於國際私法中各國之橫向妥協，以及該領域缺乏等級制度之規範，「禮讓」亦代表不確定裁判之角色。作爲一般性概念，「禮讓」遠非具有拘束力之規範定義，但其亦並非單純爲國內法院間行既有禮節。加拿大最高法院（Supreme Court of Canada）在 *Morguard v De Savoye* 案 [218] 中援引美國最高法院（US Supreme Court）於 *Hilton v Guyot* 案 [219] 之論述：

> 「禮讓」係一國允許在其領土內，對他國之立法、行政或司法行爲之承認，同時適當考慮國際義務、法庭便利原則，以及本國公民或受其法律保護的其他人的權利。

普通法之律師，往往急於在「禮讓」之基礎上爲「凍結禁令」與「禁訴令」之發展進行辯護。[220] 因此，與「不便利法庭原則」相同，雖然授予當事人救濟之管轄權很容易確定，但原告必須說服法院行使其自由裁量權；針對上述救濟措施，國際間已建立大量判例，藉以指導法院如何使用其自由裁量權。但直至目前爲止，上述爲「正當理由」所做之努力並未被歐洲所接受。歐洲法院一再取消此類禁令措施之資格，因此類禁令與歐盟成員國法院間之「充分信任與信用」（full faith and credit）不一致，蓋此禁令之實施可能係僅爲拖延訴訟或其

---

[216] As was the case in *Société Nationale Industrielle Aérospatiale v Lee Kui Jak* [1987] AC 871 (PC).

[217] Generally: Maier (1982) 76 *AJIL* 280; Paul (1991) 32 *Harv JIL* 1; Collins in Fawcett (ed), *Reform and Development of Private International Law* (2002) 89; Chan (2016) 79 *MLR* 341.

[218] [1990] 3 SCR 1077, 1096.

[219] 159 US 113, 164 (1895).

[220] E.g. in relation to anti-suit injunctions, *Turner v Grovit* [2002] 1 WLR 107, [28] (Lord Hobhouse); *Sanofi-Aventis Deutschland GmbH v Genentech Inc*, 716 F3d 586, 591 (2013); *Nike Inc v Cardarelli*, 2015 WL 853008 (D Or, 2015). Further: Sim (2013) 62 *ICLQ* 703; Fentiman (2nd edn, 2015) ch 16. In relation to freezing injunctions: *Credit Suisse Fides Trust SA v Cuoghi* [1998] QB 818; *Refco v Eastern Trading Co* [1999] 1 Lloyd's Rep 159. On comity generally: Dodge (2015) 115 *Col LR* 2071.

他狹隘之目的而發布。[221]

6. 結論

由於國家實踐之範圍及多樣性，以及受到不同法律傳統之影響，很難獲致對於法律的一致性適用，關於管轄原則可能包括以下主題：

首先，對於外國人行使「民事管轄權」與「刑事管轄權」時，雖然實際上於法律程序及可預期之反應上存在差異，【469】但二者之性質係屬於相同問題。

其次，「領域原則」及「國籍原則」係所有類型之「規範性管轄權」（prescriptive jurisdiction）中，兩個普遍公認之基礎，但其他原則之適用亦有效地補充上述兩原則，尤其在某些特定之領域或事件。在國際恐怖主義（international terrorism）案件中使用「被害人國籍」原則似乎已被接受，並且隨著時間之推移，反對美國及歐盟在追求某些競爭法（competition law）目的而使用「有效性原則」（effects doctrine）之國家正在減少。然而，作為國際法一般規則，倘若一個國家希望於其行使「域外管轄權」時避免受到國際質疑與批判，最好係將規範要件建立於「領域」或「國籍」二項管轄原則之上。

再其次，「域外行為」（extraterritorial acts）僅得於遵守某些一般原則之情況下，合法地成為規範管轄權之對象：

(1) 系爭標的物及管轄權之來源間應該有真實、不帶色彩之聯繫（不考慮普遍管轄權之罕見情況）；

(2) 國家應遵守不干涉他國領域管轄權之原則，尤其在執法方面；[222]

(3) 應適當考量通融、相互性及相稱性等要件。因此，對於居住在國外之國民，不應被迫違反其居住地之法律；

(4) 這些基本原則不適用於以下情況，(a) 某些屬於共同管轄權（concurrent

---

[221] E.g. *Turner v Grovit* [2005] ECR I-3565; *Erich Gasser GmbH v MISAT srl* [2003] ECR I-14693; *Allianz SpA v West Tankers Inc* [2009] ECR I-663.

[222] E.g. *Buck v Attorney-General* [1965] Ch 745, 770–2 (Diplock LJ); *Lauritzen v Larsen*, 345 US 571, 584–6 (1953); *Rio Tinto Zinc Corp v Westinghouse* [1978] AC 547, 607 (Lord Wilberforce), 618 (Lord Dilhorne); *R v Hape* [2007] 2 SCR 292, paras 45–6, 57, 65, 68. Cf *Aérospatiale v District Court*, 482 US 522, 554–61 (1987) (Blackmun J, diss).

jurisdiction）之案件，以及 (b) 普遍管轄權範圍內，違反國際法之罪行。由於上述領域已制定特殊規則，此特殊制度適用於公海、大陸架、專屬經濟區、外太空及南極洲等地區。

(5) 管轄權通常係並行存在於個別案件中，故管轄權基礎並無等級與優先順序之分。然而，國家仍可透過締結條約，以確定專屬領域之特殊適用情況，例如於飛行中航空器上所實施之犯罪行為，即為一例。

第二十二章　外國之特權與豁免

1. 國際豁免法之演變

(1) 法律之脈絡

【470】「國家豁免」（state immunity）係一項國際法規則，其目的乃為促進國家及其代表得履行「公共職能」（public functions），透過此豁免原則之實施，以防止國家及其代表於外國法院被起訴或作為被告。[1] 從本質上而言，「國家豁免」原則係排除他國法院，就「外國」作為當事方之某些類型案件中，行使裁判與執行管轄權，此乃基於有關國家或官員之地位與職能的程序性禁令（procedural bar），而並非「實質抗辯」（substantive defense）。[2] 以往被描述為應行政命令授予之特權與豁免，[3] 如今被理解為習慣國際法所規定之義務。[4]【471】然而，雖然此義務之存在得到許多國家政府的充分支持，但直到 2004 年國際層面始出現一般性原則聲明（general statement of principle）。

---

[1] Harvard Research (1932) 26 *AJIL Supp* 451; Fitzmaurice (1933) 14 *BY* 101; Lauterpacht (1951) 28 *BY* 220; Sucharitkul (1976) 149 Hague *Recueil* 87; Sinclair (1980) 167 Hague *Recueil* 113; Schreuer, *State Immunity* (1988); Cosnard, *La Soumission des États aux tribunaux internes* (1996); Hafner, Kohen, & Breau (eds), *State Practice Regarding State Immunities* (2006); Miles in Bishop (ed), *Enforcement of Arbitral Awards Against Foreign Sovereigns* (2009) 35; Franey, *Immunity, Individuals and International Law* (2011); Stoll, 'State Immunity' (2011) *MPEPIL*; Yang, *State Immunity in International Law* (2012); Foakes, *State Immunity: Recent Developments and Prospects* (2013); O'Keefe in Tams & Sloan (eds), *The Development of International Law by the International Court of Justice* (2013) 107; Fox & Webb, *The Law of State Immunity* (3rd edn, 2013); Orakhelashvili (ed), *Research Handbook on Jurisdiction and Immunities in International Law* (2015).

[2] On the personal character of the plea of state immunity: Fox & Webb (3rd edn, 2013) 19–20.

[3] Caplan (2003) 97 *AJIL* 741. This notion persists in the US: *Republic of Austria v Altmann*, 541 US 677, 689 (2004). See also: Finke (2010) 21 *EJIL* 853, 870–1.

[4] E.g. *Al-Adsani v UK* (2001) 123 ILR 24, 40; *Arrest Warrant of 11 April 2000 (DRC v Belgium)*, ICJ Reports 2002 p 3, 20–1; *Schreiber v Germany* (2002) 216 DLR (4th) 513, 518; *Iraq v Vinci* (2002) 127 ILR 101, 109; *X v Israel* (2002) 127 ILR 310, 310–11; *X v Saudi School in Paris* (2003) 127 ILR 163, 166; *Kenyan Diplomatic Residence* (2003) 128 ILR 632, 635–6; *Ferrini v Federal Republic of Germany* (2004) 128 ILR 658, 663–4; *Jones v Ministry of Interior Al-Mamlaka Al-Arabiya AS Saudiya (Kingdom of Saudi Arabia)* [2006] UKHL 26; [2007] 1 AC 270, 291, 306; *Jurisdictional Immunities of the State (Germany v Italy: Greece intervening)*, ICJ Reports 2012 p 99, 122–5; *Oleynikov v Russia* (2013) 57 EHRR 15, [66], [68]; *Kazemi v Iran* [2014] SCC 62, para 45; *Minister of Justice and Constitutional Development v Southern African Litigation Centre* [2016] 2 All SA 365 (SCA), paras 59, 66. Further: Pedretti, *Immunity of Heads of State and State Officials for International Crimes* (2013) ch 2.

從 1970 年代開始，法律之制定主要係透過國內判例法、有限的條約實踐，以及藉由某些國家之綜合立法而加以補充。「國家豁免」的存在已成爲國際法規則，但其適用於很大程度上乃取決於法院之法律與程序規則。然而，越來越多此類爭議被提升到國際層面解決，尤其是透過「國際訴訟」（international litigation）。[5]

(2)國家豁免之理由

「國家豁免」起源於歷史上賦予來訪君主之個人豁免，此原則亦可追溯於早期之拉丁文格言：「地位平等者之間相互無管轄權」（*Par in parem non habet imperium*），因此，「國家豁免」原則係於雙重基礎上加以運作。首先，「屬事豁免」（immunity ratione materiae）乃從國家平等與獨立之直接推論。[6] 倘若法院地國之機關可以在未經被告國同意之情況下，可自行決定與被告國運作有關之核心問題，則被告國之主權，將於某種程度上受到損害。但上述理由僅限於此，並未包含非屬於主權權力之事項，特別是地主國內部之協議，尤其是具有商業或私法性質之協議。基於此事實現象，促成所謂「限制性豁免理論」（restrictive theory of immunity）之發展，該理論認爲，只有涉及行使政府「統治權行爲」（*acta jure imperii*）始適用「豁免」，有別於商業或其他非國家獨有之「管理權行爲」（*acta jure gestionis*）。但若更進一步考量國家所從事之職權範圍，上述區分可能增加應用與定義上之困難度。[7]

豁免之第二個基本原理爲「屬人豁免」（immunity ratione personae），係於個人或職能層面上發揮作用。地主國對於外國官員行使裁決或執法管轄權時，不應妨礙外國官員履行其職能。豁免並未排除「規定性管轄權」

---

[5] *Arrest Warrant*, ICJ Reports 2002 p 3; *Certain Criminal Proceedings in France (Republic of the Congo v France)*, Provisional Measures, ICJ Reports 2003 p 102; *Mutual Assistance in Criminal Matters (Djibouti v France)*, ICJ Reports 2008 p 177. Also: *Jurisdictional Immunities of the State*, ICJ Reports 2012 p 99; Gattini (2011) 24 *LJIL* 173.

[6] *Arrest Warrant*, ICJ Reports 2002 p 3, 84 (Higgins, Kooijmans, and Buergenthal), 98 (Al-Khasawneh, diss), 151 (van den Wyngaert, diss); *Fogarty v UK* (2001) 123 ILR 53, 65; *Jurisdictional Immunities of the State*, ICJ Reports 2012 p 99, 123–4; *Jones v UK* [2014] ECtHR 34356/06 and 40528/06, [188]. See also chapter 20.

[7] *Benkharbouche v Embassy of the Republic of Sudan* [2015] EWCA Civ 33, [21]. Further: Crawford (1983) 54 *BY* 75; Finke (2010) 21 *EJIL* 853, 859; Van Aaken in Peters et al (eds), *Immunities in the Age of Global Constitutionalism* (2015) 131.

（prescriptive jurisdiction）；然而，外國官員不能免於遵守地主國之法律，故此類豁免之基本原理，本質上係屬於「實用主義」（pragmatic），類似於授予外交官之豁免權。屬人豁免涵蓋國家代理人於任職期間內之所有行為，無論係以私人身分，抑或以官方身分而進行，其理由係防止干擾外交官員履行其職責，並由此而延伸至派遣國之主權。

【472】就歷史而言，「屬人豁免」之實例係「國家元首」，其被視為國家之人格化（personifying the state）。[8] 然而，法律已經發展到承認其他高級國家官員之個人豁免權，包括政府元首、外交部長，或其他能代表國家之人員。[9] 至於何種層級之官員享有個人豁免權，國際法上並無固定標準，但明確之原則顯示，豁免權乃歸屬於國家而非個人。[10] 一旦上述人員之任期結束，「屬人豁免」將立即失效；然而，倘若有關行為係屬於「國家豁免」之範疇，則「屬事豁免」仍然繼續存在；[11] 不過於所有情況下，國家皆可放棄豁免權。[12]

(3) 法律現狀

1978 年，國際法委員會（ILC）承擔協調「國內法院管轄權」與「外國主權權力」之任務，[13] 於是乃形成 1991 年條款草案。[14] 然而，第六屆委員會難以通過協商一致之文本，於 1999 年恢復審議該主題後，聯合國大會就五個懸而未決之問題，徵求 ILC 之意見。[15] 另外，2000 年成立之特設委員會（*Ad Hoc* Committee）[16] 乃為協商最終文本提供很大的動力。依據委員會之最

---

[8] E.g. *Pinochet (No 3)* [2000] 1 AC 147, 269 (Lord Millett). Further: ILC *Ybk* 1991/II(2), 13, 15; Fox & Webb (3rd edn, 2013) 312–13; Pedretti (2015) 13. On head of state immunity generally: Foakes, *The Position of Heads of State and Senior Officials in International Law* (2014) 80–97.

[9] E.g. *Arrest Warrant*, ICJ Reports 2002 p 3; *Mofaz* (2004) 128 ILR 709; *Bo Xilai* (2005) 128 ILR 713. Cf *Mutual Assistance in Criminal Matters*, ICJ Reports 2008 p 177; *Bat v Investigating Judge of the German Federal Court* [2011] EWHC 2029 (Admin). Further: Prouvèze in Schabas & Bernaz (eds), *Routledge Handbook of International Criminal Law* (2011) 355, 360; O'Keefe in O'Keefe & Tams (eds), *The United Nations Convention on Jurisdictional Immunities of States and their Property* (2013) 87–9; Foakes (2014) 128–32; Pedretti (2015) 40–52; Weatherall, *Jus Cogens* (2015) 287–8.

[10] E.g. *Marcos v Federal Department of Police* (1989) 102 ILR 198, 203; *Arrest Warrant*, ICJ Reports 2002 p 3, 21.

[11] *Aziz Bin Fahd Bin Abdul Aziz v Harb* [2015] EWCA Civ 481, 168 ILR 656.

[12] Fox & Webb (2013) 377–98.

[13] GA Res 32/151, 19 December 1977.

[14] With commentaries; ILC *Ybk* 1991/II(2), 12.

[15] GA Res 53/98, 8 December 1998, para 2. See ILC *Ybk* 1999/II(2), 149.

[16] GA Res 55/150, 12 December 2000, para 3.

終報告，[17] 聯合國大會於 2004 年 12 月 2 日通過「聯合國國家及其財產管轄豁免公約」（UN Convention on Jurisdictional Immunities of States and Their Property），[18] 此公約係源自於ILC條款草案之文字，[19] 最終採納「限制性豁免」理論。而依據 1972 年「歐洲國家豁免公約」（European Convention on State Immunity）[20] 及國內立法，透過確立一般規則，【473】即國家及財產受享有司法管轄豁免，[21] 並列舉出國家不得援引「國家豁免」原則之情況，[22] 或被認為國家聲明放棄具有國家豁免之程序。[23] 依據一般慣例，公約將「裁決管轄」（adjudicative jurisdiction）與「執行」（execution）豁免予以區別對待，且不適用於刑事訴訟，[24] 或國家元首之屬人豁免（ratione personae）。[25]

雖然上述聯合國公約尚未生效，但已被一些法院理解為反映出關於「國家豁免」原則之國際間共識；[26] 該公約已被日本最高法院援引以支持其採用「限制性豁免理論」，[27] 並已經由幾個歷史上反對「限制性豁免」之國家簽署（即使尚未批准該公約），例如中國及俄羅斯。[28]

---

[17] Report of the Ad Hoc Committee on Jurisdictional Immunities of States and Their Property, A/59/22, 5 March 2004.

[18] GA Res 59/38, Annex, 2 December 2004 (not yet in force; 21 parties).

[19] It should be read together with the ILC Commentary: A/C.6/59/SR.13, 22 March 2005, para 35.

[20] 16 May 1972, ETS 74.

[21] UN Convention, Art 5. See Foreign Sovereign Immunities Act (FSIA), 28 USC §1604; State Immunity Act 1978, s1 (UK); State Immunity Act 1979, s3 (Singapore); State Immunity Ordinance 1981, s3 (Pakistan); Foreign States Immunities Act 1981, s2 (South Africa); Foreign States Immunities Act 1985, s9 (Australia); State Immunity Act 1985, s3 (Canada); Foreign States Immunity Law 2008, s2 (Israel); Civil Jurisdiction of Japan with respect to a Foreign State Act 2009, art 4 (Japan); Privileges and Immunities of Foreign States, International Organizations with Headquarters or Offices in Spain and International Conferences and Meetings held in Spain Organic Act 2015, s1 (Spain). Cf European Convention, Art 15.

[22] UN Convention, Arts 10–17.

[23] Ibid, Arts 7–8. Note also Art 20.

[24] GA Res 59/38, 2 December 2004, para 2.

[25] UN Convention, Art 3(2).

[26] *AIG Capital Partners Inc v Republic of Kazakhstan* [2006] 1 WLR 1420, 1446; *Fang v Jiang Zemin* (2006) 141 ILR 702, 717; *Jones v Saudi Arabia* [2006] UKHL 26; [2007] 1 AC 270, 280, 289, 293; *Svenska Petroleum Exploration AB v Government of the Republic of Lithuania (No 2)* [2007] QB 886, 929.

[27] *Case No 1231 (Ju) (2003)*, 21 July 2006 (Japan), discussed in Jones (2006) 100 *AJIL* 908. For further civil law practice: Case 00-02837 K/04 (2001) (Norway), discussed in Fife & Jervell (2001) 70 *Nordic JIL* 531, 551.

[28] Cf China's official position on the UN Convention: 'the Convention has no binding force on China, and moreover it cannot be the basis of assessing China's principled position on relevant issues. After signature of the Convention, the position of China in maintaining absolute immunity has not been changed, and has never applied or recognized the so-called principle or theory of "restrictive immunity"', cited in *Democratic Republic of Congo v FG Hemisphere Associates* (No 1) Hong Kong Court of Final Appeal, 147 ILR 376, 441, and see

獨立於聯合國公約之外，「限制性豁免」理論現在已被廣泛接受，雖然並非國際間一致接受。[29] 但於某一時刻，被告國堅持「絕對豁免」並非主要爭議，而其爭議在於：雖然少數國家持不同意見，國內法院是否可自由地採納「限制性豁免」原則？此問題似乎毫無疑問，雖然採用「限制性理論」無法避免確定國家間邊界之問題，但國際間對於例外類型存在，則有廣泛共識；此現象反映於國內立法、歐洲公約以及聯合國公約中。[30]

【474】英國之立場證明上述方法，雖然早期堅持「絕對豁免權」，但英國法院於 1970 年代於普通法中適用「限制性豁免」理論，[31] 並提出「統治權行為」與「管理權行為」間之區別，尤其在 *I Congreso del Partido* 案之判決中予以適用。[32] 1978 年英國頒布之「國家豁免法」（State Immunity Act）[33] 旨在「使英國關於外國豁免之法律，更符合現行國際慣例」並具體實施歐洲公約，[34] 該法案與英國於 2005 年 9 月 30 日簽署但尚未批准之聯合國公約大體一致。

該法案不適用於刑事案件，亦不影響外交及領事之豁免權，[35] 但該法案

(2011) 150 ILR 684. Further: Fox & Webb (3rd edn, 2013) 161–2 (on China), 159–60 (on Russia). Note: the finding of the ECtHR that Russia has accepted restrictive immunity as a principle of customary international law: *Oleynikov v Russia* (2013) 57 EHRR 15, [67].

[29] E.g. the early practice of Poland adopting absolute immunity, based on reciprocity, and the lack of contrary recent practice: Wyrozumska (2000) 24 *Pol YIL* 77. On current Polish practice: Czaplinski in Peters et al (2015) 40–50. Poland has neither signed nor ratified the European or the UN Convention. On the restrictive doctrine generally: Fox in Kohen, Kolb, & Tehindrazanarivelo (eds), *Perspectives of International Law in the 21st Century* (2012) 127–46; Fox & Webb (3rd edn, 2013) ch 6; Foakes (2014) 16–18.

[30] See the review of earlier approaches in ALRC 24, *Foreign State Immunity* (1984) on which the 1985 Australian Act was based.

[31] *The Philippine Admiral* [1977] AC 373, 401–2 (actions *in rem*); *Trendtex Trading Corp v Central Bank of Nigeria* [1977] QB 529 (actions *in personam*); *I Congreso del Partido* [1983] 1 AC 244. Further: Fox & Webb (3rd edn, 2013) 139–43.

[32] See Lord Wilberforce's much-cited test at [1983] 1 AC 244, 267, although there is no 'bright line': *Littrell v US (No 2)* [1995] 1 WLR 82, 95.

[33] Bowett (1978) 37 *CLJ* 193; Delaume (1979) 73 *AJIL* 185; Mann (1979) 50 *BY* 43; White (1979) 42 *MLR* 72; Fox & Webb (3rd edn, 2013) 165–237; Orakhelashvili in Orakhelashvili (2015) 253–73. For the US: Foreign Sovereign Immunities Act 1976 (FSIA), 28 USC §1602ff; draft *Restatement Fourth, Sovereign Immunity* (2017). For comment: Delaume (1977) 71 *AJIL* 399; von Mehren (1978) 17 *Col JTL* 33; Brower, Bistline, & Loomis (1979) 73 *AJIL* 200; Fox & Webb (3rd edn, 2013) 238–83.

[34] Hansard, HL, 17 January 1978, vol 388, col 59 (Second Reading).

[35] State Immunity Act 1978, s16. Criminal matters are still dealt with by the common law: see *R (on the application of Alamieyeseigha) v Crown Prosecution Service* [2005] EWHC 2704 (Admin).

將「國家豁免權」擴張解釋，使其適用於國家元首及獨立實體，[36] 於某些情況（特別是來訪之軍事部隊），該法案亦考量普通法之平行運作。[37] 該法案亦涉及「執行豁免」（immunity from execution）之狀況，允許對用於「商業目的」之財產強制執行，雖然此例外範圍很小。[38] 另外，該法案以與普通法相同之方式規定放棄豁免，「裁決與執行」（adjudication and enforcement）必須單獨放棄。[39]

　　「國家豁免」在公開法庭上，被視爲一項公共主張，並作爲初步事項（preliminary matter）。[40] 假設一個國家享有豁免權，原告則負有相反之舉證責任；[41] 而在被告國缺席之情況下，法院有責任「主動裁定」（proprio motu）豁免權。[42]

2. 授予豁免之方式

(1) 定義

(i) 主權行爲

　　【475】雖然美國法院早期嘗試透過界定特定類別之「完全主權活動」（exclusively sovereign activity）[43] 以處理該問題，但其國會立法主要透過詳細之例外清單，[44] 以規範「國家豁免」之範圍。

---

[36] State Immunity Act 1978, s14(1), (2). On s14(1): *Kuwait Airways Corp v Iraqi Airways Co* [1995] 1 WLR 1147. On s14(2): *Pearl Petroleum Co Ltd v Kurdistan Regional Government of Iraq* [2016] 3 All ER 514. Further: Fox & Webb (3rd edn, 2013) 175–9.

[37] *Holland v Lampen-Wolfe* [2000] 1 WLR 1573, 1575–6; *US v Nolan* [2016] AC 463. The US FSIA, by contrast, was intended to cover the field formerly governed by the common law: *Samantar v Yousuf*, 130 S Ct 2278, 2289 (2010).

[38] State Immunity Act 1978, s13(4). See *Alcom Ltd v Republic of Colombia* [1984] AC 580; Crawford (1981) 75 *AJIL* 820.

[39] State Immunity Act 1978, s13(3). See the broad interpretation of waiver in *A Company v Republic of X* [1990] 2 Lloyd's Rep 520; *Sabah Shipyard (Pakistan) Ltd v Islamic Republic of Pakistan* [2002] EWCA Civ 1643. Cf s9 and the narrower approach in *Svenska Petroleum Exploration AB v Republic of Lithuania (No 2)* [2007] QB 886. Further: Fox & Webb (3rd edn, 2013) 185–8.

[40] *Aziz v Aziz* [2008] 2 All ER 501.

[41] *Re International Tin Council (No 2)* [1988] 3 All ER 257, 358. Further: Yang (2012) 37.

[42] State Immunity Act 1978, s1(2).

[43] *Victory Transport Incorporation v Comisaria General de Abastecimientos y Transportes*, 336 F2d 354 (2d Cir, 1964). Also: Lauterpacht (1951) 28 *BY* 220, 237–9.

[44] E.g. the 'non-commercial tort' exception: FSIA, s1605(a)(5), which was held not to apply to the alleged actions of Saudi Arabia in providing material assistance to the perpetrators of the 9/11 attacks: *In re Terrorist*

　　此方法並未有效區分「統治權行爲」與「管理權行爲」間之區別。在英國於 1978 年頒布之「國家豁免法」中，有幾個章節係要求對於「行使主權」（exercise of sovereign authority）與「商業目的」（for commercial purposes）[45] 之行爲進行事實調查；其他行爲則顯然要求依文義解釋（例如，第 4 節關於僱傭契約、第 5 節關於當地人身傷害與財產損失）；然而，倘若「其他行爲」超出國際法要求之豁免範圍，可能將依據「歐洲人權公約」（ECHR）第 6 條規定，質疑其拒絕獲得訴諸法院之權利。[46]

(ii) 組成單位及政治分部

　　關於豁免權是否得延伸至國家政治機構之分支，國家實踐存在分歧，例如：聯邦國家之組成單位。有一種學說流派認爲，國家代表自己行使權力之行爲（act *jure imperii*）具有決定性，而政治機構之分支通常無法滿足此一要求。[47] 另一種觀點（大多數聯邦州本身持有）則認爲，組成單位亦得行使政府權力，即使它可能係附屬於聯邦政府單位，而且豁免權不應僅由地方層級行使行政權力而自動喪失。

　　因此，國家實踐之分歧觀點具體呈現於條約文本中，依據「歐洲公約」（European Convention），除非締約國就此發表聲明，否則「組成聯邦國家之州政府」不享有豁免權，[48] 但並未提及地方政府之等聯邦分支機構。在 1978 年「國家豁免法」中，【476】「組成聯邦國家領土」之分支機關被視爲「獨立實體」（separate entities），僅有在滿足上開法案第 14 條第 2 項之要求時，

Attacks on September 11, 2001, 134 F Supp 3d 774 (SDNY, 2015). Congress overrode a presidential veto to include a 'terrorism exception': Justice Against Sponsors of Terrorism Act 2016, s3 (allowing a US national to file a civil action against a foreign state for physical injury, death, or damage occurring in the US through an act of international terrorism committed by a designated terrorist organization); s4 extends aiding and abetting liability in such cases. See also *Bank Markazi v Peterson*, 136 S Ct 1310 (2016).

　　45　State Immunity Act 1978, ss4(3), 10–11, 13(4), (5), 14(4) ('commercial purposes'); 14(3)(c), (2)(a) ('in the exercise of sovereign authority').

　　46　*Benkharbouche v Embassy of the Republic of Sudan* [2017] UKSC 62.

　　47　E.g. *Neger v Hesse* (1969) 52 ILR 329, 330; *R (on the application of Alamieyeseigha) v Crown Prosecution Service* [2005] EWHC 2704 (Admin); cf *Mellenger v New Brunswick Development Corp* [1971] 1 WLR 604.

　　48　ECHR, Art 28(1), (2). See Declaration of Republic of Austria, 10 July 1974; Declaration from the Permanent Representative of the Federal Republic of Germany, 5 June 1992; Declaration from the Minister of Foreign Affairs of Belgium, 4 September 2003.

才享有豁免權（除非依據樞密院令制定對於特定領土豁免權）。[49] 聯合國公約採取了不同之方法，將組成國家之分支機構等同於「政治分部」（political subdivisions），並將豁免權擴大到「有權在行使主權權力下，採取行動並以該身分行事之實體」。[50] 以色列之「外國豁免法」（Foreign States Immunity Law）將一般豁免權進一步擴張至「聯邦國家內之政治單位」，[51] 透過將「主權」標準適用於兩種類型之實體，更能反映「國家實踐」之實際狀況。

(iii) 獨立實體

對於國營企業（state corporations）等「獨立實體」（separate entities）之問題，有不同之做法。在英國，立法對「獨立實體」之豁免進行推定，意即「與國家政府執行機構不同，並能夠起訴或作為被告」之實體。[52] 在「獨立實體」之情況下，「國家」本身得享有豁免，而相關行為則必須係於行使主權權力之情況下實施，始能適用豁免原則；[53] 此處之重點為「所討論行為本身是否屬於政府之行為，而不是任何私人公民都可執行之行為」。[54]

美國法則採取完全不同之做法。[55] 任何「外國組織或機構」均推定享有豁免，[56] 其條款包括國營企業在內。[57] 雖然美國法院也採用多方測試（multifaceted test）以確定實體之地位，[58] 但 USC 第 1603 條中之「包容性」定義，並未要求

---

[49] State Immunity Act 1978, s14(5), (6). Also: *Bank of Credit and Commerce International (Overseas) Ltd v Price Waterhouse* [1997] 4 All ER 108; *R (Sultan of Pahang) v Secretary of State* (2011) 152 ILR 543.

[50] UN Convention, Art 2(1)(b)(ii); cf ILC *Ybk* 1990/II(1), 7; ILC *Ybk* 1991/II/(2), 13.

[51] Foreign States Immunity Law 2008 (Israel), ss1–2.

[52] State Immunity Act 1978, s14(1). See also the treatment of 'legal entities' in ECHR, Art 27. Cf the combination of US, European, and UK approaches in Foreign States Immunities Act 1985, s3 (Australia). Also: *Ministry of Trade of the Republic of Iraq v Tsavliris Salvage (International) Ltd* [2008] 2 All ER (Comm) 805, 825–6; *Wilhelm Finance Inc v Ente Administrador Del Astillero Rio Santiago* [2009] EWHC 1074 (Comm), [12], [52]; *Taurus Petroleum Ltd v State Oil Marketing Co of the Ministry of Oil, Republic of Iraq* [2013] EWHC 3494 (Comm), [49]–[60]. For the position pre-1978: *Trendtex Trading Corp v Central Bank of Nigeria* [1977] QB 529, 573–5.

[53] State Immunity Act 1978, s14(2). See *Kuwait Airways Corp v Iraqi Airways Co* [1995] 1 WLR 1147, 1158, 1174; *La Générale des Carrières et des Mines v FG Hemisphere Associates LLC* [2012] UKPC 27; *Taurus Petroleum Ltd v State Oil Co of the Ministry of Oil, Republic of Iraq* [2015] EWCA Civ 835, [46]–[48]. For an overview of the UK approach: Yang (2012) 232–42; Fox & Webb (3rd edn, 2013) 177–9.

[54] *Kuwait Airways Corp v Iraqi Airways Co* [1995] 1 WLR 1147, 1160.

[55] For the US approach: Yang (2012) 242–7; Fox & Webb (3rd edn, 2013) 251–3.

[56] *Saudi Arabia v Nelson*, 507 US 349, 355 (1993).

[57] FSIA, 28 USC §1603(a), (b).

[58] *First National City Bank v Banco Para el Comercio Exterior de Cuba*, 462 US 611, 624 (1983).

針對如同英國法院所進行之功能分析。另一方面，第 1603 條要求該實體必須與國家有某種聯繫，此要件與英國不同；在英國法上，一家完全私有之公司，理論上可以獲得豁免權。

【477】聯合國公約則試圖透過包括地位與功能來調和相互歧異之立場，該公約建立出一項原則：「國家或其他實體之組織及機構」將享有豁免，「只要該組織或機構在行使國家主權權力時，有權採取行動，並且實際上正在採取行動」。[59] 透過在「國家」定義中包括單獨實體，公約堅持美國法之論述；而透過要求單獨行使必須有行使主權權力之行動，則採納英國之做法。

(iv) 個人

除國家機關及實體之外，最重要者係具體表述何類的個人有權享有豁免權，無論係「屬人管轄」（ratione personae）或「屬事管轄」（ratione materiae）。雖然美國近代有某些相反之國家實踐，但似乎國際間普遍認為，以官方身分行事之國家官員，享有與其所代表國家相同之豁免權。[60] 此立場反映出英國之實踐中，普通法長期以來，認為國家代理人（state agents）享有國家豁免，並尋求（透過間接暗示概念）確保「國家豁免」不會透過起訴個人被告，而並非皇室或政府部門，[61] 不再區分作為國家機關行事之國家官員，或作為代理人行事之國家官員。[62] 雖然英國法案沒有明確提及官員，但英國法院對「國家」之定義進行廣泛解釋；該法第 14(1) 節必須解釋為，於保護國家本身同一程度下，向外國個別雇員或官員提供保護。[63] 上議院在 *Jones v Saudi Arabia* 案 [64] 中支持此立場，而聯合國公約亦採取類似做法，將「豁免」之適

---

[59] UN Convention, Art 2(1)(b)(iii). Also: comments in the Annex to the Convention on the interpretation of 'entity' in Art 19(c).

[60] *Church of Scientology* (1978) 65 ILR 193, 198; *Indian Foreign Minister* (1988) 90 ILR 408, 410; *Schmidt v Home Secretary* (1997) 2 IR 121; *Prosecutor v Blaškić* (1997) 110 ILR 607, 707; *US v Friedland* (1999) 120 ILR 417, 450; *Pinochet (No 3)* [2000] 1 AC 147, 269, 285–6; *Holland v Lampen-Wolfe* [2000] 1 WLR 1573, 1583; *AXA v Asecna* (2005) 94 *Rev Crit* 470; *Fang v Jiang Zemin* (2006) 141 ILR 702, 706–7; cf *Samantar v Yousuf* 130 SCt 2278 (2010). Further: Fox & Webb (3rd edn, 2013) 564–5; Foakes (2014) 85; Pedretti, (2015) 14.

[61] Whomersley (1992) 41 *ICLQ* 848, 850. See *Twycross v Drefus* [1877] 5 Ch 605; *Rahimtoola v Nizam of Hyderabad* [1958] AC 379.

[62] As noted by Mance LJ in *Jones v Saudi Arabia* [2004] EWCA Civ 1394; [2005] QB 699, 721.

[63] *Propend Finance Pty Ltd v Sing* (1997) 111 ILR 611, 669.

[64] [2007] 1 AC 270, 281, 299; followed in *Fang v Jiang Zemin* (2006) 141 ILR 702, 706–7. On *Jones*: O'Keefe (2006) 77 *BY* 500. Also: *Grovit v De Nederlandsche* [2008] 1 WLR 51, 56–7.

用擴大至國家官員，並採取進一步措施，將「以該身分行事之國家代表」納入「國家」之定義。[65]

就美國法案而言，該規定涵蓋國家之個別官員，[66] 但於 *Samantar v. Yousuf* 一案中，最高法院裁定索馬利亞前總理（former Prime Minister of Somalia）【478】不包含在「外國國家」（foreign state）之定義中，其亦非國家之「機構或代理人」（agency or instrumentality）。[67] 法院認為不需要判斷拒絕給予請願人豁免，是否與國際法不一致，重點並非美國「外國豁免法案」（Foreign State Immunity Act, FSIA）禁止請願人之豁免，而係其沒有解決此問題。[68] 本案被發回下級法院，以決定 Samantar（被指控施以酷刑、任意拘留，以及非法處決）是否享有普通法上的豁免權。下級法院認為，Samantar 作為前總理，並不享有「屬人豁免」，亦無「官方行為豁免」（immunity ratione materiae）之適用，理由如下：

> 蓋依據國際法與國內法，他國官員違反強行法（*jus cogens*）之行為，無權享有「外國官員豁免」（foreign official immunity），即使此違法行為係以被告之官方身分進行亦然。[69]

自 *Samantar* 案以來，美國法院於針對前任與現任國家元首之案件中，[70] 大致依循行政部門關於「豁免」之建議，此案例出現前法院判決不一致之情況，乃成為 1976 年法案之立法理由之一；就目前而言，此判決充分反映出美國就個人豁免法之實踐。

---

[65] UN Convention, Art 2(1)(b)(iv). Further: Fox & Webb (3rd edn, 2013) 538; Grant in O'Keefe & Tams (2013) 52–3.

[66] *Chuidian v Philippines*, 912 F2d 1095 (9th Cir, 1990); *Keller v Central Bank*, 277 F3d 811 (6th Cir, 2002); *In re Terrorist Attacks*, 538 F3d 71 (2d Cir, 2008).

[67] *Samantar v Yousuf*, 130 S Ct 2278 (2010). Further: Sanchez (2011) 105 *AJIL* 325; Bradley (2015) 262–4; Shaw (2013–14) 22 *Tul JICL* 213; Pedretti (2015) 156–64.

[68] *Samantar v Yousuf*, 130 S Ct 2278, 2290 (2010). See also Damroch (2011) 44 *Vand JTL* 1185.

[69] *Yousuf v Samantar*, 699 F3d 763 (4th Cir, 2012), cert den, 134 S Ct 837 (2014).

[70] *Farhang v Indian Institute of Technology*, 655 Fed Appx 569 (9th Cir, 2016); *Manoharan v Rajapaksa*, 711 F3d 178 (DC Cir, 2013); *Habyarimana v Kagame*, 696 F3d 1029 (10th Cir, 2012). For an opposing view, *Dogan v Barak*, CD Cal, 2016 WL 6024416; *Rosenberg v Lashkar-e-Taiba*, 980 F Supp 2d 336 (EDNY, 2013).

　　1978 年「國家豁免法」明確將「屬事管轄」之特權與豁免擴大至「主權國家，或其他國家元首以其公共身分所爲之行爲」，[71] 易言之，國家元首於任職期間亦享有「屬人豁免」（immunity ratione personae）。[72] 雖然聯合國公約（包括歐洲公約與美國立法）沒有規定國家元首之豁免權，但透過第 2(1)(b)(i)、(iv) 條，將此豁免包括在內。然而，必須強調者，前任國家元首屬於不同類別，僅享有「屬事豁免」（immunity ratione materiae）；至於個人的「絕對豁免」，於該國家元首任期結束時即告終止。[73]

　　而其他高級官員於職務期間的「屬人豁免」地位則尚不明確。在 *Arrest Warrant* 一案中，國際法院指出：

　　　　【479】國際法明確規定，一國的某些高級官員（high-ranking office），例如國家元首、政府元首及外交部長，享有他國之民事及刑事司法管轄豁免。[74]

　　此代表「完全豁免不受刑事管轄及不可侵犯」（full immunity from criminal jurisdiction and inviolability）[75] 之原則，將適用於公共與私人行爲，以及上任前所做之行爲等方面；[76] 同時，「對於現任外交部長，若涉嫌犯有戰爭罪或危害人類罪，[77] 其享有刑事管轄豁免及不可侵犯規則，沒有任何之形式

---

[71] State Immunity Act 1978, s14(1). See the comparable position under the Australian Foreign States Immunities Act 1985, s3(3)(b).

[72] State Immunity Act 1978, s20(1) by reference to the Diplomatic Privileges Act 1964. Further: Pedretti (2015) 25–9.

[73] *Jimenez v Aristeguieta; US v Noriega*, 746 F Supp 1506 (Fla, 1990); *HRH Prince Abdul Aziz Bin Fahd Bin Abdul Aziz v Harb* [2015] EWCA Civ 481 (death of a serving head of state strips him of his immunity *rationae personae*). If a state claims immunity on behalf of one of its organs, it assumes responsibility for any internationally wrongful acts committed by its agent or organ: *Mutual Assistance in Criminal Matters*, ICJ Reports 2008 p 177, 244.

[74] ICJ Reports 2002 p 3, 20–1 ([51]).

[75] Ibid, 22 ([54]).

[76] The Court left open which 'holders of high-ranking office' enjoy this status, although it implied that the class was not limited to the three mentioned: cf Convention on Special Missions, 8 December 1969, 1400 UNTS 231, Art 21(2). But the ILC has provisionally limited immunity *ratione personae* to the three: ILC Report 2017, A72/10, 175.

[77] ICJ Reports 2002 p 3, 24 ([58]).

例外」。「屬事豁免」是否受制於此例外（如美國在 *Samantar* 案判決後之實踐），爭議亦未獲得解決。

除國家元首外，在職官員之「屬人豁免」並未明列於英國法案，或以該法案為藍本之其他法律文本當中，雖然這種明顯法律覆蓋範圍之差距尚未在案件中浮出水面。但特殊使節所享有之「普通法上豁免」，可能部分涵蓋此點（參見第十七章）。

(2) 外國作為原告

外國通常有能力作為求償人出現於外國法院，而且經常如此：[78] 透過提起訴訟而尊重外國法院管轄後，該國對於訴訟不再享有管轄豁免。[79] 此原則亦適用於與國家主要訴求所產生的法律關係或基於與事實相關的反訴，[80] 但並不表示放棄執行管轄之豁免。[81] 在美國，州政府可能受到與其原始求償無關之反訴，而前提係該反訴不主張超過外國所尋求救濟之數額，[82] 或不同之種類。【480】據說此原則可防止外國「援引美國法律但拒絕對其提出索賠，如此將公平地限制其恢復」。[83]

(3) 外國作為被告

(i) 商業交易

管轄豁免規則中「最重要」之例外，[84] 係涉及「商業交易」（commercial

---

[78] E.g. *Republic of Haiti v Duvalier* [1990] 1 QB 202.

[79] ECHR, Art 1(1); FSIA, 28 USC §1605(a)(1); State Immunity Act 1978, s2(1), (3)(a); UN Convention, Art 8(1)(a); ILC *Ybk* 1991/II(2), 29. For the restrictive interpretation of implicit waivers of sovereign immunity in the US, see also *Cabiri v Government of Republic of Ghana*, 165 F3d 193, 201 (2d Cir, 1999); *Shapiro v Bolivia*, 930 F2d 1013, 1017 (2d Cir, 1991); *Canadian Overseas Ores Ltd v Compania de Acero del Pacifico SA*, 727 F2d 274, 278 (2d Cir, 1984). Cf *Lord Day & Lord v Socialist Republic of Vietnam*, 134 F Supp 2d 549, 557–9 (SDNY, 2001), where the waiver exception was construed more broadly.

[80] ECHR, Art 1(2); State Immunity Act 1978, s2(6); UN Convention, Art 9. Also: *High Commissioner for India v Ghosh* [1960] 1 QB 134, 140. Further: Borelli & Olleson in O'Keefe & Tams (2013) 137–52 (commenting on the UN Convention, Art 9).

[81] ECHR, Arts 1(2), 20(1)(a); State Immunity Act 1978, s13(3); UN Convention, Art 20. See the common law rule as articulated in *Duff Development Co Ltd v Government of Kelantan* [1924] AC 797. Further: O'Keefe in O'Keefe & Tams (2013) 328–33 (commenting on the UN Convention, Art 20).

[82] FSIA, 28 USC §1607(c); *National City Bank of New York v Republic of China*, 348 US 356 (1955).

[83] Ibid, 361.

[84] *Republic of Argentina v Weltover*, 504 US 607, 611 (1992).

transactions）[85] 或「商業活動」（commercial activity）。[86] 在英國法中，1978年
「國家豁免法」第3節係依據「聯合國國家及其財產管轄豁免公約」第2(1)
(c) 條所制定，[87] 其定義係採用列舉式之清單表述。「國家豁免法」除為在英
國履行契約提供例外情況之外，[88] 規定中還包括「商業交易」保護傘下之三
類例外情況：貨品或服務供應契約、金融交易，且於該法第3條第3項中另
設有其餘類別，涵蓋其他「管理權行為」；[89] 此條文用語被視為表達出「主
權行為」及「管理權行為」間之區別，且只有於此「其餘類別」下，法院始
須考量該行為之主權性質，蓋該法第3條第3項擴張解釋至所有的交易與契
約。[90] 此外，「司法程序」與「商業交易」間之關係，必須穩固地建立；事實
上，英國最高法院（UK Supreme Court）認為，「執行判決」（enforcement
judgment）與「原判決」（original judgment）所考量之系爭交易，二者相關性
不足。[91]

　　第二類國內法廣泛提及「商業活動」作為例外之基礎，並未提供該詞彙
之準確定義。[92] 在美國法中，「商業活動」必須與美國有足夠之聯繫因素；[93]
【481】反而，英國法案第3(1)(a) 條中之「商業交易」例外情況則無需此類地

---

[85] State Immunity Act 1978, s3(1)(a); State Immunity Act 1979, s5 (Singapore); State Immunity Ordinance 1981, s5 (Pakistan); Foreign States Immunities Act 1981, s4 (South Africa); Foreign States Immunities Act 1985, s11(1) (Australia); UN Convention, Arts 2(1)(c), 10(1). See Fox (1994) 43 *ICLQ* 193. On UN Convention, Art 2(1)(c): Wittich in O'Keefe & Tams (2013) 59–67. On UN Convention, Art 10(1): ibid, 174.

[86] ECHR, Art 7(1); FSIA, 28 USC §1605(a)(2); State Immunity Act 1982, s5 (Canada); Law 24,488 on Immunity of Foreign States from the Jurisdiction of Argentinian Courts 1995, Art 2(c) (Argentina).

[87] On the similarity between the two sections: *Svenska Petroleum Exploration AB v Republic of Lithuania (No 2)* [2007] QB 886, 929.

[88] State Immunity Act 1978, s3(1)(b). Also: ECHR, Art 4.

[89] Further on the commercial transaction exception in the UK: Webb in McCorquodale & Gauci (eds), *British Influences on International Law, 1915–2015* (2016) 148–52.

[90] Cf *Koo Golden East Mongolia v Bank of Nova Scotia* [2008] QB 717. See O'Keefe (2007) 78 *BY* 582.

[91] *NML Capital Ltd v Republic of Argentina* [2011] UKSC 31. Further: Fox & Webb (3rd edn, 2013) 263–7.

[92] FSIA, 28 USC §§1603(d), 1605(a)(2); *Republic of Argentina v Weltover*, 504 US 607, 612 (1992): 'This definition . . . leaves the critical term "commercial" largely undefined.' Also: Immunity of Foreign States from the Jurisdiction of Argentinian Courts 1995, Art 2(c).

[93] FSIA, 28 USC §1605(a)(2); *OBB Personenverkehr AG v Sachs*, 136 S Ct 390 (2015) (rejecting a claim in circumstances where 'the conduct constituting the gravamen of Sachs's suit plainly occurred abroad').

域上的聯繫。美國最高法院亦嚴格強調「行為性質」作為裁量標準。[94]

(ii) 當地僱傭

「僱傭契約」（contracts of employment）之例外，同樣有不同的適用方法。[95] 雖然在當地僱傭糾紛（local employment disputes）案件中，限制國家豁免之趨勢相當明顯，[96] 但不同的司法管轄區域，對於同一類型案件之處理方式並不相同。[97] 僱傭契約所引起更重要之問題，係「私法標準」（private law criterion）於此類案件並不足夠，[98] 法院於衡量雇員之何種職責相當於「參與主權活動」時，採取不同的認定方法。[99]

豁免之本質上，有兩種截然不同的規範模式，英國與美國之立法歧異則再次代表二者之不同取向。英國 1978 年「國家豁免法」中，將僱傭契約排除於「商業交易」之定義之外，且排除以「最低限度接觸」（minimum contacts）方式認定契約之豁免，而並非要求法官對於僱傭或違約行為進行定性。[100] 因此，「商業性」並非重要判斷因素，其規範重點係滿足被告與法庭間聯繫因

---

[94] *Republic of Argentina v Weltover*, 504 US 607, 614 (1992). Also: *Saudi Arabia v Nelson*, 507 US 349 (1993), a controversial decision. Further: *Anglo-Iberia Underwriting Mgmt v PT Jamsostek*, 600 F3d 171, 177 (2d Cir, 2010). Canada adopts a contextual approach: *Re Canada Labour Code* [1992] 2 SCR 50. The purpose of the activity will not be determinative: *Steen v Iran* [2013] ONCA 30, para 20 (rejecting torture as a commercial activity, despite its purpose being extortion).

[95] *Ahmed Mahamdia v People's Democratic Republic of Algeria* [2013] ICR 1, [23]. Further: Fox & Webb (3rd edn, 2013) 439–41; Garnett (2015) 64 *ICLQ* 783.

[96] *Fogarty v UK* (2001) 123 ILR 53, 65; *Sabeh el Leil v France* [2011] ECtHR 34869/05, [67]; *Benkharbouche v Embassy of the Republic of Sudan* [2017] UKSC 62.

[97] E.g. *Barrandon v US* (1992) 113 ILR 464, 466 469; *Barrandon v US* (1998) 116 ILR 622, 624; *Canada v Employment Appeals Tribunal & Burke* (1991) 95 ILR 467, 470; (1992) 95 ILR 470, 473, 481; *Benkharbouche v Embassy of the Republic of Sudan (Rev 1)* [2015] EWCA Civ 33, [41]–[46]. In the case of interpreters: *Conrades v UK* (1981) 65 ILR 205; *Special Representative of State of the City of the Vatican v Pieciukiewicz* (1982) 78 ILR 120; *UAE v Abdelghafar* (1995) 107 ILR 626; *Saudi Arabia v Nasser* [2000] EWCA Civ 1114; cf the denial of immunity in *Embassy Interpreter Dismissal* (1985) 77 ILR 485; *Zambian Embassy v Sendanayake* (1992) 114 ILR 532; *R v Iraq* (1994) 116 ILR 664.

[98] *Sengupta v India* (1982) 64 ILR 352, 360–1. Also: *Re Canada Labour Code* (1989) 86 ILR 626, 630; *X v Argentina* (1996) 114 ILR 502, 504–6.

[99] *R v Iraq* (1994) 116 ILR 664, 667; cf *X v Saudi School in Paris* (2003) 127 ILR 163, 166.

[100] State Immunity Act 1978, s3(3), 4. Also: ECHR, Art 5; State Immunity Act 1979, s6 (Singapore); State Immunity Ordinance 1981, s6 (Pakistan); Foreign States Immunities Act 1981, s5 (South Africa); States Immunities Act 1985, s12 (Australia); Law 24,488 on Immunity of Foreign States from the Jurisdiction of Argentinian Courts 1995, Art 2(d) (Argentina); UN Convention, Arts 2(1)(c), 11.

素之法定門檻。相形之下，美國法案將僱傭契約歸入「商業交易」範疇。[101] 在此模式下豁免例外之運作，將當事人之法律主張，【482】定性為「外國」與「個人」間之商業契約求償。[102] 因此，國籍或居住地並不重要。[103] 在各司法管轄區內，僱傭關係、[104] 受僱人職責、[105] 雇主地位[106] 等因素被視為不利於享有豁免。[107]

　　然而，上述英國法之立場，可能會發生改變。在 *Benkharbouche v Embassy* 一案中，最高法院依據 1978 年法案裁定，國家（蘇丹共和國）對於其大使館內聘僱人員之豁免，並非國際法所要求，因此違反歐洲人權公約（ECHR）第 6 條之規定，批准不符合公約之聲明。正如法院所認定之結果，於僱傭背景下，對於具有「私法性質行為」適用「國家豁免」原則，於習慣國際法中並無任何依據。[108] 依據1998年「人權法案」（Human Rights Act），英國議會將參照對於國際法之理解，使 1978 年法案與 ECHR 第 6 條之規定保持一致。

(iii) 其他基於當地私法之求償

　　在私法領域，「國家豁免」亦有幾種例外情況，將情況擴張至與當地發生之人身傷害及財產損失相關求償、[109] 財產所有權之占有與使用不動產、[110] 智慧

---

[101] FSIA, 28 USC §1605(a)(2); *El Hadad v Embassy of the United Arab Emirates*m 216 F3d 29 (DC Cir, 2000), §16. In Canada: State Immunity Act 1982, s5. For jurisdictions without legislation: e.g. *US v Guinto* (1990) 102 ILR 132, 145; *Canada v Employment Appeals Tribunal and Burke* (1992) 95 ILR 467; *Muller v US* (1998) 114 ILR 512; *Brazil v De Vianna Dos Campos Riscado* (2012) ILDC 2037.

[102] *Saudi Arabia v Nelson*, 507 US 349 (1993); *El-Hadad v UAE*, 496 F3d 658, 665 (2007).

[103] FSIA §1605(a)(2) makes no reference to nationality. Also: *Verlinden v Central Bank*, 461 US 480, 490–1 (1983).

[104] E.g. *De Queiroz v Portugal* (1992) 115 ILR 430, 434.

[105] E.g. *X v Israel* (2002) 127 ILR 310, 313; *AA v Austrian Embassy* (2007) ILDC 826; *Cudak v Lithuania* [2010] ECtHR 15869/02, [70]; *Sabeh el Leil v France* [2011] ECtHR 34869/05, [62]; *Mahamdia v Algeria* [2013] ICR 1; *British High Commission v Jansen* (2014) Supreme Court Appeal No 99/2012, para 15 (Sri Lanka).

[106] E.g. *US v Guinto* (1990) 102 ILR 132, 145.

[107] The UK Act appears to encompass statutory claims where the claimant was an independent contractor: see s4(6).

[108] *Benkharbouche v Embassy of the Republic of Sudan* [2017] UKSC 62, [63], noted (2018) 77 *CLJ* 1. Insofar as the provisions discriminated against non-nationals or non-residents, they also contravened European law and were unenforceable.

[109] ECHR, Art 11; State Immunity Act 1978, s5; UN Convention, Art 12. Also: FSIA, 28 USC §1605(a)(5).

[110] ECHR, Arts 9, 10; State Immunity Act 1978, s6; UN Convention, Art 13.

財產權，[111] 以及公司成員等爭議。[112] 其中特別令人感興趣者，係「非商業侵權行為」（non-commercial torts）之例外情況（商業侵權行為係由第 3(3)(c) 條所涵蓋）。由於侵權求償案件之管轄權，係建立於當地造成傷害事實之上的屬地原則，故傳統上「管理權行為」與「統治權行為」二分法，並無適用餘地；[113] 因此，大使館館內之酷刑行為亦將包括在內，但不包括誹謗。易言之，無論不法行為之主權性質為何，該例外均得適用。[114]【483】然而，雖然此區分於每項國內法律與國際公約中都無關緊要，但普通法法院繼續維持適用[115] 類似於大陸法系司法管轄權區域之方式。[116]

　　法院之關鍵判斷標準，係在於該國境內所發生侵權之行為或過失（行為地）；但依據英國法律，僅依據傷害結果地於領土內之事實並不充分。因此，外國代理人於另一個司法管轄區內所造成之人身傷害，可能被排除於例外情況之外。[117] 加拿大之情況可與此形成對比，在加拿大法律中，法院判斷關鍵標準，係於加拿大境內造成人身傷害之結果地；[118] 而在美國，侵權行為地與傷害結果地似乎都必須發生在美國境內。[119] 而依據英國法案，行為人並不需要於當地出現，此與歐洲人權公約及聯合國公約之立場形成鮮明對比；而 FSIA 中之同等例外（equivalent exception）原則，要求侵權行為或過失之發生地必須在美國境內。但「裁量餘地」（discretionary decisions），以及某些主張（例如誹謗、欺騙、不實陳述等）仍可受國家豁免之保護。[120] 此外，英國法案關注

---

[111] ECHR, Art 8; State Immunity Act 1978, s7; UN Convention, Art 14.

[112] ECHR, Art 6; State Immunity Act 1978, s8; UN Convention, Art 15.

[113] *Letelier v Chile*, 488 F Supp 665, 671 (1980); *Walker v Bank of New York Inc* (1994) 104 ILR 227. Further: Crawford (1983) 54 *BY* 75, 111; Yang (2012) 199, 207–15.

[114] See e.g. *Schreiber v Germany* (2002) 216 DLR (4th) 513, 528–30.

[115] *Littrell v US (No 2)* [1995] 1 WLR 82; *Holland v Lampen-Wolfe* [2000] 1 WLR 1573; Mizushimi (2001) 64 *MLR* 472.

[116] See the review of state practice in *McElhinney v Ireland* (2000) 121 ILR 198.

[117] *Al-Adsani v UK* (2001) 123 ILR 24; *Jones v Saudi Arabia* [2006] UKHL 26; [2007] 1 AC 270. Cf the reference to 'national jurisdiction' in Institut de Droit International (IDI) Res, Basel/III (1991), Art 2(e).

[118] State Immunity Act 1982, s6 (Canada); *Bouzari v Islamic Republic of Iran* (2004) 128 ILR 586; *Kazemi v Islamic Republic of Iran* [2014] SCC 62. Note that the Canadian Act, s2.2.1 was amended in 2012 to include an additional exception to state immunity for certain foreign states that have supported terrorist activity, irrespective of where the terrorist act occurred or the injury was suffered.

[119] *Argentine Republic v Amerada Hess Shipping Corp*, 488 US 428 (1989).

[120] The Act allows the exercise of extraterritorial jurisdiction in the case of specific terrorist acts committed by a state: FSIA, 28 USC §1605A. E.g. *In re Iran* (2009) 659 F Supp 2d 31.

者，為身體損害而非「精神上損害」（mental injury），[121] 以及有形財產之損失，而並非「純粹經濟損失」（pure economic loss）。[122]

雖然「非商業侵權」（non-commercial torts）之例外設計，最初係針對交通事故等「可投保之個人風險」（insurable personal risks），但始終對其適用範圍存在爭議，尤其在戰爭損害（war damage）案件中時常有相反之調查結果。[123] 一般而言，國家似乎在其武裝部隊引起之侵權行為狀況下，仍舊保持「國家豁免」。[124] 例如，在 *Germany v Italy* 一案中，國際法院認為，習慣國際法繼續要求一國在其武裝部隊及他國進行之武裝衝突中，【484】涉嫌在另一國領土上犯下的侵權行為，於實施訴訟過程中，仍然享有豁免權。國際法院認為，以司法判決、法律確信（*opinio juris*），以及幾乎完全沒有國家實踐以相反形式出現並支持上述立場。[125] 此項對豁免之例外限制一直受到批評，尤其在侵犯人權而仍可享有「個人豁免」之情況。[126]

(4) 刑事管轄

「國家豁免」是否以及何時得適用於國內刑事訴訟程序係一個複雜問題。

---

[121] *Caramba-Coker v Military Affairs Office of the Embassy of the State of Kuwait* [2003] All ER (D) 186. Also: *Bouzari v Islamic Republic of Iran* (2004) 128 ILR 586. In Canada: *Schreiber v Germany* 216 DLR (4th) 513, 520 (mental injury will be considered if manifested physically).

[122] State Immunity Act 1978, s5(b).

[123] *Distomo Massacre* (2000) 129 ILR 513, (2003) 129 ILR 556; *Margellos v Federal Republic of Germany* (2002) 129 ILR 525; *Ferrini v Federal Republic of Germany* (2004) 128 ILR 658 (confirmed by the Court of Cassation in *Germany v Mantelli*, No 14201/2008, 29 May 2008; *Milde v Italy*, No 1027/2008, 21 October 2008).

[124] *Littrell v US (No 2)* [1995] 1 WLR 82; *Holland v Lampen-Wolfe* [2000] 1 WLR 1573; *McElhinney v Ireland* (2001) 123 ILR 73; *Margellos v Federal Republic of Germany* (2002) 129 ILR 525; Case C-292/05 *Lechouritou v Germany* [2007] ECR I-1519, [37]. Generally: Voetelink, *Status of Forces* (2015) ch 7; Sari in Orakhelashvili (ed), *Jurisdiction and Immunities in International Law* (2015) 319–71.

[125] *Jurisdictional Immunities of the State (Germany v Italy: Greece intervening)*, ICJ Reports 2012 p 99, 134–5. For comment: Van Alebeek (2012) 55 *GYIL* 281; Orakhelashvili (2012) 106 *AJIL* 609; Talmon (2012) 25 *LJIL* 979; Oellers-Frahm in Hanschel et al (eds), *Mensch und Recht* (2013) 389–99; McGregor (2013) 11 *JICJ* 125; Dickinson (2013) 11 *JICJ* 147; Ngeri (2014) 16 *Int Comm LR* 123. Note that the Italian Constitutional Court has refused to give effect to Italian legislation setting out the obligation to comply with the International Court's decision: *Simoncioni v Germany* (2014) Case No 238/2014, CC (Italy). For commentary: Bothe (2014) 24 *It YIL* 25; Pavoni (2015) 109 *AJIL* 400; Pavoni (2016) 14 *JICJ* 573; Francioni (2016) 14 *JICJ* 629. The Italian Court of Cassation found that the Italian courts can hear compensation claims brought against Germany in relation to war crimes and crimes against humanity: *Gamba v Germany* (2016) Case No 15812/16, SC (Italy). The dispute remains unresolved.

[126] *Al-Adsani v UK* (2001) 123 ILR 24. Further: McGregor (2013) 11 *JICJ* 125. Cf Webb (2015) 17 *QIL* 43, 48.

理論上，就國際法下之「豁免」目的而言，一國國內法院將案件歸類爲民事或刑事行爲並不重要。但歐洲公約隱含認可其成員國對外國刑事管轄之「絕對豁免」（absolute immunity）。[127] 因此，可謂「聯合國公約」允許依據行爲之國內特徵（domestic characterization）進行區分，而透過各國的「國內法」將刑事訴訟排除於其管轄範圍之外。[128]

外國刑事管轄豁免之範圍尚未最終確定。[129] 習慣國際法原則上將「屬事豁免」擴張至國家官員以官方身分實施之行爲；然而，倘若該行爲發生在法庭地國之領土範圍內，則存在支持例外之做法。[130]

倘若證實有關行爲將構成「國際罪行」（international crime），[131] 則情況將更加複雜。國際法上公認之原則，【485】係現任國家元首對於「國際罪行」享有外國刑事管轄之「屬人豁免」，等同其觸犯「國內罪行」之刑事豁免。[132] 其他「在一國擔任高級職務之人」（holders of high ranking office in a State），現在亦被承認享有同等「豁免」，[133] 雖然鑒於承認「屬人豁免」之功能性基礎，基於上述理由而享有豁免之官員類別，並未設下明顯之條件限制。

---

[127] ECHR, Art 15 (Arts 1–14 relate only to civil matters).

[128] GA Res 59/38, 2 December 2004, para 2; FSIA, 28 USC §1603(a); State Immunity Act 1978, s16(4); State Immunity Act 1979, s19(2)(b) (Singapore); State Immunity Ordinance 1981, s17(2)(b) (Pakistan); State Immunity Act 1982, s18 (Canada); Foreign States Immunities Act 1981, s2(3) (South Africa); States Immunities Act 1985, s3(1) (Australia). Note the human rights-related provision in Law 24,488 on Immunity of Foreign States from the Jurisdiction of Argentinian Courts 1995, Art 3 (vetoed), also Art 2(e) (Argentina).

[129] The scope of state immunity from foreign criminal jurisdiction is before the ILC: see A/CN.72/10, ch VII (2017).

[130] E.g. *Bat v Investigating Judge of the German Federal Court* [2011] EWHC 2029 (Admin).

[131] van Alebeek, *The Immunity of States and their Officials in International Criminal Law and International Human Rights Law* (2008); Akande & Shah (2010) 21 *EJIL* 815; Dugard, *International Law* (4th edn, 2011) 258; Bergsmo & Yan, *State Sovereignty and International Criminal Law* (2012); Pedretti (2013); Sanger (2013) 62 *ICLQ* 1193; O'Keefe (2015) 109 *AJIL* 167; Franey & Orakhelashvili (2015) 205–52.

[132] *Pinochet (No 3)* [2000] 1 AC 147, 244, 261, 265, 268–9, 277; *Gaddafi* (2001) 125 ILR 490; *Re Sharon & Yaron* (2003) 127 ILR 110; *Tatchell v Mugabe* (2004) 136 ILR 572; *Decision on the Cooperation of the Democratic Republic of the Congo Regarding Omar Al Bashir's Arrest and Surrender to the Court*, ICC-02/05-01/09-195 (9 April 2014), para 25; *Minister of Justice and Constitutional Development v Southern African Litigation Centre* [2016] 2 All SA 365 (SCA), para 84. Cf *Teodoro Nguema Obiang Mangue*, France, Court of Appeal of Paris, application for annulment (16 April 2015). Further: *Bouterse* (2000) 3 *Ybk IHL* 677. Note the omission of any exception for international crimes in *Arrest Warrant*, ICJ Reports 2002 p 3, 25.

[133] Ibid, 20–1, 24.

因此，國家特權及豁免之群體，似乎可延伸至政府首長、[134] 國防部長、[135] 以及商務及國際貿易部長 [136] 等職位。然而，國際法院不同意將「個人豁免」授予 Djiboutian de la Republique 檢察官兼國家安全負責人，雖然 Djiboutian 對於此點之陳述意見不夠明確，亦可能影響法院之立場。[137]

「屬人豁免」將於職務結束後終止，而「屬事豁免」是否涵蓋前任官員於任職前或任職期間所犯下之「國際罪行」，尚無定論；於此情況下，國家實踐拒絕給予豁免的例子越來越多，[138] 某些國際法學者甚至提出，新出現之習慣國際法規範否認對於國際罪行之「屬事豁免」。[139] 此類論述之出發點，係被視為上議院（House of Lords）在 Pinochet 中之裁定（第 3 號），拒絕提供前國家元首於依據國際法起訴「酷刑」（torture）時之「屬事豁免」。[140] 然而，雖然國際間普遍認為國家拒絕授予豁免權，係因「酷刑」被視為不受「屬事豁免」拘束之公共職務，但多數法官提出其他理由而拒絕豁免，該案最終轉向智利在條約義務下之具體情況。[141] 該案判決之狹隘觀點，與其產生之深遠影響形成鮮明對比。然而，無論「立法論」（de lege ferenda）之立場如何，國家實踐仍然不夠「普遍」或「一致」，【486】無法斷言於國內法院起訴「國際罪行」時，習慣國際法已明確拒絕「屬事豁免」。[142]

此與國際刑事法院拒絕給予被指控犯有國際罪行之人豁免權的做法並無互相矛盾。個別國家代理人可憑直覺犯罪（intuitu personae），他們作為

---

[134] Ibid, 21.

[135] *Re Mofaz* (2004) 128 ILR 709.

[136] *Re Bo Xilai* (2005) 128 ILR 713.

[137] *Mutual Assistance in Criminal Matters*, ICJ Reports 2008 p 177, 243–4. Also: *Bat v Investigating Judge of the German Federal Court* [2011] EWHC 2029 (Admin), [61]–[62].

[138] E.g. *Bouterse* (2000) 3 *Ybk IHL* 677; *Lozano v Italy*, Corte di Cassazione, 24 July 2008, Case No 31171/2008, ILDC 1085 (IT 2008); IDI Res, Naples/I (2009), Art 3(1); IDI (2009) 73 *Ann de l'Inst* 3; *FF v Director of Public Prosecutions* [2014] EWHC 3419 (Admin); *Simoncioni v Germany* (2014) Case No 238/2014, CC (Italy).

[139] E.g. Bianchi (2013) 4 *JIDS* 1, 5; Pedretti (2013) 391–407; Colangelo (2013–14) 14 *Chicago JIL* 53; Weatherall (2014–15) 46 *Geo JIL* 1151; Chok (2015) 30 *Am U ILR* 489, 550.

[140] For commentary: Denza (1999) 48 *ICLQ* 949; Chinkin (1999) 93 *AJIL* 703; Fox (1999) 48 *ICLQ* 687; van Alebeek (2000) 71 *BY* 29; McLachlan (2002) 51 *ICLQ* 959; Wuerth (2012) 106 *AJIL* 731. See also *Bat v Investigating Judge of the German Federal Court* [2011] EWHC 2029 (Admin), in which immunity was denied.

[141] *Pinochet (No 3)* [2000] 1 AC 147, 266–7, 277–8; *Jones v Saudi Arabia* [2006] UKHL 26; [2007] 1 AC 270, 286.

[142] In 2017, a majority of the ILC adopted Draft Art 7, denying immunity for certain (but not all) international crimes tried before national courts: see A/CN.72/10, 164–7.

代理人之身分，通常不會在其他主管之國際法庭中，免除個人對於「國際罪行」之責任。[143] 但此事於很大程度上，係決定於相關法庭之結構與適用之法律基礎，包括聯合國安理會是否參與，[144] 例如在國際刑事法院之案例中，締約國同意放棄其國民之豁免（waiver of immunity for their nationals）。[145] 非當事方國民之個人豁免並未明顯受到減損，尤其係依據「國際刑事法院規約」（International Criminal Court Statute）第 98 條第 1 項，[146] 然而，預審分庭（Pre-Trial Chamber）乃堅持相反意見。[147]

(5) 放棄豁免

國際法與國內法皆規定，相關國家無論係以明示或默示皆可「放棄豁免」；且該同意必須由授權之國家機構授予。[148] 依據 1978 年「國家豁免法」（於該法案中廣泛反映歐洲及聯合國公約之規定），[149] 而外國將被視為以四種方式之一，放棄其管轄豁免：(i) 爭議發生後提交管轄；(ii) 事先以書面協議；(iii) 提起訴訟；(iv) 透過干預或於程序中採取步驟（除主張豁免權以外）。[150]

---

[143] E.g. *International Military Tribunal (Nuremberg), Judgment and Sentences* (1947) 41 *AJIL* 172, 221; *Prosecutor v Blaškić* (1997) 110 ILR 607, 710; *Arrest Warrant*, ICJ Reports 2002 p 3, 25; *Prosecutor v Taylor*, Appeals Chamber, Decision on Immunity from Jurisdiction, SCSL-03-01-I, 31 May 2004, 24. Further: e.g. ICTY Statute, SC Res 827 (1993), Art 7(2); ICC Statute, Art 27.

[144] Akande (2004) 98 *AJIL* 407, 417; O'Keefe (2011) 24 *Cam RIA* 334, 345–50.

[145] ICC Statute, Art 27.

[146] Note the public opposition of the African Union (AU) to the denial of immunities in the case of Omar Al-Bashir: e.g. AU Assembly Dec 366 (XVII), 1 July 2011. Further: O'Keefe (2011) 24 *Cam RIA* 334, 340; Akande (2012) 10 *JICJ* 299; De Wet (2015) 13 *JICJ* 1049; Tladi (2015) 13 *JICJ* 1027; Gaeta (2009) 7 *JICJ* 315; Gaeta in Steinberg (ed), *Contemporary Issues Facing the International Criminal Court* (2016) ch 7.

[147] E.g. *Prosecutor v Omar Al Bashir*, ICC-02/05-01/09, Pre-Trial Chamber, Decision on the Prosecution's Application for a Warrant of Arrest against Omar Hassan Ahmad Al Bashir, 4 March 2009, paras 41–5 (noted by Senyonjo (2010) 59 *ICLQ* 205). Also: *Warrant of Arrest for Muammar Mohammed Abu Minyar Gaddafi*, ICC-01/11, Pre-Trial Chamber I, 27 June 2011. On international criminal jurisdiction, see chapter 30.

[148] State Immunity Act 1978, s2(7); *Aziz v Republic of Yemen* [2005] EWCA Civ 745, [48]. Also: *Donegal International Ltd v Republic of Zambia* [2007] EWHC 197 (Comm). Further: Fox & Webb (3rd edn, 2013) 377–8; Foakes (2014) 97.

[149] State Immunity Act 1978, s2(1)–(3); ECHR, Arts 2–3; UN Convention, Arts 7–8. Also: FSIA, 28 USC §§1605(a)(1), 1610(a)(1).

[150] *London Steamship Owners' Mutual Insurance Association Ltd v Kingdom of Spain* [2015] EWCA Civ 333, [71]. Pleading non-justiciability or *forum non conveniens* will not constitute such a step: *Kuwait Airways Corp v Iraqi Airways Co* [1995] 1 WLR 1147; *Dorais v Saudi Arabian General Investment Authority* [2013] QCCS 4498, paras 10–24. See further chapter 3.

【487】該法案透過事前書面協議而納入棄權，係對於普通法的一種改變，普通法要求在法庭面前明確提交書面文件。[151] 就規定訴諸仲裁之先前協議而言，國家不能避免與仲裁有關之訴訟。[152] 然而，指定適用英國法律之仲裁協議並不視爲「放棄豁免」；[153] 雖然外國可能被視爲已同意仲裁之承認與執行，但放棄法院管轄權，通常並不代表著放棄執行豁免。[154]

3. 執行措施與扣押

裁決管轄豁免爭議，[155] 不同於因行使執行管轄權而採取之限制措施豁免問題（即執行豁免，immunity from execution）。[156] 於此情況下，「限制措施」（measures of constraint）與「執行」（execution）之概念，包括國家法律制度中，可用於各種判決前與判決後之措施，例如從禁止被告國於爭端解決前處置某些資產之禁止令，爲執行最終判決而針對外國財產所施加之搜索或扣押措施等。[157]

國際法上並無絕對規則，禁止於法庭內對外國財產執行扣押，但對於此類執行措施卻有很嚴格之限制。[158] 其中一個重要限制措施，係不得針對「以官方身分行事之國家官員之個人執行搜索或羈押」；[159] 而大多數針對外國之強制

---

[151] *Mighell v Sultan of Johore* [1894] 1 QB 149; *Duff Development Co Ltd v Government of Kelantan* [1924] AC 797; *Kahan v Pakistan Federation* [1951] 2 KB 1003.

[152] State Immunity Act 1978, s9; *Svenska Petroleum Exploration AB v Republic of Lithuania (No 2)* [2007] QB 886. Cf *Democratic Republic of Congo v FG Hemisphere Associates* (2011) (No 2) Final Judgment, 150 ILR 684.

[153] State Immunity Act 1978, s2(2). Note the limitations in UN Convention, Art 17.

[154] State Immunity Act 1978, s13(3); UN Convention, Art 20. Cf the broad clauses in *A Company v Republic of X* [1990] 2 Lloyd's Rep 520; *Sabah Shipyard (Pakistan) Ltd v Islamic Republic of Pakistan* [2002] EWCA Civ 1643.

[155] Generally: Crawford (1981) 75 *AJIL* 820; ILC *Ybk* 1991/II(2), 13, 55–9; Ostrander (2004) 22 *Berkeley JIL* 541; Stewart (2005) 99 *AJIL* 194, 206–7; Reinisch (2006) 17 *EJIL* 803; Fox (2009) 125 *LQR* 544; Yang (2012) ch 9; Fox & Webb (3rd edn, 2013) 479–534; Lamm & Hellbeck in Giorgetti (ed), *Litigating International Investment Disputes* (2014) 484–94; Yang in Orakhelashvili (ed), *Research Handbook on Jurisdiction and Immunities in International Law* (2015) ch 12.

[156] In *Jurisdictional Immunities of the State*, ICJ Reports 2012 p 99, 146–7, the Court held that the 'rules of customary international law governing immunity from enforcement and those governing jurisdictional immunity . . . are distinct, and must be applied separately'.

[157] Yang (2012) 398–400. On enforcement against commercial assets: Rivkin & Tahbaz in Bishop (ed), *Enforcement of Arbitral Awards Against Foreign Sovereigns* (2009) 139; Van Aaken in Peters et al (2015) 157.

[158] *Philippine Embassy Bank Account* (1977) 65 ILR 146; *NML Capital Ltd v Republic of Argentina* [2011] UKSC 31, [29].

[159] See *Prosecutor v Blaškić* (1997) 110 ILR 607, 707–13.

執行措施，都集中於國家財產方面。[160]

【488】聯合國公約第 18 條（判決前）及第 19 條（判決後）即涵蓋「國家財產」免於執行豁免之例外情況，大致可視爲各國法院立場之總結。[161] 而以此作爲討論之起點，國家亦可透過該國之明確「同意」，放棄針對該國財產執行外國政府及其命令之豁免，[162] 而此「同意」不得直接藉由推斷其放棄管轄豁免。[163]

該公約規定了另外兩個免於執行豁免之例外情況：第一，倘若國家財產已被專門指定用於作爲相關求償之標的，則該國家財產不得享有豁免；[164] 第二，於「判決後措施」（post-judgment measures）情況下；倘若財產已被用於或打算用於「政府非商業用途以外之目的」（other than government noncommercial purposes）並且位於法庭地國之領土範圍內，則該財產將無法享有豁免。[165] 聯合國公約第 21 條規定了五類國有財產，被推定應排除於該例外之外，包括：(i) 該國外交代表機構、領事機構、特別使團、駐國際組織代表團、派往國際組織的機關或國際會議的代表團履行公務所用或意圖所用的財產，包括任何銀行帳戶款項；(ii) 屬於軍事性質，用於或意圖用於軍事目的之財產；(iii) 該國中央銀行或其他貨幣機構之財產；(iv) 構成該國文化遺產的一部分或該國檔案的一部分，且非供出售或意圖出售的財產；(v) 構成具有科學、文化或歷史價值的物品展覽的一部分，且非供出售或意圖出售的財產。[166] 聯合國公約上述「目的

---

[160] E.g. the registration of a legal charge on Villa Vigoni, German state property, by Italian authorities, which was held in *Germany v Italy* to constitute a violation of Germany's immunity from execution: ICJ Reports 2012 p 99, 145–8.

[161] Reinisch (2006) 17 *EJIL* 803, 835. See also ECHR, Arts 23, 26. For domestic provisions, see e.g. UK: State Immunity Act 1978, s13; Civil Jurisdiction and Judgments Act 1982, s31; *Taurus Petroleum Ltd v State Oil Co of the Ministry of Oil, Republic of Iraq* [2015] EWCA Civ 835, [49]–[52]. US: FSIA, 28 USC §§1609–11.

[162] Arts 18(a), 19(a); Fox & Webb (3rd edn, 2013). Domestic systems differ over whether waiver must be express or can be implied: e.g. compare Foreign Sovereign Immunities Act 1985, s31(4) (Australia), State Immunity Act 1978, s13(3) (UK) (requiring express waiver); with the State Immunity Act 1982, s12(1)(a) (Canada) and 28 USC §1610(a)(1) (allowing implied waiver). In France, earlier decisions relaxing the requirement of 'express and specific' waiver were overridden by legislation in 2016, specifically with a view to protecting diplomatic property and accounts: see Glucksmann (2017) 111 *AJIL* 453.

[163] Art 20. In the UK: State Immunity Act 1978, s13(3).

[164] Arts 18(b), 19(b); see Reinisch (2006) 17 *EJIL* 803, 820–1.

[165] Art 19(c). Cf UK State Immunity Act 1978, s13(4): 'property which is for the time being or is intended for use for commercial purposes'; US: FSIA, 28 USC §1610(a): 'property in the United States of a foreign state, . . . used for a commercial activity in the United States'.

[166] For comment: Reinisch (2006) 17 *EJIL* 803, 823–34; Fox & Webb (3rd edn, 2013) 512–27.

例外」（purpose exception）亦有附加條件，易言之，僅針對與訴訟相關之實體有聯繫因素之財產，而採取判決後之限制措施；[167]「目的例外」係最常被國家所援引，蓋各國政府很少放棄執行豁免權或指定財產用途。

從「絕對豁免」向「限制性豁免」之學說演變，於國家財產「執行豁免」方面，比在「裁判管轄豁免」方面要緩慢許多。[168]【489】「執行豁免」之例外範圍很小，法院傾向於尊重各國於其主張所涉之系爭財產，用於「公共目的」時擁有自由裁量空間。此乃各國所理解與尊重，蓋「限制措施」比外國法院行使「宣示性管轄權」（declaratory jurisdiction）更具有侵犯之特徵。畢竟用於「公共目的」之國家財產與私人財產不同；[169] 另一方面，倘若該資產之使用並不涉及外國主權，[170] 則更無理由拒絕執行判決。因此，「目的性測試」（purpose test）係一種平衡尊重國家主權，與判定債務人獲得到期欠款與付款權利之方法。[171]

4. 進一步之隱憂及問題

(1) 被告國家之考量

對於主要呈現在外國法院被告之國家而言，從「屬事絕對豁免」（absolute immunity ratione materiae）而過渡並非簡單之事或毫無疑問。雖然亞非法律協商委員會（Asian-African Legal Consultative Committee）早在 1960 年即發表採用「限制性豁免」（restrictive immunity）之報告，[172] 並且部分亞

---

[167] Art 19(c); further: Fox & Webb (3rd edn, 2013). The ILC Draft Articles were more closely based on the controversial version of the 'nexus requirement' articulated in the US legislation, requiring a link between the property and the underlying claim in the proceedings. For comparative analysis: Ostrander (2004) 22 *Berkeley JIL* 541, 557–61; Reinisch (2006) 17 *EJIL* 803, 822–3; Sun (2010) 9 *Chin JIL* 699.

[168] Generally: Reinisch (2006) 17 *EJIL* 803; Fox & Webb (3rd edn, 2013) 479.

[169] Yang (2012) 401–2.

[170] *Abbott v South Africa* (1992) 113 ILR 411, 422.

[171] The Colombian Constitutional Court has sought to strike the balance in a different way, upholding immunity from execution but mandating Colombia to seek to enforce the local judgments in the defendant state within a year: *Garcia de Borissow v Supreme Court of Justice—Labour Chamber*, decision of 18 August 2016, noted Diaz-Cediel (2017) 111 *AJIL* 446. Russia has implemented a version of restrictive immunity from execution, subject to reciprocity: Federal Law 297-FZ (2015), responding to attempts to enforce the *Yukos* award in France and Belgium.

[172] Asian–African Legal Consultative Committee Report, *The Immunity of States in Respect of Commercial Transactions*, Third Session, Colombo, 1960.

非國家亦實際制訂相關立法，[173] 但包括中國、日本在內的許多國家，仍堅持「絕對豁免原則」。[174]

　　日本現在已接受「限制性豁免」原則，並且已為聯合國公約之締約國；[175] 另一方面，中國亦簽署該公約，積極參與起草，並表明願意透過雙邊安排而放棄豁免。[176] 然而，中國之立場因香港終審法院（Hong Kong Court of Final Appeal）審理之一起案件而受到質疑。多數法院認為，雖然香港在回歸前享有「限制性豁免」，但香港特別行政區（Hong Kong Special Administrative Region）採用之「國家豁免」原則，【490】作為法律與憲法原則，必須反映中國中央人民政府所採納之原則。在認定中國採用「絕對豁免理論」（absolute theory of immunity）時，法院係依據外交部就此而發表的聲明。[177] 中國（以及香港）宣布接受與該判決有關之「絕對豁免」，與其簽署聯合國公約時之反對立場有關，而此對於「限制性豁免規則」（rule of restrictive immunity）造成阻礙。

(2)國家豁免及強制性規範

　　在判例法中，「國家豁免」與國際法基本原則的實體規範間，一直存在緊張關係。此爭議問題形成大量之學術觀點，特別係於與「酷刑」有關之民事求償豁免問題。[178] 然而，由於國際間缺乏共識，聯合國公約雖然已考慮對於嚴重侵犯人權之民事求償予以豁免例外之情況，[179] 但可惜並未通過，甚至在判例法

---

[173] State Immunity Act 1979 (as revised in 1985) (Singapore); State Immunity Ordinance 1981 (Pakistan); Foreign Sovereign Immunity Act 1981 (South Africa). Note also Law of the People's Republic of China on the Immunity of the Property of Foreign Central Banks from Judicial Compulsory Measures 2005 (PRC).

[174] *Rizaeff Frères v Soviet Mercantile Fleet* (1927) 40 ILR 84; *Matsuyama v Republic of China* (1928) 4 ILR 168; *Jackson v People's Republic of China*, 794 F2d 1490 (1986). See further Qi (2008) 7 *Chin JIL* 307.

[175] *Tokyo Sanyo Boeki Co Ltd v Pakistan*, 21 July 2006, 60(6) *Minshu* 2542. Translated: (2006) 49 *JAIL* 144. Noted: Jones (2006) 100 *AJIL* 908; Yokomizo (2008) 51 *JYIL* 485.

[176] E.g. USSR–PRC, Treaty of Trade and Navigation, 25 July 1958, 152 UNTS 1958, Annex, Art 4.

[177] *DRC v FG Hemisphere Associates* (2011) (No 2) Final Judgment, 150 ILR 684.

[178] Brohmer, *State Immunity and the Violation of Human Rights* (1997); Bianchi (1999) 10 *EJIL* 237; Fox (2005) 121 *LQR* 353; McGregor (2006) 55 *ICLQ* 437; Parlett [2006] *EHRLR* 49; Fox [2006] *EHRLR* 142; McGregor (2007) 18 *EJIL* 903; van Alebeek (2008); Wright (2010) 30 *OJLS* 143; Keitner (2011) 80 *Fordham LR* 605; Wuerth (2012) 106 *AJIL* 731.

[179] ILC *Ybk* 1999/II(2), 172.

中亦存在分歧。[180] 歐洲人權法院（ECtHR）認為，依據國際慣例授予「國家豁免」並不違反「歐洲人權公約」第 6 條之規定。[181] 在 *Jones v Saudi Arabia* 一案中，依據 1978 年國家豁免法，Pinochet（第 3 號）與民事訴訟完全不同。[182] 上議院裁定，於國外實施「酷刑」之情況下，國家豁免原則並不存在例外情況，易言之，豁免原則沒有法定例外，禁止令之強制性與給予豁免無關，[183] 經歐洲法院進一步審查後，維持原判決之認定。[184] 雖然如此，法院認為「在涉及針對外國官員施以酷刑之民事求償案件中，越來越多判決係支持國際公法中之特殊規則或例外」，於此可得之結論為，「鑒於國際公法此領域目前之發展，此乃需要由締約國不斷審視之問題」。[185]

【491】傳統觀點認為，「國家豁免之程序性抗辯中，並未與強制法授權相符之實質性內容」。[186] 在 *Germany v Italy* 一案中，法院明確區分「實體」與「程序」問題，並認為國際法規則作為實體問題之強制性地位，並不會對於「國家豁免」（作為程序問題）產生影響。[187]

但國家實踐卻存在分歧。美國法院在針對前官員之民事訴訟中，批准強制法的例外；[188] 義大利法院則無視國際法院對於國家管轄豁免之裁定；[189] ILC

---

[180] *Al-Adsani v UK* (2001) 123 ILR 24; *Kalogeropoulou v Greece* (2002) 129 ILR 537; *Bouzari v Islamic Republic of Iran* (2004) 128 ILR 586; *Fang v Jiang Zemin* (2006) 141 ILR 702; *Jones v Saudi Arabia* [2006] UKHL 26; [2007] 1 AC 270; *Zhang v Zemin* (2010) 141 ILR 542. Also: *Saudi Arabia v Nelson*, 507 US 349 (1993); *Samantar v Yousuf*, 130 S Ct 2278 (2010), on remand, *Yousuf v Samantar*, 699 F3d 763 (4th Cir, 2012), cert den, *Samantar v Yousuf*, 134 S Ct 897 (2014); *Jurisdictional Immunities of the State (Germany v Italy: Greece intervening)*, ICJ Reports 2012 p 99; *Belhaj v Straw* [2013] EWHC 4111 (QC), [51], [62]; *Steen v Iran* [2013] ONCA 30, para 36; *Kazemi v Iran* [2014] SCC 62, para 6.

[181] 4 November 1950, ETS 5. See *Al-Adsani v UK* (2001) 123 ILR 24; *Kalogeropoulou v Greece* (2002) 129 ILR 537.

[182] *Jones v Saudi Arabia* [2007] 1 AC 270, 286, 290, 293, 300, 303–4.

[183] Ibid, 288–9, 293. Also: *Al-Adsani v UK* (2001) 123 ILR 24, 41–3; *Kalogeropoulou v Greece* (2002) 129 ILR 537, 546–7; *Bouzari v Islamic Republic of Iran* (2004) 128 ILR 586, 604–6; *Fang v Jiang Zemin* (2006) 141 ILR 702; *Zhang v Zemin* (2010) 141 ILR 542, 551–3.

[184] *Jones v UK* (2014) 168 ILR 364.

[185] Ibid, 432–3.

[186] Fox (2nd edn, 2008) 151, cited in *Jones v Saudi Arabia* [2006] UKHL 26; [2007] 1 AC 270, 288–9, 293; see now Fox & Webb (3rd edn, 2015) 41.

[187] *Jurisdictional Immunities of the State (Germany v Italy: Greece intervening)*, ICJ Reports 2012 p 99, 140.

[188] *Yousuf v Samantar*, 699 F3d 763 (4th Cir, 2012), cert den, *Samantar v Yousuf*, 134 S Ct 897 (2014). However, see *Sampson v Germany*, 250 F3d 1145, 1156 (7th Cir, 2001); *Socialist People's Libyan Arab Jamahiriya*, 101 F3d 239, 244 (2d Cir, 1996) (declining to treat the concept of implied waiver as including all breaches of jus cogens).

[189] *Distomo Massacre* (2000) 129 ILR 513, 516; *Ferrini v Federal Republic of Germany* (2004) 128 ILR 658. Further: Gattini, (2005) 3 *JICJ* 224; Yang (2006) 3 *NZYIL* 131; O'Keefe (2011) 44 *Vand JTL* 999; Dickinson, (2013) 11 *JICJ* 147.

已投票決定,免除某些「國際罪行」於國家刑事法院中,對於國家官員之管轄豁免。[190] 至少目前於此問題上,國家實踐並未達成共識。

5. 結論

　　自 1945 年以來,「國家豁免」已經從一個具有相當簡單之規則(其中豁免在有限例外情況下占有主要地位)之主題,但受制於已建立及主張有限例外之情況,轉變爲日益複雜的領域。於某種程度上,其結果更適合國家對商業之廣泛參與的一套法律,且更普遍地適應日益增加之「跨國互動」(transnational interactions)。然而,「統治權」與「管理權」之區別已經確立(雖有一些變化),並且確認仍在職之高級官員享有「絕對豁免」(absolute immunity),即使尚未確認何種職位得享有「豁免權」之保護,此亦爲商業、私法安排及國際公共協議建立起安全措施。然而,推動符合國際法實質價值(substantive values of international law)之例外,在民法與刑法中產生訴訟及不確定性,例如,避免對國家酷刑行爲的有罪不罰,條約編纂可能已解決部分問題,但仍有其他問題尚未解決。

---

[190] A/CN.72/10, 164–7 (2017).

第八部分

國籍與其相關概念

第二十三章　國籍關係

1. 概述

(1) 國家自由原則在國籍上的問題

【495】國際間普遍認為，國家在國籍問題的決定上擁有普遍自由。[1] 例如，在突尼斯以及摩洛哥之國籍法規中，常設國際法院提及：

> 某一事項是否僅存在於國內管轄之範圍內的疑問，本質上係屬於相對性問題；必須取決於國際關係之發展。因此，在國際法現狀下，本院認為，關於「國籍問題」，原則上係屬於國家管轄的保留範圍。[2]

或者正如 ILC 特別報告員（Special Rapporteur）Manley Hudson 所主張，原則上，「國籍問題」屬於每個國家之國內管轄範圍。[3]

然而，在目前國際法之發展中，上述「國家完全自由原則」（complete freedom of states）遭到強烈反對。在考慮相關爭議前，有必要回顧一下「國籍」在法律中的重要意義。第一，國民因他國之國際不法行為（internationally wrongful act）侵害時，被害人所屬之國籍國，可對其行使外交保護（diplomatic protection）；[4] 第二，關於國家在戰爭及中立方面負有許多義務，其中大部分

---

[1] Generally on nationality: Weis, *Nationality and Statelessness in International Law* (2nd edn, 1979); Donner, *The Regulation of Nationality in International Law* (2nd edn, 1994); Dörr, 'Nationality' (2006) *MPEPIL*; van Waas, *Nationality Matters* (2008); Sloane (2009) 50 *Harv ILJ* 1; Trevisanut, 'Nationality Cases before International Courts and Tribunals' (2011) *MPEPIL*; Forlati & Annoni (eds), *The Changing Role of Nationality in International Law* (2013); Inter-Parliamentary Union/UNHCR, *Nationality and Statelessness* (2014); Edwards & van Waas (eds), *Nationality and Statelessness under International Law* (2014).

[2] (1923) PCIJ Ser B No 4, 24.

[3] ILC *Ybk* 1952/II, 3, 7.

[4] ILC Articles on Diplomatic Protection, ILC *Ybk* 2006/II(2), 24; Amerasinghe, *Diplomatic Protection* (2008). For the nationality of claims rule in the law of diplomatic protection: chapter 31.

係基於習慣法而來，據此國籍原則，國家在某些情況下，因其國民之「作為」或「不作為」予以制定防止或懲罰之規範；第三，【496】在一國領土範圍內之外國人，因其「非國民」（non-nationals）之身分而產生複雜之法律關係，而當政府行為影響到外國人及其財產時，可能將引起國際責任（international responsibility）的問題。外國人可能會因諸多理由而被驅逐出境，其母國必然會接受其入境，同時，許多國家不引渡其國民；第四，國籍亦為一個國家行使民事及刑事管轄權提供依據，甚至對於其國民在境外所為之不法行為亦然（詳見第二十一章）。

(2) 結構性問題

國籍涉及將個人歸屬於國家管轄，此做法被視為類似於與國家領土主權有關之法律。[5] 蓋一國之國內法律規定國家領土範圍，但並未排除國際法庭適用國際法標準，自為裁決相關的權利問題。國家主權經常因為其他國家的存在而受到相當之限制。例如，關於領海劃界問題，英國－挪威漁業法院（the Court in Anglo-Norwegian Fisheries）認為，關於崎嶇海岸線之劃界問題，沿海國係最有能力評估當地地形條件並決定基線之選擇，但法院未支持完全自治（complete autonomy）的立場。[6] 類似於上述劃界過程之案例，賦予「國籍」即應視為賦予國家管轄之法律地位。

國籍之重要問題，首先應避免決定國內管轄範圍時，[7] 依賴太過於抽象之陳述，蓋一切規範模式都應取決於特定問題之產生。原則上，國籍之認定可分為兩個方面，其中任一原則都可能占據主導之地位，主要仍係取決於爭端之事實及其類型。就國籍認定而言，國際法院在 *Nottebohm* 一案之論述，似乎完全合乎法律邏輯，法院認為：

---

[5] Parry, *Nationality and Citizenship Laws of the Commonwealth and the Republic of Ireland* (1957) 17, regards the analogy of territory as 'very attractive', but remarks that it should not be pushed too far: ibid, 21. However, for the purpose of comment on the possible *results* of a certain type of doctrine the analogy would seem to be valid.

[6] *Fisheries (UK v Norway)*, ICJ Reports 1951 p 116, 132. Further: Fitzmaurice (1953) 30 *BY* 1, 11. Cf *Asylum (Colombia v Peru)*, ICJ Reports 1950 p 266, 274, 278.

[7] De Visscher, *Theory and Reality in Public International Law* (4th edn, 1968) 229–31.

列支敦士登應與每個主權國家一樣，有責任透過該國之立法，制定有關取得其國籍之規則，並依據該國機構所立法，關於「歸化」（naturalisation）之規定授予國籍。就此程序而言，無需再行確定國際法是否對列國在該領域之自由裁量權施加任何限制。國籍首先被適用於確定被賦予國籍之人，享有該國法律所賦予或施加給其國民之權利，並受其法律義務之約束。上述原則隱含在更廣泛之概念下，亦即「國籍」係屬於一國之國內管轄範圍。然而，法院必須裁決之問題，並非歸責於列支敦士登之法律制度。易言之，系爭爭議並不取決於法律或列支敦士登對於該國是否有權行使保護之裁決。向法院提出申請行使保護權，亦即將爭議置於國際法【497】層面；國際法在此類案件中可供法院決定一個國家得否行使保護權，以及國際法院是否受理。[8]

1997 年「歐洲國籍公約」（European Convention on Nationality）第 3 條亦有相同規定：

> 每個國家應依據本國法律確定其國民。只要該法律符合應適用之國際公約、習慣國際法，以及在國籍方面公認之一般法律原則，其他國家應予以接受。[9]

(3) 國籍之共同標準

「國籍」之認定標準，傳統上所依據的兩個主要原則，係指國民之「血統主義」（屬人原則，*jus sanguinis*），以及基於國家領土而延伸的出生地主義（屬地原則，*jus soli*）。[10] 在晚近國際法發展上，在確定國籍方面，包括給予

---

[8] *Nottebohm (Liechtenstein v Guatemala)*, ICJ Reports 1955 p 4, 20.

[9] 6 November 1997, ETS No 166. There are 21 states parties. Also Convention Concerning Certain Questions Relating to the Conflict of Nationality Laws, 12 April 1930, 179 LNTS 89, Art 1.

[10] For earlier studies: Sandifer (1935) 29 *AJIL* 248; Secretariat Survey of the problem of multiple nationality, ILC *Ybk* 1954/II, 52, 63. Also Spiro, *At Home in Two Countries* (2016).

男性與女性同等地位，以及國家應加強預防「無國籍狀態」（statelessness）之發生而提供更有力之保障，上述兩種趨勢都得到多邊條約之支持。[11] 除反對無國籍之推定（在有疑問情況下，應即適用出生地法）外，將上述兩原則視為相互排斥之立法方式乃不正確的做法：許多國家的國籍法，在不同程度上均同時基於「屬人」與「屬地」兩項原則之融合而制定。[12] 國際上亦有常見的國籍特殊規定，例如：外交官或領事使團成員所生子女，並不因出生地而獲得接受國國籍。[13]

哈佛研究草案（Harvard research draft）提及「領土或與其相似之地」（territory or a place assimilated thereto），各國通常將出生地法原則適用於在懸掛其國旗之船舶或飛機上出生之情況；[14] 然而，在出現明顯衝突之情況下，例如，在領海內之外國船舶上出生時，似乎很明顯，該兒童並無法基於「事實本身」（*ipso facto*）而取得沿海國國籍。[15]

Weis 法官就取得國籍問題，有如下之立場陳述：

狹義之「歸化」（Naturalisation）可定義為，外國人因特定目的而提出申請，透過正式法定程序授予外國人國籍。【498】「歸化」被普遍認為係獲得國籍之方式之一。批准外國人歸化入籍所需滿足之條件因不同國家而異，然而，「居住一段時間」似乎是相當普遍之基本要求。[16]

---

[11] For the equality of men and women in nationality matters: e.g. Convention on the Nationality of Married Women, 20 February 1957, 309 UNTS 65; Convention on the Elimination of All Forms of Discrimination against Women (CEDAW), 18 December 1979, 1249 UNTS 13, Art 9(2); CEDAW Committee, General Recommendation No 21 (1994) para 6. For protection against statelessness: UN Convention on the Reduction of Statelessness, 30 August 1961, 989 UNTS 175. Also van Waas in Edwards & van Waas (2014) 64.

[12] The Harvard draft provided that states must choose between the two principles: (1929) 23 *AJIL Supp* 1, 27 (Art 3). But there is no legal basis for such a stipulation; hybrid sets of nationality laws have not attracted criticism as such, provided they address the question of statelessness. Cf Govil & Edwards in Edwards & van Waas (2014) 175.

[13] Vienna Convention on Diplomatic Relations (VCDR), Optional Protocol concerning Acquisition of Nationality, 18 April 1961, 500 UNTS 223, Art II; ILC *Ybk* 1958/II, 89, 101; Vienna Convention on Consular Relations (VCCR), Optional Protocol concerning Acquisition of Nationality, 24 April 1963, 596 UNTS 469, Art II; ILC *Ybk* 1961/II, 92, 122.

[14] (1932) 26 *AJIL Supp* 1. Generally: Córdova, *ILC Ybk* 1953/II 167, 177 (Art IV).

[15] UN Convention on the Reduction of Statelessness, Art 3 (test of flag of registration); van Waas (2008) 31.

[16] Weis (2nd edn, 1979) 99.

Hudson 評論提及：「歸化」必須基於個人或代表其行事之人明確的自願行為。[17] 許多法律學者得出結論：長期居留係「歸化」之先決條件。然而，關於「自願歸化」（voluntary naturalization），有兩個重點必須予以關注：第一，該行為之自願性質係其他社會及居住聯繫之補充；該行為不僅出於自願，而且應為「特定」；意即當事人有此客觀行為。易言之，個人與國家間「有意識的聯繫」（deliberate association）之要件相當重要，應該優先於出生地與血統而適用；更遑論婚姻、合法身分及收養等法律關係。第二，雖然確實有相當多的國家允許外國人以「簡易條件歸化」（naturalization on easy terms），但此通常為例外而非常態。[18]

「國籍」作為法律上必要（*ex necessitate juris*）之概念，係有利於進一步分析各種情況，雖然透過婚姻、合法化和收養獲得財產等亦可取得國籍，使其規定並非在所有層面都令人滿意。然而，上述提及之案例足以證明此概念之合理性。例如，在許多國家之立法中皆規定，父母均不可考時，推定該子女具有其被發現所在地之國籍；多數情況下，國家亦規定前述規則適用於國籍不明、或無國籍父母所生之子女。關於「棄嬰」（foundlings）之認定，可參考「關於國籍法衝突若干問題公約」（Convention on Certain Questions relating to the Conflict of Nationality Laws）第 14 條 [19] 及第 19 條，以及 1961 年「減少無國籍狀態公約」（Convention on the Reduction of Statelessness of 1961）第 2 條等規則。[20]

(4) 一般原則之法律地位

就各國法律而言，上述一些原則之考量至少得到國際間普遍承認。然而，Weis 法官在依據國家實踐評估相關文件時相當謹慎：

國內法之一致性（Concordance of municipal law）尚難謂其已形成習慣國際法；蓋各國意見而產生「普遍共識」（universal

---

[17] *ILC Ybk* 1952/II, 3, 8. His rubric is: '[n]aturalization in the narrower sense'. In this terminology, naturalization means every nationality acquired subsequent to birth.

[18] Further: Forlati in Annoni & Forlati (2013) 23; Spiro in Chetail & Bauloz (eds), *Research Handbook on International Law and Migration* (2014) 281, 288.

[19] 12 April 1930, 179 LNTS 89.

[20] 30 August 1961, 989 UNTS 175. Further: de Groot in Edwards & van Waas (2014) 144, 161.

consensus of opinion）亦同屬必要。嘗試用比較法方法
（methods of comparative law）以確立國際法規則，甚至宣稱
不同國家之國內法規則呈現出「某種程度之統一性」（certain
degree of uniformity），即視為國際法規則，都是錯誤之做
法。[21]

上述顛倒之論述，無可避免地將導致此命題過於教條化。然而，Weis 法
官顯然過於低估「立法」作為國家「法律確信」（*opinio juris*）證據的重要性。
在 *Territorial Sea* 一案中，ILC 所能獲得之【499】國家實踐（state practice）
的證據主要係以立法之形式存在，易言之，推定各國政府之意見乃集中於其國
內的立法中。

過去國家實踐中，特別是在「國籍」領域，乃缺乏必要的「法律確
信」；一旦堅持必須有明確之證據，可能會產生反覆無常之結果（capricious
results）。事實上，國內法絕大多數依賴於個人與國家間之真實聯繫。國籍
法缺乏一致性，不能用缺乏法律確信來解釋，而應參考國內法有權優先決
定「國籍」的事實，以及出現無數可能的排列組合（occurrence of numerous
permutations）。因此，在如此多變及複雜之爭議上，立法中可能存在許多衝
突點。然而，「國籍」問題在國際層面之衝突很容易預見，國際法規則的出現
乃為了解決此種情況。

國際法院在 *Nottebohm* 一案中之結論並非特別新穎，於考慮真實或有效聯
繫原則（doctrine of the real or effective link）之證據後，[22] 判決繼續進行：

依據各國實踐、仲裁及司法裁決、學者之見解等綜合觀之，
「國籍」具有「法律拘束力」（legal bond），其基礎乃依附
於社會事實之上，個人基於存在、利益、情感之真正聯繫，
且亦存有互惠權利與義務的性質。申言之，上述事實關係可

---

[21] Weis (2nd edn, 1979) 96, 99.
[22] ICJ Reports 1955 p 4, 22, and for the Liechtenstein law: ibid, 13–14.

轉譯爲法律上表達（juridical expression）：無論直接由法律
規定或基於國家行爲而產生的結果，個人被賦予某一國家的
國籍時，事實上與授予其國籍國之人民間聯繫，比與任何其
他國家人民之聯繫更爲密切。倘若個人與其國籍所屬之國家
間有足夠聯繫，已符合法律條件之轉譯時，則一國授予個人
該國之國籍所產生之結果，僅使得該國相較於（vis-à-vis）其
他國家而言，有權對其國民行使保護。[23]

2. 有效聯繫原則及 *Nottebohm* 案

(1) *Nottebohm* 案之前身

　　從適當角度關之，*Nottebohm* 一案判決反映「國籍」之基本概念，而此概
念長期存在於國際層面的相關文獻當中。[24] 歐洲大陸之文獻以及許多國家法院
判決，[25] 在過去一段時間以來，都已承認「有效聯繫原則」（effective link）。
歐陸國家之實踐主要與「雙重國籍」（dual nationality）有關，但具體情況並
未妨礙該原則成爲一般原則（general principle），並得適用於多種不同之情
況。

　　德國政府在提交海牙編纂會議籌備委員會（Preparatory Committee of the
Hague Codification Conference）之答覆中宣稱：「一國無權……將其國籍授予
【500】另一國之所有居民，或所有進入其領土之外國人……倘若該國未經其
他國家之請求而將其國籍授予其他國家之國民，且當事人與該國沒有任何特定
聯繫時，例如，原籍、住所或出生地時，相關國家將沒有義務承認此類歸化之
效力。」[26] 因此，各國之立法普遍適用居住地、住所、意圖永久居留移民，以
及與國家領土相關族群成員身分（ethnic groups）等作爲國籍的「聯繫因素」

---

[23] Ibid, 23.

[24] Basdevant (1909) 5 *Rev crit* 41, 59.

[25] *Magalhais v Fernandes* (1936) 10 ILR 290. Also *German Nationality* (1952) 19 ILR 319.

[26] League of Nations, Conference for the Codification of International Law, *Bases for Discussion Drawn up for the Conference by the Preparatory Committee* (1929) 13.

（connecting factors）。國際法在面對一個國家沒有關於「國籍」之國內立法，或某些人民超出國內立法範圍之情況時，將基於與上述相同考量之一般法律原則。「有效聯繫原則」可被視為許多國家繼承（state succession）得以實踐之基礎，並支持條約中經常出現「國民」（ressortissant）的概念。[27]

(2) 法院判決及其批評

在 Nottebohm 一案中，列支敦士登就瓜地馬拉政府逮捕、拘留、驅逐、拒絕重新接納 Nottebohm，以及沒收與扣押其財產之行為，請求損害賠償。[28] 瓜地馬拉則要求法院不予受理該求償案件，其部分抗辯之理由，係基於列支敦士登未能證明 Nottebohm 已依據該公國法律（law of that Principality），適當取得列支敦士登之「國籍」。因為在任何情況下，該部法律都不能被視為符合國際法，同時，因為 Nottebohm 看起來「無論如何都並未失去，或沒有有效地失去，其原已具有之德國國籍」。在瓜國最終法律意見書中，主張法院不應受理之理由，另基於 Nottebohm 似乎以欺詐手段申請列支敦士登國籍，易言之，其唯一目的係在返回瓜地馬拉之前，獲得中立國國民之地位，並且沒有任何真正意圖在公國與其本人間，建立一個不包括德國國籍之「持久聯繫」（durable link）。

法院在判決中認為，與 Nottebohm 國籍有關之抗辯，係根本性問題。法院進一步闡述：

> 為決定求償之可受理性爭議，法院必須確定列支敦士登透過歸化的方式授予 Nottebohm 國籍一事，是否發生上述情況並繼而有效反駁瓜地馬拉，是否賦予列支敦士登充分權利，使其對 Nottebohm 行使保護，用以對抗瓜地馬拉。本案所涉及之爭議，並非為所有目的而承認當事人「獲得列支敦士登國籍」，而僅僅係為判斷求償訴訟之可受理性（admissibility）

---

[27] Weis (2nd edn, 1979) 7; *Kahane (Successor) v Parisi and Austrian State* (1929) 5 ILR 213.

[28] ICJ Reports 1955 p 4. For contemporary comment: Mervyn Jones (1956) 5 *ICLQ* 230; Loewenfeld (1956) 42 *GST* 5; de Visscher (1956) 60 *RGDIP* 238; Bastid (1956) 45 *Rev crit* 607; Maury (1958) 23 *ZaöRV* 515; Kunz (1960) 54 *AJIL* 536; Lauterpacht, 4 *International Law* (1978) 5.

問題，以及……其次，本案並非涉及所有國家之承認，而僅係就瓜地馬拉之承認而爲判斷。[29]

【501】然而，法院裁定該求償請求不予受理。持不同意見之法官[30]以及批評者[31]指出，瓜地馬拉並未以不具備「有效聯繫」爲由就案件進行辯論，而裁定之確切比例，乃係針對瓜地馬拉提出對於可受理性之不同主張。此種形式論證，在限制判斷重要性方面之作用微乎其微，而法院爲判決尋找精確依據之傾向係標準的司法技術（judicial technique）問題。[32]無論如何，法院應否受理係本爭議之核心，此事實並不影響作成該決定之一般性意義。正如同法院闡述：向法院請求行使保護之權利，亦即將該爭議置於國際法層面；而國際法將決定一個國家是否有權行使保護權，並將該爭議訴諸法院。[33]法院判決並未基於反對列支敦士登之禁反言（estoppel），而係著重於判斷是否存在保護權利，此問題必然影響到整個國家，而不僅限於系爭當事方。[34]

對於認爲國際法院做法相當新穎的人而言，[35]該法院事實上對於國家實踐之審查並不充分，係造成許多不安之根源。首先，法院在認定習慣法規則時，通常相當晦澀難懂（oracular），但此情況並非表示法院沒有對相關證據資料進行適當評估。其次，法院所蒐集之主張以及對以往實踐的參考有所不同，判決理由並非基於事實調查，而係嘗試進一步更完整地說明「一般法律原則」之邏輯必要性。整體問題的關鍵在於，法院若欲解決國際法層面之爭議，則必須適用國內法之外的原則。[36]此觀點主要係依據國際法之「一般法律原則」，而並非基於習慣國際法規則之通常類型而提出。最後，該判決之批評者尋求明確支持「眞實聯繫」原則作爲特定規則之法理基礎，但並非所有文獻都支持該規

---

[29] ICJ Reports 1955 p 4, 16. Also ibid, 20.

[30] ICJ Reports 1955 p 4, 30 (Judge Klaestad, diss), 35 (Judge Read, diss), 53 (Judge ad hoc Guggenheim, diss).

[31] E.g. Mervyn Jones (1956) 5 *ICLQ* 230, 238; Kunz (1960) 54 *AJIL* 536, 541, 552; Weis (2nd edn, 1979) 176. See also Sloane (2009) 50 *Harv ILJ* 1.

[32] Cf the effect of *Anglo-Norwegian Fisheries*, ICJ Reports 1951 p 116.

[33] ICJ Reports 1955 p 4, 20.

[34] Cf Kunz (1960) 54 *AJIL* 536, 564.

[35] Jones (1956) 5 *ICLQ* 230, 240; Kunz (1960) 54 *AJIL* 536, 552, 555.

[36] ICJ Reports 1955 p 4, 20.

則，反而有相當多文獻係支持「一般法律原則」。此外，在國際法層面上很少有法庭明確否認「有效聯繫原則」，在 *Salem* 案[37] 偶然拒絕適用此原則時，則被同時代人視為「新奇事物」（novelty）。[38]

Read 法官[39] 及其他人[40] 仍舊爭辯主張，法院在處理雙重國籍案件時，[41] 無關緊要地依賴仲裁庭採用之原則，因為 *Nottebohm* 案之事實證據中，並未提出此問題。Nottebohm 可能擁有或並不具備列支敦士登之國籍，但「真實聯繫」原則之效力並不限於【502】「雙重國籍」（dual nationality）之情況；倘若該原則存在，亦應適用於 *Nottebohm* 案關於國籍之各種可能性組合。

就該原則對事實之適用而言，Nottebohm 出生時具有德國國籍，1939 年 10 月在列支敦士登申請歸化時，仍為德國國民；而他於 1905 年離開德國，儘管在當地仍保持商業聯繫，但由於申請歸化列支敦士登之國籍，故使其失去德國國籍。[42] 國際法院裁定，有效國籍並非列支敦士登之國籍（但亦未說明與瓜地馬拉在有效國籍方面之聯繫）：事實上，法院發現 Nottebohm 和列支敦士登之間沒有任何聯繫關係；另一方面，Nottebohm 反而與瓜地馬拉之間存在著長期且密切之聯繫，即便 Nottebohm 歸化亦絲毫沒有削弱此關係。[43]

法院並未考量最初獲得國籍時，即使沒有聯繫因素，是否可以透過後來之事件而得到補正。然而，雖然在 1955 年 Nottebohm 之有效國籍為列支敦士登國籍，但當所控訴之主要行為發生時，並非具備該國國籍。因此，本案至少可以發現一個重點，亦即某個國民在遭受他國侵害後，是否得立即歸化取得另一國家之國籍，並在經歷一段時間後，呼籲新國家支持對原國籍國之求償。[44]

至於 *Nottebohm* 案判決在公共政策領域之影響，批評者集中在外交保護

---

[37] (1932) 6 ILR 188.

[38] Ibid, 192, note by Lauterpacht; Jones (1956) 5 *ICLQ* 230, 242.

[39] ICJ Reports 1955 p 4, 41.

[40] Ibid, 59 (Judge ad hoc Guggenheim, diss). Also Kunz (1960) 54 *AJIL* 536, 556.

[41] E.g. *Mergé* (1955) 22 ILR 443, 450.

[42] ICJ Reports 1955 p 4, 55 (Judge ad hoc Guggenheim, diss).

[43] Ibid, 25.

[44] For the continuous nationality rule as eventually formulated: ILC Articles on Diplomatic Protection 2006, Art 5, ILC *Ybk* 2006/II(2), 24, 31 and further: chapter 31.

與國籍之分離問題。[45] 該判決之實際結果被視為縮小國家行使外交保護權之範圍，事實上，在絕大多數情況下，「有效國籍」（effective nationality）應等同於「正式國籍」（formal nationality）。[46] 長期居留之難民（Long-resident refugees）係問題的重要來源，在此類案件中，適用「真實聯繫」原則，似乎比機械式參考國內法更有幫助，蓋後一種方法或可能使難民成為無國籍人（stateless），或將他或她與一個被證明令人厭惡（repugnant）或被遺棄（abandoned）之社會加以聯繫。

　　1961 年「聯合國減少無國籍狀態公約」[47] 之內容涵蓋基於各種事實聯繫（factual connection）之標準，以及效忠證據（evidence of allegiance）之詳細規定。1961 年之會議上另外通過一項決議，大會建議「事實上無國籍人」（stateless *de facto*）應盡可能按「法律上無國籍人」（stateless *de jure*）對待，以使其能獲得有效國籍。[48] Weis 法官對此現象加以評論道：公約與建議書清楚地反映出人們越來越重視國籍之有效性。[49]

(3) ILC 在外交保護方面之成果

　　【503】在關於外交保護之工作中，ILC 對 *Nottebohm* 案之影響採取狹義之解釋。2006 年 ILC 外交保護條款草案第 4 條規定如下：

> 自然人之國籍國
> 就對自然人的外交保護而言，國籍國指該人根據該國法律，
> 透過出生、血緣、歸化、國家繼承或以不違反國際法之任何
> 其他方式，獲得其國籍之國家。

---

[45] ICJ Reports 1955 p 4, 46 (Judge Read, diss).

[46] Cf ILC Articles on Diplomatic Protection, commentary to Art 4, para 5: ILC *Ybk* 2006/II(2), 24, 29.

[47] 30 August 1961, 989 UNTS 175.

[48] UN Conference on the Elimination or Reduction of Future Statelessness, Resolutions, 29 August 1961, A/CONF.9/14/Add.1, Res I.

[49] Weis (1962) 11 *ICLQ* 1073, 1087. For diplomatic protection of refugees: Vermeer-Künzli in Chetail & Bauloz (2014) 265, 272 and chapter 31.

就上開條文，評論解釋如下：

條款草案第 4 條並不要求國家證明在 *Nottebohm* 一案中之建議，亦即無須證明國家與其國民之間的有效或眞實聯繫（genuine link），據以作爲行使外交保護之額外要件，即使該國民具備僅有一國之國籍。儘管對案件的解釋有不同的看法，但 ILC 認爲，某些要件有助於限縮 *Nottebohm* 案中的事實認定，尤其是存在於超過三十四年以上的時間裡，倘若將「Nottebohm 與列支敦士登間」關係存在之事實，與「Nottebohm 與瓜地馬拉間」所形成之緊密聯繫相比較，前者顯然「極其脆弱」（extremely tenuous）。使得國際法院一再主張：列支敦士登與瓜地馬拉相比之下（vis-à-vis），列支敦士登顯然無權將其外交保護之範圍，延伸到 Nottebohm。國際法院不願將此原則適用於所有國家，並成爲普遍性的一般規則，相反地，法院在本案中僅建立一個相對性原則（relative rule）。易言之，依據類似列支敦士登立場之國家而言，應要求其證明其國家與 Nottebohm 間具備「眞實聯繫」；倘若成立此關係後，才能接受列支敦士登代表 Nottebohm 向瓜地馬拉（與當事人更密切之國家）進行求償。另一方面，有必要注意到一個事實，倘若嚴格適用 *Nottebohm* 案所建立的「眞實聯繫」要求，則將有數百萬人無法順利請求外交保護。[50]

上開草案條款第 4 條中所使用之「雙重否定」（double negative, not inconsistent）意在表明，應由對於被害人國籍持異議之國家，[51] 負擔「國籍歸化（或取得）係違反國際法」之舉證責任，蓋此原則係基於授予國籍之

---

[50] Commentary to Art 4, para 5: ILC *Ybk* 2006/II(2), 24, 29. Also Dugard's First Report on Diplomatic Protection, ILC *Ybk* 2000/II(1), 228.

[51] Commentary to Art 4, para 7: ILC *Ybk* 2006/II(2), 24, 30.

國家擁有「裁量餘地」（margin of appreciation），[52] 且有利於推定國籍授予之有效性。[53] 無論如何，法院將採取「原告承擔舉證責任」（*actori incumbit probatio*）之原則論證。

另外一個不容忽視的因素，係本案涉及一個推定之敵對外國人（putative enemy alien）。Nottebohm 為取得中立國列支敦士登之國籍，目的係為【504】避免瓜地馬拉加入二次世界大戰後，成為敵國之風險（事實上確係如此）。[54]

3. 國際法規則之適用

(1) 國家權力在國籍問題上的限制

如果國際法規則要有效地或完全起作用，就必須就個別國家將個人視為其國民之權力加以限制，易言之，國際法必須考慮設定一些限制國家權力的規範。

一個國家可能沒有制定任何具備現代模式（modern pattern）之國籍法，雖然此種情況並不多見，[55] 但國籍立法缺失之案例，經常出現在新國家建立的情況。[56] 依據一般國際法上定義，國家必須擁有屬於自己之國民。在1952年以色列國籍法（Israeli Nationality Law of 1952）頒布前，關於前巴勒斯坦公民地位之裁決中，[57] 特拉維夫地區法院法官指出：

> 只要已頒布之法律沒有其他相反之規定，本席之觀點為：在以色列國家建立之日起，居住於今天構成以色列領土上的任

---

[52] Ibid, citing the advisory opinion of the Inter-American Court of Human Rights (IACtHR) in *Proposed Amendments to the Naturalization Provisions of the Political Constitution of Costa Rica*, OC-4/84, 19 January 1984, Series A No 4, paras 62–3.

[53] Commentary to Art 4, para 7: ILC *Ybk* 2006/II(2), 24, 30. See further Sironi in Annoni & Forlati (2013) 55, 57.

[54] In *Nottebohm*, Rolin for Guatemala argued that, because Nottebohm's aim was to acquire neutral status by naturalization, there was no genuine link. This point was taken by the Court at the end of its judgment, ICJ Reports 1955 p 4, 26. The dissenting judges regarded the question as part of the issues concerning abuse of rights and fraud: ICJ Reports 1955 p 4, 32 (Judge Klaestad, diss), 48 (Judge Read, diss), 64 (Judge ad hoc Guggenheim, diss). See Edwards in Edwards & van Waas (2014) 11, 33.

[55] Cf Parry (1957) 355. For a survey, see Vonk, *Nationality Law in the Western Hemisphere* (2015).

[56] Ziemele in Edwards & van Waas (2014) 245.

[57] Palestine citizenship had ceased to exist: *Hussein v Governor of Acre Prison* (1950) 17 ILR 112.

何個人，都是以色列國民。任何其他觀點都必然導致一個荒謬結果：沒有國民的國家。[58]

倘若一個新成立之國家，藉由國內法之立法疏漏，試圖驅逐其部分固定居民（permanent population）（例如，基於種族因素），則該國家明顯違反其義務，並應承擔國際責任。

另一種情況涉及國家立法範圍以外之人。許多國家的國內立法中，將其人民分為地位較高之群體，通常係指：「公民」與「其他人」。例如在英國，屬地居民（residents of dependencies），無論其根據 1981 年「英國國籍法」（British Nationality Act 1981）之身分為何，都被視為具有國際法意義之「國民」身分；[59]美國法上則有列出「非公民之國民」（non-citizen nationals）資格。[60]【505】在刻意拒絕給予公民身分的情況下，顯而易見國家有授予國籍之必要。在一項仲裁裁決中，從美國移民至加拿大的卡尤加印第安人（Cayuga Indians），其地位係建立在「事實聯繫」（factual connection）之基礎。[61]基於國際法之規定，卡尤加印第安人被認為已成為「英國國民」（British nationals），但其國籍曾經歸屬於美國。[62]在 *Kahane (Successor) v Parisi and Austrian State* 一案中，法庭實質上將「羅馬尼亞猶太人」視為「羅馬尼亞國民」，蓋羅馬尼亞雖然拒絕給予其公民身分，但並不認為這些猶太人係無國籍人；[63]然而，該裁定之主要重點乃為確定「國民」一詞在「聖日爾曼條約」（Treaty of St. Germain）中之含義。[64]

---

[58]　*AB v MB* (1951) 17 ILR 110. However, the same court in another case assumed the absence of nationality until the Nationality Law: *Oseri v Oseri* (1952) 17 ILR 111 (and cf *Shifris* (1950) 17 ILR 110). Also Rosenne (1954) 81 *JDI* 4, 6.

[59]　Generally: Fransman, *British Nationality Law* (3rd edn, 2011).

[60]　8 USC §1542.

[61]　*Cayuga Indians (Great Britain) v US* (1926) 6 RIAA 173, 177.

[62]　Also *Rothmann v Austria and Hungary* (1928) 4 ILR 254; *Margulies v Austria and Hungary* (1929) 6 RIAA 279. Both cases turn on the interpretation of a US statute. Further: *Mathison* (1903) 9 RIAA 485, 490; *Valeriani v Amuna Bekri Sichera* (1934) 8 ILR 283; *Logan v Styres* (1959) 27 ILR 239 (as to the Six Nations Indians of Ontario).

[63]　(1929) 5 ILR 213.

[64]　Principal Allied & Associated Powers–Austria, Treaty of St Germain-en-Laye, 10 September 1919, 226 CTS 8, Arts 249, 256.

(2) 國家責任與「真實聯繫」原則

國家不得以其國內法之規定為由，對其國際不法行為進行抗辯，[65] 易言之，國家必須對發生於其領土上所構成違反國際義務的狀況負責。[66] 然而，許多具有特定性質的重要義務和責任，係透過提及「國民」而予以規定。例如，國家有義務接納被他國驅逐出境之國民，同理可證，國家亦有義務不驅逐本國國民。臨時剝奪國籍（*Ad hoc* denationalization），係提供一種現成的逃避上述義務之手段。而在適當情況下，如果可證明取消國籍（withdrawal of nationality）本身係不法行為之一部分並繼而促成結果，則將追究該國違反義務所產生之國家責任。[67] 相同地，倘若各國得自行決定對「居住於」或「僅過境」於該國領土之外國人，授予其國籍，則無論該外國人停留多長時間，皆可避免適用管理外國人待遇之法規，類似之考量於交戰占領法（the law of belligerent occupation）[68] 及中立法（the law of neutrality）中亦得適用。

依據案件事實，倘若「操縱國籍法」（manipulation of the law of nationality）乃不法行為之重要組成部分，則欲解決此爭議所需之原理顯得相當簡單。然而，假設授予國籍之原因係基於「真實聯繫」的一般法律原則（與剝奪國籍情況相反），則該原則與「有效聯繫」並不相同。值得注意者，學者[69]於【506】國家實踐及國際法庭判決的支持下，[70] 經常陳述上述規則，易言之，倘若當事人係基於以欺詐手段所獲得之國籍，則不得有效地提出外交求償（diplomatic claim）。誠然，制定規則時往往僅考慮個人行為，但上述原則亦得適用於國家方面之欺詐行為。在 *Nottebohm* 一案中，瓜地馬拉主張，列支敦士登在授予 Nottebohm 國籍時存在欺詐行為；同時，Nottebohm 本人在申請以及獲得入籍證書方面，[71] 亦存在欺詐行為。法院並未明確處理上述爭點，但在

---

[65] ILC Articles on Responsibility of States for Internationally Wrongful Acts, Arts 3, 32: ILC *Ybk* 2001/II(2), 26, 28.

[66] *Kahane (Successor) v Parisi and Austrian State* (1929) 5 ILR 213.

[67] Weis (2nd edn, 1979) 123; also Williams (1927) 8 *BY* 45, 59; Jennings (1939) 20 *BY* 98, 112.

[68] Thus the German ordinance of 1942, which authorized the grant of nationality to certain classes of the population in territories occupied by Germany, was not opposable to third states as it was contrary to international law: ICJ Reports 1955 p 4, 54 (Judge ad hoc Guggenheim, diss).

[69] E.g. Weis (2nd edn, 1979) 218.

[70] E.g. *Salem* (1932) 6 ILR 188; *Flegenheimer* (1958) 25 ILR 91, 98.

[71] ICJ Reports 1955 p 4, 26.

判決中強調，在審酌 Nottebohm 獲得中立國籍地位之動機時，[72] 法院接受上述論點的實質主張：於此情況下，狹義之「眞實聯繫」原則，以及廣義之「有效聯繫」概念，彼此關係將拉近許多。

在適用「眞實聯繫」原則時，有二項相關的要件必須予以考量：第一，因爲政府行爲被推定爲善意履行，故「歸化」行爲亦被推定爲有效；[73] 第二，國籍作爲一種地位之概念，加強了歸化之效力，蓋除非處於非常明確之情況下，否則國籍之授予不會被輕易取消。[74]

(3) 禁止國籍反悔之原則

在許多有關個人之基本事實不明確的情況下，政府行爲將可提供答案，故外交代表之明確聲明以及承認，可能會造成「禁反言」。然而，就偶然或例行性質之管理行爲而言，尤其在沒有任何實際或可預見爭議之情況下，可能不會產生此類效果。在 Nottebohm 一案中，列支敦士登抗辯指稱，瓜地馬拉承認 Nottebohm 之歸化國籍，其依據爲當事人於列支敦士登護照上之入境簽證，以及瓜國管制外國人相關的官方行爲。法院則稱：

> 本法院所審酌系爭行爲，涉及瓜地馬拉對於外國人之控制，而並非基於行使外交保護。故當 Nottebohm 出現在瓜地馬拉政府機關面前時，瓜地馬拉機關僅面對一個私人個體：政府間並未因此而建立任何關係。所有證據都未表明瓜地馬拉政府承認，列支敦士登對於 Nottebohm 歸化之國籍，並給予該國行使保護權之任何權利。[75]

---

[72] Ibid, 26.

[73] On proof of nationality *ex lege* in the face of declarations by the executive that legal requirements have been fulfilled, see *Soufraki v United Arab Emirates*, Decision on the Application for Annulment, (2007) IIC 297, paras 60–78.

[74] Jennings (1967) 121 Hague *Recueil* 323, 459.

[75] ICJ Reports 1955 p 4, 18. Cf ibid, 48 (Judge Read, diss).

在國籍問題上，通常會依賴當事方在法庭上之陳述；[76] 而在某些情況下，仲裁庭亦準備在未有任何聲明的情況下，依賴政府行爲而爲裁定。在 *Hendry, the Mexican-US General*【507】*Claims Commission* 一案中，求償委員會裁定，墨西哥係因 Hendry 爲美國人而將他解僱，故墨西哥政府不能否認其美國國籍。[77] 然而，在 *Flegenheimer the Italian-US Conciliation Commission* 一案中，委員會駁回義大利人主張求償不可受理之請求，蓋於行爲發生日，被投訴之 Flegenheimer 表面上國籍是德國，因其在與義大利政府交涉時，係使用德國護照。此一論點在事實上係失敗的主張，但委員會指出，「表面國籍」學說不能被視爲已被國際法所接受。[78]

「厄利垂亞─衣索比亞求償委員會」（Eritrea-Ethiopia Claims Commission, EECC）在 2004 年亦遇到此問題。[79] 本案涉及驅逐以及剝奪大量厄利垂亞裔人之財產，而這群人在 1993 年厄利垂亞分離後，繼續居住於衣索比亞，並在 1998 年戰爭爆發時，仍居住在該國。其中許多人皆曾於 1993 年 4 月之厄利垂亞獨立公投中投票（根據法律，投票僅限於厄利垂亞公民）。但他們繼續行使作爲衣索比亞國民之公民及政治權利，直到其被剝奪國籍並被驅逐出境。EECC 認爲，在特殊情況下，他們的雙重國籍係適用「禁反言」原則，雖然事實上兩國國內法都不允許雙重國籍。求償委員會進--步說明：

> 委員會並未被厄利垂亞之論點所說服，亦即爲參加 1993 年全民公投而登記爲厄利垂亞國民，於公投後並未產生重要之法律後果。發行這些卡之管理實體，尚未被正式承認爲獨立的國家。但其對於固定領土，以及領土內的常住人口，事實上已行使有效與獨立之控制，並與外部世界保持有效及實質性的關係，特別是在經濟事務上。在所有事務上，證據皆顯示一個國家在國際法上的特點。另一方面，衣索比亞政府關於

---

[76] *Expropriated Religious Properties* (1920) 1 RIAA 7, 46.

[77] (1930) 4 RIAA 616, 616.

[78] (1958) 25 ILR 91, 151.

[79] *Civilians Claims, Eritrea's Claims 15, 16, 23 & 27-32* (2004) 135 ILR 374.

「繼續簽發該國護照及其他官方檔案一事，無法構成衣索比
亞國籍持續存在之證據」，此論點亦未能說服委員會。蓋「護
照」，尤其包含簽發國向其他國家表明持有人係本國國民之
正式聲明。而決定發布此份文件，旨在提交給友好之外國政
府並為其提供法律上依據，故簽發護照係具有國際意義之行
為，並不是基於非正式禮儀（casual courtesy）。

「國籍」終究係一種法律地位。考量與新厄利垂亞國家建立
有關不尋常之過渡情況，以及雙方在 1993 年全民公投前後之
行為，委員會之結論為，當時有資格參加公民投票的人，實
際上應獲得「雙重國籍」。依據厄利垂亞第 21/1992 號公告，
他們全都成為新建立的厄利垂亞國之公民，但與此同時，衣
索比亞仍繼續將這些人視為自己的國民。[80]

　　EECC 之所以如此堅持，係因一份 1996 年之協定會議紀要（Agreed
Minute of 1996），無論該文件是否為一項條約，都將「迄今為止一直享有衣
索比亞公民身分之厄利垂亞人」應作出選擇任一國家國籍之程序，予以延遲。[81]

(4) 國籍之強制變更

　　【508】現有的國家實踐以及判例並不支持剝奪國籍（deprivation of
nationality）為不法的規則。[82] 另一方面，1948 年「世界人權宣言」（Universal
Declaration of Human Rights of 1948）第 15 條第 2 項規定，不得「任意剝奪」
（arbitrarily deprived）個人之國籍，儘管此原則在國際公約中並未有相對應之
規定，[83] 但有一定之依據將其視為習慣國際法規則。

---

[80] Ibid, 394–5.

[81] Ibid, 395–6, and on the status of the 1996 Agreed Minute: ibid, 396 (para 53).

[82] Conclusions of Hudson, ILC *Ybk* 1952/II, 3, 10; Weis (2nd edn, 1979) 125. Cf Donner (2nd edn, 1994) 181; Brandvoll in Edwards & van Waas (2014) 198. Also Convention on the Reduction of Statelessness, 30 August 1961, 989 UNTS 175, Art 8; International Convention on the Elimination of all Forms of Racial Discrimination (ICERD), 21 December 1965, 660 UNTS 195, Art 5(d)(iii).

[83] International Covenant on Civil and Political Rights (ICCPR), 23 March 1976, 999 UNTS 171. A discriminatory denationalization would infringe ICCPR, Art 26: Forlati in Annoni & Forlati (2013) 24. Further: chapter 29.

　　2004 年 EECC 之平民求償裁定與此相關。至於該案適用之法律，委員會主張：

> 委員會認識到，國際法限制國家剝奪個人國籍之權力。基於此原則下，委員會特別重視「世界人權宣言」第 15 條第 2 項所欲表達之原則，意即「任何人不得被任意剝奪其國籍」（no one shall be arbitrarily deprived of his nationality）。在審酌剝奪國籍是否具有「任意」（arbitrary）性質時，委員會考慮了以下幾項因素，包括：該剝奪個人國籍之行為是否有法律依據？其結果是否導致該個人變成無國籍之人？考量整體情況，是否有正當理由採取此項做法？[84]

　　在適用上述標準時，EECC 區分不同處境之群體。一方面，對於被認為有安全風險的人，委員會指出：

> 剝奪國籍是一件嚴重的事情，對受影響之人具有重要及持久的影響。原則上，剝奪國籍應遵循正當程序，意即受影響之人充分了解程序，可以將其案件提交給客觀之決策者，並可尋求客觀之外部審查。衣索比亞之程序往往無法達到上述要求。儘管該國之程序存在侷限性，但依據紀錄表明，厄利垂亞面臨著特殊情況。數以千計與厄利垂亞有個人以及族裔關係之衣索比亞人，已採取措施獲得厄利垂亞之國籍，其中一些人更參加支持厄利垂亞政府之團體，並經常代表政府行事。作為對上述系爭爭議之回應，衣索比亞設計並實施一個系統，該系統採用合理標準以識別被認為對其戰時安全構成威脅之雙重國籍人士。鑒於戰時的特殊情況，委員會認為，

---

[84] *Civilians Claims, Eritrea's Claims 15, 16, 23 & 27-32* (2004) 135 ILR 374, 397–8.

透過上述系統的程序確認個人身分後，衣索比亞國籍之喪失
並非屬於任意剝奪，故亦不違反國際法。[85]

但對於一群已登記「雙重國籍」之人士，委員會認為：

無論受影響人數多寡，都沒有證據可證明該群體中之雙重國
籍者威脅衣索比亞之安全，或提出其他剝奪其衣索比亞國籍
之理由。沒有確定個人值得特別【509】考慮程序，亦無明顯
之審查或上訴可能性。考量到土地所有權、營業執照、護照
及其他旅行證件等相關利益之權利受到威脅，委員會認為，
於此情況下，大規模剝奪留在衣索比亞境內的人之衣索比亞
國籍，係屬於「任意」性質，以及明顯違反國際法。[86]

類似分析也適用於其他受影響之次級團體（sub-groups）。[87]
「強制變更國籍」與「集體歸化」（collective naturalization）之案例，被
視為可與「剝奪國籍」概念進行比較，此類規則之整體模式及國家實踐，乃基
於國家設定國籍取得及喪失之條件。有關法律可能要求個人直接或間接地透過
在武裝部隊中定居或服役來表達意願，但條件由法律規定。然而，國際法庭偶
爾會援引國際法不允許強制改變國籍之條款。[88]
美國、英國、法國及其他國家經常抗議「強制歸化條款」（forced
naturalization provisions），此類條款常見於拉丁美洲各國的國際法中。[89] 上
述做法之原理，與國際法不允許國家將其國籍強加於居住在境外的外國人規

---

[85] Ibid, 400.

[86] Ibid, 401.

[87] Ibid, 401–2.

[88] *In re Rau* (1930) 6 ILR 251, 251.

[89] Hudson, ILC *Ybk* 1952/II, 3, 8; Weis (2nd edn, 1979) 102. The British view seems to have been that conferral of nationality on the basis of a number of years' residence, if due notice is given and a declaration of a contrary intention may be made, was lawful: indeed in such circumstances it is probably not involuntary. See ibid, 104; 5 *BD* 28, 250.

則有密切之關聯性，[90] 但此種規則再次被視爲「有效聯繫原則」之另一面，[91] 易言之，除非新國籍係基於適當聯繫，否則不得授予其他國家國民國籍的規定。如果個人在本可以恢復原始公民身分的階段，自願成爲其他國家之「永久居民」（permanent resident），即使是非法剝奪國籍也可能變成「不可逆轉」（irreversible）。[92]

(5) 歐洲聯盟之國籍

1992 年歐盟條約（1992 Treaty on European Union）創設了「歐洲公民」（European citizenship）[93] 之概念，第 8 條第 1 項規定：

> 特此確立聯盟公民（Citizenship of the Union）身分。每個擁有成員國國籍之人，都應是聯盟的公民。[94]

【510】此規定標示著自西伐利亞政治秩序（Westphalian political order）建立後，歷史上首次出現超越民族國家之公民設計，挑戰「國家公民」（national citizenship）之排他性。[95] 大多數評論者最初將「歐洲公民」身分視爲內容有限之象徵性概念，其前提是先前存在之共同體法律權利，意即人員自由流動之權利（rights of free movement），以及不受國籍歧視等原則。[96] 此概念在歐盟法院（Court of Justice of the EU）之判決解釋中經歷一次很大的轉變，「歐盟公民」身分已被法院用以擴大解釋該條約實質內涵及個人範圍的一種手段，包括對於自由流動之依賴可能都不視爲理所當然。[97]

---

[90] Morgenstern, note in (1948) 15 ILR 211.

[91] Cf Makarov (1949) 74 Hague *Recueil* 269, 299.

[92] *Oppenheimer v Cattermole* [1976] AC 249; Mann (1973) 89 *LQR* 194; Mann (1976–7) 48 *BY* 1, 43, 50. Cf *Loss of Nationality (Germany)* (1965) 45 ILR 353. Further: Lauterpacht, 3 *International Law* (1977) 383.

[93] Generally on EU nationality: Shaw, *The Transformation of Citizenship in the European Union* (2007); Krūma, *EU Citizenship, Nationality and Migrant Status* (2014); Nuñez & de Groot (eds), *European Citizenship at the Crossroads* (2015). For regional approaches to the right to a nationality, see Bialosky (2015) 24 *Cardozo JICL* 153.

[94] [1992] OJ C 191.

[95] Kostakopoulou (2007) 13 *ELJ* 623, 624–5.

[96] For rights appurtenant to EU citizenship: Treaty on the Functioning of the European Union (TFEU) [2010] OJ C 83/47, Art 20.

[97] E.g. *Förster* [2008] ECR I-8507. Cf Case C-140/12 *Brey*, ECLI:EU:C:2013:565; Case C-333/13 *Dano*, ECLI:EU:C:2014:2358; Case C-67/14 *Alimanovic*, ECLI:EU:C:2015:597; Case C-299/14 *García-Nieto*, ECLI:EU:C:2016:114.

　　歐盟公民身分係一種代位或衍生而取得之公民，易言之，只有當一個人係歐盟成員國之公民時，他或她才具備聯盟之公民身分。「馬斯垂克條約」（Maastricht Treaty）第 2 號聲明規定，「個人是否擁有成員國之國籍，應參照有關成員國之國內法而認定之」。[98] 在 *Micheletti* 一案中，歐盟法院確認國籍之認定，係屬於成員國之「專屬管轄權」，但亦補充說明，成員國必須「適當考慮共同體法律」。[99] 而在 *Rottman* 一案中，法院認為，成員國之國籍法屬於歐盟法律（EU Law）之範圍，成員國在關於國籍領域行使權力時，必須考量歐盟法律之規定。法院進一步闡述，歐盟法院應為此類爭端案件之最終仲裁者；[100] 故此判決被形容係「嚴重打擊（serious blow）國家主權所構築之最後堡壘」。[101]

　　在 *Ruiz Zambrano* 一案中，法院更進一步限縮成員國對其本國國籍法自由裁量之權力，本案並強調歐盟公民身分之自主內容（autonomous content），即成員國不得採取措施剝奪歐盟公民享有歐盟公民身分賦予的「實質權利」（substance of the rights）。[102] 然而，在隨後之裁決中，歐盟法院試圖限制這則判決造成的影響。[103]

4. 結論：功能取向之國籍研究方法

　　【511】儘管不斷重申「國籍」係完全取決於國內法之規範，立法及司法判決通常會創造「功能性國籍」（functional nationality），[104] 從而依據個人之

---

[98] Treaty on European Union (TEU) [1992] OJ C 191/1, 98.

[99] *Micheletti* [1992] ECR I-4239.

[100] *Rottman* [2010] ECR I-1449, [42], [45]–[46]. For commentary: e.g. Simone in Annoni & Forlati (2013) 175–6; de Groot in Nuñez & de Groot (2015) 33.

[101] Mantu (2010) 24 *JIANL* 182, 191.

[102] *Ruiz Zambrano* [2011] ECR I-1177, [42].

[103] E.g. *McCarthy* [2011] ECR I-3375; *Dereci* [2011] ECR I-11315; Case C-87/12 *Ymeraga*, ECLI:EU:C:2013:291; Case C-86/12 *Alokpa*, ECLI:EU:C:2013:197. See also Involuntary Loss of European Citizenship (ILEC), Guidelines on Involuntary Loss of European Citizenship, 6 January 2015.

[104] A different type of functionalism may occur when a forum is prepared to disregard dual nationality where policy demands a choice. Note also the provision in the UN staff regulations which makes it mandatory for the Secretary-General to select a single nationality for the purpose of the staff rules: *Julhiard v Secretary-General* (1955) 22 ILR 809.

效忠、居住、或其他聯繫因素，適用不同的國內法律。[105] 出於特定目的對國籍法內容進行分別立法模式，似乎得到了普遍默許。因此，許多國家的國籍立法中，以法律術語定義敵對的外國人地位（enemy alien status），而非依據有關國家之國籍法認定。「控制測試」（control test）已廣泛適用於確定公司及貨物是否具有「敵對特徵」（enemy character），[106] 故當國籍爭議問題出現在戰爭法或中立之背景環境時，「事實測試」（factual tests）同樣被廣泛援引適用。[107]

此外，在條約文本的脈絡下，規則通常係具備功能性，而並非僅具宣示效果的一般地位。因此，在 IMCO 中，對於「建立政府間海事協商組織公約」（Convention on the Establishment of the Inter-Governmental Maritime Consultative Organization）[108] 第 28 條中「最大船舶擁有國」（the largest ship-owning nations）一詞之解釋，[109] 頗富爭議；而國際法院所公布的諮詢意見，依然是以該條文之立法歷史，以及其他海事公約規範下之用法進行調查。1951 年「日內瓦關於難民地位之公約」（The Geneva Convention on the Status of Refugees of 1951）規定，爲便於訴諸法庭以及處理相關法律事務，必須將難民視爲「慣常居住地」（habitual residence）之國民。[110]「維也納外交關係公約」（Vienna Convention on Diplomatic Relations）限制使節團成員或外交官享有特權及豁免（privileges and immunities），前提係其已爲「接受國國民」或其「永久居民」。[111] 因此，作爲國際法及國內法核心概念之「國籍」地

---

[105] Generally: Sironi in Annoni & Forlati (2013) 54.

[106] *Daimler v Continental Tyre Co* [1916] 2 AC 307; *Contomichalos v Drossos* (1937) 8 ILR 314. Further: Watts (1957) 33 *BY* 52, 78.

[107] For early examples: *The Athinai* (1942) 12 ILR 386; *The Nordmeer* (1946) 13 ILR 401; *The Arsia* (1949) 16 ILR 577; *The Inginer N Vlassopol* (1951) 18 ILR 725; *The Nyugat* (1956) 24 ILR 916; *The SS Lea Lott* (1959) 28 ILR 652. Cf *The Unitas* [1950] 2 All ER 219 on the conclusiveness of a vessel's flag. On the evolution of the law of neutrality: Bothe in Fleck & Bothe (eds), *Handbook of International Humanitarian Law* (2013) 549; Verlinden in Wouters, de Man, & Verlinden (eds), *Armed Conflicts and the Law* (2016) 75. On nationality of ships see: chapter 24.

[108] 6 March 1948, 289 UNTS 48.

[109] *Constitution of the Maritime Safety Committee*, ICJ Reports 1960 p 149, 171; Simmonds (1963) 12 *ICLQ* 56.

[110] Geneva Convention Relating to the Status of Refugees, 28 July 1951, 189 UNTS 150, Art 16(3); *Grundul v Bryner* (1957) 24 ILR 483. Also Convention Relating to the Status of Stateless Persons, 28 September 1954, 360 UNTS 117, Art 16(3).

[111] 18 April 1961, 500 UNTS 95, Arts 8, 33(2)(a), 38.

位，其與「有效聯繫」相關要素間，不僅功能重疊且存在相互補充之作用。總之，上述國際法的規範，有效地避免「唯我主義之極端論點」（extremity of solipsism），亦即像「咒語」（*mantra*）中所暗示：個人國籍乃專屬於各國國內管轄（domestic jurisdiction）。

第二十四章　法人及資產之國籍問題

1. 一般原則

【512】將法人（包括公司）及財產權轉讓給國家，特別是出於外交保護之目的，通常係透過「國籍」概念予以處理。然而，此問題必須在包括管轄權在內之各種情況考量下加以解決，一般而言，國際間傾向適用 *Nottebohm* 案所確認之「眞實聯繫」原則，在令人滿意之基礎上解決管轄權問題。[1] 當探討國際法層面之「國籍」規範時，可能涉及公司、船舶、航空器與其他資產等各方面的法律問題，國際法上需要建立「國籍」之規則，而並非簡單地讓國籍爭議完全由國內法來定義，更遑論涉及國際組織之資產時，尤爲重要。[2]

2. 法人之國籍

將與個人有關之國籍概念完全套用在法人上，遭遇許多難以適用的棘手問題，但目前各國立法已經漸趨成熟。[3] 兩者之主要區別，係過去並沒有爲公司取得國籍之國內立法規定：一國國內之國籍法通常與公司無關，而公司法亦很少涉及國籍問題。蓋國籍必須源於公司設立之事實，意即在特定國內法體系中創設「法人」（legal person），或與特定國家間具有「聯繫」之關係，例如行政總部（Siège social）、擁有或控制該公司之自然人（或法人）的國籍。

【513】但即使沒有明確之法律規範，國內法規則仍可使用「法人國籍」（nationality of legal persons）之概念，而涉及公司國籍的相關法律領域，包括：衝突法、對敵貿易法（trading with the enemy）、制裁法、稅法（在某些

---

[1] *Nottebohm (Liechtenstein v Guatemala)*, ICJ Reports 1955 p 4, 23; and see chapter 23.

[2] On issues of diplomatic protection and admissibility of claims: Amerasinghe, *Diplomatic Protection* (2008) ch 10; Kriebaum in Douglas, Pauwelyn, & Viñuales (eds), *The Foundations of International Investment Law* (2014) 45; also chapter 31.

[3] Generally: Zerk, *Multinational Corporations and Corporate Social Responsibility* (2006) 146–51; Pannier in Ortino et al (eds), *Nationality and Investment Treaty Claims* (2007) 1; Juratowitch (2010) 81 *BY* 281; Muchlinski, 'Corporations in International Law' (2014) *MPEPIL*, paras 18–24.

國家）等。

在國際法上，許多條約規定將「國民」（nationals）之定義涵蓋因特定目的而設立之公司。條約之條款通常係明示或默示採用衝突法的規則，意即由設立地（即登記地）之法律，以決定該組織是否具有法人資格。[4] 而出於特定條約之目的，「非法人社團」（unincorporated associations，包括合夥 partnerships）亦被視為公司型態，且公營事業亦可能包括在內。[5]

在 *Barcelona Traction* 一案中，法院認為：

在出於外交保護之目的，而將公司實體（corporate entities）交由國家管轄時，得僅於有限範圍內基於國際法規範，類推適用國家用以管轄「個人國籍」之法律原則。傳統規則將外交保護權歸屬於某一特定國家，而要求公司實體係依據該國法律登記而成立，並在其境內設有營業或辦事處所。此兩項標準已被長期實踐以及眾多國際法文件所採納。[6]

因此，該公司的加拿大國籍得到確認，無論比利時之持股比例為何。[7] 在 *Diallo* 一案中，國際法院依據其在 *Barcelona Traction* 一案之法理而為裁定：儘管 Diallo 擁有幾內亞之國籍，且為兩家公司之唯一股東，但倘若適用「正常國籍規則」（the normal rule of nationality），並且考慮到該公司之登記地，系爭公司應認定為具有「剛果國籍」。[8] 因此，依據習慣國際法，公司之國籍通常由其「設立登記地」決定之。

[4] See e.g. UK–Singapore, Treaty on the Promotion and Protection of Investments, 22 July 1975, 1018 UNTS 175, Art 1(d).
[5] *Certain German Interests in Polish Upper Silesia* (1926) PCIJ Ser A No 6; *Peter Pázmány University* (1933) PCIJ Ser A/B No 61.
[6] *Barcelona Traction, Light and Power Co, Ltd (Belgium v Spain)*, Second Phase, ICJ Reports 1970 p 3, 42.
[7] Ibid, 25.
[8] *Ahmadou Sadio Diallo (Republic of Guinea v Democratic Republic of the Congo)*, Preliminary Objections, ICJ Reports 2007 p 582, 596. Cf *Elettronica Sicula SpA (ELSI) (US v Italy)*, ICJ Reports 1989 p 15, where a chamber upheld the admissibility of the claim of the national state of the sole shareholder of a company registered in the respondent state on the basis of the applicable Friendship, Commerce and Navigation Treaty between Italy and the US.

在自由貿易協定（free trade agreements）中還針對締約方之「國民」、「公司」或「企業」制定「待遇標準」（standards of treatment）。例如，北美自由貿易協定（NAFTA）包含以下定義：

「企業」係指依據適用法律成立或組織之任何實體，無論是否以營利爲目的，也無論係私人所有或政府所有，包括任何公司、信託、合夥、獨資企業、合資企業或其他社團；
「締約一方企業」（enterprise of a Party）係指依據一方法律而成立或組織之企業……
【514】「人」（person）係指自然人或企業；
「締約一方之人」（person of a Party）指締約方之國民或企業。[9]

NAFTA 允許「投資人」代表另一締約方之企業提出求償，只要該企業係投資人「直接」或「間接」擁有或控制之法人即爲已足，[10] 此係「股東代位求償」（derivative claims）之規定，無須將公司視爲投資人並未擁有之國籍。

在某些與投資保障有關之條約中，採取更複雜之法律文字表述。[11] 例如，依據 1965 年「世界銀行關於解決各國和其他國家之國民間的投資爭端公約」（1965 World Bank Convention on the Settlement of Investment Disputes Between States and Nationals of Other States）第 25(2)(b) 條之規定，「另一締約國國民」（national of another Contracting State）係指：

在爭端雙方同意將爭端交付調解或仲裁之日，具有作爲爭端一方之國家以外的某一締約國國籍之任何法人（juridical person），以及在上述日期具有作爲爭端一方締約國國籍之任

[9] 17 December 1992, 32 ILM 296, 605, Art 201.
[10] NAFTA, Art 1117(1). In such cases, restitution shall be made or damages paid to the enterprise: Art 1135(2).
[11] Mann (1981) 52 BY 241, 242.

何法人，而該法人因受外國控制（foreign control），雙方同意爲本公約之目的，應將其視爲（treated）另一締約國國民。[12]

依據上述定義之第二部分，許多關於「視爲國籍」（deemed nationality）之實質判例法（substantial case law）出現。[13]

「歐洲聯盟運作條約」（Treaty on the Functioning of the European Union, TFEU）第 54 條規定：依據成員國法律所設立之公司，在歐盟內設有「登記辦事處」（registered office）、「營運管理總部」（central administration）或「主要營業場所」（principal place of business），在歐盟境內爲達到「設立權」（right of establishment）一章的規範目的，應視爲「成員國國民的自然人」（natural persons who are nationals of Member States）。[14] 基於此原則，公司之範圍包括非營利機構以外所有公法或私法所規定之法人。

涉及避免雙重課稅之雙邊條約，包含轉讓規則（rules of assignment），此規則亦援引國籍、居住地或稅居地（fiscal domicile）之概念，並參考一般進行管理及控制之所在地，據以定義關鍵接觸點。[15] 而在航空運輸協議（Air transport agreements）中，可能要求獲得外國承運人許可證（foreign carrier permit）之航空公司，必須滿足「締約另一方國民」擁有該公司實質所有權、或有效控制權之條件。[16] 在和平條約、戰爭損失賠償協議、聯合國安理會關於實施制裁之決議、[17] 領土割讓條約、【515】國有化或在國家領土上造成外國利益損失事件之賠償協議中，出現許多重要條款，將公司或其他協會，視爲具有該國「國民」之性質。在 *Pázmány Péter Catholic University* 一案中，常

---

[12] Convention on the Settlement of Investment Disputes between States and Nationals of Other States (ICSID Convention), Washington, 18 March 1965, 575 UNTS 160, Art 25(2)(b) (emphasis added). Also Energy Charter Treaty, 17 December 1994, 2080 UNTS 95, Art 1(7).

[13] See e.g. *Klöckner Industrie-Anlagen GmbH v United Republic of Cameroon* (1983) 2 ICSID Reports 3; *Vacuum Salt Products Ltd v Republic of Ghana* (1997) 4 ICSID Reports 329; *TSA Spectrum de Argentina SA v Argentine Republic* (2008) IIC 358. For further on the criteria for determining corporate nationality under Art 25, see D'Agnone in Annoni & Forlati (eds), *Changing Role of Nationality in International Law* (2013) 153.

[14] TFEU [2010] OJ C 83/47.

[15] Cf US Model Income Tax Convention, 17 February 2016, Art 9.

[16] *Aerolíneas Peruanas SA, Foreign Permit* (1960) 31 ILR 416.

[17] E.g. SC Res 1929 (2010) (Iran); SC Res 2160 (2014) (Afghanistan).

設國際法院裁定，該所大學係匈牙利法律規定下之法人，亦可視為依據 Treaty of Trianon 第 250 條提出歸還財產作為求償目的之「匈牙利國民」（Hungarian national）。[18] 條約採用各種標準，包括設立地點；有時甚至要求在該地點必須有進行實質商業活動之事實；[19] 要求提具行政（營運）總部、實質控制或有效管理之國家來源；[20] 以及直接或最終所有權的證明。

3. 船舶之國籍

在維持公海共同使用（common use of the high seas）之可行制度，船旗國法（law of the flag），以及「船舶必須懸掛旗幟之必要性」等規範，對各國而言至關重要。[21] 歷史觀點強烈支持國家擁有絕對自由，可自行決定授予船舶其國籍之條件，[22] 然而，在考量本書第二十三章中更廣泛的背景後，發現上述國家能力至上的論點有誤。蓋透過「登記」制度而授予船舶國籍，係屬於國家之權限，但完成「登記」僅能作為國籍可能存在的證據，即便依據船旗國法律有效登記，仍不得排除國際法之介入以審慎評估國籍，而 *Nottebohm* 案的原則仍應適用於此，自不待言。

聯合國海洋法公約（United Nations Convention on the Law of the Sea, UNCLOS）第 91 條第 1 項規定：

---

[18] (1933) PCIJ Ser A/B No 61, 232. Also: *Certain German Interests in Polish Upper Silesia* (1926) PCIJ Ser A No 7, 69–71.

[19] This concept of French law overlaps with residence and domicile. Normally the *siège social* is the place where the administrative organs operate and where general meetings are held. However, tribunals may insist that it should not be nominal and thus relate the test to that of effective control: *Bakalian & Hadjithomas v Banque Ottomane* (1965) 47 ILR 216; *CV Inc v FC Inc*, Swiss Federal Court, 17 December 1991, ATF 117 II 494. Some tribunals have also had recourse to the effective control test in circumstances where investment agreements solely adopted the *siège social* criterion to determine nationality: *Sedelmayer v Russian Federation* (1998) IIC 106; *Siemens AG v The Argentine Republic* (2004) 12 ICSID Reports 174.

[20] E.g. *Yaung Chi Oo Trading v Myanmar* (2003) 8 ICSID Reports 463, 473–8.

[21] Especially: König, 'Flag of Ships' (2009) *MPEPIL*; Mukherjee & Brownrigg, *Farthing on International Shipping* (4th edn, 2013) ch 11; Cogliati-Bantz, *Means of Transportation and Registration of Nationality* (2015) 16–21, 51–8, 61–9; Gavouneli in Fitzmaurice, Martinez, & Hamza (eds), *IMLI Manual on International Maritime Law* (2016) 5–9. On nationality of offshore oil rigs, see Esmaeili, *The Legal Regime of Offshore Oil Rigs in International Law* (2017) 20–53.

[22] Gidel, *Le droit international public de la mer* (1932) 80; Harvard Research (1935) 29 *AJIL Supp* 435, 518–19; Rienow, *The Test of the Nationality of a Merchant Vessel* (1937) 218–19.

> 每個國家應確定對船舶授予國籍、船舶在其領土內登記及船舶懸掛該國旗幟權利之條件。船舶具有其有權懸掛的旗幟所屬國家之國籍。國家與船舶間，必須具備「眞實聯繫」。[23]

Jennings 法官曾謂，「眞實聯繫」原則係爲私人往來關係而產生，倘若將此公式立即應用於船舶及航空器，則不免有點令人「失望之天眞」（disappointing naivete）；進一步言之，此項條款似乎【516】鼓勵國家政府對於是否承認航空器或船舶之國籍，完全以「主觀認定」（subjective decisions）方式爲之，顯然容易被國家所濫用。[24]

UNCLOS 第 91 條第 1 項遭到國家專屬管轄權（exclusive state competence）支持者的批評，[25] 美國國務院主張，「眞實聯繫」之要求並非承認國籍之條件，而係一旦於船舶登記後，對其行使有效的管轄權和控制權的一項獨立義務（independent obligation）。[26]

事實上，上開 UNCLOS 第 91 條第 1 項係重複 1958 年「公海公約」（High Seas Convention of 1958）第 5 條的大部分內容。[27] 然而，船旗國之義務在 UNCLOS 第 94 條中單獨列舉，普遍之意見係對於上述立場保持不變，對反對「眞實聯繫」者而言，並未得到滿意之結果。另一方面，雖然「聯合國船舶登記條件公約」（UN Convention on Conditions for Registration of Ships）旨在爲船旗國有效行使管轄及控制權規定更爲精確之模式，[28] 但該公約並無生效之跡象，因爲在公約要求必須有 40 個締約國批准之生效要件下，目前僅只有 15 個締約國批准。

---

[23] 10 December 1982, 1833 UNTS 3, Art 91.

[24] Jennings (1967) 121 Hague *Recueil* 327, 463. For criticism of the 'genuine link' in relation to ships: Powell (2013) 19 *Ann Surv ICL* 263, 295–6.

[25] McDougal, Burke, & Vlasic (1960) 54 *AJIL* 25; Boczek, *Flags of Convenience* (1962); McDougal & Burke, *The Public Order of the Oceans* (1987) 1013–35. Further on flags of convenience: UN Food and Agriculture Organization (FAO) Code of Conduct for Responsible Fisheries 1995; OECD, Ownership and Control of Ships (2003); Treves (2004) 6 *San Diego ILJ* 179; Ademuni-Odeke (2005) 36 *ODIL* 339; König, 'Flags of Convenience' (2008) *MPEPIL*; Powell (2013) 19 *Ann Surv ICL* 263.

[26] 9 Whiteman 27, 29.

[27] 29 April 1958, 450 UNTS 82.

[28] 7 February 1986, 26 ILM 1229. See Wefers Bettink (1987) 18 *NYIL* 69.

　　至於船員部分，ILC 確認船員之國籍國得代表其行使外交保護權，同時承認船舶之國籍國亦有權代表其船員尋求救濟。[29] 例如：在 *Arctic Sunrise* 一案中，常設仲裁法院（Permanent Court of Arbitration）之仲裁庭裁定，船旗國可代表「非本國船員」提出求償，即使該船員被其國籍國所拘留。[30]

　　在 *M/V Saiga* (*No. 2*) 一案中，國際海洋法法庭（ITLOS）駁回基於缺乏「真實聯繫」之可受理性的反對意見，理由如下：

> UNCLOS 關於船舶與其船旗國間需要建立真實聯繫之規範目的，係確保更有效地履行船旗國之義務，而並非建立其他國家可以質疑船旗國船舶登記有效性的標準。
> 84.「聯合國船舶登記條件公約」並未對上述結論提出質疑……該公約將加強「國家與懸掛其國旗船舶間之真正聯繫」作為其主要目標。幾內亞並未援引該公約中任何條款以支持其論點，即「船舶註冊之基本要件係船舶所有人或其經營者，亦在船旗國之管轄權之下。[31]

【517】與上述案件之結論相同，在 *M/V Virginia G.* 一案中，ITLOS 認為 UNCLOS 第 91 條「不應被解讀為船旗國行使賦予船舶國籍的權利所要滿足的先決要件或前提」；[32] 相反地，上開條文強調，UNCLOS 要求各國對懸掛旗幟之船舶行使有效管轄及控制權之重要性。

　　而在 *The Juno Trader* 一案中，[33] ITLOS 發現船旗國並無變化，因此其應具有管轄權。而在共同個別意見中，Mensah 及 Wolfram 法官駁回船舶所有權變更，而導致船舶旗幟自動變更之觀點：

---

[29] ILC Draft Articles on Diplomatic Protection with Commentaries, *ILC Ybk* 2006/II, 90–4, Art 18.

[30] *Arctic Sunrise (Netherlands v Russia)* (2015) 171 ILR 1, 75.

[31] (1999) 120 ILR 143, 179. It also held that the evidence was not sufficient to establish a genuine link: ibid.

[32] *M/V 'Virginia G' (Panama v Guinea-Bissau)*, Judgment [2014] ITLOS Rep 4, 44.

[33] (2004) 128 ILR 267.

「國籍」一詞係指：當與船舶合併使用時，僅係船舶與國家間管轄權聯繫之簡稱。船舶的國籍國係指「船旗國」，或「船舶有權懸掛其國旗之國」；而船旗國法律係管轄船舶之法律。[34]

有些條約載有確定國籍之專門規則。[35]在 *IMCO* 一案中，涉及海事安全委員會（Maritime Safety Committee）之組成，公約規定，「海事安全委員會應由大會從對海上安全有重要利益的成員國政府中選出之 14 名成員組成，其中最大的船舶擁有國代表成員應不少於 8 名」；[36]巴拿馬與利比亞沒有當選，此兩國向其他國家提出異議辯稱，適當測試方法為「登記噸位」（registered tonnage），並非「受益所有權」（beneficial ownership）。法院認定，公約中僅提及「登記噸位」，因此，法院沒有必要審查關於船舶登記受「真實聯繫」原則要求所限制之論點。[37]

4. 其他認定之原則

(1) 航空器之國籍

1919 年空中航行規範公約（The Convention for the Regulation of Aerial Navigation of 1919），[38]以及隨後的 1944 年芝加哥公約（Chicago Convention of 1944）[39]皆規定，航空器之「國籍」係由登記國（state of registration）所管轄。[40]前者規定該登記僅能於航空器所有者為其國民之國家進行；後者則禁止「雙重登記」（dual registration）。上述兩項公約都不適用於戰爭時期，且芝加哥公約不適用於【518】國家航空器，意即「用於軍事、海關、

---

[34] Ibid, 307.

[35] E.g. Treaty of Peace with Italy, 10 February 1947, 49 UNTS 3, Art 78(9)(c), Annex VI, Art 33.

[36] Convention on the Inter-Governmental Maritime Consultative Organization, 6 March 1948, 289 UNTS 3, Art 28(a).

[37] *Constitution of the Maritime Safety Committee*, ICJ Reports 1960 p 150, 171.

[38] 13 October 1919, 11 LNTS 173, Arts 5–10.

[39] Convention on International Civil Aviation, 7 December 1944, 15 UNTS 296, Arts 17–21.

[40] Generally: Wouters & Verhoeven, 'State Aircraft' (2008) *MPEPIL*; Fitzgerald (2011) 36 *Ann ASL* 81; Havel & Sanchez (eds), *The Principles and Practice of International Aviation Law* (2014) 340–4; Cogliati-Bantz (2015) 24–7, 69–72.

或警察服務之航空器」。此外，「關於在航空器上犯卜的罪行的東京公約」（Tokyo Convention on Offences Committed on Board Aircraft）[41] 規定，「登記國對在航空器上所犯下之罪行及行爲具有管轄權」；此規定與聯合國海洋法公約（UNCLOS）第 91 條相反，被認爲係支持國家得透過「登記」方式，自由授予航空器該國國籍。然而，在空中交通沒有「權宜船旗」（flags of convenience）規則適用之情況下，上述問題可能被擱置，在國家實踐中，倘若「登記」之要件爲航空器與國家間存在「實質聯繫」（substantial connections），則當該航空器無法滿足上述要件時，登記國將無法確保航空器之航行係符合芝加哥公約的要求。然而，適用「眞實聯繫測試」（genuine link test）並非顯而易見之判斷，此與個人歸化之情況類似，蓋註冊本身係一種「推定有效」（presumptively valid）或具備一些重要的眞實聯繫因素。[42] 顯然，Nottebohm 原則應對於船舶與航空器一體適用，該原則至少得據以判斷「非民用航空器」（non-civil aircraft）之國籍歸屬問題；然而，即使適用芝加哥公約，一國之登記並不能排除另一國對航空器行使外交保護。

原則上，聯合運營機構之航空器，例如：北歐航空公司系統（Scandinavian Airlines System, SAS）之航空器，必須在相關國家擇一進行登記。然而，國際民航組織（International Civil Aviation Organization, ICAO）理事會在 1967 年通過一項決議，要求在上述情況下，應依據芝加哥公約第 77 條之規範目的，建立「聯合登記」（joint register）並指定一個國家作爲受理與第三方之交涉。[43]

(2) 外太空物體之國籍

1967 年「外太空條約」（Outer Space Treaty）[44] 沒有針對發射到外太空

---

[41]　14 September 1963, 704 UNTS 220.

[42]　Jennings (1967) 121 Hague *Recueil* 327, 460–6; Cogliati-Bantz (2015) 58–9 (arguing that the act of registration creates the nationality of an aircraft).

[43]　9 Whiteman 383–90; Abeyratne, *Aeronomics and Law* (2012) 41–2; Cogliati-Bantz (2015) 117–28.

[44]　Generally: Hobe, Schmidt-Tedd, & Schrogl (eds), *Current Issues in the Registration of Space Objects* (2005); Lee (2006) 1 *Space Policy* 42; Hobe, 'Spacecraft, Satellites and Space Objects' (2007) *MPEPIL*; Tronchetti, *The Exploitation of Natural Resources of the Moon and Other Celestial Bodies* (2008); Cogliati-Bantz (2015) 32–7, 72–6. Also Outer Space Act 1986 (UK), ss1, 7, 13(1).

之物體採用「國籍」的概念，[45] 該條約第 VIII 條規定：「登記國應對在外太空或天體（celestial body）上之物體及其任何人員保留管轄權和控制權。」而「關於登記發射進入外太空物體公約」（Convention on Registration of Objects Launched into Outer Space）則強制要求發射國應登記太空物體（space objects）並維持此類物體之登記程序，[46] 且登記國有向聯合國秘書長提供相關訊息之義務。[47]「登記」之核心作用，【519】在很大程度上為國家與太空物體相關之「真實聯繫」之替代規則。學者 Cogliati-Bantz 指出，「創立太空物體之『國籍』係透過將其納入國家登記制度」。[48]

而在聯合發射之情況下，發射國必須共同決定由何發射國登記該太空物體，[49] 聯合國大會建議有關太空物體之登記，應依據「外太空條約」第 VI 條之規定，由負責該太空物體運行之國家予以登記。[50]

(3) 一般國有財產

財產所有權（Ownership of property）通常與國際法有關，但通常被視為國家法律下之私權（private rights），亦可成為外交保護之主體，並與領土主權形成對比。[51] 然而，許多複雜情況不斷出現，在國際層面上必須討論如何認定所有權對應方（counterpart of ownership）的情況，例如國有船舶、飛行器、航空器、國家寶藏等，[52] 均為所指。許多條約授予或提及「財產」或「所有權」，但並未提及適用的準據法為上述財產之所在地國法律，或任何其他國

---

[45] Treaty on Principles Governing the Activities of States in the Exploration and Use of Outer Space, including the Moon and Other Celestial Bodies, 27 January 1967, 610 UNTS 205. Cogliati-Bantz (2015) 33 notes 'that nowhere in the space agreements does the term nationality of spacecraft appear'.

[46] GA Res 3235(XXIX), 12 November 1974, 1023 UNTS 15, Art II.

[47] Ibid, Art IV.

[48] Cogliati-Bantz (2015) 36.

[49] GA Res 3235(XXIX), 12 November 1974, 1023 UNTS 15, Art II(2).

[50] GA Res 62/101, 17 December 2007, A/RES/62/101, Art 3(c). Article VI of the Outer Space Treaty states: 'State Parties to the Treaty shall bear international responsibility for national activities in outer space . . .'

[51] Generally: Staker (1987) 58 BY 151, 252; Sprankling, *The International Law of Property* (2014) 3–5.

[52] Cambodian claim in *Temple of Preah Vihear (Cambodia v Thailand)*, ICJ Reports 1962 p 6. Further: Williams (1977) 15 *CYIL* 146, 172; Sprankling (2014) 194. Note also the case of a sunken Soviet submarine (Rubin (1975) 69 *AJIL* 855) and a Confederate warship (Roach (1991) 85 *AJIL* 381). Cf Aznar-Gómez (2010) 25 *IJMCL* 209; Doran (2012) 18 *Southwestern JIL* 647; Vadi (2012–13) 37 *Tul Mar LJ* 333.

家的法律。[53] 因此，美國同意將一艘船舶租借菲律賓五年，而「所有權」仍歸美國所有，受讓人有權將該船懸掛菲律賓國旗。[54] 在 1953 年 *Monetary Gold* 一案中，[55] 仲裁人 Sauser-Hall 援引「國家財產」（patrimoine nationale）之概念，該原則可擴展至充當貨幣儲備之黃金，儘管黃金不屬於有關國家，而係屬於外國控制下之私人銀行。

　　國際法下關於「所有權」認定爭議，即使有時可能僅為偶然出現，包括：涉及處置戰時捕獲之船舶、戰利品所有權、取得之實物賠償、領土割讓對該土地內公共財產之影響，[56] 以及 1945 年戰爭勝利者對德國在中立國家資產之求償等。[57]

5. 結論

　　【520】藉由本章之論述可理解「國籍」對於個人之核心作用：在一個保守的國家主導體系中，民眾主要的效忠對象為自己的國家，在很大程度上，此乃依據民眾所屬的國家來加以定義。同理可知，在公司及財產方面不可避免地在很大程度上亦仿效個人的國籍概念，如此一來，更強化國家在「屬人管轄」（*ratione personae*）以及「屬地管轄」（*ratione loci*）之地位。

---

[53] E.g. Soviet–Swedish Agreement on Construction of Embassy Buildings, 27 March 1958, 428 UNTS 322. Also the contract between the International Atomic Energy Agency, the US, and Pakistan for the transfer of enriched uranium for a reactor, 19 October 1967, 425 UNTS 69.

[54] Exchange of Notes constituting an Agreement relating to the Loan of a Vessel to the Philippines, 4 October 1961, 433 UNTS 83.

[55] (1953) 20 ILR 441, 469. Further: Lalive (1954) 58 *RGDIP* 438; Fawcett (1968) 123 Hague *Recueil* 215, 248–51. Also *Deutsche Amerikanische Petroleum Gesellschaft Oil Tankers* (1926) 2 RIAA 777, 795.

[56] *German Interests* (1926) PCIJ Ser A No 7, 41; *Peter Pázmány University* (1933) PCIJ Ser A/B No 61, 237; also chapter 19.

[57] Mann (1957) 24 *BY* 239; Simpson (1958) 34 *BY* 374.

第九部分

責任法

第二十五章　國際責任之條件

1. 責任法之建立

【523】國際關係與其他類型之社會關係相同，倘若一個法律主體之合法利益受到另一法律主體侵犯時，其所產生的責任形式與範圍，將由適用之法律制度而定。[1]「國際責任」（International responsibility）傳統上歸責於作爲國際法主要主體之國家，但其所涉及更廣泛的問題，實際上與所有形式的「法律人格」（legal personality）密不可分。與條約法類似，歷史上首先處理「國家責任」（states responsibility）的問題，隨之發展國際組織以及個人在國際層面上提出主張及承擔責任之可能性（在其存在的範圍內），並以此類推。

責任法與條約法一樣，已在很大程度上透過國際法委員會（ILC）之工作得到闡述，其中有三個較重要的文本：2001 年 ILC「國家對國際不法行爲責任條款」（ILC Articles on Responsibility of States for Internationally Wrongful Acts of 2001, ARSIWA）；[2] 2006 年 ILC「外交保護條款」（ILC Articles on Diplomatic Protection of 2006）；[3] 以及 2011 年 ILC「國際組織責任條款」（ILC Articles on Responsibility of International Organizations of 2011）。[4] 本章之討論重點將集中於國家責任與 ARSIWA。[5]

---

[1] Anzilotti, *Teoria Generale della Responsabilità dello Stato nel Diritto Internazionale* (1902); de Visscher, 2 *Bibliotheca Visseriana* (1924) 89; Eagleton, *Responsibility of States in International Law* (1928); Reuter (1961) 103 Hague *Recueil* 583; Brownlie, *System of the Law of Nations* (1983); Riphagen in Macdonald & Johnston (eds), *Structure and Process of International Law* (1983) 581; Dupuy (1984) 188 Hague *Recueil* 9; Spinedi & Simma (eds), *United Nations Codification of State Responsibility* (1987); Fitzmaurice & Sarooshi (eds), *Issues of State Responsibility before International Judicial Institutions* (2004); Ragazzi (ed), *International Responsibility Today* (2005); Crawford, Pellet, & Olleson (eds), *Law of International Responsibility* (2010); Crawford, *State Responsibility: The General Part* (2013).

[2] Appended to GA Res 56/83, 12 December 2001, and with commentary in ILC *Ybk* 2001/II(2), 26–143.

[3] Appended to GA Res 61/35, 4 December 2006, and with commentary in ILC *Ybk* 2006/II(2), 26–55.

[4] Appended to GA Res 66/100, 9 December 2011 and with commentary in ILC *Ybk* 2011/II 69–172.

[5] Reproduced with apparatus in Crawford, *The International Law Commission's Articles on State Responsibility* (2002). Of continuing value are the reports of successive Special Rapporteurs published in ILC *Ybk* II: García-Amador (1956–61), Ago (1969–80), Riphagen (1980–6), Arangio-Ruiz (1988–96), and Crawford (1998–2001).

【524】根據 Roberto Ago 之觀察，[6] 在所有上述三項文件中，ILC 都將重點放在其稱之為「次要規則」（secondary rules）上，亦即歸責（attribution）、違約（breach）、藉口（excuses）、賠償（reparation）及對違約之回應（即援引）之架構規則，此有別於無視導致責任的主要義務。毫無疑問，這種區分有些人為（artificial）性質：一旦任何其他做法都需要對國家之權利及義務進行一般性的闡明，而這些權利和義務在國家間會依據條約清單和其他承諾而無限期地變化。

與 1969 年及 1986 年關於條約法之兩項維也納公約不同，ILC 之條款尚未（或尚未）簡化為條約之形式。但即使在 2001 年之前，尤其是自 2001 年以來，國家責任習慣法（customary law of state responsibility）的內容，[7] 已有越來越權威之趨勢，並獲得相關機構之大量引用。此發展方向導致國際上許多學者與政府官員得出不需要另為召開會議之結論，且甚至認為外交會議可能會打破 ARSIWA[8] 所取得的微妙平衡。然而，其他人希望看到某些條款重新開放談判，尤其是表達「多邊責任」（multilateral responsibility）理念之條款，此項談判可能成為一個無止盡（或終結）之過程。

2. 國家責任的基礎和特徵

違反國際義務之行為，將由有關「國家」來承擔責任，此係國際法一般原則。簡言之，「責任法」（The Law of Responsibility）所關注之重點，係國際間不法行為之發生及其所衍生之後果，尤其是該不法行為所造成損失之賠償形式。然而，法律可能偶爾規定對合法或「可寬恕」行為之後果進行賠償，並且將此規定與一般責任加以合併考量。

---

[6] ILC *Ybk* 1970/II, 177, 179. Ago distinguished 'rules of international law which, in one sector of inter-State relations or another, impose particular obligations on States, and which may, in a certain sense, be termed "primary", as opposed to the other rules—precisely those covering the field of responsibility—which may be termed "secondary", inasmuch as they are concerned with determining the consequences of failure to fulfil obligations established by the primary rules'.

[7] A/62/62, 1 February 2007 and Add.1; A/65/76, 30 April 2010, identifying 154 cases referring to ARSIWA; A/68/72, 20 April 2013, identifying a further 56 decisions.

[8] Caron (2002) 96 *AJIL* 857; Crawford & Olleson (2005) 54 *ICLQ* 959; Crawford (2013) 90–2. For the conflicting views of governments, see e.g. ILC *Ybk* 2001/II(2), 24–5.

(1) 起源

在早期現代（early modern period），條約中乃規定「特定義務」（particular duties），有時甚至規定違約時應遵循之責任及程序。然而，由於私人報復（private reprisals）[9] 帶來不便，對於強迫自助規則之限制（rules restricting forcible self-help），以及國際法庭之工作等方面，都有助於形成更像國內法律中的責任概念。【525】當然，一系列不法行為中之賠償及回復原狀（reparation and restitution）的規範，長期以來，一直是歐洲現有法律概念的一部分，古典學派之學者經常提及與「不正義戰爭」（unjust war）有關之賠償及回復原狀等問題。[10]

(2) 國際不法行為之分類

國家責任不是基於國內法意義上之不法行為，「國際責任」（international responsibility）既涉及違反條約，也涉及其他違反義務之行為。使用「不法行為」（delict）一詞來描述可由另一法人提起訴訟之違反義務行為並無問題，但缺點是對於該法律用語必須採取廣義解釋，且有時可能會與「侵權行為」（tort）一詞混淆。[11] 因此，以「國際責任」此簡潔之用語，最被廣泛使用，且最不容易造成混淆。

在 *Spanish Zone of Morocco* 一案中，Huber 法官提及，責任是一項權利之必然結果，所有具「國際性質」之權利都涉及國際責任。倘若相關義務並未得到履行，「責任」含有涉及進行賠償之義務。在 *Factory at Chorzów* 一案（涉及管轄權）中，[12] 常設國際法院認為，「違約」所產生之義務，涉及應以適當形式作出賠償，此乃國際法的重要原則。因此，賠償（Reparation）係公約未能適用時之必要補充，沒有必要於公約本身提及此原則。[13] *Chorzów Factory* 一

---

[9] Formerly sovereigns authorized private citizens to perform acts of reprisal (special reprisals) against the citizens of other states: Wheaton, *Elements of International Law* (1866) 309–11.

[10] Gentili, *De iure belli libri tres* (1612) II.iii; Grotius, *De iure belli ac pacis* (1625, ed Tuck 2005) III.x.§4, and generally Crawford (2013) ch 1.

[11] *Union Bridge Co* (1924) 6 RIAA 138, 142; cf Jenks, *The Prospects of International Adjudication* (1964) 514–33.

[12] Translation; French text, 2 RIAA 615, 641.

[13] (1927) PCIJ Ser A No 9, 21. See, however, *Land and Maritime Boundary between Cameroon and Nigeria (Cameroon v Nigeria)*, ICJ Reports 2002 p 303, 452–3; *Guyana v Suriname* (2007) 139 ILR 566, 687.

案（涉及賠償，Indemnity），重申上述原則：

> 國際法的一項原則，甚至可謂係一般法律原則，即任何違約
> 之行為都涉及進行賠償的義務。法院已經闡明，賠償係未能
> 適用公約時之必要補充（indispensable corriplement），公約
> 本身並無必要說明此原則。[14]

Corfu Channel 一案涉及認定阿爾巴尼亞由於未能發出危險警告，即使並未布設水雷，亦要對在其領海內所布設之水雷後果負責。國際法院認為：本案事實中，阿爾巴尼亞之嚴重疏忽涉及國際責任，而依據國際法，阿爾巴尼亞應對發生之爆炸，以及由此所造成人員的傷亡承擔責任。[15]

【526】在 Genocide (Bosnia and Herzegovina v Serbia and Montenegro) 一案中，法院考慮違反「滅絕種族罪公約」是否會給責任國帶來特殊之後果：

> 法院認為，本案中系爭之義務，源於公約條款，以及國家因
> 違反此類義務而產生之責任，係屬於國際法所規定之義務及
> 責任。他們並不具有犯罪性質。[16]

上述聲明表示法院並不接受「契約」及「侵權」（不法行為）二分法，更遑論「不法行為」與國家之國際罪行[17]間之二分法；相反地，有單一且無差別之責任概念，其關鍵要素是個人或機構違反國家義務，其行為在當時情況下可

---

[14] (1928) PCIJ Ser A No 17, 29; *Interpretation of Peace Treaties with Bulgaria, Hungary and Romania, Second Phase*, ICJ Reports 1950 p 221, 228; *Phosphates in Morocco*, Preliminary Objections, (1938) PCIJ Ser A/B No 74, 28.

[15] *Corfu Channel (UK v Albania)*, ICJ Reports 1949 p 4, 23.

[16] *Application of the Convention for the Prevention and Punishment of the Crime of Genocide (Bosnia and Herzegovina v Serbia and Montenegro)*, ICJ Reports 2007 p 43, 115.

[17] For the absence of a contract/delict distinction: ARSIWA, Art 12. For the rejection of a category of 'international crimes': ARSIWA, commentary to Art 12, paras 5–7. Doctrinal attempts have been made to define different regimes for responsibility depending on the gravity of the breach, but these have not been accepted. E.g. Jørgensen, *The Responsibility of States for International Crimes* (2000); Ollivier in Crawford, Pellet, & Ollesen (2010) 703; Crawford (2013) 51–4, 390–4.

歸責於國家。[18] 當被要求確定伊朗在 *US Diplomatic and Consular Staff in Tehran*（美國駐德黑蘭外交和領事人員）案中之責任時，法院闡述其觀點如下：

> 首先，必須確定系爭行為在法律上可被視為伊朗之國家行為。其次，必須考量該行為是否符合伊朗依據現行條約，或任何其他可能適用之國際法規則所承擔之義務。[19]

ARSIWA 第 2 條，將「歸責」（attribution）及「違約」（breach）納入判斷國際不法行為的兩項要件，與長期以來國際間之判例一致。[20]

3. 歸責於國家

(1) 一般情況

倘若國家方面違反義務，必須係由於一個或多個機構或代理人之「作為」或「不作為」（omission）所造成之結果，雖然 2001 年條款中已經避免使用「代理」（agency）之文字。個人行為者（individual actor）之地位只是確定「歸責」的其中一個要件——實際上，隸屬於國家的「公司實體」與所造成侵害或傷害間產生「因果關係」（causal connection）。

而至於國家代理人（state agents），則沒有必要成為非法行為的直接肇事者。在 *Corps Channel* 一案中，由於阿爾巴尼亞當局明知水雷存在【527】但卻未發出警告，因此阿爾巴尼亞應對在其領海內布雷的後果負責，事實上（雖然法院並未提及此論點），該水雷係由南斯拉夫所布設。相同地，一個中立國可能僅因允許武裝遠征部隊（armed expeditions）在其管轄範圍內經過而負有國際責任，蓋武裝遠征部隊可能隨後對另一個國家發動交戰。[21] 另外，在 *Canada-Dairy* 一案中，世界貿易組織（WTO）上訴機構觀察指出，無論私人

---

[18] ARSIWA, Art 2 and commentary.

[19] ICJ Reports 1980 p 3, 29. Also *Dickson Car Wheel Co (USA) v United Mexican States* (1931) 4 RIAA 669, 678; *Phosphates in Morocco*, Preliminary Objections (1938) PCIJ Ser A/B No 74, 28.

[20] Christenson in Lillich (ed), *International Law of State Responsibility for Injuries to Aliens* (1983) 321–60.

[21] *Alabama* (1872) in Moore, 1 *Int Arb*, 653.

當事方之作用如何，「義務」仍然是歸屬於加拿大國家政府。系爭爭議並不在於一個或多個牛奶生產商（無論效率與否）是否以高於或低於其個別生產成本之價格出售「商業出口牛奶」（commercial export milk）；該爭議係加拿大是否在國家層面上尊重 WTO 義務。[22] 有了上述廣泛之保留意見，可將注意力轉向與特定類別機構或相關人員的問題。

(2) 國家機關

依 ARSIWA 第 4 條規定，「任何國家機關，無論其行使立法、行政、司法，或任何其他職能；不論其在國家組織中具有何種地位；亦不論其作為該國中央政府機關或一領土地方機關而具有何種特性，其行為應視為國際法所指涉之國家行為。」上開規定符合國際上既定判決法理（established jurisprudence）。[23]

(i) 行政部門

早期仲裁建立一般性原則，意即行政部門的政府「作為」或「不作為」將引起國際責任，尤其在各國未能為外國人及其財產提供安全保障時，此情況最為明顯。在 *Massey* 一案中，[24] 由於墨西哥政府未能採取適當之措施，懲罰殺害在墨西哥工作的美國公民之兇手，美國請求 15,000 美元之賠償。求償委員會 Nielsen 委員指出：

> 毫無疑問，合理的國際法一般原則係無論何時「國家服務人員」（persons in state service）之不當行為，無論其在國內法中的特殊地位或級別為何，導致一個國家未能履行其在國際法下之義務，而該國家必須為其公務員之不法行為承擔國際責任。[25]

---

[22] *Canada—Dairy (21.5 II)*, WTO Doc WT/DS103/AB/RW2, 20 December 2002, paras 95–6.

[23] *Salvador Commercial Co* (1902) 15 RIAA 455, 477; *Chattin* (1927) 4 RIAA 282, 285–6; *Difference Relating to Immunity from Legal Process of a Special Rapporteur of the Commission on Human Rights*, ICJ Reports 1999 p 62, 87. Also *Genocide (Bosnia and Herzegovina v Serbia and Montenegro)*, ICJ Reports 2007 p 43, 202.

[24] (1927) 4 RIAA 155. Also *Way* (1928) 4 RIAA 391.

[25] *Massey* (1927) 4 RIAA 155, 159.

警務人員之無理暴力行為，以及未能採取適當措施懲罰肇事者，亦會產生責任。[26] 原則上，區分官員之上下職級，在責任方面並沒有特別意義。[27]

【528】然而，情況變得越來越複雜，有時政府並非透過國家代理人，而係透過將政府之職能委託給「國營事業實體」（para-statal entities）而行事。政府參與程度不同之公司，以及獨立程度不同之監督機構，使得公私之間的界線日益模糊，因此，必須對不同實體之職能進行詳細審查，始能確定其行為何時可歸責於國家。ARSIWA 透過提供開放之表述方式以解決上述問題：依據第 5 條，非正式國家機關實體係「經該國法律授權而行使政府權力要素」時，「其行為應視為國際法所指涉的國家行為，且以該個人或實體在特定情況下，以此種資格行事者為限」。

上開條文之規定，不僅直接[28] 且透過類推適用產生重要的影響。在 *US–Anti-Dumping and Countervailing Duties*（原告為中國）一案中，WTO 爭端解決小組之專家裁定，就「補貼與反補貼措施協定」（Agreement on Subsidies and Countervailing Measures）而言，「公營機構」（public body）係指「無論機構之職能為何，任何由政府控制之實體，包含該政府擁有超過 50% 所有權之私營公司」。[29] 在上訴審中，上訴機構重申其早期調查結果，意即「政府之本質，係透過合法機關行使有效權力（effective power），藉以規範、控制、監督個人或以其他方式限制其行為」，依此見解內容，國家行為乃部分源自於政府履行之職能、部分源自於政府有權履行此職能；[30] 上訴機構推翻小組之調查結果，提供一套指導方針，以判斷一個實體是否為 ARSIWA 第 5 條所謂「公營機構」。[31]

---

[26] *Roper* (1927) 4 RIAA 145; *Pugh* (1933) 3 RIAA 1439.

[27] *Massey* (1927) 4 RIAA 155; *Way* (1928) 4 RIAA 391. For another opinion: Borchard, *Diplomatic Protection of Citizens Abroad* (1928) 185–90.

[28] For a review of the jurisprudence on Art 5 in the context of contract termination, *Almås v Poland*, PCA Award of 27 June 2016, [214]–[267] and authorities cited.

[29] WTO Doc WT/DS/379/R, 22 October 2010, para 8.94.

[30] *US—Anti-Dumping and Countervailing Duties (China)*, WTO Doc WT/DS379/AB/R, 11 March 2011, para 290. The finding paraphrased concerned the issue of whether Canada's provincial milk marketing boards were 'government agencies' for the purposes of the Agreement on Agriculture. See *Canada—Dairy*, WTO Doc WT/DS103/AB/R, 13 October 1999, paras 97, 101.

[31] *US—Anti-Dumping and Countervailing Duties (China)*, para 318. For a thorough treatment of the subject: ibid, paras 282–356.

另一個越來越重要的爭議，係爲不屬於國家或在官方政府權力下行事，但與國家有足夠聯繫之實體所爲行爲，故其責任之歸屬，可假設國家有一定程度的控制，然而，此爲一個困難的問題，尤其在證據評估方面。國際法院曾在 *Genocide (Bosnia and Herzegovina v Serbia and Montenegro)* 一案中討論相關裁定，在確定 1995 年 7 月在斯雷布雷尼察（Srebrenica/Сребреница）發生之大屠殺案構成公約規定之種族滅絕罪後，國際法院處理了此行爲是否可歸責於被告之問題。法院認爲：

> 本案之爭議實際上有兩個方面的問題，法院必須分別考慮。首先，法院應確認在斯雷布雷尼察犯下之行爲，是否係由被告機關所實施，亦即該行爲必然歸因於個人或實體，因爲個人或實體始爲實際行動之工具。其次，倘若未裁決之問題【529】係否定，應確認其所涉行爲是否係由那些「雖非被告機構，但確實依被告指示、指導或控制下行事之人所實施」。[32]

法院裁定，波斯尼亞塞族民兵（Bosnian Serb militias）在關鍵時刻並不具有法律上或事實上之國家機關的地位；[33] 下一個問題，係判斷在斯雷布雷尼察之行動，是否是由那些雖不具有被告國機關地位，但仍依其指示，或在其控制下行事之人所爲。法院適用 ARSIWA 第 8 條後裁定（具有相當之爭議），沒有充分之事實依據證明被告應就有關「指示」或「控制」下的行爲而負責。[34]

(ii) 武裝部隊

適用於行政部門之相同原則亦適用於武裝部隊的成員，但在紀律及控制方面，則需要審慎地採用更高標準。[35] 在 *Kling* 一案中，Nielsen 委員提及，於

---

[32] ICJ Reports 2007 p 43, 201.

[33] Ibid, 202–5.

[34] Ibid, 211–15. For criticism, see e.g. Cassese (2007) 18 *EJIL* 649.

[35] *Spanish Zone of Morocco* (1925) 2 RIAA 615, 645; *García & Garza* (1926) 4 RIAA 119; *Naulilaa* (1928) 2 RIAA 1011; *Caire* (1929) 5 RIAA 516, 528–9; *Chevreau* (1931) 2 RIAA 1113; *Eis* (1959) 30 ILR 116.

本案中，政府在特定情況下，應爲士兵所犯下之錯誤行動、判斷錯誤，或魯莽行爲等負責。國際先例揭示針對錯誤行爲適用非常嚴格問責之原則（strict accountability）。[36] 另一個由武裝部隊所犯下之錯誤，但應受譴責之行動所引起責任，例如，1983 年蘇聯軍隊擊落一架韓國民用航空器。[37]

　　在 *Armed Activities on the Territory af the Congo* (*DRC v Uganda*) 一案中，國際法院就烏干達是否應對其武裝部隊，於剛果民主共和國領土內之「作爲」與「不作爲」而負擔責任，進行以下說明：

> 整個烏干達人民國防軍（Uganda People's Defense Force, UPDF）之行爲顯然皆可歸責於烏干達之行爲，亦即此爲國家機關之行爲。依據一項既定且具有習慣性質之國際法原則，「一國任何機關之行爲，必須被視爲該國的行爲」。而依法院之見解，依烏干達士兵在剛果民主共和國之軍事地位及職能，其行爲可歸責於烏干達。因此，關於「有關人員在特定情況下，未以行使政府權力之人的身分行事」，此論點並無依據。此外，UPDF 人員是否違反指示或越權行事，與將他們之行爲歸責於烏干達並無關聯。依據公認之國際習慣法規則，如 1907 年「關於陸戰法規和慣例的海牙第四公約」（Fourth Hague Convention respecting the Laws and Customs of War on Land of 1907）第 3 條，以及 1949 年「日內瓦公約第一附加議定書」（Protocol 1 additional to the Geneva Conventions of 1949）第 91 條之規定，「武裝衝突一方應對組成其武裝部隊的人員的所有行爲負責」。[38]

【530】與上述案件爭議相關且值得探討的問題：在不同實體指揮及控制

---

[36] *Kling* (1930) 4 RIAA 575, 579.

[37] (1983) 22 ILM 1190–8, 1419 (requests from affected states and third states that the USSR provide compensation); (1983) 54 *BY* 513 (request from the UK).

[38] ICJ Reports 2005 p 168, 242.

下行事之國家軍隊，其行爲是否可歸責於該軍隊之國籍國。[39] 在 *Behrami and Saramati* 一案中，歐洲人權法院（European Court of Human Rights）拒絕將 1999 年參與於科索沃部署部隊之行爲歸責於其國家，其理由爲該部署行動已獲得安理會決議之授權，並且「聯合國安理會保有最終權力及控制權（ultimate authority and control），而 NATO 則保有相關作戰事務之有效指揮權（effective command）」。[40] 然而，海牙上訴法院在 *Mustafié and Nuhanovié* 一案中明確駁回了上述論理，此兩案件涉及在斯雷布雷尼察大屠殺期間，荷蘭空降旅（Dutch battalion of the Airborne Brigade, Dutchbat）之疏忽，而荷蘭政府應負其責：

> 法院以一方以上具有「有效控制」（effective control）作爲普遍接受之基礎，易言之，不排除適用該標準後，可能導致多方歸責的可能性。基於此原因，法院將僅審查「國家」是否對於被指控之行爲具有行使「有效控制」之可能性，而不會審查聯合國是否亦存在「有效控制」之問題。
>
> 1995 年 7 月 11 日之後，荷蘭營（Dutchbat）剩餘的一個重要任務係援助及撤離難民。在此過渡期內，除聯合國外，設在海牙之荷蘭政府亦「有效控制」荷蘭營，因爲此關係到荷蘭營從波斯尼亞及赫塞哥維那全面撤離之準備工作。於此部分，指揮官發揮了「雙重作用」，因爲其既代表聯合國亦代表荷蘭政府。荷蘭政府控制荷蘭營之事實不僅係基於理論，且「控制」亦在實踐中得到驗證。因此，法院得出結論，Nuhanović 主張國家對於荷蘭營之行爲符合「有效控制」，且其行爲可歸責於國家。[41]

---

[39] See Crawford (2013) 188–211.

[40] *Behrami & Saramati v France, Germany & Norway* [2007] ECtHR (GC) 71412/01 and 78166/01, [140]. See: chapter 29.

[41] *Nuhanovic v Netherlands* (2011) 153 ILR 467, 5.9, 5.18, 5.20. See further: Nollkaemper (2011) 9 *JICJ* 1143; Boutin (2012) 25 *LJIL* 521; Dannenbaum (2012) 61 *ICLQ* 713.

荷蘭最高法院支持上述論理。[42]

在 *Al-Jedda* 一案中，歐洲人權法院（ECHR）亦接受對「歸責於國家」（attribution to the state）之法理，雖然係於不同案件事實的情況。該案件涉及一名伊拉克公民被英國軍隊拘留於 Basra 市三年，法院之考量如下：

> 2004 年聯合國在伊拉克安全問題上之功用，與其 1999 年於科索沃安全問題之功用截然不同。聯合國安理會對於多國部隊內部運作之「作爲」與「不作爲」既無「有效控制」，亦無「最終權力及控制」（ultimate authority and control），因此，原告主張之非法拘留無法【531】歸責於聯合國。易言之，拘禁行爲係發生於伊拉克 Basra 市的一個拘留所內，且該拘留所完全由英國軍隊控制，因此原告在整個期間都在英國之管轄與控制之下。[43]

法院於認定 Al-Jedda 之拘留應歸責於英國時，非常重視該案係缺乏安理會決議之授權，例如 1999 年向科索沃部署部隊之決議。上述案件在作出形式上區分時，並沒有像荷蘭法院考量多個實體可能對於部隊具有「有效控制」，並且國家之「有效控制」使得該軍隊之行爲歸因於國家，而不管該行動所依據之法律形式，故上述兩項對於「國家歸責」之推論，皆屬正確。[44]

(iii) 聯邦、省級（州）或其他內部部門

一個國家不能以國內法律（包括憲法）回應國際求償。[45] ARSIWA 第 4 條明確提及此原則，具體規定國家機關之行爲可歸責於國家，「無論其作爲該

---

[42] *Netherlands v Nuhanović* (2013) 160 ILR 629. See further *Mothers of Srebrenica v Netherlands*, Judgment, Hague District Court, 16 July 2014; *Mothers of Srebrenica v Netherlands*, Judgment, Hague Court of Appeal, 27 June 2017; Bakker (2014) 23 *It YIL* 287; Dannenbaum (2015) 12 *Int Org LR* 401; Palchetti (2015) 62 *NILR* 279.

[43] *Al-Jedda v UK* [2011] ECtHR (GC) 27021/08, [83]–[85]. For an account of the earlier cases: Messineo (2009) 61 *NILR* 35; Milanovic, *Extraterritorial Application of Human Rights Treaties* (2011).

[44] Note also *Jaloud v Netherlands* (2015) 60 EHRR 29, 1288–9. The lack of effective recourse against the relevant international body (NATO, the UN, the Coalition Provisional Authority, the host state) in these cases is a powerful factor. See further chapter 27.

[45] McNair, 1 *Opinions* 36–7; Accioly (1959) 96 Hague *Recueil* 349, 388–91; Bernier, *International Legal Aspects of Federalism* (1973) 83–120.

國中央政府機關或一領土內單位機關而具有何種特性」，仲裁裁定中包含許多聯邦政府必須對於聯邦所屬機構之行為負擔國家責任之實例。[46] 上述原則在 *LaGrand* 一案（臨時措施，Provisional Measures）中得到確認；國際法院指出，亞利桑那州州長在法律上有權採取必要行動以遵守臨時措施，法院並強調，從國際法角度而言，聯邦實體間之國內權力及職權分配，在所不問。一國之國際責任，係由在該國執行行動權力之主管機關承擔，無論其為何種層級，因此，亞利桑那州州長有義務令其行為與美國之國際承諾一致。[47]

在 *Australia-Salmon* 一案中，關於 Tasmania 州所實施之鮭魚進口禁令，WTO 爭端解決小組指出，Tasmania 州之禁令應被視為澳大利亞所採取的一項措施，從國際法意義而言，上述州政府的措施亦屬於澳大利亞依據一般國際法及 WTO 相關規定所應負擔國際責任之範圍。[48] 然而，較具爭議者，係美洲人權法院（Inter-American Court of Human Rights）將美洲公約中之「聯邦條款」（federal clause）僅解釋為「暗示」國家對於聯邦下之機構行為應負其責。[49]

(iv) 立法部門

【532】立法機關在正常情況下係國家組織的重要組成機關，並透過立法程序以表達官方政策，而立法機關特有之問題，係判斷國家何時因違反義務而承擔責任。通常發生的情況係外國人受到侵害時，原告必須證明其因該國實施立法，或由於立法不作為而造成損害。[50] 然而，在條約義務之情況下，[51] 亦可能發生立法機關之「作為」與「不作為」係「責任創設」（creative

---

[46] E.g. *Youmans* (1926) 4 RIAA 110; *Mallén* (1927) 4 RIAA 173; *Pellat* (1929) 5 RIAA 534; *Heirs of the Duc de Guise* (1951) 13 RIAA 150, 161; *SD Myers Inc v Canada* (2000) 121 ILR 72; *Waste Management v Mexico (No 2)* (2004) 132 ILR 145 (involving a Mexican province, a regional development bank, and a municipality).

[47] *LaGrand (Germany v US)*, Provisional Measures, ICJ Reports 1999 p 9, 16. Also *Request for Interpretation of the Judgment of 31 March 2004 in the Case concerning Avena and Other Mexican Nationals (Mexico v US)*, Provisional Measures, ICJ Reports 2008 p 311, 329.

[48] *Australia—Salmon (21.5)*, WTO Doc WT/DS18/RW, 18 February 2000, para 7.12.

[49] *Garrido & Baigorria v Argentina*, Inter-American Court of Human Rights (IACtHR) C/39, 27 August 1998, §38.

[50] *Mariposa* (1933) 6 RIAA 338, 340–1.

[51] Where, on a reasonable interpretation of the treaty, a breach creates a claim without special damage. In any event, representations may be made and steps to obtain redress may be taken on a *quia timet* basis. On the Panama Canal Tolls controversy between the UK and the US: McNair, *Law of Treaties* (1961) 547–50; 6 Hackworth 59.

of responsibility），[52] 例如倘若條約規定將某些規則納入國內法之絕對義務（categorical obligation），必須依據條約進行國內之統一規範，若不如此立法，則在沒有實際損害證據之情況下，國家亦需承擔國際責任。

(v) 司法部門

司法機關之活動與第二十九章將討論的「拒絕正義」（denial of justice）主題有實質關聯性，然而，法院之行為亦可能以其他方式影響法院所在國之責任。因此，關於條約的適用，McNair 指出：「一個國家有權將條約之適用與解釋權委託給其司法部門。然而，倘若法院錯誤適用或解釋法律、拒絕使條約生效、未對國內法進行必要之修正或補充而不作為，則上述判決將造成國家違反條約義務。」[53] 在 *US-Shrimp* 一案中，為回應「歧視性待遇」（discriminatory treatment）係政府有義務遵守司法裁決之結果的論點，WTO 上訴機構確認，「美國與 WTO 所有其他成員及一般國家共同體（general community of states）一樣，應對其所有政府部門之行為負責，當然亦包括司法部門」。[54]

在 *LaGrand*[55] 及 *Avena*[56] 二案中，在美國境內之外國公民被判處死刑，但卻未考量其於「維也納領事關係公約」（Vienna Convention on Consular Relations）下之領事權利。[57] 在 *LaGrand*（臨時措施，Provisional Measures）一案中，國際法院下令暫緩執行，提醒各方「國家之國際責任，取決於在該國執行的主管機關之行動，無論該機關為何」。[58] 在美國法院駁回該臨時措施後，國際法院裁定，美國雖然係適用其【533】國內法之規則，但卻違反國際義務。[59] 相同地，在 *Avena* 一案中，法院認為，「維也納領事關係公約」所保障之權利，係美國為遵守違約行為的法律後果而承諾之條約義務，美國法院在審查及覆議之過程中，必須加以考量，因此，審查和覆議之過程，應該在與個別

---

[52] *International Responsibility for the Promulgation and Enforcement of Laws in Violation of the Convention* (1994) 116 ILR 320, 335.

[53] McNair (1961) 346.

[54] (1999) 38 ILM 118, 171–2.

[55] ICJ Reports 2001 p 466, 508.

[56] ICJ Reports 2004 p 12, 66.

[57] Also *Vienna Convention on Consular Relations (Paraguay v US)*, Provisional Measures, ICJ Reports 1998 p 248.

[58] ICJ Reports 1999 p 9, 16.

[59] ICJ Reports 2001 p 466, 472–3. Also *Avena Interpretation*, ICJ Reports 2009 p 3, 15.

被告有關之整體司法程序中進行。[60]

(3) 越權或未經授權的行為

　　長期以來，在國內法領域中，政府不應以公共機關之越權行為（*ultra vires acts*）作為抗辯理由，為國家創設免於法律後果之豁免權。[61] 在國際法中，有一個明確的理由可駁回國內法下之「不法抗辯」（plea of unlawfulness），亦即國家主張缺乏國內主管機關以致於無法決定國家之國際責任。

　　因此，可確認者，國家可能對其官員在其明顯或一般權力範圍內實施之越權行為負責。在 *Union Bridge Co* 一案中，開普敦政府鐵路公司的一名英國官員在第二次波爾戰爭（Second Boer War）期間，錯誤認定並侵占中立國（美國）之財產。仲裁庭認為，國家責任不受該官員的錯誤，或英國政府無意挪用該財產之影響，並指出該行為屬於英國政府官員的一般職權範圍。[62] 在 *Caire* 一案中，控制墨西哥之 Conventionist 部隊兩名軍官，以死亡威脅索取金錢，並在未收到款項時，下令槍殺受害者。求償委員會在認定墨西哥應負國家責任，並指出：

> 依據國際法，國家對其官員或機構實施之所有不法行為，皆負有國際責任，無論該官員或機構係在其職權範圍內行事，抑或逾越其限度。然而，為證明承認國家對其官員或機構在其職權範圍外實施之行為皆負有客觀責任，國家有必要作為授權官員或機構行事，至少表面上如此、作為被授權之官員或機構，在行事時，該等人員應使用與其官方性質相對應之權力或措施。[63]

---

[60] ICJ Reports 2004 p 12, 65–6.

[61] Anzilotti, 1 *Cours* (1929) 470–4; Meron (1957) 33 *BY* 85; García-Amador, ILC *Ybk* 1957/II 107, 109–10; Quadri (1964) 113 Hague *Recueil* 237, 465–8; ILC *Ybk* 1975/II 47, 61–70; Crawford (2013) 136–40. See ARSIWA, Art 7 and commentary.

[62] (1924) 2 ILR 170, 171.

[63] (1929) 5 ILR 146, 147–8.

在 *Youmans* 一案中，求償委員會強調：造成人身傷害、恣意破壞，或搶劫之士兵，總是違反上級（superior authority）規定之某些原則，倘若認為士兵違反指示而實施之任何行為最終都必須被視為個人行為，則國家將不會對此類不當行為承擔任何責任。[64]

【534】區分個人行為及其表面職權範圍內之行為並非易事，而對於涉及上級機關及官員之案件，原則上推定其行為係屬於職權範圍內。[65] 倘若法律上要求之行為標準非常高，例如：軍事領導人或內閣部長於控制武裝部隊之情況時，使用「職權行為」及「個人行為」之二分法，可謂相當不合適：此類情況與其他案例相同，在很大程度上取決於特定情況下活動之類型及其相關結果。[66]

國際上不難發現國家公務員明顯越權而被追究責任之案例，例如在 *Zafiro* 一案中，美國被法院認定，應就某艘商船上所發生平民船員被搶劫之案件負責，蓋該商船為美國海軍之補給船，[67] 且該商船之船長負有指揮之權力，而其卻同時受美國海軍軍官指揮，仲裁庭強調船長未能對搶案情況進行適當之控制。[68] 然而，真正重要的關鍵在於，在特定情況下船長應行使控制權，而並非實際控制之情況。[69]

此原則對於涉及侵犯人權之行政行為，以及於武裝衝突期間軍事部隊之行為等實踐，尤其重要。在 *Armed Activities* (*DRC v Uganda*) 一案中，國際法院指出，習慣國際法規定，在武裝衝突情況下，一國武裝部隊的所有行為都應歸責於該國，無論其下達何種指示或人員是否越權行事：

---

[64] (1926) 3 ILR 223.

[65] But see *Bensley* (1850) in Moore, 3 *Int Arb* 3018 (responsibility denied for the personal act of the governor of a Mexican state).

[66] Cf the finding of the International Military Tribunal for the Far East on the operations by the Japanese Kwantung Army at Nomonhan in 1939, reproduced in Brownlie, *International Law and the Use of Force by States* (1963) 210–11.

[67] (1925) 3 ILR 221. Also *Metzger* (1903) 10 RIAA 417; *Roberts* (1905) 9 RIAA 204; *Crossman* (1903) 9 RIAA 356.

[68] Viz, the absence of civil or military government in Manila during the Spanish–American war. The tribunal might seem to overemphasize the need for failure to control, but the case is different from those in which unauthorized acts of armed forces occur within the area of established sovereignty of the state to which the armed forces belong: cf *Caire* (1929) 5 ILR 146.

[69] *Henriquez* (1903) 10 RIAA 727; *Mallén* (1927) 4 RIAA 173; *Morton* (1929) 4 RIAA 428 (murder in a *cantina* by a drunken officer off duty); *Gordon* (1930) 4 ILR 586 (army doctors at target practice with privately acquired pistol); *Ireland v UK* [1978] ECtHR 5310/71.

UPDF 之士兵及軍官之行為皆被視爲國家機關所爲的行爲。法院認爲，依據烏干達士兵於剛果民主共和國之軍事地位及職能判斷，其行爲可歸責於烏干達。因此，關於有關人員於特定情況下，「未以行使政府權力之身分行事」之論點並不成立。[70]

在 *Velásquez-Rodríguez* 一案中，美洲人權法院（Inter-American Court of Human Rights）指出，不法行爲可能源於任何國家機關、官員，或公共實體之行爲，法院進一步說明：

此結論與該機構或官員是否違反國內法之規定或超越其授權範圍等，皆無相關。蓋依據【535】國際法之規範，國家對其代理人以官方身分之作爲與不作爲皆需負責，即使上述代理人在其權限範圍之外行事，或違反國內法的情況皆然。[71]

(4) 暴民暴力、叛亂、革命或内戰

此處考慮一般原則適用於涉及各種暴力行爲狀況，而該暴力行爲可能係非國家政府合法代理人之行爲，亦可能係建立與政府對抗，或候選政府之叛亂分子代表所爲之行爲，[72] 後者又稱爲「事實上政府」（*de facto* government）。在發生局部動亂或暴民暴力的情況下，對於採取合理預防措施之嚴重疏忽（substantial neglect），負責官員之完全漠不關心或縱容態度造成等同於疏忽之嚴重結果，皆可能對該地區之外國財產（無論公共和私人）造成之損害而承

---

[70] ICJ Reports 2005 p 168, 242.

[71] *Velásquez Rodríguez v Honduras*, IACtHR C/4, 29 July 1988, §170. Also *Blake v Guatemala*, IACtHR C/36, 24 January 1998. Note also regarding *ultra vires* acts the reasoning in *Mothers of Srebrenica v Netherlands*, Judgment, Hague District Court, 16 July 2014, paras 4.57–4.60; on appeal, *Mothers of Srebrenica v Netherlands*, Judgment, Hague Court of Appeal, 27 June 2017, paras 14–20, 32.1.

[72] McNair, 2 *Opinions* 238–73, 277; Harvard Research Draft (1929) 23 *AJIL Sp Supp* 133, 188–96; Ago, ILC *Ybk* 1972/II, 126–52; Crawford (2013) 170–81.

擔責任。[73] 在德黑蘭扣押美國外交及領事人員作為人質之求償訴訟案中，國際法院將違反相關外交關係法原則之責任，歸責於伊朗政府未能控制武裝團體（早期階段），並且關於採納及批准武裝團體之行為（後期階段）。[74]

McNair 從英國皇室法律顧問（Legal Advisers of the British Crown）關於起義或叛亂後果責任之報告中，摘錄五項原則，其中前三項原則，簡述如下：

(i) 國家境內倘若發生叛亂時，無須對外國人所遭受之損失或侵害負責，除非可證明該國政府疏於使用或未使用其所支配調度之軍隊，預防或鎮壓該叛亂。

(ii) 測試可依事實而調整變動，取決於叛亂之情況。

(iii) 此類國家不對其合法政府所指揮軍事行動造成之損害負責，除非損害是故意或不必要，基本上與交戰國在國際戰爭中立場相同。[75]

「無須負擔責任」（non-responsibility）之一般原則係建立在，即使「客觀責任」亦需國家具備在正常行動能力之前提，因此，倘若發生重大內部動盪【536】應等同於不可抗力（force majeure）。但當法院對於一般規則之限定條件進行審查時，就會出現不確定性。一般國際法學者普遍認為，倘若有關政府未能證明其已進行「盡職調查」（due diligence），[76] 則不適用上述「無須負擔責任」原則。然而，國際法庭或其他不同來源之裁定中，並未對「盡職調查」之定義加以說明。毫無疑問，這一標準之應用會因情況而異，[77] 然而，倘若「盡職調查」被視為相當高的行為標準，則例外情況將會變成為一般規則。[78]

---

[73] *Ziat, Ben Kiran* (1924) 2 RIAA 729, 730; *Youmans* (1926) 4 RIAA 110; *Noyes* (1933) 6 RIAA 308; *Pinson* (1928) 5 RIAA 327; *Sarropoulos v Bulgarian State* (1927) 4 ILR 245.

[74] *Tehran Hostages*, ICJ Reports 1980 p 3, 29–30, 33–6; *Short v Iran* (1987) 82 ILR 148. Also *Yeager v Iran* (1987) 82 ILR 178; *Rankin v Iran* (1987) 82 ILR 204.

[75] McNair, 2 *Opinions* 245.

[76] Brierly (1928) 9 *BY* 42; de Frouville in Crawford, Pellet, & Olleson (2010) 257, 261–4.

[77] This may be particularly strict in the case of alleged breach of human rights: *A v UK* [1998] ECtHR 25599/94, [22]; *Velásquez Rodríquez v Honduras*, IACtHR C/4, 29 July 1988, §148.

[78] Harvard Research Draft (1929) 23 *AJIL Sp Supp* 133, 194.

　　在一項對於哈佛研究草案（Harvard Research Draft）之評論中指出：鑑於要求國家舉證該政府在鎮壓叛亂（suppressing an insurrection）中確有「疏失」之情況，事實上幾乎不可能達成；因此，主張求償之原告，應負有對於國家疏失造成損害之舉證責任。在現代國際法案例中，沒有任何國家因其疏失未能鎮壓叛亂分子而被追究其責任。ILC 在其對 ARSIWA 第 10 條之評論中，提及一般原則：「倘若叛亂或其他反政府運動之組織及結構，獨立於國家的政府組織及結構之外，則該叛亂或其他反政府運動之行為，不應歸責於國家。」，上述原則亦可能發生例外情況，亦即當國家有能力對上述叛亂或其他反政府運動之行為採取警惕、預防或相關懲罰措施時，但該政府卻不恰當地毫無任何作為。[79] 早期之見解認為，對於叛亂分子給予「特赦」（amnesty），將構成不履行職責，以及推定國家已接受對叛亂分子行為所應負擔之責任；於此情況下，倘若認定「共謀」（complicity）或「接納」（adoption）之國家行為不存在，相當令人懷疑。[80]

　　McNair 提出的另外兩個原則，則普遍被國際社會接受：

(iv)在外國人所屬之國家承認叛亂分子的交戰地位後，該國家不對叛亂分子對外國人所造成之損失或侵害負責。

(v) 此類國家通常可透過證明其於保護或賠償問題上，已得到與本國國民相同之待遇（如果有的話），從而駁回關於外國人遭受之損失或侵害之求償，亦即已盡「一般注意義務」（diligentia quam in suis）。[81]

　　另外，倘若叛亂團體及其他反政府運動已取得勝利，而作為國家的新政府，必須對其武裝部隊於衝突過程中之不法作為或不作為負責；[82] 同時，該新政府亦必須對前任政府之不法行為負責。

---

[79] ARSIWA, Art 10 and commentary, paras 4, 15. Also García-Amador, ILC *Ybk* 1957/II, 121–3.

[80] Accioly (1959) 96 Hague *Recueil* 349, 402–3.

[81] McNair, 2 *Opinions* 245. Also García-Amador, ILC *Ybk* 1957/II, 122.

[82] *Bolivar Railway Co* (1903) 9 RIAA 445; *Pinson* (1928) 5 RIAA 327.

(5) 共同責任

【537】與國家共同責任（joint responsibility）有關之原則仍然模糊不清，[83] 即使國內法上之原則亦無法類推適用。[84] 不法行為共同責任規定，原則上當然應該存在，但眞正實踐卻很少。[85] 二次大戰初期，非法入侵及占領之賠償金問題，國際實踐係基於如此假設，易言之，軸心國依據個別國家對於其侵害及損失之結果以決定其應承擔之國家責任，不受共同交戰（co-belligerency）存在而影響。[86] 然而，倘若共同參與具體軍事行動，例如 A 國為 B 國非法投放游擊隊、提供航空器等物資，而由 B 國操作航空器，則法律上的立場為何？

在 *Certain Phosphate Lands in Nauru (Nauru v Australia)* 一案中，國際法院認為，在關鍵時刻，負責管理「委任統治領土」之三個國家可能存在「共同責任」，但原告僅針對其中一個國家提出求償時，法院並無當然駁回之理由。本案系爭實質問題，應留待法院審理。[87] 事實上，雙方已透過談判達成和解，[88] 隨後，英國、紐西蘭以及其他相關國家同意，在善意（*ex gratia*）的基礎上，向澳大利亞繳付款項。[89]

ARSIWA 第 47 條納入上述法理，規定「在數個國家應為同一國際不法行為負責任之情況下，可對每一國家援引涉及該行為之責任」，且只要其數額不超過被告方所受損失之補償。易言之，每個國家應單獨負責，且此種國家責任並不會因為一個或多個其他國家對同一行為負責，而使其減免責任。

(6) 共謀

在 *Genocide (Bosnia and Herzegovina v Serbia and Montenegro)* 一案中，出現一個值得探討之問題，亦即塞爾維亞被指控參與「滅絕種族罪公約」第 III(e) 條所指涉之種族滅絕行為。[90] 法院認為：

[83] Crawford (2013) ch 10.

[84] For an early example, *Chevreau* (1931) 2 RIAA 1113, 1141. Also *Prince Sliman Bey v Minister for Foreign Affairs* (1959) 28 ILR 79.

[85] Brownlie (1983) 189–92.

[86] But see *Anglo-Chinese Shipping Co Ltd v US* (1955) 22 ILR 982, 986.

[87] ICJ Reports 1992 p 240, 258–9; ibid, 301 (President Jennings, diss).

[88] Australia–Nauru Settlement, 10 August 1993, 32 ILM 1471.

[89] UK Agreement, 24 March 1994, in UKMIL (1994) 65 *BY* 625.

[90] On complicity: Ago, ILC *Ybk* 1978/II(1), 52–60; ILC *Ybk* 1978/II(2), 98–105; ILC *Ybk* 1979/II(2), 94–106; Quigley (1986) 57 *BY* 77; Aust, *Complicity and the Law of State Responsibility* (2011); Crawford (2013) ch 12; Jackson, *Complicity in International Law* (2015).

雖然「共謀」（complicity）本身並非國際責任法於當前詞彙中所存在的概念，但類似於構成國家責任法之習慣規則中的類別，一國為另一國實施不法行為提供之「援助或協助」（aid or assistance），可確定被告是否須對公約第 III(e) 條含義內之「種族滅絕共謀」（complicity in genocide）負責，此為法院現在必須進行之步驟，亦即法院必須審查【538】被告國之機關，依照其指示行事，或在其指示或有效控制下行事之人，在斯雷布雷尼察種族滅絕案之實施中所提供的「援助或協助」，在某種意義上，與一般法律原則中關於國際責任之概念相比，兩者並無顯著差異。[91]

法院因此援引 ARSIWA 第 16 條，其規定如下：

【援助或協助實施一國際不法行為】
援助或協助另一國實施其國際不法行為之國家，應對此種行為負國際責任，倘若：
(a) 該國知悉該國際不法行為之情況，且
(b) 該行為若由該國實施將構成國際不法行為。

此為一項可能涉及廣泛的從屬責任（ancillary responsibility）原則。[92]

(7) 國家批准或接受之不法行為

倘若一個國家以批准，或其他方式接受私人或實體的行為視作其行為，即產生「責任」，此狀況與其他因素完全不同。[93] 國際法院將此原則適用於武裝分子在 *Tehran Hostages*（德黑蘭人質事件）案之行動。[94] ARSIWA 第 11 條表達了這一點，該條規定國家只有「在該國承認並接受有關行為系自己行為之情況

---

[91] ICJ Reports 2007 p 43, 217.
[92] ARSIWA, commentary to Art 16, paras 3–6.
[93] Brownlie (1983) 157–8; ARSIWA, Art 11 and commentary; Crawford (2013) 181–8.
[94] ICJ Reports 1980 p 3, 29–30, 33–6.

下，依國際法應視為該國之行為，並令其承擔責任」，該條文之評釋指出：

> 條文用語係旨在將「承認與接受」（acknowledgement and adoption）之情況，與僅僅「支持與認可」（support or endorsement）之情況予以區分。在國際爭議中，國家通常採取之立場相當於某種一般意義上行為「贊同」（approval）或「認可」（endorsement），但不涉及承擔任何責任。另一方面，「接受」（adoption）之用語帶有國家承認該行為實際上係其自己的行為之表意在內。[95]

4. 違反國際義務

(1) 替代責任

　　總體而言，關於國家責任之認定，適用空泛公式毫無意義，尤其作為類推於國內法適用時，甚至容易造成混淆。然而，Oppenheim 區分「原始國家責任」及「替代國家責任」（vicarious state responsibility）。【539】原始國家責任源於一國政府實施或授權之行為；而替代責任則源於國家代理人未經授權之行為。[96] 上述兩類行為之法律後果可能並不相同；但此兩種行為之認定範圍卻無根本差異，無論如何，於違反國際義務之認定時使用「替代責任」的概念，肯定是一項錯誤。

(2) 客觀責任

　　技術上而言，「客觀責任」（objective responsibility）係基於自願行為原則：只要建立起代理及因果關係，僅需從「結果」判斷即可認定違反義務；然而，可提出「不可抗力」（force majeure）等理由進行抗辯，但被告必須負舉

---

[95] ARSIWA, commentary to Art 11, para 6.
[96] Oppenheim 501. Further: Kelsen, *Principles of International Law* (2nd edn, 1952) 199–201.

證責任。[97] 在國際生活之條件下，涉及透過各種機構或代理行為所形成複雜的社區間關係，「越權行為」（*ultra vires* act）之公法上類推適用，比在特定自然人中尋求主觀過失（subjective *culpa*）來得更加真實，而上述自然人亦有可能係代表法人（國家）之不法行為。例如，在公海上負責一國巡洋艦之官員，下令將對於懸掛另一國國旗之漁船進行登船檢查，倘若此登船臨檢行動並不具備正當合法之理由，且該官員係越權行為，則法庭不會考量以「善意」或「適用法律錯誤」等為由而提出之請求。[98]

各國實踐以及仲裁庭與國際法院之判例都遵循「客觀責任」理論作為一般原則（在某些情況下可加以修改或排除）。[99] 美國－墨西哥總求償委員會（US-Mexico General Claims Commission）在 *Neer*[100] 及 *Roberts*[101] 案中，採用關於責任之「客觀測試」（objective test）方法。另外，在 *Caire*[102] 及 *Verzijl* 案中，法國－墨西哥求償委員會（Franco-Mexican Claims Commission）主席認為：

> 國家之「客觀責任」原則，易言之，係國家應對其官員或機構所實施行為負有責任，並應有義務履行此等責任，雖然該國家並未犯錯。依據國際法，國家對其官員或其機關所實施之所有不法行為亦負有「國際責任」，無論該官方機關係在其職權範圍內行事，抑或逾越權限。然而，為證明及承認國家對於其官員或機構，在其職權範圍以外所實施之行為負有「客觀責任」，國家必須至少在表面上以授權官員或機構之身分行事，或在行事時，其應使用符合該官方性質之權力或措施。[103]

---

[97] *Corfu Channel*, ICJ Reports 1949 p 4, 85–6 (Judge Azevedo). For 'circumstances precluding wrongfulness', see ARSIWA, Part 1, ch V.

[98] *The Jessie* (1921) 6 RIAA 57; *The Wanderer* (1921) 6 RIAA 68; *The Kate* (1921) 6 RIAA 77; *The Favourite* (1921) 6 RIAA 82.

[99] Borchard (1929) 1 *ZaöRV* 223, 225; Schachter (1982) 178 Hague *Recueil* 1, 189; Gattini (1992) 3 *EJIL* 253; Cheng, *General Principles of Law as Applied by International Courts and Tribunals* (1994) 218–32; Pellet in Crawford, Pellet, & Olleson (2010) 3, 8–11; Crawford (2013) 60–2.

[100] *Neer* (1926) 6 RIAA 60, 61.

[101] *Roberts* (1926) 6 RIAA 77, 80.

[102] *Caire* (1929) 5 RIAA 516.

[103] Ibid, 529.

【540】上述觀點在相關文獻中得到普遍支持。[104] 同時，某些權威機構支持 Grotian 之觀點，即「過失行為」（culpa）在所有情況下，[105] 都成為國家責任之基礎；少數仲裁裁決也支持過失原則。[106] 在 Home Missionary Society 一案中，法庭提到一項公認之國際法原則，亦即倘若政府本身並未違反誠信或無疏忽情事，則在其鎮壓暴動行動中，任何政府皆不得對違反其權力之反叛團體之行為承擔責任。[107] 然而，於此部分，法庭援引許多裁決，皆涉及法律在特定情況下要求之行為標準，例如對因叛亂行為、個人、司法機關等造成之損失提出求償。因此，在 Chattin 一案中，一般求償委員會將墨西哥針對 Chattin 之司法程序描述為「非常不充分」，且特別提到「每個公正之人都承認不足以視為政府行為」。[108] Chattin 因貪污罪被墨西哥法院判處兩年徒刑。委員會提到於審判進行中之各種缺陷，並評論提及，「整個訴訟程序揭示法院方面，令人震驚竟如此缺乏嚴肅性」。此外，學者以及法庭時常使用 faute 或 fault 表示「非法行為」係違反法律義務。[109] 當要求特定法律規則卻缺乏「盡職調查」時，此將與「過失行為」相關。「客觀責任」似乎更接近一般原則，並為國際關係中維持可接受之標準，以及有效維護賠償原則等方面，提供更好的基礎。

國際法院 Corfu Channel 案可說明法律上要求之注意類型，隨法律背景之不同而有變化。在上述案件中，法院關注之重點係因 North Corfu Channel 埋設水雷但卻未發出警告，因而造成危險的具體責任問題；更進一步言，「責任」之必要前提係阿爾巴尼亞知道水雷的存在。因此，法院乃考量「是否已經透過間接證據證明，阿爾巴尼亞知悉於其領海範圍內埋設水雷，而與其在此次

---

[104] Reports by García-Amador, ILC *Ybk* 1956/II, 186; ILC *Ybk* 1957/II, 106. This was the approach ultimately adopted in ARSIWA, commentary to Art 2, paras 1–4. But see Gattini (1999) 10 *EJIL* 397.

[105] Eagleton (1928) 209; Lauterpacht (1937) 62 Hague *Recueil* 95, 359; Ago (1939) 68 Hague *Recueil* 415, 498; Accioly (1959) 96 Hague *Recueil* 349, 364.

[106] *Casablanca* (1909) 11 RIAA 119; *Cadenhead* (1914) 11 ILR 177; *Iloilo* (1925) 6 RIAA 158, 160; *Pugh* (1933) 3 RIAA 1439; *Wal-Wal Incident* (1935) 3 RIAA 1657. Also: *Davis* (1903) 9 RIAA 460, 463; *Salas* (1903) 10 RIAA 720.

[107] *Home Missionary Society* (1920) 6 RIAA 42, 44.

[108] *Chattin* (1927) 4 ILR 248, 250. Also *Spanish Zone of Morocco* (1925) 2 RIAA 615, 644.

[109] *Prats* (1868) in Moore, 3 *Int Arb* 2886, 2895; *Russian Indemnity* (1912) 11 RIAA 421, 440. Further: Cheng (1994) 218–32.

行動中之任何縱容行為無關」。[110] 法院隨後得出以下結論，雷區之布設「不可能在阿爾巴尼亞政府不知情之情況下完成」，且提及「每個國家都有義務不允許在知情之情況下，使用其【541】領土進行違反其他國家權利之行為」。[111]因此，責任取決於違反特定之法律義務。法院並不關心過失本身，而確認過失原則之責任，則落到持相反意見者的身上。[112]

在 Genocide (Bosnia and Herzegovina v Serbia and Montenegro) 一案中，國際法院排除了「過失原則」之適用，並重申作為國家責任法基石的既定規則：依據國際法，任何國家機關之行為都應被視為「國家行為」，因此，倘若構成違反國家國際義務，則國家將承擔責任。該規則係國際習慣法之一，其後經修正而成為 ILC 國家責任條款之第 4 條規定。[113]

雖然過失並非責任之一般條件，但該原則可能在某些情況下發揮重要作用。因此，倘若原告求償之損失係由於非國家僱用之個人的行為所造成、由被許可人或侵入者，在其國家領土上之活動所造成時，責任將取決於「非法疏忽」（unlawful omission）。於此情況下，關於「知識」的問題，可能將與認定不作為之責任有關。[114] 然而，法庭可就特定機關之作為或不作為，制定「盡職調查」之標準。實際上，由於取得國家機關缺乏適當照顧（proper care）之具體證據往往十分困難，認定因果關係即成為困難之問題。[115] 在法國與希臘間仲裁之 Lighthouses 一案中，其中一項求償係由於一家法國公司被驅逐出其於 Salonika 的辦公室，隨後該商店在一場火災中損失，此次大火摧毀其臨時場所。常設仲裁庭認為：

> 即使有意見傾向於認定，希臘原則上應對撤離之後果負責；不能一方面承認該「火災造成損害」與「疏散後造成損害」之間存在因果關係，另一方面，卻在疏散後證明希臘對火災

[110] *Corfu Channel*, ICJ Reports 1949 p 4, 18. But see ibid, 65 (Judge Badawi, diss) supporting a doctrine of fault based on the notion of the unlawful, voluntary act.
[111] Ibid, 22.
[112] ICJ Reports 1949 p 4, 71 (Judge Krylov, diss), 127 (Judge ad hoc Ečer, diss).
[113] ICJ Reports 2007 p 43, 202.
[114] Cf *Corfu Channel*, ICJ Reports 1949 p 4, 18, 22. Also Lévy (1961) 65 *RGDIP* 744.
[115] García-Amador, ILC *Ybk* 1960/II 41, 63.

之災難性影響負責。損害既非為疏散「可預見之後果」或「正常後果」，亦非由於希臘方面任何疏忽所造成。在缺乏所有因果關係之情況下，必須駁回第 19 號之求償。[116]

基於上述原則，Azevedo 法官在 *Corfu Channel* 案 [117] 之不同意見書中指出，「客觀責任」與「過失原則」之的關係非常密切：判決之效果係讓阿爾巴尼亞有義務採取合理的謹慎措施，以發現第三方之危險活動。

當國家從事合法活動時，於執行合法措施當下可能產生過失責任，在 *In re Rizzo* 一案中，關於義大利戰敗後，法國政府查封義大利於突尼西亞之財產，【542】調解委員會認定：違反國際法之行為並非扣押措施（measure of sequestration），據稱法國政府——或更精確而言，代表政府行事之人——於執行上述措施時，未進行「盡職調查」。[118] 過失之存在及其程度，可能影響盡職調查之範圍，[119] 同時，條約條款中亦可能就盡職調查之要求加以規定。

(3) 國家動機或意圖之問題

動機或意圖通常係定義「允許行為」（permitted conduct）之特定要素。然而，無論法律是否允許，一旦確定某些行為係屬非法，官員之越權行為則往往伴隨著惡意，意即構成傷害意圖，此事實並不影響國家責任的認定。事實上，客觀責任原則（objective responsibility）規定，傷害意圖與判斷國家責任之要件無關。然而，上述論述僅適用於一般情況，不應直接認定「意圖」之要件係毫無作用。例如，倘若有蓄意傷害之存在，可能會影響侵害程度，並有助於確認國家是否違反義務。[120]

(4) 個別特殊問題

在此階段，也許沒有必要重複敘述問題之過度簡單化，甚至過度依賴關於

---

[116] (1956) 23 ILR 352.

[117] ICJ Reports 1949 p 4, 85 (Judge Azevedo, diss).

[118] *In re Rizzo* (1955) 22 ILR 317, 322. Also: *Philadelphia-Girard National Bank* (1929) 8 RIAA 67, 69; *Ousset* (1954) 22 ILR 312, 314.

[119] *Baldwin* (1842) in Moore, 4 *Int Arb* 3235; *Janes* (1925) 4 RIAA 82; *In re Rau* (1930) 6 ILR 251.

[120] *Dix* (1903) 9 RIAA 119, 121; cf *Monnot* (1903) 9 RIAA 232, 233.

客觀責任，導致在處理特定問題時缺乏方法。尤其涉及國家之間爭端的法律問題通常都具有獨特性，無法輕易適用一般規則。很大程度上取決於舉證責任之分配、證據法運作、默許，甚至禁反言、妥協條款，以及相關實體規則或條約所規定之內容。

因此，在 *Corfu Channel* 一案中，大多數人採用之方法，既不能完全符合過失原則，亦未達到客觀責任之標準。「意圖」（Intention）係一個僅在案件中徵詢專家角色時出現之提問；因此，在英國通行之情況中，法院旨在確認一項被阿爾巴尼亞不公正拒絕之權利，且很大程度上取決於該通過之性質。[121] 考慮到所有情況，法院裁定，兩艘巡洋艦及驅逐艦通過阿爾巴尼亞領海中 North Corfu Channel 的一部分，係屬於「無害通過」（innocent passage）。至於對驅逐艦 Saumarez 和 Volage 造成破壞之水雷布設，法院則探詢阿爾巴尼亞方面知悉此事之證據，本案例亦說明舉證原則與責任原則之交互作用。法院指出：

> 不能僅從一個國家對其領土及領海水域行使控制權此一事實，就得出該國必然知道，或應該知道其中發生的任何【543】非法行為。此一事實本身，以及其他情況皆不涉及表面上責任（*prima facie* responsibility），亦不涉及舉證責任之轉移。

另一方面，一國在其邊界內行使上述「排他性之領土控制」（exclusive territorial control），可用於幫助法院認定，該國對於此類事件的知悉程度，並影響其證明方法。法院必須審查，是否已透過間接證據證明阿爾巴尼亞知悉其領海內已有布設水雷，而不論其在此行動中是否予以縱容。證據可以從事實推論中得出，前提係該證據並沒有留下合理懷疑之餘地。上述推論所依據之事實證據，可能與關於「縱容」（connivance）之事實證據完全不同。[122]

---

[121]　ICJ Reports 1949 p 4, 30.
[122]　Ibid, 18 (emphasis in original).

(5) 合法行為之責任

對於雖然並未違法，但卻被規則所禁止之行為，[123] 可能在法律上會規定一國因該行為之後果而必須提供賠償。因此，「聯合國海洋法公約」（UNCLOS）第 110 條規定，在有合理依據懷疑船舶涉嫌存在海盜或某些其他非法活動之情況下，軍艦可對外國商船登臨檢查；上開條文第三段規定，「倘若嫌疑經證明為無依據，而且被登臨之船舶並未從事嫌疑之任何行為，對該船舶可能遭受之任何損失或損害應予賠償」。[124]

國際法未禁止行為之責任，在國際環境法領域具有重要意義，蓋合法之經濟活動可能會產生污染以及其他超越單一國家邊界之外部性，[125] 然而，除上述海洋法公約第 110 條第 3 項等明確規定外，幾乎沒有其他權責機關支持此一論點。在 *Trail Smelter* 一案中，位於加拿大的一家冶煉廠正產生影響美國之空氣污染。仲裁庭裁定，無論該冶煉廠之經濟活動本身是否合法，加拿大都應依據國際法對損害負責。仲裁庭基本上從國內法案例中進行對比而得出結論：「依據國際法及美國法律原則，任何國家都無權或允許其領土上之使用，產生煙霧以致於在他國領土內、對他國領土，或其中之財產或人員造成侵害，倘若透過明確和令人信服的證據，顯示該情況造成嚴重後果，則可確定已造成侵害」。[126]

【544】ILC 針對上述爭議進行詳細審查，最終於 2006 年完成「關於危險活動引起之跨界損害情況下損失分配原則草案」（Draft Principles on the Allocation of Loss in the Case of Transboundary Harm Arising out of Hazardous Activities）。[127] 草案第 4 條第 1 項規定，各國必須「確保為跨界損害之被害者

---

[123] Sørensen (1960) 101 Hague *Recueil* 1, 221; Quadri (1964) 113 Hague *Recueil* 237, 461; Boyle (1990) 39 *ICLQ* 1; Montjoie in Crawford, Pellet, & Olleson (2010) 503; Tanzi, 'Liability for Lawful Acts' (2013) *MPEPIL*.

[124] 10 December 1982, 1833 UNTS 396. Further: chapter 13.

[125] Akehurst (1985) 16 *NYIL* 3; Barboza (1994) 247 Hague *Recueil* 295; Brans, *Liability for Damage to Public Natural Resources* (2001); Xue, *Transboundary Damage in International Law* (2003); Voigt (2008) 77 *Nordic JIL* 1; Guttinger in Crawford, Pellet, & Olleson (2010) 515; Hafner & Buffard, ibid, 521.

[126] (1949) 3 RIAA 1905, 1965. See Read (1963) 1 *CYIL* 213. Also *Lac Lanoux* (1957) 12 RIAA 281 (potential harm only not actionable in a transboundary context).

[127] ILC *Ybk* 2006/II, ch V. Cf Boyle in Crawford, Pellet, & Olleson (2010) 95.

提供即時與充分之賠償」，雖然在沒有明確義務之情況下，[128] 法院是否願意將跨界損害的責任強加於國家，頗值懷疑；但事實上，該草案已提出具體制度，要求國家在環境受到損害情況下，建立不同的法律救濟手段。[129]

在所有上述情況下，法院仍然可援引並審視「盡職調查」（due diligence）義務，事實上，國際法本身不禁止之活動，國家可能在執行該活動時，因判斷力不足或管理不善，但不能進一步排除其所造成損害之責任。[130] 從此意義上而言，唯一被各國一致接受，依據國際法完全合法行為所規定責任之實例，載於 1972 年「外太空物體造成損害之國際責任公約」（1972 Convention on International Liability for Damage Caused by Space Objects），其中第 II 條規定，「發射國對其外空物體在地球表面及對飛行中的航空器所造成之損害，應負給付賠償的絕對責任」；而第 III 條則規定，「發射國之外太空物體在地表以外，對另一發射國之外太空物體或所載之人或財產造成損害時，唯有損害係前者之過失始有責任」。[131]

(6) 濫用權利

許多國家的法律制度承認濫用權利之原則。[132] 例如，墨西哥民法第 1912 條規定，「倘若在行使權利時，對於他人造成損害，如果表明行使權利僅係造成損害，而沒有給權利人帶來任何利益，則有義務賠償被害一方」。[133] 然而，上述理論僅得到國際法庭之有限支持。[134] 在 *Certain German Interests in Polish*

---

[128] *Pulp Mills on the River Uruguay (Argentina v Uruguay)*, ICJ Reports 2010 p 14, 103–4.

[129] Koskenniemi (1992) 3 *Ybk IEL* 123; Treves et al, *Non-Compliance Procedures and the Effectiveness of International Environmental Agreements* (2009).

[130] Dupuy, *La Responsabilité internationale des États pour les dommages d'origine technologique et industrielle* (1976) 189; Economides in Crawford, Pellet, & Olleson (2010) 371; Crawford (2013) 226–32.

[131] 961 UNTS 187. See Christol (1980) 74 *AJIL* 346. Damage caused in Canadian territory by the fall in 1977 of a Soviet satellite, *Cosmos 954*, was settled by diplomatic means, including the payment of Can$3 million compensation: 20 ILM 689; Burke (1984) 8 *Fordham ILJ* 255.

[132] Kiss, *L'Abus de droit en droit international* (1953) and 'Abuse of Rights' (2006) *MPEPIL*; Schwarzenberger (1956) 42 *GST* 147; Taylor (1972) 46 *BY* 323; Iluyomade (1975) 16 *Harv ILJ* 47; Byers (2002) 47 *McGill LJ* 389.

[133] Vargas, *Mexican Civil Code Annotated* (2009) 653.

[134] Citations often involve *ex post facto* recruitment of arbitral awards, e.g. *Portendick* (1843) in Lapradelle & Politis, 1 *Recueil des Arbitrages Internationaux* (1905) 512. See also *Immunities and Criminal Proceedings (Equatorial Guinea v France)*, Preliminary Objections, 6 June 2018, 151, in which the Court held that 'abuse of rights cannot be invoked as a ground of inadmissibility when the establishment of the right in question is properly a matter for the merits'.

Upper Silesia 一案中，常設國際法院裁定，在和平條約生效後，直到上西里西亞（Upper Silesia）之主權移交爲止，【545】處置領土內國家財產之權利仍歸屬於德國。倘若「濫用」（misuse）此項權利，[135] 轉讓將構成違反其義務。然而，法院卻認爲，德國在該案中轉讓土地之政策，應認其係對公共財產之正常管理。

在 *Free Zones of Upper Savoy and the District of Gex* 一案中，法院裁定，法國之財政立法適用於自由區（屬於法國領土），但「必須對濫用權利之情況作出保留」，但法院不能推定此爲濫用。[136] 而將「濫用權利」原則視爲一般法律原則並非沒有道理，該原則有時被納入條約之條款，例如 UNCLOS 第 300 條之規定。[137]「濫用權利」之應用相當微妙，在審議國際法院工作後，Lauterpacht 法官觀察指出：

> 這些只是一個充滿潛力學說之謙虛開端，且認爲相當大的權力，並不具有立法性質，而應交給司法法庭。在某些情況下，任何合法權利，無論多麼穩固，都不能以被「濫用」爲由而被拒絕承認。故「濫用權利」之學說係須經深思熟慮之克制而使用的工具。[138]

在某些情況下，上述學說可能有助於解釋法治之起源，例如，任何國家

---

[135] (1926) PCIJ Ser A No 7, 30. The Court added: '[s]uch misuse cannot be presumed, and it rests with the party who states that there has been such misuse to prove its statement.'

[136] (1930) PCIJ Ser A No 24, 12. Also *Free Zones of Upper Savoy and the District of Gex* (1932) PCIJ Ser A/B No 46, 94, 167; *Electricity Co of Sofia and Bulgaria* (1939) PCIJ, Preliminary Objection, Ser A/B No 77, 98 (Judge Anzilotti); *Conditions of Admission of a State to Membership in the United Nations (Article 4 of Charter)*, ICJ Reports 1948 p 57, 79 (Judge Azevedo, diss); *Admissibility of Hearings of Petitioners by the Committee on South West Africa*, ICJ Reports 1955 p 65, 120 (Judge Lauterpacht). See also *Whaling in the Antarctic*, Memorial of Australia, 9 May 2011, p 258–9, 5.135–5.136. The Court did not itself refer to abuse of right: ICJ Reports 2014 p 226.

[137] 1833 UNTS 397: 'States Parties shall fulfil in good faith the obligations assumed under this Convention and shall exercise the rights, jurisdiction and freedoms recognized in this Convention in a manner which would not constitute an abuse of right.'

[138] Lauterpacht, *Development* (1958) 164. Also Verzijl, 1 *International Law in Historical Perspective* (1968) 316–20.

都無權以對另一國領土造成損害的方式使用，或允許使用其領土。[139]而通常意謂請求立法或修改規則以適應特殊情況。一般來說，問題在於國家權力或特權之行使，是否取決於某些目標之存在。在行為表面上合法的情況下，法院推定動機無關緊要，除非法律另有規定。而當現有法律規則規定誠信、善意、合理、正常管理等標準時，「濫用權利」之論述並未增加任何內容。同理可知，就國際組織而言，「越權責任」（*détournement de pouvoir*），獨立於任何「濫用權利」之一般原則而存在。總之，雖然該學說作為一般原則在法律的逐漸發展中，係有利之證明，但該原則並非【546】「實證國際法」（positive international law）的一部分。事實上，該原則能否被安全地承認為流動之學說，頗值懷疑。上述原則係鼓勵關於權利相對性之學說，並超出司法論壇之外，導致相當不穩定。

5. 排除不法行為之情況

排除不法性之情況，有時被不同地或令人困惑地描述為「正當理由」、「藉口」或「例外」，為國家提供了免責抗辯，否則國家將在不遵守國際義務之情況下承擔責任。[140]上述抗辯不一定終止或中止基本義務，從此意義上而言，該作用與其說是一柄利劍，倒不如說是一個盾牌；易言之，既沒有削減相關義務，亦無削減義務背後之基本規則，抗辯僅係防禦而已。[141]

「抗辯」作為單獨類別之存在，意即抗辯者負有法律舉證責任，而一些國際裁決機構，例如 WTO 上訴機構已經制定複雜之程序規則。在 *EC-Tariff Preferences* 一案中，上訴機構認定：

倘若一項規定在某些情況下，允許與另一項規定義務不一致之行為，並且此兩項規定其中一項又涉及另一項規定，上訴

---

[139] *Trail Smelter* (1941) 9 ILR 315, 317. Again the tribunal did not expressly refer to abuse of right.

[140] ARSIWA, Arts 20–25 and commentary; Thirlway (1995) 66 *BY* 1, 70–80; Szurek in Crawford, Pellet, & Olleson (2010) 427; Crawford (2013) ch 9; Paddeu, 'Circumstances Precluding Wrongfulness' (2014) *MPEPIL*; Paddeu, *Justification and Excuse in International Law: Concept and Theory of General Defences* (2018).

[141] Crawford (2013) 281–3.

機構裁定，僅有當其中一項條款表明該義務不適用於該措施時，原告方負有責任證明，受到質疑之措施與允許特定行為條款不一致。否則，許可條款（permissive provision）已被定性為係「例外」或「抗辯」，並且援引該條款以證明其措施與要求之一致性的責任，已落在被告方。[142]

但情況並非總是如此。在國際法中，舉證責任之發生率不僅取決於國內法體系中假定原告方與被告方之關係。[143] 當案件透過雙協議（compromise）提交給法院時，任何一方都不能被視為被告，而且通常雙方都提出肯定之主張。此外，諸如消滅時效（extinctive prescription）及同意（默許或棄權）等抗辯，被視為「可受理性問題」（admissibility）或保留到實質審理階段，一般而言，適用之規則係「原告負舉證責任」（*actori incumbit* probation）原則。

條約制度多樣化的出現，象徵「專門法院」（specialized courts）可能認為自己無法審查基於其管轄範圍之外規則之論點。【547】當系爭情況在專門法庭上適用「一般反制措施」（general countermeasures）時，情況尤其如此。在 *Mexico Soft Drinks* 一案中，墨西哥聲稱其與 WTO 不一致之措施，實際上係確保美國遵循其於北美自由貿易協定（NAFTA）下的義務所必需實施之「反制措施」。WTO 上訴機構駁回上述論點，並確認 WTO 爭端解決機構不能「評估被告是否違反相關國際協定」。[144] 即使考慮基於本身條約制度論點之法庭，亦可能認為排除不法性之情況，不適用於第三方。在 *Cargill Inc. v Mexico* 一案中，法庭聲明，「反制措施」可能不會排除違反對第三國義務行為之不法性，並且不一定會對違反義務國的國民產生任何影響，抑或對於違反義務國本身。[145]

---

[142] *EC—Tariff Preferences*, WTO Doc WT/DS246/AB/R, 7 April 2004, para 88. Also: *EC—Hormones*, WTO Doc WT/DS26/AB/R & WT/DS48/AB/R, 16 January 1998, para 104; *Brazil—Aircraft*, WTO Doc WT/DS46/AB/R, 2 August 1999, paras 139–41; *EC—Sardines*, WTO Doc WT/DS231/AB/R, 26 September 2002, para 275.
[143] Lauterpacht (1958) 363–7.
[144] *Mexico—Soft Drinks*, WTO Doc WT/DS308/AB/R, 6 March 2006, para 78.
[145] *Cargill v Mexico* (2009) 146 ILR 643, 764. Also: *Archer Daniels Midland Co and Tate & Lyle v Mexico* (2007) 146 ILR 440, 498–500; *Corn Products International v Mexico* (2008) 146 ILR 581, 627–9.

雖然如此，經過多次辯論，ILC 在 ARSIWA 中包括了六種解除不法性之情況，包括：同意（第20條）、自衛權（第21條）、反制措施（第22條）、不可抗力（第23條）、危難（第24條），以及必要性（第25條）。上述條款由第26條予以補充，該條文規定，上述情況均不排除一國不符合一般國際法強制性規範所產生義務之任何行為的不法性；以及第27條，涉及排除不法性情況之後果。第27條闡明，援引上述條款解除行為不法性之情況「不妨礙」（without prejudice）：(i) 並且只在解除行為不法性的情況不再存在時遵守該項義務；(ii) 對該行為所造成的任何物質損失的賠償問題。關於上述排除不法性之情況如何運作，並非於所有案件中都完全合乎邏輯，此節存在被批評為不在條款之範圍內，蓋某些情況下（特別是同意及自衛權）似乎更接近於主要規則，定義義務之具體內容，而並非次要規則。[146]

(1)同意

ARSIWA 第 20 條規定，「一國以有效方式表示同意另一國實施某項特定行為時，該特定行為的不法性在與該國家的關係上即告解除。但以該行為不逾越該項同意的範圍為限」。[147] 其中，「有效」之定義係一個爭論不休之問題，並且可能取決於相關之主要義務，以及案件具體情況。[148] 但在任何情況下，「同意」都必須「明確確立」並且「由國家實際表達」，並非僅僅假設【548】倘若被要求時，國家將會予以同意。[149] 此外，行使同意之人，必須被授權代表國家為之，且「同意」必須係基於自由給予（freely given）。[150] 另外，「同意」之範圍相當關鍵：「同意」僅針對其所表示特定場合或目的下，始得排除不法性。[151]

---

[146] Christakis in Christakis (ed), *Droit du pouvoir, pouvoir du droit* (2007) 223; Crawford (2013) 278, 287–92.

[147] Abbas (2004) 53 *ICLQ* 211; Ben Mansour in Crawford, Pellet, & Olleson (2010) 439; Crawford (2013) 283–9.

[148] Abbas (2004).

[149] ARSIWA, commentary to Art 20, para 6; *Armed Activities on the Territory of the Congo*, ICJ Rep 2005 p 168, 211.

[150] ARSIWA, commentary to Art 20, paras 4–6; Crawford (2013) 285–6.

[151] ARSIWA, commentary to Art 20, para 2.

(2) 自衛權

ARSIWA 第 21 條規定，「一國之行為倘若構成依照『聯合國憲章』而採取之合法自衛措施（self-defense），[152] 則該行為之不法性即告解除」。上述規定與「聯合國憲章」第 51 條對於「單獨或集體自衛固有權利」之保留相呼應，雖然同法第 2 條第 4 項規定「禁止威脅或使用武力」。正如「合法」（lawful）一詞所暗示，ARSIWA 第 21 條全面援引「聯合國憲章」關於何時，以及在何種程度上行使自衛權之主要規則（包括合比例性及必要性之要求）。[153] 然而，自衛權之「固有權利」（inherent right）本身亦屬於排除不法性之情況，蓋行使此項權利之國家，甚至不存在違反「聯合國憲章」第 2 條第 4 項之規定。然而，自衛權不僅可作為排除聯合國憲章第 2 條第 4 項而採取行動之正當理由，亦可據此作為不履行與該行動相關其他義務。因此，自衛權既是一種「固有權利」，亦是一種排除不法性之情況。因此，行使自衛權之國家可能侵犯侵略國之領土、干涉其內政，或破壞其對外貿易。在上述情況下，國家可以援引自衛權作為解除不法性。然而，對於某些義務而言，例如：「軍事衝突期間全面克制義務」，[154] 原則上拒絕此種可能性，不得以此理由與方式援引自衛權。

(3) 反措施

「聯合國憲章」以法律明確排除武裝報復，[155] 然而，ARSIWA 第 22 條規定，「一國不遵守其對另一國國際義務的行為，在並且只在該行為構成按照第 III 部分第二章針對該另一國採取之一項反措施情況下，其不法性始可解除」。第 III 部分第二章中規定之最重要條件，係反措施必須為「非強制性」（ARSIWA 第 50(1)(a) 條）。

---

[152] Thouvenin in Crawford, Pellet, & Olleson (2010) 455; Crawford (2013) 289–92; Paddeu (2014) 85 *BY* 90.

[153] ARSIWA, commentary to Art 21, para 6.

[154] *Legality of the Threat or Use of Nuclear Weapons*, ICJ Reports 1996 p 226, 242.

[155] Elagab, *The Legality of Non-Forcible Counter-Measures in International Law* (1988); Alland in Spinedi & Simma (1987) 143; Malanczuk, ibid, 197; Salmon, ibid, 235; Lesaffre in Crawford, Pellet, & Olleson (2010) 469; Crawford (2013) 292–5; Azaria, *Treaties on Transit of Energy via Pipelines and Countermeasures* (2015). Also chapter 26.

(4) 不可抗力

【549】不可抗力（force majeure）可排除不法性，ARSIWA 第 23 條第 1 項將其定義為，「即有不可抗拒的力量或該國無力控制、無法預料的事件發生。以至該國在這種情況下實際上不可能履行義務，該行為的不法性即告解除」。[156]「不可抗力」涉及一種「非自願或至少不涉及自由選擇的因素」之情況，[157] 雖然「實質上不可能」（materially impossible）之含義很難辨別。然而，很明顯，此部分不僅僅包括疏忽，而且必須不僅意味著物質上之困難。[158] ARSIWA 第 23 條第 2 項則包含二項條款。首先，不可抗力的情況是由援引此種情況的國家的行為單獨導致或與其他因素一併導致；[159] 其次，該國已承擔發生這種情況之風險。

(5) 危難

危難（distress）[160] 與「不可抗力」之必要性概念類似，但不同的是，「危難」更清楚地排除自願行為之不法性。[161] ARSIWA 第 24 條第 1 項定義「危難」之情況如下：「就一國不遵守該國國際義務之行為而言，倘若有關行為人在遭遇『危難』之情況下，為挽救其生命或受其監護之其他人的生命；除此等行為外，別無其他合理方法，則該行為之不法性即告解除」。上述之危難情況，大多發生在極端天氣之下，船舶或航空器未取得另一國之同意，而在另一國領土內尋求避難。在 *Rainbow Warrior* 一案中，仲裁庭接受一名法國特工提出遭遇「危難」之主張，該特工聲稱需要醫療救助，但他其生命並未受到威脅；[162] 雖然 ARSIWA 第 24 條劃出一條清楚的界限：「僅限於人的生命受到威脅的情況」。[163] ARSIWA 第 24 條第 2 項則列出二項不適用「危難」情況之規定：首

---

[156] Szurek in Crawford, Pellet, & Olleson (2010) 475; Paddeu (2011) 82 *BY* 381; Crawford (2013) 295–301.

[157] ARSIWA, commentary to Art 23, para 1.

[158] *Rainbow Warrior* (1990) 82 ILR 499, 553, although the tribunal problematically conflated 'absolute' and 'material' impossibility; *Sempra Energy International v Argentina*, ICSID Case No ARB/02/16, 28 September 2007, para 246.

[159] *Libyan Arab Foreign Investment Co v Burundi* (1994) 96 ILR 279, 318.

[160] Szurek in Crawford, Pellet, & Olleson (2010) 481; Crawford (2013) 301–5.

[161] ARSIWA, commentary to Art 24, para 1.

[162] (1990) 82 ILR 499, 555–60.

[163] ARSIWA, commentary to Art 24, para 6.

先，「危難」情況係由援引此狀況之國家行爲單獨導致，或與其他因素一併導致；其次，有關行爲可能造成類似或更大的災難。

(6) 必要性

「必要性」（necessity）作爲排除不法性情況係最具爭議的理由，但此原則卻是各國在國際法庭上最常試圖援引之情況。[164]【550】國家責任法（law of state responsibility）[165] 中是否存在「必要性」作爲一般抗辯，[166] 並且必須將「必要性」與主要規則中之無數「緊急例外」（emergency exceptions）情況予以區分，一直受到廣泛的質疑。上述「必要性」原則，還必須與「軍事必要性」（military necessity）加以區分，[167] 蓋「軍事必要性」可能在武裝衝突法之某些情況下提出請求，並且也在主要規則層面予以適用。無論如何，「必要性」作爲抗辯之可使用性，受到嚴格之條件限制。[168] ARSIWA 第 25 條規定，「一國不得援引『必要性』作爲理由解除不遵守該國某項國際義務行爲之不法性，除非：(i) 該行爲是該國保護基本利益，對抗某項嚴重迫切危險的唯一辦法；並且 (ii) 該行爲並不嚴重損害作爲所負義務對象的一國、數國，或整個國際社會之基本利益」。[169] 此處所指涉的「唯一」，係指無其他更好的替代方法，例如倘若另一種合法方法更昂貴，或更不方便，則均可推翻「必要性」測試。國家本身的根本利益，亦必須超過對其負有義務的其他國家，或整個國際社會之任何利益。而 ARSIWA 第 25 條第 2 項更有二項細部規定，易言之，「一國不得在以下情況援引『必要性』作爲解除其行爲不法性的理由：(i) 有關國際義務排除援引『必要性』情況之可能性；或 (ii) 該國促成了該『必要性』之情況」。貢獻必須達成「足夠重要」（sufficiently substantial）之標準，而不僅僅是偶然或次要的，以防止援引「必要性」原則。[170]

[164] Heathcote in Crawford, Pellet, & Olleson (2010) 491; Sloane (2012) 106 *AJIL* 447 Crawford (2013) 305–15.
[165] Sloane (2012).
[166] *CMS v Argentina*, Decision on Annulment (2007) 46 ILM 1132, 1148–53.
[167] ARSIWA, commentary to Art 25, para 21.
[168] *Gabčíkovo-Nagymaros Project (Hungary/Slovakia)*, ICJ Reports 1997 p 7, 45–6.
[169] ARSIWA, commentary to Art 25, para 17.
[170] ARSIWA, commentary to Art 25, para 20.

雖然在各種情況下，許多法庭都對「必要性」進行辯論，但在承認其為一種可能性之後，通常會否認其適用性。上述原則在國際仲裁庭的 *Neptune* 案[171] 及 *Russian Indemnity* 案[172] 中，以及國際法院的 *Gabcikovo-Nagymaros Project (Hungary/Slovakia)* 案[173] 及 *M/V Saiga (No. 2)* 中[174] 均獲支持。而在 *LG&E Energy Corp. v. Argentina* 一案中，ICSID 仲裁庭重申並確認「必要性」應該僅屬於「嚴格例外」，並且應在遇到特殊情況時始得適用，[175] 雖然仲裁庭承認本案之情況已經相當於特殊狀態。[176]

6. 結論

在 ILC 國家責任條款第一部分所涵蓋之所有主題中，與「歸責」有關之條款無疑係最具影響力亦可能最具爭議之內容，關鍵是何種構成狀態取決於調查之目的。締結條約象徵國家之中央政府承諾，至於哪些國家機構可視為承諾的代表，其定義相當嚴格；一旦國家給予承諾後，應該【551】在政府組織之各個層面遵守責任。另一方面，出於賦予責任之目的，國家概念代表公部門和私部門間之區別，易言之，國家本身並不對私部門之行為負責。誠然，在特定情況下，國家可能必須承擔積極之預防義務（positive obligation of prevention），但積極義務之概念，不應以過度延伸國家責任之方式予以適用及解釋。公部門實體活動在近代私有化之浪潮下，使二者加以區分更顯得具有必要性。然而，在國際層面中，除明顯的國家特權外，並無「先驗定義」（*priori* definition）說明關於構成公部門活動（public sector activity）之條件，如此一來，通常會使「類國營部門」（para-statal sector）處於一種不確定的法律狀態，並導致對於 ILC 第 5 條及第 8 條之決策模式更不穩定。

關於 ILC 第一部分的另一個主要活動軌跡，係國家對於其他國家行為之影響（第四部分，尤其是第 16 條關於共謀之規定）。倘若 *Belhaj v. Straw* 等

---

[171] Moore, 4 *Int Arb* 3843.
[172] (1912) 12 RIAA 44.
[173] ICJ Reports 1997 p 7, 46.
[174] (1999) 120 ILR 143.
[175] (2007) 46 ILM 40, 69. Also *CMS Gas Transmission Co v Argentina* (2005) 44 ILM 1205, 1243.
[176] (2007) 46 ILM 40, 69–73.

案件取得任何進展，則可謂一國對於勾結另一國不法行為之潛在責任，可能產生有效之限制作用。[177]

---

[177] [2017] UKSC 3; and see: chapter 3.

第二十六章　國際不法行爲之結果

1. 概述

　　【552】倘若一國或其他國際法主體實施「國際不法行爲」（internationally wrongful act）時，其他國家或主體有權作出回應，可透過追究不法行爲者之責任，尋求停止及賠償，或（倘若沒有其他可用之救濟措施）透過採取「反制措施」（countermeasures）予以制止。國際法委員會（ILC）於 2001 年「國家對國際不法行爲責任條款」（2001 Articles on Responsibility of States for Internationally Wrongful Acts, ARSIWA）之第二部分的規定，[1] 涉及停止及賠償；至於反制措施，則於第三部分加以規範。二者間之重要區別，係「停止及賠償」乃法律對國際不法行爲實施時所產生之義務；而「反制措施」（倘若採取時）則係被害國在尋求「停止及賠償」之努力都失敗後，可能採取之最終救濟措施。上述二者不僅對違約本身作出反應，且對責任國未能履行其次要義務（secondary obligations）作出反制，此爲援引 ARSIWA 第三部分之原因。

　　然而，並非所有國家都有權對於所有不法行爲作出回應，舉例而言，在雙邊關係中（例如雙邊條約的締約方間）只有當事方被假設擁有「權利」（包括反對資格）時，始能提出；但並非所有法律關係皆爲雙邊關係，而國家責任亦然，此原則也同時適用 ARSIWA 第三部分之規定。[2]

2. 停止、賠償、適用

　　【553】「國際責任」（international responsibility）引發之後果，必須謹愼以對，因該概念提出關於責任性質之實質性問題，而並非僅是作爲參考的文獻而已。雖然在國內法體系內制定之責任體系可能有助於概念上的類比，但在

---

[1] Appended to GA Res 56/83, 12 December 2001.

[2] For analysis of ARSIWA on this point, see generally Crawford, *State Responsibility: The General Part* (2013) ch 11.

國際法領域中，有些重要因素，例如關於條約履行規定等，對比於普通法系之侵權法及契約法，或大陸法系下之債法，似乎都不太一致。

此處採用之法律用語，主要沿用 2001 年 ILC 條款中的文字，並增加一些內容。「違反國際義務」（breach of an international obligation）係指「不法行為」或「不作為」（unlawful act or omission）。「損失」（damage）係指對於身體上或經濟上之侵害所造成之減損（loss/damnum），或此類違約行為對於其他後果之量化金額（financial quantification）。「損害」（injury）源於違反法律義務，於此情況下，唯一的特點係缺乏量化損失的簡便方法。「停止」（cessation）係指遵守國際法之基本義務，雖然停止行為有可能造成違約，但原則上仍應以國際法義務優先。只要相關義務繼續存在，就不需要將「停止」視為一種賠償手段，而應視為另一項獨立義務。「賠償」（reparation）係指預期「責任國」採取除「停止」之外的其他所有措施，包括：回復原狀、賠償及補償。「回復原狀」（restitution）係指原（實）物返還、撤銷錯誤措施，或返還被非法扣押之人員或財產。雖然從「回復原狀」與「停止」之結果觀察，有時可能會一致——例如，於釋放被非法拘留個人之案件中，但二者於法律概念上仍然有所不同。「賠償」（compensation）係指狹義解釋的「金錢賠償」，亦即依照所犯錯誤之標準，由責任國支付金錢。「補償」（satisfaction）係指除「回復原狀」或「金錢賠償」之外的救濟方法，「補償」通常以多種形式呈現，包括：道歉、審判、懲罰責任人（一旦定罪），以及採取措施防止違規行為再次發生（保障不再犯）等。

上述看待問題方式的基本假設，係關於「國際責任」以及關於「國家」作為責任主體而延伸的爭議問題。首先，「國際責任」係無差別待遇：正如同習慣及條約有時產生「義務替代」（甚至互補）的情況，因此，關於各種「責任」的產生，並沒有本質上區別，換言之，例如基於「契約」（*ex contractu*）或「侵權」（*ex delicto*）。[3] 又如對於「聯合國海洋法公約」（UNCLOS）締

---

[3] The distinction, associated with the topic of 'crimes of state', was debated by the ILC since the 1976 draft, but excluded from the final version. Crawford, ILC *Ybk* 1998/II(1), 9–23; Crawford (2013) 390–4. For earlier literature, see Weiler, Cassese, & Spinedi, *International Crimes of State* (1989). Further: chapter 27.

約國而言，允許無害通過領海之義務係由於條約而產生；但對於非締約方的美國而言，該原則係依據一般國際法而產生。實際上，義務乃不可區分，倘若完全【554】不同之責任制度在適用時相互比較其效力，將產生相當奇怪的現象。[4] 其次，就適用於國際法規定的所有義務而言，責任制度亦無差別。國際義務的內容沒有「先驗限制」（*priori* limit），其範圍很廣泛，可以從潛艇航行規則到保護臭氧層等。在這兩種情況下，制定規則的主要目的是確保義務得以履行；而責任國不僅可以選擇履行義務或支付（可能無法量化的）損害賠償。國際法不僅涵蓋規範共用資源之公法體系（例如海洋或大氣層），[5] 並且涵蓋雙邊（例如外交）關係之私法體系。[6]

再其次，作為必然結果，「賠償」之功能係盡可能趨近於「回復原狀」（*status quo ante*）的結果。在 *Factory at Chorzów (Merits)* 一案中，常設國際法院認為：

> 非法行為之實際概念所包含的基本原則，乃為「賠償」必須盡可能消除非法行為所產生之所有後果，並重新建立「倘若未實施該行為，可能會存在的事實狀態」。回復原狀，或倘若不可能發生時，則支付與回復原狀具有價值相對應之賠償金額；至於對所遭受損失之賠償金，倘若需要時，對於所遭受損失之損害賠償，將不包括在回復原狀或任何替代款項中。上述判斷原則，應當用於確定對違反國際法行為之賠償數額。[7]

上述裁決係對於違反以「保護求償國利益為目的」之雙邊條約求償機制，其有別於個別國家尋求確立出庭資格（*locus standi*），藉以保護無法單獨辨識其合法利益，或可能與任何其他特定國家利益衝突之情況。在一般標準之案例中，國家保護自己的合法利益，並尋求對其自身，或其公民遭受物質或其他損

---

[4] ARSIWA, Art 12 and commentary. This does not, of course, prevent states from designing particular regimes of responsibility by treaty: ARSIWA, Art 55 and commentary.

[5] *SS Wimbledon* (1923) PCIJ Ser A No 1, 25.

[6] See Simma (1994) 250 Hague *Recueil* 217, 229–55.

[7] (1928) PCIJ Ser A No 17, 47.

害時之賠償。例如，在聯合國海洋法法庭（International Tribunal for the Law of the Sea, ITLOS）所審理的 *M/V Saiga (No. 2)* 一案中，法庭認定：

> 國際法有一項公認的規則：倘若因他國之「國際不法行為」而遭受損害之國家，有權就因該「不法行為」而遭受之損害獲得賠償，而且「賠償」必須盡可能消除該「不法行為」之所有後果，並重新建立倘若未實施該行為前所存在之狀態。[8]

【555】國際法院、[9] 投資法庭、[10] 國際人權法院與委員會，[11] 以及其他相關之國際機構，[12] 多次重上述申賠償義務之定義，並強調其盡可能回復原狀之要求。在國民遭受侵害之情況下，常設法院在 *Mavrommatis* 一案中補充闡述以下規則：透過處理其國民之案件，並代表其訴諸外交行動或國際司法程序時，「國家」實際上係在維護自身權利，易言之，該國政府有權代表其國民，確保國際法規則受到尊重；[13] 但實際上，亦有國家尋求維護集體或無名利益之情況，例如在人權或環境領域。然而，國際法院在其著名的 *Barcelona Traction* 案中，表述與上述案件不同之適用規則：鑑於案件當事方所涉權利之重要性，可認為所有國家在保護此類權利方面都有「合法利益」。[14] 在實踐中，可能難以對主張共同體利益（community interest）而保護介於國家間（interstate）違反義務之案件適用賠償規則。充分賠償原則係普遍適用，但法律必須考慮各種

---

[8] (1999) 120 ILR 143, 199, citing *Factory at Chorzów*, Merits (1928) PCIJ Ser A No 17, 47.

[9] *Application of the Convention on the Prevention and Punishment of the Crime of Genocide (Bosnia and Herzegovina v Serbia and Montenegro)*, ICJ Reports 2007 p 43, 232; *Ahmadou Sadio Diallo (Republic of Guinea v DRC)*, ICJ Reports 2010 p 639, 691.

[10] *CME v Czech Republic*, Partial Award (2001) 9 ICSID Reports 121, 239. ARSIWA, Pt II, which contains the articles dealing with reparation, applies only in relation to obligations owed to states and so does not apply to situations in which the responsibility of a state is invoked by a non-state entity, pursuant to procedures such as those available under human rights treaties and investment protection agreements. However, in many of these cases, the international law of state responsibility concerning reparation is nonetheless applied by analogy.

[11] *Papamichalopoulos v Greece* [1995] ECtHR 14556/89, [34]–[36]; *Velásquez Rodriguez case* [1989] IACtHR Ser C No 7, §26.

[12] *Final Award: Eritrea's Damages Claims* (2009) 26 RIAA 505, 524; *Final Award: Ethiopia's Damages Claims* (2009) 26 RIAA 631, 651.

[13] *Mavrommatis Palestine Concessions* (1924) PCIJ Ser A No 2, 12.

[14] *Barcelona Traction, Light and Power Co, Ltd (Belgium v Spain)*, ICJ Reports 1970 p 3, 32.

可能性。[15] 在許多情況下，求償方將專注於停止和對受影響之個人進行補救，或補救環境損害，而並非爲自己尋求賠償。[16]

3. 賠償形式

(1) 實物賠償及完整賠償

爲達到賠償之目的，[17] 法庭得以行政、立法或司法部門之不法行爲【556】係非法且不具國際效力的判決形式作爲聲明，[18] 並判定「合法賠償」（legal restitution）。此行爲既可歸類爲「回復原狀」原則之適用，亦可以歸類爲「補償」之環節。以「實物賠償」作爲修復傷害的方法相當合乎邏輯。條約或習慣法可能產生相關義務，並附有得請求「特定賠償」之權力（power to demand specific restitution）。[19] 因此，在 *Chorzów Factory* 一案中，常設國際法院認爲 1922 年日內瓦公約意旨係維持波蘭上西里西亞（Polish Upper Silesia）之「經濟現狀」（economic *status quo*），故「回復原狀」係對違反或不遵守條

---

[15] Further: Tomuschat (1993) 241 Hague *Recueil* 209, 353–68; Crawford (2006) 319 Hague *Recueil* 325, 421–51.

[16] Tams, *Enforcing Obligations Erga Omnes in International Law* (2005); Gaja in Crawford, Pellet, & Olleson (eds), *The Law of International Responsibility* (2010) 941; Vaurs-Chaumette, ibid, 1023.

[17] Generally: Eagleton (1929) 39 *Yale LJ* 52; Whiteman, *Damages in International Law* (1937–43); García-Amador, ILC *Ybk* 1961/II, 2–45; Bollecker-Stern, *Le Préjudice dans la théorie de la responsabilité internationale* (1973); Gray, *Judicial Remedies in International Law* (1987); Sabahi, *Compensation and Restitution in Investor-State Arbitration: Principles and Practice* (2011); Gray in Romano, Alter, & Shany (eds), *The Oxford Handbook of International Adjudication* (2013) 871. See also ARSIWA, Art 34 and commentary, and the essays in Crawford, Pellet, & Olleson (2010) Part IV, section 1; Crawford (2013) chs 15–16.

[18] *Martini* (1930) 2 RIAA 975, 1002; *Arrest Warrant of 11 April 2000 (DRC v Belgium)*, ICJ Reports 2002 p 3, 32; *Jurisdictional Immunities of the State (Germany v Italy)*, ICJ Reports 2012 p 99, 153–4. Also: McNair, 1 *Opinions* 78; *Barcelona Traction, Preliminary Objections*, ICJ Reports 1964 p 6; *Barcelona* Traction, Second Phase, ICJ Reports 1970 p 4; *South West Africa (Ethiopia v South Africa; Liberia v South Africa)*, Second Phase, ICJ Reports 1966 p 3, 32 (with particular reference to the apartheid laws). Such action has become important in the jurisprudence of the Inter-American Court of Human Rights (IACtHR). E.g. *Barrios Altos v Peru*, IACtHR C/75, 14 March 2001, §51. Also: *Almonacid Arellano v Chile*, IACtHR C/154, 26 September 2006; *Gomes Lund v Brazil*, IACtHR C/219, 24 November 2010; *Gelman v Uruguay*, IACtHR C/221, 24 February 2011. On a similar trend in the European Court of Human Rights (ECtHR): Nifosi-Sutton (2010) 23 *Harv HRJ* 52.

[19] Baade (1960) 54 *AJIL* 801, 814–30; García-Amador, ILC *Ybk* 1961/II, 17–18; Wortley (1961) 55 *AJIL* 680; Jiménez de Aréchaga (1978) 159 Hague *Recueil* 1, 285–6; Schachter (1982) 178 Hague *Recueil* 9, 190–1; Gray (1987) 95–6. Also ARSIWA, Art 35 and commentary; Gray in Crawford, Pellet, & Olleson (2010) 599; Crawford (2013) 510–16.

約規定之「自然賠償」（natural redress）方式。[20]另一方面，在強加侵略國對於非法占領（illegal occupation）結果負擔賠償義務時，受害方得要求歸還領土（retroceded territory）所屬國家之「具有藝術、歷史或考古價值之文化遺產（cultural heritage）」。[21]領土爭端似乎亦可透過具體之「回復原狀」方式予以解決，但國際法院判決所具備之宣告性效果，往往忽略了「回復原狀」的要件。[22]

除條約明確規定外，以實物返還即可謂「特定回復原狀」（specific restitution）之方法，係屬於例外情況，絕大多數提交仲裁之求償公約及協議僅規定對於「金錢求償」（pecuniary claims）之裁定。[23]學者、[24]政府及仲裁法庭，[25]不時主張「特定賠償」之權利，且經常【557】援引 Chorzów Factory 案判決揭示之原則。國際法院在 Pulp Mills 案中重申：習慣國際法規定，「回復原狀」係對於侵害進行賠償的一種形式，且責任國應回復至不法行為發生前之狀態。[26]然而，雖然此形式之救濟模式在法律中占有一席之地，但很難確定其適用條件，除非明確規定得予救濟之態樣。

在 Rainbow Warrior 一案中，紐西蘭要求將兩名被法國政府釋放之人犯交還拘留，而此做法違反先前的和解協議。法院明白本案係涉及「停止」

---

[20] (1927) PCIJ Ser A No 8, 28. Cf *Italy v Federal Republic of Germany* (1959) 29 ILR 442, 474–6; *Amoco International Finance v Iran* (1987) 83 ILR 500.

[21] Italian Peace Treaty, 10 February 1947, 49 UNTS 3, Arts 12, 37, 78, Annex XIV, para 4; cf *Franco-Ethiopian Railway Co* (1957) 24 ILR 602. Further: Part III of the Agreement on Reparation from Germany, on the Establishment of an Inter-Allied Reparation Agency and on the Restitution of Monetary Gold, 14 January 1945, 555 UNTS 70, para A.

[22] *Legal Status of Eastern Greenland* (1933) PCIJ Ser A/B No 53; *Temple of Preah Vihear (Cambodia v Thailand)*, ICJ Reports 1961 p 17. In the latter, the Court found, inter alia, that Thailand was obliged to restore to Cambodia any sculpture, stelae, fragments of monuments, and pottery which might have been removed by the Thai authorities. In fact, nothing was shown to have been removed and Cambodia did not press the point at the time.

[23] Also General Act for the Pacific Settlement of International Disputes, 26 September 1928, 93 LNTS 342, Art 32; Revised General Act, 28 April 1949, 71 UNTS 101, Arts 1, 17.

[24] Especially: Mann (1977) 48 BY 1, 2–5; Verzijl, 6 *International Law in Historical Perspective* (1973) 742.

[25] *Walter Fletcher Smith* (1927) 2 RIAA 913, 918; *Greece v Bulgaria (Treaty of Neuilly)* (1933) 7 ILR 91, 99. In these two awards, restitution was not considered appropriate for practical reasons. Cf *Interhandel (Switzerland v US)*, ICJ Reports 1959 p 6. Also: *BP Exploration Co (Libya) Ltd v Libyan Arab Republic* (1974) 53 ILR 297 (*restitutio in integrum* not favoured); *Texaco v Libyan Arab Republic* (1977) 53 ILR 389 (*restitutio* affirmed as a principle); *LIAMCO v Libyan Arab Republic* (1982) 62 ILR 140 (*restitutio* not favoured); *Von Pezold v Zimbabwe*, Award, ICSID Case No ARB/10/15, 28 July 2015 (a rare example of *restitutio* being ordered).

[26] *Pulp Mills on the River Uruguay (Argentina v Uruguay)*, ICJ Reports 2010 p 14, 103. See also *Jurisdictional Immunities of the State*, ICJ Reports 2012 p 99, 153–4.

（cessation）而並非「回復原狀」的案例，但礙難以「未履行之拘留義務已經同時過期」此一難以置信之理由，裁定予以「停止」。[27] 上述情況可謂以一個爭端解決之訴求戰勝法律邏輯之案例。

　　法庭應避免鼓勵透過支付損害賠償金以換取有罪不罰之情況；因此，「特定回復原狀」（specific restitution）在某些情況下是適當的做法。很明顯地，最好的處理方式，乃法庭為受到不利影響之人提供損害賠償管道之同時，仍應兼顧政府內部的救濟措施程序：一味強調「回復原狀」顯得太過僵化。ARSIWA 第 35 條包括一項規定，只有在涉及「請求回復原狀且不要求補償所得到之利益，不致與所引起之負擔完全不成比例」之情況下，始得請求回復原狀。國際法院判決中的兩個案例子，可說明此原則困難之處。在 2000 年 4 月 11 日 *Arrest Warrant (Democratic Republic of the Congo v Belgium)* 一案中，法院承認，僅依據國際法宣布非法尤嫌不足，並認定比利時有義務取消非法簽發之逮捕令。[28] 相反地，在 *Avena* 一案中，法院拒絕在沒有領事通知或協助之情況下，下令取消死刑判決。法院僅確定美國有義務提供重新考慮違反「維也納領事關係公約」（Vienna Convention on Consular Relations）[29] 而為判刑的方式。在美國政治體系下，聯邦行政部門所面臨之難題，係無法符合（non-compliance）法院所採取的「臨時措施」；[30] 美國聯邦最高法院在 *Medellin v Texas* 一案判決中，[31] 充分證實了上述困難。另一方面，*Arrest Warrant* 一案之非法原因，在於對剛果外交部長所發出逮捕令的行為，本身就是極具爭議之問題，且由於法院認定該行為違反有關豁免原則之國際法，因此，較為適當之法律結果，乃法院直接下令撤銷【558】逮捕令。相比之下，不應將墨西哥國民之定罪與判刑視為違反國際法，而僅限於某些違反條約義務之行為。[32]

27　(1990) 82 ILR 499, 566–8.
28　ICJ Reports 2002 p 3, 34.
29　ICJ Reports 2004 p 12, 60, 72.
30　ICJ Reports 2003 p 77.
31　552 US 491, 525 (2008): '[t]he President has an array of political and diplomatic means available to enforce international obligations, but unilaterally converting a non-self-executing treaty into a self-executing one is not among them. The responsibility for transforming an international obligation arising from a non-self-executing treaty into domestic law falls to Congress.' See Charnovitz (2008) 102 *AJIL* 551.
32　ICJ Reports 2004 p 12, 60, 72.

(2) 損害賠償、金錢賠償

對於不法行為所造成之傷害，「金錢賠償」（monetary compensation）通常為適當之做法，而且往往係唯一的救濟措施。[33] ARSIWA 第 36 條規定，如果損害沒有辦法「回復原狀」（restitution），金錢賠償成為侵害救濟的標準結果，而此賠償應「彌補在經濟上可評估之任何損害，包括可確定之利潤損失」。此與國際法院、國際法庭、求償委員會之長期判決及裁定一致。在 *Gabčíkovo-Nagymaros Project* (*Hungary/Slovakia*) 一案的判決中，法院重申：國際法公認之原則，係受害國有權就因為「國際不法行為」所造成之損害，向實施該行為之國家求償。[34]

在物質損失（material damages）之情況下，無論是對一個國家還是對於其國民而言，給予賠償係最直接的方式。從 1794 年傑伊條約（The Treaty of Amity, Commerce, and Navigation, Between His Britannic Majesty and the United States of America, Jay Treaty）下的委員會開始，依據條約設立求償委員會及仲裁庭，對於求償案件作出裁決，並確定衝突局勢後之損害程度。[35] 雖然國際法院很少判給損害賠償，[36] 但其判例已成為「一次性總額給付協議」（lump sum agreements）[37] 及其他國際機構裁決之基礎，例如伊朗－美國求償法庭（Iran-US Claims Tribunal）、[38] 聯合國賠償委員會（UN Compensation

---

[33] Further: Salvioli (1929) 28 Hague *Recueil* 231, 235–86; Yntema (1924) 24 *Col LR* 134. Gattini (2002) 13 *EJIL* 161; Ripinsky & Williams, *Damages in International Investment Law* (2008); Marboe, *Calculation of Compensation and Damages in International Investment Law* (2009); Barker in Crawford, Pellet, & Olleson (2010) 599; Sabahi (2011); Crawford (2013) 516–26; Shelton, *Remedies in International Human Rights Law* (3rd edn, 2015) ch 11.

[34] ICJ Reports 1997 p 7, 81. Also *M/V Saiga (No 2)* (1999) 120 ILR 143, 199. *Chorzów Factory* (1928) PCIJ Ser A No 17, 47.

[35] For a summary of their work: Gray (1987) 5–58.

[36] Ibid, 77 (*SS Wimbledon*), 83 (*Corfu Channel*); *Ahmadou Sadio Diallo (Republic of Guinea v Democratic Republic of the Congo)*, Compensation, ICJ Reports 2012, p 324, 343 (where the Court took account of post-judgment interest); *Certain Activities (Costa Rica v Nicaragua)*, Compensation, Judgment, 2 February 2018 (where the Court awarded almost $359,000 for environmental loss, remediation, and costs plus modest pre- and post-judgment interest). Damages are reserved in *Armed Activities on the Territory of the Congo (DRC v Uganda)*, ICJ Reports 2005 p 168, 257, were refused in *Fisheries Jurisdiction (Federal Republic of Germany v Iceland)*, ICJ Reports 1974 p 175, 204, and *Land and Maritime Boundary between Cameroon and Nigeria*, ICJ Reports 2002 p 303, 450–3, and were netted off in *Gabčíkovo-Nagymaros Project (Hungary v Slovakia)*, ICJ Reports 1997 p 7, 81 (where the Court usefully distinguished claims in debt from damages).

[37] Lillich & Weston (1988) 82 *AJIL* 69.

[38] Drahozal & Gibson (eds), *The Iran–US Claims Tribunal at 25* (2007).

Commission），[39] 以及厄利垂亞－衣索比亞求償委員會（Eritrea-Ethiopia Claims Commission）等。[40] 而投資法庭新興之判決及裁定，幾乎都是專門在處理金錢賠償之請求。[41]【559】在將損害賠償予以量化時，國際法庭在「間接損害」（indirect damage）方面面臨與其他法庭相同之問題，[42] 並且處理該問題之方式大致相同，而違約之特定背景及態樣，可能影響後續請求損害賠償之方法。[43] 雖然因果關係問題可能會爲適用特定理論帶來困難，[44] 但ARSIWA務實地避免上述爭論，而將具體之決定權保留給個案特殊性來判斷。上述規定與國家實踐相當一致，即使法庭在解釋時經常模糊不清，「關聯性」（remoteness）須與「損害措施」（measures of damage）以及「實體規則」（substantive rules）二者間，皆保有密切關係。

雖然如此，國際法庭之裁決者於推理過程中，仍被發現有許多重要相似之處。在 LG&E v. Argentina 一案中，國際投資爭端解決中心（ICSID）之法庭認爲，鑒於「影響該國所有資產的經濟崩潰」（economic collapse that affected all assets in the country），阿根廷之行爲係影響後續賠償數額的「直接原因」（proximate clause）；[45] 相同之標準亦適用於「厄利垂亞－衣索比亞求償委員會」，委員會決定損害數額時，亦考量與厄利垂亞違反「訴諸戰爭權」（jus ad bellum）行爲的相關性。在觀察過去國際法上曾使用過其他標準，例如，「任何直接傷害」（any direct injury）及「合理可預見損害」（reasonably foreseeable damage）時，[46] 委員會認爲：

> 倘若透過違反「訴諸戰爭權」而發起衝突之國家，依據國際法，必須對一系列隨後發生之後果負擔國際責任，則發起

---

[39] Heiskanen (2002) 296 Hague *Recueil* 255.

[40] Murphy et al, *Litigating War: Mass Civil Injury and the Eritrea–Ethiopia Claims Commission* (2013); Brilmayer et al, *International Claims Commissions* (2017).

[41] Crawford (2010) 25 *ICSID Rev-FILJ* 127; Marboe (2007); Ripinsky & Williams (2008); Sabahi (2011).

[42] Cheng, *General Principles of Law as Applied by International Courts and Tribunals* (1994) 233–40.

[43] *Dix* (1903) 9 RIAA 119, 121. On causation, see also Cheng (1994) 241–53.

[44] Bollecker-Stern (1973) 177–359.

[45] 25 July 2007, para 50.

[46] *Decision No 7: Guidance Regarding* Jus Ad Bellum *Liability* (2007) 26 RIAA 1, 12–15.

國將承擔廣泛之責任，無論其行爲是否尊重戰爭法（*jus in bello*）。然而，對不違反戰爭法之行爲施加廣泛國際責任，可能反而會削弱該法律之重要性、權威性，以及令國家遵守該法律之動機，從而傷害其原本旨在保護之人。[47]

　　兩個法庭似乎都考慮到，有必要調整賠償數額使其能眞正對應「不法行爲」之程度。因此，除「客觀責任」（objective liability）之少數情況外，[48]規則可能僅簡單予以規定：倘若損害係由「不法或疏忽行爲」（wrongful or negligent conduct）所造成，無論是否在合法活動過程之中，都應支付賠償金。然而，合法活動情況下之補償金額，可能不會高於適用於補償自始即爲非法活動，例如：「無端攻擊」（unprovoked attacks）或「非法徵收」（unlawful expropriations）等情況。在 *SD Myers, Inc v Canada* 一案中，仲裁庭費盡心力地確定求償人遭受之損失中，有多少之比例係實際上與加拿大違反「北美自由貿易協定」（NAFTA）規定之義務有關。[49]

　　ARSIWA 第 36 條第 2 項亦承認，在某些案例中，對利潤之損失進行補償可能是適當的做法。將日後預期利潤予以量化，並據以判斷相關的損害賠償，在實務上相當困難，但國際法庭已實際裁定此類損害賠償，且該損害之判定並非基於無端之推測，【560】例如請求之損害賠償係由於受契約保護之利益，或穩定的交易歷史。[50]

　　關於國際法中是否採納「懲罰性」（punitive）或「裁罰」（penal）等性質之損害賠償，存在相當大的爭議。[51]「懲罰性」損害賠償之概念源自普通法（common law），涉及在一方「輕率」（recklessness）、惡意（malice）、欺騙（deceit），或以其他「應受譴責」（reprehensibly）之不法行爲所造成

---

[47] *Final Award—Eritrea's Damages* (2009) 26 RIAA 505, 600–1.

[48] E.g. damage caused by space objects: chapter 25.

[49] (2002) 8 ICSID Reports 3.

[50] *Libyan American Oil Co v Libya* (1977) 62 ILR 140; Ripinsky & Williams (2008) 279–98; ARSIWA, Art 36 and commentary; Crawford (2013) 522–3.

[51] Eagleton (1929) 39 *Yale LJ* 52; García-Amador, ILC *Ybk* 1956/II, 211–12; Jorgensen (1998) 68 *BY* 247; Wittich in Crawford, Pellet, & Olleson (2010) 667; Crawford (2013) 523–6.

損害的情況下，侵權人應支付與實際遭受損失相對應之損害賠償金。然而，上述做法本質上皆非屬補償性質，ILC 認為普通法概念下的損害賠償方式，無論是懲罰性賠償、裁罰或補償等，在國際法中並沒有地位。[52]「懲罰性賠償」或「裁罰」視為損害賠償之爭議，亦涉及針對「未有實際損害」但卻違反法律義務之賠償，例如非法且暫時侵入他國之領土或領空。於上述情況下之賠償裁決，有時會被描述為「裁罰性損害賠償」（penal damages），[53] 但此論述並不正確：ILC 將其描述為「精神損害賠償」（moral damages）則更為準確。[54] Fitzmaurice 表示，任何違反條約之行為都需要支付「某些損害賠償」，無論違反行為是否造成任何實際的物質損害，或甚至金錢損失。[55] 然而，國際法庭在審理「非物質損失」案件時，保持謹慎態度，而且此類損失之估價問題，至今亦不存在簡單之解決方案。

在 Janes 一案中，美國提出求償之依據，係以墨西哥未能採取適當措施而逮捕殺害美國公民之兇手。[56] 該裁決係以對於有關個人所造成損害之賠償，並非針對美國，同時，該裁決亦確定應賠償 Janes 之親屬，[57] 因未懲罰罪犯而對其所造成之「侮辱」（indignity）。[58] 然而，美國明確表示代表 Janes 之親屬提出求償，但求償委員會唯一關心之問題為「估價」（valuation）而並非「肇因」（ascription）。雖然裁判係以「微不足道」或僅具「象徵意義」之損害賠償曾經相當普遍，[59] 但如今侵犯國家榮譽或尊嚴之行為，通常會得到「補償」，除受害方與責任國達成一致協議，或由法庭以宣告性判決的方式給予補償救濟。[60]

---

[52] ARSIWA, commentary to Art 36, para 4 and to Art 37, para 8. But see Shelton (2015) 402–20.

[53] *Lusitania* (1924) 18 *AJIL* 361, 368; *Moke* (1868) in Moore, 4 *Int Arb* 3411. Also: Cheng (1994) 235–8; Gray (1987) 26–8.

[54] ARSIWA, Arts 31, 36, and commentary.

[55] (1936) 17 *BY* 82, 109.

[56] (1925) 4 RIAA 82.

[57] General Claims Convention (US–Mexico), 8 September 1923, 6 RIAA 7, Art 1.

[58] *Janes* (1925) 4 RIAA 82, 89.

[59] Gray (1987) 28–9.

[60] See also the ruling of the Secretary-General in *Rainbow Warrior* (1986) 74 ILR 241, 271, determining US$7 million in compensation as a middle-ground solution between the amounts proposed by France and New Zealand. In the subsequent arbitration, New Zealand did not claim damages, and the tribunal did not award any sum by way of compensation. However, it did recommend the setting up of a joint fund to promote friendly relations and the making of an initial monetary payment by France: *Rainbow Warrior (New Zealand v France)* (1990) 20 RIAA 215, 272, 274–5. This was paid.

(3) 補償

(i) 補償之作用

【561】補償（satisfaction）[61] 係針對構成侵犯國家，且無法於經濟上予以評估其傷害程度之補救措施：[62] 包括透過「支付賠償金」、向國旗敬禮之方式道歉（已為過時做法）、承認錯誤、對個人予以審判及懲罰，或採取必要措施防止傷害再次發生。在 *I'm Alone* 一案中，加拿大政府申訴美國海岸警衛隊公務船（US coastguard vessel）在公海上擊沉一艘在加拿大註冊之走私酒類船舶（liquor-smuggling vessel），此案係於美國領海以外，但介於英國及美國之間締結之「酒類公約」（Liquor Treaty）規定下的「檢查區」（inspection zone）內所進行之「緊追」（hot pursuit）。[63] 加拿大之求償主張，被提交給回報該船之專員（Commissioners）：

> 雖然一艘在加拿大登記之英國船舶，但實際上（*de facto*）乃由完全、或幾乎係由一群美國公民所擁有、控制，並在重要時點管理該船舶，並為上述目的（走私酒類）而僱用船員。[64]

於上述情況下，船舶或其貨物之損失皆無須賠償。然而，由於使船舶沉沒係不法行為，故委員們建議：

> 美國應該正式承認其非法性（acknowledge its illegality），並為此向加拿大（國王陛下）政府（His Majesty's Canadian Government）道歉；此外，作為對錯誤之實質性修正，美國應向加拿大（國王陛下）政府支付 25,000 美元⋯⋯。[65]

---

[61] ARSIWA, Art 37 and commentary. See Wyler & Papaux in Crawford, Pellet, & Olleson (2010) 623; Hoss (2011) *MPEPIL*; Crawford (2013) 527–31. Further: Bissonnette, *La Satisfaction comme mode de réparation en droit international* (1952); Przetacznik (1974) 78 *RGDIP* 919, 944–74.

[62] ARSIWA, commentary to Art 37, para 3.

[63] (1933) 7 ILR 203.

[64] Ibid, 206.

[65] Ibid. Also *Manouba* (1913) 11 RIAA 471, 475; Hyde (1935) 29 *AJIL* 296; Fitzmaurice (1936) 17 *BY* 82; and for the *Panay* incident (1937): 5 Hackworth 687.

聯合國秘書長作為仲裁人，在其就 *Rainbow Warrior* 案件中之裁決中，亦採用上述方法。系爭案件被摧毀之船舶屬於荷蘭非政府組織（綠色和平組織），但法國特工卻於奧克蘭港摧毀該船舶，此舉係對於紐西蘭主權之侵犯。除下令賠償外，秘書長另裁定：「法國總理應就其特工襲擊 Rainbow Warrior 號而明確構成違反國際法之事實，[66] 向紐西蘭總理表達『正式且無條件之道歉』（formal and unqualified apology）。紐西蘭甚至要求，兩名負責執行襲擊之特工，在紐西蘭受審後，倘若返回法國應繼續被監禁。」雖然法國不會遵守該裁決，秘書長仍裁定，「法國被告特工應被移轉至歐洲外一個孤島上之法國軍事設施（French military facility）監禁三年，除非得到兩國之共同同意，禁止以任何【562】理由離開該島」。[67]

因此，現代國家實踐中繼續使用各種「補償」方式，而在 ARSIWA 第 37 條及其評論中可見端倪，該條第 2 項規定，「補償可採取承認不法行為、表示遺憾、正式道歉，或另一種合適的方式」。

然而，一些附隨問題依然存在。部分質疑者認為，對國家榮譽之侮辱，或具備傷害意圖，乃為滿足補償請求的先決條件，但此主張相當值得懷疑。蓋上述因素可能會納入賠償之評估，亦可能係未能採取措施防止傷害再次發生，或懲罰責任人。而以道歉方式作為請求之救濟措施，應採取不屈辱及過分（not humiliating and excessive）之方式，[68] 但沒有證據顯示，「補償」將替代與排除違約賠償請求權（當然，系爭各方可能另有約定）。

(ii) 宣告性裁決

在某些情況下，法院關於被告國不法行為之聲明構成「補償」（或廣義上賠償）之措施。[69] 然而，國際法庭可作出「宣告性判決」（declaratory judgment），只要此方式被系爭雙方認為適當且具有建設性，且其目的並非

---

[66] (1986) 19 RIAA 199, 213.

[67] Ibid, 214.

[68] Cf Stowell, *Intervention in International Law* (1921) 21–35, on measures of 'expiation' demanded in the past. On the *Tellini* incident: Eagleton (1925) 19 *AJIL* 293, 304. See now ARSIWA, Art 37(3): '[s]atisfaction shall not be out of proportion to the injury and may not take a form humiliating to the responsible State.'

[69] Lauterpacht, *Development* (1958) 206, 250; de Visscher, *Aspects récents du droit procédural de la Cour internationale de justice* (1966) 187–94; Ritter (1975) 21 *AFDI* 278; Gray (1987) 96–107; McIntyre (2012) 25 *Hague YIL* 107; Crawford (2013) 529–30.

對於錯誤給予「補償」。[70] 雖然國際法院不願意處理假設性以及過於抽象之問題，但常設國際法院已經確立作出「宣告性判決」之做法，[71] 例如在某些情況下，涉及領土主權之案件，法院認為給予「宣告」（declaratory）而非「執行」（executory）之判決，[72] 反而更能有效解決爭端。西南非（South West Africa）作為原告方向法院尋求一項聲明，亦即某些影響該領土主權之立法，違反南非依據委任統治所承擔的義務；[73] 另外，在 US Diplomatic and Consular Staff in Tehran 一案中，法院判決書亦包括若干關於終止對有關人員非法拘留之宣示性裁定；[74] 至於在 Nicaragua 一案中，該判決包含一項禁止聲明（injunctive declaration），「美國有責任立即停止，並避免所有構成違反法律義務之行為」。[75]

【563】有時很難將宣告性判決帶來的「補償」，與法院之常規裁決功能加以區分。在 Corfu Channel 一案中，國際法院宣告，皇家海軍在阿爾巴尼亞領海之掃雷行動侵犯主權，隨後並聲明：該聲明符合阿爾巴尼亞政府透過其律師提出之要求，本身即為適當之「補償」。[76] 該聲明係法院所作出，而非當事人之聲明，故可作為「替代性賠償」（alternative to compensation）。由於阿爾巴尼亞政府沒有請求「金錢賠償」（pecuniary compensation），因此該司法聲明（judicial declaration）即成為本案有效裁定之唯一手段。[77] 在 M/V Saiga (No. 2) 一案中，為有效尋求賠償，聖文森及格瑞那丁（Saint Vincent and the Grenadines）不僅要求被告方應賠償懸掛其國旗船舶，以及其船員之侵害，更要求應賠償侵犯其作為船旗國之權利。仲裁庭顯然更願意為前者之傷

---

[70] *Arabian-American Oil Co v Saudi Arabia* (1963) 27 ILR 117, 144–6.

[71] *Mavrommatis* (1925) PCIJ Ser A No 5, 51; *Certain German Interests in Polish Upper Silesia* (1926) PCIJ Ser A No 7, 18; *Interpretation of Judgments Nos 7 and 8* (1927) PCIJ Ser A No 13, 20–1.

[72] *Eastern Greenland* (1933) PCIJ Ser A/B No 53, 23–4, 75.

[73] ICJ Reports 1962 p 319; ICJ Reports 1966 p 6.

[74] ICJ Reports 1980 p 3, 44–5.

[75] *Military and Paramilitary Activities in and against Nicaragua (Nicaragua v US)*, ICJ Reports 1986 p 14, 146–9. Also *Nuclear Tests (Australia v France)*, ICJ Reports 1974 p 253, 312–19 (Judges Onyeama, Dillard, Jiménez de Aréchaga, and Sir Humphrey Waldock, joint diss).

[76] ICJ Reports 1949 p 4, 35. Also *Carthage* (1913) 11 RIAA 457, 460; *Manouba* (1913) 11 RIAA 471, 476; *Rainbow Warrior (New Zealand v France)* (1990) 82 ILR 499, 574–7.

[77] ICJ Reports 1949 p 4, 113–14 (Judge Azevedo, diss); *Aerial Incident of 27 July 1955 (Israel v Bulgaria)*, Preliminary Objections, ICJ Reports 1959 p 127, 129–31.

害判給損害賠償金，但同時考慮對於後者而言，仲裁庭對於「違法之宣告」（declaration of illegality），亦可謂構成充分之賠償（adequate reparation）。[78]

此亦為 *Rainbow Warrior* 案法庭所採取之做法。紐西蘭主張，「釋放負責轟炸 Rainbow Warrior 號之兩名特工」（法國違反秘書長於 1986 年之裁決）一事之適當賠償係將兩名特工重新送回拘留所。仲裁庭考慮法國確實違反其承諾但僅宣告：

> 法庭對外公開之裁定，明確「譴責」（condemnation）法蘭西共和國違反其對紐西蘭之條約義務，於此情況下，該裁定係構成對紐西蘭造成法律及精神損害之適當補償。[79]

在 *Genocide (Bosnia and Herzegovina v Serbia and Montenegro)* 一案中，三項違法事件之調查結果，被認為係對於波斯尼亞和赫塞哥維那「構成適當之補償」（appropriate satisfaction），蓋本案不適合作出金錢賠償、提供保證（provide assurances），或保證不再犯（guarantees of non-repetition）等裁定。[80] 於上述情況下，「宣告性判決」似乎係法院向被害方提供「補償」的一種形式，而此形式並非有賴於不法行為者作出任何舉動；反而對於另一種賠償型態而言，可能有重新點燃或加劇衝突之風險。

(4) 利息

每當針對不法行為進行賠償時，總會出現關於是否應支付利息、利率，以及如何或從何時開始支付等技術性問題。[81] 此在【564】賠償係由裁決決定之案件中尤其更為重要，蓋當事人倘若必須「窮盡當地救濟原則」，以及透過裁決程序並獲得賠償，可能需要耗費相當長的時間。國際法庭在早期之判決中，已

---

[78] *M/V Saiga (No 2)* (1999) 120 ILR 143, 200.

[79] (1990) 20 RIAA 215, 275.

[80] *Application of the Convention on the Prevention and Punishment of the Crime of Genocide (Bosnia and Herzegovina v Serbia and Montenegro)*, ICJ Reports 2007 p 43, 239.

[81] ARSIWA, Art 37 and commentary. Further: Nevill (2007) 78 *BY* 255; Lauterpacht & Nevill in Crawford, Pellet, & Olleson (2010) 613–22; Crawford (2013) 531–8.

經採納將「利息」作為一部分賠償之權利，[82] 雖然在依據具體情況下，責任國經常拒絕支付利息。[83] 然而，國際法院或法庭現在更願意判給「利息」，[84] 甚至包括複利，以至於「利息」現在已成為標準之救濟措施。[85]

　　「費率」（rate）之差異很大，有時「費率」係透過契約或條約而約定之；於其他情況中，法庭將適用國際私法規則並選擇國家之費率（national rate）。其他選項，則包括適用國際法之一般原理原則，或簡單之「公平合理」（fairness and reasonableness）原則。[86] 至於利息開始計算之日期，仲裁庭亦莫衷一是：「利息」可能係判定義務到期及欠付之日期、違規日期，或判定損害賠償起始之日期等。同樣地，很大程度上取決於具體之情況：法庭通常會試圖找到一種不具有懲罰性之方式，因而可能冒著賠償不足，或變相鼓勵延遲付款之風險。[87]

(5)嚴重違反強制性規範：ARSIWA 第 40 條和第 41 條

　　雖然國際規則可能涵蓋任何主題，但並非所有規則都具有同等重要性。[88] 關於規範之等級引起廣泛辯論，[89] 但時至今日，很少有反對者質疑「普遍義務」（obligations *erga omnes*）之概念。國際法院認定，與防止及懲治種族滅絕有關之義務、[90] 要求尊重自決權，[91] 以及國際人道法所確定之相關義務等，[92]

---

[82] *Delagoa Bay Railway Co* (1900) in 3 Whiteman (1943) 1694, 1703; *Dix* (1903) 9 RIAA 119, 121; *Lindisfarne* (1913) 6 RIAA 21, 24; *Illinois Central Railroad Co* (1926) 4 RIAA 134, 136.

[83] *Montijo* (1875) in Moore, 2 *Int Arb* 1427; *Canadienne* (1914) 6 RIAA 29; *Pinson* (1928) 5 RIAA 327, 329.

[84] On compound interest: Nevill (2007) 78 *BY* 255, 307–29; *Ahmadou Sadio Diallo (Republic of Guinea v Democratic Republic of the Congo)*, ICJ Reports 2012 p 324, 343–4. Compound interest has been awarded frequently in investment arbitrations: Crawford (2013) 537–8.

[85] See e.g. *Certain Activities (Costa Rica v Nicaragua)*, Compensation, Judgment of 2 February 2018, paras 150–5.

[86] Gotanda (1996) 90 *AJIL* 40, 50–5.

[87] Fellmeth (2010) 13 *JIEL* 423.

[88] Crawford (2013) 380–9; Costelloe, *Legal Consequences of Peremptory Norms in International Law* (2017).

[89] Weiler & Paulus (1997) 8 *EJIL* 545; Koskenniemi, ibid, 566; Pauwelyn, *Conflict of Norms in Public International Law* (2003); Shelton (2006) 100 *AJIL* 291; De Wet and Vidmar (eds), *Hierarchy in International Law: The Place of Human Rights* (2012).

[90] *Genocide (Bosnia and Herzegovina v Serbia and Montenegro)*, Preliminary Objections, ICJ Reports 1996 p 595, 616.

[91] *East Timor (Portugal v Australia)*, ICJ Reports 1995 p 90, 102.

[92] *Legal Consequences of the Construction of a Wall in the Occupied Palestinian Territory*, ICJ Reports 2004 p 136, 199.

皆屬於「普遍義務」之類別。相同地，【565】自 1969 年「維也納條約法公約」（VCLT）[93] 生效後，「強制性規範」（peremptory norms）一直係為國際法體系的重要組成部分（雖然國際法院直到 2006 年才敢提出該名稱）。[94] 此類「優先等級規範」（superior normative rank）之存在，引發一些爭議問題：當違反這些規則，尤其係「嚴重」違反規則時，是否需要一種不同於對應於其他「國際不法行為」（internationally wrongful act）之責任制度。ILC 依據 Roberto Ago 特別報告員之提議，通過 1976 年版之「國家責任條款草案」（1976 Draft Articles on State Responsibility），對上述問題作出肯定答案。該版草案第 19 條第 2 項規定，「違反對保護國際社會根本利益至關重要之義務」應被視為構成「國際罪行」（international crime）。[95]

Ago 從未提及「加重責任制度」（aggravated responsibility regime）之任何後果，甚至不清楚在其看來所有「國家罪行」（crimes of state）是否會產生單獨、一致之後果。[96] 關於「加重責任制度」之問題，Ago 初步聲明為：「違反普遍義務所產生之責任，不僅涉及作為違反行為直接受害者之國家，亦涉及國際社會其他所有成員」。[97] 此考量當然與評估援引責任（invoke responsibility）之權利有關，ARSIWA 以第 48 條形式予以保留，但爭議出現在關於此責任之確切客體（object of this responsibility）。

長期以來，違反上述普遍義務即可能構成「國家罪行」之概念，在 ILC[98] 及許多文獻中，[99] 引起激烈辯論。隨後被特別報告員務實地捨棄，轉而支持「嚴重違反一般國際法強制性規範義務」（serious breaches of obligations

---

[93] 22 May 1969, 1155 UNTS 331.

[94] *Armed Activities (DRC v Rwanda)*, Jurisdiction and Admissibility, ICJ Reports 2006 p 6, 31–2, and see chapters 16, 27.

[95] ILC *Ybk* 1976/II(2), 95–6.

[96] Spinedi in Weiler, Cassese, & Spinedi (1989) 7, 30–2.

[97] Ago, ILC *Ybk* 1976/II(1), 3, 129.

[98] Reports by Special Rapporteurs Ago, Arangio-Ruiz, and Riphagen and the respective reports of the ILC to the General Assembly.

[99] Weiler, Cassese, & Spinedi (1989); Abi-Saab (1999) 10 *EJIL* 339; Gaja, ibid, 365; Pellet, ibid, 425; Crawford, ibid, 435. Also Jørgensen, *The Responsibility of States for International Crimes* (2000); Rao in Ragazzi (ed), *International Responsibility Today* (2005).

under peremptory norms of general international law）之概念。[100] ARSIWA 評論引用 1946 年「國際軍事法庭」（International Military Tribunal），該法庭確認：觸犯國際法上罪行，應由「個人」而非「抽象實體」負擔責任。[101] 雖然在法律用語變化中失去所有象徵意義，但 ARSIWA 已經解決何種規範適用於「特別制度」（special regime）的問題，該條文與 VCLT 第 53 條及第 64 條規定中，賦予「強制性規律（絕對法）」地位之原理相同。[102]

　　仔細研究後，ARSIWA 第 40 條和第 41 條與其說是一種「加重後果」（aggravated consequences），不如說是一種「附加後果」（additional consequences）之制度設計。在上開條文之規定下，尤其會影響由「不法性」（wrongfulness）而衍生情況的法律地位，ARSIWA 第 41 條【566】規定中，呈現三種後果：第一，各國應進行合作，透過合法手段制止任何嚴重違背義務行為；[103] 第二，任何國家均不得承認嚴重違背義務行為所造成的情況為合法；[104] 第三，任何國家亦不得協助或援助保持該狀況。[105] ARSIWA 第 41 條並未規定對於嚴重違約行為負責之國家進行懲罰。

　　其他後果仍然是「尚未形成之法律」（de lege ferenda），並且少有國家實踐。義大利學者 Arangio-Ruiz 提出對特別嚴重違規行為之反應，係判處「懲罰性賠償」（punitive damages），[106] 但此概念在國際法中是否有任何地位尚未清晰，[107] 故判例法（case law）當然不能保證推導出得適用於國際法之結論。而在面臨人權及武裝衝突領域之嚴重侵犯行為，國際法院和法庭均拒絕判處「刑事賠償」（penal damages）。美洲人權法院（Inter-American Court of Human Rights）認為，「雖然一些國內法院，裁定損害賠償數額之原因，係為

---

[100] Crawford, ILC *Ybk* 1998/II(1), 9–23; Crawford (2013) 390–4. That the responsibility arising from violations of these norms is 'not of a criminal nature' was confirmed by the ICJ: *Genocide (Bosnia and Herzegovina v Serbia and Montenegro)*, ICJ Reports 2007 p 43, 113–19.

[101] ARSIWA, commentary to Pt 2, ch III, para 5.

[102] But cf Cassese in Crawford, Pellet, & Olleson (2010) 415.

[103] Jørgensen in ibid, 695; Crawford (2013) 386–9.

[104] Dawidowicz in Crawford, Pellet, & Olleson (2010) 677; Crawford (2013) 381–5

[105] Jørgensen in Crawford, Pellet, & Olleson (2010) 687; Crawford (2013) 385–6.

[106] Arangio-Ruiz, ILC *Ybk* 1989/II(1), 41. Cf Jørgensen (1997) 68 *BY* 247; Wittich (2004) 14 *Fin YIL* 321.

[107] Wittich in Crawford, Pellet, & Olleson (2010) 667; Ollivier, ibid, 713.

了『威懾』或以之作爲『範本』，但此原則目前並不適用於國際法」；[108] 歐洲人權法院（European Court of Human Rights）則經常可觀察到法院「不判處加重或懲罰性損害賠償」；[109] 厄利垂亞－衣索比亞求償委員會本可因厄利垂亞違反訴諸戰爭權而裁定潛在之損害賠償，但委員會裁定酌減，其理由爲：由於系爭當事方「經濟能力有限」，此情況將與決定損害賠償請求之數額相關，委員會進一步解釋於本案中賠償作用有限，僅能作爲「救濟性」（remedial），而並非基於「懲罰性」（punitive）。[110] 因此，特別嚴重之違法行爲所產生的後果，與違反任何習慣或慣例原則所產生的後果，並沒有本質上之區分。因此，針對「嚴重違反強制性規範之不法行爲」而存在之獨特責任制度，並不影響賠償形式與其數額，但其主要影響在於，非受害國有可能要求停止該行爲，並對不法行爲作出更積極的回應。

4. 援引責任

(1) 法律之演變

誰可「援引」國家違反國際法上「責任」是相當具有爭議之問題。[111] 對早期之國際法學者而言，僅有在非常例外的情況下才能主張「司法干預」（judicial intervention），其立論係基於「懲罰對第三國犯下的錯誤之權利」（entitlement to punish a wrong committed against a third state）之標題下探討此問題。荷蘭學者 Grotius 認爲自然法（natural law）高於政治實體間之相互關係【567】，主張主權者有權懲罰違反該法律之行爲，即使該政治實體並未實際上受到特別影響：

　　國王，以及與國王享有同等權利之人，不僅有權要求懲罰對

---

[108] *Velásquez Rodríguez v Honduras*, IACtHR C/4, 21 July 1989, §38.

[109] *BB v UK* [2004] ECtHR 53760/00, [36].

[110] *Final Award—Ethiopia's Damages Claims* (2009) 26 RIAA 631, 633–4.

[111] Mbaye (1988) 209 Hague *Recueil* 223; Simma (1994) 250 Hague *Recueil* 217, 229–55; Queneudec (1995) 255 Hague *Recueil* 339; Weiss (2002) 96 *AJIL* 798; Alland (2002) 13 *EJIL* 1221; Tams (2005); Brunnée (2005) 36 *NYIL* 21; Noellkamper (2009) 16 *Indiana JGLS* 535; Proukaki, *The Problem of Enforcement in International Law* (2010); Crawford (2013) chs 11, 17.

其本身或其國民造成之侵害；而且亦有權要求，對於任何人之行為雖然不直接影響國王或其國民，但卻過度違反自然法或國家法而造成之傷害，進行懲罰。[112]

Vattel 則認為對於一個主權國家而言：「為有利於外國人之利益，而對一個國家進行報復，無異於將設置為審判該國以及外國人之法官；任何主權者都無權進行報復，只能被授予以維護國家之權利」。[113] 同樣地，唯一有理由對違法者開戰之國家，僅有遭受侵害之被害國。[114] 唯一被承認之例外，係關於「公開蔑視正義」（openly despise justice），且嚴重侵犯他人權利之情況。在 Vattel 之主張中：「成立並支持不正當之請求，只會損及利益受該請求影響之一方；然而，於整體上作出『蔑視正義』的行為，其結果係傷害到所有國家」。[115]

隨著 19 世紀國際法逐漸穩固，實證主義國際法學者之主流觀點亦有所演變：僅有在受到違法行為特別影響時，國家得援引其他國家之責任。易言之，國家（或其國民之一）在援引責任（invoking the responsibility）時，必須因國際不法行為而遭受物質或精神上的損害。Mavrommatis 法官之附加意見（*dictum*）中 [116] 亦闡述此觀點，而義大利學者 Anzilotti 乃其早期擁護者之一，而現在仍然時常在法國國際法學者之學說中被引用。[117] 1906 年 Anzilotti 曾作出以下經典表述：

> 國際法不授予個人權利。一個國家可能確實有義務以某種方式對待某些個人；但國家義務之存在並非針對於個人，而係針對於另一個國家；故該國有權要求前者依要求對待相關個人，而非以其他方式。[118]

---

[112] Grotius, *De iure belli ac pacis* (1625, ed Tuck 2005) II.xx.§40(1).

[113] Vattel, *Le Droit des gens* (1758, tr Anon 1797) II.viii.§348.

[114] Ibid, III.iii.§27.

[115] Ibid, II.v.§70.

[116] (1924) PCIJ Ser A No 2, 12.

[117] Combacau (1986) 31 *Archives de Philosophie du Droit* 85; Weil (1992) 237 Hague *Recueil* 11, 313–69.

[118] Anzilotti (1906) 13 *RGDIP* 5, 6.

上述觀點得到相應之補充，即違反規則時需要存在某種損害狀態，並擾亂該規則所保護之利益，[119] 並且只有被害國始有權援引不法行為責任。雖然對此之具體理論依據經常存在爭議，[120] 倘若國際求償乃涉及對於國家合法權利之直接損害，此情況得適用前述規則，相對較無爭議。在 *Reparation for Injuries* 一案中，國際法院確認，至少在違反對個別國家義務之情況下，僅有承擔國際義務之一方【568】可就其不法行為提出求償，[121] 此規則已被 ARSIWA 第 42(a)、(b)(i) 條納入規範。

然而，個別國家可能會依廣泛之法律利益概念，或特殊條件而提出求償，此類條件賦予個別國家提起訴訟之「法律適格」（*locus standi*），亦即可針對其他實體之法律利益提出求償請求。在 *South West Africa* 一案中，[122] 衣索比亞與賴比瑞亞要求國際法院確認西南非作為委任統治領土（mandated territories）之地位，並請求法院宣告由於「南非」的某些行為違反「委任統治協定」（Mandate Agreement）中多項條款，以及違反「國際聯盟盟約」（Covenant of the League of Nations）第 22 條規定其對西南非洲管理之結果，尤其該國引入種族隔離制度。相反地，南非則提出衣索比亞與賴比瑞亞在該訴訟案中，並不存在「法律適格」。

國際法院於 1962 年接受對上述爭端之管轄權，同時忽略「法律適格」爭議，並聚焦於討論求償請求是否符合「委任統治協定」第 7 條所規定之範圍，然而，持不同意見之法官，亦提醒合議庭對於原告之「合法利益」應予一併注意。[123] 然而，時至 1966 年，以往秉持不同意見之法官的論點逐漸占有優勢。[124] 在考慮對「委任統治」（mandate）之解釋時，應依據監督管理制度的有效性及必要性進行論述，法院認定：

---

[119] Ibid, 13.

[120] E.g. García-Amador, ILC *Ybk* 1956/II, 192–3.

[121] *Reparation for Injuries Suffered in the Service of the United Nations*, ICJ Reports 1949 p 174, 181–2.

[122] Preliminary Objections, ICJ Reports 1962 p 319. Cf Verzijl (1964) 11 *NILR* 1.

[123] *South West Africa*, Preliminary Objections, ICJ Reports 1962 p 319, 455–7 (Judge Winiarski, diss). Also ibid, 547–9 (Judges Spender and Fitzmaurice, joint diss); ibid, 569–71 (Judge Morelli, diss).

[124] ICJ Reports 1966 p 6. Changes in the composition of the Court meant that the minority of 1962 now appeared as a majority (the case was decided 7 to 7, on the casting vote of President Spender). For comment: Higgins (1966) 42 *International Affairs* 573; Jennings (1967) 121 Hague *Recueil* 323, 507–11; de la Rasilla (2008) 2 *Int Comm LR* 171. Also on the concept of *actio popularis*: Scobbie (2002) 13 *EJIL* 1201.

　　該論點相當於請求法院應允許等同於「公益訴訟」（*actio
populares*）之提出，或類似基於定居地成員之住民權利，而允
許其採取法律行動維護公共利益。然而，雖然某些國內法律
體中，可能相當熟悉上述權利，但目前對於國際法而言，尚
未予以採用。[125]

　　國際法院尚未決定是否可以就非物質、或無形利益提出求償，而其判決
中，具體提到「具有人道主義性質之協議」（agreements of a humanitarian
character）。[126] 法院認為：「各國可能擁有合法利益去維護國際法原則，即使
在特定情況下，國家並未遭受實質損害（material prejudice），或僅要求象徵
性之損害賠償，但為此類權利或利益之存在，必須透過某些文本、文書、或法
治明確授權給主張上述權利或利益者。」[127] 由於本案之情況並非如此，故求償
請求被駁回。

　　類似之爭議可能出現在 *Northern Cameroon (Cameroon v UK)* 一案中，但
國際法院駁回喀麥隆要求法院作出宣告性判決之請求，理由係任何此類宣告均
未有實際效力。[128] 法院立場的重大轉變來自於【569】*Barcelona Traction* 一案
之法官意見書中，該爭議係關於一間在加拿大登記成立之公司於西班牙進行投
資時，面對不法處理其財產之侵害案件。比利時主張有權對其國民行使外交保
護並要求賠償損失，蓋其國民為持有系爭加拿大公司絕大多數公司股份之股
東。國際法院認為：

　　當一國接納外國投資人或外國國民進入其領土時，無論其為
自然人或法人，該國有義務向外國投資人或外國國民提供法
律保護，並承擔有關給予其待遇之義務。然而，此義務既非

---

[125] *South West Africa*, Second Phase, ICJ Reports 1966 p 6, 47.
[126] Ibid, 32. Also Preliminary Objections, ICJ Reports 1962 p 319, 424–33 (Judge Jessup, sep op).
[127] *South West Africa*, Second Phase, ICJ Reports 1966 p 6, 32.
[128] ICJ Reports 1963 p 15, 27. This is hard to reconcile with *Corfu Channel*, ICJ Reports 1949 p 4, 36. Also:
Right of Passage over Indian Territory (Portugal v India), ICJ Reports 1960 p 6; Gross (1964) 58 *AJIL* 415, 427–8.

絕對亦非毫無限制。特別應注意者，應比較一國「對整體國際
社會應盡義務」以及「於外交保護原則下對另一國產生義務」
之間，作出重要區分。就其本質而言，前者係所有國家都應
關心之議題。而鑑於所涉權利之重要性，法院認爲，所有國
家都對保護此類權利具有合法利益，易言之，此義務又可稱
爲「普遍適用義務」（obligations *erga omnes*）。[129]

　　法院繼續闡明，「普遍適用義務」乃源自於當代國際法原則，係將「侵略
行爲」（acts of aggression）及「種族滅絕」（genocide）予以禁止，亦源自
關於人類基本權之原則及規範，包括：保護免於「奴役及種族歧視」（slavery
and racial discrimination）。[130]

　　國際法院Simma法官稱*Barcelona Traction*案判決爲國際法的一次「向前大
躍進」（great leap forward）。[131]毫無疑問，此判決係一個巨大的進步象徵，
但卻由於法院迴避（當時仍有爭議）之「強制性規範」（peremptory norms）
議題，此判決同樣可被描述爲「側身大翻躍」（great leap sideways）。自此
之後，某些並未受到特別侵害之國家紛紛提出請求法院作出「宣告性判決」。
然而，由於國際法院迄今爲止，在求償之管轄權及可受理性（jurisdiction and
admissibility）等部分，乃適用一般通常性且相當嚴格的規則，故其影響效果
有限。在 *Nuclear Tests (Australia v France)* 一案中，[132]澳大利亞請求法院宣
告，法國在南太平洋進行核子試驗不符合國際法之適用規則。[133] 4 名國際法
院之法官認爲，該請求之目的係獲得「宣告性判決」；[134]然而，多數法官並
不如此認爲，鑑於法國承諾不再繼續核子試驗，多數法官之意見認爲，該爭

[129] ICJ Reports 1970 p 3, 32.

[130] Ibid.

[131] Simma (1994) 250 Hague *Recueil* 217, 293.

[132] ICJ Reports 1974 p 253. Ritter (1975) 21 *AFDI* 471.

[133] ICJ Reports 1974 p 253, 256. By contrast, New Zealand had requested a declaration that the tests consti-tuted 'a violation of New Zealand's rights under international law': *Nuclear Tests (New Zealand v France)*, ICJ Reports 1974 p 457, 460.

[134] ICJ Reports 1974 p 253, 312–21 (Judges Onyeama, Dillard, Jiménez de Aréchaga, and Sir Humphrey Waldock, joint diss).

議已經消失，並且由於澳大利亞並未尋求損害賠償，故無須再宣告任何進一步之裁決。[135] 在 *East Timor* 一案中，葡萄牙主張其擁有管理權（administering power），但亦同時援引東帝汶人民之「自決權」（self-determination）。法院承認尊重自決權係具有「普遍適用義務」之性質。故法院僅駁回澳大利亞之請求，其理由為：倘若無法確定印尼行為之合法性，【570】法院即無法針對事件作出決定。由於後者（印尼）並未接受國際法院之強制管轄權，法院認為，「普遍適用義務之規範與同意管轄權規則，係屬二事」。[136]

在上述案件中，法院在很大程度上，取決於相關裁判中之條約解釋、爭議定義，以及司法正當性（judicial propriety）等概念。然而，假設克服管轄權、可受理性與司法正當性之障礙，合法利益之概念並非僅僅侷限於「物質上利益」。因此，行使集體自衛權（collective self-defense）或對於侵略者所發動「制裁戰爭」（war of sanction）之國家，似乎可針對其成本及損失請求賠償。[137] 而關於基於人民之保護請求可能具有特殊特徵，例如仲裁庭不應拒絕以「罹於時效」或「保護主權國家之疏忽」等理由而駁回求償之訴。

至於其他的可能性則相對開放，尤其是在國際環境法領域。澳大利亞對於日本在南極海域之捕鯨活動提出請求賠償，本案係以國家提出請求之明確案例，蓋澳大利亞既無受到日本之侵害，亦無受到特殊影響。因此，澳大利亞請求之補救措施，並非著重於任何損害賠償，而此乃超越單純之聲明，並要求法院具體命令（specific orders）停止本案系爭之「不法行為」並「保證不再犯」（assurances of non-repetition），[138] 國際法院最終批准該停止命令。[139]

(2) ARSIWA 第 42 條和第 48 條

國際法院在早期審查之案件中，通常被害國請求之救濟措施，乃將其與非被害國所提出案件中提起之請求，以及最終法院裁判核准之情況相比，二者存

[135] Ibid, 270.
[136] ICJ Reports 1995 p 90, 102.
[137] Koliopoulos, *La Commission d'indemnisation des Nations Unies et le droit de la responsabilité international* (2001); Gattini, *The UN Compensation Commission* (2002). Also McNair (1936) 17 *BY* 150, 157; Brownlie, *Use of Force by States* (1963) 148.
[138] *Whaling in the Antarctic (Australia v Japan)*, Application (2010) 18.
[139] ICJ Reports 2014, p 226, 298.

在顯著差異。[140] 被害國可要求對於其國家本身，或其國民造成之傷害，以恢復原狀、金錢賠償、補償等形態作為救濟措施。即使所涉及之侵害並非「實質性損害」（問題關鍵在於針對損害之估價），在所援引之實質性規則主要係為保護「集體利益」（collective interest）之情況下，只要援引責任之國家可被確定為具體受到侵害，則請求法院裁決損害賠償之可能性較大。[141]

　　援引責任向違法者求償之國家，倘若案件中並無個人受到侵害，該案件可能會遭遇到較多困難。首先，一方面求償國之無法「完整」（made whole）主張，與求償國相關之國民（個人或法人）並未受到實質侵害，即使可考慮對違反特定規則之行為進行「懲罰性賠償」（punitive damages），【571】但法庭也很難就此進行評斷，以避免責任國負擔過度責任。另一方面，倘若法院授權所有因違反多邊條約而感到憤憤不平之國家，得透過「反制措施」（countermeasures）予以回應，則可能會對國際政治之穩定產生負面影響，並破壞以國際法作為規範國家間關係體系之正面功能。

　　ILC 在其編纂工作會議中，並未採用上一任特別報告員提議之用詞，區分擁有法律請求「權利」（right）之國家，以及僅有「合法利益」（legal interest）之國家二者。[142] 但 ILC 同意建立兩種不同之「援引」（invocation）制度，一種適用於 ARSIWA 第 42 條中所稱之「被害國」（injured states）；第二種則適用於 ARSIWA 第 48 條中之其他「非被害國」（non-injured states）。正如 ILC 評註之解釋，被害國有權「訴諸條款中規定之一切救濟手段」（all means of redress），[143] 可向法院請求損害賠償、停止該不法行為，亦可採取「反制措施」，並要求違法者履行國際法義務。

　　此處之「被害國」既可指涉單獨承擔義務之國家，例如違反外交關係法或商業條約之國家；亦指涉因為對某國承擔義務而「特別受影響」（specially affected）之單一國家、國家集團或整體國際社會（international community as

---

[140] Tams (2005); Gaja in Crawford, Pellet, and Olleson (2010) 957; Crawford (2013) 365–76.

[141] E.g. *Genocide (Bosnia and Herzegovina v Serbia and Montenegro)*, ICJ Reports 2007 p 43, 65–6, *Application of the International Convention on the Elimination of All Forms of Racial Discrimination (Georgia v Russia)*, Preliminary Objections, ICJ Reports 2011, p 70, 13–14.

[142] Crawford, ILC *Ybk* 2000/II(1), 33; Gaja in Crawford, Pellet, & Olleson (2010) 941–2.

[143] ARSIWA, commentary to Art 42, para 3.

a whole）。[144] 倘若違反之義務屬於「相互依存」（interdependent）之類型，則國家亦可能受到傷害。易言之，任何國家違反此類義務，將從根本上影響所有其他承擔義務之國家，改變其對於進一步履行義務之立場。[145]

對於其他國家而言，ARSIWA 第 48 條設下之行動範圍更加限縮。首先，責任僅能由負有義務且在履行義務時有某種利益之國家所「援引」（invoked）；或基於應對數個國家承擔相關義務，而為保護該等國家間之「集體利益」（collective interest）；又或基於援引責任涉及一項「普遍適用義務」（erga omnes obligation），而非屬於特定國家，而係整體國際社會（international community as a whole）應承擔義務等情況。依據 ARSIWA 第 48 條第 2 項，「非被害國」得向違法者提出之要求僅有以下規定：

(a) 依本條約第 30 條的規定，停止國際不法行為，並提供不再犯之承諾與保證（assurances and guarantees of non-repetition）；以及

(b) 依照本條約前幾條中之規定履行向被害國，或被違背義務之受益人，提供賠償義務（obligation of reparation）。

上述規定與前述一國援引其他國家違反國際人道法或國際環境義務責任之做法，可謂一致。在 *Belgium v Senegal* 一案中，國際法院認為，遵守「禁止酷刑公約」（Convention against Torture）規定下相關義務之「共同利益」（common interest），係指該公約之締約國皆有權請求【572】另一締約國停止可能的違約行為，並據以提出求償。[146] 雖然法院並未依據 ARSIWA 第 48 條而為審判，但該判決與其意旨完全一致。然而，對於「被害國」與「非被害國」而言，不同的責任制度最直接可能的影響，與向法院提出之請求無關，而

---

[144] *Teheran Hostages*, ICJ Reports 1980 p 3, 43; *LaGrand (Germany v US)*, ICJ Reports 2001 p 466; *Avena*, ICJ Reports 2004 p 12.

[145] Art 42(b)(ii). This reproduces the language of VCLT, Art 60(2)(c).

[146] *Questions Relating to the Obligation to Prosecute or Extradite (Belgium v Senegal)*, ICJ Reports 2012, p 422, 450.

係與每個群體選擇採取何種措施應對不法之行為有關。

(3) 反制措施

與國內法律制度相比，「反制措施」（countermeasures）係國際法最獨特之規則之一。[147] 以其本質而言，「反制措施」係指當不法行為者未能立即停止不法行為，或達到「充分賠償」（adequate reparation）之要求時，國家得訴諸「私法正義」（private justice）之可能性。然而，被害國可能採取旨在促使「不法行為國」（wrongdoing state）履行其「停止」及「賠償義務」的「反制措施」作為回應，並且該措施於本質上亦違反其對於不法行為國家之義務，但由於其作為「反制措施」之特性，故排除其不法性。

雖然「反制措施」之用詞相對較新，但早期國際律師已經考慮到，在未出現強制管轄權之情況下，主權國家得自行伸張正義。因此，Grotius 考慮到一個國家對其本身或其國民所受損害並未得到賠償時，可以主張「公正地」（justly）扣押不法行為國及其國民之貨物，以填補損失。此外，Grotius 和 Vattel 二位國際法學者都將「報復」（reprisals）視為「履行權利」（enforcement of right），[148] 亦即國家「為自己伸張正義」（to do themselves justice）之權利。[149] 一直到 20 世紀初，國家皆被允許使用武力（armed force）行使其權利，在 1907 年之海牙會議上，締約國始同意不訴諸武力追討契約債務（contract debts）。[150] 然而，對於其他情況而言，「報復」（reprisals）仍然係被允許。在 *Naulilaa* 仲裁案中，仲裁庭解釋「報復」係被害國之「自救行為」（an act of self-help/*Selbsthilfhandlung*），該行為係對於「不法行為國」實施違反國際法行為之回應，其作用係於兩國關係中，暫時中止遵守部分系爭國際法的規則。[151]

---

[147] See ARSIWA, Art 22 and Pt 3, ch 2 and commentary. Also: Zoller, *Peacetime Unilateral Remedies* (1984); Alland, *Justice privée et ordre juridique international* (1994); Bederman (2002) 96 *AJIL* 817; Dawidowicz (2006) 77 *BY* 33; Franck (2008) 102 *AJIL* 715; Proukaki (2010); essays by Alland; Sicilianos; Iwasawa & Iwatsuki; O'Keefe; Kamto; Borelli & Olleson; Leben & Boisson de Chazournes in Crawford, Pellet, & Olleson (2010) 1127–214; Crawford (2013) ch 21; Paddeu (2016) *MPEPIL*, and see chapter 25.

[148] Grotius (1646) III.ii.§4.

[149] Vattel (1758) II.xviii.§342.

[150] International Convention respecting the Limitation of the Employment of Force for the Recovery of Contract Debts, 18 October 1907, UKTS 007/1910, Art 1.

[151] *Naulilaa* (1928) 2 RIAA 1011, 1026.

隨著 20 世紀對使用武力作爲外交政策工具之限制條件越來越多,「報復」此一詞彙,以及包括【573】「使用武力」及其他不使用武力之措施,被兩個不同概念所取代。(i) 自衛權(self-defense),現規定於聯合國憲章第 51 條以及 ARSIWA 第 21 條中予以處理;以及 (ii) 反制措施(countermeasures),包括 ARSIWA 第 22 條,以及第三部分的第 II 章(第 49 條至第 55 條)。雖然大多數國家之行動皆屬於「反制措施」,但自衛權、授權使用武力之情況,僅適用於應對「緊急情況之武裝攻擊」(imminent armed attack),國際法庭於 *Nicaragua* 一案中,證實此原則:

> 雖然武裝攻擊會產生集體自衛(collective self-defense)權,但使用嚴重程度較輕之武力,不能成爲第三國(本案中係指美國)採取「反制措施」之理由,尤其不能將涉及「使用武力進行干預」之行爲,予以正當化。[152]

因此,反制措施不允許使用武力,即使是爲回應而「使用較輕之武力」。ARSIWA 第 50 條第 1 項亦規定,「反制措施」之實施不得影響某些其他義務,包括: (i)「聯合國憲章」中規定不得實施武力威脅,或使用武力之義務: (ii) 保護基本人權之義務; (iii) 禁止報復的人道主義性質之義務; (iv) 依一般國際法強制性規範承擔之其他義務。故於上述情況中,禁止採取「反制措施」。雖然如此,他們仍然保留了 *Naulilaa* 案法庭裁判心證的本質:允許一國訴諸性質上屬於「國際不法行爲」(internationally wrongful conduct),以對另一國行使其反制之權利。仲裁庭在航空服務協議(Air Service Agreement)中,詳細解釋此概念:

> 依據當代國際法原則,除非特定條約中明訂「特殊義務」(special obligations),尤其於國際組織架構中建立之義務產

---

[152] ICJ Reports 1986 p 14, 127.

生相反結果，否則每個國家都自行決定其相對於其他國家之法律地位。倘若出現一國認為導致另一國違反國際義務之情況發生，第一個國家有權在有關使用武力之國際法一般規則所限定之範圍內，透過「反制措施」確認其權利。[153]

當然，「反制措施」並非無條件合法，該規則存在若干限制要件，以防止國家無節制地使用「反制措施」，同時亦避免國際衝突升級之危險。因此，在訴諸「反制措施」之前，本身已經受侵害之國家，倘若發現不法行為仍然持續，則必須呼籲責任國應立即停止該行為，並要求其對任何產生之傷害進行賠償。[154] ARSIWA 第 52 條第 1 項增加正式通知責任國採取「反制措施」決定之要求，以及提出談判的必要性。

此外，「反制措施」發生之時機恰好係爭議事件尚未進行公正裁決之時，由被害國向責任國施加壓力之工具，故當國際裁決機構已受理待決爭端時，則不得再採取「反制措施」。如同法庭於 *Air Services Agreement* 一案中所指出：在仲裁庭有必要手段（necessary means）實現「反制措施」之合理目標時，【574】必須承認締約方發起此類措施之權利已然消失。[155] 法庭必須能夠執行，例如透過採取「臨時措施」（interim measures）之方式，行使原本應屬於「反制措施」之功能。因此，在 *High-Fructose Corn Syrup* 一案中，墨西哥因美國之不作為而被阻止進入 NAFTA 之爭端解決小組後，對美國違反 NAFTA 之義務採取「反制措施」。美國拒絕任命其專家小組成員，因而有效阻止 NAFTA 專家小組，墨西哥主張其有權依據一般國際法原則採取「反制措施」，儘管法庭以各種理由拒絕實際採取之措施。[156]

---

[153] (1978) 18 RIAA 417, 443.

[154] *Naulilaa* (1928) 2 RIAA 1011, 1026; *Gabčíkovo-Nagymaros*, ICJ Reports 1997 p 7, 56.

[155] (1978) 18 RIAA 417, 445.

[156] *Mexico—Soft Drinks*, WTO Doc WT/DS308/AB/R, 6 March 2006. Also: *Archer Daniels Midland Co and Tate & Lyle Ingredients v Mexico* (2007) 146 ILR 440, 484–505; *Corn Products International v Mexico* (2008) 146 ILR 581, 624–38; *Cargill Inc v Mexico* (2009) 146 ILR 642, 752–66. Further: Pauwelyn (2006) 9 *JIEL* 197; Henckels (2008) 19 *EJIL* 571; Paparinskis (2008) 79 *BY* 264. On the articulation of different responsibility regimes: Simma (1985) 16 *NYIL* 111; Simma & Pulkowski (2006) 17 *EJIL* 483; Gradoni, *Regime Failure nel Diritto Internazionale* (2009); Paparinskis (2013) 24 *EJIL* 617.

「反制措施」之核心要件係必須與「不法行爲」之比例相當（proportional），[157] 許多抗辯屬於「反制措施」之手段，都被法庭認定與最初之不法行爲不成比例。因此，在 *Naulilaa* 仲裁案中，仲裁庭發現，兩名德國官員在葡萄牙之 Naulilaa 堡壘被殺害，而德軍隨後以軍事攻擊作爲反制，且摧毀其他六座堡壘，二者之間存在「明顯不相稱」（evident disproportion）。[158] 在 *Gabčikovo-Nagymaros Project (Hungary/Slovakia)* 一案中，國際法院裁定，考慮到相關之權利，單面控制多瑙河大部分水域之措施「與所受傷害並不相稱」（commensurate with the injury suffered）；[159] 相反地，在 *Air Services Agreement* 仲裁案中，仲裁庭考慮到被侵犯之權利以及雙方立場，認爲沒有令人信服之證據表明「美國所採取之措施」與「法國採取之措施」兩相比較下，[160] 出現明顯不相稱之結論，故法院據此承認美國「反制措施」之合法性。

在所有此類型之情況中，必須指出採取「反制措施」係爲針對不法責任國措施所造成損害之回應。ARSIWA 第 49 條，係依據國際法院於 *Nicaragua* 案所作成之判決，規定（引起集體自衛的武裝攻擊除外）只有受到侵犯之國家，始可對於不法行爲者採取「反制措施」。[161] ARSIWA 第 54 條則規定「非受害國」之反應，將其合法反應限制於：「採取合法措施以確保停止該違背義務之行爲和使受害國和被違背之該義務的受益人得到賠償」。上開條文中所述「合法」但「不友好之措施」（unfriendly measures），例如暫停援助或驅逐大使等措施，【575】皆被視爲一種「反報復」（retorsion）；但由於此類措施並未違反國際法，故任何國家都可以隨時採取「反制措施」，以表達對另一個國家行爲（無論是否非法）之不滿或抗議。

然而，或許有質疑者可能會提問：某些不法行爲，尤其在「嚴重違反強制性規範」時，是否不代表國家有權爲「集體利益」（collective interest）而採取「反制措施」？[162] 在第二次世界大戰之前，伴隨著國際法之鞏固且國際

[157] ARSIWA, Art 51; Franck (2008); O'Keefe in Crawford, Pellet, & Olleson (2010) 1157. In a specialized context: Azaria, *Treaties on Transit of Energy via Pipelines and Countermeasures* (2015) 213.
[158] (1928) 2 RIAA 1011, 1026.
[159] ICJ Reports 1997 p 7, 56.
[160] (1978) 18 RIAA 417, 444.
[161] ICJ Reports 1986 p 14, 127.
[162] Dawidowicz (2006); Sicilianos in Crawford, Pellet, & Olleson (2010) 1137; Crawford (2013) 703–6; Dawidowicz, *Third-Party Countermeasures in International Law* (2017).

間對於雙邊主義之熱衷，導致其逐漸邊緣化。而聯合國成立後，國際法之發展亦不足以賦予國家犯罪概念具體的責任內容。雖然國際法最終放棄國際罪行之概念，但 ILC 特別報告員考慮到「不同的責任制度」（a different regime of responsibility）[163] 之必要性，故其於第四次報告中，保留「第三方反制措施」（third party countermeasures）之建議。[164]

但許多國家反對主張相當強烈，特別係針對「第三方反制措施」可能遭到任意實施之擔憂，導致 ILC 僅通過一項保留條款，使此爭議依舊懸而未決。[165] ILC 於評釋中列舉某些國家確實針對第三國造成傷害，或嚴重違法而採取「反制措施」之情況，然而，其結論提及此爭議之法律規範仍屬「不確定」（uncertain），並且「尚無明確承認非受害國為集體利益採取反制措施之權利」。[166] 最終文本未能將「第三方應對嚴重違法行為採取反制措施」予以合法化，ILC 亦因此而受到批評。[167]

Alland 的說法也許有些誇張：現在彷彿是在「為捍衛普遍利益而分散回應的主觀主義」（the subjectivism of a decentralized response in defense of general interests）與「對於最嚴重之不法行為不需承擔任何後果」（the absence of any consequences for the most serious wrongful acts）[168] 二者間作出選擇。國際間普遍認為，必須建立對嚴重侵犯行為作出「集體反應」（collective reaction）之架構，或直接改善現有之機構與機制。然而，國際間仍對於確定保護「集體利益」之有效方法尚無明顯共識，目前僅能將該保護權利委託給各個國家，由各國依據其本身對國際合法性（international legality）之理解而採取相對應之行動。Simma 法官之結論，似乎仍然相當合適：

「從雙邊主義發展到共同體利益」（from bilateralism to community interest）的敏感神經痛點，正是在此類案例中變

---

[163] Ago, ILC *Ybk* 1976/II(1), 3.
[164] Crawford, ILC *Ybk* 2000/II(1) 3, 106–9.
[165] ILC *Ybk* 2001/I, 112–13.
[166] ARSIWA, Art 54 and commentary, paras 3–7.
[167] Proukaki (2010).
[168] Alland (2002) 13 *EJIL* 1221, 1239.

得顯而易見：倘若將創新、完全積極、想像力等……移植至傳統國際法，同時，上述概念又屈從於個人之自主決定（auto-determination）與自主履行（auto-enforcement）。[169]

5. 結論

【576】ILC 條款之第二部分及第三部分（本章主題）總體上而言，值得仔細推敲。其中草案條款第 28 條至第 39 條就「一國國際責任之內容」加以規範，雖然對尚未制定更詳細賠償責任之認定標準而稍嫌遺憾，但條款內容闡明之違約後果，並未引起國際間嚴重質疑。國際法庭或仲裁庭的裁定中，已恢復加計「利息」作為不支付款項之後果，且審酌適用「援引」（invocation）規定。

懷疑論者可能質疑，對於 ILC 條款明顯之共識無疑掩蓋了部分事實，亦即某些最有爭議之條款（第 40、41、48 條以及反制條款）尚未如同其他條款般經過嚴格測試。在某種程度上，此質疑並無錯誤，甚至不足為奇，蓋所謂爭議條款事實上，或多或少地處理異常的「例外情況」（exceptional situations）。然而，以 ILC 條款第 48 條為例，該條文已於 *Belgium v Senegal*[170] 等案件中予以檢視，並且證明其運作良好。而考慮到圍繞於上述條款前身所引發之爭議（尤其在第 19 條草案關於「國家之國際罪行」，international crimes of states），至少目前之發展代表適度進步。

---

[169] Simma (1994) 250 Hague *Recueil* 217, 331.

[170] *Questions Relating to the Obligation to Prosecute or Extradite (Belgium v Senegal)*, ICJ Reports 2012, p 422, 450.

第二十七章　多邊公共秩序及其責任議題

1. 不法行為之多種內容

【577】在缺乏強制管轄權以及普遍適用執法程序，且去中心化體系（decentralized system）之國際關係中，「責任法」之存在並不穩固。[1] 許多國際法由有關權責及功能合作之規則交互組成，最常用以表達及解決爭端之機制，不是法院或法庭，而是外交諮商及談判解決。因此，接受違反條約以及其他規則之不法行為，以及關注行為或損害，而非政治上的「賠償」或「滿足」之責任法原則相繼出現，都是相對較晚近的發展。習慣國際法歷來以「自由」及「禁止」之二種形式發展，至於在範圍與結果方面，一直不甚明確，尤其是遇到「嚴重及系統性違法行為」（serious and systemic illegality act）。

誠然，新舊對比不應該被過度渲染，經典體系之創新能力，亦不應被完全被貶抑。除了一國對另一國造成物質損害之責任外，即使在「國際責任」之正常範圍內，亦總是存在以更一般的詞彙表述「不法行為」之情況。例如，「侵入行為」（acts of trespass），即暫時侵入他國領空或領海，屬於沒有特殊損壞證明之違法行為。[2]

【578】事實上，條約必須遵守原則（*pacta sunt servanda*）亦復如此；在國際法中，除非條約另有規定，否則可以在沒有特殊損害證據的情況下，對違反條約的行為提起訴訟。而國家作為承諾者之履約利益，遠超過其在違約前

---

[1] Rozakis, *The Concept of* Jus Cogens *in the Law of Treaties* (1976); Dugard, *Recognition and the United Nations* (1987); Hannikainen, *Peremptory Norms (*Jus Cogens*) in International Law* (1988); Kolb, *Théorie du* jus cogens *international* (2001); Tams, *Enforcing Obligations* Erga Omnes *in International Law* (2005); Orakhelashvili, *Peremptory Norms in International Law* (2006); Crawford, *Creation of States* (2nd edn, 2006) 99–105; Feichtner, 'Community Interest' (2007) *MPEPIL*; Dawidowicz in Crawford, Pellet, & Olleson (eds), *The Law of International Responsibility* (2010) 677; Jørgensen, ibid, 687; Ollivier, ibid, 703; Vaurs-Chaumette, ibid, 1023; Hernández (2012) 83 *BY* 13; Crawford, *State Responsibility* (2013) chs 11, 17; Paulus, 'International Community' (2013) *MPEPIL*; Nollkaemper & Jacobs (eds), *Distribution of Responsibilities in International Law* (2015); Proulx, *Institutionalizing State Responsibility: Global Security and UN Organs* (2016); Costelloe, *Legal Consequences of Peremptory Norms in International Law* (2017).

[2] Cf *Corfu Channel (UK v Albania)*, ICJ Reports 1949 p 4.

可能遭受之任何物質損失——大多數的環境條約及所有的人權條約皆然。就目前情況而言，國際層面之集體行動爭議相當嚴重，但並未基於不適當國內類比（inappropriate domestic analogies），而禁用關於特殊損害之原則。[3]

此外，古典國際法接受「國家行為」不僅可能構成違法，且亦可能自始無效，甚至可能對所有國家「普遍無效」（invalid *erga omnes*）。當面對極為「離譜」（outrageous）之單邊行動時，任何其他立場都相當於某種形式之「多邊裁軍」（multilateral disarmament）行為。除上述情境外，從 Vattel 到 Mavrommatis[4] 時期透過雙邊國際法之開放，現在可以假設依據法律所採取之集體行動，更具有廣泛的可能性。出現如此的發展過程，並非單純基於邏輯，而係基於「希望」與「經驗」的某種混合。[5] 其中，ILC 及法院都能發揮重要作用，相關之歷史軌跡可羅列如下：

1919：國際聯盟盟約（包括對違反盟約行為的回應，由理事會協調）；[6]

1928：非戰公約（Kellogg-Briand Pact，禁止在國際關係中使用武力，縮小公約中之差距）；[7]

1932：史汀生不承認主義（Stimson doctrine of non-recognition，提出集體不承認日本侵略滿洲和偽滿洲國）；[8]

1936：對義大利入侵衣索比亞無效之制裁（涉及導致第二次世界大戰聯盟集體安全體系之失敗及隨後崩潰）；[9]

1945：聯合國憲章（重新建立美蘇等國可接受之集體安全體系，重申在國際關係中普遍禁止使用武力）；[10]

---

[3] See especially Parry (1956) 90 Hague *Recueil* 657, 674ff.

[4] *Mavrommatis Palestine Concessions* (1924) PCIJ Ser B No 3, and for the epochs of international law: chapter 1.

[5] Crawford (2006) 319 Hague *Recueil* 325; further: Daillier in Crawford, Pellet, & Olleson (2010) 37; Koskenniemi, ibid, 45; Dawidowicz, *Third-Party Countermeasures in International Law* (2017).

[6] Covenant of the League of Nations, 28 June 1919, 225 CTS 195.

[7] 27 August 1928, 94 LNTS 57.

[8] *LNOJ*, Sp Supp No 101 (1932) 87–8 ('it is incumbent upon the members of the League of Nations not to recognize any situation, treaty or agreement which may be brought about by means contrary to the Covenant of the League of Nations or the Pact of Paris').

[9] Talmon, *Recognition of Governments in International Law* (1996) 102–3.

[10] 26 June 1945, 892 UNTS 119.

1966：西南非案例（拒絕接受衣索比亞及利比亞提出基於公共利益立場認定西
　　　南非種族隔離合法性問題）；[11]【579】

1969：將強制性規範納入「維也納條約法公約」（VCLT）第 53 條及第 64 條
　　　（承認不容減損之一般國際法規範類別）；[12]

1970：*Barcelona Traction* 一案之意見書（承認類似或相同之「普遍義務」類
　　　別）；[13]

1971：納米比亞諮詢意見（確認大會撤銷授權之有效性；以及具體說明集體不
　　　承認南非對領土之管轄權）；[14]

1976：ILC 通過第 19 條草案（承認某些基本規範之集體利益，雖然「國家之
　　　國際罪行」之標題具有很大爭議）；[15]

1990：伊拉克入侵和據稱吞併科威特而導致之集體行動（規定集體不承認、回
　　　復科威特主權、在安全理事會主持下對受影響之利益進行實質性補償
　　　機制）；[16]

1998：國際刑事法院羅馬規約（建立依據國際法起訴某些罪行之機構，包括國
　　　家官員）；[17]

1999：東帝汶獨立（雖然印尼早期「吞併」該地，但仍實現獨立；國際集體不
　　　承認有助於使爭議繼續存在）；[18]

2001：ILC 國家對國際不法行為的責任條款（ARSIWA），第 40、41、48、54
　　　條（認可第三方嚴重違反強制性規範之後果；實施 *Barcelona Traction*
　　　一案之意見書；保留採取集體反措施之可能性）；[19]

---

[11] *South West Africa (Ethiopia v South Africa; Liberia v South Africa)*, ICJ Reports 1966 p 6.

[12] VCLT, 22 May 1969, 1155 UNTS 331.

[13] *Barcelona Traction, Light and Power Co, Ltd (Belgium v Spain)*, Second Phase, ICJ Reports 1970 p 3, 32.

[14] *Legal Consequences for States of the Continued Presence of South Africa in Namibia (South West Africa) notwithstanding Security Council Resolution 276 (1970)*, ICJ Reports 1971 p 16.

[15] ILC *Ybk* 1976/I, 239.

[16] E.g. SC Res 660 (1990); SC Res 661 (1990); SC Res 662 (1990); SC Res 664 (1990), SC Res 665 (1990); SC Res 678 (1990); SC Res 686 (1991).

[17] 17 July 1998, 2187 UNTS 3.

[18] The details of the referendum were agreed in the Agreement between the Republic of Indonesia and the Portuguese Republic on the Question of East Timor, 5 May 1999.

[19] ARSIWA, appended to GA Res 56/83, 12 December 2001.

2004：隔離牆案之諮詢意見（Wall Advisory Opinion，宣布隔離牆之普遍違法性，並表明其對第三國之後果，借用 ILC 第 41 條之規定）；[20]

2006：*Congo v Rwanda*（法院首次明確認可強制性規範類別）；[21]【580】

2010：Kampala Conference（同意國際刑事法院規約中侵略罪之定義）。[22]

上述發展並非完整與明確，在對伊拉克入侵科威特作出相當迅速有效之反應後，安理會並沒有採取任何相應措施以避免盧安達之種族滅絕（1994）。僅舉兩個人類衝突的災難性例子，在「伊朗－伊拉克戰爭」（1980-1988），以及「厄利垂亞－衣索比亞戰爭」（1998-2000）期間，安理會亦退縮，即使當時不能立即消弭，但亦可能被制止。然而，安理會之權力既龐大又廣泛，並且在評估國際局勢以及擬定應對方案，擁有廣泛之自由裁量權，在憲章第 VII 章局勢之情況下，[23] 沒有明確限制其權力。憲章要求國家遵守國際法，[24] 但國家不遵守時並非立即受到制裁，且幾乎沒有求償權。而國際法體系的各組成部分——國家、歐盟及其他參與者——可能會堅持將遵守「基本權」（fundamental rights）作爲安理會制裁生效之條件，欲藉此影響個人行爲，倘若如此適用將引起爭議。[25] 安理會與法律關係之模棱兩可，必須付出代價。

到目前爲止，似乎無法擺脫困境。在上述進展中，1996 年一讀通過之「國際法委員會國家責任條款草案」（ILC Draft Articles on State Responsibility）第 19 條提議承認「國際性質的國家罪行」（international crime of state）之類別。[26] 然而，倘若不允許由此產生任何懲罰性後果，或不接受任何正當程序要求，上述制裁恐怕僅僅成爲人身攻擊（name-calling）而已，在一些爭議中，此類別不再被提起。[27]

---

[20] *Legal Consequences of the Construction of a Wall in the Occupied Palestinian Territory*, ICJ Reports 2004 p 136.

[21] *Armed Activities on the Territory of the Congo (New Application: 2002) (Democratic Republic of the Congo v Rwanda)*, Jurisdiction and Admissibility, ICJ Reports 2006 p 6, 32, 52.

[22] ICC Statute, Art 8*bis*.

[23] But see *Bosnian Genocide*, Provisional Measures, ICJ Reports 1993 p 325, 400 (Judge ad hoc Lauterpacht)

[24] UN Charter, Arts 1(1), 24(2), 36(3).

[25] See Joined Cases C-402/05 P and C-415/05 P *Kadi & al Barakaat International Foundation v Council & Commission* [2008] ECR I-6351; C-584/10 P, C-593/10 P, and C-595/10 P *Commission v Kadi*, ECLI:EU:C:2013:518 (GC, 18 July 2013); and further: Tzanakopoulos, *Disobeying the Security Council* (2011).

[26] ILC *Ybk* 1996/II(2), 60.

[27] ARSIWA, commentary to Art 12, paras 5–7. Further: chapter 25.

2. 不法行為之客觀後果

在過去的文獻中，「有效性原則」（*ex factis jus oritur*）通常與「合法性原則」（*ex injuria jus non oritur*）相對立。[28]「去中心化」（decentralized）而基於習慣之系統，其中「主權」係基本價值，必須考慮有效性——但並非不惜任何代價。因此，「不法行為」（*delicta juris gentium*）之概念得到發展，其與「侵權行為人」（tortfeasor）及求償人（claimant）間，就「侵權行為」（torts）之賠償義務相反，顯然有更多元素納入其中。

(1) 強制性規範

【581】法律學者不時試圖透過使用諸如「基本」（fundamental）、「不可剝奪」（inalienable）或「固有」（inherent）等術語，在國際層面上對規則、權利，以及義務進行分類，然而，上述分類並沒有取得顯著成功，但仍在一定程度上影響法庭解釋條約之方式。但在 1960 年代，學術界的觀點開始支持可以存在國際法「壓倒性規範」（overriding norms），又稱為「強制性規範」（peremptory norms/*jus cogens*），[29] 其主要區別特徵係相對不可磨滅性（relative indelibility）。根據 VCLT 第 53 條，國際法強制性規範係習慣法規則，不能透過條約或默許而取消之，僅有以後具有同等性質之一般國際法規律，始得更改上述強制性規範。

「強制性規範」之概念已被 ILC 所接受，[30] 1966 年則納入條約法最終草稿中。ILC 之評論清楚表明，「減損」（derogation）係指，國家同意基於一般國際法以外的規則簽訂契約。[31] 因此，一國允許他國在公海攔截及搜查其船舶之協議係屬有效，[32] 但與鄰國針對可能構成種族滅絕之方式，對跨越邊境之種

---

[28] E.g. Lauterpacht, *Recognition in International Law* (1947) 427; Wright (1953) 47 *AJIL* 365, 368; Cheng, *General Principles of Law as Applied by International Courts and Tribunals* (1987, repr 1994) 186–7.

[29] Lauterpacht, ILC *Ybk* 1953/II 90, 154–5; Fitzmaurice (1959) 35 *BY* 183, 224–5. For an early source: Anzilotti, 1 *Opere* (3rd Italian edn, 1927) 289.

[30] ILC *Ybk* 1963/II, 187, 198, 211 (Art 45), 216. Also: Lauterpacht, ILC *Ybk* 1953/II, 90, 154–5; Fitzmaurice, ILC *Ybk* 1958/II, 20, 27, 40; McNair, *Treaties* (1961) 213–18.

[31] ILC *Ybk* 1966/II, 187, 247–9.

[32] Certain peremptory norms—notably the prohibition of the use of force in international relations—are defeasible by consent, which could presumably be given by treaty. The interaction between such norms and the

族群體展開聯合行動之協議係屬無效，蓋該條約之目的與具有強制性之禁令間產生衝突。經過一番爭論，維也納條約法會議（Vienna Conference on the Law of Treaties）就第 53 條之規定達成一致。[33]

此類「強制性規範」中，爭議最小的是憲章第 2 條第 4 項所規定之禁止使用武力、[34] 種族滅絕、[35] 危害人類罪（包括【582】系統性進行種族歧視之形式），[36] 以及禁止奴隸制之規則等。[37] 在 *Barcelona Traction* 一案中，國際法院將「國家對他國之義務」和「國家對整個國際社會之義務」加以區分，但法院隨後給出之列示清單，與當代「強制性規範」之類別，[38] 實際上沒有顯著區分。具有此種特殊地位之其他規則，包括「自決原則」（self-determination），至少適用於殖民地國家及人民或處於外國統治下之人民。[39]

「強制性規範」之概念，比其產生之特定後果更具有權威，但仍有些建議值得思考。例如，倘若國家完全同意（outright state consent）不能減損「強制性規範」的效力，則類似同意之概念（如默許）亦復如此。易言之，在涉及違反「強制性規範」的情況下，「抗議」或「承認」都無關緊要。而據實踐上之觀察，「時效」（prescription）亦不能免除國家之違法。雖然在某種程度上，有關國家必須有可能規範上述情況所產生之後果，但前提是此方式不等同於對

general principle of indefeasibility has not been well articulated, but see Crawford (2013) 289–92, 317–18; Paddeu (2014) 85 *BY* 90. For the controversy over Art IV of the Treaty of Guarantee, 16 August 1960, 382 UNTS 3 see Ehrlich, *Cyprus 1958–67* (1974) 37–8, 140, 148–9; 1226–7; Hoffmeister, 'Cyprus' (2009) *MPEPIL*; Dinstein, *War, Aggression and Self-Defence* (5th edn, 2011) 292.

[33] A/CONF.39/11, 293–328. Also Arts 64 (effect on treaties of a subsequent peremptory norm), 71 (consequences of the invalidity of a treaty which conflicts with a peremptory norm).

[34] McNair (1961) 214–15; Nash (1980) 74 *AJIL* 418; *Military and Paramilitary Activities in and against Nicaragua (Nicaragua v US)*, ICJ Reports 1986 p 14, 100–1. Also Corten, *The Law Against War: The Prohibition on the Use of Force in Contemporary International Law* (2010) 200–13.

[35] *Armed Activities (DRC v Rwanda)*, Jurisdiction and Admissibility, ICJ Reports 2006 p 6, 32; *Bosnian Genocide*, ICJ Reports 2007 p 43, 111; *Croatia v Serbia*, ICJ Reports 2015 p 3, 47.

[36] *South West Africa*, Second Phase, ICJ Reports 1966 p 6, 298 (Judge Tanaka, diss), *Barcelona Traction*, Second Phase, ICJ Reports 1970 p 3, 304 (Judge Ammoun); *Namibia*, ICJ Reports 1971 p 16, 78–81 (Vice-President Ammoun).

[37] *Roach and Pinkerton (Case 9647)*, Inter-American Commission on Human Rights (IACHR) 3/87, 22 September 1987, §54. Also *Michael Domingues*, IACHR 62/02, 22 October 2002.

[38] Second Phase, ICJ Reports 1970 p 3, 32. Also *East Timor (Portugal v Australia)*, ICJ Reports 1995 p 90, 102.

[39] *Barcelona Traction*, Second Phase, ICJ Reports 1970 p 3, 304 (Judge Ammoun); *East Timor (Portugal v Australia)*, ICJ Reports 1995 p 90, 102; *Legal Consequences of the Construction of a Wall in the Occupied Palestinian Territory*, Advisory Opinion, ICJ Reports 2004 p 136, 199.

違約行為之批准。此外，違反強制性規範的後果必然超出條約法之範圍，例如侵略者（aggressor）不應因「交戰方不應對中立國人民在軍事行動中所受之損害負責」之規定，而受有利益。[40] 然而，許多適用爭議仍然存在，例如關於自決對領土移轉之影響。倘若一個國家「使用武力」以實現「自決原則」，是否可假設一個「強制性規範」比另一個「強制性規範」更具有強制力？該概念之特定推論仍在爭辯中。[41]

尚未受到「強制性規範」影響之領域係法院之管轄權。國際法院特意強調管轄權之基本要求必須得到滿足，無論所依據之規範地位為何。因此，在 *Armed Activities* (*DRC v Rwanda*) 一案中，法院認定：

> 事實上，系爭爭端涉及「強制性規範」之遵守問題（禁止種族滅絕無疑係此情況），規範本身並不能為法院管轄該爭端提供法律基礎【583】。依據國際法院規約，「管轄權」始終係基於當事人的同意。[42]

總體而言，在「國家豁免」（state immunity）方面保持類似之區別，特別適用於高級官員在位時，免於在第三國被逮捕之豁免原則。在 *Arrest Warrant* 一案中，法院明確指出：

> 法院無法推斷……依據習慣國際法，對涉嫌觸犯戰爭罪或危害人類罪之現任外交部長而享有「刑事管轄豁免」及「不可侵犯權」（inviolability）之規則，存在任何形式的例外情況。[43]

---

[40] McNair, 2 *Opinions*, 277. Authority also exists for the view that an aggressor does not acquire title to property acquired even if the confiscation and requisition were within the Hague Regulations. See Brownlie, *Use of Force* (1963) 406.

[41] E.g. Gaja (1981) 172 Hague *Recueil* 271, 290–301 (issues of state responsibility); Schachter (1982) 178 Hague *Recueil* 21, 182–4 (rights of third states to take countermeasures). On self-determination and the use of force: Crawford (2nd edn, 2006) 134–48.

[42] Jurisdiction and Admissibility, ICJ Reports 2006 p 6, 32. See also ibid, 50–1.

[43] *Arrest Warrant of 11 April 2000 (Democratic Republic of the Congo v Belgium)*, ICJ Reports 2002 p 3, 24. See also *Jurisdictional Immunities of the State (Germany v Italy)*, ICJ Reports 2012 p 99, 139.

因此，僅僅援引「強制性規範」並無法自動回答所面臨之問題：法院在調查中注入一個新的元素，該元素可能會產生影響，但不一定具有決定性。[44]

(2) 不承認「情況合法」之義務

2001 年 ILC 條款採用「國家嚴重違反一般國際法強制性規範所產生之義務」之類別，[45] 闡明以下具體後果：

第 41 條　嚴重違背依本章承擔的一項義務的特定後果

1. 各國應進行合作，透過合法手段制止第 40 條含義範圍內的任何嚴重違背義務行為。

2. 任何國家均不得承認第 40 條含義範圍內的嚴重違背義務行為所造成的情況為合法，也不得協助或援助保持該狀況。

3. 本條不妨礙本部分所指的其他後果和本章適用的違背義務行為可能依國際法引起的進一步的此類後果。

上述規定在很大程度上係屬於「剩餘義務」（residual set of obligations），亦即第三國不涉及非常艱鉅之個人義務。除此之外，ILC 條款第 41 條，可能與編纂一樣屬於進步發展。倘若其中有習慣國際法之要素，應屬於「集體不承認」（collective non-recognition）的情況，而此案例可追溯至 1934 年滿洲危機（Manchurian crisis）時【584】宣布之史汀生主義（Stimson doctrine）──此情況不僅涉及聯盟中的成員，且亦涉及美國（非聯盟成員）。[46]

國際法院於 Namibia 一案中，確認「不承認原則」，但在以下重要方面對其適用加以限定：

---

[44] Similarly, that certain international crimes or human rights arise from peremptory norms does not mean that any concomitant obligation to prosecute violations of these norms is equally peremptory, even less that on that account amnesties for these crimes are by definition prohibited. See O'Brien (2005) 74 *Nordic JIL* 261; Sterio (2006) 34 *DJILP* 373; Freeman, *Necessary Evils: Amnesties and the Search for Justice* (2009).

[45] ARSIWA, Art 40(1): 'serious breach' is defined in Art 40(2) as one which 'involves a gross or systematic failure by the responsible State to fulfil the obligation'. See generally Crawford (2013) 380–90.

[46] See Crawford (2nd edn, 2006) 75–6, 78, 132–3, with references to relevant resolutions and declarations.

不承認南非對該領土之管理，不應導致剝奪納米比亞人民從國際合作中獲得任何好處。值得注意者，雖然南非政府在委任統治終止後，代表納米比亞或與納米比亞有關之官方行為皆為非法且無效，但此無效性並不能擴大到以下行為，例如：出生、死亡、婚姻登記等，倘若忽視此類登記之影響，只會損害領土居民之利益。[47]

上述「納米比亞例外」（Namibia exception）已被歐洲人權法院（ECHR）適用，[48] 最近採用之方式，往往使其成為一項原則，而非僅視為例外。[49]

2001 年之後，第一次在國際法院對其中一些問題進行司法檢驗，係出現於 Wall 一案之諮詢意見（advisory opinion）。[50] 在案件中，法院討論了由於以色列違反其義務而對第三國造成之後果，易言之，以色列違反「尊重巴勒斯坦人民之自決權、國際人道法，以及國際人權法之規定」。[51] 以色列在約旦河西岸豎起之「隔離牆」（Wall）包括（或建造完成後將包括）該區域大部分以色列之屯墾區（settlements）、[*1] 大部分水源，以及大量空地。法院指出，屯墾區本身違反「日內瓦第四公約」（Fourth Geneva Convention）第 49 條第 6 項，該款「禁止占領國組織或鼓勵將其部分人口轉移至被占領區之土地」。[52] 隔離牆還增加「在地面上製造很可能成為永久性『既成事實』（*fait accompli*）之風險」，除了被迫之人口變化外，還包括破壞以色列與巴

---

[47] *Namibia*, ICJ Reports 1971 p 16, 56, para 125.

[48] *Loizidou v Turkey* (1996) 108 ILR 443; *Cyprus v Turkey* (2001) 120 ILR 10, 42–5.

[49] *Demopoulos v Turkey* (2010) 158 ILR 88, 126. And Ronen, *Transition from Illegal Regimes under International Law* (2011); Frowein, 'Non-Recognition' (2011) *MPEPIL*; Loucaides (2011) 24 *LJIL* 435.

[50] ICJ Reports 2004 p 136. See generally Watts, 'Israeli Wall Advisory Opinion (Legal Consequences of the Construction of a Wall in the Occupied Palestinian Territory)' (2007) *MPEPIL*.

[51] ICJ Reports 2004 p 136, 197.

[*1]【譯注】聯合國安全理事會於 2023 年 2 月 12 日宣布對於以色列進一步建設與擴大「屯墾區」及將其「合法化」表示深切關注與沮喪。安理會重申，以色列持續於屯墾區活動，正在破壞與危及基於 1967 年劃定邊界之兩國解決方案的可行性。United Nations Security Council (UNSC) presidential statement (20 February 2023) UN Doc S/PRST/2023/1。另外，關於屯墾區之聯合國安理會重要決議，亦可參考：United Nations Security Council (UNSC) Res 2334 (23 December 2016) UN Doc S/RES/2334。

[52] Ibid, 183.

勒斯坦間未來之邊界。此諮詢意見直接表達以色列對於耶路撒冷採取之非法措施，[53] 法院注意到，有證據表明隔離牆擾亂當地之經濟生活，並阻礙一般人民獲得醫療服務。[54] 最重要者，隔離牆侵害巴勒斯坦人民的「自決權」（self-determination）；法院並進一步表示，此權利在聯合國實踐中，以及以色列與巴解組織（PLO）於 1990 年代初期之協議與換文中獲得承認。[55] 依據現有證據，法院【585】得出結論：隔離牆對於實現以色列之安全目標非屬必需，因此，相關文書規定之「安全例外」（security exceptions）並不構成正當理由。[56]

　　有關規範構成普遍適用（*erga omnes*）之權利及義務，法院認定，鑑於系爭各方所涉及之權利及義務之性質與重要性，其他國家有義務「不承認」以色列修建隔離牆所造成之非法情況。此外，他國亦有義務不提供援助和協助以維持由此所造成之局勢，以及確保「在尊重聯合國憲章及國際法同時，消除因修建隔離牆而對巴勒斯坦人民行使自決權所造成之任何障礙」。[57] 此外，法院認為，聯合國，尤其是大會及安全理事會，應當考慮需要採取何種進一步行動，以結束因修建隔離牆而造成之非法局面。[58] 雖然法院沒有明確提及第 40 條及第 41 條，但法官確實適用來自於第 41 條之內容（即使未被承認）。

　　法院的裁決，應該與 Kooijmans 法官之部分不同意見書（dissenting opinion）形成對比。法院同意隔離牆的非法性，以及以色列作為責任國之後果，但並不同意對第三國之後果。法官指出：

> 我必須承認，我很難理解為何一國違反普遍適用之義務，必然導致第三國承擔義務。第 41 條第 2 項明確提到不承認嚴重違約行為所造成之情況為合法義務，ILC 在其評釋中提到非法情況（幾乎沒有例外）採取合法要求之形式，通常係針對領土。換言之，所有提到的案例，都係指因正式或準正式頒布

---

[53] Ibid, 184.
[54] Ibid, 189–92.
[55] Ibid, 183.
[56] Ibid, 192–4.
[57] Ibid, 300.
[58] Ibid.

而產生之情況，旨在產生普遍適用之效果。在此種情況下，我可以接受不承認之義務。

然而，我很難理解不承認非法事實之義務的內涵包括範圍如何。爲履行此義務，判決部分之個別對象應該有何作爲？因此，依我觀察，「不承認義務」相當於一項沒有實質內容之義務。[59]

人們可以認同一種觀點，意即「不承認義務」係屬於虛幻且缺乏實質內容，但此特徵並非隔離牆之關鍵。ILC 第 41 條，或更確切而言，該條文試圖體現之習慣法義務與事實承認無關，而係與事實之合法化有關。國家有義務不承認因嚴重違反強制性規範而造成之情況。無論係南非之種族隔離，或其他地方以各種形式之【586】分離（separation）或異化（alienation）。然而，承認一個政權之合法性，不僅僅係承認一個事實而已，「承認」將使政權合法化，並傾向於鞏固該政權。正如上述案件所闡明之論述，廣泛承認一個政權爲「非法」，將產生相反效果。畢竟，國際法之倉庫中並沒有足夠之武器。[60]

(3) 終止不法情況之義務

當聯合國及其附屬機構作出具有約束力的決議，並認爲某種情況係違反國際法時，作爲相關議議或決議對象的國家有義務終止上述不法之情況。[61] 實際執行狀況，仍取決於此類決議文中，闡明違反國際法之後果。至少，此情況應該涉及「不承認之義務」（duty of non-recognition），倘若依據個別國家之審慎判斷，出現某種特殊情況，則無論聯合國及其附屬機構之任何指示爲何，或在未出現任何指示的情況下，必須遵守上述「不承認之義務」，一般國家則反對其非法性。

1970 年，聯合國安全理事會通過了第 276 號決議，其中確認大會決定終

[59] Ibid, 231–2.
[60] On Jerusalem see latterly GA Res ES-10/L.22, 21 December 2017 (128:9:35).
[61] *Namibia*, ICJ Reports 1971 p 16, 54; and Decree No 1 for the Protection of the Natural Resources of Namibia, UN Council for Namibia, approved by GA Res 3295(XXIX), 13 December 1974. Also *Loizidou v Turkey* (1996) 108 ILR 443.

止西南非之任務授權，並對該領土承擔直接責任，直至其獨立為止。而於第283(1970) 號決議中，安理會呼籲所有國家針對南非之非法存在採取具體措施，包括：終止外交及領事代表。就上述關係延伸至納米比亞而言，應停止國有企業與該領土有關之交易，以及取消公營及私營公司用於促進與納米比亞貿易或商業之財務支持。

在第 284(1970) 號決議中，安理會要求國際法院就以下問題發表諮詢意見：倘若南非不遵守安全理事會第 276(1970) 號決議，而繼續留在納米比亞，對於各國之法律後果為何？法院認為，由於安全理事會第 276 號決議係依據聯合國憲章規定，而產生法律義務，故成員國有義務承認南非在納米比亞繼續存在之「非法性」（illegality）和「無效性」（invalidity）。[62] 而採取準確且確定之適當措施，此乃政治機關之責任。因此，法院將「僅限於就與南非政府之交易提供建議」，依據聯合國憲章及一般國際法，此類交易應被視為不符合聯合國安理會第 276(1970) 號決議第二段中之「非法性」及「無效性」聲明，蓋上述交易可能暗示「承認」南非在納米比亞之存在係為合法。[63] 與此【587】有關之事項包括：南非聲稱代表納米比亞或與納米比亞有關案件中之條約關係、外交關係，以及經濟往來。法院之諮詢意見將出生、死亡、婚姻登記等行為排除於法律無效範圍之外。最後，法院指出，上述情況之非法性，受到所有國家之反對，而不僅限於聯合國之成員國。[64]

在法律上，不法行為之後果，包括「不承認之義務」，係有別於依據聯合國決議而實施基於自願或強制的經濟或軍事制裁。例如，在 Smith 政權單方面宣布獨立之後，對羅德西亞實施相關制裁。[65] 就政治上而言，「不承認」之實際後果類似於「非軍事制裁」（non-military sanctions）。[66] 正如同國際法院 Petrén 法官在其個別意見（separate opinion）中所暗示，聯合國安理會關於納

---

[62] ICJ Reports 1971 p 16, 54–6, 58.
[63] *Namibia*, ICJ Reports 1971 p 16, 55.
[64] Ibid, 56.
[65] An early instance of collective action under General Assembly and Security Council auspices was that taken against Southern Rhodesia: Gowlland-Debbas, *Collective Responses to Illegal Acts in International Law* (1990) 179–486.
[66] See *Namibia*, ICJ Reports 1971 p 16, 134–7 (Judge Petrén).

米比亞之決議，強加了某些超越一般國際法中，僅僅「不承認」所要求之義務。[67]

3. 結論：一個新興的多邊公共秩序系統？

顯然，強制性規範概念一旦在 1969 年被接受，就不能僅限於條約法。[68] 而此基本概念作爲國家不能減損義務之規範，已經證明其必然會產生超出條約法之後果。[69]

本章所列出之事態發展，構成針對客觀非法（objective illegality）及其後果之適度措施，因此，「不法行爲」可能需要因該行爲本身而創設的法律制度。例如，一場可能違反「聯合國憲章」及習慣國際法而引起之「武裝衝突」，即使並非全部，但亦會使大部分關於戰爭行爲之規則發生效力。同樣地，在某些情況下，國家至少在「合法性」有問題之情況下，依據「有效性原則」運作。[70]

【588】但無論任何條件，構成本章主題之討論皆係基於上述前提，易言之，國際間存在某些強制性規範（peremptory norms），且國家應有義務不予承認，對於因違反強制性規範，主張「情況合法」（situation as lawful）之情況。因此，ILC 經過會員國大量的辯論後，在二讀通過之「國家責任條款」中納入了題爲「嚴重違反一般國際法強制性規範規定的義務」（Serious Breaches of Obligations under Peremptory Norms of General International Law）之規定，而上述規範結構，似爲進步之立法；然而，在某些政治環境下，其結果可能是基於附屬於執法的目標，使許多有爭議的政策，賦予「情況合法」之外觀。因此，執行法律時，必須格外謹愼。[71]

---

[67] Ibid, 148 (Judge Onyeama), 165 (Judge Dillard), 297 (Judge Fitzmaurice, diss).

[68] On the cognate debate over constitutionalization, see generally: Orakhelashvili in Muller & Frishman (eds), *The Dynamics of Constitutionalism in the Age of Globalisation* (2010) 153; Klabbers, Peters, & Ulfstein, *Constitutionalization of International Law* (2009); Crawford, *Chance, Order, Change* (2014) ch XIV.

[69] The point was noted in the first edition of this book, even before the adoption of the VCLT: see Brownlie, *Principles* (1st edn, 1966) 417–18.

[70] Generally: Touscoz, *Le Principe d'effectivité dans l'ordre international* (1964); Lauterpacht, *Development* (1958) 227ff.

[71] Koskenniemi (2001) 72 *BY* 337.

第十部分

個人與團體之保障

第二十八章　國際最低標準：外交保護與投資保障

1. 國家與個人：尋求標準

　　【591】自 17 世紀以來，基於「領土爲基礎」（territorial base）作爲政治共同體之法律結構並沒有發生太大變化，反而用於描述或解釋上述關係的各種理論不斷演進。無論係主要被視爲「個人」主權表達的有機體單位，搭配以效忠（allegiance）、公民身分（citizenship）、國籍（nationality）等作爲聯繫因素；或者以領土作爲主要統治範圍，二者都被視作爲「國家共同體」（community of the state）提供了基礎。當代國際法之實踐傾向於「領土主權」的觀點，但並沒有完全放棄 Vattel 之學說，Vattel 在一篇被廣泛引用的文章中主張：「誰侵害了公民，誰就間接冒犯其所屬之國家，而國家有責任保護該公民」，[1] 此主張通常被描述爲「虛構關係」（fiction），然而，「公司」（法人）與其成員間之法律關係，不能以上述方式被簡單地解除。Vettel 並沒有主張，對外國人的任何傷害本身，就直接視爲對外國人所屬國家之傷害，而將此情況認爲應屬於「間接關係」；事實上，國籍關係爲責任和保護原則提供了基礎。[2] 特別是，國家擁有由其公民所代表的法律利益（legal interest），任何傷害其公民之人，都必須考量該國家對其國民之保護能力（protective capacity）。倘若一國國民受到他國之侵傷害而造成損失，則無論該侵害行爲發生在一國境內、公海或外太空等，該國民所屬國籍的國家都可在國際層面提出求償。【592】聯合國國際法委員會（ILC）於 2006 年通過之「外交保護條款」（Articles on Diplomatic Protection）[3] 中規定上述求償條件，其中某些

---

[1] Vattel, *Le Droit des gens* (1758, tr Anon 1797) II.vi.§71.

[2] But see *Barcelona Traction, Light & Power Co, Ltd (Belgium v Spain)*, Second Phase, ICJ Reports 1970 p 3, 290–4, 300–1 (Judge Ammoun).

[3] 19 May 2006, ILC *Ybk* 2006/II, 2, 71–6; Crawford in Maluwa, du Plesis, & Tladi (eds), *The Pursuit of a Brave New World in International Law: Essays in Honour of John Dugard* (2017) 135.

規定係遵循一般國際法的規定，然而，ILC 並沒有制定「實質性保護標準」（substantive standards of protection）。[4]

在「外交保護」（diplomatic protection）主題之下所制定的法律規則，目前受到雙邊及多邊投資條約下的法庭判決影響，易言之，在相當大的程度上，個案所涉及之保護標準係屬於「特定條約」（particular treaty）的標準，而非共通一般性的保護原則。國際法院拒絕從 *Barcelona Traction* 案[5] 以及四十年後的 *Diallo* 案[6] 等判決中之大量文義相似的條約中，得出任何普遍之推論。即便如此，有些投資條約開始試圖建構一般國際法上的保護標準，特別是「國際最低待遇標準」（international minimum standard of treatment），例如，在北美自由貿易協定（NAFTA）第 1105 條中，[7] 依據成員國解釋而形成上述原則。[8]

因此，目前有兩個獨立的發展方向：其一為基於外交保護的實踐和判例；其二為基於約 2,400 項雙邊投資條約（BITs）或其他具有投資保護條款條約之通用標準，[9] 並已應用於約 800 項已完成或仍未裁定之仲裁案。[10] 基於法律主張之目的不同，上述兩項發展將一起出現，但並不影響對於每個案件的特定上下文脈絡進行分析，以及針對求償法律基礎之需要。

---

[4] But see ILC, Draft Articles on the Expulsion of Aliens, 6 June 2014, A/69/10, ch IV.

[5] *Barcelona Traction*, Second Phase, ICJ Reports 1970 p 3, 32–4. The Court noted that 'whenever legal issues arise concerning the rights of States with regard to the treatment of companies and shareholders, as to which rights international law has not established its own rules, it has to refer to the relevant rules of municipal law'. This passage was quoted with approval in *Ahmadou Sadio Diallo (Republic of Guinea v Democratic Republic of the Congo)*, Merits, ICJ Reports 2010 p 639, 675.

[6] Preliminary Objections, ICJ Reports 2007 p 582, 615, holding that BIT practice 'is not sufficient to show that there has been a change in the customary rules of diplomatic protection; it could equally show the contrary'.

[7] 17 December 1992, 32 ILM 289, Art 1105.

[8] NAFTA Free Trade Commission, Notes of Interpretation of Certain Chapter 11 Provisions, 31 July 2001, 13 *WTAM* 139, stating that 'the concepts of "fair and equitable treatment" and "full protection and security" do not require treatment in addition to or beyond that which is required by the customary international law minimum standard of treatment of aliens'.

[9] Source: http://investmentpolicyhub.unctad.org/IIA.

[10] The texts of BITs and awards cited in this chapter can be found at http://www.italaw.com. For completed or pending investment treaty arbitrations, see http://investmentpolicyhub.unctad.org/ISDS. The first reported BIT decision was *Asian Agricultural Products Ltd v Sri Lanka* (1990) 4 ICSID Reports 245.

2. 外國人之入境、驅逐及責任

　　當外國人及其資產安置在地主國境內時，責任歸屬議題時常出現。首先，對於外國人進入地主國之立場必須加以表示。原則上，此為國內管轄權之問題：一個國家可以選擇【593】不接受外國人入境，亦可對其之入境許可附加條件；[11] 同時，該國之國內經濟及外交政策可能會導致對外國人經濟活動之限制。國家政策可能要求禁止或管制外國人購買不動產、船舶、飛機等，以及從事某些職業。在「友好、商業和航海條約」（treaties of friendship, commerce, and navigation）中關於接納外國人之規定，係透過為維護「公共秩序、道德、健康或安全」之條款予以限定。[12] BITs 通常明確規定，關於准入問題係屬於地主國之法律管轄範疇。[13]

　　原則上，驅逐外國人亦屬於國家之自由裁量權，[14] 但此種裁量權並非毫無限制，[15] 尤其是行使驅逐權（power of expulsion）必須出於善意，而非別有用心；[16] 且驅逐權亦必須以符合人權標準的方式行使，例如禁止集體驅逐（collective expulsion），[17] 以及不將外國人驅逐到他或她的生命會受到威

---

[11] For British practice: McNair, 2 *Opinions* 105–8; *Musgrove v Toy* [1891] AC 272; 6 *BD* 9 77. Generally on admission and exclusion of aliens: McDougal, Lasswell, & Chen (1976) 70 *AJIL* 432; Goodwin-Gill, *International Law and the Movement of Persons between States* (1978) chs 1–2, 6–10; Nafziger (1983) 77 *AJIL* 804; Madureira, *Aliens' Admission to and Departure from National Territory* (1989); Hailbronner & Gogolin, 'Aliens' (2013) *MPEPIL*. Also the International Convention on the Protection of the Rights of All Migrant Workers and Members of their Families, 18 December 1990, 2220 UNTS 3; European Convention on Establishment, 13 December 1955, 529 UNTS 142. Further: *Kleindienst v Mandel*, 408 US 753 (1972); *R (Ullah) v Special Adjudicator* [2004] UKHL 26; *Aderhold v Dalwigk, Knüppel*, 2 BvR 1908/03, 24.10.2006.

[12] E.g. USA–Italy, Treaty of Friendship, Commerce and Navigation, 2 February 1948, 326 UNTS 71, Art 1(4).

[13] E.g. Germany–Guyana BIT (1989) 1909 UNTS 3, Art 2 (1); Sweden–Argentina BIT (1991), Art 2(1); Switzerland–Croatia BIT (1996), Art 3(1); Germany Model BIT (2008), Art 2(1).

[14] 6 *BD* 83–241; 8 Whiteman 850–63; Kälin, 'Aliens, Expulsion and Deportation' (2010) *MPEPIL*. E.g. People's Initiative 'Expulsion of Foreign Criminals', Switzerland, adopted by referendum on 28 November 2010, providing for automatic expulsion and ban on re-entry of aliens convicted of certain crimes.

[15] *Yeager v Islamic Republic of Iran* (1987) 82 ILR 178; *Short v Islamic Republic of Iran* (1987) 82 ILR 148; *Libyan Arab Foreign Investment Co v Republic of Burundi* (1991) 96 ILR 279. Generally: Goodwin-Gill (1978) 201–310; Henckaerts, *Mass Expulsion in Modern International Law and Practice* (1995).

[16] For expulsion as disguised extradition: e.g. *Muller v Superintendent, Presidency Jail, Calcutta* (1955) 22 ILR 497; *R v Governor of Brixton Prison, ex p Soblen* [1963] 2 QB 243; *R v Horseferry Road Magistrates' Court, ex p Bennett* [1993] UKHL 10; *Conka v Belgium* [2002] ECtHR 51564/99; ILC Draft Articles on the Expulsion of Aliens, Art 12 and commentary. See also Art 10 and commentary on the prohibition on disguised expulsion generally.

[17] ILC Draft Articles on the Expulsion of Aliens, Art 9 and commentary.

脅，或可能遭受酷刑或殘忍、不人道，以及有辱人格待遇的國家之義務。[18] 然而，驅逐國在主張「公共秩序」（ordre public）概念時仍有一定程度的判斷餘地，[19] 但要依據人權標準來衡量此一概念。[20] 在某些情況下，驅逐可能違反【594】習慣國際法下「不歧視原則」（種族或宗教）。[21] 倘若一國家因行使驅逐權，而使他國被迫在沒有充分通知的情況下，必須接收大量團體而造成特定損失時，可能導致受害國家之求償索賠。最後，驅逐透過長期居留及行使公民權而初步獲得地主國有效國籍之人，並非自由裁量權的問題，蓋國籍取得將使驅逐權受到質疑。

國際法院在 Diallo 一案中審理有關驅逐權之問題，法院依據「公民與政治權利國際公約」（ICCPR）及相關區域人權條約（非洲憲章）進行論理：

> 合法驅逐屬於這些國際條約文書締約國領土內之外國人，僅能於符合該國之國際義務下為之，倘若該決定係依據「法律」而作成，易言之，必須係適用相關的國內法。在某種程度上，遵守國際法之義務取決於國內法的合致性。然而，上述情況並非充分條件。首先，個案中適用之國內法本身，必須符合「公約」（ICCPR）與「非洲憲章」之其他要求；其次，驅逐不得具有「恣意」之性質，因為防止「恣意對待」係應保障權利之核心。[22]

---

[18] Ibid, Arts 23–24 and commentary.

[19] Centre for Civil and Political Rights (CCPR), General Comment 15: The Position of Aliens under the Covenant (1986); *Maroufidou v Sweden* (1981) 62 ILR 278, 284. On human rights standards: chapter 29.

[20] The view is sometimes expressed that the expelling state must have complied with its own law: 6 *BD* 151–2; Goodwin-Gill (1978) 263–81; ILC Draft Articles on the Expulsion of Aliens, Art 4 and commentary.

[21] *R (European Roma Rights Centre) v Immigration Officer at Prague Airport* [2004] UKHL 55; ILC Draft Articles on the Expulsion of Aliens, Art 14 and commentary. In *Application of the International Convention on the Elimination of All Forms of Racial Discrimination (Qatar v United Arab Emirates)*, Qatar argued that the United Arab Emirates had violated its obligations under the Convention on the Elimination of Racial Discrimination, including the prohibition on collective expulsion, by issuing a statement calling for the immediate departure of all Qatari nationals: *Qatar v United Arab Emirates*, Provisional Measures, ICJ, 23 July 2018, paras 2, 45. On non-discrimination: chapter 29.

[22] *Diallo*, Merits, ICJ Reports 2010 p 639, 663.

法院進一步闡明，國家應提供驅逐之理由、禁止虐待擬被驅逐之外國人、立即將待驅逐之外國人通知原籍國領事，以及尊重被驅逐者財產權等義務。[23]

外國人依據自己母國法律以及當地法律承擔之責任，可能會導致在各國管轄權出現相互衝突之求償程序，包括：反托拉斯、勞動、福利標準、貨幣規範及稅務法規等爭議，本書第二十一章已討論關於處理管轄權衝突所依據之原則，可茲參考。本章討論之重點係法院審查地主國對待特殊類型之外國人，施加以法律責任能力之限制，例如在武裝部隊、民兵或員警中服役，以及在緊急情況下服從徵召之職責，[24] 上述法律地位在所有方面都不明確；因此，政府相關機構亦支持，不能要求外國人在地主國的正規武裝部隊服役的規則。[25] 然而，在美國與澳大利亞的實踐中，【595】作為取得永久居留權或參加投票而被接納之外國人，可能會被該國徵召入伍服役。[26] 此種義務之基礎，係「居留權」與「保護地方」或「功能性公民責任」（functional citizenship）間之互惠關係。在某些情況下，長期居住地與當地聯繫，可能會產生一個與原籍國相對立而全新的、有效的國籍（詳見第二十三章）。

3. 外交保護之要求及標準

(1) 概述

自中世紀以來，對於訪問或居住在外國的國民行使外交保護就一直存在，只是名稱和概念發生變化。現代的實踐於 18 世紀後期出現，當時授予向遭受外國人侵害的公民發送報復信之權利已告消失（一種無差別性的私人戰爭權）。[27] 而到了 19 世紀產生政治和經濟條件的變化，外國人在國外的地位成

---

[23] Ibid, 669, 671–2, 689–90 (but rejecting the property claim in the circumstances before it). Also: *Diallo, Compensation*, ICJ Reports 2012 p 324.

[24] For British practice: 6 *BD* 368–405; McNair, 2 *Opinions* 113–37. Also: Parry (1954) 31 *BY* 437; Goodwin-Gill (1978) ch 3; Pérez Vera (1996) 261 Hague *Recueil* 243; Hailbronner & Gogolin (2013).

[25] Verdross (1931) 37 Hague *Recueil* 327, 379. The law of war and neutrality may reinforce the position when the host state is involved in civil or foreign war. See 1 *Répertoire suisse* 348; *Polites v Commonwealth of Australia* (1945) 12 ILR 208.

[26] (1967) 3 *AYIL* 249; 8 Whiteman 540–73.

[27] Saxoferrato, *Tractatus represaliarum* (1354) in *Consiliorum Bartoli Libri Duo* (1555); Legnano, *Tractatus de bello, de represaliis et de duello* (1360, repr 1917); Vattel (1758) II.xvi; Onuf, *Reprisals* (1974); Kalshoven,

爲一個廣泛被討論的問題。歷史上主要關注的問題，係存在於投資人與地主國間的利益衝突，易言之，當時的外國投資人（以其民族國家爲代表）以及外國資本或多或少受到地主國剝削。在 1840 年後的一個世紀裡，約有 60 個混合求償委員會（mixed claims commissions）被設立來處理上述類型的糾紛。[28] 從投資國（investor state）角度保護外國人的文獻在 1890 年之後尤其增多，其中由 Anzilotti 和美國的 Moore、Borchard、Eagleton[29] 等學者之貢獻具有很大的影響力。

　　上述的法律領域一直存在爭議，在 1945 年至 1980 年代期間，經濟獨立概念、有利於國有化進程，以及公共部門之政治經濟原則等迅速發展，使得對於明確爭議問題提出的法律論理，僅源於少數一般原則及其相互間的關係。

【596】事實上，對於人員以及資產之配置係一個國家國內管轄權的範疇，亦可謂與該國「領土主權」有密切之聯繫。[30] 然而，條約可能會創設相關的例外規定，在過去實踐中，有時「外國人豁免」與「派遣國特權」相結合，以維持相對於接受國境內國民之特殊法院體系。[31]

　　然而，國家的領土管轄權原則上依然存在，外國人倘若係短期入境，則有義務遵守地主國之法律與管轄權。事實上，居住在國外並不必然可以剝奪個人之國籍國保護，目前在沒有任何更好的安全手段情況下，「外交保護」仍被視爲具有與「國籍」產生聯繫的功能。倘若國家機關對於外國人造成侵害，例如，以當地員警暴力之形式造成外國人受到侵害，法律立場相當明確，地主國

Belligerent Reprisals (2nd edn, 2005); Ruffert, The Public–Private Law Divide (2009). At sea, letters of marque survived into the nineteenth century: Cooperstein (2009) 40 JMLC 221.

[28] These included claims-settlement conventions between Mexico and the US of 1839, 1848, 1868, and 1923; the Venezuelan arbitrations of 1903 involving claims of ten states against Venezuela; and conventions between Great Britain and the US of 1853, 1871, and 1908. See Borchard (1927) 21 AJIL 472; Feller, The Mexican Claims Commissions 1923–1934 (1935); Stuyt, Survey of International Arbitrations 1794–1989 (3rd edn, 1990); Dolzer, 'Mixed Claims Commissions' (2011) MPEPIL.

[29] Anzilotti (1906) 13 RGDIP 5, 285; Anzilotti, The Diplomatic Protection of Citizens Abroad (2nd edn, 1927); Eagleton, The Responsibility of States in International Law (1928); Dunn, The Protection of Nationals (1932); Freeman, The International Responsibility of States for Denial of Justice (1938); Brownlie, State Responsibility (1983) 1–9; Lillich (ed), International Law of State Responsibility for Injuries to Aliens (1983). Also: Lillich, The Human Rights of Aliens in Contemporary International Law (1984); Dugard in Crawford, Pellet, & Olleson (eds), The Law of International Responsibility (2010) 1051; Crawford, State Responsibility (2013) 566–85.

[30] For a misguided attempt to exclude host state law: Kardassopoulos v Georgia, 6 July 2007, paras 142–6. The decision was right on the facts as Georgia was plainly estopped from denying the legality of the investment.

[31] On the abolition of capitulations: Bentwich (1933) 13 BY 89. In general: Bell, 'Capitulations' (2009) MPEPIL.

必須負擔法律責任，但作為向地主國提出求償之條件，外國人必須窮盡當地法院提供之任何救濟措施。[32] 國內法院對於此類案件受理條件之理由相當實際：個人之求償在國內法院應可得到更好之審理，政府不喜歡因為「外交干預」（diplomatic intervention）而導致求償倍增；更何況，外國居民應先向當地司法體系提出求償之要求，相當合理。國際法委員會關於外交保護條款（ILC Articles on Diplomatic Protection）重申，「外交保護」之範圍包括：一國援引外交保護原則、透過外交行動或其他和平的解決方式，追究他國對該國之國際不法行為，以此作為對於該國國民之自然人或法人所造成傷害的法律責任。[33] 該條款第 14 條即尋求將習慣國際法中要求「窮盡當地救濟措施」作為行使外交保護先決條件之原則，編纂成為國際法之法典。[34] 第15條則列出上述原則之例外情況，包括：倘若當地法院沒有提供救濟之可能性、適用「窮盡當地救濟措施」顯有不公平或不合理之情事，以及被告國已自行放棄該要求等。[35]

　　更困難的案件，係外國人表面上因地主國政府正常行使職權之際，卻因其作為或不作為而受到侵害，上述情況包括：司法機關無法處理違反當地法律影響外國人利益之行為（拒絕正義）；同時，國內的一般立法措施，並不特別針對外國人本身【597】或影響外國資產之所有權或使用權予以保護。晚近國際間存在一種論點認為，外國人在接受當地法律管轄後，只能期待與地主國國民平等之待遇；另一方面亦有論點提及，外國人身分並非授予特權之主體，而僅是地主國領土主權以及其管轄範圍內作為「個人」之地位。[36]

(2) 國民待遇標準

　　國際間最初的共識乃為可以接受某些形式之不平等，[37] 外國人在地主國無

---

[32] Generally: Amerasinghe, *Local Remedies in International Law* (2nd edn, 2004), and see chapter 31.

[33] ILC Articles on Diplomatic Protection, Art 1.

[34] Ibid, commentary to Art 14, para 1.

[35] Conspicuous among examples of waiver are almost all BITs which dispense with the procedural requirement of exhaustion. See Douglas, *The International Law of Investment Claims* (2012) paras 610–15; and for the local remedies rule as a ground of inadmissibility: chapter 31.

[36] For the debate: ILC *Ybk* 1957/I, 154–62; cf Sornarajah, *The International Law on Foreign Investment* (3rd edn, 2010).

[37] Harvard Draft Convention on Responsibility of States for Damage Done in Their Territory to the Person or Property of Foreigners (1929) 23 *AJIL Sp Supp* 131; Jessup (1946) 46 *Col LR* 903; Roth, *The Minimum Standard of International Law Applied to Aliens* (1949); Sohn & Baxter (1961) 55 *AJIL* 545; 6 *BD* 247–440; 8

權享受政治權利。此外，外國人必須接受有關經濟監督與管制之地主國國內法律，包括對外國人從事特定類型與就業之限制。雖然地主國仍必須保持外國人訴諸法院之權利，但可允許其修正附屬事項之規則。因此，外國人不需要獲得法律援助，但可能需要提供費用擔保。[38] 條約當然可以創設例外情況，尤其是基於雙邊投資條約（BITs）下之規定，BITs 中普遍採用關於外國人的待遇標準，包括：國民待遇、最惠國待遇，以及各種形式的公平與公正待遇等。

　　1940 年之前，「國民待遇標準」獲得歐洲和拉丁美洲法學家支持，[39] 少數仲裁裁定亦採用之。[40] 而在 1930 年之海牙編纂會議上，[41] 共計17個國家贊同採用「國民待遇標準」，但該次會議上亦有 21 個國家反對，甚至有些反對國亦曾依據該標準向國際法庭提出求償。[42]

(3) 國際最低標準

　　【598】出席海牙編纂會議（The Hague Codification Conference）之絕大多數國家都認可「國際最低標準」（international minimum standard），[43] 並在

Whiteman 704–6; García-Amador, Sohn, & Baxter, *Recent Codification of the Law of State Responsibility for Injuries to Aliens* (1974). Further: Melloni, *The Principle of National Treatment in the GATT* (2005); Kurtz in Kahn & Wälde (eds), *Les aspects nouveaux du droit des investissements internationaux* (2007) 311; Bjorklund in Yannaca-Small (ed), *Arbitration under International Investment Agreements* (2010) 411; Gerhart & Baron in Qureshi & Gao (eds), 3 *International Economic Law* (2011) 77; Dolzer & Schreuer, *Principles of International Investment Law* (2nd edn, 2012) 198–206; Weiler, *The Interpretation of International Investment Law* (2013); McLachlan, Shore, & Weiniger, *International Investment Arbitration: Substantive Principles* (2nd edn, 2017) 336–43.

[38] The *cautio judicatum solvi* of civil law systems.

[39] Also the citations by Herz (1941) 35 *AJIL* 243, 259. The equality principle was advocated as early as 1868 by the Argentinian jurist Calvo, *Derecho Internacional teórico y práctico de Europa y América* (1868).

[40] *Canevaro* (1912) 9 RIAA 397; *Cadenhead* (1914) 11 ILR 177; *Standard-Vacuum Oil Co* (1959) 30 ILR 168.

[41] Roth (1949) 72–4. Also Guerrero, Rapporteur, League of Nations, Responsibility of States for Damage Done in their Territory to the Person or Property of Aliens (1926) 20 *AJIL Sp Supp* 176.

[42] E.g. the US in *Norwegian Shipowners* (1922) 1 ILR 189. Also Havana Convention on Status of Aliens, 20 February 1928, 132 LNTS 301, Art 5; draft Convention on the Treatment of Aliens proposed by the Paris Conference, 1929, Art 17, in Bustamante, *La Comisión de Jurisconsultos de Rio de Janeiro y el Derecho Internacional* (1927) 206; Montevideo Convention on Rights and Duties of States, 26 December 1933, 165 LNTS 19, Art 9.

[43] Harvard Draft Convention (1929) 23 *AJIL Sp Supp* 131; Jessup (1946) 46 *Col LR* 903; Roth (1949); Sohn & Baxter (1961) 55 *AJIL* 545; 6 *BD* 247–440; García-Amador, Sohn, & Baxter (1974). For current literature: Dolzer & Schreuer (2012) 134–9; Paparinskis, *The International Minimum Standard and Fair and Equitable Treatment* (2013). Proponents included Anzilotti, Verdross, Borchard, Oppenheim, Guggenheim, de Visscher, Scelle, and Jessup. Also 2 *Restatement Third* §722; Schachter (1982) 178 Hague *Recueil* 1, 314–21; Dolzer & Schreuer in 4 Qureshi & Gao (2011) 3.

1962 年之「自然資源永久主權宣言」（Declaration on Permanent Sovereignty over Natural Resources）[44] 中得到確認。上述標準在一些 BITs 中已有明確規定，且已被許多法庭及求償委員會所採用。因此，在 *Neer Claim* 案中，一般索賠委員會（*U.S. v. Mexico*）明確表達以下立場：

> 就外國人之待遇而言，政府行為的正當性應接受國際標準的檢驗，構成國際不法行為（international delinquency）之類型，包括：惡意、故意怠忽職守、或政府行動不充分、遠遠未達國際標準，以至於每個理性和公正之人，都承認其保護不足。[45]

上述這段話成為爭論之焦點，另一方面，Glamis Gold 於北美自由貿易協定之爭端解決仲裁庭中主張：

> 雖然今日的情況可能比 1920 年代更加多樣化與複雜，但法庭之審查基準應當一致。因此，*Neer* 案所採取之標準及其基本法理，今日仍然適用：違反北美自由貿易協定第 1105 條規定的習慣國際法最低待遇標準，該不法行為必須足夠惡劣以及令人震驚，包括：嚴重執法不公、明顯專橫、公然採取不公平措施、完全缺乏正當程序、明顯歧視、或明顯缺乏正當理由等，亦即低於公認之國際標準，並構成違反第 1105 條第 1 項。[46]

另一方面，幾個法庭質疑 *Neer* 案與現代投資條約仲裁所關注的複雜商業運作的相關性，蓋 *Neer* 案乃涉及 1920 年代警方針對一起謀殺案之失敗調查。基於上述，Mondev 於北美自由貿易協定之爭端解決仲裁庭中主張：

---

[44] GA Res 1803(XVII), 14 December 1962 (87–2:12).

[45] (1926) 3 ILR 213. Also *Roberts* (1926) 3 ILR 227; *Hopkins* (1926) 3 ILR 229; *British Claims in the Spanish Zone of Morocco* (1925) 2 RIAA 615, 644.

[46] *Glamis Gold v US*, 8 June 2009, §§614–16. Also *Cargill Inc v Mexico* (2009) 146 ILR 642, 724.

對第 1105 條第 1 項之合理且進步的解釋，既符合學術論著
（*travaux*），亦符合正常解釋原則，並與被告方於答辯論證
中所接受之事實一致，而源於二次大戰後的 BITs「公平公正待
遇」（fair and equitable treatment）及「完整保護和安全」（full
protection and security）等保障標準，皆已被頻繁使用。基於上
述情況，今日在法庭解釋最低標準之內容時，已不能僅僅侷限
於 1920 年代仲裁裁決中所承認之【599】習慣國際法的內容。[47]

(4) 兩個標準的透視

　　關於國內法與國際法二項標準不同之爭論尚未得到最終解決，此現象並
不令人感到訝異，蓋此兩種觀點呈現出經濟與政治利益間之衝突。支持國民
待遇標準者（national treatment standard）並不認同國內法優於國際法之觀
點，其立場主張，國際法所採取之待遇標準，應依據當地法律規定之平等來
予以定義。拉丁美洲國家及其他國家之實踐經驗顯示，在採用「國際標準」
（international standard）時必須謹慎，但仍有必要區分該標準之內容，以及在
何種特定情況下始得適用。另一方面，類似領土上之主權管轄等核心原則雖不
可動搖，但國家不能透過辯稱外國人和本國國民應受同樣惡劣之待遇來逃避責
任。相反地，國際法規則至少允許國家採取某種「歧視措施」，例如在稅收問
題上即是如此。

　　簡而言之，目前國際法並沒有對外國人普遍適用之待遇標準。在一些特殊
情況下，例如爆發戰爭時，即使原則上仍可適用一般原則判斷，但亦可能創設
國際待遇標準之例外情況。倘若適用「合理注意」（reasonable care）或盡職
調查（due diligence）標準時，[48] 意謂「國民待遇」原則將更為複雜，並允許其
內容隨著時代不同而存在合理變化，不會以機械式的「平等」概念予以適用。

　　正是遇到如此困難，導致 Roberto Ago 法官重新制定國家責任，將其與

[47] *Mondev v US* (2002) 6 ICSID Reports 192, 224. Also: *ADF v US* (2003) 6 ICSID Reports 470, 527–8; *Merrill & Ring Forestry v Canada*, 31 March 2010, §§207–13; *Mobil v Canada*, 22 May 2012, §§152–3; *Bilcon v Canada*, 17 March 2015, §§433–8; *Mesa Power Group v Canada*, 24 March 2016, §§495–505.
[48] For references to such a standard: *British Claims in the Spanish Zone of Morocco* (1925) 2 RIAA 615, 644 (Huber).

「次要規則」加以聯繫，使得 2001 年 ILC 之外交保護條款不影響國家國際義務之實質內容。[49]

(5) 待遇標準

國家責任之一般原則，已於第二十五章中進行討論，該原則尤其適用於外國人受侵害之案件，無論是在被告國之境內或境外。除了國際最低標準外，還有一些主要原則規範各國依據國際法對待外國人所必須遵守之標準。

(i) 公平與公正待遇

【600】「公平與公正待遇」（fair and equitable treatment, FET）[50] 標準係絕大多數 BITs 中規定之「自主投資保護標準」（autonomous standard of investment protection），[51] 雖然在條約文字中有不同的公式，但大致上該標準可以歸納為四項重點：(i) FET 為自主獨立標準（self-standing standard），無須再援引國際法或其他標準；[52] (ii) FET 之定義係依據國際法而來；[53] (iii) FET 與外國人最低待遇之國際習慣標準密切相關；[54] (iv) FET 明確提及實質性義務，包括：禁止拒絕司法、採取不合理或歧視性之措施。[55] 因此，即使存在常見的一般性問題，FET 之適用主要取決於所援引之特定條約規範。

在大多數提起的案件中皆被援引，使得 FET 標準已成為投資條約仲裁中之解釋重點。因違反 FET 而受到質疑的地主國之措施差異很大，包括：撤銷

---

[49] Articles on the Responsibility of States for Internationally Wrongful Acts (ARSIWA), commentary, para 1; Crawford (2013) 64–6.

[50] OECD Working Paper 2004/3, *Fair and Equitable Treatment Standard in International Investment Law* (2004). Further: Tudor, *The Fair and Equitable Treatment Standard in the International Law of Foreign Investment* (2008); Kläger, *Fair and Equitable Treatment in International Investment Law* (2011); Alvarez (2011) 344 Hague *Recueil* 197; UN Conference on Trade and Development (UNCTAD), *Fair and Equitable Treatment* (2012); Dolzer & Schreuer (2012) 130–60; Paparinskis (2013).

[51] Dolzer & Stevens, *Bilateral Investment Treaties* (1995) 60. Instances of BITs not containing a FET clause include the Croatia–Ukraine BIT (1997), a number of BITs concluded by Turkey, and some free-trade agreements (FTAs) adopting a national treatment standard instead (e.g. the 2003 Australia–Singapore FTA and the 2005 India–Singapore Comprehensive Economic Cooperation Agreement).

[52] Belgium–Luxembourg Economic Union–Tajikistan BIT (2009); China–Switzerland BIT (2009); OECD Draft Convention on the Protection of Foreign Property (1967).

[53] El Salvador–US BIT (1999); Croatia–Oman BIT (2004).

[54] NAFTA, Art 1105 (1) Notes of Interpretation, 31 July 2001, NAFTA Free Trade Commission; Rwanda–US BIT (2008); Agreement Establishing the ASEAN–Australia–New Zealand Free Trade Area 2009, Ch 11, Art 6.

[55] Romania–US BIT (1994); ASEAN Comprehensive Investment Agreement (2009), Art 11; Netherlands–Oman BIT (2009).

或不更新許可證等皆是、[56] 立法或行政機關實施新的監理要求或不合理措施，而影響投資之經濟效果、[57] 課稅及關稅措施、[58] 終止、修改，或違反投契約、[59] 對投資者歧視性待遇，[60] 以及行政與司法部門之拒絕正義等。[61]【601】在確定 FET 標準之定義及範圍時，法庭經常考量其與「國際最低待遇標準」間之關聯性，尤其是 NAFTA 第 XI 章仲裁所構建之文義脈絡。在 FET 標準提供之實質性保護內容中，法庭之裁定理由已經肯認包括：保護投資人之合法期待（investors' legitimate expectations）、[62] 防止地主國濫用權力、[63] 非恣意及非歧視地行使公權力，[64] 以及尊重投資人對正當程序之要求等待遇。[65]

---

[56] E.g. *Wena Hotels Ltd v Egypt* (2000) 6 ICSID Reports 89; *Genin v Estonia* (2001) 6 ICSID Reports 236; *Tecmed v Mexico* (2003) 10 ICSID Reports 130.

[57] E.g. *Pope & Talbot v Canada* (2001) 7 ICSID Reports 102; *ADF v US* (2003) 6 ICSID Reports 470; *Eastern Sugar BV v Czech Republic*, 12 April 2007; *Glamis Gold v US*, 8 June 2009; *Philip Morris v Uruguay*, 8 July 2016.

[58] E.g. *Occidental Exploration v Ecuador* (2004) 12 ICSID Reports 54; *CMS v Argentina* (2005) 14 ICSID Reports 158; *Biwater Gauff v Tanzania*, 24 July 2008; *Burlington Resources v Ecuador*, 14 December 2012.

[59] E.g. *Azinian v Mexico* (1999) 5 ICSID Reports 269; *Mondev v US* (2002) 6 ICSID Reports 181; *Waste Management Inc v Mexico (No 2)* (2004) 11 ICSID Reports 361; *Siemens AG v Argentina* (2007) 14 ICSID Reports 518; *Vivendi v Argentina*, 20 August 2007; *Rumeli Telecom v Kazakhstan*, 29 July 2008; *Duke Energy v Ecuador*, 18 August 2008; *Bayindir v Pakistan*, 27 August 2009; *Occidental Petroleum v Ecuador*, 5 October 2012; *Gold Reserve v Venezuela*, 22 September 2014.

[60] E.g. *Tokios Tokelés v Ukraine*, 26 July 2007; *Vivendi v Argentina*, 20 August 2007; *Desert Line Projects LLC v Yemen*, 6 February 2008.

[61] E.g. *Azinian v Mexico* (1999) 5 ICSID Reports 269; *Petrobart v Kyrgiz Republic* (2003) 13 ICSID Reports 335; *Loewen Group v United States of America* (2003) 7 ICSID Reports 421; (2004) 128 ILR 334; *Amto v Ukraine*, 26 March 2008; *Jan de Nul v Egypt* (2008) 15 ICSID Reports 437; *Arif v Moldova*, 8 April 2013.

[62] *Duke Energy v Ecuador*, 18 August 2008, para 340 stating that '[t]he stability of the legal and business environment is directly linked to the investor's justified expectations.' On the balancing of investors' legitimate expectations against the 'host State's legitimate right subsequently to regulate domestic matters in the public interest': *Saluka v Czech Republic* (2006) 15 ICSID Reports 274, 338–9; *Continental Casualty v Argentina*, 22 February 2008, para 258; *EDF v Romania*, 8 October 2009, para 217 stating that '[e]xcept where specific promises or representations are made by the State to the investor, the latter may not rely on a bilateral investment treaty as a kind of insurance policy against the risk of any changes in the host State's legal and economic framework. Such expectation would be neither legitimate nor reasonable.' Further: *Philip Morris v Uruguay*, 8 July 2016, paras 422–7. On the relevance of legitimate expectations at the quantification stage: *CME v Czech Republic* (2003) 9 ICSID Reports 265, 419–21 (Sir Ian Brownlie, sep op).

[63] *Pope & Talbot v Canada* (2002) 7 ICSID Reports 148, 163–4; *Desert Line Projects LLC v Yemen*, 6 February 2008, paras 179–93.

[64] *Elettronica Sicula SpA (ELSI) (US v Italy)*, ICJ Reports 1989 p 15, 74–6 on the meaning of arbitrary and discriminatory measures under a friendship, commerce, and navigation treaty: '[a]rbitrariness is not so much something opposed to a rule of law as something opposed to the rule of law.' Further: *Genin v Estonia* (2001) 6 ICSID Reports 236, 238; *Loewen Group v United States of America* (2003) 7 ICSID Reports 421; (2004) 128 ILR 334; *LG&E v Argentina*, 3 October 2006, para 162.

[65] On the due process standard in administrative proceedings: *Waste Management v Mexico (No 2)* (2004) 11 ICSID Reports 361, 386; *Thunderbird v Mexico*, 26 January 2006, para 200; *ADC Affiliate Ltd v Hungary* (2006) 15 ICSID Reports 534, 608.

　　然而，FET 亦面臨到適用上的困難，主要係來自於一些學者及國際仲裁庭之主張，渠等傾向於將「國際標準」內容予以要求過高之解釋方法，例如在 *Tecmed* 一案中，仲裁庭認為：

> 外國投資人希望地主國在與外國投資人來往關係中，以一致性方式行事，完全透明且沒有模稜兩可之情況；外國投資人還期待地主國之行為始終如一，亦即由於投資人依賴地主國所頒發之決定或許可實踐其契約中之承諾，以及計畫和開展其商業和業務活動，故地主國不應任意撤銷任何上述已確立存在之決定或許可。[66]

　　上述解釋係透過一部分投資人之假設期待，試圖重新定義 FET 標準之內容，以與雙方透過正常交易過程中，為適用 FET 標準所產生之「特定期待」（specific expectations）加以區別。

　　在 NAFTA 之條文下，仲裁庭參照習慣國際法規定之最低待遇標準，在 *Waste Management v Mexico (No.2)* 一案中，對 FET 之內容作出更貼近現實之闡述：

> 違反 FET 之最低標準並對於請求賠償之投資人造成損害，則可歸責於地主國之國家行為係屬：恣意、嚴重不公平、不公正、具有意識形態偏見、具嚴重歧視性，並使原告面臨階級或種族之偏見，或涉及缺乏正當程序，而導致違反司法正當之結果。而在地主國司法程序中，明顯缺乏自然公正或行政程序完全缺乏透明度，皆可能符合上述情況。[67]

　　【602】即使相關條約並未明文將 FET 與國際最低標準加以聯繫，[68] 但上述仲裁裁定中對於 FET 之解釋，在 BIT 之爭端解決背景下，亦被證明具有相

---

[66] *Tecmed v Mexico* (2003) 10 ICSID Reports 130, 192.

[67] (2004) 11 ICSID Reports 361, 386.

[68] E.g. *Biwater Gauff v Tanzania*, 24 July 2008, para 597; *Philip Morris v Uruguay*, 8 July 2016, para 134.

當之影響力。在另一個 *Saluka v Czech Republic* 案中,仲裁庭被要求裁決捷克
國家銀行在銀行業重組過程中,允許政府採取之監理措施,該裁定認為:

> 條約第 3.1 條中所載明之「公平和公正待遇」(FET)標準係
> 一個獨立之條約標準(autonomous treaty standard),必須依
> 據條約簽訂目的與宗旨進行立法解釋,以避免捷克共和國明
> 顯不利於外國投資人之國家行為。因此,捷克共和國在不損
> 害其採取銀行監理措施以保護公共利益合法權利之情況下,
> 必須負擔條約法律之義務,以不損害「投資人合法及合理期
> 待」(investor's legitimate and reasonable expectations)之方
> 式,對待外國投資人與其投資資產。外國投資人之利益係受
> 條約保護,故投資人有權期待捷克共和國不會採取明顯不一
> 致、不透明、不合理之政府行為(亦即與一些合理的政策無
> 關措施);歧視性待遇(基於不正當的區別)。[69]

投資人某些違規行為,以及投資人選擇於地主國投資所獲得之特殊條
件,有時會影響地主國是否違反 FET 之判斷。[70] 因此,違反 FET 所須之衡量
標準因案件情況而異(裁定或判決亦難保持一致),[71] 但於 *SD Myers v Canada*
一案中之裁定意有所指地強調:必須依據國際法通常對於國家政府管理其境內
事務權利之高度尊重(不干涉原則),來作出相關之裁決。[72]

(ii) 拒絕正義

「拒絕正義」(denial of justice)[73] 一詞常被援引,其涵蓋一國政府對於

---

[69] (2006) 15 ICSID Reports 250, 339.

[70] *Azinian v United Mexican States* (1999) 5 ICSID Reports 269, 291–2; *Noble Ventures Inc v Romania* (2005) 16 ICSID Reports 210, 274; *Occidental Petroleum v Ecuador*, 5 October 2012, paras 442–52.

[71] *Parkerings-Compagniet v Lithuania*, 11 September 2007, paras 335–6; *Mamidoil v Albania*, 30 March 2015, paras 623–6.

[72] (2000) 8 ICSID Reports 18, 56. Also: *Eastern Sugar BV v Czech Republic*, 12 April 2007, para 272; *AES v Hungary*, 23 September 2010, para 9.3.40; *Mesa Power Group v Canada*, 24 March 2016, para 505.

[73] Eagleton (1928) 22 *AJIL* 538; Harvard Draft Convention (1929) 23 *AJIL Sp Supp* 131, 173–87; Fitzmaurice (1932) 13 *BY* 93; Lissitzyn (1936) 30 *AJIL* 632; Freeman (1938); García-Amador, ILC *Ybk* 1957/II, 110–12; Jiménez de Aréchaga (1978) 159 Hague *Recueil* 1, 278–82; Paulsson, *Denial of Justice in International Law*

外國人造成侵害所應負擔之國家責任，[74]【603】但最好將此解釋限縮於地主國在司法行政方面之特定類別缺陷。[75]NAFTA 仲裁庭於 *Azinian v United Mexican States* 一案中提出了有用之定義解釋：

> 「拒絕正義」發生之情形，係指相關法院拒絕受理訴訟、前述法院不當拖延，或倘若該等法院以嚴重不當之方式執行司法等，除上述三種情況外，「拒絕正義」亦有第四種類型：「明確和惡意濫用法律」（clear and malicious misapplication of the law）。此類型之惡意構成錯誤，無疑與「假裝司法形式」之概念競合，以掩蓋違反國際法上之不法行為。在本案中所呈現之證據，足以消除對墨西哥判決善意之任何批判，法院之發現不可能是恣意，更遑論具有惡意。[76]

　　「錯誤判決」（erroneous decisions）在多大的程度上可能構成「拒絕正義」，在國際間一直存在爭議。但現在已經非常清楚，「拒絕正義」並不僅僅出現於當地法院不正確地援引國內法律之情況，而重點係應關注地主國的整個司法程序。[77]進一步而言，目前可確認之規則係一個國家之初級（或地方）法院判決並不構成違反「拒絕正義」，原告提起實質之求償爭議，必須尋求該國司法系統中更高級別之有效救濟措施。[78]

(2005); Focarelli, 'Denial of Justice' (2013) *MPEPIL*; Douglas (2014) 63 *ICLQ* 867. Also *ELSI*, ICJ Reports 1989 p 15, 66–7, for an influential articulation, and for representative BIT jurisprudence: *Amco Asia Corp v Indonesia* (1990) 1 ICSID Reports 569, 604–5; *Azinian v United Mexican States* (1999) 5 ICSID Reports 272, 290–1; *Mondev v US* (2002) 6 ICSID Reports 192, 225–6; *Waste Management v Mexico No 2* (2004) 11 ICSID Reports 361, 384–6; *Petrobart Ltd v Kyrgyz Republic No 2* (2005) 13 ICSID Reports 387, 415–16; *Saipem SpA v Bangladesh*, 30 June 2009, paras 176–84; *Chevron Corp and Texaco Petroleum v Ecuador*, 30 March 2010, paras 241–51; *Arif v Moldova*, 8 April 2013, paras 422–45; *Philip Morris v Uruguay*, 8 July 2016, paras 498–503. *Chevron Corp and Texaco Petroleum v Ecuador*, paras 241–51 and 30 August 2018, paras 8.76–8.77; *Arif v Moldova*, 8 April 2013, paras 422–45; *Philip Morris v Uruguay*, 8 July 2016, paras 498–503.

[74] *Robert E Brown* (1923) 6 RIAA 120, 128–9.

[75] (1929) 23 *AJIL Sp Supp* 133, 173.

[76] (1999) 5 ICSID Reports 269, 290.

[77] Paulsson (2005) 7.

[78] *Loewen Group v United States of America* (2003) 7 ICSID Reports 421; (2004) 128 ILR 334.

(iii) 徵收外國財產

　　國家可以對外國人進入其領土設定條件，並可以限制外國人取得某些類型之財產。[79] 除上述限制外，外國人或由外國人控制之公司，可依據該國之國內法於其境內取得財產所有權。即使在自由放任之經濟體中，為某些公共目的徵用私有財產亦可被接受，但實際上政府並非總是支付全額賠償金，此處問題在於，國際法是否規定於國家徵收的情況下，給予外國人比國民更優惠之待遇。

　　上述爭議之法律用語絕非固定一成不變，無論如何，形式不應凌駕於實質意義之上，易言之，徵收爭議之實質問題係國家機關剝奪私人之財產權，或永久轉移管理及控制權；[80] 而國家剝奪後，【604】可能將其轉移到其他國家或協力廠商，例如在土地配置重新劃分政策中，作為土地改革（agrarian reform）手段之一，此過程通常被稱為「徵收」（expropriation）。然而，作為社會和經濟改革之整體規劃內容，國家對一項或多項主要國家資源之徵用程序，通常稱為「國有化」（nationalization）。

　　較為困難者，係在國家實施「合法監理措施」（lawful regulatory measures）以及「間接或遲緩徵收」（indirect or creeping expropriation）二者的形式間，劃出清楚界線。表面上國家實施合法監理措施，可能會在不構成徵收的情況下，對外國人權益產生重大影響。因此，外國資產及其使用權可能遭受國家以徵稅、貿易限制、違反國內法規、[81] 撤銷許可證或貶值措施（measures

---

[79] Friedman, *Expropriation in International Law* (1953); Bindschedler (1956) 90 Hague *Recueil* 173, 179–306; García-Amador, ILC *Ybk* 1959/II, 2–24; Foighel, *Nationalization and Compensation* (1961); Sohn & Baxter (1961) 55 *AJIL* 545; White, *Nationalisation of Foreign Property* (1961); Fouilloux, *La Nationalisation et le droit international public* (1962); Petrén (1963) 109 Hague *Recueil* 487, 492–575; 8 Whiteman 1020–185; Higgins (1982) 176 Hague *Recueil* 259; Asante (1988) 37 *ICLQ* 588; Norton (1991) 85 *AJIL* 474; Wälde & Kolo (2001) 50 *ICLQ* 811; Reisman & Sloane (2003) 74 *BY* 115; Fortier & Drymer (2004) 19 *ICSID Rev-FILJ* 293; Newcombe in Kahn & Wälde (2007) 391; Sornarajah (3rd edn, 2010) ch 10; Dolzer & Schreuer (2012) 98–129: McLachlan, Shore, & Weiniger (2nd edn, 2017) chs 8–9.

[80] On the various procedures of taking: Sohn & Baxter (1961) 55 *AJIL* 545; Christie (1962) 38 *BY* 307; 8 Whiteman 1006–20; Reisman & Sloane (2003) 74 *BY* 115. Also: *ELSI*, ICJ Reports 1989 p 15, 67–71; *Starrett Housing Corp v Iran* (1983) 85 ILR 349, 380–93; *Pope and Talbot v Canada* (2000) 122 ILR 293, 335–7; *Metalclad v Mexico* (2000) 5 ICSID Reports 209, 230, but see (2001) 125 ILR 468. At p 230, the tribunal sets out its conclusions in relation to expropriation under Art 1110 of NAFTA.

[81] Treaties may make such restrictions unlawful: e.g. Energy Charter Treaty, 17 December 1994, 2080 UNTS 95, Art 21.

of devaluation）等方式進行干擾。[82] 雖然在特殊案件中實際情況並不相同，但原則上前述國家「合法監理措施」並不構成徵收。具有明確沒收（confiscation）目的及效果之徵稅係非法措施，但在非歧視基礎上所課徵之高稅率卻被視為合法的監理手段。[83] 一般而言，預計稅率不會改變：外國投資人必須獲得國家明確之承諾（如雙方之穩定契約或協議）。

更進一步言之，仲裁庭在 *Philip Morris v Uruguay* 一案中認定，一個國家有效行使治安權（police power），將使得「徵收」之請求遭到駁回；[84] 仲裁庭更援引在 *Methanex v US* 一案的裁決，明確表達徵收及補償之適用範圍：

> 作為一般國際法之事項，依據正當程序所頒布而為「公共目的」（public purpose）制定之非歧視性法規，可能影響外國投資人或其投資之資產，該法規不應被視為「徵收」且不可成為求償之訴由，除非國家於採取監理措施前，已向當時正在考慮投資之外國投資人作出具體承諾，則政府應避免頒布此類影響投資人之監理法規。[85]

就 *Philip Morris* 一案本身而言，烏拉圭在就菸草產品包裝所採取之監理措施（要求圖形健康警告覆蓋菸盒包裝之 80%），以及保護公眾健康（禁止多個品牌）措施等，皆被認為係等同於有效行使監理或治安權力。[*1]

---

[82] Currency depreciation is lawful unless it is discriminatory: *Tabar* (1954) 20 ILR 211, 212–13; *Zuk* (1956) 26 ILR 284, 285–6; *Furst* (1960) 42 ILR 153, 154–5; cf *CMS Gas Transmission v Argentina* (2005) 14 ICSID Reports 158, 180; *Suez, Sociedad General de Aguas de Barcelona SA v Argentina*, 30 July 2010, paras 125–35.

[83] *Application to Aliens of the Tax on Mortgagors' Gains* (1963) 44 ILR 149, 153–4; *Burlington Resources v Ecuador*, 14 December 2012, paras 391–404; *Yukos Universal Ltd v Russian Federation*, 18 July 2014.

[84] *Philip Morris v Uruguay*, 8 July 2016, paras 287–307. Also: *Allgemeine Gold- und Silberscheideanstalt v Customs and Excise Commissioners* [1980] 2 WLR 555; Brower & Brueschke, *The Iran–United States Claims Tribunal* (1998) 463; OECD Working Paper 4/2004, *Indirect Expropriation and the Right to Regulate in International Investment Law* (2004); US Model BIT 2012, Art 6(1) and Annex B; Viñuales in Douglas, Pauwelyn, & Viñuales (eds), *The Foundations of International Investment Law* (2014) 317.

[85] (2005) 16 ICSID Reports 32, 197. Also: *Saluka v Czech Republic* (2006) 15 ICSID Reports 250, 326–31; *Chemtura v Canada*, 2 August 2010, para 266.

[*1]【譯注】古巴、宏都拉斯、多明尼加共和國、印尼等 4 個 WTO 成員針對澳大利亞 2011 年所實施之「素面菸品包裝法案」（Plain Packaging Act），向 WTO 爭端解決機構提出控訴。WTO 爭端小組於 2018 年 6 月 28 日裁定澳大利亞「素面菸品包裝案」（Australia-Tobacco Plain Packaging）並無違反 WTO 貿易規則；參閱：Panel Report, *Australia–Certain Measures*

「徵收」情況一旦發生，倘若國家係出於公共目的徵收財產，且該徵收係屬於「非歧視」性質，則應被認定係合法措施，得在正當程序下進行，並且國家應提供足夠之補償【605】（雖然在 BITs 規定下，具體補償條件並不一致）。[86] 補償之要求有時會引起爭議，西方政府及法律學者長期支持之規則，係僅有在國家提供「即時、充分、有效補償」（prompt, adequate, and effective compensation）[87] 之情況下，對外國人財產之徵收始得被視為合法。其中，「全額賠償原則」（full compensation rule）在國家實踐和國際法庭上得到廣大支持，[88] 且被載入多數的BITs條款中。早期的國際實踐，在國家進行國有化計畫後，大多採取「一次性結算」（lump sum settlements）之方式，法律學者對其證據價值之看法存在分歧。[89] 雖然一些最終裁定實質上是外交妥協下的產物，[90] 但許多國際法庭都採用全額賠償規則。[91]

Concerning Trademarks, Geographical Indications and Other Plain Packaging Requirements Applicable to Tobacco Products and Packaging, WTO Doc. WT/DS467/23 (adopted 30 Aug. 2018)。

[86] Dolzer & Schreuer (2012) 99–101; McLachlan, Shore, & Weiniger (2nd edn, 2017) 377–80; and see China Model BIT 1997, Art 4(1); France Model BIT 2006, Art 5(2); Germany Model BIT 2008, Art 4(2); UK Model BIT 2008, Art 5(1); US Model BIT 2012, Art 6(1).

[87] The 'prompt, adequate and effective' formula appears in a Note from US Secretary of State Cordell Hull to the Mexican government dated 22 August 1938: 3 Hackworth 658–9. On the criteria of adequacy, effectiveness, and promptness: García-Amador, ILC *Ybk* 1959/II, 16–24; Schachter (1984) 78 *AJIL* 121; Marboe, *Calculation of Compensation and Damages in International Law* (2009); Sabahi, *Compensation and Restitution in Investor–State Arbitration* (2011) ch 5. See discussion in *Wena Hotels v Egypt* (2000) 6 ICSID Reports 89, 117–30; *AIG v Kazakhstan* (2003) 11 ICSID Reports 7, 83–93; *Kardassopoulos v Georgia*, 3 March 2010, paras 501–17; *Quiborax v Bolivia*, 16 September 2015, paras 325–30.

[88] The pre-1914 practice included the following cases: *Charlton* (1841) 31 BFSP 1025; *Finlay* (1846) 39 BFSP 40; *King* (1853) in Moore, 6 *Digest* 262; *Savage* (1852) in Moore, 2 *Digest* 1855; *Delagoa Bay Railway* (1900) in La Fontaine, *Pasicrisie international*, 398; *Expropriated Religious Properties* (1920) 1 RIAA 7.

[89] Friedman (1953) 86–101; White (1961) 193–243; Lillich, *The Protection of Foreign Investment* (1965) 167–88; Lillich & Weston (1988) 82 *AJIL* 69; Sacerdoti (1997) 269 Hague *Recueil* 251, 379–411; Lillich, Weston, & Bederman, *International Claims* (1999); Sabahi (2011) 92–3; Bank & Foltz, 'Lump Sum Agreements' (2013) *MPEPIL*.

[90] *Delagoa Bay Railway Arbitration* in Moore, 2 *Digest* 1865; *Expropriated Religious Properties* (1920) 1 RIAA 7; Martens, 30 NRG 2nd Ser 329.

[91] *El Triunfo* (1901) 15 RIAA 467; *Upton* (1903) 63 ILR 211; *Selwyn* (1903) 9 RIAA 380; *Norwegian Ships* (1921) 1 ILR 189; *French Claims against Peru* (1921) 1 ILR 182; *Landreau* (1921) 1 ILR 185; *British Claims in the Spanish Zone of Morocco* (1925) 2 RIAA 615; *Hopkins* (1927) 3 ILR 229; *Goldenberg* (1928) 4 ILR 542; *Hungarian Optants* (1927) 8 *LNOJ* No 10, 1379; *Portugal v Germany* (1930) 5 ILR 150, 151; *Shufeldt* (1930) 5 ILR 179; *Mariposa* (1933) 7 ILR 255; *de Sabla* (1933) 7 ILR 241, 243; *Saudi Arabia v Arabian American Oil Co (Aramco)* (1958) 27 ILR 117, 144, 168, 205; *Amoco International Finance Corp v Islamic Republic of Iran* (1987) 83 ILR 500, 541–3.

4. 國家違反或終止契約

(1) 一般原則

政府與外國人或外資企業簽訂許多種類的契約：貸款協議（包括發行國家債券）；供應及服務契約；僱傭契約；依據許可經營工業或其他專利權之協議；運輸或電信系統建設或運營之協議；授權於支付特許權使用費後，開發自然資源專屬權利或某些明確權利之協議；【606】以及勘探與生產分配協議等。[92] 涉及資源開發的協議有時被稱為「特許權協議」（concession agreements），但此協議名稱並非法律專業用語，蓋締約政府可能違約，以後續之國內立法，讓該契約變得毫無價值（例如透過出口或貨幣限制），國家可藉由國內法賦予之法律授權而終止契約，或甚至以違反該國法律之方式解除契約。問題在於當此情況發生時，國際法將採取何種立場？

原則上，國家的違約並不會在國際層面產生國家責任。[93] 易言之，倘若國家於其境內行使行政或立法權力，而將契約中的權利視為資產予以撤銷或毀棄，則該行政或立法之行為即可能構成「徵收」。[94] 國家本身違反契約之爭議，在投資條約仲裁時代尤為重要，一般情況下，投資契約係依據 BITs 規定下的投資保障標準而簽訂，然而，應該強調的是，條約和契約間之區別仍然有

---

[92] Generally: Jennings (1961) 37 *BY* 156; Greenwood (1982) 53 *BY* 27; Bowett (1988) 59 *BY* 49; Schwebel, *Justice in International Law* (1994) 425; Leben (2003) 302 Hague *Recueil* 197; Douglas (2003) 74 *BY* 151; Crawford (2008) 24 *Arb Int* 351; Alvik, *Contracting with Sovereignty* (2011); Dolzer & Schreuer (2012) ch 4; Bishop, Crawford, and Reisman (2014) ch 3.

[93] Borchard, *The Diplomatic Protection of Citizens Abroad* (1927) ch 7; Eagleton (1928) 157–68 ; Dunn (1932) 165–7, 171; Feller (1935) 174 ; Foighel (1961) 178–93; Amerasinghe (1967) 66–120; Mann, *Studies in International Law* (1973) 302–26; Bowett (1988) 59 *BY* 49; Paasivirta, *Participation of States in International Contracts and Arbitral Settlement of Disputes* (1990); Alexandrov (2004) 5 *JWIT* 556; Marboe & Reinisch, 'Contracts between States and Foreign Private Law Persons' (2011) *MPEPIL*.

[94] *Shufeldt* (1930) 5 ILR 179; *Feierabend* (1960) 42 ILR 157; *Hexner* (1962) 42 ILR 169; *Valentine Petroleum & Chemical Corp v Agency for International Development* (1967) 44 ILR 79, 85–91; *BP Exploration Co (Libya) Ltd v Government of Libyan Arab Republic* (1974) 53 ILR 297; *Texaco v Libyan Government* (1977) 53 ILR 389; *LIAMCO v Libya* (1977) 62 ILR 140; *Revere Copper & Brass v Overseas Private Investment Corp* (1978) 56 ILR 258. Cf *Mobil Oil Iran Inc v Islamic Republic of Iran* (1987) 86 ILR 230, 274–6; *Liberian Eastern Timber Corp (LETCO) v Government of the Republic of Liberia* (1986) 89 ILR 313, 337–8; *Amco Asia Corp v Republic of Indonesia* (1990) 89 ILR 366, 466–8. On the taking of contractual rights as expropriation of investment: *Consortium RFCC v Kingdom of Morocco*, 22 December 2003, 85–9; *Siemens v Argentina* (2007) 14 ICSID Reports 518, 571–2; *Vigotop v Hungary*, 1 October 2014.

效。[95]

(2) 穩定條款

「穩定條款」（stabilization clause）係指涉及一國政府與外國法律實體間所簽訂協議中包含之條款，政府方面承諾無論於永久或在限定期間內，[96] 不透過立法或行政措施取消或修改協議中之條款。然而，上述條款之法律意義可能係具有爭議的文字，蓋該條款涉及締約國在【607】「立法主權與公共利益」（legislative sovereignty and public interest），以及維持「契約關係長久可行性」（long-term viability of the contractual relationship）之間的緊張衝突。倘若國家契約在國際法層面上被認為有效成立，則違反此類契約中的條款，即可能構成國際法上之「不法」（unlawful）結果。[97] 另一種觀點則認為，基於國家對於自然資源之「永久主權」（permanent sovereignty）原則，「穩定條款」本身在國際法上應屬無效。[98]

上述爭議需要進一步仔細分析，倘若契約之締約國聲明要終止契約，則可能（視情況而定）構成「徵收」行為，其法律後果將取決於與徵收有關之一般法律原則。依據上述觀點，雙方間的法律關係將不取決於穩定條款存在與否；而倘若契約中訂有仲裁條款，則該爭議將由明確選法規則（如果契約中有選擇準據法），或由解釋過程得出之法律選擇予以管轄。倘若準據法涉及國際公法之要件，仲裁庭將依據所有相關情況進行考量，包括：歷史、法律關係、當事

---

[95] *Waste Management v Mexico* (2004) 11 ICSID Reports 361, 403–8. Further: ARSIWA, ILC *Ybk* 2001/II, 31, Art 4, para 6 with commentary; *Azinian v Mexico* (1999) 5 ICSID Reports 272, 289; *Consortium RFCC v Kingdom of Morocco*, 22 December 2003, paras 85–9; *Waste Management v Mexico* (2004) 11 ICSID Reports 361, 390; *Impregilo SpA v Islamic Republic of Pakistan* (2005) 12 ICSID Reports 245, 296–8; *Glamis Gold v US*, 8 June 2009, para 620; *Vigotop v Hungary*, 1 October 2014, paras 317–31.

[96] Generally: Weil (1969) 128 Hague *Recueil* 95, 229–34; Higgins (1982) 176 Hague *Recueil* 259, 298–314; Greenwood (1982) 53 *BY* 27, 60–4; Redfern (1984) 55 *BY* 65, 98–105; Paasivirta (1989) 60 *BY* 315; Toope, *Mixed International Arbitration* (1990); Cameron, *International Energy Investment Law* (2010); Dolzer & Schreuer (2012) 82–5.

[97] *Texaco v Libya* (1977) 53 ILR 389, 494–5. In *Libyan American Oil Co (LIAMCO) v Government of the Libyan Arab Republic* (1977) 62 ILR 140, 196–7, the sole arbitrator held that breach of a stabilization clause was lawful but gave rise to a right to receive an equitable indemnity. The issue was not considered in *BP v Libya* (1973) 53 ILR 297. Also: *Revere v OPIC* (1978) 56 ILR 258, 278–94; Weil, *Mélanges offerts à Charles Rousseau* (1974) 301–28.

[98] Jiménez de Aréchaga (1978) 159 Hague *Recueil* 1, 308; Rosenberg, *Le Principe de souveraineté des états sur leurs ressources naturelles* (1983) 297–332.

方行爲，以及當事方合理期待等要件，以便於解釋「穩定條款」之適用。[99] 值得注意者，在 *Aminoil* 一案中，仲裁庭採納國際法不禁止「穩定條款」之觀點，但對於所涉及之特定企業，作出謹愼的限縮解釋。仲裁庭認爲，該條款僅適用於「有限時間內」排除國有化程序，但於本案中，並不能推定該條款排除國有化程序之期限爲六十年。[100]

(3) 傘狀條款

「傘狀條款」（Umbrella Clauses）[101] 之起源可追溯自 1952 年 *UK v Iran* 石油公司案 [102] 之結果，現在包含在許多雙邊投資條約中。「傘狀條款」的標準表述方式，係地主國承諾遵守「與投資有關」之義務，例如瑞士與菲律賓投保協定（Switzerland-Philippines BIT）第 X 條第 2 項中規定，【608】「締約一方應履行其就締約另一方投資人在其領土內之特定投資所承擔之任何義務」。[103]

論及「傘狀條款」之含義及功能，至少有四種可辨識之思想流派，持續進行熱烈辯論：(i) 第一種論點，對傘狀條款採取非常狹隘之限縮解釋，認爲只有在雙方有可識別之共同意圖情況下適用，亦即任何違反契約之行爲，都構成違反 BIT；[104] (ii) 第二種論點，係旨在將傘狀條款之適用限縮於地主國於行使主權權力時，違反契約之國家行爲；[105] (iii) 第三種觀點指出，傘狀條款係自動透過將契約求償要件轉變爲條約義務，使得投資契約國際化；[106] (iv) 第四種觀點主張，傘狀條款係有效成立並可作爲實質性條約求償之基礎，但在法律上不

---

[99] Majority Award in *Aminoil* (1982) 66 ILR 518, 587–91. In his Opinion, Sir Gerald Fitzmaurice stated that the stabilization clauses rendered the expropriation (in effect) unlawful; ibid, 621–2. Further: Mann (1983) 54 *BY* 213; Redfern (1984) 55 *BY* 65, 98–105.

[100] (1982) 66 ILR 518, 587–92.

[101] Sinclair (2004) 20 *Arb Int* 411; Schreuer (2004) 5 *JWIT* 231; Wälde (2005) 6 *JWIT* 183; OECD, *Interpretation of the Umbrella Clause in Investment Agreements* (2006); Halonen in Weiler (ed), 1 *Investment Treaty Arbitration and International Law* (2008) 27; Crawford (2008) 24 *Arb Int* 351; Gallus (2008) 24 *Arb Int* 157; McLachlan (2008) 336 Hague *Recueil* 199, 398; Schill in Schill (2010) 317; Dolzer & Schreuer (2012) 166–78; McLachlan, Shore, & Weiniger (2nd edn, 2017) ch 4.

[102] Jurisdiction, ICJ Reports 1952 p 93.

[103] Switzerland–Philippines BIT (1997), Art X(2).

[104] *SGS v Pakistan* (2003) 8 ICSID Reports 406; *Joy Mining v Egypt* (2004) 13 ICSID Reports 123.

[105] *Pan American Energy v Argentina*, 27 July 2006; *El Paso Energy v Argentina*, 27 April 2006.

[106] *Fedax v Venezuela* (1997) 5 ICSID Reports 183; *Eureko v Poland* (2005) 12 ICSID Reports 331; *Noble Ventures Inc v Romania* (2005) 16 ICSID Reports 210.

能直接將契約條款轉變爲條約求償。[107]

第四種觀點較爲被國際間接受，因爲該主張允許雙方將條約條款與契約內容加以結合，同時亦尊重現有條約條款之解釋、契約準據法，以及關於爭端解決之規定。簡言之，傘狀條款並非消除條約與契約間之區別，而係在不國際化，或不改變基本義務基礎之情況下，創造了執行契約求償之捷徑。正如特設仲裁庭在 *CMS v Argentina* 一案中之裁定認爲：

> 傘狀條款之作用並非將其所依賴之義務轉化爲其他概念；該義務內容不受影響，且其適用法律亦然。[108]

(4) 場所條款之相關性

倘若因國家行爲違反國際法，而依據契約下自行設定的爭端解決條款提出求償，可能會出現困難。[109]

在 *Vivendi v Argentina* 一案中，求償人與阿根廷省政府間之糾紛，係關於供水及污水處理系統營運契約所引發之爭議。所有提出之求償皆涉及契約履行爭議，而契約本身賦予該省地方法院專屬管轄權。雖然 BIT 下之爭端解決仲裁庭堅持其具備審理上述求償案件之管轄權，然而，另一個特設仲裁委員會（*ad hoc* Committee）卻部分駁回該裁定並主張：

> 倘若向國際法庭提出之求償之基本依據係「違約」，則法庭將審酌契約規定下任何有效之法庭地選擇條款（valid choice of forum clause）。【609】另一方面，倘若「求償之基礎」係依據現有雙邊條約下，據以判斷各方行爲之獨立標準，則求償人與被告間之契約中存在「專屬管轄權條款」（exclusive jurisdiction clause），國家之中央或其地方政府不得成爲適用

---

[107] *SGS v Philippines* (2004) 8 ICSID Reports 515; *CMS v Argentina* (2007) 14 ICSID Reports 251.

[108] (2007) 14 ICSID Reports 251, 268.

[109] Generally: Douglas (2009) 363–96; Born, *International Arbitration and Forum Selection Agreements* (4th edn, 2013); Bishop, Crawford, & Reisman (2nd edn, 2014) para 3.03.

條約標準之障礙。直接行使契約管轄權係一種方式；而另一種方式，則係在確認是否存在違反國際法之明確標準時，同時考慮契約中的條款。[110]

上述觀點可能與 *SGD v Philippines* 一案之仲裁庭裁定形成對比：

第 X 條第 2 項規定，倘若地主國未能遵守其對特定投資所作出具有約束力之承諾（包括契約承諾）時，即屬於違反 BIT。[111]

依據上述觀點，基於 BIT 下之契約求償，不應違反系爭契約中規定之「法庭地選擇條款」（forum-selection clause），倘若當事雙方已經選擇將上述條款包含在投資契約中，則投資人實際上已經放棄依據 BIT 規範而提請「契約求償仲裁之權利」（the right to arbitrate contract claims）。

5. 結論

國際法庭在適用投資保護標準方面已累積大量經驗，與早期的外交保護實踐並駕齊驅（甚至已經是作為外交保護之替代原則），整體而言，上述兩個原則在演進過程中，法庭於適用實體規範時並無太大區別。然而，從外國投資人之角度觀之，投資仲裁的優勢逐漸被接受（對求償程序之保障、放棄窮盡當地救濟原則、股東地位提升、改善仲裁之執行等），加上政府傳統上對於外交保護之求償始終保持沉默，使得國際投資仲裁案件已經產生了大量案件。[112] 然而，此情況卻反而引起各方對投資條約的強烈批判，修正提議之範圍相當廣泛，從一方面退出 BITs 和 ICSID 公約，到另一方面倡議建立一個由全職法官充任的多邊投資法庭（Multilateral Investment Court）；[113] 其他對於投資仲裁

---

[110] *Vivendi v Argentina* (2002) 6 ICSID Reports 340, 366–8.

[111] *SGS v Philippines* (2004) 8 ICSID Reports 515, 553.

[112] Though the number is small compared with human rights cases, as to which see chapter 29.

[113] For the EU's proposal for a Multilateral Court, see COM(2017) 493 final, 13 September 2017.

之批判包括：法庭傾向過度偏袒投資人、不同法庭在適用共同標準時產生很大差異，以及法庭傾向於事後猜測地主國政府在政策問題之決定等。雖然反對投資仲裁之案例被過分誇大，但至少就目前為止，投資仲裁之未來發展仍值得懷疑。[114]

---

[114] In particular, the new US–Mexico–Canada Agreement, 1 December 2018, will (if and when ratified) remove investor–state arbitration (after a transitional period for 'legacy investments' in relation to US–Canada disputes), and restrict it in relation to US–Mexico disputes to a few sectors (including energy). See Agreement, ch 14.

第二十九章　國際人權

1. 概述

【610】有鑒於第二次世界大戰所發生之事件，以及各國關注於防止與軸心國（Axis Powers）政策相關之災難再次發生，因此，在國際層面特別重視加強保護人權與基本自由之推動計畫。於此領域著名之先驅係 Hersch Lauterpacht 教授，他主張制定國際人權法案（International Bill of the Rights of Man）有其必要性。[1] 1945 年的聯合國憲章中並沒有此類檔，但該憲章提及保障人權之啟發，係為國際人權法之發展提供堅定的基礎。[2] 聯合國憲章記錄下保護人權運動之重要結論，但各會員國卻首先對採取之形式進行辯論；不可避免地，國際論壇上充斥著各個主要國家所主張的不同自由概念，而各國意識形態之差異，嚴重影響辯論成果。

人權是一個廣受關注又極其複雜之領域，潛在的主題範圍，從酷刑、公平審判、社會、文化、一直到經濟權利等皆然，例如住房權或水權亦屬之。雖然「人權」（human rights）係一個簡便之類型概念，但其實也是潛在之混淆根源。人權問題係在特定之事實及法律背景下所產生，必須參考適用之法律予以決定，無論是特定國家之國內法律、條約規定，或一般國際法原則。人權條約並非一個獨特的概念；人權條約係由國家間談判及簽署，此類條約要求締約國必須承擔對待人民之責任，無論本國國民或外國人。關於「人權」範圍之表述，擴大國際法之範圍，但人權本身也已經成為國際法體系的一部分。

---

[1] Lauterpacht, *An International Bill of the Rights of Man* (1945, repr 2013); Lauterpacht, *International Law and Human Rights* (1950). Further: McDougal, Lasswell, & Chen (eds), *Human Rights and World Public Order* (1980); Henkin, *The International Bill of Rights* (1981); Parlett, *The Individual in the International Legal System* (2011); Tyagi, *The UN Human Rights Committee* (2011); Moeckli, Shah, & Sivakumaran (eds), *International Human Rights Law* (2nd edn, 2014); Tomuschat, *Human Rights* (3rd edn, 2014); Roberts, *The Contentious History of the International Bill of Human Rights* (2015); Alston & Mégret (eds), *The United Nations and Human Rights: A Critical Appraisal* (2nd edn, 2018).

[2] Preamble, Arts 1, 55(c), 56. Also: Arts 62, 68, 76.

2. 歷史觀點

(1) 國家聯盟的失敗經驗

【611】「人權」之概念在國際法及國際組織出現，通常可追溯自 1919 年
國際聯盟盟約（League Covenant）[3] 時代，以及少數的條約及授權；[4] 尤其是少
數條約構成國際間承認「人權標準」之重要階段。

但無論是委任制度，抑或少數族群之政權都不具代表性，上述兩者都僅為
例外情況適用，且僅適用於指定之領土或群體。國際聯盟盟約未包含少數族群
保障之條款，更遑論其他一般性人權保障聲明。在許多被否決之提案中，日本
所提之修正案如下：

> 民族平等（equality of nations）係國際聯盟一項重要的基本原
> 則，締約各方同意儘快給予聯盟成員國境內所有外國人「平
> 等與公正之待遇」（equal and just treatment），不因其於種族
> 或國籍在法律或事實上之不同，而施加任何區別。[5]

普世人權之理念必須等待盟軍之戰時規劃者（Allied wartime planners）：
權利法案草案（draft bill of rights）早在 1942 年 12 月就已準備就緒，[6] 但普遍
人權之理念同時亦是對特定群體及特殊權利的一種回應，1945 年後，國際間

---

[3] An important precursor was the anti-slavery movement: Martinez, *The Slave Trade and the Origins of International Human Rights Law* (2012); Martinez in Shelton (ed), *The Oxford Handbook of International Human Rights Law* (2013) 222; Weissbrodt, 'Slavery' (2014) *MPEPIL*. Key steps towards a comprehensive international legal prohibition of slavery included the Slavery Convention, 25 September 1926, 60 LNTS 254, the Convention for the Suppression of the Traffic in Persons and of the Exploitation of the Prostitution of Others, 21 March 1950, 96 UNTS 271, and the Supplementary Convention on the Abolition of Slavery, the Slave Trade and Institutions and Practices Similar to Slavery, 7 September 1956, 266 UNTS 3. The struggle against 'modern' forms of servitude continues: e.g. Scarpa, *Trafficking in Human Beings* (2008); Chuang (2014) 108 *AJIL* 609; Obokata in Boister & Currie (eds), *Routledge Handbook of Transnational Criminal Law* (2015) 171. See also chapter 13.

[4] On the minorities system: McKean, *Equality and Discrimination under International Law* (1983) 14–26; Thornberry, *International Law and the Rights of Minorities* (1991) 38–52; Caruso & Hofmann (eds), *The United Nations Declaration on Minorities* (2015). On mandates: Wright, *Mandates under the League* (1930); Parlett (2011) 287–91; Pedersen, *The Guardians* (2015).

[5] Miller, 2 *The Drafting of the League Covenant* (1928) 229, 323–5.

[6] Russell & Muther (eds), *A History of the United Nations Charter* (1958) 323–9, 777–89.

一致認爲，兩次世界大戰之戰間期所訂立之少數民族條約，皆已失效。[7]

(2) 國際勞工組織

成立於 1919 年的國際勞工組織（ILO）雖然工作相當專業，但在對於重要人權概念之實際表述，以及建立待遇標準方面作了很大努力，其著重之議程包括：強迫勞動、結社自由、就業歧視、同工同酬、【612】社會保障及工作權等。[8] ILO 組織章程採用三方結構（tripartite structure），在理事會及會員大會中，分別有雇主、工人及政府代表。此外，亦有工會及雇主組織提出交涉或申訴之規定。[9]

(3) 1948 年國際人權宣言

1948 年，聯合國大會通過了世界人權宣言（Universal Declaration of Human Rights, UDHR），[10] 對後世影響重大。[11] 但該宣言並非條約，其中許多條款援引一般法律原則或基本人道之考慮，亦確定了一系列之權利保護內容，並成爲後來國際法律文書之目標。然而，該人權宣言之間接法律效力卻不容低

---

[7] Commission of Human Rights, Study of the Legal Validity of the Undertakings Concerning Minorities, E/CN.4/367, 7 April 1950, 70–1. This is the only occasion a whole group of treaties was held to have lapsed on grounds of *rebus sic stantibus*. For criticism of the study: Parlett (2011) 286–7. But the Court refused to hold that the mandates had lapsed, since their purpose remained unfulfilled: *International Status of South West Africa*, ICJ Reports 1950 p 128, 132–6.

[8] See Jenks, *Social Justice in the Law of Nations* (1970); Wolf in Meron (ed), 2 *Human Rights in International Law* (1984) 273; Rodgers et al, *The International Labour Organization and the Quest for Social Justice, 1919–2009* (2009); Maupain, *The Future of the International Labour Organization in the Global Economy* (2013); Kott & Droux (eds), *Globalizing Social Rights* (2013); Swepston in Sheeran & Rodley (eds), *Routledge Handbook of International Human Rights Law* (2013) 339; Servais, *International Labour Law* (5th edn, 2017). ILO treaty-making continues: see e.g. Protocol to the Forced Labour Convention, 1930, 11 June 2014, 53 ILM 1227 (2014).

[9] Developments have included, in 1986, an amendment to the Constitution affecting core aspects of the ILO's function and structure (not yet in force); in 1997 an amendment to the Constitution enabling the ILO to abrogate obsolete Conventions (in force 2015; 124 parties to date); in 2002 the establishment of the independent World Commission on the Social Dimension of Globalization; and in 2013 the entry into force of the Decent Work For Domestic Workers Convention, 2011 (No 189) and Recommendation (No 201), 16 June 2011, 53 ILM 250.

[10] GA Res 217(III), 10 December 1948; Alfredsson & Eide (eds), *The Universal Declaration of Human Rights* (1999); Jaichand & Suksi (eds), *Sixty Years of the Universal Declaration of Human Rights in Europe* (2009); Schabas, *The Universal Declaration of Human Rights* (2013).

[11] For domestic recourse to the UDHR: e.g. *European Roma Rights v Immigration Officer at Prague Airport* (2004) 131 ILR 652, 684–5; *Re Minister for Immigration, ex p Ame* (2005) 148 ILR 503, 549–50; *HJ (Iran) v Home Secretary* (2010) 159 ILR 428, 440–1; *Wakaba v Attorney-General* (2010) 152 ILR 431, 445–6 ; *Juri-Nepal v Government of Nepal* (2014) 158 ILR 476, 516–7, 523–4.

估。例如，歐洲人權法院（European Court of Human Rights）援引其作爲對歐洲人權公約（European Convention on Human Rights, ECHR）[12] 解釋之輔助資料，以及國際法院關於在「艱苦條件下」（conditions of hardship）扣留人質之案件。[13]

人權宣言係透過權威決策者之行動，將「非正式規範」（informal prescription）賦予法律意義的一個最佳範例。因此，人權宣言亦被援引作爲赫爾辛基最終文件（Helsinki Final Act）的重要參考，作爲第二份在實踐中具有相當重要意義的「非約束性文件」（non-binding instruments）。[14]

(4) 1975 年歐洲安全與合作會議赫爾辛基最終文件

【613】1975 年 8 月 1 日，歐洲安全與合作會議（Security and Co-operation in Europe）最終文件在赫爾辛基獲得通過，[15] 包含在一項名爲「與歐洲安全相關問題」（Questions Relating to Security in Europe）標題下之原則，而該最終文件由包括美國和蘇聯在內 35 個國家之代表簽署。

該宣言並非條約形式，亦無意使其具有法律約束力；[16] 然而，該宣言意謂參與國接受某些原則，其中包括人權標準。此重要性得到國際法院於 *Nicaragua v US* 一案[17]之肯認。赫爾辛基進程係處在一個特殊的時空背景，一方面各國逐步接受維持歐洲之政治現狀（*status quo*）；另一方面，亦突顯東歐人權標準建立之重要性。因此，赫爾辛基最終文件可謂 1989 年變革之先驅。

(5) 後續聲明

隨後之重要人權宣言，包括 1993 年 6 月 25 日世界人權會議（World Conference on Human Rights）通過之「維也納宣言和行動綱領」（Vienna Declaration and Programme of Action），此文件促成了聯合國人權事務高級專

---

[12] 4 November 1950, ETS 5: e.g. *Golder* (1975) 57 ILR 200, 216–17.

[13] *US Diplomatic and Consular Staff in Tehran (US v Iran)*, ICJ Reports 1980 p 3, 42.

[14] Some US writers have laid emphasis on the Universal Declaration as custom, given the weaknesses and lacunae in US human rights treaty practice: e.g. Sohn (1977) 12 *Texas ILJ* 129, 133; Lillich (1995–6) 25 *Ga JICL* 1; Buergenthal, 'Human Rights' (2007) *MPEPIL*.

[15] 1 August 1975, 14 ILM 1292.

[16] *US Digest* (1975) 325–7.

[17] *Military and Paramilitary Activities in and against Nicaragua (Nicaragua v US)*, ICJ Reports 1986 p 14, 100; also 133.

員辦事處（Office of the High Commissioner for Human Rights）之成立。[18] 1995 年 9 月 15 日第四次世界婦女大會（World Conference on Women）通過之北京宣言和行動綱領（Beijing Declaration and Programme for Action）；[19] 以及 2000 年 9 月 8 日通過的聯合國千禧年高峰會議宣言（UN Millennium Summit Declaration）等。[20]

3. 人權標準之淵源

(1) 多邊公約

「人權標準」之概念語意起源於制定多邊公約的經驗累積，大致上可分為四大類：第一，1966 年通過的兩部綜合性國際公約；[21] 第二，區域公約；第三，處理具體錯誤（specific wrongs）之公約，例如：滅絕種族、種族歧視、酷刑和失蹤；第四，與保護特定人群有關之公約，例如：難民、婦女、兒童、移民工人和殘疾人士等。上述公約形成密集、重疊之規定模式，而由於大多數國家皆為一般性條約之締約國，此情況更顯而易見；另一方面，區域條約在其區域內得到廣泛批准。在很大程度上，國際人權法涉及對於上述公約及其他條約文本之解釋與適用，故涉及實體習慣國際法問題較為次要。

(i) 1966 年國際公約

【614】「世界人權宣言」被國際間認為係以條約形式作為正式公約之初步。經過聯合國人權委員會及其大會第三委員會之準備工作，聯合國於 1966 年通過了三項文件：經濟、社會及文化權利公約（International Covenant on Economic, Social and Cultural Rights, ICESCR，169 個締約國）；公民及政治權利公約（International Covenant on Civil and Political Rights, ICCPR，172 個締約國）；[22] 以及後者之任擇議定書（Optional Protocol，116 個締約國）允許

---

[18]　GA Res 48/141, 20 December 1993.

[19]　Endorsed by GA Res 50/203, 23 February 1996.

[20]　GA Res 55/2, 8 September 2000.

[21]　GA Res 2200A(XXI), 16 December 1966; respectively 993 UNTS 3 and 999 UNTS 171.

[22]　See Meron, *Human Rights Law-Making in the United Nations* (1986) 83–127; Craven, *The International Covenant on Economic, Social and Cultural Rights* (1995); Nowak, *UN Covenant on Civil and Political Rights: CCPR Commentary* (2nd edn, 2005); Joseph & Castan (eds), *International Covenant on Civil and Political Rights* (3rd edn, 2013); Saul, Kinley, & Mowbray (eds), *The International Covenant on Economic, Social and Cultural Rights* (2014).

以個人名義來文。1989 年，通過了旨在廢除死刑之「公民權利和政治權利國
際公約第二議定書」（Second Protocol to the ICCPR，86 個締約國）；[23] 2008
年通過了「經濟、社會及文化權利國際公約任擇議定書」並允許個人來文
（Optional Protocol to the ICESCR，24 個締約國）。[24]

　　兩公約於 1976 年正式生效，該公約內容對於締約國具有法律效力，亦構
成國際間對人權保障之詳細法律規範。ICESCR 中包含各種條款，其中各方
「承認」諸如：工作權、社會保障權，以及適足生活水準權等權利。[25] 上述規
定是計畫性以及具實驗性質，其他不屬於個別權利之規定，則包括與工會有關
之部分（第 8 條）。ICESCR 之締約國「承諾應盡其資源能力所及，各自並藉
國際協助，特別在經濟與技術方面之合作，採取各種步驟，務期以所有適當方
法，尤其包括透過立法措施，逐漸使本公約所確認之各種權利完全實現」（第
2 條第 1 項）。被公約所承認之權利，應在不歧視原則之保證下行使，但在經
濟權利「承認」之情況有附帶條件，即「發展中國家……可決定該國在保證此
類權利給予非國民之程度」。公約亦設有監督機制，包括：各國負有義務將國
內採取人權保障之措施提交書面報告，並轉交給經濟及社會理事會（Economic
and Social Council）審查。自 1986 年以來，經濟、社會和文化權利專家委員
會（CESCR）一直協助監督國家遵守公約之情況。[26]

　　ICCPR 對於權利之界定更加具體，且就尊重個別權利義務之聲明亦更加
有力，同時亦提供更爲有效之審查與監督機制。[27] ICCPR 第 2 條第 1 項包含
一項堅定之一般規定，【615】據此各方承諾「尊重並確保在其領土內和受其
管轄之所有個人，一律享有本公約所承認之權利，無分種族、膚色、性別、
語言、宗教、政見或其他主張民族本源或社會階級、財產、出生或其他身分

---

[23] GA Res 44/128, 15 December 1989; 1642 UNTS 414.

[24] GA Res 63/117, 10 December 2008; UN Doc A/63/435.

[25] See Riedel, Giacca, & Golay (eds), *Economic, Social, and Cultural Rights in International Law* (2014); Ssenyonjo, *Economic, Social and Cultural Rights in International Law* (2nd edn, 2016). On the basis of Arts 11–12 of the Covenant, the CESCR has held that there is a human right to water: General Comment 15 (2002) E/C.12/2002/11; for a critique see Riedel in Riedel & Rothen (eds), *The Human Right to Water* (2006) 19; Bernal in Alam et al (eds), *International Environmental Law and the Global South* (2015) 277.

[26] See Odello & Seatzu (eds), *The UN Committee on Economic, Social and Cultural Rights* (2013).

[27] Generally: Rodley in Krause & Scheinin (eds), *International Protection of Human Rights* (2009) 105; Joseph & Castan (2013).

等」。[28] ICCPR 所規定之權利皆有合理且明確之定義，並與許多經典議題相關，包括：人身自由及安全、法律之前人人平等，以及公平審判等原則。締約國必須向聯合國人權理事會（HRC）定期報告為實施 ICCPR 而採取之措施。[29] ICCPR 之締約國亦設有可投訴國家不遵守公約之情況，但投訴前必須先進行雙邊諮商調整，且符合窮盡當地救濟原則，並且投訴成案之前提係只有在兩個締約國都承認委員會有能力受理投訴之情況下，此類投訴才可受理（第41條）。[30]

此外，ICCPR 之任擇議定書規定，受其管轄之個人可向人權委員會提出申訴，當個人聲稱其遭受違反公約之行為，並且已窮盡當地救濟措施仍無法獲得解決。[31] 而被告國必須向人權理事會提交「書面解釋或聲明，闡明該國可能已採取之事項以及補救措施（如果有的話）」，人權委員會再將其「意見」轉發給有關之締約國以及個人。人權理事會之「意見」雖然不具有法律約束力，[32] 但該「意見」會被公開，並且通常會對於締約國內部立法或行政程序之變革產生影響。[33] 直至 2017 年 3 月，人權理事會受理超過 2,970 份申訴，其中1,200 份係依據「ICCPR 議定書」第 5 條第 4 項採納之「意見」而作成結論。[34]

ICESCR 及人權理事會之工作，被視為補充「一般性評論」（General Comments）的解釋性聲明（interpretive statements），[35] 可用於澄清與公約有關之具體規定及適用，因此，在人權體系內具有重要之規範價值，後來其他人權條約機構亦開始效仿此做法。

---

[28] The firmness of the stipulation is placed in question by para 2, which makes it apparent that states may become parties on the basis of a *promise* to bring their legislation into line with the obligations of the Covenant. But see the clear view of the HRC in General Comment 31 (2004) HRI/GEN/1/Rev.7, 192, para 5, according to which the obligation to respect and to ensure has 'immediate effect'.

[29] Generally: Tyagi (2011); Joseph & Castan (2013) 13–26.

[30] The interstate complaint procedure has never been used: Tyagi (2011) 325–85; Joseph & Castan (2013) 17–18.

[31] Ghandhi, *The Human Rights Committee and the Right of Individual Communication* (1998); Tyagi (2011) 386–630; Joseph & Castan (2013) 18–26.

[32] See Human Rights Committee (HRC), General Comment 33 (2008) CCPR/C/GC/33, paras 11–15; cf *Tangiora v Wellington District Legal Services Committee* (1999) 24 ILR 570, 575.

[33] E.g. *Lovelace v Canada* (1981) 68 ILR 17; *Toonen v Australia* (1994) 112 ILR 328. Further: Tyagi (2011) 626–9.

[34] HRC, Report (2017) A/72/40, para 24.

[35] E.g. CCPR, General Comment 12: Article 1 (1984) HRI/GEN/1/Rev.7, 134.

(ii) 區域性人權公約

除多邊人權公約外，各種區域條約亦承認一系列之公民、政治、社會、經濟及文化權利，並建立起保護此類權利之區域人權法律架構。[36] 第一個全面實施之區域條約係 1950 年「歐洲人權公約」【616】（ECHR）；[37] 其後是 1969 年「美洲人權公約」（American Convention on Human Rights）[38] 以及 1981 年「非洲人權和人民權利憲章」（African Charter on Human and Peoples' Rights）；[39] 另一部區域人權公約係阿拉伯國家聯盟於 2004 年 5 月 22 日通過之「阿拉伯人權憲章」（Arab Charter on Human Rights），[40] 上述憲章係對 1994 年從未生效憲章之修訂版本。[41] 至今仍沒有涵蓋亞太地區且具有約束力之人權公約，關於「普世人權」概念是否與「亞洲價值觀」相衝突存在不少爭辯，事實上，亞洲價值觀更注重集體利益及公民秩序，而並非個人之權利。[42]

(iii) 規範特別權利之條約

除普遍適用之條約外，國際人權架構尚包括針對特定問題之條約。其中第一個為 1948 年「滅絕種族公約」（Genocide Convention），該公約將滅絕種族定義為國際法所規定之罪行，締約國承諾防止及懲治無論是發生於和平時期

---

[36] Generally: Beyani in Gearty & Douzinas (eds), *Cambridge Companion of Human Rights Law* (2012) 173; Shelton & Carozza (eds), *Regional Protection of Human Rights* (2nd edn, 2013).

[37] 4 November 1950, ETS 5. All Council of Europe member states are parties to the ECHR (47 in total), and new members are expected to ratify the Convention as soon as possible: Parliamentary Assembly Res 1031 (1994). The EU is not yet a party to the ECHR, notwithstanding that Art 6(2) of the Treaty on European Union makes accession an obligation of the EU. In 2014, the Court of Justice of the European Union (CJEU) for a second time held accession incompatible with EU law: Opinion 2/13, *Avis au Titre de l'Article 218, paragraphe 11, TFUE*. For criticism: Eeckhout (2015) 38 *Fordham ILJ* 955. On EU accession to the ECHR: Kosta, Skoutaris, & Tzevelekos (eds), *The EU Accession to the ECHR* (2014).

[38] 22 November 1969, OAS Treaty Series 36 (currently 23 parties, down from 25 following denunciations by Venezuela and Trinidad and Tobago).

[39] 17 June 1981, 1520 UNTS 323 (currently 53 parties). There is also a Commonwealth of Independent States Convention on Human Rights and Fundamental Freedoms, 26 May 1995 (1996) 3 IHRR 212. Only Belarus, Kyrgyzstan, Tajikistan, and the Russian Federation have ratified it. The envisaged Human Rights Commission has not been created.

[40] (2005) 12 IHRR 893.

[41] El Din Hassan in Symonides (2003) 239; Rishmawi (2005) 5 *HRLR* 661; Rishmawi (2010) 10 *HRLR* 169; Allam (2014) 28 *Arab LQ* 40.

[42] On the Asian values debate: e.g. Avonius & Kingsbury (eds), *Human Rights in Asia* (2008); Mackie, *Ways of Knowing about Human Rights in Asia* (2015).

或戰爭時期所犯下之滅絕種族罪。上述公約與其他人權文書不同之處在於，該公約之條文中並無為個人創設具體之權利，而係透過將參與種族滅絕之行為制定為犯罪來運作。[43]

其他具體公約類別中之事例，包括：反對種族歧視及種族隔離條約（treaties against racial discrimination and apartheid）、[44]【617】「禁止酷刑和其他殘忍、不人道或有辱人格的待遇或處罰公約」（the Convention against Torture and Other Cruel, Inhuman or Degrading Treatment or Punishment），[45]以及「保護所有人免遭強迫失蹤國際公約」（International Convention for the Protection of All Persons from Enforced Disappearance）等。[46]上述每項條約之實施，都由為此目的專門設立之委員會進行監督。

(iv) 保障特殊類別或群體之條約

第四類的多邊人權條約係針對特定族群之保護。1951 年「關於難民地位公約」（1951 Convention Relating to the Status of Refugees）第 1 條即規定難民之定義及其應受待遇之詳細制度。[47]而 1967 年議定書則擴大公約之覆蓋範圍，並消除定義中之地域及時間的限制。[48]「難民法」通常被視為獨立於（雖然相關）一般人權法之外的體系，而由「聯合國難民事務高級專員辦公室」（UN

---

[43] Genocide Convention, 9 December 1948, 78 UNTS 277; Parlett (2011) 313; van der Wilt, Sluiter, and ten Cate (eds), *The Genocide Convention* (2012); Sands, *East West Street* (2016). See chapter 30.

[44] ICERD, GA Res 2106(XX), 21 December 1965, 660 UNTS 195 (currently 179 parties); International Convention on the Suppression and Punishment of the Crime of Apartheid, GA Res 3068(XXVIII), 1015 UNTS 243 (currently 109 parties). Generally: Moeckli in Moeckli, Shah, & Sivakumaran (2010) 189; Lerner, *The UN Convention on the Elimination of All Forms of Racial Discrimination* (1980, repr 2015).

[45] GA Res 39/46, 10 December 1984, 1465 UNTS 85 (currently 165 parties). An Optional Protocol has also been adopted, establishing a preventive system of regular visits to places of detention: GA Res 57/199, 18 December 2002 (89 parties). Further: Nowak & McArthur, *The United Nations Convention Against Torture* (2008); Rodley, *The Treatment of Prisoners under International Law* (3rd edn, 2009). See also: *Obligation to Prosecute or Extradite (Belgium v Senegal)*, ICJ Reports 2012 p 422.

[46] GA Res 61/177, 20 December 2006 (currently 59 parties). See Rodley (3rd edn, 2009) 329–78; Ott, *Enforced Disappearance in International Law* (2011); Kyriakou (2012) 13 *Melb JIL* 424.

[47] 28 July 1951, 189 UNTS 137 (currently 146 parties).

[48] GA Res 2198(XXI), 16 December 1966; 606 UNTS 267 (currently 147 parties). See also Guidelines on International Protection No 11: Prima Facie Recognition of Refugee Status, HCR/GIP/15/11, 24 June 2015.

High Commissioner for Refugee）專責管理。[49]

　　受特定條約保護之其他群體，包括：兒童、[50] 婦女、[51] 移工及其家人，[52] 以及殘疾人士。[53] 此類條約中每一項實施措施，皆由專門為此目的設立之委員會予以監督落實。

(2) 習慣國際法

　　【618】目前國際間普遍認為，人權之基本原則構成習慣國際法的一部分，雖然並非每個國家都同意基本原則之特性或內容。1970 年國際法院於 *Barcelona Traction* 一案中主張應包括「絕對權責任」（Obligations *Erga Omnes*）之類別，其意義為「關於身而為人之基本權利原則及規則，包括：免受奴役以及種族歧視」。[54] 此種法律的不確定性，於後來之聲明中得到明確的回應。[55]

　　在 *Wall* 一案之諮詢意見中，國際法院認為，作為占領國，以色列在巴勒斯坦被占領之土地及相關區域建造隔離牆之行為係「違反國際法」。[56] 在解決

---

[49] Further: Goodwin-Gill & McAdam, *The Refugee in International Law* (3rd edn, 2007); Hathaway & Foster (eds), *The Law of Refugee Status* (2nd edn, 2014); Goodwin-Gill & Weckel (eds), *Protection des Migrants et des Réfugiés au XXIe Siècle* (2015).

[50] UN Convention on the Rights of the Child, 20 November 1989, 1577 UNTS 3 (currently 196 parties). Further: Cohen, *Jurisprudence on the Rights of the Child* (2005); Invernizzi & Williams (eds), *The Human Rights of Children* (2011); Tobin, *The UN Convention on the Rights of the Child* (2019).

[51] Convention on the Elimination of All Forms of Discrimination against Women, 18 December 1979, 1249 UNTS 13 (currently 189 parties); Convention on the Political Rights of Women, 31 March 1953, 193 UNTS 135 (currently 123 parties); Council of Europe Convention on Preventing and Combating Violence against Women and Domestic Violence, 11 May 2011, CETS 210 (currently 33 parties). Generally: Freeman, Chinkin, & Rudolf (eds), *The UN Convention on the Elimination of All Forms of Discrimination Against Women* (2012); Hellum & Sinding Aasen (eds), *Women's Human Rights* (2013).

[52] International Convention on the Protection of the Rights of All Migrant Workers and Members of their Families, 18 December 1990, 2220 UNTS 3 (currently 54 parties). Further: de Guchteneire, Pécoud, & Cholewinski (eds), *Migration and Human Rights* (2009); Weissbrodt & Divine in Opeskin, Perruchoud, & Redpath-Cross (eds), *Foundations of International Migration Law* (2012) 152.

[53] Convention on the Rights of Persons with Disabilities, 13 December 2006, 2515 UNTS 3 (currently 177 parties), with Optional Protocol. Further: Arnardóttir & Quinn (eds), *The UN Convention on the Rights of Persons with Disabilities* (2009); Broderick, *The Long and Winding Road to Equality and Inclusion for Persons with Disabilities* (2015).

[54] *Barcelona Traction, Light and Power Co Ltd (Belgium v Spain)*, ICJ Reports 1970 p 3, 32.

[55] E.g. Helsinki Final Act, Declaration of Principles Guiding Relations between Participating States, 1 August 1975, 14 ILM 1292.

[56] *Legal Consequences of the Construction of a Wall in the Occupied Palestinian Territory*, ICJ Reports 2004 p 136, 200.

以色列提出之某些問題時，法院訴諸習慣國際法中，關於國際人道法之實質內容。[57] 法院亦依據一般國際法原則之考量，以確定 1966 年公約既適用於一國領土內之個人，亦適用於該領土以外但受該國管轄之個人。[58]

(3) 小結

至於人權本身之實質內容，國際法核心文件所承認之權利範圍廣泛，且不斷擴大新興或主張之「權利」，但其法律地位不明或極具爭議。[59] 下表列出兩項或多項主要公約或條約所保護之主要人權內容（見表 29-1），表格中之分類僅供參考，蓋每項權利之用語以及具體表述，實際上將因不同文本而有差異。

而此表格可以進一步說明，在全球與區域層級上可能存在接近人權「共同核心」（common core）之內容，同時亦可表明任何此類「共同核心」都係局部與不完美的──完全隱藏各種條約中，不同權利表述上之差異性；事實上，此乃因為各國政府選擇主要以透過多邊條約在國際層面予以制定並闡明人權原則，而各個多邊條約皆為獨立談判。最實際的結果，正是這些目的不同之條約，構成了國際人權法。[60]

---

[57] Ibid, 172–7.

[58] Ibid, 177–81.

[59] There is concern about the rapid proliferation of interests claimed as human rights, e.g. the assertion of a 'right' to tourism, or disarmament. The international legal system lacks any clear process or criteria for qualifying claims as deserving of legal recognition, and there is a trend for new rights to be 'conjured up' simply by virtue of their being framed in the language of rights: Alston (1984) 78 *AJIL* 607, 607. Further: Kennedy, *The Dark Side of Virtue* (2004) 3–35; Peters in Klabbers, Peters, & Ulfstein (eds), *The Constitutionalization of International Law* (2009) 168–71.

[60] See Raz in Besson & Tasioulas (eds), *The Philosophy of International Law* (2010) 321–37; Griffin, ibid, 339–55; Skorupski, ibid, 357–73.

【619】表 29-1　主要人權保障內容

	公民與政治權利國際公約（ICCPR）	經濟社會文化權利國際公約（ICESCR）	歐洲人權公約（ECHR）*	美洲人權公約（ACHR）	非洲人權及民族權憲章（Africa Charter）
自決權	第 1 條	第 1 條		—	第 20 條
平等權	第 2(1) 條		第 14 條	第 1、24 條	第 2、3 條
非歧視權	第 3、14(1)、26 條	第 2(2)、3 條			第 19 條
生命權	第 6 條	—	第 2 條	第 4 條	第 4 條
免於酷刑及其他不人道待遇	第 7 條		第 3 條	第 5 條	第 5 條
免於奴隸	第 8 條	—	第 4 條	第 6 條	第 5 條
人身自由及安全	第 9 條		第 5 條	第 7 條	第 6 條
集會及人身自由	第 21、22 條	—	第 11 條	第 15、16 條	第 10、11 條
遷徙自由	第 12 條		OP4 第 2 條	第 22 條	第 12 條
正當法律程序	第 9-11、14-16 條		第 6、7 條 OP4，第 1 條	第 3、8、9、24 條	第 3、7 條
言論自由	第 19 條	—	第 10 條	第 13 條	第 9 條
思想、良心及宗教信仰自由	第 18 條		第 9 條	第 12、13 條	第 8 條
選舉與參與政府之自由	第 25 條		OP1，第 3 條	第 23 條	第 13 條
家庭權	第 23 條	第 10 條	第 8、12 條	第 17 條	第 18 條
工作權	—	第 6、7 條		—	第 15 條
教育權		第 13 條	OP1，第 2 條		第 17 條
健康權		第 12 條			第 16 條
文化權	第 27 條	第 15 條	—		第 17(2) 條

* 註：OP1-OP4. ECHR：第一至第四任擇議定書。

4. 不歧視原則與集體權利

聯合國憲章多次提及「所有人不分種族、性別、語言或宗教，享有人權與基本自由」，此類一般性以及在某種程度上實驗性之規定，構成聯合國多邊公約以及機構實踐之背景。最遲至 1966 年，可得出以下結論，依聯合國憲章，在非歧視基礎上，【620】尊重與保護人權之原則已成為公認之法律標準。[61]

「群體法律與人權」或「個人法律與人權」二者之間並沒有太大鴻溝，透過平等權之強調，在對於個人待遇之保障與標準，往往也能保護到群體之權利，例如種族歧視。反之，對於群體之保障，自然包括對於群體中的個別成員之保障；作為團體成員之個人所享有的某些權利，只能在與團體其他成員共同參與之情況下行使。[62]

(1) 不歧視原則

國際法包含禁止基於種族歧視之法律原則，在「消除一切形式種族歧視國際公約」（International Convention on the Elimination of All Forms of Racial Discrimination, ICERD）[63] 中有明確闡述。該原則係基於聯合國憲章，尤其是第 55 條及第 56 條；聯合國機構之做法（例如聯合國大會譴責種族隔離之決議）；世界人權宣言；國際人權公約；以及區域人權公約。[64] 1970 年時，國際法院於 *Barcelona Traction* 一案中，在提及國家普遍適用之義務時，具體包括「保護免遭奴役及種族歧視」。[65] 在性別議題方面亦有一項非歧視之法律原則，其基礎乃為同一部多邊公約，[66] 以及 1979 年通過且被廣泛批准之「消

---

[61] *South West Africa (Ethiopia v South Africa; Liberia v South Africa)*, Second Phase, ICJ Reports 1966 p 6, 300 (Judge Tanaka, diss); *Legal Consequences for States of the Continued Presence of South Africa in Namibia (South West Africa) notwithstanding Security Council Resolution 276 (1970)*, ICJ Reports 1971 p 16, 57.

[62] ICCPR, Art 27. On collective rights generally: Weller (ed), *Universal Minority Rights* (2007); Lerner (2011) 25 *Emory ILR* 829; Bisaz, *The Concept of Group Rights in International Law* (2012).

[63] GA Res 2106(XX), 21 December 1965, 660 UNTS 195 (179 parties to date).

[64] E.g. *South West Africa*, Second Phase, ICJ Reports 1966 p 6, 286–301 (Judge Tanaka, diss); *European Roma Rights v Immigration Officer at Prague Airport* [2005] 2 AC 1. Further: Wolfrum in Hanschel (ed), *Mensch und Recht* (2013) 209; Moeckli in Moeckli, Shah, & Sivakumaran (2nd edn, 2014) 157; Tomuschat, *Human Rights* (3rd edn, 2014) 73–85.

[65] ICJ Reports 1970 p 3, 32.

[66] On sexual equality: CCPR, General Comment 28: Article 3 (2000) HRI/GEN/1/Rev.7, 178; McClain & Grossman (eds), *Gender Equality* (2009); Chinkin, 'Women, Rights of, International Protection' (2010) *MPEPIL*.

除對婦女一切形式歧視公約」（Convention on the Elimination of All Forms of Discrimination against Women, CEDAW）。[67]

「法律之前人人平等」（equality before the law）原則，允許年齡等事實差異，而並非以機械式的平等概念爲基礎。[68] 但任何差別待遇都必須有客觀之理由，且爲確立不同待遇而採取之手段，必須與該差別待遇之理由相符合；【621】在舉證責任分配上，則落在尋求援引平等原則例外情況之一方。[69]「消除一切形式種族歧視國際公約」（ICERD）第 1 條第 4 項明確規定，「專爲使若干須予必要保護之種族或民族團體或個人獲得充分進展而採取之特別措施以期確保此等團體或個人同等享受或行使人權及基本自由者，不得視爲種族歧視，但此等措施之後果須不致在不同種族團體間保持隔別行使之權利，且此等措施不得於所定目的達成後繼續實行」。[70]

(2) 自決權

集體或群體權利之觀念與自決原則（principle of self-determination）[71] 一樣在當代國際法實踐中，格外受到重視，自決權被譽爲「人民權利」（peoples' rights）範疇之先驅，[72] 具有不同之表述方式，包括：政治原則、法律原則及法

---

[67] GA Res 34/180, 18 December 1979, 1249 UNTS 13 (currently 189 parties).

[68] See *Minority Schools in Albania* (1935) PCIJ Ser A/B No 64; CCPR, General Comment 18: Non-discrimination (1989) HRI/GEN/1/Rev.7, 146, paras 8–10. Also, e.g., *Gerhardy v Brown* [1985] HCA 11, [25]–[26] (Brennan J); *Maya Indigenous Communities of the Toledo District v Belize* (2004) 135 ILR 1, 67; *A v Home Secretary (No 1)* (2004) 137 ILR 1, 37–9; *RM v Attorney-General* (2006) 143 ILR 299, 322; *Pant v Nepal Government* (2007) 138 ILR 500, 533. Cf also *Ukraine v Russia*, Provisional Measures, Order of 19 April 2017, paras 55–61.

[69] *Belgian Linguistics* (1968) 45 ILR 114; *National Union of Belgian Police* (1975) 57 ILR 262, 265, 281, 287; *Abdulaziz, Cabales & Balkandali* (1985) 81 ILR 139, 171; *Juridical Condition and Rights of Undocumented Migrants*, IACtHR OC-18/03, 17 September 2003, §§82–96; *Burden v UK* [2008] ECtHR 13378/05, [60]; *Kiyutin v Russia* [2011] ECtHR 2700/10, [62]. Further: CCPR, General Comment 18, para 13; CERD, General Recommendation XIV: Article 1(1) (1993) HRI/GEN/1/Rev.7, 206, para 2.

[70] In some cases, the provision of special measures is obligatory: see Art 2(2) and cf *South West Africa*, Second Phase, ICJ Reports 1966 p 6, 306–10 (Judge Tanaka, diss). See also CERD, General Recommendation XXXII (2009) CERD/C/GC/32; Alfredsson in Weller (ed), *The Rights of Minorities* (2005) 141, 148–50 (in the context of Art 4 of the European Framework Convention for the Protection of National Minorities, 1 February 1995, CETS 157).

[71] See Cristescu, *The Right to Self-Determination* (1981); Cassese, *Self-Determination of Peoples* (1995); Crawford, *Creation of States* (2nd edn, 2006) 108–28; French, *Statehood and Self-Determination* (2013); Walter, von Ungern-Sternberg, & Abushov (eds), *Self-Determination and Secession in International Law* (2014).

[72] Generally: Alston (ed), *Peoples' Rights* (2001). Also: Xanthaki, *Indigenous Rights and United Nations Standards* (2009) 155–7; Knop, *Diversity and Self-Determination in International Law* (2009) 29–49; Pulitano, *Indigenous Rights in the Age of the UN Declaration* (2012); Castellino in Walter, von Ungern-Sternberg, & Abushov (2014) 27.

律權利。[73]「自決原則」被視爲在殖民地、外國或被外國統治下的「人民自治」（self-government）權利，[74] 無論係透過組建新國家、聯邦國家之結合，抑或在單一（非聯邦）國家之自治或同化。[75] 然而，在不同背景下，自決權有不同內涵，國際間並沒有一個普遍接受之定義。而在一般層面上，自決權可以被定義爲「具有鮮明特徵（distinct character）之共同體，有權將此特徵反映於其生活制度之中」。[76] 國際法院將自決權描述爲「需要尊重人民自由表達之意願」，[77] 但其對於「人民」之定義一直存在廣泛分歧，尤其在原住民及少數民族訴求自決之背景下，更無法形成共識。

　　ICCPR 及 ICESCR 之共同第 1 條第 1 項規定，維護「所有人民」（all peoples）之自決權，「阿拉伯憲章」（Arab Charter）第 2 條亦包含類似條款。【622】非洲人權及人民權利憲章（African Charter on Human and Peoples' Rights）則承認所有人民擁有「不容置疑且不可剝奪之自決權」（第 20 條第 1 項）。在國際法院 *Western Sahara* 諮詢案中，法院確認在該爭端案件中「自決原則之有效性」；[78] 而在 *Wall* 諮詢案中，法院承認「自決原則」係與以色列採取措施的合法性相關規則及認定原則之一：關於隔離牆與屯墾區政策影響，即使不妨礙巴勒斯坦人民對整個巴勒斯坦領土行使自決權，卻仍產生侵害作用。[79]

　　自決原則在實踐中之發展，導致「殖民地」與「非殖民地」背景間的明顯區別，形成「完全（外部）自決」（full "external" self-determination），與「有限（內部）自決」（qualified "internal" self- determination）間之區別。[80] 事實

---

[73] The shift from 'principle' to 'right' first appeared in the Declaration on the Granting of Independence to Colonial Countries and Peoples, GA Res 1514(XV), 14 December 1960.

[74] E.g. GA Res 1514(XV), 14 December 1960; GA Res 1541(XV), 15 December 1960; GA Res 2625(XXV), 24 October 1970. Also: *Namibia*, ICJ Reports 1971 p 16, 31; *Western Sahara*, ICJ Reports 1975 p 12, 68; *East Timor (Portugal v Australia)*, ICJ Reports 1995 p 90, 102; *Wall*, ICJ Reports 2004 p 136, 171–2.

[75] See GA Res 1541(XV), 15 December 1960; GA Res 2625(XXV), 24 October 1970. See further chapter 5.

[76] Brownlie in Crawford (ed), *The Rights of Peoples* (1988) 1, 5.

[77] *Western Sahara*, ICJ Reports 1975 p 12, 33.

[78] Ibid, 31–3.

[79] *Wall*, ICJ Reports 2004 p 136, 171–2. Also: *East Timor*, ICJ Reports 1995 p 90, 102.

[80] *Reference re Secession of Quebec* (1998) 115 ILR 536, 594–5. See Crawford (1998) 69 *BY* 115; Bayefsky (ed), *Self-Determination in International Law, Quebec and Lessons Learned* (2000); Summers in French (ed), *Statehood and Self-Determination* (2013) 229.

上，內部自決問題，以及救濟性分離（remedial secession）之可能性，仍然存在相當大的爭議。[81]

(3) 少數民族之權利

自締結少數民族條約以來，保護各國國內種族、語言、宗教、少數群體權利[82]之必要性，已於兩次世界大戰之「戰間期」（interwar period）[83]獲國際上普遍認可。但對於國際法中所謂「少數」（minority）之標準，[84]仍然沒有達成一致性定義，況且少數民族之法律人格問題本身也令人擔憂。[85]傳統上，各國對承認其領土內少數民族之權利及地位皆保持謹慎態度，因為擔心該族群會提出分離（secession）之要求。聯合國人權理事會（HRC）強調，「少數民族權」（minority rights）不同於「自決權」（right to self-determination），換言之，不能損及國家主權和領土完整。[86]

唯一專門處理少數民族權利之多邊條約，係歐洲理事會（Council of Europe）【623】於 1994 年通過之「歐洲保護少數民族架構公約」（European Framework Convention for the Protection of National Minorities），[87]此公約闡明一套全面之原則，用以保護少數民族及繫屬於少數民族之人；公約內容涵蓋個人權利，以及專門針對保護少數民族本身存在及其身分之條款。[88]該公約係

---

[81] Several governments before the Court in *Kosovo* invoked remedial self-determination: the Court did not reach the issue. See *Accordance with International Law of the Unilateral Declaration of Independence in Respect of Kosovo*, ICJ Reports 2010 p 403, 438; Bolton in French (ed), *Statehood and Self-Determination* (2013) 109; Pellet in Milanović & Wood (eds), *The Law and Politics of the Kosovo Advisory Opinion* (2015) 268. Further chapter 5.

[82] Generally: Capotorti, Study of the Rights of Persons Belonging to Ethnic, Religious and Linguistic Minorities, E/CN.4/Sub.2/384/Rev.1; Wheatley, *Democracy, Minorities and International Law* (2005); Zyberi in Tams & Sloan (eds), *The Development of International Law by the International Court of Justice* (2013) 327; Caruso & Hofmann (2015).

[83] Eide in Weller (2005) 25, 33–6; Parlett (2011) 282–7.

[84] Hannum in Weller (2007) 49; Barten, *Minorities, Minority Rights and Internal Self-Determination* (2014) 162–74.

[85] Walter, 'Subjects of International Law' (2007) *MPEPIL*; Nijman in Fassbender & Peters (eds), *The Oxford Handbook of the History of International Law* (2012) 95, 116–18.

[86] CCPR, General Comment 23: Article 27 (1994) HRI/GEN/1/Rev.7, 158. The distinction between minority rights and self-determination is also clear in the European Framework Convention, 1 February 1995, CETS 157, Art 21: see Hofmann in Weller (2005) 1, 4.

[87] 1 February 1995, CETS 157 (currently 39 parties). There are also bilateral treaties addressing minority rights: see Bloed & van Dijk (eds), *Protection of Minority Rights Through Bilateral Treaties* (1999). See also European Charter for Regional or Minority Languages, 5 November 1992, CETS 148 (currently 25 parties).

[88] E.g. certain linguistic rights (European Framework Convention, Arts 9–11), state obligations in respect of education (Arts 12–14), the prohibition of forced assimilation (Arts 5(2), 16), and rights to cross-border contacts and cooperation (Art 17).

以單獨獨立之條約型態通過，而並非作爲歐洲人權法院附加議定書（additional protocol to the ECHR）之決定，招致不少論者之批評。易言之，監督條約執行情況之任務被分配給歐洲理事會之諮詢委員會（Advisory Committee of the Council of Europe），而並非史特拉斯堡法院。然而，於實踐中，諮詢委員會爲公約權利之發展及執行作出不少貢獻。雖然某些條款僅具備架構之特徵，但各國通常將公約視爲一項法律承諾。

一般國際法的情況則與區域人權條約大相逕庭。其中，最關鍵之條文係ICCPR 第 27 條，該條款保護「在種族、宗教或語言少數團體之國家，屬於此類少數團體之人，與團體中其他分子共同享受其固有文化、信奉躬行其固有宗教，或使用其固有語言之權利」，此規定係一種介於個人及集體間之權利保障，但主要強調個人；ICCPR 第 27 條之潛在解釋方法，已經在聯合國人權理事會（HRC）所受理之個人申訴中得到一定程度之檢驗。[89]

1992 年，聯合國大會通過「關於在民族或族裔、宗教或語言上屬於少數群體的人之權利宣言」（Declaration on the Rights of Persons Belonging to National or Ethnic, Religious or Linguistic Minorities），該宣言旨在依據不排斥（non-exclusion）、不同化（non-assimilation）及不歧視（non-discrimination）原則，[90] 並加強與少數民族有關人權的實施。雖然僅以聯合國大會決議之形式作成，該宣言詳細闡述 ICCPR 第 27 條下之身分保護原則（principle of protection of identity），並謹慎地朝著促進身分之方向前進。然而，目前並沒有關於後續制定公約之倡議。

(4) 原住民族之權利

「聯合國原住民族人民權利宣言」（UN Declaration on the Rights of Indigenous Peoples）[91] 於 2007 年獲得聯合國大會絕大多數會員國之同意通

[89] E.g. *Lovelace v Canada* (1981) 68 ILR 17; *Kitok v Sweden* (1988) 96 ILR 637; *Ominayak & the Lubicon Lake Band v Canada* (1990) 96 ILR 667; *Länsman v Finland* (1996) 115 ILR 300; *Kalevi v Finland* (2014) HRC Comm 2102/2011.

[90] GA Res 47/135, 8 December 1992. See Phillips & Rosas (eds), *The UN Minority Rights Declaration* (1993); Eide, Commentary to the Declaration on the Rights of Persons Belonging to National or Ethnic, Religious or Linguistic Minorities (1998) E/CN.4/Sub.2/AC.5/1998/WP.1.

[91] Generally: Thornberry, *Indigenous Peoples and Human Rights* (2002); Anaya, *Indigenous Peoples in International Law* (2nd edn, 2004); Allen & Xanthaki (eds), *Reflections on the UN Declaration on the Rights of Indigenous Peoples* (2011); Pulitano (2012); Havemann in Goodhart (ed), *Human Rights: Politics and Practice* (3rd edn, 2016) 333.

過，[92] 該宣言係歷經二十多年起草過程之成果，原住民族【624】及其非政府組織之參與程度尤其值得注意。此發展亦導致聯合國結構發生變化，成立「聯合國原住民族問題常設論壇」（UN Permanent Forum on Indigenous Issues）作為經濟及社會理事會之諮詢機構、[93] 延長原住民族人權及基本自由狀況特別報告員（Special Rapporteur on the Situation of Human Rights and Fundamental Freedoms of Indigenous Peoples）之任務期限，[94] 並建立原住民族權利專家機制。[95]

過去唯一涉及原住民族權利本身之國際文書，係參與有限的兩項國際勞工組織（ILO）公約，[96] 而其特點係明顯具「國家傾向」之觀點。[97] 上述「聯合國原住民族人民權利宣言」代表對 ILO 方法之轉變，促進與原住民族建立更具包容性與協商性之關係，其中最重要之特徵係第 3 條中宣布原住民族擁有自決權。雖然 ICCPR 及 ICESCR 第 1 條之條文承認所有民族之自決權，但長期以來，各國皆拒絕承認原住民族之主張。[98] 聯合國人權理事會（HRC）拒絕受理違反第 1 條之申訴，並認為集體申訴不能在第一任擇議定書（First Optional Protocol）之個人申訴程序中提出。HRC 通常將原住民族之主張視為屬於第 27 條之「少數民族」權利保護範圍，[99] 宣言明確承認原住民族之自決權係一個重大變化；雖然國際間僅在「理解」（understanding）之基礎上予以實現，易言之，各國普遍認為基於此目的之「自決權」並不等同於「分離權」（right

---

[92] GA Res 6/1295, 13 September 2007 (143-4 (Australia, Canada, New Zealand, US): 11 (Azerbaijan, Bangladesh, Bhutan, Burundi, Colombia, Georgia, Kenya, Nigeria, Russian Federation, Samoa, Ukraine)). A number of these states have since endorsed the Declaration.

[93] Economic and Social Council Res 2000/22, 28 July 2000.

[94] Human Rights Council Res 6/12, 28 September 2007.

[95] Human Rights Council Res 6/36, 14 December 2007.

[96] Although in many cases indigenous groups constitute minorities within states, indigenous people have consistently differentiated themselves as 'peoples' rather than minorities. See *AD v Canada* (1984) 76 ILR 261, 264-5. Analytically, however, one could be both.

[97] ILO Convention 107 Concerning the Protection and Integration of Indigenous and other Tribal and Semi-Tribal Populations in Independent Countries, 26 June 1957, 328 UNTS 247 is no longer open for ratification, and has been replaced by ILO Convention 169 Concerning Indigenous and Tribal Peoples in Independent Countries, 27 June 1989, 1650 UNTS 383. See Xanthaki (2007) 49-101; Erueti in Allen & Xanthaki (2011) 93-12; Yupsanis (2011) 49 *CYIL* 117.

[98] E.g. Castellino in Walter, von Ungern-Sternberg, & Abushov (2014) 27.

[99] E.g. *Ominayak and the Lubicon Lake Band v Canada* (1990) 96 ILR 667; *Marshall v Canada* (1991) 96 ILR 707. For criticism: Tyagi (2011) 598-9; Yupsanis (2013) 26 *Hague YIL* 359.

to secede），有別於與國家（或在國家內部進行）談判「原住民族參與」之條款。[100]

除上述自決權外，宣言並確認一系列對原住民族具有重要意義之個人及群體權利，包括：平等及不受歧視之自由、[101] 文化認同和完整性、[102]【625】參與決策、[103] 自主及自治權（autonomy and self-government），[104] 以及傳統土地及自然資源。[105] 然而，「原住民族」一詞並沒有明確之定義；[106] 作為聯合國大會決議，上述宣言並未強加各國的義務，但其象徵意義卻不容小覷。

(5) 其他集體權利

權利由一群人集體享有而非個人享有之概念，至今仍然存在爭議。事實上，應區分由個人「作為群體成員之地位」而賦予個人的權利，以及賦予整個群體享有之權利，個人僅能在群體中與他人共同享有。關於少數群體和原住民權利之國際文件涵蓋上述兩者之例子。除少數民族及原住民之具體權利外，國際法還承認其他的「集體權利」（collective rights），特別是人民自由處置其自然財富與資源，以及不被剝奪其生存能力之權利（ICCPR/ICESCR，第 1 條第 2 項）。其他推定集體權利之實例，包括：發展權（right to development）[107] 與文化權（right to culture）[108]；然而，至今為止，即使並非

---

[100] Eide (2006) 196-9, 211-12; Daes (2008) 15-18, 23-4; Quane in Allen & Xanthaki (2011) 259, 264-9.

[101] E.g. Arts 1-2. Also: CERD, General Recommendation XXIII: Indigenous Peoples (1997) A/52/18, Annex V (confirming that racial discrimination against indigenous peoples falls within the scope of ICERD).

[102] E.g. Arts 11-16, 24-25, 31. See Stamatopoulou in Allen & Xanthaki (2011) 387.

[103] Over 20 provisions in the Declaration articulate different facets of the right to participate in decision-making, setting a standard beyond mere consultation. It is notable that the right of political participation is expressed as a collective right, cf the views of the HRC in respect of ICCPR, Art 25: *Marshall v Canada* (1991) 96 ILR 707; *Diergaardt v Namibia* (2000) CCPR/C/69/D/760/1997, para 10.8 (but see sep op Scheinin).

[104] Art 4. See ILA, Report of the 74th Conference (2010) 850-7.

[105] E.g. Arts 26-30, 32. Rights over land and natural resources are fundamental to indigenous claims to self-determination: e.g. Gilbert & Doyle in Allen & Xanthaki (2011) 289; Errico, ibid, 329; Pereira & Gough (2013) 14 *Melb JIL* 451.

[106] On the definitional problem and its evasion: e.g. Thornberry (2002) 33-60; Daes (2008) 8-10; Åhrén, *Indigenous Peoples' Status in the International Legal System* (2016) 143-5.

[107] Declaration on the Right to Development, GA Res 41/128, 4 December 1986; further: Andreassen & Marks (eds), *Development as a Human Right* (2nd edn, 2010); Piovesan in Minkler (ed), *The State of Economic and Social Human Rights* (2013) 306.

[108] ICESCR, Art 15; see Stamatopoulou, *Cultural Rights in International Law* (2007); O'Keefe, 'Cultural Life, Right to Participate in, International Protection' (2011) *MPEPIL*.

語言，我們也正在接近法律的有用限制。

5. 人權標準之範圍：一般性議題

(1) 人權條約之屬人及屬地原則的範圍

　　國際人權公約中通常不會具體界定其包含之人權保障的確切屬地及屬人範圍。ECHR 第 1 條規定，當事方應確保「在其管轄範圍內的每個人」皆享有公約第 1 節中定義之權利和自由。「管轄權」條文的類似寫法亦出現在「美洲人權公約」（ACHR）第 1 條中；不過，非洲人權憲章在此問題上保持沉默。【626】而其他條約或公約可能略有提及屬地管轄權，但未提及個人權利之範圍。此議題之重點在於各項人權公約或條約之締約國，是否有義務在域外實施保護，包括對非國民之保護，上述情況尤其經常發生在武裝衝突及占領之情況。[109]

　　2001 年之前，國際間合理地認為，「歐洲人權公約」（ECHR）第 1 條中之「管轄權」主要係指「領土管轄權」，[110] 但於某些情況下，締約國在國外實施或產生影響之行為亦可構成管轄權之行使。[111] 特別過去在一系列涉及土耳其占領北塞浦路斯之案例顯示，倘若締約國因軍事行動而對其國家領土以外之地區實施「有效控制」（effective control），則基於該控制之事實，占領國政府應適用 ECHR 第 1 條之義務，意即應確保該占領地區人民之公約權利與自由。[112] 另一個公認的屬地原則例外，係指受「域外管轄權」（extraterritorial jurisdiction）個人之模式，當國家代理人對國家領土以外之個人行使權力和控制時，即產生公約之適用餘地。[113]

---

[109] Generally: Milanović, *Extraterritorial Application of Human Rights Treaties* (2011); Orakhelashvili in White & Henderson (eds), *Research Handbook on International Conflict and Security Law* (2013) 598.

[110] *Soering v UK* (1989) 98 ILR 270, 300.

[111] See the review of the case law in *Al-Skeini v UK* [2011] ECtHR 55721/07, [130]–[142]. Also: *Hirsi Jamaa v Italy* [2012] ECtHR 27765/09, [70]–[82]; *Catan v Moldova and Russia* [2012] ECtHR 43370/04, 8252/05, and 18454/06, [104]–[107]; *Chiragov v Armenia* [2015] ECtHR 13216/05, [168].

[112] See *Loizidou v Turkey* (1995) 103 ILR 622; *Loizidou v Turkey* (1996) 108 ILR 443; *Cyprus v Turkey* (2001) 120 ILR 10.

[113] On the different models of extraterritorial jurisdiction generally: Milanović (2011) 118–228.

在 *Banković v Belgium* 一案中，[114] 該起事件起因於 1999 年科索沃危機期間在北約的支持下對位於前南斯拉夫首都貝爾格勒（Belgrade）的塞爾維亞廣播電視台（Radio Televizija Srbije/Радио-телевизија Србије）大樓進行空襲，而受害者及其代表向 17 個北約成員國（NATO）與歐洲人權法院之當事方提出控訴與求償。然而，法院認爲該案不屬於 ECHR 第 1 條之範圍，[115] 被害人位於南斯拉夫聯盟共和國境內，不在任何被告國之領土管轄範圍內。[116] 透過上述解釋，法院似乎將公約之域外適用限制在公約成員國區域之法律領土（espace juridique）範圍內的地區，意即歐洲理事會成員國之領土。[117]

Banković 一案被視爲是國際人權法適用混亂之根源，[118] 尤其將其應於 2003 年入侵及占領伊拉克之背景下。在 *Al-Skeini v UK* 一案中，英國士兵涉嫌於伊拉克東南部殺害六名伊拉克平民，於該事件中喪生被害人的親屬聲稱，英國政府未能充分調查這起死亡事件，而不幸事件就發生在英國占領該地區之期間。[119] 英國上議院裁定，僅對被關押在拘留所之其中一人的涉案擁有「管轄權」，[120] 但法院認爲，【627】所有六起案件[121] 都具有針對 ECHR 第 1 條目的之「充分管轄權聯繫」（sufficient jurisdictional link），依據 ECHR 第 2 條，法院最終發現在其中五起案件中，英國政府違反對被害人死亡進行調查之程序義務。

法院強調，在確定系爭案件中原告主張是否滿足 ECHR 第 1 條時，必須考慮案件的具體情況。法院並沒有判斷英國是否對該地區實行「有效控制」；相反地，法院裁定之理由係基於對以往案件中承認「屬地例外」（exception to territoriality）之原則，並對於「國家代理機構」（state agent authority）之法

---

[114] (2001) 123 ILR 94.
[115] Ibid, 109–10.
[116] Ibid, 113–14.
[117] Ibid, 115–16.
[118] For analysis: e.g. Milanović (2008) 8 *HRLR* 411.
[119] *Al-Skeini v UK* [2011] ECtHR 55721/07.
[120] See *Al-Skeini v Secretary of State for Defence* [2007] 3 WLR 33. See also *Al-Saadoon v Secretary of State for Defence* [2015] 3 WLR 503.
[121] *Al-Skeini v UK* [2011] ECtHR 55721/07, [149]–[150]. In a later case, the ECtHR did not find the status of 'occupying power' determinative of the question of jurisdiction in the existence of 'full command' by another state: *Jaloud v Netherlands* (2015) 60 EHRR 29. Cf *Behrami v France*; *Saramati v France, Germany & Norway* [2007] ECtHR 71412/01 and 78166/01.

律地位進行重新闡述，意即本案中應注意「國家代理人對被害者行使人身控制權」的事實。[122] 法院進一步說明，本案中之原告（申請人）之親屬係於安全行動過程中遇害，而英國負責在該地區行使某些公共權力（public powers），[123] 上述理由係將 Al-Skeini 案與 Banković 案進行區別；然而，倘若 Al-Skeini 案沒有徹底否定 Banković 案之理由，在某些方面就符合條件。首先，ECHR 第 1 條規定之管轄權不一定僅侷限於 ECHR 締約國領土管轄範圍；[124] 其次，行使管轄權之國家有義務確保與個人情況相關之權利和自由，從此意義上而言，公約中的權利及義務可以「分而治之」（divided and tailored）。[125]

聯合國人權理事會（HRC）觀察到，ICCPR 第 2 條第 1 項之規定，要求締約國確保和尊重在其權力或有效控制範圍內之任何人，即使不在締約國領土範圍內，此要求不限於對公民，尚包括國家在其領土以外採取行動的情況，以及武裝衝突狀態等。[126]

國際法院亦審理上述問題，法院於 Wall 一案中的諮詢意見認為，以色列有義務在巴勒斯坦被占領區土地上，遵守其作為締約國之國際人權公約規定，法院並確認其立場與 HRC 之立場一致。[127] 而關於烏干達占領剛果伊圖利省（Congolese province of Ituri）一案，法院重申其裁決，【628】亦即國際人權

---

[122] *Al-Skeini v UK* [2011] ECtHR 55721/07, [133]–[137], [149]; *Hirsi Jamaa v Italy* [2012] ECtHR 27765/09, [74]; cf *Jaloud v Netherlands* [2014] ECtHR 47708/08, [152]. See also *Smith v Ministry of Defence* [2013] UKSC 41, [50]–[55]. For criticism of *Al-Skeini*, see *Mohammed v Secretary of State for Defence* [2015] EWCA Civ 843, [91]–[97]. On the use of lethal force, see *Al-Saadoon v Secretary of State for Defence* [2016] EWCA Civ 811, [69]–[73] (finding that the 'state agent authority' exception requires a greater degree of physical power and control than the use of lethal or potentially lethal force and that it is for the Court rather than a national court to determine the scope of the exception).

[123] *Al-Skeini v UK* [2011] ECtHR 55721/07, [143]–[149].

[124] Ibid, [142]; cf *Banković v Belgium* (2001) 123 ILR 94, 115–16. See also *Netherlands v Mustafić-Muzić* (Sup Ct Neth) (2013) 53 ILM 527, paras 3.17.2–3.17.3; Cf *Longa v Netherlands* [2012] ECtHR 33917/12, [72]–[75] (finding that detainees held in detention by the International Criminal Court on Dutch soil do not enjoy protection under the ECHR). On the extraterritorial application of the Convention to the right to privacy in the context of mass electronic surveillance, cf *Human Rights Watch Inc v Secretary of State* [2016] UKIPTrib15_165-CH, [56]–[61].

[125] *Al-Skeini v UK* [2011] ECtHR 55721/07, [137]; cf *Banković v Belgium* (2001) 123 ILR 94, 114. Also: *Al-Jedda v UK* [2011] ECtHR 27021/08; *Al-Saadoon & Mufdhi v UK* [2009] ECtHR 61498/08; *Hirsi Jamaa v Italy* [2012] ECtHR 27765/09; *Catan v Moldova and Russia* [2012] ECtHR 43370/04, 8252/05, and 18454/06.

[126] CCPR, General Comment 31 (2004) HRI/GEN/1/Rev.7, 192, paras 10–11.

[127] *Wall*, ICJ Reports 2004 p 136, 177–81.

公約應適用於「一國在其領土以外，特別是在被占領區土地上行使其管轄權之行為」。[128]

(2) 人權與人道法

管轄權之調查結果增加「國際人權法」與「國際人道法」相互關係間的重要性。[129] 傳統觀點認為，上述二種制度係相互排斥，蓋前者適用於和平時期，後者則適用於武裝衝突時期。事實上，此種嚴格之「二元論」（dualism）解釋不再受到國際間採納，國際人權及國際人道法兩個領域，現在通常被理解為係「互補而非替代」之關係。[130] 簡言之，人權標準可能適用於武裝衝突，但前提係「在某些情況下，國際人道法作為特別法（lex specialis）適用，因此需要修改國際人權法之一般規則」。[131]

國際法院將國際人道法之基本標準，闡述為「對人道之基本考量，在和平時期甚至比在戰爭時期更加嚴格」，[132] 並進一步認為，1949 年 8 月 12 日日內瓦第四公約共同第 3 條之規定，係所有「國際性及非國際性武裝衝突中，最低標準之待遇」。[133] 於 Nuclear Weapons 一案中，法院認為，原則上人權保障之義務在武裝衝突期間不會停止（除非相關條約條款中允許例外減損），但國際人道法可作為排除一般人權標準之特別法而優先適用。[134] 在其他情況下，例如占領（occupation），國際人權法甚至可能構成更專業之標準。[135]

---

[128] *Armed Activities on the Territory of the Congo (DRC v Uganda)*, ICJ Reports 2005 p 168, 242–3.

[129] Generally: Provost, *International Human Rights and Humanitarian Law* (2002); Arnold & Quénivet (eds), *International Humanitarian Law and Human Rights Law* (2008); Ben-Naftali (ed), *International Humanitarian Law and International Human Rights Law* (2011); Bethlehem (2013) 2 *Cam JICL* 180; Oberleitner in Shelton (ed), *The Oxford Handbook of International Human Rights Law* (2013) 275; Oberleitner, *Human Rights in Armed Conflict* (2015) 105–21.

[130] *Hassan v UK* [2014] ECtHR 29750/09, [77], [100]–[102]; *Mohammed v Ministry of Defence* [2015] EWCA Civ 843, [108].

[131] See Parlett (2011) 193–6; Clapham & Gaeta (eds), *The Oxford Handbook of International Law in Armed Conflict* (2014) 365–542; Oberleitner (2015). See also African Commission on Human and Peoples' Rights General Comment No 3 (2015), para 32.

[132] *Corfu Channel*, ICJ Reports 1949 p 4, 22.

[133] *Nicaragua*, ICJ Reports 1986 p 14, 114.

[134] *Legality of the Threat or Use of Nuclear Weapons*, ICJ Reports 1996 p 226, 239–40; reiterated in *Wall*, ICJ Reports 2004 p 136, 178; *DRC v Uganda*, ICJ Reports 2005 p 168, 242–5.

[135] Parlett (2011) 195.

雖然國際人權法及國際人道法二個領域已轉向更細緻之解釋方法，但在各種問題上仍然存在不確定性，包括規範衝突、[136]「碎片化」（fragmentation），[137] 以及國際人道法是否提供低於國際人權法之保護水準。例如，將所謂「反恐戰爭」（war on terror）歸類為「武裝衝突」[138] 引發許多人權法的爭議。【629】批判者質疑針對蓋達組織（al-Qaeda）之軍事行動，是否符合國際人道法上對於武裝衝突狀態存在與否之門檻測試，特別在位於伊拉克和阿富汗活躍戰區（active combat zones）以外所採取之行動。若將上述反恐戰爭行動視為受國際人道法規範，而不受普通國際人權法及一般刑法約束之武裝衝突，反而縱容某些在沒有武裝衝突情況之下，違反國際法之行動。[139]

(3) 私法領域中之人權標準適用議題

人權義務在多大程度上延伸至防止私人行為侵害而提供保障？[140] 倘若國家負有保護其管轄範圍內個人權利之積極義務，人權保障將間接適用於私人行為，易言之，國家在某種程度上將充當擔保之角色。[141] 然而，關於國際人權法

---

[136] E.g. Milanović in Ben-Naftali (2011) 95; Oberleitner (2015) 95–104.

[137] ILC Study Group, Fragmentation of International Law: Difficulties Arising From the Diversification and Expansion of International Law, ILC *Ybk* 2006/II(2) 175; Oberleitner (2015) 85–7.

[138] Initially, the US took the position that its campaign against terrorism was beyond the reach of the Geneva Conventions, as it was not an armed conflict with another state, but that it was international in scope and therefore escaped domestic disciplines. Since *Hamdan v Rumsfeld*, 548 US 557 (2006), the official position has been that it is an armed conflict not of an international character, to which the minimum requirements of Common Art 3 of the Geneva Conventions apply.

[139] E.g. targeted killings of suspected terrorists. See Alston, Report of the Special Rapporteur on Extrajudicial, Summary or Arbitrary Executions: Study on Targeted Killings (2010) A/HRC/13/24/Add.6; Melzer, *Targeted Killing in International Law* (2008) 37–43, 262–8, 394–419; Shany in Ben-Naftali (2011) 13; Sassòli, ibid, 34; Finkelstein, Ohlin, & Altman (eds), *Targeted Killings* (2012); E Crawford in Saul (ed), *Research Handbook on International Law and Terrorism* (2014) 250. Similar problems have arisen in the Occupied Palestinian Territory, where tensions arising from the continued Israeli occupation are treated by the Israeli government and Supreme Court as manifestations of an international armed conflict: *Public Committee Against Torture in Israel v State of Israel* (1999) 133 ILR 283; *Public Committee Against Torture v Government of Israel* (2006) 145 ILR 429; Otto, *Targeted Killings and International Law* (2011) 491–533.

[140] Generally: Charney [1983] *Duke LJ* 748; Ratner (2001) 111 *Yale LJ* 443; Alston (ed), *Non-State Actors and Human Rights* (2005); Zerk, *Multinationals and Corporate Social Responsibility* (2006); Knox (2008) 102 *AJIL* 1; Deva & Bilchitz (eds), *Human Rights Obligations of Business* (2013); Clapham (ed), *Human Rights and Non-State Actors* (2013).

[141] E.g. CESCR, General Comments 15 (2002) E/C.12/2002/11, paras 23–4 and 18 (2005) E/C.12/GC/18, para 35. Also: *Lenahan v US (Case 12.626)*, IACHR 80/11, 21 July 2011, §§118–19.

是否也能產生「橫向」效果，或國家是否應壟斷「人權責任」等問題，國際間一直存在爭論。有一種觀點認為，人權保障內容必須延伸至私人行動，而缺乏對此想法之任何制度性表達，僅是暫時缺陷；而另一種觀點認為（暫且不論國際罪行），產生「個人法律之責任」，必然係國內法而非國際法：國際人權體系之重點，仍然係作為義務人之國家。近年來，透過企業社會責任（corporate social responsibility）[142] 實踐之發展，一直圍繞在此問題上的無解僵局，出現某種「迂迴」（end-run）之契機。國際間已採取步驟制定關於「人類社會責任之宣言草案」（Draft Declaration on Human Social Responsibilities），[143]【630】以及關於跨國公司和其他企業或行業在人權方面之規範。[144] 上述發展之支持者認為，宣言草案及相關規範有效填補空白之人權標準，有助於平衡跨國公司及其他私營實體[145] 所掌握之權力；然而，批評者提出警告，延伸對侵犯人權行為之責任，[146] 可能會幫助國家逃避自身應負擔之人權保障義務，而追究跨國公司之責任，可能意謂公司沒有也不應該擁有「監理特權」（regulatory prerogatives）。[147] 行為準則（codes of conduct）僅影響意願，不能替代國家（在國際層面上）利用既定問責管道（channels of accountability）加以監理。

　　目前，國際法並不存在要求私人或企業保障人權之國際程序。[148] 國際法庭之裁決側重於國家有責任防止其管轄範圍內侵犯人權之事例，[149] 而習慣國際法迄今亦未承認企業侵犯人權之責任。[150]

---

[142] E.g. Brammer & Pavelin in Wright (ed), *The Oxford Handbook of Corporate Governance* (2013) 719.

[143] Report of the Special Rapporteur, UN Commission on Human Rights, Promotion and Protection of Human Rights: Human Rights and Human Responsibilities, Annex I (2003) E/CN.4/2003/105.

[144] (2003) E/CN.4/Sub.2/2003/12/Rev.2. See also Ruggie, Protect, Respect and Remedy: A Framework for Business and Human Rights (2008) A/HRC/8/5 and A/HRC/8/16; Knox (2008) 102 *AJIL* 1; Lopez in Deva & Bilchitz (2013) 58.

[145] E.g. Weissbrodt & Kruger (2003) 97 *AJIL* 901.

[146] Knox (2008) 102 *AJIL* 1.

[147] Charney [1983] *Duke LJ* 748.

[148] See Report of the Special Representative of the Secretary-General on the Issues of Human Rights and Transnational Corporations and Other Business Enterprises (2007) A/HRC/4/035, para 44.

[149] E.g. *X and Y v Netherlands* [1985] ECtHR 8978/80; *Velásquez Rodríguez v Honduras* (1989) 95 ILR 232; *Hopu and Bessert v France* (1997) 118 ILR 262; *Social and Economic Rights Action Centre v Nigeria* (2001) AHRLR 60; *Mayagna (Sumo) Awas Tingni Community v Nicaragua* (2008) 136 ILR 73.

[150] See *Presbyterian Church of Sudan v Talisman Energy, Inc*, 582 F3d 244 (2d Cir, 2009); *Kiobel v Royal Dutch Petroleum Co*, 621 F3d 111 (2d Cir, 2010). The position adopted in *Kiobel I* has been criticized: e.g. *In Re South African Apartheid Litigation*, 15 F Supp 3d 454 (SDNY, 2014). The Supreme Court first granted certiorari

6. 人權的保障與執行

(1) 聯合國體系保障與執行

(i) 憲章下之行動

聯合國下的政治機構（political organs）有時準備在人權領域行使普遍之調查及監督權，但往往在處理具體案件時遇到困難；相關之討論通常集中在受制於政治影響（political implications）上，而且往往帶有固執的偏見。即便如此，宣傳、事實調查機制，以及憲章第 14 條規定之其他「措施」或許仍有發揮功用。

【631】長期以來，最接近常設機構者係「人權委員會」（Commission on Human Rights），該委員會係由經濟及社會理事會（Economic and Social Council）於 1946 年設立，其主要職能為起草各種宣言（從世界人權宣言開始）及其他公約文本。1967 年，委員會針對特定國家之嚴重違法行為之投訴，制定「調查程序」（又稱為 1235 程序）。2006 年，人們對上述「人權委員會」之運作方式越來越不安，導致它被由 47 個成員國組成的聯合國人權理事會（United Nations Human Rights Council, HRC）所取代。[151]

聯合國大會缺乏憲章賦予之執行權，但聯大經常對發生在世界不同地區之侵犯人權行為表示關注。安全理事會因常任理事國擁有否決權，故在冷戰結束之前，無法採取有效行動，但安理會卻時常依據聯合國憲章第 VI 章之規定行使調查權，例如：1960 年對南非局勢之調查；至 1990 年後，安理會開始授權維持和平行動，並根據第 VII 章確保提供人道援助，例如：1992 年索馬利亞之情況。[152] 1993 年聯合國在波士尼亞開展大規模行動，其明確目的係提供人

---

in *Kiobel I* on whether corporations can be sued at all under the Alien Tort Statute (ATS) but focused instead on whether the ATS applies extraterritorially. It held that a presumption against extraterritorial application of the ATS applies: *Kiobel v Royal Dutch Petroleum Co*, 133 S Ct 1659 (2013). But in *Jesner v Arab Bank Plc*, 584 US __ (2018) it went still further, holding that foreign corporations could not be sued under the ATS. For the ATS, see chapter 21.

[151] GA Res 60/251, 15 March 2006; UKMIL (2006) 77 *BY* 726; Ghanea (2006) 55 *ICLQ* 695; Crook (2006) 100 *AJIL* 697.

[152] See Fassbender, *Securing Human Rights?* (2011); Genser & Stagno, *The United Nations Security Council in the Age of Human Rights* (2014).

道援助，且該任務尚包括：建立安全區，以及使用武力保護聯合國設立安全區之權力。上述不同行動係基於安全理事會授予成員國之權力。1994 年，安理會授權某些成員國短期內於盧安達建立安全避難所（safe haven），以保護流離失所者、難民及處於高危險情勢中的平民，然而，未能及早採取行動以防止盧安達所發生之人道災難（humanitarian catastrophe），聯合國亦受到強烈批判。[153]

從那時起，安理會授權了多項維和行動（peacekeeping operations）；[154] 甚至安理會授權在未經領土所屬國同意之情況下，對利比亞進行軍事干預以保護當地平民。[155] 然而，在其他情況下，例如蘇丹的達佛（Darfur）武裝衝突事件，雖然 2005 年在世界高峰會議（World Summit）上就存在「保護責任」（responsibility to protect）之共識，但最終未能轉化為集體行動。在口頭上（非載於國際書面文件），「保護責任」獲得國際間廣泛認可，但事實上，各國代表僅止於陳述問題，但卻沒有制定解決方法。目前之表述遠遠未允許各國有權在未經安理會授權之情況下，以緩解人道危機為理由，實施「強制干預」（forcibly intervene）。[156]

而當法院管轄範圍內之罪行似乎已經發生時，【632】安理會可以透過行使聯合國憲章第 VII 章之權力，將情況提交國際刑事法院（International Criminal Court）追訴及審理，[157] 安理會對於在蘇丹 [158] 以及利比亞 [159] 之案件中，行使此項權力。

[153] See Report of the Independent Inquiry into the Actions of the United Nations during the 1994 Genocide in Rwanda (1999) S/1999/1257; Gray, *International Law and the Use of Force* (4th edn, 2018) 345.
[154] Ibid, 272–326.
[155] SC Res 1973 (2011). See Hansard, HC Deb, 21 March 2011, cols 700–801 (esp 716–22); Bellamy & Williams (2011) 87 *International Affairs* 825; Todorov in Scheid (ed), *The Ethics of Armed Humanitarian Intervention* (2014) 46.
[156] World Summit Outcome Document (2005) A/60/L.70, para 139; Gray (4th edn, 2018) 58–64. On the 'responsibility to protect': Report of the International Commission on Intervention and State Sovereignty, *The Responsibility to Protect* (2001); Pattison, *Humanitarian Intervention and the Responsibility to Protect* (2010); Badescu, *Humanitarian Intervention and the Responsibility to Protect* (2011); Thakur & Maley (eds), *Theorising the Responsibility to Protect* (2015). Further: chapter 33.
[157] ICC Statute, 17 July 1998, 2187 UNTS 3, Art 13(b) (currently 123 parties).
[158] SC Res 1593 (2005).
[159] SC Res 1970 (2011).

(ii) 條約機構

在一般性著作中，無法詳細描述保護人權之多種形式機構，[160] 然而，即使在小範圍內，某些其他機構亦必須特別留意。目前有 9 個國際或區域機構負責監督核心國際人權條約之執行情況，包括 CESCR 與 HRC。表 29-2 以各該人權機構成立之時間序列方式加以呈現（見表 29-2）。

表 29-2　國際人權公約實施機構一覽表

實施機構	公約	起始	備註
消除種族歧視委員會	消除一切形式種族歧視國際公約 [161]	1970	
聯合國人權理事會	公民權利及政治權利國際公約 [162]	1976	任擇議定書（1966）
消除對婦女歧視委員會	消除對婦女一切形式歧視公約 [163]	1981	
禁止酷刑委員會	禁止酷刑和其他殘忍、不人道或有辱人格的待遇或處罰公約 [164]		任擇議定書（2002）建立定期探訪監獄和其他拘留場所之制度 [165]
【633】經濟、社會和文化權利委員會	經濟、社會及文化權利國際公約 [166]	1986	任擇議定書（2008）
兒童權利委員會	兒童權利公約 [167]	1991	

（接下頁）

---

[160] Further: Alston & Crawford (eds), *The Future of UN Human Rights Treaty Monitoring* (2000); Føllesdal, Schaffer, & Ulfstein (eds), *The Legitimacy of International Human Rights Regimes* (2014).

[161] GA Res 2106(XX), 21 December 1965, 660 UNTS 195.

[162] GA Res 2200(XXI), 16 December 1966. Generally: Tyagi (2011).

[163] GA Res 34/180, 18 December 1979, 1249 UNTS 13. Further: Freeman & Chinkin (2012); Hellum & Sinding Aasen (2013).

[164] GA Res 39/46, 10 December 1984, 1465 UNTS 85. Further: Nowak & McArthur, *The United Nations Convention Against Torture* (2008) 579–813.

[165] GA Res 57/199, 18 December 2002 (currently 89 parties). See Murray et al, *The Optional Protocol to the UN Convention Against Torture* (2011).

[166] GA Res 2200(XXI), 16 December 1966. See Saul, Kinley, & Mowbray (2014); Riedel, Giacca, & Golay (2014).

[167] GA Res 44/25, 20 November 1989, 1577 UNTS 3. Further: Doek in Invernizzi & Williams (2011) 90.

保護所有遷徙工人及其家庭成員權利委員會（保護移工委員會）	保護所有遷徙工人及其家庭成員權利國際公約[168]	2004	
身心障礙者權利委員會	身心障礙者權利公約[169]	2009	任擇議定書（2006）
保護所有人免遭強迫失蹤國際公約委員會	保護所有人免遭強迫失蹤國際公約[170]	2011	

國際法院表示，在考慮與人權條約有關之爭議時，法院將「高度重視」相關法院或委員會所通過之條約解釋。[171]

條約機構體系在資源與一致性等方面，面臨重大挑戰，國際間對其改革亦提出許多建議。2009 年 11 月 19 日關於「加強聯合國人權條約機構體系進程之都柏林聲明」（The Dublin Statement on the Process of Strengthening of the UN Human Rights Treaty Body System），係由 35 名聯合國條約機構現任或前任成員發起改革倡議的嘗試。[172] 2012 年啓動之政府間進程延續此一倡議，[173] 且該進程促使一項折衷協議的產生，並於 2014 年由聯合國大會通過。[174]

(iii) 人權事務高級專員辦事處

【634】1993 年，聯合國大會設立聯合國人權事務高級專員辦事處（UN High Commissioner for Human Rights, OHCHR），[175] 其主要任務係於人權領域發揮領導作用。OHCHR 係負責制定標準以及協調報告等關鍵活動之專家機制，而 OHCHR 透過提高認識與制定規範，以應對面臨風險之人群所產生的影響，並爲特別報告員（special rapporteurs）及安全理事會之工作作出貢獻。

---

[168] GA Res 45/158, 18 December 1990, 2220 UNTS 3 (currently 54 parties).

[169] GA Res 61/106, 13 December 2006. Further: Broderick (2015).

[170] GA Res 61/177, 20 December 2006. On enforced disappearance: Rodley (3rd edn, 2009) 329–78; Kyriakou (2012) 13 *Melb JIL* 424.

[171] *Ahmadou Sadio Diallo (Republic of Guinea v DRC)*, ICJ Reports 2010 p 639, 663–4. The issue arises in *Qatar v UAE*, pending: see the Court's Order for Provisional Measures, 23 July 2018, Joint Declaration of Judges Tomka, Gaja, and Gevorgian, paras 4–7.

[172] See O'Flaherty (2010) 10 *HRLR* 319.

[173] GA Res 66/254, 15 May 2012 (85–0: 66).

[174] GA Res 68/268, 9 April 2014.

[175] GA Res 48/141, 20 December 1993. Further: Gaer & Broecker (eds), *The United Nations High Commissioner for Human Rights: Conscience for the World* (2014).

(2) 區域機制

　　歐洲、美洲、非洲及阿拉伯世界都有區域性之人權司法保護機制。[176] 以下之重點將探討「司法保護」（judicial protection）。

(i) 歐洲

　　ECHR 是歐洲理事會（Council of Europe）誕生的西方自由主義模式的綜合權利法案。[177] 條約所保護的人權最初是由三個機構實施：歐洲人權委員會（European Commission of Human Rights）、歐洲人權法院（European Court of Human Rights），以及歐洲委員會部長委員會（Committee of Ministers of the Council of Europe）。其中，主要機構是歐洲人權委員會，負責受理及審議投訴案件：倘若有關政府承認其權限，個人申訴方就具備法律適格；但僅有歐洲人權委員會始有資格向法院提出個人申訴。1998 年後，前述結構被取代：[178] 委員會之中介功能被廢除，法院可直接審處個人申請或跨國申訴案件。

　　ECHR 在重大及次要爭議問題上，對歐洲人權法之發展產生重大及深遠的影響，[179] 國家立法和實踐亦因此而發生許多變化，此後，完全不遵守歐洲人權公約之案例相對較少。然而，ECHR 在某種程度上係其自身成功之犧牲品，其已經被案件淹沒，雖然涉及在案件數量進行更大選擇性之改革，[180] 但ECHR仍然有大量積壓之案件。[181] 第16號議定書可能會進一步增加法院的工作量，[182] 該議定書允許當事方指定的最高法院以及法庭，【635】在未決案件之背景下，就與公約及其議定書條文解釋或適用有關問題，提出法院的諮詢意見。[183]

　　除積壓案件外，還存在一些強烈之反對意見，此乃因為一定程度上係由於

[176] Generally: Shelton & Carozza (2nd edn, 2013).

[177] For the European Social Charter, 18 October 1961, ETS 35 see De Schutter, *The European Social Charter* (2010); Lukas in Palmisano (ed), *Making the Charter of Fundamental Rights a Living Instrument* (2015) 222.

[178] See Protocol 11, 11 May 1994, CETS 155.

[179] 4 November 1950, ETS 5. Further: Harris, O'Boyle, & Warbrick, *Law of the European Convention on Human Rights* (3rd edn, 2014); Jacobs, White, & Ovey, *The European Convention on Human Rights* (7th edn, 2017).

[180] E.g. Mahoney in Weitzel (ed), *L'Europe des Droits Fondamentaux* (2013) 317; Glas (2014) 14 *HRLR* 671.

[181] Protocol 14, 13 May 2004, CETS 194 (in force 1 June 2010) aims to improve the Court's efficiency.

[182] Protocol 16, 2 October 2013, CETS 214 (in force 1 August 2018).

[183] Ibid, Art 1. Unlike preliminary rulings sought by national courts to the CJEU under TFEU, Art 267, opinions given under Protocol 16 are not binding: Art 5.

法院對庇護案件採取相當寬泛之做法。例如，在 *Hirst Jarana* 一案中，[184] 法院選擇對 ECHR 第 4 號議定書第 4 條規定，「禁止集體驅逐外國人」之上下文文義進行解釋。基於 ECHR 第 1 條規定之域外管轄權概念，法院得出結論，雖然尋求庇護者在公海被攔截，但集體驅逐仍可能發生。[185]

(ii) 美洲

美洲間人權保障體系相當複雜，最初係由兩個不同的外交機制重疊構成。[186] 美洲人權委員會（Inter-American Commission on Human Rights）成立於 1960 年，是美洲國家組織（Organization of American States, OAS）下轄之機構。經布宜諾斯艾利斯議定書（Protocol of Buenos Aires）之修正，[187] OAS 憲章包含大量經濟、社會及文化標準，依據 1969 年「美洲人權公約」（ACHR）重新組成之委員會（Commission）在涉及 OAS 成員之事務上具有廣泛權限。[188] 在上述 ACHR 公約基礎上，又建立一個促進人權之制度：美洲人權委員會重新成立，並在 OAS 範圍內保留其廣泛的權力（第 41 至 43 條）。同時，美洲人權委員會依據 ACHR 負有法律責任，易言之，該委員會有權審理個人作為請願方，譴責或控訴某一締約國破壞 ACHR（第 44 條），倘若雙方都承認委員會之權限，亦可處理締約國間之爭端（第 45 條）。

依據 ACHR（第 52 至 69 條），美洲人權法院（Inter-American Court of Human Rights）於 1979 年開始運作；委員會與締約國，倘若明確接受此種形式之管轄權，則可提交有關公約解釋及適用之案件（第 61 至 63 條）；【636】

---

[184] *Hirsi Jamaa v Italy* [2012] ECtHR 27765/09.

[185] Ibid, [178]–[180]. This expansive interpretation is at odds with Art 33(1) of the 1951 Convention Relating to the Status of Refugees and the ILC Draft Articles on Expulsion of Aliens, A/CN.4/L.797 (2012); but see the less stringent approach to collective expulsion in *Khlaifia v Italy*, ECtHR (GC) 16483/12, 56 ILM 358. Generally: Trevisanut (2014) 27 *LJIL* 661; Gammeltoft-Hansen & Hathaway (2015) 53 *Col JTL* 235; Papastavridis in Ippolito & Trevisanut (eds), *Migration in the Mediterranean* (2015) 236.

[186] Pasqualucci, *The Practice and Procedure of the Inter-American Court of Human Rights* (2nd edn, 2013); Haeck, Ruiz-Chiriboga, & Burbano Herrera (eds), *The Inter-American Court of Human Rights* (2015); Medina, *The American Convention on Human Rights* (2nd edn, 2016).

[187] Protocol of Amendment to the Charter of the Organization of American States, 27 February 1967, 721 UNTS 324.

[188] 22 November 1969, 1144 UNTS 123. Also: Additional Protocol to the American Convention on Human Rights in the Area of Economic, Social and Cultural Rights, 14 November 1988, OAS Treaty Series 69 (Protocol of San Salvador), 28 ILM 156.

第 64 條設立關於「本公約或其他有關美洲各國保護人權條約解釋」之諮詢管轄權，[189] 總體而言，法院始終係創新者，尤其是在救濟措施方面。[190] 但這些創新並沒有得到各國政府之普遍歡迎，且並非所有 OAS 成員皆為美洲人權法院之締約國；迄今為止，35 個 OAS 成員中已有 25 個已經批准 ACHR。美洲人權委員會已依據美國提出申訴的請願，行使 OAS 之權限，但因為美國並非 ACHR 之締約國，委員會係依據「美國人權和義務宣言」（American Declaration of the Rights and Duties of Man）作為替代（備受質疑）之基礎。[191]

(iii) 非洲

1981 年 6 月 17 日，非洲統一組織（Organization of African Unity, OAU）通過「非洲人權和人民權利憲章」（African Charter on Human and Peoples' Rights, African Charter），[192] 雖然該憲章與歐洲及美國之人權公約有很多共同之處，但 African Charter 也保有自己的特點。[193] 不僅規定每個個人之權利，亦規定其義務（第 II 章）；且若干條款（第 19 至 24 條）定義「人民」之權利，例如，「自由處置其財富及資源」（第 21 條）；其中亦有些條文之定義模糊，例如，第 24 條規定「所有人民都有權享受有利於其發展的總體上令人滿意之環境」，然而，憲章中卻沒有納入與 ECHR 減損義務條款（derogation clauses）相似概念之規定。

在制度保障（institutional safeguards）部分，主要機構是非洲人權和人民權利委員會（African Commission on Human and Peoples' Rights），而該制度之重點則放在調解（conciliation）上。委員會之任務規定非常籠統，包括應締約國、OAU 之機構，或 OAU 認定的非洲組織之請求，解釋非洲人權憲章之一切條款（第 45 條）。另外，委員會可調查各國間之投訴（第 47 至 54 條）

---

[189] See *Costa Rica Journalists Association* (1985) 75 ILR 30. Also: *American Declaration of the Rights and Duties of Man within the Framework of Article 64 of the American Convention on Human Rights* (1989) 96 ILR 416.

[190] The foundation was laid in *Velásquez Rodríguez v Honduras* (1989) 95 ILR 232. Further: Pasqualucci (2nd edn, 2013) 188–250.

[191] See *Roach and Pinkerton (Case 9647)*, IACHR 3/87, 27 March 1987, §§44–9; *Michael Domingues*, IACHR 62/02, 22 October 2002.

[192] (1981) 1520 UNTS 363 (53 ratifications). See Umozurike (1983) 77 *AJIL* 902; Evans & Murray (eds), *The African Charter on Human and Peoples' Rights* (2nd edn, 2008); Ssenyonjo (ed), *The African Regional Human Rights System* (2012).

[193] E.g. Naldi in Evans & Murray (2nd edn, 2008) 20, 24–34.

並尋求達成友好解決方案（第 52 至 53 條），委員會亦可考慮來自於個人之「來信」（第 55 至 56 條），只有當申訴揭示了「一系列嚴重或大規模侵犯人權和民族權之違法行為」特殊案件時，委員會才有義務讓 OAU 大會參與案件，並「可要求委員對這些案件做深入研究，並提出一個附有審查結果及建議之事實報告書」（第 58 條）；委員會制定了日益司法化之程序及判決，雖然缺乏審議個人來信之明確授權。[194]

【637】一段時間以來，該委員會是唯一之執行機構。1998 年，OAU 通過關於設立「非洲人權和人民權利法院」（African Court on Human and Peoples' Rights）之議定書（又稱非洲法院議定書，African Court Protocol）。[195] 兩年後，OAU 被非洲聯盟（African Union, AU）取代，並於 2000 年 7 月 11 日頒布該組織法，[196] 並於第 5(1)(d) 條規定下設置非洲聯盟法院（Court of Justice of the African Union）。AU 大會於 2003 年 7 月 11 日通過非洲聯盟法院之議定書。[197] 然而，2004 年，大會決定將上述兩機構合併為一個單一之「司法及人權法院」（Court of Justice and Human Rights）。[198] 2008 年 7 月 1 日通過了「非洲法院規約及人權議定書」（Protocol on the Statute of the African Court of Justice and Human Rights），並將於第 15 個成員國批准後之三十天生效，目前還沒有實現。[199] 另外，自 2005 年以來，西非國家經濟共同體法院（Community Court of Justice of the Economic Community of West African States, ECOWAS Court）亦獲得對人權投訴之管轄權。[200]

---

[194] Viljoen in Evans & Murray (2nd edn, 2008) 76, 77; Naldi, ibid, 20, 34–40.

[195] OAU/LEG/MIN/AFCHPR/PROT.1/rev/2/1997. The African Court Protocol came into force on 25 January 2004; 30 states have ratified the Protocol and the Court was ready to receive cases from June 2008. See Kane & Motala in Evans & Murray (2nd edn, 2008) 406, 406. On the relationship between the Court and the Commission: Naldi, ibid, 20, 40–3.

[196] OAU Doc CAB/LEG23.15 (currently 55 parties).

[197] (2005) 13 *Af JICL* 115 (currently 18 parties).

[198] See Muigai in Ssenyonjo (2012) 265; Ouguergouz in Yusuf & Ouguergouz (eds), *The African Union* (2012) 119; Viljoen, *International Human Rights Law in Africa* (2nd edn, 2012) 410–66; Biswaro in Riziki Majinge (ed), *Rule of Law through Human Rights and International Criminal Justice* (2015) 323.

[199] (2009) 48 ILM 334.

[200] Generally: Alter, Helfer, & McAllister (2013) 107 *AJIL* 737.

(3)監督：法律議題

在歐盟委員會與歐洲人權法院長期以來之努力下，已經建構一套法律概念。相關規範或其變體，亦可於其他區域公約之條文中找到；此類法律部分係基於某些政治前提，例如響應國家本身就係民主政體，且在一般公共利益與個人利益之間，必須保有一個公平之平衡。

(i) 窮盡當地救濟原則

ECHR 第 35 條第 1 項規定，「法院僅能於依據公認之國際法規則，窮盡所有國內救濟措施後，並在作出最終決定之日起六個月內，處理此爭議」，[201] 上開條文規範法院之作用係「監督」而非上訴。[202] 但倘若侵權行為係源於被告國之政府行為，則法院將不須要求原告方訴諸當地救濟措施。[203] 美洲人權公約（ACHR）第 46(1)(a) 條、[204] 非洲人權及民族權憲章（African Charter）第 50 條及第 56 條第 5 項亦有類似關於窮盡當地救濟原則之規定。[205]

(ii) 對自由之限制係民主社會中必要條件

【638】ECHR 中之關鍵條款規定，對於自由之限制，係民主社會所必要（necessary in a democratic society）。[206] 在 *Silver v UK* 一案中，歐洲人權法院就一般性原則加以解釋：

(i) 「必要」（necessary）一詞為形容詞，並非「必須」（indispensable）之同義詞；亦不具有「可接受」（admissible）、「普通」（ordinary）、「有用」（useful）、「合理」（reasonable）或「理想」（desirable）等表達方式之靈活性。

(ii) 締約國在施加限制的問題上享有一定，但並非毫無限制之自由裁量權，法院對於該限制措施是否符合公約，有權作出最終裁決。

(iii)「民主社會所必要」一詞意謂應與公約之目的相符，國家干涉自由之措施，必須符合「急迫之社會需要」（pressing social need）並「與所

---

[201] See Jacobs, White, & Ovey (eds), *The European Convention on Human Rights* (6th edn, 2014) 34–7.

[202] E.g. *López Ostra v Spain* (1994) 111 ILR 210.

[203] *Ireland v UK* (1978) 58 ILR 188, 2613; *Georgia v Russia (I)* [2014] ECtHR 13255/07.

[204] E.g. *Velásquez Rodríguez v Honduras* (1989) 95 ILR 232, 254–8.

[205] See *Article 19 v Eritrea* (2007) AHRLR 73, paras 43–82. Cf Udombana (2003) 97 *AJIL* 1.

[206] See Marks (1995) 66 *BY* 209; Jacobs, White, & Ovey (6th edn, 2014) 324–33.

追求之合法目的相符」（proportionate to the legitimate aim pursued）。

(iv) 關於公約中規定對於應受保障權利之例外條款，法院應予以限縮解釋。[207]

上述爭議經常出現在涉及尊重私人及家庭生活之權利；[208] 思想、良心及宗教自由；[209] 言論自由，[210] 以及集會自由 [211] 等。

美洲人權公約（ACHR）之規定與 ECHR 的用語一致，條文中亦提及「民主社會所必要」之限制（例如第 15 條、第 16 條第 2 項、第 22 條第 3 項）。[212] 相比之下，非洲人權及民族權憲章（African Charter）之文本在其限制權利條款中，並沒有使用「民主社會」一詞，例如第 11 條規定：「……此項權利之行使只受必要的法律規定的限制，特別是那些為了國家治安、安全、道德及他人的權利和自由而制定的法律的限制」；第 12 條中則規定：「……此項權利只受為保護國家安全、法律及秩序、公共衛生或道德而制定的法律條文的限制」；第 27 條第 2 項在判決中被援引作為「限制憲章所載權利及自由之唯一正當理由」，[213] 其規定為「每一個人行使其權利和自由均須適當顧及其他人的權利、集體的安全、道德和共同利益」。

(iii) 比例原則：總體利益與個人利益之間的平衡

【639】ECHR 力求在公眾的普遍利益（迫切的社會需要）與個人

---

[207] (1983) 72 ILR 334, 369.

[208] *Klass v Germany* (1978) 58 ILR 423, 448–54; *Silver v UK* (1983) 72 ILR 334, 369; *Messina v Italy (No 2)* [2000] ECtHR 25498/94, [59]–[74]; *Uzun v Germany* [2010] ECtHR 35623/05, [75]–[81].

[209] *Young, James and Webster* (1981) 62 ILR 359; *Kokkinakis v Greece* [1993] ECtHR 14307/88, [28]–[50]; *Jakóbski v Poland* [2010] ECtHR 18429/06, [42]–[55]; *SAS v France* [2014] ECtHR 43835/11, [123]–[131].

[210] *Handyside* (1976) 58 ILR 150, 174–80; *Sunday Times* (1979) 58 ILR 490, 529–37; *Lingens* (1986) 88 ILR 513, 527–30; *Müller* (1988) 88 ILR 570, 588–9; *Jersild v Denmark* (1994) 107 ILR 23, 39–45; *MGN Ltd v UK* [2011] ECtHR 39401/04, [136]–[156]; *Mouvement Raëlien Suisse v Switzerland* [2012] ECtHR 16354/06, [72]–[75].

[211] *United Communist Party of Turkey v Turkey* (1998) 122 ILR 404, 421–4; *Chassagnou v France* [1999] ECtHR 25088/94, [109]–[117]; *Hyde Park v Moldova (No 4)* [2009] ECtHR 18491/07, [45]–[55]; *Republican Party of Russia v Russia* [2011] ECtHR 12976/07.

[212] E.g. *Baena-Ricardo v Panama*, IACtHR C/72, 2 February 2001, §§151–73; cf Art 13 (freedom of thought and expression) which contains no such reference, although it has effectively been incorporated by interpretation in the jurisprudence: e.g. *Costa Rica Journalists Association* (1985) 75 ILR 30, 40–57; *Herrera Ulloa v Costa Rica*, IACtHR C/107, 2 July 2004, §§104–36.

[213] E.g. *Constitutional Rights Project v Nigeria* (2000) AHRLR 227, para 41; *Interights v Mauritania* (2004) AHRLR 87, para 78.

權益間保持平衡。基於此目的，法院適用「比例原則」（principle of proportionality）。在 *Dudgeon* 一案中，法院認為：

> 在 ECHR 第 8 條中，「必要性」與「民主社會」二個概念互相關聯，而依據法院過去之判決結果，對於公約權利之限制不能被視為「民主社會之必要」（necessary in a democratic society）──寬容（tolerance）與開明（broadmindedness）係民主社會兩個重要的實踐──因其他事項所作必要限制，其措施所追求之合法目標，除非與上述保障目的之比例相符。[214]

即使國家政府機關容有判斷餘地，但「比例原則」之判斷最終係屬於法院之職權範圍，因此比例原則在裁判心證之法理上占有重要地位。[215] 雖然表面上係一個合乎邏輯之原則，但不可避免地需要作出重大之政策選擇。在 *Fogarty v UK* 一案中，[216] 法院認為，適用「比例原則」之際，對於 ECHR 條文之解釋應盡可能與國際法其他規範，包括有關國家豁免（state immunity）之規則保持一致性。比例原則之適用，亦被美洲[217]及非洲人權法院[218]採用作為法理解釋之重要實踐。

(iv) 國家緊急狀態時之例外

如前所述，ECHR 第 15 條規定，在「戰時或遇有威脅國家生存的公共緊急時期」（in time of war or other public emergency threatening the life of the nation），任何締約國得在緊急情況所嚴格要求的範圍內，採取有損於其依據本公約義務之措施，但上述措施不得與其依據國際法的其他義務有所牴觸」，

---

[214] *Dudgeon (Article 50)* (1981) 67 ILR 395, 414, 416–17.

[215] E.g. *Ryabikina v Russia* [2011] ECtHR 44150/04, [26]; *Vinter v UK* [2012] ECtHR 66069/09, 130/10, and 3896/10, [88]–[89]. See also *DD v Secretary of State for Home Department* [2014] EWHC 3820 (Admin), [115]–[126].

[216] (2001) 123 ILR 53, 65. Similarly: *Jones v UK* [2014] ECtHR 34356/06 and 40528/06, [188]–[189].

[217] E.g. *Castañeda Gutman v Mexico*, IACtHR C/184, 6 August 2008, §§185–205; *Usón Ramírez v Venezuela*, IACtHR C/207, 20 November 2009, §§76–88.

[218] E.g. *Media Rights Agenda v Nigeria* (2000) AHRLR 200, paras 64–71; *Amnesty International v Sudan* (2000) AHRLR 297, para 82; *Interights v Mauritania* (2004) AHRLR 87, paras 76–85.

稱爲「減損義務」（derogation）。然而，有些人權保障之權利被認爲即使在例外情況下，仍「不得減損」其原義務之規定，包括：第 2 條（生命權，除非死亡係因戰爭時之合法行爲所造成）；第 3 條（禁止酷刑）；第 4 條第 1 項（禁止奴役）；第 7 條（禁止非法處罰）等。相同地，美洲人權公約（ACHR）第 27 條規定在「戰爭、公共危險或其他威脅締約國獨立及安全之其他緊急情況時」，允許「中止保證」（suspension of guarantees），其中第 27 條第 2 項則列舉「不得減損」其原義務之規定，與 ECHR 之內容相比，ACHR 在不得減損義務條款之範圍更加廣泛。

　　然而，非洲憲章（ACHPR）中則並未設有類似上述減損義務之條款。非洲委員會強調，「缺乏減損條款意謂不得以緊急或特殊情況爲由，限制本憲章中之權利與自由」；而 ACHPR 中關於限制權利與自由之唯一正當理由規定於第 27 條第 2 項中：「每一個人行使其權利和自由均須適當顧及其他人之權利、集體安全、道德及共同利益」。[219]

(v) 裁量餘地原則

　　法院適用「裁量餘地」（margin of appreciation）原則時，係採用自由裁量之形式，亦即承認法院得推定被告國乃最具資格理解影響其「特定情況之必要性」（necessities of a particular situation）。[220] 在美國與非洲之人權保障法律架構下，[221] 於實踐中亦適用「裁量餘地」原則，雖然美洲人權法院及聯合國人權理事會（Human Rights Committee）都避免使用該定義不明確之詞彙，並提出該原則本身之爭議。

　　雖然如此，倘若不由司法機構，或於國際爭端解決機制之背景下，由準司

---

[219] *Constitutional Rights Project v Nigeria* (2000) AHRLR 227, para 41; *Commission Nationale des Droits de l'Homme et des Libertés v Chad* (2000) AHRLR 66, para 21; *Article 19 v Eritrea* (2007) AHRLR 73, paras 87–108. Article 27(2) provides that individual rights and freedoms shall be exercised with due regard to the rights of others, collective security, morality, and common interest.

[220] See Legg, *The Margin of Appreciation in International Human Rights Law* (2012). For illustrative cases see *Mosley v UK* [2011] ECtHR 48009/08, [106]–[111]; *Couderc and Hachette Filipacchi Associés v France* [2015] ECtHR 40454/07, [90]–[92], [96]; *Bédat v Switzerland* [2016] ECtHR 56925/08, [48]–[54].

[221] In the American context: e.g. *Proposed Amendments to the Naturalization Provisions of the Political Constitution of Costa Rica* (1984) 79 ILR 282, 301–3; in the African context: e.g. *Prince v South Africa* (2004) AHRLR 105, paras 50–3.

法機構監督各國政府，則類似侵害人權之情況無可避免。於 James 一案中，歐
洲人權法院（ECHR）駁回英國針對租賃改革立法之申訴案，並認爲國家政府
最適合決定符合公共利益之程度爲何，並在實施社會及經濟政策時，享有「裁
量餘地」。當然，法院基本上尊重該政府之「裁量餘地」，但前提係該自由裁
量並未明顯缺乏合理基礎（reasonable foundation）；雖然法院不能用自己之評
估結果取代國家政府機關施政之「裁量餘地」，但法院毫無疑問地有義務依據
ECHR 第一附加議定書第 1 條之規定，審查有爭議之政府措施，並在此過程中
調查主管機關所參考之事實與其採取之行動。[222]

(vi) 國家層級之申訴及訴訟

傳統上以及目前普遍執行申訴之方法，係透過對締約國要求履行條約承諾
之義務，而特定條約之締約國的「國內法律制度」係主要實施申訴或訴訟之場
域。因此，ICCPR 載有明確規定，有責任確保國內法提供足夠之救濟措施以
維護條約之保障標準。[223] 此類人權條約的另一個特點，係執行條約條款之方式
乃屬於國內管轄權問題。回顧 Robert Jennings 之主張對於理解上述問題有相
當幫助，即以「是非二分法」的方式考量國內管轄權係錯誤做法。[224]

【641】在某些情況下，沒有進行官方調查（official investigation）可能
構成違規之證據。[225] 在一系列判決中，歐洲法院對於土耳其境內某些地區普遍
存在之特殊情況作出裁定。爲有效處理涉及虐待、[226] 失蹤、[227] 村莊被毀、[228]
申請人親屬死亡、[229] 身分不明者遭槍擊等違反人權之案件，法院依賴任何有效

---

[222] *James* (1986) 75 ILR 396, 417.

[223] See CCPR, General Comment 31.

[224] Jennings (1967) 121 Hague *Recueil* 495, 502.

[225] See e.g. *Elci v Turkey* [2004] ECtHR 23145/93 and 25091/94; *Al Nashiri v Poland* [2014] ECtHR 28761/11.

[226] *Aksoy v Turkey* [1996] ECtHR 21987/93, [98]–[100]; *Timurtas v Turkey* [2000] ECtHR 23431/94; *Saçılık v Turkey* [2011] ECtHR 43044/05 and 45001/05; *Kaya v Turkey* [2012] ECtHR 12673/05; *Athan v Turkey* [2013] ECtHR 36144/09; *Yerli v Turkey* [2014] ECtHR 59177/10; *Yiğitdoğan v Turkey* [2014] ECtHR 72174/10; *Dilek Aslan v Turkey* [2015] ECtHR 34364/08.

[227] *Er v Turkey* [2012] ECtHR 23016/04; *Bozkır v Turkey* [2013] ECtHR 24589/04; *Saygı v Turkey* [2015] ECtHR 37715/11.

[228] *Benzer v Turkey* [2013] ECtHR 23502/06.

[229] *Sultan Dölek v Turkey* [2015] ECtHR 34902/10; *Durmaz v Turkey* [2015] ECtHR 3621/07; *Cerf v Turkey* [2016] ECtHR 12938/07.

調查作爲證據，查明是否違反第 2 條（生命權）、[230] 第 3 條（禁止酷刑）、第 5 條（人身自由和安全權），以及第 8 條（家庭生活權）。此外，倘若缺乏有效調查，將被視爲構成違反第 13 條（獲得有效救濟之權利）。[231] 美洲人權法院、[232] 人權事務委員會 [233] 以及非洲委員會皆採用類似之原則。[234]

7. 結論

本章需要強調者，對於人權之描述係從國際公法角度進行分析，此種研究方法之所以合適有諸多原因，其中最重要者，人權保障作爲法律標準係國際律師的主要工作，而透過各種機構對此類標準規範之制定亦是如此。

對現有人權體系之評估，必須從強調三個要素開始。首先，「體系」之有效性取決於各國國內法律制度，因此，監督方式與監督機構的決定及建議，各種標準制定後，僅能透過公約之締約國國內立法機關及行政部門來執行。其次，人權之適用建構出更廣泛目標、信仰及作爲維護法治之一部分，包括存在獨立的司法機構；總體而言，人權機構產生相當積極之影響。第三個要素與第二個要素相關。遵守人權國際文書之前提係國家將尊重並具體適用該標準。而在國際實踐中，當人權體系不得不面對最壞的情況，以及頑固抵抗之被告國時，即告失敗。在涉及群體權利以及長期處於僵局的案件中，尤其如此。

人權制度的有效性爭議導致更廣泛的難題。[235] 聯合國安全理事會有時可能會依憲章第 VII 章決議採取強制行動，公開處理最壞之情況，似乎以此作爲最終解決方案。然而，在實踐中，採取此種行動之機會不多，且主要係建構在高度選擇性的基礎上，並且被與人權無關之地緣政治因素所掩蓋。至於在聯合國安理會未能採取行動之事例中，最能說明國際間歧視的本質，特別在面臨以色

---

[230] Further: *Al-Skeini v UK* [2011] ECtHR 55721/07, [161]–[167].

[231] *Tepe v Turkey* [2003] ECtHR 27244/95, [192]–[198].

[232] E.g. *Extrajudicial Executions and Forced Disappearances v Peru*, IACHR 101/01, 11 October 2001.

[233] E.g. *Amirov v Russian Federation* (2009) CCPR/C/95/D/1447/2006.

[234] E.g. *Sudan Human Rights Organisation & Centre on Housing Rights and Eviction v Sudan*, Comm 279/03, 296/05, 28th ACHPR AAR Annex (2009–10).

[235] E.g. *Loizidou v Turkey* (1996) 108 ILR 443 and later cases concerning Cyprus.

列對於巴勒斯坦人民及其機構採取持續性歧視措施，[236] 以及明確違反國際人道法之行為時，安理會始終未能採取任何行動。因此，「選擇性執行」之爭議，可能導致侵犯人權主張被用以作為一種強大之政治武器。

也許最令人震驚的例子係伊拉克的例子。兩伊戰爭（伊拉克與伊朗之戰）持續八年之久（1980-1988）。伊朗並非侵略者，軍民傷亡數十萬。而於武裝衝突期間，西方主要大國以化學武器（用於對付伊朗）以及衛星情報矩陣向伊拉克政府提供援助，但安全理事會未依據聯合國憲章第 VII 章，或其他規定採取任何行動。相反地，從 1991 年到 2003 年 3 月以美國為首的聯軍襲擊伊拉克之期間，西方國家對於伊拉克政權之人權紀錄採取強硬立場，並聲稱襲擊之理由係基於人權因素。國際的實踐，揭示的是一種純粹週期性、甚至是一種憤世嫉俗之人權版本，取決於附帶的政治性考量，類似對於「選擇性執行」之批判，過去係針對人權委員會，現在的指責乃為聯合國安全理事會。

一致性和有效性問題影響所有法律體系，而非僅在於國際公法與人權。常常令人震驚的權力政治現實，必須與五十年來成功制定人權法律標準，以及發展監督機制互相平衡，至少過去的成果，已經把執行問題提上會議的議事程序之中。

對國際人權體系另外三個批判值得注意。首先係來自於馬克思主義支持者的批評，其主張人權制度複製自由主義價值觀（liberal values），並透過自由主義制度運作，而此類制度往往會加強社會內部之階級分化，將權力掌握在強者手中，並讓社會上屬於次等地位的人陷入困境。[237] 上述論點在某種程度上是正確的觀察；【643】然而，重要的是，以此為由批判人權體系者，卻很少主張完全摧毀制度。[238]

第二個批判指出，人權體系係「以歐洲為中心」（Eurocentric）[239] 所建

---

[236] UN Commission on Human Rights, Res 2003/7, 15 April 2003 (50–1 (US): 2 (Australia, Costa Rica)).

[237] See Marks (ed), *International Law on the Left* (2008), esp Koskenniemi (34–8), Roth (220–51), Chimni (82–4).

[238] A (non-Marxist) exception is Allott, who inveighs memorably against the international system (including the human rights system), while being careful not to prescribe material alternatives. See Allott, *Eunomia* (1992); Allott, *The Health of Nations* (2002).

[239] E.g. Falk, *Human Rights Horizons* (2000) 89–93; Anghie, *Imperialism, Sovereignty and the Making of International Law* (2004); Mutua (2007) 29 *HRQ* 547; Dembour in Moeckli, Shah, & Sivakumaran (2010) 64, 75–8, 81–4.

立，雖然此批判可能亦有道理（當然在詞彙或其歷史起源方面），但此批判不若以往正確，且批判者亦不提倡回到一些無法實現之狀態。事實上，與史特拉斯堡相比，美洲體系已經走出自己的路，非洲體系也依據該地區自身之特點及優先事項發展出一套制度。目前人權條約得到歐洲以及西方以外國家之廣泛批准。雖然「世界人權宣言」之起源與重點係源自於西方，但自 1948 年以來，人權體系已經發生了很大的變化。晚近國際文書皆係基於國家代表間（或在較小程度上，可視爲基於不同文化間）之談判，而達成更廣泛共識。

　　第三種批判係指出，人權體系係在「民主赤字」（democratic deficit）下運作；換言之，在國際法庭及國際法委員會（ILC）任職之非民選法官與專家正在作出重要公共政策決定，而此類決定卻應該留給各國的民選官員。簡短回答上述質疑，國際法庭及 ILC 被授權依據由國家政府批准之條約行事，其權力之根源來自於「國家同意」（state consent）。若以較爲完整之論述加以回應，蓋國際人權法係國際法的一個分支，其中用以判斷國家權利與特權（在正常情況下，顯現國家共同體之自治權）範圍，乃基於國家同意結果，每個不同制度都保留一定的裁量餘地（明確或隱含），沒有國家能豁免於受到第三方之判斷。

　　歐盟作爲一個緊密的聯盟體系，其在 ECHR 或各成員國國內法層面，皆與基本權利關係有著密切相似之處。因此，德國聯邦憲法法院拒絕裁定源自「馬斯垂克條約」（Treaty of Maastricht）之法律無效，該等法律剝奪聯邦憲法上所保障之權利。然而，德國聯邦憲法法院指出，歐洲共同體法以及國內法係二個獨立的體系，並肩運作；作爲一個獨立體系下的機關，無權裁判另一個系統之法律解釋及遵守情況。[240] 在具體案件中，法官必須根據共同體法律（community law）既有之基本保障來審理對於違法行爲之控訴。[241] 在正常情況下，倘若不對共同體法律本身之法源基礎提出控訴，共同體法律即不能受到各會員國國內法院之憲法審查。同時，【644】共同體法不能免除成員

---

[240] *Internationale Handelsgesellschaft v Einfuhr- und Vorratsstelle für Getreide und Futtermittel (Solange I)* (1970) 93 ILR 362; *Wünsche Handelsgesellschaft (Solange II)* (1986) 93 ILR 403.

[241] *Re Accession of the European Community to the Convention for the Protection of Human Rights and Fundamental Freedoms (Opinion 2/94)* (1996) 108 ILR 225, 255.

國在 ECHR 下之義務。[242] 故每個法院系統都保留審查另一個系統之能力,並僅在權利受到足夠嚴重干擾時進行干預。基於「對等保護原則」（principle of equivalent protection）之法理,只要區域人權體系保護「對等權利」（equivalent rights）,國家就沒有違反對個人的義務;否則,就永遠不可能出現各國在加入共同體時所設想的國家間合作。相反地,任意拒絕遵守權利不能成為藉口,例如國家以正在遵守安全理事會決議作為不遵守權利之理由,[243] 此假設必須注意一個前提要件,意即安全理事會無意強加予各國侵犯基本人權之義務。[244] 然而,歸根究底而言,上述情況僅為假設,真實的狀況是,國家體系乃依據其正式接受之條約條款來判斷或評價個別案件。他們並沒有沉默![245]

---

[242] *Bosphorus Hava Yollari Turizm ve Ticaret AS v Minister for Transport, Energy and Communications, Ireland* (1996) 117 ILR 267, 286–7.

[243] Joined Cases C-402/05 P and C-415/05 P *Kadi & Al Barakaat International Foundation v Council & Commission* [2008] ECR I-6351; C-584/10 P, C-593/10 P, and C-595/10 P *Commission and others v Kadi*, ECLI:EU:C:2013:518 (GC, 18 July 2013).

[244] *Al-Jedda v UK* [2011] ECtHR 27021/08, [102]. See also *Nada v Switzerland* [2012] ECtHR 10593/08, [171]–[172]; *Al-Dulimi v Switzerland* [2016] ECtHR 5809/08, [140]; *Mohammed v Secretary of State for Defence & Rahmatullah and Iraqi Civilian Claimants v Ministry of Defence and Foreign and Commonwealth Office* [2015] EWCA Civ 843, [158]–[163]. SC Res 2178 (2014) on foreign terrorist fighters explicitly invokes international human rights law.

[245] For a defence of the human rights system on slightly different grounds, see de Búrca (2017) 111 *AJIL* 277.

第三十章　國際刑事司法

1. 概述

【645】談及聯合國之誕生，可謂起源於「一個法庭」以及「一個承諾」。「法庭」係指在紐倫堡進行對主要德國戰犯之審判；「承諾」係指紐倫堡憲章所依據之原則將被視為國際法，唯有如此，紐倫堡大審之明顯選擇與追溯的法律性質，始得加以彌補。但是，雖然在東京大審，以及德國又進行了後續審判，法庭之設立都是在占領國之主導下成立，國際刑法舞台充斥著許多公約，卻沒有真正落實執行。國家實踐轉而強調對於特定條約所定義之犯罪（例如劫持飛機與販毒等）進行國家審判。

此後，在 1990 年代初期，國際刑事法的舞台開始生氣勃勃，包括：安理會決議設立幾個「特別刑事法院」（*ad hoc* criminal courts）、一個常設的「國際刑事法院」（International Criminal Court, ICC）迅速成立，以及許多其他相關之活動。現在已有六個國際或「國際化」之法庭，而有些正處於最後運作階段或最近剛完成其審判任務；上述法庭產生了關於戰爭罪、危害人類罪，以及滅絕種族罪等更堅強的判決體系，以及對於國際刑事司法程序有更細緻成熟的運作。國際層面之發展也引發國內管轄權產生變化，包括在國內法中增加（雖然仍然是少數國家的實踐）對國際犯罪之起訴，許多情況是建立在普遍管轄權的基礎上所進行的檢控。

然而，國際刑事法領域的快速發展，也遭遇許多困難。不僅國際刑事法庭之運作遠比預期的昂貴和與耗時，訴訟程序之進行亦引起不少爭議，尤其牽涉知名人士之案件更是如此。國際刑事法院被指控其有選擇性辦案之問題，且因其明顯不公平的「特別關注」在非洲所犯之罪行而遭受譴責。更重要者，即使對犯下國際罪行的個人進行起訴，可能係基於報復或威懾之正當理由，但該領域之目標太過廣泛，使其存在太多疑問。要在國際法與國內法的程序間取得平衡，或在創造和平（peacemaking）與【646】衝突後和解（post-conflict reconciliation）間的折衝，以及減少豁免的適用情況等諸多問題，都已被證明是難以達成。[1] 倘若國際刑事司法審判中有任何陪審團（目前從未發生過）[2]，依舊會被排除。

2. 國際刑事法及其機構之發展

(1) 1945 年以前之理想

　　當盟軍成立了對發起戰爭者之責任和懲罰執行委員會時，國際刑事法之現代史在 1919 年戛然而止。依凡爾賽條約（Treaty of Versailles）第 228 條和第 229 條之提議，[3] 設立一個盟軍高級法庭來審理違反戰爭法、習慣國際法，以及國際人道法之行為。然而，上述基於理想的法庭從未成立，許多德國人反而在「萊比錫審判」（Leipzig Trial）中於其國內被起訴及審判，[4] 並接受象徵性之處罰。國際聯盟原本曾討論過設立國際刑事法庭之構想，但一項在 1937 年所制定的條約，僅獲得了英屬印度（British India）所提交唯一一份批准書。[5]

(2) 紐倫堡及東京審判

　　1945 年 8 月 8 日，四個同盟國締結倫敦協定（London Agreement），決議成立國際軍事法庭（紐倫堡法庭，the Nuremberg Tribunal）。[6] 該協定附件中之「憲章」（Charter）規定對涉嫌觸犯「戰爭罪」、「危害人類罪」及「危害和平罪」之個人提起訴訟。[7] 法庭中四名主要法官，每一位都是來自於主要

---

[1] See e.g. Cronin-Furman (2013) 7 *IJTJ* 434; Grono & de Courcy Wheeler in Stahn (ed), *Law and Practice of the International Criminal Court* (2015) 1225; Mendez & Kelley in de Vos, Kendall, & Stahn (eds), *Contested Justice* (2015) 479; O'Keefe, *International Criminal Law* (2015); Bassiouni in Schabas (ed), *Cambridge Companion to International Criminal Law* (2016) 355.

[2] Even the 'Scottish court' which tried those accused of the Lockerbie bombing had no jury: *Her Majesty's Advocate v Al Megrahi and Fhimah*, Scottish Court in the Netherlands, Judgment of 31 January 2001, Case No 1475/99.

[3] *Report Presented to the Preliminary Peace Conference* (1920) 14 *AJIL* 95.

[4] Mullins, *The Leipzig Trials* (1921); Willis, *Prologue to Nuremberg* (1982) 126–47; Matthäus in Heberer & Matthäus (eds), *Atrocities on Trial* (2008) 3.

[5] Convention for the Creation of an International Criminal Court, LN Doc C.547(I).M.384(I).1937.V (1938).

[6] Agreement for the Prosecution and Punishment of Major War Criminals of the European Axis, and Establishing the Charter of the International Military Tribunal, 8 August 1945, 82 UNTS 279. For contemporary accounts: Wright (1947) 41 *AJIL* 38; Kelsen (1947) 1 *ILQ* 153; Ehard (1949) 43 *AJIL* 223.

[7] IMT Charter, Art 6.

同盟國之代表；而起訴書中所羅列之各種罪名，分別由來自上述四個最具權力國家的檢察官分擔之。[8] 經過十個月之審判，3 名被告被無罪釋放、其餘 19 人則被定罪並被判處死刑或監禁、3 個組織被認定【647】為犯罪、3 個被清除。[9] 紐倫堡判決駁回對於「憲章」違反合法性原則之主張，並認為「個人」將依據國際法承擔直接責任，[10] 而格外引人注目。

遠東國際軍事法庭（The International Military Tribunal for the Far East）並非依據多邊條約而設立，反而係基於日本盟軍最高指揮官 MacArthur 將軍所發布之特別公告作為其基礎。[11] 東京法庭係由 11 名法官所組成，分別來自日本投降文書中的 9 個簽署國，以及印度與菲律賓。[12] 一場歷時漫長的審判，於 1948 年 11 月結束，而所有倖存的 25 名被告皆被定罪，並被判處死刑或監禁。[13] 此一審判過程在法官之間引起實質性爭議，[14] 使其在程序上與實質上受到之批評，更甚於紐倫堡判決。[15] 依據 Judith Shklar 之見解：

> 「自然法」（natural law）思想在紐倫堡沒有發揮作用，於此情況下，我們盡一切努力在虛構國際法之基礎上進行假設，在其形式結構上與成熟體系中國內法的法律形象類似；確實，在東京審判中引入了自然法概念，但仍是非常不幸的結果。[16]

此外，同盟國依據控制委員會第 10 號法案（Control Council Law 10）之

---

[8] Ibid, Arts 2, 14.

[9] Taylor, *The Anatomy of the Nuremberg Trials* (1992).

[10] *International Military Tribunal (Nuremberg), Judgment and Sentences* (1947) 41 *AJIL* 172, 216–21. See Mettraux (ed), *Perspectives on the Nuremberg Trial* (2008); Heller, *The Nuremberg Military Tribunals and the Origins of International Criminal Law* (2011); Premiel, *The Betrayal: The Nuremberg Trials and German Divergence* (2016).

[11] International Military Tribunal for the Far East, Special Proclamation by the Supreme Commander for the Allied Powers at Tokyo, 19 January 1946, 4 Bevans 20. See Paust et al, *International Criminal Law* (4th edn, 2013) 496.

[12] International Military Tribunal for the Far East, Charter, Art 2.

[13] Boister & Cryer (eds), *Documents on the Tokyo International Military Tribunal* (2008).

[14] Opinions of Justices Röling (diss), Pal (diss), and Jaranilla (sep). Cf Röling & Cassese, *The Tokyo Trial and Beyond* (1993).

[15] Further: Futamura, *War Crimes Tribunals and Transitional Justice* (2008); Boister & Cryer, *The Tokyo International Military Tribunal* (2008). The standard study is still Minear, *Victors' Justice* (1971).

[16] Shklar, *Legalism* (1964) 156; also ibid, 128, 179.

規定，在德國境內各自占領區（zones of occupation）以及太平洋戰區中，針對對戰爭罪、危害人類罪，以及危害和平罪進行起訴。[17]

(3) 第二次世界大戰後之規範發展

紐倫堡大審判決產生了立竿見影之影響，聯合國大會一致確認紐倫堡法庭憲章與判決中所承認之國際法原則。[18] 因此，國際法委員會（ILC）之任務係制定法庭及判決中承認之國際法原則，並起草一份危害人類和平與安全罪行法典草案。故國際法委員會列出了以下三項「國際法罪行」（crimes under international law）：危害和平罪、【648】戰爭罪和危害人類罪。[19] 同時，罪責中亦確定共同參與計畫、共謀完成任何此類行為，以及共謀實施此類行為者，皆應受到懲罰。但上述草案並沒有超出紐倫堡之審理範圍，例如，危害人類罪之類別並非附屬於其他，而係獨立之罪刑：

> 對任何平民所實施之謀殺、滅絕、奴役、驅逐、其他不人道行為，或基於政治、種族或宗教理由之迫害，當此類行為發生時，或此類迫害是在執行、或與任何危害和平罪、或任何戰爭罪有關的情況下所實施。[20]

ILC 關於「犯罪法典化」之工作進展緩慢，經過 1947 年至 1954 年與 1982 年至 1996 年間兩個不同起草階段，ILC 於 1996 年通過了構成危害人類和平與安全治罪法典之二十條條款草案，[21] 然而，該草案從未實施，其後被羅馬規約（Rome Statute）取代。[22]

比 ILC 早期工作更重要之國際公約，係 1948 年所締結之滅絕種族罪公約

---

[17] For prosecutions taking place under Control Council Law 10, see Paust et al (4th edn, 2013) 498. Between 1946 and 1948, four British military tribunals located in Hong Kong tried 123 alleged war criminals. See Linton (ed), *Hong Kong's War Crimes Trials* (2013).

[18] GA Res 95(I), 21 November 1947.

[19] ILC *Ybk* 1950/II, 374–8, Principle VI.

[20] Principle VI(c) (emphasis added).

[21] ILC *Ybk* 1996/II(2), 15–56. Allain & Jones (1997) 8 *EJIL* 100.

[22] GA Res 51/160, 16 December 1996.

（Genocide Convention），[23] 以及 1949 年日內瓦公約中「嚴重違反」（grave breaches）條款之規定。[24] 上開兩個公約原先皆設想在發生衝突之國內法院進行起訴，但事實上，雖然柬埔寨發生滅絕種族事件（Cambodian Genocide），[25] 以及包括越南在內各戰區之戰爭罪行，執法行動卻少之又少，甚至根本無從實施。[26]

3. 國際刑事法院及非常設法庭

(1) 第二次世界大戰後之規範發展

(i) 南斯拉夫法庭

冷戰結束後正逢南斯拉夫解體，使得聯合國安理會回應國際間發生武裝衝突的機會增加。[27] 1993 年 5 月，安理會依據聯合國憲章第 VII 章採取行動，【649】於海牙設立國際法庭，起訴涉嫌於 1991 年 1 月後，在「前南斯拉夫境內犯下嚴重違反國際人道法行為」且應就上述事件負責之人。[28] 由於法庭之管轄權時效係採取開放式（open-ended）做法，不僅能起訴於 1991 年至 1995 年 12 月簽署岱頓協定（Dayton Agreement）期間所犯下之嚴重罪行，同時亦可追訴於 1990 年代後期，發生於科索沃的進一步暴行事件。關於安理會是否可以設立刑事法庭頗有爭議，然而前南斯拉夫國際刑事法庭（International Criminal Tribunal for the former Yugoslavia, ICTY）則堅持自身之合憲性。負責

---

[23] Convention on the Prevention and Punishment of the Crime of Genocide, 9 December 1948, 78 UNTS 277; Sands, *East West Street* (2016) (recounting through the lives of Lemkin and Lauterpacht the rival histories of two crimes under international law—genocide and crimes against humanity).

[24] Geneva Convention I, 12 August 1949, 75 UNTS 31, Arts 49–50; Geneva Convention II, 12 August 1949, 75 UNTS 85, Arts 50–1; Geneva Convention III, 12 August 1949, 75 UNTS 135, Arts 129–130; Geneva Convention IV, 12 August 1949, 75 UNTS 287, Arts 146–147. Also International Committee of the Red Cross (ICRC) commentary on these provisions: Pictet (ed), 1–4 *Geneva Conventions of 1949: Commentary* (1952–60) 362–72 (vol 1), 263–70 (vol 2), 620–9 (vol 3), 589–602 (vol 4). Cf Gaeta in Clapham, Gaeta, & Sassoli (eds), *The 1949 Geneva Conventions* (2015) 615.

[25] Kiernan in Jones (ed), *Genocide* (2008) 296. On the classification of crimes in Cambodia: Vianney-Liaud in Meisenberg & Stegmiller (eds), *The Extraordinary Chambers in the Courts of Cambodia* (2016) 255.

[26] Wolfrum in Dinstein & Tabory (eds), *War Crimes in International Law* (1996) 233.

[27] O'Brien (1993) 87 *AJIL* 639; Sluiter in Schabas (ed) (2016) 117.

[28] SC Res 808 (1993); Report of the Secretary-General pursuant to paragraph 2 of Security Council Resolution 808 (1993), S/25704, 3 May 1993; SC Res 827 (1993), para 2. Article 8 of the Statute simply provided that the Tribunal's temporal jurisdiction 'shall extend to a period beginning on 1 January 1991'.

前南斯拉夫問題國際刑事法庭的預算，每年超過 1 億美元，[29] 其中大部分依靠聯合國大會的資助。

　　而依據安理會第 827 號決議附件中相對簡陋之規約，ICTY 開始緩慢地運作，詳細之程序與證據規則，係由法官制定並經常予以修正。[30] 該規約賦予 ICTY 審判違反戰爭之法律或習慣國際法、滅絕種族及危害人類罪（比紐倫堡定義更為廣泛）之權。雖然 ICTY 和前南斯拉夫的國內法院同時具有管轄權，但 ICTY 具有優先的地位，法庭在其早期要求前南斯拉夫之國內法院，在雙方都主張得行使管轄權之情況下，必須尊重 ICTY 之管轄權。[31]

　　前南斯拉夫國際刑事法庭進展緩慢，部分原因是其羈押的被告人數不足。ICTY 因早期僅起訴位階相對較低之人（僅逮捕小魚，small fish）而受到批評，例如，位於波斯尼亞之塞爾維亞族民主黨（Serb Democratic Party in Bosnia）之地方領袖的 Duško Tadić，但事實上，被告並沒有參與相關政策之制定或規劃，且已經在德國被起訴。[32] 上述情況在 1990 年代後期開始發生變化，當時北大西洋公約組織參與逮捕行動，親歐盟之政黨在相關國家當選組成政府，許多被告自願向法庭自首。[33] 2001 年，南斯拉夫社會主義聯邦共和國（Socialist Federal Republic of Yugoslavia, SFRY）前總統 Slobodan Milošević 被逮捕並移交。檢察官最初就科索沃衝突對 Milošević 提出檢控，但隨後將科索沃事件之起訴書，與關於克羅埃西亞及波斯尼亞之兩項單獨起訴書併案處理，[34] 其結果是對 Milošević 提出了難以置信的超過 60 多項罪刑之大量起訴，以及繁瑣、冗長之審判。於此期間，法官們難以應對 Milošević 精明且極具破壞性之行為。[35]【650】Milošević 於 2006 年審判結束前突然去世，無疑是對 ICTY 一項沉重之打擊。隨後，ICTY 羈押另外兩名多年來一直逍遙法外

---

[29] *Prosecutor v Tadić* (1995) 105 ILR 419 (jurisdiction) 430–42; Sarooshi, *The United Nations and the Development of Collective Security* (1999) 92–8.

[30] ICTY Statute, as amended 7 July 2009 by SC Res 1877 (2009); Rules of Procedure and Evidence of the International Criminal Tribunal for the former Yugoslavia, Rev 45, 8 December 2010.

[31] ICTY Statute, Art 9; Rules of Procedure and Evidence, Rule 11.

[32] *Prosecutor v Tadić*, ICTY, IT-94-1-A, Appeals Chamber, Judgment, 15 July 1999; Sassoli & Olson (2000) 94 *AJIL* 371.

[33] Bantekas & Nash, *International Criminal Law* (3rd edn, 2007) 519; Cryer et al (3rd edn, 2014) 132–3.

[34] *Prosecutor v Milošević*, First Amended Indictment 'Kosovo', IT-02-54-PT, 16 October 2001; *Prosecutor v Milošević*, Second Amended Indictment 'Croatia', IT-02-54-T, 23 October 2002; *Prosecutor v Milošević*, Amended Indictment 'Bosnia', IT-02-54-T, 22 November 2002.

[35] Boas, *The Milošević Trial* (2007).

的知名被告：塞族共和國（Republika Srpska）Karadźić 總統，[36] 以及波斯尼亞塞族軍隊（Bosnian Serb Army）Mladić 總參謀長。[37] 2016 年 3 月，法庭裁定 Karadźić 犯有滅絕種族罪、危害人類罪及戰爭罪；[38] 2017 年 11 月，則判定 Mladić 觸犯上述大多數罪刑；ICTY 亦針對其他相關塞爾維亞人士觸犯上述罪刑，而進行重要之定罪，例如 Ćelebići 案涉及一個管理穆斯林之拘留營，數名信奉穆斯林的塞爾維亞人在當地被非法拘留，ICTY 最終對該拘留營之四名指揮官定罪。[39]

直到 2000 年，由於法庭運作的時間及費用出乎意料，安理會要求 ICTY 必須制定完成工作之策略計畫。[40] 雖然 ICTY 已經將重點放在起訴「涉嫌對犯罪行為負最大責任之最高領袖」，但安理會之決議已成為一項明確的要求。[41] 此外，法官持續就刑事程序及證據規則進行了修正，並允許 ICTY 將案件轉回該地區之國內法院，扭轉了之前將大量案件移交 ICTY 之情況，至 2017 年 12 月正式結束時，ICTY 已起訴 161 人。

(ii) 盧安達法庭

1994 年 4 月，盧安達總統 Habyarimana 遇刺引發了胡圖族（Hutu）對圖西族（Tutsis）發動種族大屠殺，在幾個月時間內，造成約 80 萬人死亡。[42] 1994 年 11 月，在對滅絕種族本身持續回應且皆無效之情況下，聯合國安全理事會在坦尚尼亞 Arusha 設立了盧安達國際刑事法庭（International Criminal Tribunal for Rwanda, ICTR），[43] 而 ICTR 與 ICTY 共用一個上訴分庭，[44] 直到 2015 年 ICTY 完成其策略計畫為止。事實上，ICTR 與 ICTY 原本在 2003 年之前，甚至還共用一名國際檢察官，安全理事會認為有必要設置一名專門負責

---

[36] *Prosecutor v Karadźić*, Prosecution's Marked-Up Indictment, IT-95-5/18, 19 October 2009.

[37] *Prosecutor v Mladić*, Second Amended Indictment, IT-09-92, 1 June 2011.

[38] *Prosecutor v Karadźić*, ICTY, IT-95-5/18/T, Trial Judgment, 24 March 2016.

[39] *Prosecutor v Delalic et al*, ICTY, IT-96-21/T, Trial Judgment, 16 November 1998; IT-96-21/A, Appeal Judgment, 20 February 2001. For a critical perspective on the evenhandedness of the ICTY, see Drumbl in Schabas, McDermott, & Hayes (eds), *The Ashgate Research Companion to International Criminal Law* (2013) 531, 542.

[40] SC Res 1329 (2000); SC Res 1503 (2003).

[41] SC Res 1534 (2003); Rule of Procedure and Evidence 28(A).

[42] O'Keefe (2015) 484, para 12.4.

[43] SC Res 955 (1994); also SC Res 935 (1994), SC Res 918 (1994); SC Res 977 (1995).

[44] ICTR Statute, 8 November 1994, SC Res 955 (1994), 33 ILM 1598 (1994), Art 12(2).

ICTR 之檢察官，以完成其檢控之工作。[45]

ICTY 之規約為 ICTR 提供極具參考價值之範本，同樣賦予 ICTR 起訴嚴重違反國際人道法之犯罪嫌疑人的權力。然而，上述二項規約之間存在差異，例如在 ICTR 之規約中，遺漏因嚴重違反 1949 年日內瓦四公約而被起訴之條款，考量盧安達境內的事件為「非國際性武裝衝突」（non-international conflict），【651】ICTR 規約規定對於違反適用於「非國際性武裝衝突」之 1949 年日內瓦公約及其第二附加議定書共同第 3 條行為之管轄權。此外，ICTR 規約要求將「歧視性動機」（discriminatory motive）作為危害人類罪的要件之一，雖然法官認為此並非習慣國際法之要求。[46] ICTR 之管轄範圍比 ICTY 更限縮，雖然 ICTR 僅起訴 93 名被告，其預算遠低於 ICTY，但經費規模仍然相當龐大。[47]

ICTR 之運作亦相當緩慢，成立初期更經歷嚴重管理不善的問題，[48] 導致書記官長及副檢察官辭職，[49] 但 ICTR 卻比 ICTY 更順利地羈押相關被告。然而，ICTR 上訴分庭曾作出裁定，拒絕對一名支持種族滅絕之媒體工作者行使管轄權，理由是該名被告之審前羈押已侵犯其人權，[50] 經歷上述事件後，ICTR 與盧安達政府間已經相當緊張的關係，更是每下愈況；盧安達政府甚至暫停與 ICTR 間之合作，實質阻礙審判的進展。次年，ICTR 上訴分庭極具爭議地推翻之前的裁決，[51] 盧安達政府與 ICTR 之間的關係得到改善。雖然如此，ICTR 之審判進展緩慢，安全理事會要求其制定相關進程，其中涉及將部分案件移交給法國等第三國審理，[52] 並於最終再移交給盧安達。[53]

---

[45] Ibid, Art 15(3) (original); Art 15(4) (as amended); SC Res 1503 (2003), para 8 and Annex I.

[46] Ibid, Art 3.

[47] Wippman (2006) 100 *AJIL* 861; Cryer et al (3rd edn, 2014) 144.

[48] Ibid, 140.

[49] Beigbeder, *International Criminal Tribunals* (2011) 91–2; Cryer et al (3rd edn, 2014) 140.

[50] *Prosecutor v Barayagwiza*, ICTR-97-19-AR72, Appeals Chamber, Decision, 3 November 1999.

[51] *Prosecutor v Barayagwiza*, ICTR-97-19-AR72, Appeals Chamber, Decision on Review and/or Reconsideration, 14 September 2000.

[52] SC Res 1503 (2003); Harrington in Jalloh & Marong (eds), *Promoting Accountability under International Law for Gross Human Rights Violations in Africa* (2015) 478.

[53] It was only in June 2011 that the first case was referred to Rwanda: *Prosecutor v Jean Uwinkindi*, ICTR-2001-75-R11bis, Decision on Prosecutor's Request for Referral to the Republic of Rwanda, 28 June 2011. This contrasts with the ICTY, where most of the Art 11*bis* referrals were to the countries where the crimes were committed.

Akayesu 案係 ICTR 之第一宗並且具有開創性的案件，代表國際法庭對於滅絕種族罪之第一次定罪，亦是戰爭中之性侵害犯罪第一次被認定係爲滅絕種族罪的範圍。於 ICTR 之 Media 判決中，[54] 對於 3 名廣播和報紙高級管理階層公開煽動種族滅絕罪之定罪，亦深具重要意義。[55]

2010 年，安理會決定建立國際刑事法庭之餘留機制（International Residual Mechanism for Criminal Tribunals），以完成 ICTY 及 ICTR 剩餘任務。安全理事會要求兩法庭採取一切可能之措施，【652】至遲於 2014 年底完成所有剩餘之工作。ICTR 餘留機制之分支機構於 2012 年 7 月 1 日開始運作，最終於 2015 年 12 月完成所有審判工作。[56]

該機制具有與 ICTR 特別法庭（ad hoc tribunal）相同之管轄權、權利義務以及基本職能。[57] 除執行判決與監督羈押監禁之條件外，上述機構仍有許多正在進行之事務。於此同時，餘留機制之檢察官繼續搜尋剩餘 8 名 ICTR 通緝之逃犯，倘若最終被逮捕，餘留機制將對其中 3 人進行審判。[58]

(iii) 特別法庭之評價

在上述 ICTY 與 ICTY 兩個法庭審理的過程中，產生大量的判決論理，例如，ICTR 在性別犯罪（gender crimes）方面作出了重大貢獻，而在 ICTY 所領導之國際人道法發展中，「共同正犯」（joint criminal enterprise, JCE）之認定，可能是最突出的見解，依據此原則，個人可能要對於作爲共同籌劃一部分的犯行，以及成爲某個集團之成員，就其所犯下之犯罪行爲承擔法律責任。[59] Tadić 上訴分庭進一步闡釋，雖然羅馬規約第 7 條第 1 項並未明確規定，但被告間的「犯意聯絡」構成共同正犯之認定，因此，在 ICTY 之審理程序中，法官認爲共同正犯可能採取三種不同的形式：第一，在「基本模式」

---

[54] Prosecutor v Akayesu, ICTR-96-4-T, Trial Chamber, Judgment, 2 September 1998; de Bouwer, Supranational Criminal Prosecution of Sexual Violence (2005) 41–84. Further: Schabas, Genocide in International Law (2009) 185–8, 198.

[55] Prosecutor v Nahimana, Trial Chamber, Judgment, 3 December 2003; Appeals Chamber, Judgment, 28 November 2007. Cf Zahar (2005) 16 CLF 33; MacKinnon (2009) 103 AJIL 97.

[56] For the ICTR and its relation to local processes, see Palmer, Courts in Conflict (2015) ch 2.

[57] SC Res 1966 (2010).

[58] SC Report, 8 June 2016, S/PV.7707, 7.

[59] Prosecutor v Tadić, ICTY, IT-94-1, Appeal Judgment, 15 July 1999, para 190. Generally: Cryer et al (3rd edn, 2014) 356–63; O'Keefe (2015) 170–7, paras 5.14–5.32.

（basic form）下，所有共同犯罪人以相同之犯罪意圖執行共同目的；[60] 第二，在「系統模式」（systemic form）下，一群人在集中營或拘留所按照共同計畫行事；[61] 第三，在具有爭議之「延伸模式」（extended form）下，犯罪行為人實施超出共同計畫，但係為實現共同目的之「自然和可預見後果」（natural and foreseeable consequence）的犯罪。[62]「共同正犯」理論之援引，尤其是在其延伸模式中，已經引起學術界之批評，認為這是一種「罪惡關聯」（guilt by association）的邏輯上「關聯謬誤」。[63] 因此，共同正犯未包含在羅馬規約中，並且已被國際刑事法院預審分庭駁回，法官傾向支援以「控制及支配為基礎」之共同犯罪模式。[64]

(2)國際刑事法院

建立常設國際刑事法院之倡議，可追溯至 1872 年，當時國際紅十字會（International Committee of the Red Cross, ICRC）創始人之一的 Gustav Moynier 提出此想法作為討論。[65]【653】雖然滅絕種族罪公約第 6 條曾考慮設立「國際刑事法庭」（international penal tribunal），但最終並未實現；事實上，一直到 1989 年之前，上述提案幾乎都被視為無可救藥的烏托邦式倡議。

(i) 國際法委員會之工作

應聯合國大會要求，ILC 制定了 1953 年常設法院之章程草案，但由於對「侵略罪定義」以及冷戰背後之政治角力，使得討論存在高度困難，聯合國大會從未對此事進行任何處理。[66] 1989年，千里達及托巴哥共和國提議將該問題重新提交大會議程作為辯論，因為該國希望能對於與毒品有關之犯罪進行國際

---

[60] *Prosecutor v Tadić*, ICTY, IT-94-1, Appeal Judgment, 15 July 1999, para 196.

[61] Ibid, para 202.

[62] Ibid, para 204.

[63] E.g. Ohlin (2007) 5 *JICJ* 69; Cassese (2007) 5 *JICJ* 109; Marsh & Ramsden (2011) 11 *ICLR* 137; Jordash in Schabas, McDermott, & Hayes (2013) 133.

[64] *Prosecutor v Lubanga*, ICC-01/04-01/06, Decision on the Confirmation of Charges, 29 January 2007, 115 (para 338); affirmed by the Trial Chamber in *Prosecutor v Lubanga*, ICC-01/04-01/06, Judgment, 14 March 2012, 433 (paras 1003–6). See further Stephens (2014) 37 *Fordham ILJ* 501; Bachmann & Fatić, *The UN International Criminal Tribunals* (2015) 230–1.

[65] Hall (1998) 322 *IRRC* 57.

[66] GA Res 260(III)B, 9 December 1948; Revised Draft Statute for an International Criminal Court; GAOR, 9th Sess, Supp No 12, A/2645, 23; GA Res 898(IX), 14 December 1954.

起訴。[67] 此提議被提交給 ILC 處理並研擬法規草案，[68] 因此，1994 年版本之草案，在大多數方面比最終在 1998 年無異議通過之規約更為溫和，ILC 可謂替後續通往羅馬鋪了康莊大道。

(ii) 1998 年羅馬規約

經過籌備委員會之詳細規劃，國際刑事法院規約（ICC Statute）於 1998 年在為期五週之會議上定稿，且在獲得 60 份批准書後，於 2002 年 7 月 1 日正式生效。[69] 位於荷蘭海牙之國際刑事法院（International Criminal Court, ICC）於 2003 年開始正式運作，法院之管轄範圍僅限於「全體國際社會所關注最嚴重之罪行，包括：滅絕種族罪、危害人類罪、戰爭罪及侵略罪」。締約國大會另外亦通過「犯罪要件」（Elements of Crimes），旨在協助 ICC 解釋和適用上述罪行。而 ICC 之管轄權時效（temporal jurisdiction）不適用於規約生效之前實施的犯罪。[70] ICC 之屬地管轄之範圍延伸至締約國領土；屬人管轄權則涵蓋締約國之國民。倘若某一國家已依據規約第 12 條第 3 項之規定接受 ICC 之管轄權，ICC 亦可對非羅馬規約之締約國領土及國民行使管轄權，依該條規定，非規約之締約國可透過向書記官長提交聲明，以接受 ICC 之管轄權。例如：2015 年 9 月，烏克蘭依據第 12 條第 3 項提交一份聲明，承認 ICC 對其自 2014 年 2 月 20 日以來，在其領土上實施國際不法行為之管轄權。[71] 倘若有關行為發生在締約國之領土，ICC 亦可對第三國國民行使管轄權，[72]【654】此種可能性引起美國方面之強烈反對。[73] 上述關於個人或領土管轄權之限制，均不適用於安全理事會提交的案件。

ICC 可藉由以下三種方式取得其管轄權：[74] 其一，締約國可向 ICC 提交

---

[67] A/44/195 (1989); GA Res 44/39, 4 December 1989.

[68] ILC *Ybk* 1994/II(1), 18–67; Crawford (1995) 48 *CLP* 303.

[69] 2187 UNTS 90. Lee, *The International Criminal Court* (1999); Sands (ed), *From Nuremberg to The Hague* (2003). As of 1 July 2018, the Rome Statute had 123 state parties. Burundi's withdrawal took effect on 27 October 2017. The Philippines' withdrawal will take effect in March 2019.

[70] Temporal jurisdiction is further limited in the case of a state which becomes a party at a later date and does not explicitly extend the jurisdiction back to 2002: Art 11(2).

[71] Marchuk (2016) 49 *VJTL* 323.

[72] Rome Statute, Art 12(2).

[73] For US scholarly perspectives, see Sekulow & Ash (2014) 26 *FJIL* 1; Newton (2016) 49 *Vand JTL* 371.

[74] Art 13; Schabas, *An Introduction to the International Criminal Court* (4th edn, 2011) 157–86.

法院管轄範圍內似已在發生的一項或多項罪行之情況，[75] 例如烏干達、剛果民主共和國、中非共和國及馬利等國家，皆將此類情況提交 ICC 且檢察官已對上述所有國家展開調查。2014 年 3 月，中非共和國向 ICC 提交進一步情況，而 ICC 亦在調查中。2018 年，第一份由「多個締約國」共同提交之書狀，內容係就另一締約國（委內瑞拉）領土內所發生之嚴重局勢，提交國包括：阿根廷、加拿大、哥倫比亞、智利、巴拉圭及秘魯，ICC 正在初步審查該國之情況。[76] 其二，聯合國安全理事會依據憲章之第 VII 章，得將案件情況移交 ICC 審理。安全理事會於 2005 年針對蘇丹達佛（Darfur）之局勢，以及 2011 年針對利比亞局勢皆採取必要之行動。[77] 最後，ICC 檢察官可獨立啟動調查，2010 年 3 月，第一預備庭之第二分庭批准檢方之請求，針對 2007 年至 2008 年在肯亞發生的選舉後暴力事件展開調查；2011 年 10 月，檢察官在象牙海岸進行訴訟的申請也被第三預審分庭接受；[78] 2016 年 1 月，第一預審分庭授權對 2008 年喬治亞衝突期間發生之事件進行調查；[79] 2017 年 11 月，第三預審分庭授權對蒲隆地事件進行調查；[80] 2018 年 9 月，第一預備庭之第一分庭確認，ICC 可能對據稱將羅興亞人從緬甸大規模驅逐到孟加拉之指控行使管轄權，[81] 在作出該決定後，檢察官繼續進行初步審查程序。[82]

　　ICTY 及 ICTR 雖然具有優先管轄權，但 ICC 之管轄權是與特別法庭間具有「互補性」，此意謂若在特定案件中，存在或曾經有真正之國內訴訟繫屬，

---

[75] It had not been expected that states parties would refer situations in their own countries (so-called 'self-referrals'), but there is nothing in the Statute that prevents it: van der Wilt in Stahn (ed) (2015) 210.

[76] Statement of the ICC Prosecutor on the Referral by a Group of Six States Parties regarding the Situation in Venezuela, 27 September 2018.

[77] SC Res 1593 (2005); SC Res 1970 (2011).

[78] *Prosecutor v Ruto, Kosgey & Sang*, ICC-01/09-01/11; *Prosecutor v Muthaura, Kenyatta & Ali*, ICC-01/09-02/11; Decision Pursuant to Article 15 of the Rome Statute on the Authorisation of an Investigation into the Situation in the Republic of Côte d'Ivoire, 3 October 2011, ICC-02/11.

[79] Decision on the Prosecutor's Request for Authorization of an Investigation into the Situation in Georgia, 27 January 2016, ICC-01/15.

[80] Decision on the Prosecutor's Request for Authorization of an Investigation into the Situation in the Republic of Burundi, 9 November 2017, ICC-01/17-X.

[81] Decision on the Prosecutor's Request for a Ruling on Jurisdiction under Article 19(3) of the Statute, 6 September 2018, ICC-RoC46(3)-01/18.

[82] Statement of the ICC Prosecutor on Opening a Preliminary Examination concerning the Alleged Deportation of the Rohingya People from Myanmar to Bangladesh, 18 September 2018.

則該案件在 ICC 不予受理；[83] 此處應該強調者，【655】法院不予不受理者係「案件」（已繫屬或審理），並非該「事件」之本身。互補性原則有其弱點，尤其在大規模犯罪之情況下，檢察官幾乎總能找到一個在國內未曾被起訴之案件。[84]

　　本於互補原則之精神，某些締約國已頒布國內法，允許國內法院對 ICC 之罪行行使管轄權，包括由其國民、於其領土、或更廣泛地實施（雖然羅馬規約未如此要求）。另外，無論是國家大赦法，抑或在脆弱的和平進程中承認之豁免承諾，皆不能以互補性為由而停止 ICC 訴訟程序；倘若在沒有國內訴訟程序之情況下，ICC 得受理案件。有論者議 ICC 檢察官有權拒絕調查此類情況，例如倘若該調查「不符合正義之利益」（not serve the interests of justice）。[85]

　　ICC 之程序與特設法庭相比之下更注重大陸法系之傾向，包括一個預審分庭，其職能包括授權調查、簽發逮捕令和傳票，以及決定確認指控；此外，規約規定被害人應參與訴訟，判決並應為被害人提供賠償。[86]

(iii) 美國與國際刑事法院

　　美國對國際刑事法院（ICC）的立場產生了變化，[87] 參加羅馬會議的美國代表團遊說進行重大修正，以使規約更容易被接受，雖然該遊說以失敗告終，Clinton 總統仍於其任期的最後一天（2000 年 12 月 31 日）簽署羅馬規約。然而，George W. Bush 總統領導下的美國政府，卻對 ICC 之立場發生極大變化，主張美國「未簽署」（unsigned）羅馬規約，[88] 並依規約第 98 條第 2 項規定，

---

[83] Preamble, para 10; Arts 1, 17.

[84] *Prosecutor v Muthaura*, Judgment on the appeal of the Republic of Kenya against the decision of Pre-Trial Chamber II of 30 May 2011 entitled 'Decision on the Application by the Government of Kenya Challenging the Admissibility of the Case Pursuant to Article 19(2)(b) of the Statute', 30 August 2011. Kenya challenged the ICC's assertion of jurisdiction on the grounds that its authorities were investigating the same conduct. The Appeals Chamber (by majority) confirmed the broader interpretation of the complementarity principle adopted by the Pre-Trial Chamber.

[85] Art 53(1)(c); Mnookin (2013) 18 *Harv NLR* 145.

[86] Generally: *Prosecutor v Lubanga*, Decision Establishing the Principles and Procedures to Be Applied to Reparations, 7 August 2012, ICC-01/04-01/06; Moffett, *Justice for Victims before the International Criminal Court* (2014); Funk, *Victims' Rights and Advocacy at the International Criminal Court* (2nd edn, 2015).

[87] Sadat & Drumbl, *The United States and the International Criminal Court* (2016).

[88] Letter from US Under-Secretary of State for Arms Control to Secretary-General (2002) 41 ILM 1014.

與締約國簽訂一系列之雙邊協定，旨在防止後者將其公民移交給 ICC。[89] 美國的立場在 George W. Bush 政府的第二個任期內有所緩和，例如美國並未否決安理會將蘇丹達佛事件提交 ICC 之決定；[90] Obama 政府則與 ICC 積極接觸，並與安理會多數成員共同投票決定將利比亞事件提交 ICC。[91] 然而，批准羅馬規約一事並未引起美國繼任總統之任何關注。

(iv) 侵略罪

【656】2010 年 6 月在烏干達 Kampala 舉行之審查會議上，有個重要的發展，締約國大會出乎意料地就「侵略罪」（crime of aggression）之定義達成一致意見。[92] 現在已包含在羅馬規約中之定義，將侵略行為視為構成「明顯違反」（manifest violation）聯合國憲章，但仍是一個不確定之法律概念；此外，締約國解決了關於起訴「侵略罪」觸發機制的長期辯論，通過決議：「除聯合國安全理事會外，締約國可將案件提交國際刑事法院，而檢察官經預審分庭授權後，即可自行（*proprio motu*）啟動調查」，故聯合國安理會對於確定侵略行為是否發生，並沒有壟斷之權力，關於上述對於「侵略罪」之修正案，係以談判協商一致之方式通過，但僅限於「同意之國家」適用。[93]

(v) 暫時之評價

現在對於 ICC 進行評價似乎為時過早，但 ICC 所面臨之法律和實際的挑戰仍值得討論。

在法律層面，ICC 已顯示出一定程度的適應性，即便是對於過去的錯誤進行修正，例如與 ICTY 及 ICTR 不同，ICC 沒有採納共同正犯之理論，而係依賴直接犯與間接犯之觀念，一種基於控制支配原則的認定方式、[94] 減少互補

---

[89] O'Keefe (2010) 24 *Cam RIA* 335.

[90] SC Res 1593 (2005).

[91] Cryer in Stahn (2015) 276–7; Sadat & Drumbl (2016) 9.

[92] Art 5(2), and for the new definition: 'The Crime of Aggression', Resolution RC/Res.6, 11 June 2010. Further: McDougall, *The Crime of Aggression under the Rome Statute of the International Criminal Court* (2013); O'Keefe (2015) 154–9; Kemp, *Individual Criminal Liability for the International Crime of Aggression* (2nd edn, 2016).

[93] ICC-ASP/16/Res 5, 14 December 2017.

[94] Art 25(3); Stephens (2013–14) 37 *Fordham ILJ* 501; Cryer et al (3rd edn, 2014) 356–63; van Sliedregt in Stahn (2015) 499–516.

性原則的適用程度、[95] 受害者參與問題，[96] 以及拒絕蘇丹 Al-Bashir 總統之豁免權主張。[97] 羅馬規約規定，一旦被告出庭，豁免權並不妨礙法院行使管轄權，但在不違反國家豁免原則之情況下，是否可將外國國家元首移交 ICC 尚不清楚。[98]

從現實國際實踐層面觀之，ICC 與紐倫堡大審及東京審判不同，ICC 並不是處理已經在武裝衝突中失敗的被告，【657】而係成為衝突中的辦法。迄今為止，最大的障礙之一係取得對被告之羈押權，特別是在如同蘇丹 Omar Al-Bashir 總統，以及聖靈抵抗軍（Lord's Resistance Army）領袖 Joseph Kony 等被告。蘇丹 Omar Al-Bashir 總統親自到規約締約國進行訪問，此舉突顯了 ICC 在執行逮捕令方面，面臨艱困之實際問題，[99] 然而，在 ICC 確保被告獲得人身安全保障之情況下，已證明其有能力作出判決。[100]

另外，ICC 面臨最大的挑戰，來自其與一些非洲國家之衝突，幾乎所有國際刑事法院之審理案件都與非洲有關（被告全為非洲人），此一事實引起很大的批評，並導致 ICC 與非洲聯盟（AU）之間的關係瀕臨破裂，非盟已敦促其成員國退出該規約，[101] 迄今為止，三個會員國已經響應，但其中兩個會員國又

---

[95] Newton (2010) 8 *Santa Clara JIL* 115. Further: Nouwen, *Complementarity in the Line of Fire* (2013); Palmer (2015) 179–87.

[96] Pena & Carayon (2013) 7 *IJTJ* 518; Wheeler (2016) 16 *ICLR* 525. For another cautious account: Funk (2nd edn, 2015) 121.

[97] Akande (2009) 7 *JICJ* 333; Boschiero (2015) 13 *JICJ* 625.

[98] Arts 27, 98(1). Further: chapter 22.

[99] The South African Supreme Court found that the South African government had breached its obligations under legislation implementing the Rome Statute by failing to arrest Al-Bashir, then making an official visit, and by failing to prevent his departure: *Minister of Justice and Constitutional Development v Southern African Litigation Centre* (867/15) [2016] ZASCA 17. The Appeals Chamber of the ICC is considering an appeal by Jordan in relation to the Court's determination that Jordan had not complied with the Court's request for the arrest of Al-Bashir who had travelled to Jordan to attend the Arab League Summit: see Pre-Trial Chamber II's Decision under Art 87(7) of the Rome Statute on the non-compliance by Jordan with the request by the Court for the arrest and surrender of Omar Al-Bashir, 11 December 2017.

[100] *Prosecutor v Lubanga*, Judgment pursuant to Article 74 of the Statute, 14 March 2012; *Prosecutor v Katanga*, Judgment pursuant to Article 74 of the Statute, ICC-7 March 2014; *Prosecutor v Bemba Gombo*, Judgment pursuant to Article 74 of the Statute, 21 March 2016 (but see *Prosecutor v Bemba Gombo*, Judgment on the appeal of Mr Jean-Pierre Bemba Gombo against Trial Chamber III's 'Judgment pursuant to Article 74 of the Statute', 8 June 2018, acquitting the accused of all charges brought against him in that case).

[101] AU Assembly, Decision on the International Criminal Court (30–1 January 2017) AU Doc Assembly/AU/Dec.622(XXVIII).

撤回其退出聲明，使得蒲隆地成為迄今為止唯一確認退出者，[102] 然而，兩方僵持依舊使局勢岌岌可危。[103]

(3) 國際化或混合法庭

近年來的國際刑事法庭並沒有採取與 ICTY 及 ICTR 等特別法庭相同之形式，取而代之者係「混合法庭」（hybrid tribunal），包括：東帝汶、科索沃、[104] 獅子山共和國、柬埔寨、波士尼亞及赫塞哥維納、黎巴嫩等。

「國際化」（internationalized）、「混合」（hybrid）以及「混搭」（mix）等用語並沒有固定含義（亦非嚴謹之法律概念），但上述模式通常係指適用於國內法及國際法互相搭配所組成之一系列法庭，追訴及審判的工作多少皆與國家機構有關，甚至視為國家機構運作之一部分，可謂填補國內法之空白，而並非國際法之空白。[105]

(i) 獅子山共和國特別法庭

【658】2000 年 6 月，獅子山共和國請求聯合國協助設立特別法庭，以審判「革命聯合陣線」（Revolutionary United Front, RUF）成員對於獅子山共和國人民所犯之危害人道罪，以及劫持聯合國維和部隊人員之罪行。[106] 獅子山共和國自 1991 年以來，武裝衝突一直持續不斷，而 RUF 近期又違反 1999 年洛美和平協定（Lomé Peace Accord）。[107] 2002 年武裝衝突結束後，獅子山共和

---

[102] South Africa withdrew its withdrawal following a High Court ruling that the decision to withdraw without prior parliamentary approval was 'unconstitutional and invalid': *Democratic Alliance v Minister of International Relations and Cooperation* [2017] ZAGPPHC 53, Judgment of 22 February 2017, Case No 83145/2016 (High Court). See South Africa, Withdrawal of Notification of Withdrawal (7 March 2017). The Gambia annulled its decision to withdraw on 10 February 2017.

[103] Generally on the ICC, see Shany, *Assessing the Effectiveness of International Courts* (2014) ch 10; O'Keefe (2015) ch 14; Steinberg (ed), *Contemporary Issues Facing the International Criminal Court* (2016); Jo, Radtke, & Simmonds in Squatrito et al (eds), *The Performance of International Courts and Tribunals* (2018) 193.

[104] The Kosovo Specialist Chambers and Specialist Prosecutor's Office have jurisdiction in relation to certain crimes against humanity, war crimes, and other crimes under Kosovo law, alleged to have been committed between 1 January 1998 and 31 December 2000. No one has yet been indicted.

[105] Williams, *Hybrid and Internationalised Criminal Tribunals* (2012); McAuliffe in Schabas, McDermott, & Hayes (2013) 453; Fichtelberg, *Hybrid Tribunals* (2015); O'Keefe (2015) ch 3.

[106] S/2000/786, 10 August 2000.

[107] Peace Agreement between the Government of Sierra Leone and the Revolutionary United Front of Sierra Leone, 2 June 1999, S/1999/777.

國特別法庭（Special Court for Sierra Leone, SCSL）與眞相及和解委員會相繼成立，很長一段時間內兩者持續共存，眞相及和解委員會則於 2004 年 10 月完成其工作後，宣告解散。[108] SCSL 則係依聯合國與獅子山共和國間之雙邊條約，[109] 以及其詳細之實施辦法而設立，[110] SCSL 於 2013 年完成其任務。[111]

　　檢方共起訴 13 人，但最終 SCSL 僅定罪 9 人，審判數量相對較少反映出 SCSL 對於屬人管轄範圍之嚴格限縮解釋。

　　SCSL 最著名者係對賴比瑞亞總統 Charles Taylor 之審判，由於對人身安全之擔憂，該審判係轉移至荷蘭海牙舉行；[112] 至於其他案件皆已結案，被告被判刑入獄。*Charles Taylor* 案引起極大爭議，部分原因係因上訴分庭於 2004 年 5 月決定拒絕起訴書發布時，給予賴比瑞亞總統之個人豁免權。[113] 法院對「共同正犯」之解釋和適用也存在很大爭議，原因係其解釋已偏離 ICTY 之判例。[114] 2012 年，SCSL 第二審判分庭判定 Charles Taylor 犯有危害人類罪及戰爭罪，並在一項判決中判處他有期徒刑五十年。[115]

(ii) 柬埔寨法院特別法庭

　　1997 年，柬埔寨副總理請求聯合國協助，將 1975 年至 1979 年間「紅色高棉」時期（Khmer Rouge period）所發生種族滅絕及危害人類罪，[116] 應負法律責任之肇事者繩之以法。艱難而漫長之談判於 2003 年結束，最終達成在柬埔寨法院設立特別法庭（Extraordinary Chambers in the Courts of Cambodia, ECCC）之協議。[117]【659】2004 年，柬埔寨國民議會批准了該協議，並修正

---

[108] Schabas (2004) 4 *JICJ* 1082; Nesbitt (2007) 8 *GLJ* 977; Carter in Jalloh (ed), *The Sierra Leone Special Court and its Legacy* (2014) 724; O'Keefe (2015) ch 12.

[109] UN–Sierra Leone, Agreement on the Establishment of a Special Court for Sierra Leone, 16 January 2002, 2178 UNTS 138.

[110] Special Court Agreement, 2002 (Ratification) Act.

[111] Statute of the Residual Special Court of Sierra Leone, annexed to the UN–Sierra Leone Agreement on the Establishment of a Residual Special Court of Sierra Leone, 11 August 2010, Art 1(1)–(2).

[112] Bigi (2007) 6 *LPICT* 303; MacAuliff (2008) 55 *NILR* 365.

[113] Nouwen (2005) 18 *LJIL* 283; Deen-Racsmany (2005) 18 *LJIL* 299; Frulli in Jalloh (2014) 325.

[114] Meisenberg in Jalloh (2014) 69.

[115] *Prosecutor v Taylor*, Judgment of Trial Chamber II, SCSL-03-01-T (40588–43126), 18 May 2012. The Appeals Chamber upheld both conviction and sentence: *Prosecutor v Taylor*, Judgment of the Appeals Chamber, 26 September 2013. For the impact of the trial on post-conflict Sierra Leonean society, see Clark in Jalloh (2014) 746.

[116] A/51/930 (Annex), Prince Norodom Ranariddh and Hun Sen to UN Secretary-General, 21 June 1997.

[117] UN–Royal Government of Cambodia, Agreement concerning the Prosecution under Cambodian Law of Crimes Committed during the Period of Democratic Kampuchea, 6 June 2003, 2329 UNTS 117.

2001 年關於 ECCC 之法律，[118] ECCC 於 2006 年夏天開始運作，並在通過相關內部規則後，[119] 於 2007 年開始審判被告。其結構、組成和管轄權反映出由於柬埔寨對 ECCC 就「國家所有權」（national ownership）之疑慮，及聯合國對於柬埔寨薄弱之司法系統及其獨立審判相當程度之擔憂。[120]

因此，顧名思義，ECCC 不僅位於柬埔寨，且構成其司法體系之一部分。[121] 依柬埔寨法律傳統，ECCC 之程序比 SCSL 和其他特設法庭具有更多大陸法系傳統之傾向，[122] 例如 ECCC 有共同調查法官（由一名柬埔寨籍法官及另一名外國籍法官組成），以及具有公民團體或受害者參與之方案。[123] 大多數柬埔寨法官於每個分庭任職，但判決需要「絕對多數」，因此該名國際法官必須與柬埔寨法官共同參與評議投票。[124] 而 ECCC 對嚴重違反柬埔寨刑法、國際人道法、習慣國際法，以及柬埔寨所承認之國際公約等之罪行和嚴重違反行為具有管轄權。[125]

至於屬人管轄權方面，ECCC 可就 1975 年 4 月 17 日至 1979 年 1 月 6 日期間，違反柬埔寨以及國際人道法之行為起訴「民主柬埔寨高級領袖」及應負擔人道事件責任之被告。雖然在紅色高棉政權期間約有 170 萬人死亡，但 ECCC 只對 5 名被告提起兩起訴訟。紅色高棉 S-21 安全中心主席 Kaing Guek Eav（化名 Duch）於 2010 年 7 月因危害人類罪，以及嚴重違反 1949 年四項日內瓦公約而被定罪。2011 年 6 月，ECCC 對另外 4 名在紅色高棉時期，擔任高級領導職務之被告進行審判，Nuon Chea 以及 Khieu Samphan 在 2014 年 8 月被判犯下危害人類罪，但該案其他被告皆已死亡。2018 年 11 月，Nuon Chea 和 Khieu Samphan 在另外單獨之起訴中，被判犯下滅絕種族罪、危害人類罪，以及嚴重違反日內瓦公約的罪行。

---

[118] Law Approving the Agreement, NS/RKM/1004/004, 19 October 2004; Law on the amendment of the Extraordinary Chambers in the Courts of Cambodia, NS/RKM/1004/006, 27 October 2004.

[119] Kodama (2010) 9 *LPICT* 37.

[120] Bertelman (2010) 79 *Nordic JIL* 341, 343–4, 346–50; Cryer et al (3rd edn, 2014) 186–7.

[121] Unlike the SCSL, the agreement with the UN does not establish the ECCC but merely regulates cooperation.

[122] Art 12(1); Internal Rules, as revised 3 August 2011.

[123] Internal Rules, Rules 14, 23.

[124] UN–Cambodia Agreement, Art 12.

[125] Law on ECCC, Art 1.

(iii) 黎巴嫩特別法庭

2005 年底，黎巴嫩要求安理會設立「具有國際性質之法庭」（a tribunal of an international character），以審判 2005 年 2 月 14 日在貝魯特發生大規模汽車炸彈襲擊之被告，而該炸彈造成黎巴嫩總理 Rafiq Hariri 以及其他 22 人的死亡。[126]「黎巴嫩問題特別法庭」（The Special Tribunal for Lebanon, STL）係一個基於決議而非基於條約之特別法庭，【660】由聯合國安全理事會第 1757(2007) 號決議依據聯合國憲章第 VII 章規定而設立，[127] 儘管大多數黎巴嫩議會議員支持設立前述法庭，但議長卻拒絕召開會議批准該協議。[128]

因此，與其他特設法庭以及混合法庭相比，STL 之任務範圍異常狹窄，此狀況反映出一個事實，亦即該協議係於政治暗殺以及相關的恐怖襲擊之後所創建，STL 可針對 2004 年 10 月 1 日至 2005 年 12 月 12 日期間在黎巴嫩發生之其他襲擊行使管轄權，[129] 前提係這些襲擊依據刑事司法原則乃具有「牽連關係」，且其事件之性質與嚴重性類似於 2005 年 2 月 14 日之恐怖攻擊。雖然，STL 及黎巴嫩國家法院對這段時間內犯下之罪行具有「共同管轄權」，但 STL 仍具有較為優先之地位。迄今為止，STL 僅審理三起案件，[130] 其中三起相關案件處於調查階段。

STL 顯著特徵在於，該法庭係適用國內刑法，而排除國際刑法；[131] 易言之，法庭適用之刑法包括黎巴嫩刑法典（Lebanese Criminal Code）中有關恐怖主義行為、危害生命及人性尊嚴之犯罪、非法結社、未舉報犯罪之責、共犯，或陰謀犯等之條款。[132]

---

[126] S/2005/783, 13 December 2005.

[127] Cf Wetzel & Mitri (2008) 7 *LPICT* 81, 94–5. See STL, Appeals Chamber, Decision on the Defence Appeals against the Trial Chamber's 'Decision on the Defence Challenges to the Jurisdiction and Legality of the Tribunal', 24 October 2012, paras 51–2.

[128] S/2007/281, 16 May 2007; Michel in Alamuddin, Jurdi, & Tolbert (eds), *The Special Tribunal for Lebanon* (2014) 10, 22–4.

[129] Statute of the Special Tribunal for Lebanon, Art 1. The Tribunal may also have jurisdiction over attacks at 'any later time decided by the Parties and with the consent of the Security Council'.

[130] One case is *Prosecutor v Ayyash*, (STL-11-01) in which closing arguments were heard in September 2018. The others were contempt cases (STL-14-05 and STL-14-06).

[131] Jurdi in Alamuddin, Jurdi, & Tolbert (2014) 73.

[132] Statute, Art 2(a). The applicable law also includes provisions on 'increasing the penalties for sedition, civil war and interfaith struggle': Art 2(b).

　　另一個爭議係規定允許法院進行「缺席審判」（*in absentia*）。[133] 若因缺席而被審判定罪之被告，有權申請再審；[134] 然而，STL 係屬於臨時性質之法庭（非常設法院），故允許再審的做法，很可能引發後續更多麻煩的法律爭議。[135]

4. 國內法院下的國際刑事司法

(1) 歷史背景

　　第二次世界大戰後，包括法國在內的一些歐洲國家，依據國際法對犯罪行爲之定義進行國內起訴，其中特別起訴了里昂蓋世太保（the Gestapo in Lyon）的負責人 Klaus Barbie；[136] 以色列【661】從阿根廷綁架大屠殺之籌劃者之一 Adolf Eichmann。[137] 近期部分國家之起訴，已超越了第二次世界大戰的脈絡，尤其是針對智利前國家元首 Augusto Pinochet 之起訴，西班牙於 1998 年向英國提出引渡要求，在此案第三次聽證會上，上議院裁定 Augusto Pinochet 不得因享有豁免權，而阻止其因酷刑而被引渡之要求。雖然法官並未就此一裁定之理由達成一致見解。[138] 最終 Augusto Pinochet 並未因上述指控而被引渡。

(2) 普遍管轄

　　「普遍管轄權原則」涉及國際間對於管轄權之設定，即使一國的國內法院於受理案件時，與相關之犯罪行爲間並無聯繫因素或任何連結，仍應予以審判。[139] 換言之，在領域管轄、國籍管轄、被害人保護管轄，或其他方面皆沒有任何聯繫因素之情況下，普遍管轄權原則仍然允許主張管轄權，因爲所涉罪

---

[133] Statute, Art 22; Gaeta in Alamuddin, Jurdi, & Tolbert (2014) 229; Trad (2016) 3 *SOAS LJ* 38.

[134] Statute, Art 22(1), (3).

[135] Jenks (2009) 33 *Fordham ILJ* 57.

[136] *Barbie* (1988) 78 ILR 136.

[137] *Attorney-General v Eichmann* (1968) 36 ILR 277. See Ambos in Schabas (2016) 275.

[138] *R v Bow Street Metropolitan Stipendiary Magistrate, ex p Pinochet Ugarte (No 3)* [1999] 2 All ER 97. This finding was later, implicitly, rejected by the ICJ in *Arrest Warrant of 11 April 2000 (Democratic Republic of the Congo v Belgium)*, ICJ Reports 2002 p 3, 29–30.

[139] Langer (2015) 13 *JICJ* 245; Lafontaine in Schabas (2016) 155. Generally: chapter 21.

行已由國際法規定。普遍管轄權之行使，亦隨著習慣國際法對於應訴罪刑之增加，而不斷擴大適用範圍。[140] 例如，2016 年 5 月，塞內加爾特別法庭判定前查德前領袖 Hissdne Habré 犯下危害人類罪、戰爭罪及酷刑罪。[141] 然而，普遍管轄權的實際執行可能會受到一系列實踐和法律障礙的阻撓。

　　總之，普遍管轄權的執行一直存在爭議，例如在比利時的一系列案件引發美國強烈反對，導致其針對法律進行重大修正。[142] 此類爭議亦導致非洲國家聯盟於 2012 年通過了一項關於普遍管轄權之國家模範法（model national law），此舉係為非洲國家制定普遍管轄權之國內立法模式提供模範法典，並表明非洲國家聯盟期望能掌握普遍管轄原則在非洲國家間的發展。[143]

(3) 國內法庭及互補性原則

　　自 1990 年代初至中期以來，眾多國際刑事法庭之興起，推動了各國國內對犯下戰爭罪、違害人類罪及種族滅絕罪之個人進行追訴，此乃因 ICC 以【662】互補性原則（principle of complementarity）為前提，其運作模式係假設大多數的國際罪行，將在國內層級起訴與審判；蓋 ICC 缺乏審訊大量被告之能力，且在任何情況下亦不合適由 ICC 進行大規模的起訴。

(4) 刑事管轄豁免

　　依據國際法，可適用兩種不同形式之豁免：其一為「功能性豁免」（functional immunity/immunity *ratione materiae*），[144] 係以主權平等原則為前提，僅適用於大量國家官員之職務上行為，即使在其卸任後亦可適用之；在國家官員被指控違反國際刑事法之情況下，功能性豁免是否仍然適用頗具爭議。[145] 在 *Jurisdictional Immunities* 一案中，國際法院依據習慣國際法維持對嚴

[140] Cryer et al (3rd edn, 2014) 57.

[141] *Prosecutor v Hissein Habré*, Judgment, 30 May 2016. Further: Brody (2015) 13 *JICJ* 209.

[142] See Act Concerning the Punishment of Grave Breaches of International Humanitarian Law, 10 February 1999, 28 ILM 921; Ratner (2003) 97 *AJIL* 888; Vandermeersch (2005) 3 *JICJ* 400.

[143] See Dube (2015) 18 *PELJ* 450, 456–7.

[144] Fox & Webb, *The Law of State Immunity* (3rd edn, 2015) 543, ch 18; Pedretti, *Immunity of Heads of State and State Officials for International Crimes* (2015) 14–30. Generally: chapter 22.

[145] *R v Bow Street Metropolitan Stipendiary Magistrate, ex p Pinochet Ugarte (No 3)* [1999] 2 All ER 97; *Sharon & Yaron* (2003) 127 ILR 110; *Jones v Ministry of Interior Al-Mamlaka Al-Arabiya AS Saudiya (Kingdom of Saudi Arabia)* [2006] UKHL 26; [2007] 1 AC 270; *Lozano v Italy*, Corte di Cassazione, 24 July 2008, Case No 31171/2008, ILDC 1085 (IT 2008); *A v Ministère Public de la Confédération, B and C*, Case No BB.2011.140,

重侵犯人權行為之被告適用國家豁免原則的裁定，但在針對國家官員本身之刑事訴訟中，是否適用功能性豁免原則，仍懸而未決。[146] 雖然有論者以為，習慣國際法提高對國際罪行之豁免權適用門檻，但側重於國家實踐的觀點並不支持此結論。[147]

其二為「個人豁免」（personal immunity/immunity *ratione personae*）其前提係為保持國家間外交溝通之務實需要，此原則僅適用於少數國家官員的任何行為，但於其卸任或離任時則終止。在 *Arrest Warrant* 一案中，國際法院澄清，個人豁免原則得適用於現任外交部長，但是否適用於其他的國家高級官員，容有疑問。[148] 與功能性豁免不同，個人豁免相對比較沒有爭議，國內法院在一系列涉及酷刑、戰爭罪及滅絕種族最等案件中，都支持此觀點。[149]

(5)刑事實體及程序法

國際刑事法領域遠遠超出以往國際刑事法庭行使管轄權的罪行，此領域尚包括：販毒、酷刑、海盜、販賣或使人奴隸、恐怖主義、跨國組織犯罪、貪腐、【663】種族隔離，以及強迫失蹤（無論是否構成危害人類罪）等。[150] 多邊條約通常係作為許多上述國際刑事禁令之法律淵源，即使關於是否存在習慣國際法之辯論仍在持續進行中，例如關於恐怖主義之爭議。[151]

上述多邊條約一般不直接對個人施加刑事責任，而係要求條約之締約國對某些犯罪行為加以事前預防及事後懲處。因此，犯罪行為之刑事定罪主要皆

Swiss Federal Court, 25 July 2012; *Khurts Bat v Investigating Judge of the German Federal Court* (2012) 147 ILR 633; *Simoncioni v Germany*, Italian Constitutional Court, 22 October 2014, Judgment No 238; *Minister of Justice and Constitutional Development v Southern African Litigation Centre* [2016] ZASCA 17.

[146] *Jurisdictional Immunities of the State*, ICJ Reports 2012 p 99, 139.

[147] Institut de Droit International (2009) 73 ADI 226, Art III(1); Akande & Shah (2011) 21 *EJIL* 815; Pedretti (2015) 191. But see ILC, Immunity of State officials from foreign criminal jurisdiction, Draft Art 7, A/CN.4/L.893 (2017), 1–2.

[148] *Arrest Warrant*, ICJ Reports 2002 p 3, 21–2. See also *Khurts Bat v Investigating Judge of the German Federal Court* (2012) 147 ILR 633, 653.

[149] *Gaddafi* (2001) 125 ILR 490; *Tatchell v Mugabe* (2004) 136 ILR 572; *Re Mofaz* (2004) 128 ILR 709; *Re Bo Xilai* (2005) 128 ILR 713; *Habyarimana v Kagame*, 696 F3d 1029 (10th Cir, 2012). See Pedretti (2015) 190.

[150] E.g. Convention against Transnational Organized Crime, 15 November 2000, 2225 UNTS 209. See further O'Keefe (2015) ch 4.

[151] E.g. Ambos & Timmermann in Saul (ed), *Research Handbook on International Law and Terrorism* (2014); O'Keefe (2015) 160.

發生在國內，而非國際層面。聯合國禁止酷刑和其他殘忍、不人道或有辱人格的待遇或處罰公約（The United Nations Convention against Torture and Other Cruel, Inhuman or Degrading Treatment or Punishment, CAT，簡稱禁止酷刑公約）要求締約國確保所有酷刑行爲在其國內刑法中均屬於犯罪行爲。[152] 而自 1970 年代以來，爲打擊恐怖主義，國際間制定了大量的多邊條約，要求締約國有義務將非法劫持航空器、劫持人質、恐怖爆炸，以及資助恐怖主義等行爲，制定爲國內法中的刑事犯罪。[153] 例如，2005 年的聯合國反貪腐公約（UN Convention against Corruption）要求締約國將包括賄賂、貪污，以及洗錢在內之一系列行爲，制定爲刑事犯罪。[154]

此類規範之執行，係在國內而非國際層面，蓋當初條約之設想係期待由國內法院進行懲罰。另外，上述條約除要求締約國將某些行爲制定爲刑事犯罪外，通常亦要求締約國應起訴被告，或將被告引渡至有意願起訴之其他締約國，此即所謂國家應負擔「起訴或引渡義務」（*aut dedere aut judicare*）之原則。[155] 司法互助協議通常適用於將犯罪嫌疑人從一國引渡至另一國，各國也可依個案作出臨時性（*ad hoc* basis）之安排。雖然上述「起訴或引渡義務」原則之執行，仍必須取決於負有「起訴或引渡被告」義務之國家，其國內法律制度的具體規定細節，然而，據條約所設之機構（例如禁止酷刑委員會）往往在監督條約規範的國內履行層面，發揮重要作用。

5. 結論

國際刑事法領域之快速發展，給律師們留下很多需要研究的議題。然而，我們沒有任何理由慶祝，最重要者，國際上一再反應出未能防止嚴重侵犯人權，以及違反國際人道法之行爲，國際起訴之威懾效果尚不明確，而且可能永遠都將是如此。【664】此外，國際刑事司法只是對暴行的一種可能回應，

---

[152] 10 December 1984, 1465 UNTS 85, Art 4.

[153] There are some 19 treaties concerning various aspects of terrorism: e.g. Convention for the Suppression of Unlawful Acts against the Safety of Civil Aviation, 23 September 1971, 974 UNTS 177.

[154] 9 December 2003, 2349 UNTS 41 (183 parties). See also Convention against Transnational Organized Crime, 15 November 2000, 2225 UNTS 209.

[155] Mitchell, *Aut Dedere, Aut Judicare* (2011); O'Keefe (2015) 331–8; Pedretti (2015) 336.

反而「眞相與和解委員會」（truth and reconciliation commissions）在某些方面可能更爲有效，例如保存證據與證詞、更正歷史紀錄、慰藉受害者等。[156] 不可諱言地，國際刑事司法係國際法的重要領域，且持續引起高度關注，代表了國際法律體系如何有效應對嚴重暴行的問題，不僅僅侷限於追訴明顯且已經被排斥的「人類公敵」（enemies of mankind）。

---

[156] Hayner, *Unspeakable Truths: Transitional Justice and the Challenge of Truth Commissions* (2nd edn, 2011) 19; Bisset, *Truth Commissions and Criminal Courts* (2012) 33; Report of the Special Rapporteur on the Promotion of Truth, Justice, Reparation and Guarantees of Non-Recurrence, Pablo de Grieff, A/HRC/24/42, 28 August 2013, 25–6, para 91.

第十一部分

争端

第三十一章　求償程序

1. 管轄權及可受理性之區別

【667】一個國家無論透過外交折衝，或於國際法庭提出「國際求償」（international claim），都必須事先確定其求償之「權利」，以及該求償本身之持續與可行性後，始得進一步要求求償之裁決。此原理同樣適用於國際訴訟中之任何原告方，無論係於歐洲人權法院（European Court of Human Rights, ECtHR）提交訴訟之個人；抑或於國際投資爭端解決中心（International Centre for the Settlement of Investment Disputes, ICSID）仲裁庭之推定投資人（putative investor）。

在向國際法庭提出求償之情況下，先決反對異議（preliminary objections）可分為以下幾類。[1] 首先，「管轄權異議」（objection to the jurisdiction）之主張涉及所有可能會影響當事人同意系爭案件由仲裁庭裁決之相關條件；倘若當事一方主張成功，則管轄權異議將停止案件之所有程序，因為此異議係主張應駁回法庭就求償可受理性或實質作出裁決之權力。其次，對於求償之「可受理性異議」（objection to the admissibility）會促使仲裁庭駁回或延遲求償程序，雖然該仲裁庭之理由並不排除其受理之可能性，但會影響系爭案件在「特定時間」內裁決「特定案件」之可能性或適當性，例如不當地延遲提出求償、未能用盡當地救濟措施、沒有實質仲裁意義（mootness），[2] 以及缺少必要之第三方

---

[1] Fitzmaurice (1958) 34 *BY* 1, 12–13; Paulsson in Aksen (ed), *Global Reflections on International Law, Commerce and Dispute Resolution* (2005) 601; Douglas, *The International Law of Investment Claims* (2009) 134–50; Thirlway, *The Law and Procedure of the International Court of Justice* (2013) 805–13, 970–94, 1708–11; Kolb, *The International Court of Justice* (2013) 200–10, 224–5; Salles, *Forum Shopping in International Adjudication* (2014) ch 5; Shany in Romano, Alter, & Shany (eds), *The Oxford Handbook of International Adjudication* (2014) 779; Quintana, *Litigation at the International Court of Justice* (2015) ch 12; Shany, *Questions of Jurisdiction and Admissibility before International Courts* (2016) 129–47; Shaw, *Rosenne's Law and Practice of the International Court 1920–2015* (5th edn, 2016) ch 13.

[2] E.g. *Northern Cameroons (Cameroon v UK)*, ICJ Reports 1963 p 15, 28 (where the Court did not find it necessary to explore the meaning of admissibility).

等情況。在正常情況下，國際法庭或仲裁庭之可受理性問題，僅有在確認管轄權後始能決定；而可受理性問題可能與案件之實質法律爭點密切相關，因此將二者與案情結合一併考量，有其合理性。[3]

【668】本章將探討一系列之先決議題，涉及管轄權及可受理性之判斷基準，以及國際法院或法庭決定求償之實質內容，而在第三十二章則延伸介紹一系列可供解決國際爭端之法院及法庭。

2. 國家間之求償：事先談判以及爭議之要求

在 *Right of Passage over Indian Territory* 一案中，印度反駁抗辯稱，葡萄牙未能「進行外交談判，並繼續談判至雙方已不再有利可圖之地步」。[4] 法院認為，談判已在「案件情況允許的範圍下」進行。[5] 因此，從法院之確定判決可知，當事方間之積極談判，通常不屬於法院行使管轄權之先決條件。[6]

(1) 爭議之存在

就當事人之間是否存在「爭議」而言，則係屬另一個問題。蓋國際法院規約第 38 條之依據係以訴訟管轄權僅可針對「爭議」行使管轄權（contentious jurisdiction），法院一直認定原則上兩造之「爭議」，必須在原告方申請訴訟程序時即已存在。[7]

至於是否存在爭議則屬於客觀判斷的範疇。[8] 在 *South West Africa* 一案中，[9] 南非共和國反對衣索比亞及利比亞提出之反對意見，系爭爭點並非「西南非

---

[3] Such questions do not 'possess, in the circumstances of the case, an exclusively preliminary character': ICJ Rules, 1 July 1978, Art 79(9); Shaw–Rosenne (5th edn, 2016) 911–20. Since states are normally free to attach conditions of any kind to their consent to jurisdiction, the distinction between jurisdiction and admissibility is a relative one.

[4] ICJ Reports 1957 p 125., 130, 132–3.

[5] Ibid, 148–9.

[6] *Aegean Sea Continental Shelf (Greece v Turkey)*, ICJ Reports 1978 p 3, 12; *Military and Paramilitary Activities in and against Nicaragua (Nicaragua v US)*, Jurisdiction and Admissibility, ICJ Reports 1984 p 392, 440; *Land and Maritime Boundary between Cameroon and Nigeria*, Preliminary Objections, ICJ Reports 1998 p 275, 302–4.

[7] *Application of the International Convention on the Elimination of All Forms of Racial Discrimination (Georgia v Russia)*, Preliminary Objections, ICJ Reports 2011 p 70, 85; *Questions relating to the Obligation to Prosecute or Extradite (Belgium v Senegal)*, ICJ Reports 2012 p 422, 442.

[8] *Interpretation of Peace Treaties with Bulgaria, Hungary and Romania*, ICJ Reports 1950 p 74.

[9] Preliminary Objections, ICJ Reports 1962 p 319.

託管地」命令第 7 條中所謂之「爭端」，因其不涉及或影響上述兩造政府或其國民之任何物質利益。[10] 然而，法院最終認為，第 7 條含義內的爭議確實存在，[11] 不過，仍有一個未決之問題：本案是否存在「法律」爭議？法院認為於 *Mavrommatis* 一案中 [12] 定義「爭議」係為雙方對「法律或事實觀點」的分歧，或兩造間之利益衝突。【669】法院更進一步表示，爭議存在之前提，必須證明「一方之主張遭到另一方積極反對」（positively opposed），[13] 但此測試原則具有一定彈性。

然而，在 *Marshall Islands* 之三個案件中，採用對於「爭端」存在與否更嚴格的解釋標準，上述彈性已逐漸減弱。於上述案件中，馬紹爾群島針對實際或假設之核武器國家，提起違反「核武不擴散條約」（Non-Proliferation Treaty）第 VI 條核裁軍承諾之控訴；[14] 而在原告指控之九項案件中，只有三件在當事方之任擇條款聲明中，設有管轄權存在之表面證據（*prima facie*），故法院僅對此三項案件管轄權作出決定。然而，於其他各項案件中，法院以多數決裁定並不存在「爭議」，蓋原告方無法證明被告「知悉」申請人的相反立場。[15] 法院之上述裁定可能使法律爭議是否存在之訴，在一定程度上必須取決於被告方的「真實心理狀態」（actual state of mind）。[16]

(2) 關於條約之解釋或適用

條約中通常包含「管轄權條款」（compromissory clauses），授權對於涉及條約「解釋或適用」之爭端的管轄權許可，[17] 條文文字定義了法院「專屬事

---

[10] Ibid, 327.

[11] Ibid, 342–4. Also: ibid, 379–84 (Judge Bustamante); 422–33 (Judge Jessup); 658–62 (Judge van Wyk, diss).

[12] (1923) PCIJ Ser A No 2, 11. The same issue arose in *Northern Cameroons*, ICJ Reports 1963 p 15, 20, 27. Also: *East Timor (Portugal v Australia)*, ICJ Reports 1995 p 90, 99–100; *Alleged Violations of Sovereign Rights and Maritime Spaces in the Caribbean Sea (Nicaragua v Colombia)*, Preliminary Objections, ICJ Reports 2016 p 3, 27; cf *Frontier Dispute (Burkina Faso v Niger)*, ICJ Reports 2013 p 44, 70–1.

[13] *South West Africa*, ICJ Reports 1962 p 319, 328.

[14] 1 July 1968, 729 UNTS 161.

[15] E.g. *Cessation of the Nuclear Arms Race (Marshall Islands v UK)*, Preliminary Objections, ICJ Reports 2016, p 833, 850–1 (decided 8–8 on the casting vote of the President).

[16] See e.g. the criticism of the majority as 'overly formalistic': Judge Tomka, sep op, ibid, 892; Judge Crawford, diss op, ibid, 1100–5.

[17] E.g. Convention on the Prevention and Punishment of the Crime of Genocide, 9 December 1948, 78 UNTS 277, Art IX; Montreal Convention for the Suppression of Unlawful Acts against the Safety of Civil

務管轄權」（jurisdiction *ratione materiae*）之範圍。[18] 由於法院之職能係裁決「當事方提交給法院之爭端」，[19] 故此類條款中之限定詞彙應被視爲要求「條約標的」與「求償標的」之間存在相關聯繫，而並非作爲不當限制出庭之手段。

在 *Georgia v Russia* 一案中，喬治亞援引「消除一切形式種族歧視國際公約」（CERD）第 22 條作爲法院管轄權之基礎。[20] 法院駁回俄羅斯之主張，亦即第 22 條中所謂「爭端」一詞具有特殊性、比以往判決中確立之爭端所具備一般含義更限縮之解釋意義。然而，在本案中，法院對於證據之分析，反映出一種比以往採取更爲「公式化」的認定方法。[21] 喬治亞擔憂俄羅斯在南奧塞提亞（South Ossetia）以及阿布哈茲（Abkhazia）兩地所扮演之角色，使得十多年來的局勢不斷惡化，而直到訴訟前三天，喬治亞才在與俄羅斯之談判中，明確提及消除種族歧視公約（CERD）。【670】法院分析外交信函之具體結構後認爲，直到該日期前「關於 CERD 之解釋或適用」並無爭議。[22] 法院之裁定與以往認定方式不同，亦即系爭雙方在要求正式通知，或拒絕求償時，應明確提及相關條約，求償人始得向法院提起訴訟。[23]

(3) 未透過談判解決

仲裁條款中通常包含之其他法律用詞係所涉爭議「並非」（is not）、「尚未」（has not been），或「不能」（cannot be）透過談判而解決。法院進一步指出，雖然「爭議之存在」與「談判正在進行」原則上係不同的二件事，但談判可能有助於證明爭議之存在，並界定其所指涉的事項。[24] 在 *Georgia v Russia* 一案中，法院指出，訴諸談判具有三項功能：(i) 通知被告國存在爭端、劃定

Aviation, 23 September 1971, 974 UNTS 177, Art 14(1); further examples in *Georgia v Russia*, Preliminary Objections, ICJ Reports 2011 p 70, 84.

[18] *Oil Platforms (Iran v US)*, Preliminary Objections, ICJ Reports 1996 p 803, 810.

[19] Statute of the International Court of Justice, 26 June 1945, Art 38(1).

[20] 21 December 1965, 660 UNTS 195.

[21] *Georgia v Russia*, Preliminary Objections, ICJ Reports 2011 p 70, 82–5.

[22] Ibid, 85–120.

[23] Ibid, President Owada, Judges Simma, Abraham, Donoghue, and Judge ad hoc Gaja (joint diss), 143, 154; Judge Cançado Trindade (diss), 240–1, 289. Further: the separate opinions of President Owada and Judges Simma, Abraham, and Donoghue. Also: *Obligation to Prosecute or Extradite (Belgium v Senegal)*, ICJ Reports 2012 p 422, 443–4.

[24] ICJ Reports 2011 p 70, 84–5.

爭端之範圍及爭端之標的；(ii) 鼓勵雙方嘗試透過共同協議解決爭端，從而避免訴諸具有約束力之第三方裁決；(iii) 在表明國家給予同意之限度方面，發揮重要作用。[25] 就仲裁條款之簡單意義而言，該條款並未要求進行正式談判或於仲裁前事先求助於 CERD 爭端解決程序，但第 22 條卻明確提及「原告方本應作出一些努力，與被告方就屬於 CERD 之問題展開討論」。[26] 雖然不需要明確提及條約，[27] 但談判必須反映出所涉爭議，[28] 法院並不認為系爭雙方在特定期間內，就屬於 CERD 之爭議事項進行過真正有意義之談判。

(4) 一般管轄條款：國際法院規約第 36 條第 2 項

國際法院規約第 36 條第 2 項被稱為「任擇條款」（Optional Clause），規定締約國可透過長期有效之單方面聲明，提前接受國際法院之管轄權。[29] 上開條文同時規定，對於任何其他接受相同義務之國家，在互惠基礎上運作：法院被授予管轄權，【671】並以締約國所作出之聲明，在授權法院時一致性的程度為限。[30] 其他條約亦可能包含一般管轄權條款，例如：聯合國海洋法公約（UNCLOS）第 287 條第 1 項規定，[31] 締約國可從四種爭端解決程序中予以擇定，並宣布其選擇之爭端解決方式，過去在條約任擇附加議定書（optional additional protocol）中增加一般管轄權條款之做法已不再適用。[32]

國際間採取上述「任擇條款」之國家相當有限，越來越多的爭端案件僅依據仲裁條款，或以另外簽訂特別協定之方式提交國際法院。[33] 目前在安理會五

---

[25] Ibid, 124–5. Also on consent: *Armed Activities (Democratic Republic of the Congo v Rwanda)*, ICJ Reports 2006 p 6, 39.

[26] *Georgia v Russia*, Provisional Measures, ICJ Reports 2008 p 353, 388.

[27] *Nicaragua*, Jurisdiction and Admissibility, ICJ Reports 1984 p 392, 428.

[28] *Georgia v Russia*, ICJ Reports 2011 p 70, 133.

[29] Generally: Waldock (1955–6) 32 *BY* 244; Jennings (1995) 89 *AJIL* 493, 494–6; Brownlie (2009) 8 *Chin JIL* 267, 277–81; Tomuschat in Zimmermann et al (eds), *Statute of the International Court of Justice* (2nd edn, 2012) 633; Thirlway (2013) 777–804, 1700–7; Kolb (2013) 447–529; Kawano (2013) 346 Hague *Recueil* 9, 126–75; Lamm, *Compulsory Jurisdiction in International Law* (2014); Törber, *The Contractual Nature of the Optional Clause* (2015); Shaw–Rosenne (5th edn, 2016) ch 12.

[30] *Legality of Use of Force (Yugoslavia v Spain)*, ICJ Reports 1999 p 761, 771. On reciprocity generally: Thirlway (2013) 782–804; Kolb (2013) 474–87; Lamm (2014) ch 6; Shaw–Rosenne (5th edn, 2016) 754–61.

[31] 10 December 1982, 1833 UNTS 3.

[32] E.g. Optional Protocol to the VCDR concerning the Compulsory Settlement of Disputes, 18 April 1961, 500 UNTS 241, Art I.

[33] Jennings (1995) 89 *AJIL* 493, 494–6; Waldock (1955–6) 32 *BY* 244; Kawano (2013) 346 Hague *Recueil* 9, 176.

個常任理事國中，僅有英國仍然以「任擇條款」承認法院根據第 36 條第 2 項之管轄權。[34]

3. 國家間之求償：不受理案件之理由

(1) 法律上利益

求償人是否存在「法律上利益」（legal interest）乃爲不同於爭議是否存在之議題。在 *Northern Cameroons* 一案中，法院將「法律上利益」視爲司法正當性問題，[35] 但正如法官所闡釋，從法律上而言，應將其視爲一種「可受理性」（admissibility）之判斷。[36]

本案結果所涉及之「法律上利益」，乃爲第三國依國際法院規約第 62 條，聲請法院允許干預之核心。[37] 法院認爲，尋求司法干預之國家，應確定其「法律上利益」，並表明案件之判決可能對前述利益產生影響。[38]

倘若一個國家試圖使自己之主張透過法院進行裁決，則在授權干預許可之前，必須對其「法律上利益」擁有管轄權；[39] 法院對於允許司法干預範圍一事，[40] 採取嚴格限縮解釋，【672】故導致大多數國家依據國際法院規約第 62 條所提出之請求皆遭到駁回，[41] 過去僅有在三個案件獲得許可受理：尼加拉瓜於 *Land, Island and Maritime Frontier Dispute (El Salvador v Honduras)* 案、[42] 赤道幾內亞共和國於 *Cameroon v Nigeria* 案、[43] 希臘於 *Jurisdictional Immunities*

---

[34] The most recent iteration of the UK's Optional Clause declaration (2017) is, however, heavily qualified.

[35] *Northern Cameroons*, ICJ Reports 1963 p 15, 37–8.

[36] Ibid, 101, 105 (Judge Fitzmaurice); 132 (Judge Morelli); 150–3 (Judge Badawi, diss); 170–2, 181 (Judge Bustamante). Cf *South West Africa*, ICJ Reports 1962 p 319, 449–57 (President Winiarski).

[37] Generally: Rosenne, *Intervention in the International Court of Justice* (1993); Chinkin in Zimmermann et al (2nd edn, 2012) 1529; Bonafé (2012) 25 *LJIL* 739; Thirlway (2013) 1033–72, 1838–58; Quintana (2015) ch 14.

[38] ICJ Reports 2011 p 494, 501.

[39] *Territorial and Maritime Dispute (Nicaragua v Colombia)*, ICJ Reports 2011 p 348, 358; cf *Pulau Ligitan and Pulau Sipadan (Indonesia vMalaysia)*, ICJ Reports 2001 p 575, 603–4.

[40] *Continental Shelf (Libya v Malta)*, ICJ Reports 1984 p 13, 19–22; *Land, Island and Maritime Frontier Dispute (El Salvador v Honduras)*, ICJ Reports 1990 p 92, 132–5; *Territorial and Maritime Dispute (Nicaragua v Colombia)*, ICJ Reports 2011 p 420, 432. Cf *Pulau Ligitan and Pulau Sipadan (Indonesia v Malaysia)*, ICJ Reports 2001 p 575, 588–9; *Jurisdictional Immunities of the State (Germany v Italy)*, ICJ Reports 2011 p 494, 502–3.

[41] Kolb (2013) 703–4.

[42] ICJ Reports 1990 p 92.

[43] ICJ Reports 1999 p 1029.

案等。[44] 在最後一項與希臘有關之案例中，法院認為希臘在該案中具有「法律
上利益」，因為法院可能需要依據國家豁免原則，考慮希臘法院因 1944 年迪
斯托莫大屠殺（Distomo massacre）而作成之判決，以便認定德國及義大利間
之案例。法院最後允許希臘作為非當事方而進行干預，並僅限於參與上述議題
之決定。[45]

司法的干預並非總是取決於法院之自由裁量權。依國際法院規約第 63 條
之規定，「凡協約發生解釋問題，而訴訟當事國以外尚有其他國家為該協約之
簽字國者，應立由書記官長通知各該國家」，而法院之解釋對干預國具有同等
的約束力。[46]

(2) 必要之第三方：Monetary Gold 原則

在某些情況下，第三國之「法律上利益」並非毫不相關，反而其利益正是
求償之標的物，或者至少係為法院確定案情之必要元素。[47] 於此情況下，除非
必要的第三國作為訴訟當事方正式加入程序，否則求償仍屬不可受理之案件。
因此，在 Monetary Gold 一案中，義大利主張其對於三個西方盟國所持有的阿
爾巴尼亞黃金擁有所有權，其依據係源於阿爾巴尼亞提出未清償之損害賠償要
求。法院原可駁回義大利之主張，理由係阿爾巴尼亞為歸還戰利品而對於黃金
之所有權，優先於隨後之賠償請求，遺憾的是法院就該案並未以此為依據而
作出裁決。相反地，法院認為（由義大利提出之主張）求償不能在阿爾巴尼亞
（必要的第三方）缺席之情況下作出裁決，故本案係屬於不可受理之情況。[48]
最終之結果係為，在阿爾巴尼亞、義大利，以及其他西方盟國間懸而未決之各
種爭議得到解決前，黃金將持續被法院存放著。[49]

---

[44] ICJ Reports 2011 p 494.

[45] Ibid, 501–3; *Jurisdictional Immunities*, ICJ Reports 2012 p 99, 105–6.

[46] *Haya de la Torre (Colombia v Peru)*, ICJ Reports 1951 p 71; *Whaling in the Antarctic (Australia v Japan)*, ICJ Reports 2013 p 3; cf *Military and Paramilitary Activities (Nicaragua v US)*, ICJ Reports 1984 p 215. Generally: Chinkin in Zimmermann et al (2nd edn, 2012) 1573; 1 Thirlway (2013) 1027–32; 2, ibid, 1837; Kolb (2013) 730–43.

[47] Rosenne (1993) 160–76; Chinkin in Zimmermann et al (2nd edn, 2012) 1529, 1536–7; 1 Thirlway (2013) 716–30, 1047–52; 2, ibid, 1658–62; Kolb (2013) 565–83; Kawano (2013) 346 Hague *Recueil* 9, 279–93; Quintana (2015) 911–24.

[48] *Monetary Gold Removed from Rome in 1943 (Italy v France, UK and US)*, ICJ Reports 1954 p 19, 32–3.

[49] For the eventual settlement, see Tripartite Gold Commission, Final Report, 13 September 1998.

直到最近，*Monetary Gold* 案已實際被往後的國際法院予以適用並與其他案件事實加以區分。例如，在諾魯（Nauru）之 *Phosphate Lands*（磷酸鹽土地）一案中，英國、紐西蘭（與澳大利亞併同）作為諾魯託管領土（trust territory）之管理機構，【673】負有共同責任，但卻沒有阻止諾魯單獨針對澳大利亞提起行政疏失之訴訟；故澳大利亞對於違反託管之責任，並非基於對其他兩個國家之任何調查結果，該兩國家於上述案件中與澳大利亞同屬「與有過失」（*pari delicto*）。[50] 此原則同樣適用於 *East Timor*（東帝汶）案中，倘若不先確定印尼兼併東帝汶之事實屬於非法行為，就無法確認澳大利亞承認印尼對東帝汶之主權是否合法。[51] 法院衡量在 *Monetary Gold* 一案中認定勝訴當事方（分別係義大利與澳大利亞）之理由，並與 *East Timor* 案加以比較，發現 Monetary Gold 原則中對於「必要第三方」之訴訟參與要求，實際上充滿不確定性，上述兩案件中之勝訴方，僅僅係偶然之受益者，不容易形成慣例。[52]

(3) 訴由消失

倘若法院認定，由於提交申請後所發生事件，而導致當事方未提出異議，法院得拒絕審理案件之實質內容。例如，在 *Nuclear Tests* 一案中，法院裁定，繼續進行求償程序已經沒有實際目的，因為法國宣布將停止在太平洋進行大氣層試驗，而法院卻狡猾地把一紙聲明認定為一項承諾。[53] 而在 *Lockerbie* 一案中，法院認為美國反對利比亞之主張沒有實際意義，因為該事項已被安理會以第 748(1992) 號和第 883(1993) 號決議無異議地提出，判決沒有實際意義。[54] 法院進一步認為，法律主張之性質係根據案情進行辯護，而並非反對僅具初步性質（exclusively preliminary character）之論點。不可受理之決定，將先確定法院就利比亞在「蒙特利爾公約」（Montreal Convention）下之義務，是否與其在聯合國安理會決議下之義務，產生兩者不相符之結論，倘若並不相

---

[50] *Certain Phosphate Lands in Nauru (Nauru v Australia)*, ICJ Reports 1992 p 240, 259–62, 267.

[51] *East Timor*, ICJ Reports 1995 p 90, 100–5.

[52] Cf also *Cessation of the Nuclear Arms Race (Marshall Islands v UK)*, Preliminary Objections, ICJ Reports 2016 p 833, 897–9 (Judge Tomka, sep op); ibid, 1106–7 (Judge Crawford, diss).

[53] *Nuclear Tests (Australia v France)*, ICJ Reports 1974 p 253; *Nuclear Tests (New Zealand v France)*, ICJ Reports 1974 p 457.

[54] *Lockerbie (Libya v US)*, Preliminary Objections, ICJ Reports 1998 p 115, 131.

符，則存在安理會決議是否優先適用的問題。[55]

(4) 罹於時效

在案件中不合理的「罹於時效」規定，可能會阻礙國際求償程序，然而，國際法並沒有規定普遍性的時效。[56] 特殊協議可以暫時排除求償類別，否則將是法庭裁量的問題。[57] 在 *Phosphate Lands* 一案中，【674】國際法院駁回了基於罹於時效提交求償之初步異議，雖然如此，法院亦承認，在特定情況下，罹於時效可能導致系爭求償案件不予受理。[58] 可預見者，一個國家之求償案件可能因被告方難以確認事實而被拒絕；然而，倘若被告方未存在無法彌補之不利條件，基於國家間關係之進展，法院將不願意僅因罹於時效而停止求償程序。因此，在 *Cayuga Indians Claim* 一案中，英國代表受保護的少數群體所提出之求償，即使已罹於時效，但仍被認為並未損及被告方利益。[59]

事實上，國際法委員會（ILC）關於國家責任草案條款第 45 條，僅規定「放棄」或「默許」（waiver or acquiescence）求償損失，可被視為否認「罹於時效」之排除效果。依據上開第 45 條之評註規定：

> 強調國家行為，其中可能包括在適用情況下，不合理之「罹於時效」作為求償失效的認定標準。故僅因罹於時效而未解決求償，並不足構成默許，特別在被害方盡其所能合理地維持其求償之情況。[60]

[55] Ibid, 131–4.

[56] Generally: Borchard, *Diplomatic Protection* (1915) 825–32; King (1934) 15 BY 82; Cheng, *General Principles of Law* (1953, repr 2006) 373–86; Hondius (ed), *Extinctive Prescription on the Limitation of Actions* (1994); Hober, *Extinctive Prescription and Applicable Law in Interstate Arbitration* (2001); Wouters & Verhoeven, 'Prescription' (2008) *MPEPIL*; Tams in Crawford, Pellet, & Olleson (eds), *The Law of International Responsibility* (2010) 1035, 1045–8; Blanchard (2011) 10 *Wash U Global SLR* 419, 459–72. Also: *ICS Inspection and Control Services Ltd v Argentina*, 10 February 2012, paras 201–8, 215–18; *Salini-Impregilo v Argentina*, Decision on Jurisdiction and Admissibility, 23 February 2018, paras 83–94.

[57] *Ambatielos* (1956) 23 ILR 306, 314–15; *Lighthouses* (1956) 23 ILR 659, 671–2.

[58] ICJ Reports 1992 p 240, 247–50. Certain aspects of the question were reserved to the Merits phase: ibid, 255. Also: *LaGrand (Germany v US)*, ICJ Reports 2001 p 466, 486–7.

[59] (1926) 6 RIAA 173; (1926) 20 *AJIL* 574.

[60] Witenberg (1932) 41 Hague *Recueil* 1, 31–3; García-Amador, ILC *Ybk* 1958/II, 57; Suy, *Les Actes juridiques unilatéraux en droit international public* (1962) 154–7; Rousseau, 5 *Droit International Public* (1974) 182–6. Also: *Wollemborg* (1956) 24 ILR 654; *Haas v Humphrey*, 246 F2d 682 (DC Cir, 1957).

不少被援引爲時效之案件，實際上都是以權於時效作爲默許或放棄的證據。[61]

(5) 棄權

放棄求償可以透過單方面之棄權行爲、默許行爲之暗示，或透過簽定協議。然而，有鑒於在外交保護之情況下，國家僅主張其權利，故可能會與他國進行談判妥協，或甚至放棄求償，使得個人或公司無法獲得國際救濟；[62] 反之，同樣情況下，一國國民放棄國際求償，對於國家並沒有任何約束力。因此，要求外國人在入境時放棄外交保護的卡爾沃條款（Calvo clause）被認爲在法律上無效，[63] 上述原則在投資仲裁領域之適用仍是懸而未決之問題。[64]

(6) 其他不受理之理由

【675】國際間尚存在其他不受理之簡要理由，值得注意：

(i) 雖然仲裁庭並不太重視形式問題，但在提出申請時，倘若不遵守仲裁庭規則，可能會成爲反對可受理性之理由；[65]

(ii) 與窮盡當地救濟原則類似，被告方可能會證明已經或應該於另一個法庭（無論是國內法庭還是國際法庭）中獲得充分之補救措施。國際上是否存在任何等同於國內法中的「不在場證明」（*lis alibi pendens*）或「不便利法庭」（non-convenient）等原則，都相當值得懷疑；[66]

---

[61] E.g. *Sarropoulos v Bulgarian State* (1927) 4 ILR 245. Cf Tams in Crawford, Pellet, & Olleson (2010) 1035.

[62] Cf *Inao Horimoto v The State* (1954) 32 ILR 161; *Public Trustee v Chartered Bank of India, Australia and China* (1956) 23 ILR 687, 698–9; *Austrian Citizen's Compensation* (1960) 32 ILR 153; *Togen Akiyama v The State* (1963) 32 ILR 233; *Restitution of Household Effects Belonging to Jews Deported from Hungary* (1965) 44 ILR 301; *Rudolf Hess* (1980) 90 ILR 386; *Kaunda v President of the Republic of South Africa* (2004) 136 ILR 452; *R (Al Rawi) v Foreign Secretary* (2006) 136 ILR 624.

[63] On the Calvo clause: Manning-Cabrol (1995) 26 *LPIB* 1169; Dalrymple (1996) 29 *Cornell ILJ* 161; Paulsson, *Denial of Justice in International Law* (2005) 20–4; Juillard, 'Calvo Doctrine/Calvo Clause' (2007) *MPEPIL*; Amerasinghe, *Diplomatic Protection* (2008) ch 12.

[64] Cf *Loewen Group v United States of America* (2003) 7 ICSID Reports 421; (2004) 128 ILR 334; *Eureko BV v Republic of Poland* (2005) 12 ICSID Reports 331; and see chapter 28.

[65] Witenberg (1932) 41 Hague *Recueil* 1, 90–4; *Northern Cameroons*, ICJ Reports 1963 p 15, 27–8; 42–3 (Judge Wellington Koo); 173–4 (Judge Bustamante). Also on procedural inadmissibility: ibid, 172–3 (Judge Bustamante).

[66] Shany, *The Competing Jurisdictions of International Courts and Tribunals* (2003) esp chs 4–6; Shany, *Regulating Jurisdictional Relations between National and International Courts* (2007); McLachlan (2009) 336 Hague *Recueil* 199, 441–500; Brand, 'Forum Non Conveniens' (2013) *MPEPIL*; Salles (2014) 220–5; Lock, *The European Court of Justice and International Courts* (2015) 63–70. Also: Hobér (2014) 366 Hague *Recueil* 99, 324–31, 342–76. For a review of national law rules for declining or restraining the exercise of jurisdiction: Fentiman, *International Commercial Litigation* (2nd edn, 2015) chs 10–16.

(iii)在某些特殊的案例中，「不受理之程序問題」與「案件實質問題」難
　　以區分，此即所謂「清白原則」（clean hands doctrine）。依此原則
　　下，求償人若本身涉及國內法或國際法規定之非法活動，可能會令求
　　償終止，雖然此原則經常被援引，但卻很少被法院適用。[67]

4. 外交保護

上述不可受理之原則，無論其性質如何，皆適用於國際求償案件；相反
地，求償人之「國籍」與「窮盡當地救濟原則」係基於「外交保護」之背景下
特別予以規定。2006 年，國際法委員會（ILC）在「外交保護條款草案」文件
中，重申上述兩原則，反映其逐漸發展之趨勢。[68]

(1) 求償人之國籍

【676】當國民（包括公司）在另一國境內遭受傷害或損失時，「國籍」
之重要功能乃為確立一國之合法利益。[69]原則上，倘若求償方無法確定求償之
國籍，則該求償不可受理，因其並無任何合法利益。[70]然而，所涉及之問題種
類繁多，須予以分別對待。

---

[67] The clean hands doctrine is to the effect that an action may not be maintained by someone who has misbehaved in relation to the subject matter of the claim: Cheng (1953, repr 2006) 155–8. The ICJ has never applied the doctrine, even in cases where it might have done so: see *Oil Platforms*, ICJ Reports 2003 p 161; *Construction of a Wall in the Occupied Palestinian Territory*, ICJ Reports 2004 p 136, 149–50, 163. Cf *Nicaragua*, ICJ Reports 1986 p 14, 392 (Judge Schwebel, diss); *Arrest Warrant of 11 April 2000*, ICJ Reports 2002 p 3, 160–1 (Judge ad hoc van den Wyngaert, diss). The only investment tribunal award to apply the clean hands doctrine did so on the basis of applicable national law: *Inceysa Vallisoletana v Republic of El Salvador*, 2 August 2006, paras 231–42. Generic claims of wrongdoing have not succeeded: e.g. *Gustaf FW Hamester GmbH & Co KG v Republic of Ghana*, 18 June 2010, paras 127–8. For ILC consideration, see Crawford, ILC *Ybk* 1999/II(1), 82–3; Dugard, ILC *Ybk* 2005/II(1), 2 (concluding that 'the evidence in favour of the clean hands doctrine is inconclusive'). Also: Salmon (1964) 10 *AFDI* 225; Schwebel, 'Clean Hands, Principle' (2013) *MPEPIL*; Llamzon (2015) 30 *ICSID Rev-FILJ* 315.

[68] ILC Draft Articles on Diplomatic Protection, ILC *Ybk* 2006/II(2), 24–55.

[69] Borchard (1934) 43 *Yale LJ* 359; Sinclair (1950) 27 *BY* 125; García-Amador (1958) 94 Hague *Recueil* 365, 426ff; Lillich (1964) 13 *ICLQ* 899; Amerasinghe (2008) ch 10; Dugard, 'Diplomatic Protection' (2009) *MPEPIL*; Crawford, *State Responsibility, The General Part* (2013) 573–80. On the work of the ILC, see Dugard's Reports (2000–6); ILC Articles, ILC *Ybk* 2006/II(2), 24–55; Crawford in Maluwa, du Plessis, & Tladi (eds), *Essays in Honour of John Dugard* (2017) 135.

[70] *Panevezys–Saldutiskis Railway* (1939) PCIJ Ser A/B No 76; further: *Nottebohm (Liechtenstein v Guatemala)*, Second Phase, ICJ Reports 1955 p 4. But legal interest may exist on some other basis: Fitzmaurice (1950) 27 *BY* 1, 24–5.

首先，上述原則某些重要例外情況必須加以注意，[71] 非國民（non-nationals）之保護權可能來自條約或設立機構之特殊安排（*ad hoc arrangement*）。其餘普遍接受之例外，係懸掛保護國國旗船舶上之外籍海員，[72] 以及一國武裝部隊成員。倘若被害方為原告國服務，則原告國之合法利益視為已受損害，雖然被害方係外國人。[73]

(i) 制定國籍之規則

關於個人之國籍認定，ILC「外交保護條款草案」第 5 條中規定：

(i) 一國有權對從發生損害之日到正式提出求償之日持續為其國民的人實行外交保護。如果在上述兩個日期該人都持有該國籍，則推定該國籍為持續有效。

(ii) 雖然有第 1 款的規定，一國對在正式提出求償之日為其國民但在受到損害之日不是其國民的人，可實行外交保護，但條件是該人曾具有被繼承國的國籍，或者已喪失原國籍，並且基於與提出求償無關的原因、以不違反國際法的方式已獲得該國的國籍。

(iii) 個人在受到損害時為其原國籍國國民，而並非現國籍國之國民，則現國籍國不得針對原國籍國就該人所受到之損害實行外交保護。

(iv)【677】一國對於在正式提出求償之日後獲得被求償國國籍的人不再享有為其實行外交保護的權利。[74]

上開草案條款之評註（commentary）指出，條文原意保留國際法之傳統

---

[71] Parry (1953) 30 *BY* 257. On the position of aliens employed in diplomatic and consular services: Roberts (ed), *Satow's Diplomatic Practice* (7th edn, 2016) 106–7, 283–6.

[72] Watts (1958) 7 *ICLQ* 691. Further: ILC Articles, ILC *Ybk* 2006/II(2), 52–3 (Art 18 and commentary). Cf *M/V Saiga (No 2)* (1999) 120 ILR 143, 185.

[73] Fitzmaurice (1950) 27 *BY* 1, 25.

[74] Similarly, Art 10 deals with continuous nationality of corporations and allows for continuity despite succession of states (para 1), and despite the corporation ceasing to exist (para 3).

規則，即要求被害人在「發生損害之日」與「正式提出求償之日」二個日期具有求償國之國籍（除持續保持國籍外，第 1 項後段亦有推定持續之規定），但並未解決被害人在「發生損害之日」與「正式提出求償之日」之間的期間是否應保留國籍。[75] 上開第 5 條明確規定相關時間之終點作爲權利要求之提出日期，此規範方式爲條約、司法判決，以及學說中最常使用之日期。至於條文中加上「正式」一詞，係爲了表示正式向相關機構提出求償，而非關於該爭議之非正式查詢與聯繫。[76]

「持續性原則」受到國際間批評，因爲該原則允許附帶事項，例如透過法律之實施而改變國籍，影響合理之求償；同時，倘若因爲法律錯誤係針對原籍國，則必須在受到侵害時該錯誤已經出現，且不應受到個人身分隨後變化之影響。[77]「持續性原則」的初衷係希望阻止個人透過改變國籍，以選擇實力較爲強大之保護國。然而，上述觀點不支持在死亡或國家繼承所帶來之「非自願」變更國籍之情況下適用「持續性原則」。[78] ILC 草案條款第 5 條與第 10 條有其正當理由保留「持續性原則」，[79] 但在發生繼承之情況時則不適用之；同時，第 5 條亦排除因與提出求償無關原因而發生國籍變更之其他情況，亦即，與個人「選擇法庭地」（forum shopping）不同之其他原因。[80]

(ii) 身後繼承

繼承人之國籍必須與代表其提出求償之死者的國籍相同，[81] 換言之，國籍

---

[75] ILC Articles, ILC *Ybk* 2006/II(2), 31–2 (commentary to Art 5, para 2).

[76] Ibid (commentary to Art 5, paras 4–5).

[77] Borchard (1934) 43 *Yale LJ* 359, esp 377–80.

[78] *Barcelona Traction*, Second Phase, ICJ Reports 1970 p 3, 99–103 (Judge Fitzmaurice), 202 (Judge Jessup). On nationality in state succession generally, see further: O'Connell, 2 *State Succession* (1967) 1033–9; ILC Draft Articles on Nationality of Natural Persons in relation to the Succession of States, ILC *Ybk* 1999/II(2), 20–47; Zimmermann in Eisemann & Koskenniemi (eds), *State Succession* (2000) 611.

[79] Dumberry, *State Succession to International Responsibility* (2007) 344–55; Šturma (2016) 48 *G Wash ILR* 653, 669–78.

[80] Duchesne (2004) 36 *G Wash ILR* 783. Also: Institut de Droit International Res, Tallinn/I (2015), Succession of States in Matters of International Responsibility, Art 10(1).

[81] Hurst (1926) 7 *BY* 163, 166; Diena (1934) 15 *RDILC* 173; Blaser, *La Nationalité et la protection juridique internationale de l'individu* (1962) 39–44. The ILC, while accepting that a claim could not be made if the heirs had the nationality of the responsible state, refrained from attempting to lay down any rules for the situation where the heir holds the nationality of a third state: ILC *Ybk* 2006/II(2), 33 (commentary to Art 5, para 14).

持續原則（continuous nationality）適用於財產之實益權益。[82]【678】由於實益利益至關重要，倘若遺囑執行人具有必要之國籍，[83] 但剩餘受遺贈人卻不具有必要之國籍，則求償將被拒絕。但求償委員會可推定已故債權人之繼承人的國籍連續性。[84]

(iii) 債權轉讓

倘若在關鍵時期將債權轉讓給非求償國之國民，或由非求償國國民轉讓，則必須拒絕求償。[85] 上述情況係 *Loewen* 案之案情：一家加拿大公司在得到有瑕疵之裁決，導致陪審團裁定 5 億美元之損害賠償（包括 4 億美元懲罰性賠償）後，依據美國破產法第十一章重組為另一家美國公司；在該公司倒閉前，將其在北美自由貿易協定（NAFTA）之債權轉讓給新成立之加拿大公司。由 3 名國內上訴法官組成之法庭駁回該求償案件：審判中出現了明顯之司法不公，法庭沒有審查「國籍持續原則」；本質上，求償者之國籍已經改變，向 NAFTA 提出求償之加拿大受讓人係一個「赤裸裸的實體」（naked entity），並不具有作為本程序目的中所要求「國籍持續」之國民資格。[86] 雖然據說在遵守「國籍持續」原則之情況下，轉讓財產並不影響債權，但仍須格外小心：雙邊投資條約（BIT）中所涉及之債權，本質上係國際法下的「屬人性」（intuitu personae）原則，此性質對於該債權之「可轉讓性」構成嚴格限制。

(iv) 實質受益人

相關原則載於美國之「外國求償解決委員會」（Foreign Claims Settlement Commission）於 *American Security and Trust Co* 一案之裁定中：[87]

---

[82] *Stevenson* (1903) 9 RIAA 385; *Flack* (1929) 5 RIAA 61; *Gleadell* (1929) 5 RIAA 44; *Eschauzier* (1931) 5 RIAA 207; *Kren* (1955) 20 ILR 233; *Bogovic* (1955) 21 ILR 156. Cf *Hanover Bank* (1957) 26 ILR 334.

[83] *Gleadell* (1929) 5 RIAA 44.

[84] *Straub* (1953) 20 ILR 228.

[85] *Perle* (1954) 21 ILR 161; *First National City Bank of New York* (1957) 26 ILR 323; *Dobozy* (1958) 26 ILR 345; *Einhorn-Fielstein v Netherlands Claims Commission (Czechoslovakia)* (1971) 73 ILR 378. Also: *Batavian National Bank* (1957) 26 ILR 346 (on assignment after filing of claim).

[86] *Loewen Group v United States of America* (2003) 7 ICSID Reports 421; (2004) 128 ILR 334, 412–18. The decision has attracted much criticism, focused more on denial of justice than continuity of nationality. But it is more vulnerable in the latter respect than the former.

[87] Lillich (1964) 13 *ICLQ* 899; 8 Whiteman 1261–3; Bederman (1989) 38 *ICLQ* 935; Douglas (2009) ch 12.

很明顯地，求償的國家性質必須檢驗持有其中實益權益之個人國籍，而並非檢驗求償名義持有人或紀錄持有人之國籍。[88]

於上述情況下，雖然提出求償之受託人係美國公民，但由於受益人並不具有美國國籍，求償主張乃被駁回。然而，在條約或國內立法中規定「一次性付清國際結算」（international settlements for lump sum）的情形下，可能允許受託人提出求償，而不論實質受益人之國籍為何。

(v) 保險公司及代位求償

【679】保險人在滿足國籍持續原則之情況下，可以主張代位求償。[89] 代位權得視為轉讓形式或代表形式：無論如何，代位權都可視為法律一般原則。[90] 有令人信服之論述反對讓保險人國籍影響求償者之國籍。尤其於再保險案件中，最終損害承擔者不易確定，然而，倘若保險人之利益得到確定，且國籍持續原則亦得到滿足，則似乎並無充分理由駁回其求償。在被保險人所在國不提出求償的情況下，Meron 依據「實定法」（de lege ferenda）為出發提出抗辯，保險人所在國應享有與保險人利益相等之地位，責任國不得因被害人與保險人國籍不同，而作為逃避法律責任之依據。[91]

(vi) 合夥求償

原則上，由於事務所（firm）在英國法中並非法人，合夥人將在其在合夥範圍內之利益作為「個人」而受到保護。然而，在和解協議以及樞密院令（Orders in Council）中之英國求償案件中，通常允許依據英國法成立之事務所提出求償，而不論合夥人之國籍為何。[92]

---

[88] (1957) 26 ILR 322, 322. Also: *Barcelona Traction*, ICJ Reports 1970 p 3, 218–19 (Judge Jessup); *Subrogated Interests to Pan American World Airways Inc*, 30 January 2013, 4 (Foreign Claims Settlement Commission).

[89] 2 O'Connell (1967) 1050–2; Meron (1974) 68 *AJIL* 628; van Niekerk (2007) 19 *S Af Mercantile LJ* 502; Sornarajah, *International Law on Foreign Investment* (3rd edn, 2010) 222.

[90] *Federal Insurance Co* (1958) 26 ILR 316; *Continental Insurance Co* (1958) 26 ILR 318; *Subrogated Interests to Pan American World Airways Inc*, 30 January 2013, 31–2.

[91] Meron (1974) 68 *AJIL* 628.

[92] Lillich (1964) 13 *ICLQ* 899, 907–8; Lillich & Weston (1982) 3, 31–2, 148–50. Cf Amerasinghe (2008) 138–41.

(vii) 公司

公司原則上應被視為具有其依國家法律設立之該國國籍，[93] 除非特定條約中附加不同規定。[94] 畢竟，國家應負責確保履行公司問責機制（審計、財務報表、股東大會等）的要求，並對於公司之註冊狀態實行監理。

【680】英國和美國之實踐係要求國民在公司中擁有實質的權益，[95] 在許多情況下，實益權益與依據求償國法律註冊成立的公司有關。但關鍵問題在於，倘若以實益權益為核心，是否可對在另一國或甚至是在被告方所註冊成立之公司行使外交保護。[96]

Barcelona Traction 案仍是公司及其股東外交保護的主要的權威案例。[97] 巴塞隆納電車公司（Barcelona Traction Company）係依據加拿大法律註冊成立，並在加拿大設有註冊辦事處，在得出比利時政府無能力支持比利時股東主張之結論時，國際法院認定由於加拿大為一國家，且與該公司「已建立一種密切及永久之聯繫，並在過去半個多世紀以來不斷加強關係」，故可斷定該公司與加拿大有「多方面之聯繫」（manifold connections）。[98] 但法院駁回了適用於個

[93] Generally: de Hochepied, *La Protection diplomatique des sociétés et des actionnaires* (1965); Caflisch, *La Protection des sociétés commerciales et des intérêts indirects en droit international public* (1969); Seidl-Hohenveldern, *Corporations in and under International Law* (1987) 7–12; Dugard, ILC *Ybk* 2003/II(1), 15–26; Lowe in Crawford, Pellet, & Olleson (2010) 1005; Muchlinski, 'Corporations in International Law' (2014) *MPEPIL*. Further: chapter 24.

[94] Under the Convention on the Settlement of Investment Disputes between States and Nationals of Other States, 18 March 1965, 575 UNTS 159, Art 25(2)(b), a corporation incorporated in the respondent state may claim if the parties have agreed that because of foreign control it should be treated as a national of another contracting state for the purposes of the Convention: Schreuer et al, *The ICSID Convention* (2nd edn, 2009) 760–902.

[95] The jurisprudence of arbitral tribunals is inconclusive: *I'm Alone* (1935) 3 RIAA 1609; *Interoceanic Railway of Mexico* (1931) 5 RIAA 178, 184; *Westhold Corp* (1953) 20 ILR 226; *Cisatlantic* (1954) 21 ILR 293. On the practice of the Iran–US Claims Tribunal: *Alcan Aluminium Ltd v Ircable Corp* (1983) 72 ILR 725; *Sola Tiles Inc v Iran* (1987) 83 ILR 460; *Sedco Inc v NIOC* (1987) 84 ILR 483; *Starrett Housing v Iran* (1987) 85 ILR 349. Cf *Aguas del Tunari SA v Republic of Bolivia* (2005) 16 ICSID Reports 297; *Camuzzi International SA v Argentine Republic* (2005) 16 ICSID Reports 3; *Rompetrol Group NV v Romania*, 18 April 2008, para 90; *Hulley Enterprises Ltd v Russian Federation*, 30 November 2009, para 416; *Pac Rim Cayman LLC v El Salvador*, 1 June 2012, para 4.81; *Occidental Petroleum Corp v Republic of Ecuador*, 2 November 2015, paras 260–4.

[96] *Barcelona Traction*, Second Phase, ICJ Reports 1970 p 3, 183 (Judge Jessup). Earlier decisions include *Canevaro* (1912) 11 RIAA 397, 406; *SS Wimbledon* (1923) PCIJ Ser A No 1, 182; *Flack* (1929) 5 RIAA 61; *Madera Co* (1931) 5 RIAA 156.

[97] ICJ Reports 1970 p 3. For analysis: Dugard, ILC *Ybk* 2003/II(1), 6–11. Also: Wittich, '*Barcelona Traction* Case' (2007) *MPEPIL*.

[98] ICJ Reports 1970 p 3, 42. Also: ibid, 295–6, 300 (Judge Ammoun); and the very qualified expressions of Judge Fitzmaurice: ibid, 83.

人的 *Nottebohm* 案之類比 [99] 與「實質聯繫」（genuine connection）原則：前述類比只能以有限度的方式適用於公司實體，而且法院對於「實質聯繫」之絕對檢驗還沒有得到國際間的普遍接受。[100]

然而，上述推論可能正確，*Nottebohm* 案所適用之原則，本質上係屬斷言。在提及國內法律制度時，國際法保留權力以防止影響短暫的、濫用的和模擬的創作。[101] 此外，至少有判決支持透過註冊而成立國籍的有效性推定，並且在跨國公司的情況下，不應適用非常嚴格的實質聯繫測試。

ILC 外交保護草案條款第 9 條規定，「就對於公司之外交保護而言，國籍國係指公司依照其法律成立的國家。然而，當公司受另一國或另外數國之國民控制，在成立地國沒有實質性商務活動，而且公司之管理總部及財務控制權均處另一國時，則應將該另一國視為國籍國」。[102] 值得注意者，倘若採用「實質聯繫」原則，【681】則可以避免將企業實體歸類為法人之困難。而若註冊地並非充分之標準，則仍必須選擇一個法律體系以決定是否存在獨立之法人資格，例如在合夥（partnership）之情況即是如此。法庭在上述之認定過程，似乎需依賴國內法，透過存在法律實體（Siège social）、控制權、住所地等要件，同時，法院似乎需要保證授予法律人格係為合理之要求，而並非針對其他國家行使適當保護範圍的限制手段。

(viii) 股東求償

許多國家的政府機關均認為，股東必須依賴其所投資之公司，使得主張外交保護。[103] 當被告方的國家行為影響到股東合法權益（legal interest）時，股東可以得到其國籍國之外交保護（一如股東基於收取股息之權利），以及倘若公司在註冊成立地依法不復存在時仍可提出外交保護；其他例外情況可能存在，但引起不少爭議。

---

[99] ICJ Reports 1955 p 4.

[100] ICJ Reports 1970 p 3, 42.

[101] 8 Whiteman 1270–2, for examples.

[102] ILC *Ybk* 2006/II(2), 37–8.

[103] Jones (1949) 26 *BY* 225; Bagge (1958) 34 *BY* 162; Lillich (1964) 13 *ICLQ* 899; Stern (1990) 116 *JDI* 897; Dugard, ILC *Ybk* 2003/II(1), 6–26; Lowe in Crawford, Pellet, & Olleson (2010) 1012–17; Juratowicz (2010) 81 *BY* 281; Crawford (2013) 579–80.

在 *Barcelona Traction* 一案中，[104] 即呈現代表股東提出求償的「可受理性」爭議，法院認為比利時對求償之標的物缺乏合法權益，因此沒有繼續審理案件。法院承認「有限責任公司」（*société anonyme*）之組織機構，屬於國家法律制度中的一般特徵及經濟生活之事實，[105] 股東利用註冊制度以成立公司時，倘若公司受到侵害，僅係「單純利益」（simple interest）受到影響，並非股東權利。法院駁回以下論點：在欠缺加拿大的外交保護（加拿大已於 1952 年停止實質性外交活動）情況下，股東應該有替代性保護機制，但法院僅簡要指出，加拿大有自由裁量權決定是否行使外交保護。[106]

法院承認，倘若被投訴之行為係針對股東本身之權利，例如，收取股息之權利，則存在獨立之外交保護依據。[107] ILC 外交保護條款草案第 12 條中亦有載明承認此論述，該條規定，「在一國之國際不法行為對股東本身權利，而非公司權利，造成直接損害的情況下，這些股東的國籍國有權為其國民實行外交保護」。除此案外，倘若於特殊情況下，是否可因股東利益而揭開公司面紗，此問題依舊未能解決。而在兩次世界大戰中，敵方與盟國財產待遇，以及在國有化之情況下，外國財產待遇之條約及決定【682】係屬於特別法，並不具有普遍適用的性質。國際法院認為，唯一特殊情況係公司作為法人實體不復存在，則可依法在相關的國內法院主張其權利。[108]

法院駁回得到當事方支持的兩項主張：第一項主張，當公司「完全癱瘓」或「實際上已經倒閉」時，對股東之保護可能存在合理性。法院認為僅有當該公司在法律上不復存在時，股東始能得到外交保護。*Barcelona Traction* 案的情況並非如此，因為雖然該公司因面臨西班牙經濟癱瘓並且在加拿大破產宣告，公司仍然存在，且能夠採取法律行動。法院進一步指出，「實際上已經倒

---

[104] ICJ Reports 1970 p 3; for contemporaneous comment: de Visscher (1970) 6 *RBDI* 1; de Visscher (4th edn, 1970) 303–5; Briggs (1971) 65 *AJIL* 327; Lillich (1971) 65 *AJIL* 522–32; Metzger (1971) 65 *AJIL* 532–41; Caflisch (1971) 31 *ZaöRV* 162; de Visscher (1971) 7 *RBDI* 1; Higgins (1971) 11 *Va JIL* 327; Seidl-Hohenveldern (1971–2) 22 *ÖZföR* 255; Grisel (1971) 17 *Ann Suisse* 31; Rodley (1971) 47 *Indiana LJ* 70; Mann (1973) 67 *AJIL* 259.

[105] ICJ Reports 1970 p 3, esp 34–8. Also: ibid, 231–42 (Judge Morelli); 244–64 (Judge Padilla Nervo); 296–333 (Judge Ammoun).

[106] Ibid, 41–5. Also: ibid, 37.

[107] Ibid, 36.

[108] Ibid, 40–1.

閉」之描述缺乏法律上之精確性。[109]

第二項主張，倘若公司具有被指稱應對造成損害負責的國家之國籍，該國家則可以行使外交保護。法院認為，無論上述原則之有效性如何，都不適用於本案，蓋西班牙並非 Barcelona Traction 公司所屬國籍之國家，[110] 相關機構在此問題上存在很大的分歧。某些論點主張，上述的例外相當反常，因為忽略了傳統規則，亦即一個國家不會因傷害其本國國民而違反國際法；[111] 在此情況下，允許股東從公司之主體中分離，被認為係武斷的推論（但其他情況下則不然）。倘若一個人接受法院提出政策性的一般考慮，即不符合此例外資格。然而，國際法之規範已經發生變化，國家對其國民所造成之傷害亦可能必須承擔國際責任。ILC 外交保護條款草案第 11 條規定，在公司受到損害的情況下，公司股東的國籍國無權為這些股東實行外交保護，除非：(i) 由於與損害無關的原因，按照成立地國的法律該公司已不存在；或 (ii) 在受到損害之日，公司具有被指稱應對造成損害負責的國家的國籍，並且在該國成立公司是該國要求的在其境內開展經營活動的前提條件。[112]

在 *Diallo* 一案中，法院提及一般規則是否確實存在例外情況的問題，亦即允許股東透過其所屬國籍之國家，來進行替代性保護。[113] 幾內亞之主張涉及透過替代 Africom-Zaire 以及 Africontainers-Zaire 兩家公司對於 Diallo 之保護，並捍衛其權利。國際法院駁回「替代保護理論」（theory of protection by substitution），[114] 並保留在有限度之情況下，是否存在例外之問題。然而，公司在被告國註冊成立，同時被要求作為在該國開展業務之先決條件，因為此類公司並不符合任何例外情況。[115]

(ix) 雙重或多重國籍

【683】在許多案件情況中，個人同時具有求償國與被求償國之雙重國

---

[109] Ibid, 41. Also: 193–4 (Judge Jessup); 256–7 (Judge Padilla Nervo); 318–20 (Judge Ammoun).

[110] Ibid, 48; see, however, 257 (Judge Padilla Nervo).

[111] Ibid, 192 (Judge Jessup).

[112] ILC *Ybk* 2006/II(2), 39–42.

[113] *Diallo (Guinea v Democratic Republic of the Congo)*, Preliminary Objections, ICJ Reports 2007 p 582, 614.

[114] Ibid, 615.

[115] Ibid, 616.

籍。對此問題之討論,通常將可接受之證據分屬於上述兩個不同的立場,假設彼此間並不相容。規定國籍衝突問題的國際法,首見於 1930 年「關於國籍法衝突的若干問題的公約」(Convention on Certain Questions Relating to the Conflict of Nationality Laws)之第 4 條,「國家關於本國人民之兼有他國國籍者對於該第二國不得施外交上之保護」,例如英國之國家實踐係採納上述條文所列的原則。[116] 其次,是關於有效國籍(effective nationality)支配之問題:此原則已被不少法庭所採用,包括 *Canevaro* 案、[117] 義大利與美國調解委員會(Italian-US Conciliation Commission)下的 *Mergé* 案、[118] 伊朗與美國求償法庭(Iran-US Claims Tribunal)、[119] 聯合國賠償委員會(UN Compensation Commission)對伊拉克提出的 A 類求償案,[120] 以及其他國際法庭或仲裁庭之案件。[121]

當具有雙重國籍之兩個國家中的其中一國向第三國提出求償,而第三國以另一國籍為有效或主要國籍時,雙重國籍之情況就顯得更加複雜。國際間大量判決認為,第三國在國際求償案件中應適用「國籍不可反對原則」(non-opposability)。在 *Salem* 一案中,仲裁庭裁定 Salem 在入籍美國時是波斯國民(現今之伊朗),並裁定埃及不得援引波斯國籍對抗索賠國美國;[122] 同樣之原則,在義大利與美國調解委員會下的 *Flegenheimer* 案中亦被肯認。[123]

依傳統國際法之規定,倘若被害人已被其他國家視為本國國民,則一國不

---

[116] UKMIL (1981) 52 *BY* 361, 499; (1982) 53 *BY* 337, 492; (1983) 54 *BY* 361, 521, 524; (1987) 58 *BY* 497, 622; cf (2014) 85 *BY* 301, 434.

[117] (1912) 11 RIAA 397, 405.

[118] (1955) 22 ILR 443, 449. Also: *Spaulding* (1957) 24 ILR 452; *Flegenheimer* (1958) 25 ILR 91, 147; *Turri* (1960) 30 ILR 371.

[119] Iran–US Claims Tribunal, Case 18A (1984) 75 ILR 176, 188, 204; *Esphahanian v Bank Tejarat* (1983) 72 ILR 478; *Golpira v Iran* (1983) 72 ILR 493; *Saghi v Iran* (1987) 84 ILR 609. Generally: Charney (1998) 271 Hague *Recueil* 101, 305–9; Aghahosseini, *Claims of Dual Nationals and the Development of Customary International Law* (2007) 33–53.

[120] (1996) 109 ILR 1, 106.

[121] *Mathison* (1903) 9 RIAA 485; *Schmeichler-Pagh* (1965) 92 *JDI* 689 (Danish Supreme Court); *Proposed Amendments to the Naturalization Provisions of the Political Constitution of Costa Rica* (1984) 79 ILR 283, paras 36, 63.

[122] (1932) 6 ILR 188.

[123] (1958) 25 ILR 91, 149. Also: *Mergé* (1955) 22 ILR 443, 456; *Vereano* (1957) 24 ILR 464.

會對再對該國行使外交保護。[124] 情況已不再如此，ILC「外交保護草案條款」第 6 條第 1 項規定，「雙重或多重國籍國民之任一國籍國可針對非國籍國，為該國民實行外交保護」；同時，第 7 條亦規定，「一國籍國不得為同屬另一國國籍之人針對另一國籍國實行外交保護，除非在發生損害之日和正式提出求償之日，前一國的國籍均為該人的主要國籍」。[125]

(2) 窮盡當地救濟原則

【684】「可受理性」係一項重要的管轄判斷原則，適用於外交保護案件，而非對於國家造成直接損害之案件。[126] 除非系爭案件之個人（外國自然人或法人）已經窮盡其主張造成傷害的國家內可使用的法律救濟措施，否則在國際爭端解決機制中提出之求償，將不予受理。

(i) 當地救濟原則之功能

當地救濟原則原本係源於政治考量，並非滿足任何邏輯上之必要性。然而，將國內法院作為私人當事方求償之法庭場域（*fora*），比國際法庭更為穩定及便利，成為更具說服力的實際考量因素。另外，於外交保護層面，當地救濟原則可避免小額求償迅速增加，將外國人透過「居住地」及「商業活動地」等聯繫因素，納入當地司法管轄之範圍、進行系爭案件中的事實分類，以及計算損害賠償之程序，[127] 甚至包括在不同參與者間之損害賠償金額分配（此程序通常無法在國際層面完成，蓋爭端解決程序中僅有「國家」可作為當事方）。[128]

---

[124] *Reparation for Injuries*, ICJ Reports 1949 p 174, 186.

[125] ILC *Ybk* 2006/II(2), 33–5. On the practice of the Iran–US Claims Tribunal: Aghahosseini (2007) 170–200.

[126] Generally: Law, *The Local Remedies Rule in International Law* (1961); Chappez, *La règle de l'épuisement des voies de recours internes* (1972); Cançado Trindade, *The Application of the Rule of Exhaustion of Local Remedies in International Law* (1983); Amerasinghe, *Local Remedies in International Law* (2nd edn, 2004); Crawford & Grant, 'Exhaustion of Local Remedies' (2007) *MPEPIL*; Crawford (2013) 580–4. For the work of the ILC: Dugard, ILC *Ybk* 2001/II(1), 97; ILC *Ybk* 2002/II(1), 49; ILC Articles, ILC *Ybk* 2006/II(2), 44–50 (Arts 14–15 and commentary).

[127] Amerasinghe (2nd edn, 2004) 56–64.

[128] In *CME (Czech Republic) BV v Czech Republic* (2001) 9 ICSID Reports 113, the principal wrongdoer was a private sector joint venturer whose liability was assessed at less than 10 per cent of the valuation assigned by the ICSID Tribunal to the respondent state, even though the latter's role was secondary.

若依據當事人從國內法院「獲得補救」（obtaining redress）的可能性觀之，上述原則通常被描述爲相當鬆散（loosely）。在可受理性的問題上，當地程序被視爲具有回溯之效力，而當訴訟程序在國內法院開始進行時，各種法律和事實問題可能會大量呈現於法官面前，究竟該案件係違反國內法或國際法，很難清楚決斷。當地法院之外籍求償人（alien claimant）有時可能會就違反國際法本身以尋求救濟；然而，對於原告而言，常見選擇乃採用當地法院提供之救濟程序，主張對其所受損害進行實質性賠償。

即使在直接損害外國利益之情況下（不適用窮盡當地救濟原則），例如，被告國代理人所造成之軍艦損壞，也不應假設國內法不存在救濟措施。然而，倘若主張「要求法官……確認……（此類）作爲或不作爲是否違反國際法」，而訴諸當地救濟原則之想法並不正確。[129] 蓋當地救濟原則在某程度上僅能確認國內法律之特定規則，是否阻礙當事人之救濟權利；卻忽略該規則與國際法之兼容性與否，【685】以及整體爭端是否具有國際性質等問題。[130] 因此，一般而言，窮盡當地救濟原則，將涉及當事方使用可保護相關利益之相關當地程序。[131]

(ii) 直接與間接求償之區別

關於「窮盡當地救濟原則」之文獻與判決，係假設該原則僅適用於國家對非法行爲所應負擔之法律責任，且未發生對於求償國造成直接損害（direct injury）之情況。德國外債仲裁庭（The Arbitral Tribunal for German External Debts）曾裁定上開原則，因此，倘若求償國沒有提出損害賠償要求，而係僅請求仲裁庭就條約解釋及適用作出裁決，則不適用之。[132] 然而，正如同 ELSI 一案中仲裁庭之裁定，求償主張的一般性特徵（general character）將決定爭議之性質。[133]

國際法上通常必須區分對「國家造成之直接傷害」與「外交保護」之間的

[129] Briggs (1956) 50 *AJIL* 921.
[130] *Certain Norwegian Loans (France v Norway)*, ICJ Reports 1957 p 9, 38 (Judge Lauterpacht).
[131] *Finnish Ships* (1934) 3 RIAA 1479; *Interhandel (Switzerland v US)*, ICJ Reports 1959 p 27.
[132] *Swiss Confederation v German Federal Republic (No 1)* (1958) 25 ILR 33, 42–50.
[133] ICJ Reports 1989 p 15, 42–3. Also: *Air Services Agreement of 27 March 1946 (US v France)* (1978) 54 ILR 303, 322–5; *Heathrow Airport User Charges* (1993) 102 ILR 215, 277–9.

差異。前者例如：對其軍艦造成損害、[134] 拘留該國大使等；後者則為屬於該國國籍之個人或公司利益受損害，甚至影響到該國的國家利益。而僅有在「外交保護」的情況下，求償案件必須適用窮盡當地救濟原則，以作仲裁庭「可受理性」之先決要件。然而，在區分上述情況時，可能僅在陳述問題之屬性，而並非提供解決方案之基礎。

在 *Avena* 一案中，墨西哥主張無論在其自身權利抑或在行使對其國民外交保護權時，美國皆違反依據「維也納領事關係公約」（Vienna Convention on Consular Relations）第 36 條第 1 項規定，對於墨西哥的國際法義務。法院回應上述論點指出，墨西哥國民依據上開公約所享有之個人權利，至少應先在美國國內法律體系內主張其權利，故適用「窮盡當地救濟原則」。然而，墨西哥抗辯主張，由於美國侵犯人權之行為，不僅使該國受到直接損害，且其國民亦遭受損失。法院於是接受上述墨西哥之主張並進一步闡述，國家與個人求償間之關係為「密切相關」（closely connected）：

> 侵犯個人依據「外交領事公約」所享有之權利，可能會導致派遣國之權利受到侵犯，同時，……侵犯後者之權利亦可能導致個人權利受到侵害。在此相互依存之特殊情況下……墨西哥得於以國家名義提出求償時，請求法院就其主張之對國家直接侵害，以及依據上開公約賦予墨西哥國民之個人權利受到侵犯，二者併同作出裁決……窮盡當地救濟原則之義務，不適用於此類案件的請求。[135]

【686】在光譜另一端之案件則包括 *Interhandel* 及 *ELSI* 二案，國際法院在此兩案中，皆認定國家求償不能與受害人之個人求償分開，而後者顯然係居於較優先之地位。[136]

---

[134] Cf *Corfu Channel*, ICJ Reports 1949 p 4. Also: *Air Services Agreement of 27 March 1946* (1978) 54 ILR 304, 323–5.

[135] *Avena (Mexico v US)*, ICJ Reports 2004 p 12, 35–6. Cf *Armed Activities on the Territory of the Congo (DRC v Uganda)*, ICJ Reports 2005 p 168.

[136] *Interhandel*, ICJ Reports 1959 p 28; *ELSI*, ICJ Reports 1989 p 15, 43. Further: Lourie (2015) *Austrian YBIA* 511, 526–30.

　　國際法委員會（ILC）所編擬之「外交保護條款草案」（Draft Articles on Diplomatic Protection）第 14 條第 3 項，具體闡明關於「外交保護」與「窮盡當地救濟原則」之「優先順序」：

　　　在主要基於一國國民或本條款草案第 8 條所指其他人所受損害
　　　而提出國際求償或請求作出與該求償有關的宣告性判決時，
　　　應用盡當地救濟。

　　基於上述條款草案之意旨，主要基於對國家直接損害而提出之求償不受窮盡當地救濟原則要求之約束。

(iii) 窮盡救濟手段之要求

　　「外交保護條款草案」第 14 條第 2 項將「當地救濟」（local remedies）定義爲「係指受害人可以在被指稱應對損害負責的國家，透過普通或特別之司法或行政法院或機構獲得之法律救濟」，所謂窮盡之補救措施，包括所有形式之求償權，以及具有法律性質之行政救濟，但不包括非因法律義務而支付之「惠給金」（ex gratia payments）等法外救濟管道。[137] 雖然「國內法向訴訟人提供之程序便利」包括在需用盡之補救措施中，但只有在使用這些救濟程序對於在國內法院確立求償案件必不可少之情況下，不使用該程序時，始構成違反窮盡當地救濟措施原則。[138]

　　國家必須提供有效救濟措施，以作爲合理可能性之測試方法。[139] 倘若原本可上訴之法律問題，先前已由該國最高等級法院裁判確定，[140] 則當事人無法獲得有效救濟；或者，倘若上訴之唯一爭點屬於事實之一部分，而上級法院無權複審事實調查結果。[141] 然而，當地法律有時無法明確認定，故國際法庭在推導

---

[137] *Finnish Ships* (1934) 3 RIAA 1479; *Diallo*, Preliminary Objections, ICJ Reports 2007 p 582, 601.

[138] *Ambatielos (Greece v UK)* (1956) 23 ILR 306, 336.

[139] *Norwegian Loans*, ICJ Reports 1957 p 9, 39 (Judge Lauterpacht); *Barcelona Traction*, Second Phase, ICJ Reports 1970 p 3, 144–5 (Judge Tanaka), 284 (Judge Gros). Further: ILC *Ybk* 2006/II(2), 46–8 (Art 15(a) and commentary).

[140] *Panevezys–Saldutiskis Railway* (1939) PCIJ Ser A/B No 76; *X v Austria* (1960) 30 ILR 268.

[141] *Finnish Ships* (1934) 3 RIAA 1479, 1484, 1535.

出「當地救濟措施不可受理」（non-availability of a local remedy）之結論時，應特別謹慎行事。[142] 法庭有意傾向於依據具體情況假設救濟措施無效，[143] 例如，法院採用行政部門所提供之證據。歐洲人權法院曾多次發現不存在有效之救濟措施，並明顯違反【687】「歐洲人權公約」（ECHR）第 13 條規定，尤其係在當事人指控國家未能充分調查虐待、失蹤和殺戮的案件。[144]

倘若當地法院對系爭案件並無管轄權，則可以假設並不存在有效之救濟措施。[145] 另一種複雜情況係倘若依國際法規定，當地法院對系爭案件無管轄權時，是否仍可適用「當地救濟」原則？Fitzmaurice 法官認為，在解釋與適用國際法標準過高的訴訟程序中，不會出現當地救濟之爭議。[146] ILC 第 15 條第 (c) 項規定，「在發生損害之日受害人與被指稱應負責國家之間沒有相關聯繫」，[147] 屬於例外無須用盡當地救濟措施。作為一個原則性的問題，適用結果取決於一個人對當地救濟原則所持的政策觀點。倘若該規則與外國人承擔風險以及行使國家管轄權之適當基礎存在相關性，則「自願聯繫」（voluntary link）之要件，顯得相當具有意義（例如居住地）。

關於舉證責任部分，法院認為在外交保護事件中，原告方有責任證明當地救濟措施確實已經用盡，或者應證明於特殊情況下，免除原告方尋求保護據稱受害者用盡當地救濟措施之義務。另外，應由被告方說服法院相信其國內法律體系中，尚存在未用盡之有效救濟措施。[148]

(iv)「窮盡」之構成要件

構成「窮盡」要件之核心概念係「有效性原則」（effectiveness principle）：當事人並不需要窮盡每一條最後之途徑，倘若該途徑已明顯徒勞

---

[142] *Norwegian Loans*, ICJ Reports 1957 p 9, 39–40 (Judge Lauterpacht). Also: Cançado Trindade (1983) 138–43.

[143] *Brown* (1923) 6 RIAA 120; *Forests in Central Rhodopia* (1933) 3 RIAA 1405, 1420; *Ambatielos* (1956) 23 ILR 306, 334–5; *Velásquez Rodríguez v Honduras*, IACtHR C/4, 21 July 1989; *ELSI*, ICJ Reports 1989 p 15, 47–8. Also: *Loewen Group v United States of America* (2003) 7 ICSID Reports 421; (2004) 128 ILR 334.

[144] E.g. *Aksoy v Turkey* [1996] ECtHR 21987/93; *Kaya v Turkey* [1998] ECtHR 22729/93, [106]–[108]; *Tepe v Turkey* [2003] ECtHR 27244/95, [192]; *El-Masri v FYROM* [2012] ECtHR 39630/09, [259].

[145] *Panevezys–Saldutiskis Railway* (1939) PCIJ Ser A/B No 76, 18.

[146] *Barcelona Traction*, Second Phase, ICJ Reports 1970 p 3, 103–10, 35–6 (Judge ad hoc Riphagen, diss).

[147] ILC Articles, ILC *Ybk* 2006/II(2), 25 (Art 15); Dugard, ILC *Ybk* 2002/II(1), paras 65–89.

[148] Ibid, 600, citing *ELSI*, ICJ Reports 1989 p 15, 43–4, 46.

無功。在 *Finnish Ship* 仲裁案中，該事件發生於第一次世界大戰期間，盟軍對英國政府使用以及損害某些船舶請求賠償，最終仲裁人裁定，芬蘭船東未能就某些法律爭議向英國法院提出上訴，並不構成違反窮盡當地救濟原則。國內仲裁委員會之決定係基於事實調查結果而作出的裁定，亦即系爭船舶乃爲俄羅斯而非英國所徵用，而可上訴之法律條款「顯然不足以推翻仲裁委員會在此爭點上之認定」，故最終仲裁庭駁回未窮盡當地救濟原則之異議。[149]

(v) 棄權及排除當地救濟

當地救濟原則並非絕對強制性，國家可能同意放棄該原則之要求，尤其在 BITs 中常明示或暗示國家應如此承諾。【688】ICSID 公約第 26 條規定，[150] 各國得以「窮盡當地救濟原則」爲條件同意仲裁，然而，很少有締約國如此選擇。[151] 鑒於此原則之重要性，各國國內法院一直猶豫是否要推斷已放棄管轄權，[152] 然而，倘若國家政府有明確之意圖可茲證明，則不需明示放棄。[153] 另一方面，當窮盡當地救濟原則之要求，與國際協議的條文及其宗旨不相符時，即可以推斷出該國已放棄。[154]

在 *Loewen* 一案中，原告主張北美自由貿易協定（NAFTA）第 1121(1)(b) 條隱含取消窮盡當地救濟原則之要求，因爲該條規定，啓動國際仲裁程序之原告方，皆承認放棄在任何國家之內的行政法庭或法院啓動，或繼續與基於 NAFTA 下申訴有關程序之權利。仲裁庭詳細說明「拒絕正義」（denial of justice）主張之區別，蓋提出「拒絕正義」係具有案件實質性特徵，而其他諸如「窮盡當地救濟原則」的主張，僅係判斷可受理性之程序而已。[155]

---

[149] *Finnish Ships* (1934) 3 RIAA 1479.

[150] 18 March 1965, 575 UNTS 159.

[151] Generally: Paulsson (2005) 102–7; Schreuer at al (2nd edn, 2009) 413; OECD Working Paper 2012/2, *Dispute Settlement Provisions in International Investment Agreements* (2012) 13–14.

[152] E.g. *ELSI*, ICJ Reports 1989 p 15, 42; *Italy v Cuba*, Interim Award, 15 March 2005, IIC 518 (2011) para 90. Also: Potestà in Boschiero et al (eds), *International Courts and the Development of International Law* (2013) 753, 759–61; cf Trevino (2014) 5 *JIDS* 199, 209–10; Lourie (2015) *Austrian YBIA* 511, 521–5.

[153] Conclusions of the ILA, Report of the 72nd Conference (2006) 397.

[154] *Obligation to Arbitrate under Section 21 of the United Nations Headquarters Agreement of 26 June 1947*, ICJ Reports 1988 p 12, 29.

[155] *Loewen Group v United States of America* (2003) 7 ICSID Reports 421; (2004) 128 ILR 334, 158–71, 207–17; Paulsson (2005) 102–12.

5. 混合式求償：私人與國家

(1) 混合式求償管轄之有效性

外交保護係因求償人不滿國家層面之程序，而期待將其轉移到國際機制而逐漸發展：透過假設受害方是國家本身，而並非該國之國民，從而有可能規避當代國際法的爭端解決機制中，只有國家才能參與之限制。然而，個人之求償（包含自然人或法人）可依據自身權利向國家或國際組織提出求償，依契約承諾、國際法規則，或兩者結合，並且避免涉及外交保護之限制。

(i) 人權訴訟

某些國際人權條約中規定，個人可就侵權行為對本國和其他國家政府提起訴訟之機制。[156] 此類人權機制下之求償數量呈爆炸式增長，尤其以歐洲為主，【689】歐洲人權法院每年皆收到超過 6 萬份之控訴申請。求償人仍然必須符合窮盡國內救濟原則，這在 ECHR 第 35 條第 1 項中即規定可受理案件之標準，求償人有資格以自己之權利提出求償，而無需將其不滿表達為對於原籍國之損害。在人權類型之案件中，通常會給予被告國一定之裁判餘地，蓋內國法院比起國際法院或法庭更適合審理，屬於一國國內公共政策議題的主張；事實上，在聯合國憲章生效之前的傳統國際法模式下，不可能承認個人對於國家的直接訴訟權。[157]

(ii) 投資人與地主國間之仲裁

私人（自然人或法人）有權直接起訴國家之不同形式的混合式訴訟（mixed litigation），常見於「雙邊投資條約」（Bilateral Investment Treaties, BITs）。在此類條約中，待遇標準並未表述為個人之權利，而係作為締約國間一系列的雙邊義務（bilateral obligations）：依據此類義務，倘若一國投資人對另一國政府不滿時，地主國同意進行國際仲裁。BITs 之規定下，已經放棄傳統國際法上的「窮盡當地救濟原則」，而允許投資人直接將其求償訴諸於國際仲裁。

---

[156] E.g. ECHR, 4 November 1950, ETS 5, Art 34; First Optional Protocol to the International Covenant on Civil and Political Rights, 16 December 1966, 999 UNTS 171, Art 2. On the ECtHR: Føllesdal, Peters, & Gulfstein (eds), *Constituting Europe* (2013); Shany, *Assessing the Effectiveness of International Courts* (2014) ch 11; Brems & Gerards (eds), *Shaping Rights in the ECHR* (2014). See further: chapter 28.

[157] Generally: Parlett, *The Individual in the International Legal System* (2011); Hafner (2013) 358 Hague Recueil 263, esp 369–428; Peters, *Jenseits der Menschenrechte* (2014). See chapter 28.

關於國籍，在外交保護背景下所強調傳統上的國籍規則，在「投資人－地主國」爭端解決機制（Investor-State Dispute Settlement, ISDS）中的重要性相對減弱許多。[158] 例如，本地投資實體（local investment vehicle）可能將因爲係「外國控制」（foreign control），而獲得法律適格，而這樣的情況，在外交保護中並不存在可能性。[159] 雖然如此，投資人的國籍，將是決定適用哪些條約之重要因素，故「國籍選擇」之做法，係外國投資規劃中公認的策略。[160] 因此，外交保護原則之規定，不適用於國際法特別規則，例如，BITs 中的條約中所規定關於投資人之保障條款。[161]

(2)混合式求償之管轄權及可受理性問題

【690】投資條約中的爭端解決，通常或多或少屬於「混合式」之求償程序，國內法和國際法皆有可能於爭端解決程序中適用。由於管轄權係取決於雙方之同意，並且仲裁地在某種意義上係屬於國際性質，因此國際法對於管轄權及請求賠償之可受理性要求，於初步程序階段皆可適用，除非被系爭雙方明示或默示排除之。例如，求償人之國籍規則可能會被修正，以允許外國投資人在擁有及控制地主國公司時得提出求償，甚至少數股東亦可提出衍生求償；[162]「窮盡當地救濟原則」通常被完全放棄，此趨勢對於仍在制定中之條約求償程序產生不小的影響。[163]

---

[158] Douglas (2009) ch 1, Rule 2: 'rules of admissibility of diplomatic protection in general international law are not generally applicable to the regime for the settlement of disputes between an investor and the host state created by an investment treaty'. Also: de Brabandere, *Investment Treaty Arbitration as Public International Law* (2014) 22–3, 65; Kriebaum in Douglas, Pauwelyn, & Viñuales (eds), *The Foundations of International Investment Law* (2014) 45, 59–61; Bernardini in Kinnear et al (eds), *Building International Investment Law* (2015) 163. On the diminished relevance of dual nationality: *Armas v Venezuela*, 15 December 2014, paras 173–5, 199–200; cf ICSID Convention, Art 25(2)(b); Reed & Davis in Bungenberg et al (eds), *International Investment Law* (2015) 614, 623–33.

[159] See e.g. ICSID Convention, Art 25(2)(b); Schreuer et al (2nd edn, 2009) 279–83; Thang & Tercier in Kinnear et al (2015) 141.

[160] Generally: Dolzer & Schreuer, *Principles of Foreign Investment Law* (2nd edn, 2012) 44–56; Schreuer in Rovine (ed), *Contemporary Issues in International Arbitration and Mediation* (2012) 17; Lee (2015) 6 *JIDS* 355; Jagusch, Sinclair, & Wickramasooriya in Kinnear et al (2015) 174. See generally chapter 29.

[161] ILC Articles, ILC *Ybk* 2006/II(2), 51–2 (Art 17 and commentary).

[162] E.g. *Aguas del Tunari SA v Republic of Bolivia* (2005) 16 ICSID Reports 297, 363; *Camuzzi International SA v Argentine Republic* (2005) 16 ICSID Reports 3, 12. Further: Kriebaum in Douglas, Pauwelyn, & Viñuales (2014) 45, 56–8; Bottini in Kinnear et al (2015) 202.

[163] E.g. Douglas (2009) 29–30, 98; Kriebaum in Douglas, Pauwelyn, & Viñuales (2014) 45, 63–4; Bjorklund in Kinnear et al (2015) 236, 237. Cf *Vivendi v Argentina (No 1)* (2000) 5 ICSID Reports 296, 322; *CME v Czech*

　　個人放棄外交保護的能力有限（例如在卡爾沃條款的背景下）已被提及，然而，如何將其精神轉化爲投資人依據 BITs 所提出直接求償程序，尚難確定：首先，BITs 下的義務屬於跨國性質；其次，「風險分配」（allocation of risk）係投資人與地主國間簽訂投資協議所考量之主要功能，大型投資人可以藉此協定照顧好自身利益。無論如何，國家必須對投資人開放，以向懸而未決或被求償之案件妥協。因此，對於美國法律重述第三版（Restatement Third）中提出的解決方案，對此問題有些主張，即已經產生的 BIT 爭端解決可由投資人予以放棄或和解。[164] 但不得損害另一締約國就條約規定的自身權利，獲得聲明性或其他救濟的任何利益。

　　人權被認爲是與生俱來之權利而非被國家授與，更不可能預先放棄此訴訟之權利；但自由地行使同意，可能會影響某些權利之發生或適用。在爭端解決程序中，甚至跨國間之人權求償案件，亦應受到一定程度的監督。[165]

6. 結論

　　【691】在作爲衝突之求償議題上，國際法試圖將「國家」與「國際」二個不同的領域加以區分，因此，「國內管轄範圍」以及「用盡當地救濟原則」顯得相當重要。國內管轄係脆弱抗辯，而「用盡原則」在外交保護與違反人權控訴上仍然適用，成爲眞正的障礙；上述二者被大多數 BITs 取代，屬於重要的創新（即使對被告方來說並不受歡迎）。就其他方面而言，雖然出現很誇張的現象，關於提出求償之技術性障礙（technical obstacles）不斷增加，但爲數衆多的先決異議仍然繼續被提出。不過，尤其令人遺憾者，國際法院在 *Georgia v Russia* 以及 *Marshall Islands* 二個案件中，對於「爭端」概念的解釋，越來越注重「形式主義」。

Republic (2003) 9 ICSID Reports 121, 195–6; *Waste Management v Mexico (No 2)* (2004) 6 ICSID Reports 538, 557; *Mytilineos v Serbia and Montenegro* (2006) 16 ICSID Reports 567, 611; *EDF International SA v Argentina*, 11 June 2012, paras 1126–9.

　[164]　2 *Restatement Third* §902(i); *Eureko BV v Republic of Poland* (2005) 12 ICSID Reports 331, 370–3.

　[165]　ECHR, Arts 38(1)(b), 39, and see e.g. *Denmark v Turkey (Friendly Settlement)* [2000] ECtHR 34382/97, 149.

第三十二章　國際爭端之第三方解決

1. 和平解決爭端概述

【692】國際爭端之司法解決，僅係維護國際和平與安全此一重要問題的一個面向。依據聯合國憲章，不允許個別國家使用武力解決國際爭端，事實上，國際間亦很少有爭端最終係透過武力方式解決。然而，國際法一般原則中並沒有實際解決爭端之義務，倘若透過正式之法律解決程序，通常具有雙方同意的性質。

因此，國際關係中以司法方式解決之背景與國內法院並不相同，此類型司法解決在國家關係中，相對屬於例外。[1] 本章考慮之爭議問題係集中於國際法之程序；亦即國家間之司法程序、或涉及國家之其他國際層面的法律程序等。[2] 倘若爭端係以政治手段解決（包含利用國際組織下轄機構），則不包括在討論範圍之列。[3] 然而，法律與政治之兩種解決方式，無法完全分離。例如聯合國大會及安全理事會之類的國際政治機構，可能會關注於事實爭端及法律問題，雖然其行動之基礎仍然是建構於政治考量之上。[4] 因此，為解決國際爭端而進行談判的政府機構，通常會接受法律意見，其中許多法律建議係屬於保密性質，可能很重要且相當客觀。

---

[1] For an overview: Kingsbury in Crawford & Koskenniemi (eds), *Cambridge Companion to International Law* (2012) 203. Also: Pellet, 'Judicial Settlement of International Disputes' (2013) *MPEPIL*; O'Connell & VanderZee in Romano, Alter, & Shany (eds), *The Oxford Handbook of International Adjudication* (2013) 40; Alter, ibid, 63.

[2] The qualification is necessary because some international courts and tribunals now have jurisdiction in 'mixed' cases, i.e. cases involving states and non-states including individuals and corporations. The PCIJ, created at a time when only states were considered international persons, was not one of these, nor is the ICJ which was modelled on it: ICJ Statute, Art 34. Not even the EU has standing before the ICJ, despite its exercising state functions within the ICJ's area of subject matter competence. For international human rights courts and committees: chapter 29.

[3] UN Charter, Chs VI–VII; Goodrich, Hambro, & Simons, *Charter of the United Nations* (3rd edn, 1969); Simma et al (eds), 1–2 *The Charter of the United Nations* (3rd edn, 2012) 1069–428; Conforti & Focarelli, *The Law and Practice of the United Nations* (5th edn, 2016).

[4] Higgins, *Development* (1963) 1–11; Peck, *The United Nations as a Dispute Settlement System* (1996); Merrills, *International Dispute Settlement* (6th edn, 2017) ch 10.

2. 國際爭端解決之發展

(1) 仲裁與國際爭端解決之起源

【693】在國內法及國際法之發展歷史中，司法程序係由不太正式之行政與政治程序演進而來。國際實踐長期以來將談判、斡旋、調解等作爲爭端解決非正式之方法，[5] 建立和平解決機制之條約，經常對上述機制以及和解作出相關規定。調解（conciliation）不同於調停（mediation），該制度起源於 1896 年 [6] 以及 1907 年 [7]「關於和平解決國際爭端的海牙公約」（Hague Conventions for the Pacific Settlement of International Disputes）中規定之調查委員會，以及美國在 1913 年以及 1914 年締結之一系列仲裁條約中所載之委員會（Bryan treaties）。[8] 調解通常具有準司法性（semi-judicial aspect），因爲委員會必須闡明事實，聽取各方意見，並提出解決方案的建議，然而，上述建議通常不具法律約束力。[9]

在建立正式的調解模式之前，長期以來，一直實行國際間之仲裁，二者具有相同政治淵源。事實上，仲裁已逐漸演變爲類似於司法解決之複雜程序，在 1872 年美國和英國之間 *Alabama Claims* 案仲裁成功後，仲裁之重要性大大增加。[10] 在此階段，仲裁庭經常應當事人之要求訴諸「正義與公平之原則」（principles of justice and equity）並提出庭外和解。然而，到 19 世紀末，仲裁主要係「依法作出裁決」之過程，且得到適當的程序標準的支持。與

---

[5] Pellet, 'Peaceful Settlement of International Disputes' (2013) *MPEPIL*; Merrills (6th edn, 2017) chs 1–6. On commission of inquiry: Bar-Yaacov, *The Handling of International Disputes by Means of Inquiry* (1974) 85; Jachec-Neale, 'Fact-Finding' (2011) *MPEPIL*. Also: Lapidoth, 'Good Offices' (2006) *MPEPIL*; Brower II, 'Arbitration' (2007) *MPEPIL*; Vicuña, 'Mediation' (2010) *MPEPIL*; Hakapää, 'Negotiation' (2013) *MPEPIL*, Section C. For hybrid forms: *Re Letelier and Moffitt* (1992) 88 ILR 727; *Rainbow Warrior* (1986) 74 ILR 241: *Beagle Channel* (1977) 52 ILR 93.

[6] 29 July 1899, 187 CTS 410.

[7] 18 October 1907, 205 CTS 233.

[8] E.g. France–United States, Treaty for the Advancement of Peace, 15 September 1914, 10 *AJIL Supp* 278. Further: Finch (1916) 10 *AJIL* 882; Scott, *Treaties for the Advancement of Peace between the United States and Other Powers* (1920); Schlochauer, 'Bryan Treaties (1913–14)' (2007) *MPEPIL*.

[9] For the first compulsory conciliation under UNCLOS, Part XV, see *Timor-Leste v Australia*, PCA, Decision on Australia's Objections to Competence, 19 September 2016. The process was successful: see the Treaty between Australia and the Democratic Republic of Timor-Leste establishing their Maritime Boundaries in the Timor Sea, 6 March 2018.

[10] Moore, 1 *Digest* 653. Further: Cook, *The 'Alabama' Claims* (1975); Bingham (2005) 54 *ICLQ* 1.

1922 年後發展起來之司法解決相比，仲裁程序中之仲裁者被稱爲「仲裁庭」
（arbitral tribunal）或「仲裁法院」（court of arbitration）。[11]【694】仲裁庭一
般係由奇數組成，通常包括國家代表與獨立之主席，在過去歷史用語中，稱爲
「裁判員」（umpire），[12] 仲裁庭通常是爲處理特定爭端，或某一類型之爭端
而設立，並且比常設法院之強制管轄（compulsory jurisdiction）具有更多之彈
性。[13] 由於上述區別，各國開始將仲裁視爲解決某一類型爭端之合適機制，在提
交國際間仲裁案件中，有許多涉及領土或準領土（quasi-territorial）之爭端。[14]

(2) 以司法解決國際爭端之想法

仲裁與司法解決，在現代已沒有明顯界限，後者適用於依據國際法解決
涉及國家或其他當事方爭端之任何國際法庭；甚至在歷史上，常設司法解決之
機構，係由仲裁經驗中發展而來。如今常見的機構，係綜合爭端解決機制之
發展，其中包括具有相對正式管轄權與訴訟程序之國際「法院」，亦同時爲相
同制度程序下所召集之仲裁庭，保留某些通用性規則，例如聯合國海洋法公約
（UNCLOS）[15] 與世界貿易組織（WTO）。[16] 但正如許多特設仲裁庭、[17] 混合委
員會或半永久性專門法庭之組成所代表之意義，[18] 獨立之司法解決機制仍然有

[11] There is no fixed terminology; judicial functions are carried out by agencies labelled 'mixed claims commissions', or even 'conciliation commissions' (as in the case of the Conciliation Commissions set up to hear claims arising under Art 83 of the Treaty of Peace with Italy, 15 September 1947, 42 UNTS 3).

[12] Interstate tribunals normally consist of five members, including two party-appointed and three chosen by an 'appointing authority'. See e.g. UNCLOS, Annex VII, Art 3.

[13] Collier & Lowe, *The Settlement of Disputes in International Law* (1999) 31–5; Merrills (6th edn, 2017) ch 5.

[14] E.g. *Argentina–Chile Frontier (La Palena)* (1966) 38 ILR 10; *Rann of Kutch* (1968) 50 ILR 2; *Beagle Channel* (1977) 52 ILR 93; *Delimitation of the Continental Shelf (UK v France)* (1977) 54 ILR 6; *Delimitation of the Continental Shelf (UK v France)* (1978) 54 ILR 139; *Guinea–Guinea-Bissau* (1985) 77 ILR 635; *Taba* (1988) 80 ILR 224; *St Pierre and Miquelon* (1992) 95 ILR 645; *Red Sea Islands (Eritrea v Yemen)* (1998) 114 ILR 1; *Barbados v Trinidad and Tobago* (2006) 139 ILR 449; *Guyana v Suriname* (2007) 139 ILR 566; *Bay of Bengal Maritime Boundary Arbitration (Bangladesh v India)* (2014) 167 ILR 1; *South China Sea (Philippines v China)* (2016) 170 ILR 1.

[15] 10 December 1982, 1833 UNTS 3.

[16] 15 April 1994, 1867 UNTS 410.

[17] For modern arbitrations not involving boundary delimitation, see e.g. *Lake Lanoux* (1957) 24 ILR 101; *Air Services Agreement of 27 March 1946* (1978) 54 ILR 304; *Belgium, France, Switzerland, UK and USA v Germany (Young Loan Arbitration)* (1980) 59 ILR 494; *Indus Waters Kishenganga Arbitration (Pakistan v India)* (2013) 157 ILR 362; *Railway Land Arbitration (Malaysia v Singapore)* (2014) 162 ILR 588.

[18] Generally: Charney (1998) 271 Hague *Recueil* 101; Simma (2009) 20 *EJIL* 265, 278ff; Caminos in Boschiero et al (eds), *International Courts and the Development of International Law* (2013) 55; Dupuy & Viñuales in Romano, Alter, & Shany (2013) 135.

其存在之必要。

　　法庭之「國際性質」源自其組織及管轄權，國內法院即使可以適用國際法，[19] 但始終不能獨立於國家體系之外；國內法院不是在國際層面上解決當事方所產生之問題，其管轄權也不取決於國際協議。

3. 國際法院

(1) 歷史觀點：常設國際法院

　　【695】「世界法院」（World Court）乃經常適用於常設國際法院（Permanent Court of International Justice）及國際法院（International Court of Justice）之別稱，而後者係 1945 年新創建之法院，但實質上是早期機構延續。[20] 常設國際法院於1922年開始運作，作為一個新的國際常設機構，往往係依據以往的經驗發展起來。仲裁實踐以兩種方式促成發展演變，首先，在積極影響的層面，表現在法院及仲裁庭間的某些相似之處，例如國家法官制度、特別管轄協議的使用、公允善良原則（*ex aequo et bono*）之裁決權，以及一些基本法律原則之應用，[21] 例如在沒有相反協定之情況下，國際法庭可以自為決定其是否有管轄權。其次，在消極影響的層面更具決定性，蓋「常設仲裁法院」（Permanent Court of Arbitration）並非常設法院，且無法制定判例之批評，導致了在1907年第二次海牙和平會議上設立「常設法院」公約之草案，[22] 而由於對法官人數存在分歧，公約草案未獲通過；某些國家代表要求常設法院之法官人數，應與法院成員國數目相同。[23]

---

[19] Crawford, *Chance, Order, Change* (2014) 212–17.

[20] Generally: Lowe & Fitzmaurice (eds), *Jennings Essays* (1996); Eyffinger, *The International Court of Justice 1946–1996* (1996); Zimmermann et al (eds), *The Statute of the International Court of Justice* (2nd edn, 2012); Thirlway, *The Law and Procedure of the International Court of Justice* (2013); Kolb, *The International Court of Justice* (2013); Shany, *Assessing the Effectiveness of International Courts* (2014) 161–88; Quintana, *Litigation at the International Court of Justice* (2015); Shaw, *Rosenne's Law and Procedure of the International Court 1920–2015* (5th edn, 2016); Thirlway, *The International Court of Justice* (2016); Merrills (6th edn, 2017) chs 6–7.

[21] *Nottebohm (Liechtenstein v Guatemala)*, Preliminary Objection, ICJ Reports 1953 p 111, 119.

[22] Scott, *The Project Relative to a Court of Arbitral Justice (No 34)* (1920) 89–98.

[23] Scott (1908) 2 *AJIL* 772; Hudson, *The Permanent Court of International Justice 1920–1942* (1943) 80–4. Further on the PCIJ: Spiermann, *International Legal Argument in the Permanent Court of International Justice* (2005); Tams & Fitzmaurice (eds), *Legacies of the Permanent Court of International Justice* (2013).

　　1920 年，國際聯盟理事會任命一個「法學家諮詢委員會」（advisory committee of jurists）起草常設國際法院規約草案；[24] 而規約草案源於三個來源：1907 年公約草案、中立國家關於強制管轄權之提案，以及關於法官選舉之 Root-Phillimore 計畫。雖然章程草案中納入「強制管轄權」，但在國聯理事會及大會上，幾個大國及其支持者成功地否決此規定，然而，該會議最終以「任擇條款」（optional clause）之形式達成微弱之妥協，而上述規約於 1921 年正式生效；[25] 然而，規約中卻未包含修正條款，因此，所有修正皆需要國聯之成員國一致批准，使得修法程序相當緩慢。第二次世界大戰後，常設國際法院本可以重新運作，但舊金山會議卻決定成立一個新的國際法院，【696】主要係基於兩個重要考量：第一，美國與蘇聯表達對於與國際聯盟有關機構之厭惡；第二，倘若舊法院存續並與聯合國有關，則必須再重新修改規約。[26]

　　因此，新法院之設計將與聯合國關係更加密切，聯合國憲章第 92 條規定，國際法院係「聯合國主要司法機關」；而依第 93 條規定，所有聯合國會員國，都成為國際法院規約事實上之締約方。除此之外，就其他方面而言，新法院可視為是舊法院之延續，規約實質上是相同的；涉及舊法院制度下之管轄權已轉移至新法院（第 36 條第 5 項及第 37 條），並且具有法理上之連續。

(2) 法院組織

　　建立一個各國可信任之常設國際法庭之關鍵在於「司法任命」（judicial appointment）問題，[27] 國際法院規約中強調：法官一經任命即具有獨立性，法官不得行使任何政治或行政職務，或執行任何其他職業性質之任務（第 16 條第 1 項），對於任何案件，不得充任代理人、律師或輔佐人。法官曾以當事國一造之代理人、律師或輔佐人、或以國內法院或國際法院或調查委員會委

---

[24] Covenant of the League of Nations, Art 14.

[25] Protocol of Signature to the Statute of the Permanent Court of International Justice, 16 December 1920, 6 LNTS 379.

[26] Hudson (1957) 51 *AJIL* 569; 1 Shaw-Rosenne (5th edn, 2016) 67–71.

[27] Generally: Lauterpacht, *Function of Law* (1933, repr 2011) 219–49; 1 Shaw-Rosenne (5th edn, 2016) 363–89. Also: Mackenzie et al, *Selecting International Judges* (2010); Kolb (2013) ch IV; Vukas in Boschiero et al (2013) 213; Mackenzie in Romano, Alter, & Shany (2013) 737; Hernández, *The International Court of Justice and the Judicial Function* (2014) ch V.

員、或以其他資格參加任何案件者，不得參與該案件之裁決（第 16 條及第 24 條）；法官除由其餘法官一致認為不適合必要條件外，不得免職（第 18 條第 1 項），且於執行法院職務時，應享受外交特權及豁免（第 19 條），其俸給津貼及酬金由聯合國大會定之，在任期內，不得減少，並應免除一切稅捐（第 32 條）。

國際法院有 15 名法官，其中 5 名法官每三年選出一次，任期九年，可連任之。另外，法院以獨立法官若干人組成之，法官應不論國籍，就品格高尚並在各本國具有最高司法職位之任命資格或公認為國際法之法學家中選舉之（第 2 條）。依上開規定之候選法官，包括：教授、法律專業人士、國家或國際法官，以及各國所任命公務人員等，許多法官都曾擔任過國家外交部之顧問。[28] 在規約的其他條款中，國籍問題具有重要意義，例如法院以法官 15 人組織之，其中不得有 2 人為同一國家之國民（第 3 條第 1 項）；每次選舉時，選舉人不獨應注意被選舉人必須各具必要資格，並應注意務使法官全體確能代表世界各大文化及各主要法系（第 9 條）。上開條文中所陳述之選任原則無懈可擊，[29]【697】但可惜的是，實際應用上卻相當困難，蓋法官選舉制度係為了確保法院之組成，能充分反映聯合國安理會以及大會之投票實力與政治聯盟。安理會常任理事國歷史上曾有本國籍之法官在國際法院任職，[30] 但該法官係以「個人」身分被選舉而產生，並不代表他們所屬原籍國。

選舉程序涉及安全理事會和大會，分別以獨立及同時間投票，而候選人必須同時在上述兩個機構中獲得絕對多數之同意票。[31] 過去之實踐中，選舉過程仍然是充滿國際政治的算計，法官在個別案件中的態度，將影響法官連任選舉時，會員國之投票結果。但上述問題很難找到完美的解決方法，蓋法院之存在，顯然取決於法官選舉之政治基礎。

---

[28] Of the present Court (as at 31 June 2018), seven previously served as national legal advisers or ambassadors; one as the legal adviser to an international organization; four were university professors; one was a senior national judge; and two were judges on international criminal tribunals. This enumeration is based on dominant occupation immediately prior to election.

[29] Also: Rules of the Court, 1 July 1978 (ICJ Rules), Art 7(2).

[30] In 2017, the UK judge was not re-elected.

[31] For procedures to deal with deadlock: ICJ Statute, Arts 11–12. Informal consultation is used to avoid resort to a joint conference.

在實際的案件中，屬於訴訟當事國國籍之法官，於法院受理該訴訟案件時，保有其參與之權，而法院受理案件，如法官中有屬於一造當事國之國籍者，任何他造當事國得選派 1 人爲法官，參與該案；倘若當事國均無本國國籍法官時，各當事國均得選派法官 1 人；至於任擇案件（*ad hoc* case）之法官則由當事方任命（第 31 條第 1 項至第 3 項）。[32]

(3) 系爭案件之管轄權

法院的審判僅在於「國家」之間，[33] 且僅在同意之基礎上對「有爭議之案件」具有管轄權。[34] 法院經常提到其管轄權取決於當事方的意願這一事實，[35] 上述原則爲規約第 36 條規範，係以解決爭端之國際習慣爲基礎，基於國家主權平等之必然結果，沒有任何相反或例外規定。

法院決定賠償之能力可能會受到當事方以各種方式挑戰，而對於管轄權之異議，係就案件賠償之「可受理性」（admissibility）或案情作出裁決之權力和權威提出質疑，此項法律質疑，例如違反「用盡當地救濟措施」之原則，【698】此係以不同於管轄權或案情本身之方式，質疑賠償有效性。[36] 在實踐中，法院可以將某些先決反對異議併入至案件實質問題審理，前提是「在案件實際情況下，反對主張不具有純屬初步的性質」（國際法院規則第 79 條第 9

---

[32] On the role of a judge ad hoc: *Genocide (Bosnia and Herzegovina v Yugoslavia)*, Provisional Measures, ICJ Reports 1993 p 325, 408–9 (Judge ad hoc Lauterpacht). Also: Schwebel (1999) 48 *ICLQ* 889; Scobbie (2005) 4 *LPICT* 421; Thirlway (2013) 881–96, 1741–53; Kolb (2013) 118–32; Hernández (2014) 145–54; Shaw-Rosenne (5th edn, 2016) 1111–26.

[33] Generally: Fitzmaurice (1958) 34 *BY* 1, 8–138; Thirlway (2013) 691–819, 896–1104, esp 691–819, 1111–713, 1753–879, esp 1608–713; Kolb (2013) ch V; Quintana (2015) Parts 1, 2, 5; Shaw-Rosenne (5th edn, 2016) chs 12–14.

[34] ICJ Statute, Art 34(1) provides: 'Only states may be parties in cases before the Court.'

[35] E.g. *Anglo-Iranian Oil Co (UK v Iran)*, Jurisdiction, ICJ Reports 1952 p 93, 102–3; *Monetary Gold removed from Rome in 1943 (Italy v France, UK and US)*, Preliminary Question, ICJ Reports 1954 p 19, 32; *Military and Paramilitary Activities in and against Nicaragua (US v Nicaragua)*, Jurisdiction and Admissibility, ICJ Reports 1984 p 392, 431; *Certain Phosphate Lands in Nauru (Nauru v Australia)*, Preliminary Objections, ICJ Reports 1992 p 240, 259–62; *East Timor (Portugal v Australia)*, ICJ Reports 1995 p 90, 101; *Fisheries Jurisdiction (Spain v Canada)*, Jurisdiction, ICJ Reports 1998 p 432, 453, 456. Further: Fitzmaurice (1958) 34 *BY* 1, 66–97; Shaw-Rosenne (5th edn, 2016) 571–84.

[36] On the distinction, see Shany, *Questions of Jurisdiction and Admissibility before International Courts* (2016).

項），[37] 法院亦可能以「司法正當性」（judicial propriety）爲由拒絕管轄。[38]
非規約締約方之國家不被禁止進入法院，[39] 規約第 35 條第 2 項規定：

> 法院受理其他各國訴訟之條件，除現行條約另有特別規定
> 外，由安全理事會定之，但無論如何，此項條件不得使當事
> 國在法院處於不平等地位。

　　在 *Legality of Use of Force* 一案中認爲，「既存條約中所載之特殊規定」
（special provisions contained in treaties in force）應被解釋爲僅指那些在規約
締結時生效之條約，[40] 而與 1921 年情況不同，1945 年沒有符合上述條件之條
約。[41]

　　因此，非締約國而進入國際法院體系，乃受到憲章第 35 條第 2 項規定，
由聯合國安理會決定之。同時，安理會曾作出第 9 號決議指出，法院應向「有
對書記處提交正式接受國際法院管轄權聲明」之任何國家開放，據此證明其所
爲之承諾，係眞誠遵守法院可能作出之任何決定並接受聯合國所有義務，等同
於接受依憲章第 94 條所述聯合國成員之義務；[42] 易言之，憲章第 35 條第 2 項
與安理會上開第 9 號決議，均不排除安理會可能授權一個國家在未提交「必要
聲明」之情況下，臨時出庭之可能性。[43]

　　規約各方並不因締約而全然接受法院之管轄權，必須要有締約國的進一步

---

[37] *Right of Passage over Indian Territory (Portugal v India)*, Preliminary Objections, ICJ Reports 1957 p 125, 149–52; *Barcelona Traction, Light and Power Co Ltd (Belgium v Spain)*, Preliminary Objections, ICJ Reports 1964 p 6, 41–7 (Judge Morelli, diss) 97–115; *Barcelona Traction*, Second Phase, ICJ Reports 1970 p 51, 57 (Judge Bustamante y Rivero), 110–13 (Judge Fitzmaurice), 115 (Judge Tanaka), 286–7 (Judge Ammoun), 356–7 (Judge Riphagen, diss). Also: Fitzmaurice (1958) 34 *BY* 1, 23–5; Kolb (2013) 240–6.

[38] *Northern Cameroons (Cameroon v UK)*, Preliminary Objections, ICJ Reports 1963 p 15.

[39] Further: Shaw-Rosenne (5th edn, 2016) 620–3, 632–43.

[40] *Legality of Use of Force (Serbia and Montenegro v Belgium)*, Preliminary Objections, ICJ Reports 2004 p 279, 322–4.

[41] *Case Concerning Application of the Convention on the Prevention and Punishment of the Crime of Genocide (Croatia v Serbia)*, Preliminary Objections, pleadings, https://www.icj-cij.org/docket/files/118/14526.pdf, 40, 45–6, 55. The Court took another route: ICJ Reports 2008 p 412, 435, 444.

[42] SC Res 9 (1946) paras 1–2. These requirements have been incorporated into ICJ Rules, Art 41. Further: Kolb (2013) 285–95; Quintana (2015) 27–34; Shaw-Rosenne (5th edn, 2016) 637–43.

[43] E.g. *Corfu Channel (UK v Albania)*, Preliminary Objection, ICJ Reports 1947 p 15, 53.

「同意」，但同時亦必須接受「由法院自爲裁決對系爭爭端有無管轄權」（規約第 36 條第 6 項）。[44] 此外，法院如認情形有必要時，【699】有權指示當事國應行遵守以保全彼此權利之臨時辦法（第41條）。[45] 除非一個國家明顯未同意法院之管轄權，否則，法院將有權指示上述保全措施，但不影響其處理系爭案件之管轄權問題。[46] 在 *LaGrand* 一案中，法院確認臨時措施具有約束力。[47] 最後，依據規約第 62 條之規定，倘若尋求法院介入之國家擁有可能受案件判決影響之合法利益，法院可以允許第三方介入該案件。依據規約第 63 條，凡協約發生解釋問題，而訴訟當事國以外尚有其他國家爲該協約之簽字國者，應立由書記官長通知各該國家，得行使相關訴訟之權利；倘若該國行使此項權利時，判決中之解釋對該國具有同樣拘束力。[48] 然而，規約中沒有條文允許「非

---

[44] *Nottebohm*, Preliminary Objection, ICJ Reports 1953 p 111, 119–20, where the Court regarded this power as grounded in international law apart from any explicit provision in the Statute. Also: *Construction of a Road in Costa Rica along the San Juan River (Nicaragua v Costa Rica)*, Order of 17 April 2013, ICJ Reports 2013 p 184, 191–2 (Judge Cançado Trindade). Further: Fitzmaurice (1958) 34 *BY* 1, 25–31; Crawford (2010) 1 *JIDS* 3, 15–20; 1 Thirlway (2013) 755–9, 1680–3. On the power of the Court to determine the jurisdiction of another international tribunal: *Ambatielos (Greece v UK)*, ICJ Reports 1953 p 10; Fitzmaurice (1958) 34 *BY* 1, 31–66.

[45] Generally: Rosenne, *Provisional Measures in International Law* (2005); Wolfrum, 'Interim (Provisional) Measures of Protection' (2006) *MPEPIL*; E Lauterpacht (2011) 345 Hague *Recueil* 387, 507–17; Oellers-Frahm in Zimmermann et al (2nd edn, 2012) 1026; Kolb (2013) 611–58; Thirlway (2013) 929–70, 1770–811; Kawano (2013) 346 Hague *Recueil* 9, 305–41; Eisemann in Boschiero et al (2013) 121; Quintana (2015) ch 11; Shaw-Rosenne (5th edn, 2016) ch 24; Miles, *Provisional Measures before International Courts and Tribunals* (2017); Miles (2018) 88 *BY* (advance access).

[46] *Anglo-Iranian Oil Co*, Order of 5 July 1951, ICJ Reports 1951 p 89, 92–3, 96 (Judges Winarski and Badawi, diss); *Nicaragua*, Order of 10 May 1984, ICJ Reports 1984 p 169, 179–80; *Interhandel (Switzerland v UK)*, ICJ Reports 1959 p 6, 117 (Judge Lauterpacht, diss); *Questions relating to the Obligation to Prosecute or Extradite (Belgium v Senegal)*, Order of 28 May 2009, ICJ Reports 2009 p 139, 147; *Certain Activities Carried Out by Nicaragua in the Border Area (Costa Rica v Nicaragua)*, Order of 8 March 2011, ICJ Reports 2011 p 6, 17–18; *Costa Rica v Nicaragua*, Order of 22 November 2013, ICJ Reports 2013 p 354, 359; *Questions relating to the Seizure and Detention of Certain Documents and Data (Timor-Leste v Australia)*, Order of 3 March 2014, ICJ Reports 2014 p 147, 151–2. Further: Fitzmaurice (1958) 34 *BY* 1, 107–19; Lauterpacht, *The Development of International Law by the International Court* (1958) 110–13; E Lauterpacht (2011) 345 Hague *Recueil* 387, 508–10; Thirlway (2013) 929–35, 1777–9; Kolb (2013) 622–5. The ICJ made an order for provisional measures in *Alleged Violations of the 1955 Treaty of Amity, Economic Relations, and Consular Rights (Islamic Republic of Iran v US)*, Order of 3 October 2018.

[47] *LaGrand (US v Germany)*, ICJ Reports 2001 p 466, 501–6. Thirlway (2001) 72 *BY* 37, 111–26; Jennings in Valencia-Ospina (ed), 1 *The Law and Practice of International Tribunals* (2002) 13. Also: *Armed Activities on the Territory of the Congo (DRC v Uganda)*, ICJ Reports 2005 p 168, 258; *Timor-Leste v Australia*, Order of 3 March 2014, ICJ Reports 2014 p 147, 160; E Lauterpacht (2011) 345 Hague *Recueil* 387, 512–7; Oellers-Frahm in Zimmermann et al (2nd edn, 2012) 1026, 1062–7; Kolb (2013) 638–50; Thirlway (2013) 956–68, 1649–51, 1807–11.

[48] On intervention under the ICJ Statute, Arts 62 and 63: Fitzmaurice (1958) 34 *BY* 1, 124–9; Chinkin (1986) 80 *AJIL* 495; Chinkin, *Third Parties in International Law* (1993) 147–217; 3 Zimmermann, 'International Courts and Tribunals, Intervention in Proceedings' (2006) *MPEPIL*; Chinkin in Zimmermann et al (2nd

國家之私人當事方」介入訴訟程序。

(i) 章程特別規定之事項

　　法院規約第 36 條第 1 項規定，「法院之管轄包括各當事國提交之一切案件，以及聯合國憲章或現行條約及協約中特定之一切事件」，上開條文係在憲章最終版本未被成員國接受「強制管轄權」後，而將剩下的期望納入條文。在 *Corfu Channel* 一案中，英國主張在解釋規約第 36 條第 1 項時，應參考憲章第 36 條第 1 項及第 3 項之規定，「關於國際爭端或相似之情勢（憲章第 33 條），安全理事會在任何階段，得建議適當程序或調整方法；而安全理事會依照本條作成建議時，同時注意凡具有法律性質之爭端，在原則上，理應由當事國依國際法院規約之規定提交國際法院」，並且建議應依據憲章第 25 條規定所組成之法庭作出有約束力之裁定。最終法院並沒有考慮英國之論點，但在一份聯合提交之獨立意見中，7 名法官【700】駁回上述論點，理由之一係條文中之「建議」一詞並非屬於「強制性」規定。[49]

(ii) 移轉管轄權：國際法院規約第 36 條第 5 項及第 37 條

　　在常設國際法院規約規定，依據各條約或公約中之「管轄權條款」（compromissory clause）而行使管轄權。基於此規定，國際法院規約第 37 條規定：

> 現行條約或協約或規定某項事件應提交國際聯合會所設之任
> 何裁判機關或常設國際法院者，在本規約當事國間，該項事
> 件應提交國際法院。

　　然而，上開條文附有限制條件：條約或公約必須在訴訟國之間「有效」，爭端所有當事方都必須是規約之當事方。在 *Nicaragua* 一案中，法院裁定雖然 1929 年之宣言於此前並未有約束力，然而，由於尼加拉瓜於 1945 年批准聯合

---

edn, 2012) 1529, 1573; Thirlway (2013) 1026–72, 1836–58; Kolb (2013) 694–743; Wolfrum in Boschiero et al (2013) 219, 222–7; Quintana (2015) chs 14–15; Shaw-Rosenne (5th edn, 2016) ch 26.

[49] Preliminary Objection, ICJ Reports 1948 p 15, 31–2. Jurists generally agree with the joint separate opinion: Fitzmaurice (1952) 29 *BY* 1, 31–2, 44; cf Shaw-Rosenne (5th edn, 2016) 694–7.

國憲章，故 1929 年之尼加拉瓜宣言已構成對管轄權之有效接受。[50]

(iii) 任擇同意：管轄權之特別協定

當事方之同意，可給予法院對特定爭議之臨時「管轄權」，一般而言，當事方同意將採取特殊協議（compromise）之形式，然而，倘若原告國家透過單方申請接受法院之管轄權，隨後另一方單獨表示同意，也可能出現臨時同意（consent *ad hoc*）。[51] 因此，自願管轄不受形式要求之限制，此觀諸規約第 36 條第 1 項，以相當簡潔之文字規定為：「法院之管轄包括各當事國提交之一切案件，及聯合國憲章或現行條約及協約中特定之一切事件」，故特殊協議經常被作為同意法院管轄權之方式。

(iv) 事先同意：條約及公約

國際法院規約第 36 條第 1 項規定中，提及「既存條約及協約」之條件。[52] 相當數量之多邊及雙邊條約，都包含預先授予對涉及其解釋或適用的爭端機制管轄權條款。[53] 雖然上述管轄權一樣需要當事方之同意，但在任何爭議發生前就已達成具有約束力之協定，可將此安排描述為具有管轄權之「強制性」。然而，「強制管轄權」（compulsory jurisdiction）之標籤，經常被用來作為依據規約第 36 條第 2 項產生之管轄權，亦即「任擇條款」（optional clause）。

(v) 事先同意：任擇條款下之聲明

【701】規約第 36 條第 2 項，通常稱為任擇條款，規定如下：[54]

本規約各當事國得隨時聲明關於具有下列性質之一切法律爭端，對於接受同樣義務之任何其他國家，承認法院之管轄為

---

[50] Jurisdiction and Admissibility, ICJ Reports 1984 p 392, 397–411. For criticism: Crawford, '*Military and Paramilitary Activities in and against Nicaragua Case (Nicaragua v United States of America)*' (2006) *MPEPIL*; Crawford (2012) 25 *LJIL* 471.

[51] *Corfu Channel*, Preliminary Objection, ICJ Reports 1947 p 15, 27–8.

[52] Unilateral suspension of a treaty does not render jurisdictional clauses inoperative: *Appeal relating to the Jurisdiction of the ICAO Council (India v Pakistan)*, ICJ Reports 1972 p 46, 53–4.

[53] For treaties providing the Court with jurisdiction see the Court's website.

[54] Merrills (1979) 50 *BY* 87; Merrills (1993) 64 *BY* 197; Szafarz, *The Compulsory Jurisdiction of the International Court of Justice* (1994); Merrills in Ando, McWhinney, & Wolfrum (eds), 1 *Liber Amicorum Judge Shigeru Oda* (2002) 435; Thirlway (2013) 777–804, 1700–7; Kolb (2013) 447–529; Kawano (2013) 346 Hague Recueil 9, 126–75; Lamm, *Compulsory Jurisdiction in International Law* (2014); Törber, *The Contractual Nature of the Optional Clause* (2015); Shaw-Rosenne (5th edn, 2016) ch 12.

當然而具有強制性，不須另訂特別協定：

(i)　條約之解釋。

(ii)　國際法之任何問題。

(iii)任何事實之存在，如經確定即屬違反國際義務者。

(iv)因違反國際義務而應予賠償之性質及其範圍。

透過向聯合國秘書長交存的單方面聲明接受管轄權，在接受一致性之情況下，聲明者有義務接受任何其他聲明者之管轄權。在互惠基礎上，兩個聲明中的最大交集乃對於管轄之聲明依據，故被告方可有效利用原告方聲明中所提出之保留或條件。[55] 獨立聲明亦具有約束力，只有依據類似於條約法之原則始得撤回，並且在暫停條件下依條約規定運作，[56] 由一個國家提出申請並同時作出聲明。一般情況下，通常是在該爭議仍僅屬於偶然事件時，國家即提前聲明接受管轄權。[57] 為滿足規約條件下的任何其他國家，書面的「承諾」通常被認為係強制管轄權，雖然與條約或公約管轄權一樣，最終係基於雙方之同意。

任擇條款（optional clause）起源於國際協商，1920 年出現後，一直到1945 年仍維持沿用，基於求償方之單方面申請強制管轄權，或獨立條約管轄權等二者之間，【702】當時期望強制管轄可作為國際間普遍適用的體系。雖然上述概念之建構已經成立，但實際執行上的效果卻不如預期。1934 年，有42 份發表管轄之聲明，而到 1955 年減少為 32 份，自此以後，增加到 2018 年7 月的 72 份。這一數字僅占所有國家總數的三分之一（規約的締約方為 193

---

[55] *Electricity Co of Sofia and Bulgaria* (1939) PCIJ, Preliminary Objection, Ser A/B No 77, 80–2; *Anglo-Iranian Oil Co*, Jurisdiction, ICJ Reports 1952 p 93, 103; *Certain Norwegian Loans (France v Norway)*, ICJ Reports 1957 p 9, 23–4; *Aegean Sea Continental Shelf (Greece v Turkey)*, ICJ Reports 1978 p 3, 37; *Fisheries Jurisdiction (Spain v Canada)*, Jurisdiction, ICJ Reports 1998 p 432, 454. Further: Thirlway (2013) 782–804; Kolb (2013) 474–87; Lamm (2014) ch 6.

[56] *Nicaragua*, Jurisdiction, ICJ Reports 1984 p 392, 415–21; 466–7 (Judge Mosler); 547 (Judge Jennings); 620–8 (Judge Schwebel, diss). On the denunciation of declarations in general: Kolb (2013) 520–9; Shaw-Rosenne (5th edn, 2016) 810–13.

[57] The declarations are valid without ratification, but may be made subject to ratification. They are registered as 'international agreements' under Art 102 of the Charter. On their interpretation: *Anglo-Iranian Oil Co*, Jurisdiction, ICJ Reports 1952 p 93, 103ff. On the question whether two optional clause declarations are a form of treaty *inter se*: *Nuclear Tests (Australia v France)*, ICJ Reports 1974 p 253, 352–6 (Judges Onyeama, Dillard, Jiménez de Aréchaga, and Waldock, diss).

個），[58] 主要係由於各國政府對於國際裁判缺乏信心，蓋法院宣告之結果，經常係模稜兩可且具有任意性，使得許多國家察覺到在國際裁判體系外仍可保有一定的優勢。

(vi) 事後同意（post hoc）：法庭地聲明

Lauterpacht 曾指出，「只要透過聯合或單方面申請啟動訴訟程序後，便可依據法庭地聲明（forum prorogatum）之原則行使管轄權」。因此，無論何時，在透過聯合或單方申請之程序啟始後，依據明示或暗示之協議，[59] 法院得對於整個爭端或爭端之某些部分行使管轄權。國際法院規約及相關規則，並不包含關於原告方建立管轄權之正式依據，或同意形式的強制性規則。「同意」可依據當事人之連續行為採取協議形式，單方申請提起訴訟則不限於強制管轄案件。[60] 因此，在 Corfu Channel 一案中，[61] 阿爾巴尼亞在給法院之函文中接受其管轄權。非正式協議、從行為推斷之協議或正式協議，在上述各種情況下，於訴訟程序啟動後，都可能將管轄權予以擴張。晚近之實例，包括法國通知國際法院其同意管轄之兩個案例。[62] 然而，除非有當事方的「真正同意」，而並非僅就表面上之觀察，國際法院才會接受管轄權；[63] 另一方面，將特定案件之管轄權訴諸於法律解釋，則可能阻礙當事方出庭。

(vii) 以公平公正原則裁定之管轄權

國際法院規約第 38 條第 2 項給予法院在裁判案件時，在經由當事國同意之下，本於「公允及善良原則」（ex aequo et bono）裁判案件之權，[64] 此係對

---

[58] Generally: Merrills (1993) 64 BY 197; Merrills in Kaikobad & Bohlander (eds), *International Law and Power* (2009) 431.

[59] Lauterpacht (1958) 103.

[60] Generally: Thirlway (2013) 710–12, 1652–6; Kolb (2013) 380–2; Kawano (2013) 346 Hague *Recueil* 9, 229–39; Shaw-Rosenne (5th edn, 2016) 697–724.

[61] Preliminary Objections, ICJ Reports 1948 p 15, 27. But the institution of proceedings in that case was based on a special agreement.

[62] *Certain Criminal Proceedings in France (Republic of the Congo v France)*, Provisional Measures, ICJ Reports 2003 p 102, 103–4; *Certain Questions of Mutual Assistance in Criminal Matters (Djibouti v France)*, ICJ Reports 2008 p 177, 181.

[63] *Ambatielos*, Preliminary Objection, ICJ Reports 1952 p 28, 39; *Anglo-Iranian Oil Co*, Jurisdiction, ICJ Reports 1952 p 93, 114.

[64] Lauterpacht (1958) 213–23; Fitzmaurice (1958) 34 BY 1, 132–7; Pellet in Zimmermann et al (2nd edn, 2012) 731, 791–7; Kolb (2013) 360–70; Shaw-Rosenne (5th edn, 2016) 592–8.

於第 38 條第 1 項進行條件之限制，依上開條文規定，「法院對於陳訴各項爭端，應依國際法裁判之」。【703】法院尚未行使其權力以「公允及善良原則」作出裁判，因該原則很難輕易地與法院之司法性質進行協調。

(4) 管轄權例外及保留

(i) 國內管轄事項

對於系爭案件倘若屬於國內管轄權之抗辯時，可能的形式為「先決反對異議」，或基於對案件實體爭議之抗辯：嚴格言之，依據國際法一般原則，除對於該爭議之任何保留外，當事方皆可提出抗辯。

在法律保留之形式中，有一類型特別容易引起爭議。1946 年，美國提交了一份聲明，關於「依據美利堅合眾國之決定，本質上屬於美利堅合眾國國內管轄範圍事項有關之爭端」，其他 7 個國家亦採取此一「自動保留」之做法，[65] 上述聲明與規約並不相符，且明顯與「法院得自為確定其管轄權」之權力相互牴觸，實際上美國並沒有真正接受國際法院之事前管轄權。[66]

(ii) 時間限制和屬時保留（ratione temporis）

聲明之期限可能為期數年，有些表示在通知一段時間後可予以終止；而有些則立即生效。雖然此類終止權削弱了強制管轄權之體系，但並未違反國際法院規約之規定。[67] 法院裁定，倘若沒有明確之規定，必須給予合理的終止通知。[68] 然而，一旦法院在申請日，依據有效之聲明來審理案件，倘若該聲明或其他管轄權基礎之條約文件於其後失效，並不影響法院對於該案件之管轄權。[69]

---

[65] Generally: Briggs (1958) 93 Hague *Recueil* 223, 328–63; Gross (1962) 56 *AJIL* 357; Collier & Lowe (1999) 143–6; Kolb (2013) 503–17; Kawano (2013) 346 Hague *Recueil* 9, 159–62.

[66] The Court has avoided the issue, as in *Norwegian Loans*, ICJ Reports 1957 p 9, and *Interhandel*, ICJ Reports 1959 p 6. A number of judges have held the reservation invalid: ICJ Reports 1957 p 9, 42ff (Judge Lauterpacht), 68–70 (Judge Guerrero); ICJ Reports 1959 p 6, 55–9 (Judge Spender); 76–8 (Judge Klaestad); 92–4 (Judge Armand-Ugon). But cf Crawford (1979) 50 *BY* 63, arguing for the validity of the reservation.

[67] Cf the view of the Court on an analogous reservation in *Right of Passage*, Preliminary Objections, ICJ Reports 1957 p 125, 143–4. Further: Briggs (1958) 93 Hague *Recueil* 223, 273–7; Shaw-Rosenne (5th edn, 2016) 810–13.

[68] *Nicaragua*, Jurisdiction and Admissibility, ICJ Reports 1984 p 392, 418–20; 466–7 (Judge Mosler); 550 (Judge Jennings); 620–8 (Judge Schwebel, diss).

[69] *Nottebohm*, Preliminary Objection, ICJ Reports 1953 p 111, 122–3. Also: Kolb (2013) 606–8; Shaw-Rosenne (5th edn, 2016) 964–70.

(iii) 過去爭端之保留

將過去的爭端保留在國際上很常見，且保留亦可能繼續延長。在「比利時公式」（Belgian formula）中，係指「在特定期日之後發生之所有爭端」，包括該日期後的爭端情況與事實（通常國際爭端有很長的歷史），此公式被國際間廣泛運用。法院認為，【704】上述公式之限制，只適用於爭議來源、真正原因的情況或相關事實。[70]

(5) 管轄權諮詢

國際法院規約第 65 條第 1 項規定，「法院對於任何法律問題如經任何團體由聯合國憲章授權而請求或依照聯合國憲章而請求時，得發表諮詢意見」。[71] 同時，聯合國憲章第 96 條亦規定，「大會或安全理事會對於任何法律問題得請國際法院發表諮詢意見；聯合國其他機關及各種專門機關，對於其工作範圍內之任何法律問題，得隨時以大會之授權，請求國際法院發表諮詢意見」。[72] 諮詢管轄權係允許法院就機關與專門機構功能所產生之法律問題，提供法律意見諮詢，因此，某些意見諮詢涉及特定爭議或情況，例如與西南非洲（納米比亞）有關之各種意見。有些涉及未經各方同意提交法院之國家間爭端，[73] 此類請求利用政治機關作為間接控制法院之手段，例如在 *Reservations* 一案中 [74] 涉及一般性或抽象性之問題，在實際爭端中許多請求之起源，皆令諮詢程序具有爭議性，而規約第 68 條規定，「法院執行關於諮詢意見之職務

---

[70] *Right of Passage*, ICJ Reports 1960 p 6, 33–6; *Electricity Co of Sofia and Bulgaria* (1939) PCIJ, Preliminary Objection, Ser A/B No 77, 82; *Phosphates in Morocco*, Preliminary Objections, (1938) PCIJ Ser A/B No 74, 23–4.

[71] Higgins in Lowe & Fitzmaurice (1996) 567; Frowein & Oellers-Frahm in Zimmermann (2nd edn, 2012) 1605; Thirlway (2013) 820–63, 1714–32; Kolb (2013) ch VIII; Shaw-Rosenne (5th edn, 2016) chs 5, 15. Earlier: Lauterpacht (1958) 107–10, 248–50, 352–8.

[72] For a list of organizations and agencies authorized to request advisory opinions: https://www.icj-cij.org/jurisdiction/index.php?p1=5&p2=2&p3=1.

[73] *Legal Consequences for States of the Continued Presence of South Africa in Namibia (South West Africa) notwithstanding Security Council Resolution 276 (1970)*, ICJ Reports 1971 p 16, 24; *Western Sahara*, ICJ Reports 1975 p 12, 24–5; *Legal Consequences of the Construction of a Wall in the Occupied Palestinian Territory*, ICJ Reports 2004 p 136, 157–9. Also: *Interpretation of Peace Treaties with Bulgaria, Hungary and Romania*, ICJ Reports 1950 p 65 And cf the pending request on the *Chagos Islands* (GA Res 71/292, 22 June 2017) with the award of a PCA tribunal: *Chagos Marine Protected Area (Mauritius v UK)* (2015) 162 ILR 1.

[74] *Reservations to the Convention on the Prevention and Punishment of the Crime of Genocide*, ICJ Reports 1951 p 15. Here the issue was the conditions under which reservations to multilateral conventions could be made.

時，並應參照本規約關於訴訟案件各條款之規定，但以法院認為該項條款可以適用之範圍為限」。[75] 在 *Status of Eastern Carelia* 一案中，[76] 國際聯盟理事會就芬蘭及蘇聯間之爭端徵求法律諮詢意見。而在本案中蘇聯反對，並認為法院應拒絕管轄，理由係原告方在本案情況下，無權徵求諮詢意見：蓋任何國家都不能在未經其同意之情況下，被迫將爭端提交常設國際法院，蘇聯不受公約之約束。在 *Namibia* 案、[77] Western Sahara 案、[78] Wall 案 [79]【705】等案件的諮詢意見中，*Eastern Carelia* 案與上述案件之區別在於，系爭案件之所涉情況，不構成國際爭端；另外，提出控訴之國家機構所關心者，係依據憲章而行使自己權利之可能性，而並非真的要解決特定爭端。[80]

目前並沒有單獨程序處理對於諮詢意見之初步異議，如同在有爭議的程序中一樣，經常會出現異議之提起，不僅涉及管轄權本身，亦有可能涉及正當性之問題。[81] 然而，異議可能涉及請求該機構並無能力處理爭端，或請求系爭案件之實質法律問題，例如對於是否具有國內管轄權提起異議。[82] 法院過去曾拒絕世界衛生組織（WHO）提出，[83] 就核武器合法性發表諮詢意見之請求，理由是該問題不在 WHO 之「職掌或功能範圍內」，並且僅在聯合國大會詢問時，提供有效解決同一問題之諮詢意見。[84]

就國際實踐而言，異議之提出常常係在質疑法院處理「政治問題」之能力。正如同規約第 65 條第 1 項規定，「法院對於『任何法律問題』如經任何團體由聯合國憲章授權而請求或依照聯合國憲章而請求時，得發表諮詢意見」。法院認為，無論系爭問題有多大爭議和深遠影響，只要是在聯合國憲章

---

[75] Art 83 of the ICJ Rules provides for appointment of judges ad hoc if the request concerns 'a legal question actually pending between two or more States'. This was done in *Western Sahara*, ICJ Reports 1975 p 12.

[76] (1923) PCIJ Ser B No 5. In *Peace Treaties*, ICJ Reports 1950 p 65, the Court distinguished *Eastern Carelia*, emphasizing its duty to comply with the request of another UN organ.

[77] ICJ Reports 1971 p 16, 23–4.

[78] ICJ Reports 1975 p 12, 24–6.

[79] ICJ Reports 2004 p 136, 157–9.

[80] Further: Waldock, *Aspects of the Advisory Jurisdiction of the International Court of Justice* (1976) 3–10.

[81] As in *Eastern Carelia* (1923) PCIJ Ser B No 5; *Peace Treaties*, ICJ Reports 1950 p 65.

[82] *Peace Treaties*, ICJ Reports 1950 p 65, 70.

[83] *Legality of the Use by a State of Nuclear Weapons in Armed Conflict*, ICJ Reports 1996 p 66, 81.

[84] *Legality of the Threat or Use of Nuclear Weapons*, ICJ Reports 1996 p 226.

背景下產生之條約解釋問題，皆屬於法律問題。[85] 此論點在 *Kosovo* 一案的諮詢意見中，得到證實：

> 法院一再聲明，一個問題具有政治方面之事實，並不足以剝奪其作為法律問題之性質。無論其政治方面之事實如何，法院皆不得拒絕回應要求其履行本質上屬於司法之任務，以及該問題所涉及之法律要素。因此，在本案中，參照國際法對國家行為之評估。法院更進一步明確地表示，在面臨確定是否系爭法律問題具有管轄權時，法院並不關心可能激起請求動機的政治性質，或其意見可能具有相當的政治影響效果。[86]

即使諮詢請求具有政治動機或影響，法院仍具有管轄權，此類問題涉及正當性的爭議。在冷戰背景下，法院所處理 *Admissions*[87] 及 *Expenses*[88] 兩案之諮詢意見請求，具有深遠之政治影響；值得注意者，相關機構無法對上述兩項【706】諮詢意見採取行動，法院憑藉其自由裁量權，拒絕駁回上述兩項諮詢案之管轄權限；法院並重申其原則上不應拒絕受理諮詢意見的請求。[89] 在 *Eastern Carelia* 一案中，常設國際法院（PCIJ）拒絕回答直接涉及兩國爭端之問題，理由乃係其未經兩國同意，不得直接行使管轄權，然而，本案涉及非公約之締約方，故本院未遵循該決定。[90]

---

[85] *Conditions of Admission of a State to the United Nations (Article 4 of the Charter)*, ICJ Reports 1948 p 57, 61; *Competence of the General Assembly for the Admission of a State to the United Nations*, ICJ Reports 1950 p 4, 6–7; *Certain Expenses of the United Nations (Article 7, paragraph 2 of the Charter)*, ICJ Reports 1962 p 151, 155. At the San Francisco conference it was decided not to grant a power to settle disputes on interpretation of the Charter: 13 UNCIO, 668–9, 709–10. Also: *Reservations*, ICJ Reports 1951 p 15, 20.

[86] *Accordance with International Law of the Unilateral Declaration of Independence in respect of Kosovo*, ICJ Reports 2010 p 403, 415.

[87] E.g. *(First) Admissions*, ICJ Reports 1948 p 57. Also: *(Second) Admissions*, ICJ Reports 1950 p 4.

[88] *Certain Expenses*, ICJ Reports 1962 p 151.

[89] *Peace Treaties*, ICJ Reports 1950 p 65, 71–2; *Reservations*, ICJ Reports 1951 p 15, 19; *Judgments of the Administrative Tribunal of the ILO upon Complaints Made against UNESCO*, ICJ Reports 1956 p 77, 86; *Certain Expenses*, ICJ Reports 1962 p 151, 155; *Kosovo*, ICJ Reports 2010 p 403, 416.

[90] *Peace Treaties*, ICJ Reports 1950 p 65, 70–1.

(6) 法院之評價

在 1922 年至 1946 年期間，常設國際法院處理了 33 起訴訟案件以及 28 起諮詢意見；[91] 而從 1946 年到 2018 年 7 月 31 日，國際法院處理了約 69 起成案之實體判決、31 起先決反對異議、8 起關於管轄權及可受理性的判定、37 起臨時措施請求，以及 26 起諮詢意見請求。截至 2018 年 8 月，有 17 起訴訟案件，以及 1 起諮詢意見請求待決，自 1945 年以來，法院所受理之案件量一直在波動。有幾項因素可以解釋為何國家不願意訴諸法院之原因：在法院對另一國家提告，政治現實上通常會被認為係屬於不友好之舉措；其他法庭或其他審理區域及技術性事務之管道可能更適合；國際關係發展之一般情況；以及當事國偏好進行仲裁，因其相較於司法程序更具靈活性。鑒於法院存在之條件，其對於維持解決爭端之文明方法作出了合理的貢獻，但在維護國際和平方面的表現卻並不突出。事實上，聯合國憲章關於國際和平與安全之相關條款，並未強調國際法院之作用。然而，國際法院在某些方面一直具有影響力，例如在促進整體國際法發展，以及對於憲章解釋[92] 以及國際組織方面的法律諮詢意見等，尤其國際法院在關於陸地及海洋邊界爭端之判決，得到國際間廣泛地接受。

國際法院在過去四分之一個世紀之工作上，具有許多特點。首先，雖然一些爭端被提交至臨時仲裁庭，但提交國際法院之訴訟案件數量【707】有顯著地增加；其次，許多新案件都是基於特殊協議。近年來，法院案件之庭期滿檔且超出負荷，此模式似乎會繼續下去。

---

[91] Generally: Damrosch (ed), *The International Court of Justice at a Crossroads* (1987); Lowe & Fitzmaurice (1996); Bowett et al (eds), *The International Court of Justice* (1997); Peck & Lee (eds), *Increasing the Effectiveness of the International Court of Justice* (1997); Jennings (1997) 68 *BY* 1; Higgins (2001) 50 *ICLQ* 121; Higgins (2003) 52 *ICLQ* 1; Schulte, *Compliance with Decisions of the International Court of Justice* (2004); Kooijmans (2007) *ICLQ* 741; Tams in Tams & Sloan (eds), *The Development of International Law by the International Court of Justice* (2013) 377; Kolb (2013) chs X, XII; Kawano (2013) 346 Hague *Recueil* 9, esp 345–452; Shany & Giladi in Shany (2014) 161. Also: various items (2016) 7 *JIDS* 225–498 (proceedings of the Court's 70th anniversary).

[92] *Reparation for Injuries Suffered in the Service of the United Nations*, ICJ Reports 1949 p 174; *(First) Admissions*, ICJ Reports 1948 p 57; *(Second) Admissions*, ICJ Reports 1950 p 4; *Voting Procedure on Questions relating to Reports and Petitions concerning the Territory of South West Africa*, ICJ Reports 1955 p 67; *Certain Expenses*, ICJ Reports 1962 p 151; *Namibia*, ICJ Reports 1971 p 16.

4. 其他國際法院或國際法庭

(1) 國家間之仲裁

(i) 常設仲裁庭

「現代」國際法庭之前身係常設仲裁法院（Permanent Court of Arbitration, PCA），此機構既非常設法院，本身亦不進行仲裁。[93] PCA 係依 1899 年「和平解決國際爭端海牙公約」（Hague Convention for the Pacific Settlement of International Disputes）所成立，[94] 該機構具備作為仲裁之秘書處。直到 1920 年，PCA 一直是作為提供仲裁之「場域」，但隨後在很大程度上被常設國際法院（PCIJ）所取代；PCA 之基礎係一個小組，當事各方可以提名 4 人參加；而當公約當事方同意將爭議提交常設仲裁法院時，每方從專家組中指定 2 名仲裁員，4 名仲裁員選出一名主仲裁人，因此，該仲裁庭之成立，僅係為審理特定案件。

從 1900 年到 1932 年，一共審理了 20 起案件，但隨後進入了將近七十年之休眠狀態。然而，在 1990 年代，PCA 進行自我改造，採用了一系列新的仲裁規則，並受理了大量國際仲裁。[95] 值得注意者，PCA 對當事方展現出無比彈性，例如受理國家政府與解放運動間之仲裁。[96]

(ii) 國際求償與賠償機構

長期而言，「特設爭端解決機構」（*ad hoc* dispute-resolution bodies）[97] 經常不定期設立，以審查國家間之求償及賠償案件。[98] 早期此類機構普遍存在於

---

[93] Ando, 'Permanent Court of Arbitration (PCA)' (2006) *MPEPIL*; Sands et al (2nd edn, 2010) ch 4.

[94] 29 July 1899, 187 CTS 410. Most states supporting the PCA became parties to the 1899 Convention. The 1907 Convention, which has received few ratifications, is not very different: 18 October 1907, 205 CTS 233.

[95] PCA Optional Rules for Arbitrating Disputes between Two States, *PCA Basic Documents* (1998) 43; PCA Optional Rules for Arbitrating Disputes between Two Parties of Which Only One Is a State, *PCA Basic Documents* (1998) 69; PCA Optional Rules for Arbitration between International Organizations and States, *PCA Basic Documents* (1998) 97; PCA Optional Rules for Arbitration between International Organizations and Private Parties, *PCA Basic Documents* (1998) 125; PCA Arbitration Rules 2012, available at https://pca-cpa.org. Also: Macmahon & Smith (eds), *Permanent Court of Arbitration* (2010).

[96] *Abyei arbitration (Government of Sudan v SPLM/A)* (2009) 144 ILR 348.

[97] Generally: Holtzmann & Kristjánsdóttir (eds), *International Mass Claims Processes* (2007); Caron in Romano, Alter, & Shany (2013) 278.

[98] Generally: de Chazournes & Campanelli, 'Mixed Commissions' (2006) *MPEPIL*; Dolzer, 'Mixed Claims Commissions' (2011) *MPEPIL*.

18 世紀末和 19 世紀初所出現的「混合委員會」,【708】雖然通常係由 4 名仲裁人組成,但多半皆由來自中立國之公斷仲裁人來裁決此類爭端,成為當時之慣例。而第一個此類機構係美國與英國依據 1794 年傑伊條約(Jay Treaty)所成立之仲裁庭,宗旨在解決某些邊界爭端。[99]

與其他為解決特定問題而組成之仲裁庭不同,[100] 求償及賠償機構通常係為解決一般情況,以及由此產生之求償而成立的仲裁庭。最著名之例子係 1979 年伊朗革命後所成立之「伊朗—美國求償法庭」(Iran-United States Claims Tribunal),[101] 大多數案件涉及革命期間,美國在伊朗之資產國有化爭議。在該法庭之運作期間,共計提出大約 3,900 項求償,除少數國際案件外,所有案件皆已結案。

另一種形式的賠償委員會是聯合國賠償委員會(United Nations Compensation Commission, UNCC),[102] 該委員會係作為安全理事會一個附屬機構而設立,[103] 負責處理 1990 年伊拉克入侵及占領科威特所引起之求償案件。求償由 3 名獨立之安理會任命之專員組成之爭端解決小組解決爭議,小組專員係不同領域之專家,包括法律、會計、損失調整、保險及工程。賠償委員會是一個事實真相之調查機構,負責核實求償以及進行賠償之鑑價。該期間所提交所有 270 萬件求償案皆已確定:共計向大約 150 萬名成功求償人判給之賠償總額為 524 億美元。

---

[99] Great Britain–United States, Treaty of Amity, Commerce and Navigation, 19 November 1794, 52 CTS 243. Generally: Ziegler, 'Jay Treaty (1794)' (2013) *MPEPIL*. Another significant forum for such claims were the Mexican Claims Commissions: Feller, *The Mexican Claims Commissions 1923–34* (1935).

[100] E.g. *Iron Rhine (Belgium v Netherlands)* (2005) 27 RIAA 35, as to which see Baetens in Cordonnier Segger, & Weeramantry (eds), *Sustainable Development Principles in the Decisions of International Courts and Tribunals 1992-2012* (2017) 297.

[101] Generally: Aldrich, *The Jurisprudence of the Iran–United States Claims Tribunal* (1996); Lillich & Magraw (eds), *The Iran-United States Claims Tribunal* (1998); Brower & Brueschke, *The Iran–United States Claims Tribunal* (1998); Mohebi, *The International Law Character of the Iran–United States Claims Tribunal* (1999); Brower (2000) 94 *AJIL* 813; Pinto & McAsey, 'Iran–United States Claims Tribunal' (2013) *MPEPIL*.

[102] Generally: di Rattalma & Treves (eds), *The United Nations Compensation Commission* (1999); Wühler in Randelzhofer & Tomuschat (eds), *State Responsibility and the Individual* (1999) 213; Gattini (2002) 13 *EJIL* 161; McGovern (2009) 14 *Harv NLR* 171; Mensah, 'United Nations Compensation Commission (UNCC)' (2011) *MPEPIL*; Gibson, Rajah, & Feighery (eds), *War Reparations and the UN Compensation Commission* (2015).

[103] SC Res 687 (1991). The resolution was passed under Ch VII of the UN Charter, obviating the need for Iraqi consent.

(2) 國際法海洋法下之爭端解決

聯合國國際法海洋法公約（United Nations Convention on the Law of the Sea, UNCLOS）第 287 條第 1 項規定，一國在簽署、批准或加入 UNCLOS 時，或在其後任何時間，應有自由用書面聲明的方式選擇下列一個或一個以上之方法，以解決有關 UNCLOS 之解釋或適用的爭端：[104] (i) 國際海洋法法庭（International Tribunal for the Law of the Sea, ITLOS）；(ii) 國際法院；(iii) 依附件 VII 組成之仲裁法庭；(iv) 依附件 VIII 組成而處理其中所列一類或一類以上爭端之特別仲裁庭。另外，倘若未作出聲明的締約方視爲接受【709】附件 VII 之仲裁，這也是沒有共同選擇時的默認機制。[105] 然而，國際法院之任擇條款管轄權，仍優先於其他選擇。[106]

(i) 國際海洋法法庭

ITLOS[107] 於 1997 年處理了第一起案件，[108] 此後審理了約 25 起案件。ITLOS 由 21 名法官組成，係由 UNCLOS 締約國就「享有最高聲譽、公平、正直，且在海洋法領域具有公認能力」之專業人士中選出。[109] ITLOS 法官的任期爲九年，每三年有三分之一之法官退休，[110] 目前除庭長外，其餘法官皆爲兼職。

(ii) 聯合國海洋法公約附件 VII 規範之仲裁

依 UNCLOS 附件 VII 之規定，得設立「特設仲裁庭」（*ad hoc* arbitral

---

[104] Churchill & Lowe, *The Law of the Sea* (3rd edn, 1999) ch 19; Klein, *Dispute Settlement in the UN Convention on the Law of the Sea* (2005); Rothwell (ed), *Law of the Sea* (2013) Part XI; Oxman in Rothwell et al (eds), *The Oxford Handbook of the Law of the Sea* (2015) 394; Rothwell & Stephens, *The International Law of the Sea* (2nd edn, 2016) ch 18.

[105] UNCLOS, Art 287(5). For a case of subsequent agreement to accept ITLOS jurisdiction, see *Delimitation of the Maritime Boundary between Bangladesh and Myanmar in the Bay of Bengal (Bangladesh/Myanmar)*, ITLOS Case No 16 (Judgment 14 March 2012).

[106] *Somalia v Kenya*, Preliminary Objections, ICJ Reports 2017 p 3.

[107] Sands et al (2nd edn, 2010) ch 2; Rao, 'International Tribunal for the Law of the Sea' (2011) *MPEPIL*; Oyarce in Attard, Fitzmaurice, & Martínez Gutiérrez (eds), *IMLI Manual on International Maritime Law* (2014) 643; García-Revillo, *The Contentious and Advisory Jurisdiction of the International Tribunal for the Law of the Sea* (2015).

[108] *M/V 'Saiga' (No 1)* (1997) 110 ILR 736.

[109] ITLOS Statute, Art 2(1); a representative geographic distribution is also required: Art 2(2).

[110] ITLOS Statute, Arts 4–5.

tribunals）審理國家間之爭端，或涉及國際組織間之爭端。[111] 基於仲裁優於訴訟常見之原因，附件 VII 所提供之仲裁選擇，可能優於 ITLOS，包括其效率、靈活性、保密性，以及當事方對於法庭組成有更大影響力等。[112] 依該附件第 5 條之規定，「除非爭端各方另有協議，仲裁法庭應確定其本身之程序，並保證爭端每一方有陳述意見和提出其主張的充分機會」。

(iii) 事件管轄之延伸

UNCLOS 第 288 條第 1 項規定，ITLOS 管轄權係涵蓋於有關 UNCLOS 條文之解釋或適用之任何爭端。同法第 288 條第 2 項更進一步規定，對於按照與 UNCLOS 目的有關之國際協定，向其提出有關該協定之解釋或適用的任何爭端，亦具有管轄權；為數不少的國家間已經締結了一些此類協定，尤其是跨界種群協定（Straddling Stocks Agreement, SSA）。[113] 即使爭端各方並非 UNCLOS 之締約方，「有關養護和管理跨界魚類種群和高度洄游魚類種群規定之執行協定」第 30 條第 2 項亦可延伸 UNCLOS 第 XV 部分法庭之管轄權，成為「自成一類」（*sui genesis* basis）[114] 而適用之，【710】例如美國即是如此，該國現為跨界種群協定及許多區域漁業協定之締約方。

依據 UNCLOS 第 292 條，ITLOS 對涉及迅速釋放被拘留船舶，以及涉及船員之事項擁有「固有強制之管轄權」（compulsory residual jurisdiction），此與 UNCLOS 第 290 條第 5 項規定「臨時措施」（provisional measures），同樣具有類似之管轄權。迄今為止，提交至 ITLOS 之絕大多數案件，皆涉及迅速釋放或臨時措施等爭議。倘若依據與 UNCLOS 宗旨相關之國際協定之規定，ITLOS 亦可就法律問題發表諮詢意見。[115]

---

[111] UNCLOS, Art 305, Annex VII Art 13; Annex IX.

[112] Klein (2005) 56.

[113] Agreement for the Implementation of the Provisions of the United Nations Convention on the Law of the Sea of 10 December 1982 Relating to the Conservation and Management of Straddling Fish Stocks and Highly Migratory Fish Stocks, 4 August 1995, 2167 UNTS 3, Arts 30–32. Further: García-Revillo (2015) 173–86; Rothwell & Stephens (2nd edn, 2016) 486–7.

[114] Generally: Treves in Freestone, Barnes, & Ong (eds), *The Law of the Sea* (2006) 417.

[115] ITLOS Rules, Art 138. E.g. *Request by the Sub-Regional Fisheries Commission*, Advisory Opinion, 2 April 2015, ITLOS Case No 21. Further: UKMIL (2014) 85 BY 301, 594–6; García-Revillo (2015) ch 9; Tanaka (2015) 14 *LPICT* 318; Ruys & Soete (2016) 29 *LJIL* 155; Lando (2016) 29 *LJIL* 441.

(iv) 海底爭端分庭

海底爭端分庭（The Seabed Disputes Chamber）是 ITLOS 下一個專屬部門，依據 ITLOS 第 XI 部分第 5 節，以及 ITLOS 規約第 14 條所設立，由 ITLOS 之 11 名現任法官所組成，[116] 並對因「區域」勘探及開發所引起之爭端擁有專屬管轄權，[117] 亦包括締約國與海底管理局間之爭端；而應海床管理局大會或理事會之請求，該分庭擁有就其活動範圍內產生之法律爭議提供諮詢意見的管轄權。[118]

(3) WTO 爭端解決機制

(i) WTO 爭端解決之起源：關稅暨貿易總協定

1994 年通過之「建立世界貿易組織協定」（Agreement Establishing the World Trade Organization），[119] 對世界貿易糾紛之爭端解決程序進行了實質性的變革，[120] 包括簽訂了「關於爭端解決規則與程序的諒解書」（Dispute Settlement Understanding, DSU），[121] 不僅取代且更進一步強化了關稅暨貿易總協定（GATT）時期之爭端解決體系。[122]

雖然 GATT 係起源於「貿易－外交」之制度，但該協定仍然發展出一套有架構的裁決方式。締約方之間的爭端交給「小組」（panels）、並由一群任擇（*ad hoc*）之專家對 GATT 理事會提供建議。【711】從將近 90% 的情況下，敗訴方可接受對其不利判決結果觀之，GATT 體系的爭端解決機制可謂相當成功。然而，該機制卻欠缺穩定的程序性規範。關鍵在於 GATT 第 XXIII 條要求締約國方以「共識」（consensus）方式「組成小組」，以及「接受最終裁

---

[116] ITLOS Statute, Art 35; ITLOS Rules, Art 23.

[117] UNCLOS, Arts 1(1), 187, 287(2).

[118] UNCLOS, Arts 159(1), 191. Further: *Obligations of States Sponsoring Persons and Entities with Respect to Activities in the Area*, ITLOS Reports 2011 p 10; García-Revillo (2015) ch 8.

[119] 15 April 1994, 1867 UNTS 410.

[120] Palmeter & Mavroidis, *Dispute Settlement in the World Trade Organization* (2nd edn, 2004); Bethlehem et al (eds), *The Oxford Handbook of International Trade Law* (2009); Herdegen, *Principles of International Economic Law* (2nd edn, 2016) ch XX; Stoll, 'World Trade Organization, Dispute Settlement' (2014) *MPEPIL*; Shany (2014) 189–222; Matsushita et al, *The World Trade Organization: Law, Practice, and Policy* (3rd edn, 2015) ch 4; van den Bossche & Zdouc, *The Law and Policy of the World Trade Organization* (4th edn, 2017) ch 3.

[121] WTO Agreement, Annex 2. Further: Martin, *WTO Dispute Settlement Understanding and Development* (2013).

[122] Generally: Matsushita et al (3rd edn, 2015) 86–109.

決」。因此，只要是不服從裁決之敗訴方簡單地拒絕共識，就可以規避小組作成對其不利之裁決結果，在 1980 年代許多此類實踐案例不斷增加。持續之僵局使得締約方不得不發展出一套所謂「蒙特婁規則」（Montreal Rules），[123] 此一原則也成為日後 DSU 之基礎。[*1]

(ii) WTO 爭端解決規則與程序諒解書（DSU）下之機制運作

DSU 係於烏拉圭回合談判後產生，並成為 WTO 協定之附件。依據該協定，WTO 成立了爭端解決機構（DSB），[124] 成為當代最重要之國際法庭之一，WTO 之 DSB 係針對會員間對於 WTO 內括協定（covered agreement）所衍生的義務間解決爭端而設。[125] DUS 第 3.2 條規定：

> WTO 爭端解決制度係提供多邊貿易體系安全性及可預測性之重要因素。會員咸認此制度旨在維護其於內括協定下之權利義務，並依國際公法之解釋慣例，釐清內括協定之規定。DSB 之建議及裁決，不得增減內括協定所規定之權利義務。[126]

WTO 之爭端解決機制乃為多邊貿易體系提供「安全」及「可預測性」等重要的核心元素，會員皆認識到 WTO 有助於維護成員在涵蓋協議下之權利與義務，並依據國際公法之習慣規則，澄清此等協議之現有條款。爭端解決機構就 WTO 內括協定而言，係具有「強制」且「排他」之管轄權。[127] 由全體 WTO 會員組成之 DSB，負有監督貿易爭端解決裁決與其建議執行之責任。另一方面，DSB 以「負面共識決」（reverse consensus）運作，僅有在所有會員

---

[123] Improvements to the GATT Dispute Settlement Rules and Procedures, GATT Doc No BISD 36S/61, 12 April 1989.

[*1] 【譯注】「蒙特婁規則」（Montreal Rules）修正了共識決，而改為採用「負面共識決」，亦即除非全體會員皆予反對，否則裁決案自動通過。使得在 WTO 下爭端解決有全面性變革，加強了法律之穩定性、獨立性與公正性。

[124] WTO Agreement, Art IV.3.

[125] Access to the WTO dispute-resolution system is limited to WTO Members, though panels may accept *amicus curiae* briefs: *US—Shrimp*, WTO Doc WT/DS58/AB/R, 12 October 1998, paras 101, 104–6.

[126] Also: *US—Section 301 Trade Act*, WTO Doc WT/DS152/R, 22 December 1999, para 7.75.

[127] Ibid, para 7.43; *EC—Commercial Vessels*, WTO Doc WT/DS301/R, 22 April 2005, para 7.193. Also: Hartmann (2016) 48 *G Wash ILR* 617, 648–9.

皆反對某項裁決時，才會停止執行該建議。[128]

　　爭端解決小組為準司法機構（quasi-judicial），負責初步審理爭議，並評估會員被挑戰的措施或政策，是否符合 WTO 內括協定的規範。[129] 爭端解決小組通常由 DSB 所任意挑選之 3 位專家所組成。[130]

　　倘若 WTO 會員對於爭端解決小組之裁決不滿意時，得將案件送交上訴機構（Appellate Body），於六十至九十天之後進行上訴程序。上訴機構由 7 位成員組成，四年一任，得連任一次，[131] 每一爭端解決案件皆由 3 名法官召開上訴庭審，且必須於九十天內作出裁定。[132] 因此，上訴機構【712】雖不再對「事實」作出判斷，但其有權維持、修正或撤銷小組之法律上見解及結論。[133] 大約有 80% 之小組裁定在上訴時被修改或撤銷，此一比例遠高於其他國際上訴或審查機構。迄今為止，將近 70% 之小組報告被提到上訴程序中進行二審。[134]

(iii) 救濟與執行

　　在 DSB 下唯一且最終之救濟方式為撤銷違反 WTO 協定之措施，[135] 倘若敗訴之一方未能在合理期間內遵守建議，則勝訴之原告會員可要求賠償（例如額外之市場准入權利）[136] 或採取「反措施」（countermeasures），包括大幅提高對關稅，以暫停對於該會員出口產品利益之關稅減讓，[137] 或提高對敗訴方具有出口利益產品之關稅，而此報復措施通常會在同一部門內實施，但例外時得針對不同貿易部門實施「交叉報復」（cross-retaliation）。[138] 在考慮報復措施

---

[128] DSU, Arts 6.1, 16.4, 17.14, 22.6.

[129] DSU, Art 11; *EC—Hormones*, WTO Doc WT/DS26/AB/R, 16 January 1998, paras 116, 133; *EC—Poultry*, WTO Doc WT/DS69/AB/R, 13 July 1998, para 133; *Brazil—Retreaded Tyres*, WTO Doc WT/DS332/AB/R, 3 December 2007, para 185; *EC—Fasteners*, WTO Doc WT/DS397AB/R, 15 July 2011, para 441.

[130] See Pauwelyn (2015) 109 *AJIL* 761.

[131] DSU, Art 2.4. For recent difficulties with replacement of Appellate Body members, see Kuijper (2018) 45 *Legal Issues of Economic Integration* 1.

[132] DSU, Arts 17.3, 17.5.

[133] DSU Arts 17.6, 17.13. Further: *EC—Hormones*, WTO Doc No WT/DS26/AB/R, 16 January 1998, para 132; *EC—Bananas III*, WTO Doc No WT/DS27/AB/R, 9 September 1997, para 239; *EC—Fasteners*, WTO Doc WT/DS397/AB/R, 15 July 2011, para 441. Also: Bossche & Zdouc (4th edn, 2017) 238–42.

[134] Ibid, 242.

[135] DSU, Art 19.2.

[136] See DSU, Art 22.1.

[137] E.g. in the *EC—Bananas III* dispute the US increased the customs duty on carefully selected EC products to 100 per cent: *EC—Bananas III (Art 21.5—US)*, WTO Doc WT/DS27/RW/USA, 19 May 2008.

[138] Further: DSU, Art 22.4.

時，勝訴方必須於合理期間屆滿後三十天內向 DSB 提出申請。DSB 在負面共識決下應通過其請求。倘若被告方會員欲挑戰該報復措施時，依 DSU 第 21.6 條之規定，應將此爭議交付仲裁。

(iv) 國際公法與爭端解決機構

DSB 與國際法其他規則間相互作用之程度並不確定，事實上，比較複雜的情況是，DSU 沒有類似國際法院規約（ICJ）第 38 條之條款，較清楚指出適用之準據法。因此，WTO 內括協定並非爭端解決小組在裁決時的唯一準據法淵源；理論上，爭端解決小組成員得參考其他爭端解決機構（DSB）之報告（尤其是上訴機構所作成的裁決）、[139] WTO 相關機構之談判結論、WTO 體系脈絡下之相關協定，以及習慣國際法、[140] 一般法律原則、[141] 其他國際協定、WTO 會員實踐、學術著作，以及 GATT 及 WTO 之談判歷史文件等。[142] 在釐清與定義不同法律淵源的解釋意義後，WTO 會員間可適用之準據法可謂相當廣泛；正如同上訴機構在 US-Gasoline 案中所揭示之原則，WTO 之內括協定之解釋不應「獨立自外於」（in clinical isolation）國際公法之範疇。[143] 在 Korea-Procurement 一案中，爭端解決小組亦作出類似裁決，指出「國際習慣法原則上適用於 WTO 成員間的經濟關係……上開國際法原則應即適用，蓋 WTO 之條約協定不應對其『視而不見』」。[144]

(v) 爭端解決機構與區域貿易協定

WTO 在相關規則上允許會員透過區域貿易協定（RTAs）組成相關組織。[145] 此類區域貿易協定建構相關的組織，在區域內的成員間享有內部特權

---

[139] *Japan—Alcoholic Beverages II*, WTO Docs WT/DS8/AB/R, WT/DS10/AB/R, WT/DS11/ABR, 4 October 1996, para 108; *US—Shrimp (Art 21.5—Malaysia)*, WTO Doc WR/DS58/AB/RW, 22 October 2001, para 109.

[140] E.g. DSU, Art 3.2, which requires that the covered agreements be interpreted in accordance with customary international law reflected by the Vienna Convention on the Law of Treaties: *US—Gasoline*, WTO Doc WT/DS2/AB/R, 29 April 1996.

[141] E.g. in *US—Shrimp*, the Appellate Body held that the 'chapeau' of GATT, Art XX was an expression of the general principle of good faith: WTO Doc WT/DS58/AB/R, 12 October 1998, para 158.

[142] van den Bossche & Zdouc (4th edn, 2017) 65–71. On the relevance of equitable principles: Gourgourinis, *Equity and Equitable Principles in the World Trade Organization* (2016).

[143] *US—Gasoline*, WTO Doc WT/DS2/AB/R, 29 April 1996, 17.

[144] *Korea—Government Procurement*, WTO Doc WT/DS163/R, 1 May 2000, para 7.96.

[145] Generally: Ganz in Bethlehem et al (2009) 237; Bartels, 'Regional Trade Agreements' (2013) *MPEPIL*; Baudenbacher & Clifton in Roman, Alter, & Shany (2013) 250; van den Bossche & Zdouc (4th edn, 2017) ch 10.

（internalized privileges），且在許多的情況下擁有彼此設計之「規則導向」（rules-based）的爭端解決機構。較爲國際間熟知者，如：歐盟、南錐共同體（MERCOSUR）、東協（ASEAN）、加勒比海共同體（CARICOM），以及安地斯國家共同體等（Andean Community of Nations）。目前所有 WTO 會員皆爲至少一個以上的 RTA 簽署成員。

(4)國際投資仲裁庭

(i) 國際投資仲裁

國際投資仲裁之設計係針對「外國投資人」與該投資所在之「地主國」間之仲裁機制，通常此類機制係源自於「地主國」（host state）與「投資人母國」（home state）所簽署之雙邊協定下之爭端解決條款[146] 或多邊投資條約。[147] 國際投資仲裁並未要求投資人母國以外交保護的方式介入爭端，[148] 亦即所謂的「無契約關係仲裁」（arbitration without privity）。[149] 條約中的地主國同意仲裁，求償方透過啓動仲裁之行爲表示同意。於此情況下，求償方自主採取法律行動，並且於投資仲裁下，不要求其母國透過外交保護進行干涉，同時亦不要求求償方已窮盡當地救濟措施。因此，投資仲裁可謂一種「國際仲裁」之特殊模式。[150]

依據 1965 年華盛頓公約所建立之「國際投資爭端解決公約」

---

[146] There are presently around 2,363 BITs in effect, the majority of which are maintained in an online database by UNCTAD: http://investmentpolicyhub.unctad.org/IIA.

[147] Cf NAFTA, 17 December 1992, 1994 CTS 2, Ch 11; Energy Charter Treaty, 17 December 1994, 2080 UNTS 100, Part III; Association of South-East Asian Nations Comprehensive Investment Agreement, 26 February 2009, Section B; Dominican Republic–United States–Central American Fair Trade Agreement, 5 August 2004, Ch 20. Also: Trans-Pacific Partnership, 4 February 2016, Ch 28 (not yet in force); EU–Canada Comprehensive Economic and Trade Agreement, 26 September 2014, Ch 23 (not yet in force); Transatlantic Trade and Investment Partnership (currently being negotiated), Ch 2. Further: Bungenberg et al (2015) ch 4.III.

[148] Generally: Douglas, *The International Law of Investment Claims* (2009); Schreuer et al, *The ICSID Convention* (2nd edn, 2009); Waibel et al (eds), *The Backlash Against Investment Arbitration* (2010); Dolzer & Schreuer, *Principles of International Investment Law* (2nd edn, 2012); Schreuer, 'International Centre for Settlement of Investment Disputes (ICSID)' (2013) *MPEPIL*; Schreuer in Romano, Alter, & Shany (2013) 295; Parra (2014) 374 Hague *Recueil* 313; Salacuse, *The Law of Investment Treaties* (2nd edn, 2015); McLachlan, Shore, & Weiniger, *International Investment Arbitration* (2nd edn, 2017).

[149] Generally: Paulsson (1995) 10 *ICSID Rev-FILJ* 232.

[150] The first such agreement was concluded between the Federal Republic of Germany and Pakistan: Treaty for the Promotion and Protection of Investments, 25 November 1959, 457 UNTS 23. On the history of international investment law, see Salacuse (2nd edn, 2015) ch 4.

（International Convention for the Settlement of Investment Disputes, ICSID）[151]
提供了附加要素，大多數投資條約讓投資者可以選擇【714】ICSID，或其他
任擇仲裁庭（*ad hoc*）進行仲裁，且通常係依據 UNCITRAL 仲裁規則。[152]
雖然締結了 ICSID，但依據投資條約進行仲裁係晚近才出現的情況，甚至直到
1990 年，才作出第一個基於雙邊投資條約（BIT）之仲裁裁決。[153]

(ii) 投資條約之架構與內容

除爭端解決條款外，投資條約還為投資人提供實質性保護（詳見第二十八
章），[154] 通常，只有違反國際投資保障標準時，始有主張依據投資仲裁尋求救
濟之基礎；倘若僅是違反投資協定本身，則無法適用。然而，如果投資條約包
含所謂的「傘狀條款」（umbrella clause），[*2] 則情況可能會有所不同，蓋該
條款保證地主國會確實遵守對投資者所承擔之義務，[155] 依此做法，乃將「違反
投資協議」等同於「違反投資標準」，在傘狀條款下，因擴張解釋投資協議的
義務範圍，使得權利義務充滿不確定以及爭議。[156]

(iii) 仲裁庭之管轄權

投資條約一般都會包括許多管轄權適用之步驟，讓投資人必須在符合規定
的條件下，始能將爭端提交仲裁庭。倘若是該爭端係提交到 ICSID 時，則必
須符合其他的附加條件。[157] 在主張管轄權時，必須考量以下幾點：(i) 系爭投

---

[151] Convention on the Settlement of Investment Disputes between States and Nationals of Other States, 18 March 1965, 575 UNTS 159. The Convention has 154 parties.

[152] Douglas (2009) 3–6. Generally: Jagusch & Sullivan in Waibel et al (2010) 79.

[153] *Asian Agricultural Products Ltd v Sri Lanka* (1990) 106 ILR 416.

[154] Salacuse (2nd edn, 2015) 46–50.

[*2] 【譯注】傘狀條款之特性有二：絕大多數投資協定之傘狀條款具有兩個特性，一為條文用
語多使用「『應』遵守」（shall observe）之用語而具強制性，而非一般不具強制性之訓示規
定，因而如有違反傘狀條款，即構成投資協定之違反。此外，傘狀條款限定於「地主國」對
「他方締約國投資人」所負義務始有適用，而非私人間之權利義務關係。

[155] E.g. UK Model BIT (2008), Art 2(2) ('Each Contracting Party shall observe any obligation it may have entered into with regard to investments of nationals or companies of the other Contracting Party').

[156] Generally: Sinclair (2004) 20 *Arb Int* 411; Shany (2005) 99 *AJIL* 835; Gallus (2008) 24 *Arb Int* 157; Crawford (2008) 24 *Arb Int* 351; Schill (2009) 18 *Minn JIL* 1; Dolzer & Schreuer (2nd edn, 2012) 166–78; de Brabandere, *Investment Treaty Arbitration as Public International Law* (2014) 38–42; Rigo Sureda in Kinnear et al (eds), *Building International Investment Law: The First 50 Years of ICSID* (2015) 375; Lim in Lim (ed), *Alternative Visions of the International Law on Foreign Investment* (2016) 349. See also chapter 28.

[157] Generally: Schreuer et al (2nd edn, 2009) 71–347; Parra (2014) 374 Hague *Recueil* 313, 337–56.

資必須符合在投資條約以及 ICSID 下之定義；(ii) 系爭爭端必須由投資條約定義下的投資人或國民所提起；(iii) 必須於條約所限定之時效內提出。[158]

(iv) 質疑與撤銷仲裁

投資仲裁庭的裁決原則上不得上訴，只有在有限的情況下，才可能對仲裁裁決進行審查。[159] 倘若投資人選定「任擇仲裁庭」（ad hoc arbitration），則該裁決將受【715】「承認與執行外國仲裁裁決之紐約公約」（New York Convention on the Recognition and Enforcement of Foreign Arbitral Awards）[160] 規定據以執行或提出質疑挑戰，比照其他任何的私人國際仲裁程序。而執行與重審的程序，通常會透過仲裁庭所在地之國家法院，或尋求裁決執行地的任何國家法院來完成。依據紐約公約第 5 條規定，嚴格限縮式地列出多項事由，可針對仲裁裁決之承認及執行提出質疑。[161]

相形之下，ICSID 之裁決不接受任何國家法院再審，該公約提供了一套獨立系統，用於審查及決定是否最終撤銷裁決的程序。廢止與上訴不同，僅與裁決作出的過程有關，而不是其實質再審。[162] 從 ICSID 公約第 52 條第 1 項規定之「撤仲理由」，可以看出此脈絡：

(i) 仲裁庭之組成不適當；
(ii) 仲裁庭明顯逾越權限；
(iii)仲裁庭成員存在貪腐行為；

---

[158] Even where jurisdiction is established, the claim may nonetheless be inadmissible. The concept of admissibility is poorly defined in investment arbitration literature: Douglas (2009) 146–8, 363–472. Also: Heiskanen (2014) 29 *ICSID Rev-FILJ* 231, 237–45; Rosenfeld (2016) 29 *LJIL* 137, 148–53.

[159] Generally: Marboe in Binder et al (eds), *International Investment Law for the 21st Century* (2009) 200; Kalina & Di Pietro, ibid, 221; Parra (2014) 374 Hague *Recueil* 313, 396–406. On the potential for the WTO Appellate Body to act as a model for an ICSID appeals facility: McRae (2010) 1 *JIDS* 371. For arguments in favour of an ICSID appeals facility: Ngangjoh-Hodu & Ajibo (2015) 6 *JIDS* 308.

[160] 10 June 1958, 330 UNTS 38. Further: Wolff (ed), *New York Convention* (2012); Bantekas, *An Introduction to International Arbitration* (2015) ch 8.

[161] New York Convention, Art V(1), V(2)(b). These grounds are largely replicated in Arts 34 and 36 of the UNCITRAL Model Law (1985, amended 2006), which forms the basis of many national arbitration laws. Further: Kleinheisterkamp, 'Recognition and Enforcement of Foreign Arbitral Awards' (2008) *MPEPIL*; Hwang & Lim in Caron et al (eds), *Practising Virtue* (2015) 514.

[162] Bishop & Marchili, *Annulment under the ICSID Convention* (2012); Shin in Kinnear et al (2015) 699.

(iv) 仲裁庭嚴重違反基本程序規則；

(v) 該裁決未能說明其所依據之理由。

在撤銷仲裁裁定之情況下，「任擇委員會」（*ad hoc* Committee）不能用自己的裁決取代仲裁庭之原始裁定，只能於程序上使之無效，並將案件提交給新的仲裁庭進行重新審理。

近年來，歐盟支持成立「多邊投資法庭」（multilateral investment court），並包括上訴條款。2016 年 10 月歐盟與加拿大簽署之全面經濟貿易協定（Comprehensive Economic and Trade Agreement with Canada, CETA）是第一個實現上述倡議之條約，[163] 未來「多邊投資法庭」將如何適應現有的國際仲裁庭體系，係眾多懸而未決之問題之一。[164]

(v) 救濟與執行

違反投資條約中投資標準之救濟方法係對於遭受損失之原告方進行金錢賠償（financial compensation）。在紐約公約 [165] 與 ICSID [166] 規定下，有效之仲裁裁決必須在任何締約國內得到承認和執行，但應符合未存在前述質疑或撤仲之理由。

5. 結論

【716】在 1980 年代及 1990 年代，不願訴諸國際裁決之意願似乎有所下降，而國際規則的產生則有所增加，[167] 結果使得具專門性，且通常是強制性的爭端解決體系之發展迅速成長，國家間亦更頻繁地訴諸裁決。[168]

---

[163] Comprehensive Economic and Trade Agreement, signed on 30 October 2016 and provisionally in force since 21 September 2017 (European Commission, EU–Canada Trade Agreement Enters into Force, Press Release IP/17/3121, Brussels, 20 September 2017).

[164] Baetens (2016) 43 *Legal Issues of Economic Interpretation* 367.

[165] New York Convention, Arts III, IV.

[166] ICSID Convention, Art 54.

[167] Generally: Jenks, *The Prospects of International Adjudication* (1964); Helfer in Romano, Alter, & Shany (2013) 464; Ginsburg, ibid, 483; von Bogdandy & Venzke, ibid, 503; Shany (2014). Also: Alter, *The New Terrain of International Law* (2014).

[168] Shany, *The Competing Jurisdictions of International Courts and Tribunals* (2003) 3–7; Brown, *A Common Law of International Adjudication* (2007) ch 1; Buergenthal (2011) 14 *LJIL* 267, 267–72; Alter (2014) chs 3–4.

但上述發展並非一成不變，而且存在許多相反之趨勢。早期未曾出現之做法，恐怕會再次出現：在 *Arctic Sunrise* 及 *South China Sea* 等案中，俄羅斯和中國分別拒絕在聯合國海洋法公約（ITLOS）附件 VII 所列之仲裁庭出庭；俄羅斯亦不參與 ITLOS 之相關程序。[169] 雖然缺席並沒有正式中止訴訟（仲裁）程序或影響決定之約束力，包括在管轄權方面，給法庭帶來困難，並代表當事方最終不遵守及不尊重和平解決之條約承諾。[170]

缺席並非反對國際裁決的唯一行為，為了因應不利裁決或潛在賠償，有些國家譴責其同意第三方爭端解決之文書，尤其是關於投資[171] 或人權保障[172] 條約。允許撤回或對於時間之影響可能受到限制，[173] 各國甚至還試圖解散或削弱法院之能力，如同非洲整合共同體（African integration communities）對於「次區域法院」（sub-regional court）判決之回應。[174] 此外，對於法庭偏袒之指控，導致據稱受到偏見之國家，試圖撤回同意或直接缺席。[175]

因此，國際裁決之前景目前陰雲密布，但對國際爭端進行公正裁決之價值依舊存在。

---

[169] *Arctic Sunrise*, Provisional Measures (2013) 159 ILR 68; *Arctic Sunrise*, Merits (2015) 171 ILR 1; *South China Sea*, Merits (2016) 170 ILR 1. Also: Talmon in Talmon & Jia (eds), *The South China Sea Arbitration* (2014) 15, 19–25; Cembrano-Mallari (2014) 88 *Philippine LJ* 300, 328–32.

[170] Fitzmaurice (1980) 51 *BY* 89; Thirlway, *Non-Appearance before the International Court of Justice* (1985); Thirlway (2013) 994–1007.

[171] Garibaldi in Binder et al (2009) 252; Tzanakopoulos in Hofmann & Tams (eds), *International Investment Law and General International Law* (2011) 75; Wick (2012) 11 *JIBL* 239; Durney (2013) 17 *MPUNYB* 221; Voon & Mitchell (2016) 31 *ICSID Rev-FILJ* 413. Also: *Venoklim Holding BV v Venezuela*, ICSID Case ARB/12/22, 3 April 2015. Note that investment arbitration presently available under NAFTA Ch XI will be largely excluded under the US-Mexico-Canada Agreement, 30 September 2018, once it enters into force.

[172] Helfer (2002) 102 *Col LR* 1832, 1860–85; Tyagi (2008) 79 *BY* 86; Quigley (2009) 19 *Duke JCIL* 263; Naldi & Magliveras (2013) 33 *Pol YIL* 95. Also: Klein in Fastenrath et al (eds), *From Bilateralism to Community Interest* (2011) 477.

[173] E.g. Energy Charter Treaty, 17 December 1994, 2080 UNTS 100, Art 47; First Optional Protocol to ICCPR, 16 December 1966, 999 UNTS 171, Art 12. See also chapter 16.

[174] Alter, Gathii, & Helfer (2016) 27 *EJIL* 293, 295–314.

[175] *Croatia v Slovenia*, PCA, Partial Award, 30 June 2016, PCA Case No 2012–04, ICGJ 509 (PCA 2016), paras 28–86; 29 June 2017, Final Award.

第三十三章　國家使用武力或以武力威脅

1. 歷史回顧：1815-1945

【717】在 19 世紀歐洲國家的實踐中，戰爭有時仍被視為最後手段，即作為一種爭端解決形式。[1] 然而，普遍觀點係訴諸戰爭是屬於國家的權力，[2] 可以藉由武力征服取得更多的領土。[3] 因此，德意志帝國併吞亞爾薩斯－洛林（Alsace-Lorraine）後，法國或第三國亦承認該兼併行為。[4]

而 19 世紀另有其他方面的實踐值得注意，尤其在一定程度上使用是定義模糊的「干預原則」（intervention），結合缺乏正式「戰爭狀態」（state of war）強制干預措施，例如報復太平洋封鎖。而此類做法巧妙地逃避了各國在外交與國內憲法關於訴諸戰爭之限制之規範。

1919 年國際聯盟所採用之方法，基本上反映出 19 世紀的思維，例如對於訴諸戰爭之程序限制，是當時國際聯盟較為創新的規則，然而，如果第 11 條至第 17 條所預見之程序已經用盡，訴諸戰爭仍可被允許；雖然第 10 條規定成員國有義務尊重和維護，聯盟中所有成員國之領土完整及現有之獨立性，以防止外來侵略。[5]

獨立於盟約之規定，某些國家關心能否因此而建立「征服非法性」（illegality of conquest）之規則。【718】1890 年在華盛頓舉行的美洲國家國

---

[1] This was given expression by Grotius in *De iure belli ac pacis* (1625, Tuck ed, 2005) I.i.§1, who identified the concept of the 'just' war waged in order to restore order. To this end, Grotius identified three possible sources of a 'just' war—self-defence, reparation, and punishment. Further: Tuck, *The Rights of War and Peace* (1999); Neff, *War and the Law of Nations* (2005) ch 3.

[2] Generally: Brownlie, *International Law and the Use of Force by States* (1963) 19–111; Bobbitt, *The Shield of Achilles* (2002); Neff (2005) 159–394; Lesaffer in Weller (ed), *The Oxford Handbook of the Use of Force* (2015) 35, 45–55; Gray, *International Law and the Use of Force* (4th edn, 2018). On earlier practice: Russell, *The Just War in the Middle Ages* (1975); Keane, *Violence and Democracy* (2004); Lesaffer (2015) 37–45.

[3] Either by way of the subsequent peace treaty (which could, vis-à-vis the defeated state, be compelled) or by reason of the complete defeat and disappearance of a party (*debellatio*), as with the defeat of the South African Republic at the end of the Boer War.

[4] Preliminaries of Peace between France and Germany, 26 February 1871, 143 CTS 37, Art I.

[5] Brownlie (1963) 55–65; and see chapter 1.

際會議中建議，在戰爭威脅或武裝部隊在場情況下，所舉行之領土會議係屬無效。1919 年之後，這項努力的形式是試圖填補盟約之空白立法。[6] 因此，聯盟第六屆大會之決議，依據西班牙之提案，「侵略戰爭」（war of aggression）構成國際罪刑；[7] 在第八屆大會上，一致通過了一項波蘭提案「禁止侵略戰爭」之決議，[8] 但上述兩項提案，均未成為現行之法律。

國際間更重要的發展，係 1928 年「非戰公約」（Kellogg-Briand Pact）之締結，[9] 依第 1 條規定，各方「譴責為解決國際爭端而訴諸戰爭，並放棄將其作為彼此關係中國家政策之工具」；第 2 條規定，「為解決各國間發生的所有爭端，不得透過以和平方式之外的其他方式為之」；上開公約有 63 個締約國（包括拒絕該公約之美國），顯然至今依然有效，二次大戰前，只有 4 個國家不受其條款之約束。[10]

「非戰公約」更作為在紐倫堡及東京之國際軍事法庭中，發動侵略戰爭罪名起訴案件的基礎。[11]「非戰公約」在一定程度上，預示了聯合國憲章之法律制度，並提供於兩次世界大戰期間，法律連續性之要求。[12]

該公約之主要當事方，就「自衛權」作出保留，並為其他當事方所接受。[13] 該制度之出現，有四個決定要件：第一，不訴諸戰爭解決國際爭議之義務；第二，完全以和平方式解決爭端之義務；第三，保留包括「集體自衛」（collective self-defense）在內之自衛權；第四，保留同盟盟約之義務。從其背景來看，這是一個綜合性的法律制度，在實踐中發揮了相當大的作用。[14] 因此，美國在 1929 年關於中國與蘇聯間之敵對行動、1931 年中國與日本之衝突，以及 1933 年秘魯和厄瓜多之間的 Leticia 爭端中，皆援引該條約。該公約

---

[6] Moore, 1 *Digest* 292.
[7] (1925) 6 *LNOJ Sp Supp* 33, Annex 14, 403 (25 September 1925).
[8] (1927) 8 *LNOJ Sp Supp* 51, 155 (24 September 1927).
[9] 27 August 1928, 94 LNTS 57.
[10] Brownlie (1963) 74–111.
[11] Finch (1947) 41 *AJIL* 30; Kelsen (1947) 1 *ILQ* 153; Gallant, *The Principle of Legality in International and Comparative Criminal Law* (2005) 115–16, 128, 144; Lesaffer, 'Kellogg–Briand Pact (1928)' (2010) *MPEPIL*; Hathaway & Shapiro, *The Internationalists and their Plan to Outlaw War* (2017).
[12] On the developments of 1920–45: Brownlie (1963) 66–111, 216–50; Neff (2005) part IV.
[13] Brownlie (1963) 235–47. Also: Neff (2005) 303–5 on the role of self-defence in the drafting of the Pact.
[14] Brownlie (1963) 74–111; 6 Hackworth 46, 51–2; cf Gallant (2005) 115–16, arguing that the Nuremberg Tribunal overstated the effect of the Pact.

甚至在 1939 年繼續發揮作用，當時被國際聯盟之大會援引，譴責蘇聯對芬蘭採取之軍事行動。【719】然而，國際實踐並不一致；義大利征服伊索比亞雖然受到無效之制裁，但卻得到了包括英國及法國在內許多國家之承認（英國於 1940 年撤銷承認）。[15]

2. 聯合國憲章禁止使用或威脅使用武力

(1) 第 2 條之上下文

「非戰公約」中的基本要旨重新出現於「聯合國憲章」，但受一個重要條件之約束，即聯合國安理會之權力與有關「使用武力」之規則脫節，而依據「非戰公約」，安理會之權力一直是與違反上開公約之「訴諸戰爭」主題密切相關，第 2 條規定適用於本組織及其成員之規則，[16] 如下：

> 第 3 項：各會員國應以和平方法解決其國際爭端，俾免危及國際和平、安全及正義。
>
> 第 4 項：各會員國在其國際關係上不得使用威脅或武力，或以與聯合國宗旨不符之任何其他方法，侵害任何會員國或國家之領土完整或政治獨立。
>
> 第 7 項：本憲章不得認為授權聯合國干涉在本質上屬於任何國家國內管轄之事件，且並不要求會員國將該項事件依本憲章提請解決；但此項原則不妨礙第七章內執行辦法之適用。

---

[15] Talmon, *Recognition of Governments in International Law* (1996) 102–3. See *Azazh Kebbeda v Italian Government* (1940) 9 ILR 93.

[16] 24 October 1945, 1 UNTS 16. E.g. Russell, *A History of the United Nations Charter* (1958); Brownlie (1963); Cot, Pellet, & Forteau (eds), *La Charte des Nations Unies* (3rd edn, 2005); Simma et al (eds), *Charter of the United Nations* (3rd edn, 2012) ch 1; Gray (4th edn, 2018) chs 6–7. Also: Franck, *Recourse to Force* (2002); Gardam, *Necessity, Proportionality and the Use of Force by States* (2004); Stürchler, *The Threat of Force in International Law* (2007); Grimal, *Threats of Force* (2013); Wood, 'Use of Force, Prohibition of Threat' (2013) *MPEPIL*; Tsagourias in White & Henderson (eds), *Research Handbook on International Conflict and Security Law* (2013) 67; O'Connell, ibid, 89; Corten, *Le droit contre la guerre* (2nd edn, 2014) ch II; Schrijver in Weller (2015) 465; Dubuisson & Lagerwall, ibid, 910; Glennon, ibid, 79; Crawford & Nicholson, ibid, 96; Dörr, 'Use of Force, Prohibition of' (2015) *MPEPIL*.

上開第 2 條第 4 項被描述爲「聯合國憲章之基石」，[17] 憲章規定除非在某些有限之情況下，禁止國家單方面威脅或使用武力，但提出了關於尖銳之解釋問題。[18] 第一個涉及該條文之中心主題係【720】「威脅或使用武力」，甚至「武力」此一基本概念的範圍亦有爭議，一般的觀點僅限於直接或間接使用之「武裝力量」（armed force），[19] 亦即國家對另一個國家、非正規組織、僱傭軍或叛亂分子等使用武力，[20] 但此定義並不擴張解釋至政治或經濟脅迫。[21]

雖然在武裝力量的背景下「使用」一詞相當明確，但「威脅」（threat）一詞仍是相當不確定，[22] 雖然禁止之規範表面上很清楚，但武力威脅仍然是國際層面上日常生活的一部分，國家實踐已顯示出對武力威脅一定的容忍度，原因之一係某些明顯的威脅（例如武器的開發和儲存），伴隨依據憲章第 51 條「自衛權」而進行之辯護。此外，武力威脅通常比實際使用武力更常發生，甚至可能在解決爭端中發揮作用。[23]

憲章第 2 條第 4 項中，另一個有爭議之文字係反對「侵害任何會員國或國家之領土完整或政治獨立」，[24] 許多學者已經依靠上述條款文字提出「禁止使用武力」之實質性條件，同時，在 *Corfu Channel* 一案中，英國在捍衛其在阿爾巴尼亞水域內蒐集證據之掃雷行動時，也採取類似立場。[25] 然而，憲章的準備工作已經足夠明確：援引上述條款文字正是爲提供小國保障，而並非像法院一貫認爲具有限制性效果。[26]

---

[17] *Armed Activities on the Territory of the Congo (DRC v Uganda)*, ICJ Reports 2005 p 168, 223. Further: Gray (4th edn, 2018) ch 2. But cf Tams (2009) 20 *EJIL* 359, 359–60.

[18] On restrictive versus extensive interpretations of the prohibition: Corten (2005) 16 *EJIL* 803.

[19] Randelzhofer & Dörr in 1 Simma et al (3rd edn, 2012) 200, 208.

[20] Ibid, 211–13. Also: *Military and Paramilitary Activities (Nicaragua v US)*, ICJ Reports 1986 p 14.

[21] Randelzhofer & Dörr in 1 Simma et al (3rd edn, 2012) 200, 208–10.

[22] *Corfu Channel (UK v Albania)*, ICJ Reports 1949 p 4; *Nicaragua*, ICJ Reports 1986 p 14; *Legality of the Threat or Use of Nuclear Weapons*, ICJ Reports 1996 p 226. For an eccentric interpretation: *Guyana v Suriname* (2007) 139 ILR 566, 690–7. Generally: Stürchler (2007); Grimal (2013); Wood, 'Use of Force, Prohibition of Threat' (2013) *MPEPIL*; Dubuisson & Lagerwall in Weller (2015) 910.

[23] Randelzhofer & Dörr in 1 Simma et al (3rd edn, 2012) 200, 218.

[24] E.g. Bowett, *Self-Defence in International Law* (1958) 152; Stone, *Aggression and World Order* (1958) 43; Higgins, *Problems and Process* (1994) 245–6. Also: Reisman (1984) 78 *AJIL* 642; Schachter (1984) 78 *AJIL* 642.

[25] *Corfu Channel*, Oral Proceedings (First Part) p 296.

[26] ICJ Reports 1949 p 4, 35. The Court's famous rejection of the UK argument has been interpreted variously as a complete rejection of narrow interpretation or as a more limited repudiation of the particular UK claim on the facts. The Court itself subsequently interpreted it as a blanket rejection: *Nicaragua*, ICJ Reports 1986 p 14, 106–8. Also: Brownlie (1963) 265–8; Randelzhofer & Dörr in 1 Simma et al (3rd edn, 2012) 200, 215–16. Further: Ruys (2014) 108 *AJIL* 159.

(2) 自衛權

禁止使用武力最重要之限制條件，係國家行使自衛權。憲章第51條規定：

> 聯合國任何會員國受武力攻擊時，在安全理事會採取必要辦法，以維持國際和平及安全以前，本憲章不得認為禁止行使單獨或集體自衛之自然權利。會員國因行使此項自衛權而採取之辦法，應立向安全理事會報告，此項辦法於任何方面不得不影響該會按照本憲章隨時採取其所認為必要行動之權責，以維持或恢復國際和平及安全。

倘若發生針對聯合國會員國的武力攻擊，【721】上開第51條保留個人或集體自衛之「固有」權利，在 *Nicaragua* 一案中，法院認為此一主張係指先前存在之習慣國際法。[27]

於適用第51條時，主要困難係在於「武力攻擊」（armed attack）之要件，[28]憲章起草者，可能將該條款解釋為包含第二次世界大戰之常規攻擊的特徵，然而，現代武器之發展使得任何嚴格的類型都難以維持。一方面，現代戰爭亦傾向以「網際網路」（cyberspace）中日益複雜之威脅為其特徵，[29]另一方面，更多非正規部隊與國家軍隊並肩作戰，或作為國家軍隊之代理人而參戰。在 *Nicaragua* 一案中，有鑒於國家責任法草案及聯合國大會1974年對「侵略」（aggression）之定義，法院得出結論認為，武力攻擊包括「由一國或其代表派遣武裝團體、非正規軍或僱傭軍等」，[30]倘若此類行動由正規武裝部隊所實

[27] *Nicaragua*, ICJ Reports 1986 p 14, 94. Further: Gray (4th edn, 2018) 180–2. For contemporary criticisms of the decision: Franck (1987) 81 *AJIL* 116; D'Amato (1987) 81 *AJIL* 101; Hargrove (1987) 81 *AJIL* 135; Moore (1987) 81 *AJIL* 151.

[28] Generally: Constantinou, *The Right of Self-Defence under Customary International Law and Article 51 of the UN Charter* (2000); Ruys, 'Armed Attack' and Article 51 of the UN Charter (2010); Alder, *The Inherent Right of Self-Defence in International Law* (2013); Zemanek, 'Armed Attack' (2013) *MPEPIL*; Corten (2nd edn, 2014) 657–758; Roscini (2015) 4 *CJICL* 634.

[29] Schmitt (ed), *Tallinn Manual on the International Law Applicable to Cyber Warfare* (2013); Roscini, *Cyber Operations and the Use of Force in International Law* (2014); Schmitt in Weller (2015) 1110.

[30] ICJ Reports 1986 p 14, 103, citing GA Res 3314(XXIX), 14 December 1974, Annex, Art 3(g). Higgins (1994) 251 considers the Court's adoption of the definition to be 'operationally unworkable'.

施，鑒於其規模及影響，將被歸類爲武力攻擊，而非僅爲邊境事件。[31]

　　然而，一個向叛亂團體提供援助及支持的國家，卻辯稱實際上沒有派遣其對另一個國家實施「武力攻擊」，係相當引人起疑。[32] 在上述*Nicaragua*案中，法院不認爲向非正規團體提供武器和其他支持，即構成美國對尼加拉瓜、或尼加拉瓜對鄰國之「武力攻擊」，雖然已經犯下其他非法行爲（如：港口布雷、干涉內政），[33] 此類協助或支持，可能構成威脅或使用武力，或非法干預，[34] 但仍未達到構成第51條「武力攻擊」之程度。

　　「武力攻擊」之另一個標準側重於攻擊之「規模及影響」（scale and effects），而區分爲「最嚴重之形式」（most grave forms）以及「其他不太嚴重之形式」（other less grave forms），例如邊境衝突或僅係邊境摩擦事件。[35]【722】在*Oil Platforms*一案中，[36] 嚴重與否之臨界點在於，該案中美國主張被告對其一艘船舶之攻擊嚴重性加劇，因爲該攻擊係類似事件之一部分。法院因此對於「一系列攻擊」是否可累積適用而構成「武力攻擊」保持開放之態度。[37] 最後，該案多數法官認爲，任何攻擊必須以具備「傷害之特定意圖」（specific intention of harming）。[38] 然而，由於這些標準係基於對國家行爲之事後評估（*en post facto*），所以增加上述標準係有爭議。因此，很難辨別「微小入侵」（minor incursion）是否構成更大攻擊之一部分，或者是出於有害意圖而進行的行爲。[39]

　　「武裝攻擊」之含義仍然存在爭議，尤其與國際對恐怖主義之反應有關。由於「武力攻擊」缺乏安全理事會或大會關於該主題之特別決議，[40] 此議題仍

---

[31] ICJ Reports 1986 p 14, 103. This position was reaffirmed in *Armed Activities (DRC v Uganda)*, ICJ Reports 2005 p 168, 222–3, but the Court expressly avoided characterizing Uganda's conduct as aggression. On the Congo conflict: Okowa (2006) 77 *BY* 203; Gray (4th edn, 2018) 79–84.

[32] ICJ Reports 1986 p 14, 103–4; cf 543 (Judge Jennings, diss). Also: Randelzhofer & Nolte in 2 Simma et al (3rd edn, 2012) 1397, 1415–16.

[33] ICJ Reports 1986 p 14, 62, 64. Also: Crawford, '*Military and Paramilitary Activities in and against Nicaragua Case (Nicaragua v United States of America)*' (2006) *MPEPIL*, Section D.

[34] ICJ Reports 1986 p 14, 104.

[35] Ibid, 101, 103.

[36] *Oil Platforms (Iran v US)*, ICJ Reports 2003 p 161, 186–7.

[37] ICJ Reports 2003 p 161, 190–2.

[38] Ibid, 192.

[39] For criticism of the majority's approach: ibid, 225–40 (Judge Higgins), 246–65 (Judge Kooijmans), and 270–89 (Judge Buergenthal). Further: Taft (2004) 29 *Yale JIL* 295.

[40] Ruys (2010) 535–9.

將依據具體個案情勢加以評估。[41]

「自衛權」雖已於憲章中確立，但並非不受約束；用於自衛之武力必須是符合「必要性」與「合比例性」等原則。[42] 國際法院一再重申，上述限制適用於所有形式之自衛權，無論是個別國家，或集體自衛權之行使。[43] 在上述情況下，「必要性」通常被解釋為在某種情況下，防禦之國家除採取強有力之自衛行動外，別無選擇。[44] 而「合比例性」則要求該自衛權行使之規模、持續時間及目標等，與系爭之武力攻擊大致相當。[45] 因此，自衛權不能僅具有懲罰性或報復性之目的。

(i) 集體自衛權

集體自衛權在 1945 年之前被承認，並在憲章第 51 條中明確被載入條文。[46] 在伊拉克襲擊科威特後，聯合國安理會在第 661 號決議之序言中提到「個別或【723】集體自衛之固有權利」，以回應伊拉克對科威特的武力攻擊。[47] 在 *Nicaragua* 一案中，法院指出了合法行使集體自衛的三個條件，包括：第一，必須有「武力攻擊」之存在；[48] 第二，程序條件係受害國「必須形成並聲明它已受到該攻擊」之主張或聲明；[49] 第三，第三國為受攻擊國之利益使用

---

[41] Higgins (1994) 248–51; Randelzhofer & Nolte in 2 Simma et al (3rd edn, 2012) 1397, 1406–20; Gray (4th edn, 2018) 134–55.

[42] Generally: Gray (4th edn, 2018) 157–65. Also: Randelzhofer & Nolte in 2 Simma et al (3rd edn, 2012) 1397, 1425–7; Tams in van den Herik & Schrijver (eds), *Counter-Terrorism Strategies in a Fragmented International Legal Order* (2013) 373, 376–93; Corten (2nd edn, 2014) 759–94. Some commentators see these limitations as illegitimate: Kunz (1947) 41 *AJIL* 872; Gardam (1993) 87 *AJIL* 391; Gardam (2004). The contrarian position is generally not accepted.

[43] *Nicaragua*, ICJ Reports 1986 p 14, 103; *Nuclear Weapons*, ICJ Reports 1996 p 226, 245; *Oil Platforms*, ICJ Reports 2003 p 161, 183; *Armed Activities (DRC v Uganda)*, ICJ Reports 2005 p 168, 223.

[44] Cf Corten in Weller (2015) 861, 872–3. There is some controversy as to whether it needs to be immediate: Gardam (2004) 149–53; Tams in van den Herik & Schrijver (2013) 373, 383–5; Green (2015) 2 *JUFIL* 97, 108–11.

[45] Gray (4th edn, 2018) 157; cf Tams in van den Herik & Schrijver (2013) 373, 386–93; Akande & Liefländer (2013) 107 *AJIL* 563, 566–8; Kretzmer (2013) 24 *EJIL* 235, 267–82; Nolte, ibid, 283 (in reply); Christodoloudou & Chainoglou in Weller (2015) 1187, 1189–92.

[46] Generally: Bowett (1958) 200–48; Dinstein, *War, Aggression and Self-Defence* (5th edn, 2011) 278–302; Randelzhofer & Nolte in 2 Simma et al (3rd edn, 2012) 1397, 1420–1; Gray (4th edn, 2018) ch 4.

[47] SC Res 661 (1990). The operation was actually conducted pursuant to a further express mandate: SC Res 678 (1990) para 1.

[48] *Nicaragua*, ICJ Reports 1986 p 14, 103–4.

[49] Ibid, 104; and see Dinstein (5th edn, 2011) 296–7.

集體自衛，取決於該國向第三國提出請求。[50] 法院並未要求援助國本身應該成為武力攻擊之對象。由上述解釋與程序上之限制觀之，集體自衛係對弱國之重要保護機制，此觀點並成為冷戰時期，大多數集體安全安排之法律基礎。[51]

(ii) 預防性或先發制人的自衛

關於聯合國憲章是否明確排除「預防性自衛」（anticipatory self-defense）[52] 之可能，長期以來一直存在爭議。換言之，先發制人的使用武力，以避免迫在眉睫之武力攻擊。自 1945 年以來，使用武力的國家更願意為其行動抗辯，以自衛回應武力攻擊，而不是主張先發制人係一種權利。[53] 但是當受到壓力時，預期自衛的支持者依賴於兩個相關的考量：[54] 首先，第 51 條保留習慣國際法中存在之自衛權，包括一定的預防性行動，問題在於該論點與第 51 條（如果發生武力攻擊），[55] 以及旨在限制國家單方面使用武力的憲章宗旨不符。[56]

【724】其次，習慣國際法形成於 19 世紀，特別係於 1838 年至 1842 年間，[57] 美國與英國之文書往來結果：交換之原因是 1837 年英國武裝部

---

[50] ICJ Reports 1986 p 14, 104; cf 356 (Judge Schwebel, diss); 544–5 (Judge Jennings, diss); *Oil Platforms*, ICJ Reports 2003 p 161, 186–7.

[51] E.g. North Atlantic Treaty, 4 April 1949, 34 UNTS 243 (NATO); Southeast Asia Collective Defence Treaty, 8 September 1954, 209 UNTS 28; Declaration relating to the Baghdad Pact, 28 July 1958, 335 UNTS 205; Warsaw Treaty of Friendship, Cooperation and Mutual Assistance, 14 May 1955, 219 UNTS 3 (Warsaw Pact).

[52] Bowett (1958) 188–93; Ruys (2010) 255–67; Szabó, *Anticipatory Action in Self-Defence* (2011); Randelzhofer & Nolte in 2 Simma et al (3rd edn, 2012) 1397, 1421–4; Kretzmer (2013) 24 *EJIL* 235, 247–50; Wilmshurst in van den Herik & Schrijver (2013) 356, 357–62; Boyle (2014) 1 *JUFIL* 55, 62–5; Deeks in Weller (2015) 661; Green (2015) 2 *JUFIL* 97, 102–8; Duffy (2nd edn, 2015) 260–5, 331–2; Gray (2016) 376 Hague *Recueil* 93, 142–5; van Steenberghe (2016) 29 *LJIL* 43, 50–4; Gray (4th edn, 2018) 170–5. On imminence: Lubell in Weller (2015) 697.

[53] Gray (4th edn, 2018) 248–57.

[54] E.g. Waldock (1952) 81 Hague *Recueil* 451, 497–8; Bowett (1958) 188–9; Greenwood, 'Self-Defence' (2011) *MPEPIL*, Section D; Duffy (2nd edn, 2015) 262–3.

[55] The English and Spanish ('*en caso de ataque armado*') texts seem clear; the French ('*dans le cas où un Membre des Nations Unies est l'objet d'une agression armée*') may be open to a broader reading.

[56] Randelzhofer & Nolte in 2 Simma et al (3rd edn, 2012) 1397, 1422. Dinstein (5th edn, 2011) 203–5 adds complexity by introducing the concept of 'interceptive' self-defence, whereby an attacking state has 'crossed the Rubicon' by embarking on an irreversible course of action. Higgins (1994) 242–3 argues that, notwithstanding its plain meaning, the right to anticipatory self-defence should be read into Art 51 in order to account for the exigencies of modern warfare (notably the existence of nuclear weapons).

[57] For the documents: Jennings (1938) 32 *AJIL* 82. Cf Reisman (1999) 22 *Hous JIL* 3 for possible modern applications.

隊在美國領土上扣押並破壞一艘協助加拿大武裝叛亂的私人船舶卡羅琳號
（Caroline），在抗議中，國務卿 Webster 要求英國政府表明：

> 存在自衛之必要性、即時性、壓倒性，以及沒有其他可選擇
> 之手段、沒有時間考慮等。此亦表明，加拿大地方政府當時
> 有必要授權船舶進入美國領土，且沒有作出任何不合理或過
> 分之要求；因為該行為係以自衛的必要性為正當，必須受到
> 「必要性」之限制，並清楚地維持其中。[58]

　　Lord Ashburton 在其答覆中，沒有對此原則聲明提出異議。Webster 之論述已被多次引用以支持預期性自衛學說，但若將其對應於法律學說理論，則二者沒有太大區別，如同當時的情況，「自衛」（self-defense）被視為自我保護（self-preservation）的同義詞，或者被視為一個特殊實例。當時的政治外交家們，常基於不同目的，交替使用自我保護（self-preservation）、自衛（self-defense）、必要（necessity）、自衛之必要（necessity of self-defense）等名詞，且外交信函並非旨在限制自我保護之權利。在 *Caroline* 案前後之國際法著作，都將「自衛」視為自我保護之實例，並在該主題下討論了 *Caroline* 案。
　　將 1838 年至 1842 年時期視為聯合國憲章背後的習慣法關鍵期是不合時宜的。習慣是否能擴大解釋聯合國憲章第 51 條所規定「表面上」（*prima facie*）狹隘意義之自衛權，[59] 應將注意力集中於 1945 年之立場較為合適，在 1945 年當時，習慣法是否具有彈性尚不清楚。然 1945 年以後，各國的實踐普遍反對「預期性自衛」，[60] 例如 1981 年聯合國安理會在第 487 號決議中，強烈譴責以色列攻擊伊拉克核子反應爐，且該行為被視為「明顯違反聯合國憲章」

[58] Shewmaker, Stevens, & McGurn (eds), *The Papers of Daniel Webster. Diplomatic Papers* vol 1 (1983) 62.

[59] In the sense that the right is triggered by an armed attack: Brownlie (1963) 275–80; Randelzhofer & Nolte in 2 Simma et al (3rd edn, 2012) 1397, 1422; cf Franck (2002) 97–9; Yoo (2003) 97 *AJIL* 563, 571.

[60] Gray (2016) 376 Hague *Recueil* 93, 142–3; cf Reisman & Armstrong (2006) 100 *AJIL* 525 (an argument based on a somewhat oracular interpretation of *opinio juris*).

（以全數無異議通過）。[61]雖然國際法院從未就此問題作出具體裁決，【725】但其似乎已暗示將「預期性自衛」排除於第 51 條之適用範圍。在 *Armed Activities* 一案中，法院認為：

> 憲章第 51 條只能在其規定的嚴格範圍內，成為「自衛」而使用武力之抗辯，該條文不允許一個國家使用武力來保護超出上述範圍的安全利益。有關國家可以使用其他手段，尤其包括訴諸安全理事會。[62]

隨著對所謂的「反恐戰爭」（war on terror）之起訴，預期自衛的概念在文獻中重新被提出討論。美國小布希政府譴責過去的「回應模式」（reactive posture），拒絕等待「流氓國家」（rogue states）和「恐怖分子」（terrorists）等敵人先發動攻擊，並宣布準備採取行動防止潛在對手之威脅，即使面對攻擊時間和地點皆無法確定。[63]上述主張比先發制人之自衛權，更進一步深入到「預防性自衛」之領域，不僅缺乏任何法律依據，此主張亦不被普遍接受。[64]值得注意者，當美軍於 2003 年 3 月開始對伊拉克採取片面軍事行動時，美國同年 3 月 20 日致安理會的信中，係表明將以安理會決議作為該行動的主要推定法律依據，並非基於一般國際法之任何先發制人或預防性自衛之權利。[65]

歐巴馬政府（Obama administration）則放棄使用「反恐戰爭」一詞（不

---

[61] SC Res 487 (1981) op para 1. Cf D'Amato (1996) 10 *Temple ICLJ* 259. But no such response occurred in relation to the Israeli bombing of the Deir ez-Zor reactor in Syria in 2007: Deeks in Weller (2015) 661, 671; Gray (4th edn, 2018) 237.

[62] ICJ Reports 2005 p 168, 223–4 (emphasis added).

[63] *The National Security Strategy of the United States of America*, Washington, September 2002, 1, 15. Also: Farer (2002) 96 *AJIL* 359; Gray (4th edn, 2018) 248–53.

[64] Gray (2002) 1 *Chin JIL* 437; Quigley, *The Six-Day War and Israeli Self-Defence* (2012) 166–72; Duffy, *The 'War on Terror' and the Framework of International Law* (2nd edn, 2015) 314–19, 335–6; Gray (2016) 376 Hague *Recueil* 93, 120; Gray (4th edn, 2018) 248–56.

[65] S/2003/351, 21 March 2003 (passing reference to self-defence is made in the final substantive paragraph). The UK and Australian letters rely exclusively on SC resolutions: S/2003/350, 21 March 2003; S/2003/352, 21 March 2003. Further: Yoo (2003) 97 *AJIL* 593. On the UK position: (2003) 52 *ICLQ* 811; (2005) 54 *ICLQ* 767, 768; Weller, *Iraq and the Use of Force in International Law* (2010). The issue of the UK's legal position was avoided in the Chilcot Inquiry Report: The Report of the Iraq Inquiry (2016), but the Report was otherwise highly critical of the process of decision-making and its implementation.

用抽象名詞進行戰爭），但在歷屆政府執政期間，美國在「使用武力」問題之立場，[66] 一直存在分歧。而英國與其他某些國家在一定程度上支持使用武力的時機，[67] 不僅在預期性自衛權之主張如此，在默示同意使用武力以及「定點清除個人」（targeted killings）等個人問題上之立場亦復如此。[68]

(iii) 人道干預

【726】關於憲章第 2 條第 4 項範圍之另一項爭辯，[69] 涉及所謂「人道干預」（humanitarian intervention）[70] 之強制措施，一直到 19 世紀末，大多數學者皆承認人道干預之權利確實存在，倘若某個國家濫用其主權，對其權力範圍內之人民進行殘酷和過分殘酷之對待，即被視為得使任何準備干預之國家，對該國採取軍事行動。該行動屬於「維持警戒措施」之性質，並不會導致主權變更。有些學者將其限制為解放一個被另一國家壓迫之國家的行動；有些學者認為人道干預之目的係制止犯罪與屠殺；有些學者則提到「暴政」（tyranny）或「極端殘忍」（extreme cruelty）等詞彙；有些學者認為是對於宗教之迫害；另一些學者則混淆此問題，認為在政府軟弱無力或導致無政府狀態之暴政情況下，始得主張合法干預。[71]

然而，在許多實踐中，人道干預似乎僅是「帝國主義用以掩飾之外衣」（cloak for episodes of imperialism），包括 1898 年美國入侵古巴；而人道

---

[66] See White House, Report on the Legal and Policy Frameworks Guiding the United States' Use of Military Force and related National Security Operations (2016), noted (2017) 111 *AJIL* 1063. The Trump administration has not yet issued a counterpart document reflecting its changes in policy on several issues covered in the 2016 Report.

[67] White House (2016) 11; Gray (4th edn, 2018) ch 3. See Subsection 4B below.

[68] White House (2016) 19–24; Gray (4th edn, 2018) 233–7. On targeted killings, see further E Crawford & Pert, *International Humanitarian Law* (2015) ch 4; Blank (2012) 73 *U Penn JIL* 675; Kretzmer (2005) 16 *EJIL* 171.

[69] Brownlie (1963) 338–42; Franck (1993) 240 Hague *Recueil* 9, 256–7; Higgins (1994) 245–8; Murphy, *Humanitarian Intervention* (1996); Simma (1999) 10 *EJIL* 1; Chesterman, *Just War or Just Peace?* (2001); Krisch (2002) 13 *EJIL* 323; Franck (2002) ch 9; Holzgrefe & Keohane (eds), *Humanitarian Intervention* (2003); Kennedy, *The Dark Sides of Virtue* (2004) 235–324; Goodman (2006) 100 *AJIL* 107; Lowe & Tzanakopoulos, 'Humanitarian Intervention' (2011) *MPEPIL*; Randelzhofer & Dörr in 1 Simma et al (3rd edn, 2012) 200, 222–6; Gray in White & Henderson (2013) 229; Corten (2nd edn, 2014) ch VIII; Rodley in Weller (2015) 775; Gray (4th edn, 2018) ch 2. Further: Klose (ed), *The Emergence of Humanitarian Intervention* (2016).

[70] This is to be distinguished from non-forcible measures of humanitarian assistance, e.g. delivery of food or medical aid, with or without the consent of the central government: Randelzhofer & Dörr in 1 Simma et al (3rd edn, 2012) 200, 222.

[71] Brownlie (1963) 338.

干預之學說在 1919 年以後的時代沒有再被提起。例如，印度對孟加拉之干預（1971 年）、坦尚尼亞對烏干達之行動（1979 年）、越南對柬埔寨之入侵（1979 年）等，都是可能人道干預之實例，然而，在此三個案例中，入侵者都選擇以「自衛權」為其行為進行辯護。然而，隨著北大西洋公約組織（NATO）於 1999 年 3 月至 5 月間，以轟炸南斯拉夫全境為軍事目標，此問題再次被提出討論。初步的困難在於，從 1998 年 10 月開始，武力威脅與附帶議程直接相關，即南斯拉夫必須接受有關科索沃地位之各種「要求」，此背景被很多評論家所忽略。

英國之立場係於 1999 年 3 月 24 日常駐聯合國代表之聲明中予以闡明：

> 所採取之措施係合法。「人道干預」被認為係防止「極端人道主義災難」（overwhelming humanitarian catastrophe）的一項特殊措施。在科索沃目前之狀況下，有令人信服的證據表明人道災難迫在眉睫，南斯拉夫聯盟共和國當局重新採取之鎮壓行動，將造成更多平民損失生命，並導致平民在敵對條件下大規模流離失所。為了避免上述情況，已經嘗試一切非武力之手段。而在此情況下，作為出於不可置疑的人道危機所採取必要性之例外措施，軍事干預係屬合法。現在所提議的「使用武力」，【727】係專門用於避免人道災難，並且被認為是為達成此目的所必須之最低程度。[72]

該聲明明確主張上述「人道干預」之行為係屬合法，但卻未援引具體之國際法淵源，特別是完全沒有提到聯合國憲章。

1999 年軍事人道干預行動發生時，鮮少或完全沒有國際組織或國家實踐，支持個別國家以「人道救援」為理由推論出其享有使用武力之權利。[73] 當英國政府向下議院外交事務特別委員會通報其旨在建立「管理人道主義干預的

---

[72] S/PV.3988, 24 March 1999, 12. Also: UKMIL (1999) 70 *BY* 387, 571–601.
[73] Brownlie & Apperley (2000) 49 *ICLQ* 878, 886.

新原則」（new principles governing humanitarian intervention）時，英國承認了此原則僅係具有相當微弱之法律地位。[74]

北約對南斯拉夫的行動結束三個月後，聯合國 G77 外長會議中強調：

> 需要明確區分「人道援助」（humanitarian assistance）和聯合國其他活動之差異性，該會議否絕了在聯合國憲章與國際法中毫無依據之「人道干預」權利。[75]

在敘利亞政府涉嫌對平民使用化學武器，包括 2013 年 8 月的古塔（Ghouta）襲擊事件後，[76] 人道干預之議題再次出現。英國回應之立場最為明確，聲稱「人道干預」將為採取行動提供法律依據：

> 倘若聯合國安理會之行動受阻，依據國際法，英國仍將被允許採取特殊措施，藉由透過威懾及阻止敘利亞政權進一步使用化學武器，以減輕敘利亞「極端人道主義災難」（overwhelming humanitarian catastrophe）之規模。倘若滿足以下三個條件，依據人道干預原則，此係符合主張之法律基礎：
>
> (i) 有令人信服的證據表明，整個國際社會普遍接受大規模的極端人道主義災難，需要立即緊急救濟；
>
> (ii) 必須客觀且明確，倘若欲挽救生命，除使用武力之外，別無其他替代之選擇方案；

---

[74] House of Commons, Foreign Affairs Committee: Fourth Report—Kosovo (HC 28-I), 7 June 2000, para 144. Further: UKMIL (2000) 71 *BY* 517, 649. See also the UK's earlier position: UKMIL (1986) 57 *BY* 487, 618–19. For the (predominantly negative) literature: Simma (1999) 10 *EJIL* 1; Kritsiotis (2000) 49 *ICLQ* 330; Chesterman (2001) 219–36; Holzgrefe & Keohane (2003); Gray (4th edn, 2018) 45–58.

[75] Declaration on the Occasion of the Twenty-Third Annual Ministerial Meeting of the Group of 77, 24 September 1999, para 69 (132 states participated). For its part, the Court declined provisional measures on jurisdictional grounds: *Legality of Use of Force (Yugoslavia v US)*, ICJ Reports 1999 p 916.

[76] Generally: Ruys et al (eds) (2014) 1 *JUFIL* 149, 172–80; Gray (2016) 376 Hague *Recueil* 93, 178–91. Further: Stahn (2014) 19 *JCSL* 25; Henriksen & Schack (2014) 1 *JUFIL* 122.

(iii) 擬議之「武力使用」係具有必要性、與緩解人道危機所需
要之目標相稱，並且必須在時間以及範圍上，嚴格限制於
該目標範圍內（亦即為達成該目的所需之最低程度，而沒
有任何其他目的）。[77]

【728】北約針對南斯拉夫之軍事行動，後來被認為係支持這一觀點之先
例。[78] 然而，由於政府不願取得議會批准，因此，對此武力攻擊之行動並未採
取強制實施。最後，化學武器問題係透過安全理事會之決議而得到解決。[79]

「人道干預權」之支持者，往往忽視國家實踐；取而代之者，該主張係依
賴於一些模稜兩可之事件，據以說明該事件預示或構成習慣國際法之變化。[80]
此外，國際法律秩序中，經常提到需要平衡「人權保障」以及「禁止使用武
力」二者間的關係；雖然此方向值得鼓勵，但仍遇到與「預期性自衛權」論點
相同之障礙，在憲章第 2 條第 4 項以及第 51 條規定的限縮解釋範圍下，上述
理論毫無適用空間。[81]

然而，「人道干預」所立論之基礎，包括三個頗有疑問之發展：第一，
1991 年於伊拉克北部建立之禁航區（Air Exclusion Zone），涉及以排除伊拉
克空中力量為目的之武力，以保護伊拉克北部的庫爾德人。第二，依英國政
府觀點言之，「人道干預」係由習慣國際法之原則得到證明，[82] 同樣，沒有提
供任何國際法之淵源來支持這一觀點。1992 年在伊拉克南部建立之禁航區亦
引起不小爭議，但與其前者不同者，據英國政府聲稱係基於 1991 年安理會第

---

[77] UKMIL (2013) 84 *BY* 526, 806–7. Also: ibid, 809–16. Further: Henderson (2015) 64 *ICLQ* 179.

[78] UKMIL (2014) 85 *BY* 301, 628–31. See also the Danish position: Danish Ministry of Foreign Affairs, 'General Principled Considerations on the Legal Basis for a Possible Military Operation in Syria', 30 August 2013. Also: Henriksen & Schack (2014) 1 *JUFIL* 122, 127.

[79] SC Res 2118 (2013). Also: Gray (2016) 376 Hague *Recueil* 93, 188.

[80] Greenwood (2000) 49 *ICLQ* 926, 929–30; Franck (2002) 135–73.

[81] Randelzhofer & Dörr in 1 Simma et al (3rd edn, 2012) 200, 222–4; cf Greenwood (1993) 48 *Europa-Archiv* 93. Also: Gray (4th edn, 2018) 190–9. Higgins (1994) 252 makes the utilitarian point that 'if it is felt that the erstwhile articulation of norms no longer serves community interests, then those norms can properly be subjected to processes for change . . . [t]he normal processes for change will include non-compliance.' That is true, but non-compliance as such does not change the law; what matters is the sustained reaction to it.

[82] Brownlie & Apperley (2000) 49 *ICLQ* 878, 883.

688 號決議。[83] 然而，英國對於禁航區之立場前後並不一致，有時聲稱兩個禁航區都得到決議之支持；但卻在其他情況下，又聲稱即使沒有該決議，依據人道干預之原則，此兩個禁航區亦有正當理由。[84]

第三，1990 年西非國家經濟共同體（ECOWAS）在利比亞所授權之行動（由西非經共體監督與執行）係一項區域性之警戒活動，[85] 並得到安全理事會及非洲統一組織之支持，[86] 然而，許多觀察者並不承認上述事件係人道干預之案例；蓋該行動的實際基礎，係於一個【729】「無效率政府之國家」中恢復其原有秩序。依目前觀之，此種做法涉及少數擁護該行動的國家，當代聯合國安理會之辯論，揭示意見明顯分歧。[87]

(iv) 救援國民之干預

聯合國憲章時代下的國際法出現過許多案例，係某一國家在他國領土內使用武力拯救其國民之情況。[88] 有些學者認為，透過使用武力保護國民權利，係源自於習慣法上之自衛權概念，[89] 然而此論述引起不少質疑。[90] 保護國民係美國於 1989 年對巴拿馬使用武力時，所提出之若干理由之一；[91] 其他案例比比皆是，其中包括 1964 年美國和比利時在剛果之聯合行動、[92] 1965 年美軍在多明尼加共和國登陸、[93] 1976年在烏干達恩德培機場營救以色列國民、[94] 1980年

---

[83] Ibid, 906–7. On the air exclusion zones: Lobel & Ratner (1999) 93 *AJIL* 124; Franck (2002) 152–5.

[84] E.g. (2001) 72 *BY* 692–5.

[85] E.g. Franck (2002) 155–62.

[86] Brownlie & Apperley (2000) 49 *ICLQ* 905, 907–8; Franck (2002) 162; Gray (4th edn, 2018) ch 8; Iyi, *Humanitarian Intervention and the AU–ECOWAS Intervention Treaties Under International Law* (2016).

[87] Note the SC debates on 24 March 1999 (S/PV.3988) and 26 March 1999 (S/PV.3989). Further: Chesterman (2001) 211–13.

[88] Eichensehr (2008) 48 *Va JIL* 451; Dinstein (5th edn, 2011) 255–9; Forteau in Weller (2015) 947; Gray (4th edn, 2018) 165–70.

[89] Bowett (1958) 87–105; Waldock (1952) 81 Hague *Recueil* 451, 466–7; Eichensehr (2008) 48 *Va JIL* 451; Dinstein (5th edn, 2011) 255–9. Also: Franck (2002) 76–96.

[90] Also: Ruys (2008) 13 *JCSL* 233. Cf UK Ministry of Defence, *Manual of the Law of Armed Conflict* (2004) 2 ('Self-defence may include the rescue of nationals where the territorial state is unable or unwilling to do so').

[91] Wedgwood (1991) 29 *Col JTL* 609; Chesterman in Goodwin-Gill & Talmon (eds), *The Reality of International Law* (1999) 57–94. On the invasion of Panama: Nanda (1990) 84 *AJIL* 494; D'Amato (1990) 84 *AJIL* 516; Henkin (1991) 29 *Col JTL* 293.

[92] Gerard (1967) 3 *RBDI* 242.

[93] Nanda (1966) 43 *Den LJ* 439.

[94] Green (1976) 6 *Is YBHR* 312; Schachter (1984) 82 *Mich LR* 1620, 1630; Dinstein (5th edn, 2011) 257–9.

嘗試解決伊朗人質危機，[95] 以及據稱 1983 年在格瑞納達營救美國醫學生；[96] 另外，從 2002 年起，法國以人道干預爲名，對多個中非及西非國家使用武力；[97] 俄羅斯在 2008 年與喬治亞之衝突中，聲稱擁有上述「人道干預」之權利；[98] 2011 年至 2012 年，英國在幾個國家進行軍事人道干預，試圖營救其國民。[99]

(v) 保護責任

2001 年，【730】「保護責任」（responsibility to protect）一詞，[100] 乃出自於「干預及國家主權國際委員會」（International Commission on Intervention and State Sovereignty, ICISS）的一份報告中。[101] 與其說是一種創新的學說，不如說是重新聚焦人道干預。隨後，「保護責任」原則在其他的聯合國文件中獲得通過，最引人注目的是聯合國大會 2005 年世界高峰會議成果（World Summit Outcome）。[102] 從本質上而言，該原則旨在允許（甚至要求）在有關國家未能履行保護其公民之義務情況下，面對最嚴重侵犯人權或國際罪行時，必須採取國際行動。「保護責任」最初雖然被貼上「新方法」[103] 或主權「重新定性」之標籤，[104] 此原則的支持者迅速增加，以至於很快將其視爲新興的國際法規範。[105] 2001 年的報告中確定三種情況，開啓各國採取「餘留責任」（residual

---

[95] Eichensehr (2008) 48 *Va JIL* 451, 453–6.

[96] Gilmore, *The Grenada Intervention* (1984); Nanda (1984) 14 *California WILJ* 395.

[97] Notably the Central African Republic, Côte d'Ivoire, and Liberia in 2002–3 and Chad in 2006: Gray (4th edn, 2018) 165.

[98] E.g. S/2006/555, 20 July 2006 and further Okawa (2008) 3 *Hague JJ* 41. Also *Georgia v Russia*, Preliminary Objections, ICJ Reports 2011 p 70 (dismissed for want of jurisdiction); *Georgia v Russia (No 2)* [2012] ECtHR 38263/08 (13 December 2011).

[99] Forteau in Weller (2015) 947, 958; UKMIL (2011) 82 *BY* 676, 1012–13.

[100] Further: Evans (2004) 98 *PAS* 78; Stahn (2007) 101 *AJIL* 99; Winkelmann, 'Responsibility to Protect' (2010) *MPEPIL*; Genser et al (eds), *Responsibility to Protect* (2011); Bellamy, *Responsibility to Protect* (2014); Paris (2014) 21 *International Peacekeeping* 569; Borgia (2015) 2 *JUFIL* 223; Thakur & Maley (eds), *Theorising the Responsibility to Protect* (2015); Gray (4th edn, 2018) 58–64. Also: Zyberi (ed), *An Institutional Approach to the Responsibility to Protect* (2013); Kenny (2016) 3 *JUFIL* 3.

[101] A/57/303, 14 August 2002, Annex.

[102] Report of the High Level Panel on Threats, Challenges and Change, A/59/595, 6 December 2004; Report of the Secretary-General, A/59/2005, 21 March 2005; 2005 World Summit Outcome, GA Res 60/1, 25 October 2005, paras 138–9.

[103] ICISS Report, ch 2.

[104] Ibid, para 2.14.

[105] Report of the High Level Panel on Threats, Challenges and Change, A/59/595, 6 December 2004, para 203; Report of the Secretary-General, A/59/2005, 21 March 2005, para 135.

responsibility）之行動：(i) 當特定國家明顯不願意或無法履行其保護責任時；(ii) 該特定國家本身就是犯罪或暴行的肇事者；(iii) 居住在特定國家以外的人，直接受到該地區發生行為之威脅。[106] 這在 2005 年世界高峰會議成果中得到更完整之表述：[107]

> 於此方面，我們準備透過聯合國安全理事會，依據憲章，包括第 VII 章，在個案基礎上並與相關區域組織合作，即時和果斷地採取集體行動並適時地與相關組織合作。倘若和平手段不足，國家當局顯然未能保護其人民免遭種族滅絕、戰爭罪、種族清洗，以及危害人類罪。

然而很明顯的是，「保護責任」不能在憲章第 2 條第 4 項以及第 51 條之框架內被用來證明單方使用武力之正當性，支持此概念之各種決議及聲明，係認為集體安全以及聯合國體系，仍是授權軍事行動之主要機構。[108]

安理會接受此一發展中的學說，強調各國有責任在蘇丹局勢中保護本國公民（但未評論其他國家干預之能力）；[109]【731】更引人注目者，係安理會授權依據第 VII 章對利比亞集體使用武力。[110] 因此，上述概念反映安全理事會依據憲章第 39 條和第 42 條看待其權力的方式的演變。於此基礎上，「保護責任」不能證明單方面使用武力之正當性，但可以證明憲章體系內之集體措施係屬正當。

當然，潛在的問題並未得到解決。Tomuschat 提問：

---

[106] ICISS Report, para 2.31.

[107] GA Res 60/1, 16 September 2005, para 139. This was further condensed into 'three pillars' by the Report of the Secretary-General on the Responsibility to Protect, focusing on: (1) the protection responsibilities of the state; (2) international assistance and capacity building; and (3) a timely and decisive response: Report of the Secretary-General, A/63/677 (2009).

[108] Report of the High Level Panel on Threats, Challenges and Change, A/59/595, 6 December 2004, para 203; Report of the Secretary-General, A/59/2005, 21 March 2005, para 135; 2005 World Summit Outcome, GA Res 60/1, 16 September 2005, para 139; Report of the Secretary-General, A/66/874, 25 July 2012, para 32.

[109] SC Res 1706 (2006), preamble ('[reaffirming] *inter alia* the provisions of paragraphs 138 and 139 of the 2005 United Nations World Summit outcome document').

[110] SC Res 1973 (2011), preamble ('Reiterating the responsibility of the Libyan authorities to protect the Libyan population and reaffirming that parties to armed conflicts bear the primary responsibility to take all feasible steps to ensure the protection of civilians').

當數以百萬計的人被屠殺時，倘若因為在安理會的某一個常
任理事國對肇事者伸出保護之手，國際社會是否必須袖手旁
觀？國家主權必須被理解為凌駕於任何其他價值之上的國際
法最高規則嗎？對這兩個問題給予肯定的回答，將完全剝奪
國際法的基本價值內容。[111]

作為政治之言論主張，上述論點似乎很有說服力；但是二次大戰後制定
「禁止使用武力」正是為了防止這種冒險，更何況，出自於高尚目的之干預，
在其過去紀錄中相當令人沮喪。[112]無論如何，不能說憲章禁止之任何新例外都
已得到權威闡述，事實上，上述原則仍無法被普遍接受。

3. 授權使用武力：安全理事會

聯合國將其自比為一個綜合性公共秩序之體系，雖然多邊決策一直存在弱
點，但安理會對於採取行動與執行決議，並對於處理破壞和平、威脅和平、侵
略行為等負有主要之責任。一般而言，除非等到安理會採取「一切必要措施」
以維護國際和平與安全時，個別成員國始有單獨或集體自衛之權利。在區域組
織之情況下，安全理事會係在某些條件成就時，將執行行動之權力授予有關組
織。

執行行動可能涉及對國家「使用武力」。然而，授權「維和行動」
（peacekeeping）之做法已經改變，取決於該行動地點作為領土所屬國家之同
意。「維和行動」及「執行行動」間有時會顯得混淆，甚至結果令人遺憾。[113]

法律制度之某些推論已經發展，其意義不同於組織設計之問題，包括：
(i) 不承認以【732】「使用武力」或「以威脅使用武力」作為合法取得領土之
原則；[114] (ii) 違反憲章以「使用武力」或「以威脅使用武力」取得之條約無效

[111] Tomuschat (1999) 281 Hague *Recueil* 9, 224.

[112] See e.g. Krieg, *Motivations for Humanitarian Intervention* (2013) chs 3–4.

[113] See e.g. Müller (2015) 20 *JCSL* 359. Also: Willmot & Mamiya in Weller (2015) 375, 392–5; Tsagourias, ibid, 398, 410–14; Labuda, 'Peacekeeping and Peace Enforcement' (2015) *MPEPIL*.

[114] Brownlie (1963) 410–23; Brownlie (2002) 1 *Chin JIL* 1, 9. Also: *Construction of a Wall in the Occupied Palestinian Territory*, ICJ Reports 2004 p 136, 171. On the response to the annexation of Crimea: GA Res

原則。[115] 國際法委員會（ILC）2001 年於「關於國家對國際不法行為的責任」（Articles on the Responsibility of States for Internationally Wrongful Acts）之條款中[116] 亦表達上述之推論。由於此類推論出現，表明各國朝著更加一致之方向發展，例如人們期望建立類似國家層級之公共秩序體系；然而，長久以來一直抱有如此巨大的期望，[117] 卻經常遭遇挫敗，而且執行行為之法律制度核心，仍然是廣泛的集體自由裁量權，並且受到不負責任的否決權所拘束。

(1) 安全理事會之角色

安全理事會[118] 是聯合國集體安全體系之基石，依據憲章第 24 條第 1 項承擔「維護國際和平與安全之主要責任」。[119] 依據第 VII 章之重要核心部分，係對於授權使用武力之壟斷。[120] 在此過程中，安理會作為聯合國會員之代表，且會員皆同意接受並履行安全理事會之決議（第 25、48 條）；此外，安理會之決定具有約束力，且憲章所規定之義務，優先於任何其他協議中包含之義務（第 103 條），但強制性規範可能仍優於憲章義務。[121]

安理會有 15 個席次，其中 5 個為常任理事國，係於第二次世界大戰中取得勝利的同盟國地位延續，包括：美、英、法、俄、中等，對任何「非程序性決議」（non-procedural decision）事項擁有否決權（veto power），[122] 其餘 10

68/262 (2014) op para 6; Grant (2015) 109 *AJIL* 68, 87–8, 90–1; Hilpold (2015) 14 *Chin JIL* 237, 268–9; Corten (2015) 2 *JUFIL* 17, 35–40; Geiß (2015) 91 *IL Studies* 425, 447–9.

[115] McNair, *Treaties* (1961) 209–11, 234–6; Brownlie (1963) 404–5, and see chapter 16.

[116] Cf Arts 41, 50, and see further chapters 26–7.

[117] Cf Kant, 'Perpetual Peace: A Philosophical Sketch' (1795), reproduced in Reiss (ed), *Kant: Political Writings* (2nd edn, 1992) 93, 105. Also: chapter 1.

[118] Blokker & Schrijver (eds), *The Security Council and the Use of Force* (2005); Wood, 'United Nations, Security Council' (2007) *MPEPIL*; Malone in Weiss & Daws (eds), *The Oxford Handbook on the United Nations* (2007) 117; Sicilianos (2009) 339 Hague *Recueil* 9; Conforti & Focarelli (4th edn, 2010); Orakhelashvili, *Collective Security* (2011); 1–2 Simma et al (3rd edn, 2012); Henderson in White & Henderson (2013) 120; Sievers & Daws, *Procedure of the UN Security Council* (4th edn, 2014); d'Aspremont in Weller (2015) 129; Thakur, ibid, 179; Gray (4th edn, 2018) ch 6.

[119] This responsibility is not exclusive: *Certain Expenses*, ICJ Reports 1962 p 151, 163.

[120] The other substantial portion of its competence is contained in Chapter VI of the Charter, and relates to the peaceful settlement of disputes: Conforti & Focarelli (4th edn, 2010) 175–99; Orakhelashvili (2011) 26–32; Pellet, *'Peaceful Settlement of International Disputes'* (2013) *MPEPIL*, paras 44–52.

[121] Orakhelashvili, *Peremptory Norms in International Law* (2006) ch 12; and chapter 27.

[122] Generally UN Charter, Art 27. Article 27(3) requires with respect to non-procedural matters the 'concurring votes' of all Permanent Members. But the practice of the SC has been to require a 'veto' to be positively exercised; accordingly, abstention by a Permanent Member will not prevent the adoption of a resolution. This was confirmed in *Namibia*, ICJ Reports 1971 p 16, 22.

名成員從大會成員中選舉產生，任期兩年，不得立即連任。

【733】憲章之起草者希望安全理事會成為聯合國的中央執行機構，蘇聯與西方列強關係破裂導致僵局，安理會在冷戰結束前基本上係無效運作。[123] 但安理會常任理事國亦成功合作，以行動回應伊拉克入侵科威特，及隨後對第一次波斯灣戰爭之起訴。[124] 安理會合作之能力一直在變化，對 2001 年 9 月 11 日襲擊美國之反應與協調，[125] 隨著 2003 年美國片面主張入侵伊拉克而瓦解。[126] 但安理會透過干預利比亞之暴亂後，再次展現其行動能力。[127]

(2) 在授權使用武力前之決定：第 39 條

在聯合國系統內，安理會是唯一有權授權使用武力之機構，而採取或授權使用武力僅係安理會依據第 VII 章可採取之若干措施之一，該授權出處可見於憲章第 39 條之規定：

> 安全理事會應斷定任何和平之威脅、和平之破壞、或侵略行為之是否存在，並應作成建議或抉擇依第 41 條及第 42 條規定之辦法，以維持或依復國際和平及安全。

第 39 條可謂通往第 VII 章之大門：在採取行動前，安理會必須首先確定是否存在對和平之威脅、破壞或侵略行為，然而，安理會享有非常廣泛之自由裁量權，[128] 由於第 39 條未設下明確限制，很難想像如此決定可否符合現實情

---

[123] Further: Gray (4th edn, 2018) 263–72. Such was the deadlock of the SC that the western powers in 1950 contrived the passing of the so-called Uniting for Peace resolution, envisaging the exercise of (recommendatory) competence by the GA, if the SC fails to exercise its functions: GA Res 377(V), 3 November 1950 (adopted 50–5 (Czechoslovakia, Poland, Ukraine, USSR, Belorussia): 2 (India, Argentina)). The substance of the resolution was confirmed in *Expenses*, ICJ Reports 1962 p 151, 164 and *Wall*, ICJ Reports 2004 p 136, 148–9. Further: Binder, 'Uniting for Peace Resolution (1950)' (2013) *MPEPIL*; Carswell (2013) 18 *JCSL* 453; White in Weller (2015) 293, esp 308–13; Kenny (2016) 3 *JUFIL* 3, esp 7–10.

[124] E.g. SC Res 660 (1990); SC Res 661 (1990); SC Res 662 (1990); SC Res 664 (1990), SC Res 665 (1990); SC Res 678 (1990); SC Res 686 (1991).

[125] E.g. SC Res 1373 (2001).

[126] SC Res 1441 (2002). Further Weller (2010) ch 5.

[127] SC Res 1970 (2011); SC Res 1973 (2011).

[128] Conforti & Focarelli (4th edn, 2010) 204; Orakhelashvili (2011) 149–71; Krisch in 2 Simma et al (3rd edn, 2012) 1272, 1275.

景。[129]

(i) 對和平之威脅

【734】國際間「對和平之威脅」（threat to the peace）的概念係經常反覆：[130] 關於何種情況構成威脅可能有許多不同觀點，[131] 前南斯拉夫國際刑事法庭（ICTY）在 *Tadić* 一案中認爲，威脅之宣示或發布（declaration of a threat）需要進行事實及政治之判斷，而非法律判斷；[132] 在國際法實踐上，唯一能對「和平之威脅」發布具有法律效力之聲明者，僅能由安理會依第 39 條作成決議。[133]

上述原則最基本之概念，係在於對國家間迫在眉睫之武裝衝突作出反應。[134] 例如嚴重之國家內部暴力（南斯拉夫分裂前的巴爾幹戰爭）、[135] 嚴重侵犯人權及違反國際人道法（1990 年代初期在索馬利亞及其他東／中非國家）、[136] 使用化學武器，[137] 以及恐怖主義[138] 等，皆被指爲係對於「和平之威脅」，同時，此概念已進一步擴大，不僅包括處於使用武力之緊迫情況，尚包括導致使用武力之因素可能存在的情況。1992 年安理會主席指出：

---

[129] *Certain Expenses*, ICJ Reports 1962 p 151, 168 (holding that in the absence of any specific procedure to clarify the validity of the Organization's institutions, each one must determine its own jurisdiction): *Bosnian Genocide*, Provisional Measures, ICJ Reports 1993 p 325, 439 (Judge ad hoc Lauterpacht); *Lockerbie (Libya v UK)*, Provisional Measures, ICJ Reports 1992 p 3, 66 (Judge Weeramantry, diss). Cf, however, the decision on jurisdiction in the *Tadić* case, where the Appeals Chamber of the ICTY examined the validity of the ICTY Statute, SC Res 827 (1993): *Prosecutor v Tadić* (1995) 105 ILR 419. Also Cronin-Furman (2006) 106 *Col LR* 435; Gowlland-Debbas (2012) 353 Hague *Recueil* 185, 386–92.

[130] Orakhelashvili (2011) 149–75; Krisch in 2 Simma et al (3rd edn, 2012) 1272, 1278–93.

[131] Kelsen, *Law of the United Nations* (1950) 737 ('threat to the peace, breach of the peace allow a highly subjective interpretation'); Krisch in 2 Simma et al (3rd edn, 2012) 1272, 1279.

[132] (1995) 105 ILR 419, 435. The Chamber attributed these sentiments (apparently inaccurately) to Judge Weeramantry's dissent in *Lockerbie*.

[133] Krisch in 2 Simma et al (3rd edn, 2012) 1272, 1278.

[134] E.g. SC Res 1298 (2000) (continued fighting between Ethiopia and Eritrea considered a threat). Also: SC Res 353 (1974) (on Cyprus); SC Res 1304 (2000) (on the DRC).

[135] E.g. SC Res 713 (1991); SC Res 724 (1991).

[136] SC Res 794 (1992) (on Somalia); SC Res 929 (1994) (on Rwanda); SC Res 1078 (1996) (on Zaire).

[137] SC Res 2118 (2013) (on Syria).

[138] SC Res 731 (1992); SC Res 748 (1992) (on Libya's failure to respond fully and effectively to the Lockerbie and UTA Flight 772 bombings). Also: SC Res 1373 (2001) (requiring states to take measures combating the financing of terrorism in response to the 11 September 2001 attacks); SC Res 2249 (2015), preambular para 5 (determining that the threat posed by Daʾesh is 'unprecedented').

國家間即使未發生戰爭和軍事衝突，並不能確保國際和平與安全。經濟、社會、人道主義和生態領域的非軍事不穩定因素已成為「對和平與安全的威脅」。[139]

然而，安理會尚未明確授權這一擴張解釋的範圍。

(ii) 破壞和平

憲章第 39 條所指「破壞和平」之典型特徵，係兩個國家武裝部隊間的敵對態勢，[140] 由於上述條文著重於敵對行動的開始時點，因此，倘若一方在此後迅速被擊敗，即與敵對態勢的關聯性較小。聯合國安理會第 502 號決議中，【735】甚至在英國反攻之前，即認定阿根廷入侵福克蘭群島係對於和平之破壞；[141] 1990 年伊拉克入侵科威特後，安理會亦作出類似決議。[142]

(iii) 侵略行為

1974 年，聯合國大會通過第 3314 號決議，將「侵略」（aggression）一詞廣義地定義為：[143]

一國使用武力侵犯另一國的主權、領土完整或政治獨立，或以任何其他違反聯合國憲章規定「使用武力」之方式，如同本定義中所述情況。

該決議第 2 點規定，倘若一國使用武力在先而違反憲章，立即構成「侵略行為」之表面證據（*prima facie* evidence），但安理會可依據相關情況另行認定之，包括被指控行為的嚴重性。該定義的實質內容主要寫在第 3 點中，該條文列出了一系列被視為侵略實例的行為。值得注意者，最後一段中，包括：

---

[139] S/23500, 31 January 1992, para 3. Further: Talmon (2005) 99 *AJIL* 175, 180.
[140] Krisch in 2 Simma et al (3rd edn, 2012) 1272, 1293.
[141] SC Res 502 (1982), preamble.
[142] SC Res 660 (1990), preamble.
[143] GA Res 3314(XXIX), 14 December 1974, Art 1.

(g) 由一國或代表一國所派遣之武裝部隊、團體、非正規軍或僱傭軍，對另一國實施武力行爲，其嚴重程度相當於上述行爲，或其實質參與其中。

「實質參與其中」（substantial involvement）一詞，明顯係將行爲定義延伸至提供後勤支援等，[144] 即使法院一直不願意允許如此的擴張解釋。

作爲一項過時的、不具約束力之決議，聯合國大會第 3314 號決議可能越來越被忽視。[145] 然而，2010 年國際刑事法院羅馬規約（Rome Statute of International Criminal Court）之締約國大會通過了「侵略罪」（crime of aggression）之定義。[146] 值得注意者，羅馬規約第 8 條第 2 項規定了可能導致個人必須承擔「侵略罪」之刑事責任，[147] 與聯合國大會第 3314 號決議第 3 點之規定相同；除此之外，條文亦增加「一國使用武力侵犯另一國的主權、領土完整或政治獨立，或以任何其他違反聯合國憲章規定使用武力之方式」，此乃源於聯合國大會第 3314 號決議，以及憲章第 2 條第 4 項等文字。【736】2017 年，羅馬規約就「侵略罪」之定義再次修正後，締約國以協商一致之方式將其生效，但僅限於當時表示同意之締約國。[148]

(3) 對和平威脅或破壞的反應

依據第 39 條之規定，安理會可決定採取臨時（第 40 條）、非強制（第 41 條）或強制（第 42 條）措施，以維持或恢復國際和平與安全；而在行使其第 VII 章所賦予之權力時，安理會受到某些憲法層次的限制，[149]「應遵照聯合國之宗旨及原則」行事（第 24 條第 2 項），並且可能受到強制性規範之約束

---

[144] The drafting history of Art 3(g) is examined in *Nicaragua*, ICJ Reports 1986 p 14, 341–7 (Judge Schwebel, diss).

[145] But cf *Armed Activities (DRC v Uganda)*, ICJ Reports 2005 p 168, 223 (referring to the resolution).

[146] 17 July 1998, 2187 UNTS 3, Art 8*bis*.

[147] ICC Statute, Art 8*bis*(1) ('the planning, preparation, initiation or execution, by a person in a position effectively to exercise control over or to direct the political or military action of a State, of an act of aggression which, by its character, gravity and scale, constitutes a manifest violation of the [Charter]').

[148] ICC-ASP/16/Res 5, 14 December 2017. See chapter 30.

[149] Krisch in 2 Simma et al (3rd edn, 2012) 1237, 1256–63.

（雖然並非更普遍之國際法）；[150] 此外，安理會亦受到「必要性」和「合比例性」考量之限制。

(i) 臨時措施：第 40 條

在依據第 39 條提出建議或決定採取措施之前，聯合國安理會可依據第 40 條命令採取「臨時措施」（provisional measures）。[151] 與第 VII 章所欲達成之平衡目的不同，第 40 條在冷戰時期有一定規律性，此情況並沒有隨著蘇聯解體而改變。[152]

第 39 條與第 40 條之間的關係沒有明確界定。然而，安理會之觀點係支持在考量採取「臨時措施」時，其先決條件爲滿足第 39 條之狀況。[153]

「臨時措施」並不影響爭端各方之法律地位，[154] 因此，安理會不能要求一個成員國承認其本身違反第 2 條第 4 項，或侵犯另一個成員國之領土主權；相反地，安理會可以呼籲成員國遵守停火協議，或立即從某些地區撤軍。[155] 第 40 條規定之措施是否對成員國具有法律上約束力，乃取決於其對安理會決議之解釋（成員國有權決定），[156] 尤其在考量【737】需要達成停火之「臨時措施」時，即使該決議結構使用無庸置疑之文句，但事實上，交戰之一方是否遵守約束，實際上取決於其與另一交戰方之間是否存在互惠。[157]

---

[150] *Bosnia*, Provisional Measures, ICJ Reports 1993 p 29, 440 (sep op, Judge ad hoc Lauterpacht); *Tadić* (Appeals Chamber) (1995) 105 ILR 453 (paras 20–8); *Lockerbie (Libya v UK)*, Preliminary Objections, ICJ Reports 1998 p 9, 110 (diss op Jennings). Further: Krisch in 2 Simma et al (3rd edn, 2012) 1237, 1259–60. As to whether the SC is bound by international law more generally: Abi-Saab in Boisson de Chazournes & Kohen (eds), *International Law and the Quest for its Implementation* (2010) 23–44; Saliba (2012) 20 *Mich St ILR* 401. In neither case is there any direct power of judicial review: but cf *Kadi v Council of the European Union* (2008) 149 ILR 167, 238; Joined Cases C-584/10 P, C-593/10 P, and C-595/10 P *Commission and others v Kadi*, ECLI:EU:C:2014:518, [137]–[142], [163]. And see the general discussion in Crawford, *Chance, Order, Change* (2014) 296–318.

[151] Generally: Conforti & Focarelli (4th edn, 2010) 223–31; Krisch in 2 Simma et al (3rd edn, 2012) 1297.

[152] Though there has been an increased willingness to couple measures under Art 40 with the more persuasive means at the disposal of the SC under Arts 41–42: Conforti & Focarelli (4th edn, 2010) 227.

[153] Krisch in 2 Simma et al (3rd edn, 2012) 1297, 1299–300.

[154] Ibid, 1301.

[155] Dinstein (5th edn, 2011) 54–61.

[156] Krisch in 2 Simma et al (3rd edn, 2012) 1297, 1303–4; cf Conforti & Focarelli (4th edn, 2010) 225–6. The binding character of the measure, however, will be predicated on the use of suitably mandatory wording, e.g., 'orders', 'demands', or 'decides' versus 'calls for' or 'appeals', as is indeed the case with all Chapter VII resolutions. Compare, e.g., the two clauses in SC Res 1593 (2005) op para 2 (referring the situation in Darfur to the ICC).

[157] Krisch in 2 Simma et al (3rd edn, 2012) 1297, 1304.

(ii) 非強制措施：第 41 條

所有非軍事執法措施（non-military enforcement measures）的基礎，係聯合國憲章第 41 條之規定，該條授權安理會得決定採用何種「不涉及使用武力」之措施，以有效執行其決議。[158] 上述非武力措施可能包括「完全或部分中斷經濟關係以及鐵路、海運、空運、郵電、無線電和其他通訊方式，以及斷絕外交關係」。

安理會並不負責直接執行上述非強制措施；相反地，安理會以決議方式要求聯合國會員負責執行決議中所列舉的任何措施，[159] 憲章第 25 條及第 103 條規定，履行安理會決議之義務，優先於任何其他條約義務。[160]

由於在冷戰時期安理會內部陷入僵局，第 41 條僅被援引過兩次，兩次都成效不彰。[161] 在 1989 年後，安理會之行動激增。但很快就顯示出其中的疑問。依據第 41 條實施之經濟制裁，可能會對被禁運國家之人民造成嚴重傷害，但卻不會使有關政府增加任何遵守決議之意願。早期案例與伊拉克入侵科威特有關：部分原因係安理會實施的制裁，導致可怕的人道危機，與此同時，伊拉克政府變得越來越變本加厲，因此，第 41 條被譏為不過是一個「鈍器」（blunt instrument）。[162]

雖然第 41 條對於實施措施之清單有明顯的限制，但在國際實踐中已透過多種方式實施，[163] 該條文僅係列示性質。[164] 雖然第 41 條措施通常被稱為「制裁」，但實施對象不一定限於交戰方，只要係被認定為有利於國際和平與安全，都可能以任何方式實施。[165]

---

[158] Kelsen (1946) 12 *Can JEPS* 429; Conforti & Focarelli (4th edn, 2010) 231–56; Orakhelashvili (2011) 188–220; Krisch in 2 Simma et al (3rd edn, 2012) 1305; Gray (4th edn, 2018) 289–98.

[159] But cf Tzanakopoulos, *Disobeying the Security Council* (2011).

[160] Some treaty regimes acknowledge this expressly in order to avoid complication: e.g. Marrakesh Agreement establishing the World Trade Organization, 15 April 1994, 1867 UNTS 3, Annex 1A; General Agreement on Tariffs and Trade, Art XXI(c).

[161] E.g. SC Res 232 (1966); SC Res 253 (1986) (against Southern Rhodesia); SC Res 418 (1977) (against South Africa). Further: Conforti & Focarelli (4th edn, 2010) 236.

[162] UN Secretary-General, Supplement to an Agenda for Peace, A/50/60, 3 January 1995, para 70; cf also the Millennium Report, A/54/2000, 27 March 2000, para 50.

[163] Generally: Krisch in 2 Simma et al (3rd edn, 2012) 1305, 1311–14, 1319–24.

[164] Cf *Prosecutor v Tadić* (1995) 105 ILR 419, 469–70 (jurisdiction).

[165] Cf the predecessor of Art 41, Art 16(1) of the Covenant of the League of Nations. Further: Krisch in 2 Simma et al (3rd edn, 2012) 1305, 1310.

第 41 條之措施通常具有經濟性質。而為了避免傷害平民，安理會現在在使用該條款時更加謹慎【738】實施所謂「智慧制裁」（smart sanctions），針對特定行業或進出口（如武器），[166] 或直接制裁個人。[167] 倘若上述措施皆未達成作用，安理會所剩餘的選項，就只有實施更多懲罰性之制裁，[168] 或進一步依據第 42 條之授權「集體使用武力」。另外，安理會亦可採取外交措施，要求會員國減少對於違規國家外交和領事使團工作人員之數量或級別；[169] 甚至於情況必要時，安理會亦可設立特別國際刑事法庭（international criminal tribunals），[170] 例如前南斯拉夫國際刑事法庭（ICTY），[171] 以及盧安達國際刑事法庭（ICTR）；[172] 隨後，亦可依國際刑事法院規約第 13 條第 (b) 項之規定，[173] 將情況提交國際刑事法院（ICC）。憲章第 41 條亦可藉由安理會決議授權成立調查小組。[174]

安理會實踐中更具爭議性的發展係所謂「立法決議」（legislative

[166] E.g. SC Res 1970 (2011) op paras 9–13 (concerning events in Libya preceding the overthrow of Colonel Qaddafi).

[167] E.g. SC Res 1970 (2011) op paras 15–16 and Annex I (travel bans placed on certain individuals) and op paras 17–21 and Annex II (freezing certain assets). The practice of targeting individuals with the weight of a Chapter VII resolution has raised human rights concerns: Ciampi in Fassbender (ed), *Securing Human Rights?* (2011) 98. Further: Genser & Barth in Genser & Ugarte (eds), *The United Nations Security Council in the Age of Human Rights* (2014) 195. For *Kadi* and other cases raising this issue: chapters 7, 29.

[168] E.g. the measures against Libya in response to the Lockerbie and UTA Flight 772 bombings were in effect for over a decade: SC Res 731 (1992); SC Res 748 (1992); SC Res 883 (1993); SC Res 1192 (1998); SC Res 1506 (2003).

[169] E.g. SC Res 748 (1992) op para 6.

[170] The SC in the relevant resolutions does not refer to Art 41 specifically, but rather states generally that it is using its powers under Chapter VII. But the power to create international tribunals is interpreted as arising from Art 41: *Prosecutor v Tadić* (1995) 105 ILR 419, 469–70. Although once controversial, the capacity of the SC to create such tribunals is no longer questioned: Schabas, *The UN International Criminal Tribunals* (2006) ch 2; and further chapter 30.

[171] SC Res 827 (1993).

[172] SC Res 955 (1994).

[173] SC Res 1593 (2005) (referring the situation in Sudan to the ICC); SC Res 1970 (2011) op paras 4–8 (referring to the situation in Libya). The SC can also under ICC Statute, Art 16 request that the Court delay investigation or prosecution of a matter for up to 12 months. At the urging of the US, this was used pre-emptively to shield all UN-authorized missions from prosecution: SC Res 1422 (2002); SC Res 1487 (2003). Further: O'Keefe, *International Criminal Law* (2015) 549–50.

[174] SC Res 1556 (2004); SC Res 1564 (2004); SC Res 1591 (2005) (creating an international commission of inquiry in relation to human rights abuses in Darfur, leading to referral of the matter to the ICC); SC Res 1595 (2005); SC Res 1636 (2005); SC Res 1644 (2005); SC Res 1757 (2007) (creating an international commission of inquiry to investigate the assassination of former Lebanese Prime Minister Hariri, leading to the creation of the Special Tribunal for Lebanon); SC Res 2127 (2013) (creating an international commission of inquiry in relation to human rights abuses in the Central African Republic).

resolution），此類決議並非尋求對特定情勢作出反應，而係針對國際間某種普遍現象，同時可能需要透過詳細之國內立法，第一個例子係因應 2001 年 9 月 11 日事件而產生，安理會第 1373 號決議要求成員國採取措施打擊資助恐怖主義行為，[175] 並大量參考「制止向恐怖主義提供資助的國際公約」（International Convention for the Suppression of the Financing of Terrorism），[176] 並成立反恐怖主義委員會（Counter-Terrorism Committee）以監督該決議的執行情況。[177]

(iii) 強制措施：第 42 條

【739】第 42 條允許安理會得「採取必要之陸海空軍行動，以維持或恢復國際和平及安全」，[178] 上述之作為可能包括「聯合國會員國之陸海空軍示威、封鎖及其他軍事舉動」。

第 42 條是一項根本性創新，代表其對國際聯盟盟約第 16 條第 2 項之突破，依據該盟約條文，理事會僅能建議對侵略者使用集體武力。然而，第 42 條在一個重要部分仍不夠完整，例如第 43 條要求成員國透過「特別協議」將部隊直接置於聯合國處置，但上述協議從未達成任何共識，因此，阻止聯合國「常備軍」（standing army）的形成，反之，安理會係依據「自願性聯盟」（coalitions of the willing）以執行其決議。[179] 上述執法行動之授權被認為係有很大爭議，[180] 但從憲法上而言，此事似乎已經解決，即使在第 43 條所列條件未得到滿足之情況下，[181] 安理會顯然也有能力採取軍事行動。國際法庭在 *Certain Expenses* 一案中駁回安理會無法採取強制行動之觀點：依憲章第 43 條規定，即使在會員國尚未達成協議時，安理會並非對於緊急情況無能為力。因此，「自願性聯盟」並非有效之解決方案，由於通常為第 42 條行動作出貢獻

---

[175] Also: SC Res 1540 (2004), addressing the non-proliferation of weapons of mass destruction.

[176] 9 December 1999, 2178 UNTS 197.

[177] Further: Rosand (2003) 97 *AJIL* 333; Donnelly in Eden & O'Donnell (eds), *September 11, 2001* (2005) 757.

[178] Generally: Orakhelashvili (2011) 223–59; Krisch in 2 Simma et al (3rd edn, 2012) 1330; Blokker in Weller (2015) 202; Gray (4th edn, 2018) chs 7–8.

[179] Franck (2002) 24; Krisch in 2 Simma et al (3rd edn, 2012) 1330, 1333.

[180] Sarooshi, *The United Nations and the Development of Collective Security* (1999); Blokker (2000) 11 *EJIL* 541; Dinstein (5th edn, 2011) 303–35; Gray (4th edn, 2018) ch 7.

[181] Although the Court was referring to peacekeeping operations, the same line of reasoning applies to more direct uses of force under Art 42: *Certain Expenses*, ICJ Reports 1962 p 151, 167.

之會員國皆缺乏政治意願，許多情況都沒有得到解決。[182]

在冷戰期間，第 42 條只能算是一項具文。在 1991 年前，唯一一次在安理會採取行動後，大規模集體使用武力之情況並未依據第 42 條授權，相反地，聯合國對於朝鮮戰爭之承諾，係由安理會建議其他國家透過憲章第 51 條行使「集體自衛權」之方式協助南韓，但此決議卻是在南韓擊退朝鮮攻擊後所作出。[183] 自 1990 年以來，安理會雖然沒有明確表示，然而第 42 條卻被反覆使用。沙漠風暴行動（Operation Desert Storm）係為擊退伊拉克對科威特之入侵行動，[184] 係上開條文最具代表性之傑作，無論協調性、泛區域間之反應（有 30 多個捐助國）等，都尚未被複製，相反地，通常圍繞在區域間之安排，形成較小規模的自願性聯盟。

【740】雖然如此，安理會還是能夠達成足以授權在各種場合使用武力之共識，例如 1992 年在索馬利亞展開大規模行動；[185] 1993 年維和行動；[186] 1992 年巴爾幹戰爭時，允許有限使用武力以支持人道主義行動，不久後擴大到支持經濟制裁與禁航區，最後涵蓋在「安全區」防禦中使用武力，此立場導致 1995 年北大西洋公約組織（NATO）執行長期轟炸行動；[187] 1994 年，授權武力使用，以保護海地民選總統就任。[188] 然而，在安理會在遇到解決波斯尼亞以及索馬利亞局勢時所遭遇的艱難狀況，導致其對於第 42 條之授權使用武力採取更為嚴謹的態度，除非情勢逼不得已，或滿足相當要件之下，使得作出「使用武力」之決議。[189]

聯合國憲章第 42 條仍有懸而未決爭議，蓋美國及英國試圖為 2003 年片面入侵伊拉克之行動辯護，主張安理會 2002 年第 1441 號決議「恢復」早期在

---

[182] Emblematic of this is the Rwandan genocide, which attracted action by the SC only after a considerable time due to unwillingness of members to provide sufficient troops: Krisch in 2 Simma et al (3rd edn, 2012) 1330, 1334.

[183] SC Res 83 (1950). Further: Krisch in 2 Simma et al (3rd edn, 2012) 1330, 1333.

[184] SC Res 665 (1990); SC Res 678 (1990); Schachter (1991) 85 *AJIL* 452; Gray (4th edn, 2018) 361.

[185] SC Res 794 (1992).

[186] SC Res 814 (1993).

[187] SC Res 770 (1993); SC Res 787 (1993); SC Res 816 (1993); SC Res 836 (1993). Further: Weller (1996) 56 *ZaöRV* 70.

[188] SC Res 875 (1993); SC Res 917 (1994); SC Res 940 (1994).

[189] Further: Krisch in 2 Simma et al (3rd edn, 2012) 1330, 1334–5; Gray (4th edn, 2018) 331–9.

安理會第 678 號決議中「暗示」的授權使用武力。[190] 雖然許多國家經歷十幾年來的辯論，否決上述英美兩國所謂「復興論」的主張；[191] 但關於依憲章第 VII 章決議，以及隨後對於占領伊拉克之事實，安理會決議措辭含混不清，亦使爭議懸而未決，蒙上一層陰影。[192]

關於 2011 年在利比亞使用武力之授權，安理會第 1973 號決議闡明，將武力使用限縮在「保護阿拉伯利比亞人民國（Libyan Arab Jamahiriya）受到攻擊威脅之平民以及平民居住區……並排除外國軍隊以任何形式占領利比亞領土任何部分」。[193] 再次有會員國主張，對叛軍的徹底支持，超出安理會第 1973 號決議之限縮範圍；[194] 雖然上述主張似乎有其理由，但安理會對於伊拉克及利比亞的反應對比，表現出安理會係具有「保護傘」價值。

(4) 區域協定之安排：憲章第 VIII 章

【741】隨著聯合國在 1989 年後作用之擴大，區域組織的重要性亦隨之擴大，而兩者相互間的作用產生不少問題。[195] 聯合國秘書長於 1992 年提出的「和平議程」（Agenda for Peace）報告，對此類區域組織可能發揮的作用仍保持樂觀態度，[196] 1995 年另一份報告亦證實此論點。[197]

區域行動係受到憲章第 VIII 章之規定管轄，同法第 52 條第 1 項規定，「區域協議或區域機關得處理適合區域行動之事件，以應付關於維護國際和平及安全有關的事項，但此類協議須符合聯合國的原則和宗旨」；第 52 條第 1

---

[190] (2003) 52 *ICLQ* 811; Chilcot et al, *The Report of the Iraq Inquiry* (HC 264, 2016) Section 5, 93–105. On SC Res 1441 (2002): Greenwood (2003) 4 *San Diego ILJ* 7; Byers (2004) 10 *GG* 165. On implied mandates: Johnstone in Weller (2015) 227, 238–43.

[191] E.g. Wolfrum (2003) 7 *MPUNYB* 1; Dinstein (5th edn, 2011) 322–5 (arguing that Coalition action was nonetheless justified as an exercise of collective self-defence); von Heinegg, 'Iraq, Invasion of (2003)' (2015) *MPEPIL*; Duffy (2nd edn, 2015) 325–9; Gray (4th edn, 2018) 361–4.

[192] E.g. SC Res 1472 (2003); SC Res 1476 (2003); SC Res 1483 (2003); SC Res 1490 (2003); SC Res 1500 (2003); SC Res 1511 (2003); SC Res 1518 (2003); SC Res 1537 (2004); SC Res 1546 (2004); SC Res 1557 (2004); SC Res 1619 (2005); SC Res 1637 (2005).

[193] SC Res 1973 (2011) op paras 4, 7.

[194] E.g. Henderson (2011) 60 *ICLQ* 767. Also: Ulfstein & Christiansen (2013) 62 *ICLQ* 159; cf Payandeh (2012) 52 *Va JIL* 355, 383–91.

[195] Dinstein (5th edn, 2011) 282–302; Walter in 2 Simma et al (3rd edn, 2012) 1445; de Wet in Weller (2015) 314; Gray (4th edn, 2018) ch 8.

[196] Report of the Secretary-General, A/47/277, 17 June 1992, Section VII.

[197] Report of the Secretary-General, A/50/60, 25 January 1995, paras 85–8.

項亦規定，「安理會對於職權內之執行行動，在適當情形下，應利用此項區域協議或區域機關。倘若未經安理會之授權，則不得依區域協議或由區域機關採取任何執行行動」；第 54 條規定，「關於為維持國際和平及安全起見，依區域協議或由區域機關所已採取或正在考慮之行動，不論何時應向安理會充分報告之」。值得注意者，第 VIII 章中任何條文之內容，均未授權區域協議單方面使用武力。

因此，第 VIII 章賦予區域協議一定的作用，此類區域協議所建構的組織包括：美洲國家組織（Organization of American States, OAS）；阿拉伯國家聯盟（League of Arab States）；非洲聯盟（African Union）；歐洲安全與合作組織（Organization for Security and Cooperation in Europe）；東加勒比國家組織（Organization of Eastern Caribbean States）；西非經濟共同體（ECOWAS）；最引人注目者，當即係歐盟及北大西洋公約組織（NATO）。在實踐中，安理會一直務實地接受上述區域協議及其組織之地位，並期待該組織利用其權力，授權執行行動。

而以「成員遭受武裝攻擊成為受害者的集體自衛組織」與「對該地區和平構成威脅」二者間所作出之反應，前者解釋上較為寬鬆係其中的重要差異。在古巴導彈危機中，美國援引「美洲互助條約」（Inter-American Treaty of Reciprocal Assistance）中有關地區維持和平功能之規定，抗辯其封鎖古巴行動之合法性；然而，毫無疑問，蘇聯導彈在古巴之部署位置，並沒有構成「武裝攻擊」。[198]

自 2003 年以來維和行動的大幅增加，使得聯合國呼籲應加強與區域組織之接觸，[199] 聯合國和地區維和部隊在利比亞、喬治亞、塔吉克、獅子山共和國、象牙海岸，以及剛果等地開展合作。[200] 安理會第 1464 號決議授權依據憲章第 VIII 章，參與由西非經濟共同體（ECOWAS）領導下的維和行動成員，

---

[198] Akehurst (1967) 42 *BY* 175; R Kennedy, *Thirteen Days* (1968); Chayes, *The Cuban Missile Crisis* (1974). If Soviet missiles in Cuba were an armed attack, then so were US missiles in Turkey. Chayes (1974) Appendices I–III usefully reproduce the key legal advices.

[199] Gray (4th edn, 2018) 425. Also: SC Res 2033 (2013); SC Res 2167 (2014); Report of the Independent High-Level Panel on Peace Operations, A/70/95, 17 June 2015, para 37(c).

[200] Gray (4th edn, 2018) ch 8.

應【742】「採取必要措施，保障其人員之安全與行動自由，並確保於其維和行動區域內，使用該部隊可利用之手段，保護受到人身暴力威脅之平民。[201] 秘書長 2015 年報告「為和平而合作」（Partnering for Peace）中指出，聯合國參與區域協議下授權的行動，已成為維和行動的常態。[202] 安理會甚至表明，聯合國傾向於允許區域組織對於維持和平之行動進行更多「非正式控制」（informal control），例如雖然安理會第 1973 號決議允許一般成員國對於利比亞採取強制行動，但當時所開展的軍事行動，幾乎完全由北約部隊計畫與承擔。[203]

4. 憲章下持續爭議的源頭

自 1945 年以來迄今為止，憲章建構的法律制度，一直存在重大爭議。

(1) 基於區域安排的霸權干預

四個歷史事件之回憶可以說明分析。第一，美洲國家組織在古巴導彈危機中採取的行動。1962 年 10 月 22 日，美國 Kennedy 總統宣布將要求美洲國家組織（OAS）援引 1947 年里約條約（Rio Treaty）第 6 條及第 8 條，[204] 因此，所採取的行動與該條約第 3 條無關，後者係以憲章第 51 條規定之武裝攻擊事實已經存在為前提。本事件之關鍵，係「依條文規定」（casus foederis）之解釋，將里約條約適用範圍延伸至「威脅該地區之和平」，而不僅限縮於自衛權之概念。第二，1965 年多明尼加共和國發生危機，美洲和平部隊被派遣介入該國事務，[205] 於此事件中，至少各國原則上承認安理會之管轄權。第三，1968 年蘇聯所領導之華沙公約組織入侵捷克斯洛伐克，[206] 於此情況下，即使華沙公約之用語係取決於【743】是否存在武裝攻擊，但即使當時捷克斯洛伐克尚未

---

[201] SC Res 1464 (2003) op para 9. Also: SC Res 1497 (2003) preamble, op para 3; SC Res 1498 (2003) op para 1; SC Res 1508 (2003) op paras 8, 9; generally SC Res 1509 (2003); SC Res 1521 (2003).

[202] Report of the Secretary-General, S/2015/229, 1 April 2015, para 4. Also: Report of the Independent High-Level Panel on Peace Operations, A/70/95, 17 June 2015, paras 53–8; Bothe, 'Peacekeeping Forces' (2015) *MPEPIL*, para 7.

[203] SC Res 1973 (2011) and note particularly op para 5, recognizing the potential role of the League of Arab States under Chapter VIII.

[204] Inter-American Treaty of Reciprocal Assistance, 2 September 1947, 21 UNTS 77.

[205] Withana, *Power, Politics, Law: International Law and State Behaviour during International Crises* (2008) 199–225.

[206] Stolarik, *The Prague Spring and the Warsaw Pact Invasion of Czechoslovakia, 1968* (2010).

發生危機，該公約之締約方仍將蘇聯使用武力視為區域組織之安排。第四，當獅子山共和國總統 Kabbah 在 1997 年被軍事政變趕下台，西非經濟共同體（ECOWAS）在未經安理會授權之情況下，進行軍事干預。[207] 基於此背景，ECOWAS 隨後於 1998 年通過預防、管理和解決衝突、維持和平與安全等機制，並於 1999 年通過實施該機制之議定書。[208]

上述基於區域組織所安排之行動所帶來的爭議不斷，從過去實踐中可知，如此做法將演變成屬於「二手」（second-hand）且低標準（low-level）的合法性授權，越來越不受憲章第 51 條之限制。

(2) 基於同意而對國家進行強制干預

第二項爭議之來源，係基於「領土主權」同意而進行之干預，[209] 可透過特別形式（ad hoc）或締結條約，給予事先同意。[210] 此類同意絕大多數在範圍上皆受到限制，並得單方面撤回同意（取決於同意的形式）。例如，太平洋島嶼論壇（Pacific Islands Forum）所設立之所羅門群島區域援助團，應當地請求派往所羅門群島，以恢復其內部安全；[211] 進一步的案例，包括由美國領導之聯軍，在伊拉克「明確同意」（express consent）後對該國進行軍事干預，[212] 以及敘利亞請求俄羅斯在類似的反恐行動中提供援助。[213]

上述干預之要件非常明確，係基於「有關國家之同意」。[214] 因此，在內戰背景下，一個國家中被正式承認的政府，可請求外部援助來平息叛亂。[215] 此類軍事行動之合法性，係在衝突國家完全同意的情況下所進行，國際法院

---

[207] De Wet (2014) 27 *LJIL* 353.

[208] Meyer, *ECOWAS: The Protocol Relating to the Mechanism for Conflict Prevention, Management, Resolution, Peace-Keeping and Security* (2010).

[209] Brownlie (1963) 317–27. The leading cases are: *Nicaragua*, ICJ Reports 1986 p 14; *Armed Activities (DRC v Uganda)*, ICJ Reports 2005 p 168. Nolte, 'Intervention by Invitation' (2010) *MPEPIL*; Corten (2nd edn, 2014) ch V; Wippman in Weller (2015) 797, 805–14; Fox, ibid, 816; Byrne (2016) 3 *JUFIL* 97.

[210] Dinstein (5th edn, 2011) 122–3.

[211] (2005) 24 *AYIL* 337, 426–8.

[212] S/2014/691, 22 September 2014. Also: UKMIL (2014) 85 *BY* 301, 621–3, 635–40; Bannelier-Christakis (2016) 29 *LJIL* 743, 750–1.

[213] S/2015/789, 14 October 2015; S/2015/792, 15 October 2015.

[214] Abass (2004) 53 *ICLQ* 221, 224.

[215] Dinstein (5th edn, 2011) 119. Cf de Wet (2015) 26 *EJIL* 979, 992–8; Fox in Weller (2015) 816, 822–9; Ruys & Ferro (2016) 65 *ICLQ* 61, 86–96.

在 *Armed Activities* 一案中[216] 承認上述軍事活動之合法性。然而，在許多情況下，承認政府地位本身便極具爭議，成爲最困難的部分。[217] 最壞之劇本爲彼此相互競爭之「事實上政府」（*de facto* governments）同意背後亦有相互競爭關係外國的軍事干預。

【744】在考慮同意本身之性質時，可能會出現進一步問題。任何以「國家同意」爲基礎之干預，都應有具備「眞實性質」（genuine character）之明確證據予以支持。[218] 由外部勢力建立的傀儡政府不得要求外部勢力在該國領土上存在，此主張在 1956 年蘇聯干預匈牙利時被提出，[219] 及其後來在 1979 年對於阿富汗之干預亦同。[220] 1989 年美國對巴拿馬之干預也令人懷疑，尤其部分係基於巴拿馬總統在美國軍事基地宣誓就職時之同意。[221]

(3)支持民族解放運動之強行干預

1945 年至 1990 年期間的另一個爭議來源，係被國際間承認之民族解放運動的存在，以及其外部之援助對民族解放運動干預之合法性。[222] 1974 年，聯合國大會接受當時被區域組織承認之解放運動，包括：安哥拉、莫三比克、巴勒斯坦、羅德西亞運動等，作爲聯合國之觀察員。

許多國家已經承認在某些條件下，解放戰爭具備合法性，因此，外部援助亦推定其屬之；友好關係宣言（Friendly Relations Declaration）[223] 以及 1974 年對於侵略定義（Definition of Aggression）第 8 條都與此相關。[224] 然而，另一方面，國際法院在 *Nicaragua* 一案指出，國家實踐並不存在允許一國直接或間接（無論是否使用武力），以武力支持他國內部之反對派，僅因其所認同的政

---

[216] ICJ Reports 2005 p 168, 198–9.

[217] Further: UKMIL (2014) 85 *BY* 301, 346; Bílková (2015) 75 *ZaöRV* 27, 40–2; Corten (2015) 2 *JUFIL* 17, 29–35. Also: Bannelier-Christakis (2016) 29 *LJIL* 743, 756–9; Ruys & Ferro (2016) 65 *ICLQ* 61, 81–6; Byrne (2016) 3 *JUFIL* 97, 107–10, 112–17. Generally: de Wet (2015) 26 *EJIL* 979, 983–92; Gray (4th edn, 2018) ch 3.

[218] Dinstein (5th edn, 2011) 121.

[219] Wright (1957) 51 *AJIL* 257, 275.

[220] Reisman & Silk (1988) 82 *AJIL* 459, 472–4, 485.

[221] Chesterman in Goodwin-Gill & Talmon (1999) 57, 85–6.

[222] Abi-Saab (1979) 165 Hague *Recueil* 353, 371–2; Abi-Saab (1987) 207 Hague *Recueil* 9, 410–16; Cassese, *Self-Determination of Peoples* (1995) 150–8.

[223] GA Res 2625(XXV), 24 October 1970, Annex.

[224] GA Res 3314(XXIX), 14 December 1974.

治和道德價值觀，彼此間具有較爲特殊的聯繫。[225] 因此，支持叛亂之干預必須符合憲章第 VII 章規定，就像 2011 年 NATO 支持利比亞全國過渡委員會反對 Qaddafi 政權的情況一樣。

(4)恐怖主義、非國家行爲者，以及聯合國憲章第 51 條

　　自 2001 年以來，在打擊國際恐怖主義中出現的核心爭議，主要係針對「非國家行爲者」（non-state actors）使用武力之問題，尤其是這些行爲者的活動是否構成【745】第 51 條條文所謂之「武裝攻擊」（armed attack）；[226] 可惜的是，憲章本身對上述問題保持沉默，導致於國際法院中之辯論普遍對此爭議沒有任何幫助。在 Wall 一案的諮詢意見中，法院僅簡單表示，依第 51 條之意旨，在一國對他國發動武裝攻擊之情況下，承認其存在「固有自衛權」（inherent right of self-defense），[227] 因而解釋上顯然應排除「非國家行爲者」。而在 Armed Activities (DRC v Uganda) 一案中，法院多數決意見拒絕解決此問題，[228] 繼而引起少數派法官之批評。[229]

　　結論似乎是，受到「非國家行爲者」攻擊之國家，無法透過訴諸第 51 條有效地保護自己免於受武力攻擊，依國際法院於 Nicaragua 案中之立場，除非上述「非國家行爲者」處於外國有效控制之下。因此，以下三種的反駁論點可能存在：

(i) 雖然有 Wall 一案的諮詢意見，憲章第 51 條確實允許對「非國家行爲者」行使自衛權；

(ii) 應放寬 Nicaragua 一案中，關於「非正規部隊」行爲歸屬於國家之標準；

---

[225] Nicaragua, ICJ Reports 1986 p 14, 108.

[226] Trapp (2007) 56 ICLQ 141; Tams (2009) 20 EJIL 359; Bethlehem (2012) 106 AJIL 770, and various items in reply: (2013) 107 AJIL 378–95; Ratner in van den Herik & Schrijver (2013) 334; Moir in Weller (2015) 720; Duffy (2nd edn, 2015) chs 3, 5; Gray (2016) 376 Hague Recueil 93, 123–52; Tsagourias (2016) 29 LJIL 801; de Hoogh (2016) 29 LJIL 19; van Steenberghe, ibid, 43, 45–50; Gray (4th edn, 2018) ch 5.

[227] ICJ Reports 2004 p 136, 194 (emphasis added). The Court here drew a distinction between an entirely external attack, and an attack from within on an occupying power such as Israel. Further: Franck (2002) ch 4; Murphy (2005) 99 AJIL 6; Tams (2005) 16 EJIL 293; Tams (2009) 20 EJIL 359.

[228] Armed Activities (DRC v Uganda), ICJ Reports 2005 p 168, 223.

[229] Ibid, 311–15 (Judge Kooijmans), 335–7 (Judge Simma).

(iii) 倘若「非國家行爲者」無法（或於某些情況下不願）施加
　　必要控制，以防止攻擊衝突地區的難民，第 51 條應允許
　　國家採取自衛行動。

Higgins 法官在 *Wall* 一案之諮詢意見中採取第一個立場，[230] 認爲多數意見所施加之限制不是來自憲章文本，而係來自於國際法院早先在 *Nicaragua* 案之意見，上述論點本身就是錯誤援引安理會第 3314 號決議第 3 條第 (g) 項，[231] 其結果使得，除非一個國家實際參與武裝攻擊，否則領土主權始終優於自衛權的行使，Higgins 法官認爲該立場爲「操作技術上並不可行」，即使該見解係當時國際法之權威聲明。[232]

對 *Wall* 一案之任何否定論，皆取決於自 2001 年以來對國家實踐轉變之認識。在此之前，針對不受另一國有效控制之「非國家行爲者」之軍事行動採取的單方面行動，皆遭到國際間之反對。[233] 主要係因爲雖然國家所代表之主權受到侵犯，但在此期間實際進行之【746】「自衛權行使」，卻幾乎都演變成「懲罰性報復」（punitive reprisals），例如以色列轟炸貝魯特機場，係回應早前黎巴嫩在希臘雅典轟炸一架以色列飛機，以國此行動後來遭到安理會之譴責；[234] 另一方面，以色列襲擊位於突尼斯之巴勒斯坦解放組織總部，同樣亦受到聯合國安理會之非難；[235] 1986 年美國轟炸利比亞首都的黎波里，以回應於德國柏林一家夜總會恐怖爆炸事件，亦被質疑不符合比例原則，雖然試圖透過安理會決議表達譴責，但最終仍被否決；[236] 安理會於 1993 年美國轟炸伊拉克秘密警察總部，以回應前總統 Bush Sr. 之暗殺未遂問題上，亦出現同樣的分歧。[237]

[230] ICJ Reports 2004 p 136, 215 (Judge Higgins). Also: ibid, 242–3 (Judge Buergenthal); 229–30 (Judge Kooijmans).
[231] Higgins (1994) 250–1.
[232] Ibid, 251, cited in ICJ Reports 2004 p 136, 215 (Judge Higgins).
[233] Byers (2002) 51 *ICLQ* 401, 407–8.
[234] SC Res 262 (1986).
[235] SC Res 573 (1985).
[236] Gray (4th edn, 2018) 202–4.
[237] Ibid, 204.

　　然而，自 2001 年以來，從某些角度觀之，國家實踐對於在域外行使自衛權，以對抗獨立「非國家行爲者」之接受程度有所提高。[238] 這種轉變的主要證據是國際社會對於 2001 年 10 月入侵阿富汗的態度，[239] 稱爲「持久自由行動」（Operation Enduring Freedom），該行動係基於聯合國安理會第 1386 號決議，援引憲章第 39 條，將恐怖主義明確界定爲構成「對和平之威脅」。[240] 安理會在 2001 年第 1373 號決議中明確提及，各國得「採取必要措施」（take the necessary steps）以防止實施恐怖行爲，[241] 該文字即可視爲授權使用武力。[242]

　　安理會接受「持久自由行動」（Operation Enduring Freedom），很大程度上係導因於美國主張將「阿富汗塔利班政權」（Taliban Government）與「蓋達組織」（Al-Qaeda）兩者加以聯繫。[243] 值得注意者，國際間對於「非國家行爲者」之其他域外使用武力情況，顯得模稜兩可。上述事例之說明並未反映出習慣國際法的重大轉變；事實上，迄今爲止各國實踐顯然欠缺明確性。[244]

　　其次，在憲章第 51 條規定下，關於對獨立之「非國家行爲者」使用武力的論點涉及接受法院於 *Wall* 一案之見解，亦即「自衛權僅能在國家武裝攻擊之情況下適用」，但同時接受放寬在 *Nicaragua* 一案中【747】所建構的「有效控制」（effective control）測試，允許將「非國家行爲者」之攻擊行爲歸咎於國家，[245] 上述案件中 Jennings 法官之不同意見書中清楚闡述此一立場。[246] 依據此觀點，武裝攻擊發生在一個國家將其領土提供給實施實際攻擊的「非國家

---

[238] Generally: Franck (2001) 98 *AJIL* 840; Greenwood (2003) 4 *San Diego ILJ* 17; Tams (2009) 20 *EJIL* 359. Also: *Armed Activities (DRC v Uganda)*, ICJ Reports 2005 p 168, 337 (Judge Simma).

[239] E.g. Murphy (2002) 43 *Harv ILJ* 41; Jinks (2003) 4 *Chicago JIL* 83; Ruy & Verhoeven (2005) 10 *JCSL* 289; Kammerhofer (2007) 20 *LJIL* 89; Kreß (2014) 1 *JUFIL* 11, 43–9. Further: van Steenberghe (2016) 29 *LJIL* 43, 45–8; Gray (4th edn, 2018) 231–3.

[240] SC Res 1386 (2001); SC Res 1373 (2001).

[241] SC Res 1373 (2001) op para 2(b).

[242] Cf Byers (2002) 51 *ICLQ* 401, 402, 412; Ruys & Verhoeven (2005) 10 *JCSL* 289, 310–13, both pointing out that were this interpretation adopted, it would in effect authorize the unlimited use of force against terrorism by any state. Also: Orakhelashvili in Weller (2015) 157, 173; de Hoogh (2016) 29 *LJIL* 19, 35.

[243] Byers (2002) 51 *ICLQ* 401, 406–10.

[244] Ruys & Verhoeven (2005) 10 *JCSL* 289, 310–13. Further: Sperotto (2009) 20 *EJIL* 1043; Trapp (2009) 20 *EJIL* 1049; Tams (2009) 20 *EJIL* 1057; O'Connor (2016) 3 *JUFIL* 70, 83–95.

[245] E.g. Murphy (2002) 43 *Harv ILJ* 41; Ranzelhofer & Nolte in 2 Simma et al (3rd edn, 2012) 1397, 1415–8; Ratner in van den Herik & Schrijver (2013) 334, 343–5; Moir in Weller (2015) 720, 724–30; Tsagourias (2016) 29 *LJIL* 801, 816–19; cf Gray (4th edn, 2018) ch 5.

[246] *Nicaragua*, ICJ Reports 1986 p 14, 543.

行爲者」，以便爲武裝攻擊提供便利、自願提供後勤支持，或將該國領土作爲「避風港」（safe haven）之情況。與上述論點有明顯相似之處係運用「共謀」（complicity）之概念，其優點係考慮比 *Nicaragua* 案中所假設範圍更廣義之行動，以及涉案國家是否具備主觀上的眞實意圖。[247] 因此，向私人團體提供人道援助之國家將處於完全不同的境地，只要對於私人團體之支持被利用於域外犯罪，該國家事前並不知情，則可能免責。

當然，上述某些立場沒有考慮到安理會在國家間武力管制方面的作用越來越大，Jennings 法官在 *Nicaragua* 一案的推理中，其核心概念認爲，安理會之僵局阻礙了第 VII 章之有效運作。[248] 隨著冷戰期間法律障礙之消除或減少，將「非國家行爲者」使用武力之問題，交給安理會決議似乎會更好。

最後，對於獨立之「非國家行爲者」單方面使用武力之論點，出現在所謂「失能國家」（failed states）之背景，於此情況下，該國政府根本無法控制在其領土內活動的「非國家行爲者」。某些人主張於此情況下應享有自衛權，即使有關行爲不能歸責於國家。[249] 在 *Armed Activities (DRC v Uganda)* 一案中，Kooijmans 法官認爲：

> 不幸的是，在當今國際關係中，這種現象與恐怖主義一樣爲人所熟知，亦即，在一國的全部或部分領土上，幾乎完全沒有政府權力，倘若非正規部隊從該領土對鄰國進行武裝攻擊，即便不能歸責於該領土國家，但武裝攻擊仍舊存在。僅僅因爲沒有發動攻擊之國家（attacker State），就剝奪被攻擊國（attacked State）自衛權是不合理的，況且憲章並沒有這樣要求。[250]

---

[247] Ruys & Verhoeven (2005) 10 *JCSL* 289, 309–16; Tams (2009) 20 *EJIL* 359, 385.

[248] ICJ Reports 1984 p 75, 543–4.

[249] Randelzhofer & Nolte in 2 Simma et al (3rd edn, 2012) 1397, 1418–19; Hmoud (2013) 107 *AJIL* 576, 577–8. Also: S/2015/946, 10 December 2015.

[250] ICJ Reports 2005 p 168, 314 (Judge Kooijmans); 337 (Judge Simma). Cf Kammerhofer (2007) 20 *LJIL* 89.

依據上述推理，「只有國家間暴力才能構成武裝攻擊」之概念，存在少許例外狀況。倘若將此論點更廣義地解釋，允許自衛權反制一國政府，在其無法或不願回應「非國家行為者」之攻擊時，亦得到國際間的部分支持。[251]

【748】然而，再次有論者建議，基於國際法體系的完整性，應要求將此類問題送交安理會處理，且堅信安理會有能力處理各種情況，例如，安理會對於2008年以來，索馬利亞海盜襲擊亞丁灣商業航運的回應，可茲證明。[252] 然而，安理會未能解決伊斯蘭國（Da'esh）對於國際和平與安全所構成「前所未有之威脅」，[253] 繼而導致周邊幾個國家以軍事行動干預伊拉克以及敘利亞。各種正當理由之主張不斷出現，加深法律上爭議，亦助長國家實踐的分裂與模糊。[254]

5. 結論

在目前環境下，在國際關係中看到使用武力法律制度之優點，似乎不切實際。誇大的自衛權主張比比皆是，對國內衝突之高強度干預亦是如此；然而，國際上對於單方行動之批評，卻往往是過於沉默或具有爭議。回顧20世紀的世界，經歷了慘忍之情況（第一次世界大戰造成近2,000萬人死亡，第二次世界大戰可能造成8,000萬人死亡；國家企圖徹底摧毀人民和征服其他國家）。此外，使用核武器的威脅（國際法院在1996年沒有明確排除）仍然存在，因此，啟動國際刑事法院對侵略罪的管轄權，以及禁止核武器條約等，都屬於新的系統控制法律主張，[255] 但似乎只是一種姿態。

然而，憲章的規範仍有其貢獻，例如國際間的戰爭已基本消除、安全理

[251] S/2014/695, 23 September 2014; S/2015/221, 31 March 2015; S/2015/563, 24 July 2015; S/2015/693, 9 September 2015; and see Reinold (2011) 105 *AJIL* 244; Bethlehem (2012) 106 *AJIL* 769, 776; Tladi (2013) 107 *AJIL* 570; Henriksen (2014) 19 *JCSL* 211, 224–33; Trapp in Weller (2015) 679; Moir, ibid, 720, 730–4; Flasch (2016) 3 *JUFIL* 37, 52–64.

[252] Though the actual *use* of force has not been as effective. See e.g. SC Res 2125 (2013); SC Res 2184 (2014); SC Res 2246 (2015). Further: Treves (2009) 20 *EJIL* 399; Guilfoyle (2010) 59 *ICLQ* 141; Petrig (2013) 62 *ICLQ* 667; Guilfoyle in Weller (2015) 1057.

[253] SC Res 2249 (2015). E.g. S/PV.6627. 4 October 2011; S/PV.6711, 4 February 2012; S/PV.6810, 19 July 2012; S/PV.7180, 22 May 2014. Also: Gray (2016) 376 Hague *Recueil* 93, 159–61; Kenny (2016) 3 *JUFIL* 3, 20–2.

[254] See e.g. Hakimi (2015) 91 *IL Studies* 1; O'Connor (2016) 3 *JUFIL* 70, 85–95; Peters et al (2017) 77 *ZaöRV* 1.

[255] Treaty on the Prohibition of Nuclear Weapons, New York, 7 July 2017, A/CONF.229/2017/8. See chapter 14.

事會（雖然有選擇性地）持續活躍、憲章仍然專注於「使用武力」進行辯論。聯合國有 71 次維和行動，估計總成本（以現價美元計）為 1,300 億美元，人們很容易指出維和（peacekeeping）行動之失敗，尤其是在中東，但這些失敗的根本原因卻可於其他地方找到。僅僅依靠法律本身不能化解該地區根深蒂固之衝突，但卻可以幫助沖淡分歧。換言之，國際法可謂幫助建立脆弱之國際和平；反之，對於國際法的忽視，則足以對脆弱的國際和平產生威脅。[256]

---

[256] For an attempted reappraisal, see Chinkin & Kaldor, *The New Wars* (2017).

索 引

W

Z

國家圖書館出版品預行編目(CIP)資料

國際公法原理／詹姆士.克勞佛(James
Crawford)著；王震宇譯注.--初版.--臺北
市：五南圖書出版股份有限公司, 2024.04
面； 公分
譯自：Brownlie's principles of public
international law
ISBN 978-626-393-148-0(平裝)

1.CST: 國際法

579   113002778

1RD3

國際公法原理

作　　者 — 詹姆士‧克勞佛（James Crawford）

譯　　者 — 王震宇（7.6）

發 行 人 — 楊榮川

總 經 理 — 楊士清

總 編 輯 — 楊秀麗

副總編輯 — 劉靜芬

責任編輯 — 林佳瑩

封面設計 — 廖偲為、姚孝慈

封面圖片來源 — Freepik.com網頁授權

出 版 者 — 五南圖書出版股份有限公司

地　　址：106台北市大安區和平東路二段339號4樓

電　　話：(02)2705-5066　　傳　　真：(02)2706-6100

網　　址：https://www.wunan.com.tw

電子郵件：wunan@wunan.com.tw

劃撥帳號：01068953

戶　　名：五南圖書出版股份有限公司

法律顧問　林勝安律師

出版日期　2024年4月初版一刷

定　　價　新臺幣950元

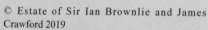

經典永恆・名著常在

五十週年的獻禮——經典名著文庫

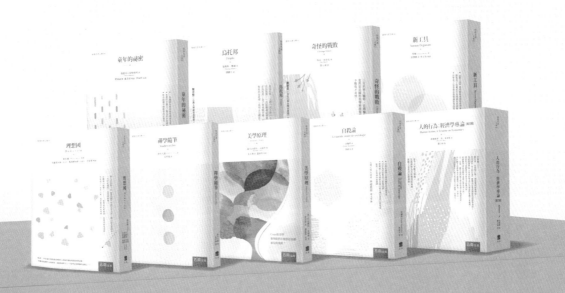

五南，五十年了，半個世紀，人生旅程的一大半，走過來了。

思索著，邁向百年的未來歷程，能為知識界、文化學術界作些什麼？

在速食文化的生態下，有什麼值得讓人雋永品味的？

歷代經典・當今名著，經過時間的洗禮，千錘百鍊，流傳至今，光芒耀人；

不僅使我們能領悟前人的智慧，同時也增深加廣我們思考的深度與視野。

我們決心投入巨資，有計畫的系統梳選，成立「經典名著文庫」，

希望收入古今中外思想性的、充滿睿智與獨見的經典、名著。

這是一項理想性的、永續性的巨大出版工程。

不在意讀者的眾寡，只考慮它的學術價值，力求完整展現先哲思想的軌跡；

為知識界開啟一片智慧之窗，營造一座百花綻放的世界文明公園，

任君遨遊、取菁吸蜜、嘉惠學子！